EUROPAS MITTE UM 1000

EUROPE´S CENTRE AROUND AD 1000

EURÓPA KÖZEPE 1000 KÖRÜL

EUROPA ŚRODKOWA OKOŁO ROKU 1000

STŘED EVROPY OKOLO ROKU 1000

27. EUROPARATSAUSSTELLUNG
27TH COUNCIL OF EUROPE ART EXHIBITION

EUROPAS UM

Beiträge zur
Geschichte, Kunst und Archäologie
Band 1

MITTE 1000

Herausgegeben von
Alfried Wieczorek und Hans-Martin Hinz

Handbuch
zur Ausstellung Europas Mitte um 1000
Beiträge zur Geschichte, Kunst und Archäologie
Band 1

Das Gesamtwerk zur Ausstellung

besteht aus zwei Bänden mit Beiträgen zur Geschichte,
Kunst und Archäologie (Handbuch) und einem Katalogband

Außerdem gibt es Supplementbände mit Texten
in Englisch, Ungarisch, Tschechisch und Polnisch

Die Deutsche Bibliothek – CIP-Einheitsaufnahme

Ein Titelansatz für diese Publikation
ist bei Der Deutschen Bibliothek erhältlich

Die Erstellung des Handbuchs wurde gefördert durch
die Klaus Tschira-Stiftung Heidelberg

Umschlagabbildungen

Vorderseite: Huldigungsszene mit Kaiser Otto III. (Abb. 516) –
bearbeitet von Bobrowsky Kommunikation & Design, Viernheim
Rückseite Band 1: „Attilaschwert" (Abb. 157)
Rückseite Band 2: Medaillonkrug von Nagyszentmiklós (Abb. 374)

© Konrad Theiss Verlag GmbH, Stuttgart 2000
Alle Rechte Vorbehalten

Redaktion: Präsidium der Deutschen Verbände für Altertums-
forschung e.V. und Reiss-Museum, Mannheim
Gestaltung: Hans-Jürgen Trinkner
Gesamtproduktion: Verlagsbüro Wais & Partner
und andreas epple redaktionsbüro, Stuttgart
Satz und Reproduktionen: Utesch Medienservice, Hamburg
Druck: Druckerei Uhl, Radolfzell

Printed in Germany

ISBN 3-8062-1544-8 (Museumsausgabe, Broschur)
ISBN 3-8062-1545-6 (Buchhandelsausgabe, Hardcover)

Der Europarat

hat der Ausstellung den Titel
27. EUROPARATSAUSSTELLUNG
verliehen.

Wir danken

für die großzügige Unterstützung
des Ausstellungsprojektes:

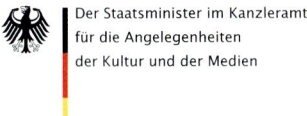

dem Staatsminister für Kultur und Medien
der Bundesrepublik Deutschland

dem Senator für Wissenschaft, Forschung und Kultur
des Landes Berlin

dem Auswärtigen Amt der Bundesrepublik Deutschland

der KulturStiftung der Länder

Hasenkamp Internationale Transporte
GmbH & Co KG

AXA Nordstern Kunstversicherung AG

Alias wavefront

sgi

SGI

Die Klaus Tschira-Stiftung Heidelberg

ermöglichte durch ihre großzügige Förderung
die Erstellung des Handbuches und des Kataloges
zur Ausstellung.

Die Ausstellung wird veranstaltet

vom Präsidium der Deutschen Verbände
für Altertumsforschung
und dem Deutschen Historischen Museum
zu Berlin

in Zusammenarbeit mit

dem Ungarischen Nationalmuseum
– Magyar Nemzeti Múzeum, Budapest
dem Nationalmuseum Krakau
– Muzeum Narodowe Kraków, Krakau
dem Reiss-Museum Mannheim, Mannheim
dem Nationalmuseum Prag
– Národní muzeum v Praze, Prag
dem Slowakischen Nationalmuseum
– Slovenské národné múzeum, Bratislava

Ausstellungsgebäude und -termine:

 **Budapest** (Nationalmuseum):
20. 8. 2000 – 26. 11. 2000

 **Krakau** (Nationalmuseum):
20. 12. 2000 – 25. 3. 2001

 **Berlin** (Martin Gropius-Bau):
13. 5. 2001 – 19. 8. 2001

 **Mannheim** (Reiss-Museum):
7. 10. 2001 – 27. 1. 2002

 **Prag** (Reitschule der Prager Burg):
3. 3. 2002 – 2. 6. 2002

 **Bratislava** (Nationalmuseum):
7. 7. 2002 – 29. 9. 2002

GRUSSWORT

Zwischen der ersten und der zweiten Jahrtausendwende lassen sich Parallelen ziehen. In Europa mag aber wohl kaum etwas fruchtbarer dazu anregen als die beiden Ausstellungen „Europas Mitte um das Jahr 1000" und „Otto der Große, Magdeburg und Europa", die zusammen den Titel „27. Europaratsausstellung" führen.

Die Menschen und ihre Herrscher strebten vor tausend Jahren das Gleiche an, was die Bevölkerungen und ihre Regierungen im Jahre 2000 zu festigen bestrebt sind. Damals waren sich jene dessen oft sogar nicht bewusst, heute fällt uns dies stark auf. Dazwischen liegt wohlgemerkt nicht ein Jahrtausend der Stagnation, sondern vielmehr ein langer Reifungsprozess, der durch Zeiten der Herrschaft, des überbordenden Nationalismus und der Kriege, aber auch durch Zeiten der Aufklärung, Eintracht und Zusammenarbeit geprägt ist.

Oftmals wechselten während des frühen Mittelalters die Beziehungen zwischen den bereits im Zentrum Europas sesshaften Völkerschaften und den allmählich aus dem Osten kommenden; friedliche Interaktionen und kriegerische Zusammenstöße lösten einander ab. Neue Lebensformen entstanden – der Handel ersetzte das Rauben, das Christentum heidnische Bräuche – und bildeten den Nährboden für eine gemeinsame kulturelle und politische Entwicklung im Zentrum Europas. Aus den weitum akzeptierten neuen Lebensansichten wuchs der Wunsch nach immer größerer Einigung. Um die Jahrtausendwende schließlich wurde dieser Wunsch Wirklichkeit, als die Herrscher des ottonischen Zeitalters die Vision einer Erneuerung des römischen Reiches auf ihr Banner schrieben.

Auch in unserer Zeit können sich die Völker im Herzen Europas nach einer schmerzlich langen Periode der Kämpfe, die durch totalitäre Regime verursacht wurden, einer neuen Sicht des Lebens zuwenden. Diese gründet sich auf gemeinsam hochgehaltene Werte und festigt sich in noch engerer Zusammenarbeit.

Die Organisatoren dieser Ausstellung ermöglichen uns einen neuen Blick zurück in die Vergangenheit. Sie wünschen, dass wir, angeregt durch die Geschichtsbetrachtung, durch die Geschichte erkennen, worum es zu Beginn des dritten Jahrtausends geht. Die zur Schau gestellten schönen Kunstwerke stammen aus unserem gemeinsamen Erbe, wenn sie auch deutlich die Zeichen ihrer Zeit und darin der einen oder anderen speziellen Kultur tragen. Was ihnen nicht anzusehen ist, uns als den mit der Geschichte vertrauten Betrachtern jedoch gegenwärtig sein muss, das sind die verschlungenen Wege, die von jener Zeit bis zu uns führen. Diese Wege führen durch bittere Kriege sowohl dynastischer als religiöser Art, als auch durch Zeiten der Beherrschung, ja zeitweiliger Unterdrückung gewisser Staaten. Wie ist es möglich, so mag man sich fragen, dass nach den so augenfälligen gemeinsamen Bestrebungen der Völker inmitten Europas vor etwa tausend Jahren alles wieder zusammenbrach und so oft in Streit mündete?

Genau diese Frage war es, welche die führenden Politiker Westeuropas nach dem schrecklichsten Krieg unserer Zeit dazu bewog, den Europarat zu gründen. Dieses neue für Menschen auf der ganzen Welt erkennbare Projekt, eine auf gegenseitige Achtung und die Zusammenlegung der Hilfsquellen gegründete Wertegemeinschaft tat Not. Bald schon nahm die Vision Gestalt an, und das Leben der Europäer trat mit sozusagen allen seinen Dimensionen, soweit sie das öffentliche Leben berührten – mit Ausnahme der bewaffneten Verteidigung – ein in eine ganz neue Phase der internationalen Zusammenarbeit. Selbst dann aber, um ein Wort Johannes Paul II. abzuwandeln, atmete Europa erst mit halber Lunge, blieb doch gut dem halben Kontinent der Zugang zu diesen neuen Lebenschancen noch verwehrt.

Heute aber, gut zehn Jahre nach dem Fall der unseligen Berliner Mauer und alles dessen, was sie bedeutete, haben die Länder des Ostens, die ein halbes Jahrhundert lang gewaltsam vom restlichen Europa abgeschnitten waren, ihren rechtmäßigen Platz bei den anderen eingenommen, unter dem Panier der Demokratie und friedlichen Zusammenarbeit mit ihren Nachbarn.

Mit großer Freude haben wir daher diese beiden besonders bedeutungsreichen Ausstellungen, die als erste auch in mehreren der neuen Demokratien gezeigt werden, in die große vom Europarat veranstaltete Reihe aufgenommen.

Im Namen des Europarats spreche ich den Veranstaltern meine herzlichen Glückwünsche aus und danke all jenen, die bei ihrer Organisation mitgewirkt haben. Das ist der Stoff aus dem das neue Europa gemacht ist.

DR. WALTER SCHWIMMER
GENERALSEKRETÄR DES EUROPARATS

Schirmherrschaft
des Gesamtprojektes

Die Präsidenten
Ungarns,
Polens,
Deutschlands,
Tschechiens
und der Slowakei

Prof. Dr. Ferenc Mádl
Präsident der Republik Ungarn

Aleksander Kwasniewski
Präsident der Republik Polen

Dr. h.c. Johannes Rau
Präsident der Bundesrepublik Deutschland

Václav Havel
Präsident der Tschechischen Republik

Dr. h.c. Dr.-Ing. E.h. Ing.
Rudolf Schuster, PhD
Präsident der Slowakischen Republik

gewährten der Ausstellung
ihre Schirmherrschaft

Geistliches Patronat

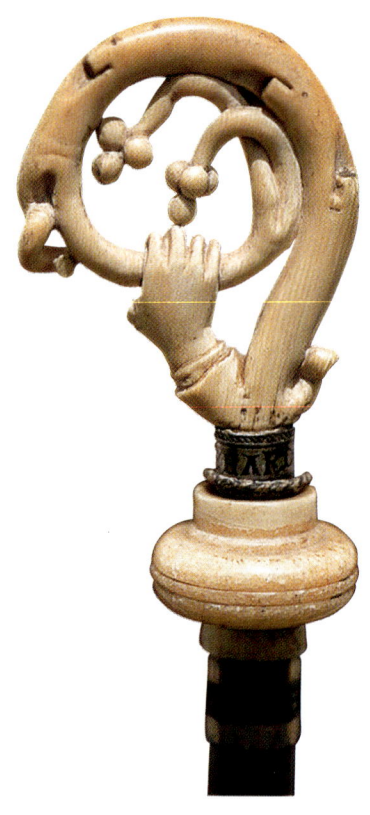

S. Em. József Kardinal Glemp
Erzbischof von Warschau,
Primas von Polen,
Präsident der polnischen Bischofskonferenz

S. Em. Ján Chryzostom Kardinal Korec
Bischof von Nitra

S. E. Bischof Prof. Dr. Dr. Karl Lehmann
Bischof von Mainz,
Vorsitzender der Deutschen Bischofskonferenz

S. Em. Dr. Franciszek Kardinal Macharski
Erzbischof von Krakau

S. E. Erzbischof
Dr. Henryk József Muszyński
Erzbischof von Gnesen

S. Em. Dr. László Kardinal Paskai
Erzbischof von Esztergom-Budapest,
Primas von Ungarn

S. E. Erzabt Dr. Asztrik Várszegi, OSB
Erzabt von Pannonhalma

S. Em. Miloslav Kardinal Vlk
Erzbischof von Prag, Primas von Böhmen,
Präsident der Tschechischen Bischofskonferenz

gewährten der Ausstellung
ihr hohes geistliches Patronat

Ehrenkomitee

Prof. Dr. Hermann Ament
Ehrenpräsident des West- und Süddeutschen Verbandes für Altertumsforschung; Universität Mainz

Prof. Władysław Bartoszewski
Minister für Auswärtige Angelegenheiten der Republik Polen

Jaroslav Bašta
Minister der Regierung der Tschechischen Republik

Libuše Benešová
Vorsitzende des Senats des Parlaments der Tschechischen Republik

Dr. Hans-Bodo Bertram
Botschafter der Bundesrepublik Deutschland in Brasilien, Brasilia (bis 30. 9. 1999 Leiter der Kulturabteilung des Auswärtigen Amtes und Koordinator des Projektes)

Pavel Dostál
Kulturminister der Tschechischen Republik

Prof. Dr. Wolf-Dieter Dube
Generaldirektor der Staatlichen Museen Preussischer Kulturbesitz zu Berlin a. D.

Prof. Dr. hab. Bronisław Geremek
Minister a. D.

Prof. Dr. Tomáš Halík
Präsident der Christlichen Akademie zu Prag

Prof. Dr. Wolfgang Huber
Landesbischof der ev. Kirche in Berlin Brandenburg

Jan Kavan
Minister für Auswärtige Angelegenheiten der Tschechischen Republik

Václav Klaus
Vorsitzender des Parlamentes der Tschechischen Republik

Prof. Dr. Dr. h.c. Helmut Kyrieleis
Präsident des Deutschen Archäologischen Instituts, Berlin

Prof. Judr. Karel Malý DrSc.
Rektor der Karlsuniversität zu Prag

Lothar Mark MdB
Berlin, Mannheim

Dr. Michael Naumann
Staatsminister im Bundeskanzleramt, Berlin

Dr. Christoph Stölzl
Senator für Kultur, Berlin

Dr. Klaus Tschira
Klaus Tschira Stiftung, Heidelberg

Kazmierz Michał Ujazdowski
Kulturminister der Republik Polen

Siegfried Vergin MdB a. D.
Mannheim

Prof. Dr. Karin von Welck
Generalsekretärin der Kulturstiftung der Länder, Berlin

Gerhard Widder
Oberbürgermeister der Stadt Mannheim

Prof. Dr. Herwig Wolfram
Direktor des Instituts für Österreichische Geschichtsforschung, Wien

Prof. Ing. Rudolf Zahradník DrSc.
Vorsitzender der Akad. der Wiss. der Tschechischen Republik

Prof. Dr. Andrzej Zakrewski (†)
Ehemaliger Kulturminister der Republik Polen

Miloš Zeman
Premierminister der Tschechischen Republik

Generalsekretäre des Ausstellungsprojektes (Projektleitung)

Prof. Dr. Alfried Wieczorek
Geschäftsführer der Deutschen Verbände
für Altertumsforschung; Ltd. Direktor des
Reiss-Museums Mannheim

Ulrike Kretzschmar M. A.
Mitglied der Geschäftsführung des
Deutschen Historischen Museums Berlin;
Leiterin des Ausstellungswesens

Koordinatoren des Ausstellungsprojektes

Prof. Dr. Johannes Fried
Vorsitzender des Deutschen Historikerverbandes,
Historisches Seminar der Universität Frankfurt

Prof. Dr. Aleksander Gieysztor †
Vorsitzender des Königl. Schloßrates, Warschau

Dir. Zofia Gołubiew
Direktorin des Nationalmuseums Krakau

Dr. Hans-Martin Hinz
Staatssekretär für Kultur des Landes Berlin;
Präsident des ICOM in Deutschland
(bis 31. 5. 2000 Generalsekretär des Ausstellungsprojektes)

Dr. Hans-Jürgen Kotzur
Direktor des Bischöflichen Dom- und Diözesanmuseums, Mainz; Leiter der Denkmalpflege im
Bistum Mainz

Dr. Tibor Kovács
Generaldirektor des Ungarischen Nationalmuseums; Mitglied des Ungarischen Nationalkomitees

Prof. Dr. Matúš Kučera
Generaldirektor des Slowakischen Nationalmuseums, Bratislava

Prof. Dr. Zofia Kurnatowska
Leiterin der Forschungsstelle für Frühmittelalter
des Instituts für Archäologie und Ethnologie
der Polnischen Akademie der Wissenschaften,
Posen

Dr. Alexander Ruttkay
Direktor des Archäol. Instituts der Slowakischen
Akademie der Wissenschaften, Nitra

Prof. Dr. Siegmar v. Schnurbein
Präsident der Deutschen Verbände für Altertumsforschung, Erster Direktor der Röm.-Germ.
Komm. des Deutschen Archäol. Instituts

Dr. Milan Stloukal
Generaldirektor des Nationalmuseums Prag

Dr. Petr Sommer
Direktor a.D. des Archäol. Instituts der Akademie
der Wissenschaften Tschechiens, Stv. Direktor des
Center for Medieval Studies, Prag

Dr. Albert Spiegel
Ministerialdirektor, Leiter der Kulturabteilung
des Auswärtigen Amtes der Bundesrepublik
Deutschland, Koordinator der Bundesregierung
für die Zusammenarbeit mit Polen, der Slowakei,
der Tschechischen Republik und Ungarn

Prof. Dr. Zsolt Visy
Staatssekretär für Kultur des ungarischen Kulturministeriums

VORWORT DER HERAUSGEBER

Das Streben nach Einheit in Vielfalt kennzeichnet den modernen Prozess des Zusammenwachsens der europäischen Staaten. Aus der Vielfalt ihrer nationalen Identitäten sehen wir heute neue Chancen für Europa. So gehört es zum Grundkonsens der Gemeinschaft, dass die Aufnahme neuer Staaten in die Europäische Union nicht die Aufgabe nationaler Identitäten zur Folge hat.

Mit der angestrebten Aufnahme Polens, der Slowakei, Tschechiens und Ungarns noch in den ersten Jahren des neuen Jahrtausends werden Staaten der europäischen Staatengemeinschaft beitreten, denen die Gewissheit der Zugehörigkeit zur westlich abendländischen Kulturtradition immer bewusst blieb – auch in der Zeit der Teilung Europas während des Kalten Kriegs. Weniger ausgeprägt ist dieses Wissen in den westlichen Nachbarstaaten. In ihnen hat die Zeit der Trennung im 20. Jahrhundert die Erinnerung an die 1000-jährige Gemeinsamkeit mit den Polen, Slowaken, Tschechen und Ungarn verblassen lassen.

Die Ausstellung „Europas Mitte um 1000" will dieser tausendjährigen Gemeinsamkeit auf die Spur kommen, sie kulturgeschichtlich beleuchten und dokumentieren. Thema der Ausstellung ist daher die Formierung der Länder und Völker in der Mitte Europas um 1000 n. Chr. auf der einen Seite und ihre Annäherung an den Nachbarn im Westen, das ostfränkische und spätere römisch-deutsche Reich auf der anderen. Die Integration der Ungarn und der westslawischen Völker in das christlich-lateinische Abendland begründete die Einheit der Kultur in Europas Mitte. Die Ausbildung staatlicher Identitäten, die damit gleichzeitig einherging, vollzog sich auf der Grundlage dieser geistig-kulturellen Gemeinsamkeit.

Dass sich Europa auf eine tausendjährige gemeinsame Kulturtradition beruft, bedeutet aber keineswegs, dass es bereits um die erste Jahrtausendwende einen mit der Gegenwart vergleichbaren Einigungsprozess gegeben hätte. Die Andersartigkeit der mittelalterlichen Welt ebenso vorzuführen wie die Traditionslinien, die gestern und heute verbinden, haben sich die Mitwirkenden des Ausstellungsprojektes zur Aufgabe gestellt.

Erstmals haben sich renommierte Fachleute aus Deutschland, Polen, der Slowakei, Tschechien und Ungarn auf eine einheitliche Ausstellungskonzeption mit einer weitgehend gemeinsamen Sichtweise der geschichtlichen und kulturgeschichtlichen Vorgänge der Entstehungszeit ihrer Nationen geeinigt. Nur so konnte sichergestellt werden, dass Inhalt und Erscheinungsbild der Ausstellung, die Ausstellungstexte und die Begleitpublikationen, an den Stationen Budapest, Krakau, Berlin, Mannheim, Prag und Bratislawa identisch sind.

Dem Koordinierungsausschuss als oberstem Beschlussorgan des Ausstellungsprojektes gehörten die von den jeweiligen Ländern benannten Koordinatoren und Generalkommissare an. Die Konzeption der Ausstellung und der Begleitpublikationen wurde von allen Beteiligten vom Projektbeginn im Herbst 1997 an stets intensiv beraten und schließlich ohne Gegenvotum beschlossen.

In allen 5 Ländern koordinierten Ländergruppen unter der Leitung einer Sprecherin oder eines Sprechers die jeweiligen Autorinnen und Autoren des Landes, die wissenschaftlichen Kontakte, die Exponatauswahl und schliesslich die Redaktion der Beiträge für das Handbuch, den Katalog und die Ausstellungstexte. Den Ländergruppensprechern Prof. Dr. Aleksander Gieysztor – zu unserem großen Bedauern während der Vorbereitungsphase verstorben – und Prof. Dr.

Zofia Kurnatowska aus Polen, Dr. Alexander Ruttkay aus der Slowakei, Dr. Petr Sommer aus Tschechien, Prof. Dr. Ernő Marosi aus Ungarn und Prof. Dr. Siegmar v. Schnurbein aus Deutschland haben wir für ihr großes Engagement in höchstem Maße zu danken.

Der wissenschaftliche Beirat unterstützte sowohl die Arbeit des Koordinierungsausschusses als auch die der Ländergruppen. Drei wissenschaftliche Kolloquien – in Greifswald, Posen und Prag – wurden unter der Leitung von Prof. Dr. Christian Lübke, Prof. Dr. Zofia Kurnatowska und Dr. Petr Sommer durchgeführt.

Dem Generalsekretariat in Mannheim mit seinen Mitarbeiterinnen und Mitarbeitern kam die Aufgabe zu, die Beschlüsse des Koordinierungsausschusses und die Ergebnisse der Ländergruppen auszuarbeiten und umzusetzen. Die Erstellung der Begleitpublikationen, die End- und Bildredaktion und die Steuerung der Übersetzungsdienste oblag dem Generalsekretariat. Beiträge von insgesamt 193 Autorinnen und Autoren galt es zu bearbeiten. Die Planung, Organisation, Gestaltung und Durchführung der Ausstellung sowie der gesamte Leihverkehr wurde in Kooperation mit den Verantwortlichen der jeweiligen Ausstellungsstationen vom Generalsekretariat geleistet. In den letzten Monaten vor der ersten Ausstellungseröffnung in Budapest arbeitete das Team nahezu rund um die Uhr. Für ihren unermüdlichen Einsatz für das Projekt möchten wir stellvertretend für viele insbesondere Marianne Aselmeier M.A., Kathrin Fischer M.A., Dr. Torsten Kempke, Dr. Ursula Koch, Monika Lange M.A., Dr. Heino Neumayer, Dr. Jutta Pauli, Luisa Reiblich, Kerstin Schulmeyer M.A., Dr. Irmgard Siede, Claudia Sachße M.A. hervorheben. Unser grösster Dank gilt der stellvertretenden Projektleiterin Dr. Birte Brugmann. Ohne ihr überragendes Engagement hätte die Ausstellung an der ersten Station nicht eröffnet werden können.

Danken möchten wir auch den Berliner Kolleginnen und Kollegen des Deutschen Historischen Museums – Heidemarie Anderlik M.A., Peter Gabbert, Edith Michelsen. Vor allem danken wir unserer Kollegin Ulrike Kretzschmar M.A., die neben der Verantwortung für die Station Berlin auch noch ab Juni 2000 die Aufgaben einer Generalsekretärin für das Gesamtprojekt übernahm.

Die beiden Herausgeber und Generalsekretäre führten zusammen mit den Mitarbeiterinnen und Mitarbeitern des Generalsekretariates sowie mit besonderer Unterstützung durch Prof. Dr. Johannes Fried, Prof. Dr. Friedrich-Wilhelm v. Hase und Dr. Hans-Jürgen Kotzur die Leihverhandlungen mit 179 Leihgebern aus 12 Staaten – zumeist direkt vor Ort.

Ein außergewöhnliches Engagement für das Ausstellungsprojekt brachte der Medienpartner Wild Projects GmbH. mit seinem Geschäftsführer Benny B. Weiler ein. Ihm persönlich ist es zu verdanken, dass die Ausstellung mit aufwendigen Medieninstallationen aufwarten kann. Durch sie wird eine besonders lebendige Vermittlung der historischen Zusammenhänge – wird das Eintauchen in vergangene Lebenswelten möglich.

Das Präsidium der Deutschen Verbände für Altertumsforschung mit Sitz in Mannheim und das Deutsche Historische Museum zu Berlin als Hauptveranstalter des Gesamtprojektes erhielten zur Vorbereitung des Gesamtprojektes und für die Station Berlin eine sehr großzügige finanzielle Unterstützung aus Mitteln des Hauptstadtkulturfonds. Für dieses Engagement ist dem Staatsminister im Kanzleramt für die Angelegenheiten der Kultur und der Medien, Dr. Michael Naumann und dem Senator für Wissenschaft, Forschung und Kultur des Landes Berlin, Prof. Dr. Christoph Stölzl, sehr zu danken.

Insbesondere in der Anfangsphase des Projektes durften die beiden Hauptveranstalter auch auf die Unterstützung durch die Kulturstiftung der Länder bauen. Eine weitere Förderung kommt der Station Mannheim zugute. Generalsekretär Dr. Klaus Maurice und seiner Nachfolgerin Prof. Dr. Karin v. Welck danken wir sehr herzlich für die stets wohlwollende Hilfe und Beratung.

Die Kulturabteilung des Auswärtigen Amtes der Bundesrepublik Deutschland unter der Leitung von Dr. Albert Spiegel gewährte dem Projekt nicht nur eine finanzielle Zuwendung, sondern auch die tatkräftige und in höchstem Maße effiziente Hilfe in allen auswärtigen Angelegenheiten. Die stets engagierte Unterstützung der Mitarbeiterinnen und Mitarbeiter des Auswärtigen Amtes hat in bedeutender Weise zum Gelingen der Ausstellung beigetragen.

Das Ausstellungsprojekt hätte niemals durchgeführt werden können, wäre ihm nicht das große Interesse von Dr. Klaus Tschira, dem Stifter der Klaus Tschira-Stiftung, und von Botschafter Dr. Hans-Bodo Bertram, dem ehemaligen Leiter der Kulturabteilung des Auswärtigen Amtes, zuteil geworden. Ohne Klaus Tschiras Begeisterung für das Projekt hätten wir nicht die Begleitpublikationen erarbeiten und drucken lassen können. Ohne Hans-Bodo Bertrams freundschaftlichen Rat und seine immerwährende Unterstützung wären viele wichtige Kontakte heute nicht geknüpft.

Tatkräftige Hilfe leistete der Mannheimer Bundestagsabgeordnete Lothar Mark. Sein nicht nachlassender Einsatz bewirkte die Sicherung der Projektfinanzierung, wofür wir ihm sehr herzlich danken.

Mit großer Freude erfüllte uns die Auszeichnung des Vorhabens durch den vom Europarat verliehenen Titel „27. Europaratsausstellung". Wir verstehen sie als Anerkennung für die gelungene internationale Kooperationsarbeit über viele europäische Grenzen hinweg.

Die Übernahme des geistlichen Patronates für die Ausstellung durch die Oberhäupter der katholischen Kirche in den beteiligten Staaten symbolisiert die tausendjährige Entwicklung der christlich-lateinischen Kulturtradition in der Mitte Europas.

Die überaus hohe Ehre der gemeinsamen Schirmherrschaft der Staatspräsidenten Polens, der Slowakei, Tschechiens, Ungarns und Deutschlands, die der Ausstellung zuteil wird, belegt das Wissen um das gemeinsame kulturelle Fundament, auf dem sich die Vielfalt der Völker Europas bis heute entwickelt. Der Blick auf Europas Mitte um 1000 zeigt uns so nicht nur auf, wieviel Vergangenheit sich in unserer Gegenwart widerspiegelt, sondern auch, wieviel Zukunft in unserer Vergangenheit angelegt ist.

Prof. Dr. Alfried Wieczorek
Projektleiter und Generalsekretär
Ltd. Direktor des Reiss-Museums Mannheim

Dr. Hans-Martin Hinz
Generalsekretär
Deutsches Historisches Museum
Staatssekretär für Kultur des Landes Berlin (seit Juni 2000)

Wissenschaftliche Generalkommissare des Ausstellungsprojektes

Dr. Hartmut Atsma
Wiss. Direktor am Deutschen Historischen Institut Paris

Prof. Dr. Csanád Bálint
Direktor des Forschungsinstitutes für Archäologie der Ungarischen Akademie der Wissenschaften Budapest

Dr. Wojciech Brzeziński
Stellvertretender Direktor des Archäologischen Nationalmuseums Warschau

Prof. Dr. Friedrich-Wilhelm von Hase
Mannheim

Dr. Štefan Holčík
Direktor des Archäologischen Museums des Slowakischen Nationalmuseums Bratislava

Dr. Jan Jaskanis
Direktor des Archäologischen Nationalmuseums, Warschau

Prof. Dr. Christian Lübke
Leiter der Abt. Germania-Slavica des Geisteswissenschaftlichen Zentrums für Geschichte und Kultur Ostmitteleuropas, Leipzig. Historisches Institut der Universität Greifswald

Prof. Dr. Ernő Marosi
Direktor des Forschungsinstituts für Kunstgeschichte der Ungarischen Akademie der Wissenschaften, Budapest

Prof. Dr. Michael Müller-Wille
Institut für Ur- u. Frühgeschichte der Universität Kiel

Dr. Berthold Roland
Ltd. Direktor des Landesmuseums Mainz a.D.

Prof. Dr. Andrzej Rottermund
Direktor des Königlichen Schlosses Warschau

Dr. Gabriel Silagi
Monumenta Germaniae Historica, München

Dr. Eduard Šimek
Stellvertretender Direktor des Nationalmuseums Prag

Prof. Dr. František Šmahel
Direktor des Hist. Instituts der Akademie der Wissenschaften Tschechiens, Direktor des Centre for Medieval Studies, Prag

Prof. Dr. Jerzy Strzelczyk
Historisches Institut der Universität Posen

Dr. Dušan Třeštík
Akademie der Wissenschaften Tschechiens, Center for Medieval Studies, Prag

Dr. Josef Žemlička
Hist. Institut der Akademie der Wissenschaften Tschechiens

Wissenschaftlicher Beirat

Heidemarie Anderlik M. A.
Deutsches Historisches Museum Berlin

Dr. Piroska Biczó
Nationalmuseum Budapest

Tadeusz Chruścicki M. A.
Direktor des Nationalmuseums Krakau a.D.

PD. Dr. Sigrid Dušek
Vizepräsidentin der Deutschen Verbände für Altertumsforschung; Landeskonservatorin des Landes Thüringen, Weimar

Prof. Dr. Ingolf Ericsson
Lehrstuhl für Archäologie des Mittelalters und der Neuzeit, Universität Bamberg

Prof. Dr. Władysław Filipowiak
Direktor des Nationalmuseums Szczecin

Dr. Eike Gringmuth-Dallmer
Römisch-Germanische Kommission des Deutschen Archäol. Instituts, Berlin

Ettele Kiss
Nationalmuseum Budapest

Prof. Dr. Matthias Knaut
Fachhochschule für Technik und Wirtschaft Berlin

Prof. Dr. Hanna Kóčka-Krenz
Direktorin des Prähistorischen Instituts der Universität Im. Adama Mickiewicza, Poznań

Prof. Dr. Jürgen Kunow
Landesarchäologe des Landes Brandenburg, Potsdam

Dr. Friedrich Lüth
Landesarchäologe des Landes Mecklenburg-Vorpommern, Lübstorf bei Schwerin

Prof. Dr. Wilfried Menghin
Direktor des Museums für Vor- u. Frühgeschichte, Staatliche Museen zu Berlin

Dr. Marek Mroz
Stellvertretender Direktor des Nationalmuseums Krakau

Prof. Dr. Judith Oexle
Landeskonservatorin des Freistaates Sachsen, Dresden

PhD. László Révész
Nationalmuseum Budapest

Ágnes Ritoók
Nationalmuseum Budapest

PhDr. Peter Šalkovský, CSc.
Archäol. Institut der Slowakischen Akademie der Wissenschaften, Nitra

Prof. Dr. Kurt Schietzel
Direktor des Archäologischen Landesmuseums Schleswig a.D.

Dr. Franciszek Stolot
Nationalmuseum Krakau

Teréz Striczki
Nationalmuseum Budapest

Prof. Dr. Karl-Heinz Willroth
Seminar für Ur- und Frühgeschichte der Universität Göttingen

Dr. Mária Wolf
Nationalmuseum Budapest

**Herausgeber
von Handbuch und Katalog
zur Ausstellung**

Prof. Dr. Alfried Wieczorek und
Dr. Hans-Martin Hinz

**Gesamtleitung, Idee und
Grundkonzeption
des Ausstellungsprojektes**

Prof. Dr. Alfried Wieczorek, Mannheim

**Entwurf der Ausstellungs-
und Handbuchkonzeption**

Prof. Dr. Johannes Fried,
Dr. Torsten Kempke,
Prof. Dr. Christian Lübke,
Prof. Dr. Michael Müller-Wille,
Kerstin Schulmeyer M. A.,
Dr. Irmgard Siede,
Prof. Dr. Alfried Wieczorek

**Endredaktion der Ausstellungs-
und Handbuchkonzeption**

Die Mitglieder des koordinierenden Ausschusses (Koordinatoren und Generalkommissare)

Ausstellungsleitung

Dr. Birte Brugmann
(stellv. Projektleiterin, Mannheim)
Dr. Tibor Kovács (Budapest)
Dr. Zofia Gołubiew (Krakau)
Ulrike Kretzschmar M. A. (Berlin)
Prof. Dr. Alfried Wieczorek (Mannheim)
Dr. Milan Stloukal (Prag)
Prof. Dr. Matúš Kučera (Bratislava)

**Wissenschaftliches Generalsekretariat
in Mannheim**

Dr. Claudia Braun (bis 28. 2. 1999)
Reiss-Museum Mannheim
Dr. Birte Brugmann (ab 1. 3. 1999)
Deutsche Verbände für Altertumsforschung
Dr. Torsten Kempke,
Deutsche Verbände für Altertumsforschung
Monika Lange M. A.,
Deutsche Verbände für Altertumsforschung
Dr. Heino Neumayer,
Deutsche Verbände für Altertumsforschung
Kerstin Schulmeyer M. A.,
Deutsche Verbände für Altertumsforschung
Dr. Irmgard Siede,
Deutsche Verbände für Altertumsforschung

unter Mitarbeit von
Ingrid-Sibylle Hoffmann,
Deutsche Verbände für Altertumsforschung
Claudia Sachße M. A.,
Deutsche Verbände für Altertumsforschung
Miriam Wissen,
Deutsche Verbände für Altertumsforschung

Ausstellungsorganisation

Monika Lange M. A.,
Deutsche Verbände für Altertumsforschung

unter Mitarbeit von
Marianne Aselmeier M. A.,
Deutsche Verbände für Altertumsforschung
Claudia Sachße M. A.,
Deutsche Verbände für Altertumsforschung
Dr. Maria-Aurora von Hase-Salto,
Mannheim
Andrea Hiebel, Heppenheim
Monika Schmatz, Mannheim

Ausstellungsredaktion (Handbuch, Katalog, Ausstellungstexte)

Endredaktion und Redaktion Landesgruppe Deutschland:
Dr. Ursula Koch,
Reiss-Museum Mannheim
Dr. Heino Neumayer,
Deutsche Verbände für Altertumsforschung

unter Mitarbeit von
Dr. Jutta Pauli,
Deutsche Verbände für Altertumsforschung
Luisa Reiblich,
Reiss-Museum Mannheim

Redaktionsleitung Landesgruppe Ungarn:
Prof. Dr. Ernő Marosi

Redaktionsleitung Landesgruppe Polen:
Prof. Dr. Zofia Kurnatowska

Redaktionsleitung Landesgruppe Tschechien: Dr. Petr Sommer

Redaktionsleitung Landesgruppe Slowakei:
Dr. Alexander Ruttkay

Bildredaktion

Kathrin Fischer M. A.,
Reiss-Museum Mannheim

Ausstellungsaufbau

Dr. Birte Brugmann,
Deutsche Verbände für Altertumsforschung
Bernd Hoffmann,
Reiss-Museum Mannheim

unter Mitarbeit von
Edith Michelsen,
Deutsches Historisches Museum Berlin
Claudia Sachße M. A.,
Deutsche Verbände für Altertumsforschung
Gudrun-Christine Schimpf M. A.,
Deutsche Verbände für Altertumsforschung

Restauratorische Betreung des Gesamtprojektes

Bernd Hoffmann,
Reiss-Museum Mannheim

Ausstellungsgestaltung und Medientechnik

CUT GmbH Ingenieure + Gestalter, Heidelberg, Martin Nerbel und Regina Hauber
Gg. Heinzelmann GmbH & Co.KG, Mühlacker

Vitrinen

Glasbau Hahn GmbH & Co.KG, Frankfurt a.M.
Gg. Heinzelmann GmbH & Co.KG, Mühlacker

Audiovisuelle Medien

Wild Projects Aktiengesellschaft, Mannheim, Benny B. Weiler
Wikingergruppe Opinn Skjold e.V., Schleswig

Ausstellungsgraphik

Dipl. Des. (FH) Lucia Winckler, Aichtal
Holger Dieterich, Institut für Ur- und Frühgeschichte, Kiel
Bobrowsky Kommunikation & Design, Viernheim

Modellbau

Magyar Nemzeti Múzeum, Budapest
Robert Gaweł, Dr. Zbigniew Pianowski, Kraków
Muzeum Archeologiczne, Poznań
Pracownia Biżuterii Artystycznej i Galanterii Łowieckiey Jerzy Włodawiec, Poznań
Państwowe Muzeum Archeologiczne, Warszawa
Restaurierungswerkstatt V. und D. Wurmdobler, Erbes-Büdesheim
Christoph Lehr, Karlsruhe

Landesamt für Bodendenkmalpflege Mecklenburg-Vorpommern, Lübstorf
Impresa Pouchain S. R. L., Roma
Stuck & Sten Stocklassa AB, Stockholm
Archeologický ústav AV ČR, Praha
Archeologický ústav SAV, Nitra

Kunsttransporte

Hasenkamp Internationale Transporte GmbH & CoKG, Berlin

Versicherung

AXA Nordstern ART Versicherung AG

Kooperierende Institutionen

Auswärtiges Amt der Bundesrepublik Deutschland, Kulturabteilung

Staatsminister für die Angelegenheiten der Kultur und Medien der Bundesrepublik Deutschland

Nemzeti Kulturális Örökség Minisztériuma, Milleniumi Titkárság

Ministerium für Kultur und Kunst Polens

Ministerstvo kultúry Slovenskej republiky

Magyar Nemzeti Muzeum Budapest

Muzeum Narodowe w Krakowie

Muzeum Narodowe w Warzawie

Narodní muzeum Praha

Slovenské národné múzeum Bratislava

Königliches Schloss, Warschau

Generaldirektion der Staatlichen Museen Preußischer Kulturbesitz zu Berlin

Magyar Tudományos Akadémia Müvészettörténeti Intézete, Budapest

Magyar Tudományos Akadémia Régészeti Intézete, Budapest

Instytut Archeologii i Etnologii, Polska Akademia Nauk, Poznań

Historický ústav Akademie věd České republiky, Praha

Archeologický ústav Akademie věd České republiky, Praha

Centrum medievistický studii Akademie věd České republiky a University Karlovy v Praze

Archeologický ústav Slovenskej akadémie vied, Nitra

Deutsches Historisches Institut Paris

Monumenta Germaniae Historica, München

Römisch-Germanische Kommission des Deutschen Archäologischen Instituts, Frankfurt

Geisteswissenschaftliches Zentrum für Geschichte und Kultur Ostmitteleuropas, Leipzig

Fachhochschule für Technik und Wirtschaft Berlin, Studiengang Restaurierung und Grabungstechnik

Muzeum Pierwszych Piastów na Lednicy

Muzeum Początków Państwa Polskiego, Gniezno

Reiss-Museum Mannheim

Stiftung Schleswig-Holsteinische Landesmuseen Schloss Gottorf

Museum für Vor- und Frühgeschichte, Staatliche Museen zu Berlin

Thüringisches Landesamt für Archäologische Denkmalpflege

Brandenburgisches Landesmuseum für Ur- und Frühgeschichte und Landesdenkmalamt

Archäologisches Landesmuseum und Landesamt für Bodendenkmalpflege Mecklenburg-Vorpommern

Landesamt für Archäologie mit Landesmuseum für Vorgeschichte Sachsen

Archäologisches Landesamt Schleswig-Holstein

Bayerisches Landesamt für Denkmalpflege, Archäologische Außenstelle Oberfranken

Institut für Ur- u. Frühgeschichte der Christian-Albrecht-Universität Kiel

Lehrstuhl für Archäologie des Mittelalters und der Neuzeit, Universität Bamberg

Institut für Österreichische Geschichtsforschung, Wien

Seminar für Ur- und Frühgeschichte der Universität Göttingen

Leihgeber

Aachen
Domschatzkammer

Admont
Benediktinerstift Admont

Angermünde
Heimatmuseum

Aosta
Archivio Capitolare della Cattedrale

Arzberg
Dr. F. W. Singer (Privatbesitz)

Augsburg
Kirchenstiftung St. Ulrich und Afra

Bad Gandersheim
Ev.-luth. Stiftskirchengemeinde
St. Anastasius und Innocensius

Bamberg
Staatsbibliothek Bamberg

Barcelona/Vich
Archivio Episcopal

Basel
Universitätsbibliothek

Békéscsaba
Munkácsy Mihály Múzeum

Berlin
Kunstgewerbemuseum SMB

Berlin
Museum für Vor- und Frühgeschichte
SMB

Berlin
Staatsbibliothek zu Berlin-Preußischer
Kulturbesitz

Berlin
Stiftung Stadtmuseum, Märkisches
Museum

Beromünster
Kirchenschatz des Chorherrenstiftes
Beromünster

Biebelried
W. Gimperlein (Privatbesitz)

Bologna
Biblioteca Universitaria

Bratislava
Slovenské národné múzeum

Brescia
Biblioteca Civica Queriniana

Brno
Archeologický ústav Akademie věd České
republiky

Brno
Moravské zemské muzeum

Brno
Ústav archeologie a muzeologie
Filozofické fakulty Masarykovy univerzity

Budapest
Magyar Nemzeti Galéria

Budapest
Magyar Nemzeti Múzeum

Budapest
Magyar Nemzeti Múzeum, Könyvtár

Budapest
Magyar Országos Levéltár

Budapest
Országos Széchényi Könyvtár

Cambridge
Fitzwilliam Museum

Čelákovice
Městské muzeum

Cividale del Friuli
Museo Cristiano e Tesoro del Duomo

Darmstadt
Hessische Landes- und Hochschul-
bibliothek

Demmin
Kreisheimatmuseum

Dominowo
Gród Piastowski w Gieczu

Düsseldorf
Kunstmuseum Düsseldorf im Ehrenhof

Eger
Dobó István Vármúzeum

Einsiedeln
Stiftsbibliothek und Stiftsarchiv der Benediktinerabtei

Elbląg
Muzeum w Elblągu

Erlangen
Universitätsbibliothek Erlangen-Nürnberg

Esztergom
Balassa Bálint Múzeum

Frankfurt a. M.
Stadt- und Universitätsbibliothek

Freiburg i. Br.
Stadtarchiv Freiburg

Gießen
Universitätsbibliothek

Gniezno
Archiwum i Biblioteka Katedralna
Archidiecezjalne

Gniezno
Muzeum Archidiecezji Gnieźninskiej

Gniezno
Muzeum Początków Państwa Polskiego

Göttingen
Niedersächsische Staats- und Universitätsbibliothek

Heidelberg
Universitätsbibliothek

Herzogenburg
Augustiner Chorherrenstift Herzogenburg

Hildesheim
Dom- und Diözesanmuseum

Idar-Oberstein
Firma Ruppenthal Edelsteinschleiferei

Kalocsa
Viski Károly Múzeum

Karlsruhe
Badische Landesbibliothek

Karlsruhe
Generallandesarchiv

Kassel
Gesamthochschul-, Landes- und
Murhardsche Bibliothek Kassel

Kecskemét
Katona József Múzeum

Keszthely
Balatoni Múzeum

Köln
Erzbischöfliches Diözesanmuseum

Köln
Historisches Archiv der Stadt Köln

Köln
Schnütgen-Museum

Köln
Kath. Kirchengemeinde St. Pantaleon

Köln
Katholische Kirchengemeinde St. Severin

Kraków
Biblioteka Muzeum Narodowego, Oddzial Czartoryskich

Kraków
Biblioteka Kapitulna

Kraków
Biblioteka Jagiellońska

Kraków
Muzeum Archeologiczne

Kraków
Muzeum Katedralne Jana Pawła II.

Kraków
Muzeum Narodowe w Krakowie

Kraków
Zamek Królewski na Wawelu, Państwowe Zbiory Sztuki

Kraków-Tyniec
Opactwo Benedyktynów w Tyńcu

Kulmbach
Landschaftsmuseum Obermain

Leipzig
Universitätsbibliothek der Stadt Leipzig

Lednogóra
Muzeum Pierwszych Piastów na Lednicy

Lucca
Biblioteca Statale di Lucca

Lübstorf
Archäologisches Landesmuseum Mecklenburg-Vorpommern

Łódź
Muzeum Archeologiczne i Etnograficzne

Łomża
Muzeum Północno-Mazowieckie

London
British Library

London
British Museum

Maastricht
Schatskamer Sint-Servaas

Mainz
Bischöfliches Dom- und Diözesanmuseum

Mainz
Landesmuseum Mainz

Manchester
John Rylands University Library of Manchester

Martin
Matica Slovenská Literárnomúzejné Oddelenie

Memmelsdorf
Bayerisches Landesamt für Denkmalpflege, Außenstelle Bamberg, Arch. Außenstelle Memmelsdorf

Milano
Archivio di Stato di Milano

Milano
Biblioteca Ambrosiana

Minden
Katholisches Dompropstei-Pfarramt

Miskolc
Herman Ottó Múzeum

Mosonmagyaróvár
Hanság Múzeum

Most
Ústav archeologické památkové péče severozápadních Čech

München
Bayerische Staatsbibliothek

München
Bayerisches Hauptstaatsarchiv

München
Schatzkammer der Residenz München

Münster
Universitäts- und Landesbibliothek

Niederalteich
Paramenten- und Schatzkammer der Benediktinerabtei

Nitra
Archeologický ústav Slovenskej akadémie vied

Nürnberg
Germanisches Nationalmuseum

Nyíregyháza
Jósa András Múzeum

Olomouc
Památkový ústav v Olomouci

Orléans
Musée historique et archéologique de l'Orléanais

Osnabrück
Domschatzkammer und Diözesanmuseum Osnabrück

Ostrów Lednicki
Muzeum Pierwszych Piastów na Lednicy

Pannonhalma
Pannonhalmi Főapátság Gyűjteménye

Paderborn
Erzbischöfliches Diözesanmuseum Paderborn

Paris
Bibliothèque nationale de France

Paris
Cabinet des Médailles

Paris
Musée national du Moyen Age

Pécs
Janus Pannonius Múzeum

Poznań
Uniwersytet im. Adama Mickiewicza, Instytut Historii

Poznań
Polska Akademia Nauk, Instytut Archeologii i Etnologii

Poznań
Muzeum Archeologiczne

Poznań
Muzeum Narodowe w Poznaniu

Puhlheim
Rheinisches Amt für Denkmalpflege, Abtei Brauweiler

Praha
Archeologický ústav Akademie věd České republiky

Praha
Filozofický ústav Akademie věd České republiky, Centrum medievistických studií

Praha
Knihovna, Metropolitní kapitulny sv. Víta

Praha
Národní knihovna České republiky

Praha
Národní muzeum, Oddělení prehistorie a protohistorie

Praha
Národní galerie

Praha
Památky ústav středních Čech, Praha

Praha
Praszký ústav památkové péče

Praha
Muzeum hlavního města Prahy

Praha
Správa Pražského hradu

Praha
Metropolitní kapitula w sv. Vita, Praha

Příbram
Okresní muzeum

Regensburg
Museen der Stadt Regensburg

Reims
Trésor de la Cathédrale

Roma
Biblioteca Nazionale Centrale Vittorio Emanuele II

Roma
Museo Nazionale di Palazzo Venezia

Roma
S. Bartolomeo all'Insula

Roma
Pontificio Istituto di Archeologia Cristiana

Salzburg
Dommuseum zu Salzburg

Schaffhausen
Stadtbibliothek, Ministerialbibliothek

Schleswig
Stiftung Schleswig-Holsteinische Landesmuseen Schloss Gottorf

Siegburg
Abtei Michaelsberg

Sopron
Liszt Ferenc Múzeum

St. Gallen
Stiftsbibliothek

Stockheim
G. Förtsch (Privatbesitz)

Stockholm
Statens Historiska Museet

Szczecin
Muzeum Narodowe

Szeged
Móra Ferenc Múzeum

Szentes
Koszta József Múzeum

Székesfehérvár
Szent István király Múzeum

Topolčany
Vlastivedné Muzeum

Torino
Archivio di Stato di Torino

Trier
Bischöfliches Dom- und Diözesanmuseum

Trier
Domschatz

Trier
Stadtbibliothek Trier

Udine
Archivio Arcivescovile

Città del Vaticano
Fabbrica di San Pietro

Città del Vaticano
Biblioteca Apostolica Vaticana

Città del Vaticano
Monumenti, Musei e Gallerie Pontificie

Venezia
Museo della Basilica di San Marco, Tesoro di San Marco

Vercelli
Archivio e Biblioteca Capitolare

Veszprém
Laczkó Dezső Múzeum

Visegrád
Mátyás király Múzeum

Warszawa
Biblioteka Narodowa

Warszawa
Muzeum Narodowe w Warszawie

Warszawa
Państwowe Muzeum Archeologiczne

Wien
Kunsthistorisches Museum Wien

Wien
Österreichische Nationalbibliothek

Wolfenbüttel
Herzog August Bibliothek

Worms
Katholisches Pfarramt Dom St. Peter Worms

Worms
Stadtarchiv

Wrocław
Polska Akademia Nauk, Instytut Archeolgii i Etnologii Oddział we Wrocławiu, Stacja Badawcza w Wolinie

Wrocław
Zbiory Katedry Archeologii Uniwersytetu Wrocławskiego

Wünsdorf
Brandenburgisches Landesmuseum für Ur- und Frühgeschichte und Landesdenkmalamt

Würzburg
Universitätsbibliothek

Würzburg
Staatsarchiv

Zalaegerszeg
Göcseji Múzeum

Žatec
Regionální muzeum K. A. Polánka

INHALT

Europas Mitte um 1000   I
ALFRIED WIECZOREK, JOHANNES FRIED,
MICHAEL MÜLLER-WILLE

1 Moderne Nationen
und ihre Vergangenheitsbilder 2

Die Jahrtausendwende im modernen
tschechischen Geschichtsbewusstsein   4
JIŘÍ RAK

Die Rezeption der ersten Jahrtausendwende im 19. und 20. Jahrhundert
in Ungarn   9
KATALIN SINKÓ

Die Zeit um das Jahr 1000 in der
polnischen Kunst Ende des 18. und
im 19. Jahrhundert   21
ZOFIA OSTROWSKA-KĘBŁOWSKA

Das Jahr 1000 im Spiegel nationalhistorischer Meistererzählungen –
Ostmitteleuropäische Beispiele
aus dem 19. und 20. Jahrhundert   35
FRANK HADLER

2 Antikes Erbe
und christliche Tradition 40

Antikes Erbe und christliche Tradition –
die erste Jahrtausend-
wende in der Geschichte   42
JOHANNES FRIED

Die Bedeutung von Byzanz   50
WOLFRAM BRANDES

Fortwirken der Antike
in der ottonischen Kunst   55
IRMGARD SIEDE

3 Slawen und Ungarn in Europas Mitte 62

3.1 Länder und Landschaften um 1000 64

Politische Einigungen und frühe Machtkonzentrationen in Europas Mitte im 10. Jahrhundert 66
JOACHIM EHLERS

Der Mensch in seiner geographischen Umwelt im Mittelalter 70
JAN TYSZKIEWICZ

Archäologische Forschungsmethoden und Ergebnisse zur Wechselbeziehung von Mensch und Umwelt im Mittelalter 74
JULIAN WIETHOLD

Das Karpatenbecken 81
SÁNDOR FRISNYÁK

Die natürliche Umwelt Mittelgroßpolens zur Zeit des Aktes von Gnesen 85
KAZIMIERZ TOBOLSKI

3.2 Siedlung und Wirtschaft 90

Die Wirtschaft, Besiedlung und Siedlungslandschaft der Westslawen zwischen Oder und Weichsel 92
STANISŁAW KURNATOWSKI

Siedlungslandschaften, Siedlung und Wirtschaft der Westslawen zwischen Elbe und Oder 97
EIKE GRINGMUTH-DALLMER

Wirtschaft, Siedlungsweise und Siedlungsgebiete der Westslawen zwischen dem Erzgebirge und der Donau 104
JAN KLÁPŠTĚ

Das Alltagsleben im westslawischen Dorf um das Jahr 1000 108
ZBIGNIEW KOBYLIŃSKI

Zur Ernährung im östlichen, slawischen Mitteleuropa um das Jahr 1000 111
HELMUT KROLL

Früh- und hochmittelalterliche Keramik bei den Westslawen 114
SEBASTIAN BRATHER

Wirtschafts- und Siedlungswesen in Ungarn zur Zeit der Staatsgründung 121
MIKLÓS TAKÁCS

3.3 Wirtschaft und Kommunikation ... 126

3.3.1 Handel und Verkehr

Fernhandel und Handelsplätze — 128
MICHAEL MÜLLER-WILLE

Der Handel zwischen West und Ost — 136
MILENA BRAVERMANOVÁ, PETR CHARVÁT, VLASTIMIL NOVÁK UND KATEŘINA TOMKOVÁ

Internationale Wege durch das Karpatenbecken — 139
GYULA KRISTÓ

Brücken und Brückenbau im östlichen Mitteleuropa um 1000 — 142
GERHARD WILKE

Der mährische Handel — 146
LUMÍR POLÁČEK

Gesandtschaften, Pilgerfahrten und Reiseberichte — 148
PETR CHARVÁT

3.3.2 Multiethnische Handelsplätze an der Ostsee und an den transkontinentalen Handelsrouten

Wollin – ein frühmittelalterliches Zentrum an der Ostsee — 152
WŁADYSŁAW FILIPOWIAK

Stettin (Szczecin) — 156
WŁADYSŁAW ŁOSIŃSKI

Ralswiek — 163
JOACHIM HERRMANN

Kolberg (Kołobrzeg) — 167
LECH LECIEJEWICZ

Truso – Siedlung und Hafen im slawisch-estnischen Grenzgebiet — 170
MAREK F. JAGODZIŃSKI

Prag um das Jahr 1000: Infrastruktur, Verkehrswesen — 175
JARMILA ČIHÁKOVÁ

Regensburg – eine mittelalterliche Großstadt an der Donau — 179
SILVIA CODREANU-WINDAUER UND ELEONORE WINTERGERST

Köln als Handelsplatz des Früh- und des Hochmittelalters — 184
SVEN SCHÜTTE

3.3.3 Münzwesen und andere Formen der Währung

Münze und Geld um 1000 — 188
BERND KLUGE

Die Anfänge der polnischen Münzprägung — 195
STANISŁAW SUCHODOLSKI

Das Münzwesen und andere Formen der Währung in Ungarn — 197
LÁSZLÓ KOVÁCS

Münzen und andere Tauschmittel in Böhmen — 199
JARMILA HÁSKOVÁ

Eisenbarren — 201
DARINA BIALEKOVÁ

Slawische Hortfunde — 203
HANNA KÓĆKA KRENZ

3.4 Die Ungarn im Kontakt mit Byzanz und dem römisch-lateinischen Imperium ... 208

Die sprachlich-ethnisch-kulturelle Gliederung der Ungarn — 210
LAJOS KISS

Das Karpatenbecken zur Zeit der Landnahme. Politische, kulturelle und ethnische Voraussetzungen — 213
BÉLA MIKLÓS SZŐKE

Die karolingische Civitas Mosaburg (Zalavár) — 217
BÉLA MIKLÓS SZŐKE

Die Ungarnzüge — 221
FERENC MAKK

Die ungarische Kampftechnik in den Feldzügen gegen Europa — 225
ISTVÁN BÓNA

3.5 Die Westslawen – Nachbarn des römisch-lateinischen Imperiums ... 232

Herkunft und Gliederung der Westslawen LECH LECIEJEWICZ	234
Heidnische Religion westlicher Slawen LESZEK PAWEŁ SŁUPECKI	239
Der altslawische Tempelort Groß Raden in Mecklenburg ROLF VOSS	252
Die Burgen und die Ausbildung der Stammesaristokratie bei den urpolnischen Slawen ZOFIA KURNATOWSKA	257
Bruszczewo – ein Dorf in Südgroßpolen, Kreis Koscian MICHAŁ BRZOSTOWICZ	264
Naszacowice JACEK POLESKI	267
Burgwälle des 8. bis 12. Jahrhunderts zwischen Elbe und Oder TORSTEN KEMPKE	270
Brandenburg an der Havel KLAUS GREBE	274
Der Burgwall von Berlin Spandau ADRIAAN VON MÜLLER	278
Slawische Burgwälle an der Kastorfer–Möllner–Seenkette VOLKER SCHMIDT	282
Burgwälle, Burgen und Burgstädte in Böhmen JIŘÍ SLÁMA	286
Burgwälle, Burgen und Burgstädte in Mähren LUMÍR POLÁČEK	289
Die Ausbildung herrschaftlicher Strukturen bei den Westslawen NAĎA PROFANTOVÁ	293

3.6 Mährisches Reich ... 296

Anläufe zur Gestaltung des slawischen Reiches: Großmähren DUŠAN TŘEŠTÍK	298
Mission in Mähren: Zwischen dem lateinischen Westen und Byzanz VLADIMÍR VAVŘÍNEK	304
Das Fürstentum von Neutra (Nitra) im Großmährischen Reich und in Ungarn JÁN STEINHÜBEL	311
Stará Kouřim ANDREA BARTOŠKOVÁ	314
Mikulčice LUMÍR POLÁČEK	317
Staré Město – Uherské Hradiště LUDĚK GALUŠKA	323
Devín und Preßburg (Bratislava) – zwei bedeutende Burgen des Frühmittelalters an der mitteren Donau TATIANA ŠTEFANOVIČOVÁ	327
Pohansko bei Břeclav JIŘÍ MACHÁČEK	330
Die Ausbildung herrschaftlicher Strukturen bei den Westslawen auf dem Gebiet der heutigen Slowakei ALEXANDER T. RUTTKAY	333

4 Die Formierung der Mitte Europas 340

Reichsbildungen, Kirchengründungen
und das Entstehen neuer Völker   342
HERWIG WOLFRAM

4.1 Böhmen 354

Die Tschechen   356
DUŠAN TŘEŠTIK

4.1.1 Herrschaftszentren und Herrschaftsorganisation

Herrschaftszentren und Herrschaftsorganisation   367
JOSEF ŽEMLIČKA

Prag   373
LADISLAV HRDLIČKA

Die Prager Burg   376
JAN FROLÍK UND MILENA BRAVERMANOVÁ

Levý Hradec   379
KATEŘINA TOMKOVÁ

Libice   382
JARMILA PRINCOVÁ

Altbunzlau (Stará Boleslav)   385
IVANA BOHÁČOVÁ

Olmütz (Olomouc)   389
JOSEF BLÁHA

Saaz (Žatec)   393
PETR ČECH

Alt-Pilsen (Starý Plzenec)   395
JIŘÍ SLÁMA

Budeč   397
ANDREA BARTOŠKOVÁ

4.1.2 Die Christianisierung Böhmens

Die Christianisierung Böhmens
aufgrund archäologischer, kunsthistorischer und schriftlicher Quellen   401
PETR SOMMER

Die heiligen Bezirke in Pohansko
bei Břeclav – ein Beitrag zur Kenntnis
des Heidentums und des Christentums der mitteleuropäischen Slawen
im frühen Mittelalter   405
JIŘÍ MACHÁČEK

Die Gründung des Prager
und des mährischen Bistums   407
DUŠAN TŘEŠTIK

Christliche Architektur und Kunst im
böhmischen Staat um das Jahr 1000   411
ANEŽKA MERHAUTOVÁ UND PETR SOMMER

Das Kloster Břevnov	418		Die christlichen Bestattungen	426
PETR SOMMER			PETR SOMMER	
Das Kloster Ostrov (Insula) bei Davle	420			
PETR SOMMER			**4.1.3 Die Přemysliden und Böhmen**	
Das Kloster Sazau (Sázava)	422		Die Přemsliden und Böhmen	430
PETR SOMMER			JOSEF ŽEMLIČKA	
Der Mönch Christian, Bruder Boleslavs II.	424		Boleslav I., Boleslav II., Boleslav III.	436
DUŠAN TŘEŠTÍK			JIŘÍ SLÁMA	
			Přemysliden und Slavnikiden	441
			JIŘÍ SLÁMA	

4.2 Polen 444

4.2.2 Die Christianisierung Polens

			Die Christianisierung Polens im Lichte der schriftlichen Quellen	487
			JERZY STRZELCZYK	
			Die Christianisierung Polens im Lichte der archäologischen Quellen	490
			ZOFIA KURNATOWSKA	
			Das Treffen in Gnesen und die Gründung des Erzbistums Gnesen	494
			JERZY STRELCZYK	
Polen im 10. Jahrhundert	446		Die Gründung des Erzbistums Gnesen unter kirchenrechtlichen Aspekten	498
JERZY STRELCZYK			ERNST-DIETER HEHL	
4.2.1 Herrschaftszentren und Herrschaftsorganisation			Sakralarchitektur in Polen	502
			KLEMENTYNA ŽUROWSKA	
Herrschaftszentren und Herrschaftsorganisation	458		Die Domkirche von Breslau (Wrocław)	507
ZOFIA KURNATOWSKA			EDMUND MAŁACHOWICZ	
Giecz	464		Die Kirche im Burgwall von Kałdus bei Kulm (Chełmno)	511
TERESA KRYSZTOFIAK			WOJCIECH CHUDZIAK	
Die Burg Ostrów Lednicki – ein frühstaatliches Zentrum der Piastendynastie	467		Die ersten Klöster auf dem polnischen Gebiet	515
JANUSZ GÓRECKI			MAREK DERWICH	
Gnesen (Gniezno)	471		Purpureae passionis aureus finis Brun von Querfurt und die Fünf Märtyrerbrüder	519
TOMASZ SAWICKI			BRYGIDA KÜRBIS	
Posen (Poznań)	475		Christliche Bestattungen	527
MICHAŁ KARA			MICHAŁ KARA UND ZOFIA KURNATOWSKA	
Krakau (Kraków)	479		**4.2.3 Die Piasten und Polen**	
ZBIGNIEW PIANOWSKI				
Breslau (Wrocław)	483		Die Piasten und Polen	531
PAWEŁ RZEŹNIK			JERZY STRELCZYK	
			Die außenpolitischen Beziehungen der ersten Piasten	536
			JERZY STRELCZYK	

BAND 2

4.3 Ungarn 540

4.3.1 Ungarn und die Arpaden

Ungarn – ein historischer Überblick — 542
LÁSZLÓ VESZPRÉMY

Die historische Geographie der ungarischen Länder — 551
GYULA KRISTÓ

Das Karpatenbecken von der Landnahme bis zur Staatsgründung — 555
CSANÁD BÁLINT

Die Sprache der Ungarn — 564
LORÁND BENKŐ

Die Arpaden und Ungarn — 566
GYULA KRISTÓ

4.3.2 Herrschaftszentren und Herrschaftsorganisation

Herrschaftszentren und Herrschaftsorganisation — 570
JÓZSEF GERICS

Stephan I. und sein Werk — 574
GYÖRGY GYÖRFFY

Gran (Esztergom) zur Zeit Stephans des Heiligen — 576
ISTVÁN HORVÁTH

Das Herzogtum Neutra (Nitra) und Ungarn. Vom Niedergang Großmährens bis zum Ende des 11. Jahrhunderts — 581
RICHARD MARSINA

Die mittelalterliche Burg von Visegrád — 584
MÁTYÁS SZŐKE

Abaújvár — 588
MÁRIA WOLF

Der Burgwall von Borsod — 590
MÁRIA WOLF

Karlsburg (Gyulafehérvár, Alba Iulia) — 593
ELEK BENKŐ

Mănăstur (Kolozsmonostor) bei Klausenburg (Cluj) — 597
ELEK BENKŐ

4.3.3 Die Christianisierung Ungarns

Die Christianisierung Ungarns anhand der Quellen — 600
GÉZA ÉRSZEGI

Königin Gisela von Ungarn — 608
LÁSZLÓ VESZPRÉMY

Christliche Architektur in Ungarn — 613
ERNŐ MAROSI

Das Kloster von Martinsberg (Pannonhalma) — 617
IMRE TAKÁCS

Das Marienstift Stuhlweißenburg (Székesfehérvár) — 621
PIROSKA BICZÓ

Das Grab des heiligen Stephan in Stuhlweißenburg (Székesfehérvár) — 625
ERNŐ MAROSI

Neutra (Nitra) und Zobor — 628
ALEXANDER T. RUTTKAY

Die Kathedrale von Veszprém — 633
SANDOR TÓTH

Bischof Gerhard von Csanád — 636
GABRIEL SILAGI

Christliche Bestattungen — 638
ZSUZSA LOVAG

Die Kasel von Stuhlweißenburg (Székesfehérvár) und die Bamberger Paramente — 640
ÉVA KOVÁCS (†)

4.4 Heidnische Reaktion: Slawen an Elbe und Ostsee 652

Die Elb- und Ostseeslawen — 654
CHRISTIAN LÜBKE

Starigard-Oldenburg — 658
INGO GABRIEL

Mecklenburg — 662
PETER DONAT

4.5 Ottonische Politik in der Mitte Europas 666

4.5.1 Expansion und Mission

Relikte heidnischen Glaubens
in Sachsen 668
LUTZ E. V. PADBERG

Festigung und Ausbau des lateinischen
Christentums: Die ottonische Mission
bei den Westslawen und Ungarn 671
LUTZ E. V. PADBERG

Ottonen – Heinriche – Liudolfinger.
Ein Herrschergeschlecht aus Sachsen 676
BERND SCHNEIDMÜLLER

Otto der Große und die Gründung
des Erzbistums Magdeburg 689
MATTHIAS BECHER

Burgenbau und Befestigungstechnik
des 10. Jahrhunderts im deutschen
Altsiedelland und in den Marken 694
HORST WOLFGANG BÖHME

Die Burg Meißen 701
CHRISTIAN LÜBKE

Die archäologischen Untersuchungen
auf der Burg Meißen 703
ARNE SCHMID-HECKLAU

4.5.2 Slawen und Deutsche

Slawen und Deutsche 707
CHRISTIAN LÜBKE

Kontakte und Austausch-
beziehungen zwischen Slawen
und Deutschen im Alltag 709
DARINA BIALEKOVÁ

Slawische Siedlung in Nordostbayern 713
JOCHEN HABERSTROH

Slawen und Deutsche in Thüringen 718
SIGRID DUŠEK

Das Hannoversche Wendland um 1000 723
KARL-HEINZ WILLROTH

Die spätslawische Marktsiedlung
von Parchim-Löddigsee (11./12. Jahrhundert n.Chr.) 727
DIETLIND PADDENBERG

Die slawische Fürstenburg von Dobin,
Mecklenburg-Vorpommern 730
PETER ETTEL

Deutsche und Slawen in Sachsen
und Sachsen-Anhalt 732
THOMAS WESTPHALEN

Befestigung, Kirche und Gräberfeld
von Dresden-Briesnitz, Kr. Dresden 734
RÜDIGER VON SCHNURBEIN

4.6 Otto III. und die Erneuerung des Römerreiches 736

Die Erneuerung des Römischen Reiches 738
JOHANNES FRIED

Herrscher und Dynastien.
Die Akteure der Zeit um 1000 745
LUDGER KÖRNTGEN

Graecisca sublimitas:
Byzanz' Attraktivität und der abend-
ländische Westen 749
FRANZ-REINER ERKENS

Die Memoria Ottos II. in Rom 754
MICHAEL BORGOLTE

Die ottonische Kirchenruine
in Memleben 758
MATTHIAS UNTERMANN

Das Missionskloster Memleben 761
JOHANNES FRIED

Das Diplom Ottos III. für Meißen 764
THEO KÖLZER UND THOMAS LUDWIG

Die Siegel und die Bullen Ottos III. 767
HAGEN KELLER

Erzbischof Heribert von Köln
und der „Osten" 774
HERIBERT MÜLLER

Der Doge Peter Orseolo II. von Venedig 782
DANIELA RANDO

Polen und Ungarn als Stützpunkte Ottos III. im Osten JÓZSEF GERICS	784	Die Adlerkapitelle in der Krypta von San Bartolomeo all'Isola in Rom UTE DERCKS	809
Kaiser Otto III. und Aachen KNUT GÖRICH	786	Nähe und Ferne: Zur Lesbarkeit von Raum in der ottonischen Buchmalerei LIESELOTTE E. SAURMA-JELTSCH	813
Otto III. – Christianisierung und Endzeiterwartung OLIVER RAMONAT	792	Neue Kriege: Heinrich II. und die Politik im Osten STEFAN WEINFURTER	819
Imperator Augustus und Christomimetes. Das Selbstbild Ottos III. in der Buchmalerei WOLFGANG CHRISTIAN SCHNEIDER	798		

5 Neues Erbe: Nationen in Europas Mitte ... 826

5.1 Kulturelle Gemeinsamkeiten ... 828

Gemeinsame Züge der mitteleuropäischen Staaten JOSEF ŽEMLIČKA	830	Kirchenbau und liturgischer Raum ERNÖ MAROSI	842
Die neuen Heiligenkulte in Mitteleuropa um das Jahr 1000 TERESA DUNIN-WĄSOWICZ	834	Das Mönchtum als Integrationsfaktor in Europas Mitte GEORG JENAL	845
Der heilige Adalbert – Schutzheiliger des neuen Europas TERESA DUNIN-WĄSOWICZ	839	Ausstrahlung süddeutscher Skriptorien in die östlich und nördlich benachbarten Skriptorien MARTINA PIPPAL	849
		Gemeinsame Rechts- und Kirchenrechtsvorstellungen ERNST-DIETER HEHL	853

5.2 Kulturelle Vielfalt und nationale Identität 858

5.2.1 Dynastien- und Nationenbildung

Europa: Auf dem Weg zur Einheit in Vielfalt — CHRISTIAN LÜBKE — 860

Die Anfänge nationaler Geschichtsschreibung im Hochmittelalter: Widukind von Corvey, Gallus Anonymus, Cosmas von Prag, Gesta Hungarorum — NORBERT KERSKEN — 863

Gesta Hungarorum. Die Anfänge nationaler Chronistik im Mittelalter — LÁSZLÓ VESZPRÉMY — 868

Großmähren und die slowakische Geschichte. Von der Entstehung Großmährens bis zu dessen Niedergang im Jahre 907 — MATÚŠ KUČERA — 871

5.2.2 Dynastische Heilige und Landespatrone

König Stephan der Heilige — LÁSZLÓ VESZPRÉMY — 875

Emmerich, der Sohn König Stephans — LÁSZLÓ VESZPRÉMY — 880

Die dynastischen Heiligen und Landespatrone: Wenzel, Ludmilla und Adalbert — DUŠAN TŘEŠTÍK — 883

Der heilige Wenzel: Kult und Ikonographie — FRANZ UND MARGARITA MACHILEK — 888

Die heiligen Mauritius, Laurentius, Ulrich und Veit — ERNST-DIETER HEHL — 895

Abendländische Biographie um 1000 – ein Querschnitt — WALTER BERSCHIN — 899

5.2.3 Herrschaftszeichen und nationale Identität

Die heilige Lanze Ungarns — LÁSZLÓ KOVÁCS — 902

Die böhmischen Insignien und der steinerne Thron — DUŠAN TŘEŠTÍK UND ANEŽKA MERHAUTOVÁ — 904

Die Heilige Lanze und die polnischen Insignien — ZBIGNIEW DALEWSKI — 907

Die Herrschaftszeichen des Römischen Reiches im 10. und 11. Jahrhundert — JÜRGEN PETERSOHN — 912

6 Ausblick 916

1000 Jahre gemeinsames Erbe: Mitteleuropa zwischen dem Jahr 1000 und 2000 — PIOTR S. WANDYCZ — 918

Quellen	929
Literatur	932
Autoren und Übersetzer des Handbuchs	978
Topographisches Register	979
Namensregister historischer Personen, Heiliger und Gottheiten	988
Bildnachweis	997

Europas Mitte um 1000

ALFRIED WIECZOREK, JOHANNES FRIED, MICHAEL MÜLLER-WILLE

Vor einem Jahrtausend formierten sich in der Mitte Europas jene Länder und Völker, die heute, an der Schwelle vom zweiten zum dritten Jahrtausend, aus nationalen Vergangenheiten zu neuer Einheit aufbrechen. Mit dem geplanten Beitritt Polens, Tschechiens, Ungarns und der Slowakei zur Europäischen Union schließt sich damit nicht nur symbolisch der Bogen einer tausendjährigen, gemeinsamen Geschichte, die friedlicher Austausch ebenso kennzeichnete wie Konflikte, ja traumatische Erfahrungen. Europa wächst zusammen. Eine neue Identität ist im Entstehen, ohne die nationalen Identitäten zu verdrängen.

Die Ausstellung „Europas Mitte um 1000", ein deutsch-polnisch-slowakisch-tschechisch-ungarisches Gemeinschaftsprojekt, thematisiert die mit dem Eintritt der Westslawen und Ungarn in den abendländischen Kulturkreis beginnende Genese der Mitte Europas. Ob Fernhandel oder Raubzug, kriegerische Expansion oder höfische Gesandtschaft, ob christliche Missionierung, heidnische Reaktion, adelige Heiratspolitik oder dörfliches Neben- und Nacheinander: der Kontakt zwischen Westslawen und Ungarn und den benachbarten Kulturen, dem byzantinischen Reich im Südosten und dem ostfränkischen, später römisch-deutschen Reich im Westen, erfolgte auf verschiedenen Ebenen und in unterschiedlicher Intensität.

Um die Jahrtausendwende jedoch hatte das Streben nach Teilhabe, die bewusste und unbewusste Partizipation an der lateinisch-christlichen Kultur zur Ausbildung von Strukturen geführt, die die Zugehörigkeit der entstehenden Reiche – Böhmen, Polen und Ungarn – zum Abendland begründeten. Mit der Annahme des christlichen Glaubens durch die Herrschenden entstanden die christlichen Dynastien der Přemysliden, Piasten und Arpaden, aus denen bald erste Heilige und künftige Landespatrone hervorgehen sollten: Herzog Wenzel, Bischof Adalbert, König Stephan. Im universalen Missionsverständnis des zeitgenössischen Kaisers aus sächsisch-griechischem Haus, des jugendlichen Otto III., und seines päpstlichen Mentors, Silvester II., wurden sie zu Mitaposteln, zu Helfern bei der Ausbreitung des Christentums: „Renovatio Imperii Romanorum" (Erneuerung des Römerreiches) lautete die Devise. Könige wurden erhoben und allseitig anerkannt, Erzbistümer errichtet: Gran in Ungarn und Gnesen in Polen. Im Jahr 1000 unternahm der Kaiser selbst einen Pilgerzug nach Gnesen, an das Grab des heiligen Adalbert, des Pruzzenmissionars und Märtyrers.

Diese Ereignisse bilden den Stoff für Vergangenheitsbilder, die in ihrer je eigenen Ausprägung bis heute das kollektive Bewusstsein der Nationen von ihren Anfängen, dem Beginn ihrer Geschichte, bestimmen. Für die im 19. Jahrhundert entstehenden Nationalstaaten wurde die historische Legitimation, die Vergewisserung des Eigenen in der Geschichte, zur Form nationaler Identitätsstiftung; gleichermaßen verbunden mit politischer Freiheit und nationaler Selbstbestimmung wie mit einer sich gelegentlich bis zur feindseligen Ablehnung steigernden Abgrenzung gegenüber dem Fremden, dem national Anderen.

Doch die im 9., 10. und 11. Jahrhundert mit regionaler Herrschaftsbildung einhergehende bzw. sich an diese anschließende Ethnogenese war in ihrer politisch-nationalen Konsequenz weder zielgerichtet noch bewusst geplant. Den Zeitgenossen selbst fehlten die soziologischen Kategorien und entsprechenden Wahrnehmungs- und Handlungsmodelle, um die komplexen gesellschaftlichen Transformationen zu erfassen und zu beschreiben oder sie gar absichtsvoll zu lenken. Die in Europa anhebenden ethnogenetischen Prozesse bedingten einander gegenseitig und wirkten wechselseitig aufeinander ein. Sie vollzogen sich in gegenseitiger Abgrenzung. Das Eigene war nicht zuletzt das Gegenbild des Fremden. Die Ethnogenese der Deutschen beispielsweise ging einher mit dem komplementären Verhalten der Tschechen, Polen und Ungarn. Das Werden des einzelnen Volkes ist notwendig Bestandteil der Geschichten seiner europäischen Nachbarn, Europa die Summe seiner Völker und Nationen. Diese komplexe Wechselseitigkeit sichtbar zu machen, ist ein Ziel der Ausstellung.

Die Darstellung der Integration der Westslawen und Ungarn in das christlich-lateinische Abendland der Zeit um 1000 bedarf der kulturgeschichtlich-interdisziplinären Arbeitsweise. Nur durch das Zusammenwirken der historischen, kunsthistorischen und archäologischen Disziplinen mit ihren unterschiedlichen Methoden unter der Klammer der kulturgeschichtlichen Fragestellung an die Zeugnisse der Zeit um 1000 vermögen wir eine Annäherung an die damaligen Ereignisse und Prozesse aufzuzeigen – unser derzeitiges Bild, wie wir einschränkend bekennen müssen. Die kulturgeschichtliche Betrachtungsweise lässt ein farbenprächtiges Panorama von Politik und Herrschaft, Kirche und Religion, Kultur und Bildung, von der Wirtschaft und den sozialen Verhältnissen, vom Alltag und den Lebensbedingungen der Menschen entstehen.

Die Aussagen der Schriftquellen erfahren dabei insbesondere durch die Archäologie eine wesentliche Ergänzung. Funde und Befunde von Burgen und Palästen, städtischen und ländlichen Siedlungen, Kirchen und heidnischen Heiligtümern sowie von Gräbern und Horten bieten vielfältige und anschauliche Zeugnisse zur Kultur-, Wirtschafts-, Sozial- und Religionsgeschichte von Slawen, Ungarn und Deutschen in der Mitte Europas während der Zeit um 1000.

Nicht zufällig setzt die Ausstellung in der Zeit um 830 ein, als durch Vereinigung zweier gerade christlich gewordener Fürstentümer an der March und in der heutigen Slowakei das Mährische Reich entstand. Dieses war bis in das frühe 10. Jahrhundert die am weitesten fortgeschrittene Region im Slawenland zwischen Ostsee und Donau. Große, dicht besiedelte Hauptorte wie Mikulčice, Staré Město und Nitra, Kirchen, aber auch erste weltliche Repräsentationsbauten aus Stein, eine schnell sich diversifizierende Produktion vom Töpfer-, Ziegler- und Schmiedehandwerk bis hin zum Juweliergewerbe – nördlich der Karpaten kennen wir nichts Vergleichbares. Dieser Entwicklungsunterschied ist aus der schriftlichen Überlieferung keineswegs in dieser Deutlichkeit zu entnehmen, sondern wird erst am Fundmaterial evident. Diese Aussage wird auch dadurch nicht gemindert, daß Mähren und die Slowakei einige Jahrzehnte bevorzugte Schauplätze großflächiger Ausgrabungen waren, wie sie die meisten anderen Regionen bis heute nicht erlebt haben.

Gewiß, das Mährische Reich zerfiel im frühen 10. Jahrhundert, und dies nicht nur im politischen Sinne, kam es damals doch im alten Kernland an der March zum schnellen Niedergang, mitunter sogar zur völligen Auflassung der Hauptburgen, zum Rückgang von Handwerk und Gewerbe. Dafür aber fand, dies zeigen Kunsthandwerk und Grabbeigaben, die mährische Tradition in einem einstigen Randgebiet des untergehenden Reiches ihre Fortsetzung – in Böhmen. Keineswegs tritt der přemyslidisch beherrschte Raum an der Moldau sofort in den Vordergrund: Zwei frühe herausragende Orte liegen im Osten des Landes. In Kolín hat man, leider in einer Zeit, als ein differenziertes archäologisches Instrumentarium noch nicht zur Verfügung stand, die bislang einzige fürstliche Grablege mährischer Prägung entdeckt, und kaum weniger spektakulär ist das reich ausgestattete Frauengrab 110 in Stará Kouřim. In beiden Fällen ist allerdings ein Zusammenhang mit einer christlichen Kirche nicht erkennbar. Anders ist dies im mittelböhmischen Stammland der Přemysliden, dort ist der im späten 9. Jahrhundert vollzogene Übertritt zum Christentum archäologisch durch frühe Kirchen zu belegen. So reich ausgestattete Gräber wie in Kolín oder Stará Kouřim fehlen allerdings. Alsbald wurde Prag zum Zentrum des Landes und ist es noch heute – eine imposante Kontinuität, die allerdings den Zugriff auf die frühen Strukturen des Ortes ungemein erschwert. Trotz aller Probleme infolge späterer Überbauung ist auf der Prager Burg ein ganz wesentlicher Erfolg erzielt worden, nämlich die dendrochronologische Datierung wichtiger Befunde in die Zeit um 900, in die Zeit der frühen Přemysliden, in der auch historischen Quellen zufolge der Aufstieg Prags begann. Nicht weniger bedeutsam sind die Grabungsergebnisse der letzten Jahre auf der Prager Kleinseite. Sie deuten auf eine unterhalb der Burg sich an der Moldau entlangziehende große Handelssiedlung, wie man sie bisher im slawischen Binnenland vergebens gesucht hat; der Bericht des Ibrahim ibn Jakub über den Handel in Prag erhält damit eine erste archäologische Illustration.

Eine geradezu exotisch wirkende materielle Hinterlassenschaft bringen die Ungarn in Europas Mitte, die sich kurz vor 900 im Karpatenbecken niederlassen. In den zeitgenössischen Schriftquellen der Nachbarländer erschienen sie als barbarisches, auf Zerstörung und Ausplünderung bedachtes Reitervolk, ja als Gefahr für die Christenheit schlechthin. Die Archäologie kommt, ausgehend von den ungarischen Gräberfeldern der Landnahmezeit, zu einem ganz anderen Bild: Die Ungarn hatten ein hochentwickeltes Kunstgewerbe eurasischer Prägung mit überaus sicherem Stilempfinden entwickelt sowie eine differenzierte Rangabstufung, die an Kleidung und Bewaffnung abzulesen ist. Die mit Säbel und Reflexbogen nach Art der Steppe bewaffneten ungarischen Reiterheere verdankten ihren Erfolg wahrscheinlich weniger ihrer zahlenmäßigen Stärke als vielmehr ihrer hervorragenden Organisation, der sich die Nachbarländer einige Jahrzehnte hindurch unterlegen fühlen mußten. Gewiß mag der Reichtum, wie ihn die in der Ausstellung präsentierten Gräber von Zemplin und Karos zeigen, zu einem wesentlichen Teil durch Kriegsbeute zustandegekommen sein, diese wurde aber sofort zu Schmuckstücken im ungarischen Stil umgearbeitet. In der zweiten Hälfte des 10. Jahrhunderts erfolgte dann die Anpassung an die Nachbarländer, die in der historischen Überlieferung als Hinwendung zum Christentum erscheint, archäologisch aber ebenso im Wechsel von traditioneller zu westlicher Bewaffnung deutlich wird. Erst jetzt beginnt, den Grabungsergebnissen zufolge, der Burgenbau. Zu den gut erforschten Anlagen gehört der Burgwall von Edeleny-Borsod, die als Modell vorgeführt wird, und in einem ganz ähnlichen Ringwall, in Székesfehérvár (Stuhlweißenburg) stand die Kirche, in der König Stephan der Heilige seine Grablege fand.

Innerhalb eines Jahrhunderts war somit in fast allen Bereichen, die über die materiellen Hinterlassenschaften greifbar sind, die Angleichung der Ungarn an die Nachbarvölker in der Mitte Europas vollzogen. Damit ist die Möglichkeit einer ethnischen Differenzierung des Fundguts kaum noch gegeben. Man darf nicht vergessen, daß erhebliche Teile des Königreiches Ungarn von Slawen besiedelt waren. In der heutigen Slowakei gibt es nicht wenige Gräberfelder, die zur Zeit des Mährischen Reiches angelegt wurden und erst weit nach der Jahrtausendwende im Zusammenhang mit dem Ausbau der Pfarrorganisation ihr Ende fanden. Čakajovce, in der Ausstellung vorgestellt, ist ein modern erforschtes Beispiel.

Für die Frühzeit Polens ist die historische Überlieferung bekanntlich besonders ungünstig. Um so mehr war seit jeher die Archäologie gefordert, die Ursprünge der Piastenherrschaft aufzuzeigen. Diesem Ziel dienten frühzeitig durchgeführte, ertragreiche Ausgrabungen, und ein entscheidender Fortschritt gelang in den letzten anderthalb Jahrzehnten durch den Aufbau einer eigenen Dendrochronologie. Hiernach wurden Gnesen, Posen, Ostrów Lednicki, Giecz und andere Piastenburgen zwischen Warthe und Netze ab etwa 920 im Verlauf von zwei Generationen errichtet. Die seit der Christianisierung ab 966 angelegten Gräberfelder sind mit Beigaben bei weitem nicht so reich ausgestattet wie die Körpergräberfelder Mährens oder Böhmens; dies liegt weniger in den besonderen Verhältnissen des Landes begründet, sondern entspricht der allgemeinen Tendenz der Zeit in den slawischen Gebieten. Um so beeindruckender ist die frühe Steinarchitektur des Landes, nicht nur von Kirchen, sondern auch von Pfalzbauten, wie man sie aus Ostrów Lednicki, Giecz, Przemyśl kennt, wie sie aber ersten Ausgrabungsergebnissen zufolge auch in Posen und Gnesen gestanden haben mögen. Ein bemerkenswertes Phänomen deshalb, da in der polnischen Ebene viel weniger geeignetes Baumaterial zur Verfügung stand als in den Ländern südlich der Karpaten. Nach der Unterbrechung der Piastenherrschaft wurde Krakau ab 1040 zum neuen Hauptort Polens. Die Ausgrabungsbedingungen auf dem Wawel sind ähnlich kompliziert wie auf der Prager Burg; die Ergebnisse werden in einem neuen Modell veranschaulicht.

Erst im Vergleich mit Ungarn, Böhmen, Polen wird der Sonderweg deutlich, den die slawischen Länder an der Ostsee gehen. Sieg des Heidentums, kein Kirchenbau, keine Steinarchitektur, und, obwohl doch Wollin weit über die Jahrtausendwende hinaus zu den Knotenpunkten des Ostseehandels gehörte, auch keine Münzprägung.

Das wechselhafte Schicksal der frühen Bischofssitze in Havelberg, Brandenburg und Starigard/Oldenburg ist beredtes Zeugnis dieser Situation, die sich in der schriftlichen wie auch in der archäologischen Überlieferung widerspiegelt. Die entsprechende Überlieferung der heidnischen Heiligtümer läßt erkennen, daß erst im letzten Drittel des 12. Jahrhunderts der Glaubenswechsel im südlichen Ostseeküstengebiet vollzogen ist.

War dies eine erfolgreiche Bewahrung althergebrachter Freiheiten für einige Zeit oder sinnloses Sträuben gegen einen neuen Zeitgeist, eine neue Kulturtradition, die allenfalls aufzuhalten, aber nicht abzuwenden war?

Heute, an der Wende vom zweiten zum dritten Jahrtausend, gewinnt die Frage nach dem gemeinsamen, die Ausbildung nationaler Vielgestaltigkeit und Individualität tragenden Fundament an Bedeutung. Polen, Tschechen und Ungarn wurden um das Jahr 1000 Teil eines sich zur geistig-kulturellen Einheit formenden Europa, bestimmt durch Gemeinsamkeiten der Symbole, der Religion, der Kirchen- und Bildungssprache Latein, der geistigen Kultur überhaupt. Die Zugehörigkeit zur christlich-antiken Zivilisation des Mittelmeerraums – das antike Erbe – sollte fortan zur Quelle des Verbindenden über alle Differenzen sprachlicher, politischer und kultureller Art werden. Aus ihr schöpften die Reichsbildungen der Piasten, Přemysliden und Arpaden ebenso wie das ottonische Reich. Es entstanden Prägungen und Strukturen, die trotz territorialer Verschiebungen die eigenständige Entfaltung der Staaten und nationalen Kulturen bis heute ermöglichen. Sie bilden das Ferment eines neuen, gegenwärtigen Europa: ein neues Erbe.

Der Blick in die europäische Vergangenheit eröffnet so den Blick in die europäische Zukunft. Die wissenschaftliche Vergewisserung dieser ideellen wie materiellen Tradition – sichtbar gemacht an archäologischem Fundgut, schriftlichen und bildlichen Zeugnissen, Objekten kultischer und liturgischer Verehrung sowie politischen Herrschaftszeichen – als Gegenstand eines gemeinsamen Ausstellungsprojektes läßt dieses selbst zum Ausdruck europäischer Gegenwart werden. Im Zusammenführen der Pretiosen und jeweiligen Symbole nationaler Identität im Rahmen der Ausstellung „Europas Mitte um 1000" spiegelt sich die gegenwärtige politische Entwicklung.

Moderne Nationen
und ihre Vergangenheitsbilder

Die Jahrtausendwende im modernen tschechischen Geschichtsbewusstsein

JIŘÍ RAK

Dank der wiederholten Untersuchungen des modernen europäischen Nationalbewusstseins wird der Wert hervorgehoben, der der neugestalteten Beziehung der Nation zu ihrer Geschichte darin zukommt. Das gemeinsam ermittelte Vergangenheitsbild und die davon abgeleiteten historischen Kenntnisse wurden im Laufe des 19. Jahrhunderts zum wichtigen Bildungsinhalt für die Bevölkerung und somit zu grundlegenden Bestandteilen des kollektiven nationalen Bewusstseins. Die von romantischen Vorstellungen gesättigte Geschichtsschreibung suchte und fand in der Geschichte Beweise für die Einmaligkeit, die besondere ewige Sendung und den Charakter des einen wie des anderen Volkes. Der fachkundige Historiograph aber folgte dieser Zielsetzung weniger, denn trotz seiner romantischen Ausgangspunkte konnte er doch die Traditionen einer aufklärenden, kritischen Haltung nicht vergessen. Der Ergebnisse der Geschichtsschreibung bemächtigte sich jedoch eine große Gemeinde patriotischer Intelligenz, Schriftsteller, Dramatiker, bildender Künstler und Tondichter, die alle, frei von den Grundsätzen der historischen Kritik, in ihren Werken die geschichtlichen Kenntnisse popularisierten, die Nationalhelden besangen, die Verräter verfluchten, die Siege feierten und die Niederlagen beklagten. So bildete sich der „nationale Mythos" heraus, eine lockere Abfolge charakteristischer historischer Szenen, gewisser lebender Bilder der Volksgeschichte, die die gegenwärtigen Ideale und Wünsche nach der Kontinuität der Bestrebungen der alten und neuen Generationen in die Vergangenheit übertrugen. Fester Bestandteil des „nationalen Mythos" war begreiflicherweise auch das Bild des „Erbfeindes", – ebenfalls eine historisierende Spiegelung der Gegenwart. Diese Aktualisierung der Vergangenheit war wichtig für die Vorstellung einer ewigen Dauer der Volksgeschichte. Allen neuzeitlichen nationalen Historismen war vor allem das Bestreben gemeinsam, die Reste des feudalen Partikularismus zu überwinden und auf dessen Ruinen eine bürgerliche, auf liberalen Grundsätzen beruhende Gesellschaft aufzubauen. Deshalb wurden gerade in der Geschichte des eigenen Volkes Zeugnisse für den angeborenen Liberalismus und die Freisinnigkeit der Nation gesucht, während die Feinde oft als die Verkörperung der entgegengesetzten Grundhaltungen galten. Ein weiteres verbindendes Merkmal ist die Wiederentdeckung der Werte des Mittelalters als Reaktion auf das einseitige, von der Aufklärung so gern gepflegte Hervorheben der klassischen Antike. Für den tschechischen Nationalismus gelten diese allgemeinen Feststellungen ebenfalls, man könnte sogar behaupten, dass sie hier doppelt so stark zutreffen. Die sich neu gestaltende und ihre Identität suchende tschechische Nation befand sich am Anfang des 19. Jahrhunderts in einer sehr ungünstigen Lage. Die Länder der Böhmischen Krone gehörten seit fast drei Jahrhunderten zum Herrschaftsbereich der Habsburgischen Monarchie, die 1804 zum österreichischen Kaiserreich wurde. Seit der Herrschaft Maria Theresias und Josephs II. strebte sie die Umwandlung in einen modernen zentralistischen Staat an, in dem, nach den Worten des Barons Eötvösy, eines Politikers aus der zweiten Hälfte des 19. Jahrhunderts, die bisherigen historisch-politischen Individualitäten untergehen und ineinander aufgehen sollten. Diese zentralistischen Tendenzen hatten begreiflicherweise Reaktionen zur Folge, zu denen unter anderem das Pochen auf das althergebrachte böhmische Staatsrecht gehörte, das allerdings nicht nur als Grundlage für die Eigenständigkeit des Königreichs Böhmen verstanden wurde, sondern auch als Garant für die staatsrechtliche Einheit der Länder der Böhmischen Krone, das heißt Böhmens, Mährens und des restlichen Schlesiens. Doch als noch komplizierter erwies sich die Frage der Sprache, und zwar sowohl in innen- als auch außenpolitischer Hinsicht. Die Habsburger hatten auf ihre Stellung als Kaiser des Heiligen Römischen Reiches Deutscher Nation nie verzichtet und waren auch nach dessen Zerfall nach der Niederlage im Krieg von 1866 stets bemüht, die deutschen Angelegenheiten im Rahmen des Deutschen Bundes auf entscheidende Weise zu beeinflussen. Dies führte freilich im Zusammenhang mit den politischen, ökonomischen und kulturellen Belangen der deutsch sprechenden Bevölkerung der Monarchie dazu, dass die deutsche Sprache zur einheitlichen Amtssprache des sich zentralisierenden Reiches aufstieg. Deswegen verfolgte die erste Generation der tschechischen Patrioten mit Besorgnis die Germanisierung des öffentlichen Lebens, des Schulwesens, der Kultur und der Wissenschaft. Nicht zu übersehen war auch der Einfluss der starken deutschen Minderheit innerhalb der böhmischen Länder, die am Anfang des 19. Jahrhunderts eine eindeutig führende, von den Tschechen während des ganzen 19. Jahrhunderts dann bekämpfte Stellung einnahm. Die liberal und national gesinnten Deutschböhmen orientierten sich meist durchaus zentralistisch und lehnten jeden Hinweis auf das böhmische Staatsrecht als „feudalen Kram" ab. Ein großer Teil von ihnen wandte sich zudem nach 1848 von Österreich ab und verstand sich als großdeutsch. Dadurch, dass die lokalen Deutschen die Inhalte des böhmischen Staatsrechts ablehnten, schlossen sie sich in den Augen der Tschechen selbst aus den Reihen derer aus, für die es gelten sollte. Damit nationalisierte sich der Begriff des Landes einschließlich seiner Symbole und seiner Geschichte. Die Geschichte Böhmens hatte aufgehört, im national-politischen Sinne als „böhmisch" aufgefasst zu werden und wurde ganz einfach „tschechisch".

Die nun bewusst tschechische Gesellschaft, auf ihre Emanzipation hinarbeitend, war somit gezwungen, an mehreren Fronten zu kämpfen. Zunächst bemühte sie sich um die Anerkennung ihrer sprachlichen Rechte, zu der schon im Laufe der ersten Hälfte des 19. Jahrhunderts auch die politische Forderung nach der Anerkennung des Staatsrechts der Böhmischen Krone im Rahmen der föderalisierten österreichischen Monarchie hinzukam. Dabei musste sie den Vorwürfen ihrer mangelnden sprachlichen und kulturellen Reife, später auch den Beschuldigungen des Mangels an liberalem Empfinden und des Beharrens auf reaktionären Ansichten trotzen. Die tschechischen Patrioten suchten zunächst Schutz beim habsburgischen Staat, der sich nach ihren Vorstellungen in eine Föderation gleichberechtigter Länder und Völker umwandeln sollte. Später aber, als die österreichische Monarchie von liberalen deutschen Parteien beherrscht wurde und schließlich als Ganzes in eine immer größere Abhängigkeit vom Deutschen Reich geriet, kühlten sich auch die tschechischen Beziehungen zur Monarchie allmählich ab.

Unter diesen Umständen war es gerade die ruhmreiche Vergangenheit, die zum Garanten einer nicht minder glorreichen Zukunft werden sollte. Ebenso sollten die nostalgischen Erinnerungen an Zeiten, da der Staat Böhmen eine mitteleuropäische Großmacht, das Tschechische eine Sprache der Diplomaten und die hussitischen Truppen in den Religionskriegen siegreich gewesen waren, helfen, die zeitweiligen skeptischen Anwandlungen zu überwinden. Somit beeinflusste der Historismus nachhaltig die Gestaltung des tschechischen Nationalismus, und die historischen Reminiszenzen wurden zum bestimmenden Element bei der Beurteilung der Nachbarn und seiner selbst, der einzelnen sozialen Gruppen sowie der religiösen und ideellen Strömungen. „Wofür sich unsere Vorfahren im Feld mit dem Schwert schlugen, dafür kämpfen unter den Nachfahren die Historiker mit der Feder", sagte der Historiker Josef Kalousek in der Einleitung zu seiner grundlegenden historisch-politischen Arbeit über die Geschichte des tschechischen Staatsrechtes. Es gelang ihm damit, die Bedeutung, die der historischen Argumentation von der tschechischen nationalen Ideologie des 19. Jahrhunderts für ihre national-politischen Forderungen beigemessen wurde, in Worte zu kleiden.

Den obigen Ausführungen entspricht auch die tschechische Geschichtsdarstellung, so wie sie in der ersten Hälfte des 19. Jahrhunderts entstand und wie sie in der zweiten Hälfte des Jahrhunderts das Denken der meisten Angehörigen des tschechischen Volkes beherrschte. Der grundlegende Mythos nahm zwar die widerlegte Sage vom Stammvater Čech nicht wieder auf, betonte aber, dass die Slawen als erste das bisher öde Land besiedelt hätten und hob den hohen ihnen eigenen Bildungsgrad und ihren friedliebenden Charakter hervor. Gestärkt wurde diese Tendenz durch die Manuskript-Fälschungen vermeintlich alttschechischer Gedichte; der neuzeitliche Ursprung der so genannten Königinhofer und Grünberger Manuskripte wurde erst in den achtziger Jahren des 19. Jahrhunderts nachgewiesen. Die Blüte der tschechischen mittelalterlichen Geschichte wurde dann schon nicht mehr wie früher in der Herrschaftszeit des Vaters des Vaterlandes, Kaisers Karl IV., sondern in der Hussitenepoche gesehen. Der nationale und staatsrechtliche Verfall begann im Gegenteil, den patriotischen Vorstellungen zufolge, am Beginn des 17. Jahrhunderts nach der verlorenen Schlacht am Weißen Berg am 8. November 1620. Die Niederlage hatte die endgültige Eingliederung der böhmischen Länder in die Staatengemeinschaft der habsburgischen Monarchie zur Folge. Die Ära nach dem Weißen Berg galt als die Zeit tiefster Demütigung; sie brachte den Verlust der staatlichen Unabhängigkeit und die gewaltsame Rekatholisierung und Germanisierung mit sich. Mit der dominanten Stellung des Hussitentums im tschechischen Nationalbewusstsein hängt die Abneigung gegen die in der Vergangenheit vielgepriesenen, dann vom Fortgang der Säkularisation und der Laisierung der Gesellschaft betroffenen christlich-katholischen Werte zusammen. So wurde im Rückblick auf die Anfänge des Staates Böhmen im 10. Jahrhundert der bisher geehrte Landespatron, der heilige Wenzel, aus dem Nationalpantheon verstoßen, weil er des übermäßigen Entgegenkommens den deutschen Nachbarn gegenüber und des Mangels an Kampfeslust schuldig gesprochen worden war. Das national interpretierte Hussitentum sah in der römischen Kirche einen Gegner der Volksrevolution, und das negative Bild des Katholizismus wurde durch die im Zuge der Rekatholisierung erfolgte Vernichtung der nichtkatholischen, tschechischen Bücher noch verstärkt.

Alle diese inzwischen weitverbreiteten Anschauungen fasste František Palacký (1798–1876), der eigentliche Gestalter des tschechischen Geschichtsbildes, in einem komprimierten Werk zusammen. Seine historischen und politischen Ansichten haben die tschechische Denkweise bis tief in die Gegenwart hinein grundlegend beeinflusst. Gründlich vertraut mit den Methoden und Ergebnissen der damaligen europäischen Historiographie, schuf Palacký auf Grund seiner eigenen Forschungen ein imposantes Bild der böhmischen Vergangenheit, einen wahren neuzeitlichen tschechischen Mythos. In seiner historischen Auffassung ging er von der Annahme eines grundsätzlichen Gegensatzes zwischen dem slawischen und dem deutschen Element in der Geschichte der böhmischen Länder aus. Das freundliche und feindliche Wechselspiel dieser Kräfte habe die Achse der gesamten böhmischen Geschichte ausgemacht. Tschechen und Deutsche hätten dabei nicht nur ihre nationalen Interessen vertreten, sondern sie seien die Repräsentanten allgemeiner Grundsätze gewesen.

Die slawische Seite in Palackýs „Dejiny národu ceského", der „Geschichte von Böhmen", tritt als Verkörperung des Freiheitsprinzips auf, das durch die aus dem Arsenal der politischen Theorien des gleichzeitigen Liberalismus übernommenen Eigenschaften charakterisiert wird. Sie steht für ein System politischer Vertretungen, für die Gleichheit vor dem Gesetz, für das Einsetzen von Schwurgerichten und ähnliches. Die Deutschen dagegen sind als Vertreter des autoritären obrigkeitsstaatlichen Prinzips dargestellt. Die ursprüngliche Demokratie der Slawen wurde nach Palacký im Mittelalter durch das gewalttätige Wirken des germanischen Feudalismus geschwächt, um dann noch einmal zur Zeit der hussitischen Reformation zu erstrahlen. Gerade zu Zeiten des Hussitentums leistete die böhmische Nation, so Palacký, den größten Beitrag zur allgemeinen Geschichte der Menschheit. Als erste hätten es die Tschechen gewagt, im Namen freier Menschlichkeit gegen die kirchliche und weltliche Macht aufzutreten und hätten es zustande gebracht, ihre Prinzipien mit Wort und Schwert siegreich zu verteidigen. Zwar seien sie schließlich unterlegen, erschöpft durch die Opfer, doch in der modernen Zeit könnten sie die historische Genugtuung verspüren, dass die demokratischen, ursprünglich slawischen Grundsätze vom ganzen gebildeten Europa angenommen worden seien.

Die allen zeitgemäßen Bedürfnissen der nationalen Bewegung genau entsprechende Konzeption Palackýs wurde von einer erdrückenden Mehrheit der tschechischen Gesellschaft sofort übernommen. Sie wurde propagiert in den „volkstümlichen Chroniken"; im Werk Palackýs und den Arbeiten seiner Epigonen fanden ganze Generationen tschechischer Künstler wertvolle Anregungen und Themen. Diese enorme Popularität wurde allerdings durch die Vereinfachung, ja Vulgarisierung der Gedanken Palackýs, insbesondere in der Frage des tschechisch-deutschen Verhältnisses, teuer bezahlt.

Die stürmischen Geschehnisse um die Wende vom ersten zum zweiten Jahrtausend blieben dabei etwas abseits des in der Öffentlichkeit verbreiteten Vergangenheitsbildes. Die Nation setzte sich mit dem Hussitentum gleich und sah in der Errichtung des Prager Bistums schon keinen historischen Meilenstein mehr. Palacký wurde sogar die Teilnahme an der Millenniumsfeier übelgenommen. Wie der heilige Wenzel trat auch der heilige Adalbert in den Hintergrund, da ihm außer der Zugehörigkeit zur Kirche auch seine Auslandsreisen vorgehalten wurden. Etwas Gnade in den Augen der Tschechen fand wegen seiner Stellungnahme für die Slawen nur der Erneuerer der kirchenslawischen Liturgie im Sazauer-Kloster, der heilige Prokop. Zu erwähnen ist hier eine Erinnerung an die Vorträge des altstädtischen Prager Gymnasialprofessors František Jan Svoboda. Er warf nämlich dem heiligen Adalbert vor, dass er „in seinem übermäßigen Eifer im Dienste der römischen Kirche für die Unterdrückung der slawischen Sprache eingetreten war". Wenzel erschien Svoboda für einen Herrscher viel zu fromm und friedliebend gewesen zu sein. Dafür sei Prokop ganz ein Mann nach seinem Geschmack gewesen, der nicht den Teufel, wie die Legende überliefert, sondern „die in die Heimat eindringenden Fremdlinge verjagt" habe. Auch der Verfall der Herrschaft der ersten drei Boleslavs könne die patriotischen Herzen nicht mit Freude erfüllen. Gegen Vladivojs Annahme der Herrschaft

1 **Die Begegnung von Oldřich und Božena.** František Ženíšek, 1884.

in Böhmen in Form eines Lehens vom Kaiser sei sogar Widerstand geleistet worden. Und die Vereinigung des böhmischen Staates unter dem Szepter der Přemyslidendynastie um den Preis des Mordes an den Slavnik-Konkurrenten entspräche auch nicht ganz der These von der tschechischen Friedensliebe.

Der seriöse Palacký bewertete zwar die Gründung der eigenständigen Prager Diözese wohlwollend, aus politischer Sicht bedauerte er aber, dass nicht schon damals die Errichtung des Erzbistums gelungen war. Verständlicherweise schätzte auch er die territoriale Größe des Staates Böhmen unter Boleslav II. hoch ein, strafte seinen Nachfolger aber mit Tadel und Verachtung – „er war nichts als ein gemeiner und wüster Schurke" – und verurteilte ebenso die für das Staatsrecht unglückliche Tat Vladivojs. Indes fand er nur Lobesworte für Břetislav I. Diesen aus der Ehe des Fürsten Udalrich (Oldřich) mit Božena geborenen Herrscher bewunderte bereits der erste böhmische Chronist Cosmas, er bedachte ihn mit der Bezeichnung „böhmischer Achilles". Diese hohe Bewertung übernahmen dann die meisten Chronisten und Historiker. Auch für Palacký war die Regierung Břetislavs I. „der glanzvollste Zeitabschnitt der böhmischen Geschichte". Den damaligen staatsrechtlichen Bestrebungen taten dabei außer den traditionellen Motiven wie persönliche Tapferkeit, Bekämpfung der Deutschen, Sorge um die Gerechtigkeit auch die Freude über den Anschluss Mährens an Böhmen wohl, denn damit „verschaffte Břetislav dem vereinten Reich eine Ausdehnung, die dann ohne Veränderung über die Jahrhunderte hinweg erhalten blieb".

Die vaterländische Chronik Karl V. Zaps verbreitete später die Ansichten Palackýs in der breiten Öffentlichkeit. Sie gab im Grunde genommen nur die Gedanken des Begründers der modernen tschechischen Geschichtsschreibung in ausdrucksstärkeren Worten wieder. Zum Vergleich sei die Bewertung Boleslavs III. zitiert: „Was war das doch für ein nichtsnutziger Mensch, dieser neue Fürst Boleslav III.!", oder, zur Angliederung Mährens: „Indem er wieder zwei Schwesterländer, Böhmen und Mähren, mit Völkern gleicher Sprache und gleichen

Moderne Nationen und ihre Vergangenheitsbilder

Herzens verband, verstärkte er den Kern der böhmischen Domäne, die nie wieder auf längere Zeit auseinandergerissen wurde, so dass die Vereinigung beider Länder die Zeit von 800 Jahren bis heute überstand". Mit der fortschreitenden deutschfeindlichen Radikalisierung des tschechischen Nationalismus gewann auch das abfällige Urteil über den Einsiedler Günther (Vintír) an Bedeutung, der, so geht die Fama, die deutschen Truppen Kaiser Heinrichs nach Böhmen geführt haben soll. Der kargen Formulierung Palackýs zufolge hätten die Deutschen den Weg „zweifellos auf Anweisung Günthers" gefunden. Ein scharf deutschfeindlich gesinnter Radikaler spricht im Jahr 1848 schon vom „Verräter Vintír" und nützt die Gelegenheit auch zum Ausfall gegen die volkstümliche katholische Frömmigkeit: Vintír, „den das verblendete Volk im Prachin-Gebiet bis heute anbetet und vergöttert".

Der tschechischen Kunst bot sich in den beschriebenen Begebenheiten ein viel dankbareres Thema an als den Historikern. Während sich die Ausschmückung der Szenen aus den Viten von Adalbert und Prokop fast ausschließlich auf die kirchliche Kunst und die Kirchengeschichte beschränkte, so fanden die romantischen Histörchen um Udalrich und Božena ebenso wie die um Břetislav und Jitka einen breiten Widerhall in der gesamten Nation. Der von Udalrich begangene Raub von Kresins Frau war schon zu Anfang des 14. Jahrhunderts in der Chronik des so genannten Dalimil im nationalen Geiste gedeutet worden und wurde so zum Sujet vieler vaterländischer Bilder und Gedichte. Der böhmische Fürst, der eine böhmische Bäuerin einer deutschen Fürstin vorzieht, galt als sprechendes Beispiel der Liebe zum Vaterland und zum Volk sowie als Vorkämpfer der uralten Demokratie. Die Geschichte von der Entführung Jitkas durch Břetislav war anfänglich, noch vor dem endgültigen Verfall des alten Landespatriotismus, als Ausgangspunkt für die Aussöhnung zwischen den Nationalitäten gedeutet worden. So versöhnt zum Beispiel Jitka in Eberts Drama „Břetislav und Jitka" aus dem Jahr 1828 Břetislav mit dem Kaiser. Dieser verkündet abschließend: „Und künftig sollen, treulich, im Vereine/Die Böhmen und die Deutschen Brüder sein." Nach 1848 lag aber der traditionelle Bohemismus schon in Trümmern und auf der tschechischen Seite wurde die Tat Břetislavs nur als ein weiterer Beweis der nationalen Tapferkeit ausgelegt, auch wenn sie sich dank ihres abenteuerlichen Charakters einer allgemeinen Beliebtheit erfreute. Die Erinnerung an die Jahrtausendwende ist demnach aus dem tschechischen nationalen Bewusstsein nie geschwunden. Sie spielte jedoch in der Neuzeit keine prägende Rolle, denn die blieb dem hussitischen Ruhm und der nach der Schlacht am Weißen Berge folgenden Versklavung vorbehalten.

Literatur

Rak 1994.

Die Rezeption der ersten Jahrtausendwende im 19. und 20. Jahrhundert in Ungarn

KATALIN SINKÓ

Die Chronisten, die Verfasser der *Gesta Hungarorum*, haben bereits im Mittelalter die Grundlagen für die spätere Überlieferung gelegt. Ihre Erzählungen behandeln ausführlich die Landnahme und die Entstehung des Königreichs, jedoch dauerte es bis zum 19. Jahrhundert, bis jenes „Gebäude" der ungarischen Nationalgeschichte errichtet war, das von uns als Geschichte bezeichnet wird. Im Hinblick auf diese historische Tradition können wir es wagen, den Ausdruck „Gebäude" zu verwenden, erkennt man doch an dem bis zum 19. Jahrhundert entstandenen Bild der ungarischen Geschichte – ähnlich dem Geschichtsbild anderer Nationen – die Anzeichen für einen Ausbau seiner Konstruktionen. Auch in einzelnen älteren Geschichtswerken tritt dieser auf die historische Erinnerung selbst angewandte Vergleich eines Gebäudes oder einer Halle auf.

Bereits im Vorwort des „Mausoleums" des Ferenc Nádasdy ist von einem Gebäude die Rede. Das im Jahre 1664, vermutlich von dem königlichen Historienautor Nikolaus Avancini (1611–1686) in lateinischer und deutscher Sprache verfasste Werk, wollte seiner Absicht nach die Darstellung einer reich verzierten Halle sein, die der Leser an der Hand des gelehrten Autors durchschreitet und dabei Bilder von Helden und Königen betrachtet[1].

Dieses Mausoleum, das seiner ungarischen Übersetzung nach (1773): „das an die mächtigen und glorreichen Könige und ersten Hauptleute Ungarns erinnernde Gebäude ist", widmete Ferenc Nádasdy dem ungarischen Adel. Nádasdy vergleicht jene pietätvollen Erinnerer mit Aeneas, die wie der Held Vergils die glorreichen Nachfahren der Ahnen zu dem zu ihrer Ehre errichteten Mausoleum geleiten[2]. Das imaginäre Gebäude des Mausoleums, eigentlich eine Bilderhalle, stellt drei nacheinander folgende Gruppen von ungarischen Herrschern vor. Als erste die Hunnenfürsten mit König Attila (*dux hunnorum, rex hunnorum*), zweitens die Hauptleute der Ungarn (*capitaneus hungarorum*) und schließlich die Könige Ungarns mit Stephan am Anfang (*rex Hungariae*). Diese Gliederung folgt letzten Endes der Struktur des historischen Werkes von Elias (Illés) Berger, wofür ursprünglich auch die Holzschnitte/Stiche des Mausoleums angefertigt worden waren. Es ging aber noch vor seinem Erscheinen verloren[3]. Von diesem Werk ist nur der Titel bekannt: „Hexarchia – Heptarchia – Monarchia", der zugleich auch zur Vervollkommnung der Staatsformen auffordert, von den geteilten und heidnischen Formen der Machtausübung (*hexarchia, heptarchia*) bis hin zum „selig machenden" Zustand des Königreiches (der Monarchie).

Die Bildertafeln des Mausoleums stellen auf einzelnen Blättern die Porträts der ungarischen Hauptleute und Könige dar. Ihre Geschichte wird kurz zusammengefasst und um lobpreisende Gedichte und Elogien ergänzt. Árpád wird vom Verfasser ausdrücklich mit Josua verglichen; wie der biblische Held die Juden in das Gelobte Land führte, führte Árpád die Ungarn nach Ungarn[4]. Géza aber, der „erste Fürst der christlichen Ungarn", wird deshalb gefeiert, weil durch ihn das „Joch des Heidentums" überwunden wurde, durch ihn das „himmlische Licht" zu scheinen begann, und endlich nach so vielen „eisernen Jahren das Licht der goldenen Zeiten anbrach"[5].

Der Vergleich des Árpád mit dem biblischen Josua ist ebenfalls ein alter Topos der ungarischen Geschichte. Die Landnahme wird auch schon in den ältesten Geschichten mit der biblischen Parallele des Auszugs, des Exodus, verglichen[6]. In der Einführung zum „Fall von Sziget" von Miklós Zrínyi stellt László Szörényi fest: „Die ungarische Nation ist solch ein erwähltes Volk der christlichen Weltperiode wie die Juden im Alten Testament". Sowohl nach Zrínyi als auch nach anderen die Urgeschichte beschwörenden Autoren ist die Geschichte des Ungarntums eigentlich die Erfüllung der göttlichen Weltordnung: in der Epoche der Hunnen oder der Skythen dadurch, dass sie die Geißeln, die Rächer der Sünden der Welt waren, in der christlichen Epoche dadurch, dass sie die Rolle des Missionars der Völker, des Verteidigers des Christentums spielten. Die Geschichte von der Suche nach der neuen Heimat basierend auf Motiven des Exodus aus dem Alten Testament, spielt nicht nur eine Rolle in der Rezeptionsgeschichte der un-

2 Die Taufe des heiligen Stephan. Gyula Benczúr gewann 1869 die Gemäldeausschreibung; 1875 war das Werk fertig.
– Kat. 01.03.01

garischen Landnahme, sondern auch in den Erzählungen über die tschechische, polnische, russische und kroatische legendäre Landeroberung. Stets wird das Auffinden des Gelobten Landes heraufbeschworen[7].

In der ungarischen Geschichte ist von unterschiedlichen und häufig von miteinander wetteifernden Geschichtsvorstellungen die Rede. Daher behandelten jene Erzählungen über die legitimierenden Anfänge meist das sensibelste Thema. Der wichtigste Held der „heiligen" Anfänge ist seit seiner Heiligsprechung im Jahre 1083 der heilige Stephan. Ungarn galt von dieser Zeit an als das Reich des heiligen Stephan, seine Krone symbolisierte sowohl das Land als auch die (adlige) Nation. Die Person Stephans ist für die Nation „Geschenk des Himmels", ... „ihr Ursprung rührt vom Himmel her" formuliert es in seiner Mausoleum-Übersetzung Elek Horányi[8].

Das Weltbild des „Mausoleums" (1664) wird von den Wissenschaftlern mit dem Einfluss des stärker gewordenen Katholizismus bzw. mit der Religiosität des Ferenc Nádasdy erklärt. In dieser Epoche entfaltete sich der Marienkult. Einige Jahrzehnte später wiederholt Kaiser Leopold vor der in Wien am Hof stehenden Marienskulptur den Akt Stephans, indem er das auf glückliche Weise von den „Heiden", das heißt von den Türken, zurückeroberte Land sozusagen der heiligen Jungfrau zurückgibt[9].

Eine weitere Verknüpfung des Marien- und Stephanskults begann in der Zeit Maria Theresias mit der Auffindung der „Heiligen Rechten Hand" in Ragusa und deren feierlicher Unterbringung in der St. Sigmund-Kapelle auf der Budaer Burg (1771). Von diesem Zeitpunkt an wurde das feierliche Gedenken der Befreiung Budas von den Türken um die Verehrung der Heiligen Rechten erweitert[10]. Bei der Rückeroberung der Budaer Burg im Jahre 1686 war nämlich in der Matthiaskirche (Liebfrauenkirche) eine Mauer eingestürzt, und der Legende zufolge war damals die während der Besetzung durch die Türken eingemauerte Skulptur der Maria vom Siege zum Vorschein gekommen. Die Gnadenfigur stellte entsprechend dem Typ der Maria im Strahlenkranz die Jungfrau Maria dar, wie sie mit ihrem Fuß auf den Halbmond und die Schlange tritt. Diese Figur steht heute im Seitenschiff der Kirche, vermutlich nicht weit von der Stelle entfernt, wo nach 1810 die Heilige Rechte nach den alljährlichen Prozessionen am Stephanstag festlich aufgestellt wurde[11]. Das Stephansfest am 20. August wurde ab 1819 aufgrund der Verordnung durch den Palatin (Reichsverweser) Joseph mehr als ein religiöses Fest der Katholiken. Da in Folge dieser Verordnung auch der Magistrat der Stadt, die Wür-

3 Die Wahl Árpáds, eine beliebte Szene aus der Landnahmezeit. Mihaly Kóvacs.

Moderne Nationen und ihre Vergangenheitsbilder   11

4 Allegorische Darstellung der ungarischen nationalen Geschichte. Soma Orlai Petrics.

denträger des Landes, das Militär, die Zünfte und die Studentenschaft an der Prozession teilnahmen, galt und gilt er bis zum heutigen Tage eigentlich als staatlicher Feiertag[12]. Dies alles erklärt, weshalb die kirchenpolitischen Maßnahmen Kaiser Josephs II., sein Standpunkt hinsichtlich des Reliquienkults sowie seine Zurückweisung der Stephanskrone in Ungarn so lebhafte Abneigung auslösten. Die Folge hiervon war unter anderem, dass die Rückkehr der Stephanskrone aus Wien zu einem wirklichen Nationalfest wurde. Die zeitgenössischen Berichte schreiben darüber, dass in mehreren Städten Bürger die Pferde aus dem die Krone ziehenden Wagen ausspannten und sich selbst einspannten. In den Kirchen wurde die Krone auf den Altar gestellt, damit das Volk sehen konnte, dass Kaiser Joseph II. wirklich die Stephanskrone zurückgeschickt hatte[13]. Die Heimkehr des Symbols der nationalen Souveränität nach Buda im Jahre 1790 bedeutete jedoch nicht, dass die Auswirkungen des Josephinismus auf die Kirche aufgehört hätten. Die das Leben der Kirchen zutiefst berührenden Veränderungen, so z. B. die Ernennung der Bischöfe, die Handhabung des Religionsfonds und die Folgen überdauerten Joseph II., sodass es nicht verwundert, dass die ungarische katholische Kirche in der ersten Hälfte des 19. Jahrhunderts eine Basis für die politisch-historischen Wunschvorstellungen nach einem nationalen Königreich bildete[14]. Auch das monumentale Altarbild, das Fürstprimas Sándor Rudnay durch den in Wien lebenden akademischen Maler János Mihály Hesz 1825 für den Hochaltar der neuerbauten Basilika in Gran (Esztergom) malen ließ, brachte die Sehnsucht nach Autonomie in der Verkörperung des nationalen Königreichs zum Ausdruck[15]. Das Gemälde stellt die Taufe von Vajk, dem späteren König Stephan, dar, und schuf zugleich eine neue Ikonographie in der Reihe dieser Darstellungen. Die Stephanslegenden berichten nämlich über die Taufe des Herrschers im Säuglingsalter. Seine Taufe im Jünglingsalter oder bei seiner Hochzeit werden nur in ausländischen Quellen erwähnt[16]. Gestützt auf letztere schrieb Ignaz Aurel Fessler die Szene der Taufe des Vajk in seinem in breiten Kreisen bekannt gewordenen Werk nieder[17]. Fessler beschreibt sehr farbig die Ereignisse, wie Géza Kaiser Otto III. und Heinrich, den Herzog von Bayern, benachrichtigte, dass Adalbert Ungarn aufsucht; wie Géza, Otto und Heinrich mit ihrem prachtvollen Gefolge dem Bischof bis an den Bakonywald entgegeneilten, wie der Kaiser Bischof Adalbert am Arm zur Taufe führte, während Vajk den 33. Psalm sang: „Freuet euch des Herrn, ihr Gerechten", den von Adalbert angeführt 6000 umstehende Menschen fortsetzten: „Wohl dem Volk, dessen Gott der Herr ist, dem Volk, das er zum Erbe erwählt hat!"[18].

Fragen zur Taufe Stephans waren im 19. Jahrhundert von politischen Überlegungen beeinflusst, und zwar hinsichtlich der unmittelbar vom Papst stammenden Legitimation, der politischen Selbstständigkeit der ungarischen Kirche und dadurch des ungarischen Staates. In den Polemiken der Historiker zu diesen Fragen symbolisierte die Person des heiligen Adalberts die von den Bischöfen des deutschen Kaisers unabhängige ungarische Kirche; die Szene der Taufe Vajks als historische Parabel aber verweist auf den Primat der Kirche über das Königreich. Den ideologischen Inhalt der Taufe im Jugendalter brachten sowohl die Historiker als auch die Maler mit der Darstellung der Einheit der unabhängigen Kirche und des Königreichs zum Ausdruck[19]. Deshalb wurde dieses Thema zum Gegenstand des ersten repräsentativen Auftrags zur Schaffung von Kunstwerken durch den ungarischen Staat, der 1867 eine gewisse Unabhängigkeit erlangt hatte. Die staatliche Gemäldeausschreibung im Jahre 1869 gewann Gyula Benczúr. Benczúrs fertiges Gemälde wich jedoch bedeutend von der preisgekrönten Skizze ab, sowohl in seinem Inhalt als auch in seinen künstlerischen Mitteln (Abb. 2). Das bis 1875 fertiggestellte Werk stellt auch die von Fessler beschriebene Szene dar. Vajk neigt das Haupt ergeben unter das Taufwasser des Bischofs, neben ihm steht außer seinem Gefolge auch Otto III. im kaiserlichen Ornat und sein Taufpate Deodatus von Sanseverino[20]. Im Vordergrund des Gemäldes, dem Betrachter am nächsten, sind zwei Schwerter und ein Schild zu sehen: das eine, das Bestandteil der kaiserlichen Reichskleinodien ist, das „Zeremonienschwert", an dessen oberem Teil deutlich das deutsche kaiserliche Reichswappen zu sehen ist, hält der Kaiser vor sich[21], das andere, das der kniende Knappe Stephans hält, kann mit dem Säbel identifiziert werden, der mit Karl dem Großen in Beziehung gebracht wird. Dieser Säbel, der heute ebenfalls als Bestandteil der Reichskleinodien in Wien aufbewahrt wird, war ursprünglich als Erbe Attilas Eigentum des Arpadenhauses[22]. Die beiden Schwerter sowie der im Vordergrund auffällig plazierte Schild verweisen auf die symbolische Bedeutung des Gemäldes, wonach der gerade getaufte Herrscher Stephan – wie der Kaiser – den Arm bzw. das Schwert des Chris-

5 **Der Blutsvertrag der Stammesführer. Gemälde für den Festsaal des Rathauses von Kecskemét. Bertalan Székely.**

Moderne Nationen und ihre Vergangenheitsbilder

6 **Der große Herrscher als Verbreiter des Glaubens.** Majolikabilder in romanisierendem Rahmen. Ignác Roscovics, um 1900.

tentums und Ungarn dessen starker Schild bedeuten. Der Kult der vom Papst erhaltenen „Engelskrone"[23], der Stephanskrone oder der Stephanskult selbst waren nicht für alle Schichten oder Gruppen der Nation annehmbar, das heißt der Kult integrierte nicht vollständig alle in Ungarn Lebenden. Nach Stephan war „ein Land mit einer Sprache und mit einem Brauch schwach und zerbrechlich"[24]. Dieser über den Nationalitäten stehende Reichscharakter des Stephanskults wurde in den politischen Diskursen häufig als Beweis für die ungarische Toleranz gegenüber den Nationalitäten angeführt. Letzteres wurde jedoch im 19. Jahrhundert gerade von den Repräsentanten der Nationalitäten in Frage gestellt und auch die ungarischen Protestanten verhehlten ihre Antipathie hierzu nicht. Über die für sie aus religiösen Gründen nicht akzeptierbaren Aspekte des Stephanskults hinaus, wie z. B. die Marien- und die Reliquienverehrung, brachten sie ihre Vorbehalte auch im Zusammenhang mit der heiligen Krone zum Ausdruck[25].

1792 publizierte der gelehrte Debrecener Arzt Sámuel Decsy ein Buch über die Stephanskrone[26]. In diesem Werk fasst er kurz auch seine Zweifel vor allem im Zusammenhang mit der Bulle von Silvester und mit den Bildern der Krone zusammen. „Wir zweifeln", schreibt Decsy „1. Daran, dass der Engel Gottes Papst Silvester erschienen ist und den Befehl erteilte, die für den Fürsten der Polen angefertigte Krone St. Stephan zu geben. 2. Dass er mit der Krone zusammen auch die königliche Würde gab,

14 Moderne Nationen und ihre Vergangenheitsbilder

7 **Dem jungen Herrscher wird die von Papst Silvester gesandte Krone aufgesetzt. Majolikabilder in romanisierendem Rahmen. Ignác Roskovics.**

und sie ihm geben konnte. 3. Dass St. Stephan für diese Krone nicht nur sich selbst, sondern auch sein ganzes Reich der Gewalt des Römischen Hofes unterstellt hätte"[27]. Das Buch von Decsy fasst hinsichtlich der Krone die neuesten wissenschaftlichen Auffassungen seiner Zeit zusammen, seiner Geschichtsauffassung drückte aber die einige Jahrzehnte zuvor bekannt gewordene *Gesta* des Anonymus den Stempel auf. Ihm ging es vor allem darum, dass Stephan nicht vom römischen Papst, sondern durch die freie Wahl der hohen Adligen zum König gemacht wurde wie auch sein Vater Géza. Unter Berufung auf die Chroniken behauptet Decsy dies, indem er sagt: das Recht der Königswahl „brachten die Ungarn mit sich aus Scythien her, und obwohl sie zwar den männlichen Nachkommen Árpáds das Herrschertum übereigneten, behielten sie sich die freie Wahl immerdar vor". Der erste König war also Árpád, nicht durch das Recht der Abstammung von Attila, sondern „durch das freie Recht der ungarischen Nation, … er hatte auch eine königliche Krone, doch nicht die jetzige, sondern die, mit der Attila im Jahre 401 gekrönt worden war"[28].

Sámuel Decsy stellt die Traditionen der Lehre von der heiligen Krone dem Communitas-Prinzip des Ursprungs der Macht gegenüber, nach letzterem ist die Wahl des Königs das unveräußerliche Recht der adligen Nation[29]. Das Recht der freien Königswahl ist wirklich nachdrücklich in der ungarischen Rechtsüberlieferung enthalten, bei den Herrschern aus dem Hause Habsburg hatte der Adel jedoch nur

Moderne Nationen und ihre Vergangenheitsbilder 15

wenige Male die Möglichkeit, dieses anzuwenden, unter Leopold I. war es dann endgültig Vergangenheit[30]. Die auch durch die *Gesta* des Anonymus untermauerte Auffassung, nach welcher die Anführer der Landnahmezeit nicht nur Hauptleute, sondern auch Fürsten waren, ging zu Beginn des 19. Jahrhunderts in das öffentliche Bewusstsein über. Auch das vielleicht am häufigsten gelesene historische Werk, die „Ungarischen Jahrhunderte" [Magyar századok] von Benedek Virág, sprach von Fürsten. Virág beruft sich auf Anonymus, übersetzt dessen Ausdruck *duces* als „Fürsten", und bezeichnet Álmos als ersten Fürsten (884–889), Árpád ist erst der zweite, Stephan jedoch der sechste Fürst zwischen 997 und 1000, ab 1000 jedoch König[31]. Das Bild der von Álmos bzw. dessen legendärer Mutter Emese herrührenden ungarischen nationalen Geschichte stellt das allegorische Gemälde von Soma Orlai Petrics dar, das als Beilage zu einer Familienzeitung gemalt wurde (Abb. 4). Die Geschichte erscheint vor Emese als Vision, als Traum, als Reihe von zusammenhängenden und nebulösen Bildern, vom Blutsvertrag bis hin zu den großen Werken des 19. Jahrhunderts, die von der Budapester Kettenbrücke und der Gestalt von István Széchenyi symbolisiert werden[32].

Der Wunsch der freien Königswahl hörte nicht auf zu bestehen, doch spielte er erst im Jahre 1849 und nach 1917 eine politische Rolle. Die freie Königswahl war eine Frage, auf die sich die ungarische Rechtsauffassung und die historische Tradition häufig beriefen. Im Aufblühen der ungarischen Vorgeschichtswissenschaft im 19. Jahrhundert spielte sicherlich die verborgene oder ausgesprochene Habsburgfeindlichkeit oder die politische Auffassung von der freien Königswahl eine Rolle[33]. Dies erläutert auch die Beliebtheit der Darstellung einiger Szenen aus der Landnahmezeit. Diese wirkten eher als historische Parabeln, wie z. B. die Wahl Árpáds oder seine Schilderhebung, die ein historisches Beispiel für die Interessenvereinigung waren (Abb. 3). Auch die Darstellung des Blutsvertrages der sieben Stammesführer der Landnahmezeit stellt eigentlich die Verfassung der Nation, die konstitutionelle Vereinigung dar. Am Ende des 19. Jahrhunderts erhielten solche Darstellungen ein ähnliches Gewicht wie die Szenen im Zusammenhang mit der Stephanskrone. So wurden z. B. im Festsaal des Rathauses von Kecskemét von Bertalan Székely einerseits der Blutsvertrag der Stammesführer, andererseits die Krönung Franz Josephs einander gegenüber dargestellt. An der einen Wand sehen wir, wie die Anführer ihr sich vermischendes Blut in die damals „Attilas Pokal" genannte Tasse tropfen lassen; die Tasse in der Form eines Stierkopfes gehörte zum Schatz von Nagyszentmiklós (Abb. 5). Die Szene auf der anderen Seite zeigt, wie Fürstprimas János Simor und Graf Gyula Andrássy dem in der Kirche der Burg von Buda vor dem Altar knienden Franz Joseph die Stephanskrone auf das Haupt setzen[34].

Die Theorie von der hunnisch-ungarischen Identität erscheint, obwohl sie angezweifelt wurde, auch in den zusammenfassenden historischen Werken des 19. Jahrhunderts. Dies gilt für Belletristik wie auch für wissenschaftliche Werke. Mit ihrer Darstellung wurde der Besucher auch in einer wichtigen Institution der historischen Erinnerung, im Ungarischen Nationalmuseum, konfrontiert. Auf den Fresken des Treppenhauses im Nationalmuseum stellen die Maler Mór Than und Károly Lotz die Ereignisse der ungarischen Geschichte schon nach der Geschichtsauffassung des Historismus dar, das heißt in ihrem Wirken der Gegenwart zugewandt. Die Triebkraft dieses hier dargestellten historischen Prozesses ist der „Fortschritt", die Bereicherung der Kultur der Nation[35]. Eine andere, eigentlich auf die Stanzen Raffaellos zurückgehende Lösung der Darstellung der historischen Zeitalter ist die, historische Helden in einem einzigen idealen Raum darzustellen. Eine solch ideale Halle der ungarischen Geschichte ist auf den Fresken im Festsaal der Ungarischen Akademie der Wissenschaften zu sehen: drei große Gestalten der ungarischen Geschichte dienen der Förderung der Kultur, alle als Sinnbilder ihrer Zeit in einem einzigen Saal, der aber dreigeteilt ist. In der Mitte steht auf einem Ziborium im romanischen Stil der heilige Stephan, wie er gerade seinem Sohn, dem heiligen Emmerich die Ermahnungen überreicht. Um ihn herum versammelt sind der heilige Gerhard, dem man damals gerade die eigentliche Formulierung der Ermahnungen zuschrieb, die Martinsberger (Pannonhalmer) Magister Walter und Heinrich und außerdem der Biograph Stephans, Bischof Hartwik (Abb. 9). Das Programm der von Károly Lotz gemalten Fresken stammt vom Historiker Mihály Horváth, der übrigens schon ab den vierziger Jahren mehrere erfolgreiche Werke über die Aufnahme des Christentums, über die Anfänge des Königreichs und über den heiligen Stephan verfasst hatte[36].

Der auffallendsten Repräsentation des Historismus begegnete das Publikum bei den Millenniumsfeierlichkeiten 1896. Hier nahm die Parabel des Gebäudes der ungarischen Vergangenheit wirklich Gestalt an: Für die historische Sektion der Ausstellung errichtete Ignác Alpár unter Verwendung der charakteristischsten Teile der verschiedenen ungarischen Baudenkmäler ein um-

8 **Kämpfe von tausend Jahren.** Von Guyla Batthány fertig gestellt im Jahr 1942.

fangreiches Gebäudeensemble. Der Historismus in der Geschichtswissenschaft und der das Gebäude charakterisierende Historismus als Stil bilden hier eine untrennbare Einheit. Einen wichtigen Aspekt bildete die Absicht, die selbständige nationale Entwicklung, den Fortschritt fühlen zu lassen, nicht nur durch die Darstellung des Nacheinanders, der aufeinander folgenden architektonischen Stile sondern vor allem mit Hilfe der sonstigen Teile der Ausstellung. Das historische Hauptensemble spielte gerade in der Darstellung, in der Vermittlung der nationalen Entwicklung eine Rolle[37]. Die charakteristischsten Bauten des ungarischen Historismus wurden um die Jahrhundertwende errichtet. Mit den Millenniumsfeierlichkeiten kann jenes Denkmal verbunden werden, das mit seiner gewaltigen, wirkungsvollen Masse den vorstehend umrissenen doppelten Ursprungsmythos der ungarischen nationalen Geschichte in einer einzigen Komposition vereinigte. In seinem Zentrum wird die monumentale Reitergruppe Árpáds und seiner Anführer von dem schwebenden, die heilige Krone bringenden Engel sozusagen gesegnet. Hinter ihnen in der kolonnadenartigen Halle stehen die Königsskulpturen im Halbkreis, sozusagen die Lebensalter der Nation darstellend, die „nach Jahrhunderten gehende Uhr der Nation"[38].

Aus der Vielzahl der Bauvorhaben um die Jahrhundertwende muss der neue Flügel des königlichen Palasts in der Budaer Burg erwähnt werden, über dessen viele wertvolle Details sich der für den König errichtete, nach dem heiligen Stephan benannte Repräsentationssaal hervorhebt[39]. In romanisierenden Rahmen eingelassene Majolikabilder stellten hier die Könige aus dem Arpadenhaus dar, vor allem Stephan, der sogar auf zwei Bildern erschien (Abb. 6; 7). Auf dem ersten Panneau sehen wir den großen Herrscher als Verbreiter des Glaubens, in der Hand die Mauritiuslanze, die er zusammen mit dem kleinen Handkreuz hält, auf seinem Haupt ist die Géza geschenkte und von ihm geerbte Krone zu sehen. Auf dem anderen Bild wird dem jungen Herrscher die von Papst Silvester gesandte Krone aufs Haupt gesetzt, neben ihm auf einem Kissen ruhen die von Géza geerbten Insignien[40]. Hier erkennt man eine gewisse Korrektur der sich von der Stephanskrone ableitenden Legitimitätsvorstellungen, nämlich eine Legitimität des Hauses der Arpaden, die älter als Stephan ist. Die Darstellung Stephans war um die Jahrhundertwende oft mit der des Arpadenhauses und besonders mit der von Árpád verbunden. Dies hatte am Ende des 19. Jahrhunderts auch eine besondere Bedeutung – wurde doch in Verbindung mit Franz Joseph ständig die Abstammung vom Haus der Arpaden angeführt[41]. Die 1900 veranstalteten Feierlichkeiten unter dem Titel „900 Jahre Christentum in Ungarn" wirkten nach der Pracht des Millenniums zweifelsohne blass. Die Erklärung von Kolos Vaszary, Erzbischof von Gran (Esztergom), brachte die verteidigende Position des Katholizismus und sein Geschichtsbild zum Ausdruck: „Von einem Schwert wurde die Heimat erobert, doch das Kreuz hielt sie 1000 Jahre hindurch aufrecht!" In der Zeit nach dem 1. Weltkrieg flammten die Bestrebungen nach einer freien Königswahl mit neuer Kraft auf. Damals wurden ge-

9 Das Zeitalter von St. Stephan, Koloman und Ludwig dem Großen in der Mitte der heilige Stephan. Fresken im Festsaal der Ungarischen Akademie der Wissenschaften von Károly Lotz.

genüber den Legitimisten, den Anhängern Karls IV., in erster Linie historisch-politische Argumente für das Reichsverweseramt von Horthy geliefert. Bis zu jener Zeit hatte aber der ungarische Historismus schon alle Beziehungen zu den Modernisierungsbestrebungen, zum aufsteigenden Weltbild des Liberalismus verloren[42]. Der Árpádkult der Jahrhundertwende, bei dem man vor allem jene Aspekte betonte, die die Institutionen des öffentlichen Rechts berührten, wurde nach 1920 zu einem Turanismus verzerrt[43]. So ist es kein Wunder, wenn man auch historische Persönlichkeiten, die gegen die Arpadenherrscher auftraten, wie z. B. die im Namen des Heidentums revoltierenden Thonuzoba oder Koppány, zu „Helden", zu Vertretern des Ungarntums stilisierte[44]. Letzterer wurde von einzelnen literarischen Werken geradezu als Symbol des in Trianon zerstückelten Reiches des heiligen Stephan dargestellt, und es sei hinzugefügt, in einer scharf kirchen- und christenfeindlichen Auffassung.

Die letzte große Selbstdarstellung des „Königreiches ohne König", der Horthy-Ära, war das Stephansjahr im Jahre 1938. Aus der Reihe der zahlreichen Beispiele für die Verschmelzung von Religion und Politik seien die Festlichkeiten vom 20. August jenes Jahres auf dem Budapester Heldenplatz erwähnt. Als Ehrentribüne diente die Kopie des Ziboriums der Peterskirche in Rom, das auf das Millenniumsdenkmal aufgebaut wurde. So wurde ein monumentaler Altar errichtet, der anschaulich die untrennbare Einheit der päpstlichen, sakralen Macht und der auf dem Denkmal beschworenen und von den ungarischen Königen symbolisierten historischen Kontinuität beweisen konnte[45]. Das Bild des heiligen Stephan hatte bis zu dieser Zeit viel von seinem ursprünglichen, religiösen Gehalt verloren, er ist eher das Symbol des tausendjährigen Standhaltens des Ungartums, der unveränderten und heroischen Kämpfe gegen die im Osten auftretende Gefahr. So zumindest wurde die Figur des heiligen Königs auf dem Gemälde „Kämpfe von tausend Jahren" im Jahre 1942 von Gyula Battyhány dargestellt, auf dem im Mittelpunkt, sozusagen als Fortsetzung des Werkes des großen Herrschers, auch die Symbole der Entwicklung des 19. Jahrhunderts, das Ungarische Nationalmuseum, die Kettenbrücke und die Akademie, auch die Schöpfungen der Széchenyis auftreten (Abb. 8). Wie bereits ausgeführt, wurden die Ereignisse der Jahrhundertwende von der historischen Literatur und von repräsentativen Werken der bildenden Künste des 19. Jahrhunderts in erster Linie vom Gesichtspunkt des Ursprungs und der Legitimität der Macht aus behandelt bzw. dargestellt. Mit diesen Gesichtspunkten zusammen wurden sie vor allem in den Lehrbüchern oder über deren Bilder zum Bestandteil des öffentlichen Bewusstseins der Nation[46]. Dieser ideologische Gehalt konnte einerseits Anregung für wirklich historische Forschungen sein, andererseits jedoch auch eine Belastung für sie darstellen. Der zuvor behandelte doppelte Charakter des nationalen Geschichtsbildes – einerseits der Bereich der östlichen Ursprungsmythen, der Landnahme sowie der legendären „Annahme der Verfassung" in Pusztaszer und der damit zusammenhängenden freien Königswahl, andererseits das als Beispiel der Anpassung an den Westen aufgefasste Lebenswerk Stephans – können als ideologische Vorstellungen aufgefasst werden. An der Grenze der Einflusszonen von Ost und West, in den sich verändernden historischen Situationen, bewahrten sich im ungarischen Nationalbewusstsein jene ideellen-weltbildlichen Topoi, die – häufig zwar nur in der Form von Illusionen und von ideologischen Konstruktionen – mithalfen, den Einfluss der Machtfaktoren der eindringenden fremden Autoritäten auszugleichen. Andererseits jedoch begünstigten sie auch historische Fiktionen, wodurch sie zweifelsohne ganzen Generationen die Akzeptanz der neuen Zwänge der neuen historischen Krise, der „kleinungarischen" staatlichen Existenz und der Modernität erschwerten[47].

Anmerkungen

1 Mausoleum Regni Apostolici Regum et Ducum. Nürnberg 1664. Zur Person des Autors s.: Rozsa (1973) 41–50.
2 Aus dem Vorwort von Ferenc Nádasdy. Die Zitate stammen aus der ungarischen Übersetzung des Mausoleums von Elek Horányi: Mausoleum. Budapest o. J. (1773)
3 Die Geschichte des Mausoleums und die Beziehung der Holzschnitte zu dem Geschichtsschreiber Illés Elias Berger (1562–1645) wurde von Rozsa in seinem zitierten Werk dargelegt. (Anm. 1) 42–43.
4 Horányi (1773) 33.
5 Ebd. 51.
6 Zu den bildlichen Quellen des Exodus s. Marosi (1996) Nr. 8. 1030–1031.
7 Kat. Budapest (1998) 298–299; 504–506.
8 Horányi (1773) 54–55.
9 Coreth (1959) 58–59.
10 Der Historiker György Prax stieß 1763 auf die Angabe, dass die Heilige Rechte in Ragusa aufbewahrt wird. 1771 wurde sie als Geschenk der Republik Ragusa zuerst nach Schönbrunn und dann von da in feierlichem Zuge nach Buda gebracht. Gábor (1925) 29–30. – Szekfű (1938) III, 161–166.
11 Bálint/Barna (1994) 326.
12 Jene Form der Prozession der Heiligen Rechten, die von der Sigmund-Kapelle in der Burg in die Liebfrauenkirche und zurück führte, und die von Bischof Sándor Rudnay angeregt wurde, wurde erst von 1810 an zur Erinnerung an die Errettung aus der Napoleonischen Gefahr abgehalten. Szekfű (1938) 64. Zur weiteren Geschichte des Feiertages: Sinkó (1997) 251–271.
13 Decsy (1792).

14 Meszlényi (1963). Zur antijosephinischen, sich auf die Traditionen von St. Stephan berufenden Geschichtsbetrachtung einzelner Vertreter der ungarischen katholischen Kirche vgl.: Galavics (1971).

15 A. Jávor, A klasszicista oltárkép Hesz János Mihály életművében. Ars Hungarica Nr. 2. 219–233.

16 Den St. Stephanslegenden zufolge taufte Bischof Adalbert Vajk als Säugling, als er Fürst Géza und seine Gefolgschaft taufte. Árpád-kori legendák és intelmek. Red. G. Érszegi (Budapest 1983) 17; 25. – Seine Taufe als Kind ist auch auf dem Bild der um 1343 gefertigten Decretalis des Miklós Vásári dargestellt, s. Wehli, (1994) 107–140. Über seine Taufe als Jüngling oder als Erwachsener berichten die Chronik des Eckehards und Otto von Freising. Zusammenfassung der Frage: Horváth, Mihály: A kereszténység első százada Magyarországon [Das erste Jahrhundert des Christentums in Ungarn]. Budapest, 1878, 76–78.

17 Die drei großen Könige der Hungarn aus dem Arpadischen Stamme von Dr. Fessler (Breslau 1808).

18 Abbildung der Taten der drei großen ungarischen Könige nach Fessler (Pest 1815) 33–38.

19 Im Zusammenhang mit der Taufe des Stephans stimmten alle Wissenschaftler im vergangenen Jahrhundert überein, dass die Person des Täufers nicht der vom Kaiser nach Ungarn entsandte Bruno sondern Adalbert war. S.: Frankl (Fraknói)(1861) 361–378, wo die bezüglichen, bis dahin bekannt gewordenen Quellen angeführt werden.

20 Zur historischen Gemäldeausschreibung und zu den beiden Benczúr-Gemälden s.: Goldmedaillen, Silberkränze. Künstlerkult und Mäzenatur im 19. Jahrhundert in Ungarn. Ausstellung in der Ungarischen Nationalgalerie. 1995, 313–316, 332. Abb. 16–17.

21 Um das Schwert ist der Gürtel gewickelt. Fillitz (1986) 24 Kat. Nr. 14.

22 Zu dem in der ungarischen Tradition mit dem Schwert des Attila identifizierten Säbel s. Tóth (1930). – Fillitz erwähnt (1986) diese Tradition nicht.

23 Zum Attribut Engels- der Krone s. Székely (1983) 17–43.

24 S. Anm. 16, 59.

25 Über die Veränderungen der Lehre von der heiligen Krone im 19. und 20. Jahrhundert s. Kardos (1985) 7–37. – Zur protestantischen Rezeption des St. Stephanskults: Lendvai (1986) 243–283.

26 A magyar Szent Koronának és az ahoz tartozó tárgyaknak históriája mellyet Sok régi és újabb írásokból ki jegyzett, rendbe szedett, meg világosított, s kedves Hazafiainak hasznokra közönségessé tett Decsy Sámuel… [Geschichte der ungarischen Heiligen Krone und der dazu gehörenden Gegenstände, die Sámuel Decsy aus vielen alten und neueren Werken entnommen, redigiert, erläutert und seinen lieben Landsleuten nützlich gemacht hat] (Wien 1792).

27 Ebd. 104. Zitierte Stelle: 96.

28 Ebd. 111–113. Die Authentizität der Bulle des Silvesters wurde zum ersten Mal von Gottfried Schwarz angezweifelt. S.: v. Bogyay: Über die Forschungsgeschichte der heiligen Krone. in: Insignia Regni Hungariae 67–71. Die *Gesta Hungarorum* des Anonymus wurde zum ersten Mal von György J. Schwandner und Mátyás Bél publiziert. S. hierzu: Győrffy (1977b) 8–9.

29 Zum Ursprung des ungarischen Nationsbewusstseins und der *Communitas*-Lehren s.: Szűcs (1974) 413–556.

30 Fraknói (1921).

31 Virág (1983) 8.

32 Művészet Magyarországon [Kunst in Ungarn]. 1830–1870. Katalog. Institut für Geschichtswissenschaften der Ungarischen Akademie der Wissenschaften und Ungarische Nationalgalerie. Budapest, 1981. Kat.-Nr. 195.

33 Die Zusammenfassung der ungarischen Literatur über die skythische Urheimat s. Flegler (1877) 198–211.
Über ihre Darstellungen: Marosi (1996) Nr. 8. 1026–1034.

34 Zu den Diskussionen über die Darstellungen s.: Szunyogh (1935) Nr. 7–8; 17.

35 Zu den Zusammenhängen zwischen dem Historismus und den Fortschrittsvorstellungen s.: Wagner (1989).

36 Kat. Budapest (1992) 12–17; Kat.-Nr. 72.

37 Ausführlicher s. Sinkó (1993) 132–147. – Vadas, Ferenc: Programtervezetek a millennium megünneplésére [Programmentwürfe zur Feier des Millenniums], sowie J. Sisa: A Városliget átalakulása az ezredéves kiállítás idején [Die Umgestaltung des Stadtwäldchens zur Zeit der Millenniumsausstellung]. Beide Artikel s. Ars Hungarica. 1996, Nr. 1. 13–78.

38 Gábor (1983) Nr. 4.; 202–215.

39 Zur Erweiterung des Palasts in der Budaer Burg kam es aufgrund der Pläne von Alajos Hauszmann in den Jahren 1893–96. Hauszmann (1900).

40 Über die Bilder: Goldmedaille, Silberkränze s. Anm. 21. 341–342. Zur Lanze des heiligen Moritz als ungarische Insigne s. Kovács (1970) 127–145.

41 Das wichtigste Moment hiervon war, dass Franz Joseph auf eigene Kosten in der Matthiaskirche (Liebfrauenkirche) in der Budaer Burg eine Grabkapelle zu Ehren seiner Vorfahren aus dem Hause der Arpaden, Béla III. und Anna von Antiochien, errichten ließ. Umfassender s. Árpád versus Saint István. Competing Heroes and Competing Interests in the Figurative Representation of Hungarian History. In: Ethnologica Europaea XIX. 1989, 67–84.

42 Kardos (1985), außerdem Juhász (1983) 170–175.

43 Juhász (1983).

44 Mit einer bis heute reichenden Gültigkeit analysiert von: Szekfű (1938) 76–77. Die literarische Tradition wurde neuerdings zusammengefasst von: Magyar (1998) 105–110.

45 Szűcs (1988) Nr. 8; 56–60.

46 Kat. Budapest (1998) 528–556.

47 Szűcs (1988) Nr. 3; 31–49.

Die Zeit um das Jahr 1000 in der polnischen Kunst Ende des 18. und im 19. Jahrhundert

ZOFIA OSTROWSKA-KĘBŁOWSKA

Neue Bilder der Geschichte Polens

Die für die Geschichte Polens wichtigsten Ereignisse um das Jahr 1000, also in der Zeit der ersten zwei historisch belegten Herrscher, Herzog Mieszko I. (um 950–992) und König Bolesław I. Chrobry, des Tapferen (992–1025) waren schon seit Jahrhunderten allgemein bekannt: die Annahme des Christentums und die Gründung des ersten Missionsbistums in Posen (Poznań)(966), die Christianisierungsmission des Prager Bischofs Adalbert im Jahre 997, sein Martyrium und seine Seligsprechung, die Pilgerfahrt Kaiser Ottos III. zum Grabe des neuen Heiligen in Gnesen (Gniezno) im Jahre 1000 und die Übergabe der Machtinsignien eines souveränen Herrschers an Bolesław I. Chrobry durch den Kaiser, was noch im 19. Jahrhundert als Krönungsfeierlichkeiten interpretiert wurde. All dies sind Fakten, die in deutsche und polnische Chroniken Eingang gefunden hatten und zum Teil auch durch Quellenforschung bestätigt wurden. Eine Reihe von Umständen verursachte jedoch, dass die für den Aufstieg des Volkes und des Staates ausschlaggebende Bedeutung der Periode um das Jahr 1000 als des Anfangs der Geschichte Polens erst ab der zweiten Hälfte des 18. Jahrhunderts stärker in den Vordergrund trat. Dazu war jedoch zuvor ein Umdenken nötig, welches damals in ganz Europa vollzogen wurde und unter anderem in der Erschließung der historischen Weltbetrachtung unter Berücksichtigung der stattfindenden Veränderungen mündete. Es gab aber auch Umstände, die speziell mit der Situation des polnischen Staates zusammenhingen, der bereits in der zweiten Hälfte des 18. Jahrhunderts mit der Gefahr konfrontiert worden war, geteilt und aufgelöst zu werden.

Nach der letzten Teilung im Jahre 1795 hörte die Adelsrepublik, einst ein mächtiges, souveränes Königreich, auf zu existieren. Diese bis zu Beginn des 20. Jahrhunderts fortwährende Situation dürfte zur Intensivierung der Reflexion der eigenen Geschichte in der polnischen Bevölkerung beigetragen und viele zu Fragestellungen nach den Gründen des Untergangs und den Möglichkeiten, die nationale und staatliche Selbständigkeit wiederzuerlangen, bewogen haben. Von außerordentlicher Bedeutung waren dabei die Fragen nach der Möglichkeit der weiteren Existenz und Entwicklung des seines Staates beraubten Volkes. Die Antworten darauf fielen unterschiedlich aus, je nach den politischen Tagesproblemen, den weltanschaulichen Standpunkten und sozialen Positionen. Seine Aufmerksamkeit richtete man hierbei ebenfalls auf die Vergangenheit des Staates und der Nation und suchte deren Anfänge zu bestimmen und zu beurteilen. Solche Überlegungen füllten die Seiten historiographischer, politischer und literarischer Werke und waren auch in Bereichen der Kunst präsent.

In der zweiten Hälfte des 18. Jahrhunderts, als die polnische Adelsrepublik noch auf der Karte Europas verzeichnet war, entwarfen die nun an Boden gewinnende wissenschaftliche Historiographie und die Geschichtsmalerei ein neues Bild der Geschichte Polens, das der alten überlieferten Vorstellung kaum noch ähnelte. Man zog eine scharfe Trennungslinie zwischen der „sagenumwobenen Zeit" und der durch Quellen belegbaren Geschichte[1]. Bis dahin hatte man nämlich seit dem frühen Mittelalter die polnische Geschichte als einen kontinuierlichen Prozess ohne die Zäsur des Jahres 1000 begriffen. Ähnlich wie in anderen europäischen Ländern leiteten die mittelalterlichen Chroniken und die sich auf sie stützende neuzeitliche Geschichtsschreibung die Herkunft Polens gelegentlich sogar von Noah oder, häufiger, von den legendären Sarmaten ab, die gegen Ende der Antike den Kaukasus verlassen und sich hier angesiedelt haben sollten. Man pflegte die Namen der aufeinander folgenden Sarmatenherrscher (spätestens seit dem 5. Jahrhundert n. Chr.) aufzuzählen. Unter ihnen ragte vor allem die Gestalt des mythischen Ackermanns, Pflügers und Wagners mit Namen Piast als Schlüsselfigur hervor, weil man ihn für den Gründer der historischen, bis 1370 herrschenden Piastendynastie hielt. Die mit Piast verbundenen legendären Ereignisse, die bis ins 20. Jahrhundert hinein ein bevorzugter Gegenstand von Darstellungen waren, weisen darauf hin, dass hier Anleihen bei Abraham und dem altrömischen

Cincinatus als Archetypen gemacht wurden, denn Piast sollte die Macht infolge einer von seiner Gemeinde durchgeführten Wahl überantwortet worden sein, während er draußen mit seinem Pflug den Acker bestellte[2].

Solche Mythen und Sagen, die noch im 18. Jahrhundert nicht selten als historische Wahrheit geglaubt wurden, lieferten auch später eines der wichtigsten Argumente für die Gestaltung einer konkreten politischen Verfassung des Staates: die Wahlmonarchie und die Adelsfreiheiten.

In der Aufklärungszeit gerieten derartige apologetische Visionen der Anfänge der Geschichte Polens in die Schusslinie der Kritik, die bemüht war, die sagenumwobenen Ereignisse von der aufgrund einer differenzierteren wissenschaftlichen Quellenforschung ermittelten Geschichte zu trennen. Die Pionierleistungen auf diesem Gebiet dürfte Gottfried Lengnich aus Danzig erbracht haben, der die legendären Ereignisse bereits 1740 mit aller Entschlossenheit ins Reich der Fabel verbannte. Zwar griff er auf die alten Chronisten zurück und erwähnte die vermeintlichen Vorfahren von Mieszko I.: Siemowit, Lestek und Siemomysł, aber die Geschichte Polens ließ er mit der Annahme des Christentums durch Mieszko I. und der Krönung seines Sohnes, Bolesław I. Chrobry zum König (1000) beginnen[3].

Der nur schwer fassbare, sich im Dunkel der Mythen und Legenden verlierende Uranfang des Volkes und des Staates wurde damit in eine konkrete, linear verlaufende historische Zeit eingebettet und in die zweite Hälfte des 10. Jahrhunderts, kurz vor dem Jahr 1000, datiert. Zwar entzündeten sich an Lengnichs Ausführungen zahlreiche scharfe Polemiken, vor allem bei den der Tradition verhafteten Geschichtsschreibern, doch seine Anschauungen übten einen starken Einfluss auf die aufgeklärten Schichten aus, darunter auch auf seinen Schüler, den künftigen polnischen König Stanislaus II. August (Poniatowski). Und gerade dieser König gab den Anstoß zu weiteren Forschungen: Auf sein Betreiben verfasste Bischof Adam Naruszewicz, ein Historiker, sein mehrbändiges Werk „Dzieje Narodu Polskiego" (Geschichte des polnischen Volkes), das nicht nur wissenschaftliche Ziele verfolgte, sondern auch sich in den Dienst der erzieherischen und Propagandaaufgaben stellte. Durch die Vermittlung von entsprechenden Geschichtsvorbildern sollte es den königli-

10 Zertrümmerung der Götzenbilder (Miecislaus I. Idola confringi per totum Regnum lege publica jubet). Stich nach der Zeichnung von Franciszek Smuglewicz, 1790–1791.

chen Verfassungsreformen Vorschub leisten[4]. Für ähnliche Zwecke hatte sich die von Stanislaus II. in Auftrag gegebene Kunst einzusetzen, wobei der Malerei, die nun besondere Ereignisse der polnischen und nicht mehr antiken Geschichte festhalten sollte, die größte Bedeutung zugemessen wurde.

Polnische Geschichte in Künstlerhand

Obwohl die Geschichtsdarstellung aus der Feder von Naruszewicz der Beschreibung der Macht der ersten Piasten viel Platz einräumte, thematisierte keines der sechs großen Gemälde im Rittersaal des Königlichen Schlosses, die Marcello Bacciarelli 1782 bis 1786 im Auftrag des Königs geschaffen hatte, die Anfänge der polnischen Staatlichkeit. Lediglich im Marmorkabinett eröffnete das Bild von Bolesław I. dem Tapferen, der die damals noch existierende alte Krone auf dem Haupt trug und sich auf das legendäre Schwert „Szczerbiec" (schartiges Schwert) stützte, den Reigen von 22 Darstellungen polnischer Herrscher[5].
Der monumentale Gemäldezyklus im Rittersaal, der die Periode der modernen polnischen Geschichtsmalerei eingeleitet haben soll, erfreute sich eines hohen Bekanntheitsgrades, wurde oft beschrieben und kopiert. Eine vergleichbare Popularität genoss die Bildchronik der polnischen Regenten im Marmorkabinett, die bis zur Schaffenszeit von Jan Matejko mehrmals nachgemalt wurde und eine Erweiterung um zahlreiche nicht gekrönte Herrscher erfuhr.
All diese Maßnahmen vermochten das immer spürbarer werdende Bedürfnis der Bevölkerung nach Darstellungen aus der Geschichte Polens jedoch nicht zu befriedigen. Ein Jahr nach der Eröffnung des Rittersaals begann Franciszek Smuglewicz, der bisher Mengs und Hamilton nachgeahmt hatte, Entwürfe für seine große Reihe von „Bildern der polnischen Geschichte" anzufertigen und das rege Interesse an ihnen hatte zur Folge, dass man beschloss, sie in Form großformatiger Graphiken zu vertreiben. Doch von den geplanten 100 Zeichnungen erblickten nur neun die Welt. Nichtsdestoweniger fanden sie große Verbreitung und waren für die Etablierung eines Katalogs von später öfters aufgegriffenen Themen in der polnischen Geschichtsmalerei mitverantwortlich[6].
Im Gegensatz zu Bacciarelli, der seinen Zyklus auf den königlichen Wunsch mit Kasimir dem Großen, also mit dem 14. Jahrhundert, begonnen hatte, griff Smuglewicz tiefer in die Vergangenheit, bis zu den von der Geschichtsschreibung datierten historischen Anfängen des Staates zurück. Fünf der neun ausgeführten Graphiken betrafen das 10. und

11 Aufstellen der Grenzpfähle an Saale und Elbe (Boleslaus Chrobry in confluxu Salae et Albis fluminum metas Regni sui designat). Stich nach der Zeichnung von Franciszek Smuglewicz, 1790–1791.

das beginnende 11. Jahrhundert. Nur die erste Zeichnung fiel mit der Darstellung der „sagenumwobenen Zeit" aus dem Rahmen des auf historischen Angaben fußenden Konzepts, indem sie die Wunderheilung des von Geburt an blinden Mieszko I. und das Fest des Haarabschneidens illustrierte. Hier verläuft die Grenze zwischen der legendären und der historischen Zeit, denn die Sage hat einen prophetischen Charakter: Sie verheißt die Annahme des „wahren Lichts" durch Mieszko, die die wichtigste historische Handlung während seiner Herrschaftszeit sein sollte und die das künftige Schicksal des Volkes und des Staates vorausbestimmte. Dieses Ereignis stand im Mittelpunkt der zweiten Zeichnung. Smuglewicz zeigte die eigentliche Taufe nicht, sondern visualisierte die von den Chronisten geschilderte Zerstörung der heidnischen Götzenbilder, wodurch er den Akzent in aufklärerischer Manier eher auf den Kampf gegen die Unwissenheit und Rückständigkeit als auf den religiösen Aspekt der Taufe setzte.
Anders als auf den für den König gemalten Bildern, wo im Einklang mit dessen Friedenspolitik die Schlachtenszenen vermieden wurden, lobte Smuglewicz nicht nur das Friedenswerk der ersten Herrscher, sondern rühmte auch die Kriegstaten der beiden Piasten als Verteidiger und als Eroberer. Die dritte Zeichnung stellte – angesichts der damaligen Bedrohung für das polnische Königreich – die vom Künstler absichtlich gewählte Szene der Schmach der Niederlage Wichmanns, des Veleten-Anführers und Verwandten Kaiser Ottos I. dar.
Dem Sohn von Mieszko I. und dem ersten Polenkönig, Bolesław I. Chrobry, wollte Smuglewicz

12 **Bolesław Chrobry empfängt Otto III. in Posen.** Zeichnung von Franciszek Smuglewicz, um 1789.

ursprünglich sogar sechs Graphiken widmen, aber nur zwei Radierungen wurden angefertigt. Vier weitere sind aufgrund von Skizzen bekannt. All diese Darstellungen setzten sich zum Ziel, der Bedeutung dieses Herrschers und Erbauers eines mächtigen Staates der erstaunlichen Eroberungserfolge für die Zukunft Polens Nachdruck zu verleihen. Einige Szenen wurden dann zum festen Bestandteil des Themenrepertoires der polnischen Geschichtsmalerei im 19. Jahrhundert. Zu ihnen gehörte beispielsweise die Unterwerfung Kiews, wo der berittene Bolesław, mit dem Schwert in der Hand, gegen das Tor der sich ergebenden Stadt stürmt. Von noch größerer Bedeutung ist die zweite Radierung, die das Aufstellen der Grenzpfähle an Saale und Elbe „dokumentiert". Es handelte sich hierbei nicht nur um einen Nachweis der Bemühungen von Bolesław um die Festigung der Staatsgrenzen, sondern auch um die Unterstreichung der historischen Rechte einer jahrhundertealten Monarchie auf die Unverletzlichkeit ihrer Grenzen. Als der Künstler die Zeichnung schuf, war diese Frage von besonderer Aktualität: Über Polen ballten sich nämlich drohende Wolken der nächsten Teilung.

Smuglewiczs Anliegen bei den Darstellungen von Bolesławs Zeit war es, die Stärke und Bedeutung des polnischen Staates gleich zu Beginn seiner Existenz aufzuzeigen, die sich auf starke und gerechte königliche Macht, gute verwaltungstechnische Staatsführung und schlagkräftige Kampftruppen gründete. Es waren natürlich alles Anspielungen auf die von Stanislaus II. initiierten Reformen, in erster Linie auf die Arbeiten an der neuen Verfassung.

Smuglewiczs Künstlerhand entstammte noch ein anderes graphisches Arrangement, das mit Bolesław zusammenhing: Es betraf das Jahr 1000 und hatte das in der polnischen Geschichtsmalerei äußerst selten aufgegriffene Thema der Ankunft Kaiser Ottos III. in Polen zum Gegenstand. Zwar spielten bei diesem Besuch politische Absichten eine wichtige Rolle, doch es war vor allem eine Pilgerfahrt zum Grab des kürzlich seliggesprochenen und in Gnesen beigesetzten Märtyrers Bischof Adalbert. Smuglewicz ließ den letztgenannten Aspekt des kaiserlichen Polenaufenthalts kurzerhand außer Acht und gab seiner Graphik den Titel „Bolesław Chrobry empfängt Otto III. in Posen". Damit verlegte er das Geschehen von Gnesen in die Hauptstadt des damaligen Polen. Vor den Stadttoren wartet der noch nicht zum König gekrönte, auf einem Pferd sitzende Bolesław mit seinem Gefolge auf den sich nähernden Otto, den ein prachtvoller Kaiserornat und die Krone aus der Menge herausheben. Die Komposition verleiht den beiden Hauptgestalten fast den gleichen Rang, sodass man hier von einem „Treffen" und keiner „Huldigung" sprechen kann. Dieser Effekt war nicht zufällig. Die Überzeugung von der vollen Souveränität Polens seit seinen Anfängen war am Ende des 18. Jahrhunderts so tief im Bewusstsein der Menschen verwurzelt, dass eine andere Darstellung der Begegnung der beiden Herrscher sofort Widerspruch erregt hätte.

Es dürfte daher wohl kein Zufall sein, dass Smuglewicz, der Bolesław I. Chrobry insgesamt sechs Zeichnungen widmete, das wichtigste historische Ereignis im Zusammenhang mit dem ersten polnischen König – seine Krönung – ignorierte. Dem Beispiel alter Chronisten folgend, übergingen die zeitgenössischen Historiker die im Todesjahr von Bolesław (1025) im Dom zu Gnesen stattgefundenen Krönungsfeierlichkeiten mit Stillschweigen. Als Krönung sah man das Ereignis von 1000 an, als Otto III. während seines Polenbesuchs Bolesław Souveränität zuerkannt hatte, indem er ihm symbolische Insignien der Macht, darunter eine Kopie der Lanze des heiligen Mauritius, übergeben und ihm sein Diadem als „Unterpfand der Freundschaft" aufgesetzt hatte. Eine seltene Darstellung dieses Ereignisses stammt von ca. 1450 und ist ein Teil der in Form eines Szenenzyklus festgehaltenen Lebensgeschichte des heiligen Adalbert: Die Krönung findet am geöffneten Sarg des Heiligen statt[7]. Etwas anders arrangierte man diese Szene im 16. und 17. Jahrhundert: Der kniende Bolesław wird von dem auf dem Thron sitzenden Kaiser gekrönt, und der Zeremonie wohnt der heilige Adalbert, als Lebender abgebildet, bei[8].

Solche Darstellungen kamen noch im 18. Jahrhundert sporadisch vor, doch man geht wohl nicht fehl in der Annahme, dass eine derartige Komposition gegen Ende jenes Jahrhunderts angesichts des heraufziehenden Unheils und der wieder akut werdenden Teilungsgefahr sowie der im starken Aufwind befindlichen patriotisch-nationalen Gefühle nicht möglich gewesen wäre. Aus diesem Grund wird diese überaus bedeutsame historische Tatsache weder bei Bacciarelli noch Smuglewicz Beachtung gefunden haben. Noch kontroverser wurde die Situation im 19. Jahrhundert, bereits nach dem Untergang des polnischen Staates. Soweit bekannt, versuchte man nur zweimal einen

13 **Bolesław Chrobry, von Kaiser Otto III. gekrönt. Holzschnitt in „Chronica Polonorum" von Maciej Miechowita, 1521.**

Moderne Nationen und ihre Vergangenheitsbilder

Ausweg aus diesem Dilemma zu finden: in der Goldenen Kapelle im Dom zu Posen und auf einem der Gemälde von Jan Matejko (vgl. weiter unten).

Im 19. Jahrhundert ließen die Künstler Bolesław I. Chrobry meistens in Kampfszenen agieren, vornehmlich bei der Eroberung von Kiew. Dabei fällt auf, dass ungeachtet der sich ständig vergrößernden Zahl von Gemälden, Zeichnungen und Graphiken, welche sich mit der Vergangenheit beschäftigten, die Ereignisse um das Jahr 1000 nur selten als eventuelle Themen ins Auge gefasst wurden. Bei Bedarf, etwa wenn populäre historische Bücher illustriert werden mussten, trat man in die Fußstapfen von Smuglewicz. Parallel dazu manifestierte sich immer stärker das Interesse an den legendären Anfängen des Volkes und des Staates[9]. Diese Sagen, die von der alten Geschichtsschreibung in die historische Realität gehoben und in der Aufklärungszeit einer kritischen Betrachtung und durch die wissenschaftliche Historiographie von der quellenmäßig belegbaren Geschichte abgetrennt worden waren, lebten kurze Zeit nach der letzten Teilung (1795) wieder auf und drangen zu Beginn des 19. Jahrhunderts in die Dichtung ein. In der fernen, vorchristlichen Zeit angesiedelt, lagen sie außerhalb des wissenschaftlichen Interessenbereichs und wurden von der Literatur, Musik und Kunst adaptiert. Sie erlangten als Thema in der Dichtung einen hohen Stellenwert.

In der Situation eines seines Staates beraubten Volkes ließ man solchen Überlieferungen und Legenden neue Lebenskräfte zufließen, glorifizierte die mythische Geschichte der Slawen, ihre Heldentaten, ihre angebliche „gemeindliche Herrschaftsform" und ihre besonders ausgeprägte Freiheitsliebe – all diese „Erinnerungen" dienten dazu, patriotische Gefühle zu wecken, den „Volksgeist" wachzurufen, das Bewusstsein der eigenen Identität und Eigenart zu stärken. Solche Werke, die den Geist der göttlichen Vorsehung und des Messianismus atmeten, sollten die Hoffnung auf die Wiederauferstehung Polens schüren. Zurück kehrten also Gestalten, die man mit den mythischen Anfängen in Verbindung zu setzen pflegte: Krak, Wanda, Lech, aber in erster Linie Piast. Sagen über die vorchristlichen Zeiten, die im Volksglauben und den Volksgebräuchen überlebt hätten, erlebten eine Art Renaissance. Auf diese Weise begegneten sich in der kollektiven Vorstellung die historische Zeit mit den Anfängen der Staatlichkeit und die sagenumwobene Zeit um das Jahr 1000 und gingen ineinander über.

14 Piast – vom Volk gewählt – gründet die neue Dynastie. Lithographie von Ignacy Gołębiowski nach dem Bild von Michałdem Stachowicz aus dem so genannten Historischen Kabinett zu Krakau (Kraków).

Eine der ersten Erscheinungsformen der neuen Tendenzen in der Kunst waren Illustrationen in der sehr beliebten Dichtung von Julian Ursyn Niemcewicz „Śpiewy Historyczne z Muzyką i Rycinami" (1816, Historische Lieder mit Musik und Zeichnungen). Die einzige die Zeit um 1000 betreffende Graphik, der sich übrigens Smuglewiczs mächtiger Einfluss problemlos anmerken lässt, stellt die Eroberung Kiews durch Bolesław I. Chrobry dar. Dieser Illustration war jedoch keine Szene aus der Zeit von Mieszko I. vorausgegangen, sondern der Band wurde mit einer Darstellung des legendären Pflügers Piast eingeleitet.

Das Historische Kabinett

Ein Aufsehen erregendes Beispiel für ein derartiges geschichtliches Gesamtbild, dessen Bogen sich von der mythischen Vergangenheit über alle historischen Epochen bis hin zur Gegenwart spannte, war das von vielen bewunderte und beschriebene „Gabinet Historyczny" (Historisches Kabinett) des bekannten Dichters und zugleich Krakauer Bischofs Jan Paweł Woronicz[10]. Auf seine Initiative gestaltete man einige Säle des Krakauer Bischofspalasts in den Jahren 1816 bis 1824 in den „Tempel der Volksgeschichte" bzw. „Tempel des Volksandenkens" mit zahlreichen Bildern, Skulpturen sowie „Reliquien" um. Man griff dabei auf die Vorbilder Bacciarelli und Smuglewicz zurück und vervollständigte sie mit neuen – historischen wie mythischen – Themen. Es gab da Zyklen, die legendäre Herrscher abbildeten und auf sie unmittelbar die historischen Souveräne folgen ließen. Es entstand eine Reihe von figuralen Kompositionen (von Michał Stachowicz gemalt), die sagenhafte Ereignisse behandelten. Den Auftakt machte das Bild, das die „Ur-Urgeschichte" der Polen in der Zeit des Trojanischen Krieges und die Vorahnen der tapferen Sarmaten aus dem Kaukasus vor die Augen der Betrachter zauberte! In den nächsten 20 Szenen gelangte eine detaillierte „Geschichte" Polens von 550 n. Chr., als Lech I. die Hauptstadt in Gnesen gegründet haben soll, bis ins 10. Jahrhundert, also in die Zeit der ersten historisch belegten Polenherrscher Mieszko I. und Bolesław I., zur Darstellung. Nicht zu übersehen sind die dabei unternommenen Versuche, die sagenhaften Ereignisse durch deren „Datierung" oder Einführung von berühmten historischen Gestalten glaubwürdig zu machen. So schloss auf einem der Bilder Leszek III. einen Frieden mit Karl dem Großen in Aachen im Jahre 801!

Diese lange Reihe von fiktiven Begebenheiten, Überlieferungen und Legenden vermischte sich ohne deutliche Zäsur mit historischen Ereignissen, wodurch der Anschein geweckt wurde, als ob die Geschichte Polens viel tiefer in die Vergangenheit zurückreichen würde, als es von der wissenschaftlichen Historiographie ermittelt werden konnte. Damit umgab sie sich mit dem „Nimbus des Antiken", den man bisher nur bei den westeuropäischen Ländern beobachtet hatte. Und obwohl man aus der Tatsache, dass es sich hier lediglich um Sagen und Märchen handle, kein Hehl machte, besteht kein Zweifel daran, dass ihre manchmal authentische mythische Grundlage ihnen eine Art Glaubwürdigkeitszeugnis ausstellte, in Verbindung mit der romantischen Dichtung eine große Wirkung entfaltete und die Vorstellung von der Geschichte nachhaltig prägte.

Die Goldene Kapelle

Nationale Ziele verfolgte ebenfalls das in Posen geschaffene Bauwerk, das schließlich zur Kapelle der Polnischen Könige bzw. zur Goldenen Kapelle wurde[11]. Die Anregung war auch hier von einem Geistlichen, Teofil Wolicki, dem späteren Erzbischof, ausgegangen. Doch dieses Projekt wies gewisse Unterschiede zum Krakauer „Historischen Kabinett" auf. Nachdem das mittelalterliche Grabmal von Bolesław I. Chrobry während eines Brandes im Posener Dom Ende des 18. Jahrhunderts in Flammen aufgegangen war, beabsichtigte man, gleich mit den ersten 1815/1816 vorgelegten Entwürfen, ein „Nationaldenkmal" zu schaffen, das nicht nur Bolesław, sondern auch Mieszko I., als dem „ersten christlichen Regenten Polens", Ehre erweisen und die historischen Anfänge der polnischen Staatlichkeit um das Jahr 1000 bezeugen sollte.

Zunächst setzte man die wichtigsten Ereignisse fest, die auch für das 19. Jahrhundert von Bedeutung waren, und überhöhte sie symbolisch und historisch: Annahme des Christentums, Martyrium und Seligsprechung des ersten Heiligen, Adalbert, Krönung von Bolesław I. Chrobry und Gründung der die Machtausübung legitimierenden und deren Kontinuität garantierenden Dynastie. Das nach Westen orientierte programmatische Konzept der Kapelle stand im Gegensatz zu den legendären, heidnisch-slawischen und sarmatischen Ideen im „Historischen Kabinett", die die „gemeindliche Herrschaftsform" und Piast zur Geltung brachten und die slawische und polnische Eigenart hervorhoben. Das Posener Denkmal akzentuierte ebenfalls die nationale Eigenart der Polen, doch sie war in die westeuropäische politische und kulturelle Gemeinschaft eingebettet. Ungeachtet der einander ablösenden verschiedenen Bauprojekte (Karl Friedrich Schinkel, Christian Daniel

Rauch) blieb der klar umrissene Programmrahmen von Anfang an unverändert und wurde umgesetzt. Die Errichtung des geplanten Denkmals, das mit freiwilligen Geldspenden der Bevölkerung finanziert wurde, beaufsichtigte ein Baukomitee. Politische Schwierigkeiten und finanzielle Engpässe hatten jedoch zur Konsequenz, dass der Vorsitzende des Komitees Graf Edward Raczyński nicht nur große Geldbeträge aus eigener Kasse zur Verfügung stellen musste, sondern auch die Anfertigung der Entwürfe (Gustav Stier und Francesco Maria Lanci) höchstpersönlich betreute und die Bauarbeiten von 1834 bis 1840 leitete.

Das Denkmal wurde in Form einer Domkapelle ausgeführt, wobei deren Typus und architektonische Formen, Altar, Sarkophag, Skulpturen, Gemälde, die gesamte Innenausschmückung sowie der von Raczyński verfasste Kommentar zu einer Einheit verschmolzen waren. Dem Betrachter drängt sich gar die Frage auf, ob die Kapelle nicht eine Konkretisierung der für das 19. Jahrhundert so bezeichnenden Idee des Gesamtkunstwerks ist? Raczyński schrieb: „ ... diese Capelle, das Denkmal des Ruhms unsres Volkes, ist zugleich ein Ort der Andacht". Und er fügte hinzu: „Der Ort, an dem die sterblichen Überreste Mieszkos I. und Bolesławs ruhen, sollte nicht nur ein Andenken ihres Ruhms und der Dankbarkeit der Nation, sondern auch zugleich ein geschichtliches Denkmal sein, welches bekundet, was Polen in Lechiens erstem Jahrhundert gewesen ... Es sollte die Vergangenheit mit der Zukunft verbinden"[12]. Bei einem so komplizierten Programm transportierte ein jedes Element der künstlerischen Formen mehrere Botschaften gleichzeitig und lenkte die Aufmerksamkeit des Besuchers auf die Vergangenheit wie auf die Zukunft.

Den Rang der Denkmal-Kapelle unterstrich noch deren Standort – auf der Domachse, hinter dem Presbyterium an der Stelle der früheren Marien- und später der Sakramentskapelle (*Ciborium*). Dies betonte die Heiligkeit dieses Orts und knüpfte zugleich an die Bauart der so genanntgen Chorscheitelrotunde an – einer Art Mausoleum, das großen Herrschern vorbehalten war. Der durch acht grazile Rundbogenarkaden gegliederte zentrale Innenraum der Kapelle ist mit einer Kuppel überwölbt. Die unteren Teile der Arkaden gehen in halbkreisförmige Nischen über, in den oberen dagegen gibt es Fensteröffnungen, Emporen und Gemälde. Diese Aufbaustruktur sei, so Raczyński, San Vitale in Ravenna nachempfunden worden. Das Innere sollte im italo-byzantinischen Stil eingerichtet werden, was die in enkaustischer Technik ausgeführten und an Mosaiken erinnernden Gemälde vor goldenem Hintergrund unterstrichen. Dieser Stilistik sowie allen architektonisch-künstlerischen Details fiel die Aufgabe zu, über die Anfänge des polnischen Staates um 1000 zu berichten und die Berührungspunkte mit der kaiserlich-ottonischen Kunst und Kultur herauszustellen.

Der gegenüber dem Eingang befindliche Mariä Himmelfahrt-Altar, der an die ursprüngliche Schutzheilige der Kapelle erinnerte, deutete auf die sakrale Funktion des Raumes hin, die noch zusätzlich von der goldenen Kuppel mit kreisförmig arrangierten, die „byzantinische" Darstellung des Gottvaters umgebenden Gestalten „polnischer Heiliger und Seliger" bekräftigt wurde. Der sakrale Charakter des Innenraums sollte die göttliche und gottgewollte Herkunft der Macht der Monarchen verbürgen. Das Innere ist in der Tat die Grabkapelle der ersten christlichen Herrscher – ihre sterblichen Überreste wurden im Sarkophag untergebracht, dem man erhalten gebliebene Teile des aus dem 14. Jahrhundert stammenden Grabdenkmals von Bolesław I. Chrobry anbaute. Ins Augen fällt dabei die „Angemessenheit" der architektonischen Inneneinrichtung, die nicht nur an San Vitale anknüpft, sondern auch – wie jedes Hauptmausoleum – der Tradition des Heiligen Grabes folgt. Bekanntermaßen zog man die Pfalzkapelle von Karl dem Großen in Aachen, in der der Monarch beigesetzt worden war, als Inspirationsquelle mit in Betracht. Anspielungen auf den angeblichen Palastcharakter der Posener Kapelle werden von ihren Emporen sozusagen mitgetragen. Raczyński berief sich darüber hinaus auf die Capella Palatina in Palermo, obgleich dies eher aus ideellen Gründen geschah. Auch polnische Vorbilder wurden beim Bau nicht verschmäht: Indem er es manchmal „Piastenkapelle" nannte, stellte Raczyński sein Werk mit der Jagiellonen-Kapelle im Dom auf der Burg Wawel in Krakau (Kraków) in eine Reihe.

Damit wurde die Kapelle zur Grabkapelle der Begründer der ersten polnischen Dynastie – „Ojców Narodu, Budowniczych Państwa" (Väter der Nation, Staatserbauer), wie man über sie bereits 1816 schrieb[13]. Ihre von Christian Rauch gefertigten eindrucksvollen Bronzestatuen wurden gegenüber dem Sarkophag aufgestellt. Bereits in den ersten Entwürfen von 1828 hielt man deren unterschiedlichen Charakter fest: Der um die Christianisierung verdiente Mieszko I., der Friedensherzog, repräsentiert den Typus des Herrschers und Priesters, eines ehrwürdigen Alten und Weisen. Der in ein Panzerhemd gekleidete und sich auf sein Schwert stützende Bolesław hingegen verkörpert die Jugend und die Stärke, er ist ein Krieger und Erobe-

15 Die Königliche (Goldene) Kapelle im Dom zu Posen (Poznań). Statuen Miezkos I. und Bolesław Chrobrys von Christian Daniel Rauch, 1826–1840.

rer, dem man auf Wunsch von Raczyński die Gesichtszüge des Fürsten Józef Poniatowski, des Helden der napoleonischen Zeit, verliehen hatte. Über den Köpfen der beiden Gestalten ragt das von Mieszko I. in der Hand gehaltene Kreuz – das Symbol des Glaubens und das Fundament des neuen Staates.

Von Anfang an trug man sich mit der Absicht, das Denkmal mit szenischen Darstellungen der Taten der beiden Herrscher auszuschmücken. In der Kapelle wurden nur ihre zwei nach Raczyński wichtigsten Großtaten ins Bild gesetzt. Es handelt sich zunächst um die Annahme des Christentums, wobei das Gemälde von January Suchodolski im Gegensatz zu Smuglewiczs Graphiken nicht nur die Zertrümmerung der Götzenbilder, sondern auch das Festgefolge von Mieszko zeigt, der mit seiner böhmischen Frau Dobrawa und von Geistlichen und Rittern umgeben den Bischof das polnische Gebiet betreten lässt. Die Darstellung der „Tat" von Bolesław hingegen floss ist eine Arbeit von Edward Brzozowski (angeblich nach Anweisungen Overbecks). Das Thema des Gemäldes ist ein in der polnischen Malerei seltenes, wenn nicht nahezu einmaliges Beispiel für das künstlerische Interesse an den Ereignissen des Jahres 1000 – der Pilgerfahrt Kaiser Ottos III. nach Polen. Zwar hatte sich auch Smuglewicz diesem Motiv zugewandt (vgl. weiter oben), doch er ignorierte den religiösen Charakter der kaiserlichen Wallfahrt und zeichnete nur eine typische Begegnung vor den Stadttoren von Posen, der Hauptstadt von Polen. In der Kapelle jedoch rückt gerade der Moment des frommen Gebets der beiden Herrscher am Grabe des heiligen Adalbert in den Mittelpunkt. Der Kaiser ist in ein Pilgergewand gekleidet, Bolesław hat seine Rüstung an. Beide mit entblößten Häuptern, sind sie vor der Majestät der Heiligkeit als gleichrangig dargestellt. Das Gemälde rief dem Betrachter ebenfalls die Frage der Krönung mittelbar ins Gedächtnis zurück: Hinter Otto steht ein Junge mit seiner Kaiserkrone auf einem Kissen. Ein anderer, hinter Bolesław, hält dessen Helm in den Händen.

Das Bildarrangement führt deutlich vor Augen, wie schwer sich die Polen im 19. Jahrhundert mit der damals so interpretierten Tatsache, dass der erste polnische König von einem deutschen Kaiser gekrönt worden war, taten. Einerseits maß man der Krönung große Bedeutung bei, weil sie, so auch Raczyński, ein wichtiger, den Staat und seine Zugehörigkeit zum christlichen Europa legitimierender Festakt gewesen sei. Andererseits aber empfand man sie als Verletzung der nicht vermittelten Souveränität von Bolesław. In diesem Zusammenhang gab Raczyński seiner Überzeugung Ausdruck, dass sich dieser Herrscher den Kaisern nie durch ein Treuegelöbnis unterworfen habe und daher dies die erste und zugleich letzte Krönung in der Geschichte Polens gewesen sei, bei der ein fremder Herrscher die Krone überreichte.

Ein derartiger Blick auf die historischen Ereignisse im 10. Jahrhundert zeigt, wie wichtig und aktuell die zeitlich so entfernten Ereignisse im 19. Jahrhundert unter dem politischen wie nationalen Aspekt waren. Eben in Verbindung mit diesem Gemälde hatte Raczyński seine bekannte Bemerkung formuliert, die er 1841, als er sich für die Achtung der nationalen Rechte der Polen im Großherzogtum Posen einsetzte, in seiner an König Friedrich Wilhelm IV. gerichteten Rede in Königsberg wiederholte: „Die Deutschen und Polen sind zwei besondere, unterschiedene Stämme, welche zu ihrer gegenseitigen Sicherheit und zu ihrem Glück sich miteinander verbinden können, sich aber nie verschmelzen lassen"[14].

Aus diesem Grund wäre es ein Fehler, der Art der Darstellung polnischer Geschichte um das Jahr 1000 einen wissenschaftlichen oder nostalgisch-kontemplativen Charakter zuzuschreiben. Es war eine für die damalige Zeit aktuelle Interpretation dieser Geschichte auf verschiedenen Ebenen und von verschiedenen Standpunkten aus. Einigen historischen Fakten wurde also symbolischer Wert verliehen. Den staatsgründenden Akt und den Anfang der Staatlichkeit brachte man in Relation zur Gestalt des Weltschöpfers. Diese Verbindung entstünde durch eine Initiation – die Taufe (Annahme des Christentums) und das Opfer – das Martyrium des heiligen Adalbert, des Schutzheiligen des polnischen Staates. Dabei seien es nicht nur religiöse Vorgänge. Ihnen wohnten außerdem politische, zivilisatorische und kulturelle Dimensionen inne. Die Taufe sei die Annahme der westlichen Bildung, Zivilisation und Kultur, die eine Grundlage für die Herausbildung des nationalen Bewusstseins schafften. Das Martyrium des heiligen Adalbert dagegen ermögliche die Begegnung von zwei christlichen Herrschern, wodurch er das Fundament zur politischen Ordnung in Europa gelegt habe.

Die Darstellung der beiden Taten war keineswegs nur als eine Erinnerung an bedeutsame, aber vergangene, einmalige historische Ereignisse konzipiert worden. Sie hatten die ewigen, unveränderlichen Grundsätze der politischen und sozialen Ordnung und die unantastbaren Prinzipien des christlichen Monarchismus aufzuzeigen, die nach Raczyński die staatliche Souveränität sowie eine gerechte und gute, die Existenz und Entwicklung der Nation gewährleistende Herrschaftsform garantierten. Diese Prinzipien, auf denen der Staat

16 Die Königliche (Goldene) Kapelle im Dom zu Posen (Poznań). Bild von Edward Brzozowski (1836–1840). Bolesław Chrobry und Kaiser Otto III. am Grab des heiligen Adalbert.

ruhte, sorgten für die geschichtliche Kontinuität, unter Berufung auf die „alten Zeiten" und somit der Legalität der „niewygasłych praw narodu"[15] (unauslöschlichen Rechte der Nation) – selbst dann, als der Staat selber untergegangen war. Eine solche Denkweise war bezeichnend für die konservativen Kreise im 19. Jahrhundert, denen, wie etwa Raczyński, die nationalen Fragen mehr am Herzen lagen als den Demokraten.

Kompositionen historischer Ereignisse

Eine derartige Auslegung der Anfänge der Geschichte Polens kam in der Kunst im 19. Jahrhundert nur sporadisch vor. Ungewöhnlich war auch die Darstellung von Bolesław neben Kaiser Otto III. Sie tauchte 50 Jahre später bei dem hervorragendsten polnischen Geschichtsmaler Jan Matejko wieder auf. Dennoch war sie auch in seinem umfangreichen Schaffen lediglich eine Ausnahme. Außer einer Bolesław bei Kiew gewidmeten Skizze und den Darstellungen der beiden ersten Herrscher in seiner Bildchronik der polnischen Könige befasste sich Matejko nicht mit den Anfängen der Geschichte Polens[16]. Erst gegen Ende seines Lebens malte er von 1888 bis 1889 den historiosophischen Zyklus „Zwölf Skizzen zur Geschichte der

Zivilisation in Polen", dessen zwei erste (übrigens, später hinzugefügte) Bilder die Frage der Anfänge der polnischen Staatlichkeit um 1000 aufgriffen.

Es sei angemerkt, dass Matejkos Geschichtsverständnis hinsichtlich der Anfänge des polnischen Staates dem Programm der Goldenen Kapelle nicht unähnlich war. Dies resultierte aus den konservativen Ansichten des Malers und wurzelte in der Aneignung der in den Werken hervorragender Krakauer Historiker zum Ausdruck gebrachten Meinungen zu den Anfängen Polens. Besonders stark beeinflussten Matejko die Anschauungen von Józef Szujski, der die Gründe für das Wohl des Staates der ersten Piasten in der Annahme der christlichen Religionsgrundsätze und der Einführung einer starken Monarchie erblickt hatte. Matejko malte daher „Chrzest i Koronację jako dwa fakta pierwotne, przedstawiające dwa czynniki kultury, Kościół i Państwo"[17] (die Taufe und die Krönung als zwei Urfakten, die zwei Kulturfaktoren, die Kirche und den Staat, versinnbildlichten).

Es entstanden zwei Gemälde „Einführung des Christentums. A.D. 965" und „Krönung des ersten Königs. A.D. 1001", bei denen sich der Maler, ähnlich wie bei seinen anderen historischen Bildern, doch diesmal in einem noch höheren Grade, der Methode der Vermischung von zwei, räumlich und zeitlich manchmal weit auseinander liegenden historischen Ereignissen bediente. Es war nämlich nicht seine Absicht, einzelne Episoden und Fakten aufs Bild zu bannen, sondern eine folgenreiche Verflechtung von Umständen, die wichtige Ereignisse oder einschneidende Veränderungen verursacht hatten, und die Menschen, die hierzu beigetragen hatten, darzustellen. Diese recht spezifisch begriffene Art und Weise der Illustrierung des „Wesens" der historischen Wahrheit fruchtete in einer fast symbolischen Dimension des Bilderzyklus.

Die „Einführung des Christentums" entbehrt daher, im Gegensatz zum Gemälde von Suchodolski in der Goldenen Kapelle – eines Erzählcharakters. Um die Idee dieses Ereignisses mitzuteilen, zeigt das Bild eine Reihe von historischen Gestalten, die an gleichem Ort und zu gleichem Zeitpunkt nie hätten zusammentreffen können. Vor dem Hintergrund einer bewaldeten Landschaft am Ufer des Sees Lednica mit einer Insel, auf der sich die herzogliche Burg erhebt, nimmt ein großes Kreuz, an das sich die Gestalt von Mieszko I. mit einem Schwert in der Hand anlehnt und ein umgestürztes heidnisches Götzenbild in den Boden tritt, die dominierende Position ein. Das Kreuz – Symbol des christlichen Glaubens – ist das Fundament des neuen Staates, dessen glückliche Zukunft der Sonnenaufgang und die im Sonnenglanz kreisenden Adler vorwegnehmen. Es bedeutet auch die Annahme einer neuen Kultur und Zivilisation. Darüber berichtet die Szene der Taufe, die an Mieszko in Gegenwart der noch nicht geehelichten böhmischen Prinzessin Dobrawa von einem Bischof vollzogen wird. Es ist der heilige Adalbert. Die den historischen Tatsachen widersprechende Einbindung des Heiligen in die Taufszene antizipiert die Bedeutung seines Martertodes und seiner Seligsprechung für die Entstehung des Staates, zu dessen erstem Schutzpatron er erhoben werden wird. Beachtung erwecken die Benediktiner, die die Aufgabe übernehmen, den neuen Glauben im misstrauisch eingestellten Volk zu verbreiten, Kirchen zu errichten und die Zivilisierungsmission durchzuführen.

Einem ähnlichen Konzept folgt das andere Bild „Krönung des ersten Königs", das vom Künstler, der sich auf einschlägige Angaben des Chronisten Jan Długosz gestützt hatte, mit dem falschen Datum 1001 versehen wurde. Nur auf den ersten Blick scheint es ein einziges Ereignis zu thematisieren. In Wirklichkeit verschmelzen hier zwei oder gar drei historische Fakten miteinander, die zur ersten polnischen Krönung geführt hatten. Dabei handelt es sich um Gestalten, die in die Komposition eingebaut wurden. Im Vordergrund steht jedoch der Innenraum der romanischen Kirche. Es sollte die Domkirche des im Jahre 1000 kraft eines synodalen Beschlusses ins Leben gerufenen ersten polnischen Erzbistums Gnesen sein. Vor dem Altar, auf dem in einem prachtvollen Reliquiar die Gebeine des heiligen Adalbert ruhen, kniet Bolesław in einer Rüstung und mit einem Schwert am Gürtel. Er stützt sich auf die Lanze des heiligen Mauritius und hält einen Nagel aus dem Holz des Heiligen Kreuzes fest in der Hand. Es handelt sich hierbei um jene wertvollen Geschenke von Otto III. aus dem Jahre 1000 – Insignien der Macht und Symbole der Souveränität. Zur Rechten setzt Erzbischof Gaudentius, Bruder des heiligen Adalbert, Bolesław die Krone auf und vollzieht an ihm somit die Krönungszeremonie. In diesem Augenblick wird ihm die Würde eines christlichen Monarchen – eines Gesalbten Gottes – verliehen. In Wahrheit geschah dies erst 1025, kurz vor Bolesławs Ableben. Doch einige Gestalten in der Komposition zeugen davon, dass Matejko gleichzeitig das Jahr 1000 behandelte, als es in Gnesen zu der berühmten Begegnung der Herrscher gekommen war und eine Synode stattgefunden hatte. Neben dem knienden Bolesław malte er den 1002 verstorbenen Kaiser Otto III., der die Altarstufe hinaufgeht und seine Hand auf die Krone legt, um am Krönungsakt teilzunehmen. Er trägt ein prächtiges Gewand und

17 Die Krönung des ersten Königs. Jan Matejko 1889, aus dem Zyklus „Zwölf Skizzen zur Geschichte der Zivilisation in Polen". Warszawa, Königliches Schloss. – Kat. 01.04.01.

seine Kaiserkrone, in der Linken hält er die „Hand der Gerechtigkeit", das Machtattribut der altrömischen Kaiser, das Karl der Große und später die französischen Könige übernommen hatten. Seine bloßen Füße erinnern an seine Pilgerfahrt zum Grab des heiligen Adalbert im Jahre 1000. Einige historische Gestalten, die, wie Matejko aus der Thietmarschen Chronik erfahren konnte, Zeugen der Herrscherbegegnung gewesen waren, konnten aber den Krönungsfeierlichkeiten von 1025 unmöglich beiwohnen, unter anderem so wichtige Persönlichkeiten wie der päpstliche Legat Kardinal Robert, Giselher, Erzbischof von Magdeburg, der sächsische Graf Zazzo, Tuni, Benediktiner-Abt aus Meseritz oder der Chronist Thietmar, später Bischof von Merseburg. Indem er 1000 und 1025 auf einem Bild zusammenbrachte, suchte Matejko die erste polnische Königskrönung als einen Prozess darzustellen, der in der vollen Legitimierung des Staates und seiner Hoheitsgewalt gipfelte, wozu sowohl die Kirche als auch der Kaiser als wichtigster weltlicher Herrscher im christlichen Europa und Erbe der antiken altrömischen Tradition ihren Beitrag geleistet hatten. Die Wirkung des Gemäldes ergibt sich überdies aus der Art und Weise der Charakterisierung der historischen Gestalten, denen Matejko die Stärke und die Züge großer Individualitäten schenkte. Anders als auf dem Bild von Brzozowski in der Goldenen Kapelle, auf dem die in der Manier der Nazarener gemalten Figuren des Kaisers und Bolesławs farb- und ausdruckslos daherkommen, wissen die beiden Hauptgestalten auf Matejkos Gemälde die Einbildungskraft des Betrachters anzusprechen. So weckt der mächtige und muskulöse Bolesław, ein Nachkomme des Bauern Piast und ein in unzähligen Kämpfen ermüdeter Krieger, den Anschein, als drückte ihn schwer die Last der schwierigen Zukunft seines Staates. Der jungenhafte und vergeistigte Otto hingegen, Vertreter einer alten mediterranen Kultur, erfasst mit seiner Vorstellungskraft die ganze christliche Welt, der er neue Staaten und neue, noch vor kurzem heidnische Völker eingliedert. Von Matejkos Vision der Begegnung der beiden Männer im Jahre 1000, unter denen sich nicht nur das spätere Schicksal Polens, sondern auch großer Gebiete in diesem Teil Europas angebahnt hatte, strömt eine außergewöhnliche Suggestivkraft aus.

Anmerkungen

1. Grabski (1976). – Maślanka (1984) 70–113.
2. Fąfrowicz (1919) 159–219.
3. Lengnich (1741).
4. Grabski (1976) 160–172.
5. Chyczewska (1973) 79ff.
6. Porębski (1961) 49–55.
7. Lilejko (1987) 9–15. – Rożek (1987) 25–32.
8. Jakimowicz (1985) 50–52.
9. Maślanka (1984) 127–156.
10. Brusewicz (1992) 261–283. Beim Palastbrand von 1850 zerstört, nur dank der Zeichnungen von J. N. Danielski (1828) und Lithographien von N. Jabłonskí bekannt.
11. Ostrowska-Kębłowska (1997). S. auch: Dies. (1976/77) 279–292.
12. Raczyński (1841). Deutsche Übersetzung: Bericht über den Ausbau der Grab-Kapelle Mieczysławs I. und Bolesławs des Tapferen zu Posen. Von Graf Ed. Radczyński (Posen 1845) 43–45 und IV.
13. Aus dem Aufruf des Dompfarrers Teofil Wolicki von 1816 zur Sammlung von Spenden für den Bau des Denkmals. Erzbischöfliches Archiv in Posen (Archiwum Archidiecezjalne w Poznaniu) KM 18, 2–4.
14. Radczyński (1841) 49.
15. Aus dem Brief des Grafen Atanazy Radczyński an Teofil Wolicki vom 10. März 1828. ErzbischöflichesArchiv in Posen KM 18, 63–65.
16. Porębski (1961) 170–171.
17. Matejko (1889) 535. – Krawczyk (1990) 201–203. – Suchodolska/Wrede (1998) 20–31.

Das Jahr 1000 im Spiegel nationalhistorischer Meistererzählungen – Ostmitteleuropäische Beispiele aus dem 19. und 20. Jahrhundert

FRANK HADLER

Mit der magischen Jahreszahl 1000 werden in den nationalgeschichtlichen Überlieferungen zum Teil sehr unterschiedliche Bilder über die Bedeutung der damals handelnden Personen und die von ihnen geprägten Ereignisse assoziiert. In der polnischen Geschichte der ersten Jahrtausendwende ist der Piastenfürst Bolesław Chrobry der Held, in der ungarischen König Stephan und in der tschechischen der Prager Bischof Adalbert. Als zentrale Ereignisse des Jahres 1000 gelten einerseits der Besuch Kaiser Ottos III. bei Bolesław Chrobry anlässlich seiner Pilgerfahrt zum Grab des 997 ermordeten und 999 heilig gesprochenen Adalbert samt der im „Akt von Gnesen" (Gniezno) festgelegten Gründung eines Erzbistums in Polen sowie andererseits die Übersendung der Königskrone durch Papst Silvester II. an den Arpadenfürsten Stephan, dessen Krönung in Gran (Esztergom) und die Entstehung des ungarischen Staats- und Kirchenwesens. Die geringe Zahl mittelalterlicher Quellen über das politische Wirken dieser großen Welt- und Kirchenmänner zog eine Vielzahl von neuzeitlichen Interpretationen ihrer historischen Wirkung nach sich. Wie die im Laufe der beiden letzten Jahrhunderte von polnischen, tschechischen und ungarischen Historikern verfassten Synthesen belegen, trat dabei der nationale Erklärungsansatz im 19. Jahrhundert so stark in den Vordergrund, dass man von einem allgemeinen Trend ostmitteleuropäischer Historiographieentwicklung sprechen möchte, der vielfach bis in die jüngste Vergangenheit fortwirkt.

Bei der Bewertung der einzelnen historiographischen Werke ist stets zu berücksichtigen, dass die Gebundenheit des Historikers an die lebensweltlichen Rahmenbedingungen seiner eigenen Zeit zu den Konstanten der wissenschaftlichen Beschäftigung mit der Geschichte gehört. Gerade in politisch unruhigen Zeitläufen, wie sie in der Mitte Europas während der letzten 200 Jahre typisch waren, haben sich die Perspektiven von Geschichtsschreibern unter dem Eindruck der Tagespolitik immer wieder gewandelt. Die in der Gegenwart des frühen 19. Jahrhunderts einsetzenden nationalpolitischen Abgrenzungen zum Beispiel wurden bis ins späte 20. Jahrhundert von nationalhistorischen Segmentierungen der Vergangenheit begleitet. Namentlich im multiethnisch geprägten Osten der kontinentalen Mitte entwickelten sich konkurrierende Nationalbewegungen, die in der Regel auf nicht kompatiblen Konzeptionen über die Geschichte der gemeinsam bewohnten Länder und Gebiete basierten. Historiker wirkten hier nicht selten als „nationbuilders", ihre Geschichtswerke, besonders die zunächst allein und später in Gemeinschaftsarbeit verfassten Gesamtdarstellungen, konnten bei entsprechender Verbreitung zu nationalen „Meistererzählungen" werden. Als solche bieten sich diese Syntheseentwürfe für vergleichende Untersuchungen an, zumal wenn in ihnen mit der Behandlung und Beurteilung gleicher historischer Ereignisse und Personen unterschiedliche Vergangenheitsbilder entworfen und nationalspezifische Traditionen begründet wurden. Die Präsentation von Beispielen aus der polnischen, ungarischen und tschechischen Geschichtsschreibung des 19. und 20. Jahrhunderts ermöglicht einen vergleichenden Blick auf die Bearbeitung des Jahres 1000 im Rahmen der jeweiligen nationalhistoriographischen Traditionsbildung. Dass dieser ebenso reizvolle wie komplexe Einblick natürlich von der Zeitgebundenheit und Perspektivität des Jahres 2000 ebenfalls nicht unbeeinflusst ist, liegt auf der Hand. Geht es doch heute darum, alte, nationalperspektivisch verengte Ansichten als solche zu erkennen und sie durch neue Einsichten und die Überzeugung zu ersetzen, dass die historisch gewachsene Einheit Ostmitteleuropas eine europäische Geschichtsregion konstituiert, deren Zukunft im vereinten Europa liegt.

Traditionsbildungen im 19. Jahrhundert

In Polen verfaßte Adam Naruszewicz (1733–1796) bereits in den achtziger Jahren des 18. Jahrhunderts eine mehrbändige „Historia narodu polskiego od poczatku chrzescijanstwa" (Geschichte der polnischen Nation seit den Anfängen des Christentums), deren erster Band posthum 1824 und somit erst nach den Teilungen Polens erschien. Das Konzept des Autors war ein monarchisches. Seine Aussage, Bolesław Chrobry sei im Jahre 1000 vom Römischen Kaiser zum König von Polen gekrönt worden, stützte der Autor auf die 100 Jahre nach dem Gnesener Akt verfasste *Chronica Polonorum* des Gallus Anonymus. Damit war an prominenter Stelle eine im 15. Jahrhundert von Jan Długosz (1415–1480) festgeschriebene These (re)formuliert, der sich auch der im westeuropäischen Exil wirkende Gründer der polnischen kritischen Historiographie, Joachim Lelewel (1806–1861), anschloss und die bis zum Anfang des 20. Jahrhunderts immer wieder bekräftigt wurde; erinnert sei an die 1895 in einer Sammlung veröffentlichten Werke des Krakauer Historikers Jozef Szujski (1835–1883). Der in der Zeit der bis 1918 andauernden polnischen Staatslosigkeit nationalpolitisch so wichtigen Krönungsthese widersprach die heute mehrheitlich akzeptierte Sicht, in Gnesen habe im Jahr 1000 keine Krönung stattgefunden, wenn auch Otto III. den Piastenherrscher zum *cooperator imperii* bestimmt habe. Unter Berufung auf den Chronisten der Jahrtausendwende, Thietmar von Merseburg, der lediglich von einer Rangerhöhung Bolesławs vom *tributarius* zum *dominus* berichtet, hatte der Breslauer Lehrer vieler bedeutender polnischer Historiker, Richard Roepell (1808–1893), in seiner 1840 erschienenen „Geschichte Polens" argumentiert, die Nachricht von der Königskrönung sei „geradezu falsch" und „nichts anderes als eine poetisch-pragmatische Ergänzung der überlieferten Geschichte, wie sie die Geschichtsschreiber des 15. Jahrhunderts überhaupt sich erlaubten".

Gänzlich unerwähnt blieb die polnische Krönungsfrage in der 1836 von František Palacký (1798–1976) veröffentlichten „Geschichte von Böhmen". Gleichwohl ist darin die Rede davon, dass Otto III., „der fromme Kaiser … zur Mehrung der Ehre Gottes" im Jahre 1000 nach Gnesen gekommen sei und durch die Gründung des dortigen Erzbistums „zugleich, auf Kosten der Böhmen, die politische Macht der Polen (mehrte)". Das entsprechende Kapitel war mit „Böhmens Verfall" überschrieben, für den Palacký den im Jahre 1000 in Prag regierenden Přemysliden Boleslav III. verantwortlich machte. Der politischen Schwäche des „unwürdigsten Mannes, der je das Scepter führte", setzte er die moralische Stärke des Prager Bischofs Adalbert entgegen, der als „erster geborener Böhme, der zu solcher Kirchenehre gelangte", Maßgebliches zur Verbreitung des Christentum in den polnischen und ungarischen Ländern geleistet habe und zu dessen Ruhm die Pilgerfahrt Ottos an das Gnesener Grab ein übriges getan hat. Palackýs mehrbändiges Werk erschien ab 1848 als „Dějiny národa českého w Čechách a w Morawě" (Geschichte des tschechischen Volkes in Böhmen und Mähren) und konnte so zu einer historischen Meistererzählung der tschechischen Nation werden, obgleich die Geschichte darin nur bis zum Jahre 1526 behandelt wurde. In seinem ab 1912 veröffentlichten vielbändigen Werk „České dějiny" (Tschechische Geschichte), griff Václav Novotný (1869–1932) – wie schon Palacký – auf die wichtigste mittelalterliche Quelle der böhmischen Geschichte, die Chronik des Cosmas von Prag vom Anfang des 12. Jahrhunderts, zurück. Das Jahr 1000 behandelnd, hob Novotný die Gnesenreise Kaiser Ottos hervor, die dem Andenken Adalberts galt, jedoch „für die Entwicklung des polnischen Reiches epochale Bedeutung hatte".

Die Vorgänge der Jahrtausendwende in Ungarn finden sich im ersten Teil des „Handbuchs der Österreichischen Geschichte" von 1858 wie folgt beschrieben: „Der Papst gab Stephan den Titel eines apostolischen Königs, und schenkte ihm eine goldene Krone, mit welcher er sich zu seiner größeren Verherrlichung in Gran im Jahre 1000 nach Christi Geburt krönen ließ". In ungarischen Gesamtdarstellungen der Geschichte Ungarns wurde dieses Ereignis von zwei Autoren eingebunden, die nach der Revolution von 1848/49 im Exil wirkten. Anders als die sechsbändige „Magyarország története" (1852–1859) von László Szalay (1813–1864) reichte die ebenfalls in sechs Bänden 1860 erschienene „Magyarország történelme" des ehemaligen Unterrichtsministers Mihály Horváth (1809–1878) nur bis zum Jahre 1707. Die letztgenannte Geschichte Ungarns blieb über den österreichisch-ungarischen Ausgleich von 1867 hinaus für „lange Zeit das Meisterwerk, aus dem Generationen ihre Belehrung schöpften". Die zentrale mittelalterliche Quelle für die Ereignisse des Jahres 1000, die *Gesta hungarorum*, von einem anonymen Notar um 1200 am ungarischen Hofe in Romanform niedergeschrieben, und weitere im Verlaufe des 19. Jahrhunderts in großer Zahl erschlossene und edierte Quellentexte wurden zur Grundlage der von Sándor Szilágyi (1830–1899) herausgegebenen „A magyar nemzet története" (Geschichte der ungarischen Nation). Als „Milleniumsgeschichte" bezeichnet, da sie aus Anlass der tausendsten Wiederkehr der ungarischen Landnahme erschien (1895–1898), stellt das in zehn großen Oktavbänden gedruckte und mit tausenden Illustrationen ausgestattete Gemeinschaftswerk eine einzigartige Großleistung in der ostmitteleuropäischen Historiographiegeschichte des 19. Jahrhunderts dar. Die Passagen über die Krönung Stephans im Jahre 1000 stammen aus der Feder von Henrik Marczali

(1856–1940). In großer Ausführlichkeit legen sie dar, was 1888 im ersten Ungarn-Band des so genannten „Kronprinzenwerkes" „Die Österreichisch-ungarische Monarchie in Wort und Bild" von Károly Szabó (1824–1890) so kommentiert worden war: „Dieser Act schloß das urungarische Zeitalter ab, dieser Tag gab der jungen ungarischen Nation die Weihe des Eintritts in die europäische Völkerfamilie." Ein solcher Europabezug war dann auch in dem der böhmischen Landesgeschichte gewidmeten Kapitel zu finden, das Konstantín Jireček (1854–1918) für den 1894 erschienenen Böhmen-Band des genannten Werkes verfasst hatte. Hier wurde natürlich Adalbert, die „glänzende Zierde" des Prager Bistums, zum „Vorkämpfer des Christentums" stilisiert, in dem „nicht nur Böhmen, sondern auch Polen und Ungarn … den Helden der Kirche (verehrten)". Der Vergleich mit Polen muss hier ausfallen, denn die polnischen „Tatorte" des Jahres 1000 lagen nicht im österreichischen, sondern im preußischen Teilungsgebiet. Der Akt von Gnesen fand im Galizien-Band der Wiener Prachtreihe keine Erwähnung.

Kurzes Intermezzo zwischen den Weltkriegen

Im ostmitteleuropäischen Epochenjahr 1918, das den Zerfall der Österreichisch-Ungarischen Doppelmonarchie und die Entstehung neuer Staaten brachte, erschien in der Deutschen Verlagsanstalt Stuttgart und Berlin ein Werk des sicher wohl einflussreichsten ungarischen Historikers der ersten Jahrhunderthälfte, Gyula Szekfű (1883–1951). Das Buch „Der Staat Ungarn" war mit „Eine Geschichtsstudie" untertitelt und dennoch eine politische Schrift, deren Ziel in der historischen Begründung Ungarns als Nationalstaat bestand. Die Voraussetzungen dafür seien – so Szekfű – durch niemand anderen gelegt worden, als durch Stephan, der „durch seinen gesunden politischen Sinn und das Unabhängigkeitsgefühl des stolzen Hirtenvolkes davon zurückgehalten (wurde)", dem „böhmischen Beispiel" zu folgen und, „wie Bolesław", sein Land dem römisch-deutschen Kaiser zu unterstellen. Anders als der Přemyslide – Bolesław Chrobry wird nicht erwähnt, vielleicht aber war ja der Piastenfürst gemeint? – habe Stephan das „christlich-monarchische Prinzip" verinnerlicht, was ihm die „äußere Anerkennung seiner waffengewaltigen Machtstellung" durch den Papst und die Krone einbrachte, mit der er „zum ersten apostolischen König der Ungarn gekrönt" wurde. Als solcher „besaß Stefan die Machtstellung eines römischen Kaisers, wie einst Karl der Große". Diese Gedanken flossen in die Ende der zwanziger Jahre gemeinsam mit Bálint Hóman (1885–1951) herausgegebene siebenbändige „Magyar törtenet" (Ungarische Geschichte) ein, in deren Vorwort betont wurde, dass die ungarische Geschichte nichts anderes sei als die Geschichte der ungarischen Seele. Und diese war, da gab es keinen Zweifel, durch die Niederlage im Krieg und die im Trianon-Frieden von 1920 festgeschriebenen Gebietsverluste auf das tiefste verletzt. Die massierte Erinnerung an den später heilig gesprochenen König Stephan sollte Linderung bringen.

Die beiden anderen 1918 neu bzw. wieder entstandenen Staaten Ostmitteleuropas, die Tschechoslowakei und Polen, zählten hingegen zu den Siegern des Krieges. In den Hauptstädten Prag und Warschau wurden nationalgeschichtliche Gesamtdarstellungen erarbeitet, die auf den erreichten nationalpolitischen Ist-Zustand hinleiteten. Es waren Erfolgsgeschichten, in denen es fremdverursachte Kontinuitätsbrüche gab (die Niederlage der böhmischen Stände am Weißen Berg 1620 sowie die Teilungen Polens 1772, 1792 und 1795) und natürlich Höhepunkte, wie den Akt von Gnesen des Jahres 1000, der im ersten Band der prachtvollen Darstellung „Polska, jej dzieje i kultura" (Polen, seine Geschichte und Kultur) von 1928 ausführlich behandelt wurde. Das Werk vereinigte nicht nur polnische Historiker aus den Geschichtskulturen der drei Teilungsgebiete, sondern auch die beiden im 19. Jahrhundert in Konkurrenz getretenen Traditionen in der Krönungsfrage Bolesław Chrobrys: Thietmars lateinischer Text wurde in Faksimile gedruckt, aus Gallus wurde polnisch zitiert und dann folgte die Aussage: „Doch es war keine Krönung". Die fand zweifelsfrei erst im Jahre 1025 statt.

Als ein „Werk, nach dem schon lange gerufen wurde", erschien 1932 in Prag der Band „Dějiny" (Geschichte) innerhalb der repräsentativen Reihe „Československá vlastivěda" (Tschechoslowakische Heimatkunde). Die von Novotný verfassten Passagen über das Mittelalter sparten das Jahr 1000 aus. Adalbert wurde kurz als „von seinen Landsleuten abgelehnt" erwähnt, und Bolesław Chrobry, der „mit jugendlichem Ungestüm vorgehende polnische Herrscher" (nicht König!), tauchte zuerst im Zusammenhang mit dessen Eroberung Krakaus auf, das zuvor in den Machtbereich der Přemysliden gehörte hatte. Die Zurücknahme der Heldenhaftigkeit Adalberts erklärt sich vielleicht aus dem staatsideologischen Bemühen, die katholische Tradition in den böhmischen Ländern durch die hussitische zu ersetzen. Der Verweis auf den frühen Territorialverlust muss in Zusammenhang mit damals virulenten tschechoslowakisch-polnischen Gebietsrivalitäten gesehen werden, die unmittelbar nach dem Ende des Weltkrieges ausgebrochen waren. In dem 1936 erschienen Prachtband „Idea Československého státu" (Die Idee des tschechoslowakischen Staates) wurde diese historische Verlängerung eines aktuellen Politikproblems in das Jahr 1000 auf die Spitze getrieben: „Eher als die Polen haben die Tschechen ein staatliches Leben im Gebiet von Krakau organisiert … und es hätte dauerhaft auch von der sprachlichen Seite tschechisch werden können, hätte es Bolesław Chrobry später nicht den Přemysliden geraubt". Adalbert erschien nun als „Erbauer der Kirchenorganisation in Polen und Ungarn", und trotz der Tatsache, dass er damit den „Gegnern Böhmens im Osten" geholfen hatte, wurde er zum „Kulturschöpfer allererster Bedeutung" ernannt, dessen Wirken für immer ein „ausgezeichneter Beleg tschechischen Kulturschöpfertums bleibt".

Aussagen wie diese erinnern an Szekfűs Idealisierung des ungarischen Geistes in der Person König Stephans. Zugleich waren sie Ausdruck für das Denken in einer Zeit, da über Ostmitteleuropa bereits der Schatten großdeutsch-nationalsozialistischer Weltherrschaftspolitik lag. Dass sich auch diese um historische Tiefe bemühte, ist vielfach beschrieben worden. Und doch darf hier der Hinweis auf die viel gelesene „Deutsche Geschichte" des Österreichers Richard Suchenwirt (bis 1937 in 270 000 Exemplaren erschienen) nicht fehlen, in der das Jahr 1000 als schicksalshaft dargestellt wurde. Otto III. habe „in seiner weltfremden Art" in Gnesen einen Fehler gemacht. Indem er dem namentlich nicht genannten (!) „Polenherzog" die Errichtung eines Erzbistum bewilligt hatte, sei „schwerer Schaden für das deutsche Königtum entstanden". Auch die Krönung Stephans erscheint als „unglückselige Entscheidung", die mit der Beeinflussung des „schwärmerischen Kaisers" durch chiliastische Weltuntergangsszenarien begründet wurde.

Neuansätze in der zweiten Hälfte des 20. Jahrhunderts

Nach 1945, als der mit Hitlers Überfall auf Polen begonnene 2. Weltkrieg die Welt nun wirklich bis an den Rand des Unterganges gebracht hatte, gehörten die Staaten Ostmitteleuropas zu einem weltpolitischen Lager, in dem trotz unterschiedlicher Vergangenheiten unter Führung der Sieger-, Befreier- und Besatzungsmacht Sowjetunion eine gemeinsame Zukunft aufgebaut werden sollte. Die Geschichte als Wissenschaft erlebte nach den zum Teil ungeheuren menschlichen Verlusten einen konzeptionellen und institutionellen Neuanfang, der sich in allen drei Volksdemokratien unter dem Signum des mit politischen Mitteln durchgesetzten ideologischen Herrschaftsanspruchs des Marxismus/Leninismus vollzog. Von großen Autorenkollektiven wurden neue nationalhistorische Meistererzählungen entworfen, an denen gleichwohl – wie in Polen – Mitarbeiter der alten Synthesen beteiligt sein konnten. In Band I der „Historia Polski" (Geschichte Polens) von 1957 finden sich dann auch die gleichen Faksimiles wie 1928, eingebunden in ein Kapitel über die „frühfeudale Monarchie". Dem Akt von Gnesen im Jahre 1000 wurden eineinhalb Seiten gewidmet, sein Zustandekommen mit dem Interesse Ottos III. an einer „näheren polnisch-deutschen Verständigung" begründet, die ihm den Rücken freihalten sollte für die Expansionspläne „der deutschen Feudalherren". In der nur englisch 1968 in Warschau erschienenen „History of Poland" ist „Boleslaw the Brave" wieder ein Held. Als Regent des östlich der Oder gelegenen „new and vigorous State whose alliance would be of immense value" habe er von Otto III. im Jahre 1000 die Unabhängigkeit bekommen, was als „conspicuous Polish success" gewertet wurde. In der Zwischenzeit hatte Henrik Lowmianski (1898–1984) begonnen, die Frühzeit des polnischen Staates im monumentalen Werk „Początki Polski" (Die Anfänge Polens) darzulegen, das 1963 zum Millenium des Polnischen Staates in sechs Bänden (bis 1985) zu erscheinen begann.

In Prag führte die Suche nach den sozioökonomischen Grundlagen des Feudalismus und den klassenkämpfenden Volksmassen dazu, dass der Person des Heiligen Adalbert im ersten Band des „Přehled československých dějin" (Überblick über die tschechoslowakische Geschichte) von 1958 nur noch ganze vier Zeilen zugestanden wurden. In Böhmen habe sich der Bischof unter anderem deshalb nicht halten können, weil er sich bemühte, „die Kirche aus der Untertänigkeit der weltlichen Feudalen zu lösen". Diese Aussage bleibt eben so unverständlich wie die Tatsache, dass die Wallfahrt Ottos zu Adalberts Grab mit keiner Silbe Erwähnung fand – statt dessen wiederholte man die Betonung der tschechisch-polnischen Auseinandersetzungen. Im „Přehled dějin Československa" (Überblick über die Geschichte der Tschechoslowakei) aus dem Jahre 1980 fand das Treffen von Gnesen dann wieder statt. Interessant ist die Umschreibung der Folgen für Böhmen: Das Land wurde „nicht nur isoliert, sondern auch vorbestimmt, das Opfer von Angriffsgelüsten der neuen Verbündeten des Reiches zu werden". Parallel zu den polnischen Milleniumsfeierlichkeiten wurde 1963 in der Tschechoslowakei die 1100. Wiederkehr der Mission des byzantinischen Brüderpaares Kyrill und Method genutzt, um an das Großmährische Reich zu erinnern. Diese westslawische Herrschaftsbildung wurde später vom Prager Historiker Dušan Třeštík als Modell nicht nur für den um das Jahr 1000 in die Krise geratenen Staat der Přemysliden angesehen, sondern zugleich als Vorbild für alle im 10. Jahrhundert in Ostmitteleuropa entstandenen nationes-Staaten.

Die von der ungarischen Nachkriegshistoriographie vorgenommenen Veränderungen in der Interpretation Stephans und seiner Bedeutung werden mit dem Namen von Erik Molnár (1894–1966) verbunden bleiben. Der langjährige Direktor des Budapester Akademieinstituts für Geschichte hat mit seinen unmittelbar nach 1945 erschienenen Arbeiten Maßgebliches zur Entmythologisierung der Stephanschen Heldenzeit geleistet. Die Gründung des ungarischen christlichen Königtums erschien bei ihm nicht mehr als das spezifische Produkt der „ungarischen Seele" à la Szekfű. Molnár schrieb über die Entstehung einer feudalistischen Gesellschaftsformation, die von gegensätzlichen Klasseninteressen gekennzeichnet war, und in seiner 1964 veröffentlichten zweibändigen Synthese „Magyarország története" (Geschichte Ungarns) wurde Stephan gemeinsam mit seinem Vater als „Vollstrecker der gesellschaftlichen Erfordernisse" bezeichnet. Dieses neue Bild, in dem Stephans staatsmännische Leistung darin bestand, das Karpatenbecken für die „Expansion des christlich-feudalen Europa" geöffnet zu haben, fand 1984 Eingang in den ersten Band des unvollendet gebliebenen Zehnbänders „Magyarország története" (Geschichte Ungarns). Die dort enthaltenen ausführlichen Passagen über das Jahr 1000 stammten aus der Feder von György Györffy, der mit seiner 1988 auch deutsch erschienen Biographie des Heiligen Königs (1977) ein Stephan-Bild zeichnete, das in einen breiteren europäischen Kontext eingebunden war. Gleiches tat Jenö Szücs (1928–1988), dessen Schrift „Vázlat Európa három történeti régiójáról" (Die drei historischen Regionen Europas) von 1983 (deutsch 1990) bis heute einen wichtigen Beitrag zur historiographischen Konturierung der Geschichtsregion Ostmitteleuropa darstellt.

Das seit dem zweiten ostmitteleuropäischen Epochenjahr 1989 vergangene Jahrzehnt war offenbar noch zu kurz für das Entstehen neuer großer nationalhistorischer Meistererzählungen. Vielleicht aber werden diese in einer Zukunft überflüssig, in der Historiker und Politiker der Einsicht folgen, dass auf der Grundlage einer erkannten Vernetzung der Geschichte gemeinsame Geschichten geschrieben werden können, die ohne die Verengungen nationaler Perspektiven auskommen. Die um das Jahr 1000 in der Mitte Europas parallel erfolgten dynastischen Territorialstaatsbildungen der Přemysliden, Arpaden und Piasten bieten sich als Ausgangsbasis für ein solches Unternehmen geradezu an.

Antikes Erbe
und christliche Tradition

Antikes Erbe und christliche Tradition – die erste Jahrtausendwende in der Geschichte

JOHANNES FRIED

„Seid ihr nicht meine Römer!?" In flammender Rede rief Kaiser Otto III. diese Worte. Hören sollten sie die Bürger Roms, jene Bürger, die ihn gerade aus der ewigen Stadt, der ehrwürdigen, steinalten Kaiserresidenz hinausgeworfen hatten, in der er sich wieder einzurichten gedachte. Ihn, der den Namen des Römischen Reiches, seine Macht weiter in die Welt hinaus getragen hatte, als jemals zuvor ein Römischer Kaiser. „Habe ich euch nicht in die entferntesten Regionen unseres Reiches geführt, wohin eure Väter, als sie den Erdkreis unterwarfen, niemals ihren Fuß setzten?" Otto erinnerte an seine Reise nach Germanien, an die Grenzen der Christenheit. Das Römische Reich hatte unter ihm in diese Richtung den größten Glanz entfaltet. In der Tat erlangte Polen, Land und Volk, im Kontext dieses Kaiserbesuches seinen Namen, empfing ihr Fürst die Königskrone. Drang das Christentum auch schon seit den sechziger Jahren des 10. Jahrhunderts in diese Regionen vor, so vollendete sich jetzt damit gleichsam seine Taufe, durch Namengebung und Einbeziehung in die alte mediterrane Hochzivilisation. Die kulturelle Prägung Ost- und Mitteleuropas vollzog sich in diesem Zusammenspiel von regionalen Fürsten und dem Römischen Kaiser, in der Verdichtung von mediterraner und autochthoner Zivilisation, als Erneuerung der rechtsetzenden, Könige erhebenden Gestaltungsmacht des römischen Imperiums. Wurde der Appell des Kaisers, der Antike und Mittelalter auf solche Höhen führte, gehört? Wurde er gebilligt?

„Mittelalter" und „Antike" wurden oft als Gegensätze aufgefasst, und beide Begriffe schleppen bis in die moderne Forschung hinein einen guten Teil der wertenden Implikationen mit sich, die sie der polemischen Situation ihrer Entstehung verdanken. Im Humanismus „entdeckte" man die Antike als das Leben in jedem Aspekt normierende, aber der Gegenwart verlorene Größe; gleichsam als Abfallprodukt dieses Prozesses ergab sich das Mittelalter, der „Rest" der Geschichte, die nicht Antike und nicht Neuzeit oder Gegenwart war. Schaut man genauer zu, sind die Verhältnisse freilich komplexer. Die Humanisten entdeckten auch das Mittelalter, und keineswegs nur als Verfallszeit. In ihrem leidenschaftlichen Gegenwartsinteresse versuchten sie, sich mit genetischen Fragen einer Tradition zu versichern, die über manchen Umweg zu ihnen selbst führte. Das Mittelalter trat da notwendig in den Blick. So sehr auch die Akzente wechselten: Karl und Otto, die „Großen", waren schon ihnen Helden.

So gibt schon die Zeit, in der die Begriffe Mittelalter und Antike im noch heute gültigen Sinne entstehen, ein uneinheitliches Bild: gegensätzliche und analogisierende, die Brüche und die Kontinuitäten betonende Betrachtungen liegen dicht beieinander. Aber die Lösung dieses Problems lag – und liegt – nahe: alle Überlegungen über Verbindendes und Trennendes gehen doch von klar erkennbaren, in ihrer Eigenart bestimmbaren Epochen aus, von individuellen, nicht wiederholbaren Formationen innerhalb der allgemeinen Geschichte. Insofern bedarf es eines scharfen Begriffes der „Antike", um zu sehen, dass das Mittelalter in vielen Aspekten die Antike fortgesetzt hat. So mündet die spezifische, identifizierbare Kultur der Antike in die spezifische, identifizierbare Kultur des Mittelalters. Erscheinen auch keine scharfen Brüche, so doch deutliche Unterschiede. Was die Menschen des Mittelalters aus der Antike machten, unter Bedingungen, die sie selber mitbrachten: das macht das Mittelalter aus. Es ist ein selbstbewusster, schöpferischer Erbe, ein eigensinniger und kraftvoller Geist, der aus oft minimalen Voraussetzungen eine große, wirkende Kultur erschuf.

Denn nicht die Antike schlechthin war es, die das Mittelalter nutzen konnte. Der riesige Strom der klassischen Literatur, der Philosophie und Wissenschaft war im Laufe der Spätantike längst zu einem kleinen Bach, oft nur ein Rinnsal geworden, der gleichwohl Regionen, ein sich auflösendes Reich von immenser Ausdehnung bewässern musste. Schon vor der Etablierung des Christentums erstarb die lebendige Kultur der klassischen Antike; einer „christlichen Geistfeindschaft" bedurfte es nicht eigens. Gab es sie je? Eines der bedeutendsten Werke der Spätantike, der „Gottesstaat" des afrikanischen Bischofs Augstinus, begründete die

Überlegenheit der christlichen Religion und weist den Verfall Roms noch unter heidnischen Göttern nach. Die ganze Fülle des literarischen Wissens und Könnens der römischen Antike ist hier souverän vorhanden und wird zu einer neuen Tradition, einer neuen Geschichte des christlichen verwandelten Reiches verdichtet. Dieses Reich steht, in geschichtsphilosophischer Überhöhung einer römischen Einheitsidee, für die ganze „Welt" in einem emphatischen Sinne. Mit dem göttlichen Heilsplan im Rücken schreibt der Bischof die Geschichte der gesamten Menschheit. Teil des christlichen Horizontes zu sein, hieß seither und für lange Zeit an der universalen Menschheit teilzuhaben. Augustins Geschichtsbild sollte das Beispiel für christliche Geschichtsschreibung überhaupt liefern. Gleichzeitig spendete es politischen Rat, indem es die Weltgeschichte um das christliche Volk Gottes herum ordnete und klare moralische Bewertungen bot. Für lange Zeit war dieser „Gottesstaat" das umfassendste Kompendium „politischen" Wissens. Karl der Große kannte ihn als sein Lieblingsbuch.

Doch der Anfang war bescheidener. Der Bach der Spätantike floss zuletzt in vielen, unverbundenen Rinnsalen dahin. Nur eines dieser Bächlein erreichte, kurz bevor es verebbte, den Kanal einer kontinuierlichen schriftlichen Überlieferung. Es waren einige spätantike Gelegenheitswerke eher unernsten Inhaltes, die im Mittelalter wieder und wieder abgeschrieben wurden. Die kleine Anzahl der Werke und der extrem unwahrscheinliche Zufall ihrer Überlieferung hatte einen paradoxen Effekt: die Gelegenheitstexte wurden zu absoluter, kanonischer Autorität, sie wurden Maßstab, ja Paradigma einer neuen Kultur. Alles empirische, philosophische Wissen, alles literarische Können wurde an ihnen gemessen. Die Religion war für den Moment ausgenommen, wenngleich die Übereinstimmungen und Verweise auf die spätantike Literalität in der christlichen Literatur der Kirchenväter Legion waren. Der Gedanke, dass Platon und Aristoteles bei Moses in die Schule gingen, so skurril er heute scheinen mag, lag so nahe, dass er bald in aller Munde war.

Neben diese die Tradition und das Herkommen betonenden Aspekte trat mit der christlichen Idee einer finalen, auf ein dramatisches Ende hinsteuernden Menschheitsgeschichte ein dynamischer Faktor, der in immer neuen eschatologischen Konjunkturen geradezu rasante Schübe mentaler und praktischer Aktivität auslöste. Im Einerlei der Bewahrung, Tradition und Kompilation waren die beängstigenden Aussichten als zunächst harmlose Zitate, als filigrane Zusammenhänge je schon eingeschrieben. Es bedurfte nur eines Anlasses, einer allgemeinen Endzeitstimmung, vielleicht verstärkt durch eine Sonnenfinsternis, und uraltes, oft überlesenes „Einst" konnte aktualisiert, plötzlich realisiert werden und als verjüngtes „Jetzt!" unübersehbar fordern und drängen. Diese von der Tradition gestützten, dynamischen Momente des Neuen erschienen als logische Elemente des umfassenden Geschichtsbildes. Dieses war auch in chronologischem Sinne global, insofern es die eigene Auflösung, das eigene Zum-Ende-Kommen, ja die Aussetzung dieser irdischen Zeit als Muster und Prophezeiung enthielt. Das Programm der christlichen Geschichte war vollständig. Ketzer, Irrlehrer, „fremde Völker", das Ende der Welt und ihr zunächst unchristlicher Beginn: alles hatte seinen guten Sinn. Die große, von Gott gestiftete Gemeinschaft bewegte sich zwar seit Adam und Noah wohl gelegentlich auf Abwegen; der wahre christliche Glaube sollte und musste sie aber unter Leitung des christlichen römischen Kaisers vor dem Weltende zur Gemeinsamkeit erlösen. So wurde die Antike – zur christlichen Tradition.

Erst als solche gewann sie die Autorität, alle Bereiche des Lebens zu strukturieren. Weltbild und Weltwissen, Christentum und Kirche, Kunst und Herrschaftsvorstellungen, alles folgte ihren Spuren. Es handelte sich um eine ursprünglich um das Mittelmeer herum entstandene und verbreitete Kultur, die nach und nach ihren Weg in den Norden, über die Alpen, dann nach Osten fand. Im hellenistischen Gebiet verdichtet sie sich in Konstantinopel, das später, als Afrika durch die islamischen Eroberungen nicht mehr zum Römischen Reich gehörte, mehr und mehr die kulturellen Funktionen der afrikanischen Städte zu übernehmen hatte. Diese Mittelmeerkultur, dieser Fundus an Bildung und Religion, erhielt nach einer langen Zeit der stückweisen Eroberung neuer Gebiete um das Jahr 1000, durch das Zusammenspiel von Westrom und Byzanz, von Sachsen und „Rhomäern" mit den neuen christlichen Völkern östlich von Sachsen und westlich von Byzanz, eine neue, spezifisch europäische Ausprägung. In dieser Ausprägung wurde die mediterrane Kultur zur Grundlage der Einheit Europas, einer Einheit, die souveräne neue Reiche aus ihrer Mitte entlassen konnte, ohne dass diese Reiche ihre Mitte aufgeben mussten. Die gemeinsame Kultur bildete seitdem einen Ring, dessen Punkte gleich lange Radien zur Mitte ziehen konnten, ja Punkte, die die Mitte abbildeten, auf sie verwiesen, von ihr auf ihrer Kreisbahn fixiert wurden. In dieser Mitte fanden sich ein gemeinsames Weltbild, Latein als gemeinsame Sprache und Grundlage eines rationalen Stils logischen

Denkens, eine gemeinsame Sprache christlicher Symbole, wie sie zum Beispiel die Messe zelebrierte, eine gemeinsame Tradition der ästhetischen Ausdrucksmöglichkeiten, eine Wiederaufnahme antiker Paradigmen der Kunst, ein gemeinsames festes Fundament im Glauben, auch wenn es in mancherlei Abschattungen sich manifestierte. Die zweite christliche Jahrtausendwende bot Gelegenheit, sich dieses reich bestimmte Zentrum der Kultur in Erinnerung zu rufen. Es bezog seine Dynamik seit je aus der Aktualisierung und der verändernden Kraft der Erinnerung.

Eine Menge des empirischen antiken Wissens musste im frühen Mittelalter als verloren gelten, und nicht alles, was noch vorhanden war, war zu realisieren. Generell fehlten übergreifende Konzepte, weder „Gesellschaft" noch „Wirtschaft", weder „Politik" noch „Religion" waren dem Begriff nach vorhanden. Alles war noch ineinander verwoben, noch nicht voneinander geschieden, noch nicht „ausdifferenziert". Wo ließ sich da das gelehrte Wissen an den Alltag anknüpfen? Wie verstand man antike Abstraktionen wie „Gemeinwesen" (*res publica*) oder „Herrschaft" (*regnum*)? Immerhin, man schrieb die Texte ab. Überlieferung, Tradition war Selbstzweck und bewahrte eine potentielle, mögliche Grundlage. Die Zukunft mancher Texte sollte größer sein als ihre Vergangenheit. Die Orientierung im Raum hatte nicht die Welt, sondern die nächste Tagesreise im Blick. Der überschaute, vielleicht konkret erlebte Raum, betrug zwei, vielleicht fünf Tagesreisen. Wer war über den nächsten Marktplatz hinausgekommen? Landkarten, überhaupt jede optische Vergegenwärtigung existierte nicht. Raum wurde als Tagesreise, als Abfolge von Stationen gewusst, jede strukturierte Flächenvorstellung fehlte. Allenfalls die unmittelbare Umgebung war wirklich vertraut, dahinter begann punktuelles, nicht auf ein Gesamt bezogenes Wissen. Ging man noch weiter, begann sogleich das Gebiet des gelehrten, aus der Antike noch verfügbaren Wissens; Kontinente, vom großen Meer umspült, Asien, Afrika, Europa, dazwischen, wie ein „T", „unser Meer". So sahen die überlieferten antiken Weltbilder die Erde, so waren sie im Kommentar zu Ciceros „Scipios Traum" von Macrobius, so in der Enzyklopädie des Isidor von Sevilla zu sehen. Die Länder waren gefüllt mit einer Völkerliste, bloße Namen ohne konkrete Anschauung. Jeder Bezug zum eigenen Land, zur Umgebung fehlte. Was sollte eine königliche Gutsverwaltung mit diesen „Weltkarten" anfangen? Es waren eher mythische, denn empirische Räume, die hier vorgestellt wurden; es waren mythische Grenzen, an die man ging.

Die Könige bereisten ihr Land, sie reisten permanent. Ihre Mobilität ist Kennzeichen mehr des undurchdrungenen als des durchdrungenen Landes. Denn nur persönliche Präsenz, nur aktualisierte Herrschaft galt. Eine zentrale Verwaltung des Reiches war unter den kognitiven Bedingungen des 10. Jahrhunderts nicht zu errichten. Jeder ordnende, systematisierende Zugriff fehlte, die verschachtelten, persönlich geltenden Rechte und Freiheiten, die die Abgabenhöhe regelten, machten einen Überblick unmöglich. Es dauerte bis zum Ende des Mittelalters, bis die Lücke zwischen gelehrtem Wissen über die ganze Welt mit den wirklichen empirischen Kenntnissen der Region nach und nach geschlossen werden konnte. Die Tradition hatte Autorität. Zäh klammerte man sich an jedes Detail, das ja absolute Geltung beanspruchen konnte; ihm musste sich alles Neue fügen. Die antiken Völkerlisten, mit biblischen Prophezeiungen angereichert, bestimmten lange Zeit, was man sah. Sie ging man durch und fand, was man suchte, und sah und glaubte, was man fand. Sollten sie nicht vollständig sein? Viel zu wenig Texte, eine bis zum Hochmittelalter marginale Schriftlichkeit beschnitten jede Vergleichsmöglichkeit. Wie vergleichen? Und was mit was? Nur langsam besserten sich die Verhältnisse.

Anderen Gebieten des Wissens erging es ähnlich. Verbindlich für den gelehrten Betrieb wurden die so genannten „sieben freien Künste" (*artes liberales*), die spätantike Prägung der musischen, nicht zum Lohnerwerb notwendigen Tätigkeiten. Martianus Capella hatte in einem allegorisch überladenen, sehr künstlichen Werk diese sieben Künste dargestellt. Seine „Hochzeit der Merkur und der Philologie" wurde zum mittelalterlichen Standardwerk, ein Werk der Zerstreuung zur Messlatte der Gelehrsamkeit. Es wurde ergänzt durch die „Institutionen" des zum Mönch gewordenen römischen Konsuls Cassiodor, durch den „Trost der Philosophie" des Boethius und einige seiner Aristotelesparaphrasen, sowie durch die schon erwähnte Enzyklopädie des Isidor. Die Verehrung dieser wenigen Bücher mündete in eine Hochschätzung des Wissens überhaupt, mündete, sobald die Mittel an der Hand waren, in einen ungeheuren Aufbruch, dessen Eigenlogik im Laufe des Mittelalters durch neue Texte, etwa des Aristoteles, bereichert, aber nicht mehr in seiner Grundrichtung geändert wurde. Dialektik, verstanden als genaue Klärung von Wortinhalten, als kategorisierendes Reden über das, was ist, wurde zum Leitstern einer auf aristotelische Logik gründenden Wissenskultur. Diese logische Rationalität erfasste alle Gebiete des gelehrten Wissens, machte auch vor offenbarten Wahrheiten nicht Halt. Die gemeinsame Sprache und Denkschule, Latein, Rhetorik, Dialektik, ermöglichten eine europäische Diskursgemeinschaft, schon vor Gründung der Universitäten, wie sie in ihrer Einheitlichkeit von keinem anderen multinationalen Gebilde erreicht wurde. Die Rechtfertigung von Behauptungen war das Leitbild, an dem sich jeder und jede, jede Wissenschaft, jede „Kunst" messen lassen musste und wollte. Wissen als begründete Meinung zu fassen, das war eine antike Idee – in Europas Mitte hatte dieses Konzept Folgen, die keine Antike vorhersehen konnte. Ihre letzte Reife erhielt diese Kultur in der Zusammenführung der westlichen mit der östlichen Entwicklung durch die allmähliche Rezeption des vollen Corpus der Aristotelischen Schriften, hier kulminieren in Nordwest- und Nordosteuropa seit etwa der Mitte des 10. Jahrhunderts die Entwicklungen. Hier entstand der besondere Stil abendländischer Rationalität. Freilich – zur empirischen Forschung ermutigte diese traditionale Wissensauffassung zunächst nicht, erst das Hochmittelalter führte Handbücher und Wissenschaft, *ars* und *sciencia*, eng. Erst viel später wird man sich trauen, Gottes Schöpfungsplan mit menschlichen Mitteln nachzudenken.

Doch die Karolingerzeit legt die Grundlagen, dass man um 1000 und später Logik, Dialektik, Mathematik und Astronomie nicht als fremd empfand. Die Domschulen wie die Klöster auf Reichsgebiet lehrten dieselben Kenntnisse auf Grundlage der nämlichen Texte, es ist kein Vorbehalt der ostfränkischen Klöster gegenüber den dialektischen Texten aus heidnischer Feder erkennbar. Im gesamten Ostfrankenreich lernte und lehrte man auf einer einheitlichen Grundlage, seit dem 10. Jahrhundert sind Handschriften des lateinischen Aristoteles und allenthalben des Martianus Capella nachweisbar. Die Reformklöster des Westens, des späteren Frankreich, lehnten diese Texte hingegen ab. Hier konnten sich folglich einige Domschulen als Bildungszentren etablieren, die durch die sich gegenseitig verstärkenden Faktoren berühmte Lehrer – viele Studenten bald, wie Paris, uneinholbare Spitzenpositionen einnahmen. In dieser zentralisierten Bildungslandschaft entstanden die Universitäten, das deutsche Gebiet musste bis ins 14. Jahrhundert warten.

Die plurale, kleinteilige Struktur im Osten ließ unterschiedlichste Talente wachsen. Auf dem breiten Fundament der Klöster und Domstädte, der Kirchorte und Pfalzen war auch Platz für Sonderbegabungen. Gerbert von Aurillac, als Silvester II. Papst der Jahrtausendwende, schrieb mathematische Werke, mehr und mehr verbreitete sich der Komputus, die Kunst der Zeitberechnung, Berechnun-

18 Die um 1000 entstandene Bernwardsäule in der Hohen Domkirche zu Hildesheim.

Antikes Erbe und christliche Tradition

gen, ja gelehrte Zahlenspiele wurden üblich. Eine besondere Kultur entstand, eine neue Formation, die auf Dauer niemanden, keine soziale Schicht, kein Herkommen ausschloss. „Das richtige Denken geht dem richtigen Tun voraus". Diese ermutigende Reflexion Karls des Großen wurde als Norm verstanden, als zu erreichender Standard. Er galt grundsätzlich, er galt für jeden.

Auf dieser Grundlage einer Kultur, die Bildung und Logik hoch schätzte, sollte sich schon im Laufe des 10. Jahrhunderts die später machtvolle Differenzierung der Wissenschaften andeuten, sollten Theologie, Philosophie die Wurzeln ihrer späteren Trennung legen, sollte eine wissenschaftliche Beschäftigung mit Kirchenrecht, den „Kanones" der Synodalversammlungen zum ersten Mal erkennbar werden. Eben jetzt stellte Burchard von Worms sein *Dectretum* zusammen, eine Sammlung von Kirchenrechten, das vor allem die Organisation im einzelnen sowie die sozialen Verhältnisse betraf. Das Formalisieren und Kategorisieren, wie es die Aristotelische Kategorienlehre bot, wurde sofort angewandt und wirkte auf die sozialen Verhältnisse zurück. Doch nur langsam folgte die Ordnung in den Köpfen der realen Ordnung, nur langsam gab funktionierende Realität der Gesellschaft ihre Geheimnisse preis, gelebte und gedachte Wirklichkeit klafften noch weit auseinander.

Das Römische Reich der Antike hatte sich zweigeteilt, Rom war nicht mehr das einzige „Rom". Byzanz, Konstantinopel war die Fortsetzung des Römischen Reiches im Osten, zunächst ungehindert durch die Kulturgrenze der Völkerwanderung. Der schwierige Neuanfang, die notwendige und oft schmerzliche Dynamik des für „Westrom" so typischen „Frühmittelalters" existierte in diesem logischen, begrifflichen Sinne für den Osten nicht. Hier gab es schlicht keine Frühzeit, hier dominierte die pure Kontinuität einer großen Tradition, die im Westen zwar beschworen werden konnte, die im Osten aber existierte. Die Merowinger ließen sich gelegentlich noch von den Römischen Kaisern in Byzanz in ihren aus dem Römischen Reich übernommenen Funktionen, von denen meist nicht mehr als der Name übrig war, bestätigen. Die alte Übermacht indes war bald dahin, die islamischen Eroberungen entrissen den gesamten Süden des antiken Römischen Reiches dem byzantinischen Einfluss. Ostrom wurde zu einem relativ kleinen, oftmals bedrängten, sich bewunderungswürdig behauptenden Staatsgebilde. Die hohe Kultur des jahrtausendealten Kulturraumes stemmte sich jedem Niedergang entgegen. In den letzten Jahrzehnten der Spätantike zog sich Byzanz für immer aus dem westlichen Römerreich zurück. Es stellte dort keinen politischen Machtfaktor mehr dar. Für Karl den Großen, der die Römischen Traditionen des Westens bewusst wieder aufleben ließ, waren später freundschaftliche Beziehungen zum *Basileus*, wie sich der Kaiser in Konstantinopel auf griechisch nannte, selbstverständlich, wenn auch nie unproblematisch. Indes blieb Ostrom und sein kultureller Vorsprung eine anhaltende Herausforderung, blieb die selbstbewusste Benennung der Byzantiner als „Rhomäer" ein Stachel im Fleisch jedes neuen „Kaisers der Römer" im lateinischen Westen. Aber die Pracht und institutionelle Geschlossenheit, die feste staatliche Formation der Oströmer, ihr Wissen und Können, waren und blieben lange Zeit das ferne Vorbild für den Westen. Trotz allen theologischen Streites der schließlich in einer Trennung der katholischen von der orthodoxen Kirche gipfelte, war man sich der gemeinsamen, römischen und vor allem christlichen Tradition bewusst, verstand man sich als mal fremdere, mal nähere Brüder. Äußere Bedrohung, neue Religionen konnten die Gemeinsamkeiten profilieren.

In der Ottonenzeit rückte Byzanz in die politische Welt Europas ein. Die Gattin Ottos II., Theophanu, kam aus dem Osten. Ihr folgten ein Begleiter, Schätze, Bücher, Ideen. Ihr folgten Fremdes, Ungewohntes, Neues. Eine Mischung aus Faszination und Ablehnung sollte sie bald begleiten, für manches Unglück sie, die Fremde, verantwortlich sein. Gleichwohl blieb der griechische Einfluss bestehen, hatten Gelehrte und Künstler einen Blick auf den wissenschaftlichen und ästhetischen Stil der Byzantiner erhascht, ein Stil, der ihnen als abenteuerlicher Vorsprung erschienen sein musste. War es die Erinnerung an diesen sich im 10. Jahrhundert kurz öffnenden Spalt, der Jahrzehnte später, im Zeitalter der Kreuzzüge, Gelehrte mit großen Hoffnungen die Reisen der Kaiser nach Byzanz begleiten ließ? Schlaglichtartig wird uns Heutigen mit Theophanu deutlich, wie sich die ursprünglich mediterrane Kultur des christlichen Römischen Reiches im Mittelalter zwischen Rom und Byzanz konzentrierte und innerhalb der Konstellation Mitteleuropas eine neue, wiederum Jahrhunderte andauernde Ausprägung erhielt.

Im 10. Jahrhundert gab es ein großes Bewusstsein der geteilten christlich-römischen Tradition. Beide Kaiser missionierten Völker und nahmen neue Könige und Länder in das Imperium auf: was der *Basileus* an der „Rus" vorgemacht hatte, sollte Otto III. in Polen und Ungarn, mit Bolesław Chrobry und Stefan dem Heiligen wiederholen. In solcher Gleichzeitigkeit der gleichsinnigen politischen Symbole, in diesem Takthalten mit der geteilten

19 **Adalbero-Elfenbein.
Metz um 1000 (984–1005).
Metz, La Cour d'Or,
Musées de Metz.**

Antikes Erbe und christliche Tradition

und gemeinsam empfundenen christlichen Heilsgeschichte, offenbart sich die tiefe kulturelle Einheit eines großen raumübergreifenden Europa. Diese Einheit war aber auch die Grundlage der beginnenden staatlichen Verselbständigung als getaufte, benannte Völker, es war eine dynamische Kultur, eine produktive Einheit.

Ein starkes Movens der gesellschaftlichen und geistigen Entwicklung war der Glaube. Den Glauben zu bessern, zu berichtigen, zu festigen: dieses Motiv legte die Grundlage einer einheitlichen, lateinischen Kultur in Mittel- und Westeuropa. Karl der Große, der Römische Kaiser, erkannte die Notwendigkeit einer einheitlichen Sprache, einer lesbaren Schrift, korrekter Texte und Liturgien. Unter dem Einfluss seiner irischen, angelsächsischen und gotischen Berater holte er sich die autoritativen Texte in Rom, das erst durch diesen von den Inseln importierten Vertrauensvorschuss zu der Zentrale des Glaubens werden konnte, zu dem es die Päpste dann ausbauten. Anders als zum Beispiel im hellenistisch-arabischen Teil begann man im Frankenreich von vorn. Dort, im islamischen Gebiet, blieben aufgrund eines ererbten und bewahrten kulturellen Fortschrittes die Gelehrten unter sich, vermischten sich Theologie und antike Philosophie schwerer, wenn überhaupt. Die von Anfang an getrennten Fakultäten spornten dort zu höchsten Einzelleistungen an – die gegenseitige Herausforderung, das den Westen von Anfang an kennzeichnende Ringen zwischen Vernunft und Glaube, Logik und Offenbarung, unterblieb. Die Grundlage dieser andersartigen Entwicklung in Europa legte Karl der Große. Er befahl, in jedem größeren Ort, an jeder Kirche eine Schule einzurichten. Das *Curriculum* blieb vielfach bescheiden, das Vaterunser war zu beten, das Glaubensbekenntnis, die Beichtformel zu memorieren. Wie oft dieses Programm Realität wurde: wir wissen es nicht. Gleichwohl, das Frankenreich hatte seitdem in seiner gesamten Ausdehnung eine einheitliche, geschriebene und gesprochene Gelehrtensprache: Latein. Sie war die Grundlage der besonderen Wissenskultur in der Mitte Europas, wie sie um das Jahr 1000 entstand. Von ihr war oben die Rede. Latein war eine Fremdsprache, die nach antiken Grammatiken gelehrt und gelernt werden musste. Die Differenz zu den aus dem spätantiken Latein hervorgehenden Nationalsprachen wurde immer größer, keine vereinheitlichende Kanzleisprache regulierte mehr deren Entwicklung.

Die karolingischen Reformanstrengungen waren eine wichtige Durchgangsstation, in der die Traditionen des Römischen Reiches zum ersten Mal nördlich der Alpen neu durchdacht und, überwiegend im Bewusstsein, nur kopieren zu wollen, zu einer neuen Kultur geformt wurden. Neben die hohen Glaubensinhalte traten von Anfang an rituelle, wiederholbare, wiedererkennbare Elemente eines eingeübten Kultes. Die Liturgie und ihre einheitlichen Wiederholungen wurden für die Mission wichtig. Sobald der Glaube als Einheit im Denken und im Vollzug realisiert war, konnte er nach außen getragen werden. Bei allen Differenzen in Einzelheiten: sie betrafen vor allem die gelehrte Theologie. Auf der Ebene liturgisch-ritueller Präsenz, auf der Ebene gemurmelter Glaubensbekenntnisse stellte sich die christliche Welt um 1000 als weltumspannendes Reich dar, hatte es in langer Mission die Völker zwischen Sachsen und Byzanz in seinen Bann gezogen. Der oströmische und der weströmische Kaiser, ja dieser mit Unterstützung einer aus Byzanz stammenden Kaiserin, vollzogen die Autonomisierung dieser Völker zu Königreichen. Durch die gemeinsame Verwurzelung in der spätantiken Welt des Mittelmeeres konnten sich die Missionare aller christlichen Reiche auf geteilte Traditionen berufen, so beteten sie zu den gleichen Heiligen, oder zu verschiedenen aber auf die gleiche Weise, so kannten sie die Texte und Gedankengänge der gleichen Kirchenväter der Spätantike, so glaubten beide, das Jesus Gottes Sohn und der Christus gewesen sei, dass „Er" dereinst wiederkäme zu richten die Lebenden und die Toten. Und selbst wer die gelehrten Definitionen nicht nachvollziehen konnte, lebte und erlebte sie in den Liturgien der Messe, im Hosianna der Chöre. Aber auch Welt- und Geschichtsbild waren religiös geprägt. Das Römische Reich war nicht untergegangen, es konnte nicht erlöschen. Um den Preis des Weltendes: es musste erneuert werden. Daniel, der jüdische Prophet, nämlich hatte eine riesenhafte Figur geschaut, die aus fünf durch verschiedene Materialien abgegrenzten Bereichen bestand: der Kopf aus Gold, die Brust und die Arme aus Silber, der Bauch und die Lenden aus Kupfer, die Beine aus Eisen, und die Füße aus Eisen und Ton. Schon Daniel fasste die unteren aus Eisen und Ton bestehenden Teile als einen Teil auf, das Mittelalter sah seit der Deutung des Kirchenvaters Hieronymus darin eine zweigeteilte Entwicklung des Römischen Reiches, eine Entwicklung von der Stärke hin zur Schwäche. So konnte Daniels Vision zu einem Paradigma des politischen und geschichtstheologischen Denkens des Mittelalters werden. – Aber das Bild, das Daniel träumend schaute, war bewegt. Ein Stein löste sich, fiel, „ohne Zutun von Menschenhänden", so Daniel, „der traf das Bild an seinen Füßen, die von Eisen und Ton waren und zermalmte sie". Was bedeutet dieses Ende der Statue, dieses Ende der irdischen Geschichte, die sie darstellt? „Zur Zeit dieser Könige", so Daniel weiter, „wird der Gott des Himmels ein Reich aufrichten, das nimmermehr zerstört wird". Eine apokalyptische Vision, das Reich Gottes, das Kommen des Richters, nichts anderes konnte gemeint sein. Die erste Jahrtausendwende setzt dieses Bild in illustrierten Handschriften eindrucksvoll in Szene. Man braucht nicht viel Phantasie um in diesem Bild genau jenes Gemisch von Hoffen und Bangen zu erkennen, das als Verhältnis zum Endgericht theologisch geboten schien, und das auf einer persönlichen Ebene, für jeden einzelnen Menschen, sicher unvermeidlich war. Es galt, sich einem Erlöser anzuvertrauen, der stark genug war, jahrtausendalte Königreiche zu stürzen, und keiner, nicht der allerchristlichste König kannte den Ausgang des Gerichtes; denn jeder hatte sein Leben lang gefehlt.

Verstehen wir die Zeitgenossen recht, so trauten sie einem erneuerten Römischen Reich einen glücklicheren Stand in den letzten Zeiten zu. Umgekehrt sahen sie sicher in eben jenen Zeiten gute Bedingungen, die verheißene Erneuerung zu erfüllen. Die Erneuerung der Kirche und des Glaubens, die Erneuerung des Römischen Reiches, wie sie sich in Ritual und Zeremonie vollzogen, sind die theoretischen und praktischen politischen Programme der Zeit. Es war die Aufgabe des Kaisers gegebenenfalls mit Hilfe der befreundeten Könige die Lücke zwischen dem Jetzt und der Ewigkeit, zwischen den Einzelheiten der „Historia" und Gottes Plan mit den Menschen zu schließen, die Differenz von Sein und Sollen, von personalen Verhältnissen und der Ekklesia, der Gemeinschaft der Gläubigen, einzuziehen. Es war der einige, der einzige Gott, den die Religion lehrte, es war der eine Herrscher, der das Gemeinwesen führte. Auch die Angleichung des Herrschers an Christus, die der ihn umgebenden Zeremonien an die der Messe waren universal, definierten einen gemeinamen Horizont des Verstehens und Handelns.

So formte die Zeit eine ganz eigene politische Welt, gab den antiken Formeln und Formen einen neuen Sinn, unter der Maßgabe der Fortsetzung. Man sah sich auf der Höhe einer alten Welt und war doch in der Mitte einer neuen. Europa, unter Einschluss der slawischen Gebiete, entstand, indem das Römische Reich bewusst in weitere Länder ausgedehnt wurde, in Länder, die schon lange unter christlichem Einfluss aus Ost und West standen, die sich, wie Ungarn, zwar eindeutig der römischen Kirche geöffnet hatten, dennoch auch byzantinischem Wirken Raum boten, oder Polen, das seit der Ottonenzeit den Weg in kirchliche und staatliche Unabhängigkeit ging. Jedes der europäischen Länder, alte wie junge, war zunächst Teil einer größeren Einheit, des Römischen Reiches, eines christlichen Imperiums. Dieses Römische Reich bot vor allem den intellektuellen und zum Teil bereits institutionellen Rahmen, der die selbständigen Länder ermöglichte, denkbar machte. Das Römische Reich und sein Kaiser, die christliche Kirche in ihren Gliedern, die spätantike Fassung der globalen christlichen Heilsgeschichte, die neuen Personenverbände der jungen Länder, die lateinische Kultur: dies alles schuf eine neue Welt, nicht ohne Mühe, nicht ohne Spannungen und Streit, jedoch mit Zukunft, mit Gemeinsamkeiten, mit Hoffnungen.

„Seid ihr nicht meine Römer?" – Der Römische Kaiser aus sächsischem Hause bat vergebens. Bald raffte ihn ein Fieber dahin. Doch was damals ungehört verhallte, erregt heute, zur Zeit der zweiten christlichen Jahrtausendwende, neue Aufmerksamkeit. Denn Ottos III. Worte künden von Taten, die das Gesicht Europas prägten, und zwar tiefer und anhaltender, als selbst jahrzehntelange politische Experimente es vermochten. Ja, die Völker wurden zu Römern, zu Römischen Christen, sie gehörten zur europäischen Kultur, die einst im gesamten Mittelmeerraum die Antike war und in Europa mittelalterlich wurde, als Zusammenklang der vielen Traditionen und schöpferischen Kräfte. Auch ihnen galt des Kaisers Ruf: „Hört und vernehmt die Stimme eures Vaters, bewegt sie wohl in eurem Geist!"

Literatur

Borst 1986; 1994. – Fried 1989b; 1998a; 1999. – Fuhrman 1998. – Heuß 1995. – Hugh/Jones 1964.

Die Bedeutung von Byzanz

WOLFRAM BRANDES

Das Byzantinische Reich mit seiner Hauptstadt Konstantinopel befand sich um 1000 auf dem Höhepunkt seiner politischen wie kulturellen Macht. Konstantinopel war nach wie vor die größte Stadt der Christenheit und hatte die Phase des demographischen, politischen wie kulturellen Niedergangs in den so genannten „Dunklen Jahrhunderten" (7.–8. Jahrhundert) überwunden. Hier konzentrierte sich die weltweit größte Ansammlung von heiligen Reliquien (darunter das so genannte Mandylion, das „nicht von Menschenhand gemachte Bild Christi", welches 944 nach der Eroberung des syrischen Edessa in die byzantinische Hauptstadt überführt wurde), und hier stand immer noch das bedeutendste Bauwerk der christlichen Welt: die Hagia Sophia. Nach der Beendigung des byzantinischen Bilderstreites im Jahre 843, der letzten großen theologischen Auseinandersetzung innerhalb der byzantinischen Kirche, kam es unter der so genannten Makedonischen Dynastie, aus der 867 bis 1056 die meisten byzantinischen Kaiser kamen, zu einer kulturellen Blüte, wie sie seit der Spätantike im oströmischen Reich nicht mehr vorkam. Für diese kulturelle Blüte hat sich der (freilich etwas fragwürdige) Begriff der Makedonischen Renaissance eingebürgert. Kennzeichnend für diese „Renaissance" ist weniger der Rückgriff auf antike (heidnische) Literatur und Vorstellungen sondern vielmehr der Versuch, an die christliche Spätantike anzuknüpfen. Hier liegt ein wesentlicher Unterschied zur europäischen Renaissance („der" eigentlichen Renaissance) der frühen Neuzeit.

Zu dieser kulturellen Blüte kam es jedoch nicht über Nacht. Sie war das Ergebnis eines längeren Prozesses, der sich schon um 800 bemerkbar machte. Seit der ersten Hälfte des 9. Jahrhunderts setzte sich die Minuskel durch. Während bis dahin griechische Manuskripte in Majuskeln (Großbuchstaben) verfasst waren, ermöglichte nun die Minuskel (Kleinbuchstaben) ein wesentlich schnelleres Kopieren der Handschriften. Die Texte wurden viel besser und schneller lesbar. Außerdem konnte auf diese Weise viel mehr Text auf einer Pergamentseite untergebracht werden. Seit dem 9. Jahrhundert wurde die Kunst der Papierherstellung von den Arabern übernommen, sodass nun auch ein billiger Beschreibstoff verfügbar war. Parallel dazu kam es zu einer umfassenden Wiederbelebung wissenschaftlicher Studien. Die alten Manuskripte, die man in Klosterbibliotheken und in verschiedenen Archiven in Konstantinopel fand, wurden gesichtet und neu kopiert bzw. in die Minuskelschreibweise transkripiert. Ohne diesen umfassenden Vorgang, der sich bis ins 10. Jahrhundert hinzog, hätten wir heute nur sehr nebulöse Vorstellungen von der antiken griechischen Literatur. Die Schriften von Plato und Aristoteles, Homer und Plutarch, Galen und Ptolemaios und vielen anderen Autoren wären heute nur noch dem Namen nach bekannt.

Im 9. Jahrhundert wurden also die Grundlagen für die außerordentliche kulturelle Blüte von Byzanz und damit auch für die Ausstrahlung der byzantinischen Kultur nach West- und Osteuropa gelegt. Dieser Aufstieg wurde durch das Wirken einiger herausragender Gelehrter und Mäzene des 9. Jahrhunderts ermöglicht. Der byzantinische Staat förderte nun umfassend und konsequent Bildung und Kunst – in einer Weise, wie sie im lateinischen Europa undenkbar war. Der Caesar Bardas (ein führender Staatsmann und Bruder der Kaiserin Theodora) gründete in der Mitte des 9. Jahrhunderts eine Hochschule in der Magnaura, einem Teil des kaiserlichen Palastes in Konstantinopel. Hier wirkten von Staat bezahlte Professoren unter der Leitung des Gelehrten Leon. In vier Abteilungen wurden Geometrie, Astronomie, Grammatik, Arithmetik, Mathematik und andere Wissenschaftsdiziplinen gelehrt. Allmählich entstand eine Gelehrtenschicht, deren Wirken bald reiche Früchte brachte.

Eine zentrale Stellung bei der Wiederbelebung der antiken Kunst und Kultur (insbesondere der Literatur) nahm der Kaiser Konstantin VII. Porphyrogennetos ein. Mit Recht ist er einer der bekanntesten byzantinischen Kaiser. Bereits 908 zum Kaiser gekrönt, konnte er erst 945 tatsächlich die Herrschaft antreten. Seine politische Machtlosigkeit kompensierte er durch umfangreiche wissenschaftliche Studien und Aktivitäten. Und auf diesem Gebiet liegt auch seine weltgeschichtliche Bedeutung. Als regierender Kaiser hingegen (945–959) zählt er zweifellos nicht zu den bedeutenden byzantinischen Kaisern. Kennzeichnend für seine literarischen und besonders literarhistorischen Aktivitäten ist ein so genannter Enzyklopädismus. Konstantins Name ist vor allem mit dem gigantischen Unternehmen einer thematisch geordneten Zusammenfassung der alten Literatur verbunden. In 53 Bänden mit bestimmten Titeln (z. B. römische Gesandtschaften an fremde Völker, Gesandtschaften fremder Völker an die Römer, Tugenden und Schlechtigkeiten, Kaiserkrönungen, fremde Völker, Jagd, Briefe, kirchliche Angelegenheiten, Epigramme, Hochzeiten, Standbilder, Caesares, Kaisernachfolge usw.) wurde Exzerpte zusammengestellt. Die einzelnen Bände enthielten also nicht vollständige antike oder spätantike Werke sondern „nur" Auszüge. Erhalten ist leider nur ein Bruchteil der 53 Bände (und auch diese nicht immer vollständig): „Über römische Gesandtschaften an fremde Völker"; „Über Gesandtschaften fremder Völker an die Römer"; „Über Hinterhalte" sowie „Über Tugenden und Schlechtigkeiten". Da Konstantin und sein Mitarbeiterstab über eine größere Anzahl von antiken und spätantiken Werken verfügten, die heute verloren sind, stellen ihre Exzerpte oft die einzigen Reste wichtiger älterer Werke dar. Ohne die Bücher über fremde und römische Gesandtschaften z. B. wüssten wir viel weniger über die Vorgänge während der Völkerwanderungszeit, denn hier wurden Historiker des 5. Jahrhunderts zitiert (Priskos, Malchos und andere) deren Geschichtswerke nicht überliefert wurden. Verfügten wir heute über alle 53 Bände der konstantinischen Enzyklopädie wäre unsere Kenntnis der antiken und spätantiken Geschichte und Kulturgeschichte zweifellos viel umfangreicher!

Aber Konstantin VII. war auch selbst als Schriftsteller tätig (selbstverständlich hatte er Helfer, sodass es nicht immer klar ist, wo der gelehrte Kaiser selbst die Feder führte). Berühmt ist etwa das sogenante „Zeremonienbuch", eine umfangreiche Zusammenstellung historischer Protokolle von Kaiserkrönungen, Beamtenernennungen, Prozessionen und vielen anderen Vorgängen, an denen Kaiser teilnahm. Für seinen Sohn verfasste er eine Art Regierungsanleitung (in der Regel heute als *De administrando imperii* bezeichnet), die wertvolle Nachrichten über die Nachbarvölker des Byzantinischen Reiches enthält. Mehr antiquarischen Charakter trägt eine Schrift über die byzantinischen Provinzen (*De thematibus*). Auch als Geschichtsschreiber wurde Konstantin aktiv. Er veranlasste eine Fortsetzung der wichtigen Chronik des Theophanes, die im Jahre 813 endete, bis in seine Zeit. Zwar waren damit verschiedene (namentlich nicht bekannte) Autoren befasst, der Kaiser behielt sich jedoch den Abschnitt über seinen Großvater (und Begründer der Makedonischen Dynastie) Basileios I. vor. Seine Darstellung ist recht tendenziös und diente vor allem dem Ruhm der eigenen Dynastie.

Die umfangreiche Sammeltätigkeit des Kaisers Konstantin VII. und sein Mäzenatentum setzten Bestrebungen fort, die, wie bereits angedeutet, sich bereits im 9. Jahrhundert manifestierten. Zu nennen ist hier insbesondere der Patriarch Photios (857–867; 877–886), einer der bedeutendsten Gelehrten des byzantinischen Mittelalters. In einem umfangreichen Werk, seit dem 16. Jahrhundert *bibliotheca* genannt, stellte er ausführlich in 279 Kapiteln 386 Bücher vor, die er gelesen hatte. Dass er eine viel größere Zahl kannte, sagt er selbst an einigen Stellen. Man kann dieses weit verbreitete Werk als eine griechische Literaturgeschichte ansehen, allerdings eher in der Form von beim Lesen angefertigter Notizen und Inhaltsangaben. Behandelt werden auch zahlreiche Werke antiker oder frühmittelalterlicher Autoren, die heute verloren sind. In der ersten Hälfte des 10. Jahrhunderts, um noch auf einen weiteren bedeutenden Gelehrten hinzuweisen, unternahm der Erzbischof Arethas von Kaisareia in Kappodokien umfangreiche Studien zum Text der Schriften von Plato und Aristoteles. Einige der auf seine Veranlassung hin kopierten Handschriften sind noch heute erhalten. Daneben verfasste er allerdings auch einen umfangreichen Kommentar zur Offenbarung des Johannes. Dies ist kein Widerspruch zur Beschäftigung mit den antiken (heidnischen) Texten sondern durchaus typisch für die byzantinische Kultur des 10. Jahrhunderts.

Aus der zweiten Hälfte des 10. Jahrhunderts entstand ein umfangreiches Lexikon, bekannt unter dem Namen „Suda", wo – ähnlich wie in einem heutigen Konversationslexikon – in alphabetischer Ordnung Tausende von Begriffen, Namen usw. erläutert werden. Nur mit Staunen kann man die umfangreiche Liste der Quellen, die die unbekannten Lexikonredakteure auswerteten und die moderner Gelehrtenfleiß ermittelte, lesen. Ebenfalls aus dieser Zeit stammt eine (heute „Geoponica" genannte) umfangreiche Sammlung antiker landwirtschaftlicher Literatur.

Die Kaiser der makedonischen Dynastie – auch dies ist als Aspekt der Renaissance des 9. Jahrhunderts zu werten – förderten maßgeblich rechtswissenschaftliche Studien und wurden selbst wieder als Gesetzgeber aktiv. Auch hierin knüpften sie an die christliche Spätantike (etwa an die Kaiser Theodosius II. und Justinian) mit ihren großen Gsetzessammlungen (*Codex Theodosianus* und *Codex Iusti-*

nianus) an. In 60 Büchern (die so genannten „Basiliken") wurde das spätantike Recht – nunmehr in griechischer Sprache – zusammengefasst und zahlreiche Gesetze und Gesetzbücher stellten – zumindest in dieser Hinsicht – die Kaiser der makedonischen Dynastie ihren spätantiken Vorgängern gleich.

An anderer Stelle in diesem Band wird ausführlich geschildert, welche kulturellen und politischen Auswirkungen auf das westliche Mittelalter der Ottonenzeit die Heirat der byzantinischen Prinzessin Theophanu im Jahre 972 mit Otto II. hatte.

Von weltgeschichtlicher Bedeutung war die im 9. und 10. Jahrhundert erfolgte Christianisierung der Süd- und Ostslawen. Der erste engere Kontakt mit der Kiewer Rus und Byzanz kam 860 zustande. Ein riesiges Heer belagerte Konstantinopel und nur mit Mühe konnte die Eroberung der Hauptstadt abgewehrt werden. Es war wahrscheinlich vor allem der Patriarch Photios, der begriff, dass die Missionierung dieser im Entstehen begriffenen Macht der beste Weg war, um die Gefahr aus dem Norden zu bannen und um gleichzeitig den Einflussbereich der byzantinischen Kirche enorm auszudehnen.

Ein erster großer Erfolg der Missionstätigkeit der byzantinischen Kirche war die ca. 864/865 erfolgte Christianisierung des Bulgarenreichs. Man scheute sich dabei nicht, durch die Konzentration eines großen byzantinischen Heeres an der bulgarischen Grenze und der Verlegung einer Flotte vor die byzantinische Küste Druck auf den Bulgarenkhan Boris auszuüben. Dieser nahm schließlich das Christentum byzantinischer Prägung und den Taufnamen Michael an. Seit den siebziger Jahren des 9. Jahrhunderts strömten zahlreiche byzantinische Geistliche ins Bulgarenreich und organisierten die Mission des Volkes und den Aufbau einer kirchlichen Organisation. Noch lange Zeit waren der bulgarische Klerus und Episkopat griechisch dominiert. Byzanz war sogar bereit, eine gewisse kirchliche Autonomie der entstehenden bulgarischen Kirche (unter einem eigenen Erzbischof) zu akzeptieren, sodass letztlich auch die Gruppierungen der bulgarischen Oberschicht, die sich einer Christianisierung ihres Landes widersetzt hatten, zustimmten. Dieser Vorgang, der die politische und religiöse Landschaft Südosteuropas bis heute nachhaltig prägte, stellte auch einen Erfolg gegenüber dem römischen Papsttum dar, das ebenfalls (besonders unter Papst Nicolaus I.) erhebliche Anstrengungen unternommen hatte, im Reich der Bulgaren Fuß zu fassen.

Es kam zur Entsendung der berühmten Missionare Kyrill und Method aus Thessalonike ins Großmährische Reich, die das byzantinische Christentum in slawischer Sprache predigten und gleichzeitig die slawische Schrift entwickelten, wodurch die Voraussetzung für eine umfassende Missionstätigkeit in der außerbyzantinischen Welt der Slawen in Südost- und Osteuropa geschaffen wurden.

Die byzantinische Missionstätigkeit in der Kiewer Rus führte allerdings erst im Jahre 988 zur „Taufe Russlands", als der Großfürst Wladimir selbst das Christentum annahm und entsprechend noch heute als „Neuer Konstantin" in der russisch-orthodoxen Kirche Verehrung erfährt. Seit dem Ende des 10. Jahrhunderts ist eine umfangreiche Einwanderung von byzantinischen Handwerkern, Architekten, Händlern und natürlich von byzantinischen Geistlichen zu beobachten. In kurzer Zeit wurde die Kiewer Rus ein christlicher Staat byzantinischer Prägung, eine Prägung, ohne die das heutige Russland nicht denkbar wäre.

Die kulturelle Entwicklung ging zeitlich dem politisch-militärischen Aufstieg von Byzanz im 10. Jahrhundert voraus. Als Träger der Expansion (in sozialer Hinsicht) traten nun extrem reiche, mächtige Magnatengeschlechter in Erscheinung. Dieser Aufstieg der so genannten *Dynatoi* (der „Mächtigen"), gegen den die Zentralgewalt verschiedentlich vorzugehen versuchte, bedeutete zwar in der Konsequenz, dass das freie Bauerntum allmählich verschwand und damit die Wehrkraft des Byzantinischen Reiches beeinträchtigt wurde, doch zunächst stellten diese großen Adelsgeschlechter – nicht zuletzt die Familie Phokas, aus der Nikephoros II. stammte – ein entscheidendes Element für die byzantinischen militärischen Erfolge dar.

Seit den vierziger Jahren des 10. Jahrhunderts vermochte das erstarkende Byzantinische Reich auch im Osten gegen die islamischen Araber wieder die Initiative zu ergreifen. Es war unvergessen, dass im 7. Jahrhundert in einem nur wenige Jahre umfassenden Ansturm alle östlichen Reichteile (Syrien, Palästina, Ägypten, Nordafrika) dem arabischen Kalifat einverleibt wurden, und die Rückeroberung dieser Regionen – in denen das Christentum ja auch entstanden war und wo immer noch eine zahlenmäßig große christliche Bevölkerung lebte – rückte nun in den Bereich des Möglichen. In der zweiten Hälfte des 10. Jahrhunderts entwickelte sich eine ausgesprochene „Kreuzzugsideologie", die durchaus der des westlichen Mittelalters in der Kreuzzugszeit vergleichbar ist.

Insbesondere unter den fähigen Feldherren (und späteren Kaisern) Nikephoros Phokas und Iohannes Tzimiskes konnte das Byzantinische Reich gegen die islamischen Araber große militärische Erfolge erringen. In den Jahren 957/958 drangen die byzantinischen Truppen unter der Führung des Io-

20 **Konstantinos Porphyrogennetos.** Detail aus der „corona graeca", Zellenschmelzplatte des Kronreifs.

hannes Tzimiskes in Syrien bis zum Euphrat vor und unterwarfen Gebiete, die dem Reich seit den dreißiger Jahren des 7. Jahrhunderts verloren waren. 961 gelang es Nikephoros Phokas Kreta zurückzuerobern, wo seit fast 150 Jahre die Araber herrschten. Zwei Jahre später (963) okkupierte dieser den byzantinischen Thron und herrschte als Nikephoros II. (bis 969). Sein erbarmungsloser Kampf gegen die Araber brachte ihm die Bezeichnung „der bleiche Tod der Sarazenen" ein. 965 konnte Zypern und Kilikien dem Reich einverleibt werden. Sein weiteres Vordringen im Osten hatte die vollständige Rückgewinnung Syriens zum Ziel. 969 konnte die wichtige Stadt Antiocheia erobert werden. Neben Konstantinopel kam so ein weiterer Sitz eines Patriarchen unter byzantinische Kontrolle (Jerusalem und Alexandreia blieben freilich in islamischer Hand). Auch Aleppo konnte unterworfen werden.

Die stetig wachsende Machtstellung des Byzantinischen Reiches hatte naturgemäß einen Einfluss auf die Beziehungen zum westlichen Kaiserreich. Ein Reibungspunkt – neben dem permanent akuten so genannten Zweikaiserproblem – waren Konflikte um die unteritalienischen Besitzungen von Byzanz. Insbesondere unter Nikephoros II. Phokas waren die Beziehungen zum Westen schlecht, was auch Liutprand von Cremona zu spüren bekam, als er 968 in Konstantinopel vergeblich über eine kaiserliche Braut für Otto II. verhandelte.

Wie so oft in der byzantinischen Geschichte hatte das Reich an zwei Fronten zu kämpfen: im Osten gegen die Araber und im Westen (besser Nordwesten) gegen das Bulgarenreich, das zunehmend stärker wurde. In dieser Situation kamen die erfahrenen byzantinischen Diplomaten im Jahre 968 auf den Einfall, den Großfürsten Svjatoslav der Kiewer

Antikes Erbe und christliche Tradition

Rus um Hilfe zu bitten. Dass Svjatoslav Heide war und gegen die christlichen Bulgaren kämpfen sollte, scheint man billigend in Kauf genommen zu haben. Die russischen Waräger überschritten die Donau und unterwarfen in kurzer Zeit Bulgarien. Ganz entgegen den Erwartungen der Byzantiner machte Svjatoslav keine Anstalten Bulgarien an Byzanz – wie vereinbart – zurückzugeben. In dieser Situation wurde Nikephoros II. Phokas durch Iohannes Tzimiskes, der den Thron bestieg (herrschte 969–976), ermordet. Erst im Jahre 971 gelang es ihm in einem genial geführten Feldzug gegen die Russen, Bulgarien wieder dem Byzantinischen Reich einzuverleiben. Das Verhältnis zum Westen wurde durch die Entsendung der Theophanu entspannt.

Die Kämpfe im Osten gingen weiter. Hier stieß man inzwischen auf die ägyptischen Fatimiden, die ihren Einflussbereich bis nach Syrien und Palästina ausgedehnt hatten. Emesa, Baalbek, und Damaskus wurden erobert und der Vormarsch der byzantinischen Truppen richtete sich nun gegen Palästina. Tiberias, Nazareth, Akkon, Caesarea, Beirut und Sidon konnten erobert werden. Bis Jerusalem selbst konnte dieser „Kreuzzug" (als solchen sahen ihn die Byzantiner an) nicht mehr erreichen. 976 starb Iohannes Tzimiskes an einer Krankheit, die er sich in Palästina zugezogen hatte. Unter der Regierung seines Nachfolgers Basileios II., der fast ein halbes Jahrhundert herrschte (976–1025), sollte das Byzantinische Reich den Höhepunkt seiner Macht (seit Justinian im 6. Jahrhundert) erreichen. Zunächst hatte der junge Kaiser (geb. 958) allerdings erhebliche Widerstände zu überwinden. Als Enkel Konstantins VII. Porphyrogennetos gehörte er zur Makedonischen Dynastie. Seine Herrschaft wurde von Vertretern der großen Adelsgeschlechter bestritten. So hatte er mehrere höchst gefährliche Aufstände unter der Führung von Vertretern der Familien der Phokas und Skleroi zu überwinden. Erst ab etwa 985 war es deshalb möglich, eine aktive Politik zu betreiben. Sein Hauptziel in den nächsten Jahrzehnten bestand vor allem darin, das inzwischen enorm erstarkte Bulgarenreich auf dem Balkan zu unterwerfen. Die Bulgaren hatten die byzantinische Herrschaft abgestreift und unter Zar Samuel ein neues Reich gegründet. Die bulgarische Expansion nach Süden gefährdete byzantinische Gebiete, z. B. die wichtige Stadt Thessalonike. Nach einer schweren Niederlage gegen die Bulgaren kam es zu einer Neuauflage des innerbyzantinischen Bürgerkrieges. Nunmehr kämpften drei Parteien um den byzantinischen Thron: Basileios II, die Familie Phokas (unter Bardas Phokas) und die Familie der Skleroi (unter ihrem Anführer, der ebenfalls Bardas hieß). Basileios II. konnte sich nach langen Kämpfen durchsetzen. Seinen Sieg verdankte er in erster Linie dem russischen Großfürsten Wladimir (später der „Heilige" genannt). Nun hatte er den Rücken frei, um sich erneut dem Bulgarenreich zuzuwenden. Was Otto I. nicht erreichen konnte, wurde nun Wladimir gewährt. Unter der Voraussetzung, dass er – und damit sein ganzes Land – das Christentum annimmt, wurde ihm Anna, die purpurgeborene Schwester des Basileios II. als Gattin zugesprochen. Die Kiewer Rus, wo das Christentum durch byzantinische Missionare verbreitet, längst Fuß gefasst hatte, trat nunmehr in den Kreis der christlichen Staaten ein. Die Folge war eine bis dahin ungeahnte Ausdehnung der byzantinischen Einflusszone. Die russische Kirche stand lange unter dem Patriarchat von Konstantinopel.

Der Kampf gegen das Bulgarenreich unter seinem energischen Herrscher Samuel und gleichzeitig der Kampf gegen die Fatimiden in Syrien dauerten die nächsten Jahre an. Der Krieg gegen die Bulgaren wogte lange unentschieden hin und her, bis dann im Jahre 1001 eine große byzantinische Offensive gegen Samuel begann und im Jahre 1014 das Heer Samuels umzingelt und größtenteils vernichtet wurde. Basileios ließ angeblich 14 000 gefangene Bulgaren blenden. Je 100 Geblendete erhielten einen einäugigen Führer, der sie zu Samuel nach Prilep leiten sollte. Seitdem ist Basileios II. in der byzantinischen Geschichtsschreibung als *Boulgaroktonos* (der Bulgarentöter) bekannt. Erstmals seit dem 6. Jahrhundert hatte Byzanz wieder den gesamten Balkan unterworfen.

Wo viel Licht ist, gibt es jedoch auch Schatten. Auch Byzanz kannte eine auf das Jahr 1000 bezogene Endzeiterwartung, was bisher nahezu unbekannt ist. Obwohl gerade um 1000 Byzanz auf den Höhepunkt seiner politischen Macht und kulturellen Blüte stand, sahen einige (gelehrte) Zeitgenossen mit Sorge und Befürchtungen auf die unmittelbare Zukunft. Diese Befürchtungen waren insofern berechtigt, als im 11. Jahrhundert das Byzantinische Reich tatsächlich in eine langandauernde Krise geriet, was neben inneren Entwicklungen auch am Auftauchen der turkstämmigen Seldschuken lag.

Literatur

Beck 1959. – Browning 1975. – Cheynet 1990. – Hunger 1978. – Kazhdan 1991. – Lemerle 1986. – Mango 1996. – Schreier 1989. – Speck 1974; 1984. – Weitzmann 1963.

Fortwirken der Antike in der ottonischen Kunst

IRMGARD SIEDE

Die Feststellung, dass die antike Kultur im künstlerischen Schaffen um das Jahr 1000 eine entscheidende Rolle spielte, ist kein Novum. Hinweise auf die Verwendung antiker Vorlagen oder den Einsatz von Spolien sind im Grunde so alt, wie die Forschungen zur ottonischen Kunst selbst. In welcher Weise die Kunst der Antike fortwirkte, wo, wann und wie auf sie zurückgegriffen wurde, auf welchen Wegen ihre Vermittlung geschah und welche geistesgeschichtlichen Hintergründe die Anbindung an das antike Rom gehabt haben könnte, ist nur für einzelne Beispiele und vor allem in jüngeren Arbeiten analysiert worden.

Deshalb wäre es nun an der Zeit, die verstreuten Einzelergebnisse zusammenzuführen und hinsichtlich der Bedeutung der Antike für die ottonische Kunst insgesamt zu gewichten[1]. Im Rahmen dieses kurzen Essays kann dieses Resümee lediglich in Gestalt einer Zusammenstellung von unterschiedlichen Formen dieses Fortwirkens im Sinne einer Typologie erfolgen. Diese Zusammenschau wird dann die Frage nach dem Antikenverständnis aufwerfen: Erkannte man um 1000 Antikes als antik, wenngleich vermutlich nicht nach unserem modernen Verständnis der Antike als Epochenbegriff, oder standen andere Motive, z. B. Gründe der Ästhetik oder des materiellen Wertes, hinter dem Aufgriff antiker Elemente? An der Schwelle zum dritten Jahrtausend rückt anlässlich der Ausstellungsthematik noch ein weiterer Aspekt in den Mittelpunkt des Interesses: Es handelt sich um die Überlegung, ob sich aufgrund der hohen Bedeutung, die Rom für Otto III. hatte, für seine Zeit eine Zunahme antikischer Kunstwerke oder sogar eine besondere Rückbindung an die Antike fassen lässt. Wie für herausragende Beispiele exemplarisch gezeigt werden kann, liegt in den Kunstwerken oftmals weit mehr als eine rein formale Wiederaufnahme von Antikem vor. In komplexer Verschränkung können ganz unterschiedliche Ebenen einer Antikenanbindung zu neuen inhaltlichen Aussagen führen. In diesen Überlegungen am Ende des Beitrags mag man erste Antworten auf die Frage nach dem Antikenverständnis sehen.

Ebenen des Fortwirkens der Antike in der ottonischen Kunst

Zu den auffallendsten Bereichen, in denen sich das Fortwirken antiker Kultur in der ottonischen Kunst aufzeigen lässt, gehören wiederverwendete antike Materialien und ganz bestimmte Motive.

Die Ebene der Bildmotive

Antike Ornamentik findet in der ottonischen Kunst reichlich Verwendung. Letztlich antiken Ursprungs sind beispielsweise die in Buch- und Wandmalerei zahlreich vorkommenden adossierten Halbkreise, die gern in Rahmenleisten gefüllten Akanthusblätter oder die kreuzförmig angeordneten Schlingbänder. Allerdings gehören Ornamente in allen Jahrhunderten stets zu den leicht „transportierbaren" Bildelementen. Daher darf es nicht verwundern, wenn die hier genannten Beispiele allesamt ebenso bereits in der karolingischen Kunst vorkommen. Konkretere Aussagen bezüglich eines direkteren Rückbezugs auf Antikes sind erst möglich, nimmt man bestimmte Motive in den Blick.

Dazu sei zunächst die Architekturornamentik herausgegriffen: Letztlich von antiken musiven Ausstattungen abzuleiten, ohne dass die Vermittlungswege benannt werden können, sind gewisse architektonische Prospekte in Buch- und Wandmalereien: Stellt man z. B. die gemalten Säulen der Kanontafelarchitektur des Codex F.II.1. in Brescia (z. B. fols. 12R, 13v, 14R) den vier dem vierten Pompejaner Malstil zugeordneten Mosaiksäulen aus der Casa delle Colonne a Mosaico in Pompeji gegenüber, so springen die Gemeinsamkeiten in der Buntfarbigkeit und der Ornamentik ins Auge (Abb. 21). Ein ganz ähnliches an Mosaiken erinnerndes Ornamentrepertoire liegt auch den gemalten Architekturen der ins vierte Viertel des 10. Jahrhunderts datierten Fresken von Santa Maria in Pallara in Rom zugrunde.

In seltenen Fällen lassen sich sogar die Absichten benennen, die zur Wahl eines bestimmten antiken Motivs führten. Im St. Galler Sakramentar Cod. 340 ist in der Miniatur zum Weihnachtsfest ein Oktogon dargestellt (Abb. 22). Wie nachgewiesen werden konnte, soll durch diesen im Bild gezeigten achteckigen Bau die konstantinische Geburtskirche in Bethlehem zitiert und damit an einen der *loca sancta* erinnert werden.

Während die Darstellung des Oktogons auf einen direkten Rückgriff auf Antikes schließen lässt, scheint bei einzelnen figürlichen Motiven eher eine zumindest seit karolingischer Zeit fassbare kontinuierliche Tradition vorzuliegen. Dies gilt für die vielfältig in der antiken Relief- und Malkunst zum Einsatz kommende Rückenfigur. Sie tritt mit der Funktion des Tiefenstosses beispielsweise auf dem Mosaik mit der Alexanderschlacht aus Pompeji oder dem Portonacciosarkophag im Museo delle Terme in Rom auf. In die Bildstruktur ottonischer Werke ist die Figur von hinten zum Teil in dieser Raum schaffenden Funktion integriert, so bei den Elfenbeinen mit der Himmelfahrt Christi in Wien und Köln. Zum Teil wirken die Rückenfiguren nur wie einem anderen Kontext entnommene Versatzstücke, z. B. bei der Pfingstminiatur im Codex Egberti.

Die Ebene des Materials

Dieser Ebene seien alle Fälle zugerechnet, für die zu erkennen ist, dass mit Hilfe von antiken Bruchstücken, also Spolien, oder auf der Grundlage von antiken Materialien ein neues Werk entstand. Beispielsweise war im späten 10. Jahrhundert in der Trierer Egbertwerkstätte ein antikes Millefioriglas verfügbar. Dieses Stück wurde als Altarstein in den zwischen 977–993 von Erzbischof Egbert in Trier in Auftrag gegebenen Andreastragaltar integriert. Als Sonderfälle sind die Beispiele anzusehen, bei denen antike Gegenstände insgesamt in ottonischer Zeit in Werke eingebaut wurden oder in neuer Funktion weiterbenutzt wurden: Ersteres gilt für die Goldmünze mit dem Porträt Justinians, die in eine Schmalseite des Andreastragaltars eingesetzt wurde. Eine neue Funktion erhielten die beiden spätantiken Arzneikästchen aus der Zeit um 400 n. Chr. im Musée Cantonal du Valais in Sitten und im Dommuseum in Chur, indem sie im Mittelalter als Reliquiare verwendet wurden. Auf dem Schiebedeckel des Churer Kästchens ist der Gott der Heilkunst, Asclepius, gezeigt; auf dem Deckel des Sittener Gefäßes wurde neben Asclepius auch Hygieia, die Personifikation der Gesundheit, dargestellt (Abb. 23). Da Chur bereits 451 Bischofssitz war, wäre an solch einem Ort ein nahtloser Übergang von der Spätantike zum Frühmittelalter und damit eine Weiterbenutzung antiker Gegenstände in neuen christlichen Funktionen gut denkbar. Offen bleibt an dieser Stelle die Frage, wie die Darstellungen auf den Deckeln um 1000 verstanden wurden.

Es ist spannend zu sehen, dass die Wiederverwendung antiken Materials keineswegs auf die Gebiete des ottonischen Herrschaftsraumes beschränkt war: Eine Camee aus der Zeit Konstantins des Großen finden wir auch in einer Halskette der zweiten Hälfte des 9. Jahrhunderts aus Želénky, die in einem Kammergrab gefunden wurde und daher wohl ursprünglich der nordböhmischen Oberschicht zuzuordnen ist.

Die Ebene des Formtyps

Ob es sich um die Form liturgischer Geräte, die Bebilderung von Textseiten in Handschriften oder die Bildnisse von historischen Personen handelt – auch auf dieser formalen Ebene wirkte die Antike vielfältig fort. Eine ganze Reihe der um 1000 hergestellten Kreuze folgen dem auf konstantinische Zeit zurückgehenden Typ des Krückenkreuzes (z. B. das Heinrichskreuz oder das Herimannkreuz). Erneut ist der Aufgriff antiker Formtypen nicht auf den ottonischen Herrschaftsraum einzugrenzen: Tschechische Archäologen konnten ähnliches für

21 Marmorsäulen aus der Casa delle Colonne a Mosaico in Pompeji. Napoli, Museo Archeologico Nazionale.

22 Sakramentar mit Miniatur zum Weihnachtsfest. St. Gallen, Stiftsbibliothek, Cod. Sang. 340, p. 242.

die Gefäßtypen der in Mikulčice gefundenen Gebrauchskeramik des späten 9. Jahrhunderts (?) belegen.

Besonders eindrücklich lässt sich das Fortleben antiker Formen mit dem in ottonischer Zeit am weitesten verbreiteten Bildnistyp der *imagines clipeatae* aufzeigen. Rundbilder mit den Büsten der Päpste waren z. B. in der Spätantikes mit Christlichem verbindenden Ausstattung von San Paolo fuori le Mura an prominenter Stelle in Rom präsent. Im 10. und 11. Jahrhundert ziehen sich die Medaillonbildnisse fast durch alle künstlerischen Gattungen

Antikes Erbe und christliche Tradition

in West und Ost: Im Evangeliar aus St. Gereon in Köln sind so die ottonischen Damen dargestellt: auf dem byzantinischen Elfenbeintriptychon aus dem Palazzo Venezia in Rom werden Heilige im antiken Bildnisschild präsentiert; auch in der Monumentalkunst zur Zeit Ottos III., wie die ottonische Neuausstattung der Westempore der Aachener Pfalzkirche durch den Maler Johannes Italus exemplarisch belegt, spielen die *imagines clipeatae* eine wichtige Rolle. Von der maßgeblichen Forschung konnte gezeigt werden, dass es sich bei den *clipei* um einen von spätantiker Zeit an kontinuierlich tradierten Bildnistyp handelt.

Die Ebene des Stils

An herausragenden Stücken der ottonischen Kunst lassen sich Stilelemente festmachen, die unabdingbar auf antike Kunstwerke zurückzuführen sind. Dies gilt z. B. für die farbigen Streifengründe in den Bildhintergründen des *Codex Egberti*. Während in der Reichenauer Malschule, der dieser Codex zugeschrieben wurde, zuvor unter Benutzung karolingischer und St. Galler Vorlagen gearbeitet wurde, müssen in den Jahren um 980 bis 990 spätantike Illustrationen den Reichenauer Buchmalern verfügbar gewesen sein. Daher liegt im *Codex Egberti* ein punktueller Rückgriff auf die Antike vor.

Solch eine unmittelbare Rezeption von antiken Darstellungselementen, diesmal allerdings über Byzanz vermittelt, ist auch an dem Elfenbein mit der Himmelfahrt Christi im Kunsthistorischen Museum in Wien festzumachen. Die naturalistische Darstellung der Landschaft sowie die fast vollplastische Modellierung der Figuren und Bäume konnten als über einen byzantinischen Vorläufer vermittelte antike Stilelemente erwiesen werden. Die Wiener Platte fand in dem Elfenbein mit der Himmelfahrt Christi im Schnütgenmuseum in Köln eine Nachfolge (Abb. 24). Doch erreichten hier Akanthus, Figuren und Landschaft bei weitem nicht mehr die Räumlichkeit der Wiener Platte.

Die hier zuletzt genannten Beispiele zeigten bereits auf anderen Ebenen einen Anschluss an Antikes. Oftmals verschränken sich in den Kunstwerken der Ottonenzeit die Ebenen des Fortwirkens der Antike. Dies gilt besonders dann, wenn eine Rom-orientierte Aussage dem Werk gegeben werden soll. Bereits an den wenigen hier vorgestellten Beispielen zeichnet sich ab, dass – sehen wir von kontinuierlich tradiertem Bildgut ab – kaum ein Rückgriff auf Antikes den Charakter des Zufälligen hat. Ob andererseits immer durchdachte Konzepte hinter der Antikenanbindung stehen, muss dabei vorerst offen bleiben.

Antikische Kunst zur Zeit Ottos III.

Lässt sich unter Otto III. eine Zunahme an Antikenzitaten festmachen? Hat die Rezeption unter diesem Herrscher ein besonderes Vorzeichen? Aus stilistischer Warte – zumindest für die Malerei – wäre diese Frage positiv zu beantworten. Unter Otto III. wurde der Maler Johannes Italus aus Italien nach Aachen berufen, um dort die Westempore mit einem antikischen Bildzyklus zu versehen. Neben der spätantiken Bildvorlage für den *Codex Egberti* flossen auf der Reichenau um 1000 auch in andere Buchilluminationen aus der Antike abzuleitende Stilmittel ein, ganz besonders in die Herrscherbilder. Gegenüber all diesen Elementen scheint für die Zeit Heinrichs II. die stilistische Ausrichtung eher in Byzanz zu liegen.

Aus vielerlei Indizien muss man folgern, dass das Fortwirken der Antike in der Regierungszeit Ottos III. unter einem besonderen Vorzeichen stand: Denn kein anderer Herrscher hat je eine so enge Anbindung an das antike Rom versucht. Ottos

23 **Spätantikes Arzneikästchen mit Asclepius und Hygieia. Sitten, Musée Cantonal de Valère.**

24 Elfenbein mit der Himmelfahrt Christi. Lüttich, Anfang 11. Jahrhundert. Köln, Schnütgen-Museum. – Kat. 02.02.10.

Romidee zog sich durch viele Bereiche des kirchlichen wie politischen Lebens. Um ein Beispiel zu geben, sei auf das Gedicht für Mariae Himmelfahrt im römisch-deutschen Pontifikale verwiesen, in dem die Stadt Rom gleichsam als Personifikation auftritt (Rom, Biblioteca Vallicelliana B 5). Freilich hat das Problem der Auswirkungen der Romidee auf die Kunst um 1000 bislang noch keine spezielle Untersuchung erfahren. Doch wäre eine genauere Studie der um 1000 entstandenen Werke unter diesem Aspekt lohnend, wie neben den obenstehenden Andeutungen auch andere Stücke, etwa die Grabplatte für Papst Gregor V., die auf mehreren Ebenen die Kenntnis von Grabsteinen der christlichen Spätantike verrät, nahelegen.

Zum Antikenverständnis um 1000

Der letzter Aspekt betrifft das Problem eines bewussten Antikenanschlusses. Der hier zur Verfügung stehende Raum erlaubt lediglich für zwei Beispiele zu verdeutlichen, dass der Rückgriff auf die Antike vor dem Hintergrund umfassender Konzepte zu sehen ist.

Das erste Fallbeispiel stellt das berühmte Herimannkreuz im Diözesanmuseum in Köln dar, das urspünglich für die Kölner Kirche St. Maria im Kapitol bestimmt war. Anstelle des Hauptes Christi wurde dem Kruzifix ein antiker Lapislazuli-Frauenkopf eingesetzt. Dass dies nur aufgrund des Materialwerts geschehen sein sollte, lässt Zweifel aufkommen. Denn zweifelsohne lag der Verwendung der Spolie eine konzeptuelle Überlegung zugrunde. Anders wäre nicht zu erklären, dass der Neigungsgrad des gegossenen Teiles zur Aufnahme des Hauptes so gewählt ist, dass dem leuchtend blauen Kopf in idealer Weise Geltung verschafft wurde. Außerdem ist zu beobachten, dass die Antike durch die Wahl des spätantiken Typs des Gemmenkreuzes formal wie inhaltlich fortwirkte. Diesem Typ haftete schon unter Kaiser Konstantin Zeichencharakter an; er deutete auf die erwartete Wiederkunft Christi zum Jüngsten Gericht (Matth. 24,30). Dem nun entspräche auch die patristischen Deutungen des im Frühmittelalter als *sappirus* bezeichneten Lapislazulisteins: Aufgrund der Ezechiel-Stelle (1, 26–28) wurde der Halbedelstein mit der *Maiestas Domini* in Verbindung gebracht.

An dieser Stelle wird eine erste Hypothese bezüglich der Antikenkenntnis kurz nach 1000 möglich: Meines Erachtens wusste man nicht genau – so wie übrigens auch heute immer noch nicht geklärt ist –, wen das Frauenporträt darstellte. Dennoch hatte man aber einen inhaltlichen Zugang zu diesem und ähnlichen Stücken: Sonst hätte es keine *interpretatio cristiana* des Frauenköpfchens gegeben. Außerdem hätte man sonst auf den Gemmenkreuzen des späten 10. und frühen 11. Jahrhunderts an dieser Stelle gewiss auch ottonische Neuanfertigungen angebracht statt der Spolien!

Das Herimannkreuz ist kein Einzelfall. Bei Aufträgen aus dem Umkreis des Herrscherhauses handelt es sich immer wieder um Krückenkreuze (z. B. Reichskreuz in Wien, Mathildenkreuz in Essen) und diese sind zum Teil obendrein mit antiken Cameen verziert, denen offenbar eine christliche Bedeutung beigemessen wurde: so beim Basler Heinrichskreuz in Berlin (Bacchuskopf), beim Lotharkreuz in Aachen (Kaisercameo), etc. Herimann gehört der unmittelbaren Verwandtschaft Kaiser Ottos III. an: Er war ein Sohn von Ezzo II. und Mathilde, der Schwester Ottos. Wie Percy Ernst Schramm zeigen konnte, bestand zur Zeit Ottos III. eine bewusste Anbindung an die Zeit Konstantins des Großen, der von Papst Silvester I. getauft worden war: Nachdem im Jahre 999 Gregor V. verstorben war, bestieg Gerbert von Aurillac den Thron Petri als Papst Silvester II. Man sah also in der konstantinischen Zeit das Vorbild für die enge Verbindung Papst-Kaiser in der eigenen Zeit[2]. Daher ist sicher auch die Wahl des Krückenkreuzes bei den genannten Aufträgen diesem Hintergrund zuzuordnen.

Besehen wir den weiteren Kontext des Herimannkreuzes, so verdichtet sich der Gedanke eines romorientierten Programms nochmals, das dem Auftrag zugrunde lag: In Köln ließ Herimann die römische Stationsliturgie übernehmen; im Rahmen der Umgestaltungen von St. Maria im Kapitol wurde auf den nach dem Vorbild der bethlehemitischen Geburtskirche über achteckigem Grundriss errichteten Neubau das römische Patrozinium der Maria Genitrix übertragen; auch die weitere Ausstattung von St. Maria im Kapitol ist an Rom orientiert (vgl. Holztüren wie in Santa Sabina in Rom). Von daher meine ich, behaupten zu dürfen, dass nicht allein Zufall und Materialwert hinter der Einbindung antiker Spolien in ottonische Werke standen. Im Gegenteil: Über das, was wir als christliche Spätantike bezeichnen, wusste man offenbar vergleichsweise gut Bescheid – ohne dass freilich zu belegen wäre, dass man um 1000 in den Kategorien eines Epochenbegriffs dachte – und sieht in ihr ein Modell, nach dem man die eigene Zeit ausrichtet.

Als zweiten Punkt in unserer exemplarischen Verdeutlichung ist auf die Musterblätter einzugehen. Sie geben weiterer Aufschluss in der Frage nach Antikensicht und -wissen in ottonischer Zeit. Denn in ihnen sind punktuelle Einzelbelege dafür zu sehen, dass es neben der Tradierung eines antikischen Formenschatzes (etwa bei Ornamentmotiven) auch die bewusste Suche bzw. ein spezifisches Interesse an der antiken Vorlage gab. Sie eignete man sich zeichnerisch an und stellte das Material für zukünftiges Kunstschaffen zur Verfügung. Besonders einprägsam zeigt dies das Blatt fol. 27v aus dem Fleury-Musterbuch im Vatikan (Reg. lat. 596) mit Akanthusranken in einer solchen Frische und Antikennähe, dass man davon ausgehen möchte, der Künstler habe diese direkt vor Augen gehabt, z. B. die der Maison Carré in Nîmes. Da derselbe Künstler auf dem vorangehenden Blatt sogar einen Turm aufgezeichnet hat, bei dem antike Spolien verbaut worden waren, muss ihn Antikes künstlerisch gefesselt haben. Auf anderen Blättern dieses Musterbuchs und damit strikt getrennt von den Antikennachzeichnungen befinden sich Darstellungen, die einem karolingischen Psychomachiecodex entnommen sind, der um 1000 in Fleury war. Daher möchte man dem Zeichner eine differenzierte Sicht zusprechen.

Dass antike Kunstwerke Künstler im 10. und 11. Jahrhundert fesselten, muss man auch aus dem Blatt (olim Slg. Ludwig fol. 1, nunc J. Günther Hamburg) schließen: Auf ihm befindet sich eine Studie einer belebten Ranke, wie sie ab der Kaiserzeit in der plastischen Kunst häufig vorkommt: Etwa auf dem Türpfosten der *Macelleria* in Pompeji oder der *Ara pacis* des Augustus in Rom.

Aus der Tatsache, dass es sich bei beiden Beispielen um Musterblätter handelt, ist implizit einiges zum Vorgang der Antikenaneignung, ihrer Medien und Vermittlung gesagt: Es wird der zeichnerisch-kopierende Zugang vor dem Original gesucht; die Nachzeichnungen wurden in einem Medium gefasst, das in einer Werkstatt als Vorlagenmaterial verwendet werden konnte und somit dem mehrmaligen Einbau in neue Werke zur Verfügung gestellt war. Aus heutiger Perspektive ist man geneigt, ketzerisch zu fragen: Hätte der Künstler sich nach Italien begeben und nachgezeichnet, wenn alle diese Motive althergebrachtes Werkstattgut gewesen wären? Hätte der Reisende aus Fleury, wenn er nur das zufällig Gesehene festgehalten haben sollte, dann nicht auch das ottonische Italien nachgezeichnet? Freilich, wir haben keine Beweise. Doch, wie ich meine, spricht viel dafür, dass es um 1000 schon ein Bewusstsein – wenngleich ein anderes als unser heutiges – dafür gab, wo die Wurzeln des Christentums zu suchen waren und welcher Ausdrucksmittel und Formtypen man sich dort bediente. Dies ergibt sich aus der Verbindung der verschiedenen Ebenen, auf denen sich im Künstlerischen das Fortwirken der Antike abspielte. Deutet bereits das selektive Kopieren in die Richtung einer bewussten Antikenaneignung, so verdichtet sich diese Annahme zu einer tragfähigen Hypothese, wird die Programmebene erreicht.

Anmerkungen

1 Bei diesem Essay handelt es sich um eine Kurzfassung eines längeren, noch ungedruckten Beitrags der Verfasserin zum Fortwirken der Antike in der ottonischen Kunst. Diesem längeren Beitrag werden in Kürze alle Nachweise zu entnehmen sein.
2 Vgl. Schramm (1975) 115 f.

*Slawen und Ungarn
in Europas Mitte*

Slawen und Ungarn in Europas Mitte

Länder und Landschaften um 1000

Politische Einigungen und frühe Machtkonzentrationen in Europas Mitte im 10. Jahrhundert

JOACHIM EHLERS

Das ausgehende Karolingerreich hatte in der zweiten Hälfte des 9. Jahrhunderts einen Transformationsprozess durchlaufen, der in kaum vorhersehbarer Weise von zwei bedeutenden Personen bestimmt worden war[1]. Der Vertrag von Verdun, 843 durch den Adel erzwungen und seiner Intention nach nichts anderes als eine der seit Jahrhunderten üblichen fränkischen Herrschaftsteilungen, verdankt seine epochale Bedeutung dem langen Leben und der politischen Durchsetzungskraft zweier Könige, die der Nachwelt eben dadurch als Exekutoren politischer Vereinbarungen und Zielvorstellungen erschienen: Karl II., „der Kahle" (843–877), im westfränkischen und Ludwig II., „der Deutsche" (843–876), im ostfränkisch Reich haben die ihnen zugewiesenen Reichsteile zu Teilreichen umgestaltet, die ihrer inneren Struktur nach viele Gemeinsamkeiten aufwiesen, aber unter den veränderten Bedingungen ihrer Zeit ältere Besonderheiten zu neuen, unterscheidenden und allmählich bestimmenden Merkmalen ausbildeten, die im 10. Jahrhundert pränationale Züge aufwiesen[2].

Diese Umformung wurde dadurch begünstigt, dass die mindere Bedeutung des lotharingischen Mittelreichs, zu dem Italien und die Kaiserwürde gehörten, den machtpolitischen Schwerpunkt Europas endgültig in die Gebiete nördlich der Alpen verlagern half. Ein wirtschaftlich und zivilisatorisch peripherer Raum, abseits der großen, nach wie vor auf das Mittelmeer konzentrierten Verkehrswege, wurde zum bewegenden Zentrum. Rückständigkeit der europäischen Zentralregion bei gleichzeitig wachsendem Gewicht als Großmacht der lateinischen Christenheit sollte eine der prägendsten Signaturen des 10. Jahrhunderts werden.

Die Beziehungen zu den Nachbarn waren im ausgehenden 9. Jahrhundert im Wesentlichen auf die Auseinandersetzung mit den skandinavischen Invasoren beschränkt, bei denen Handelskontakte und Raubzüge mit ihren Zerstörungen einer hochempfindlichen Infrastruktur unheilvoll vermengt waren. Während diese „Raids" im Westen durch Christianisierung und Ansiedlung normannischer Verbände im unteren Seinegebiet, der späteren Normandie, seit 911 allmählich abgelenkt werden konnten, hatte der weniger heimgesuchte Osten militärische Abwehrerfolge. Die im Elbegebiet angrenzenden westslawischen Völker beschäftigten König und Adel kaum.

Das lag hauptsächlich an den Konsolidierungsbemühungen, die Ludwig II. innerhalb seines Reiches aufwenden musste, das aus mehreren großen politischen Einheiten (*Regna*) bestand. Sie waren zur Zeit Karls des Großen in dem Bemühen geschaffen worden, eine mittlere Regierungsebene und zugleich einen Weg für die Integration verschiedener Völker in das Großreich zu gewinnen. Bayern, Franken, Alemannien und Sachsen bildeten ihrerseits politische Zentralräume, in denen gemeinsames Recht und kohärente politische Struktur auf der Basis gemeinsamer Siedlung und einer als gemeinsam erinnerten Geschichte ein starkes Bewusstsein der Zusammengehörigkeit entstehen ließen. Unter dem schützenden Dach der *Regna* entstanden Völker, repräsentiert von einer politisch handlungsfähigen Schicht, die wir heute gern als „Adel" bezeichnen. Sie waren nicht durch ein übergeordnetes deutsches Volksbewusstsein[3] verbunden, auf das sich der König hätte berufen können, dessen moderner Beiname „der Deutsche" nichts anderes ist als die missverständliche Übersetzung des lateinisch-zeitgenössischen Prädikats *rex Germaniae*: *Germania* aber meinte seit den Tagen Caesars, übernommen und konserviert vom Sprachgebrauch der Kirche, nichts anderes als „das Land östlich des Rheins" (im Unterschied zur *Gallia* westlich des Stromes).

Als letztes dieser ostrheinischen Völker waren die Sachsen durch Karl den Großen nach einem mehr als 30 Jahre währenden Krieg christianisiert und in das fränkische Großreich einbezogen worden. Angehörige des sächsischen Adels, schon lange vor Kriegsende kooperationswillig und im fränkischen Reichsdienst aufgestiegen, beteiligten sich intensiv an der christlichen Erschließung ihres *Regnum*, indem sie Klöster und Stifte gründeten, Reliquien aus Gallien, England und bald aus Italien holten, ihre Töchter und nachgeborenen Söhne nach fränkischen Grundsätzen erziehen ließen. Mitglieder

25 **Aachen. Karolingisches Oktogon mit Empore, Barbarossaleuchter und Hauptaltar.**

führender sächsischer Familien heirateten in die herausgehobene Gruppe des fränkischen Reichsadels und erreichten auf diese Weise überregionale Anerkennung.

Unter diesen Familien waren die Liudolfinger besonders aktiv[4]. Als Amts- und Funktionsträger der karolingischen Könige hatten sie innerhalb Sachsens große, militärisch und administrativ gestützte Autorität gewonnen. Wahrscheinlich konnte schon ihr ältester bekannter Vorfahre und Namensgeber Liudolf (H 866) eine Dame fränkischer Herkunft heiraten, seine Tochter Liudgard jedenfalls wurde die Gemahlin König Ludwigs des Jüngeren (H 882), des Sohnes und Nachfolgers Ludwigs II. Liudgards Neffe Heinrich erkämpfte sich mit Hilfe starker Kräfte des sächsischen und des fränkischen Adels im Jahre 919 die Königswürde des ostfränkischen Reiches, gegen starken Widerstand der bayerischen und passive Resistenz der meisten schwäbisch-alemannischen Großen. Vorausgegangen war die schwere Krise des karolingischen Hauses, dessen letzter Vertreter im ostfränkischen Reich, Ludwig IV. („das Kind"), nach Jahren einer vom geistlichen und weltlichen Adel dominierten Minderjährigkeitsregierung 911 gestorben war. Für die Abwehr der seit 907 das Reich heimsuchenden ungarischen Reiterheere hatte diese Regierung nichts geleistet, aber auch Ludwigs Nachfolger, der fränkische Herzog Konrad, konnte wenig vollbringen. Seine Erhebung war keineswegs selbstverständlich, setzte sie doch den Verzicht der ostfränkischen Großen auf Einladung des westfränkischen Karolingers Karl III. und damit Absage an den Gedanken einer Wiedervereinigung des Gesamtreichs voraus. Diese Entscheidung ist von der Erfahrung des Scheiterns früherer Versuche dieser Art geleitet worden, nicht aber von einem werdenden deutschen Volksbewusstsein; Wille zu adliger Autonomie bestimmte sie ebenso wie Einsicht in die begrenzten Möglichkeiten Karls III., dessen westfränkische Herrschaft unter dem Druck der mächtigen Robertiner wenig Substanz erhalten konnte. Streben der regionalen Großen nach Unabhängigkeit von monarchischer Gewalt veranlasste die Mehrheit des lotharingischen Adels, sich der Wahl Konrads I. nicht anzuschließen, sondern zu Karl III. überzugehen, wodurch das Reich des neuen Königs von vornherein gemindert war.

Mit Heinrich I. ging das Königtum in der Mitte Europas nicht nur von den Karolingern auf eine in dieser Hinsicht ganz traditionslose Familie über, sondern auch vom Reichsvolk der Franken auf die erst vor wenigen Generationen christianisierten Sachsen[5]. Innerhalb von nur acht Jahren war damit ein Bruch vollzogen worden, der abrupt gegen die im Westen fortbestehende karolingisch-fränkische Kontinuität abstach und außerdem gegen eine aus Tradition entwickelte politische Theorie: „Königreich" war auf dem Kontinent seit der Mitte des 8. Jahrhunderts nur als „Frankenreich" denkbar gewesen, der fränkische König war König schlechthin (*rex*) und führte auch in seinen Urkunden keine erklärende Volksbezeichnung (*rex „Francorum"*) mehr. Es verwundert deshalb nicht, dass die sächsischen Könige die Kluft überwinden wollten und schon aus Gründen der Legitimität darauf achteten, dass ihr Reich als Frankenreich, sie selbst als fränkische Könige verstanden werden konnten. Wenn Heinrich I. gleichwohl auf die Salbung verzichtete, war das eine Konzession an die Großen, denen gegenüber er Parität demonstrieren wollte, nicht aber Ausdruck eines neuen, klerusfernen Herrschaftsverständnisses. Die Gründung eines deutschen Reiches, für das es keine ethnische Grundlage gab, das heißt kein Volk der Deutschen, konnte im ganzen 10. Jahrhundert schon vom Begriff her nicht intendiert werden[6].

Die mit dem sächsischen Königtum verbundenen Neuerungen waren anderer Art. Es brachte eine weitere Verlagerung des Machtschwerpunktes mit sich, diesmal im Innern des ostfränkischen Reiches, da die Basislandschaft der Monarchie von nun an nicht mehr in den süddeutschen *Regna* oder in den Rheinlanden lag, sondern in Sachsen[7]. Hier hatten die Liudolfinger ihre Ressourcen, auf die sie zunächst angewiesen waren, weil Bayern und Schwaben ihnen den Zugriff auf das Reichsgut in ihrem Gebiet verweigerten. Die Rücksicht Heinrichs I. auf den Willen der Großen war Bedingung seiner Herrschaft, und das galt in besonderer Weise für Sachsen selbst, das immer eine Adelslandschaft gewesen war und sich bis ins Hoch- und Spätmittelalter nur mühsam territorialer Herrschaft fügen wollte. So galt das Reich zwar als fränkisches Reich, aber im Unterschied zur Herrschaftspraxis der hohen Karolingerzeit musste der König intensiver den Konsens suchen, wenn er sich als Repräsentant des Adels akzeptiert sehen wollte[8].

Heinrich I. brauchte deshalb Erfolge, um die Königswürde für seine Familie zu sichern, was zu seiner Zeit keineswegs als selbstverständlich angesehen wurde. Zunächst gelang es im Jahre 921, vom westfränkischen Karolinger Karl III. die Anerkennung als (ost-)fränkischer König zu erlangen, vier Jahre später ging der lothringische Adel zu ihm über, wodurch sich das Gebiet seines Reiches nicht nur um ein Drittel erweiterte, sondern mit dem Maas/Mosel-Raum auch eine wirtschaftlich hoch leistungsfähige, seit der Spätantike voll erschlossene Region gewonnen wurde. Nun hatte der sächsische König den Zugriff auf alle rheinischen Erzbistümer, und sein Sohn Otto I. sollte die Aachener Pfalz Karls des Großen demonstrativ für seine Herrschaftsrepräsentation nutzen. Für diesen Thronerben fand Heinrich I. im Jahre 929 in der angelsächsischen Königstochter Edgith eine würdige Gemahlin, deren Schwestern mit König Karl III. von Westfranken-Frankreich und Herzog Hugo von Franzien verheiratet waren, sodass sich ein weites Feld internationaler Beziehungen auftat, die Edgiths Halbbruder, König Aethelstan von Wessex, auch für die Verteidigung der britischen Inseln gegen dänische Invasoren nutzen wollte. Die Hochzeit fand wohl kurz nach dem 4. September 929 statt, dem Tag, an dem Heinrich I. bei Lenzen an der Elbe über ein slawisches Heer siegte. Weit spektakulärer als dieser Slawensieg und in seiner historischen Wirkung auch bedeutender sollte Heinrichs I. Abwehr der Ungarn in der Schlacht bei Riade (Ritteburg) an der Unstrut sein. Erstmals seit langem hatte ein König das Reich gegen äußere Feinde verteidigen können, anstatt diese Aufgabe regionalen Machthabern zu überlassen, die auf solchen Erfolgen ihre Machtpositionen bauen konnten.

So hatte die Mitte Europas beim Tod Heinrichs I. 936 eine weit festere Struktur gewonnen, doch sollte der Schritt zur dauerhaft etablierten Großmacht erst in der Mitte des Jahrhunderts möglich werden. Otto I. vollzog gleich beim Regierungsantritt eine entschiedene Wendung zur karolingischen Tradition und Herrschaftspraxis, was sich nicht nur an der von Widukind von Corvey[9] beschriebenen Aachener Königserhebung und der mit ihr verbundenen Weihe ablesen lässt sondern auch an der weit weniger als bei seinem Vater erkennbaren Konzessionsbereitschaft gegenüber dem Adel. Jahrelange schwere Kämpfe waren nötig, um die von Mitgliedern der eigenen Familie geführten Aufstände so weit niederzuwerfen, dass dem König die Herrschaft erhalten werden konnte, aber deren endgültige Sicherung, verbunden mit europaweiter Anerkennung brachte erst der große Ungarnsieg auf dem Lechfeld im Sommer 955. Diese Schlacht beendete ein für allemal jene Angriffe, die das gesamte westliche und östliche Frankenreich zusammen mit Italien immer wieder heimgesucht hatten.

Durch diesen weit über sein Reich hinauswirkenden Sieg kam Otto I. in die Rolle des Heidenbezwingers, der die gesamte Christenheit schützte und damit zu imperialem Rang aufsteigen konnte[10]. Missionspolitische Konsequenz der Lechfeldschlacht war der Plan zur Errichtung eines Erzbistums in Magdeburg, das die Christianisierung der slawischen Völker tragen sollte, politisch und herrschaftstheoretisch rückte die Erneuerung des Kaisertums Karls des Großen in den Blick und damit der Zugriff auf das karolingische Italien, ein neuer Bund mit dem Papst. Schon 951 hatte Otto die Alpen überschritten und Adelheid geheiratet, die Witwe König Lothars von Italien. Mit der am 2. Februar 962 in Rom von Papst Johannes XII. vollzogenen Kaiserkrönung hatte Otto der Große nicht nur die Karlsnachfolge auf höchster Ebene erreicht und damit einen Legitimitätszuwachs, der die heilsgeschichtliche Autorität der christlichen römischen Imperatoren auf den ostfränkischen König übertrug: Für die Integration der geistlich und weltlich Mächtigen seines Reiches brachte die Kaiserwürde starke Impulse, denn ihr ordnete man sich ohne Gesichtsverlust und deshalb williger unter als einem König.

Mit der in zwei Generationen erreichten Konsolidierung des ostfränkischen Reiches als eines politischen Adelsverbandes, hoch legitimiert durch Übernahme der karolingischen Reichstradition und der römischen Kaiserwürde, hatte das geographische Zentrum der lateinischen Christenheit eine Struktur erhalten, die weit über die Wende des ersten Jahrtausends hinaus vital bleiben sollte.

Anmerkungen

1. Derzeit bester Überblick mit Hinführung zu den Quellen und der Literatur in der New Cambridge Medieval History 2 (Hrsg. Rosamond McKitterick, Cambridge 1995) 110–141 (J. L. Nelson, The frankish kingdoms, 817–998: the West) u. 142–168 (J. Fried, The frankish kingdoms, 817–911: the East and Middle kingdoms).
2. Brühl (1990).
3. Werner (1978) 171–281.
4. Becher (1996) 66ff.
5. Beumann (1994).
6. Ehlers (1998).
7. Müller-Mertens (1980). – Keller (1982) 74–128.
8. Althoff (1992). – Hoffmann (1997) 415–459; bes. 426ff.
9. Widukind 1f.; 63ff.
10. Keller (1976) 218–295.

Der Mensch in seiner geographischen Umwelt im Mittelalter

JAN TYSZKIEWICZ

Die Differenziertheit der geographischen Umwelt lässt die Bestimmung gewisser territorialer Einheiten zu, die man in verschiedenen Sprachen mit jeweils anderen Begriffen, z. B. lateinisch *regio*, deutsch „Landschaft", polnisch „kraj", wiedergegeben hat. In der zeitgenössischen Wissenschaft berücksichtigt man häufig die ökologischen Grundlagen bei der Differenzierung von Gebieten. Jedes Gebiet besteht aus den Elementen der unbelebten Umwelt (Lithosphäre), der belebten Umwelt und der menschlichen Gesellschaft mit seinen Siedlungseinrichtungen (Anthroposphäre). Im Folgenden richten wir die Aufmerksamkeit auf die Lebensbedingungen der Menschen um das Jahr 1000 in Mitteleuropa.

Die Beschreibung der Umwelt, in der die europäischen Gesellschaften im Mittelalter, das heißt zwischen der Mitte des 5. und dem Anfang des 16. Jahrhunderts lebten, muss unbedingt differenziert werden, sonst wäre sie in vielen wesentlichen Fällen unbrauchbar. Jede Epoche, jedes geographische Gebiet und jede Gesellschaft mit ihrer eigenen Kultur gestalten (formen) eine einzigartige Struktur der Elemente, die eine Ganzheit bilden. Die naturwissenschaftlichen und kulturellen Prozesse sind Ketten unaufhörlicher Wandlungen, ihre Strukturen sind in bestimmten Fällen vergleichbar, aber nicht identisch. Die Voraussetzungen für diese Wandlungsprozesse hängen von den Naturgesetzen und dem menschlichen Handeln ab. Der Mensch hat dabei zwar die freie Wahl, sein Verhalten wird jedoch von den Regeln der eigenen Kultur bestimmt.

Europa wird in geographische Einheiten, die durch ihre individuellen Eigenschaften gekennzeichnet sind, unterteilt. In den letzten 10 000 Jahren haben sie sich von ihrem ursprünglichen natürlichen Zustand deutlich entfernt und sind nur in einigen Teilen wenig verändert geblieben. In Mitteleuropa wurde die geographische Umwelt vollkommen bzw. in großem Maße in tausenden von Jahren menschlichen Handelns umgestaltet. Die Urlandschaft, in der sich die natürlichen geographischen Eigenschaften und das ökologische Territorium aufrechterhalten haben, bildet besondere Enklaven, wie z. B. der Białowieća-Urwald und die Biebrza-Sümpfe, die zur Zeit den Nationalparks oder den Naturschutzgebieten angeschlossen werden. Heutzutage gibt es überall eine differenzierte Kulturlandschaft. Nach dem letzten skandinavischen Glazial entstanden im die Ostsee umgebenden Teil Europas verschiedene Landschaftsräume (Physiochoren), die durch mehr oder weniger scharfe Grenzen voneinander abgetrennt waren. Ganz Mitteleuropa bildete eine Großlandschaft, die in kleinere makrolandschaftliche Gebiete eingeteilt werden kann; im Norden ist die Mitteleuropäische Tiefebene zu nennen, im Süden das Becken des Mittellaufs der Donau, das sich in einige kleinere Raumeinheiten aufteilt. Dank der 100jährigen Forschung in den verschiedenen Wissenschaftszweigen ist es möglich geworden, einzelne Eigenschaften von Elementen der Umwelt im Frühmittelalter, das heißt in der Zeit zwischen 476 und 1250, zu erfassen. Jedoch kann ein Großteil der bis heute getroffenen Feststellungen sicherlich nicht als endgültig gelten.

Für den Menschen des frühen Mittelalters entschieden die Landschaftsformen insbesondere der Verlauf der Gebirgsketten, über das Entstehen der Siedlungsgebiete und letzten Endes auch später über die politischen Strukturen. Hohe, felsige, bewaldete Gebirge oder Hochebenen trennten die die menschlichen Siedlungsräume voneinander. Erzgebirge, Oberpfälzer Wald, Böhmerwald und Sudeten umfassen das Elbe-Tiefland sowie die Mitteltschechische Hochebene. Die bewaldete und breite Böhmisch-Mährische-Hochebene grenzte Böhmen von Mähren ab. Die Gruppen der westslawischen Stämme der Sorben, Lausitzer, Abodriten und Wieleten bewohnten das Einzugsgebiet des Mittel- und Unterlaufs der Elbe, das reich an Flüssen, Sümpfen und Urwäldern war. Das Erzgebirge trennte die Lausitz von Tschechien deutlich ab. Das bewaldete Riesengebirge und die Westkarpaten grenzten die Weichsel und das Oderbecken voneinander ab. Sie waren nördlich von Tschechien von den Polanen und südlich von den Ungarn bewohnt. Nachdem die Piasten die böhmischen Herrscher aus Kleinpolen verdrängt hatten, wurden um 989/990 das Riesengebirge und die Karpaten die Grenzen ihres Staates. Das größte Gebirgsmassiv in diesem Teil Europas, die Tatra und das slowakische Erzgebirge, trennte die anliegenden Landschaften; es gab je-

26 In den zwölf Monatsbildern des Kalenderblattes wird die Tätigkeit der Menschen während dieser Monate illustriert. Einzelblatt aus einem Sakramentar, Fulda, viertes Viertel 10. Jahrhundert. Berlin, Staatsbibliothek SMPK, Ms. Theol. lat. fol. 192. – Kat. 02.01.06.

doch uralte Wege, die vom Süden nach Norden führten. Seit dem Ende des 9 Jahrhunderts kontrollierten diese Wege die Ungarn, die die Pannonische Tiefebene am Mittellauf der Donau und die Gebiete an der oberen Theiß besetzt hatten. An seiner süd-westlichen Seite war dieser Teil Mitteleuropas durch die österreichischen Alpen geschützt, an der Südseite schützten die Steppe und das Tiefland Osteuropas die Ostkarpaten.

Im Gebirge und im Hochland, die den an der Ostsee gelegenen Teil Mitteleuropas von dem an der Donau gelegenen Teil trennten, waren fast alle Bodenschätze konzentriert, die damals gefördert wurden. In Böhmen, Mähren, und in Siebenbürgen, konnten Silber und Gold gefördert werden. Gold sammelte und wusch man in den Bächen am Fuß der Sudeten, in Böhmen, in Schlesien, intensiver seit dem 9. Jahrhundert im Heiligkreuzgebirge. Im Zentrum Polens begann man erst im 11. Jahrhundert Silber zu fördern. Dagegen wurden die Solquellen in der Lausitz, an der Solawa, in den Unterkarpaten, in der Gegend von Bochnia und auch in Ungarn wie schon seit vielen Jahrhunderten genutzt. Das Salz wurde gewonnen, indem man die Salzlake durch Hitze verdunstete; die Salzbergwerke wurden hier erst zu Beginn des 13. Jahrhunderts gebaut. Im Samland hatte man stets Bernstein gewonnen. Im frühen Mittelalter wurde die alte Bernsteinstraße die Weichsel flussabwärts über Böhmen durch die Seehandelsroute über die Ostsee ersetzt. Die Entwicklung Danzigs im 9. Jahrhundert nach dem Niedergang von Truso zeugt von der Lebensfähigkeit der Handelszentren in Sambia. Deswegen wurde dieses Gebiet auch von Bischof Adalbert für seine Mission gewählt.

An der unteren Oder, in Kujawen, in der Lausitz, in Mittelböhmen, im unteren Mähren, in Schlesien und auf der Kleinpolnischen Ebene waren Schwarzerde und Lössböden für die durch Wiesen und Felder geprägte Landschaft verantwortlich. Die natürlichen Biozönosen, die Anpassung an den Boden, die Bewässerung, das Klima, bildeten in ganz Nordeuropa ein Mosaik von Großlandschaften. Mitteleuropa gehört zwei geobotanischen Gebieten an: den Europäischen Laub- und Mischwäldern (die Tschechisch-Herzynische Unterprovinz und die eigentliche Mitteleuropäische Unterprovinz) und zu dem Eurasischen Steppengebiet. Die zwei letzten Gebiete befinden sich im Wirkungsgebiet des Kontinentalklimas. Im 11. Jahrhundert überwogen in Osteuropa Wälder (die Fläche ca. 25 %: Ulme, Weißbuche, Kiefer, Linde, Eiche, Fichte), Mischwälder (ca. 20 %: Eiche, Buche, Weißbuche) sowie Bruchwälder (Eichen, Eschen, Ulmen, Linden, Pappeln). Die lichten Eichenwälder (*Quercetalia pubescens*) gab es in Teilen der Mitteleuropäischen Tiefebene, im Elbland, auf der Hochebene Südpolens, an der Pommerschen Seenplatte und im Tschechischen Talkessel. In Pommern überwogen Buchenwälder und Mischwälder. Die Buchenwälder sowie die Fichten-Tannenwälder wuchsen in den Sudeten und den Karpaten. Die Hochgebirgslandschaft war von einem Zwergkieferdickicht (*pinetum munghi*) und *Calamagroostietalia* gekennzeichnet.

In der Mitteleuropäischen Tiefebene, die mächtige Schichten von Geschiebe, Sand und Schotter bedeckten, befanden sich zu einem großen Teil Kiefernwälder. Die weiten Wälder bildeten im Mittelalter ein Grenzgebiet zwischen Polen und dem Pruzzenland (später dem Land des Deutschen Ordens), an der Wasserscheide der Narew und der Masurischen-Seen. Bruchlandschaften mit Pappeln, Eschen, Weiden und Erlen fanden sich häufig in Elbland, Pommern, Masuren und im mittleren Flussgebiet des Dnjepr. Die vertorften Gebiete des Flusstals an Havel, Netze, der oberen Narew und an der Wasserscheide zwischen Memel und Pripjet bestanden aus Sumpfwald, in dem die Erlen überwogen. Gerade die Erlenwälder und das Wiesenland überwogen am unteren Lauf der Waag, am Wielki Ostrow, am Kleinen Dunaj, und an der oberen Theiß. Nur in der Panonnischen Tiefebene erstreckte sich die Steppe, die von den Ungarn Puszta genannt wird, was die slawische Bezeichnung für Einöde bzw. waldloses Gebiet ist. Die Pflanzen des borealen Typs wachsen heutzutage ausschließlich in der Gegend von Suwałki, östlich von der Masurischen Seenplatte. Die steppenartige (pontischen) Vegetation, die zur Zeit im Westen bis an die Warthe reicht, war im 9. Jahrhundert sicherlich im Buggebiet bis Wieprz vorhanden.

Die mitteleuropäische Tiefebene war im frühen Mittelalter durch das Meeresklima beeinflusst. Die Durchschnittstemperaturen des Januars schwankten von –1 bis –4 Grad Celsius und die im Juli sicherlich von +13 bis +20 Grad mit den niedrigsten Werten in den Westkarpaten und den höchsten im Donaubecken. Die Niederschläge konnten 600 bis 1500 mm jährlich ausmachen, im Tiefland bis 800 mm, im Gebirge bis 1500 mm. Die Temperaturen und die Feuchtigkeit im 11. Jahrhundert waren höher als der Mittelwert im letzten Jahrhundert, jedoch hält man das 12. und das 13. Jahrhundert für die wärmsten im letzten Jahrtausend. Die Eigenschaften des Kontinentalklimas zeigten sich im Osten in der Meereswasserscheidezone, im Bug- und Pripjetgebiet, am oberen Dnjestr und in den Ostkarpaten. In manchen Jahrzehnten konnten die Niederschläge im Tiefland um 20 % (ca.

150 mm) höher sein und damit Überschwemmungen sowie Versumpfungen verursachen. Der Anstieg des Oberflächenwasserstandes seit dem 10. Jahrhundert hatte nicht nur stärkere Niederschläge, sondern auch eine Abnahme der Wälder zur Folge. Der gestiegene Pegelstand in den Flüssen der Mitteleuropäischen Tiefebene zwischen dem Jahr 800 und 1200 betrug ca. 3 m und führte zu Überschwemmungen von Siedlungen (z. B. Oppeln [Opole], Kruschwitz [Kruszwica]).

Das Territorium Mitteleuropas, getrennt durch die Gebirgszüge der Sudeten und Karpaten war durch zwei Wege miteinander verbunden, die von West nach Ost, die Ostseeküste entlang und die Donau abwärts bis zum Schwarzen Meer, führten. Das Mährische Tor bildete den uralten Durchgang vom Süden bis zur Weichsel. Um die Eroberung des Tores kämpften die entstehenden slawischen Staaten Mähren, Böhmen und Polen. Außerhalb der beschriebenen Gebiete verliefen die Wege vom Norden nach Süden, den Rhein und die Wolga abwärts. Im Jahr 1000 versuchte man, den Verkehr die Oder abwärts bis zur Insel Wollin (Wolin) zu leiten, und durch den polnischen Staat und das während des Gnesener Treffens gegründete Bistum in Kolberg (Kołobrzeg), später in Wollin (1140) zu sichern. Der Schlüssel für die wirtschaftlichen, kulturellen und politischen Entwicklung des donauländischen Europas war die Donau.

In der Mitteleuropäischen Tiefebene finden sich zahlreiche Findlinge von unterschiedlicher Größe. Seit der Vorzeit wurden sie zum Bau von Burgen, Häusern oder der Anlage von Gräbern verwendet. Die größten Findlinge wurden häufig als heidnische Kultstätten angesehen.

Die Anbaufläche vergrößerte sich ständig, jedoch datieren die umfangreichsten Rodungen und die Gründung der meisten neuen Siedlungen in Mitteleuropa in die Zeit zwischen dem 12. und dem 14. Jahrhundert. Die umfangreichen Waldgebiete (ca. 60 % der Fläche) unterlagen der ständigen Nutzung, der Waldweidewirtschaft, der Jagd, der Imkerei und der Holzgewinnung. In allen Lebensbereichen des mittelalterlichen Europas spielen die Flüsse und Seen eine große Rolle. Sie sicherten den Binnenverkehr, bildeten Grenzen und Verteidigungslinien und lieferten wertvollen Fisch. Die Mehrheit der mittelalterlichen Bevölkerung kam bei der Erledigung des Tagewerkes mit der Natur in Berührung; beim Grasmähen, beim Fischfang, bei der Jagd, beim Fallenstellen, beim Sammeln wilder Früchte und Beeren, beim Fällen von Bäumen und beim Transport von Baumaterial. Besonders bei Naturkatastrophen, Hungersnöten oder Missernten sammelte man Wildfrüchte, Beeren und Pilze und betrieb eine intensivere Jagd und vermehrt Fischfang. Im 12. Jahrhundert berichtet Helmold von Bosau in seiner Chronik voller Anerkennung über Weiden, Bodenfruchtbarkeit, Imkerei und den Fischreichtum des slawischen Wieletenlandes. Die Wildnis bildete im Mittelalter eine ausreichende Nahrungsreserve für alle. Demgegenüber standen nur die von den Herrschern erlassenen Gesetze, die die Möglichkeit der Nutzung von Wäldern und der Wildnis einschränkten. Die Bindung des Menschen an die Natur war äußerst stark und alltäglich. Die Beobachtung der Sonne, der Sterne und des Mondes war die Grundlage für die Zeitmessung, die Vorhersage des Wetters und der Ernte, die Organisation der häuslichen Arbeiten oder für den Beginn eines Krieges. Bis in die Zeit des 10. bis 12. Jahrhunderts gehörten die Himmelskörper bei der Mehrheit der Slawen und Ungarn zum heidnischen Kult. Die Umwelt beobachtete der Mensch des frühen Mittelalters aus praktischen, wirtschaftlichen und religiösen Gründen. Die Kenntnis pflanzlicher Eigenschaften ermöglichte ihre Verwendung bei der Versorgung von Kranken, im handwerklichen Bereich und beim Färben. In der romanischen Kunst der christlichen Gesellschaft spielte die Natur, insbesondere Pflanzen und Tiere eine symbolische Rolle. Erst in der Malerei des Spätgotik, geben die realistisch dargestellten Pflanzen die ästhetische Sensibilität des Künstlers und des Betrachters wider. Viele der Arbeiten verursachten Berufskrankheiten häufig von Tieren übertragen, wie z. B. Leptospirose, Tollwut etc. Die großen Künstler konnten die Abhängigkeit der menschlichen Existenz durch die Natur in den Bildern von Erkrankungen und Verunstaltungen darstellen. Die Hässlichkeit und das Gebrechen wurden dabei nicht immer abstoßend dargestellt, sie bildeten vielmehr Anschauungsmaterial für Vergleiche und Bewertungen von Gesundheit und Schönheit.

Literatur

Dunin-Wąsowicz 1974. – Mager 1960. – Le Roy-Ladurie 1967. – Matuszkiewicz 1993. – Ponds 1973. – Tyszkiewicz 1983.

Archäologische Forschungsmethoden und Ergebnisse zur Wechselbeziehung von Mensch und Umwelt im Mittelalter

JULIAN WIETHOLD

Seit prähistorischer Zeit nutzt und prägt der Mensch seine Umwelt. Natürliche und vom Menschen hervorgerufene Veränderungen der Umweltfaktoren, beispielsweise der Klimawandel oder die Verarmung der Böden als Folge landwirtschaftlicher Übernutzung, hatten vielfältige Auswirkungen auf die Besiedlungsdichte einer Region, auf ihre wirtschaftliche Entwicklung und nicht zuletzt auf den wirtschaftlichen und politischen Erfolg frühstädtischer Ansiedlungen. Letztere entstanden im frühen Mittelalter bevorzugt in geschützter Lage im Hinterland der Ostseeküste sowie an den großen, als überregionalen Handelsrouten bedeutsamen Flüssen wie Elbe, Oder und Weichsel mit ihren Nebenflüssen. Umwelteinflüsse konnten sowohl den wirtschaftlichen Erfolg wie auch die Besiedlungsdauer dieser frühstädtischen Ansiedlungen nachhaltig beeinflussen oder sogar maßgeblich bestimmen. Beispielsweise konnten das Versanden einer wichtigen Schiffahrtsrinne durch die Veränderung der Strömungsverhältnisse oder Hochwasserereignisse die Erreichbarkeit eines Handelsplatzes einschränken, vereinzelt sogar unmöglich machen. Missernten als Folge von katastrophalen Unwetterereignissen und Dürreperioden blieben nicht ohne Auswirkungen auf die Versorgung der frühstädtischen Bevölkerung und auf das Angebot an landwirtschaftlichen Produkten im Rahmen des Warenaustauschs.

Umgekehrt führte die Entstehung frühstädtischer Ansiedlungen zu einer wesentlichen Veränderung ihrer natürlichen Umwelt. Holz war beispielsweise im Umfeld früher Handelsniederlassungen und Städte als vielseitig verwendbarer Bau- und Rohstoff, Brennmaterial und Handelsgut von großer Bedeutung. Besonders alte Eichen lieferten qualitätvolle Bauhölzer für den Schiff- und Hausbau. Sie wurden als erste eingeschlagen, sodass später zum Teil Bauholz aus Skandinavien importiert werden musste. Das Holz von Eiche, Buche sowie weiterer Baumarten diente als Heizmaterial und zur Holzkohlegewinnung. Die gerodeten Flächen wurden meist rasch landwirtschaftlich nutzbar gemacht, sodass die ländlichen Siedlungskammern ausgedehnt werden konnten. Nur so konnte die im frühen und hohen Mittelalter wachsende Bevölkerung versorgt und ernährt werden.

Die archäologischen Untersuchungen in vielen frühmittelalterlichen Siedlungs- und Handelsplätzen, in Haithabu, Ralswiek, Wollin, und Kolberg, um nur einige der wichtigsten im Ostseegebiet zu nennen, wurden durch zahlreiche naturwissenschaftliche Untersuchungen und Analysen ergänzt[1]. Erst durch diese Forschungen gelingt es, die frühmittelalterliche Siedlungsentwicklung sowie den Ausbau der Handelsverbindungen in paläoökologischem Kontext zu sehen.

Im Folgenden soll nach einigen grundlegenden Ausführungen zur Klima- und Vegetationsentwicklung im Mittelalter ein Fallbeispiel Methoden und Ergebnisse umweltarchäologischer Forschungen zum Landschaftswandel im frühen und hohen Mittelalter präsentieren. Es steht stellvertretend für zahlreiche jüngere Untersuchungen, die mit naturwissenschaftlichen Methoden prähistorische Landschaftsveränderungen entschlüsseln. Vorgestellt werden pollenanalytische Ergebnisse, mit deren Hilfe die Vegetationsgeschichte einer Region, hier die des westlichen Ostholsteins (Schleswig-Holstein, Deutschland) rekonstruiert werden kann.

Zur Klimaentwicklung im Mittelalter

Als bedeutende Quellen der spät- und postglazialen Klimaentwicklung sind die im grönländischen Inlandeis mit Hilfe von Bohrungen geborgenen Eiskerne zu nennen. Isotopenanalytische Untersuchungen an den Eiskernen, bei denen das im Gletschereis festgelegte Verhältnis des stabilen Sauerstoffisotopes $\delta^{18}O$ zum normalen Sauerstoff (^{16}O) sowie der Anteil des schweren Wasserstoffs Deuterium (δD) ermittelt wurden, ermöglichen Rückschlüsse auf die postglaziale Temperaturentwicklung und die Veränderung der Niederschläge[2]. Zur Entschlüsselung paläoklimatischer Veränderungen dienen jedoch auch archäologische und historische Quellen, die Auskunft über bemerkenswerte extreme Klimaereignisse geben[3]. Zahlreiche Untersuchungen weisen daraufhin, dass auf eine Periode ungünstigerer klimatischer Verhältnisse in der Völkerwanderungszeit ab etwa 700 n. Chr. wie-

27 **Die Bornhöveder Seenkette (Schleswig-Holstein, Deutschland) von Süden gesehen.** Im Vordergrund befindet sich der Bornhöveder See, dahinter liegen Schmalensee und Belauer See.

der günstigere Verhältnisse folgen[4]. Im späten 10. Jahrhundert setzt dann eine längere trockenwarme Periode ein, die als „mittelalterliches Klimaoptimum" bezeichnet wird. In diesen Zeitabschnitt fällt auch die Landnahme auf Grönland (980/985 n. Chr.) durch die Wikinger, die offenbar durch diese Periode relativer Klimagunst sowie durch Jahre mit geringerer Eisbedeckung der Gewässer begünstigt wurde. Das letzte Jahrzehnt des 10. Jahrhunderts soll sich durch eine ungewöhnliche Trockenheit und die Häufung von Dürrejahren ausgezeichnet haben[5].

Als Ergebnis neuerer naturwissenschaftlicher Untersuchungen wird beispielsweise auch die Aufgabe der mittelalterlichen Besiedlung Grönlands durch die Wikinger zum Teil mit einer deutlichen Klimaverschlechterung erklärt[6]. Härtere Winter und die dadurch ausgelöste langandauernde Eisblockade der Fjorde führten besonders in den Grenzbereichen menschlicher Besiedlung zu einer ausgeprägten wirtschaftlichen Notlage, die Aufgabe ganzer Regionen begünstigte oder sogar unmittelbar zur Folge hatte[7].

Zur Vegetationsentwicklung im Mittelalter

Subfossiler Blütenstaub, so genannter Pollen, der in Seesedimenten oder in den Torfen der Moore die Jahrhunderte überdauerte, ermöglicht eine detaillierte Rekonstruktion der Vegetationsgeschichte früherer Jahrhunderte. Die Ergebnisse der Pollenanalyse lassen Aussagen zur früheren Waldbedeckung sowie zu den Auswirkungen und zur Intensität menschlicher Eingriffe zu. Von besonderer Bedeutung für die vegetationsgeschichtliche Interpretation sind dabei das Verhältnis des Baumpollens zum Nichtbaumpollen sowie die Häufigkeit von Pollentypen, die auf genutzte und vom Menschen veränderte Freiflächen hinweisen oder sogar angebauten Kulturpflanzen eindeutig zuzuweisen sind. Wir sprechen hier von „sekundären" und „primären" Siedlungszeigern.

In Pollendiagrammen werden die Prozentwerte der einzelnen Pollentypen bezogen auf die Gesamtsumme des Baumpollen dargestellt. Aus den Veränderungen der Kurven der Bäume und der Siedlungszeiger kann die allgemeine Vegetationsgeschichte abgeleitet werden. Wurden die Pollendiagramme an kleinen Seen oder Mooren erarbeitet, spiegeln sie die Vegetations- und Besiedlungsgeschichte der näheren Umgebung wider. Stammen die untersuchten Bohrprofile dagegen aus großen Seen oder ausgedehnten Hochmooren, ist die dokumentierte Vegetationsentwicklung für eine größere Region als repräsentativ anzusehen. Ein weiteres entscheidendes Kriterium für die Verknüpfung mit archäologischen und historischen Entwicklungen ist die genaue Datierung der pollenanalytisch untersuchten Bohrprofile. Jahresgeschichtete Seesedimente, die in einigen Seen erbohrt werden konnten, ermöglichen eine recht genaue Datierung der im Pollendiagramm sichtbaren vegetations- und siedlungsgeschichtlichen Entwicklungen. Durch Zählungen der Jahresschichten kann die Dauer von Siedlungsphasen und siedlungsarmen Abschnitten verhältnismäßig präzise bestimmt werden. Als herausragende Lokalitäten mit jahresgeschichteten Seesedimenten, an denen postglaziale Vegetationsveränderungen detailliert untersucht und datiert werden konnten, sind im nördlichen Mitteleuropa der Belauer See im westlichen Ostholstein (Schleswig-Holstein, Deutschland)[8] und der im Seengebiet von Gostynin nahe der Weichsel im zentralen Polen gelegene Gościąż-See[9] zu nennen.

Die Vegetationsentwicklung in Mitteleuropa kann für die Zeit um 1000 AD nicht für große Gebiete übergreifend beschrieben werden. Zu unterschiedlich sind die Standortverhältnisse, zu verschieden ist der Einfluss menschlicher Siedlungs- und Wirtschaftstätigkeit auf die Umwelt. Neben der geographischen Lage, der topographischen Situation und den vorherrschenden Klimaverhältnissen prägen insbesondere die Böden sowie die wechselnde Intensität anthropogener Eingriffe die Wälder und ihre Baumartenzusammensetzung. Das frühe und hohe Mittelalter gehört vegetationsgeschichtlich zum mittleren Subatlantikum, der jüngsten Phase der postglazialen Vegetationsentwicklung. Im Subatlantikum ist die nacheiszeitliche Einwanderung der Gehölze und das Vordringen der einzelnen Baumarten nach Norden bereits abgeschlossen. Im norddeutschen Tiefland dominieren seit der späten römischen Kaiserzeit und der Völkerwande-

28 Der Belauer See, Kr. Plön (Schleswig-Holstein, Deutschland) von Westen aus gesehen. Im Vordergrund liegt der stark verlandende Fuhlensee.

rungszeit bereits Buchenwälder. Die Ausbreitung der Rotbuche in den ehemals von Eiche, Linde, Ulme und Esche beherrschten Wäldern wurde durch die Aufgabe ehemaliger Nutzflächen in der siedlungsarmen Völkerwanderungszeit gefördert. Auf diesen Brachflächen konnte sich nach einer zunächst birkendominierten Sukzessionsphase die Buche rasch durchsetzen und dominante Bestände aufbauen. Dagegen wird die Position der Rotbuche in den Wäldern der kontinentaler geprägten Regionen des östlichen Mitteleuropas zunehmend von Hainbuche und Linde eingenommen. In den submontanen und montanen Regionen der Mittelgebirge im zentralen und östlichen Europa dominieren dagegen Tannen-Buchen-Wälder.

Nach der in vielen Regionen des nördlichen Mitteleuropas ausgesprochen siedlungsarmen und durch Wiederbewaldung von Nutzflächen gekennzeichneten Völkerwanderungszeit[10] werden im frühen und hohen Mittelalter in den Pollendiagrammen wieder menschliche Aktivitäten deutlich sichtbar. Rodungsaktivitäten zur Gewinnung neuer landwirtschaftlicher Nutzflächen, die Waldweide des Viehs und die Nutzbarmachung von Niederungsgebieten und Flussauen zeichnen sich in vielen Pollendiagrammen ab. Der Anbau von Roggen als wichtigstem Brotgetreide nimmt deutlich zu. Die Wälder werden intensiv durch den Menschen genutzt und verändert. Große Bereiche der zentralen Siedlungs- und Ackerbaulandschaften Mitteleuropas sind bereits weitgehend entwaldet und zur Kulturlandschaft umgestaltet. Dagegen ist die Waldbedeckung im westslawischen Bereich zunächst noch umfangreicher erhalten. Die slawischen Siedlungskammern sind häufig durch ausgedehnte Wald- und Niederungsgebiete voneinander getrennt, die nicht selten auch die territorialen Grenzen der einzelnen Stammesgebiete darstellen.

Das Umfeld des Belauer Sees als Beispiel mittelalterlicher Vegetationsentwicklung an der Westgrenze des slawischen Siedlungsgebietes

Der in Schleswig-Holstein im Kreis Plön gelegene Belauer See gehört zu einer als Bornhöveder Seenkette bezeichneten Süd-Nord orientierten Kette von Rinnenseen im westlichen Ostholstein (Abb. 27; 28). Er weist eine maximale Tiefe von 29 m auf. Im Jahr 1991 konnte im tiefsten Becken des rund 2,3 km langen und etwa 700 m breiten Sees ein rund 30 m langes Sedimentprofil mit überwiegend jahresgeschichteten Seesedimenten erbohrt werden. In dem erbohrten Sedimentprofil sind die überwiegend jahresgeschichten Kalkmudden auf rund 23 m Länge weitgehend ungestört erhalten (Abb. 29). Eine Jahresschicht wird jeweils durch eine helle, von Kalzitkristallen geprägte Frühjahrs- und Frühsommerlage sowie eine dunklere, huminstoffreichere Spätherbstlage geprägt. Die pollenanalytische Bearbeitung zeigte, dass der Sedimentabschnitt von 23 m Tiefe bis zur Sedimentoberfläche die regionale Vegetations- und Siedlungsgeschichte vom mittleren Mesolithikum bis in die Moderne widerspiegelt. Die ausgezeichnete Jahresschichtung der Kalkmudden war bis zum Beginn des frühen Mittelalters gut erhalten. Anschließend zeigen eine undeutlichere Laminierung der Sedimente und ein höherer organischer Anteil zunehmende menschliche Aktivitäten im Umfeld des Sees an. Diese veränderten in den folgenden Jahrhunderten den Nährstoff- und Wasserhaushalt des

29 Belauer See, Kr. Plön (Schleswig-Holstein, Deutschland), pollenanalytisch bearbeitetes Bohrprofil mit jahresgeschichteten Kalkmudden aus dem tiefsten Becken des Sees. Bohrung IV vom 26.7.1991, Kernmeter 5C16 (6,2C18,2 m unter der Sedimentoberfläche). Die unterschiedliche Länge der Bohrkerne erklärt sich durch Ausdehnung bei Druckminderung und durch Kernverlust.

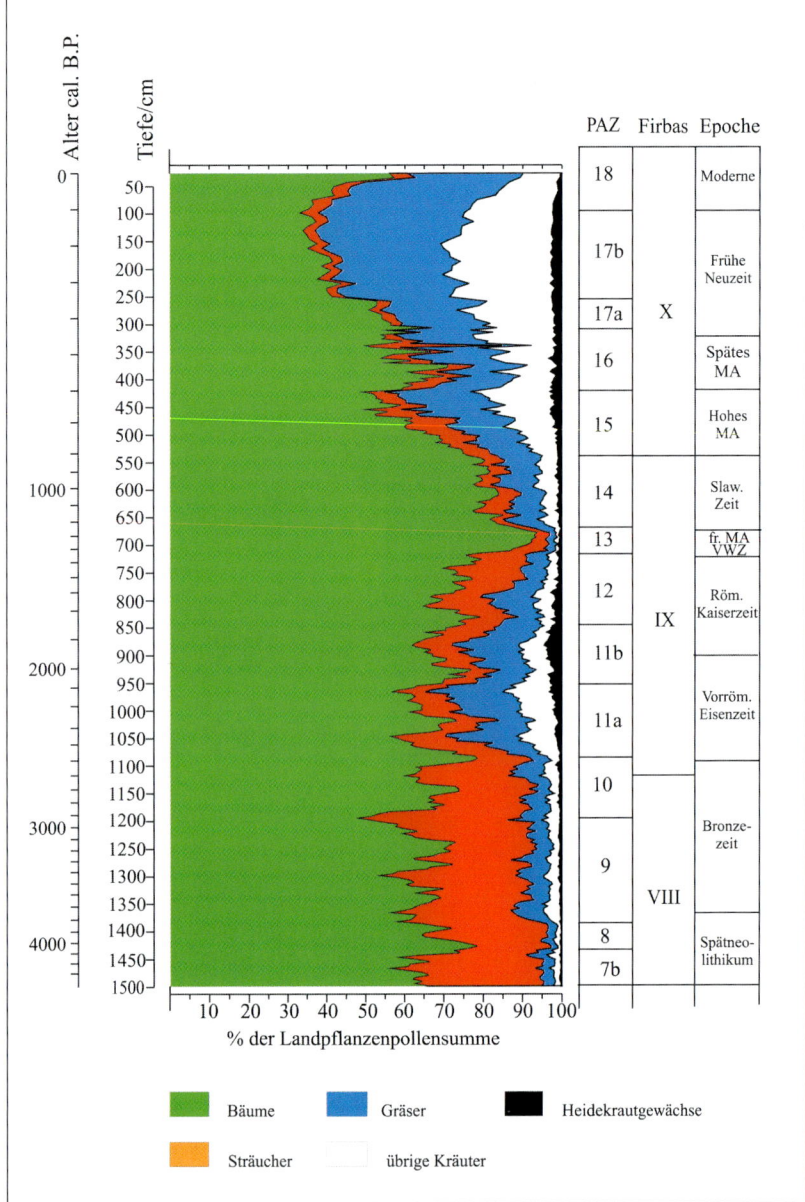

30 Belauer See, Kr. Plön (Schleswig-Holstein, Deutschland), Kernfolge Q300 (0,26–15,0 m Tiefe). Gesamtdiagramm zur Demonstration des Baumpollen/Nichtbaumpollenverhältnisses. Bäume, Sträucher, Gräser, übrige Kräuter und Heidekrautgewächse in Prozent der Landpflanzensumme; cal. BP = kalibriertes Alter before present (= AD 1950).

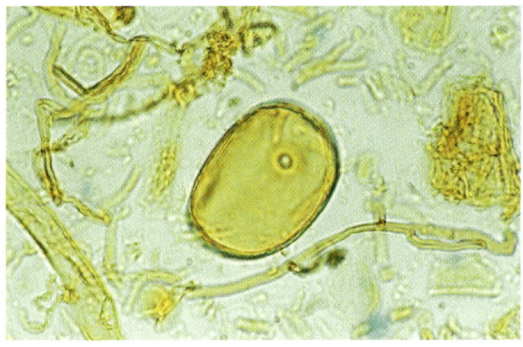

31 Pollenkorn des Roggen (*Secale cereale L.*). Der windblütige Roggen verbreitet viel Pollen und gehört deshalb zu den wichtigsten Siedlungsanzeigern. Im Mittelalter war Roggen das bedeutendste Brotgetreide.

32 Der Kleine Sauerampfer (*Rumex acetosella agg.*) gehört ebenfalls zu den wichtigsten siedlungsanzeigenden Pollentypen. Auf sandigen Brachäckern kann er rasch zur Massenentfaltung kommen.

Belauer Sees und damit auch die im tiefsten Becken herrschenden Sedimentationsverhältnisse.

Abb. 30 zeigt ein Pollendiagramm, das die prozentualen Anteile der Bäume, Sträucher, Gräser, Kräuter und Heidekrautgewächse an der Summe des Landpflanzenpollens angibt. Dabei dienen Veränderungen im Verhältnis des Baumpollens zu den übrigen Gruppen als Indikatoren für Veränderungen der Bewaldung. Es lassen sich Rodungsphasen und Zeitabschnitte, in denen es zu einer Wiederbewaldung ehemaliger Nutzflächen kommt, unterscheiden. Im Diagramm werden neben der aufgestellten Gliederung in lokale Pollenzonen auch die archäologisch-historischen Epochen angegeben. Die Pollenzonen 13 bis 16 umfassen etwa den Zeitabschnitt vom Beginn der Völkerwanderungszeit bis zum Ende des Spätmittelalters. Die Völkerwanderungszeit zeichnet sich im Diagramm durch einen etwa 206 Jahre andauernden, äußerst siedlungsarmen Abschnitt, die Pollenzone 13, aus, der mit Hilfe der Warvenzählungen und eines Altersmodells auf den Zeitraum von etwa 508 bis 714 n. Chr. datiert werden kann. In diesem Abschnitt nimmt der Baumpollenanteil wieder auf über 90 % zu und belegt so eine ausgedehnte Wiederbewaldung ehemaliger Nutzflächen der Römischen Kaiserzeit. Der anschließende erneute Rückgang des Baumpollenanteils in der Zone 14 kann mit der einsetzenden slawischen Landnahme in Ostholstein korreliert werden. Da der Belauer See jedoch im Bereich der als *limes saxoniae*[11] bezeichneten, nur dünn besiedelten Grenzregion zwischen slawischen Abodriten und nordalbingischen Sachsen liegt, erreichen die gerodeten und vom Menschen genutzten Flächen im Frühmittelalter und beginnenden Hochmittelalter (Zone 14, ca. 714–1143 n. Chr.) noch nicht wieder die Ausdehnung, die sie in der Eisenzeit bereits hatten.

Der starke und kontinuierliche Rückgang des Baumpollenanteils in Zone 15 belegt dann den nach 1143 n. Chr. einsetzenden frühdeutschen Landesausbau. Hinweise auf umfangreiche Rodungen gibt der starke Anstieg siedlungsanzeigender Pollentypen, insbesondere von Roggen (Abb. 31), Spitzwegerich und Kleinem Sauerampfer (Abb. 32). Diese Umwelteinflüsse sind auf die Ansiedlung von Kolonisten durch Graf Adolf II. von Schauenburg zurückzuführen, der nach dem Sieg über die Abodriten die ehemals slawischen Gebiete in Wagrien und Segeberg als Lehen erhielt (Abb. 33)[12]. Mit der Gründung zahlreicher Kirchdörfer erfolgt die Erschließung neuer landwirtschaftlicher Flächen. Die Ufergebiete der meisten Seen werden entwaldet und die kleineren slawischen Siedlungskammern durch neue Rodungen zur hochmittelalterlichen Kulturlandschaft verbunden.

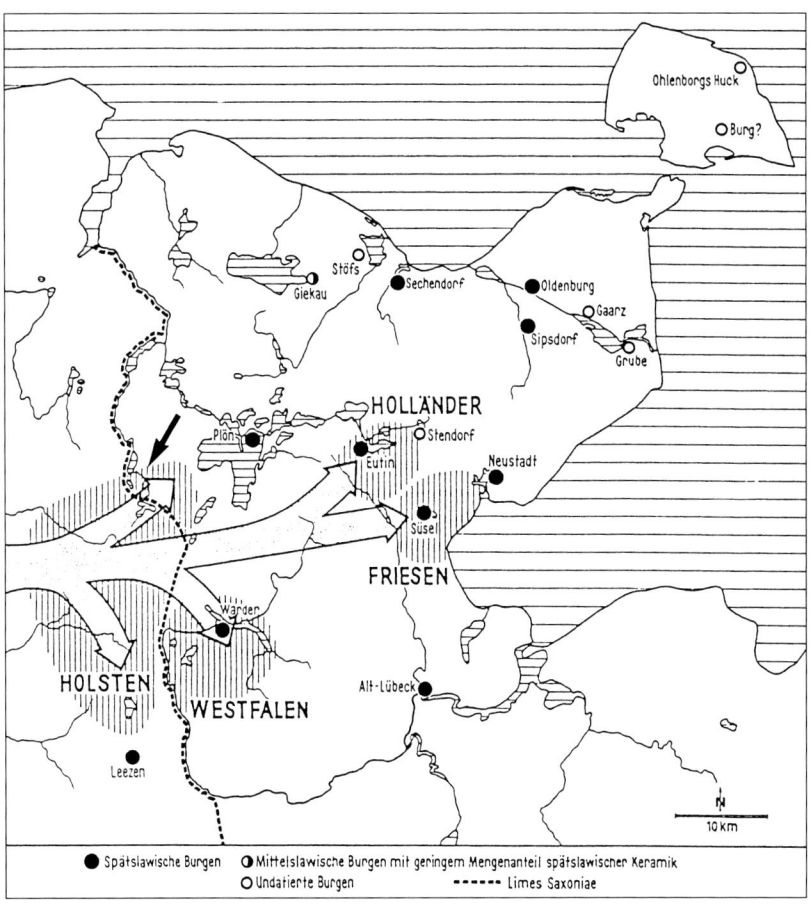

33 Das spätslawische Burgensystem und der Beginn der deutschen Ostsiedlung in Wagrien ab 1143 n. Chr. Die schwarze Pfeilmarkierung zeigt die Bornhöveder Seenkette (nach Lammers).

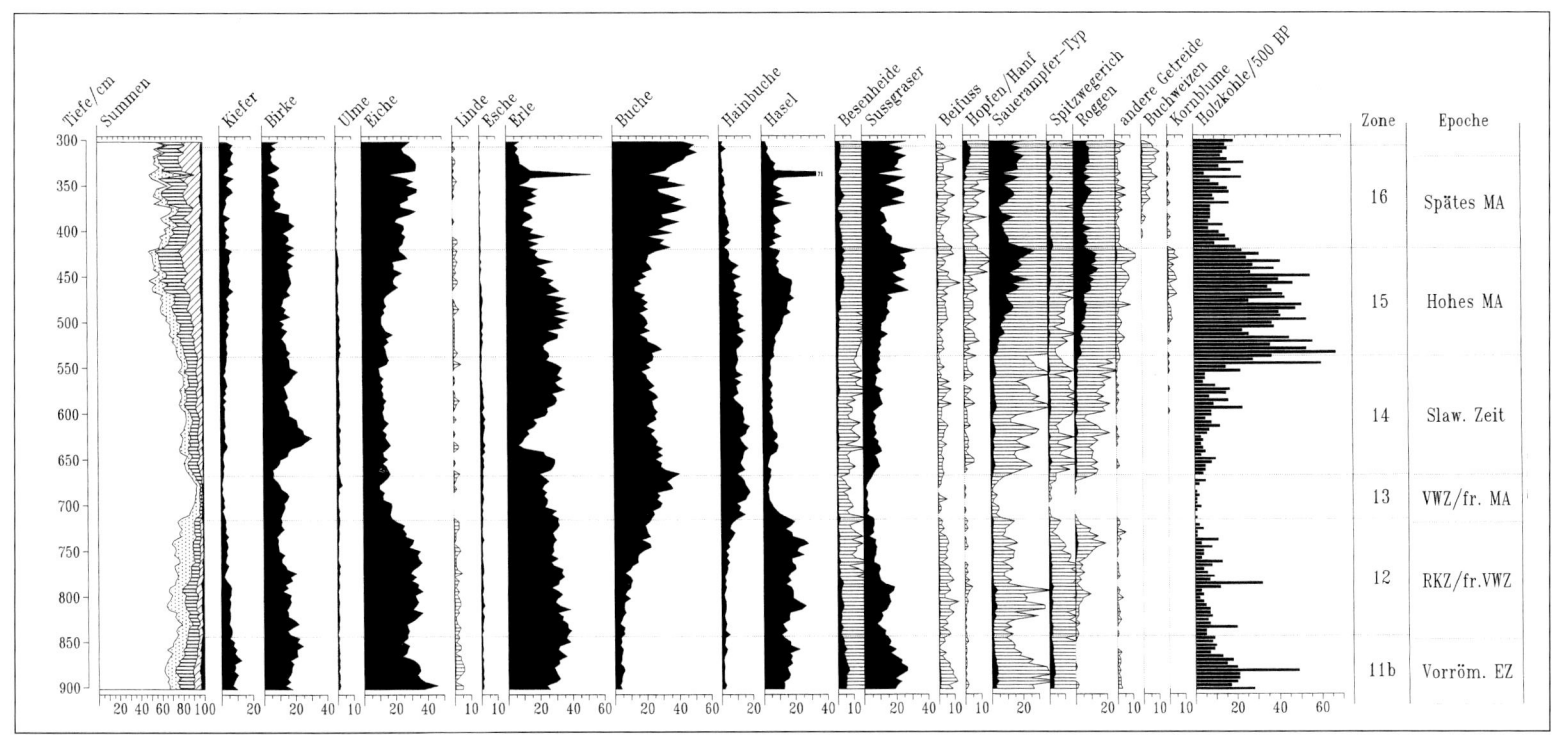

34 Belauer See, Kr. Plön (Schleswig-Holstein, Deutschland). Bohrprofil Q300 aus dem tiefsten Becken des Sees, 9,0–3,0 m Tiefe. Vereinfachter Ausschnitt aus dem Pollendiagramm mit den Kurven ausgewählter Bäume, Sträucher und siedlungsanzeigender Pollentypen sowie von Holzkohlepartikeln. Zonengliederung nach Wiethold (1998). Erläuterungen: RKZ = Römische Kaiserzeit; VWZ = Völkerwanderungszeit; MA = Mittelalter, NZ = Neuzeit; fr. = frühes; PAZ = pollen-assemblage-zones; cal. BP = kalibriertes Alter before present (= AD 1950).

Klimasignale lassen sich im mittelalterlichen Abschnitt des Pollendiagramms aus dem Belauer See selten eindeutig fassen, da einerseits die anthropogenen Eingriffe in die Landschaft klimatische Signale weitgehend maskieren, andererseits aber auch deutliche Wechselwirkungen zwischen dem Klimageschehen und Umwelteingriffen durch den Menschen angenommen werden müssen. Einige wenige Hinweise dazu liefert das Baumpollendiagramm aus dem Belauer See. In Abb. 34 werden ausgewählte Pollenkurven für den Abschnitt von 3 bis 9 m Tiefe dargestellt. Dieser Abschnitt umfasst die Römische Kaiserzeit, die Völkerwanderungszeit sowie das frühe, hohe und späte Mittelalter. Deutlich ist die siedlungsarme Völkerwanderungszeit, Zone 13, durch Rückgänge aller Siedlungszeiger zu erkennen. In der folgenden Zone 14, die dem Frühmittelalter zuzuweisen ist, fällt ein gravierender Rückgang der Schwarzerle auf, der mit einem Gipfel der Birkenkurve und niedrigen Siedlungszeigerwerten zusammenfällt. Das Erlen-Minimum kann hier mit Hilfe des Altersmodells dem 9. Jahrhundert n. Chr. zugewiesen werden. Dieser frühmittelalterliche Erlenrückgang findet sich auch in weiteren Pollendiagrammen aus Schleswig-Holstein. Er kann die Folge von trockenen Sommern mit Dürreperioden gewesen sein, in denen sandige, gering wasserhaltende Böden als Ackerstandorte aufgegeben werden und statt dessen eine verstärkte Erschließung von Niederungsgebieten und Flussauen durch die slawischen Siedler einsetzt. Der Birkengipfel dürfte somit parallel dazu eine spontane Wiederbewaldung aufgegebener sandiger Ackerflächen belegen. Erst später kann sich die Erle erholen.

Über die Intensität der Rodungstätigkeit zu Beginn der Zone 15, die das Einsetzen des frühdeutschen Landesausbaus anzeigt, gibt besonders die starke Zunahme der in den Sedimenten nachgewiesener Holzkohlepartikel Auskunft. Parallel dazu steigen die primären und sekundären Siedlungszeiger stark an, die den Landschaftswandel und die stärkere landwirtschaftliche Bodennutzung im westlichen Ostholstein dokumentieren.

Diese Beispiele vegetationsgeschichtlicher Ergebnisse zum früh- und hochmittelalterlichen Landschaftswandel im Grenzbereich des westslawischen Siedlungs- und Herrschaftsgebietes zeigen, dass sich historische nachgewiesene Entwicklungen im Rahmen umweltarchäologischer Forschungen überprüfen und belegen lassen. Umweltarchäologische Forschungsansätze werden daher im Rahmen der interdisziplinären Zusammenarbeit von Archäologie, historischer Forschung und Naturwissenschaften künftig von besonderer Bedeutung sein.

Anmerkungen

1. Haithabu: Behre (1983). B Wollin: Klichowska (1957) 208–215; Latalowa (1992) 213–226; Alsleben (1995) 185–217. B Kolberg: Badura (1998) 333–338.
2. Barlow u. a. (1993) 118. – Grootes u. a. (1993) 352–354.
3. Lamb (1989).
4. Lamb (1981) 53–65. – Bissolli (1995) 233–234.
5. Lamb (1989) 191.
6. Buckland u. a. (1996) 88–96.
7. Barlow (1998) 489–499
8. Wiethold (1998).
9. Ralska-Jasiewiczowa/van Geel (1992) 33–42. – Ralska-Jasiewiczowa u. a. (1998).
10. Vgl. Frenzel (1994).
11. Adam von Bremen II 17.
12. Helmold von Bosau, Slawenchronik. Helmoldi presbyteri Bozoviensis Chronika Slavorum. 1 Buch, Kapitel 57. – Stoob (1963). – Vgl. dazu: Lammers (1981) 293 ff.

Das Karpatenbecken

SÁNDOR FRISNYÁK

Das Karpatenbecken als mitteleuropäischer Großraum gliedert sich in zwei grundlegende Teile: in die zentralen Becken und in den 1500 km langen und 150 bis 200 km breiten Gebirgskranz der Karpaten. Das Beckensystem wird im Westen von den Alpen, im Süden vom Dinarischen Gebirge und vom Morava-Massiv (Serbischen Massiv) begrenzt. Die inneren Senken des Karpatenbeckens, die Große Ungarische Tiefebene, die Kleine Ungarische Tiefebene und das Siebenbürgische Becken werden vom Transdanubischen und vom Siebenbürgischen Mittelgebirge geschieden. Die Becken werden von tektonischen Gräben und erodierten Flusstälern verbunden.

Die Tiefenstruktur des Karpatenbeckens besteht aus Gesteinsblöcken und -schichten verschiedener Zeiten und unterschiedlichen Ursprungs, mit gebrochener und faltiger Struktur. Der Grund des Beckens nördlich der Großstrukturlinie Zagreb – Hernád wird vom afrikanischen, südlich dieser Linie vom eurasischen Plattenabbruch gebildet. Der afrikanische Plattenrand wurde vor 25 Millionen Jahren im Zeitalter des Oligozäns in die eurasische Platte geschoben. In der Miozänzeit löste das Absinken von Teilen der eurasischen Platte und die Anhebung des Karpatengebirges eine lebhafte vulkanische Tätigkeit aus. Die Senkung wurde von den Ablagerungen des Sarmatischen, dann des Pannonischen Meeres (Binnensees) aufgefüllt. Im Laufe des Pliozäns und des Pleistozäns bildeten sich am Rande des Beckens Schwemmkegel, die Flüsse schnitten terrassenförmige Täler hinein, aus dem äolischen Sediment entstanden Lössebenen. Im Pleistozän war das Karpatenbecken ein periglaziales Gebiet, so vereisten nur die höchsten Teile des Gebirges, die über 1800 m lagen (z. B. die Liptauer Alpen, die Hohe Tatra, das Fogarascher Gebirge, das Retezatgebirge). Den späteren Einfluss auf die Geländegestaltung übten Eis und erodierende Flüsse aus, doch wurden im ganzen Gebiet auch der Einfluss des Menschen auf die Landschaft immer bedeutender.

Die das Beckensystem begrenzenden Karpaten sind ein Faltengebirge mit Deckfalten, das – von außen nach innen voranschreitend – in vier strukturelle Zonen zerfällt. 1. Im Aufbau der äußeren Flisch-Zone dominieren Sandstein, Schiefer und Mergel, charakteristisch für ihr Landschaftsbild sind von Wäldern bedeckte breite Bergrücken und breite Täler. Die Sandsteinzone verbindet die Karpaten (die Beskiden, das Maramaroschgebirge, das Csík- und Háromszékgebirge) zu einer geographischen Einheit. 2. Die zweite, nicht zusammenhängende Zone der Karpaten erstreckt sich von den Kleinen Karpaten bis zum Königstein und besteht aus mehreren tausend kleineren und größeren

35 **Hohe Tatra.**

36 **Schwemmkegel-Tiefland mit Treibsand (Landschaft Nyírség).**

37 **Die Theiß.**

38 **Die Landschaft Hortobágy.**

39 **Die Landschaft Hortobágy.**

Kalksteinfelsen (z. B. den Pieninen). 3. Der kristalline Zug des Kerngebirges ist der zentrale, die größte Höhe erreichende Teil der Karpaten. In einzelnen Gebieten aber werden ihre niedriger gelegenen Teile von einer Kalksteinschicht bedeckt (die Hohe Tatra, die Niedere Tatra, die Fatra, das Fogarascher Gebirge, das Szeben-, Kudshir- und das Retezatgebirge usw.). In der Hohen Tatra ist der höchste Punkt des Karpatenbeckens, der 2655 m hohe Gipfel von Gerlachov. 4. Der vulkanische Abschnitt der inneren Karpaten erstreckt sich von dem Gebirge von Selmec bis nach Hargita, und neben dem Flisch ist dies der homogenste Gebirgszug (z. B. das Mátra-Gebirge, das Gebirge von Tokaj, Vihorlat, Sinak, Gutin, die Alpen von Kelemen, Görgény und Hargita).

Die Höhenzüge der Karpaten werden durch kleinere Becken voneinander getrennt (z. B. durch das Becken von Liptó, der Zips, von Gömör, des Szeklerlandes). Diese zwischen 450 bis 800 m Höhe gelegenen Gebirgsbecken entstanden durch junge Absenkungen und Flussablagerungen.

Die inneren Becken und die hohen Randgebirge werden durch das Netz der unterirdisch aufeinander zuströmenden Wasserläufe miteinander verbunden und zu einer geographischen Einheit zusammengefasst.

Das Karpatenbecken ist hydrologisch gesehen einheitlich. Mit Ausnahme der Flüsse Poprad, Dunajez und einigen kleineren Flussläufen gehört es zum Zuflussgebiet der Donau. Seine hydrographische Achse ist die Donau, die auf der linken Seite von den Flüssen Waag/Vah, Neutra/Nitra, Gran/Hron und Theiß, auf der rechten Seite von Raab, Drau und Save erreicht wird. Der zweitwichtigste Fluss dieser Großregion, die Theiß, nimmt rechts das Wasser der Flüsse Bodrog, Sajó-Hernád, links das von Szamos, Körös und Maros auf. Die größten stehenden Gewässer sind der Plattensee (Balaton), der Neusiedlersee (Fertő-tó) und der See von Velence, doch bereits im 10. und 11. Jahrhundert hatten auch künstlich angelegte Fischteiche eine Bedeutung.

51% der Fläche des Karpatenbeckens (= 325 000 km^2) nehmen die Ebenen unter 200 m ein, 24% der Fläche das Hügelland zwischen 201 m und 500 m, 20% die zwischen 501 m und 1000 m hohen Mittelgebirge und 5% die sich über 1000 m erhebenden Hochgebirge. Das agroökologische Potential der Tiefebenen, der Hügellandschaften und der kleinen Becken in den Gebirgen sichern sowohl für die Viehhaltung als auch für den Ackerbau günstige Bedingungen. Die orographische Grenze der landwirtschaftlichen Produktion liegt bei 1000 bis 1100 m, der Getreideanbau ist im Süden bis zu einer Höhe von 900 m, im Norden bis zu 600 m möglich. Rund drei Viertel des Gebiets des Karpatenbeckens eignen sich zum Getreideanbau.

Die Ebenen mit ihren Wäldern und Steppen werden durch Flussläufe und Überschwemmungsgebiete in so genannte Lebenskammern getrennt. Die ständig überschwemmten Gebiete entlang der Flüsse machten – bevor Menschen Regulierungsmaßnahmen vornahmen (vor 1846–1914) – 48700 km² aus und wurde als spezifischer ökologischer Typ zu einem organischen Bestandteil der differenzierten Bewirtschaftung der Überschwemmungsgebiete der Feudalzeit (z.B. das Moor von Ecsed, die Hortobágy, die Kleine und die Große Sárrét-Landschaft, das Sárköz, die Landschaft des Neusiedlersees und der Hanság). Infolge der globalen Klimaveränderung trat zwischen 750 und 900 auch im Karpatenbecken eine bedeutende Erwärmung und Trockenheit ein, deshalb waren die Flächen der Moore, Sumpf- und der Überschwemmungsgebiete im 10. Jahrhundert kleiner als zuvor erwähnt.

Als morphologische Schwelle erheben sich über die abwechselnd feuchten und trockenen Überschwemmungszonen die Lebenskammern der Tiefebene, so z.B. die Ebenen der Schwemmkegel mit Treibsand (in den Landschaften Nyírség, Kiskúnság, Deliblat), die Lössebenen (Mezőföld, Batschka, Hajdúhát usw.) und die terrassenartig angeschwemmten Ebenen am Rande des Beckens (Mátra- und Bükk-Vorland). Die Überschwemmungsgebiete und die hochwasserfreien Lebenskammern sind unterschiedliche Kulturebenen: um das Jahr 1000 dienten die Überschwemmungslandschaften entlang der Flüsse immer zur Großtierhaltung, die hochwasserfreien Ebenen zum Ackerbau. Die archäologischen und historischen Quellen beweisen, dass die ersten Siedlungen, die Winterdörfer, sich im allgemeinen dicht an den Flüssen, an der Grenze zwischen Überschwemmungsgebiet und Ebene ohne Hochwasser, bzw. an der Berührungslinie zwischen bewaldeten Steppen und den Ausläufern des Gebirges herausgebildet hatten. Die Dörfer am Rande des Hochwassergebietes waren die Kerngebiete des Ackerbaus und damit der Entwicklung der Kulturlandschaft.

Viel Raum nehmen die Hügellandschaften ein, (z.B. im größten Teil Transdanubiens, dem Land zwischen Drau und Save, im Becken von Siebenbürgen). Im 10. Jahrhundert wurde in den Eichenwäldern Holz geschlagen, auf den braunen Waldböden Ackerbau, an den Südhängen Wein- und Obstanbau betrieben. Die Lichtungen dienten der Tierhaltung (Eichelmast).

Die gebirgige Zone der Buchen- und Nadelwälder ist damals noch unbesiedelt. Für die im Karpaten-

40 **Die östlichen Karpaten.**

41 **Hügellandschaft in den nordwestlichen Karpaten.**

42 **Haine waren charakteristisch für die Große Ungarische Tiefebene (Landschaft Bodrogköz).**

Länder und Landschaften um 1000   83

43 **Das Tokaj-Gebirge im Innerkarpatischen Vulkangürtel.**

44 **Becken- und Hügellandschaft (Hegyköz).**

becken siedelnden Ungarn war dies der Grenzstreifen, das in der Tiefe gegliederte Verteidigungsgebiet. Die Besiedlung und wirtschaftliche Erschließung der Karpaten und des Siebenbürgischen Inselgebirges erfolgte später, bis zum Ende des 13. Jahrhunderts. Auf den niedriger gelegenen Landschaften des Gebirges wurden durch die Jagd, in einzelnen Gebieten durch Abbau von Salz, Edelmetallen und Eisenerz die natürlichen Ressourcen genutzt.

An der Wende vom 10. zum 11. Jahrhundert beschränkte sich der Lebensraum der Ungarn und anderer Völker auf zwei Drittel (= 220 000 km^2) des Karpatenbeckens. Das Siedlungsgebiet der landnehmenden Ungarn (895–902) um das Jahr 1000 wird im Lössgebiet und auf den anderen Quartärsedimenten sowie im Gebiet der Eichenwälder mit einer durchschnittlichen Niederschlagsmenge von 600 mm lokalisiert. Die natürlichen Ressourcen und Gegebenheiten des besiedelten Gebietes waren für die Großtierhaltung, den Ackerbau und den Weinbau günstig. Das Ökosystem des Karpatenbeckens begann sich schon zu verändern, die Waldgebiete, die zur Zeit um Christi Geburt 70 % ausmachten, betrugen um das Jahr 1000 nur mehr 37 bis 40 %. Seit dem 10. Jahrhundert begannen sich die Lebensformen der Ungarn zu verändern; das setzte sich nach der Staatsgründung im Jahr 1000 fort, und mit der Ausbreitung des Ackerbaus, nahm der Anteil der Wälder in den Ebenen und hügeligen Landschaften weiter ab. Mit der Systemveränderung in der Lebensweise beschleunigt sich die Gestaltung einer Kulturlandschaft durch die Ungarn und durch die mit ihnen zusammenlebenden Völker.

Literatur

Bulla/Mendöl 1947. – Frisnyák 1990; 1996.

Die natürliche Umwelt Mittelgroßpolens zur Zeit des Aktes von Gnesen

KAZIMIERZ TOBOLSKI

Einführung

In der Geschichte der menschlichen Gemeinschaften darf man die Naturvoraussetzungen, die ihre Existenz ermöglicht haben, nicht übersehen. Die Naturgeschichte, vor allem in der belebten Sphäre, lässt sich vermutlich in der Pflanzenwelt der Vergangenheit am besten aufzeigen, da deren Bioindikatoren einen äußerst hohen Empfindlichkeitsgrad aufweisen. Den Pflanzen verdanken wir die Möglichkeit einer präzisen Zeitbestimmung vieler ökologischer Parameter. Sie zeigen sowohl belebte als auch unbelebte Faktoren, die in der Vergangenheit die ökologische Realität formten. Durch die Darstellung der Rolle der Pflanzen lassen sich die interdisziplinären Verbindungen zur Archäologie, Biologie und sogar zu manchen technischen Disziplinen[1] leichter bestimmen. Die Waldpflanzen geben zum Beispiel Aufschluss über die Struktur des Waldbestandes, die Walddichte, ihre Dynamik, den Natürlichkeitsgrad und das Ausmaß der durch den Menschen verursachten Veränderungen. Der unter anderem von den klimatischen Voraussetzungen abhängige Artenbestand der Pflanzenwelt lässt eine Rekonstruktion des früheren Klimas zu. Die Pflanzenwelt übt gleichzeitig auch einen entscheidenden Einfluss auf den Verlauf des Bodenbildungsprozesses aus, da die Pflanzen nicht nur den Boden nutzen, sondern gleichzeitig auch die Oberfläche mit formen. Die mit der Ernährung zusammenhängenden und die hydrologischen Eigenschaften, aber auch die Produktionsmöglichkeiten des Bodens in natürlichen Pflanzengesellschaften, vor allem des Waldes, behalten ihr Potenzial auch nach Rodung der Waldgebiete bei. Ebenso macht die Aussage biologischer Indikatoren der früher außerhalb des Waldes wachsenden Pflanzenwelt eine Auswertung der wirtschaftlichen Basis vergangener Gemeinschaften möglich, was sowohl Analysen der Hinterlassenschaften pflanzlicher Artefakte mittelsteinzeitlicher Kulturen[2], als auch archäologische Untersuchungen für das Mittelalter bestätigen. Die Geschichte der Pflanzenwelt, ihre ökologischen Voraussetzungen, zusammen mit der paläoökologischen wirtschaftlichen Auswertung, werden ausschließlich direkten Quellen entnommen, die dank der Untersuchungen mikroskopisch kleiner Funde wie vor allem Pollen und Sporen, aber auch größerer, makroskopischer Pflanzenreste entdeckt wurden. Träger dieser Funde sind vor allem geologische Gebilde aus Sumpf und Wasser. Analysen der Ablagerungen in Seen und Torfmoor, die mit Hilfe vieler spezieller Methoden durchgeführt wurden, haben ein vielfältiges Spektrum von Fakten aus der ökologischen Vergangenheit (Paläoökologie), der vergangenen Wasserverhältnisse (Paläohydrologie), der Vergangenheit der Seen (Paläolymnologie), der Bodenflächengestaltung (Paläopedologie), der früher dominierenden klimatischen Voraussetzungen (Paläoklimatologie) und anderer verwandter Gebiete mit sich gebracht. Es besteht die Möglichkeit der Bestätigung paläobotanischer Funde und Ereignisse aus der Pflanzenwelt durch Analysen mancher ausgegrabener Funde tierischen Ursprungs, die in denselben von Lebewesen stammenden Ablagerungen vorzufinden sind. In entscheidendem Maße betrifft dies Tiere, die auf Grund ihrer Ernährung eng mit der pflanzlichen Komponente verbunden sind. Zu dankbaren Forschungsobjekten gehören kleine Krustentiere – Wasserflöhe (*Cladocera*), die ein großes Indikationspotential aufweisen.

Die Eigenheit des Waldbestandes Mittelgroßpolens zur Zeit des jüngeren Holozän

Die Geschichte des Pflanzenreiches der mitteleuropäischen Tiefebene wird am Beispiel Mittelgroßpolens dargestellt. Es ist zentral im Stromgebiet des Flusses Warthe (eines linken Nebenflusses der Oder) gelegen. Die Wahl dieses Gebietes wurde durch eine Vielzahl paläoökologischer Forschungsplätze diktiert, durch eine gute archäologische Erforschung und durch die Tatsache, dass sich hier der polnische Staat im 10. Jahrhundert ausbildete. Die wichtige Rolle dieses Gebietes im Jahre 1000 unterstreicht die berühmte Pilgerfahrt Ottos III. Vom Standpunkt der postglazialen Entwicklung des Pflanzbestandes aus betrachtet, zeichnet sich das besprochene Gebiet Mittelgroßpolens in der

Mitteleuropäischen Tiefebene durch die Anwesenheit seiner unterschiedlichen Wälder aus. Die Struktur dieser Wälder prägten Laubbäume, sodass sie an die frühere Bewaldung mancher westeuropäischer Regionen erinnerten. In einer älteren Etappe ihrer Entwicklung, vor etwa 8000 Jahren, waren diese Wälder durch große Eichen-Ulmen-Linden-Eschen-Waldbestände mit reichem Haselnussstrauchunterholz gekennzeichnet. Die Kiefer, die zum populärsten Bestandteil des heutigen mitteleuropäischen Waldbestandes gehört, hat auf diesem Gebiet bis zum Frühmittelalter keine waldbildende Funktion erfüllt.

Vor etwa 4000 Jahren begann in Mitteleuropa die Expansion von Hainbuchen, die zur Entwicklung einer für Weißbuchengebiete (*Carpinus betulus*) bisher unbekannten Bewaldung mit eigener Waldbestandstruktur beitrug. Dies deutet auf eine natürliche Besonderheit Mittelgroßpolens hin, spätestens seit der Bronzezeit.

Zu den Eigenheiten der damaligen Pflanzengesellschaften sollte man die Hainbuchenbestände zählen, die die oberste Waldschicht bildeten. Die zeitgenössischen Eichen-Hainbuchenwälder besitzen Hainbuchenkronen in niedrigeren Bereichen, da sich über ihnen die Kronen des Eichenbestandes wölbten. Die Andersartigkeit dieser Waldstruktur ist betonenswert, weil sie durch den Massenanteil der Hainbuchen in den damaligen Wäldern bestimmt wird und die Regenerierung der gleichen Waldform nach Eingriffen durch den Menschen gewährleistete.

Die ursprünglichen Hainbuchenwälder auf diesem Gebiet waren nämlich nicht frei von wirtschaftlichen Schädigungen, was an vielen Stellen der Mitteleuropäischen Tiefebene bewiesen werden konnte. Auf den Pollendiagrammen ist ein deutlicher Rückgang der Prozentwerte von Hainbuchen-Pollen sichtbar, der mit der Ansammlung von Sporen von Anbaupflanzen und einem reichen, dem Anbau entstammenden Unkräuter-Pollenspektrum in denselben Pflanzenniveaus übereinstimmen. Aus dem Rückgang, der den Prozentanteil der Hainbuchen widerspiegelt, lassen sich drei Maxime absondern. Die dritte und jüngste charakterisiert den Waldbestand, der während der Völkerwanderung entstanden ist. Die Spitze dieser Hainbuchenkurve stimmt mit dem hohen Anteil der restlichen Baumpollen überein, deren Höhepunkt bei über 95 % liegt, was eine dichte Walddecke dokumentiert. Eine kritische Auswertung der Pollenanalysen dieses Abschnittes des Holozän in der Mitteleuropäischen Tiefebene, die im Rahmen des Projektes „Polen zur Zeit des Gnesener Tages" durchgeführt wurde, hat die Völkerwanderung als bedeutenden Faktor für biologische Wechselbeziehungen in den Stratigraphien des jüngeren Alluviums nachgewiesen. Sie spiegeln eine weite Besiedlungsleere wider. Diese Episode der postglazialen Pflanzengeschichte ist unlängst für das frühmittelalterliche Westslawengebiet verdeutlicht worden, und zwar in den Siedlungen am Belauer See bei Plön[3], einer unweit des *limes saxoniae* gelegenen Forschungsstelle.

Über den Schwund der wirtschaftlichen Aktivität in Mittelgroßpolen während der Völkerwanderungszeit informieren auch zahlreiche paläolymnologische Materialien[4], denn in den Seenablagerungen dieser Zeit zeigt sich eine Abnahme von Nährstoffen, deutlich bezeugen dies die Algen, unter anderem Grünalgen (*Pediastrum*) und Blaualgen (*Aphanizomenon*). Die darunter gelegenen Ablagerungen aus der römischen Kaiserzeit und auch die über dem völkerwanderungszeitlichen Niveau gelegenen Ablagerungen, die sich im Frühmittelalter gebildet haben, beweisen einen wesentlich höheren Nährstoffgehalt im Gewässer. Diese ernährungsbedingten Veränderungen bestätigen fossile Wasserflöhe (*Cladocera*), die in der Nahrungskette eng mit den Grünalgen (*Pediastrum*) verbunden sind. Die genannten pflanzlichen und animalischen Indikatoren bringen gleichzeitig Beweise für unterschiedliche Wirtschaftsmethoden zur Zeit der Völkerwanderung im Vergleich zum Frühmittelalter. Identische Veränderungen der Nährstoffketten wurden unter verschiedenen limnologischen Bedingungen festgestellt, da die analysierten Gewässer der Lednica-Region, der Landschaft von Gnesen (Gniezno) und Giecz unterschiedlich tief und groß sind, und darüber hinaus über unterschiedliche Voraussetzungen für die Ablagerungsansammlung verfügen, nämlich in Form von Kalzium loser DETRYUS-Gyttja und Ablagerungen mit Anteilen von Kalziumkarbonat. Trotz dieser entscheidenden Unterschiede sind die Forschungsergebnisse sehr ähnlich.

Der ökologische Maßstab der Hainbuche plaziert diese Art unter jene waldbildende Pflanzen, die nicht nur entsprechend vorhandene Biotope besiedeln, sondern auch schwächere Böden ausreichend fruchtbar machen können. Gleichzeitig muss das Hainbuchenholz, was die Rohstoffbasis anbelangt, von großer Bedeutung gewesen sein. Deshalb muss man die Rolle dieses Baumes in der Kulturlandschaft des frühen Mittelalters von vielerlei Gesichtspunkten aus betrachten: sowohl als Bodenbildungseffekt, als auch als eine wichtige Quelle von Rohstoffen, vor allem energetischer, die in der Metallurgie, z. B. in den Eisenhütten, benutzt wurden.

45 **Die Mitte Europas.**

Die natürliche Umwelt Mittelgroßpolens und Mitteleuropas im Frühmittelalter

Die Umgestaltung der natürlichen Umwelt zur Zeit des Akts von Gnesen war einerseits eine Fortsetzung der an die frühere Zeit der Völkerwanderung anknüpfenden Entwicklungsdynamik natürlicher Umwelteigenschaften, andererseits unterlagen sie einem vielseitigen anthropogenen Umwandlungsprozess. Die Anfänge der anthropogenen Prozesse erschienen in Mittelgroßpolen an der Wende vom 8. zum 9. Jahrhundert. Im 9. und 10. Jahrhundert wurden die Veränderungen der ursprünglichen Umwelt schon deutlich durch den gestiegenen Ausbau der Landwirtschaft verursacht.

Heute verfügen wir über eine große Anzahl gut untersuchter Forschungsstellen in Mitteleuropa, die über den Zustand der damaligen Landwirtschaft informieren. Es ist bezeichnend, dass schon in dieser frühen Zeit auf vielen, darunter auch auf aus heutiger Sicht äußerst unbrauchbaren Stellen, gewirtschaftet wurde. In Norddeutschland seien hier die an den Küsten in der Marsch gelegenen Wurtensiedlungen in Schleswig-Holstein erwähnt, z. B. der Elisenhof, ein vom 8. bis zum 10. Jahrhundert bestehendes Dorf[5]. Auf dem dortigen, für den Ackerbau wenig günstigen, stark sumpfigen und salzhaltigen Gebiet wurden vier Pflanzenarten angebaut: Ackerbohnen, Gerste, Hafer und Leinen, man züchtete Schafe, Rinder, Schweine und Pferde. Die gleichermaßen ungünstigen Flusstäler, zum Beispiel das Mündungsgebiet der Ems, sind im Frühmittelalter zu intensiv landwirtschaftlich genutzten Gebieten geworden.

Unter dem angebauten Getreide haben vor allem Roggen und Hirse an Bedeutung gewonnen. Das Ausmaß des damaligen Agrar-, Garten- und Obstbaues veranschaulichen archäologische Funde, unter anderem aus den damaligen Ostseehandelzentren wie Haithabu oder Wollin (Wolin). Die Rodungen und der intensive Ackerbau im nordwestlichen Teil Mitteleuropas verursachten eine Ausdehnung der Heide – großflächige Pflanzenansammlungen, die eine Versauerung und Bleichung der Böden zur Folge hatten. Die Ausbreitung von Heideflächen war mit den subatlantischen Einflüssen verbunden und hat sich auf polnischem Gebiet nur im nordwestlichen Teil des Landes bemerkbar gemacht, vor allem auf der Insel Wollin[6]. Beispiele aus dem Gebiet Deutschlands und Polens gibt es viele, festgehalten in einer reichen archäobotanischen und archäozoologischen Literatur. Näher darauf einzugehen würde den Rahmen dieses Artikels sprengen.

Auch in Großpolen um 1000 wurden weite Gebiete von der Landwirtschaft erfasst und deshalb in bedeutendem Grad entwaldet. Dieser Prozess der großflächigen Entwaldung traf mit der Verarmung des Waldbaumbestandes zusammen, die durch natürliche Ursachen der telokratischen klimatisch-ökologischen Phase hervorgerufen wurde. In den Wäldern verminderte sich der Anteil der mäßig oder stark von nährstoffreichen Böden abhängigen Laubbäume, es verschwanden vor allem Ulmen, Eichen, Linden und Hainbuchen. Ihren Platz nahmen Waldarten ein, die geringere Bodenanforderungen stellten und jene, die säuerliche und unfruchtbar werdende Biotope vorzogen. In erster Linie hat sich der Kiefernbestand vergrößert und mancherorts stieg in den Wäldern Nordwestpolens der Anteil der Buchenwaldbestände beträchtlich an.

Die Bewaldung auf Polens Tiefebenen verlief anders als im westlichen Mitteleuropa. Die Ursache dafür waren immer geringere Einflüsse des ozeanisch geprägten Klimas bei gleichzeitigem zunehmendem Einfluss des kontinentalen Klimas. Ein sich vom Westen unterscheidender Artenbestand der Wälder wirkte sich auch anders auf die Bodeneigenschaften und die Bodenbildung aus. Die Buchenwälder in Nordwesteuropa zum Beispiel, die sich im ersten und zweiten Jahrtausend n. Chr. ausbreiteten, trugen zur Bodenbleichung bei. Eine andere Entwicklungsrichtung wiesen im westlichen Teil Mitteleuropas Eichen-Hainbuchenwälder auf. Auf deutschem Gebiet waren Hainbuchen schwach verbreitet und bedeutende Waldgebiete mit Hainbuchenanteil erschienen nur in Gebieten, die früher von Buchen- und Eichen-Buchenwäldern bewachsen waren. Eichen-Hainbuchenwälder sollten sich dort erst im Frühmittelalter ausbreiten, als Folge einer zu jener Zeit spezifischen Verwendung von Waldstreifen mit Hainbuchenanteil[7]. Diese Verwendung bestand in der Ausbeutung des in so genannten Nachwuchswaldbeständen gewonnenen Holzes. Diese Nachwuchswaldbestände waren die Folge einer Nachwuchserneuerung der Hainbuche.

In Nordwestpolen herrschten ganz andere pflanzengeographische Bedingungen. Sie waren vor allem dadurch verursacht, dass das polnische Gebiet sich im Zentrum der damaligen Hainbuchen-Verbreitung befand, und die Buche in diesem Teil Polens ihr Areal erst zu formen begann. Die gegenwärtige Buchenreichweite Richtung Nordosten, die Westpommern, den westlichen Teil Ostpommerns zusammen mit Großpolen und dem Lebuser Land umfasste, begann sich relativ spät zu formen. Früher erschienen auf diesen Gebieten zahlreiche Hainbuchenwaldbestände.

Die bereits erwähnte Abhängigkeit zwischen der früheren Präsenz der Hainbuchenwälder und der Bevölkerungsdichte um 1000 ist die Folge einer Bodenfruchtbarkeit, die hier größer ist als in der Nachbarschaft. Dies wiederum konnte demographische Konsequenzen haben und dadurch auch eine wirtschaftliche Bedeutung, die die politische Rolle Mittelgroßpolens zur Zeit der ersten Piasten bestimmte.

In der Region um den Lednica-See gibt es viele Hinweise auf umfangreiche wirtschaftlich bedingte Veränderungen der natürlichen Umwelt. Nicht alle sind bisher erforscht worden, unter anderem wird vermutlich der Einfluss der Metallverhüttung und der Umfang der damaligen Erdarbeiten unterschätzt. So erforderten die in dieser Zeit unternommenen Bauarbeiten auf der Lednica-Insel nicht nur Fertigkeiten in der Baukunst, sondern auch wegen der damalige Waldlosigkeit der Umgebung des Lednica-Sees einen hohen ökonomischen Aufwand für die Errichtung hölzerner Bauten. Brauchbares Holz für den Brückenbau gewann man z. B. aus vielen, relativ entlegenen Regionen. Ähnlich war es bei der Errichtung von Holz-Erde-Wällen, die enorme Mengen Holz erforderten. Ein klares Zentrum der Hainbuchenwaldbestände in Mittelgroßpolen befand sich in jenen Bereichen, in denen nach Rodungen die größten Burgen von zentraler Bedeutung lagen: Gnesen (Gniezno), Ostrów Lednicki und Giecz. Gleichzeitig waren es die im Frühmittelalter am dichtesten besiedelten Gebiete.

Zu den durch die beträchtlichen Rodungen und die intensive Landwirtschaft hervorgerufenen Effekten gehörte die schon bereits an den Beispielen des Lednica-Sees, des Świętokrzyskie-Sees in Gnesen und des fossilen Sees in Giecz erwiesene neue Anreicherung von Nährstoffen im See. Sie wurde durch einen Anstieg von Kleinstlebewesen und die Zufuhr mineraler Einzelanteile im Wasser verursacht. Es kam zur Bodenerosion, die an manchen Stellen durch Veränderung der oberen Bodenschicht ausgelöst wurde, was zu weiteren Ablagerungen führte und den chemischen Abbau steigerte. Im frühmittelalterlichen Litoral des Skrzetuszewskie-Sees, eines dem Lednica-See benachbarten Gewässers, kam es sogar zu einer Überdeckung der koluvialen Ablagerung.

Von der bedeutenden Feld-, Garten- und Obstbaukultur in der Region des Lednica Sees zeugen zahlreiche archäobotanische Funde[8]. Was den Reichtum an Pflanzen anbelangt, stehen sie den frühmittelalterlichen, von Jaroń 1939 untersuchten Funden aus dem nahe gelegenen Gnesen in nichts nach und übertreffen diesen zum Teil. Beide Fundstellen, zusammen mit weniger zahlreichen, im frühmittelalterlichen Posen (Poznań) geborgenen Proben, besitzen einen großen diagnostischen Wert für die Rekonstruktion klimatischer Bedingungen in dieser Zeit. Das damalige wärmere Klima bezeugt der Nachweis von wilden Weinreben (*Vitis sylvestris*) in Gnesen und Ostrów Lednicki[9], die ähnliche Anforderungen stellen wie die herkömmlichen Weinreben (*Vitis vinifera*), die zu jener Zeit in Gnesen und Posen gezüchtet wurden. Das Areal der *Vitis sylvestris*[10] umfasst den Mittelmeer- und den submediterranen Raum, und die am weitesten nach Norden vorgeschobenen Stellen befinden sich im Donautal in Österreich. Den gleichen Indikationswert weist nicht nur der Pfirsich (*Prunus persica*) auf, dessen Steine man in den frühmittelalterlichen Schichten in Ostrów Lednicki und in Gnesen gefunden hat, sondern auch die Gurke (*Cucumus sativus*), die für Gnesen, Ostrów Lednicki und Posen nachgewiesen werden konnte. Höhere Temperaturen als heutzutage beweisen darüber hinaus eine immer zahlreichere Gruppe von Funden, unter anderem die Linse (*Lens culinaris*) und die Spitzklette (*Xanthium strumarium*).

Das Ausmaß der Veränderungen der natürlichen Umwelt Mittelgroßpolens bezeugen Pollen, auf Indikatoren ökologischer Werte basierende Zusammenstellungen und Funde, die eine Beurteilung des Nährstoffgehaltes und der damaligen Wasserqualität ermöglichen. Aus dem auf dem Gebiet Mittelgroßpolens gesammelten reichen Quellen, die unter anderem in den bisher unveröffentlichten Doktorarbeiten von Polcyn (1998) und Makohonienko (1998) publiziert sind, findet man erwähnenswerte ökologische Zahlenergebnisse.

Der überwiegende Anteil pflanzlicher Funde, der bisher lediglich anhand der Unterwasserkulturschichten in der Umgebung der Brücken am Lednica See und aus dem Gewässer in Giecz zusammengestellt wurde, bestätigt das aus den Untersuchungen der Pollen bekannte Bild. Bei dem überwiegenden Anteil pflanzlicher Funde handelt es sich um Anzeiger für offene Räume und schwach beschattete Plätze. Die Stickstoffanzeigen signalisieren in der Landschaft von Ostrów Lednicki und Giecz eine wichtige Rolle Stickstoff liebender Organismen in stickstoffreichen Lebensräumen. Im Bereich dieser zwei Siedlungszentren des frühen Mittelalters in Mittelgroßpolen spiegelt sich die beträchtliche Veränderung der ursprünglichen Landschaft wider.

Anmerkungen

1 Tobolski (1998a).
2 Vgl. Kubiak-Martens (1999).
3 Wiethold (1998).
4 Makohonienko (1997). – Milecka (1997).
5 Behre (1991; 1976).
6 Tobolski (1998b).
7 Küster (1995).
8 Tobolski/Polcyn (1993). Hier handelt es sich nur um eine vorläufige Liste, in letzter Zeit wurde sie erheblich erweitert um bisher nicht veröffentlichte Funde aus der Doktorarbeit von M. Polcyn (1998) und dem Material von T. Schubert.
9 Vor kurzem von T. Schubert gefunden, mündliche Information.
10 Vgl. Jaquat/Martinoli (1999).

Literatur

Behre 1976. – Jaquat/Martinoli 1999. – Jaroń 1939. – Kubiak-Martens 1999. – Küster 1995. – Makohonienko 1997; 1998. – Milecka 1997. – I. Polcyn 1997. – M. Polcyn 1998. – Szeroczyńska, 1998a; 1998b. – Tobolski 1994; 1998a; 1998b; 1999. – Tobolski/Polcyn 1993. – Wiethold 1998.

Slawen und Ungarn in Europas Mitte

Siedlung
und Wirtschaft

Die Wirtschaft, Besiedlung und Siedlungslandschaft der Westslawen zwischen Oder und Weichsel

STANISŁAW KURNATOWSKI

Die im Frühmittelalter entstandene Landwirtschaft setzt sich eigentlich, trotz ihrer immer währenden Wandlungen, bis in unsere heutige Zeit fort. Sie ist durch den vorherrschenden Getreideanbau und durch die mechanische (Zugtiere/Motor) Bearbeitung des Ackerbodens gekennzeichnet. Mit ihr erfolgte ein bedeutender zivilisatorischer Durchbruch, der die Grundlagen für die dynamischere sozial-kulturelle Entwicklung und den schnellen demographischen Aufschwung bildete. Gleichzeitig beschleunigte sie jedoch auch die Schädigung der natürlichen Umwelt. Die Landwirtschaft des frühen Mittelalters beruhte aber nicht nur auf der Einführung gewisser technischer Neuerungen, zu jener Zeit erfolgte auch die grundlegende Änderung in der Nutzung der lokalen Umwelt. Die Darstellung dieser Veränderung soll durch die Charakteristik der früheren, noch in der Bronzezeit ausgebildeten und bis zum Ausgang der Antike funktionierenden Wirtschaft eingeleitet werden.

Es war das System der Produktions-, Jagd- und Sammelwirtschaft, das Ackerbau und Viehzucht mit Sammeln, Fischfang und in geringerem Maße mit Jagd vereinte. Diese Wirtschaft war durch Verwendung von intensiveren sowie extensiveren Ausbeutungstechniken als auch durch die Nutzung von verschiedenen ökologischen Milieuzonen gekennzeichnet. Der effektivste und arbeitsaufwendigste Anbau von Hülsenfrüchten und Gemüse (der im Vergleich zum Getreideanbau von der gleichen Fläche durchschnittlich die vierfache Bevölkerungszahl zu ernähren erlaubte) wurde in Siedlungsgärten in Tälern am Rande der Überschwemmungsterrassen betrieben. Die mit Holzhacken bearbeiteten kleinen Getreidefelder wurden auf den leichteren Böden der Mittelterrassen angelegt und die angrenzenden Teile der Anhöhen wurden als Brandäcker in der Wald-Brachenwirtschaft genutzt. Man betrieb unterschiedliche Zuchtformen – von der Hauszucht bis zum halbwilden Abgrasen der Herde in den umliegenden Wäldern und auf den kleinen Lichtungen der verlassenen Brandäcker. Derartig vielseitige Nutzung sicherte die Versorgung der Lokalgemeinschaften ohne die Umwelt in den besiedelten Gebieten übermäßig zu belasten. Es gab dort keine größeren auf Dauer waldfreien Flächen, denn das Ackerland war zersplittert, und unterlag ständiger Bewirtschaftung. Auch verursachte die Tierzucht nur die Auslichtung des Waldes. Die Flächen der Siedlungskammern waren unterschiedlich groß (ca. 10 bis 100 km^2). Sie erstreckten sich entlang der Flusstäler oder Seerinnen und waren durch unzugängliche oder kaum genutzte, dichte Urwaldgebiete getrennt. Die Bevölkerungsdichte auf den besiedelten Territorien bewegte sich zwischen zehn bis 20 Personen pro km^2. Die durchschnittliche Bevölkerungsdichte war im gesamten Land wegen der bestehenden großflächigen Öden beachtlich niedriger. Die höchste Bevölkerungszahl am Ende der Bronzezeit und zu Beginn der Eisenzeit (8. bis 6. Jahrhundert v. Chr.) lag wahrscheinlich bei nicht viel mehr als zwei Personen pro km^2, wobei sie im Odergebiet höher war (in Schlesien mehr als vier, in Großpolen mehr als drei Personen pro km^2).

Ab dem 2. Jahrhundert v. Chr. veränderte sich die Landwirtschaft durch die Einführung der von den Kelten übernommenen leistungsstärkeren Eisengeräte sowie durch Neuerungen in Ackerbau und Viehzucht. Es kam zu einer Steigerung des Getreideanbaus, bei dem der Roggen dominierte. Anscheinend hat zu jener Zeit die Nutzung des Ackerlandes durch die Einbeziehung weiterer Brachflächen, auf den Mittelterrassen sowie in den

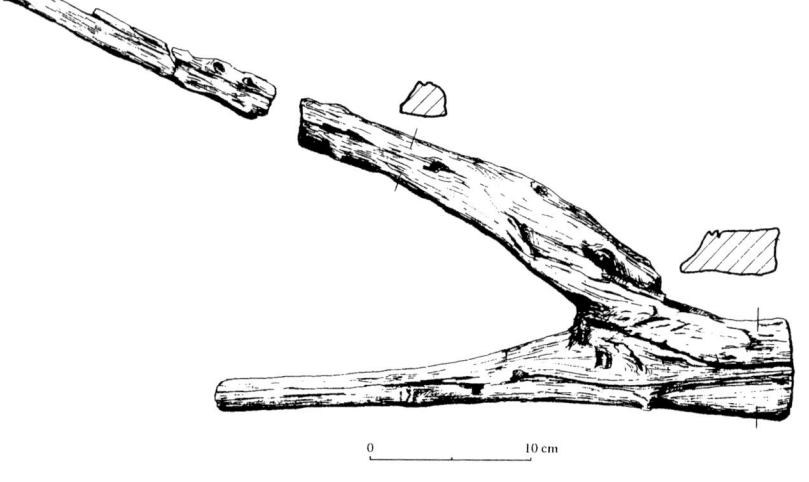

46 Hölzerner Hakenpflug von Ostrów Lednicki: (nach M. Łastowiecki).

47 **Hölzerne Pflugschar von Ostrów Lednicki. Muzeum Archeologiczne Poznań.**

48 **Eisernes Pflugmesser mit Holzteil von Ostrów Lednicki. Muzeum Archeologiczne Poznań.**

flachen Tälern zugenommen. Die Ausnutzung der feuchten Wiesen für die Ernte von Winterfutter, die durch die Einführung von Sicheln und später der Sense ermöglicht wurde, sowie ein Anstieg der Anzahl des Zuchtviehs scheint für einen Rückgang der Waldweidewirtschaft zu sprechen. Die damaligen Siedlungsräume waren im Gegensatz zu den vorangegangenen Zeiten kleiner. Sie waren jedoch geschlossener und umfassten vor allem die Tallagen. Die Anzeiger für waldfreie Zonen nehmen um das Doppelte zu, was für die Entstehung von größeren offenen Räumen in diesen Gebieten spricht. Die Entwaldung einiger Regionen war auch die Folge der steigenden handwerklichen Produktion, vor allem der Eisenverarbeitung. Im allgemeinen haben aber die genannten Wandlungen die grundlegende Struktur der Wirtschaft mit der vielfältigen Nutzung von verschiedenen Umweltzonen nicht verändert.

Tiefgreifende Umwandlungen erfolgten nicht, da man sich noch immer nach der natürlichen Produktivität der lokalen Umwelt richtete. Auch die damaligen ziemlich stabilen Sozialverhältnisse und die traditionellen Kulturmuster verhinderten größere Veränderungen. Auch das Siedlungsbild des Landes, mit seinen Inseln mit dichterer Besiedlung und größerer Bevölkerungsdichte entlang der Wasserwege, die von großräumigem Ödland umgeben waren, blieb weitestgehend bestehen. Die gesamte Bevölkerungszahl stieg etwa um die Hälfte, doch blieb im Landesdurchschnitt die Bevölkerungsdichte weiterhin gering. An der Wende zum 3. Jahrhundert n. Chr. betrug sie wahrscheinlich knapp über drei Personen pro km^2 (in Großpolen über vier Personen pro km^2).

Erst die starken Umwälzungen der Völkerwanderungszeit (5. bis 6. Jahrhundert n. Chr., die die alten sozial-ökonomischen Systeme ganz Europas jenseits des Limes erschütterten, führten zu einem grundsätzlichen Wandel der Wirtschaftsweise. Nicht nur in den eroberten Gebieten, sondern auch in den weit von den zentralen Kriegsschauplätzen entfernten Regionen kamen Symptome einer tiefen Krise zum Vorschein: das Verschwinden bisheriger Kulturen, die Zerstörung ehemaliger Siedlungsnetze und der Siedlungsabbruch in zahlreichen Gebieten. Die frühmittelalterliche Stabilisierung der Besiedlung (ab dem 7. Jahrhundert n. Chr.) erfolgte also oft im Rahmen des Abbruchs der lokalen Kulturtraditionen und einer erneuten Herausbildung, nicht nur von hochorganisierten Gemeinschaften (Stammes- oder Nachbargemeinschaften), sondern auch von elementaren Lokalgemeinschaften. Dies begünstigte die Bevorzugung weniger arbeitsaufwendiger Techniken in der Nutzung der Umwelt. Die Vorbilder für solche Techniken konnten leicht von den Ländern des Römischen Reiches übernommen werden, die von den europäischen Völkern jenseits des Limes bedrängt wurden. Bezeichnend ist die Genese des neuen Systems im Getreideanbau etwa um die Zeitenwende in Italien und den gallischen Provinzen. Es bildete sich ein Großgrundbesitz heraus, der damals mit den steigenden Kosten der Arbeitskraft kämpfte. Die eingeführten Änderungen sollten die menschliche Arbeitskraft (Unfreie und Lohnarbeitskräfte), selbst auf Kosten der Ertragshöhe, reduzieren. Es wurde damals auf die Aussaat in Reihen und die Unkrautbeseitigung des Getreideackers verzichtet. Man führte die breite Aussaat und ein neues Gerät zur Ackerbearbeitung mit Zugtieren – die Egge – ein. Sie sollte die bislang manuell durchgeführte Auflockerung des Bodens, die Beseitigung des Unkrauts sowie das Abdecken des ausgesäten Saatgutes ersetzen. Das neue System reduzierte den Arbeitsaufwand um etwa auf die Hälfte, verursachte jedoch auch eine beachtliche Ertragssenkung und Verunreinigung des Ackerlandes. Im Süden unter dem Druck der Marktwirtschaft erfunden, wurde dieses System ein paar hundert Jahre später in einer anderen Zivilisationslage Mitteleuropas vortrefflich zur Anwendung gebracht. Seine schnelle Übernahme im Oder- und Weichselgebiet sowie auf den anderen Gebieten jenseits des Limes ergab sich aus den damaligen Bedürfnissen der dortigen Bevölkerung, die praktisch über unbegrenzte Möglichkeiten der Besiedlung und Nutzung des freien Raumes verfügte und gleichzeitig, beim damaligen durch Emigration bewirkten Bevölkerungsrückgang unter Mangel an Arbeitskraft litt. Das neue Wirtschaftssystem kennzeichnete eine 1. große Extensivität, denn die Erträge waren bei vergleichbarer Anbaufläche niedriger, 2. größere Produktivität des Produzenten, denn die systematische Nutzung von Zugtieren ermöglichte eine bedeutende Vergrößerung der Anbauflächen, 3. dauerhafte Entwaldung der angebauten Nutzfläche, 4. die radikale Einschränkung der traditionellen Methoden der Ackerbearbeitung und der Pflanzenpflege, die zwar die Erträge erhöhte, aber sehr arbeitsaufwendig waren und 5. die Einführung von verhältnismäßig wenigen, früher unbekannten Techniken oder Geräten für die Ackerbearbeitung (breite Aussaat, Egge, verbessertes Pferdegeschirr).

Die herkömmliche manuelle Bearbeitung bei Böden und Pflanzen wurde weiterhin in den Hausgärten angewandt, deren Anteil an der gesamten Wirtschaft beträchtlich zurückgegangen war. Eine weitere, ebenfalls nicht allzu umfangreiche Fläche könnten die durch Viehauftrieb gedüngten Siedlungsfelder eingenommen haben. Diese beiden Zonen waren wahrscheinlich wie bisher der traditionelle Platz für den Anbau von Hülsen- und Ölfrüchten sowie von Gemüse (Erbse, Saubohne, Linse, Flachs, Hanf, Mohn, Wasserrübe, Möhre, Pastinak, rote Rübe, Kohl, Zwiebel, Dill wie auch die zuvor eingeführten Gurken). Dort wuchsen auch Apfel-, Birn-, Pflaumen-, Sauerkirsch-, Süßkirsch- und Kirschpflaumenbäume.

Die traditionelle Wald-Brachenwirtschaft wurde zweitrangig, obwohl sie in einigen Regionen, wie den Karpaten, bis zum Anfang unseres Jahrhunderts weiterbetrieben wurde. In zunehmendem Tempo wurde dagegen der Wald für neue Anbauflächen abgeholzt und abgebrannt.

Die größten landwirtschaftlich genutzen Flächen sind nun die mit Zugtieren bearbeiteten Äcker für den Getreideanbau. An Getreide finden sich Roggen, Hirse, fünf Weizensorten, von denen gemeiner Weizen im 11./12. Jahrhundert an erste Stelle tritt, zwei Gerstensorten und Hafer, dessen Anteil am Getreideanbau ebenfalls steigt. Am Anfang dominierte sicherlich eine Felder-Gras-Wirtschaft, bei der jedes Jahr über einen größeren Zeitraum hinweg ein Anbau erfolgte. Die Anbauflächen lagen dann längere Zeit brach, bevor sie wieder unter den Pflug genommen wurden. Zur Vergrößerung der siedlungsnahen Anbaufläche ging man in immer größerem Umfang auf die Brachewirtschaft über. Diese unterschied sich von der bisherigen Wirtschaftsweise nicht nur durch eine kürzere, meistens einjährige Nutzungspause, sondern auch durch die getroffenen Bearbeitungsmaßnahmen (Pflügen, Düngen durch Viehabweiden). In den Klimaverhältnissen Mitteleuropas konnte die mediterrane Zweifelderwirtschaft ziemlich schnell in einen vierjährigen Fruchtfolgezyklus umgewandelt werden. Die Dreifelderwirtschaft mit der Fruchtfolge Wintergetreide, Sommergetreide, Brachland wurde erst ab dem Ende des Frühmittelalters eingeführt. Ihre Ausbreitung fällt in die zweite Hälfte des 13. Jahrhunderts und in das 14. Jahrhundert und war zugleich mit einer veränderten Anordnung von Siedlungsbebauung, Ackerland oder anderen Nutzflächen verbunden, die früher ungeordnet verstreut lagen.

49 Eiserne Sichel von Ostrów Lednicki. Muzeum Archeologiczne Poznań.

50 Zusammenlegbare Eisensichel, Muzeum Archeologiczne Poznań.

Die Entwicklung der landwirtschaftlichen Geräte betraf vor allem diejenigen zur Saatbeetvorbereitung und zur Ernte. Es kam zur Entwicklung von Pfluggeräten für vergrastes Brachland oder zur Bearbeitung von schweren, dichten Böden. Die Einführung einer breiteren, asymmetrischen Pflugschar und die Anbringung einer Holzplatte für das Beiseiteschieben der Erdschollen ergab den sogenannten Wendepflug (*aratrum parvum*). Die gleichzeitige Verwendung von schwächeren Hacken (mit einem Blatt im spitzen Winkel zum Boden) und Sohlenhacken sowie später dem Pflug resultierte aus den verschiedenen Hilfsarbeiten (unter anderem zur Zerkleinerung von dichten, mit Wurzeln durchwachsenen Erdschollen). Auf leichteren Böden verwendete man unbeschlagene Hacken aus Holz. Beim Pflügen mit dem Hakenpflug wird nur die obere Bodenschicht aufgelockert, weshalb für eine bessere Saatvorbereitung zwei bis dreimal gepflügt werden musste. Das Pflügen erfolgte sowohl in der Länge als auch in der Breite – das gitterförmige Muster der Pflugspuren haben Archäologen vielfach nachweisen können. Üblicherweise setzte man beim Pflügen Zugtiere ein. Eine neue, doch notwendige Bearbeitungsmaßnahme war das Eggen. Hierdurch wurden durch das Herausziehen der Unkrautwurzeln bessere Pflugresultate vor der Aussaat erreicht und bei der Abdeckung des ausgesäten Saatgutes bessere Ergebnisse erzielt. Das Eggen erforderte weniger Kraftaufwand der Zugtiere, verlangte jedoch eine höhere Geschwindigkeit. Deshalb verwendete man hierfür Pferde, zumal mit der Einführung von Kummet und Siele das Pferdegeschirr verbessert worden war. Zur Getreideernte gebrauchte man nur die Sichel, deren Form im 8. und 9. Jahrhundert funktionaler wurde, was eine Beschleunigung der Erntearbeit ermöglichte. Die damals entstandene Sichelform wird bis auf den heutigen Tag genutzt. Gras wurde mit Sensen mit kurzem Stiel gemäht. Ihre allmähliche Entwicklung führte im Mittelalter zur Entstehung der auch heute noch gebräuchlichen Sense. Nicht zu vergessen ist ein einfaches aber effektives Gerät, das im Frühmittelalter eingeführt wurde. Mit dem Dreschflegel wurde das Dreschen des eingebrachten Getreides erleichtert.

Auch in der frühmittelalterlichen Tierzucht kam es zu Veränderungen, die sich in einem radikalen Wandel des Zahlenverhältnisses der gezüchteten Tiere ausdrückte. Das früher zahlenmäßig dominierende Rind verliert im älteren Abschnitt des Frühmittelalters an Bedeutung. An erster Stelle steht nun das Schwein. Im jüngeren Abschnitt dieser Periode steigt der Rinderanteil leicht an. In Großpolen, Schlesien und Pommern überwiegt jedoch weiterhin die Schweinezucht. Daraus wird deutlich, dass auch in der Tierzucht weniger arbeitsaufwendige Wege eingeschlagen wurden, da unter den damaligen Verhältnissen die Schweinezucht die geringste Pflege erforderte.

51 Eiserne Sense von Ostrów Lednicki. Muzeum Archeologiczne Poznań. – Kat. 03.01.07.

Wie bereits erwähnt, führten die unterlassenen Pflegemaßnahmen zwischen Aussaat und Ernte im Getreideanbau zur starken Verunkrautung der Äcker und zu einer beachtlichen Ertragssenkung. Nach nahezu übereinstimmenden Schätzungen betrug der Durchschnittsertrag des Getreideanbaus höchstens zwei bis drei Körner pro ausgesätem Korn. Derart schwache Erträge kompensierte man durch größere Anbauflächen; ein durchschnittlicher Hof mit Hakenpflug und Zugtier konnte jedes Jahr ca. 8 ha Ackerfläche bewirtschaften. Saatfläche und Brachland umfassten damit 16 ha, was genau einer Hufe entspricht. Umgerechnet ist die Fläche der jährlich bewirtschafteten Äcker auf das Vierfache, und die gesamte landwirtschaftliche Nutzfläche auf das Sieben- bis Achtfache pro Einwohner gestiegen. Gleichzeitig sank die Bevölkerungsdichte der Siedlungsgebiete, die im älteren Abschnitt des frühen Mittelalters wahrscheinlich bei zehn Personen pro km^2 lag.

Die Steigerung der Agrarproduktivität (doppelte Ertragserhöhung pro Produzent) bildete die notwendige Grundlage für soziale Wandlungen – für den Übergang von der Stammes- zur Staatsorganisation. Die Verbesserung des Nahrungsangebotes beschleunigte den Bevölkerungszuwachs. Die Bevölkerungsdichte, die im 7. Jahrhundert nicht mehr als zwei Personen pro km^2 betrug, überschritt am Anfang des 11. Jahrhunderts fünf Personen pro km^2 und erreichte im 13. Jahrhundert zehn Personen pro km^2. In dieser Zeit begann der Ausgleich der Bevölkerungsunterschiede zwischen den ehemals römisch besetzten Gebieten und den Ländern jenseits des Limes. So betrug die durchschnittliche Bevölkerungsdichte der Oder- und Weichselgebiete im Vergleich zu gleichen durchschnittlichen Werten für Frankreich und Italien im 2./3. Jahrhundert 1:4 zu 1:7, um 1000 1:2 zu 1:3, im 14./15. Jahrhundert 1:1,8 zu 1:2 und 1993 1:0,8 zu 1:1,5.

52 Eiserne Axt mit Holzschaft von Ostrów Lednicki. Muzeum Archeologiczne Poznań. – Kat. 18.01.07.

Siedlung und Wirtschaft

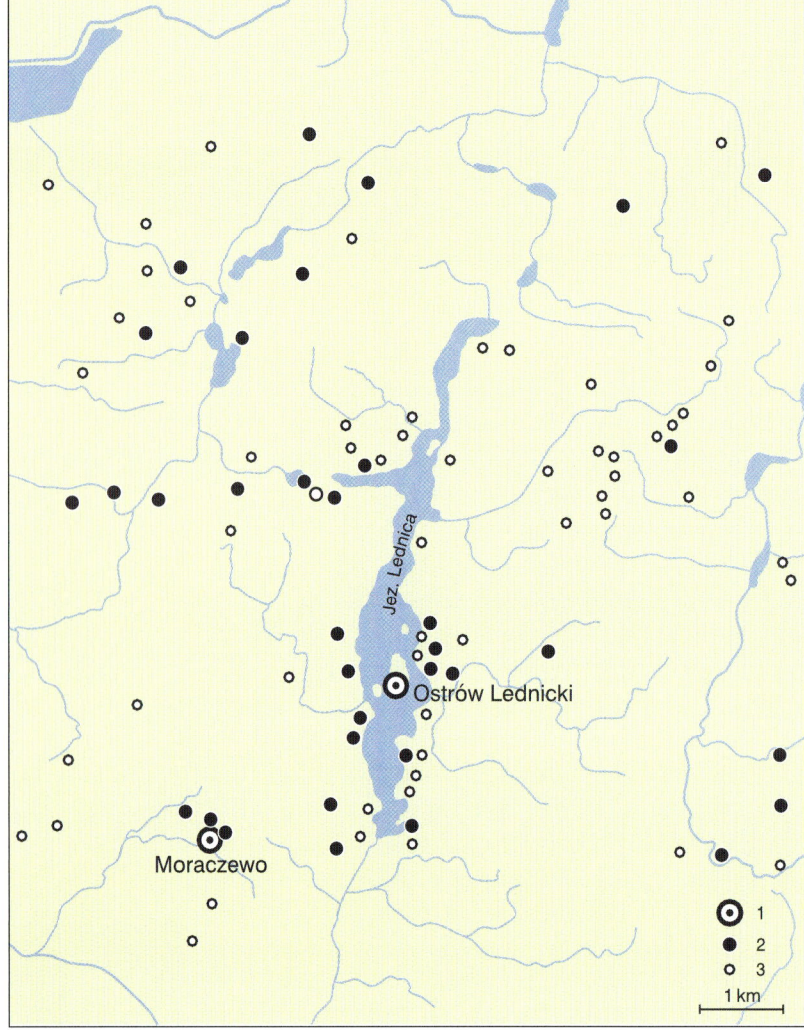

53 Siedlungskammer Ostrów Lednicki um 1000. 1 Burgwall; 2 Siedlung; 3 Streufunde, vermutlich Siedlung.

Die Bedürfnisse nach der ständigen Vergrößerung der Anbaufläche verursachten ein rasantes Verschwinden des Waldes. Die schnell fortschreitende Entwaldung trat im Bereich der alten Siedlungsräume in den Tallandschaften am frühesten zutage. Die Erweiterung der Ackerflächen in den Tälern förderte, neben den bestehenden alten Nutzungstraditionen, auch deren Fruchtbarkeit und die einfache Bearbeitung der dortigen leichten Waldhumusböden mit Zugtieren. Das Verschwinden der schützenden Pflanzendecke in den größeren Talgebieten durch die Anwendung der Brachewirtschaft führte jedoch zur raschen Bodenzerstörung. Die intensive Nutzung der fruchtbaren Böden in den Tälern zwang die frühmittelalterlichen Bauern zur Bewirtschaftung der umfangreicheren Hochlandgebiete am Ende des ersten Jahrtausends. Besonders dynamisch war dieser Prozess in Zentralgroßpolen, wo die Bewirtschaftung neuer Territorien durch den Bau der bedeutendsten Burgzentren des Piastenstaates begleitet wurde. In der Umgebung von Gnesen (Gniezno), Posen (Poznań), Lednica und Giecz stieg die Zahl der Siedlungen im Laufe von einigen Jahrzehnten durchschnittlich auf das Dreifache und die Entwaldung übeschritt 60 % der gesamten Fläche. Der damals landesweit begonnene Prozess der Zerstörung der natürlichen Umwelt setzte sich im Spätmittelalter und in der Neuzeit fort. Und so betrug die Entwaldung Großpolens im 10. Jahrhundert etwa 20 % der Gesamtfläche, im 11. Jahrhundert etwa 30 %. Im 13. Jahrhundert stieg sie auf über 40 % an. Im 14. Jahrhundert erreichte man 50 %, im 16. Jahrhundert 60 %, im 18. Jahrhundert 70 %, im 19. Jahrhundert 80 %. All dies hat Störungen im Wasserhaushalt hervorgerufen, da die abnehmende natürliche Pflanzendecke das abfließende Wasser des Hochlandes nicht mehr auffangen konnte. Die gegenwärtigen Schwierigkeiten der Landwirtschaft, die einerseits Trockenheit, andererseits plötzlichen Überschwemmungen ausgesetzt ist, sind so eine ferne Nachwirkung der im Frühmittelalter einsetzenden Prozesse.

Literatur

Łowmiański 1967. – Dembińska/Podwińska (Hrsg.) 1978. – Kurnatowski 1995. – Niewiarowski (Hrsg.) 1995.

Siedlungslandschaften, Siedlung und Wirtschaft der Westslawen zwischen Elbe und Oder

EIKE GRINGMUTH-DALLMER

Die Entstehung und Entwicklung der Siedlungsräume

Die Einwanderung der Nordwestslawen in den Raum westlich von Oder und Neiße erfolgte im mittleren Elbegebiet seit dem 6., sonst in größerem Umfang kaum vor dem 7. Jahrhundert. Sie fanden dabei ein weitgehend bewaldetes Gebiet vor, das durch Rodung urbar gemacht werden musste. Die Erschließung geschah zunächst inselhaft von den Flussläufen aus und führte zur Ausbildung von Siedlungsgefilden unterschiedlicher Größe, die von ausgedehnten Waldgebieten umgeben waren[1]. Um die Jahrtausendwende waren diese Räume im wesentlichen voll ausgebildet. Vor allem im Norden hat dann noch vor der großräumigen Ostsiedlung des hohen Mittelalters ein selbständiger slawischer Landesausbau im 11. und 12. Jahrhunderts in größerem Umfang die Waldgebiete erfasst (Abb. 54) und ist dabei in morphologisch weniger gegliederte Gebiete vorgedrungen. Hierin ist einerseits ein Anzeichen für einen Bevölkerungsdruck zu sehen, andererseits aber eine geringere Abhängigkeit von den natürlichen Gegebenheiten. Ansonsten kam es zu einer immensen Vermehrung der Fundplätze in den Altsiedelräumen[2].

Die innere Struktur der Siedlungslandschaften

Die Gefilde sind großenteils mit den Wohnbereichen historisch überlieferter Stämme zu identifizieren, und zwar erheblich exakter, als das allein aufgrund der Schriftquellen möglich war. Mitte des 9. Jahrhunderts nennt der sogenannte Bayerische Geograph die ihm bekannten Stämme und die Zahl der ihnen zugehörigen *civitates*: Obodriten mit mehreren Teilstämmen, Wilzen mit vier Teilstämmen, Linonen, Bethelici, Smeldinger, Morizani, Heveller, Sorben mit mehreren Teilstämmen, Daleminzer, Lusitzer, Milzener, Besunzanen. Diese Aufzählung ist durch die fränkische Annalistik seit dem letzten Viertel des 8. Jahrhunderts zu ergänzen[3]. Unter den *civitates* sind die archäologisch fassbaren Siedlungskammern zu verstehen, die aus einer Burg und einer Anzahl zugehöriger Siedlungen bestanden. Wie das Beispiel Drense in der Uckermark[4] deutlich macht, legt schon die räumliche Geschlossenheit des Komplexes eine Zusammengehörigkeit nahe (Abb. 55). Die Burg bestand vom 8. bis zum frühen 13. Jahrhundert. Sie misst mit Vorburg insgesamt 185 m x 240 m, der Wall ist heute noch bis zu 8 m hoch. Insgesamt konnten zehn Phasen ermittelt werden. Handwerkliche Tätigkeit und weitreichender Handel sind nachgewiesen. Drense bildete den Vorort des

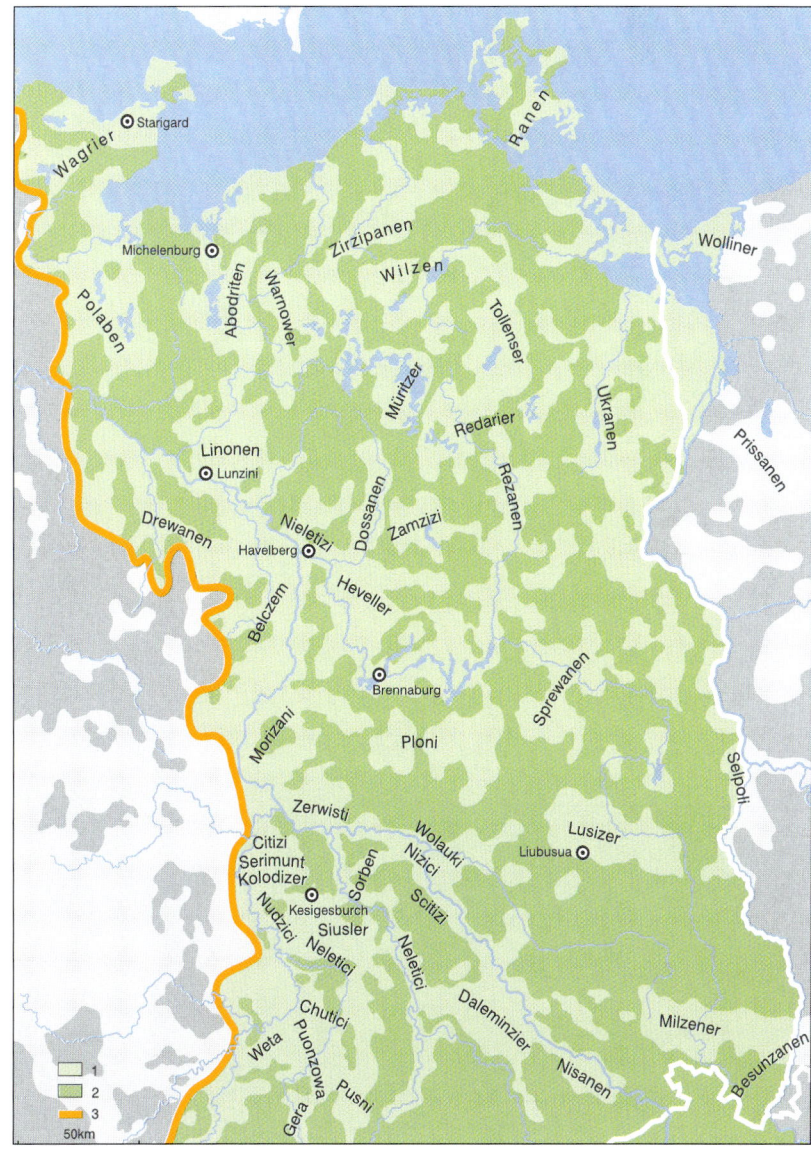

54 Die slawischen Siedlungsgebiete zwischen Elbe/Saale und Oder/Neiße und historisch bezeugte frühe Hauptburgen. 1 Siedlungsgebiet; 2 Wald; 3 Westgrenze der slawischen Siedlungsgebiete.

55 Die Siedlungskammer der Burg Drense, Kr. Uckermark, in jungslawischer Zeit (11./12. Jahrhundert) (nach V. Schmidt). 1 Burgwall; 2 Siedlung; 3 Gräberfeld; 4 Hortfund.

Stammes der Ukranen. Die umgebenden Siedlungen standen in ökonomischer und politischer Abhängigkeit von der Burg und stellten ihr wirtschaftliches Hinterland dar.

Die ländlichen Siedlungen

Von Tausenden bekannter slawischer Siedlungsplätze ist nicht einmal ein Dutzend soweit ausgegraben oder auch nur beobachtet worden, dass verlässliche Aussagen zu Form und Struktur möglich wären[5]. Am bekanntesten ist nach wie vor die rundweilerartige Siedlung des 6./7. Jahrhunderts von Dessau-Mosigkau, für die fünf aufeinanderfolgende Phasen von je etwa zehn Grubenhäusern nachgewiesen wurden (Abb. 56). Ihr an die Seite zu stellen sind die etwa halbkreisförmig angeordneten Siedlungen von Berlin-Hellersdorf (7./8. Jh.) und Berlin-Mahlsdorf (8.–10. Jh.), von denen die zweite sicher, die erste wahrscheinlich aus ebenerdigen Häusern bestand. Auf der Wüstung Devstorf bei Dobbin, Kr. Parchim, konnten 21 deutlich begrenzte Verfärbungen von 12 bis 16 m² Grundfläche aus dem 11./12. Jahrhundert vermessen werden, die auch ohne Ausgrabungen ein ovales Platzdorf belegen. Einen anderen Typ stellen Siedlungen mit gleichgerichteten engstehenden Häusern dar, die teilweise in Reihen angeordnet sind. Hierher gehören Zehdenick, Kr. Oberhavel (11./12. Jh.), Presehnchen, Kr. Dahme-Spreewald (9./10. Jh.), und Groß Raden, Kr. Parchim (9./10. Jh.), das sich allerdings durch einen Tempel als herausgehobener Ort darstellt, sodass fraglich ist, ob es als einfache dörfliche Siedlung anzusprechen ist. Als drittes ist eine unregelmäßige Anordnung der Häuser wie in Berlin-Kaulsdorf (11./12. Jh.) anzutreffen.

Schließlich müssen ein paar Worte zu dem bekannten Burg-Siedlungs-Komplex von Tornow, Kr. Oberspreewald-Lausitz, gesagt werden, der immer wieder als typisches Beispiel für die Verbindung einer Befestigungsanlage mit einer offenen Siedlung herangezogen wird. Vom Ausgräber J. Herrmann[6] als im 6./7. Jahrhundert entstandene weilerartige Anlage interpretiert, datierte sie J. Henning[7] aufgrund neuer dendrochronologischer Datierungen von vergleichbaren Burgen rund zwei Jahrhunderte jünger und sah ihre Entwicklung bereits unter weitgehendem deutschen Einfluss. Außerdem nahm er eine neue Rekonstruktion mit engstehenden, gleichgerichteten Blockhäusern vor, die wahrscheinlicher ist.

Bei den durchweg einräumigen Wohnhäusern[8] herrscht im Süden das Grubenhaus vor, im Norden der Blockbau. Als häufigste Befunde in den Siedlungen treten Gruben auf, die teils als Abfall-, teils als Vorratsgruben anzusprechen sind, während andere mit der gewerblichen Produktion in Zusammenhang stehen konnten. Der Wasserversorgung dienten, sofern sie nicht allein aus benachbarten Gewässern bestritten wurde, zumeist in Kastenbauweise errichtete Brunnen (Abb. 57).

Nahrungsgüterwirtschaft

Die Ackerbestellung[9] erfolgte zunächst mit dem hölzernen Hakenpflug (Abb. 58), der nur flach in den Boden eindrang. Gepflügt wurde kreuz-

56 Rekonstruktion der frühslawischen Siedlung des 6./7. Jahrhunderts von Dessau-Mosigkau (nach B. Krüger).

weise, Reste eines altslawischen Ackers wurden in Brandenburg/Havel entdeckt, und noch zu Beginn der hochmittelalterlichen Ostsiedlung diente der Haken als Grundlage für die Abgaben der Slawen. Eine wesentliche Neuerung trat seit dem 9. Jahrhundert auf, indem der Haken mit einem eisernen Schar bewehrt wurde oder das ganze Gerät als Stielschar aus Eisen bestand, jedoch hielt sich daneben bis zur Ankunft der Deutschen das hölzerne Stielschar, wie ein Gewässerfund von fünf Exemplaren von Röpersdorf, Kr. Uckermark, belegt[10]. Für bestimmte, jedoch nicht näher fassbare Vorgänge der Aussaat wurden Pflanzstöcke benutzt, auch Hacken sind bekannt. Als außergewöhnlicher Fund zur Bodenbearbeitung ist auf eine Rahmenegge des 9./10. Jahrhunderts von Groß Raden, Kr. Parchim, zu verweisen, während in der Regel mit einfachen Straucheggen zu rechnen ist.

Das Getreide wurde auf halber Höhe mit Sicheln geerntet, für die Grasmahd wurden daneben Halb- oder Kurzstielsensen genutzt, während die Sense mit langem Baum nicht bekannt war.

Wohl jeder Haushalt besaß eine Handdrehmühle zum Getreidemahlen, dazu treten vereinzelt Ölpressen auf. Die Lagerung des Getreides erfolgte in zumeist birnenförmigen Gruben, während Scheunen unbekannt waren.

Wichtigstes Getreide war Roggen (*Secale cereale*), daneben hatten Rispenhirse (*Panicum miliaceum*), Saatweizen (*Triticum aestivum*), Gerste (*Hordeum vulgare*) und Hafer (*Avena sativa*) größere Bedeutung für die Ernährung. Hinzu kamen Hülsenfrüchte. Angebaut wurden Erbse (*Pisum sativum*), Linse (*Lens culinaris*) und Ackerbohne (*Vicia faba*). An Öl- und Faserpflanzen sind vor allem Lein (*Linum usitatissimum*) und Hanf (*Cannabis attiva*) zu

57 Slawischer Kastenbrunnen von Raddusch, Kr. Oberspreewald-Lausitz. Nach dendrochronologischer Datierung wurde der Brunnen Mitte der dreißiger Jahre des 10. Jahrhunderts errichtet, die der Verstärkung dienenden Planken im Vordergrund wurden um 955 verbaut.

58 Hölzerner Haken und Pflugschare von Wiesenau, Kr. Spree-Neiße (nach H.-J. Vogt).

nennen, deren Bedeutung jedoch hauptsächlich auf dem gewerblichen Sektor gelegen haben dürfte. Schließlich ist auf Obst, Gemüse und Gewürzpflanzen sowie Arznei- und Giftpflanzen zu verweisen. Interessant ist die erhebliche Zunahme des Haferanbaus nach der Jahrtausendwende, fällt sie doch mit einer erhöhten Bedeutung des Pferdes als Zugtier zusammen, sodass sich durchaus ein Zusammenhang vermuten lässt.

Die Bodennutzung erfolgte extensiv in Form der sogenannten Feld-Gras-Wirtschaft. In Tornow in der Niederlausitz ließ jedoch eine Analyse von Getreidefunden des 10. Jahrhunderts auf einen Vierjahreszyklus Weizen/Gerste-Roggen-Hirse-Brache oder auf einen Dreijahreszyklus Weizen/Gerste-Roggen-Hirse-Weizen/Gerste schließen, womit der Beginn geregelter Fruchtfolgen markiert wäre[11].

Im Tierknochenmaterial[12] überwiegt für die gesamte slawische Zeit das Schwein, gefolgt vom Rind, dessen Anteil jedoch nach der Jahrtausendwende zunimmt. Die Durchschnittswerte für die unterschiedlichen Bereiche Nordostdeutschlands schwanken jetzt beim Schwein zwischen 42,8 % im Spree-Havelgebiet und 54 % in Pommern, beim Rind zwischen 29,6 % in Pommern und 35,7 % im Spree-Havel-Gebiet. Schaf und Ziege sind mit durchschnittlich etwa 15 % vertreten. Auffällig ist, dass das Schwein in Städten und Burgen einen höheren Anteil an der Ernährung hatte als in den Dörfern. Die stärkere Nutzung des Rindes, das zudem ein erheblich höheres Fleischaufkommen pro Individuum liefert, könnte eine Voraussetzung für die starke Bevölkerungsvermehrung der jungslawischen Zeit dargestellt haben.

Neben der Landwirtschaft spielten weiterhin Jagd, Fischfang und Sammelwirtschaft eine Rolle. Das Jagdwild ist in der Regel nur mit sehr geringen Anteilen im Tierknochenmaterial vertreten, lediglich im Spree-Havelgebiet hat es offensichtlich größere Bedeutung für die Ernährung gehabt. Von Fischfang zeugen neben entsprechenden Knochen Angelhaken, Blinker und Netzsenker im Fundmaterial. Seit dem 9./10. Jahrhundert ist darüber hinaus Heringshandel belegt, auch andere Fischarten wurden über weitere Strecken transportiert, wie der Nachweis der dort nicht vorkommenden Stör und Wels in Drense in der Uckermark belegt[13]. Größeren Umfang nahm auch die Imkerei ein, noch aus der Frühzeit der hochmittelalterlichen Ostsiedlung ist hier eine eigene Berufsgruppe, die Deditzen, belegt.

Handwerk und Gewerbe

Zentren von Handwerk und Gewerbe[14] waren die multiethnischen Handelsplätze an der Ostsee und an den transkontinentalen Handelsrouten und im Landesinneren bedeutende Plätze, bei denen Handel und Produktion zumeist in den Vorburgen der slawischen Burgen konzentriert waren. An diesen Orten wurde von spezialisierten Berufsgruppen zunächst der Bedarf der ansässigen Führungsschicht befriedigt. Das galt insbesondere für die Feinschmiede, von denen direkte Produktionsstätten oder andere -hinweise ausschließlich aus Burgwällen und anderen herausgehobenen Plätzen stammen[15]. Andere Gegenstände wie Keramik wurden auch für den Markt erzeugt. Demgegenüber versorgte sich die Bevölkerung der ländlichen Siedlungen weitgehend selbst mit im Hauswerk hergestellten Gegenständen.

Das gilt offensichtlich sogar für die Spezialkenntnisse erfordernde Produktion und Verarbeitung von Eisen, die jedoch nicht in jedem Ort durchgeführt wurde. Nur einzelne slawische Siedlungen haben Hinweise auf Eisenverhüttung geliefert[16], was darauf schließen lässt, dass die hier tätigen Spezialisten jeweils mehrere Dörfer mit ihren Erzeugnissen belieferten. Dagegen dürfte die Kenntnis der archäologisch schwer fassbaren Meilerei Allgemeingut gewesen sein. Das gilt auch für die Pech- und Teerschwelerei, für die allerdings einige Befunde ebenfalls auf eine über den Einzelort hinausgehende Produktionstätigkeit schließen lassen[17].

Wichtigster gewerblicher Zweig war die Töpferei, über die jedoch trotz der in die Millionen gehenden Zahl von Scherben kaum nähere Aussagen gemacht

59 Jungslawische Keramik. Parchim-Löddigsee, Fundplatz 66.

werden können, da bis heute nur ganz vereinzelt Töpferöfen ausgegraben wurden. Einen augenfälligen Wandel erlebte die Töpferei um die Jahrtausendwende mit dem Übergang von der handgemachten oder auf der langsam rotierenden Scheibe hergestellten Tonware der alt- und mittelslawischen Zeit zur eigentlichen Drehscheibenkeramik, die auf der schnell rotierenden Scheibe gefertigt wurde und damit zu einer Vereinheitlichung der Keramik führte, wie sie für die jungslawische Zeit typisch ist (Abb. 59). Es handelt sich um eine Massenware, deren Herstellung Änderungen nicht nur im technischen, sondern auch im sozialen Bereich nach sich zog, indem sich etwa seit der Mitte des 10. Jahrhunderts die handwerkliche Produktion durchsetzte.

Hoch entwickelt war die Holzbearbeitung, wie vor allem Ausgrabungen an Burg- und Brückenanlagen belegen. Die Arbeiten wurden ausschließlich mit Axt bzw. Beil und Dechsel ausgeführt, die Verwendung von Sägen zur Holzbearbeitung setzte sich erst seit dem 13. Jahrhundert durch[18].

Anders verhielt es sich bei der ebenfalls umfangreichen Knochen- und Geweihbearbeitung, die wohl ausschließlich im Hauswerk erfolgte. An den Produktionsabfällen sind vielfach Sägespuren zu sehen, außerdem wurden vereinzelt die Werkzeuge selbst gefunden.

Auch Textilien wurden im Hauswerk verfertigt, archäologischer Beleg ist das häufige Auffinden von Spinnwirteln und Webgewichten.

Die Drehmühlsteine wurden vielfach aus einheimischen Geschieben gewonnen. Es gab aber auch fast industriell anmutende Produktion für ein größeres Absatzgebiet. Im Rochlitzer Porphyrgebiet wurden in Sornzig (der Name bedeutet „Ort der Mühlsteinhauer"!), Kr. Torgau-Oschatz, Dutzende von Rohlingen für die Mahlsteinherstellung ausgegraben, hinzu kamen Reste von Eisenbearbeitung, die mit dem Zurichten der Werkzeuge für den Gesteinsabbau in Verbindung gebracht werden[19]. Mahlsteine aus dem Rochlitzer Raum wurden bis in die Niederlausitz verhandelt.

Salzgewinnung ist aus der schriftlichen Überlieferung zu erschließen[20]. Archäologische Nachweise fehlen. Es fällt aber auf, dass sich allein in Brandenburg bei einem Drittel aller durch Salzflora ausgewiesenen Stellen slawische Burgen befinden, sodass ein Zusammenhang naheliegt.

Insgesamt lässt sich um 1000 eine erhebliche Intensivierung der gewerblichen Produktion feststellen. Eine Gegenüberstellung des Fundmaterials alt- und jungslawischer Siedlungsplätze[21] ergab, dass vor der Jahrtausendwende die wohl im Hauswerk hergestellten Knochenpfrieme und Spinnwirtel überwiegen, aber auch verschiedentlich Messer mit ihrem verhältnismäßig geringen Materialverbrauch vorkommen. Größere eiserne sowie silberne und bronzene Gegenstände treten erst später regelmäßig auf. Das gilt selbstverständlich für Münzen, aber auch für Sporen, Trensen, Steigbügel und sonstiges Reitzubehör, Waffen, Schlüssel und eiserne Werkzeuge sowie Arbeitsgeräte, deren Herstellung ein erheblich höherer Materialverbrauch kennzeichnet.

Siedlung und Wirtschaft

Eisenverhüttung, Pech- und Teerschwelerei, Burgen- und Brückenbau, Töpferei und Salzgewinnung hatten einen erheblichen Holzbedarf, der nicht ohne Einfluss auf die Wälder geblieben ist. Es wird sogar vermutet, dass der jungslawische Landesausbau im Nordosten weniger auf eine gezielte Neulandgewinnung als auf die Vernichtung der Wälder durch Eisenverhüttung zurückzuführen ist.

Die innere Organisation der Wirtschaft

Während wir über viele Produktionsprozesse als solche aufgrund des Fundmaterials einigermaßen informiert sind, ist es schwierig, Aussagen über die innere Organisation dieser Vorgänge zu machen, da hierzu nur indirekte Schlüsse möglich sind.

Sicher ist, dass die betreffenden Produkte teils im Hauswerk, teils aber gewerblich hergestellt wurden. Unter Hauswerk wird eine Erzeugung verstanden, die praktisch jeder ausführen konnte und mit deren Hilfe die wichtigsten Gegenstände des täglichen Bedarfs gefertigt wurden. Fast jede Siedlungsgrabung erbringt z. B. Halbfabrikate und Abfälle der Geweihbearbeitung, die einen solchen Vorgang belegen. Auch für die verschiedenen Tätigkeiten des Hausbaus, aber auch der Teer- und Pechsiederei dürften in der Regel die Kenntnisse des einzelnen Bauern für alles Notwendige ausgereicht haben. Schwieriger wird es, wenn es um Tätigkeiten ging, für die besondere Kenntnisse und Fertigkeiten notwendig waren wie Eisenverhüttung, Buntmetallverarbeitung oder Töpferei, und die deshalb von Spezialisten ausgeführt werden mussten. Sie produzierten nicht nur für den Eigenbedarf, womit der Schritt zur gewerblichen Produktion vollzogen war.

Auf einer anderen Ebene lag die Errichtung aufwendiger Burg- oder Brückenanlagen. Sie erforderte hohe technische Kenntnisse, aber auch die Fähigkeit, die Arbeit einer größeren Anzahl von Menschen anzuleiten und zu koordinieren. Hinzu kommt der soziale Aspekt: Während die Arbeit im Hauswerk völlig unabhängig von der Sozialstruktur einer Gesellschaft erfolgen kann, ist die Zusammenführung einer größeren Anzahl von Menschen zu einer gemeinsamen Aufgabe an bestimmte Sozialstrukturen gebunden. Die Menschen müssen sich entweder freiwillig zusammenschließen, oder eine Herrschaft verpflichtet sie, vielfach sicherlich unfreiwillig, zu dieser Arbeit. Das ist vor allem bei Anlagen deutlich, deren Charakter als „Fürstenburgen" aus den Schriftquellen hervorgeht wie bei

60 **Behren-Lübchin, Kr. Güstrow. Grabungsbefund des Walles.**

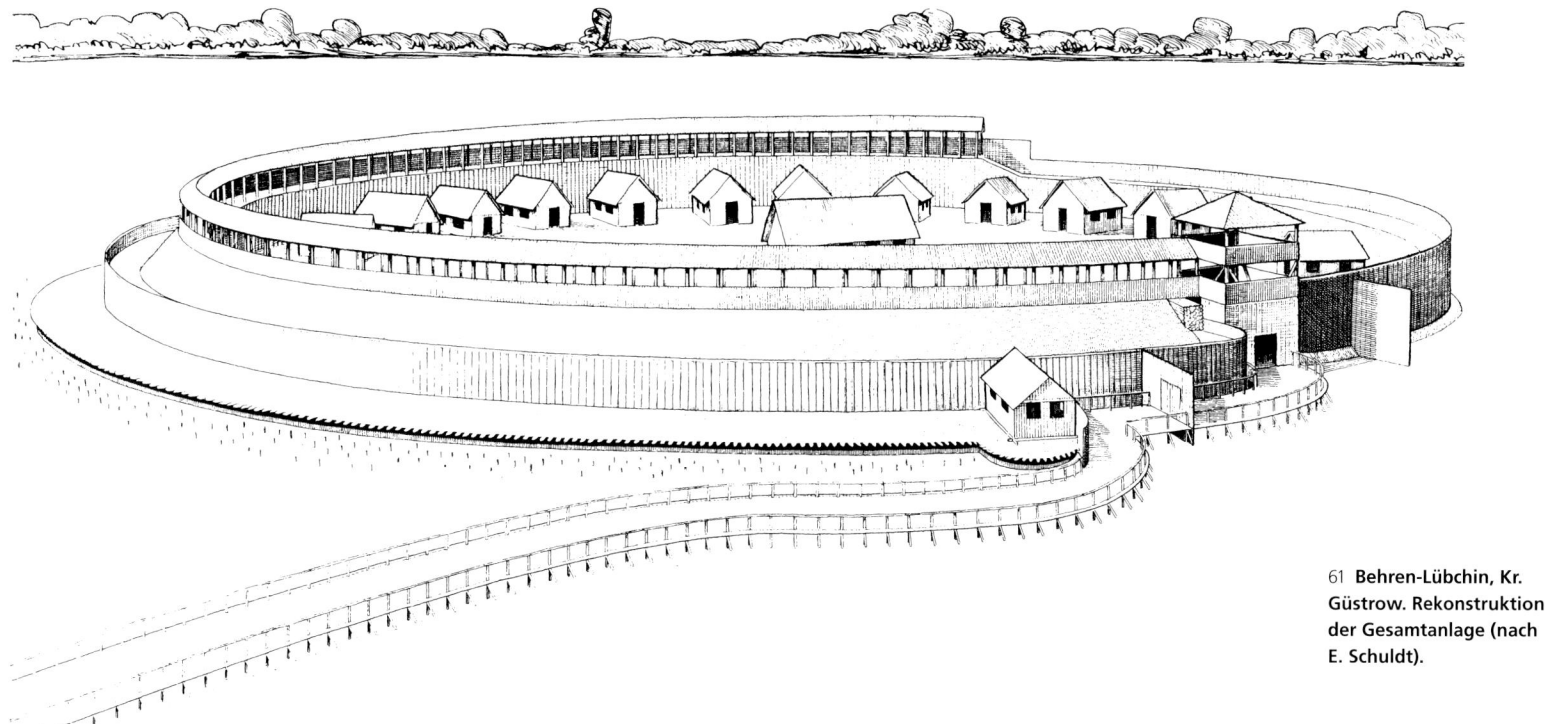

61 Behren-Lübchin, Kr. Güstrow. Rekonstruktion der Gesamtanlage (nach E. Schuldt).

Behren-Lübchin, Kr. Güstrow (Abb. 60; 61). Ein anderer sozialer Bezug ergibt sich wie bereits erwähnt daraus, dass auch bestimmte Handwerker offensichtlich an die Burgen gebunden waren, wo sie zumeist in den Vorburgen angesiedelt waren. Ein interessanter archäologischer Hinweis auf derartige Verhältnisse konnte an der Stammesburg der Ukranen in Drense, Kr. Uckermark, entdeckt werden. Obwohl die Produktionsstätte nicht bekannt ist, konnte eine Tonware herausgearbeitet werden, die nur auf dem Burgwall und in seiner unmittelbaren Umgebung auftritt, was darauf schließen lässt, dass hier eine Töpferei ausschließlich für den Bereich des Adelssitzes produzierte[22].

Eine interessante, aber noch nicht geklärte Frage ist, ob die Gewerbe immer von Ortsansässigen betrieben wurden, oder ob nicht auch mit mobilen Handwerkern zu rechnen ist, die von Ort zu Ort zogen und ihre Dienste anboten. Im germanischen Bereich sind solche „Wanderhandwerker" aus dem frühen Mittelalter schriftlich überliefert[23].

Die Wirksamkeit von über den engsten Bereich hinaus wirkenden Handwerkern setzte natürlich eine entwickelte Infrastruktur voraus, insbesondere das Bestehen von Märkten mit dem zugehörigen Verkehrsnetz, dem in diesem Buch ein eigenes Kapitel gewidmet ist. Dazu sei an dieser Stelle nur angemerkt, dass neben den bekannten Fernhandelsplätzen auch Nahmärkte mit einem engeren Einzugsbereich existierten, die auffallend oft den Schutz von Inseln suchten[24].

Anmerkungen

1 Gringmuth-Dallmer (1999).
2 Herrmann (Hrsg.) (1985) Beilage. – Zur Interpretation: Gringmuth-Dallmer (1998) 577–601.
3 Detaillierte Begründung der Zuweisungen bei: Herrmann, (1968) 17ff.
4 Schmidt (1989).
5 Zusammenfassend mit weiterführender Literatur: Donat (1980). – Zuletzt Gringmuth-Dallmer (1996) 17–28.
6 Herrmann (1973).
7 Henning (1991) 119–133.
8 Zuletzt: Donat (1998) 187–199.
9 Zusammenfassend zur Nahrungsgüterproduktion vgl. Herrmann (Hrsg.) (1968) 66–100.
10 Schoknecht (1982) 233–238.
11 Jäger (1966) 164–189. – Die Datierung wurde korrigiert nach J. Henning, Neues vom Tornower Typ. Keramische Formen und Formenspektren des Frühmittelalters im Licht dendrochronologischer Daten zum westslawischen Siedlungsraum. In: Kraje słowiańskie w wiekach średnich. Profanum i sacrum (Poznań 1998) 392–408.
12 Zusammenfassend: Benecke (1994) 195ff.
13 Benecke/Prilloff (1989) 77–95.
14 Zusammenfassend zu Handwerk und Gewerbe: P. Donat in: Herrmann (Hrsg.) (1985) 100–126. – Ferner Donat (1995b) 92–107.
15 Donat (1995c) 97ff.
16 Vgl. für einen größeren Raum die systematische Zusammenstellung bei: Schneeweiß (1996) 335–363.
17 So wurden in Dallgow-Döberitz, Lkr. Havelland, über 40 Teerschwelgruben ausgegraben: Faust/Wichgers (1993–1994) 109f. – Faust (1997) 70–72.
18 Heindel (1998) 304–311.
19 Baumann (1982) 151–172.
20 Schich (1981) 93–120.
21 Donat (1995c).
22 Schmidt(1989) 27f.
23 Claude (1981) 204–266.
24 Gringmuth-Dallmer (1989) 61–77.

Siedlung und Wirtschaft

Wirtschaft, Siedlungsweise und Siedlungsgebiete der Westslawen zwischen dem Erzgebirge und der Donau

JAN KLÁPŠTĚ

Den frühmittelalterlichen Wandel in der Besiedlung und den wirtschaftlichen Aufschwung bestimmten langwährende Entwicklungen, die ganze Reihen von Generationen miteinander verbanden und auch über einen Jahrtausendwechsel hinwegreichten. Aus unserer heutigen Sicht vollzogen sich die damaligen Fortschritte in der Besiedlung und der Wirtschaft sehr langsam, doch gerade die „lange Dauer" dürfte zu grundlegenden Ergebnissen geführt haben, von denen einige bis heute das Bild unserer Länder prägen. Wir wollen das Jahr 1000 als Ausgangspunkt für die Betrachtung der Besiedlungs- und Wirtschaftsgeschichte wählen, vielleicht lassen sich die schon viel früher angelegten und bis in die jüngsten Zeiten fortwirkenden Ereignisse von dieser Warte aus leichter überblicken.

Wenn wir die böhmische Landschaft um das Jahr 1000 betrachten könnten, würden uns zunächst die ausgedehnten Waldflächen überraschen. Der aus verschiedenen, je für die Region typischen Baumarten zusammengesetzte Wald bildete eine natürliche Vegetationsdecke in unserem Teil Mitteleuropas. Jahrtausendelang verkleinerten die Menschen die umfangreichen Waldgebiete Stück um Stück, um Platz für ihre Behausungen, Felder und Weiden zu schaffen. Zugleich gewannen sie Holz als Baumaterial und als Energie- und Lichtquelle. Damit veränderten sie das Landschaftsbild einschneidend, doch der Wald verlor trotz der tiefgehenden Eingriffe in der Vorzeit und im Frühmittelalter seine Regenerationsfähigkeit nicht. An die Stellen, die die Menschen wieder verlassen hatten, kehrte die natürliche Waldvegetation mit all ihrer Lebenskraft bald zurück.

Wie jede historische Erscheinung, so ist auch das Verteilungsbild der menschlichen Siedlungen nicht unabänderlich, denn im Laufe der Jahrhunderte änderten sich sowohl die Anzahl der Siedlungen als auch ihre innere Struktur. Die Anfangszeit der Besiedlung der böhmischen Länder durch die Slawen im 6. Jahrhundert ist gekennzeichnet durch einen ungewöhnlichen Rückgang der Siedlungsdichte. Damals konzentrierten sich die Ortschaften nur in den fruchtbarsten Gebieten des Landes mit den günstigsten Boden- und Klimaverhältnissen. Dieser Rückgang, der zweifellos eine Verminderung der Bevölkerungszahl anzeigte, war keineswegs nur auf Böhmen und Mähren beschränkt, er betraf heutigen Erkenntnissen zufolge umfangreiche Teile Europas. Desgleichen ist auch der nachfolgende Bevölkerungsanstieg in mehreren europäischen Ländern festzustellen, er zeigte sich in der allmählichen Vergrößerung des Siedlungsmosaiks. Der Prozess, der im 7. und 8. Jahrhundert langsam begann, hielt in den böhmischen Ländern bis in das 13. Jahrhundert hinein an. Das Ergebnis war eine außergewöhnlich weite Entfaltung des Siedlungsnetzes, das sich zu Beginn des 13. Jahrhunderts bis in alle landwirtschaftlich nutzbaren Teile Böhmens und Mährens ausbreitete.

Das Wissen um die Ausbreitung der frühmittelalterlichen Siedlungen gründet in den Forschungsergebnissen der Archäologie, die als einzige Wissenschaft Zugang zu den materiellen Hinterlassenschaften aus der Zeit vom 6. bis zum 13. Jahrhundert hat. Bis zum Jahr 1000 sind wir in der Erkundung dieser Zeit auf die Archäologie angewiesen, erst im Laufe des 11. und namentlich im 12. Jahrhundert kommt die Aussage der Schriftquellen hinzu. Ihre bisherigen Ergebnisse bezüglich der langfristigen Besiedlungstendenzen stützt die tschechische und mährische Archäologie hauptsächlich auf die Erforschung ausgewählter Regionen. Die Verschiebungen der Siedlungsgebiete und die Verdichtung des Siedlungsmosaiks ließen sich deutlich zeigen. Der Vergleich der spezifischen Umweltmerkmale der Siedlungen unterstreicht die Bedeutung dieses Prozesses. Siedlungsgebiete mit weniger günstigen natürlichen Verhältnissen, die schlechtere Bedingungen für die Landwirtschaft boten, sind erst später miteinbezogen worden. Den gesamten Vorgang, der als eine umfangreiche frühmittelalterliche Kolonisation bezeichnet werden kann, verbinden wir mit dem Bevölkerungszuwachs und dem daraus erwachsenden Nahrungsbedarf für weitere und immer weitere Bewohner des Landes.

Über die Ursachen des frühmittelalterlichen Siedlungs- und Bevölkerungszuwachses zu diskutieren, ist ein schwieriges und heikles Unterfangen, bei dem wir nur mühsam vorankommen, wenn wir von einem direkten Zusammenhang der damaligen Vorgänge mit unseren heutigen Vorstellungen über die allgemeinen Gründe gesellschaftlicher Entwicklungen ausgehen. Bei der kritischen Analyse der erhaltenen Quellen versagen die „großen Theorien" von der Wirksamkeit einer einzigen Ursache, sei es die des technologischen Fortschrittes oder die des langfristig günstigen Klimas. Auch in den böhmischen Ländern kommen z. B. grundsätzliche technologische Veränderungen erst für das 13. Jahrhundert in Betracht, also nach der frühmittelalterlichen Kolonisation. Die planmäßige Entwicklung der historischen Klimatologie führte zu der Erkenntnis, dass die Möglichkeiten, die klimatischen Bedingungen im frühen Mittelalter zu beschreiben, durchaus ungenügend sind und dass deshalb mit ihnen begründete Argumente nicht stichhaltig sind. Der als Grund für den Zuwachs vermutete, mehr oder weniger wahrscheinliche landwirtschaftliche Überschuss hätte auf viele Arten verbraucht werden können. Sein Einsatz für das Bevölkerungswachstum ist nur eine der Möglichkeiten, deren Wahrnehmung überdies von den gesellschaftlichen Voraussetzungen abhängig war. Die lange geschichtliche Zeitspanne vom 6. bis zum 13. Jahrhundert fordert zu Überlegungen über eine größere Vielfalt von Ursachen heraus, zu denen zweifellos die Folgen der Veränderungen innerhalb der Gesellschaftsordnung gehört haben.

Zu den maßgebenden Kräften, die die Entwicklung der frühmittelalterlichen Besiedlung bedeutsam beeinflussten, gehörte die Macht der Landesherren, über die Schicksale der Menschen zu verfügen. Um das Jahr 1000 erzielte der Přemyslidenstaat im Transithandel mit Sklaven Gewinne. Neben dieser unmittelbaren Ausbeutung des Wertes der Menschen bemühte er sich um langfristige Vorteile durch erzwungene Umsiedlungen und Verschiebungen von Menschengruppen sowie aus der Ausnutzung ihrer Arbeitskraft. Solche Verschiebungen betrafen sowohl die Bevölkerung des eigenen Staates als auch die Kriegsgefangenen, die bei Einfällen in fremde Länder in Gefangenschaft gerieten. Die Umsiedlung von einem Land in das andere vermochte den Gegner zwar empfindlich zu schwächen, beeinflusste aber auf lange Sicht die demographische Bilanz nicht wesentlich. Je nach Kriegsglück gingen die Transporte der Gefangenen in die eine oder andere Richtung. Ebenso wie wir in den böhmischen Ländern Dörfer mit alten polnischen Namen wie Hedčany, Krusičany, Krakovany, Poláky und andere kennen, so fehlen auch in den verschiedenen Gebieten Polens die Namen nicht, die einen ähnlichen Zusammenhang mit Böhmen und Mähren bekunden. Die Umsiedlungen der Einwohner innerhalb des Landes, ergänzt durch den Zuzug von Gefangenen aus den Feldzügen, halfen, die landesherrliche Wirtschaft zu sichern und die Siedlungsflächen zu erweitern. Diese Bevölkerungsverschiebungen, besonders die Ansiedlung der Menschen „nahe den Wäldern" am Rande der Siedlungsgebiete zeugen vom Bestreben der Přemyslidenfürsten, ihr Besitztum zu vergrößern und ihre Macht mit den Mitteln zu stärken, für die im hohen Mittelalter der Begriff *melioratio terrae* allgemein gebräuchlich wurde.

Im Landesinneren bestand um das Jahr 1000 das Siedlungsmosaik aus Fürstenburgen und kleinen, in unübersehbaren Wäldern verborgenen Dörfern. Die Macht der Herrscher gründete sich auf die Burgen, von ihnen aus wurden die umliegenden Teile der böhmischen Länder regiert und verwaltet. Während um die Jahrtausendwende in Böhmen die Verteilung der Přemyslidenburgen über das Land bereits festgelegt war, sollte dies in Mähren erst am Anfang des 11. Jahrhunderts in Angriff genommen werden. Bei der Platzwahl für den Burgenbau wurden die bisherigen Erfahrungen mit den neuen Ansprüchen verbunden, das Ergebnis ließ aber erkennen, dass man die Burgen zwar an neu gewählten Stellen, doch nahe den früheren, zentralen Ortschaften erbaute. Für einen langfristigen Erfolg mussten dazu noch viele andere Umstände bedacht werden. Zur optimalen Lösung trugen nämlich nicht nur gute lokale Voraussetzungen wie die Wahl eines strategisch günstigen Ortes mit ausreichend Hinterland für die Besiedlung bei, sondern auch eine bevorzugte Lage im größeren regionalen Umfeld. Denn den Knotenpunkten des entstehenden Befestigungsnetzes sollten wichtige zentrale, weit über die Belange der einzelnen Burgen hinaus reichende Funktionen zugewiesen werden. Die im 10./11. Jahrhundert getroffene Wahl der Plätze ging in ihrer Auswirkung oft über die ursprüngliche Absicht hinaus: Eine Reihe von den vor einem Jahrtausend gewählten Orten finden wir noch heute auf der Landkarte als zentrale Punkte, wie Prag, Olmütz (Olomouc), Brünn (Brno), Litoměřice, Žatec, Hradec (Králové), Znaim (Znojmo) und Chrudim. Das Netz der přemyslidischen Verwaltungsburgen umfasste freilich nicht nur die heutigen Zentren ersten Ranges. Denn die nachmaligen Schicksale einiger Ansiedlungen geben nur einen bescheidenen Abglanz ihrer einstigen Stellung wieder, von dieser zweiten Kategorie seien z. B. Dřevíc, Sedlec, Chýnov, Bítov, Spytihněv und Hradec nad Moravicí genannt.

Siedlung und Wirtschaft   105

Der Burgenbau erforderte einen großen Aufwand an Arbeitskräften zum Aushub der Gräben, zum Anheben der Holzbalken und dem Heranschaffen der Steine für die Wehrmauer und zur Ausgestaltung der Innenräume. Die Erfüllung dieser Aufgaben nahm lange Monate in Anspruch, doch eine noch viel länger dauernde „Leistung" wurde den Waldbeständen abverlangt, die den hohen Verbrauch an Bauholz decken mussten.

Im Laufe des 10. und 11. Jahrhunderts stabilisierte sich das zentralistische System in den böhmischen Ländern, sein deutlich sichtbares Zeichen waren die Fürstenburgen. Auf sie stützten sich die weltliche und die geistige Verwaltung, von ihnen gingen die Militär- und die Justizgewalt aus. Hierher liefen auch die Zahlungen von den damit beauftragten Stellen ein, meist in Form von Naturalien, und von hier aus erfolgte deren Wiederverteilung. Eine solche Güterverteilung sicherte das Funktionieren des Staates. Für die Befriedigung des Bedarfes an den Höfen der Fürsten standen Bedienstete verschiedenen Ranges, spezialisierte Landwirte und Handwerker zur Verfügung. Wir wiesen bereits darauf hin, dass die erforderliche Zahl an Menschen und der notwendige Anteil an Fachleuten durch erzwungene Umsiedlungen in den Machtbereich der Verwaltungszentren gesichert wurde. Die Wirtschaft im Hinterland der Burgen kam allerdings erst allmählich in Schwung und konzentrierte sich hauptsächlich in den Zentren. Um das Jahr 1000 lassen sich bereits die Anfänge langfristig wirkender Tendenzen vermuten, deren Höhepunkt erst im 12. und zu Beginn des 13. Jahrhunderts erreicht werden sollte. Ausgedehnte Siedlungsanhäufungen dieser Art bezeichnen wir heute als Siedlungsagglomerationen oder mehrteilige Ballungsräume. Ihren Kern bildete die abgeschottete *Akropolis* mit der Burg, der sich in der Regel eine befestigte Vorburg anschloss und in deren Umgebung sich ein ausgedehntes Netz von Dörfern und Produktionsstätten erstreckte.

Für die Sicherheit der Bewohner der Akropolen und Vorburgen sorgte nicht nur ein mächtiger äußerer Ringwall. In das Innenareal baute man Gehöfte und Meiereien mit jeweils eigenen Umfriedungen. Ihre umlaufenden Palisaden bildeten nicht nur eine weitere Verteidigungsanlage, sondern waren auch eine klare Abgrenzung der jeweiligen Besitztümer. In den böhmischen Ländern lassen sich die Anfänge dieser Gehöftanlagen im großmährischen Bereich verfolgen, im 10. Jahrhundert kommen sie als Bestandteile der přemyslidischen befestigten Siedlungen vor. Später, ab dem 11. Jahrhundert, erschienen sie auch außerhalb der Burgzentren und bewährten sich dort als selbständige Siedlungseinheiten und wichtige Bestandteile der landesherrlichen Wirtschaft. Auch für die frühen Güter des Landadels, die in den böhmischen Ländern in der zweiten Hälfte des 12. und im ersten Drittel des 13. Jahrhunderts erbaut wurden, nimmt man eine lockere Ansammlung solcher Höfe in der Umgebung an.

Im Hinterland der Hauptburgen entstanden schon vor dem Jahr 1000 Märkte, die vom Tauschhandel lebten. Für das tägliche Leben, das noch lange von der landwirtschaftlichen Autarkie bestimmt war, waren sie nur am Rande von Bedeutung. Doch spezialisierte Handwerker verkauften hier einen Teil ihrer Waren und Güter aus dem Fernhandel trafen ein. Von hier aus gelangten wertvolle Schmiedearbeiten, handgefertigte Keramikgefäße und sogar Bernstein-, Silber- und Glasschmuckstücke zu den Bewohnern weitentlegener Dörfer. Schon um das Jahr 1000 gab es vereinzelt Zahlungen mit Silbermünzen. Trotzdem wurden die Münzen von der einfachen Bevölkerung noch lange Zeit hindurch als Wertsachen angesehen, erst einige Generationen später kamen sie als Zahlungsmittel in Umlauf und förderten den Handel.

Der Großteil der Bewohner der böhmischen Länder lebte um das Jahr 1000 auf dem Lande. Nahe und weiter weg gelegene Landgemeinden ordneten sich der landesherrlichen Macht unter, die Kirchenverwaltung unternahm die ersten Schritte auf dem langen Wege zur Christianisierung des Landes. Die Gestalt der Dörfer und ihre Bauweise hatten mit unseren gängigen Vorstellungen noch wenig gemein. Weder die Dörfer als Ganzes noch einzelne Anwesen wurden nach vorher festgelegten Grundrissen errichtet oder planmäßig ausgebaut, doch ein gut gewählter Platz konnte einer Reihe von Generationen, manchmal sogar vom 6. bis zum Anfang des 13. Jahrhunderts, als Wohnplatz dienen. Ein solcher bewährter Platz konnte z. B. eine Terrassenstufe am Bach sein, die sowohl leichten Zugang zum Wasser als auch Schutz gegen die Launen dieses Urelementes bot. Einzelne Dörfer bestanden aus einigen wenigen, meist fünf Anwesen. Oft aber änderte sich die Form der Anlage der Anwesen schnell, denn die aus verhältnismäßig fest begrenzten Grundstücken erwachsende Kontinuität einer Siedlung war noch nicht stabilisiert. Deshalb lässt sich keine der heute bekannten Grundrissformen von böhmischen oder mährischen Dörfern auf die Zeit um das Jahr 1000 übertragen. Die Dauerhaftigkeit der Siedlungsformen dürfte erst mit den im 13. Jahrhundert eingetretenen Wandlungen entstanden sein.

Im Hinterland der Dörfer wechselten sich durch häufige Waldabschnitte unterbrochene Feld- und

Weideflächen ab. Jene für uns so selbstverständliche scharfe Abgrenzung zwischen landwirtschaftlichen und bewaldeten Flächen sollte es noch lange nicht geben. Die damalige Landschaft war in eine Vielzahl von Siedlungszellen aufgeteilt, die nicht nur das tägliche, irdische Leben der Dorfbewohner barg. Denn irgendwo am Rande einer solchen Zelle, dort, wo ein zusammenhängendes Waldstück Felder und Weiden ablöste, lag der Bestattungsplatz. Die Welt der Lebenden und der Toten war so kaum 300 bis 500 m voneinander entfernt.

Beim Studium der mittelalterlichen Landwirtschaft kam schon im 19. Jahrhundert der Entwicklungsgeschichte des Pfluges eine besondere Rolle zu. Die Erfindung dieses nützlichen Gerätes soll nicht nur von technischer, sondern auch von kultureller Reife insgesamt zeugen. Das Gewicht solcher Rückschlüsse ist wie immer zunächst vom Quellenbestand abhängig. In Südmähren und in der Südwestslowakei ist eine große Anzahl eiserner Pflugteile aus dem 7. bis 10. Jahrhundert bekannt. Die morphologischen und metallurgischen Untersuchungen dieser für Europa bedeutenden Fundgruppe zeigen, dass einige der damaligen Pflüge symmetrisch, andere, mit gleich- oder ungleichmäßigen Scharen ausgestattete, asymmetrisch pflügten. Die Wirksamkeit dieser Geräte schien allerdings gegenüber den schweren hochmittelalterlichen Pflügen wesentlich geringer zu sein, was allein schon der Vergleich der älteren mittelgroßen Scharen von 0,5 kg mit den 3 kg schweren Schmiedestücken aus der Zeit um 1300 nahelegt. Demnach können wir feststellen, dass vom 8. bis zum 10. Jahrhundert in einigen Teilen der böhmischen Länder das asymmetrische Ackern bevorzugt wurde, das jedoch viel weniger wirksam war als das mit Hilfe von schwereren Pflügen durchgeführte. Für die Zeit um das Jahr 1000 stehen uns jedoch für Böhmen und Mähren keine vergleichbaren Fundstücke zur Verfügung, unbekannt sind Funde von Pflugteilen und Spuren von Ackerbau. Sicherlich aber wurde der Boden in dieser Zeit auch weiterhin mit leichten symmetrischen und vielleicht auch asymmetrischen Pflügen bearbeitet. Bei den Feldfrüchten stand der Weizen an erster Stelle. Wegen ihrer guten Erträge wurde die Hirse während des ganzen Mittelalters bevorzugt, doch es gab auch regelmäßig Hafer, Gerste, Erbsen und Flachs. Der Roggen fehlte natürlich auch nicht, doch seine Beliebtheit wuchs erst im späten Mittelalter, nachdem die Wintersaat verbreitet auftrat und die Landwirtschaft in höhere Lagen vorgerückt war. Wir wissen noch wenig vom Verlauf der einzelnen Etappen der landwirtschaftlichen Tätigkeit. Die Getreideernte erfolgte mit Hilfe von Sicheln, die zum Abschneiden der Ähren dienten, für das Einlagern des Korns standen tiefe Gruben bereit, das Mahlen besorgten rotierende Steinmühlen.

Eine wichtige Rolle spielte im frühen Mittelalter die Viehzucht. Die bloße Aufzählung der allgemein bekannten Haustierarten würde allerdings die Vorstellung unterstreichen, dass sich auf diesem Gebiet keine Veränderungen vollzogen hätten. Die Darstellungen aus dem Mittelalter und die Ergebnisse der zoologischen Auswertung der Knochenfunde belehren uns aber eines Besseren, zeugen sie doch von überraschenden Unterschieden zwischen den frühmittelalterlichen Haustieren und dem heutigen Nutzvieh.

Der Rückblick auf die Wirtschaft und die Siedlungsweise in der Zeit um das Jahr 1000 hat zwar die Macht der Landesherren betont, unter deren Aufsicht einige Prozesse gerade um die Jahrtausendwende beschleunigt wurden, doch wollten wir hier hauptsächlich Tendenzen aufzeigen, die von der Zeitenwende unberührt blieben und bis in eine viel jüngere Zeit hineinwirkten. Die böhmischen Länder wurden noch lange von jenen wirtschaftlichen und siedlungspezifischen Gegebenheiten beeinflusst, die für das ältere Mittelalter kennzeichnend waren. In der Zeit „um das Jahr 1000" machte sich in Nordfrankreich schon die grundsätzliche Wandlung zu der ganz unterschiedlichen Welt des jüngeren Mittelalters geltend. Eine vergleichbare Bewegung, die dem langsamen heimischen Entwicklungsverlauf Rechnung trug und zugleich bei der europäischen Umgestaltung mitwirkte, setzte in den böhmischen Ländern erst im 13. Jahrhundert ein.

Literatur

Beranová 1975. – Brázdil/Kotyza 1995. – Klápště 1993. – Modrzewska 1984. – Sláma 1985; 1986–1988.

Das Alltagsleben im westslawischen Dorf um das Jahr 1000

ZBIGNIEW KOBYLIŃSKI

Eine der archäologisch am besten erforschten westslawischen Dorfsiedlungen aus der Zeit um 1000 ist die Siedlung in Biskupin, Fdst. 6, Gemeinde Gąsawa. Sie lag auf einem flachen Sandhügel am Ansatz der Halbinsel des Biskupin-Sees. Die sumpfigen Wiesen östlich und westlich der Fundstelle sind sicherlich Überreste ehemaliger Buchten, die einst weit ins Landesinnere hineinreichten. Das Dorf in Biskupin hatte im 10. und 11. Jahrhundert eine Fläche von ca. 0,6 bis 0,8 ha, wovon 0,2 ha durch Grabungen von Włodzimierz Szafrański in den Jahren 1949 bis 1954 erforscht wurden.

Charakteristisch für die Anlage des Dorfes war dessen Bebauung um einen, auf dem höchsten Punkt des Hügels gelegenen zentralen Platz. Dieser ovale Platz von ca. 30 m x 60 m war auf seiner östlichen und westlichen Seite von Bauten umgeben. Auf seiner Nordseite, ca 100 m von der am Ende der Halbinsel liegenden befestigten Vorburgsiedlung entfernt, war der Platz offen. Den eigentlichen Zugang zum Dorf bildete die Südseite des Platzes.

Um den Platz standen die Häuser der Dorfbewohner. Von den ebenerdigen Bauten fanden sich lediglich mit Steinen verkleidete, beckenförmig eingetiefte Feuerstellen, die man – insbesondere im nordwestlichen Teil der Siedlung – in regelmäßigen Abständen von 6 m antraf. Das Fehlen von Pfostengruben in diesem Teil der Siedlung, bei gleichzeitig zahlreich auftretenden Lehmklumpen mit Abdrücken von Rundbalken zeigen, dass diese Häuser mit Rundhölzern in Blockbautechnik errichtet worden waren. Die in der Siedlungsschicht aufgefundenen Holzkohlereste beweisen die Verwendung von Eichen- und Kiefernholz für die Konstruktionen. Die Spalten zwischen den Hölzern waren sicherlich mit Moos abgedichtet, was die in Biskupin entdeckten Reste dieser Pflanze bezeugen. Auch Ibrāhīm ibn Jakūb berichtet über die Verwendung von Moos zum Abdichten der Häuser bei den Slawen. Die Ausmaße der Häuser von Biskupin können nur durch die Verteilung der Feuerstellen rekonstruiert werden. Hieraus ergibt sich, dass die Häuser nicht länger als 6 m gewesen sein konnten. Die Häuser von Biskupin sind typisch für ein Dorf der Westslawen am Ende des 10. Jahrhunderts. Dennoch gibt es in den von Westslawen besiedelten Gebieten Siedlungen, in denen sich Grubenhäuser mit Öfen in den Ecken – typisch für die Anfangsetappen der territorialen Expansion der Slawen in Europa – auch über die Wanderungsperiode und die Anfänge der Besiedlung neuer Territorien hinaus gehalten haben (bis zum 9. Jh. z. B. in der Lübeck-Region; bis zum 10. Jh. z. B. in Nitriansky Hrádok oder Chlab in der Slowakei, oder Březno und Bína in Böhmen, und sogar bis zum 11. und 12. Jh. z. B. in Dolní Věstonice in Böhmen oder Stradów und Zawada in Südpolen). Diese Hausform wurde jedoch wohl im 9. Jahrhundert in den meisten westslawischen Gebieten durch ebenerdige Bauten ersetzt – entweder in Blockbautechnik (z. B. in Ujście an der Netze), die später insbesondere in den städtischen Zentren verbreitet war, aber auch

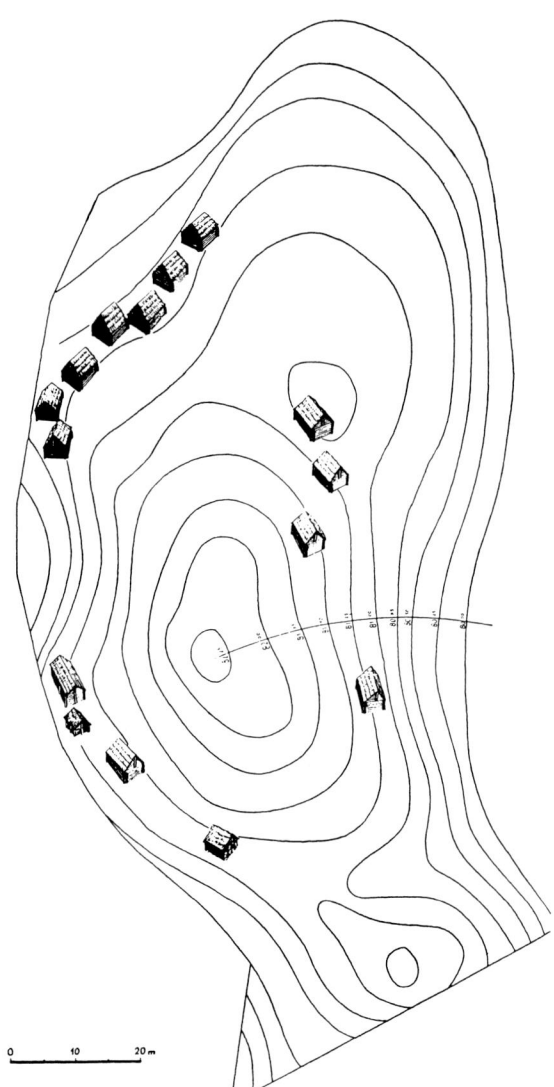

62 Rekonstruktion der Siedlung von Biskupin im 10./11. Jahrhundert.

aus Dorfsiedlungen bekannt ist – oder in Flechtwerktechnik mit Lehmverputz. Die Blockhäuser hatten Holzdielen, eine Nutzfläche von etwa 15 bis 18 m⁵ und des öfteren Nebengebäude für Wirtschaftszwecke. Die Häuser mit Flechtwerk- oder Bohlenwänden erreichten wesentlich größere Dimensionen. So liegt aus Ralswiek der Befund eines Hauses des 10. Jahrhunderts mit einer Fläche von 78 m^2 vor. In der Mitte oder in der Ecke der Häuser befanden sich Feuerstellen oder Öfen. Vor allem bei den größeren Gebäuden gab es Trennwände, die die Häuser in zwei oder drei Räume aufteilten.

In den slawischen Siedlungen stieß man auch auf Reste von freistehenden, nicht eingetieften ebenerdigen Bauten – in Biskupin kann man das Vorhandensein von Schuppen mit Pfosten und Flechtwerkwänden voraussetzen. Daneben konnte man aufgrund flacher beckenförmiger Gruben oder Feuerstellen nur teilweise eingetiefte Häuser nachweisen.

Die meisten Hausarbeiten mussten bei den Westslawen im Freien verrichtet werden. In jeder Dorfsiedlung befanden sich Vorratsgruben um die Häuser. Sie hatten einen birnen- oder trapezförmigen Querschnitt und waren sicherlich mit kleinen Strohdächern auf einer Holzkonstruktion überbaut. Ihre Wände waren oft mit Lehm bestrichen oder mit Stroh verkleidet und der obere Teil zum Schutz vor Nagetieren schmaler angelegt. Im Norden des zentralen Platzes von Biskupin befanden sich zahlreiche Gruben mit unterschiedlichen Funktionen. Nachgewiesen werden konnten unter anderem Räuchergruben, Korndarren oder Getreidespeicher sowie Teer- und Meilergruben.

Die Wasserversorgung in den westslawischen Dörfern, in deren Nähe es keinen Fluss gab, war durch Holzbrunnen in Blockbautechnik oder durch Brunnen, die aus einem ausgehöhlten Baustamm bestanden, gesichert. Solche Brunnen lagen bei den Häusern und manchmal sogar im Innern des Hauses. Dies deutet auf eine individuelle Nutzung des Brunnens durch jeweils eine Familie hin. Nicht bekannt sind Behausungen für die Nutztiere. Möglicherweise wurde das Vieh, Schweine und Schafe, auch im Winter im Freien gehalten. Denkbar wäre auch, dass sie in leichten, ebenerdige Konstruktionen untergebracht waren, die keine archäologischen Spuren hinterließen.

Im Unterschied zu den Siedlungen der ältesten Phasen des Frühmittelalters, die eher Wohnplätze von isolierten und selbstversorgenden kleinen Gemeinschaften darstellen, erscheinen die Dorfsiedlungen im 8. und 9. Jahrhundert häufig in Verbindung mit einer Burg. Die Dörfer des 10. und 11. Jahrhunderts weisen oft schon Elemente eines

63 Rekonstruktion eines Flechtwandhauses mit Walmdach aus Groß Raden, Kr. Parchim.

größeren, während der Staatsbildungen zielbewusst organisierten Siedlungssystems auf, das sowohl die Zentralburg mit der dort wohnenden Belegschaft als auch die Siedlungen mit den für die Burg produzierenden Einwohnern umfasste. Eine solcher Siedlungen könnte das Dorf von Biskupin gewesen sein. Die räumliche Aufteilung innerhalb der Siedlungen führte zur Ausbildung spezialisierter Handwerkszweige, zur Entwicklung des Handels und zur Entstehung von Märkten.

Hauptbeschäftigung der Bewohner der dörflicher Siedlungen am Ende des 1. Jahrtausends war die Landwirtschaft. Dies beweisen, neben den archäologischen Funden von landwirtschaftlichen Gerätschaften (Eisenscharen, Hacken, Sichel und Grabgabeln), auch Lehmwannen und Mahlsteine in den Häusern. Auch berichtet Ibrāhīm ibn Jakūb, dass die Slawen besonders eifrig den Ackerbau betreiben, und vor allem Hirse anbauen. Die Bedeutung der Hirse für die Slawen bestätigen auch die archäologischen Analysen der Getreideüberreste (z. B. vom Siedlungskomplex in Bruszczewo in Großpolen). Auch die wesentliche Rolle des Roggens, und die kleineren Anteile von Weizen, Gerste und Hafer in der Landwirtschaft der Slawen konnte so nachgewiesen werden. In Biskupin fanden sich Reste von Weizen, Roggen, Gerste und Hirse.

Neben dem Getreideanbau spielte auch der Anbau von Ackerbohne, Linse und Erbse, deren Überreste ebenfalls in Biskupin gefunden wurden und die in den Hausgärten angebaut werden konnten, sowie von Flachs und Hanf, die Rohstoff für die Herstellung von Gewebe lieferten, eine wichtige Rolle. Die Funde von Biskupin und von vielen anderen Fundstellen bezeugen, dass die pflanzliche Kost durch Haselnüsse und Beeren aus den nahe gelegenen Wäldern sowie durch Gänsefuß, Knöterich und Sauerampfer von den Wiesen ergänzt wurde. Ibrāhīm ibn Jakūb erwähnt auch den Obstanbau

64 Rekonstruktionen von Blockhäusern aus Groß Raden, Kr. Parchim.

65 Groß Raden, Kr. Parchim. Rekonstruktion eines Kuppelofens, wie sie zum Backen sowie zum Trocknen und Darren des Getreides in slawischen Siedlungen gefunden wurden.

und nennt Obstgärten mit Apfel-, Birnen- und Pfirsichbäumen. Der Anbau von Wein ist in schriftlichen Quellen für Böhmen ab der Mitte des 11. Jahrhunderts bezeugt. Die in den Siedlungen aufgefundenen Tierknochen geben Hinweise über die in den frühmittelalterlichen Dorfsiedlungen zahlreich vorkommenden Tierarten. Aus den für das Siedlungszentrum Ostrów Lednicki und dessen Hinterland durchgeführten Analysen geht hervor, dass das Schwein bis zur Mitte des 11. Jahrhunderts der wichtigste Fleischlieferant unter den Haustieren war, später nimmt der Anteil von Rindfleisch in der Nahrung der Bewohner dieser Region zu. Durch die Grabungen gibt es zahlreiche Belege für Fischfang in den am Meer, an den Flüssen und an den Seen gelegenen Siedlungen (z. B. in Gestalt von Fischschuppen sowie von Angelhaken und Netzsenkern). Es ist nicht unwahrscheinlich, dass dieser in den Händen einer spezialisierten Gruppe der Dorfgemeinschaft lag. Die Jagd auf Wild lieferte Wildschwein-, Hirsch-, Reh- und Hasenfleisch sowie kostbare Häute und Felle. Die übliche Hausarbeit der Frauen bestand aus dem Spinnen von Schafswolle, was zahlreiche Spinnwirtelfunde beweisen. Während es in den frühslawischen Siedlungen des 7. und 8. Jahrhunderts keine Hinweise auf spezialisierte Handwerksbetriebe gibt, liefern die Siedlungen des 9. und insbesondere des 10. und 11. Jahrhunderts deutliche Belege für eine Differenzierung der Beschäftigungen bei den Einwohnern. Die Töpferei wurde zum spezialisierten Handwerk, was sowohl die Standarisierung der Gefäßformen als auch die Funde von freistehenden Töpferöfen beweisen. In den Häusern aus dieser Periode findet man häufig Überreste von Webstühlen (z. B. in Sommerein in Österreich), daneben gibt es – unter anderem auch in Biskupin – Spuren von spezialisiertem metallverarbeitendem Gewerbe in Form von Schmelzfeuerstellen und Schlacke und des Schmiedehandwerks in Form von Werkzeugen. Die Ansammlung von Glasschlacke in einigen Gebäuden deutet auf das Vorhandensein von spezialisierten Glaswerkstätten hin (z. B. in Ralswiek in der zweiten Hälfte des 10. Jhs.). Durch die häufig günstigen Bodenverhältnisse haben sich zahlreiche Holzgefäße erhalten, die ein spezialisiertes Drechsler-, Böttcher- und Zimmermannshandwerk bereits im 11. Jahrhundert bezeugen. Die Funde von Biskupin zeigen, dass auch die Geweihverarbeitung, die Kämme, Pfrieme und Schäftungen für Messer und andere Eisengeräte lieferte, ein spezialisiertes Handwerk war. Die Bewohner der Dorfsiedlungen beschäftigten sich auch mit dem Brennen von Kalk. Ein bedeutendes Ausmaß der Teerproduktion im 10. und 11. Jahrhundert belegen unter anderem die Grabungsergebnisse von Fundstelle 6 in Biskupin.

Die Entwicklung eines westslawischen Dorfes von den Anfängen der slawischen Besiedlung im 6. und 7. Jahrhundert bis zum 10. und 11. Jahrhundert verlief somit von kleinen und kurzzeitigen Siedlungen mit wenigen Grubenhäusern für kleine Familiengruppen, die Haushandwerk betrieben, zu großen Dörfern mit ebenerdigen Häusern und Werkstätten für die Bewohner. Hier kam es zu einer spezialisierten handwerklichen Produktion; Erzeugnisse wurden untereinander und mit den Bewohnern anderer Dörfer getauscht und die Belegschaft der Zentralburg, dem Zentrum der Staatsmacht mit Produkten versorgt.

Literatur

Brzeziński/Piotrowski (Hrsg.) 1997. – Donat 1980. – Gojda 1991. – Hensel 1987. – Herrmann 1997; 1985 (Hrsg.). – Justová 1990. – Moździoch (Hrsg.) 1999. – Pleinerova 1975. – Szafrański 1961. – C. Wyrwińska 1995.

Zur Ernährung im östlichen, slawischen Mitteleuropa um das Jahr 1000

HELMUT KROLL

Das östliche Mitteleuropa um das Jahr 1000 wird durch die slawische Landwirtschaft geprägt, die über Ausgrabungsfunde von Tierknochen bzw. über verkohlte, unter besonderen dauernassen Bedingungen bei Luftabschluss auch über unverkohlte Pflanzenfunde rekonstruiert werden kann. Die slawische Viehwirtschaft ist die frühmittelalterlich übliche, Schwein und Rind sind die hauptsächlichen Schlachttiere. Kühe geben Milch; der Ochsenanteil unter den männlichen Rindern spricht für die Verwendung als Arbeitstiere. Schafe und Ziegen, Gänse und Hühner werden für die üblichen Zwecke gehalten, der Ziegenanteil variiert nach Landschaftstyp, in der Regel ist er geringer als der Schafanteil, die Gänsehaltung ist oft bedeutender als die Hühnerzucht. Hund und Katze als nicht zu Schlachtzwecken gehaltene Haustiere sind in archäozoologischen Fundmaterialien in geringer Menge vorhanden. Ähnliches gilt für das Pferd als Reit- und Wagenpferd. Als treuer Gefährte des Menschen tritt es weniger in Form von Knochen des Schlachtabfalls sondern vielmehr als Grabbeigabe oder als heidnisch-heiliges Opfertier in Erscheinung. Schwere Zugarbeit wird wohl noch von Arbeitsrindern geleistet, wenn auch durch die Einführung neuer Anschirrungen, Kummet statt Joch, die Bedeutung des Pferdes als Zugtier im Verlauf des Mittelalters zunimmt.

Die freilaufend gehüteten Haustiere lichten die Wälder. Rinder, Schafe und Ziegen fressen den Jungwuchs, Schweine mästen sich im herbstlichen Wald mit Eicheln und Eckern und durchwühlen den Boden auf der Suche nach Wurzeln und restlicher Baummast. So schaffen die Haustiere in Verbindung mit dem Holzeinschlag für Bauholz und Brennholz Lichtungen und großflächige Wiesen und Weiden. Die Gänse grasen nahe der Siedlung und verändern die Vegetation in kurzrasige Anger am Wasser.

Die Jagd auf Großwild ist männliches Verlangen und fürstliche Freude, ebenso die Jagd mit Habicht, Sperber und auch Falke auf Hasen und Federwild. Zur Ernährung der Bevölkerung trägt die Jagd wenig bei, wenn auch archäologische Untersuchungen fürstlicher Sitze erhebliche Wildanteile im Tierknochenfundgut erbringen können. Noch gibt es den Ur (und vielleicht auch den Wisent) in unzugänglichen Wäldern; daneben Rothirsch, Wildschwein und Elch, Reh und Biber. Noch trotten Bären und laufen Wölfe durchs Gebiet, und die Bauern jagen, um ihre Wirtschaftsflächen und die Haustiere zu schützen. Das Wildbret ist willkommene Zugabe. Heißbegehrt hingegen sind Honig und Wachs der halbwilden Bienen, denen man Klotzbeuten zur Verfügung stellt. Die Ausbeute ist gering, denn eine herbstliche Vollernte würde das Bienenvolk im Winter verhungern lassen.

Fisch aber, archäozoologisch zwar schwer fassbar durch die Vergänglichkeit und Kleinteiligkeit des Fischskeletts, ist ein für alle Bevölkerungsschichten zugängliches und wichtiges Nahrungsmittel, wenn auch der Handel mit Fisch, besonders mit Meeresfisch, im frühen Mittelalter durch gering entwickelte Konservierungsmethoden und durch die Langsamkeit der Transportwege vorerst bedeutungslos ist. Dies ändert sich im Verlauf des Mittelalters; eingesalzener und getrockneter Meeresfisch, Fasshering und Stockfisch, werden preiswertes Nahrungsmittel für ganz Europa. Der Hang slawischer Siedler zu Ortsgründungen am Wasser ist zwar verkehrsbedingt, denn Wasserwege sind noch lange Zeit zuverlässiger als Landwege, doch wird das Ernährungspotential der Gewässer im Gegensatz zur Jagd gern und oft genutzt. Weißfisch, Barsch, Aal, Hecht und Forelle sind begehrter Frischfisch des Süßwassers.

Die Grundnahrungsmittel aber liefert der Ackerbau. Durch Brandkatastrophen, die Burgen mit gefüllten Scheuern vernichtet haben und die dicke Brandschichten mit verkohltem Getreide hinterließen, die planiert und wieder überbaut wurden, sind wir über den Ackerbau der Slawen recht gut unterrichtet. Mit abnehmender Häufigkeit gereiht sind Roggen, Saatweizen, Gerste und Hafer die Hauptgetreide. Regionale Besonderheiten sind daneben die Spelzweizen Dinkel, Emmer und vielleicht auch noch das Einkorn. Die Rispenhirse weicht durch sehr späte Aussaat und baldige Ernte in ihrem Anbaurhythmus erheblich ab und wird traditionell von den Getreiden getrennt. Sie ist aber

66 Mikulčice. Tönerne Tierplastiken des 10. Jahrhunderts. Brno, Archeologický ústav AV ČR.

wegen ihrer guten Lagerfähigkeit, ihres Nährwerts und der schnellen Zubereitung zu Brei eine bei den Slawen sehr beliebte Feldfrucht; im Verlauf der Neuzeit wird sie als Arme-Leute-Essen diskriminiert. Saatweizen und Roggen, die Brotgetreide, werden in der Regel als Wintergetreide angebaut – im Herbst gesät und im folgenden Sommer geerntet – denn bezeichnende Wintergetreide-Unkräuter wie die Kornrade begleiten sie. Gerste und Hafer, die Sommergetreide – im zeitigen Frühjahr gesät und im Sommer geerntet – werden als Graupen und Grütze gegessen oder aber sie dienen als Kraftfutter für Arbeitstiere. Sie nehmen im Vergleich zu Saatweizen und Roggen wenig Anbaufläche in Anspruch. Dies gilt auch für die Hülsenfrüchte, für Linse, Erbse und Ackerbohne. Die Saatwicke und die Linsenwicke, Hülsenfrüchte, die heute oder in der jüngeren Vergangenheit vorwiegend als Futtermittel angebaut werden, sind sehr selten. Die hauptsächliche Ölsaat ist der Lein oder Flachs. Mohn, Hanf, Rauke und Rübsen sind zum einen archäobotanisch schwer nachweisbar, zum anderen aber sicher weniger wichtig als Lein. Flachs und Hanf dienen zudem als Lieferanten pflanzlicher Fasern für feine und grobe Garne und Gewebe.

Durch eine reiche Auswahl an Gewürzen, Gemüsen, kultiviertem Obst und Heilpflanzen unterscheidet sich die frühmittelalterlich-slawische Landwirtschaft von den Jahrhunderten der Völkerwanderung und der Folgezeit. Vom entwickelten Gartenbau der Slawen zeugen Petersilie, Dill, Portulak und Sellerie, sowie, als slawische Besonderheit in Mitteleuropa, die Gurke. Zwar ist die Gurke jüngst aus Köln für die römische Zeit nachgewiesen, doch weit gestreute Funde setzen erst im frühen Mittelalter ein, ganz überwiegend aus dem slawischen Siedlungsgebiet. Einige heimische Heilpflanzen haben so spezielle Ansprüche an den Standort, dass sie außerhalb dieser Standorte als angebaut gelten müssen, so die Rosenmalve und der Echte Eibisch. Bei Bilsenkraut, Wilder Malve, Kümmel und Möhre aber, sowohl weit verbreitet im Siedlungsgebiet als auch im Garten gesät, ist der Nachweis des Anbaus schwierig. Zur slawischen Siedlung gehören Obstgärten mit Kernobst, Apfel, Birne, aber auch Speierling und Quitte. Daneben Steinobst, mit Sauerkirsche und Pflaume; im Süden, nahe dem ehemals provinzialrömischen Gebiet, zusätzlich mit Pfirsich, Süßkirsche und Kornelkirsche. Dort wird früh die Walnuss heimisch und der Wein in Form der Edelrebe. Die Wilde Rebe rankt als Liane in den Auenbäumen großer Ströme. Die Südslawen, in Mähren zum Beispiel, sind Weinbauern und Weintrinker. Die Grenze zu den biertrinkenden Völkern wird man nordwestlich vermuten. Malz aus Gerste, aber auch von anderen Getreiden wird zu Bier, das vielleicht schon gehopft, sicher gewürzt, aber nicht lagerfähig ist, sondern schnell sauer wird.

Sammelobst und Nüsse ergänzen die Anbauprodukte: zum einen das Beerenobst – Walderdbeeren und Blaubeeren, Himbeeren und Brombeeren, Holunderbeeren und Schneeballbeeren –, zum anderen wildes Steinobst – Schlehen und Traubenkirschen –, zum dritten wildes Kernobst, auch Weißdornbeeren, Vogelbeeren und Hagebutten, viertens Nüsse, neben Haselnüssen und Wassernüssen auch Eicheln und Eckern, ferner, kaum nachweisbar, aber sehr wahrscheinlich, Pilze und allerlei Kräuter aus Wald und Feld.

Nach den botanischen Funden scheint es, als habe die Küche der slawischen Oberschicht mehr von der Spätantike ins frühe Mittelalter hinübergerettet als die ihrer westlichen Nachbarn. So sind im östlichen Mitteleuropa Nahrungsmittel der gehobenen Küche regelmäßig vorhanden, die Karl der Große im *capitulare de villis* für seine Pfalzen anmahnt. Die reiche Tafel der slawischen Fürsten wird Vorbild der adligen und bürgerlichen Tafeln der frühdeutschen Zeit.

Literatur

Becker 1993. – Benecke 1994a; 1994b. – Herrmann 1989. – Körber-Grohne 1987. – Kroll 1991. – Opravil 1998; in Vorbereitung. – Prummel 1993. – Willerding 1984.

Früh- und hochmittelalterliche Keramik bei den Westslawen

SEBASTIAN BRATHER

Die früh- und hochmittelalterliche Keramik in Ostmitteleuropa stellt kein „ethnisches" Kennzeichen der dort siedelnden Westslawen dar, sondern geht in Form und Verzierung auf kulturelle Traditionen dieses Raumes und der Nachbargebiete zurück. Wahrscheinlich besaßen die slawischen Einwanderer des 6. und 7. Jahrhunderts unverzierte Gefäße, was gut zu den dynamischen Verhältnissen dieser Zeit passt. Im Zuge der anschließenden Konsolidierung regionaler Siedlungsstrukturen und der sozialen Verhältnisse erfuhr die Töpferei eine rasche Differenzierung durch Einflüsse der Umgebung. Auf diese Weise begannen regionalspezifische Stilentwicklungen, die nicht auf unterschiedliche Herkunftsräume zurückgehen und die auch keine „Stammesgebiete" widerspiegeln.

Weit verbreitet war im frühen Mittelalter die Kammstrichverzierung, die auf letztlich spätantiken Traditionen fußt. In den gleichen Zusammenhang gehört auch die Verzierung des Gefäßrandes, also der Mündung; dazu zählen Kammstrichwellen auf der Randinnenseite (nördlich der Donau) und Kammstiche auf der Randkante (häufiger in Mecklenburg). Das häufigere Auftreten von Stempelmustern im mecklenburgischen und brandenburgischen Raum dürfte durch Vorbilder im westlich anschließenden sächsischen Siedlungsraum angeregt worden sein. Diese stilistischen Beeinflussungen unterstreichen die Einbindung des ostmitteleuropäischen Raums in weitreichende kulturelle und politische, wirtschaftliche und soziale Beziehungen.

Doch nicht nur kulturelle Traditionen bestimmten das Aussehen der Gefäße, sondern auch die Technologie der Keramikproduktion. Von Hand gefertigte Gefäße lassen sich aufgrund der unebenen Oberfläche allenfalls mit einfachen (mitunter figürlichen) Ritzungen oder kurzen Kammstrichen schmücken, bei langsamem Drehen auf einer Töpferscheibe können mit einem Mehrfachzinken leicht gerade oder wellenförmig umlaufende Kammstrich-Muster angebracht werden, und bei schnellerem Drehen ergeben sich fast von selbst tiefe Riefen bzw. sogenannte Gurtfurchen. Das Drehen der Töpfe auf der Töpferscheibe führt zu eher schlanken Formen mit einer hochliegenden Schulter.

Die meisten Keramikfunde stammen aus Siedlungen und sind deshalb meist sehr stark zerscherbt. Ganze Gefäße werden in Gräbern entdeckt, wo sie bei Brandbestattungen als Urnen und bei Körperbestattungen als Beigefäße vorkommen. Leider sind beispielsweise für den Raum zwischen Elbe und Weichsel bzw. Bug für die Karolingerzeit Gräber

Main-Regnitz-Gebiet	Elbe-Saale-Gebiet	Böhmen	Mähren	Slowakei	Niederösterreich
	spätslawische Typen, *Leipziger Gruppe / Typ Groitzsch*	Libočany B	Mikulčice 4, Typ IV		
	= jüngere Burgwallkeramik				
Warenart 1, (5), 6	*Leipziger Gruppe / Rüssener Phase, Typ Rötha; Ützer Gruppe*	Zabrušany, Libočany A, Litoměřice	March (Morava), Blučina, Mikulčice 3, Typ III		[Zalavár-Keszthely] [Graphittonkeramik]
	= mittlere Burgwallkeramik				
Warenart 1, (5), 6	*Leipziger Gruppe* (= graue Ware) / *Rüssener Phase; Ützer Gruppe* (= braune Ware)	Donau (Dunaj)	Mikulčice 2, Typ II	Devinská-Nová-Ves	Donau
	= ältere Burgwallkeramik				
Warenart 1, (5), 6	Prag[-Korčak]	Prag[-Korčak]	Prag[-Korčak], Typ I	Prag[-Korčak]	Prag[-Korčak]
	= vorburgwallzeitliche Keramik				

67 **Typologisch-technologische Systematik der Keramik im „Südgebiet". Die einzelnen Namen bezeichnen jeweilige Regionalformen in tendenziell chronologischer Abfolge, aber keine Zeitstufen. Prag-Korčak-, Donautyp und ähnliche Typen werden auch als frühslawische Formen bezeichnet; analog gelten die übrigen Formen als mittel- bzw. spätslawische Typen. Weiß = gewülstet; hell gerastert = teilweise nachgedreht, dunkel gerastert = vollständig nachgedreht**

nicht überliefert, weil sie offensichtlich oberirdisch angelegt wurden und sich deshalb archäologisch nicht nachweisen lassen. Vollständig erhaltene Töpfe kennt man daher für das frühe Mittelalter vor allem aus Böhmen, Mähren und der Slowakei, das heißt von der südwestlichen Peripherie des slawischen Siedlungsraums, die in stärkerem Maße als die nördlicheren Gebiete südliche Einflüsse aufnahm. Nördlich der Mittelgebirge stammen entsprechende Funde meist erst aus dem 10. Jahrhundert, doch enthalten bei weitem nicht alle Gräber auch Keramikbeigaben.

Regionale Gliederung – zwei kulturelle Großräume

Innerhalb des slawischen Siedlungsgebiets in Ostmitteleuropa lassen sich grob zwei kulturelle Großräume unterscheiden. Diese Zweiteilung betrifft auch die Gefäßkeramik, jedoch nicht minder Schmuckformen, Grabsitten, Hausbau, Befestigungsbauten usw. – jeweils in ganz unterschiedlicher Verbreitung. Wenn es sich auch nicht um scharfe Grenzziehungen, sondern allmähliche und diffuse Übergänge handelt, lassen sich doch ein nördlicher Bereich – nördlich der Mittelgebirge – und eine südliche Zone – zwischen Mittelgebirgen und Donau – voneinander unterscheiden. Unterschiedliche kulturelle Traditionen der Slawen sind für diese divergierenden Entwicklungen nicht verantwortlich, sondern letztlich die mittelbare Ausstrahlung des mediterranen Kulturraums und auch die naturräumlichen Voraussetzungen. Auf keinen Fall lassen sich daraus unterschiedliche slawische Einwanderergruppen oder Herkunftsgebiete rekonstruieren.

1. In Böhmen, Mähren, der (südwestlichen) Slowakei und Niederösterreich, aber auch noch im Elbe-Saale-Gebiet kommen zwei charakteristische frühe Formen vor: einerseits nur mit der Hand gefertigte und schmucklose, hohe und schlanke Gefäße des Prager Typs, anderseits ebenfalls schlanke, aber gedrehte und meist reich mit Kammstrichwellen oder -rahmen versehene Exemplare des sogenannten Donautyps (Abb. 67). Diese Donaukeramik verdankt ihre Ausprägung spätantik-byzantinischen Traditionen, die durch die Nachbarschaft des oströmischen Kulturraums in Südosteuropa und die Awaren in Pannonien vermittelt wurden. Diese kulturelle Verflechtung macht es unmöglich, anhand der Keramik ethnische Zuweisungen von Siedlungsgebieten, Grabfunden oder ähnlichem vorzunehmen (Abb. 68).

Im donaunahen Raum (Niederösterreich, Mähren) finden sich – ebenso wie in allerdings erheblich größerer Zahl beispielsweise in Bulgarien – mitun-

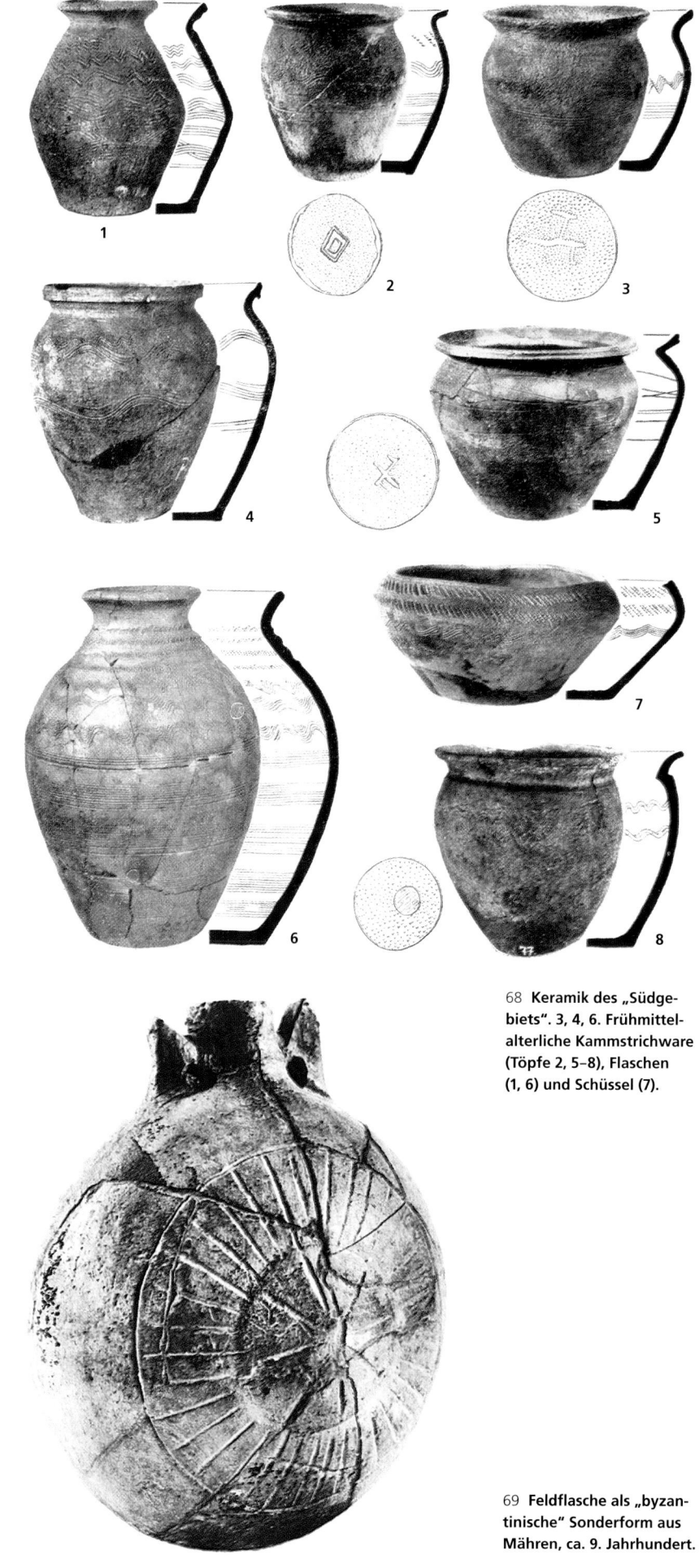

68 Keramik des „Südgebiets". 3, 4, 6. Frühmittelalterliche Kammstrichware (Töpfe 2, 5–8), Flaschen (1, 6) und Schüssel (7).

69 Feldflasche als „byzantinische" Sonderform aus Mähren, ca. 9. Jahrhundert.

Siedlung und Wirtschaft

traditionelle Zuweisung	Holstein	Mecklenburg	Brandenburg	Großpolen	Hinterpommern
spätslawische Typen	Gurtfurchenware, Typ D, Typ Warder	Vipperow, Teterow, Weisdin, Bobzin, Garz, Variante Drense	Stil III	Stufe D	Typ E, G, J, L, M, R
mittelslawische Typen	Rippenschulterware	Fresendorf, Woldegk	Tornow		Wolin, Typ F
	Kammstrichware, Typ C	Menkendorf, Groß Raden	Stil II	Stufe C	Szczecin, Typ D
frühslawische Typen	Prachtkeramik, Wulstrandtöpfe, Typ B	Feldberg		Stufe B	Gołancz, Kçdrzyno, Bardy, Typ C
	unverzierte Ware, schwach verzierte Ware, Typ A	Sukow	Stil I, Prag[-Korčak] Szeligi	Stufe A u. A/B,	Dziedzice, Typ A-B

70 **Typologisch-technologische Systematik der Keramik im „Nordgebiet"** (ergänzt und verändert nach Brather 1996a, 8 Tab. 2). Die einzelnen Namen bezeichnen jeweilige Regionalformen in tendenziell chronologischer Abfolge, aber keine Zeitstufen. Weiß = gewülstet; hell gerastert = teilweise nachgedreht, dunkel gerastert = vollständig nachgedreht

ter „byzantinische" Sonderformen wie Krüge und Amphoren, die sich inmitten der übrigen, gerade beschriebenen Keramik fremd ausnehmen (Abb. 69). Dennoch ist im mährischen Sady bei Uherské Hradiště ein Töpferofen zur Produktion dieser Typen belegt, wobei es sich um die begrenzte Herstellung für eine bestimmte (soziale, ethnische, professionelle?) Gruppe gehandelt haben wird.

Für den nördlichen Bereich zwischen Elbe und Weichsel sind zunächst ebenfalls unverzierte Töpfe kennzeichnend, die sich von ihren südlicher gelegenen Parallelen durch ihre im Schnitt etwas bauchigere Form allenfalls tendenziell unterscheiden (Abb. 70). Die Abgrenzung dieser Sukow-Dziedzice-Keramik vom Typ Prag-Korčak trennt daher lediglich regionale Varianten desselben Phänomens und deutet nicht auf unterschiedliche kulturelle Traditionen slawischer Einwanderer hin. Sehr rasch traten die seit dem 8./9. Jahrhundert dominierenden kammstrichverzierten Formen hinzu, die sich wiederum in regionale Varianten aufgliedern lassen, darunter die Feldberger Keramik in Mecklenburg und Pommern. Diese unterscheidet sich primär technologisch (abgedreht) und deshalb sekundär auch in der Verzierung (umlaufende Kammstrich- und -stichornamente) von der sonst verbreiteten Menkendorfer Ware (kurze Kammstriche). Die Verzierung beschränkte sich auf das durch eine ausladende Wandung oder durch eine doppelkonische Form betonte Gefäßoberteil, während südlich der Mittelgebirge meist auch die Zone unterhalb des Gefäßumbruchs mit Ornamenten versehen wurde. Der Übergang zur vollständig gedrehten Ware fand wie im Süden in der zweiten Hälfte des 10. Jahrhunderts bzw. der Zeit um 1000 statt, doch bedeutete er im Vergleich einen weitaus tiefgreifenderen,

71 **Keramik des „Nordgebiets".** Unverzierte Ware, Kammstrichware aus Phase 2a des Burgwalles in Berlin-Spandau.

da nachholenden technologischen Fortschritt. Er fiel nicht ganz zufällig zeitlich mit den ersten Ansätzen zur Staatsbildung (Piasten, Abodriten) zusammen, sondern beschreibt einen Teil der wirtschaftlichen Voraussetzungen (Abb. 71–75).
Fremde Keramikformen lassen sich auch nördlich der Mittelgebirge bislang nur vereinzelt feststellen. Seltene Funde der rheinischen Badorfer und Tatinger Waren finden sich in den wikingerzeitlichen Seehandelsplätzen an der Ostseeküste und gelten als Gebrauchsgeschirr westlicher Kaufleute. Keramik-„Importe" aus dem skandinavischen Norden und aus den westlichen Nachbargebieten sind nicht bekannt, dürften sich aber unter der unverzierten Ware verbergen und nur aufgrund ihrer Verwechselbarkeit mit den slawischen Gefäßen noch nicht identifiziert worden sein. Umgekehrt gelangten seit der Karolingerzeit zahlreiche ostseeslawische Gefäße nach Skandinavien und dienten häufig als Urnen wikingischer Brandgräber. Seit dem späten 10. Jahrhundert erlangte die jungslawische Gurtfurchenware auch im Norden größere Beliebtheit; man bezeichnet die dort hergestellten Gefäße mit dem ethnisch neutralen Terminus Ostseeware, lassen sich doch slawische und skandinavische Produktion nicht mehr voneinander unterscheiden.

Zeitliche Gliederung

Unterschiedliche und differenzierte regionale Entwicklungen haben zu einer Vielzahl von Einteilungen geführt, die nicht ohne weiteres parallelisiert werden können. Hinzu kommen unterschiedliche Gliederungskriterien – typologische oder technologische, die eine Übersicht über die verschiedenen Gliederungen der früh- und hochmittelalterlichen Keramik in Ostmitteleuropa erschweren.
Typologisch ausgerichtete Schemata orientieren sich an der sehr variantenreichen Verzierung der Gefäße, während deren Form dazu kaum geeignet ist (Abb. 76). Unterschieden werden dabei im wesentlichen drei Varianten: 1. gänzlich unverzierte Töpfe; 2. mit einem kammartigen Gerät in Wellenform, aber auch waagerecht, schräg oder senkrecht („kammstrich"-)verzierte Gefäße, die auch eine Stempelzier tragen können; 3. eine mit tiefen Riefen oder Gurtfurchen versehene Ware. In technologischer Hinsicht lassen sich 1. handgeformte, 2. teilweise oder gänzlich nachgedrehte und 3. schließlich vollkommen auf der Töpferscheibe nachgedrehte Exemplare voneinander unterscheiden.
Beide idealtypischen Unterscheidungen bedeuten aber nicht zwangsläufig eine chronologische Reihe

72 **Keramik des „Nordgebiets". Kammstrichware Menkendorfer Typ aus Burg 3 von Berlin-Spandau.**

oder Entwicklungsabfolge. Beispielsweise hat sich gezeigt, dass unverzierte Gefäße längst nicht nur auf die Einwanderungszeit beschränkt waren, sondern über Jahrhunderte neben verzierten Töpfen in Gebrauch blieben. Darüber hinaus lassen sich die zahllosen Übergangsformen zwischen diesen definierten Typen begrifflich kaum fassen. Die Typologie stößt an ihre methodischen Grenzen, wenn zu den als unverziert definierten Prager und Sukower Gefäßen auch „schwach verzierte" Formen gerechnet werden, oder wenn die Rede vom „unverzierten Feldberger Typ" ist, der sonst durch seine reiche Ornamentik von der übrigen Kammstrichware abgegrenzt wird.
Um dennoch die allmählichen Veränderungen der Keramik zu erfassen, wenden sich moderne Untersuchungen von dieser Art Typologie ab und konzentrieren sich statt dessen auf statistische Analysen von Einzelmerkmalen und deren Kombinationen. Auf diese Weise treten die Kontinuität der Entwicklung und im Laufe der Zeit zunehmende Regionalisierungen deutlich hervor.

Siedlung und Wirtschaft

Traditionell werden unter typologischem Aspekt bis zu vier „Stufen" der Keramikentwicklung unterschieden: im Süden Vorburgwallzeit (Einwanderungsphase) sowie ältere (7.–8. Jh.), mittlere (9.–10. Jh.) und jüngere Burgwallzeit (11.–12. Jh.). Im Norden erscheint die dazu weitgehend parallele Unterteilung in frühslawische, mittelslawische und jungslawische Zeit zunächst nur dreiphasig, doch werden innerhalb des frühslawischen Horizonts neben der unverzierten Ware noch die teilweise abgedrehten und verzierten Gefäße des regionalen Feldberger Typs geführt und insofern ebenfalls vier „Phasen" unterschieden. In chronologischer Hinsicht kann jedoch nur von einer Zweiteilung ausgegangen werden: Die älteren Typen wurden – vielleicht abgesehen von einer sehr kurzen Zeitspanne während der Einwanderungszeit – weitgehend gleichzeitig hergestellt und gebraucht, wenn auch ein starker Rückgang der unverzierten zugunsten der kammstrichverzierten Keramik zu beobachten ist. Ein grundlegender, auch im Material gut faßbarer Wandel trat nur in der zweiten Hälfte des 10. Jahrhunderts ein: Die technologische Neuerung, Gefäße vollständig auf einer Töpferscheibe abzudrehen, führte auch zur kompletten und raschen Ablösung der Kammstrichverzierung durch tiefe Riefen, die so genannten Gurtfurchen. Die Zeit um 1000 stellt somit einen wichtigen Einschnitt zwischen einer „altslawischen" und einer „jungslawischen" Periode dar. Aufgrund dieser regional und zeitlich sehr differenzierten Keramikentwicklung ergeben sich starke Überlappungen ohne scharfe Trennungen. Deshalb erweist sich die frühmittelalterliche Keramik im westslawischen Raum als denkbar ungeeignetes Hilfsmittel zur Datierung, lässt sie doch nicht einmal die Angabe auf ein Jahrhundert genau zu. Dennoch beruhen wegen des Mangels an datierenden Funden noch immer die meisten zeitlichen Einordnungen auf keramischen Funden; erst der verstärkte Einsatz der Jahrringdatierung verschafft seit etwa zehn Jahren Abhilfe.

Formenkunde

Die weit überwiegende Gefäßform stellen Töpfe dar, die sich zudem in den Proportionen sehr ähneln und als universal benutzte Gefäße anzusehen sind. Ihre Größe schwankt ungefähr zwischen 15 und 30 cm Höhe und einem etwas geringeren Durchmesser; daneben kommen becher- und napfartige Kleinformen und auch überdimensionierte Exemplare vor. Letztere gelten als Vorratsgefäße und wurden meist mit aufgelegten plastischen Leisten verziert, die der Stabilisierung des Gefäßes dienten. Daneben gibt es Sonderformen wie den mit einem Deckel versehenen Bobziner Typ. Gelegentlich – und dies ist als Verarbeitung „fremder" Vorbilder anzusehen – finden sich auch Töpfe mit zwei Henkeln.

Häufig besitzen Töpfe auf dem Gefäßboden ein sogenanntes Bodenzeichen, sofern sie nicht gänzlich von Hand geformt sind (Abb. 77). Diese Bodenzeichen sind sehr variabel gestaltet: es gibt sowohl geometrische (Kreuz, Rad, Radkreuz, Ring, Kombinationen dieser Zeichen usw.) als auch symbolische (mitunter figürliche) Zeichen. Die Abdrücke auf dem Gefäßboden rühren von sogenannten Zwischenscheiben her, auf denen der Gefäßrohling auf der Töpferscheibe geformt, anschließend abgehoben und zum Trocknen aufgestellt wurde. Über den Bedeutungshintergrund der Bodenzeichen lassen sich nur Vermutungen anstellen, doch sind magisch-religiöse Motive nicht zu verkennen. In handwerklicher Hinsicht dürfte es sich um Er-

73 Keramik des „Nordgebiets". Gurtfurchenware aus Phase 4 des Burgwalles in Berlin-Spandau. Unterschiedliche Maßstäbe.

zeugermarken handeln, mit denen einzelne Töpfer ihre Produkte kennzeichneten, doch sind bei weitem nicht alle Gefäße derart markiert.

Als Flaschen (gelegentlich auch als vasenförmige Gefäße) werden besonders engmündige Töpfe bezeichnet, die sich vor allem in Böhmen und dem Karpatenkessel vom 9. bis 11. Jahrhundert finden. Sie stellen jedoch nur einen geringen Anteil an der gesamten Gefäßkeramik dar und dürften zur Aufbewahrung von Flüssigkeiten gedient haben. Häufiger sind Schüsseln oder Schalen, die von Töpfen durch die nach oben offene Form und das Fehlen eines einziehenden Randes unterschieden werden. Sie kommen in verschiedenen Regionalformen vor und gehören vor allem in hochmittelalterliche Zeit. Flache runde Scheiben aus gebranntem Ton dienten zur Zubereitung und Einnahme von Mahlzeiten. Diese Teller gehören fast ausschließlich in das frühe Mittelalter und wurden in jungslawischer Zeit durch hölzerne Formen ersetzt. Sogenannte Tonwannen, die einem flachen rechteckigen Kasten von bis zu einem Meter Länge und etwa 15 cm Seitenhöhe gleichen, benutzte man als Back- und Teigwannen sowie zum Getreiderösten. Spezielle Gefäße wurden auch für die Teersiederei hergestellt. Dieser recht beschränkte Formenschatz der Gefäßkeramik weist darauf hin, dass ein großer Anteil von Behältern aus organischem Material vorhanden gewesen sein muss, der sich aber nur unter günstigen Lagerungsbedingungen erhalten hat. Zu denken ist hier an hölzerne Teller, Schalen und Tabletts, Rindenbehälter, geflochtene Körbe, Leder- und Textilbeutel usw. Aus Ton wurden aber eine Reihe weiterer Gegenstände für die verschiedensten Zwecke gefertigt, wozu Spinnwirtel, Figuren (auch als Kinderspielzeug), aber auch die importierten und glasierten sogenannten Kiewer Toneier (pisanki) und vieles mehr gehören.

Töpferei

Die Herstellung von Gefäßkeramik erfolgte zunächst in jedem Haushalt. Der Ton wurde vergleichsweise grob gemagert. Nachdem die Töpfe mit der Hand stückweise aufgebaut, das heißt geformt worden und anschließend angetrocknet waren, wurden sie in nicht besonders hergerichteten Brenngruben bei recht niedrigen Temperaturen (500–600 °C) gebrannt. Dadurch ergaben sich einfache und dennoch unikate Formen mit einer begrenzten Haltbarkeits-, also Nutzungsdauer.

Der Übergang zur Formung auf drehbaren Unterlagen (von denen, neben den Bodenzeichen, auch schmucklose Achsabdrücke rühren) und ein etwas härterer Brand stellten einen Schritt in Richtung spezialisierter handwerklicher Produktion dar,

74 Keramik des „Nordgebiets". Topf mit Gurtfurchendekor der Weisdiner Gruppe.

75 Keramik des „Nordgebiets". Topf mit Deckel der Bobziner Gruppe.

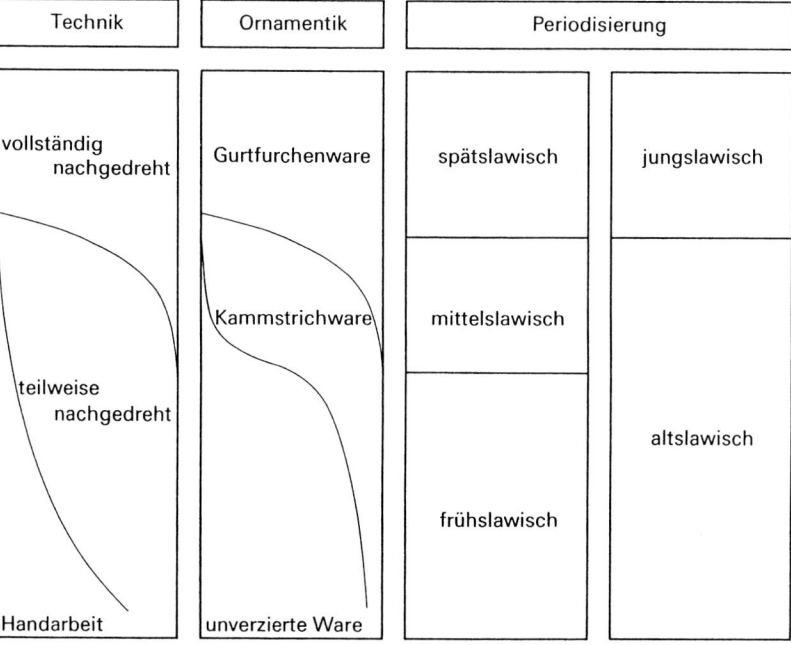

76 Verschiedene schematische Keramikgliederungen für Ostholstein. Gegenübergestellt sind Technik und Verzierung sowie die Unterteilungen in zwei oder drei „Phasen" der Keramikentwicklung. Diese Gliederungen treffen in den Grundzügen im wesentlichen für das gesamte „Nordgebiet" zu. Südlich der Mittelgebirge verlief die Entwicklung früher und rascher, sodass die Abfolge weniger deutlich wird.

Siedlung und Wirtschaft

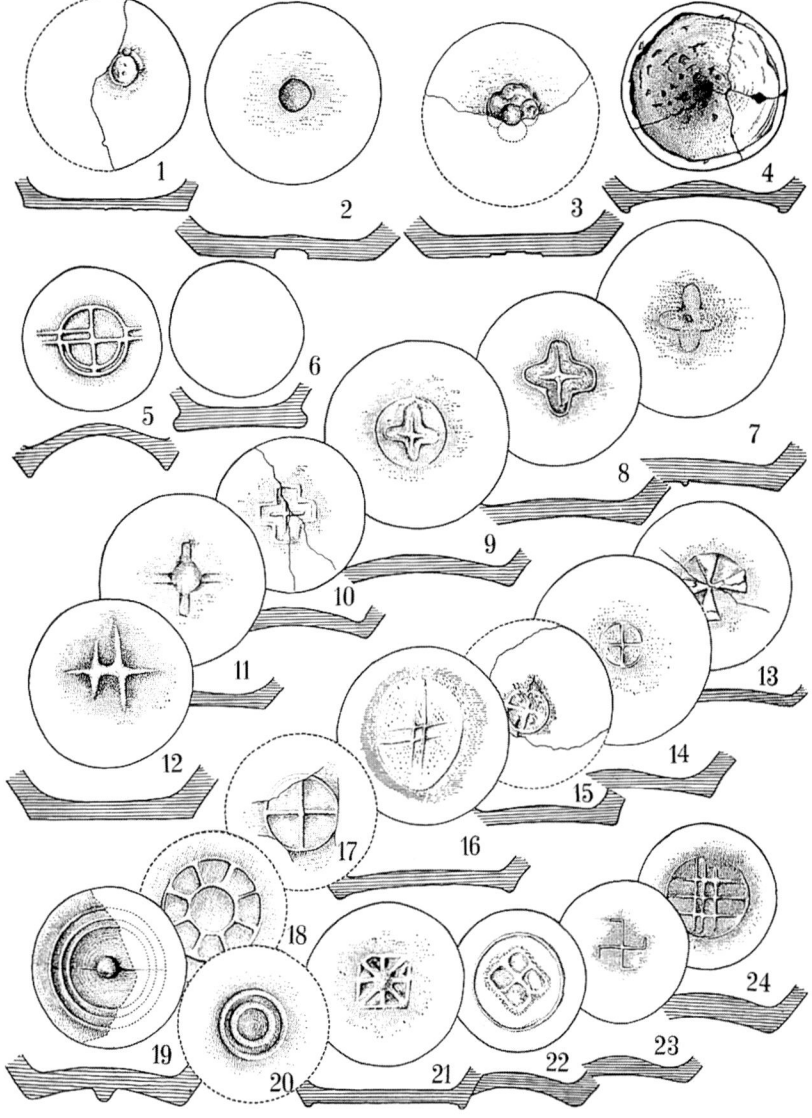

77 **Bodenzeichen frühmittelalterlicher Gefäße.** Sie rühren von hölzernen Zwischenscheiben her, auf denen die Gefäße nach der Formung zum Trocknen aufgestellt waren.

sind aber auch noch im Durchschnittshaushalt vorstellbar. Zwischen Mittelgebirgen und Donau existierte bereits im 8./9. Jahrhundert eine derart fortgeschrittene Töpferei; nördlich davon deuten Indizien erst auf die Mitte des 10. Jahrhunderts (wenn man einmal von dem Sonderfall der karolingerzeitlichen Feldberger Ware absieht). Diese technologische Entwicklung führte zu einer weithin uniformen Gestaltung und schließlich zu einer Art Serienproduktion stets derselben Gefäßformen und -verzierungen, was sich als deutlicher Hinweis auf handwerkliche Spezialisierung verstehen lässt. Damit einher ging auch der Übergang zu regelrechten Töpferöfen mit zwei Kammern, die höhere Brenntemperaturen und damit einen harten Brand erst ermöglichten. Während des gesamten Mittelalters wurde die Keramik in einer wechselnden, meist reduzierenden Atmosphäre gebrannt, wodurch sich eine stets graue bis braune Farbe ergab. Erst im Spätmittelalter wurde die mit der Hand betriebene von der schnellrotierenden Töpferscheibe abgelöst, womit dann auch keine Bodenzeichen mehr vorkommen.

Literatur

Brather 1996a; 1996b. – Kempke 1984. – Müller-Wille 1991. – Parczewski 1993. – Poláček (Hrsg.) 1995. – Staňa (Hrsg.) 1994.

Wirtschafts- und Siedlungswesen in Ungarn zur Zeit der Staatsgründung

MIKLÓS TAKÁCS

Das Wirtschaftswesen

Die Problematik der Wirtschaft ist eine der oft analysierten, in vieler Hinsicht aber trotzdem noch ungelösten Frage der ungarischen Geschichte des 10. und 11. Jahrhunderts. Auch hier stellt der Mangel an Daten den wichtigsten Unsicherheitsfaktor dar. Gleichzeitig gibt es unterschiedliche Auffassungen und unterschiedliche Rekonstruktion der Vorgänge, sprich der Landwirtschaft aus der Zeit nach der ungarischen Landnahme. Nach der traditionellen, auf die Interpretation einiger schriftlichen Quellen des 10. Jahrhunderts basierenden Auffassung waren die Ungarn „wahre" Reiternomaden, die erst nach dem Abschluss ihrer Raubzüge begonnen hatten, sich niederzulassen und mit dem Ackerbau zu beschäftigen. Diese Meinung kritisierten zuerst jene Linguisten, die die Lehnwörter der ungarischen Sprache analysierten. Sie stützten sich auf die bulgaro-türkischen Entlehnungen für den Getreide-, Garten- und Weinbau. Ihre Argumentation ist gut zu vergleichen mit den Siedlungsausgrabungen in der osteuropäischen Steppe. Nach diesen Funden und Befunden wanderten die Ungarn ins Karpatenbecken aus einer Region ein, in der im 8. und 9. Jahrhundert die Bedeutung des Ackerbaues zunahm. Als eine Folge dieser Umstellung verbreitete sich in der Saltowo-Majaki-Kultur, also im politischen und/oder kulturellen Bereich des Chazarischen Reiches, die halbnomadische Lebensweise. Diese spezielle Variante des Nomadentums kann man als eine territorial und saisonal begrenzte Fernweidewirtschaft beschreiben, bei der nur in der wärmeren Hälfte des Jahres in einem eng begrenzten Raum der Viehtrieb stattfindet. Die Funde und Befunde der seit den fünfziger Jahren durchgeführten, arpadenzeitlichen Siedlungsgrabungen des Karpatenbeckens beweisen diese spezielle Wirtschafts- und Lebensweise. Die Struktur und die Objekte aus den ungefähr 100 archäologisch erforschten Fundorten des damaligen Ungarn sind nämlich kaum mit denen aus nur zeitweilig bestehenden Lagern der „wahren" Reiternomaden zu vergleichen, sondern vielmehr mit den mehr oder wenig dauerhaften Siedlungsplätzen der Halbnomaden. Durch die Befunde verliert jener Vorwurf an Geltung, wonach in diesen Siedlungen nicht die landnehmenden Ungarn, sondern bloß ihre eroberten Untertanen gelebt hätten. In den erforschten Siedlungen kommen regelmäßig Keramkiformen vor (z. B. metallkesselähnliche Tonkessel, und zweihenkelige oder henkellose Gefäße mit Rippenhals), die in der Keramikproduktion des vorlandnahmezeitlichen Karpatenbeckens unbekannt sind, dagegen in der osteuropäischen Steppe gute Parallelen haben. Die Tierknochenfunde beweisen eindeutig die Wichtigkeit von Huhn- und Schwein in der Ernährung der Bewohner dieser Siedlungen. Huhn und Schwein sind jedoch Haustiere die mit der „klassischen" reiternomadischen Lebensweise nicht vereinbar sind.

Man kann im 10. und 11. Jahrhundert bei der Mehrheit des einfachen ungarischen Volkes mit einer begrenzten Form von Fernweidewirtschaft rechnen, bei der auch schon der Ackerbau eine wichtige Rolle spielte. Viehtrieb fand aller Wahrscheinlichkeit nach nur saisonal statt, und es gab schon mehr oder weniger dauerhafte Siedlungsplätze, die von kultivierten Feldern umgeben waren. Die durch Paul Gerhard Merner beschriebenen, „klassischen" Beispiele der halbnomadischen Lebensweise sind durch ein spezifisches Gleichgewicht zwischen Viehhaltung und Ackerbau gekennzeichnet. Es ist aber trotzdem mit Recht zu vermuten, dass im Ungarn des 10. Jahrhunderts parallel zueinander mehrere Wirtschaftssysteme existierten. So konnten gewisse, kleinere Gemeinschaften schon in der Zeit nach der Landnahme ein fast völlig sesshaftes Leben führen, mit Ackerbau als Hauptbeschäftigung. Andere dürften Schaf- und/oder Pferdezucht bevorzugt haben, mit einem geringen Anteil an Ackerbau. Das reiche Wassernetz und die üppige Vegetation des Karpatenbeckens machten aber die langen Wanderwege von einer Weide zur anderen nicht nur überflüssig sondern auch unmöglich. Auf die verschiedenen Haustiere und die damit verbundenen unterschiedlichen Lebensformen verweist eine Analyse, die die prozentuale Verteilung der Befunde der verschiedenen Zuchttiersorten, das heißt die Knochen der Rinder, Pferde, Schweine, Schafe und Ziegen miteinander verglichen hat (Abb. 78). Trotz der Vielfalt zeigt das relativ geringe Vorkommen von Pferde- und Schafknochen, dass die Voraussetzungen der Viehhaltung eines „wahren" Reiternomadentums nicht gegeben sind. Bei allen untersuchten Siedlungskomplexen dominieren die Rinderknochen. Das Schaf steht erst an zweiter Stelle. Noch überraschender ist jenes Ergebniss, dass im osteologischen Fundmaterial der untersuchten Siedlungen der prozentuelle Anteil der Schweinsknochen die Zahl der Pferdeknochen übertrifft. Es war besonders in der älteren Fachliteratur üblich, die Ausbreitung des Ackerbaues durch jene Episode der Gerhard-Legenden zu beweisen, in der der heilige Bischof durch das Lied einer mahlenden Dienstmagd gestört wurde. Die im Lied beschriebene Mühle mit Handantrieb ist jedoch schon im Fundgut der Saltowo-Kultur nachweißbar. Daher ist diese Quelle kein Beweis für einen von den Traditionen der ungarischen Steppe abweichenden Getreideanbau. Dies wird auch durch die Pollenanalyse deutlich. Sie beweist nicht das Übergewicht der durch die Reiternomaden angebauten Hirse, sondern jener Getreidesorten, die für die Fernweidewirtschaft von Bedeutung waren.

Der Prozess der ungarischen Staatsgründung veränderte im beträchtlichen Maße das skizzierte Bild und die Ablösung der reiternomadischen Elemente in der halbnomadischen Fernweidewirtschaft. Dies geschah häufig dadurch, dass sich die Besitzstruktur des gesamten Landes rasch veränderte. Nach der Niederlage ihrer Gegner wurden die königliche Macht sowie die Träger der entstehenden Verwaltung und die Kirche zu den größten Landbesitzern von Ungarn. Wegen der geringen Anzahl an schriftlichen Quellen aus Zeiten der Staatsgründung, gibt es sehr wenig Daten über andere Besitzer: so z. B. über jene *comites* und *milites*, die in den Gesetzen Stephans I. erwähnt werden. Die Herausbildung des königlichen oder kirchlichen Grundbesitzes lässt sich zum großen Teil aufgrund späterer Daten, und auch hier nur lückenhaft rekonstruieren. Die Formulierung der griechisch geschriebenen Donationsurkunde der Abtei Veszprémvölgy scheint dennoch charakteristisch zu sein: „… jene, die nicht unter der Oberhoheit des heiligen Klosters wohnen möchten, (…) sind weder ihrer Lust und ihres Willens aus dem Ort zu verjagen". Die Urkunden dieser Zeit sind dadurch charakterisiert, dass sie nicht nur die Schenkungen sondern auch die Zahl und/oder die Namen der Dienstleute aufzählen. Diese waren dazu verpflichtet, Agrarprodukte und/oder handwerkliche Erzeugnisse ihren Herrn zu übergeben. Unter ihnen befanden sich auch Fischer, Jäger (Falkner, Hundezüchter, usw.) und Imker. Viele dienten auch nur mit ihrer Arbeitskraft oder durch Pferd und Waffe. Nach dem schon zitierten Donationsbrief von Veszprémvölgy (einer der ältesten, vielleicht schon zur Zeit des Großfürsten Géza, oder um 1018 verfasst) wurden zum Dienst für das Frauenstift Fährleute, Fischer, Zimmmerleute, Schmiede, Knechte mit Pferd, je ein Mundschenk, Drechsler, zwei Winzer und die Bewohner meherer Dörfer ohne nähere Angaben über ihre eigentlichen Aufgaben zugeteilt. Die Angaben aus der Urkunde von Tihany (1055) und aus der verfälschten, aber in vieler Hinsicht trotzdem die Verhältnisse des 11. Jahrhunderts widerspiegelnden Urkunde von Pécsvárad weisen darauf hin, dass es schon zu Zeiten Stephans I. üblich war, die Dienstleute der königlichen Güter, besonders die Bewaffneten oder jene die zum Ackerbau verpflichtet worden waren, in Zehner- oder Hundertschaften zu ordnen. Ähnlich wie im zeitgleichen Polen und Böhmen war es auch in Ungarn üblich, dass die Gutsbesitzer ihre Leute mit gleichen Dienstpflichten in einigen dafür vorgesehenen Orten konzentrierten, und im so genannten Gruppenhandwerk für die verschiedenen Gewerbearten produzierten. Außer den schriftlichen Quellen weisen auch Ortsnamen des mittelalterlichen Ungarns, die sich aus Berufsbezeichnungen ableiten, auf dieses Dienstleutesystem hin. So z. B. in der Urkunde von Veszprémvölgy, wo die Ortsnamen Szántó (=Ackermann) und Gerencsér (= Hafner) verzeichnet sind. Es ist mit Recht zu vermuten, dass es sich bei der Mehrheit der Bewohner solcher Siedlungen um Bauern oder Handwerker handelte, von denen dann der Name herrührte. Die schriftliche Quellen beweisen aber auch, dass die mit verschiedenen landwirtschaftlichen oder handwerklichen Tätigkeiten betrauten Dienstleute nicht nur in jenen Orten lebten, die den Namen ihres Berufes führten. Nach Auffassung mehrerer Historiker stammt das skizzierte Dienstleutesystem aus den Zeiten vor der Staatsgründung, auch wenn es erst in schriftlichen Quellen aus der Wende des 10. zum 11. Jahrhundert auftaucht. Es ist sehr schwierig materielle Zeugnisse für diese Hypothese zu finden, da im Fundmaterial der Siedlungsgrabungen sich ein solches System nur bedingt nachweisen lässt. Aufgrund der heute zur Verfügung stehenden Daten können für die Zeit vor der Staatsgründung nur die Handwerkersiedlungen nachgewiesen werden, die entweder einen speziellen Rohstoffbedarf hatten oder deren Produktion feuergefährlich war. Im nordöstlichen, westlichen und südwestlichen Teil des Landes ausgegrabene Eisenhütten sind mindestens in zwei typologische Gruppen zu gliedern. Ein Teil solcher Anlagen ist aus der osteuropäischen Steppe bekannt (der Typ von Nemeskér, und vielleicht auch der Typ von Imola), andere sind eher mit solchen aus westslawischen Gebieten zu vergleichen (Typus von Vasvár). Bei den aufgedeckten Töpferöfen ist eine solche Unterscheidung nicht möglich. Es handelt sich immer um einen vertikalen Brenn- und Heizraum mit einem horizontalen, aus Lehm gebauten Rost. Dagegen findet man bei der Keramik, die in diesen Anlagen gebrannt wurde, oft Formen, welche die Welt der osteuropäischen Steppe, oder die Werkstatttraditionen des vorlandnahmezeitlichen Karpatenbeckens widerspiegeln.

Außer in den Dienstsiedlungen lebten Handwerker in den Komitatszentren und in den städteähnlichen Siedlungen die sich um die zwei königlichen Sitze Gran (Esztergom) und Stuhlweißenburg (Székesfehérvár) gebildet hatten. Diese Handwerker arbeiteteten zum Teil für den lokalen Markt, waren aber auch bereit, spezielle Aufgaben auszuführen: in Gran kamen z. B. die Überreste einer Goldschmiedewerkstatt zutage. Außer den Handwerkern der städteähnlichen Siedlungen verfügten jene aus West- oder Zentraleuropa nach Ungarn kommenden *hospites* (= Gäste), die Stephan I., nach den Angaben der für seinen Sohn Emmerich geschriebenen Ermahnungen, so hoch geschätzt hatte, über spezielle handwerkliche oder landwirtschaftliche Kenntnisse. Handwerkliche Tätigkeit gab es auch – entsprechend der Regeln des heiligen Benedikt – in den neugegründeten Klöstern. Nach der heutigen Terminologie fallen solche Beschäftigungen, wie zum Beispiel das Kopieren von Büchern, jedoch bereits nicht mehr unter den Begriff Handwerk sondern gehören in die Kategorie des Kunstgewerbes.

Siedlungsstrukturen

Die kleinräumige Verteilung der Gräberfelder der landnehmenden Ungarn zeigt, dass die Ungarn in erster Linie die Flach- und Hügellandschaften des Karpatenbeckens besiedelt hatten. Daneben gibt es jedoch auch mehrere Gräberfelder in den Tälern der verschiedenen Gebirgslandschaften, so z. B. im siebenbürgischen Mezőnég. Die Ungarn lebten schon im 10. Jahrhundert nicht nur auf den niederschlagsarmen Teilen der Großen Tiefebene. Bereits zwei oder drei Generationen nach der Landnahmezeit nutzten sie die Vorteile der abwechslungsreichen natürlichen Umgebung. So bevorzugten sie die Gebiete am Rande der Flach- und Hügellandschaften – so z. B. das obere Theißgebiet am nordöstlichen Rande der Großen Tiefebene, oder kleinere und größere Flüsse, genauer gesagt ihre Überschwemmungsgebiete. Tatsächlich liegen z. B. die Gräberfelder des 10. und 11. Jahrhunderts im südlichen Drittel des Donau-Theiß-Zwischenstromlandes hauptsächlich am Rande der Überschwemmungsgebiete dieser beiden Flüsse.

Die Winterherberge war wegen des Übergewichts der halbnomadischen Lebensweise die grundlegende Einheit der ungarischen Siedlungsstruktur im 10. Jahrhundert, obwohl auch schon zu dieser Zeit andere Siedlungstypen existierten. So konnten sich die Häuptlinge ihre Siedlungsplätze für die Nutzung ihrer Güter vorbehalten, und ähnlich wie in der osteuropäischen Steppe gab es auch relativ dicht bevölkerte Marktorte. Der Prozess der Staatsgründung führte durch die Umgestaltung der Eigentumsstruktur und durch das Komitatssystem zu einer „Hierarchisierung" der Siedlungsstruktur. Auch entstanden um die neugegründeten Gefolgschaftsburgen städteähnliche Siedlungen. Trotz der Vielfältigkeit kann man die Siedlungen des

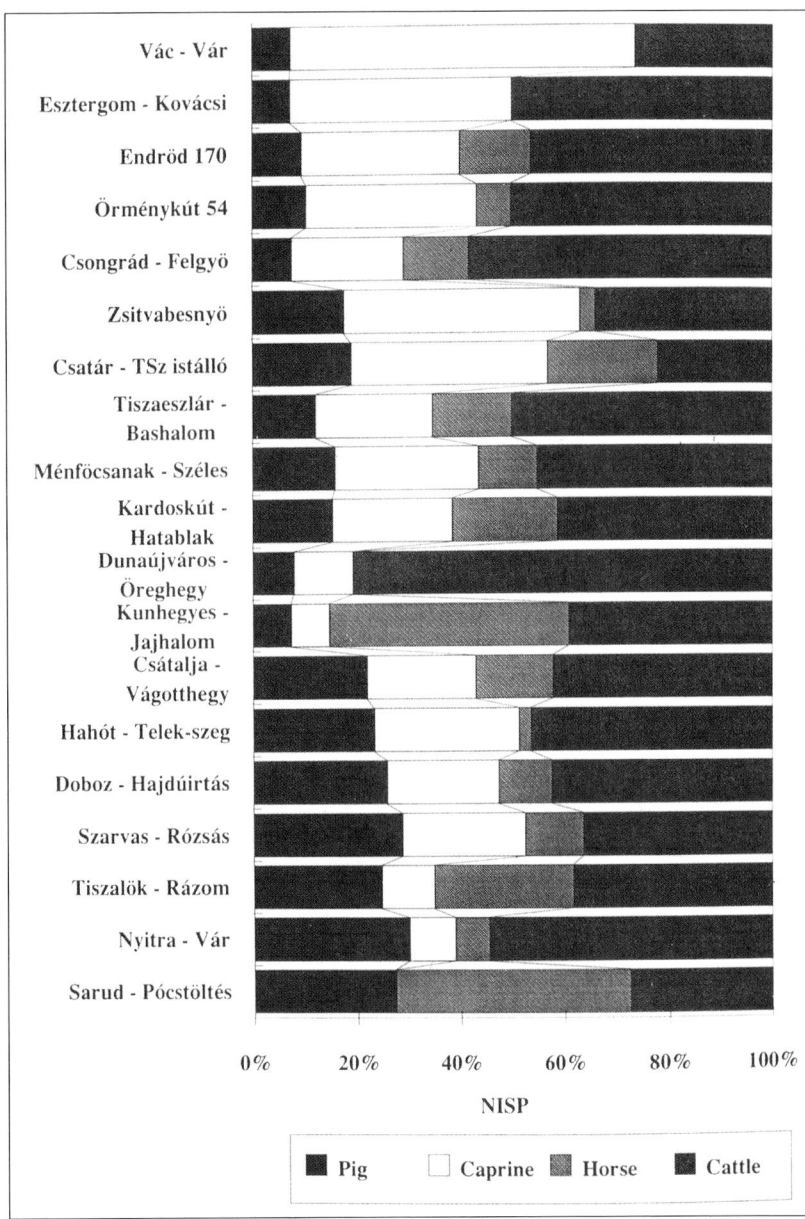

78 **Die relative Verteilung der Tierknochenfunde aus der Siedlungsgrabung von Hahót-Telekszeg.**

11. Jahrhunderts in Ungarn in drei große Gruppen einordnen: in städteähnliche Siedlungen, in dörfliche Siedlungen, die stufenweise aus den Winterherbergen entstanden sind, bzw. in sehr kleine Siedlungen mit hofähnlichem Charakter. Da die städteähnliche Siedlungen als verdichtete Varianten der zeitgenössischen Dörfer, die Siedlungen mit hofähnlichem Charakter aber als in den Ausmaßen und in der Struktur reduzierte Dörfer angesehen werden, ist es wichtig, sich mit diesen dörflichen Siedlungen näher zu beschäftigen. Bei den dörflichen Siedlungen dieser Zeit handelte es sich noch nicht um feste Siedlungen im eigentlichen Sinne. So existierten noch im beträchtlichen Maße Winterherbergen, die in der wärmeren Hälfte des Jahres entvölkert waren, da ihre Bewohner mit dem Vieh innerhalb ihrer Gemarkung von einer Weide zu anderen wanderten. Auch zeigt die Überlieferung, wie z. B. jene Artikel der Gesetze von Ladislaus und Koloman, die das Verlassen der Dörfer und ihrer Kirchen untersagten, sowie die doppelte Bedeutung des ungarischen Wortes „telek" (Grundstück bzw. gedüngter Acker), dass es sich bei einer dörflichen Siedlung im Jahrhundert der ungarischen Staatsgründung um eine bewegliche Einheit handelte.

Die seit dem Ende des 11. Jahrhunderts zu Verfügung stehenden Güterverzeichnisse zeigen, dass die einzelnen Siedlungen des Gemeinvolkes sehr unterschiedliche Ausmaße haben konnten: ihre Einwohnerzahl variierte zwischen 16 und 65 Familien. Die Größe dieser Dörfer wurde durch naturgeographische Faktoren und den Rechtsstand ihrer Bewohner bestimmt. So lebten von den Angehörigen der königlichen und kirchlichen Güter diejenigen in größeren Gemeinschaften, die an der landwirtschaftlichen oder handwerklichen Produktion beteiligt waren. In kleineren Siedlungen lebten dagegen die Leute, die mit Pferd und Waffe dienten.

Man kann aufgrund der wenigen schriftlichen Quellen die Siedlungsstruktur der dörflichen Siedlungen nur mit archäologischen Mitteln erforschen. Neben Siedlungsgrabungen gibt es auch Geländebegehungen für mehrere 100 Siedlungsplätze, die helfen, das Bild der ländlichen Siedlungen des 10. und 11. Jahrhunderts in Ungarn zu vervollständigen. So wurden im 10. und 11. Jahrhundert die Siedlungen fast obligatorisch in der Nähe eines Gewässers in hochwasserfreier Lage angelegt. In den Hügellandschaften lockten vor allem die kleineren oder größeren Täler sowie klimabegünstigte Anhöhen. Die große Tiefebene hatte zu dieser Zeit nur scheinbar eine höhere Siedlungsdichte. Östlich der Donau finden sich in der Gemarkung einer heutigen Siedlung häufig mehrere Fundstellen. Die dazugehörigen Siedlungen fielen meist der osmanischen Eroberung (16.–18. Jh.) zum Opfer. So wird man für das 10. und 11. Jahrhundert von einer größeren Siedlungsdichte ausgehen müssen, wie dies auch mit Hilfe der Archäologie für die Kreise von Pápa und Szarvas festgestellt wurde.

Die Gesamtpläne der Siedlungsgrabungen zeigen, dass im Gegensatz zu den spätmittelalterlichen Dörfern die Wohnhäuser in den Siedlungen der Früharpadenzeit verstreut auseinander lagen. Die Ausdehnung der ländlichen Siedlungen betrugen in der Regel mehrere Hektar. Aufgrund von Datierungsschwierigkeiten ist nicht immer eindeutig, ob es sich bei den ergrabenen Befunden um zeitgleiche oder zeitlich verschiedene Bauten handelt. Die Gesamtpläne der Grabungen ergeben zwei unterschiedliche Siedlungstypen. Die Mehrheit der Siedlungen hatte zwischen den Häusern verlaufende Gräben, die als Einfriedung und Abwasserrinnen dienten. Daneben gibt es Siedlungen, wo solche Gräben fehlen und die Rekonstruktion der Siedlungsstruktur daher oft mit Schwierigkeiten verbunden ist. Bei diesen Siedlungen sind die Häuser oft in Reihen angeordnet. Ob die Gebäude gleichzeitig sind, kann, da eine exakte Chronologie fehlt, in vielen Fällen nicht entschieden werden.

Wohnplätze

Die Wohnverhältnisse der frühen Arpadenzeit können aufgrund der spärlichen Quellenlage, fast nur mit archäologischen Mitteln geklärt werden. Sichere Beobachtungen ergeben sich für das Karpatenbecken nur bei den Gebäuden, die in die Erde eingetieft waren oder Fundamente besaßen. So handelt es sich auch beim Grubenhaus um den archäologisch am besten dokumentierten Haustyp der frühen Arpadenzeit. Ihm zur Seite stehen eingetiefte Öfen, Vorratsgruben, Brunnen, Gräben usw. Jurten sind aufgrund ihrer Bauweise archäologisch so gut wie nicht nachweisbar, wenngleich man mit dieser Behausung im Karpatenbecken des 10. bis 11. Jahrhunderts rechnen muss. Jurten konnten nämlich in den verschiedensten Teilen der euroasiatischen Steppe nachgewiesen werden und auch eine aus dem Jahr 1147 stammende Beschreibung erwähnt solche Zelte.

Spezifische Eigentümlichkeiten in den ungarischen Siedlungen des 10. und 11. Jahrhunderts ist die Anhäufung von kleineren Bauten um die Wohnhäuser und alleinstehende Öfen. Diese alleinstehenden Öfen können in zwei Gruppen untergliedert werden. Die häufigere Version besteht aus einem gewölbtem Heizraum mit waagerechtem Fußboden und einem leicht abfallenden Vorraum. Im anderen Fall fallen sowohl der Heiz- als auch der Vorraum schräg ab. Auch fehlt hier die Bodenschicht aus Lehm. Die Unterschiede zwischen den beiden Typen ergeben sich aus dem Verwendungszweck. Alleinstehende Öfen mit waagerechtem Fußboden wurden wahrscheinlich zum Kochen und Backen, die Variante mit schräg abfallendem Boden zum Räuchern verwendet.

Eine weitere Eigenart der ungarischen Siedlungen sind große einziehende Gräben, die als Einfriedungen für Tiere dienten, wie dies auch anhand von Phosphatanalysen nachgewiesen werden konnte. Solche unterschiedlich großen Pferche hatten entweder einen runden oder viereckigen Grundriss. Neben solchen Anlagen gibt es auch Hinweise auf Ställe. Es handelt sich dabei um große Bauten ohne Heizeinrichtung.

Brunnen, Vorratsgruben und Grubenhäuser sind Merkmale frühárpadenzeitlicher Siedlungen, die auch in Mittel- und Ostmitteleuropa verbreitet waren. Die Untersuchung von Brunnen gehört zu den jüngsten Forschungsbereichen der ungarischen Siedlungsarchäologie, da sich ihre Zahl in den neunziger Jahren beträchtlich vermehrte. Dennoch wurden gerade bei Rettungsgrabungen mit einer beschränkten Untersuchungsfläche sicherlich nicht alle Brunnen einer ländlichen Siedlung erfasst. Das Fehlen von Brunnen deutet daraufhin, dass die natürlichen Wasserquellen ebenfalls eine wichtige Rolle bei der Deckung des Wasserbedarfes spielten. Die überwiegende Mehrheit der Brunnen war in einfacher Kastenbauweise ausgeführt.

Eine der wichtigsten Merkmale der frühárpadenzeitlichen Grubenhäuser ist ihre unterschiedliche Ausführung. Eine historisch begründete Erklärung gibt es hierfür nicht. Auch eine ethnische Interpretation kommt nicht in Betracht, da diese Unterschiede nicht nur innerhalb einer Siedlung sondern auch innerhalb eines „Grundstücks" zu beobachten sind. Die überwiegende Mehrheit der Grubenhäuser hat einen rechteckigen Grundriss mit abgerundeten Ecken. Auch gibt es in verschiedenen Gebieten des Karpatenbeckens Grubenhäuser mit rundem Grundriss. Merkmal aller Grubenhäuser ist ein Dach, das fast bis auf den Boden reichte. An Heizanlagen fanden sich in den Grubenhäusern Stein- bzw. Lehmöfen. Die aus Bruchstein oder Lehm errichteten Öfen waren gewölbt, hatten einen geschlossenen Heizraum, jedoch keinen Kamin.

Der Überblick der Wohnkultur wäre ohne die Erwähnung der Ausgrabungen einer frühenárpadenzeitlichen, dörflichen Siedlung in Pápa-Hanta unvollständig, in der neben Grubenhäusern auch die Fundamentgräben eines mehrräumigen Hauses entdeckt wurden, dessen Laufhorizont im Bereich der heutigen Oberfläche lag. Aufgrund der durch Erosion und modernen Ackerbau verursachten Zerstörungen ist es letztlich unmöglich, nähere Angaben zur Zahl arpadenzeitlicher Wohnbauten in Flechtwerk- oder Pfostenbauweise zu machen. Die Siedlungsgrabungen, die im Inneren der Gefolgschaftsburgen von Ödenburg (Sopron), Raab (Győr) und Borsod durchgeführt wurden, haben bewiesen, dass in Komitatszentren schon zur Zeit der Staatsgründung Holz- und Steinhäuser standen, die im Vergleich zu den Hütten der dörflichen Siedlungen größere Ausmaße und abwechslungsreichere Strukturen aufwiesen.

Literatur

Bökönyi 1994. – Csilléry 1982. – Domanovszky 1938. – Éri u. a. 1979. – Fehér u. a. 1962. – Földes 1983. – Göckenjahn 1993. – Gömöri 1974 (1976). – Gombocz 1960. – Györffy 1983a; 1983b. – Ilon 1996. – Heckenast 1970. – T. Hoffmann 1996. – Horváth u. a. 1979. – Kat. Budapest 1996. – Komjáthy 1994. – Kovalovszky 1975. – Laszlovszky 1982. – Ljapuškin 1958. – Maksay 1971. – Méri 1952; 1962; 1964. – Páradi 1967. – Pletnjowwa 1967; 1978; 1981. – Róna-Tas 1961; 1977. – Sabján 1999. – Sós 1963. – I. Szabó 1966. – Tacács 1997. – Tomka 1996. – Váczy 1958. – Vékony 1988. – Wolf 1996.

Slawen und Ungarn in Europas Mitte

Wirtschaft
und Kommunikation

Handel und Verkehr

Multiethnische Handelsplätze
an der Ostsee und
an den transkontinentalen Handelsrouten

Münzwesen
und andere Formen der Währung

Fernhandel und Handelsplätze

MICHAEL MÜLLER-WILLE

Unmittelbare Zeugnisse eines alle Gebiete des Ostseeraums und seiner benachbarten Bereiche umfassenden Handels stellen die zahlreichen Waagen, Gewichte und Münzen dar, die aus Gräbern, Siedlungen und Horten des west- und ostslawischen, baltischen, finno-ugrischen und skandinavischen Raumes überliefert sind. Sie sind zugleich Zeugnisse für eine Gewichtsgeldwirtschaft im östlichen und nördlichen Europa, die sich deutlich vom westlich anschließenden karolingisch-ottonischen Reichsgebiet sowie von den englischen Königreichen mit geregelter Münzwirtschaft abhebt. Im folgenden seien beispielhaft anhand von münzführenden Fundplätzen des slawischen Siedlungsgebietes an der südlichen Ostseeküste und des benachbarten dänisch-friesischen Bereiches Fernhandelsbeziehungen in einem vom 9. bis zum 12. Jahrhundert reichenden Zeitrahmen erläutert. Es handelt sich einerseits um Horte mit einer größeren Anzahl von Münzen und meistenteils auch Metallschmuck, überwiegend in Form von Hacksilber, andererseits um Handelsplätze oder zentrale Orte mit Handelsaktivitäten, deren archäologischer Niederschlag unter anderem durch Münzfunde bezeugt ist (Abb. 79). Vergleichend seien aus dem großpolnischen Gebiet vier weitere Horte herangezogen.

Kartiert man die Münz- oder Prägestätten der ausgewählten Fundplätze, so benötigt man großräumige Karten, die von Zentralasien bis Irland und bis zum nördlichen Afrika reichen können, je nach der Zusammensetzung aus arabischen, deutschen sowie angelsächsischen und irischen Münzen. Der Vergleichbarkeit halber wurden für alle Karten der gleiche räumliche Rahmen und gleichartige Signaturen gewählt (Abb. 80–91).

Zu den frühen Horten, die ausschließlich aus arabischen Münzen bestehen, gehört der Fund von 2211 ganzen und zerbrochenen Münzen sowie eines Bruchstückes eines Armringes vom Permer Typ in einem Gebäude der Handelsniederlassung von Ralswiek am Großen Jasmunder Bodden auf Rügen. Der Hort war offenbar in einem zylindrischen Korb neben dem Ofen des Wohngebäudes vergraben. Die Münzen umfassten Prägungen der letzten Sassaniden (bis 632) bis zu den Abbasiden, darunter

79 Slawisches Siedlungsgebiet an der südlichen Ostseeküste und dänisch-friesisches Nachbargebiet der jütischen Halbinsel mit münzführenden Fundplätzen. 1 Handelsplatz 2 Hort 3 Hort auf Handelsplatz 4 Grenzsäume (*Limes Saxoniae*, Danewerk).

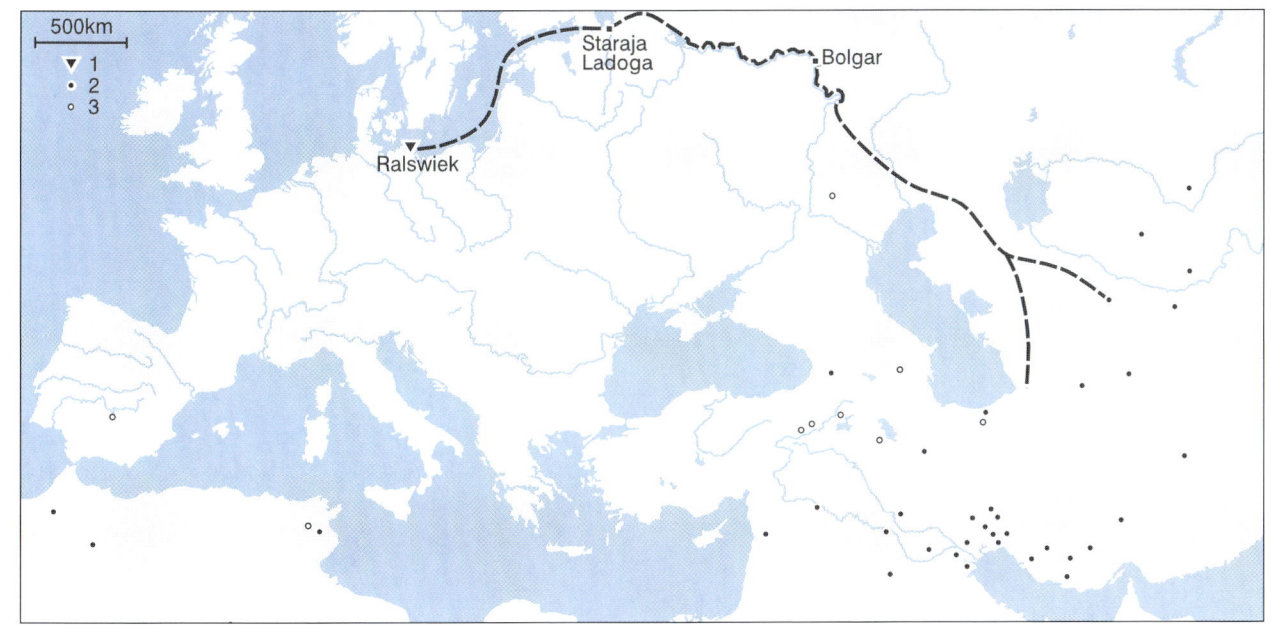

80 Hort aus dem Handelsplatz von Ralswiek, Rügen. Verbreitung der Münzstätten, jüngste Münze bis 842/844. 1 Fundort des Hortes 2 Münzstätte 3 Münzstätte, Lokalisierung nicht gesichert.

Schlussmünzen der Jahre 842/844. Ihre Prägestätten sind hauptsächlich in den östlichen Teilen des arabischen Reiches verbreitet, hauptsächlich zwischen dem Zweistromland sowie dem Amu-Darja und Syr-Darja südöstlich des Aralsees (Abb. 80). Keineswegs kann man zwischen den Münzstätten und dem Fundort einen unmittelbaren Bezug herstellen, ist doch zu vermuten, dass die Münzen über viele Stationen ihren letzten Fundplatz erreichten. So dürften die nordafrikanischen und andalusischen Prägungen über den Nahen Orient und den Kaukasus das Ostseegebiet erreicht haben, ohne dass unmittelbare nordeuropäisch-afrikanische Verbindungen abzuleiten sind.

Die Verbreitung der Münzstätten bietet ebensowenig gesicherte Hinweise auf den Verlauf von Fernhandelswegen. Der Weg über die Wolga (vgl. Abb. 80) ist eine von mehreren Möglichkeiten. Zweifellos spielten die russischen Flüsse als Transportwege eine große Rolle, wie die Verteilung von Hortfunden zeigt. Eine Schlüsselstellung für die Ostseegebiete nahm offenbar der Handelsplatz Staraja Ladoga am unteren Wolchow ein; von ihm stammt der einzige Hort mit einer Schlussmünze (786/787) aus der Zeit vor 800.

Während der Hort von Ralswiek wohl um die Mitte des 9. Jahrhunderts vergraben worden ist, dürfte der Hort von Rantrum (I) an der Westküste von Schleswig-Holstein, nach der Schlussmünze zu urteilen, etwa 25 Jahre später in die Erde gekommen

81 Hort von Rantrum (I), Nordfriesland. Verbreitung der Münzstätten, jüngste Münze 873 (und jünger). 1 Fundort des Hortes 2 Münzstätte.

Handel und Verkehr

sein. Der Fund besteht aus silbernen Halsringen, Barren und Stäben und umfasst insgesamt 13 Münzen der Zeit vor 748 bis 873 (und jünger), nämlich Prägungen der Ummayaden und Abbasiden aus dem östlichen Teil des arabischen Reiches (Abb. 81). Beide Horte gehören zur ersten Phase des Dirhamimportes, die vom späten 8. Jahrhundert bis um 900 reicht. Die Verbreitung der Horte mit arabischen Dirham und Schlussmünzen vor 900 lässt Schwerpunkte im Kaukasus, an der oberen Wolga und am oberen Dnjepr sowie an der Ostküste Skandinaviens erkennen, schließlich entlang der südlichen Ostseeküste vom baltisch-slawischen Grenzgebiet zwischen Weichsel und Memel bis hin zum südlichen Jütland.

Mit dem Hort von Giekau, der etwa 2,5 bis 3 km nordwestlich eines am Ostende des Selenter Sees gelegenen slawischen Burgwalls entdeckt wurde, ist das erste Drittel des 10. Jahrhunderts erreicht. Der Fundkomplex enthält Edelmetallschmuck und mehr als 400 Münzen, größtenteils islamische Prägungen, in einem kleinen Anteil auch Münzen aus dem Karolingischen Reich, aus England (Wessex, East Anglia, Northumbrien) und wohl auch aus Hedeby/Haithabu.

Die arabischen Münzen umfassen Prägungen der Ummajaden, Abbasiden/Tahiriden, schließlich Sāmāniden – mit der Münzstätte al-Shâsh an erster Stelle und Schlussmünze des Jahres 921/922 aus Sarmakand –, weiterhin chazarische und wolgabulgarische Prägungen aus dem euroislamischen Norden (Abb. 82).

Der Hort von Waterneverstorf (I), ebenfalls im nördlichen Ostholstein unweit der Küste angetroffen, dürfte etwa 50 Jahre später als derjenige von Giekau vergraben worden sein (Schlussmünze 976 und jünger). Von den mehr als 400 erhaltenen Münzen stammen mehr als 300 aus den östlichen Teilen des arabischen Reiches, vor allem aus den zentralasiatischen Münzstätten und aus dem euroislamischen Norden, knapp ein Viertel hingegen aus dem Deutschen Reich (Niederlothringen, Sachsen, Schwaben, Franken, Bayern), weiterhin vereinzelt aus Byzanz, Böhmen, und Hedeby (Abb. 83).

Der Hort von Giekau, wohl zu Ende des ersten Drittels des 10. Jahrhunderts niedergelegt, gehört zur zweiten Phase des Dirhamexportes, die von der Zeit um 900 bis um 970 reicht. In dieser Zeit setzt die Ausbeutung reicher zentralasiatischer Silberminen ein, mit einer Umorientierung nach Transoxanien, also die Gebiete um Buchara und Samarkand diesseits und jenseits des Amu-Darja (Oxus).

Die Gesamtverbreitung der Horte mit arabischen Dirham der angegebenen Zeit lässt deutliche Schwerpunkte im ost- und westslawischen sowie in baltischen und skandinavischen Gebieten erkennen. Gerade im westslawischen Bereich ist auffällig, dass das Binnenland zunehmend zu den Fundlandschaften mit arabischen Münzen gehört. Als Beispiel dieser binnenländischen Gruppe sei der Hort von Węgierskie in Großpolen (vgl. Abb. 79) herangezogen, mit Schmuck und fast hundert arabischen Münzen der Zeit 868/878 bis 942/954, von denen der größere Teil aus al-Shâsh und Samarkand kommt (Abb. 84).

Der ebenfalls aus Großpolen stammende Hort von Obrzycko zeigt hingegen, ganz ähnlich wie der Hort von Waterneverstorf (I), eine Mischung von östlichen wie auch westlichen Münzen. Unter ersteren überwiegen mittelasiatische Prägungen; unter letzteren sind Prägungen aus dem Deutschen Reich, Italien, Wessex, Hedeby sowie vermutlich aus Prag und Byzanz vertreten (Abb. 85). Beide Horte sind nach 970 niedergelegt worden, demnach in der dritten Phase des Dirhamzustroms, die von dieser Zeit bis zur Mitte des 11. Jahrhunderts reicht. In dieser Zeit ging der Münzzufluss aufgrund politischer und ökonomischer Umstände (Kollaps der samanidischen Herrschaft, „Silberkrise") rapide zurück. Die westeuropäischen Münzen konnten im letzten Drittel des 10. Jahrhunderts zwar noch nicht die durch Dirham repräsentierten Silbermengen ersetzen, aber nach der Jahrtausendwende dominierten dann deutsche und angelsächsische Prägungen in den gemischten Horten, die in großer Anzahl vor allem in westslawischen und südskandinavischen Gebieten überliefert sind. Der Dirham verschwand sodann im frühen 11. Jahrhundert.

Dieser markante Wechsel zeichnet sich im Münzspiegel zweier Horte aus Großpolen ab. Der Hort von Jarocin, der nach 1004 niedergelegt wurde, umfasste 740 Münzen, darunter nur noch elf Dirham in Form „überalterter" Prägungen (935/36–967/976), ansonsten überwiegend Münzen aus dem Deutschen Reich, vor allem sächsische (Goslar), weiterhin aus Italien, Böhmen, England, schließlich Hedeby (Abb. 86).

In dem Hort von Kinno, der nach 1025 deponiert wurde, fehlen die arabischen Prägungen ganz, hingegen sind Prägungen aus dem Gebiet zwischen Maas und Elbe, vor allem aus Goslar und Magdeburg, vertreten, weiterhin angelsächsische Münzen, die als Danegeld in das dänische Herrschaftsgebiet und von dort nach Polen gelangt sind, schließlich solche aus Byzanz und Hedeby (Abb. 87).

Die Münzzusammensetzung der etwa 50 Jahre voneinander getrennten Horte von List auf Sylt und von Lübeck zeigt die gleiche Entwicklung wie bei

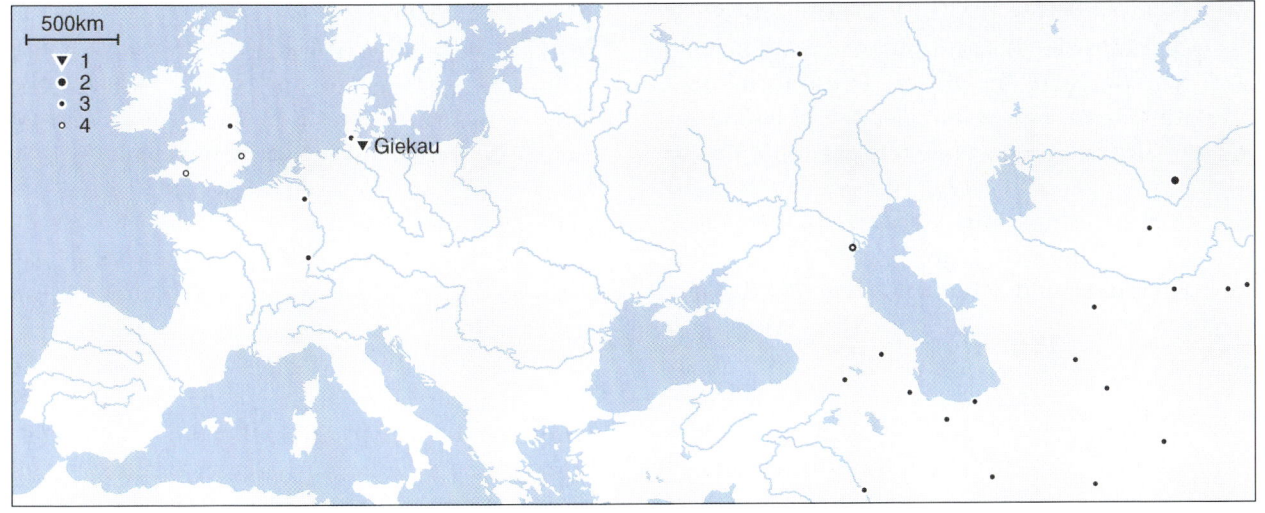

82 Hort von Giekau, Ostholstein. Verbreitung der Münzstätten, jüngste Münze 921/922. 1 Fundort des Hortes 2 Münzstätte mit hoher Münzanzahl 3 Münzstätte 4 Münzstätte, Lokalisierung nicht gesichert.

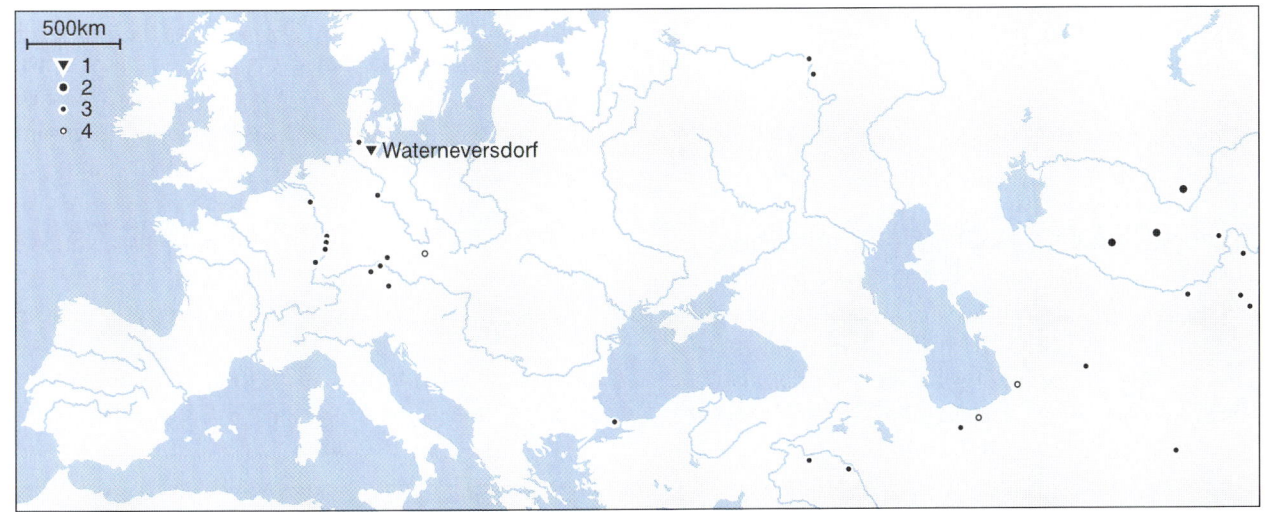

83 Hort von Waterneverstorf (I), Ostholstein. Verbreitung der Münzstätten, jüngste Münze 976 (und jünger). 1 Fundort des Hortes 2 Münzstätte mit hoher Münzanzahl 3 Münzstätte 4 Münzstätte, Lokalisierung nicht gesichert. – Kat. 04.05.02.

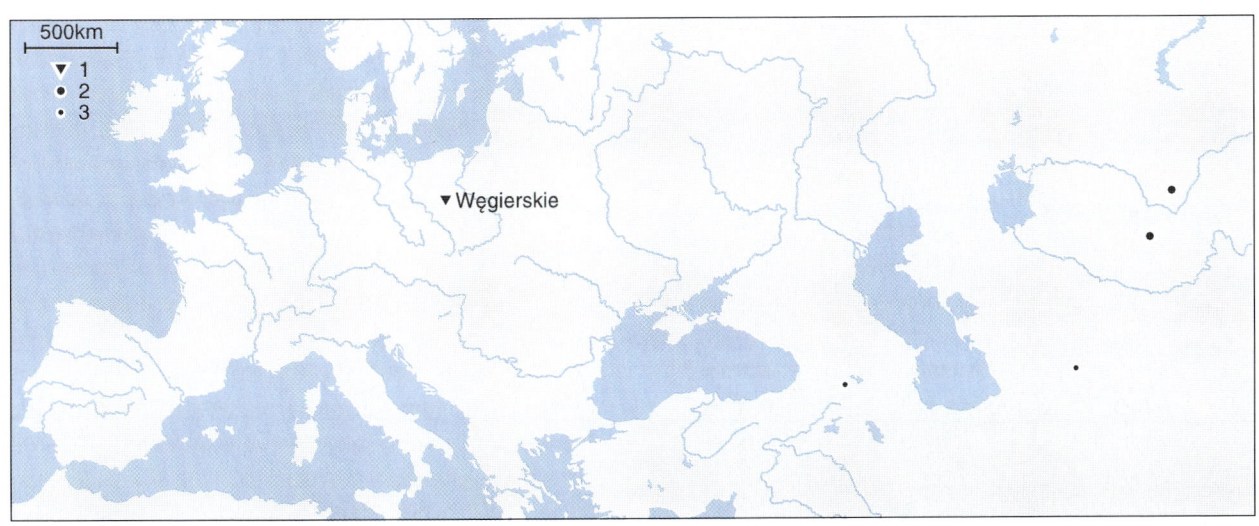

84 Hort von Węgierskie, Großpolen, vergraben nach 942. Verbreitung der Münzstätten. 1 Fundort des Hortes 2 Münzstätte mit hoher Münzanzahl 3 Münzstätte.

den soeben besprochenen großpolnischen Depots. Im Hort von List an der Westküste Schleswig-Holsteins, mit Schlussmünzen aus der Zeit um 1000, sind hauptsächlich angelsächsische und irische Münzen vertreten, und zwar meistens Prägungen Ethelreds II. (978–1016), vor allem aus London und Lincoln. Hinzu kommen Münzen aus dem Deutschen Reich, Böhmen und Skandinavien. Nur sehr wenige – es sind dies sieben von fast 800 Münzen – stammen aus dem islamischen Gebiet und dem

Handel und Verkehr 131

euroislamischen Norden; ihre Prägezeiten fallen in die erste Hälfte des 10. Jahrhunderts (Abb. 88).

Auf dem Burgberg in Lübeck, in unmittelbarer Nähe der slawischen Wallanlage Buku, wurde im letzten Jahrhundert ein Hort gefunden, der neben wenigen Edelmetallobjekten mehr als 2770 Münzen enthielt, mit Schlussmünze 1046–1056. Nur eine einzige arabische Münze ist vorhanden, ansonsten bestimmen Prägungen aus dem Deutschen Reich und vor allem aus dem angelsächsisch-irischen Gebiet den Münzbestand; vertreten sind weiterhin Münzen aus Böhmen, Italien und – in einiger Anzahl – aus den skandinavischen Königreichen (Abb. 89). Neben den insularen und kontinentalen Prägungen, die für Horte des 11. Jahrhunderts charakteristisch sind, treten nunmehr auch die benachbarten skandinavischen Herrschaftsgebiete mit eigenen Prägungen aus königlichen Münzstätten in Erscheinung.

Die ausgewählten Horte des westslawischen Gebietes und des benachbarten dänisch-friesischen Bereiches bezeugen mit ihrer Münz- und Schmuckzusammensetzung und ihrer (partiellen) Fragmentierung (Hacksilber) eine Gewichtsgeldwirtschaft, die in weiten Teilen des östlichen Mitteleuropa sowie in Nord- und Osteuropa bis zum 11. Jahrhundert befolgt wurde. Sie belegen zugleich, dass überschüssiges Silber vergraben und nicht, wie bei der Münzwirtschaft im Reichsgebiet und in den angelsächsischen Königreichen, durch intensiveren Umlauf verbraucht wurde. Nur sehr bedingt wird man mit ihnen Reichweite und Umfang der Fernhandelsbeziehungen erschließen können, ist doch die Akkumulation der Hortinhalte, die sich schrittweise vollzogen haben dürfte, im einzelnen nicht nachzuvollziehen. Auch die hortenden Personen bleiben unbekannt, seien es Fern- oder Nahhändler, seien es am Handel beteiligte Bauern im Umland von Handelsplätzen. Dennoch lassen die Horte schlaglichtartig die Weite der Münzzirkulation wie auch der Handelsverbindungen und der Kontakte erkennen, in die sie eingebunden sind.

Auch die Münzfunde der Handelsplätze sind wichtige Indikatoren für die Außenbeziehungen, wenngleich ihre Anzahl als Streufunde aus den Siedlungsarealen und als Grabbeigaben durchweg sehr viel kleiner ist als in den Horten.

Der Handelsplatz von Groß Strömkendorf, an der Ostseite der Wismarer Bucht gelegen (vgl. Abb. 79), hat bei den Ausgrabungen der letzten Jahre umfangreiches Fundmaterial des 8. und frühen 9. Jahrhunderts erbracht, desgleichen eine Serie von dendrochronologischen Datierungen des gleichen Zeitraums. Bislang konnten innerhalb der Siedlung, die mit Reric, dem Vorgänger von Hedeby/Haithabu, in Verbindung gebracht wird, nur wenige Münzen geborgen werden. Es sind dies allesamt Prägungen des 8. Jahrhunderts: einige wenige arabische Münzen und anglo-friesische Sceattas, weiterhin ein karolingischer Denar des späten 8. Jahrhunderts.

Aus den Siedlungsflächen und Gräbern von Hedeby sind in größerer Anzahl orientalische Münzen überliefert, weiterhin anglo-friesische Sceattas, karolingische, deutsche, englische, byzantinische und offenbar eigene Prägungen. Ein Hortfund aus einem Grubenhaus der Südsiedlung (Busdorf I) umfasste neben skandinavischen Prägungen des frühen 9. Jahrhunderts, vermutlich aus Hedeby selbst, vier arabische Münzen der Zeit 771–867 (und jünger). Ein zweiter Hort aus dem Hafenbereich (Busdorf II) bestand hingegen ausschließlich aus skandinavischen, wohl in Hedeby geprägten Münzen und einem Denar Ludwig des Frommen. Neben den Münzen fanden sich, wahrscheinlich in einem Beutel aus Leder oder Tuch, 600 blaue und weiße Perlen.

Nach dem derzeitigen Kenntnisstand lässt sich zur Geldwirtschaft in Hedeby folgendes sagen: „Während die große Zahl der teilweise nachweislich lokal gefertigten Waagen und Gewichte für Teilhabe des Platzes an der ostseeweiten Gewichtsgeldwirtschaft spricht, weist die Vielzahl eigener Prägungen und Horte mit diesen Münzen im regionalen Umfeld, aber auch ihre weite Streuung über die dänischen Inseln bis Birka und ebenso über die südliche Ostseeküste bis weit ins westslawische Hinterland, Anzeichen einer anerkannten Münzgeldwirtschaft auf"[1]. Die vermutlich im ersten Drittel des 9. Jahrhunderts geprägten Münzen von Hedeby lehnen sich an karolingische Vorbilder aus Dorestad an; auch die Prägungen des 10. Jahrhunderts richten sich nach karolingischen Vorbildern, wenngleich die Münzbilder stärker abstrahiert sind (so genannte Halbbrakteaten).

Im Gegensatz zu Hedeby sind in Wollin (Wolin) bislang nur wenige Münzen aus den Siedlungsarealen und aus Gräbern zum Vorschein gekommen. Hingegen sind aus dem frühstädtischen Handelsplatz und seinem nahen Umfeld zahlreiche Horte, meistenteils mit Münzen, bezeugt, von denen der größere Teil schon im 17. bis 19. Jahrhundert entdeckt wurde. Viele von ihnen enthielten arabische Münzen des 8. bis 10. Jahrhunderts[2]. Der 1882 auf dem Mühlenberg gefundene Hort (Wollin XV) umfasste angelsächsische, deutsche, böhmische und ungarische Münzen des späten 10. bis zur Mitte des 11. Jahrhunderts.

Die Hauptsiedlung von Ralswiek am Jasmunder

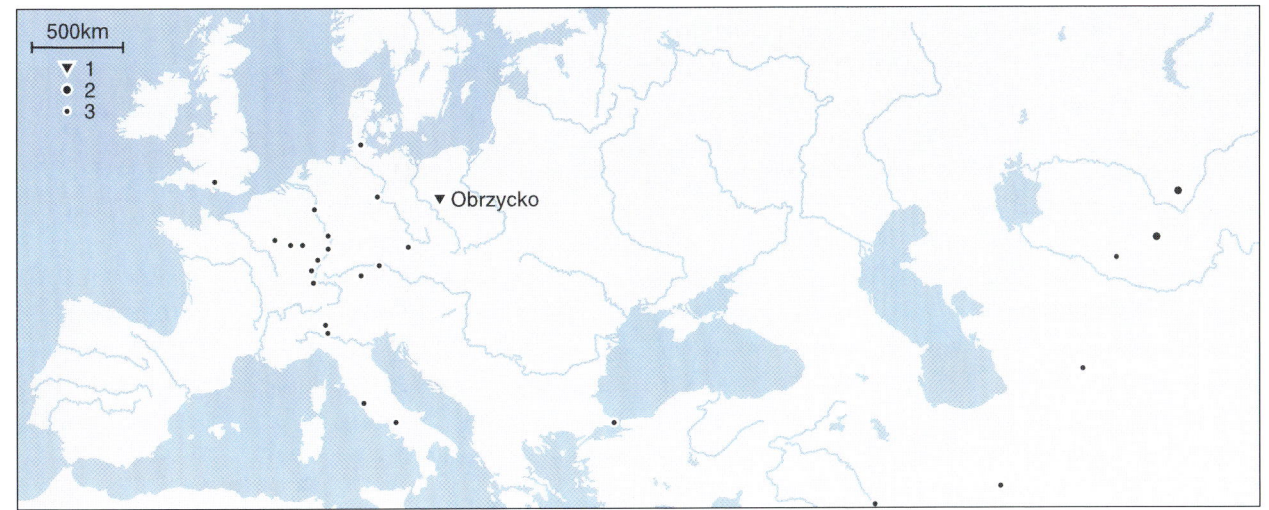

85 Hort von Obrzycko, Großpolen, vergraben nach 973. Verbreitung der Münzstätten. 1 Fundort des Hortes 2 Münzstätte mit hoher Münzanzahl 3 Münzstätte.

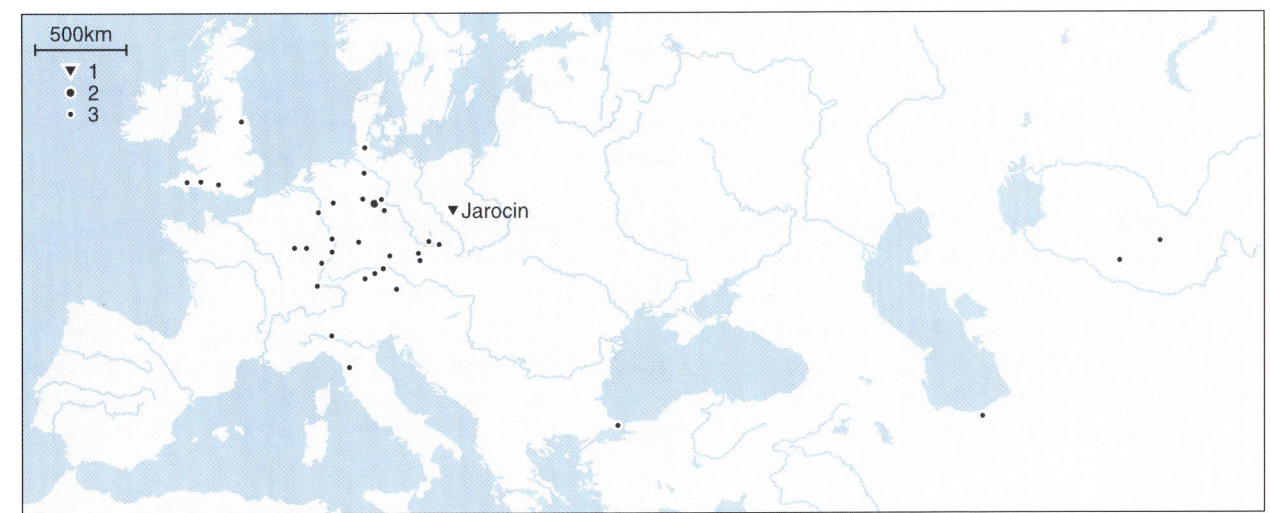

86 Hort von Jarocin, Großpolen, vergraben nach 1004. Verbreitung der Münzstätten. 1 Fundort des Hortes 2 Münzstätte mit hoher Münzanzahl 3 Münzstätte.

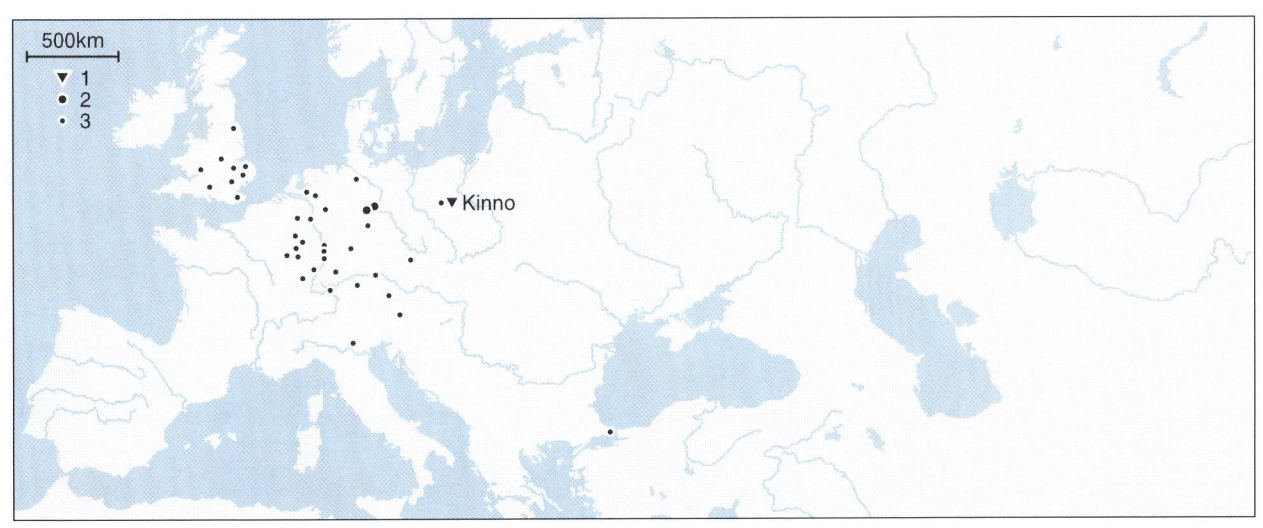

87 Hort von Kinno, Großpolen, vergraben nach 1025. Verbreitung der Münzstätten. 1 Fundort des Hortes 2 Münzstätte mit hoher Münzanzahl 3 Münzstätte.

Bodden erbrachte außer dem zuvor behandelten Hort mit arabischen Prägungen keine weiteren Münzfunde. Nur auf dem zwischen der Hauptsiedlung und dem Hügelgräberfeld gelegenen Sporn „Hof" konnten innerhalb von Gebäuderesten einige Münzen des 10. und 11. Jahrhunderts (Hedeby-Halbbrakteat, um 950–965, Denar Heinrichs II., vor 1024, Niederelbischer Agrippiner, nach 1050, Münze Sven Estridsens, 1047–1075) geborgen werden.

Handel und Verkehr

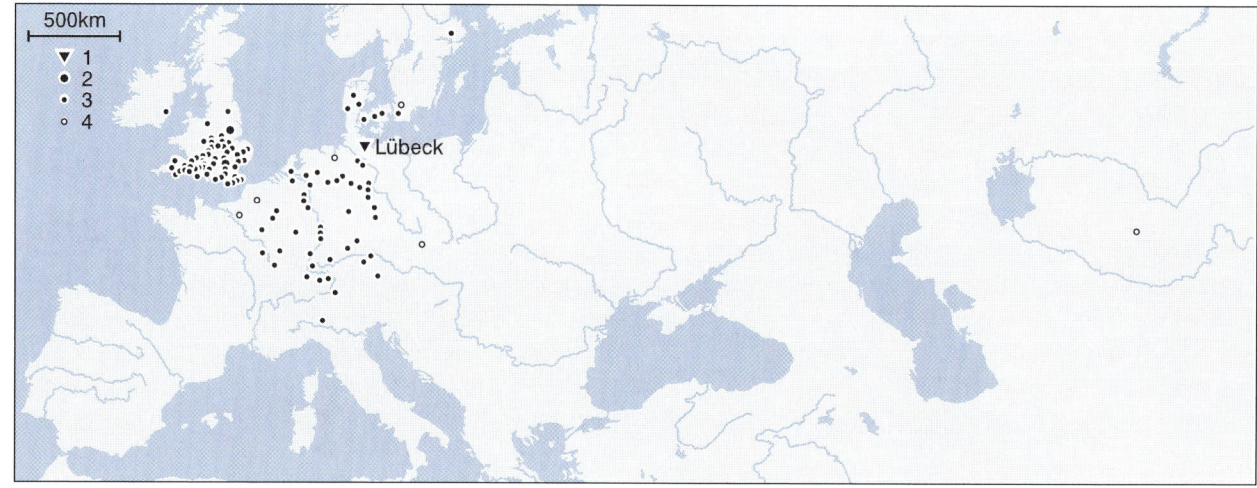

88 Hort von List, Sylt, Nordfriesland. Verbreitung der Münzstätten, jüngste Münze ca. 1000–1003.
1 Fundort des Hortes
2 Münzstätte mit hoher Münzanzahl 3 Münzstätte
4 Münzstätte, Lokalisierung nicht gesichert.

89 Hort aus dem Bereich des Burgberges (slawische Burg Buku) von Lübeck. Verbreitung der Münzstätten, jüngste Münze 1046–1056. 1 Fundort des Hortes 2 Münzstätte mit hoher Münzanzahl
3 Münzstätte 4 Münzstätte, Lokalisierung nicht gesichert.

Aus dem slawischen Fürstensitz Starigard/Oldenburg, unter dessen Fundgut zahlreiche Importe belegt werden können, sind fast 60 Münzen des Mittelalters überliefert. Es handelt sich dabei um Prägungen islamischer Dynastien, des Deutschen Reiches, des abodritischen Herrschaftsgebietes sowie Englands, Dänemarks und Norwegens (Abb. 90).

Die islamischen Prägungen umfassen die Zeit vom zweiten Drittel des 8. bis zum Beginn des 10. Jahrhunderts, mit Dirham der Abbasiden (Prägestätten Madīnat al-Salām, Bagdad, Irak; al-Muhammadiyyah, bei Teheran, Iran), Tāhiriden (Harat, Chorasan, Iran), Saffāriden (Sijistān oder Zaranj?, Iran) und Sāmāniden (al-Shâsh, Taschkent, Usbekistan). Außerhalb der Burganlage wurde eine Münze der Zangīden (Halab/Aleppo, Syrien) aus dem letzten Drittel des 12. Jahrhunderts angetroffen.

Gegenüber den sieben islamischen Prägungen ist die Zahl der im Deutschen Reich geprägten Fundmünzen sehr viel größer: die 25 Exemplare stammen aus Münzstätten des letzten Drittels des 10. und des 11. Jahrhunderts im Deutschen Reich (Niederlothringen, Mainz, Andernach, Dortmund, Magdeburg, Emden, Jever, Stade). Mit fünf bzw. drei Prägungen sind Sachsenpfennige (1040–1080) und Niederelbische Agrippiner vertreten. Fünf weitere Münzen stammen aus England, Dänemark und Norwegen.

Verbleiben 21 Münzen – etwa ein Drittel aller in Starigard/Oldenburg gefundenen Exemplare –, die ebenso wie die Sachsenpfennige (Münzstätte vermutlich Magdeburg) und die Niederelbischen Agrippiner (Münzstätte vermutlich Bardowick) zu den so genannten Grenzlandprägungen gerechnet werden. Es handelt sich wohl um Prägungen des slawischen Fürsten Heinrich (1093–1127), der nach der schriftlichen Überlieferung als *rex Slavorum* die Herrschaft der Obodriten anführte und als seinen Residenzort Alt Lübeck ausgewählt hat. Es sind dies offensichtlich Nachprägungen von deutschen und dänischen Münzen des 11. Jahrhunderts.

Betrachtet man den Münzspiegel von Starigard/Oldenburg insgesamt, so deckt er einerseits die Zeitdauer der slawischen Fürstenburg ab, andererseits lässt er zugleich den durch zahlreiche Edelmetall-

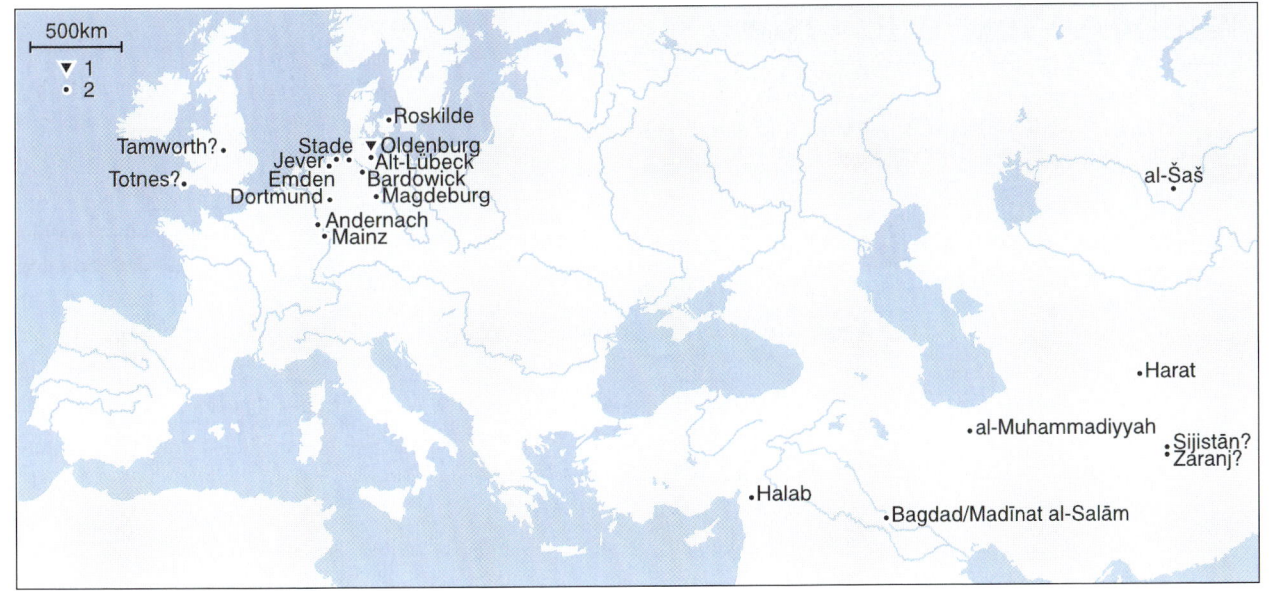

90 Münzstätten der in Starigard/Oldenburg gefundenen Münzen des 8.–12. Jahrhunderts.
1 Fundort 2 Münzstätte.

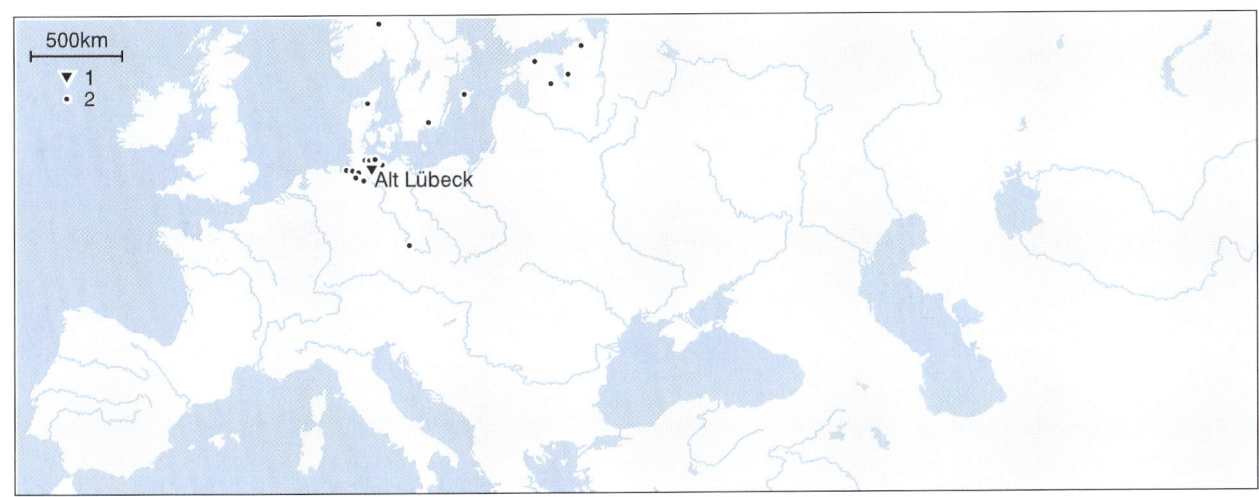

91 Verbreitung von Münzen Heinrichs von Alt-Lübeck (1093–1127).
1 vermutete Münzstätte; 2 Fundort.

depots bezeugten Münzbestand erkennen, der sich, wie schon ausgeführt, im Laufe des 9. bis 11. Jahrhunderts hinsichtlich seiner Herkunft verändert hat.

Die Fundmünzen aus dem Burgwall von Alt Lübeck, in dessen unmittelbarer Nähe sich eine Kaufmannssiedlung befand, stammen ausschließlich aus dem 11. und der ersten Hälfte des 12. Jahrhunderts. Außer zwei Prägungen aus Jever und Dänemark sind es Niederelbische Agrippiner (Prägeort vermutlich Bardowick) und Eigenprägungen der eben beschriebenen Art.

Die wohl unter Heinrich von Alt Lübeck geprägten Münzen sind von zehn Fundorten in Ostholstein, Westmecklenburg, Hamburg und im nördlichen Niedersachsen überliefert, in größerer Anzahl von Starigard/Oldenburg und von Alt Lübeck. Wagrien ist demnach Zentrum des regionalen Umlaufs der Münze.

Etwa gleich viele Fundplätze mit Münzen von Alt Lübeck sind aus Jütland, im südöstlichen Norwegen und südlichen Schweden, auf Gotland sowie in Estland und Nordwestrußland bekannt. Es handelt sich um Horte, deren Schlussmünzen durchweg auf Vergrabungszeiten zu Ende des 11. und im ersten Drittel des 12. Jahrhundert hinweisen (Abb. 91). Die Horte im nördlichen und nordöstlichen Europa belegen mit ihrer allerdings kleinen Anzahl von Alt Lübecker Münzen die Beteiligung des obodritischen Herrschaftsgebietes am Fernhandel im gesamten Ostseegebiet, besonders im östlichen Teil. Das Fundbild repräsentiert sowohl Nah- wie auch Fernhandel; der Übergang zur Münzwirtschaft war vollzogen.

Literatur:

Brather 1995/96. – Herrmann 1978a; 1999. – Kiersnowska/Kiersnowski 1959. – Müller-Wille 1999. – Radtke 1999. – Steuer 1999. – Warnke 1964. – Wiechmann 1996a; 1999.

Der Handel zwischen West und Ost

MILENA BRAVERMANOVÁ, PETR CHARVÁT, VLASTIMIL NOVÁK
UND KATEŘINA TOMKOVÁ

Der plötzliche und unerwartete Untergang Großmährens am Anfang des 10. Jahrhunderts hinterließ in Mitteleuropa auch ein wirtschaftliches Vakuum, mit dem unter anderem auch ein sehr aktives Zentrum des internationalen Fernhandels erlosch. Mit dieser Tatsache mussten sich alle diejenigen abfinden, die bisher ihre Waren auf den mährischen Märkten eintauschten. Den böhmischen Handel, der von alters her rege Beziehungen zu den Zentren am Unterlauf der March unterhielt, traf diese Entwicklung nicht unvorbereitet.

Die jüngsten archäologischen Forschungen zeigen, dass das befestigte Zentrum am Kleinseitner Moldauufer unterhalb der Prager Burg mit seinen anspruchsvollen Festland-, Wasserstraßen und gepflasterten, von der Intensität des hiesigen Verkehrs und der bedeutenden Funktion im Fernhandel zeu-

92 Körper des Gekreuzigten aus der Kirche St. Marien, Prager Burg. Süddeutschland oder Rheinland. 10. Jahrhundert.

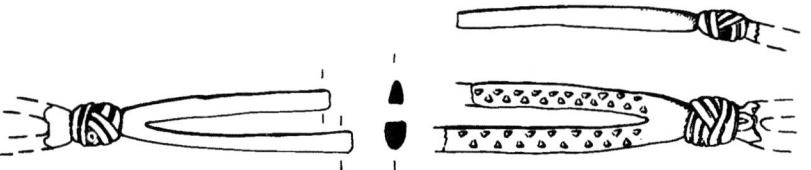

93 In Knochen geschnitzter Zierrat mit Flechtornament, Bestandteil eines Möbelstückes oder einer Innenausstattung (?). Fund von Čáslav-Hrádek. Ostseegebiet oder Skandinavien, 10.–11. Jahrhundert.

genden Freiplätzen wahrscheinlich schon um die Wende vom 9. zum 10. Jahrhundert entstanden war. Der Untergang Großmährens und die Auflassung des „mährischen Marktes" gaben somit einen Raum frei, den die Käufer, die den jungen böhmischen Staat versorgten, mit einer außergewöhnlichen Schlagfertigkeit auszunützen verstanden.

Im Laufe des 10. Jahrhunderts bildete sich ein Netz von Handelsverbindungen, über die die heimische Ware das Land verließ, und umgekehrt Güter eingeführt wurden, die für den Aufbau des jungen Staates von Belang waren. Auf den internationalen Markt lieferten die böhmischen Länder vor allem eine überaus verlangte „Ware" – Sklaven und Sklavinnen, doch auch Vieh, Silber, Pelze, Honig und Wachs. Wir haben keine genaue Vorstellung von den Gegenwerten, die die Exporteure für diese Artikel erhielten, außer Barzahlungen, und die wurden unmittelbar darauf in den materiellen und geistigen Bedarf der primären Staatsmacht investiert. Solche Zahlungen konnten vor der allgemeinen Einführung der geprägten Umlaufmittel sehr verschieden sein, wie wir aus dem vielleicht auch archäologisch belegten, vom andalusischen Forschungsreisenden Ibrāhīm ibn Jakūb erwähnten Tausch von Tüchlein ersehen. Einzelne Funde ermöglichen uns immerhin den Überblick über die eingeführten Verbrauchsgüter sowie über den auf der Moldau, Elbe und March betriebenen internationalen Handel, dessen Hauptausrichtungen ungefähr als eine Rosette mit vier, um 45 Grad von den Himmelsrichtungen abweichenden Strahlen bildlich dargestellt werden könnte.

Der böhmische Handel war in erster Linie nach Südwesten, in das mittlere und obere Donau- und obere Rheingebiet ausgerichtet. Hauptziele waren Regensburg mit Ausstrahlung nach Italien und Mainz, den Handelsplatz von gesamteuropäischer Bedeutung. Von dort und aus den christlichen bayerischen Zentren kamen nicht nur geistige und materielle Anregungen, sondern auch einige am Rhein gehandelte Waren, vielleicht Textilien, Gewürze und edle Weine in Reliefbandamphoren. Offenbar stammen auch von dort nicht nur die ersten böhmischen Funde fremder, den eigenen Prägungen der Přemysliden zeitlich vorangehender Silbermünzen, sondern auch einige jüngere Funde ähnlicher Art. Von der Bedeutung dieser Verbindungen zeugt im letzten Drittel des 10. und in der ersten Hälfte des 11. Jahrhunderts ein ziemlich hoher Anteil von bayerischen (weniger sächsischen) Prägungen in einigen Münzdepotfunden. In die entgegengesetzte Richtung zogen vor allem die Sklavenkarawanen teils in das reichs-französische Grenzgebiet und von da über die traditionelle Verbindung von Verdun und Lyon nach Marseille und weiter auf die mittelmeerischen Marktplätze, teils nach Italien (Venedig). Ohne die Teilnahme dieser, in der islamischen Welt „Sakáliba" genannten Sklaven lässt sich die Gestaltung der politischen Verhältnisse im damaligen Andalusien und in Nordafrika, die Festigung des Kalifats von Córdoba von der Zeit Abdarrahmáns III. an (918–961) und vor allem der Siegeszug der ägyptischen Fatimiden-Dynastie (969–1171) kaum vorstellen.

Von nicht geringerer Bedeutung war für die böhmischen Länder die internationale Verbindung in die beiden anderen Richtungen unserer Rosette, das heißt nordwest- und nordostwärts, und zwar zu Wasser, die Flüsse Elbe und Oder stromauf- und stromabwärts. Von dort exportierten die Händler (auch jüdischer Abstammung) nicht nur die Waren aus der islamischen Welt in das Ostseegebiet, z. B. Getreide und Gewürze, Textilien, Kosmetik und Schmuck. Man importierte auch aus den an den Handelsstraßen gelegenen Ländern und aus dem unter dem Einfluss der iranischen materiellen Kultur stehenden Schwarzmeergebiet, aus dem alten Russland und Skandinavien Halbfabrikate (roher, am ehesten baltischer Bernstein), Waffen, Rüstungsteile, Schmuck und vielleicht auch einige Luxusgegenstände (z. B. für die Innenausstattung). Wahrscheinlich wurden von den Händlern Gruppen von versklavten Männern und Frauen in die gleiche Richtung verschickt, wovon zahlreiche archäologische Funde von Sklavenfesseln (unter anderem in Schleswig-Holstein) zeugen.

Auf den baltischen Märkten, wo der Handel in arabischen Silbermünzen (Dirham) abgewickelt wurde, trafen sich die Lieferanten böhmischer Waren mit islamischen Käufern, denn letztere lockte der wesentlich höhere Kaufwert des Silbers an die Ostsee. Hier konnte man hundert Mal höhere Gewinne erzielen als in der islamischen Welt. Allmählich ging jedoch das Interesse der Muslime für die baltischen Märkte verloren, vor allem als die Silberkrise einsetzte und auch der Sklavenhandel nach dem Jahr 1000 eingestellt wurde, da die heidnische Gefangenenquelle infolge der nun überwiegend von Christen geführten Kriege versiegte. Archäologisch belegt ist das von den Arabern dargebrachte Interesse durch zahlreiche baltische Funde von Silbermünzen aus den Münzstätten des Kalifates oder noch aus denjenigen der Sassaniden. Bis zum Anfang des 9. Jahrhunderts überwiegen die Prägungen der westislamischen Münzämter, die dann von den asiatischen abbasidischen Münzmeistern völlig verdrängt wurden. Die zweite Hälfte des 10. Jahrhunderts ist durch den Umlauf der Münzen der mittelasiatischen Samaniden gekennzeichnet und um das Jahr 1000 strömten die Prägungen der Bujiden und Zijaren ins Land.

Auf diesen Umstand weisen auch einige in den böhmischen Ländern gefundene islamische Dirham aus dem 10. und 11. Jahrhundert hin, die wahrscheinlich durch den Verkehr aus Gebieten mit Massenumlauf hierher verschleppt worden waren. Sie erscheinen in Bruchstücken, meist als Edelmetallstücke zum Nachwiegen oder zusammen mit sassanidischen Prägungen, Denaren oder Schmuck. Zeitlich gehören sie in die Jahre 960 bis 1025, in denen der islamische Handel mit der Ostsee zu Ende ging. Es waren vorwiegend samanidische Prägungen, seltener die älteren abbasidischen und bujidischen Münzen.

Der Anteil des böhmischen Handels an den jenseits unseres nördlichen Grenzgebirges abgehaltenen Märkten bezeugen sowohl Funde von sächsischen Umlaufmitteln in einigen böhmischen Münzhorten aus dem letzten Drittel des 10. und aus der ersten Hälfte des 11. Jahrhunderts als auch vor allem das zahlreiche Vorkommen böhmischer Prägungen in den Ebenen und Küstengebieten nördlich unserer Grenzen. Außerhalb der böhmischen Länder fanden sich bisher mindestens 2800 Přemyslidendenare großen Schrots und deren Bruchteile. Von den 225 vom letzten Viertel des 10. bis Anfang des 12. Jahrhunderts vergrabenen

94 Byzantinischer Seidenstoff aus dem Grab der heiligen Ludmilla in der St. Georgsbasilika auf der Prager Burg. 10.–11. Jahrhundert. – Kat. 10.03.01.

95 Byzantinischer Seidenstoff aus der Gruft der böhmischen Könige auf der Prager Burg. 10.–11. Jahrhundert.

96 Hohler Silberanhänger, Umgebung von Roudnice, importiert aus der Kiewer Rus. – Kat. 04.03.21a.

Handel und Verkehr

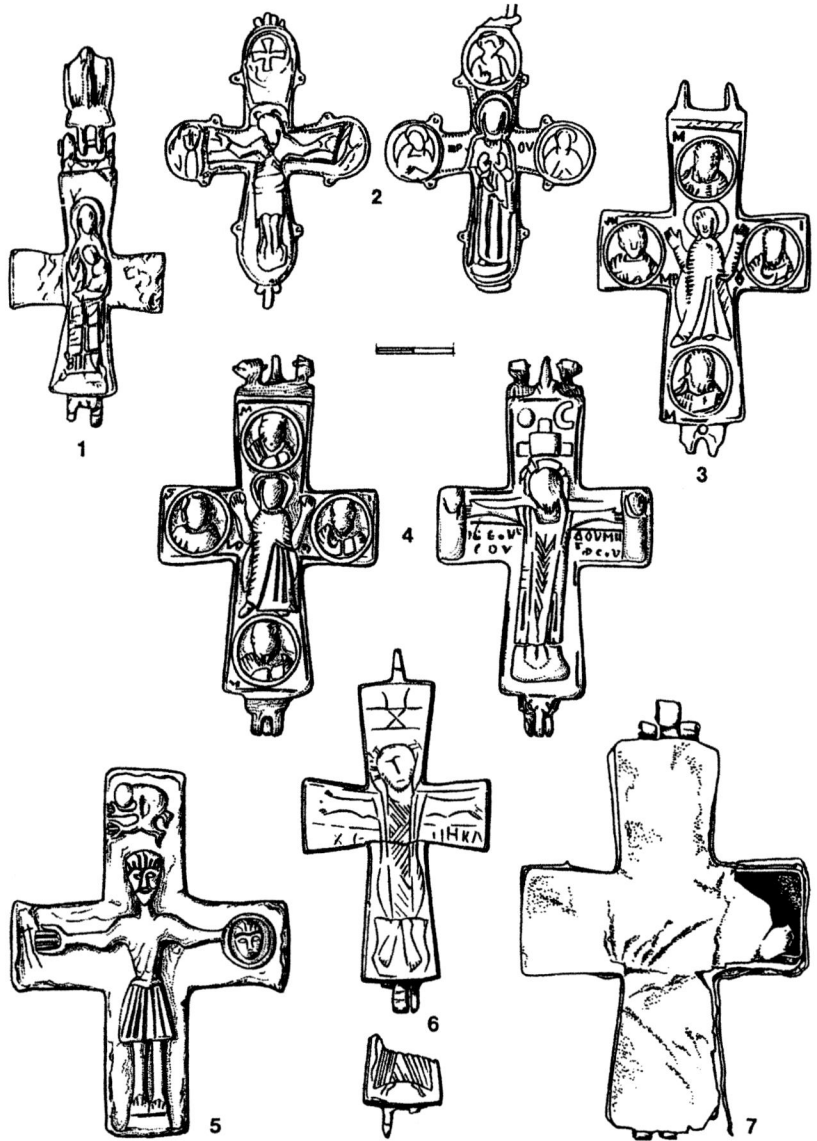

97 **Byzantinische Kreuzanhänger und deren Kopien.** Funde aus Böhmen. 1. 3. 4 syrisch-palästinischer Typ; 2. Konstantinopler Typ; 5–7 europäische Kopien des syrisch-palästinischen Typs. 10.–11. Jahrhundert.

Dazu kamen bald auch Belege für Beziehungen der unteren Schichten (Schmuck) hinzu.

Der donauländische Verkehrsweg ermöglichte alsbald Lieferungen von Luxuswaren byzantinischer Herkunft in die Zentren der přemyslidischen Verwaltung, namentlich nach der Annexion Bulgariens durch Basileios II. (976–1025) und der Gründung des Handelplatzes Perejaslavec im Donaudelta. Die Lieferungen von böhmischen Pferden und Silber auf diesen in Nestors Chronik schon zur Zeit des russischen Fürsten Svjatoslav I. S. Igorevič (964–975) erwähnten Markt, werden von der heutigen Forschung erst nach 1000 datiert; es wird angenommen, dass der Chronist hier seine Kenntnisse und Erfahrungen in einen älteren Zeitabschnitt verlegte. Von den byzantinischen Exportartikeln in unsere Länder sind die christlichen Devotionalien in Form von Kreuzanhängern entweder im Original, als der so genannte Palästinische Typ, oder als seine europäischen, im Osten nach der Besetzung des Heiligen Landes durch das byzantinische Heer nach 950 angefertigten populären Kopien besonders hervorzuheben. Auffällig waren bei uns, namentlich in der kirchlichen und weltlichen Gesellschaft der Prager Burg die luxuriösen byzantinischen Gewebe, Brokate und Seide. In manchen Fällen verlief der Handel auf seltsamen Wegen: Ein Gewebe mit demselben Vogelmotiv in Medaillons kennen wir sowohl aus dem Sarg der heiligen Ludmila († 921), als auch als Material von einem Messgewand des heiligen Bernward, Bischof von Hildesheim († 1022).

Zu den Umlaufmitteln, die von gleich ausgerichteten Handelsbeziehungen zeugen, zählen ungarische Münzen, die in Böhmen und Mähren in Depots oder einzeln gefunden wurden. Erstaunlicherweise gibt es jedoch nur eine byzantinische Prägung.

Zu den Märkten an der unteren Donau gingen aus den böhmischen Ländern vor allem Sklavenkarawanen, doch auch Rohstoffe und Halbfabrikate wurden befördert; feilgeboten wurden ferner Honig und Wachs, das die byzantinischen kirchlichen Institutionen, die ab dem 8. Jahrhundert Wachs anstatt Öl zur Beleuchtung benutzten, wahrscheinlich tonnenweise verbrauchten.

Münzdepots waren solche Denare in 95 Depots aus Polen und Ostdeutschland, in 16 aus Dänemark, in 89 aus Schweden und Gotland und in weiteren aus verschiedenen meist baltischen Gebieten der ehemaligen UdSSR enthalten. Selten treten sie in den Depots aus Finnland, Norwegen oder Island auf.

Das letzte, jedoch nicht weniger bedeutende Absatzgebiet böhmischer Lieferungen waren um das Jahr 1000 die damals unter die Oberhoheit der ungarischen, bulgarischen und dann byzantinischen Herrscher gehörenden Länder an der unteren Donau. Funde ungarischer Ausrüstung aus dem 10. Jahrhundert waren in den böhmischen Ländern ein Zeichen der kämpferischen Verbundenheit beider ethnischen Gemeinschaften, die den Kontakt zur Machtzentrale des Reiches suchten.

Literatur

Charvát/Prosecký (Hrsg.) 1996. – Charvát 1998a. – Nohejlová-Prátová 1962. – Štěpková 1956; 1964; 1968. – Tomková 1996.

Internationale Wege durch das Karpatenbecken

GYULA KRISTÓ

Mit dem Auftauchen der Ungarn im Karpatenbecken entstand ab dem Beginn des 10. Jahrhunderts im Handel und auf den Handelsstraßen eine neue Situation. Die Zollvorschriften von Raffelstetten, die aus den Jahren zwischen 903 und 905 stammen und über den Handel der im Westen an das Karpatenbecken angrenzenden Gebiete berichten, verraten noch nichts von der dortigen Anwesenheit der Ungarn. Der Handel auf dem Gebiet des heutigen Österreichs und Tschechiens verlief damals noch in unverändertem Rahmen und mit gleicher Intensität. Die ungarischen Kriegszüge nahmen ab 906 nach Westen bedeutend zu. Ab dem Jahre 907 stabilisierte sich für lange Jahrzehnte die Westgrenze des ungarischen Siedlungsgebietes an der Linie des Flusses Enns. Danach hörte der Handel zwischen dem Karpatenbecken und dem Westen für einen längeren Zeitraum auf, an die Stelle des Handels trat der Raub. Für die Nomaden ist es im allgemeinen bezeichnend, dass sie sich das, was sie auf friedlichem Wege nicht erwerben konnten oder wollten, mit Gewalt aneigneten. In den ersten Jahrzehnten des 10. Jahrhunderts gelangten von Westeuropa her große Mengen an Edelmetall (Gold, Silber) und Sklaven in das Karpatenbecken. Das Edelmetall wurde zur Weiterverarbeitung eingeschmolzen, die Gefangenen wurden größtenteils als Sklaven in den Osten verkauft. Die meiste Zeit des 10. Jahrhunderts wurde ein wirklicher Handel vom Karpatenbecken aus nur in östlicher Richtung betrieben, eine Fortsetzung des in den früheren Siedlungsgebieten der Ungarn in Levedien und in Etelköz („Zwischenstromland") im 9. Jahrhundert betriebenen Handels. Demzufolge führten in den ersten sechs bis sieben Jahrzehnten des 10. Jahrhunderts vom Karpatenbecken aus nur Heerstraßen in westliche Richtung über die geraubte Güter in großen Mengen kamen. Nach Osten jedoch bestanden wirkliche Handelsstraßen. Von den Heerstraßen wird in einer schriftlichen Quelle die *strata Ungarorum* erwähnt, die durch das Land zwischen der Drau und der Save nach Oberitalien führte. Zum Einfall in die deutschen und französischen Gebiete wurden von den Ungarn nördlicher gelegene Heerstraßen benutzt. Der Handel des Karpatenbeckens in den Osten lag bis zum Untergang des Chazarenreiches im Jahre 965 zum größten Teil in den Händen von Arabern. Durch seinen Reichtum an arabischen Geldmünzen (Dirham) zeichnet sich in erster Linie die Region an der oberen Theiß aus, welche das nächstgelegene Gebiet für die über die Berge der Karpaten in das Tiefland kommenden arabischen Händler war. Der wichtigste Handelsweg zwischen dem Karpatenbecken und dem Osten verlief also von der Tiefebene in nordöstlicher Richtung über den Pass von Verecke.

Eine neue Situation entstand in der zweiten Hälfte des 10. Jahrhunderts, als die Ungarn ihre bewaffneten Streifzüge einstellten. Von da an konnten sich die Ungarn Produkte, die sie nicht selbst erzeugen konnten, nur durch Handel beschaffen. Einstweilen bevorzugten sie aber auch weiterhin noch die östlichen oder die von den östlichen Kaufleuten besuchten Märkte. In den letzten Jahrzehnten des 10. Jahrhunderts gelangten vom Westen sehr wenige Gebrauchsgüter zu den Ungarn: zweischneidige Schwerter und Steigbügel. Zum wichtigsten von östlichen (arabischen) Kaufleuten besuchten osteuropäischen Markt wurde Prag. Nach dem Bericht des jüdischen Reisenden Ibrāhim ibn Jakūb aus dem Jahre 965/966 „kommen aus dem Lande der Türken [Ungarn] Mohammedaner, Juden und Türken mit Waren und mit Goldmünzen und bringen Sklaven, Zinn und verschiedene Pelzarten mit". Alle diese erwähnten Waren stammten eindeutig aus dem Osten. Nach den Russischen Chroniken des Jahres 969 brachten die Ungarn Silber und Pferde zum Verkauf nach Perejaslavec an der Donaumündung, das damals bei dem Fürsten Svjatoslav von Kiew ein sehr beliebtes Zentrum war. Diese ersten schriftlichen Aufzeichnungen, die über den Handel der im Karpatenbecken siedelnden Ungarn (und der bei ihnen lebenden oder sie aufsuchenden Mohammedaner und Juden) berichten, deuten auf Handelsaktivitäten mit typisch nomadischem Charakter. Auch archäologische Funde zeigen, dass der Handel vom Karpatenbecken aus nach Osten und Südosten, also auf den Balkan und nach Byzanz gerichtet war. Im 11. Jahrhundert zeichnen sich schon deutlich jene beiden bedeutenden internationalen Straßen ab, die das Karpatenbecken durchquerten. Die eine war die große west-östliche Transitstraße, die von

Westeuropa aus über Prag das Karpatenbecken nördlich der Donau erreichte, und über die Städte Pest, Waitzen (Vác) und Erlau (Eger) Ungarn über den Pass von Verecke verließ. Auf dieser Straße wurde – in enger Verbindung mit dem Ausbau der politischen und kulturellen Beziehungen zum Westen – der westliche Import immer wichtiger. Gleichzeitig nahmen die östlichen Handelsbeziehungen ab, hörten aber nicht auf zu bestehen. Den Aussagen der Archäologen zufolge gelangten aus dem Westen verschiedene Schmuckgegenstände (Ketten, Ringe, Ohrringe) in das Karpatenbecken. Schriftliche Quellen erwähnen böhmische und deutsche Handelsbeziehungen zu Ungarn. Der böhmische Fürst Udalrich (Oldřich) verfügte um 1020, dass die aus den Städten Mährens vertriebenen Polen als Gefangene in Ungarn und jenseits Ungarns verkauft werden sollten. Sein Sohn Břetislav I. erließ in den Jahren 1038/1039 eine Verordnung, nach welcher der, der seine eheliche Beziehung abbricht, „durch Anwendung von Gewalt nach Ungarn verbracht werden muss, auf keinen Fall darf ihm gestattet werden, sich freizukaufen, oder in dieses Land [nach Böhmen] zurückzukehren". Ungarn war also noch in der ersten Hälfte des 11. Jahrhunderts ein Abnahmemarkt für die aus Böhmen stammenden Sklaven. Diese wurden in den Osten, auf die großen Sklavenmärkte gebracht, was bedeutet, dass über die west-östliche transeuropäische Straße von Ungarn auch weiterhin Sklaven nach Osten strömten. In den Jahren nach 1060 wurde der Handel zwischen Ungarn und Mainz von Mainzer Juden abgewickelt. Nach einer damaligen Angabe waren aus Ungarn zehn vergoldete und zwei Kupfergefäße in die Stadt am Rhein gelangt. Als Gegenwert wurden in Ungarn gesuchte – doch nicht konkret benannte – Artikel gekauft und in das Karpatenbecken gebracht.

Die große europäische, in nord-südlicher Richtung verlaufende Transitstraße folgte von Polen aus über den Pass von Verecke dem Lauf der Theiß auf dem rechten Ufer (durch das Zwischenstromland zwischen Donau und Theiß) in Richtung Balkan und Byzanz. Aus Skandinavien kamen Schmuck und Waffen, aus Polen und Russland ebenfalls Schmuck (Ohrringe, Armreife), aus letzterem wahrscheinlich auch wertvolle Pelze. Diese Route benutzten auch jene Kaufleute, die die Münzen König Stephans I. von Ungarn in die nördlichen Gebiete Europas brachten. Die Waren aus Byzanz (die aus den Gräbern bekannten Armreife, Goldringe, Schläfenringe, Brustkreuze mit Reliquien) kamen ebenfalls entlang der Donau nach Ungarn. Die beiden großen europäischen Straßen kreuzten sich im Karpatenbecken am Donauknie in der Gegend von Szob und Waitzen. Hier fanden sich auch zahlreiche Importgegenstände. Von den bedeutenden Transitstraßen zweigten viele kleinere Straßen ab, die zwar von geringerer Bedeutung waren, aber dennoch wichtig, da sie die Bistümer und Gefolgschaftszentren, wo der eigentliche Bedarf bestand, anbanden. Von diesen sind vor allem die Straße, die Transdanubien in nordwestlich-südwestlicher Richtung durchquerte, außerdem diejenige die von der Stadt Pest über Stuhlweißenburg (Székesfehérvár) nach Veszprém führte sowie die, die Stadt Fünfkirchen (Pécs) berührte, zu nennen. Von den östlichen Routen waren die nach Siebenbürgen führende Straße, bzw. diejenige, die von Kronstadt (Brașov) aus Siebenbürgen verließ und über die Walachei bis nach Perejaslavec führte, von Bedeutung. Nach 1018 gewann die auf dem Kontinent verlaufende bis ins Heilige Land führende Straße eine große Bedeutung. Sie verlief von Hainburg aus über Raab (Győr), Stuhlweißenburg, die Furt über die Drau (bei Eszék?) nach Belgrad. Diese Straße nahmen außer Pilgern nach Jerusalem auch Kaufleute in Anspruch. Straßen und zwar Heerstraßen, die auch von Kaufleuten benutzt wurden, verbanden die Sitze der einzelnen Gefolgschaften. Als wichtiger Verkehrsweg galt die Donau, die vom deutschen Heer genau so in Anspruch genommen wurde wie vom Kaufmann aus Regensburg.

98 Die Armreifen aus geflochtenem Draht mit aufgesteckten Tierkopfenden, einer aus Gold und zwei aus Elektron waren in einem Tongefäß deponiert. Gefertigt wurden sie in Südrussland, gefunden bei Zsennye im Komitat Vas. 10.–11. Jahrhundert. – Kat. 04.03.22a–c.

Handel und Verkehr

Brücken und Brückenbau im östlichen Mitteleuropa um 1000

GERARD WILKE

Brücken sind zumeist im historischen Rahmen von Technik, Verkehr und Baukunst von der Vorzeit bis zur Gegenwart behandelt worden. Eine detaillierte Übersicht zum Brückenbau im Frühmittelalter, insbesondere um 1000, erschien früher unmöglich. Die zeitgenössischen Schriftquellen liefern nur wenige Angaben zu Brücken und so gut wie keine Details zur damaligen Brückentechnik. Erst die Archäologie bietet nähere Erkenntnismöglichkeiten. Dies gilt besonders für solche Orte, die frühzeitig zugrunde gingen oder jegliche Bedeutung verloren, womit meist eine Verlagerung des Wegenetzes verbunden war. Dort sind die alten Brückenreste wesentlich besser der Erforschung zugänglich als im Bereich der heutigen Städte, wo nicht selten meterdicke jüngere Schichten die einstigen Wegeführungen überdecken, sofern spätere menschliche Eingriffe überhaupt noch etwas von ihnen übriggelassen haben.

Historische Nachrichten sprechen dafür, dass zahlreiche römische Brücken in West- und Südeuropa im Frühmittelalter weiterhin benutzt wurden oder einen Wiederaufbau erfuhren. Karl der Große ließ eine hölzerne Brücke über den Rhein bei Mainz errichten, vielleicht unter Ausnutzung steinerner römischer Brückenpfeiler, die schon 812 durch Brand zerstört wurde. Bis in die frühe Neuzeit existierten Römerbrücken über die Erft und die Saar. Die römische Moselbrücke bei Trier wird noch immer benutzt und erlebte entsprechend häufige Ausbesserungen, 1008 wurde sie befestigt.

Zur Zeit der Karolinger, Ottonen und Salier lagen die Hauptorte durchweg am Wasser, oft auf Inseln. Dies gilt für Magdeburg, Brandenburg und Potsdam ebenso wie für Posen (Poznań), Kruschwitz (Kruszwica), Danzig (Gdańsk) und Breslau (Wrocław) oder auch Altbunzlau (Stará Boleslav), Staré Město-Uherské Hradiště und Mikulčice. Boote, Fähren und Furten gehörten zum Alltag der Bewohner. Zum Brückenbau im ostelbischen Gebiet bieten die historischen Quellen einige Schlaglichter:

Bei einem Feldzug gegen die Wilzen 789 ließ Karl der Große zwei Brücken – wahrscheinlich Schiffsbrücken – über die Elbe errichten; eine der beiden Brücken erhielt zudem an beiden Enden eine Befestigung aus Holz und Erde. Bei Prag, etwa im Verlauf der späteren Karlsbrücke, wurde 895 eine erste Holzbrücke über die Moldau gebaut, und auch 1008 ließ Herzog Udalrich ebendort eine hölzerne Brücke bauen, die jedoch nicht lange hielt. Der jüdische Kaufmann Ibrāhīm ibn Jakūb, der 973 am Hofe Kaiser Ottos I. in Merseburg war, berichtet von einer meilenlangen hölzernen Brücke irgendwo im Slawenland zwischen Elbe und Oder. Außerdem, so Ibrāhīm ibn Jakūb, führten hölzerne Brücken über die Burggräben.

Mehr Aufschlüsse erhalten wir durch archäologische Untersuchungen. Allein im Flachland zwischen Elbe und Weichsel gibt es rund 800 slawische Burgwälle des 8.–12. Jahrhunderts, 70 bis 80 davon auf Inseln in Flüssen oder in Seen. Sie hatten wohl durchweg eine Brückenverbindung zum Festland. Vielerorts ist der archäologische Nach-

99 Rekonstruktion der Brücke von Teterow nach E. Schuldt.

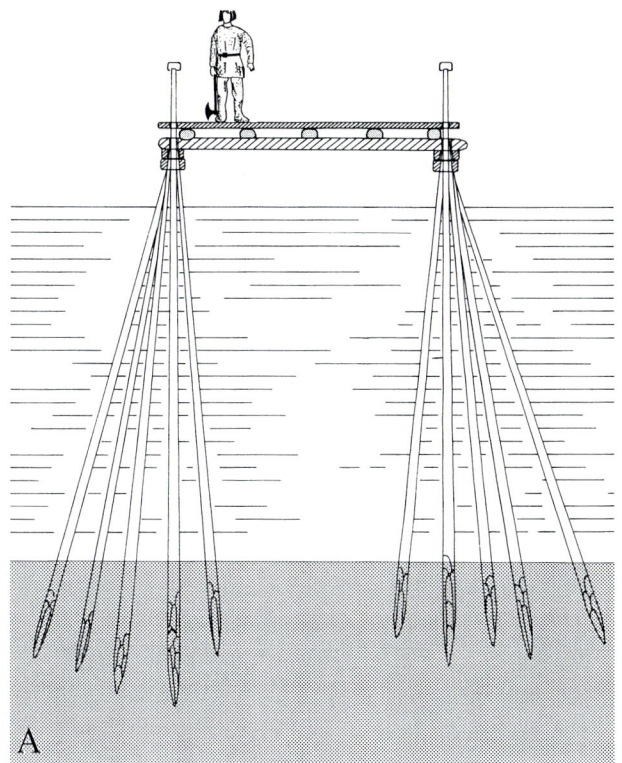
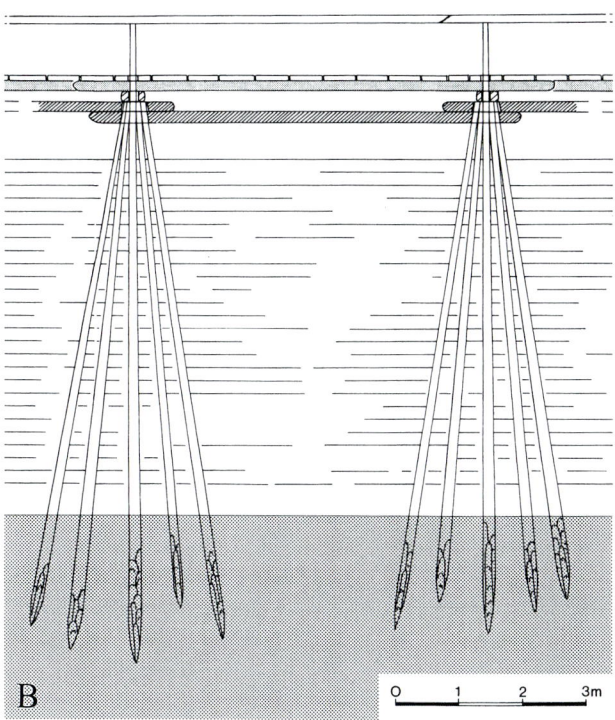

100 Rekonstruktion der östlichen Brücke von Ostrów Lednicki nach G. Wilke. Querschnitt (A) und Längsschnitt (B).

weis bereits gelungen. Etliche Brückenreste fanden sich unter Wasser, so in Dümmer, Fergitz, Plön-Olsborg, Quetzin, Kastorf, Bobięcin, Ostrówek, Mogilno, Rakowo, Ostrowite und Ostrów Lednicki. Andere Brückenreste kamen im Bereich von später trockengelegten Seen zum Vorschein, beispielsweise in Behren-Lübchin, Groß Raden, Parchim, Dummerstorf, Teterow, Wesenberg, Dobra, Parsęcko und Giecz. Hinweise auf Flussbrücken gibt es in Neuburg-Löddigsee, Alt Lübeck und Berlin-Spandau. Auch die unbefestigten Inselsiedlungen, von denen allein zwischen Elbe und Oder rund 120 bekannt sind, hatten nicht selten eine Brücke zum Festland; nachgewiesen ist dies etwa in Babke, Barsdorf, Berkenbrück, Carlow, Carwitz, Neubrandenburg-Fischerinsel, Pinnow und Zechlin-Flecken. Die unteren Partien der Brückenpfähle, die unter Wasser wie auch in Verlandungsbereichen gut erhalten sind, bilden den Ausgangspunkt für die folgende Zusammenstellung.

Im Hinblick auf die Bautechnik gibt es zwei Grundtypen. Bei bis zu 5 m tiefen Gewässern, etwa in Teterow, rammte man zunächst zwei Pfahlreihen im Abstand der beabsichtigen Brückenbreite senkrecht in den Seegrund. Jeder Pfahl erhielt sodann einen schräg von außen kommenden Stützpfahl. Senkrechter und schräger Pfahl wurden sodann durch einen rechteckig durchlochten Jochträger-Ösenbalken miteinander und mit dem gegenüberliegenden Pfahlpaar verklammert. Diese Brückenjoche, alle 2 bis 2,5 m errichtet, wurden in Längs-

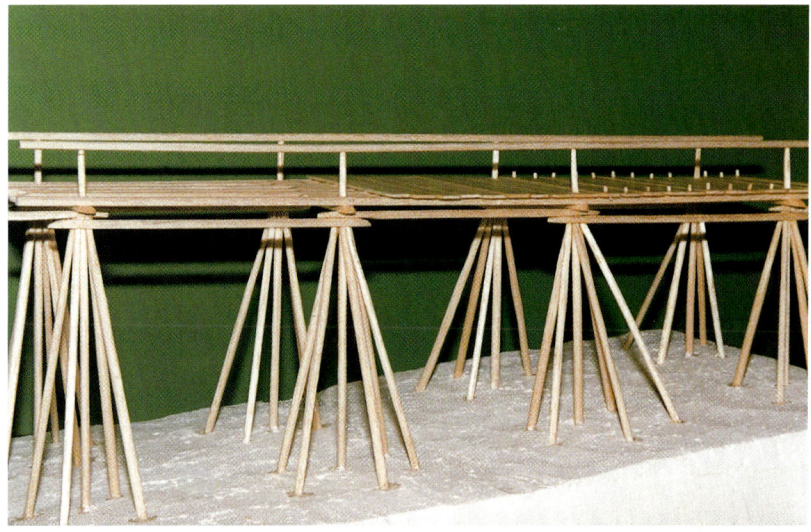

101 Rekonstruktion der östlichen Brücke von Ostrów Lednicki. Modellbau G. Wilke 1998.

richtung durch Rundhölzer verbunden, die als Unterzüge für den Brückenbelag dienten (Abb. 99). Eine ähnliche Bauweise lässt sich in Behren-Lübchin, Groß Raden und an der so genannten Langen Brücke von Fergitz beobachten.

Brücken über tiefere Gewässer wurden stabiler gebaut. Unterwasseruntersuchungen an den beiden Brücken bei Ostrów Lednicki, die in einer Tiefe von bis zu 10 m liegen und auf einer Fläche von fast 1000 m² freigelegt wurden, erlauben eine sichere Rekonstruktion. Die Brücken ruhten nicht auf einzelnen Pfeilern mit Stützpfosten, sondern auf Pfahlbündeln, die in der Regel aus fünf, seltener aus vier oder sechs Pfählen bestanden. Die Pfähle

Handel und Verkehr 143

in jedem Bündel waren nur geringfügig gegeneinander geneigt und bildeten damit einen recht stabilen Brückenunterbau (Abb. 100, 101). Jeweils zwei gegenüberliegende Pfahlbündel waren durch einen quer zur Brückenrichtung liegenden Ösenbalken verklammert, und auch in Längsrichtung waren die Brückenjoche durch Ösenbalken miteinander verbunden. Die Grundkonstruktion der Brücken von Ostrów Lednicki mit ihren Pfahlbündel aus fünf Pfählen ähnelt vor allem der in Bobęcin und der „tiefen Brücken" (bis 20 m) über den Oberueckersee bei Fergitz, wo jedoch nur jeweils drei Pfähle ein Bündel bilden.

Mancherorts führte die Brücke vom Festland lediglich zur Burg oder zur Siedlung auf der Insel, aber zum jenseitigen Ufer kam man von dort nicht. Eine solche Sackgassenlage ist nachgewiesen in Behren-Lübchin, wo von der Vorburg auf dem Festland eine 320 m lange Brücke zur Hauptburg auf der Insel im See verlief (Abb. 102, D), ebenso in Bobęcin mit einer 160 m langen Brücke zwischen Festland und Inselburg, ferner in Neuburg-Löddigsee (145 m), Plön-Olsborg (100 m), Dummerstorf (90 m) und Dümmer (50 m). In Groß Raden führt eine kurze Brücke von außen über den Befestigungsgraben der Siedlung vor der Burg und von dort gelangte man über eine 120 m lange Brücke zur Burg auf der Insel.

Die zweite Variante, nämlich die Verbindung zweier Seeufer, ist besonders gut erforscht in Ostrów Lednicki, wo die Burg, eine Residenz der ersten Piasten, in beiden Richtungen mit dem Festland durch Brücken mit einer Gesamtlänge von etwa 650 m verbunden war (Abb. 102, B). Die Burg kontrollierte hier also auf prägnante Weise den Fernverkehr. Auch der Burgwall von Fergitz hatte zwei Brücken (400 und 220 m) zum Festland (Abb. 102, A). In Teterow führten zwei Brücken (75 und 750 m lang) nicht direkt zur Burg, sondern zur unbefestigten Südspitze der Insel, aber auch hier beherrschte die Burg den Übergang über den See (Abb. 102, C).

Die Breite der westslawischen Brücken beträgt 3 bis 5 m. Entgegenkommende Fuhrwerke oder Reiter konnten also problemlos aneinander vorbei. Mancherorts deuten besonders dichte Pfahlreihen (Ostrów Lednicki, Fergitz) beziehungsweise mehr als zwei Reihen (Bobęcin, Dümmer) auf mehrere Bauphasen, wurden doch bei Erneuerungs- oder Renovierungsarbeiten immer neue Pfähle in den Seegrund getrieben (Abb. 103). Dendrochronologische Untersuchungen liefern den Beweis. Für Teterow lassen sich Bauarbeiten für die Jahre nach 910, 955 und 983 nachweisen, in Groß Raden erbrachte die ältere Brückenphase Jahrringdaten von 920 bis 975, die jüngere von 983 bis 995. Die östliche Brücke von Ostrów Lednicki wurde 961 bis 963 errichtet; mehr oder weniger umfassende Instandsetzungen erfolgten 973, 980, 1000, 1015 und zuletzt 1032. In Behren-Lübchin stammt die älteste Brücke aus den Jahren 989–992, weitere Reste datieren 1055–1060; für die jüngere Burgphase samt Brücke gibt es noch keine Dendrodaten. Die ältere Brücke von Bobęcin, erbaut nach 1142, wurde 1149–50 repariert; die jüngere Brücke, nach 1160 neben der älteren errichtet, wurde 1173–77 und 1183–85 instandgesetzt.

Für andere Brücken liegen nur einzelne Daten vor: Wesenberg 788, Wiesenau (Brücke 892–915, Brückenplattform 900–929), Quetzin 976 und 1182, Parchim 983, Plön-Olsborg 1013 und 1090, Giecz 1020 und 1070, Dummerstorf 1080, Dümmer 1084, Berlin-Spandau 1107/08 und 1162. Weitere Brücken lassen sich nur indirekt über die zugehörigen Siedlungen und Burgen datieren, so Alt Lübeck, Fergitz, Kastorf, Wildberg, Ostrówek, Mogilno, Rakowo, Parsęcko und Dobra.

Die Zusammenstellung zeigt, dass die älteste Brü-

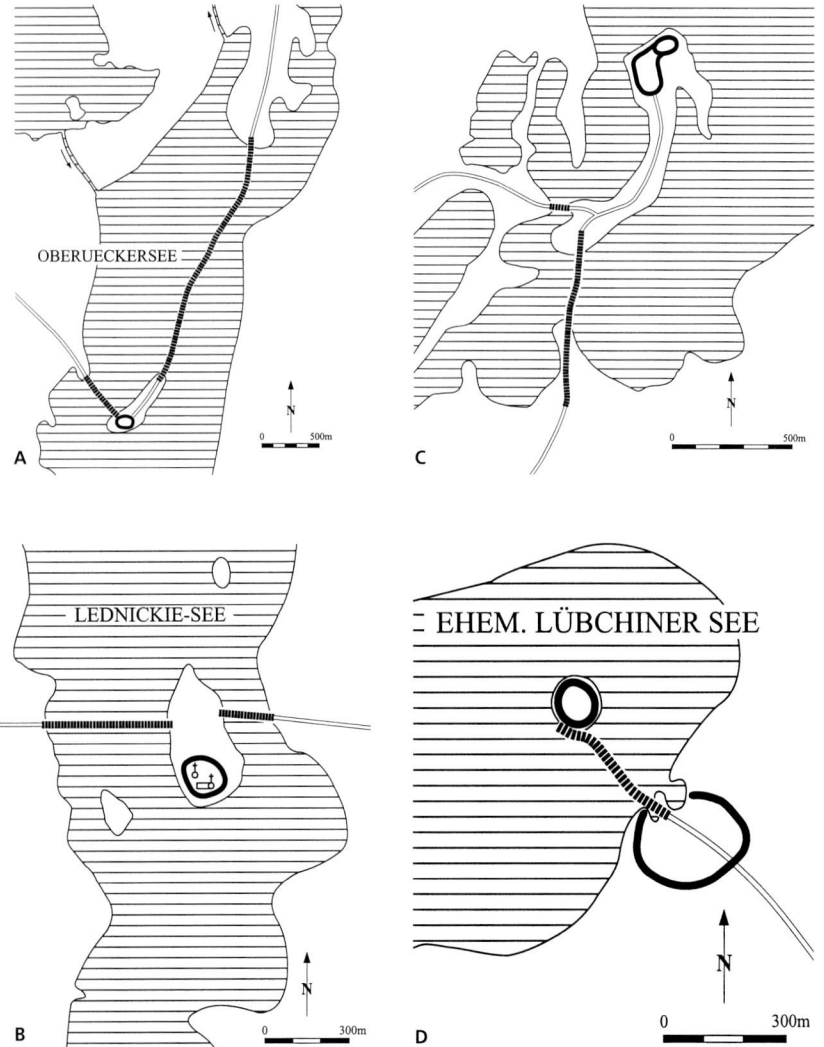

102 Archäologisch untersuchte Brücken in: Fergitz (A), Ostrów Lednicki (B), Teterow (C) und Behren-Lübchin (D).

cke im westslawischen Gebiet in das ausgehende 8. Jahrhundert gehört (Wesenberg), aber die meisten Brücken sind erst im 10. Jahrhundert gebaut worden. Diese Tendenz hängt zusammen mit der zunehmend sich verdichtenden Besiedlung zwischen Elbe und Weichsel. Die oben dargestellten slawischen Brückentypen bestanden bis zum 12., gelegentlich bis zum 13. Jahrhundert.

In westlichen Mitteleuropa knüpfen die Brücken jener Zeit hingegen im Prinzip an römische Formen an, wenngleich mit verschiedenen neuen Modifikationen. Auch die ältesten mittelalterlichen Brücken aus Stein, die ab dem 12. Jahrhundert gebaut wurden, zeigen noch den nachwirkenden Einfluss der römischen Bauweise. Die Donaubrücke in Regensburg und die bis heute erhaltene Brücke über den Main in Würzburg stammen aus jener Zeit. Im 12. Jahrhundert wurden auch in Prag, Avignon, Passau, Hildesheim, Frankfurt am Main, München, Konstanz, bei Wels und Uelzen die ersten, steinernen Brücken gebaut. Die einfacher und billiger zu bauenden Holzbrücken bleiben jedoch noch jahrhundertelang die dominierende Brückenformen.

Literatur

Herrmann 1991. – Jarocka 1979. – Krąpiec 1998. – Maschke 1978. – Schuldt 1965; 1985. – Unverzagt/Schuldt 1963. – Wilke 1983; 1985; 1998a; 1998b.

103 Plön-Olsborg. Pfähle der tragenden Konstruktion der Brücke. 1997.

104 Archäologisch erforschte Brücken des 8.–12. Jahrhunderts.

Der mährische Handel

LUMÍR POLÁČEK

Die Handelsbeziehungen Großmährens lassen sich aufgrund der historischen Berichte und der archäologischen Funde nur in groben Zügen wiedergeben. Die schriftlichen Quellen zum mährischen Handel des 9. Jahrhunderts sind zwar dürftig, geben aber klare Auskunft. So erfahren wir einiges über die Einfuhr von Waffen und Salz aus dem Frankenreich. Nach Aussage des Kapitels von Diedenhofen zum Jahr 805 soll Karl der Große den Waffenhandel zwischen dem Frankenreich und den Slawen und Awaren verboten haben. In der so genannten Zollordnung von Raffelstetten aus den Jahren 903/904, die die Zollregeln an der Donau kundgab, werden die „auf den Markt der Mährer" fahrenden Kaufleute erwähnt. Bei den Waren handelte es sich vor allem um das auf der Donau beförderte Salz, nur in geringerem Maße um andere Waren. Die Schiffe mit bayerischem Salz fuhren nach der Zollabfertigung in Mautern weiter die Donau abwärts und wahrscheinlich die March aufwärts in das Gebiet des heutigen Mähren.

Eine andere Quelle erwähnt den Markt in der Residenzstadt Svatopluks, der an drei Tagen im Monat abgehalten wurde. Es ist nicht ausgeschlossen, dass es sich um denselben handelte, den auch die Ordnung von Raffelstetten erwähnt, also wahrscheinlich um den zentralen Markt der Mährer, zu dem alle Bewohner des Landes strömten. Ob er tatsächlich in Mikulčice, wie D. Třeštík meint, oder bei einer anderen Burg stattgefunden hat, lässt sich nicht mit Sicherheit nachweisen. Höchstwahrscheinlich war es der Binnenmarkt für Großmähren, an dem auch fremde Kaufleute teilnahmen. Allerdings war dieser Markt nicht der einzige, neben ihm dürfte es noch eine Reihe anderer örtlicher Märkte bei weiteren Burgen gegeben haben. Da wir wissen, dass spezialisierte Handwerksbetriebe, besonders die Feinschmiede, an die Fürstensitze und deren Vorburgen gebunden waren, fiele es ohne die Annahme dieser Märkte schwer, zu erklären, wie die zahlreichen Produkte dieser Werkstätten in die ländlichen Gegenden Großmährens gelangt sind. Wie sonst wären zum Beispiel Ohrgehänge und weitere Erzeugnisse solcher Handwerksbetriebe auf die kilometerweit vom Zentrum entfernten Dorffriedhöfe gekommen?

Die Zollordnung von Raffelstetten ist auch ein wichtiges Zeugnis für die Schifffahrt auf der Donau und indirekt auch für den Verkehr auf ihren nördlichen Nebenflüssen.

Unter diesen Umständen werden auch die Beweggründe verständlicher, die zum Bau der Zentralburgen Großmährens auf den Inseln des Marchflusses geführt haben. Die allgemeine Vorliebe für die Auenlandschaften bei der Platzwahl für den Bau der altmährischen befestigten Siedlungen hängt zumindest teilweise mit der Schiffbarkeit der Flüsse und deren weiterer wirtschaftlicher und strategischer Bedeutung zusammen. Die Funde von Einbäumen in Mikulčice sind ein weiterer konkreter Beweis für die Schiffbarkeit der damaligen mitteleuropäischen Flussläufe und möglicherweise auch für deren Bedeutung für die Handelsbeziehungen (Abb. 105).

Neben den erwähnten schriftlichen Quellen stehen zahlreiche Funde aus weiträumigen Erforschungen großmährischer Burgen und Bestattungsplätze zur Verfügung. Ihre Aussage für das Erkennen der Handelsorganisation in Großmähren ist allerdings unklar oder oft auch vieldeutig. Die Feststellung, dass ein Fund fremder Herkunft ist, lässt meist keinen Rückschluss auf eine Handelsverbindung zu, denn

105 Einer der Einbäume aus Mikulčice während seiner Untersuchung.

er könnte ebenso gut eine Kriegsbeute, ein Geschenk oder das persönliche Eigentum eines Fremden sein, das dieser mitgebracht hat. Als Beweise für Handelsbeziehungen gelten vor allem diejenigen Importe, die serienmäßig vorkommen. Zu den Fundkategorien aus Großmähren, die zu den Importen aus dem Frankenreich gezählt werden können, gehören vor allem Waffen und Schmuckgegenstände. Wahrscheinlich stammen einige Typen von Schwertern, Saxen, Lanzen und Sporen sowie auch die mit Zellenschmelz oder Kerbschnitt verzierten Gürtelbeschläge aus fränkischen Werkstätten. Fremder Herkunft sind auch die Funde von Hohlglas; der wahrscheinlichste Produktionskreis der gläsernen Trichterbecher liegt wohl im Rheinland. Byzanz wird als Ursprungsort einiger in mährischen Orten gefundener Schmuck- und Ziergegenstände sowie der in großmährischen Gräbern enthaltenen kostbaren Gewebe wie Brokate und Seide vermutet. Außerdem mussten für die Arbeit der Kunsthandwerker edle und bunte Metalle – Gold, Silber, Kupfer, Zinn und Blei – nach Großmähren befördert worden sein. Gleiches gilt, wenngleich in Mähren im 9. Jahrhundert selten vorkommend, für Bernstein, Naturperlen und Muschelschalen, die zu Perlen weiterverarbeitet wurden. Umgekehrt wurden im Rahmen von Handelsbeziehungen Sklaven, Vieh, Wachs und weitere Waren, vorwiegend Erzeugnisse der Landwirtschaft, aus Mähren ausgeführt.

Die Existenz der Marktplätze ließe sich anhand der dort konzentrierten importierten Gegenstände und Münzen oder auch durch die Funde von Münzwaagen und -gewichten archäologisch belegen. Doch kein einziger solcher Fall ist in den großmährischen Zentren bekannt, wahrscheinlich weil der großmährische Staat wegen seines kurzen Bestehens keine eigenen Münzen prägte. Was diente also den Mährern als Zahlungsmittel auf ihren Märkten oder als Gegenwert im Tauschgeschäft? Trotz aller Bedenken kommen am ehesten die eisernen Axtbarren in Betracht. Im internationalen Handel wurde als Gegenwert für den Übertrag auf den byzantinischen oder karolingischen Zahlungsverkehr wahrscheinlich Edelmetall, vor allem Gold, benutzt.

Das Gesamtbild der Handelsbeziehungen wird durch ein Netz alter Fern- und Ortsstraßen ergänzt. Mähren war schon durch seine geographische Lage zur Unterhaltung von Fernverkehrsstraßen prädestiniert, die das Donaugebiet mit den Ländern nördlich der Sudeten und Karpaten verbanden. Die Achse dieser nord-südlichen Verbindung war die March. Ihrem Lauf folgte schon in der Vorzeit die so genannte Bernsteinstraße. Nach dem Untergang des weströmischen Reiches und der Besetzung der Donaugebiete durch die Awaren wurde diese Verkehrsader unterbrochen und verlor allmählich an Bedeutung. Vielleicht sind deshalb die archäologischen Belege für die Kontakte Mährens zur Ostsee im 9. Jahrhundert relativ selten. Die einzige bedeutende Fernhandelsstraße im Bereich Großmährens war der Donauweg, zugleich auch die wichtigste Verbindungslinie Großmährens mit den byzantinischen und karolingischen Reichen. Die direkte Verbindung zwischen den Zentren Großmährens und der Donau besorgte die March. Außerdem bestanden Handelsbeziehungen zu Venedig, wohin vor allem Sklaven exportiert wurden.

106 Anhänger aus Gold, Glasperlen und einem großen Almandin byzantinischer Herkunft, gefunden in Mikulčice, 9. Jahrhundert. – Kat. 08.03.10.

Literatur

Bialeková 1990. – Jankuhn 1968. – Kučerovská 1980. – Pošvár 1966. – Tůma 1985. – Žemlička 1996.

Gesandtschaften, Pilgerfahrten und Reiseberichte

PETR CHARVÁT

Selbst um das Jahr 1000 gab es in Europa keine geschlossenen Gemeinschaften ohne Kontakte zur Außenwelt. Die Quellen sprechen eindeutig von einem sehr regen Verkehr, der fast alle Teile des europäischen Kontinentes miteinander verband, von einem Netz wirksamer Verbindungen, die einzelnen europäischen und außereuropäischen Bevölkerungen ermöglichten, ihre materiellen und geistigen Güter zu tauschen.

Um unsere Ausführungen verständlicher zu machen, wollen wir hier die Schicksale von vier Persönlichkeiten darstellen, die im 10. und 11. Jahrhundert lebten, und in deren Leben die ferne Wanderschaft eine wichtige oder sogar verhängnisvolle Rolle spielte. Alle diese Persönlichkeiten kamen zu Lebzeiten mit Europas Mitte in Berührung.

Veit oder Adalbert, Slavniks Sohn (um 956–997)

Als Sohn Slavniks und Střezislavas (Adilpurc) wurde Vojtěch/Adalbert wahrscheinlich in Libice, in der mittelböhmischen Elbgegend geboren und entstammte damit einer der vornehmsten Familien Böhmens. Seine erste Konfirmation erhielt er 961 oder 962 durch Missionsbischof Adalbert, der sich von da aus nach Russland begab, um dort das Christentum zu verkünden. Erste Bildung erhielt Vojtěch dank der elterlichen Fürsorge auf seinem Stammsitz, 972 zog er nach Magdeburg, wo er bis 981 unter der Leitung des Gelehrten Ohtrich sieben freie Berufe (*Artes liberales*) studierte. Nach Ohtrichs Abgang an den kaiserlichen Hof kehrte er, nun auch unter seinem Firmungsnamen Adalbert bekannt, in seine Heimat zurück und wurde Mitglied der Priestergemeinschaft im Prager Sankt-Veitsdom. Am 15. Februar 982, nach dem Tode des ersten Prager Bischofs Thietmar wählten ihn die führenden, auf Levý Hradec versammelten böhmischen Persönlichkeiten zum Nachfolger Thietmars. Die Beziehungen des Bischofs zum Prager Hof verschlimmerten sich aber dermaßen, dass Adalbert im Herbst 988 oder im Frühjahr 989 beschloss, nach Rom auszuwandern. Kaiserin Teophanu gewährte ihm nach einem Treffen einen hohen Geldbetrag für die Reise in das Heilige Land. Dieses Geld war aufgebraucht noch bevor Adalbert Neapel erreichte, da er den Legenden nach die Armen beschenkte. Nach kurzen Aufenthalten auf Monte Cassino und in Grottaferrata, Sitz des heiligen Nilus von Rossano, fand er schließlich den Weg in das Kloster des heiligen Bonifatius und Alexius am römischen Aventin, wo er 990 das Ordensgelübde ablegte. Im Jahr 992 begab er sich, der Bitte des böhmischen Abgesandten folgend, und mit Zustimmung seines Metropoliten, des Mainzer Erzbischofs Willigis zurück nach Böhmen. Er führte Reliquien, liturgische Bücher und auch Ordensbrüder für das Kloster, das er in Böhmen zu gründen beabsichtigte, mit. Seine Heimat verließ er zum zweiten Male und endgültig im Jahr 994, nachdem er Zeuge einer groben Verletzung des Kirchenasyls geworden war, und zog sich in sein römisches Kloster zurück. Im Jahr 996 gab er der Aufforderung Willigis' zur Rückkehr nach Böhmen nach, erbat sich jedoch die päpstliche Erlaubnis zu einer Mission für den Fall, dass er in Böhmen nicht aufgenommen werden sollte. Im Sommer und Herbst desselben Jahres unternahm er eine fromme Pilgerfahrt und besuchte außer dem Grab des heiligen Dionysius in Saint-Denis bei Paris die letzten Ruhestätten der Begründer des westlichen Ordenslebens des heiligen Martin in Tours, des heiligen Benedikt in Fleury/St.Benoit-sur-Loire und des heiligen Maurus, eines der ersten Schüler und Nachfolger Benedikts in St.-Maur-des-Fossés/Glanfeuil. Weihnachten verbrachte er mit Debatten bei Kaiser Otto III. in Mainz, der Adalbert sehr verehrte. Im Frühjahr 997 brach er über Polen zu den heidnischen Pruzzen auf, um ihnen das Evangelium zu predigen. Dort erlitt er am 23. April 997 den Märtyrertod.

In der Literatur des lateinischen Christentums stellen die Reiseberichte und das Reisen als solches keine eigenständige Sparte dar. Die Schilderungen der Reiseschwierigkeiten und deren Überwindung sollen hier nicht für Informationen über das Transport- oder Verkehrswesen herangezogen werden. Die Strapazen der zweifellos anspruchsvollen mittelalterlichen Wanderungen und Pilgerfahrten, häufig als eine asketische Handlung und fromme Enthaltung betrachtet, verstehen die christlichen Autoren als die bildlich dargestellte Befreiung der menschlichen Seele von den Fesseln der irdischen Begrenztheit und als Bewältigung ihrer materiellen

107 Ankunft Adalberts bei den heidnischen Pruzzen, Heidentaufe und Disput mit den Heiden. Darstellung auf den Bronzetüren des Südportals des Gnesener Domes. – Kat. 27.01.07.

Handel und Verkehr

Gebundenheit auf dem Wege zu allem, was das individuelle Menschenleben übertrifft. Dennoch trifft man auch bei ihnen auf sehr konkret dargestellte Reiseplagen, z. B. in der kirchlichen Epistolographie. Für die „in die weite Ferne gerichtete Märsche" hatte Adalbert allerdings einen sehr starken Beweggrund. Dieser veranlasste die mittelalterlichen Christen kreuz und quer durch Europa und den Vorderen Orient zu jagen. Es war das Verlangen nach Reliquien, um deren vermeintliche übernatürlichen Kräfte an ihre neuen Aufbewahrungsorte zu binden. Zur eigentlichen geographischen bzw. topographischen Literatur im christlichen lateinischen Schaffen gehören nur die Schriften über das Heilige Land und dessen Denkmäler. Sie gaben den Gläubigen eine Übersicht über die mythologisierte und über die auf das Leben, das irdische Wirken, den Tod, die folgende Auferstehung und Himmelfahrt Jesu Christi bezogene Geographie Palästinas.

Ibrāhim ibn Jakūb (Ibrahim ibn Ya'qub at-Turtuschi)

Die genauen Daten der Geburt und des Todes Ibrāhims sind unbekannt. Er erblickte das Licht der Welt wahrscheinlich um die Wende der zwanziger und dreißiger Jahre des 10. Jahrhunderts in einer wohlhabenden und gebildeten jüdischen Familie in der Hafenstadt Tortosa an der Nordwestküste Spaniens. Zu Beginn der fünfziger Jahre begab er sich an den Hof des Kalifs (Herrscher der Moslemgemeinde) Abdarrahmán III. (918–961) nach Córdoba. Dort erreichte er, dem in seinem Reisebericht belegten Interessengebiet Rechnung tragend, die Stellung eines Stadtbeamten (arab. „muchtasib"), der für die Aufrechterhaltung der Gesetzlichkeit, Ordnung und Sauberkeit auf den Märkten und öffentlichen Plätzen Sorge tragen musste. Offenbar gelang es ihm, die Aufmerksamkeit eines hohen Würdenträgers des Kalifen, „des Ministers für Außenhandel" und Vertreters der jüdischen Gemeinde am Hofe Córdobas, namens Chasdaj ibn Šaprut (um 905–975) auf sich zu lenken, denn auf Veranlassung dieses unternahm Ibrāhim entweder 961 oder 965 eine weite Reise in die östlichen Gebiete Mitteleuropas in diplomatischem, Handels- und/oder Informationsdienst.

Ibrāhim schiffte sich entweder im spanischen Galizien oder im heute französischen Baskenland (Bordeaux?) ein und fuhr die atlantische Küste Europas entlang in verschiedene slawische Landstriche am Südufer der Ostsee, im heutigen Pommern. Auf dem Grundbesitz des slawischen Fürsten Nakon begann er seine Wanderung und begab sich nach Magdeburg, wo er offenbar im Auftrag seines Kalifen mit Kaiser Otto I. zu verhandeln hatte. Möglicherweise sollte dabei auch die Frage des Austausches der von Otto zu Abdarrahmán und umgekehrt reisenden Abordnungen geklärt werden, deren Mitglieder wiederholt in Haft genommen wurden. Von Magdeburg setzte Ibrāhim seine Reise nach Prag fort, wo er sich anscheinend bei der dortigen jüdischen Gemeinde einige Zeit aufhielt. Er beschrieb das Stadtbild von Prag, den Umfang des dortigen Markttreibens und die dortigen Handelsbräuche sowie die Benutzung von Tüchern als Zahlungsmittel. Von Prag reiste Ibrāhim westwärts über Franken (Fulda) ins Rheinland (Mainz) und weiter über Verdun ins Rhônetal, über Lyon nach Marseille und von da zurück in die Heimat. Nach seiner Wanderung setzte sich die Tradition der Besuche Mitteleuropas aus fernen Ländern allgemein fort, eine Tradition, die noch in die Zeiten vor seiner Ankunft zurückreichte und seitdem ununterbrochen anhielt.

Nach seiner Rückkehr verfasste Ibrāhim für seinen Kalifen einen Reisebericht, dessen Text sich leider nicht vollständig erhalten hat. Ausschnitte davon kennen wir aus den Werken der moslemischen Geographen des 11. Jahrhunderts, der al-Udhri und al-Bekri. Im 13. Jahrhundert veröffentlichte der Enzykopädist al-Qazwini und im 15. Jahrhundert al-Himyari einen Teil des Textes von Ibrāhim.

Koloman (Colomannus), der Palästinapilger († 1012)

Das Geburtsdatum Kolomans ist unbekannt, wahrscheinlich ist er in Süd(?)irland geboren und stammt aus einer christlich orientierten und offenbar wohlhabenden Familie. Im Mannesalter entschloss er sich zu einer Pilgerfahrt in das Heilige Land. Nach Überquerung der Irischen See und des englischen Kanals in Richtung Mont-Saint-Michel-(Fleury?) reiste er über Lothringen auf dem Landweg ins Donaugebiet an. Als er im Jahr 1012 das österreichische Stockerau erreichte, wurde er an der bayerisch-mährischen Grenze verhaftet und beschuldigt, im Spionagedienst des Feindes gestanden zu haben. Seine Verteidigung, er durchwandere die Welt als Armer Christi, half nicht und, nachdem von ihm durch Folter ein Geständnis erzwungen worden war, wurde er sofort gehängt. Aufgrund zahlreicher Wunder, die sich zum einen an seinem unbestatteten Leichnam, zum anderen an seinem späteren Grab in Stockerau ereignet hatten, ließ Markgraf Heinrich I. (994–1018) im Beisein des Eichstätter Bischofs Megingaud die Überreste Kolomans in die Ordenskirche St. Peter unterhalb der Schanzmauern des nahen Melk überführen; über diesen Mauern entstand 1089 das monumentale, noch bis heute bedeutendste Benediktinerstift. Die Legende von Kolomans Leben und posthumen Wundern kamen zu Beginn des 12. Jahrhunderts angeblich durch Zutun des Abtes Erchenfried (1122–1163) auf. Im Laufe der Zeit wurde Koloman, schon als Colomannus, heilig gesprochen und zum Landespatron Österreichs erklärt. Die formelle Kanonisation hat nie stattgefunden, doch die Translation der Überreste in Anwesenheit des Bischofs wurde als hinreichendes Argument zur Heiligsprechung erachtet.

Margareta, Königin von Schottland (um 1044–1093)

Nach dem Tode des englischen Königs Edmund, genannt Ironside, Sohn Ethelreds, genannt Böser Rat (978–1016), wurde im Herbst 1016 wegen der drohenden dänischen Invasion für Edmunds Kinder, darunter auch dessen Sohn Edward, ein sicherer Zufluchtsort im fernen Ungarn gesucht. Die angelsächsische Chronik schreibt die Abschiebung der königlichen Sprösslinge an das andere Ende Europas sogar Knut dem Großen, dem König von England, Dänemark und Norwegens (1018–1035) zu, der beabsichtigt haben sollte, an ihnen in Ungarn „Verrat begehen" zu lassen. Die Intrige, wie immer sie ausgesehen haben mag, misslang. Edward gewöhnte sich an seine neue Heimat und nahm am Hofe Stephans Agathe, eine Verwandte Kaiser Heinrichs III., zur Gemahlin. Aus dieser Verbindung entsprossen der Sohn Edgar und die Töchter Christine und Margarethe. Edward verstarb 1057 in England, wohin er sich mit seinen Kindern begeben hatte, um sich als Nachfolger für das höchste Amt Englands zu bewerben. Zu dieser Zeit stand nämlich schon fest, dass der letzte Nachkomme Ethelreds, Edward der Bekenner (1044–1066), keine Nachfahren mehr zu erwarten habe. Der fromme Herrscher beließ Edwards Familie an seinem Hofe und hatte vielleicht sogar vor, den Thron dem jungen Edgar zu überlassen. Als jedoch der normannische Herzog Wilhelm, ab Herbst 1066 der Eroberer, den Thron bestieg, hielten Agathe, Edgar, Margarethe und Christine es für ratsam, England zu verlassen. Das Schiff, auf dem sie zurück aufs Festland reisten, wurde von einem Sturm nach Schottland abgetrieben und die Familie Edwards brachte sich schließlich am Hofe des energischen und kampflustigen schottischen König Malcolms III. Canmore (1057–1093) in Sicherheit. Malcolm war, der Legende nach, vom Zauber Margarethes ergriffen und bedrängte sie so lange, bis die Prinzessin einwilligte, ihn zum Gemahl zu nehmen. Die Ehe mit der rechtgültigen Erbin des englischen Thrones war allerdings für die Herrscher der Sankt-Andreas-Länder auch politisch nicht uninteressant. Mit Malcolm schenkte Margareta sechs Kindern das Leben, von denen eine Reihe sehr bedeutend für die Geschichte Schottlands waren. Die Königin reformierte auch die schottische Kirche und war eifrig bemüht, den fernen Ländern im britischen Norden die damals herschende europäische Kultur zu vermitteln. Malcolm III. befreite im Jahr 1070 die heilige Insel Iona oder Hy von den Norwegern. Hier befand sich das seit der Zeit Kolumbans des Älteren (522–597) existierende früheste christliche Zentrum Schottlands. Margareta gründete hier mit Hilfe des Erzbischofs von Canterbury Lanfranc eine völlig neue kirchliche Institution, das benediktinische Priorat in Dunfermline unweit von Edinburgh (im 12. Jahrhundert zur Abtei erhoben), das zur traditionellen letzten Ruhestätte der hochmittelalterlichen schottischen Könige wurde. Das Schicksal verschonte die Königin jedoch keineswegs. An ihrem Lebensabend stand sie vor dem Leichnam ihres Gatten und des ältesten Sohnes Edward, die 1093 in einer der Schlachten im Grenzgebiet gefallen waren. Im Dezember desselben Jahres starb Margareta und wurde 1251 heilig gesprochen.

Literatur

Barlow u. a. 1993. – Mishin 1996. – Třeštík/Žemlička (Hrsg.) 1998. – Wilkinson 1988. – Charvát/Prosecký (Hrsg.) 1999.

Wollin – ein frühmittelalterliches Zentrum an der Ostsee

WŁADYSŁAW FILIPOWIAK

Wollin (Wolin) verdankt seine Entwicklung der günstigen Lage an der Kreuzung von großen Land- und Wasserwegen. Die Landstraßen verbanden es mit der großen Ost-West-Achse, ein Binnenweg führte ins Hinterland des Oder-Warthestromgebietes und der Fluss Dievenow mit der Ostsee und damit der gesamten damaligen Welt.

Die Verkehrswege kreuzten sich an der günstigsten Schnittstelle, die die Insel Wollin mit dem Festland verband, an einer Furt der Dievenow (Dziwna). Hier entstand, auf einem von Sümpfen umgebenen dünenartigen Hügel, im 8. Jahrhundert eine Fischer- und Bauernsiedlung, deren Bewohner auch Fährdienste verrichteten (Abb. 108, 1b). Die Lage der Siedlung bewirkte eine voranschreitende wirtschaftliche Entwicklung in der ersten Hälfte des 9. Jahrhunderts. Es kam zur Gründung einer Ansiedlung auf dem so genannten „Silberberg", deren Anfänge in die erste Hälfte des 9. Jahrhunderts datiert werden können (dendrochronologische Daten: 838, $889^{+15}/_{-10}$, $902^{+15}/_{-10}$) (Abb. 108, 6). In dieselbe Zeit datiert eine zweite Siedlung südlich des Flussüberganges, im Bereich der so genannten „Fischervorstadt" (Abb. 108, 2). Diese Siedlungsansammlung schuf die Anfänge einer Stadt, in der sich der unmittelbar am Flussübergang gelegenen Siedlung die besten Entwicklungschancen boten.

Neben der günstigen Verkehrslage gewährleisteten auch die in der unmittelbaren Umgebung liegende landwirtschaftliche Produktion und die dort vorhandenen Rohstoffe eine schnelle Entwicklung der Stadt. Die Siedlungsansammlung umfasste die Insel Wollin und das anliegende Festland (insgesamt etwa 1300 km^2), das Stammesgebiet der Wolliner. Untersuchungen ergaben, dass hier in der Zeit vom 7./8. bis zum 12. Jahrhundert eine dichte Besiedlung vorhanden war. Es wurden etwa 1050 Siedlungsbefunde, Burgwälle und Begräbnisstätten entdeckt. Im 9. Jahrhundert müssen die Wolliner eine bedeutende Rolle gespielt haben, da sie in der Beschreibung des Bayerischen Geographen um die Mitte des 9. Jahrhunderts erwähnt werden. Sollte sich bei den hier erwähnten *Velunzani* um die Bewohner Wollins handeln, so hätten sie 70 *civitates*, vermutlich in Form von Burgen und größeren Siedlungen besessen.

Ein allgemeiner Aufschwung der Seefahrt und des Handels im 8. und 9. Jahrhundert im Ostseeraum beeinflusste die Entwicklung Wollins, vor allem der am Flussübergang gelegenen Ansiedlung, wo sich schon seit der ersten Hälfte des 9. Jahrhunderts Handwerk und Handel entwickelt hatten. Es gab dort, neben der Keramikherstellung, Eisen- und Buntmetallverarbeitung sowie Bernstein- und Geweihverarbeitung. Es erscheinen Importerzeugnisse, wie Glasperlen, Kämme friesischen Typs, rheinische Keramik und so genannte Tatinger Kannen. Ein erstes aus Brettern erbautes Haus zeugt von der Anwesenheit fremder Handwerker, oder wohl eher Kaufleuten in Wollin – möglicherweise friesische Kaufleute.

Im 9. Jahrhundert fand eine schnelle wirtschaftliche und räumliche Entwicklung der gesamten Siedlungsansammlung statt. Neben den bereits vorhandenen Grubenhäusern aus früheren Zeiten, entstehen Häuser in Flechtwerkbauweise, mit Zwischenpfeilern sowie Bretter- und Blockbauten. Der ganze Hügel wird dicht bebaut und ein Netz aus sich kreuzenden Straßen angelegt. Am Dievenow-Ufer ensteht ein Hafen, der mit dem Straßennetz verbunden ist. An der höchsten Stelle des Hügels errichtete man eine Kultstätte, an deren Stelle im 9. Jahrhundert ein Tempel erbaut wurde. In der Nähe entdeckte man eine Holzfigur mit vier Gesichtern, die vermutlich den Gott Swantewit darstellt. Wahrscheinlich entstand um die Mitte des 9. Jahrhunderts in der Nähe des Flussübeganges eine kleine Burg (das 1294 aufgelöste *castrum*). Auch das Zentrum der entstehenden Stadt wurde mit einem Holz-Erde-Wall umgeben (Abb. 108, 3; 108, 1f). Die nördlich und südlichen gelegenen Siedlungen wurden in der zweiten Hälfte des 9. Jahrhunderts der Stadt angeschlossen und bildeten die Vorstädte. Es gab zwei Hauptbestattungsplätze für die verstorbenen Bewohner: Der ältere befand sich auf dem so genannten Galgenberg (Hügelgräber: 8. bis 11. Jahrhundert) und der etwas jüngere, große, auf dem so genannten Mühlenberg (Brand- und Körpergräber: 8. bis 12. Jahrhundert) (Abb. 108, 8–9; 11–12). Um die Stadt entstanden an beiden Ufern der Dievenow Siedlungen, die wirtschaftlich mit der gesamten Anlage verbunden waren (Abb. 108, 14–15). An der Wende vom 9. zum 10. Jahrhundert beginnt für die Stadt die Zeit ihrer größten Entwicklung. Hiervon zeugen das große Ausmaß der unternommenen Bauarbeiten sowie das rasche Anwachsen des Handwerks und des Warenaustausches. Aufgrund der dendrochronologischen Daten kann man feststellen, dass in der Zeit zwischen 896 und 900 im Stadtzentrum ein neuer Hafen erbaut wurde. Um das Jahr 903$^{+x}/_{-3}$ umgab man das Zentrum mit einem neuen, gewaltigen Palisadenwall und auch die südliche Vorstadt erhielt in den Jahren 904 bis 924 eine identische Befestigung (Abb. 108, 2f). Zu Beginn des 10. Jahrhunderts errichtete man einen gewaltigen Wall, der die Handwerkervorstadt auf dem Silberberg, einschließlich der „Ogrody"(Garten)-Vorstadt schützte (Abb. 108, 4–6). Zu dieser Zeit entstand auch eine neue Vorstadt auf der Westseite der Stadt, die um das Jahr 915 mit einem Palisadenwall befestigt wurde (Abb. 108, 17B). Es gab dort eine große Bronzegießerwerkstatt. Im Süden, am Galgenberg, entwickelte sich im 10. Jahrhundert eine Hafensiedlung. Hier wurde bei einem der vier ehemaligen Hafenkais ein in die Zeit um 870 datiertes Schiffswrack entdeckt (Abb. 108, 10A). Im 10. Jahrhundert erstreckte sich die gesamte städtische Anlage etwa 3 km entlang der Dievenow und erlebte zugleich ihre Blütezeit.

Es entstanden vor allem Gewerbebetriebe für Eisen- und Buntmetallverarbeitung, Schmuck-, Glas- und Keramikherstellung sowie in besonderem Maße Geweih- und Bernsteinverarbeitung. Bei letzteren kam es zur Massenproduktion in den im Stadtzentrum und in den Vorstädten ansässigen Werkstätten. Die Bedeutung und Intensität der Bernsteinverarbeitung bezeugen 270 000 Erzeugnisse, Halbfabrikate, Rohstoffteile und insbesondere Produktionsabfälle (Abb. 109). Aus Geweih fertigte man Kämme und Messergriffe, aus Bernstein massenweise Perlen, Anhänger, Amulette und kleine Kunstwerke in Form von Tierfigürchen. Diese Erzeugnisse wurden nicht nur in den Ostseeraum exportiert, sie erreichten über die Wolga auch die arabischen Länder. Als Gegenleistung erhielt man über Russland Luxuswaren wie Seide, Glas- und Bergkristallperlen. Vor allem Silber wurde in der Zeit vom 9. bis zum 10. Jahrhundert in Form von Münzen und Schmuck importiert. In der Stadt und ihrer nächsten Umgebung gibt es eine Ansammlung von 13 Hortfunden, darunter einen mit einem Gewicht von 11,5 kg Silber (Dramino-Piaski).

Die westliche Ausrichtung der Handelskontakte beweisen die bereits erwähnten Keramikimporte, die auch durch einen kürzlich aufgefundenen goldenen Denar aus dem 10. Jahrhundert(?) bestätigt

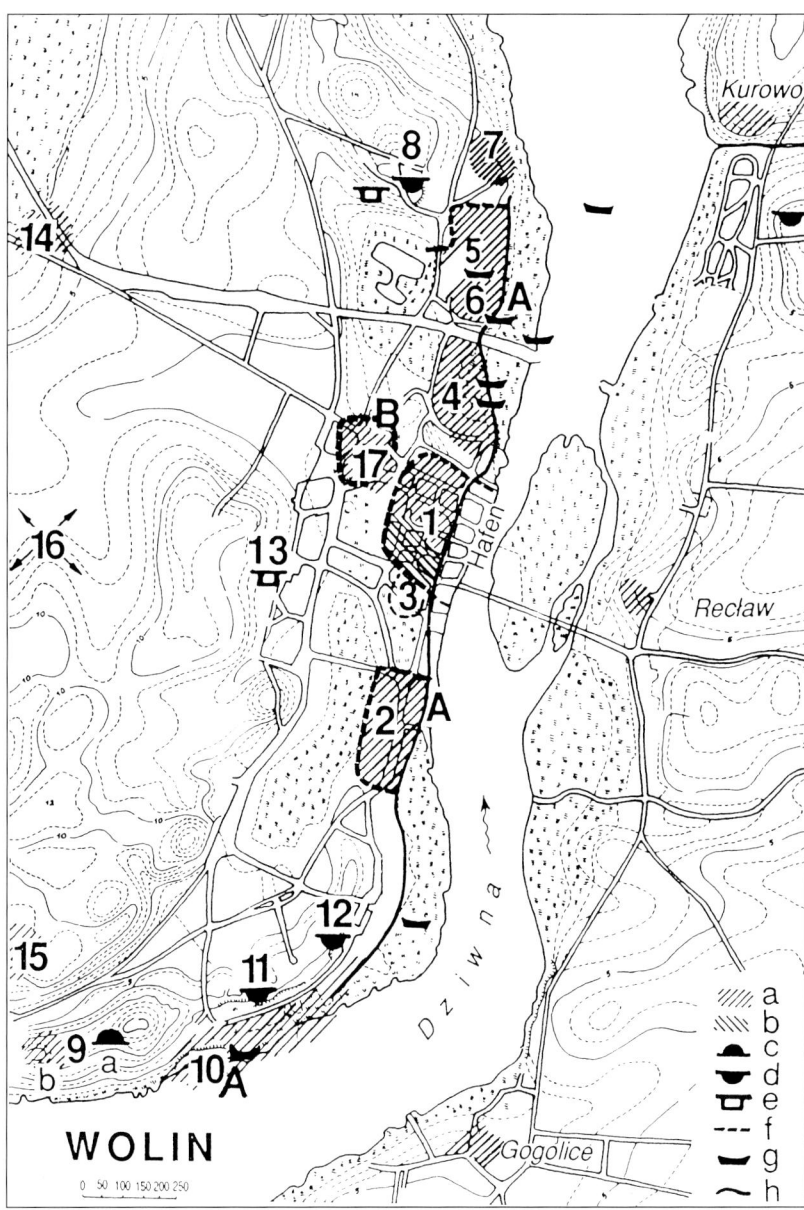

108 Räumliche Entwicklung Wollins von der Mitte des 9. bis zum 12. Jahrhundert. a dichte Besiedlung; b vorstädtische Siedlung; c Hügelgräberfeld; d Brandgräber; e Körpergräber; f Stadt- und Vorstadtbefestigungen; g Wracks; h altes Dievenow-Ufer. 1 Stadt mit dem Hafen; 2 südliche Vorstadt mit Anlegestelle „A"; 3 Burg und Tempel des 12. Jahrhunderts; 4 Stadtteil „Ogrody" (Garten); 5 Markt des 12. Jahrhunderts; 6 Handels- und Handwerkerviertel „Silberberg" mit Anlegestelle „A"; 7 Siedlung; 8 Gräberfeld „Mühlenberg"; 9 „Galgenberg" mit Hügelgräberfeld (a) und Leuchtturm (b); 10 Siedlung; 11–12 Brandgräber; 13 Körpergräberfeld aus dem 12. Jahrhunderts (christlich) und Lage der St. Michaelis Kirche im 12. Jahrhundet; 14–15 Siedlung; 16 Ackerland; 17 Wendeschewik aus dem 10. bis 13. Jahrhundert mit Bronzegiesserei „B".

werden. Aufgefundene Reste von Wollstoffen weisen auf Kontakte mit England und Skandinavien hin. Die besonders engen Kontakte mit dem dänisch-norwegischen Gebiet und Skåne verdeutlichen Funde wie Specksteinerzeugnisse, Schleifsteine aus Phyllit, Keramik, ein fein geschnitzter Drachenkopf und ein Holztäfelchen mit Runeninschrift.

Die weiten Kontakte über die See sicherte die Stadt mit einer eigenen Flotte. Dies bezeugen die freige-

109 Bernstein aus Wollin.
Szczecin,
Muzeum Narodowe.

legte Werft aus dem Ende des 9. Jahrhunderts sowie die zahlreichen Schiffswracks und ihre Überreste in den Siedlungsschichten, die beim Bau der Häuser und Straßen vom 9. bis zum 12. Jahrhundert wiederverwendet wurden. Um das Jahr 1070 erwähnt Adam von Bremen den „Vulkantopf, den die Einwohner griechisches Feuer nennen". Es handelt sich hierbei um den ältesten Leuchtturm an der Ostsee, den man nach mehrjährigen Untersuchungen auf der Spitze des so genannten Galgenbergs lokalisiert hat (Abb. 108, 9b). Er war an das Verteidigungs- und Signalsystem an den Flüssen Dievenow und Swine (Świna) angeschlossen, das der Warnung vor Seeüberfällen diente. Nicht nur die See, sondern auch das weite Hinterland des Oder- und Warthestromgebietes sicherten der Stadt den Wirtschaftsaustausch. Aus Mähren kam Graphitkeramik, aus Schlesien stammten steinerne Handmühlen sowie Erzeugnisse aus Stein und auch Getreide, das man nach Skandinavien exportierte.

Wollin ist im 10. Jahrhundert eine gewaltige, unabhängige Stadt, die wir als selbständige „kaufmännische Republik" bezeichnen können. Ausdruck ihrer Unabhängigkeit ist die Kultstätte, die man an Stelle des ersten Tempels aus dem Ende des 9. Jahrhunderts im Jahre 965/66 errichtet hatte. Es handelte sich um einen prächtigen, von einem Hof umgebenen Tempel, mit einem Stall für ein Pferd, das man für Weissagungen nutzte. Die aufgefundenen eingesichtigen kleinen Götzenbilder zeugen davon, dass man hier einen Gott unbekannten Namens anbetete. Die Gründungsopfer (Tierschädel, Flechtkränze), Amulette und Kaptorgen (Amulettbehälter) aus Bronze und Holz, die Bronzefigur eines gesattelten Pferdes und eine Hirschfigur sind Ausdruck weit entwickelter magischer Glaubens- und Ritualformen. Trotz der geltenden lokalen Religion bestand völlige Toleranz gegenüber Andersgläubigen, was Adam von Bremen im 11. Jahrhundert bestätigt, indem er bemerkt, dass fremde Religionen zwar praktiziert, aber nicht öffentlich verkündet werden durften. Dies verlangte der internationale Charakter der Stadt, in der „Sachsen, Griechen und Barbaren" wohnten, wie es bei Adam von Bremen heißt. Archäologische Quellen bestätigen die Anwesenheit anderer Nationalitäten, wie die Skandinavier und die Balten.

Die wirtschaftliche Blütezeit der Stadt und ihrer Vorherrschaft an der Odermündung dauerte vom Ende des 9. bis zur zweiten Hälfte des 11. Jahrhunderts. Bereits 963 expandierte Polen unter der Herrschaft Mieszkos I. in Richtung Odermündung. Die von Ibrāhīm ibn Jakūb überlieferte Stadt „Weltaba" aus dieser Zeit (um das Jahr 965) kann mit Wollin identifiziert werden. Der arabische Kaufmann beschreibt eine „gewaltige Stadt am Ozean", die zwölf Tore und einen Kai besaß, bei dessen Bau man „halbierte Holzstämme" benutzt hatte. Sowohl die Größe der Stadt als auch das Vorhandensein eines derart konstruierten Hafens wurde durch die Archäologie für diese Zeit bestätigt. Im Jahre 967 erheben sich die Wolliner gegen Mieszko I., werden besiegt, und die Stadt muss die polnische Oberherrschaft anerkennen. Hiervon zeugt unter Umständen der gewaltige Wall mit Hakenkonstruktion aus dem Ende des 10. Jahrhunderts. Seit dieser Zeit sind enge wirtschaftlich-politische (auch dynastische) polnisch-skandinavische Kontakte nachweisbar, vor allem mit Dänemark. Hierher flüchtete im Jahre 986 der dänische König Harald Blauzahn und stirbt an den Wunden, die er im Kampf gegen seinen Sohn Sven davontrug. Im Jahre 1007 schickte die Stadt ihre eigenen Gesandten an den Hof Kaiser Heinrichs II., was ein Hinweis auf eine eigene unabhängige Politik der Stadt sein könnte. Im 11. Jahrhundert wurde Wollin zu einem sicheren Unterschlupf für dänische Flüchtlinge, was in damaliger Zeit zu inneren Unruhen und Konflikten sowie seeräuberischen Aktivitäten führte. So machte sich im Jahre 1043 Magnus der Gute nach Wollin auf und zerstörte die Vorstädte ohne die eigentliche Stadt jedoch einnehmen zu können. Zu dieser Zeit erscheint der Name Wollin zum ersten Mal in den skandinavischen Sagen (Magnusdrapa) als „Ióm". Nach den archäologischen Untersuchungen sank die Produktion im zweiten Viertel des 11. Jahrhunderts. Die Zahl der Werkstätten zur Bernstein- und Geweihverarbeitung nahm ab und es kam zu sinkenden Importen. Der letzte spärlich ausgestattete Münzhortfund datiert um 1060. Diese Veränderungen resultierten nicht nur aus den neuen Fernhandelsausrichtungen, sondern waren auch die Folge einer Krise, die die wirtschaftlichen Grundlagen betrafen. Beide Faktoren waren das Ergebnis des zeitweiligen Zusammenbruchs der Piastenmonarchie im zweiten Viertel des 11. Jahrhunderts und der daraus entstandenen Desorganisation des Marktes zwischen Oder und Warthe.

Über die Blütezeit der Stadt berichtet der zwischen 1070 und 1074 entstandene Bericht Adams von Bremen. Er zählt Wollin zu den größten Städten Europas und beschreibt dessen Lage und die Seeverbindungen von Hedeby/Haithabu über Starigard/Oldenburg bis Nowgorod.

Die Bedeutung der Stadt im wirtschaftlich-politischen Leben blieb auch in der zweiten Hälfte des 11. Jahrhunderts und Anfang des 12. Jahrhunderts bestehen, obwohl zu dieser Zeit der Aufstieg des benachbarten Stettin (Szczecin) begann. Wollin betrieb nach wie vor eine unabhängige Politik und gab weiterhin dänischen Flüchtlingen Unterschlupf, was zu einem Kriegszug des dänischen Königs Erik I. Ejgod nach „Julin" im Jahre 1098 führte. Größere Auseinandersetzungen oder Zerstörungen konnten jedoch vermieden werden, da die Einwohner die Flüchtlinge auslieferten, die dann sogleich enthauptet wurden.

Im 12. Jahrhundert gefährdeten zwei Faktoren die Unabhängigkeit der „freien kaufmännischen Republik Wollin". Zu Beginn des 12. Jahrhunderts wurde das benachbarte Cammin (Kamień) Sitz des pommerschen Fürsten während vom Süden der polnische Herrscher Bolesław Krzywousty (Schiefmund) anrückte und Pommern in seinen Landesgrenzen einschloss. Die Einführung des christlichen Glaubens, durch die Mission Ottos von Bamberg im Jahre 1124 führte dazu, dass 1140 in Wollin das erste pommersche Bistum entstand.

Die Berichte der Hagiographen Ottos von Bamberg liefern zahlreiche Informationen über die Rolle der Ältesten in der Verwaltung der Stadt, über die Abhängigkeit vom Fürsten, die gesellschaftliche Struktur der Bevölkerung und den herrschenden einheimischen Glauben. Aus den Überlieferungen geht hervor, dass in der Stadt zwar noch ein gewisses wirtschaftliches Potential vorhanden war, Wollin selbst jedoch keine führende Rolle mehr spielte, da diese zu jener Zeit bereits an Stettin übergegangen war. Diesen Zustand spiegeln auch die archäologischen Quellen wider.

Ein tragisches Schicksal traf die Stadt zur Zeit der dänischen Angriffe auf die Odermündung in den Jahren 1170 bis 1184. Im Jahre 1170 kam es zur Plünderung der Umgebung des bei Saxo Grammaticus ewähnten „Julin". In den Jahren 1173 und 1184 wurde die Stadt von den Dänen niedergebrannt. Nach den archäologischen Untersuchungen erreichte Wollin nie wieder seine frühere Bedeutung. Nur das Hauptzentrum der Stadt wurde erneut mit einem Erdwall und einer Palisade befestigt. Die früheren Handwerkervorstädte, nun wesentlich kleiner, beschäftigten sich hauptsächlich mit Fischfang und Landwirtschaft. Eine wesentliche Rolle im wirtschaftlichen und politischen Leben spielte nun Stettin.

Interessant ist, dass zur Zeit des Untergangs Wollins zwei Legenden entstanden, die über seine vergangene Pracht berichteten. Der Chronist Helmold erzählt in seiner um das Jahr 1170 entstandenen „Slawenchronik" im Kapitel *De civitate Vineta* die märchenhafte Geschichte einer versunkenen Stadt. So ist die Geschichte von Vineta entstanden und so wurde sie auch verbreitet. Der skandinavische Chronist Sven Aggeson, der an den dänischen Feldzügen teilgenommen hatte, gab Wollin 1184 den Namen „Hyumsburgh", der sich sicherlich auf das frühere Jóm, Iumne des 11. Jahrhunderts bezog. Zu Beginn des 13. Jahrhunderts entstand auf Island die wahrscheinlich auf die Geschehnisse aus Zeiten Harald Blauzahns bezogene, berühmte Jómsvikingasaga. Wenn wir die Größe und Bedeutung Wollins vom 9. bis zum 11. Jahrhundert und seine zahlreichen und lebhaften Kontakte mit dem gesamten Ostseeraum in Betracht ziehen, glauben wir, beide Legenden mit dieser größten Handelsmetropole an der Ostsee in Beziehung bringen zu können.

Literatur

Cnotliwy 1973. – Eggert 1927. – Filipowiak 1993. – Filipowiak/Gudlach 1992. – Kiersnowski 1950. – Kunkel/Wilde 1941. – Labuda 1954. – Leciejewicz 1962; 1985; 1994/95. – Łosiński 1993; 1994. – Wilde 1953. – Wojtasik 1968; 1992.

Stettin (Szczecin)

WŁADYSŁAW ŁOSIŃSKI

Im 12. Jahrhundert war Stettin (Szczecin) das wichtigste städtische Zentrum in Westpommern. Dies wird eindeutig in den Biographien über den heiligen Otto bestätigt, der dort in den Jahren 1124 und 1128 missionierte. In den schriftlichen Quellen fehlt es leider an Informationen über die Anfänge der Stadt und ihre Entwicklungsphasen. Diese Fragen beantworten die in Stettin im Jahre 1947 aufgenommenen Grabungsarbeiten. In besonders großem Umfang werden sie seit dem Ende der achtziger Jahre mit Beteiligung von zwei archäologischen Institutionen durchgeführt: der Archäologischen Arbeitsstelle des Instituts für Archäologie und Ethnologie der Polnischen Akademie der Wissenschaften und der Archäologischen Werkstätte am Schloss der Pommernfürsten in Stettin. Die Grabungen haben beide Teile des frühmittelalterlichen Stettins erfasst, sowohl die Burg, die das Gebiet des heutigen Schlosshügels eingenommen hatte, als auch das umfangreiche, in der Oderniederung gelegene *Suburbium* am Platz, der heutzutage Podzamcze (die Vorburg) genannt wird (Abb. 110)[1].

Die Entwicklung von Stettin begann mit der Gründung einer ziemlich ausgedehnten Siedlung am hohen Talufer der Oder zu Beginn des 8. Jahrhun-

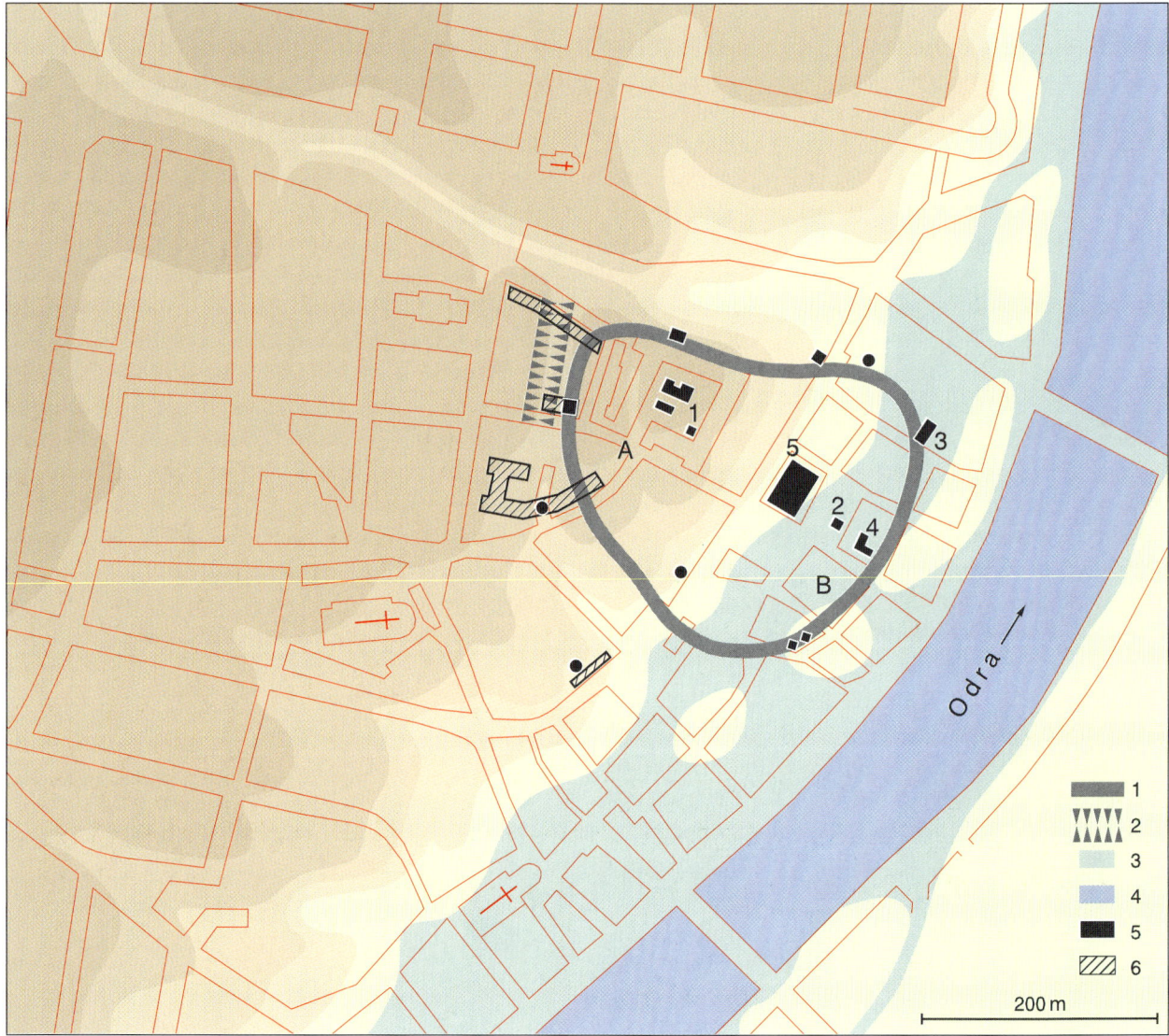

110 Die Verteilung der archäologischen Grabungen in der Altstadt von Stettin (Szczecin). A Schlosshügel; B Vorburg. 1 Hof des Schlosses der Pommernfürsten; 2 Krautmarkt; 3 Umgebung der Pływacka-Straße; 4 Viertel 6; 5 Viertel 5. Zeichenerklärung: 1 Wall; 2 Graben; 3 einstiges Gewässer; 4 heutiger Flusslauf; 5 Grabungsflächen und Sondagen; 6 Baubeobachtungen.

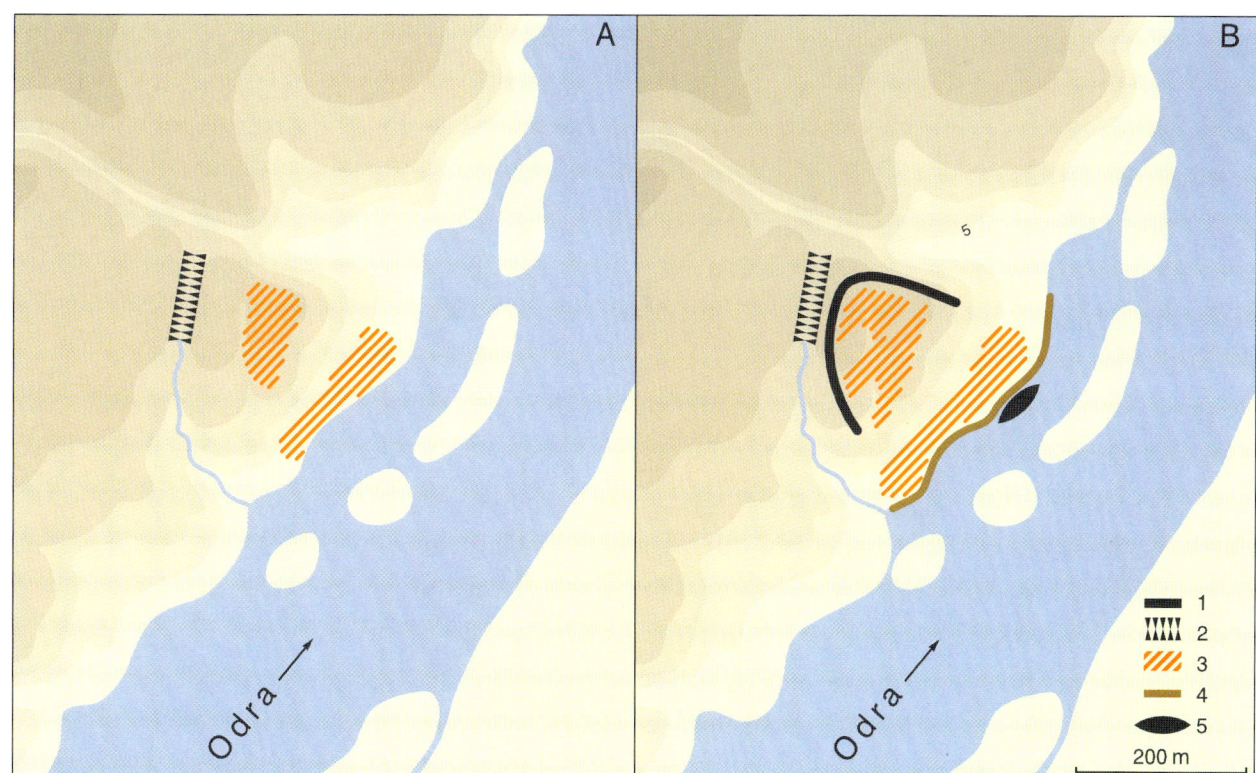

111 Stettin in der zweiten Hälfte des 8. und etwa in der Mitte des 9. Jahrhunderts. Zeichenerklärung: 1 Wall; 2 Graben; 3 Besiedlung; 4 Hafen; 5 Wrack des Plankenbootes.

112 Stettin-Krautmarkt. Wrack des Plankenboots.

Multiethnische Handelsplätze

derts oder vielleicht schon zum Ende des 7. Jahrhunderts (Abb. 111)[2]. Zur Siedlung gehörten anfangs zur Hälfte eingetiefte, später ebenerdige Häuser mit Flechtwerkwänden. Es handelte sich um keine gewöhnliche Dorfsiedlung, an der Odermündung fungierte sie sicherlich als ein Zentrum der lokalen Territorialgemeinschaft. Ihre Bewohner standen früh unter dem wirtschaftlichen Einfluss des Ostseeraums. An die Odermündung gelangten Erzeugnisse sowohl fränkisch-friesischer als auch skandinavischer Herkunft. Es entwickelte sich außerdem eine frühe handwerkliche Produktion. Dies beweist das massenhafte Vorkommen von „Feldberger" Keramik. Der soziale Status der Bewohner war sehr unterschiedlich. Die Entdeckung eines Hakensporns aus Bronze weist einige Bewohner als Repräsentanten der höheren sozialen Schichten aus.

Am Ende des ersten Viertels des 9. Jahrhunderts begann eine neue Etappe in der Geschichte Stettins[3]. Die bisherige Siedlung wurde damals grundlegend umgebaut. An Stelle der Flechtwerkhäuser errichtete man innerhalb der zur damaligen Zeit vorhandenen Grundstücksgrenzen, die bis zur Mitte des 10. Jahrhunderts in dieser Form beibehalten wurden, massive Blockhäuser. Spätestens ab der Mitte des 9. Jahrhunderts hatte man die Siedlung mit Wehranlagen umgeben. Es entstand eine Burg mit einer Fläche von wenigstens 1,2 ha. Zu ihren Füßen, am Ufer des alten Oderflussbettes, lag eine Fischersiedlung mit einer Anlegestelle (Abb. 112). Im Jahre 1962 entdeckte man dort das Wrack eines Plankenboots, das als das bisher älteste Beispiel des slawischen Bootsbaus gilt (Abb. 113; 114). Das in den vierziger Jahren des 9. Jahrhunderts gebaute Boot war etwa 60 Jahre lang in Gebrauch. Das ergaben die dendrochronologischen Untersuchungen[4]. In dem verfüllten Wrack fand sich unter anderem ein Holzstäbchen mit stilisiertem Tierkopf, das in dem für den skandinavischen Kulturkreis typischen Stil hergestellt wurde (Abb. 114, a).

Die älteste Burg in Stettin fungierte sicherlich als das Zentrum des sozialen und politischen Lebens des Stammes, dessen Siedlungen sich an der Odermündung ausbreiteten. Sie war gleichzeitig ein bedeutendes Handels- und Produktionszentrum. In den Werkstätten arbeiteten spezialisierte Handwerker. In der in das letzte Viertel des 9. und die erste Hälfte des 10. Jahrhunderts datierenden Schicht entdeckte man die Reste einer glasverarbeitenden Werkstatt, die Glasperlen aus importierten Glasscherben herstellte. Später errichtete man an ihrer Stelle eine Schmiede, die über einige Generationen wenigstens bis zur Mitte des 11. Jahrhunderts betrieben wurde. Neben Resten handwerklicher Produktion fanden sich kaufmännische Geräte in Gestalt von Waagen; die älteste davon war aus Geweih hergestellt (Abb. 115, 1). Die zahlreichen Belege für das intensive Wirtschaftsleben in der Burg stellen sie anderen Handels- und Handwerkersiedlungen zur Seite, die im 9. und 10. Jahrhundert sowohl an der slawischen als auch an der skandinavischen Ostseeküste verstreut lagen.

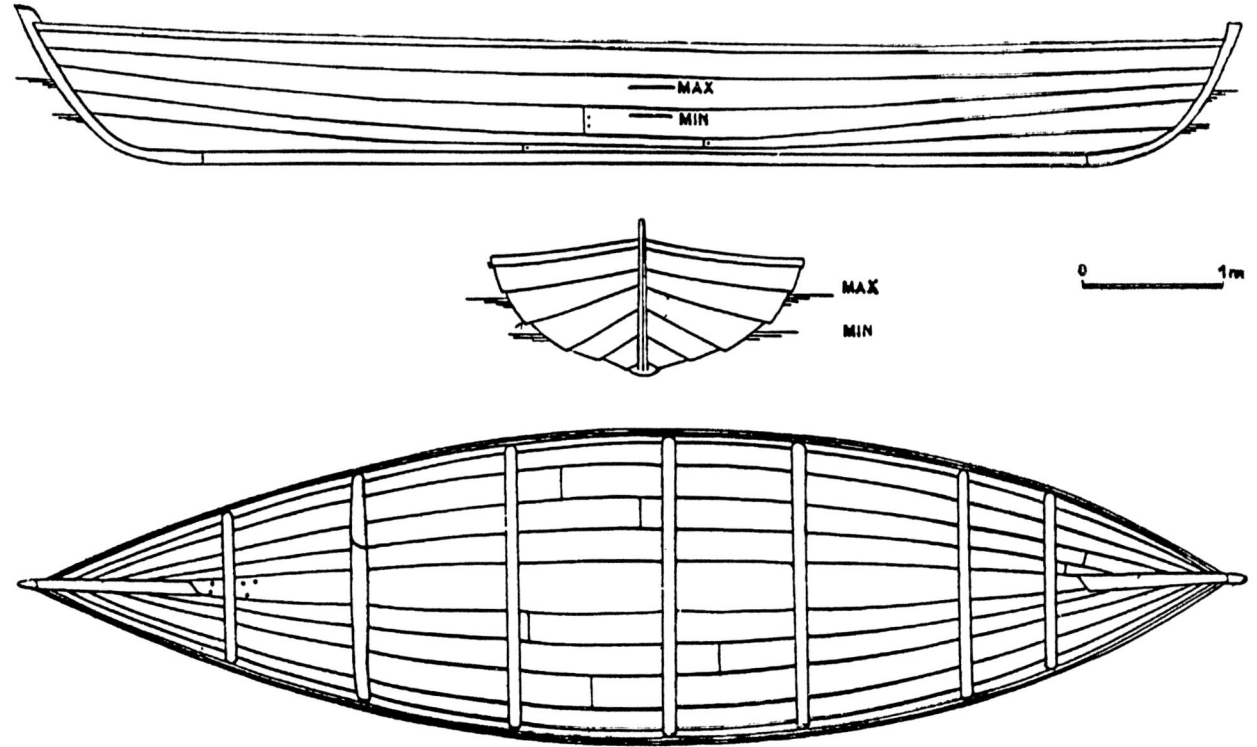

113 **Rekonstruktion des Bootes von Stettin (Szczecin).**

Die endgültige Herausbildung Stettins zum frühstädtischen Zentrum erfolgte zu Beginn der zweiten Hälfte des 10. Jahrhunderts[5]. Seit dieser Zeit setzte sich die Stadt aus zwei Hauptteilen zusammen – der auf der Anhöhe liegenden Burg und der weiten Vorburg, die in der Oderniederung in den früheren Flussauen gegründet wurde (Abb. 116). Schon am Ende des ersten Viertels des 11. Jahrhunderts erstreckte sich dieses neue Stadtviertel fast bis zur Achse der späteren Mała Odrzańska-Straße[6]. Zusammen mit der Erweiterung des Stadtgebietes erfolgte die Errichtung von massiven Blockbauten. Die damals im *Suburbium* abgesteckten Grundstücke blieben trotz verschiedener späterer Veränderungen bis zur Mitte des 13. Jahrhundert bestehen. In den achtziger Jahren des 11. Jahrhunderts wurde dieser Stadtteil von Festungsmauern umgeben, die zusammen mit dem Burgwall ein großes geschlossenes Befestigungssystem bildeten (Abb. 116)[7]. Die Stadt entwickelte sich auch außerhalb der Walllinie, vor allem in südlicher Richtung. Man glaubte bis vor kurzem aufgrund der Angaben in den schriftlichen Quellen, dass eben dort in der zweiten Hälfte des 12. Jahrhunderts die älteste Gemeinde der deutschen Kolonisten, ebenfalls von Festungsanlagen umgeben, gegründet wurde[8]. Diese Vermutung ist durch die letzten Ausgrabungen nicht bestätigt worden[9]. Gleichzeitig mit der räum-

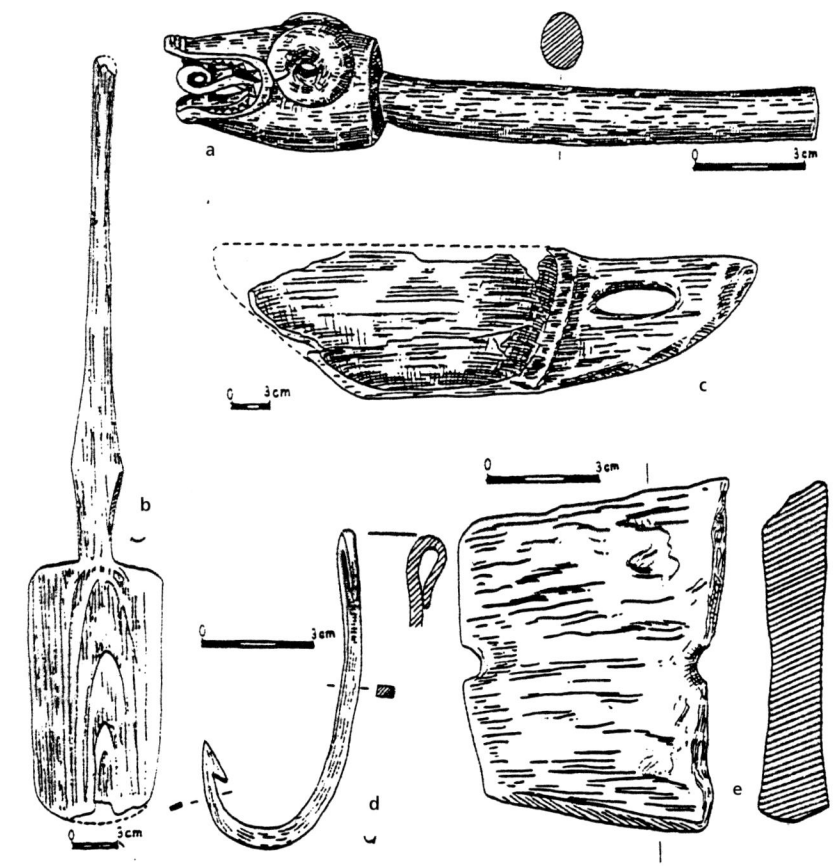

114 **Stettin, Krautmarkt. Funde vom Bootswrack und seiner nächsten Umgebung:** a Holzstäbchen; b Holzruder; c Schöpfgefäß aus Holz zum Wasserschöpfen; d Angelhaken aus Bronze; e Netzsenker.

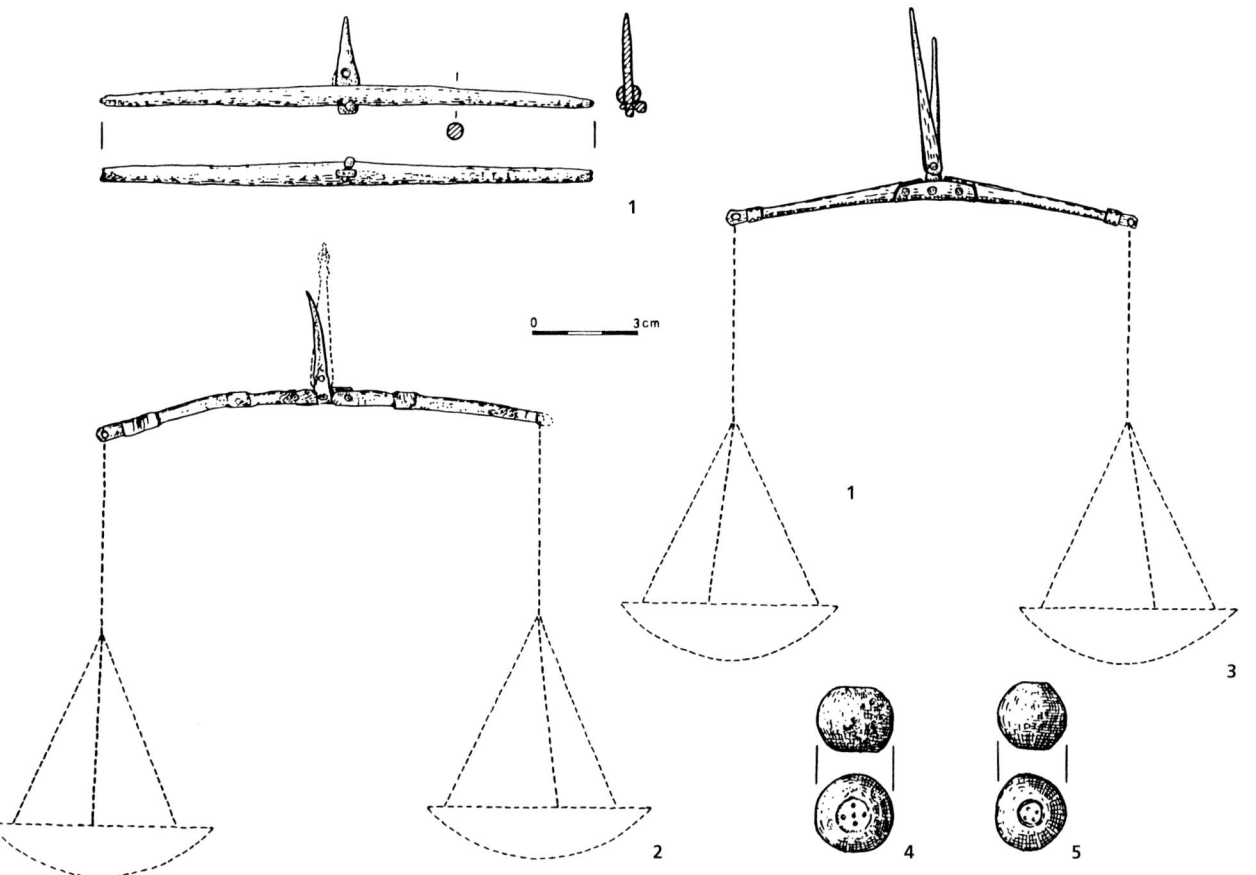

115 **Stettin. Waagefragmente und Gewichte:** 1 Hornwaage aus der Mitte des 9. Jahrhunderts (Schlosshügel); 2 Bronzewaage aus der ersten Hälfte des 12. Jahrhunderts (Krautmarkt); 3 Bronzewaage aus dem zweiten Viertel des 13. Jahrhunderts (Viertel 6); 4 Gewicht vom Anfang des 12. Jahrhunderts (Krautmarkt); 5 Gewicht aus der zweiten Hälfte des 11. Jahrhunderts (Krautmarkt).

Multiethnische Handelsplätze

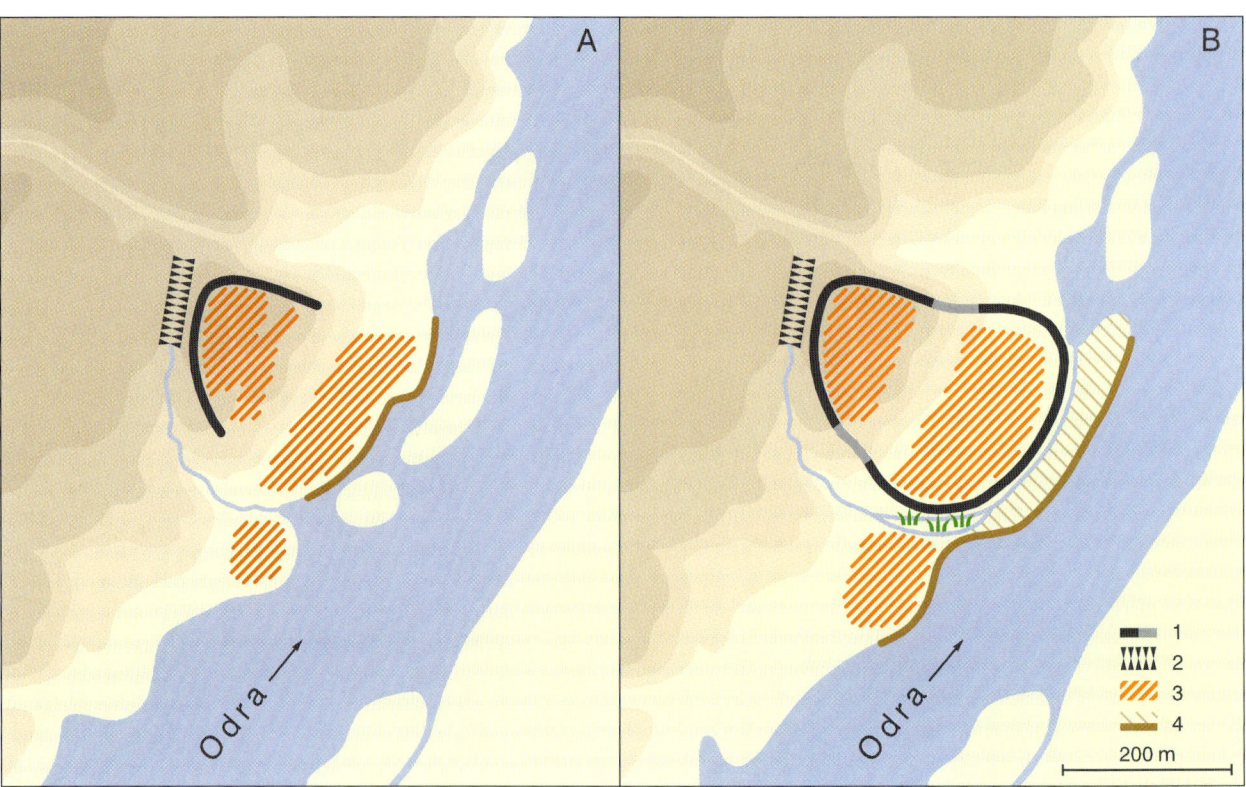

116 Stettin in der zweiten Hälfte des 10. und am Ende des 11. sowie in der ersten Hälfte des 12. Jahrhunderts. Zeichenerklärung: 1 Wall bzw. vermuteter Wall; 2 Graben; 3 Besiedlung; 4 Hafen.

lichen Entwicklung der Stadt wurde der Hafen, dessen Kais sich sicherlich am Fluss entlang der Wehranlagen erstreckten, nach Osten verschoben[10].

In der Zeit vom 11. bis zur Mitte des 13. Jahrhunderts gestaltete sich die Geschichte der Stadt unterschiedlich[11]. Den Perioden einer intensiven Entwicklung folgten Perioden des Rückgangs, die sowohl durch die politischen Ereignisse als auch durch eine ungünstige wirtschaftliche Konjunktur verursacht wurden. Mehrmals, vor allem nach den Feuersbrünsten, hatte man die Blockhäuser durch Flechtwerkbauten ersetzt, einige Grundstücke hatte man für kürzere oder längere Zeit verlassen. Mit einem Rückgang der städtischen Entwicklung ist bereits im zweiten Viertel und in der Mitte des 11. Jahrhunderts zu rechnen, als die politischen und wirtschaftlichen Verbindungen Westpommerns zu der Frühpiastenmonarchie abbrachen. Jedoch schon im letzten Drittel des 11. Jahrhunderts kam es zu einer wirtschaftlichen Wiederbelebung, die etwa bis zur Mitte des 12. Jahrhunderts andauerte. Stettin wurde damals zum Zentrum der politisch unabhängigen oligarchischen Stadtrepublik, wo die Kaufleute und die wohlhabende Oberschicht sowie die heidnische Priesterkaste zu entscheiden hatten. Die Hauptinstitutionen des sozialen und öffentlichen Lebens waren in der Burg konzentriert, dort befand sich auch der Haupttempel des heidnischen Stettins, der Tempel des Triglav. Es war zugleich die Zeit der Missionstätigkeit Ottos von Bamberg, die in Westpommern durch Bolesław Krzywousty (Schiefmund) initiiert wurde, der Stettin im Winter 1121/1122 erobert hatte.

Das wirtschaftliche Zentrum befand sich damals in der Vorburg. Ihre Bewohner beschäftigten sich mit Fischfang, was die hier aufgefundenen Massen von Netzschwimmern aus Rinde und Netzgewichten aus Stein belegen. Der Fischhandel war sicherlich eine der wichtigsten Einnahmequellen der Stadt. Gleichzeitig entwickelte sich der Bootsbau. In den Kulturschichten fanden sich zahlreiche Fragmente von Plankenbooten, die sekundär als Straßenbelag verwendet wurden, sowie Holzbolzen zum Verdübeln der Planken. Man stieß auch auf Bootsteile, die nach skandinavischer Art mit Eisennieten verbunden worden waren. Es entwickelten sich neue Handwerkszweige; üblicherweise wurden Holz, Leder, Geweih, Tierknochen, Bernstein und Ton verarbeitet. Bis auf wenige Ausnahmen fanden sich jedoch bisher keine konkreten Spuren von Werkstätten. Wahrscheinlich wurden in jedem Gehöft verschiedene handwerkliche Tätigkeiten ausgeübt, teilweise auf hohem technischen Niveau. Von gleicher Wichtigkeit waren Ackerbau und Viehzucht. Stettin war jedoch vor allem ein Zentrum für den Warenaustausch, sowohl im Nah- als auch im Fernhandel. Eine bedeutende Ansammlung kaufmännischer Utensilien wie Waagefragmente und Gewichte kamen besonders in den in die zweite Hälfte des 11. und die erste Hälfte des 12. Jahrhunderts datierenden Siedlungsschichten zutage

117 **Tongefäß mit 41 deutschen Münzen. Szczecin, Muzeum Narodowe.**

Multiethnische Handelsplätze

118 Stettin, Pływacka-Straße. Holzkastenkonstruktion vom Fundament des am Ende des 12. Jahrhunderts verbrannten Walls.

(Abb. 115, 2; 115, 4; 115, 5). In die zweite Hälfte des 11. Jahrhunderts datiert ein vor kurzem entdeckter Fund von 41 deutschen Münzen, die in einem Tongefäß verborgen waren (Abb. 117)[12]. Es handelte sich wahrscheinlich um Gelder, die Handelstransaktionen dienten. Auch der Fund von Denaren Bogislaws I., die wahrscheinlich während des dänischen Überfalls im Jahre 1189 vergraben wurden, wird man mit solchen Aktivitäten in Verbindung bringen können[13].

Seit etwa der Mitte des 12. Jahrhunderts festigte sich allmählich die Fürstenmacht in der Stadt[14]. Stettin wurde zuerst eine Kastellanburg, später Herzogssitz. Damit begann eine Periode wirtschaftlichen Wachstums. Stettins Entwicklung hielt auch nach den dänischen Überfällen, vor allem nach 1189, als es durch die Truppen Knuts VI. niedergebrannt wurde, weiter an (Abb. 118). Die Anzeichen einer Krise verstärkten sich in der ersten Hälfte des 13. Jahrhunderts, als die Stärkung der deutschen Gemeinde in der Stadt die wirtschaftliche Position der bisherigen slawischen Stadtbewohner schwächte. Dieser wachsende deutsche Einfluss schlug sich auch bald in Gesetzen nieder. 1237/1243 wurde in Stettin das Magdeburger Recht eingeführt[15].

Anmerkungen

1 Leciejewicz (1997) 267.
2 Cnotliwy u. a. (Hrsg.) (1983) 244, 285. – Cnotliwy/Łosinski (1995) 73–75.
3 Cnotliwy u. a. (Hrsg.) (1985) 174–176. – Cnotliwy/Łosinski (1995) 75–78.
4 Filipowiak (1996) 94.
5 Cnotliwy/Łosinski (1995) 79ff. – Łosinski (1996) 135f.
6 Dworaczyk/Kowalska (1998) 103ff.
7 Dworaczyk/Słowiński (1998) 279ff.
8 Leciejewicz (1990) 190–191.
9 Wilgocki (1998) 299ff.
10 Łosinski (1996) 67ff.
11 Leciejewicz (1990) 185ff. – Cnotliwy/Łosinski (1995) 80ff. – Łosinski (1996) 137ff.
12 Horoszko/Wilgocki (1997) 253–264.
13 Cnotliwy u. a. (1993) 121–132.
14 Leciejewicz a.a.O. (1990) 189–191. – Cnotliwy/Łosinski (1995) 83–88. – Cnotliwy (1996) 153–158.
15 Leciejewicz (1997) 40. – Cnotliwy (1996) 158–161.

Ralswiek

JOACHIM HERRMANN

Ralswiek gehörte zu den Seehandelsplätzen, die, ähnlich wie Truso an der Weichselmündung, die Jahrtausendwende nicht überlebten. In der zweiten Hälfte des 9. Jahrhunderts und im 10. Jahrhundert setzten neue siedlungsgeschichtliche und staatliche Entwicklungen ein. Das mittelalterliche Städtewesen im Rahmen der mittelalterlichen Fürstentümer und Königreiche begann sich in Mittel-, Nord und Osteuropa herauszubilden. Die Tonnagen der Handelsschiffe und deren Navigationsmöglichkeiten stiegen bedeutend an. Damit verloren am flachen Wasser gegründete Seehandelsplätze in geschützter Lage im Binnenland an Bedeutung. Die Struktur dieser Handelsplätze war auf Schiffe mit einer Tragfähigkeit von 5 bis 10 t ausgelegt. Strategisch günstig gelegene Orte gründeten sich neu, wie Hedeby-Haithabu/Schleswig, Dierkow/Rostock, Menzlin/Anklam, Reric/Wismar, Alt Lübeck/Lübeck, Truso/Elbing usw. Andere Orte, auch wenn in geschützter Lage, büßten ihre Bedeutung ein. Sie spielten für den Lokalverkehr eine Rolle oder wurden zu Fischerdörfern.

Dieser Bedeutungsverfall traf auch Ralswiek. Bis Anfang der siebziger Jahre des 20. Jahrhunderts lag die Hälfte des ehemaligen Seehandelsplatzes Ralswiek wüst. Gärten und Weide wuchsen darüber. Vor Beginn der Neubebauung war es möglich, einen größeren Teil dieses ehemaligen Seehandelsplatzes inmitten der Insel Rügen zu untersuchen. Etwa 25 bis 30% konnten zwischen 1972 und 1989 durch archäologische Forschungen des ehemaligen Zentralinstituts für Alte Geschichte und Archäologie der Berliner Akademie der Wissenschaften systematisch erforscht werden. Damit gehört Ralswiek zu den Seehandelsplätzen, deren ehemalige Siedlungstruktur in einer an anderern Orten nicht möglichen Ausdehnung erschlossen werden konnte.

Ralswiek inmitten der Insel Rügen hatte zwei Vorteile. Erstens lag es an der Route Nordsee – Hedeby/Haithabu – Oderhaff bzw. Baltikum. Die im 8./9. Jahrhundert dominierende Küstenschiffahrt in der Ostsee konnte den Ort Ralswiek ohne Gefahr anlaufen und sich inmitten der Insel sicher fühlen. Die gefährliche Umfahrt um das Kap Arkona wurde vermieden. Über ruhiges Gewässer gelangte man durch Rügen und verließ es wieder im Südosten, Nordosten oder Nordwesten.

Diese günstige Lage veranlassten in der zweiten Hälfte des 8. Jahrhunderts Seefahrer/Abenteurer aus Skandinavien im Zusammengang mit Rügenslawen und deren Aristokratie eine Siedlung zu gründen.

Der Seehandelsplatz entstand etwa 7 km nördlich vor der Hauptburg der Rügenslawen, dem Rugard (Abb. 119). Bereits um 700 werden *Rugini*, wahrscheinlich die Rügenslawen, im angelsächsischen Missionsprogramm erwähnt. Ausgedehnte naturwissenschaftliche Untersuchungen haben belegt, dass es Verbindungen zwischen germanischer und slawischer Besiedlung auf Rügen gegeben hat. Einzelheiten dazu sind bisher durch archäologische Forschungen jedoch nicht nachgewiesen.

Nach den gegenwärtig bekannten Daten wurde im letzten Drittel des 8. Jahrhunderts zwischen dem Großen Jasmunder Bodden und einem bereits teilweise verlandeten Brackwassersee eine Siedlung gegründet (Abb. 120). Die Struktur dieser Siedlung bestimmten Hofverbände. Ein Herrenhaus dominierte jeweils, um dieses lagen Wohn- und Werkstätten von Abhängigen. Die Hofverbände verfügten über Schiffseinfahrten. Diese lagen jedoch nicht auf der Seeseite (Boddenseite), sondern im Bereich des ehemaligen teilweise verlandeten Sees, also außerhalb von Überflutungsstränden. 15 bis 17 Schiffseinfahrten konnten nachgewiesen werden, jeweils geeignet zur Aufnahme von ein bis zwei Ostseeschiffen der damaligen Zeit. Die Schiffe legten an den Molen zwischen den Einfahrten an. Einige der Molen bzw. der Einfahrten selbst waren überdacht, das heißt es gab winterfeste Abstellmöglichkeiten, vergleichbar mit skandinavischen Bootshäusern.

Bei den einzelnen Hofverbänden bestanden Schmieden, Werkstätten für Bronze-, Knochen- und Geweihverarbeitung und Webereieinrichtungen. Rohmaterial aus Thüringen wurde ebenso verarbeitet und genutzt wie Speckstein aus Norwegen. Zu den bedeutendsten Funden gehören über 2200 Silbermünzen bzw. Münzbruchstücke mit einem Gewicht von über 2700 g, die auf Handelsverbindungen mit dem arabisch-zentralasiatischen Gebiet zurückgehen. Die Schlussmünze ist 844 geprägt worden und gelangte prägefrisch nach Ralswiek. Der Ralswieker Münzschatz wurde danach bereits um die Mitte des 9. Jahrhunderts im Haus 157/16, im Zentrum der Siedlung gelegen, verscharrt (Abb. 121). Das geschah in aller Eile vor einem drohenden Überfall. Das Haus selbst – wohl eines der bedeutendsten des Ortes – wurde geplündert und niedergebrannt. Der Silberschatz jedoch, vor dem Ofen vergraben und mit Asche überdeckt, entging den Plünderern oder Seeräubern. Der Eigentümer des Schatzes ist entweder erschlagen oder verschleppt worden. Jedenfalls konnte er den Schatz nicht mehr bergen. Über dem Versteck wurde ein neues Haus errichtet. Der Schatz „vor dem Ofen" hatte einen Wert, der etwa dem von 15 Sklaven oder 20 Pferden oder 30 Ochsen oder 150 bis 200 Schafen entsprach. Um 965 erhielt man z. B. in Prag für knappe 3 g Silber 25 Hühner. Der im Haus 157/16 in Ralswiek verborgene Schatz hatte also einen beträchtlichen Wert. Er gelangte in der zweiten Siedlungsphase von Ralswiek bei Zerstörungen der Siedlung B in den Boden und wurde damit bewahrt. Nach bisheriger Kenntnis handelt es sich um den größten Schatzfund mit

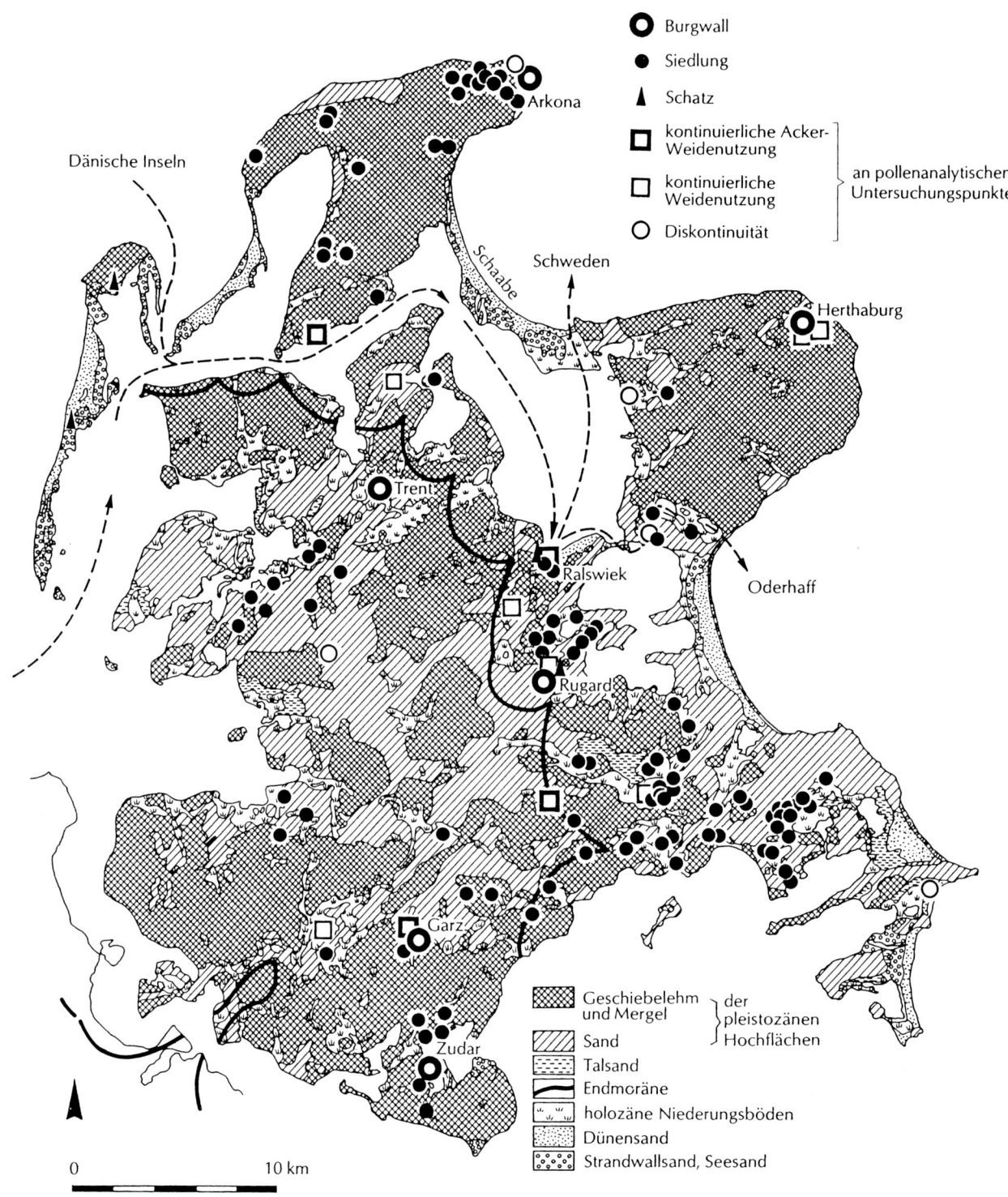

119 **Ralswiek und Rügen. Lage des Seehandelsplatzes und Inseldurchfahrten.**

164　Slawen und Ungarn in Europas Mitte

arabischem Silber, der vor der Mitte des 9. Jahrhunderts aus dem östliche Mitteleuropa, Nordeuropa und Osteuropa bekannt geworden ist.
Siedlung B ging eine zuvor zerstörte Grundsiedlung aus der zweiten Hälfte des 8. Jahrhunderts (Periode A) voraus. Die bereits in der Siedlung A angelegten Schiffseinfahrten wurden im wesentlichen in der Periode B wiederhergestellt. Die Art des Hausbaus weist sowohl in den Siedlungen A und B – Blockbau bzw. Verbretterung der Wände unter Verwendung von Tausenden von Eisennägeln – auf slawische (Blockbau) und skandinavische Traditionen (Verbretterung) gleichermaßen hin.
Die Siedlung von Ralswiek verfügte mit Sicherheit über eine Kultstätte, die bereits zur Gründungszeit der Siedlung angelegt wurde. Diese ist im Verlauf des 9. und 10. Jahrhunderts tempelartig ausgestaltet worden. Tier- und Menschenopfer gehörten zum Ritual.
Neben der Siedlung wurden vier Schiffe freigelegt. Das älteste, Boot 4, gehörte in das 9./10. Jahrhundert. Die übrigen drei Boote (Boote 1–3) werden in die Zeit um 1000 datiert.
Rügen und Ralswiek waren über Jahrhunderte Streitobjekt zwischen Dänen und Rügenslawen. Zeitweise dominierten Rügenslawen dänische Inseln. 1168 wurde Rügen vom Dänenkönig Waldemar erobert. Ralswiek wird in den ausführlichen schriftlichen Aufzeichnungen über diesen Eroberungszug durch den Chronisten Saxo Grammaticus nicht erwähnt – aber es war den dänischen Eroberern bekannt. Der Propst des Bischofs von Roskilde (auf der dänischen Hauptinsel Seeland) erhielt in Ralswiek seinen Sitz. In Ralswiek wurde der Roggenzehnt von Rügen eingetrieben und durch Roskilde verwertet. Reste von Speichern ließen sich neben dem „Alten Schloß" von Ralswiek nachweisen.
Am Hochufer über dem Großen Jasmunder Bodden wurden die vornehmen Toten des Ralswieker Seehandelsplatzes in über 400 Grabhügeln bestattet. Topographisch, aber wahrscheinlich auch durch die oligarchische Grundstruktur des Seehandelsplatzes bestimmt, bildeteten die Hügelgräber neun Gruppen. Über 300 der 400 Gräber wurden archäologisch untersucht. Es handelte sich überwiegend um Brandbestattungen. Die Keramik war slawischer Herkunft. Unter den Beigaben, die auf den Scheiterhaufen durchweg deformiert wurden und wohl auch nur im begrenzten Umfang in die Grablegen gelangten, fanden sich Reste von Goldbeschlägen kleiner Schmuckkassetten, von Waffen, Messern und anderen Gegenständen. Im Hügelgrab 155 waren über die Asche des Toten Planken eines Schiffes gelegt worden. Das Boot,

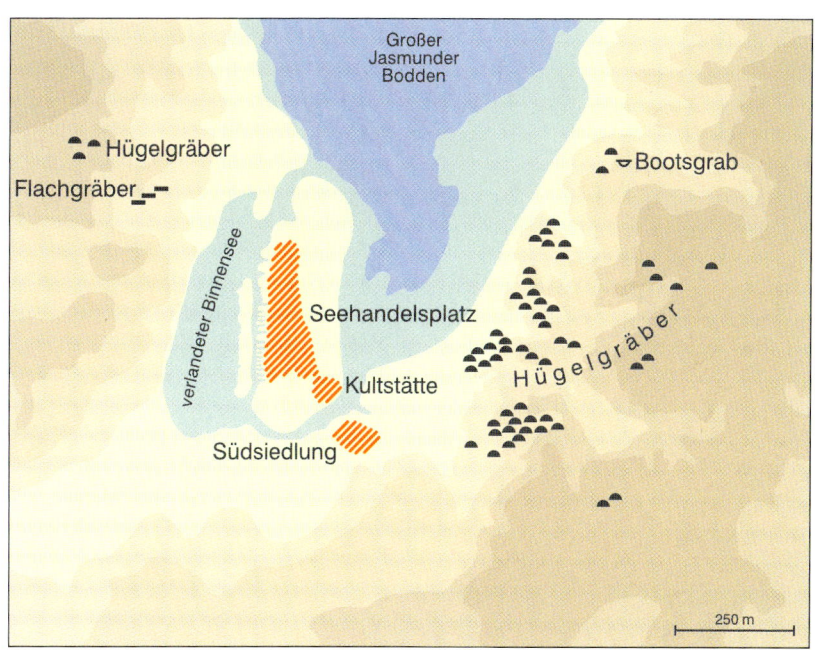

120 **Topographie von Ralswiek im 9./10. Jahrhundert.**

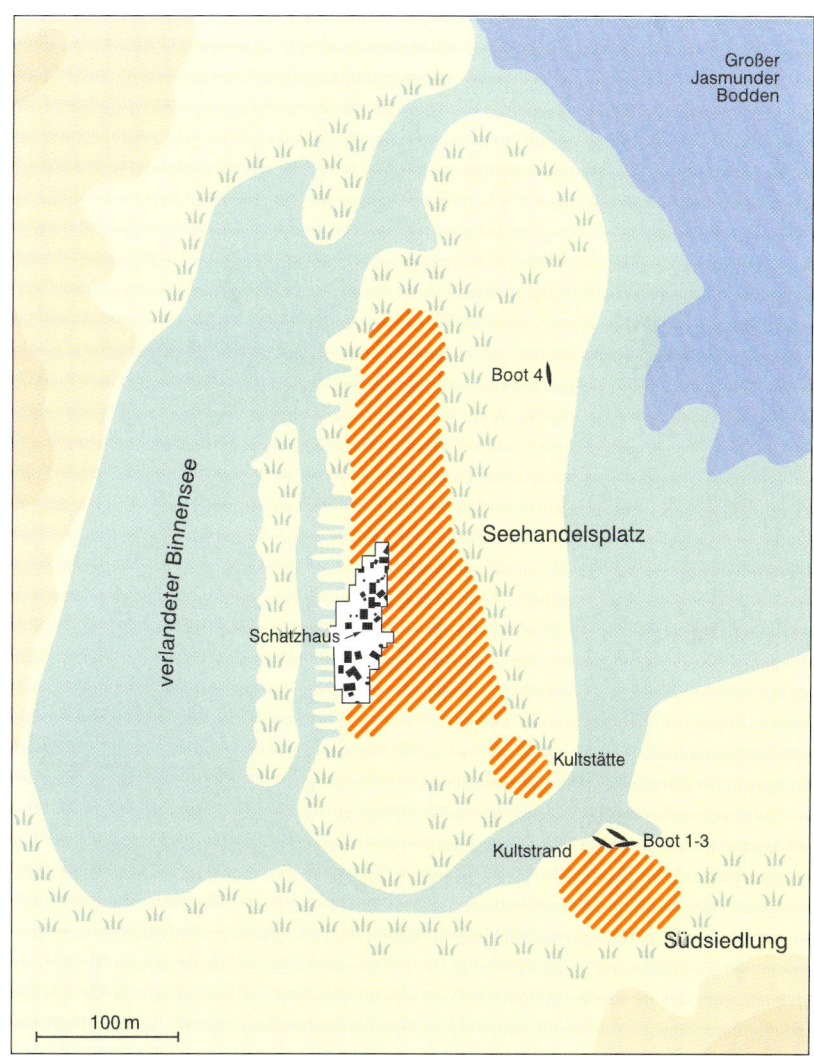

121 **Siedlung B von Ralswiek um die Mitte des 9. Jahrhunderts.**

Multiethnische Handelsplätze 165

dem die Planken entstammten, war in der in Skandinavien üblichen Bauweise verfertigt worden, das heißt unter Verwendung von Hunderten von Eisennieten (im heimisch-slawischen Schiffsbau verwendete man überwiegend Holzstifte).

So wird man mit einiger Gewissheit davon ausgehen können, dass in Ralswiek neben der slawischen Grundbevölkerung in größerer Anzahl Hofverbandseigner und Seefahrer aus Skandinavien ansässig waren. Deren Herkunft ist nicht genauer zu erschließen. Schonen, Mittelschweden, Gotland und die Landschaften am Oslo-Fjord sind im Fundmaterial von Ralswiek repräsentiert.

Wie sich die in einer Siedlung zusammenlebenden Menschen verständigten, entzieht sich unserer Kenntnis. Einige Ritzungen auf Knochen geben skandinavische Runen wieder. Zweisprachigkeit – skandinavische Dialekte und Rügenslawisch – waren jedoch wohl Bedingung für das nach den archäologischen Befunden vorgedachte und geplante Zusammenleben in einem Seehandelsplatz des 8. bis 10./11. Jahrhunderts. Bei dem bereits erwähnten Saxo Grammaticus, der ausführlich über die Eroberung Rügens berichtet, findet sich kein Hinweis darauf, dass von Bewohnern Rügens skandinavische Dialekte gesprochen wurden. Auf Rügen sprach man um 1168 wohl durchweg Slawisch. Ortsnamen wie Ralswiek selbst – der „Ort auf dem Kiesstrand" – zeugen jedoch davon, dass in der Frühzeit des Seehandelsplatzes Mehrsprachigkeit möglich war.

Literatur

Helfert 1973. – Herrmann 1997; 1998; 1999. – Warnke 1975.

Kolberg (Kołobrzeg)

LECH LECIEJEWICZ

Von den multiethnischen Handelszentren an der Ostsee unterschied sich Kolberg (Kołobrzeg) dadurch, dass hier im Jahre 1000 der Sitz des Bischofs Reinbern, der dem damals gegründeten Erzbistum von Gnesen unterstand, eingerichtet wurde. Thietmar, der über die Pilgerfahrt Kaiser Ottos III. an das Grab des heiligen Adalbert in die Hauptstadt des polnischen Staates und die mit der Gründung der neuen Kirchenmetropole verbundenen Ereignisse berichtete, nannte Reinbern den Bischof von *Salsae Cholbergiensis*, was auf die grundlegende Rolle der Salzgewinnung in der Entwicklung dieser pommerschen Burg hinweist. 100 Jahre später erzählten die Berichte des Gallus Anonymus und der Biographen Ottos von Bamberg von der wesentlichen Bedeutung der See und des Seehandels im Leben der Stadtbewohner.

Die archäologische Forschung hat die Kenntnis von der frühesten Geschichte Kolbergs wesentlich erweitert. Es zeigte sich, dass die Salzquellen auf dem Gebiet des späteren *Mons Salis*, an der Mündung der Persante in die Ostsee, sicherlich schon im 6. und 7. Jahrhundert wirtschaftlich genutzt wurden. Im 7. und 8. Jahrhundert entstand in der nächsten Umgebung von Kolberg, in einer Region mit verhältnismäßig fruchtbarem Ackerboden, die bedeutende Siedlungskonzentration eines kleineren Stammes. Sie zeichnete sich durch befestigte Siedlungen aus, die auf den hohen Flusstal- oder Seerinnenufern lagen. Einige dieser Burgen weisen an der Wende vom 8. zum 9. Jahrhundert Merkmale kleinerer Handels- und Erzeugerzentren auf. Man hat dort Dirhembruchstücke und andere Importgegenstände aber auch Spuren des Schmiede- und Gusshandwerks und der Geweihverarbeitung gefunden. Aus diesem Landstrich der südlichen Ostseeküste stammen auch zwei der ältesten Münzfunde mit arabischen Münzen, die in die Zeit nach 816 datiert werden. Einen besondere Bedeutung in dieser Region hatten die Befunde in Bardy und in Świelubie, die an der Furt über die Persante, etwa 15 km südöstlich von Kolberg lagen. Die Burg in Bardy zeichnete sich durch ihre bedeutenden Dimensionen aus und fungierte sicherlich als Hauptzentrum der lokalen Stammesorganisation. Im 9. Jahrhundert bestand bei der Burg ein Markt. Dies beweisen außer einigen aufgefundenen Importgegenständen, Dirhembruchstücke und ein Gewichtfragment. Die wichtigsten Entdeckungen wurden auf dem der Burg benachbarten Hügelgräberfeld in Świelubie gemacht. Es fanden sich 70 Bestattungen des 9. Jahrhunderts. Meistens handelte es sich um Brandbestattungen, lediglich vier Körperbestattungen kamen zutage. Die Grabausstattung war gemischt, neben zerbrochenen Tongefäßen und Eisenobjekten lokaler Herkunft hat man zahlreiche Importgegenstände, darunter Dirhembruchteile und Gewichte gefunden. Die unterschiedlichen Beigaben sind Beweis für die unterschiedliche ethnische Abstammung der Toten. Bemerkenswert sind die Erzeugnisse skandinavischer Herkunft, vor allem Fibeln und Kleidungsstücke, so wie auch Zierbeschläge von Geräten und Waffen (unter anderem des Schildes) und Spielwürfel. Bei einer Bestattung in einem Grabhügel handelte es sich gewiss um eine „Normannin". In dem Brandgrab fanden sich die sterblichen Reste einer Frau im Alter von 35 bis 45 Jahren, deren Gewand von zwei Schalenfibeln zusammengehalten wurde. Gegenstände fremder Herkunft kamen in etwa 25% der Gräber vor. Außer bei der oben beschriebenen Bestattung handelte es sich dabei jedoch immer um Einzelfunde. Die Begräbnisriten ähnelten den skandinavischen, es gab jedoch auch Familienbestattungen. Beachtenswert ist der außerordentlich hohe Prozentsatz an männlichen Verstorbenen auf diesem Gräberfeld. Geht man von etwa 500 Personen für den Siedlungskomplex in Bardy-Świelubie aus, könnten etwa 60 bis 70 davon skandinavischer Abstammung sein. Größere Klarheit bekäme man durch die Auffindung des Wohnortes der Zugereisten. Die Kultur der Burgbewohner in Bardy hatte nach den dort geführten Untersuchungen heimische slawische Merkmale. Die Siedlung der ethnisch fremden Gruppe müsste somit außerhalb der Burg in deren Nähe zu suchen sein.

Die Burg in Bardy und das Gräberfeld in Świelubie wurden am Ende des 9. Jahrhunderts aufgegeben. Zur selben Zeit gab es an der Persantemündung ein Markt- und Handwerkerzentrum in Kolberg. Bereits früher, möglicherweise schon am Ende des 8. Jahrhunderts, spätestens aber in der ersten Hälfte des 9. Jahrhunderts, entstand 3 km von den Salinen flussaufwärts am Fuß der Grundmoränenanhöhe, eine offene Siedlung. Dies beweisen einige aufgefundene Gruben, deren Funktion jedoch schwer zu bestimmen ist. Am Ende des 9. Jahrhunderts erbaute man dort eine Burg mit einer Fläche von etwa 1 ha. Die Siedlung wurde, wie zur damaligen Zeit üblich, mit einem Holz-Erde-Wall umgeben. Nach den archäologischen Untersuchungen standen innerhalb des Walles Häuser mit Flechtwerkwänden und möglicherweise auch Blockbauten. Die dendrochronologischen Analysen erlauben die aufeinanderfolgenden Bebauungsphasen in die Jahre 917 und 927 bis 928, bei einer möglichen Unsicherheit von sieben Jahren zu datieren.

Die Funde beweisen, dass sich die Burgbewohner mit Fischfang, hauptsächlich mit Seefischfang, (Heringsreste machten 93,4% der aufgefundenen Fischreste aus) wie auch mit Eisen-, Geweih- und Bernsteinverarbeitung beschäftigten. In der ersten Hälfte des 9. Jahrhunderts befand sich zwischen einem der Gebäude und dem Wall eine Werkstätte, in der Kämme und Beschläge aus Horn sowie Bernsteinperlen und Bernsteinanhänger hergestellt wurden. Einer der aufgefundenen Kämme ähnelt einem Stück aus dem schwedischen Birka. Möglicherweise war hier ein Wanderhandwerker tätig. Das Fragment einer Bronzewaage, eines norwegischen Armringes aus Bronze sowie Perlen aus Glas, Karneol und Bergkristall belegen die bestehenden Fernkontakte. Aufgrund ihres Marktes und ihrer Handwerksbetriebe wird man die Burg von Kolberg als ein frühstädtisches Zentrum ansprechen können.

Um die Wende des 9. und 10. Jahrhunderts wurde nicht nur die Burg in Bardy, sondern auch andere befestigte Höhensiedlungen, die als Sitze der lokalen Nachbargemeinschaften bezeichnet werden können, verlassen. Gleichzeitig kam es zum Bau kleinerer Befestigungsanlagen in den Flussniederungen, bei denen es sich sicherlich um die Sitze der lokalen Stammesaristokratie handelte. Eine davon, die archäologisch erforschte Anlage in Świelubie, besaß eine starke Holzbefestigungen und zeichnete sich durch reiche Funde aus. Die Entstehung der Frühstadt in Kolberg war Ausdruck einer Wirtschaftsintegration und – nach den Änderungen in der Siedlungsstruktur – sicherlich auch der politischen Integration der dortigen Stämme.

In der zweiten Hälfte des 10. Jahrhunderts wurde Pommern in den Piastenstaat einverleibt. Die kleinen Befestigungsanlagen vom Świelubie-Typus verschwanden, nur die Burgen in Kolberg und Belgrad (Białogard) überlebten. In Kolberg war die während der Grabungen festgestellte tiefgreifende Erneuerung der Festungsanlagen ein Zeichen für die stattgefundenen Änderungen. Die Dendrodatierung eines sicherlich von den Renovierungsarbeiten stammenden Balkens deutet darauf hin, dass diese Arbeiten möglicherweise nach dem Jahr 979 oder spätestens nach dem Jahr 986 aufgenommen wurden. Diese Datierungen erlauben neben den Konstruktionsdetails, die für den frühpiastenzeitlichen Wehrbau typisch waren, den Wiederaufbau des Walls mit der Festigung der polnischen Herrschaft an der Ostseeküste unter Mieszko I. zu verbinden. Nach den archäologischen Untersuchungen entstand in jener Zeit hinter dem als Burggraben fungierenden Wasserlauf nördlich der Burgwallanlage eine offene Vorburg.

Einen solchen Ort wählte somit der Sohn Mieszkos I., Bolesław Chrobry, als Sitz für Bischof Reinbern. Der Missionar wirkte dort jedoch nicht lange. Zwischen den Jahren 1005 und 1012 begab er sich im Gefolge der verheirateten Tochter des polnischen Herrschers zu den Kiewer Rus, wo er vom Kiewer Herzog Wladimir gefangengenommen wurde und bald darauf starb. Es gibt keine Nachrichten über die Nachfolger Reinberns auf dem Bischofsstuhl und man kann vermuten, dass Reinberns Weggang den Zusammenbruch der christlichen Mission in Pommern bewirkte.

Die Bewohner dieser Region haben sich spätestens in den dreißiger Jahren des 11. Jahrhunderts, während der Krise der Piastenmonarchie, politisch verselbständigt. Die Ortsfürsten haben die Macht übernommen. Nach dem Bericht Gallus' Anonymus zu Beginn des 12. Jahrhunderts war die Region an der Persante mit Kolberg und Belgrad der Ausgangspunkt einer selbständigen Staatsbildung in Pommern.

In den zwanziger Jahren des 12. Jahrhunderts hatte bereits Herzog Warcisław seinen Sitz in dem an der Odermündung gelegenen Cammin (Kamień). Das frühstädtische Kolberg war damals durch „Seereichtümer" bekannt (Gallus Anonymus), die Einwohner seines *institorum more* betrieben Geschäfte auf den Ostseeinseln (Herbord, vita Ottonis).

Nach den Ergebnissen der archäologischen Untersuchungen wurde die Fläche der Burg von Kolberg in der zweiten Hälfte des 11. Jahrhunderts an der Südseite wesentlich vergrößert. An die Stelle der früheren Befestigungsanlagen traten Hütten- und Schmiedewerkstätten. Belegt ist in dieser Zeit die Weiterentwicklung verschiedener Handwerkszweige, vor allem der Buntmetall-, Geweih- und Bernsteinverarbeitung. Zahlreiche Importgegenstände deuten auf Kontakte mit Skandinavien, dem Rheingebiet und anderen Ländern hin. Die lokalen Salinen waren in Betrieb und außer Salz wurden Salzheringe zu einem der wichtigsten Ex-

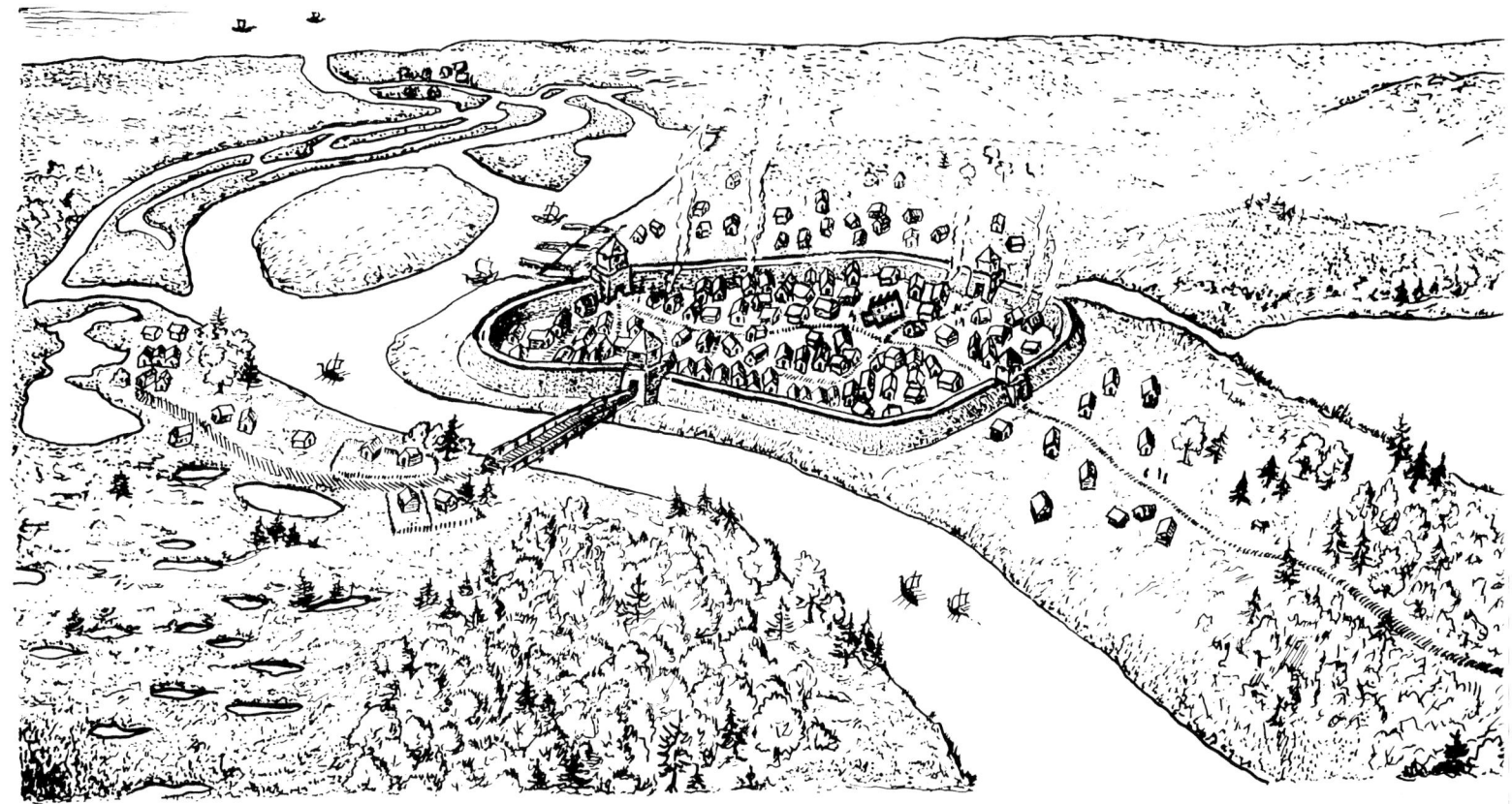

122 **Darstellung von Kolberg und seiner Umgebung um das Jahr 1000.**

portgüter. Ebenso vergrößerte man die Flächen der anliegenden Vorburgen, wo sich unter anderem Belege für Eisenverarbeitung fanden. Hier gab es zu späterer Zeit Wirtshäuser und sicherlich auch einen Markt. In der nördlichen Vorburg errichtete Otto von Bamberg 1125 die Marienkirche, später stand hier die bis heute erhaltene Johanneskirche. Kolberg ist damit ein positiver Beweis für Handelssiedlungen, die im frühen Mittelalter an der Ostsee entstanden. Die Stadt war ein Zentrum, das sich in einer entwickelten Agrarregion ausgebildet hatte, die zugleich der dauerhafte Garant für seine wirtschaftliche Entwicklung war. Wie die Hortfunde vom Ende des 10. Jahrhunderts und aus dem 11. Jahrhundert beweisen, hatten die Vertreter der sozialen Elite, die ihre Herrschaft in der Stadt festigte, in der ländlichen Nachbarschaft ihren Sitz. Für die außerordentliche wirtschaftliche Position der Burg an der Persante spielten jedoch sicherlich die lokalen Salinen eine entscheidende Rolle. Den Warenabsatz förderten nicht nur Wasserwege, sondern auch Landwege, wie die entlang der Persante ins Innere des Landes führende Straße.

Kolberg war anfangs eine für die slawische Ostseeküste typische Stammesburg mit den Merkmalen einer frühstädtischen Siedlung. Um das Jahr 1000 wurde die Stadt zum politischen und kirchlichen Hauptzentrum des Piastenstaates zwischen unterer Oder und Weichsel. Dies ermöglichte später den Ortsfürsten die Festigung ihrer Herrschaft, die sie mit der Zeit auf die gesamten Gebiete beiderseits der Odermündung ausdehnten. Das Andenken an die Tätigkeit Bischof Reinberns zu Beginn des 11. Jahrhunderts verschwand jedoch völlig. Die Christianisierung der Stadt und ihrer Umgebung wurde erst 120 Jahre später durch Otto von Bamberg vollzogen.

Literatur

Leciejewicz 1960; 1997. – Łosiński 1972; 1995. – Schich 1998.

Truso – Siedlung und Hafen im slawisch-estnischen Grenzgebiet

MAREK F. JAGODZIŃSKI

Truso – die Siedlung und der Hafen im slawisch-estnischen Grenzgebiet – den Wulfstan am Ende des 9. Jahrhunderts angelaufen hatte, war bis vor kurzem nur aus dem Bericht dieses angelsächsischen Seemanns bekannt. Den Text seines Berichts hat der König von Wessex Alfred der Große (872–899) in seine Übersetzung der Chorographie von Orosius eingetragen. In der Fachliteratur ist die Frage nach der Lokalisierung von Truso am Ende des 16. Jahrhunderts im großen Werk des Oxforder Geographen Richard Hakluyt über die Geschichte der Seeschiffahrt und die Entdeckungen der Engländer aufgetaucht, der die Reise Wulfstans erwähnte. Dieses Problem hat viele Historiker, Geographen und Archäologen beschäftigt. Aber erst die Entdeckung der Überreste der umfangreichen frühmittelalterlichen Siedlung in Hansdorf (Janów Pomorski) 1982 ermöglichte deren eindeutige Identifizierung mit der Siedlung Truso. Sie wurde am östlichen Ufer des Weichseldeltas, (Abb. 123) genauer genommen am nördlichen Ufer des ehemaligen Werderhaffs (Zatoka Żuławska) angelegt, dessen Relikt der in seiner gegenwärtigen Form vom Menschen gestaltete Drausensee (Drużno-See) (Abb. 124) ist. Die Siedlung umfasste sowohl die tief gelegenen Gebiete der Marschebene am Drausensee, die zum Teil eine Landsenke bildeten, wie auch einen großen Teil der so genannten Übergangszone zwischen Danziger Werder (Żuławy) und dem Rand der Elbinger Höhe (Wysoczyzna Elbląska). Obwohl man einen verhältnismäßig kleinen Teil der Siedlung erforscht hatte (1000 m²), konnte man aufgrund der Oberflächenbegehung, der Sondagegrabungen und der

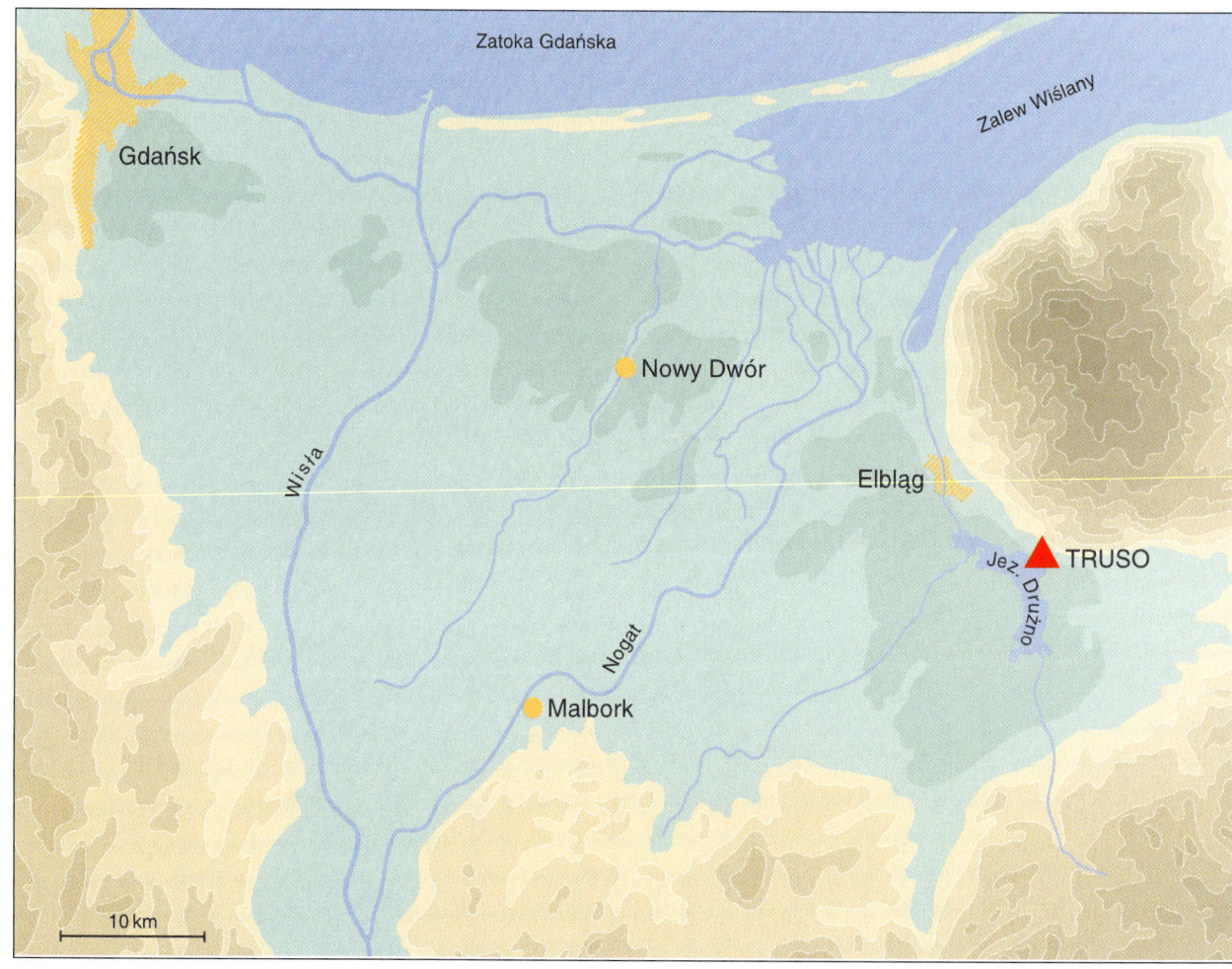

123 **Die Lage der Siedlung Truso im Weichseldelta.**

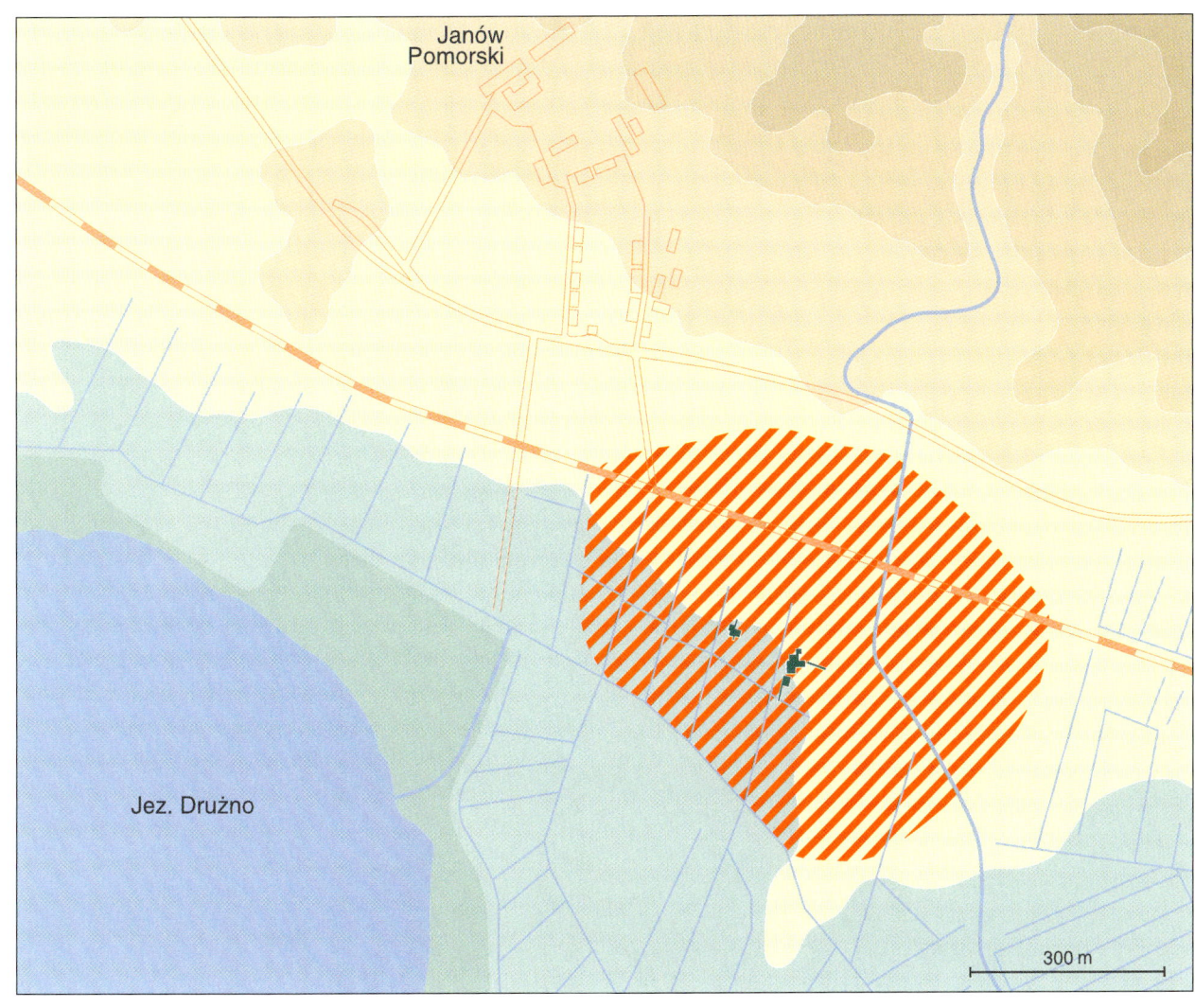

124 **Die Lage der Siedlung Truso vor dem Hintergrund der genaueren Höhenkarte.**

geologischen Bohrungen den Bereich der Siedlung auf etwa 10 ha bestimmen. Die 10jährigen archäologischen Grabungen ergaben, dass die Siedlung direkt am Seeufer, zwischen den Armen des sich in der Mündungszone gabelnden Baches gebaut wurde. Es war also ein Gebiet mit deutlich abgesteckten Grenzen, mit den Merkmalen eines geschlossenen Wehrraumes. Diese Ortswahl erfolgte auch aufgrund der Schifffahrtsmöglichkeiten. Es steht fest, dass der ursprüngliche wesentlich größere Drausensee im Bereich der Siedlung am tiefsten war, also die besten Schifffahrtsbedingungen bot.

In der Niederungszone der Siedlung, die die Polder I und II umfassten, hat man Überreste regelmäßiger Bebauung und Reste der Uferlinie mit Bootsteilen entdeckt (Abb. 125; 126). Die Hauptachse der Bebauung bildete ein Streifen mit einer Breite von 7 m und einer Länge von 44 m, innerhalb dessen man sowohl Überreste von Wirtschaftsgebäuden als auch von vier Wohn- und Produktionsstätten unterscheiden konnte, darunter ein Langhaus mit den Ausmaßen von 6 m x 21 m mit Pfosten-Flechtwerkwänden, vielleicht mit den charakteristischen Stützpfeilern. Es bestand aus drei Räumen, von denen zwei – der nördliche Raum (mit den Ausmaßen von 5,5 m x 6 m) und der mittlere Raum (mit den Ausmaßen von 10 m x 6 m) Arbeitsbereiche parallel zur Längachse des Gebäudes besaßen. Im südlichen Teil des Gebäudes befand sich ein 5,5 m x 6 m großer Raum mit der Feuerstelle. Das Haus war der Hauptteil eines großen Hofes, zu dem noch wenigstens zwei Wirtschaftsgebäude gehörten. Im Nachbarhof südlich des Langhauses entdeckte man Spuren eines anderen Gebäudes. Beide Höfe lagen östlich von der durch die Wohn- und Wirtschaftshäuser gebildeten Hauptstraße. Westlich davon ließen sich auf der gesamten Länge der untersuchten Fläche Reste eines regulierten Baches feststellen. Er floss ursprünglich entlang der Gebäude und parallel zur Straße. Für diesen Teil der Siedlung konnte unter Berücksichtigung der während der Begehungen beobachteten Streuung des Fundmaterials westlich des Baches eine Rekonstruktion der Bebauung hergestellt werden. Eine ähnliche Bebauungsanordnung befand sich sicherlich auch auf dem weitaus größeren Restgebiet der Siedlung. Die Konstruktionsdetails der Wände, die Dimensionen sowie die Dreiteiligkeit dieser Gebäude weisen gewisse Analogien zu den in Hedeby/Haithabu entdeckten Häusern auf. Eine ähnliche Art der Bebauung liegt auch aus Ribe in Westdänemark vor. Man kann vermuten, dass der in Hansdorf/Truso entdeckte Bautypus mit der zwischen den Jahren 700 und 1100 im Ostseeraum herausgebildeten frühstädtischen Besiedlung zusammenhängt.

Bei den Ausgrabungen wurden zahlreiche Funde gemacht. Neben Fragmenten von Tongefäßen, Hüttenlehm, Tierknochen und Gebrauchsgegenständen hat man auch zahlreiche mit Handel und Handwerk in Verbindung stehende Funde entdeckt. Es handelte sich dabei um Handwerkszweige wie Bernstein-, Geweih-, Glasverarbeitung, Goldschmiedekunst und auch Schmiedehandwerk. Zweifellos sind die beschriebenen Häuser als Werkstätten und zugleich als Wohnhäuser genutzt worden. Darauf weisen die in den Häusern aufgefundene zahlreiche Keramik, die Tierknochen, Spinnwirtel und Webgewichte, sowie deren Verteilung hin. Auch die Ausstattung der Häuser, unter anderem Spuren von Holzböden, rechteckige offene Feuerstellen und Spuren der Holz-Erde-Bänke/Betten entlang der Raumwände, die eine charakteristische Teilung des Rauminneren in drei Nutzungsareale bildeten, bestätigen eine solche Interpretation. Die Multifunktionalität der Gebäude ist insbesondere für die skandinavischen frühstädtischen Siedlungen (unter anderem Hedeby/Haithabu und Birka) typisch. Eine ähnliche Situation ist auch aus Staraja Ladoga bekannt, wo sich ein Teil der Werkstätten in den Wohnhäusern befand. Die große Anzahl der in den Häusern gefundenen Münzen und Gewichte sowie Waagefragmente zeugen darüber hinaus von dem hier betriebenen Handel.

Ein sehr wichtiges Problem, dessen Lösung von grundlegender Bedeutung für die endgültige Bestimmung des Status der Siedlung von Truso sein wird, ist die Frage nach dem Vorhandensein der Befestigungsanlagen. Schon jetzt deuten gewisse Angaben auf das Vorhandensein eines Grabens hin:

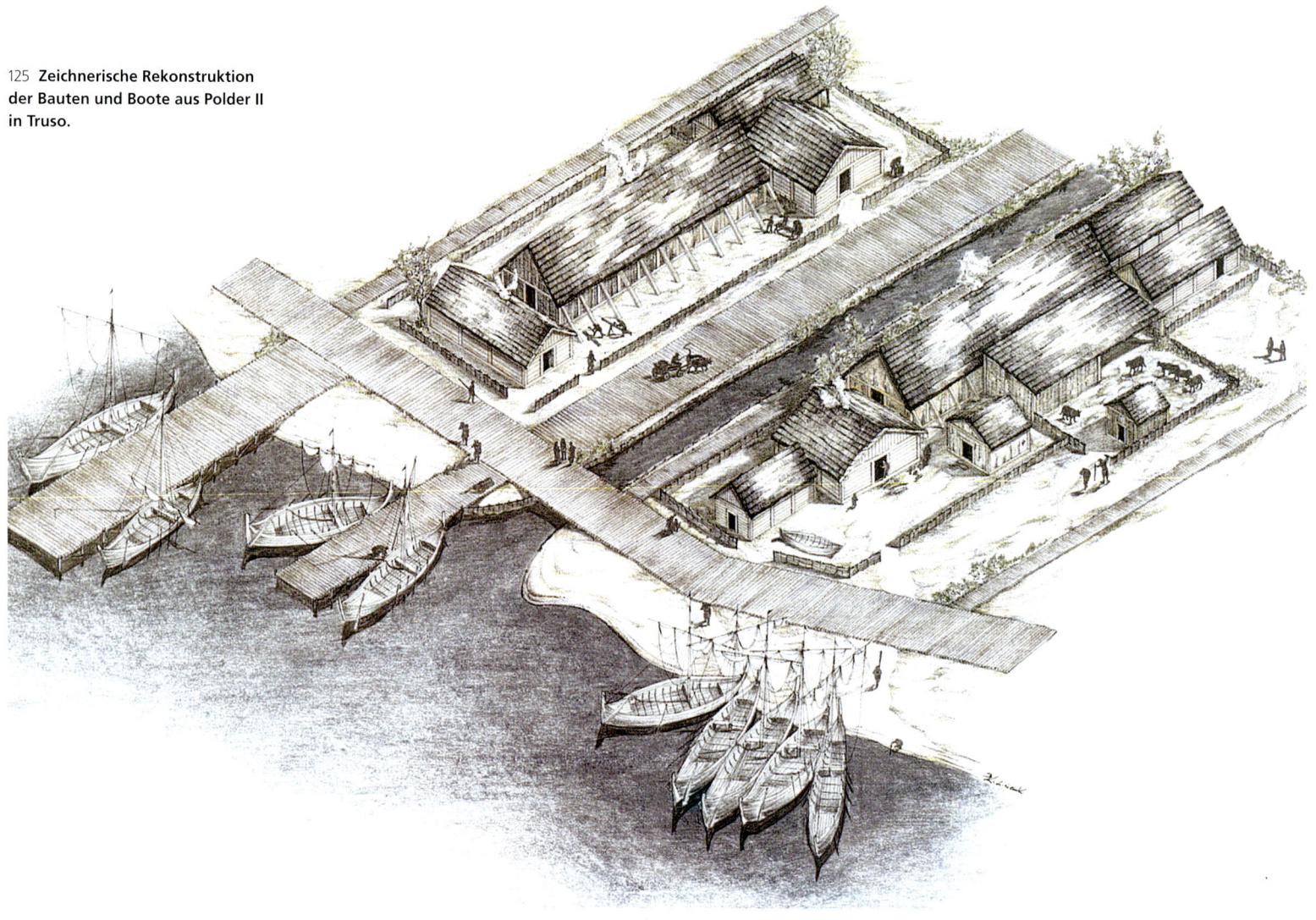

125 Zeichnerische Rekonstruktion der Bauten und Boote aus Polder II in Truso.

Man muss wahrscheinlich auch mit dem Bestehen eines hufeisenförmigen, die Siedlung von der Landseite her umgebenden Schutzwalles rechnen. Deutlicher stellt sich das Bild der Siedlung von der Wasserseite aus dar. Der Hafen der Siedlung richtete sich nach der ehemaligen Uferlinie des Drausensees. Dort hat man Relikte von neun Booten mit flachem Kiel entdeckt, deren Ausmaße man auf etwa 9 m Länge und auf 2,5 m bis 3 m Breite geschätzt hat. Bei den am besten erhaltenen Bootwracks Nr. 1 und 2 konnte man Reste der Bootsplanken nachweisen. Mehrere Angaben zur Bootkonstruktion lieferte die Untersuchung der Verteilung von Eisennieten. Deren geringe Anzahl und ihre Lokalisierung (sie sind hauptsächlich entlang der vermuteten Bootspanten aufgetreten) deuten darauf hin, dass die Niete zur Befestigung der Planken mit den Spanten verwendet wurden. Im Bereich des Bootwracks fanden sich auch zahlreiche unbenutzte Nietbolzen, viereckige Unterlagen und Teerklumpen, die ein Nachweis für an dieser Stelle ausgeführte Bootreparaturen bzw. ihrer Wartung sein könnten. Von besonderer Bedeutung ist die Chronologie von Truso, die sich auf die reichen Funde aus der Siedlung stützt. Neben Schmuck (Fibeln) aus Bronze und Silber, Hornkämmen und Waffenteilen sind es vor allem Münzen, von denen 84 orientalischen Ursprungs sind (2+66 lose Funde; 11+5 Hortfund), die für eine Datierung der Siedlung herangezogen werden können. Bei den orientalischen Münzen handelt es sich in erster Linie um Dirhem der Abbasiden (33 lose Exemplare und 13 in Hortfunden). Das älteste Exemplar unter den Münzen in Hortfunden ist die Sassanidendrachme Hosroes' II., geprägt nach 591, das jüngste hingegen der Dirhem des Abbasiden al-Ma'mun, geprägt in Madīnat as-Salām im Jahre 815/16. Die sonstigen Münzen im Hortfund sind hauptsächlich Prägungen aus den vierziger und siebziger Jahren des 8. Jahrhunderts. Von den als Einzelfund entdeckten Münzen ist die Münze des Kalifen al-Ma'mūn, geprägt wahrscheinlich in Madīnat Harāt im Jahre 821/22, die jüngste. Die beiden restlichen Münzen sind die in diesem Teil Europas sehr seltenen frühen westeuropäischen Prägungen. Eine davon ist der dänische Denar vom Typus KG 3, die zweite hingegen ein angelsächsischer Penny des Königs von Wessex Ethelwulf (838–858). Der Denar vom Typus KG 3 wurde in Hedeby/Haithabu um 825, der Penny Ethelwulfs in Rochester zwischen 845 und 848 geprägt.

Fasst man die Datierungen der bislang gemachten Funde zusammen, so zeichnen sich unter Berücksichtigung ihrer stratigraphischen Verteilung wenigstens drei Nutzungsphasen der Siedlung ab. Die

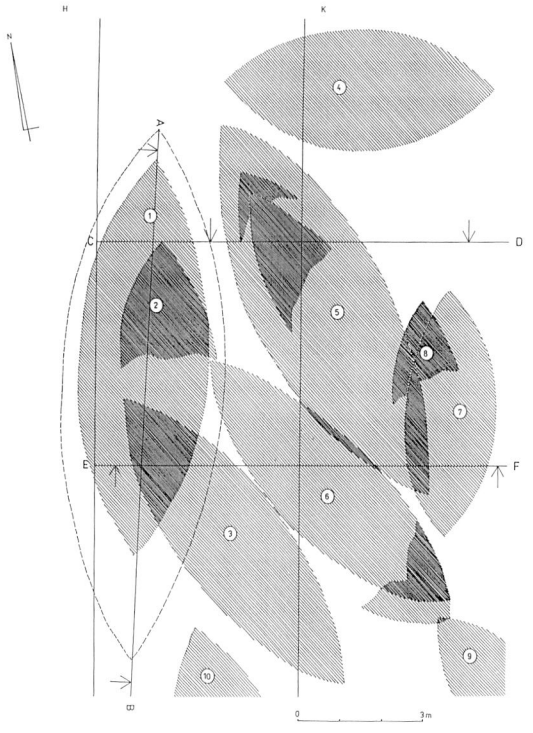

126 Durch Verfärbungen im Boden lassen sich insgesamt 10 Boote in der Grabungsfläche nachweisen.

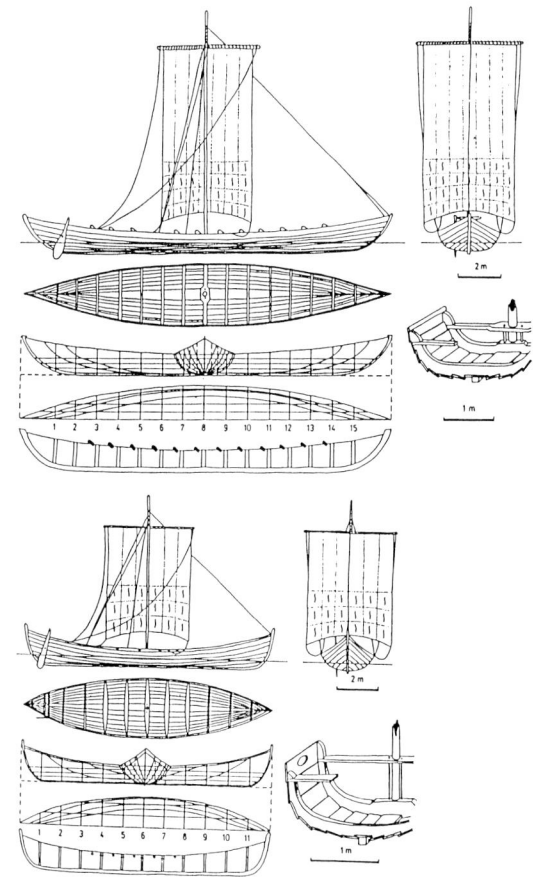

127 Zeichnerische Rekonstruktion der Boote von Truso.

erste Phase war mit den Arbeiten zur Vorbereitung des Geländes für den künftigen Hafen und für die Siedlung verbunden. In der zweiten Phase erfolgte die wirtschaftliche Blüte der Siedlung, die sich zu dieser Zeit als ein Handels- und Erzeugerzentrum mit frühstädtischem Charakter zu erkennen gibt (Handel, zahlreiche Werkstätten, Hafen, Wohnbereich). Aus dieser Phase stammen alle arabischen Münzen, die KG 3-Münze und der Penny Ethelwulfs, die eine Datierung dieser Blütezeit in die erste Hälfte des 9. Jahrhunderts bis wenigstens bis an das Ende des 9. Jahrhunderts ermöglichen. Ein mit Grubenschmelz verzierter Gürtelbeschlag, ein schildförmiger Silberanhänger, eine Schwertklinge vom Typus X und die Sporen mit langen Stacheln vom Typus I sind dagegen mit der bereits durch Ackerbaumaßnahmen (Pflügen) zerstörten jüngsten Phase der Siedlung zu verbinden, die in der ersten Hälfte des 10. Jahrhunderts ihr Ende fand. Zwar gibt es Funde, die auf weitere Nutzung des Siedlungsgeländes hindeuten – hiervon zeugen vor allem Gefäße aus dem 11. Jahrhundert – doch unterschied sich die in dieser Zeit vorhandene Besiedlung wesentlich vom Charakter und von der Funktion der vom 9. bis zur Mitte des 10. Jahrhunderts existierenden Siedlung. Truso funktionierte als das wichtige Handels- und Erzeugerzentrum nur in bestimmten politisch-wirtschaftlichen Verhältnissen. Die Analyse der archäologischen Fundstellen im Gebiet zwischen Weichsel und Passarge (Pasłęka) ergab, dass Truso im Grenzgebiet zwischen slawischer und estnischer (pruzzischer) Besiedlung angelegt wurde. Darauf verweisen sowohl die während der Grabungen entdeckten Funde, als auch die Anordnung und Bebauung der Siedlung selbst, die deutlich an die wichtigste Hafenstadt der Jütländischen Halbinsel Hedeby/Haithabu anknüpfen.

Literatur

Callmer 1994. – Clark/Ambrosiani 1991. – Clarke/Simms (Hrsg.) 1985. - Davidan 1976. – Hakluyt 1958. – Jagodziński 1998. – Jagodziński/Kasprzycka 1991. – Jensen 1991. – Lehr-Spławiński u. a. 1961. – Łosiński 1994. – Suchodolski 1989.

Prag um das Jahr 1000: Infrastruktur, Verkehrswesen

JARMILA ČIHÁKOVÁ

Im Herzen des böhmischen Beckens liegt das Prager Gebiet, das den Prager Kessel und die benachbarte Anhöhe umfasst. Das Zentrum des Prager Kessels bildet der historische Kern Prags – der eigentliche Prager Kessel und zugleich das Prager Zentralgebiet, in dem im Mittelalter der komplizierte Entwicklungsprozess vom frühmittelalterlichen *Suburbium* bis zu der hochmittelalterlichen Stadt verlief. In diesen Bereich eingeschlossen waren auch die Talenge zwischen dem Petřiner Berg (Laurenziberg) und dem Burgplateau, die einige Geologen als das „Kleinseitner Amphitheater" bezeichnen am linken Moldauufer und die breiten flachen Flussterrassen, die genügend Raum für die Entfaltung der Alt- und Neustadt boten am rechten Moldauufer. In der Zeit der höchsten Prager Besiedlungsdichte im 10. bis zum 12. Jahrhundert entstand das vom Zentrum des Prager Kessels strahlenförmig ausgehende Netz der Fernhandelsverbindungen, unter denen die West-Ost-Trasse mit den aus dem Süden von Passau längs des linken und von Linz längs des rechten Moldauufers führenden Straßen die wichtigste war. Hubert Ječný erkannte in der mittelalterlichen radialen Verkehrsführung den älteren Straßenentwurf, der noch nicht an den historischen Kern Prags anknüpfte, aber vielleicht schon im 6. Jahrhundert bestand. Er verband den Norden mit dem Süden, führte am „Kleinseitner Amphitheater" und dem Burgplateau vorbei, kreuzte im Norden des breiten Prager Kessels die West-Ost-Trasse und nutzte die Furten von Manín und Troja. Die Bedeutung der Prager Umgebung für die seit der frühen Vorzeit bestehenden Handelsbeziehungen bezeugen Importfunde aus dem von den unterschiedlichsten Gruppen dicht besiedelten Gebiet im Norden des Prager Kessels – dem heutigen Prag 6, nördlich des historischen Kerns und der Prager Burg – sowie auch die Existenz des wichtigen hallstatt-latènezeitlichen Zentrums und keltischen Oppidums Závist am

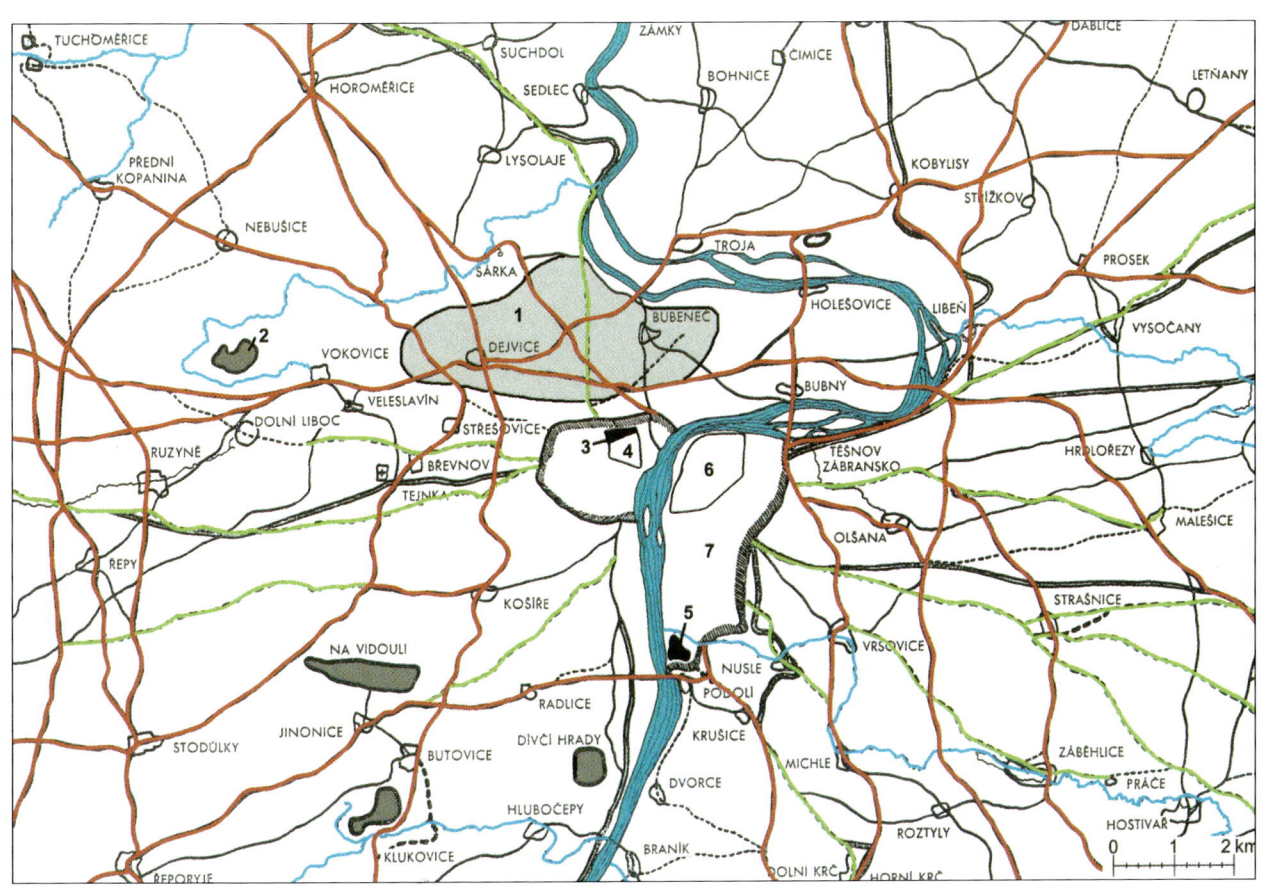

128 Mitte des Prager Kessels mit dem „prähistorischen" (rot) und frühmittelalterlichen (grün) Straßennetz. 1 traditionelles Siedlungsareal in Prag; 2 Burgwall Šárka; 3 Prager Burg; 4 Malá Strana; 5 Vyšehrad; 6 Altstadt; 7 Neustadt (nach H. Ječny).

Südrand Prags. Die Lage an der zugänglichsten und scheinbar einzigen Fernstraße unterstreicht neben der Landesnatur und den Funden noch die Bedeutung der Umgebung Prags.

Es lässt sich heute schwer sagen, ob es je gelingen wird, unsere historischen Überlieferungen bezüglich der Entstehung des frühmittelalterlichen Fernstraßenknotens zu verifizieren und die Rolle zu klären, die die Prager Burg, das Machtzentrum, und der eigentliche Prager Kessel, die wichtige Station an den Fernstraßen, gespielt haben. Was war zuerst da, was war Ursache, was Wirkung? Auch fällt es nicht leicht, den Charakter und den Umfang der vorzeitlichen Besiedlung im historischen Kern Prags zu bestimmen, ist doch die Art der vorzeitlichen Nutzung der Hauptplätze längs der Moldau – des Vyšehrad, des verschwundenen Břež-Felsens und der Prager Burg – sowie die Funktion der Terrassen am rechten Ufer, von denen einige vorzeitliche Funde stammen, gar nicht mehr oder nur schwer nachvollziehbar. Ebenso wurden die Böden der Kleinseite und vom Hradschin (Hradčany), obgleich sie Besiedlungsbelege aus einer Reihe von vorzeitlichen Kulturen geliefert haben, in jüngerer Zeit so stark bearbeitet, dass sie bei der Suche nach dem Alter und der Tradition des Handelsknotenpunktes im historischen Kern Prags im frühen Mittelalter heute kaum werden weiter helfen können.

Der Einschätzung der Bedeutung Prags als frühmittelalterliche Station des internationalen Handels liegt der Bericht Ibrāhīm ibn Jakūbs aus den sechziger Jahren des 10. Jahrhunderts zugrunde. Daraus ergibt sich die Lage der Stadt auf dem Gebiet der heutigen Kleinseite, wie sie auch Dušan Třeštík erstmals festgestellt hat, und sie die geologisch-archäologischen Quellen bezeugen. In der Zeitspanne vom 6. bis zum 9. Jahrhundert müssen Veränderungen eingetreten sein, die den Verlust der Bedeutung des traditionellen Siedlungsareals im Norden des Prager Gebiets und die Entstehung eines neuen Kerns im eingeengten Raum des Kleinseitner Beckens zur Folge hatten. Der Grund dieser Veränderungen ist vorläufig unbekannt, die Veränderung des Flusslaufes dürfte es kaum gewesen sein. Im 10. Jahrhundert wurde Prag zur wichtigen Station an der transkontinentalen Verkehrsader, die aus dem Wolgagebiet in das heutige spanische Córdoba führte und die islamische Welt unter anderem mit großen Mengen von Sklaven versorgte. In Prag selbst konnten die Händler auf dem Marktplatz alles zur Verpflegung und zum

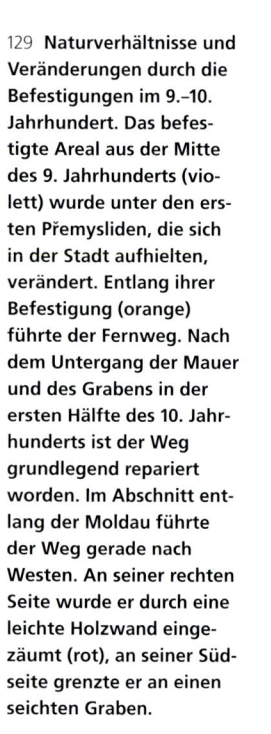

129 Naturverhältnisse und Veränderungen durch die Befestigungen im 9.–10. Jahrhundert. Das befestigte Areal aus der Mitte des 9. Jahrhunderts (violett) wurde unter den ersten Přemysliden, die sich in der Stadt aufhielten, verändert. Entlang ihrer Befestigung (orange) führte der Fernweg. Nach dem Untergang der Mauer und des Grabens in der ersten Hälfte des 10. Jahrhunderts ist der Weg grundlegend repariert worden. Im Abschnitt entlang der Moldau führte der Weg gerade nach Westen. An seiner rechten Seite wurde er durch eine leichte Holzwand eingezäumt (rot), an seiner Südseite grenzte er an einen seichten Graben.

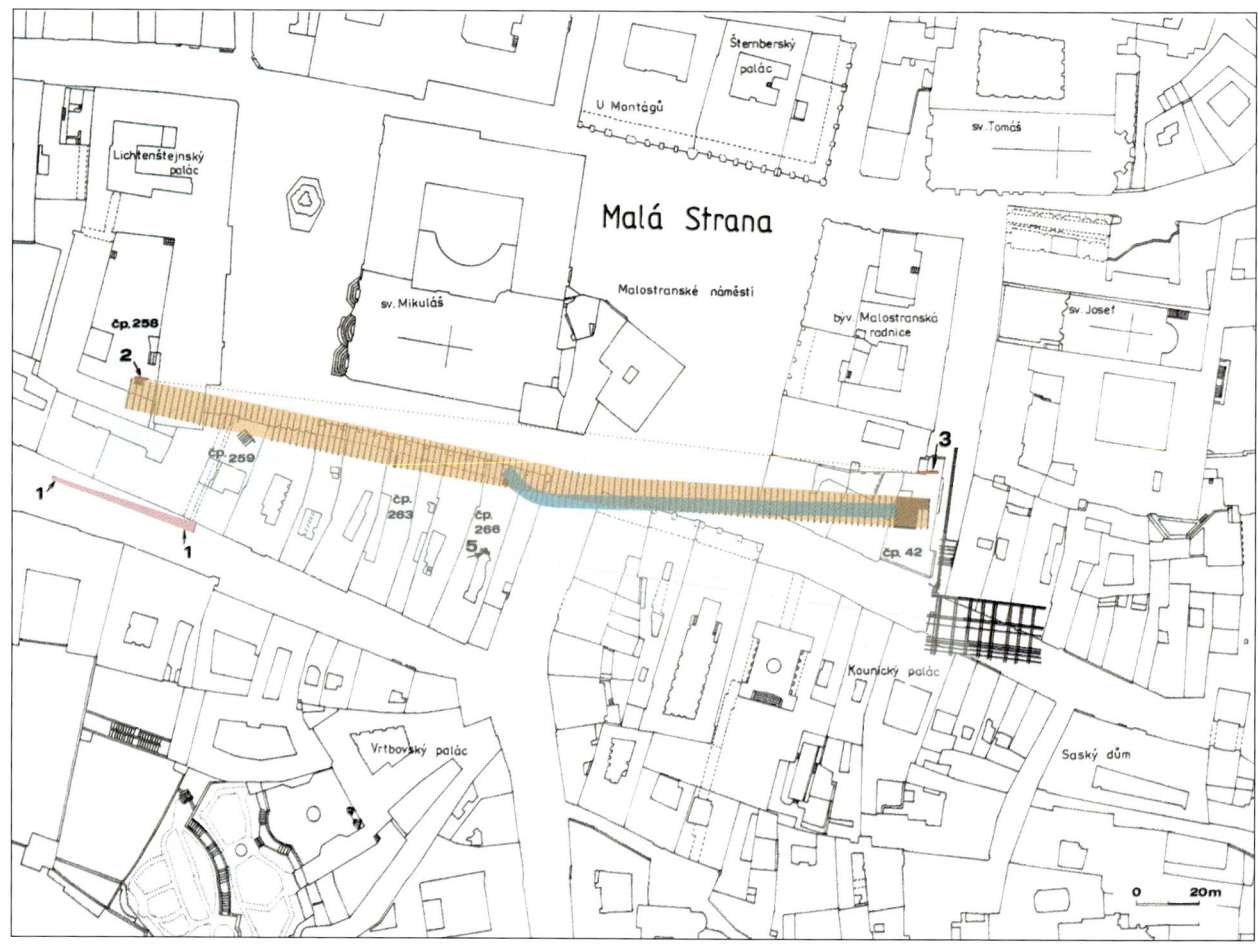

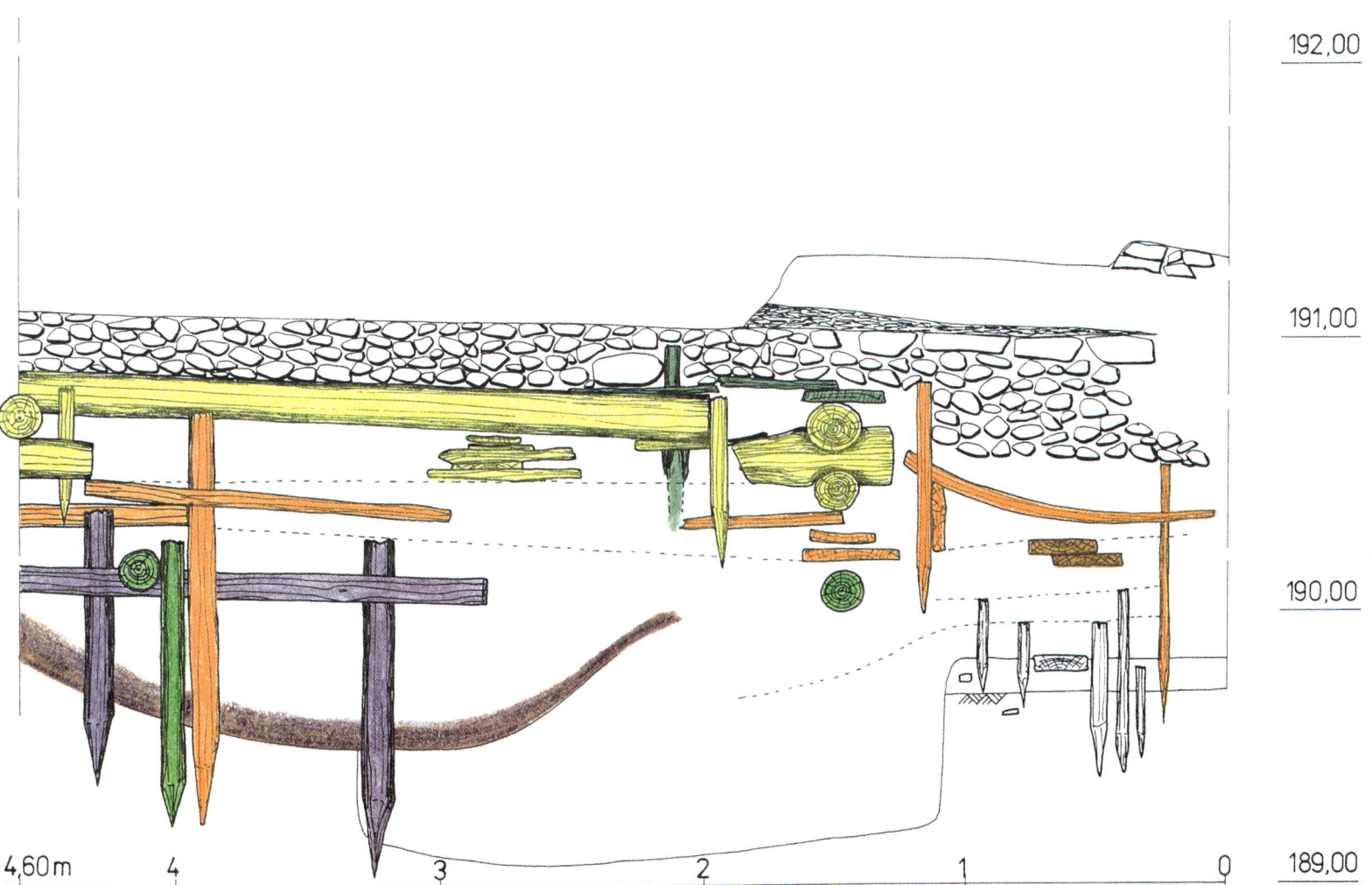

130 **Profilschnitt durch die Holzkonstruktion des Weges, Prag-Malá Strana, Mostecká-Straße.**

Schutz und Wohl der Karawanen einkaufen. Die von den Handelszügen benutzte Trasse in der Prager Umgebung ist nicht genau bekannt. Auch die Rolle der auf einem Felssporn gelegenen Burg mit dem ausgefahrenen Wegstück an der Stelle des späteren Sankt Georgsklosters ist nicht geklärt. Sollte die Trasse durch das Kleinseitner Becken geführt haben, so hätte sie nach dem Verlassen des Šarka-Burgwalles und Břevnovs von Strahov zum Quellgebiet des ehemaligen Kleinseitner Baches und dann zur Moldau hinabgereicht. Ungefähr bis zum Ende des ersten Drittels des 10. Jahrhunderts verlief der Karawanenweg außerhalb und längs der südlichen Stadtbefestigung, deren 8 m breiter Holz-Erdwall mit dem zehn Meter breiten Graben damals bereits abgetragen war. Ob danach eine neue Befestigung errichtet wurde, entzieht sich unserer Kenntnis. An der Moldau traf die Fernstraße auf eine im 10. Jahrhundert belegte, nach der Christian-Legende hölzerne Brücke, von der man nicht weiß, ob sie nur für Fußgänger oder auch für Fuhrwerke passierbar war. Sie lag bei der heutigen Karlsbrücke, wo kein so breiter Übergang über die Flussaue war, wie er sich weiter nördlich befand. Auf der anderen Seite des Flusses trafen die Karawanen auf die flachen Terrassen am rechten Ufer, an deren Kante sich einige Bestattungsplätze befanden, die auch von den Stadtbewohnern auf dem linken Ufer belegt worden sein dürften. Die archäologische Forschung hat keine hinlänglich überzeugenden Beweise für eine anderweitige Nutzung der rechten Uferflächen erbringen können. Nach H. Ječný könnten sie als Lagerplatz und zur Abwicklung der beiderseitigen Geschäfte für die Karawanen gedient haben, deren Sicherheit eine Garnison aus der Prager Burg überwacht haben mochte.

Im Kleinseitner Abschnitt der erwähnten Trasse wurde in der heutigen Brückengasse (Mostecká ulice) das Fragment einer über lange Zeit genutzten Baustruktur aufgedeckt, die wahrscheinlich in Zusammenhang mit dem Fernhandel stand. Sie wird als die mehrmals reparierte und befestigte Unterlage eines öffentlichen Platzes oder einer Straße aus dem 10. Jahrhundert gedeutet, die auf die Stelle nördlich der heutigen Karlsbrücke ausgerichtet war, wo die Holzbrücke lokalisiert werden konnte. Es handelte sich wahrscheinlich um eine

Multiethnische Handelsplätze

Verkehrsverbindung zu der Holzbrücke und zugleich um einen Aufmarschplatz, auf dem sich wohl unter anderem Handelszüge vor dem Betreten der Brücke formierten und der zur Sicherung eines reibungslosen und zügigen Übergangs genutzt wurde. Die ursprüngliche Straßendecke hat sich nicht erhalten. Es blieben in der Brückengasse nur 40 m lange Reste ihrer Grundkonstruktion, die anders als die heutige Straße ausgerichtet war und aus einem Netz von 4 bis 4,2 m auf 2 bis 3 m großen Rechtecken bestand. Dieser Unterbau war mit über 23 m ungewöhnlich breit. Die häufigen, wohl durch das hohe Verkehrsaufkommen bedingten Reparaturen brachten eine komplizierte Schichtenlage mit sich, in der fünf bis sechs Instandsetzungen ausgemacht werden konnten, fünf Holzkonstruktionen waren davon betroffen. Die jeweilige Reparatur erforderte den Aushub eines 1 m tiefen Grabens, der dann mit einer Mischung aus Erde und organischen Stoffen gefüllt wurde. Darauf kam ein Rahmen oder eine niedrige Kammer, die wiederum mit Erde und einer Menge organischen Materials zugeschüttet wurde. Während der jüngeren Reparaturen wurden die älteren Teile beschädigt, so blieben von diesen nur Fragmente erhalten. Das jüngste erhaltene Rechteck besteht aus gezimmerten Tannenbalken, die älteren Konstruktionen waren nicht ganz so solide, ihre Wände waren nur mit Bohlen zusammengehalten, in einem Falle sogar nur durch einen leichten Zaun ersetzt worden.

Die vorliegenden dendrochronologischen Daten der beim diesem Straßenbau benutzten Hölzer, das Jahr 894 für die zweite, das Jahr 927 für die vierte und das Jahr 942 für die fünfte Reparatur, werfen neue Fragen auf: Wie wichtig ist wohl der Zeitpunkt oder die Person des Fürsten Bořivoj oder die des großmährischen Fürsten Svatopluk bei der Verwirklichung der Ausbaupläne, die für das Ende des 9. Jahrhunderts eine befestigte Stadt in rechteckiger Gestalt vorsahen, wie die gefundenen Befestigungsabschnitte in der Brückengasse andeuten? Von der Brückengasse lief offenbar senkrecht ein Nebenweg in die heutige Josefsgasse, die innerhalb Prags als der älteste Verkehrsweg gilt und bis heute erhalten ist. Die Datierung der drei beim Bau der jüngsten Kammer im Jahre 942 sekundär verwendeten und in den Jahren 828, 830 und 843 gefällten Tannenhölzer erhärtet zum ersten Mal die Datierung des ältesten befestigten Areals auf der heutigen Kleinseite in die erste Hälfte des 9. Jahrhunderts. Dies ist die Zeit vor dem Auftauchen der Přemysliden aus der Anonymität der Geschichte und es werden somit Fragen angeschnitten, deren Klärung aus dem hier gesteckten Rahmen der Behandlung des Prager Kessels und Böhmens fallen.

Literatur

Čihaková 1999. – Čihaková/Dobrý im Druck. – Čihaková u. a. im Druck.

Regensburg – eine mittelalterliche Großstadt an der Donau

SILVIA CODREANU-WINDAUER UND ELEONORE WINTERGERST

Die Stadt Regensburg liegt am nördlichsten Punkt der Donau, die zu allen Zeiten eine wichtige Ost-West-Verbindung war. Durch die Einmündung von Regen und Naab sind natürliche Zugänge nach Nordosten, nach Böhmen und Mähren, gegeben, während die Altmühl und Schwarze Laaber die Anbindung an das mainfränkische Flussnetz ermöglichen.

Bereits zur Römerzeit traf hier die Nord-Süd-Straße von Augsburg und den Alpenpässen kommend auf die entlang der Donau verlaufende Handelsroute, die dann im Mittelalter ihre besondere Bedeutung im Orienthandel erlangen sollte.

Die Stadt selber geht auf das 179 n. Chr. gegründete Lager der III. italischen Legion zurück. Seine aus mächtigen Quadern errichteten Mauern überdauerten alle Stürme der Völkerwanderungszeit und waren der bestimmende Faktor für die Wahl dieses Ortes als Residenz der bayerischen Herzöge. Als herzogliche und königliche Pfalz und Bischofssitz war Regensburg seit der Merowingerzeit eine wirtschaftlich und politisch aufstrebende Stadt, der Ausgangspunkt für die Aufsiedlung des Nordgaus und die damit verbundene Mission, aber auch für die Handelsrouten bis nach Byzanz und die Kiewer Rus.

Dank der Stadtbeschreibung im Translationsbericht des heiligen Dionysius (zweite Hälfte 11. Jh.) steht das Bild Regensburgs um 1000 anschaulich vor Augen. Der Autor unterscheidet drei Teile: den *pagus regius*, das politische Machtzentrum mit der Pfalz und der Alten Kapelle, dem Frauenstift Niedermünster sowie den umliegenden Bischofshöfen; den *pagus cleri* mit dem Dom, der Taufkirche St. Johannes, dem Bischofshof und den Frauenklöstern Ober- und Mittelmünster; den *pagus mercatorum*, die neue Stadt, die westlich an den älteren, von der ehemaligen Lagermauer begrenzten Stadtkern angefügt ist.

Unerwähnt bleibt hierbei die innerhalb der Römermauern gelegene, 1010/20 als *habitacula iudeorum* urkundlich belegte Ansiedlung der Juden, die zu den ältesten und bedeutendsten Gemeinden im mitteleuropäischen Raum gehörte.

Die das Stadtbild des 10. Jahrhunderts prägende Baumaßnahme war die Stadterweiterung unter Herzog Arnulf. Sie umfasste das ehemals vor den Toren der Stadt gelegene Kloster St. Emmeram und die so genannte Westvorstadt. Um 920 wurde dieses Areal von den Bürgern der Stadt mit einer Mauer und einer mächtigen Doppelgrabenanlage befestigt. Diese Maßnahme gehört zu den frühesten und mit ihren 30,5 ha Fläche zu den ausgedehntesten Stadterweiterungen im ostfränkischen Reich und dürfte vor allem zum Schutz vor den Ungarneinfällen errichtet worden sein. Ihr Verlauf ist anhand der archäologischen Grabungen der letzten Jahrzehnte weitgehend zu rekonstruieren (Abb. 131).

Am Ausgang der Hauptstraße, die vom Markt bei der Ahakirche über den Haidplatz nach Westen führte, stand das westliche Stadttor, genannt Ruozanburgtor.

Den gewaltigen fortifikatorischen Baumaßnahmen entsprachen im Stadtinneren große Repräsentativbauten: 891 hatte der verheerende Stadtbrand außer St. Emmeram und St. Kassian die ganze Stadt in Schutt und Asche gelegt, wohl auch den archäologisch noch nicht fassbaren Dom. Dessen ottonischer Neubau entstand nun an einer neuen Stelle als dreischiffige Pfeilerbasilika mit kleiner eingezogener Ostapside (Abb. 132, 1). Seine Bauzeit ist zwar nicht genau zu bestimmen, 932 dürfte er aber als Austragungsort einer Synode bereits vollendet gewesen sein. Mit einer Innenfläche von über 1600 m^2 übertraf er die ältere Basilika St. Emmeram an Größe und war somit das mächtigste Bauwerk der Stadt. Sein nördliches Seitenschiff hat sich im Bereich der heutigen Domkreuzgänge erhalten. Dort ist sein architektonisch umrahmtes Nordportal noch erkennbar, das einst in einer Achse mit dem Zugang zur Stefanskapelle lag. Diese wird als Privatkapelle des Bischofs angesprochen und ist erstmals 994 als Ort der Aufbahrung des heiligen Wolfgang erwähnt.

Aufgrund von Baubefunden erscheint es wahrscheinlich, dass die erste Stefanskapelle durch einen nord-süd-gerichteten Saalbau mit dem Dom verbunden war. Ein weiterer Saalbau wurde in ottonischer Zeit in Verlängerung der Domwestfassade nach Norden hin, wohl bis zur Römermauer, errichtet. Er flankierte die Straße, die vom Wassertor, das heißt der einstigen *Porta Praetoria*, in die Stadt hineinführte.

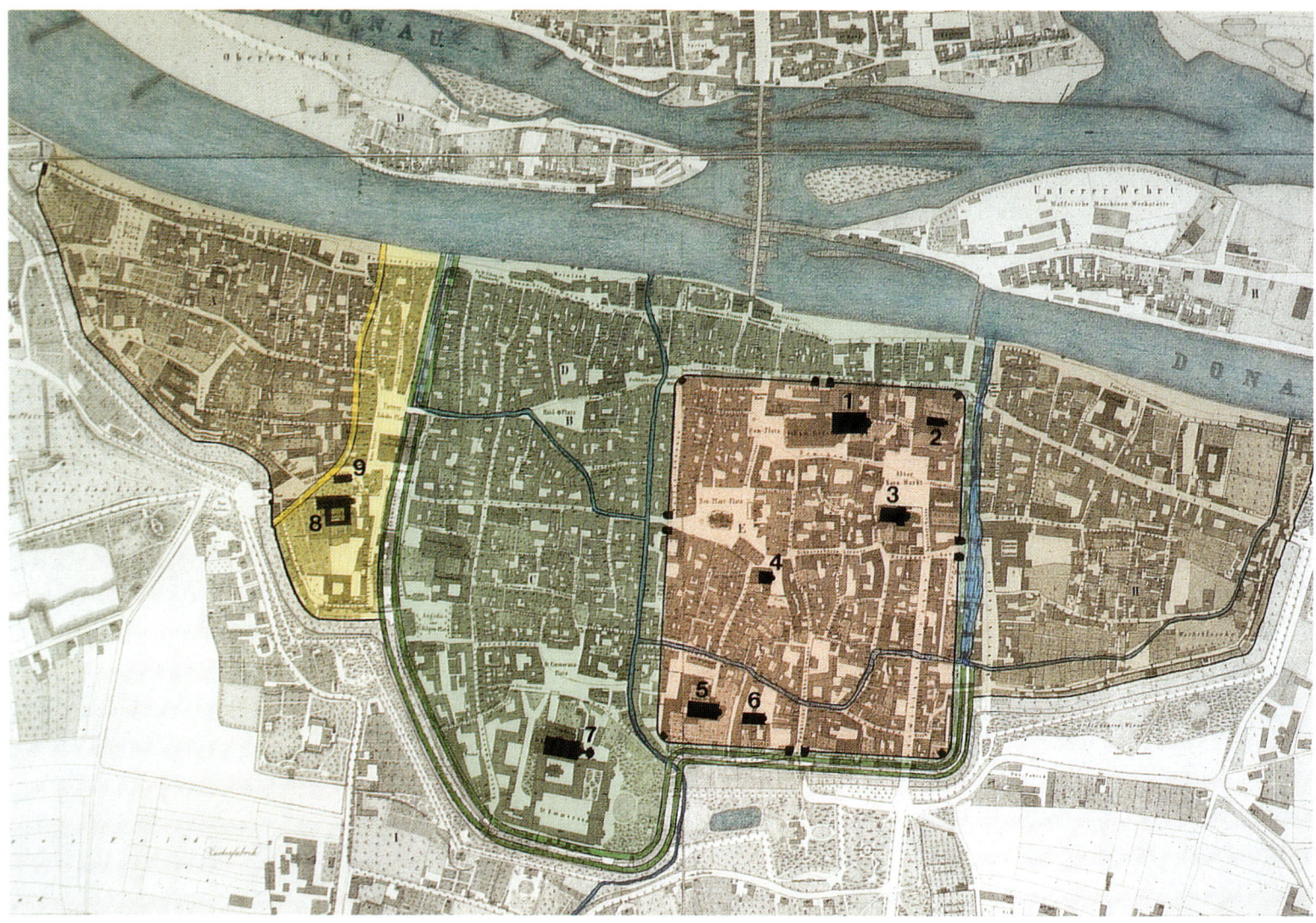

131 Stadtplan von Regensburg mit den unterschiedlichen Stadterweiterungsphasen. Rot – Legionslager; grün – Stadterweiterung um 920; gelb – Stadterweiterung Mitte 12. Jahrhundert; braun – Stadterweiterung um 1300. Eingezeichnet sind die wichtigsten Kirchen: 1 Dom; 2 Niedermünster; 3 „Alte Kapelle"; 4 St. Kassian; 5 Obermünster; 6 Mittelmünster; 7 St. Emmeram; 8 St. Jakob; 9 St. Nikolaus.

Um 1000 setzen erneut Baumaßnahmen am Dom ein (Abb. 132, 1): im Westen wurde ein Querhaus angebaut, versehen mit einem Westchor unbekannten Aussehens. Letzterer war von zwei Türmen flankiert, von denen sich der nördliche bis heute erhalten hat. Über die Turmuntergeschosse konnte man in die Westkrypta gelangen. Ebenfalls im 11. Jahrhundert entstand die quergerichtete bischöfliche Taufkirche St. Johann, die im 12. Jahrhundert explizit als *basilica transversa* bezeichnet wird. Diese war durch zwei Gänge, die sich zu einem Hof bzw. Garten öffneten, im Norden und Süden mit dem Dom verbunden. Sie bildeten ein nach außen hin geschlossenes Atrium.

Rege Bautätigkeit herrschte in ottonischer Zeit auch in dem Klosterkomplex St. Emmeram, das nun im Schutz der arnulfinischen Stadtbefestigung lag. Abt Ramwold ließ im Osten die 980 geweihte zweigeschossige Außenkrypta anfügen, die über einen Gang mit der karolingischen Ringkrypta verbunden war.

Nachdem Herzog Heinrich I., ein Bruder Kaiser Ottos des Großen, in Regensburg die Macht ergriffen hatte, lassen sich auch im Niedermünster weitgreifende Baumaßnahmen fassen[1]. So wird um 950 mit dem Neubau einer monumentalen dreischiffigen Stiftskirche begonnen (Abb. 132, 2). Sie war mit ihrem östlichen Querhaus und Dreiapsidenschluss 955 bereits so weit fertiggestellt, dass Herzog Heinrich in priviligierter Position im abgeschrankten Vorchor bestattet werden konnte. Nördlich der Kirche entstand ein Kreuzgang mit daran anschließenden Konventgebäuden, zu denen auch die Erhardikrypta (Abb. 132, 3) gehörte.

Der Bedeutungszuwachs, den Regensburg mit der Ansiedlung von Kaufleuten und Handwerkern als Handelsstadt erlebte, wirkte sich zugleich positiv auf die Wertschätzung als Regierungssitz aus. Im Jahr 1002 wurde der in Regensburg residierende Herzog Heinrich IV., der dem gleichen Geschlecht wie die ottonischen Kaiser angehörte, zum König gewählt.

In den Jahren bis 1004 lässt er die Alte Kapelle neu erbauen (Abb. 132, 4). Zeittypischen Baugepflogen-

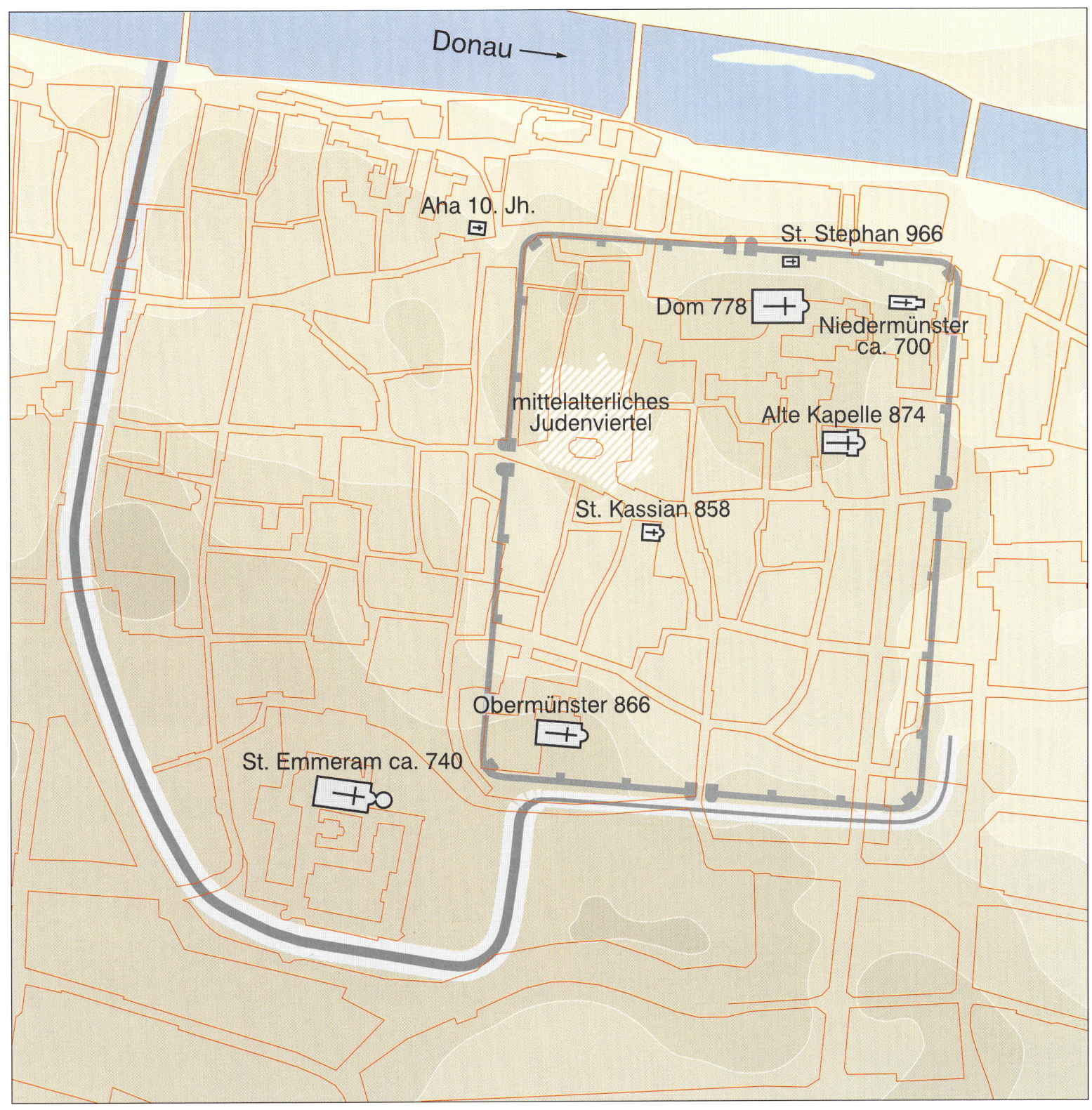

heiten entsprechend wurde der karolingische, dreischiffige Kirchenraum um ein im Osten angefügtes Querhaus erweitert, das gegenüber dem bestehenden Westwerk einen neuen Schwerpunkt bildete. Der freistehende Turm im Westen erfuhr durch eine Aufstockung um zwei mit weiten Schallöffnungen versehenen Geschosse eine Umwidmung zu einem Campanile mit Geläut.

Durch Hofschenkungen erwirkte Heinrich die Einrichtung ständiger Vertretungen aller süddeutschen Bistümer in unmittelbarer Umgebung seiner Regensburger Residenz. Nach dem Vorbild des römischen Laterans, hier in verzerrter Schreibweise als „Latron" bezeichnet, sollte die Regensburger Pfalz als Verwaltungszentrum im Süden des Reiches ausgebaut werden. Einen Anhaltspunkt für

Multiethnische Handelsplätze

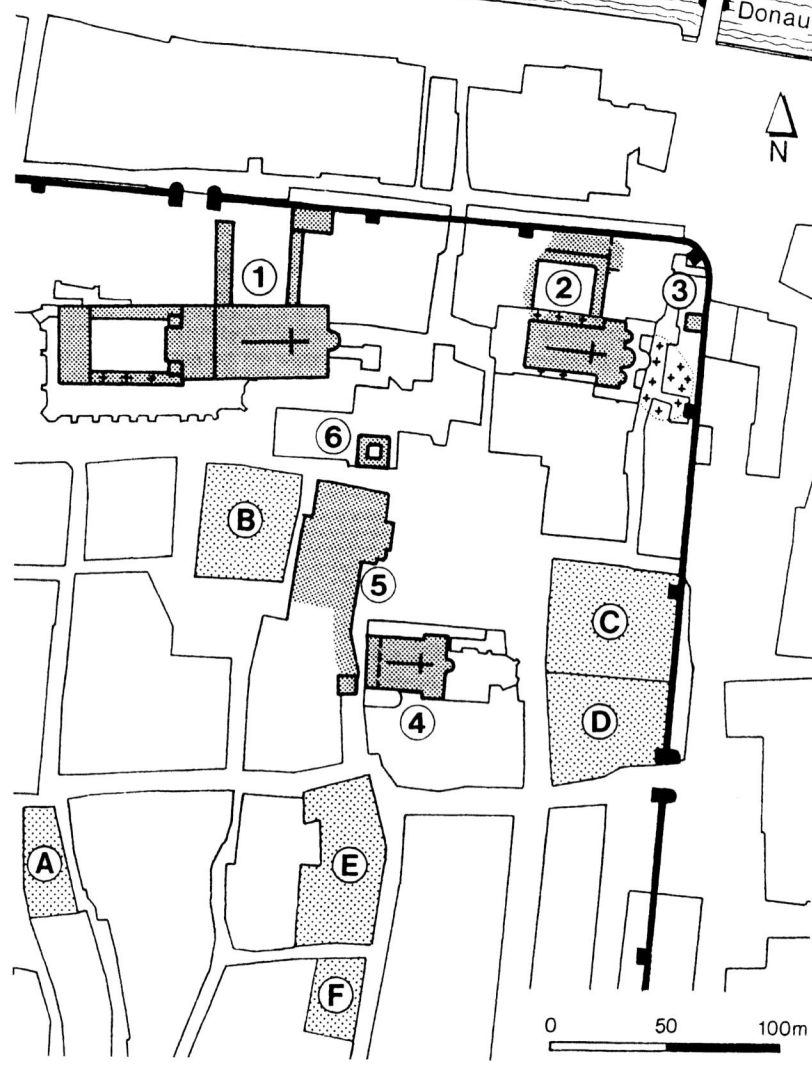

132 Nordostecke der Stadt in ottonischer Zeit: 1 Dom (spätes 9. Jahrhundert) mit Querhaus und Atrium (um 1000); 2 Niedermünster II (um 950); 3 Erhardikapelle (10. Jahrhundert); 4 „Alte Kapelle" (um 1000); 5 Kernbereich der Pfalzgebäude; 6 Römerturm. Bischofshöfe: A – Augsburger Hof; B – Salzburger Hof; C – Freisinger Hof; D – Bamberger Hof; E – Eichstätter Hof; F – Brixener Hof.

die Baugestalt der Vertretungen auswärtiger Bischöfe gibt allein der Brixener Hof (Abb. 132, F), der als einziger in Grundzügen bis heute erhalten geblieben ist, während der Hof des Salzburger Bischofs (Abb. 132, B) nur noch in Bilddokumenten überliefert ist.

Abgesehen von den großen kirchlichen und profanen Repräsentativbauten, ist auch für die ottonische Zeit nur wenig über Siedlungsstrukturen bekannt. Steingebäude wurden bislang nur in kleinen Ausschnitten archäologisch erfasst. Die damals üblichen Holzbauten lassen sich zwar durch neuere Grabungen belegen, sind aber nur schwierig zu rekonstruieren. Das gleiche gilt für den Nachweis von handwerklicher Produktion.

Auch der mittelalterliche Hafen ist noch nicht zuverlässig lokalisiert. Man vermutet ihn unmittelbar nördlich des Wassertores, dort wo rund ein Jahrhundert später die berühmte Steinerne Brücke errichtet wurde, die als einziger fester Donauübergang zwischen Ulm und Wien, der Stadt Regensburg Reichtum und Macht bescherte.

Anmerkungen

1   Die Funde und Befunde aus der Grabung werden derzeit im Rahmen eines von der Deutschen Forschungsgemeinschaft, der Bayerischen Akademie der Wissenschaften und dem Bayerischen Landesamt für Denkmalpflege geförderten Projektes durch Michaela Konrad (München), Arno Rettner (Frankfurt) und Eleonore Wintergerst (Bamberg) wissenschaftlich ausgewertet.

Quellen

MGH SS XI.

Literatur

Bauer 1997. – Boll 1990. – Borgmeyer 1996. – Brühl 1990. – Codreanu-Windauer 1996. – Codreanu-Windauer/Schnieringer 1989. – Codreanu-Windauer u. a. im Druck. – Dallmeier 1993. – Jacobsen u. a. 1990; 1992. – Kolmer 1991. – Osterhaus 1972. – Schmid im Druck. – Schnieringer 1989a; 1989b. – Schwarz 1977. – Strobel 1970/71; 1982. – Strobel/Sydow 1964. – E. Wintergerst 1991. – M. Wintergerst 1998. – Zahn 1931. – Zink 1992.

133 **Luftbild von Regensburg.**

Köln als Handelsplatz des Früh- und des Hochmittelalters

SVEN SCHÜTTE

Köln als Handelsort

Die Lage der Stadt auf einer etwas erhöhten Schotterplatte an einer Flussbiegung des Rheins mit einer vorgelagerten Insel mit geschütztem Flachwasserhafen begünstigte von Anbeginn den Handel: Einerseits war der Rhein die wichtigste Handelsstraße, andererseits waren die Landverbindungen in alle Richtungen eine geradezu ideale Voraussetzung für den Binnenlandhandel. Nach Westen führten die Routen nach Frankreich, nach Nordwesten nach Flandern und in die nördlichen Niederlande, nach Süden entlang des Rheins, nach Oberdeutschland und Italien, nach Osten (mit fester Brücke nach 310 bis ca. 880) nach Mitteldeutschland und in die östlich davon liegenden Gebiete und schließlich nach Norden nach Skandinavien und in den Ostseeraum. Bis ins 17. Jahrhundert war diese Lage ausschlaggebend für Kölns Position als Handelsstadt, wenngleich der Seehandel entlang der Küsten seit dem 13. Jahrhundert andere Städte mehr begünstigte (Abb. 134).

Nach der römischen Provinzhauptstadt war die spätere freie Reichsstadt merowingischer Königssitz und schließlich seit ca. 800 Sitz eines Erzbischofs. Lange Zeit konnte sich die Stadt als volkreichste, wohlhabendste und größte Stadt des Deutschen Reiches behaupten. Bis ins 13. Jahrhundert war Köln eine der größten Städte nördlich der Alpen, ehe sie von anderen Städten, wie Paris und London überrundet wurde und schließlich im 17. Jahrhundert an Bedeutung massiv verlor.

Die ehemals feste wirtschaftliche Stellung hatte seinen Ursachen zuallererst in der langen und ungebrochenen Stadtgeschichte und Kontinuität von Stadtorganismus und Institutionen neben der zentralen geographischen Lage in Europa.

Die Merowingerzeit

In der Merowingerzeit war Köln Sitz der austrasischen Könige und wurde von den Wirren der dunklen Jahrhunderte weit weniger tangiert, als viele andere Städte nördlich der Alpen. Ausweislich der archäologischen Befunde blieben das städtische Leben und damit sicher auch organisatorische und rechtliche Strukturen erhalten. Im Gegensatz zu anderen Städten waren nur die Suburbien, jedoch nicht die Kernstadt von Teilwüstungsprozessen betroffen. Das in der Spätantike entstandene System von Kirchen blieb erhalten und wurde in der Merowingerzeit weiter ausgebaut. Nach wie vor exportierte die Stadt Produkte wie Waffen und Glas, wohl auch Keramik. Im Gegensatz zur Forschung der siebziger und achtziger Jahre ist die These einer Diskontinuität für Köln heute nicht mehr haltbar.

Die fränkischen Könige und ihre Nachfolger, die Hausmeier und frühen Karolinger residierten im ehemaligen römischen *Praetorium*, der *Regia*.
Bereits im 7. Jahrhundert befindet sich Köln wieder auf expandierendem Kurs: Es ist zu dieser Zeit zwar kein Wachstum der Stadt festzustellen, aber auch keine Stagnation, denn das Kirchensystem wird

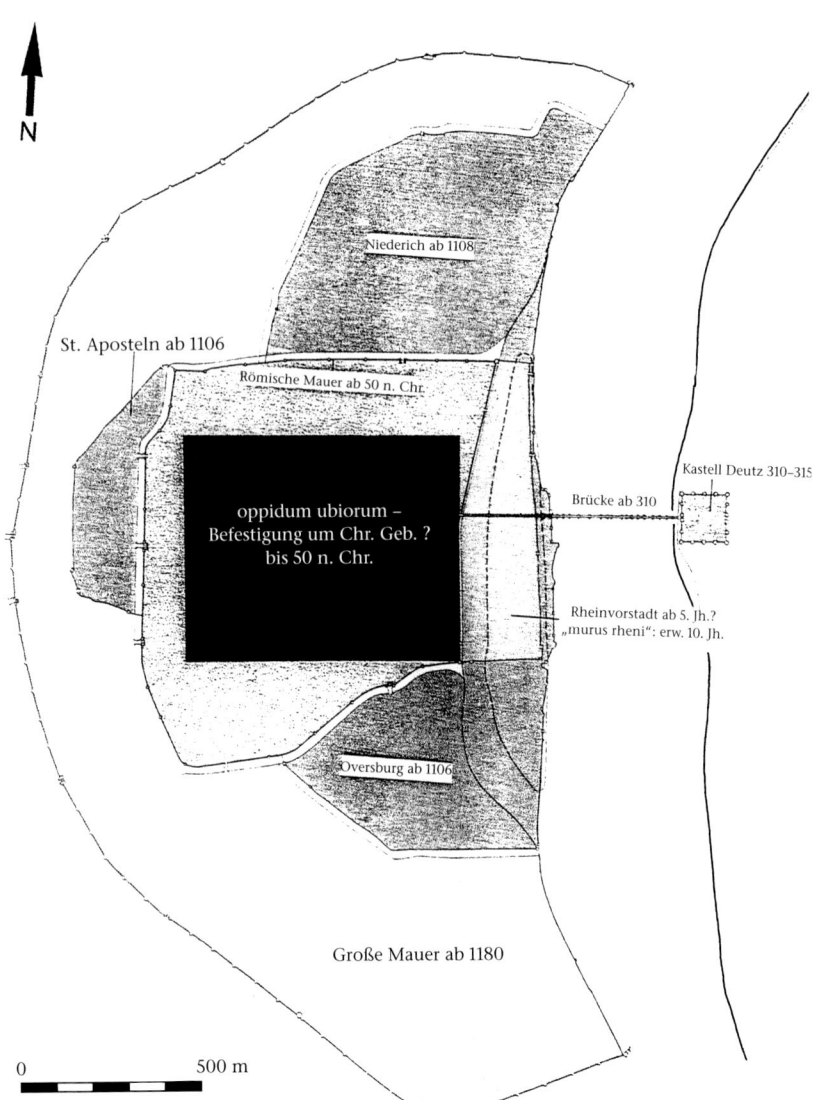

134 **Entwicklungsstufen Kölns von Chr. Geburt bis ca. 1230.**

weiter ausgebaut und es gibt einen offenbar wieder expandierenden Handel. Das Netz der Kirchen wird um merowingische Gründungen bereichert, die oft auf frühchristliche Memorialbauten zurückgehen. Neben dem entstehenden Dom ist St. Gereon die wichtigste Kirche der Stadt. Sie ist auch die Hauskirche der austrasische Könige, denen dort mehrfach gehuldigt wird. Der bedeutende, mit Goldmosaiken und Säulen reich geschmückte, spätantike Bau (4. Jh.) ist für die gesamte Region von hoher Bedeutung. Im wesentlichen wird *intra muros* die antike Stadt weiterbenutzt. Das *Forum* und die offiziellen Bauten haben weiterhin Bestand, bis auf in christlicher Zeit veränderte oder abgerissene Kultbauten. Topographisch ändert sich wenig an der Struktur der spätantiken Stadt. Erst nach einem Erdbeben in den letzten Jahrzehnten des 8. Jahrhunderts, bei dem das *Praetorium* und andere Bauten schwer beschädigt bzw. zerstört werden, findet ein weitreichender Umbau statt. Das Gelände des ehemaligen *Praetoriums* wird eingeebnet. Hier und im südlich anschließenden Quartier des ehemaligen Marstempels bei St. Alban entsteht auf königlichem Fiskalgrund eine Reihe von Parallelstraßen (Abb. 135), die überwiegend mit Steinbauten besetzt sind. In der gleichen Region liegen die Kirchen St. Alban und St. Laurentius sowie bereits seit der Spätantike die Synagoge. Dieser Prozess des Umbaus setzt schon im letzten Jahrzehnt des 8. Jahrhunderts ein. In den Häusern werden frische Tuffe aus der Eifel verbaut. Der Befund eines Lastkahns mit solchen Tuffen ist dendrochronologisch in die Zeit nach 796 datiert und belegt die Nutzung der Brüche in dieser Zeit. Münzen, Keramik, aber auch schriftliche Quellen direkter und indirekter Art zeigen, dass die Stadt einer Umstrukturierung unterworfen ist: In einem Prozess, der sich bis in die Zeit nach 1000 hinzieht, weicht die Königsmacht aus Köln zurück, während gleichzeitig (um 800) die Macht des Erzbischofs entsprechend größer wird.

Im Viertel um das spätere Rathaus, in der Karolingerzeit wohl noch der Sitz des so genannten *Praepositus negotiatorum*, dem späteren *domus civium* des 12. Jahrhunderts (und späteren Rathauses) entsteht um 800 ein Kaufleuteviertel, mit einem jüdischen Bevölkerungsanteil. Ab dem 11. Jahrhundert wird an dieser Stelle das jüdische Ghetto entstehen. Zunächst jedoch handelt es sich um eine offene Mischsiedlung, bei der die Gruppen, die unter dem besonderen Schutz des Königs stehen, Kaufleute und Juden, auf königlichen Fiskalgrund (Abb. 136) angesiedelt werden, dies unmittelbar *intra muros*, während direkt vorgelagert zum Rhein die großen Märkte lagen.

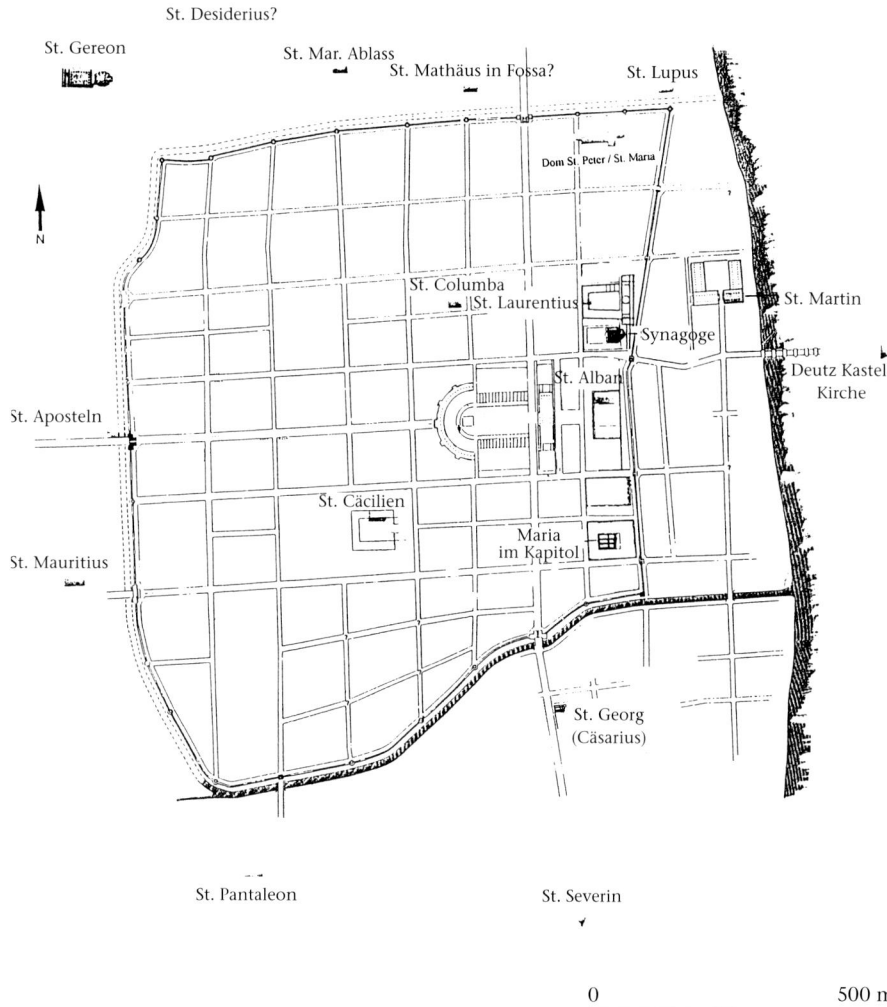

135 **Das karolingische Köln vor 790 mit Synagoge, Kirchen und Märkten in der Rheinvorstadt** (Entwurf S. Schütte 1999).

Die Wirtschaftskraft und der extreme Reichtum zeigen sich schon allein in der Tatsache der Existenz und der Form der reich ausgestatteten Steinhäuser, von denen allerdings nur noch Reste vorhanden sind. Nur das Haus „zur Lerche" ist so vollständig erhalten, dass seine Struktur komplett erschlossen werden konnte (Abb. 137).

Erst mit dem Normannensturm 881 beginnen in Köln wirkliche „dark ages", die nicht nur Stagnation und Rückschritt mit sich bringen, sondern auch dazu führen, dass die antike Stadt verschwindet, das heißt abgebrochen wird, und sich zur mittelalterlichen Stadt transformiert. Bis dahin waren in Topographie und Baustruktur nur geringe Veränderungen anzutreffen, sieht man von den Erdbebenschäden Ende des 8. Jahrhunderts ab. Hingegen werden im 10. Jahrhundert die Märkte umstrukturiert, Kirchen erneuert und ganze Straßen verlegt. Besonders unter Erzbischof Bruno (953–965), dem Bruder Ottos des Großen nehmen die Kirchenbauaktivitäten und der Handel stark zu. Römische Bau-

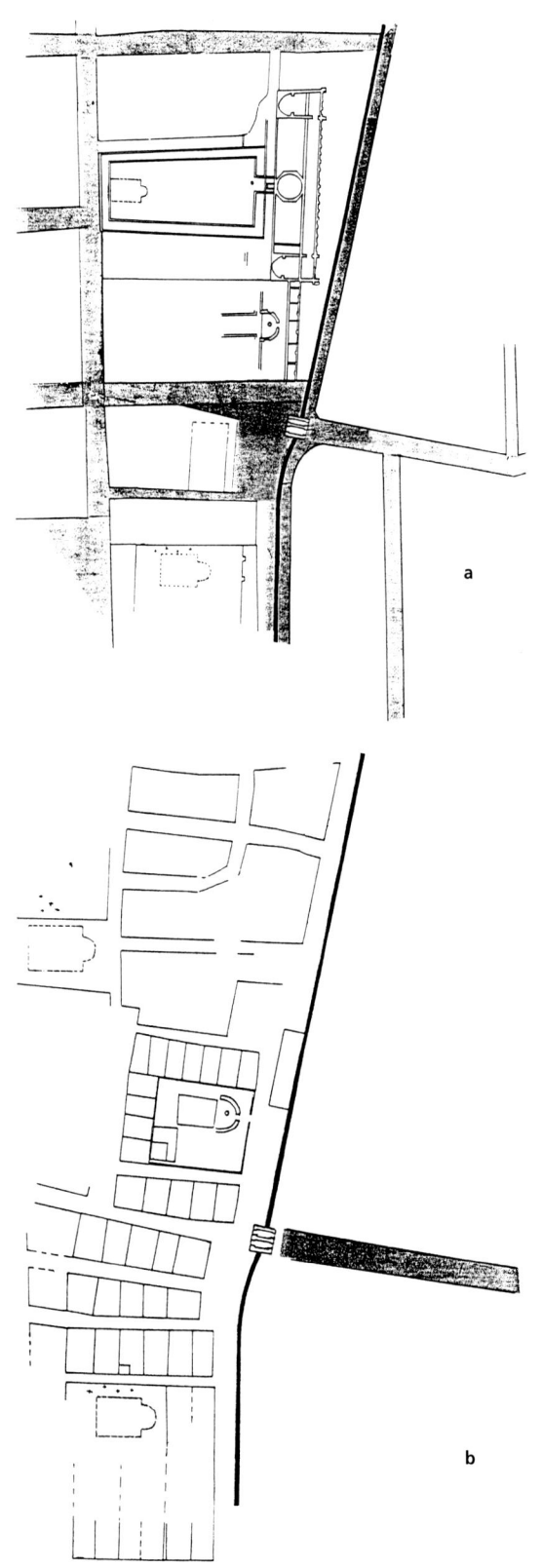

136 Köln. Rathausumgebung (zur Lage vgl. Synagoge auf Abb. 135): a) in der Merowingerzeit (vor zweiter Hälfte 8. Jahrhundert) Zustand vor dem Erdbeben des 8. Jahrhunderts mit *Regia* und antiker Mauer, Synagoge und Kirchen. b) in der Karolingerzeit (nach 800) – Anlage des Kaufleute- und Judenviertels mit Reihen von Tuffbauten.

Köln brachten. Rheinische Keramik findet sich daher im Gegenzug schon in Stockfischstationen der norwegischen Küste um 720 (dendrochronologisches Datum). Umgekehrt ist der Stockfisch in Schichten des „Heumarktes" seit dieser Zeit nachzuweisen.

Ende des 10. Jahrhunderts ist Köln ein florierendes Gemeinwesen mit zahlreichen Kirchen, Märkten und dichter Bebauung, das überregionale Bedeutung besitzt. Zwischen dem 8. und 11. Jahrhundert sind, im Verhältnis zu den großen Märkten Kölns, Handelsplätze wie Dorestad und Hedeby-Haithabu „Outskirts".

Die Märkte in der Stadt

Auch wenn spätestens im 11. Jahrhundert der große Neumarkt im Westen der Römerstadt entsteht, handelt es sich hierbei nicht um den wichtigsten Markt der Stadt. Möglicherweise versuchte der Erzbischof ein Gegengewicht zu den Flussmärkten zu schaffen.

In der Rheinvorstadt waren die Handelsaktivitäten der Stadt von der Römerzeit bis ins 19. Jahrhundert hinein konzentriert. Die ehemalige der Stadt vorgelagerte Hafeninsel wurde bereits zu Beginn des 2. Jahrhunderts durch Zuschütten des Kanals vor der Stadt zur flächigen Rheinvorstadt. Damit verlagerten sich alle Handelsaktivitäten an die Wasserfront, das Rheinufer. Von der Antike bis ins frühe Hochmittelalter dominierten noch antike Bauten, wie der Hallenkomplex bei Groß-St. Martin und Bauten auf dem späteren „Heumarkt", das Bild. Seit der Merowingerzeit wurden derartige Bauten, die zu Handelszwecken und als Speicher dienten, zunehmend aufgegeben. In einem Flügel der großen Anlage im Norden der ehemaligen Hafeninsel (so genannte *Horrea*) wurde die Kirche St. Martin eingerichtet. Es handelte sich vermutlich um die Marktkirche des Viertels. Erst mit der Gründung eines Stifts an dieser Kirche im 10. Jahrhundert (vor 989), das später mit iro-schottischen Mönchen besetzt wurde, musste eine neue Lösung gefunden werden: Es entstand die Pfarrkirche St. Brigiden neben dem Stift Groß-St. Martin. Ungeklärt ist bis heute die Rolle der späteren Marktkirche Klein-St. Martin in der Nähe. Mit der Aufgabe der römischen Bauten entstand ein basarartiges Viertel, das bereits mit Steinbauten gesäumt war, in denen wertvollere Güter gelagert waren und die seit dem 10. Jahrhundert als Wohnsitz der sich in der Rheinvorstadt und ihre Umgebung zahlreich ansiedelnden Kaufleute dienten. War der Markt in der Merowingerzeit noch von Kleinteiligkeit und dem Wechsel von kleinen Holzbuden mit größeren Bauten geprägt, entstanden im 10. Jahrhundert erste große, mit

ten werden im 9. und 10. Jahrhundert verstärkt beseitigt, ein Prozess, der erst im 11. und 12. Jahrhundert langsam zum Stillstand kommt, wie die Schuttschichten des „Heumarktes" erweisen.

Die Wikinger waren nicht nur Feinde, die Köln 881 plünderten, sondern zumeist Handelspartner, die z. B. Stockfisch von der Küste Norwegens nach

Kies gepflasterte Freiflächen. Auf diesen wiederum entwickelte sich bis zum Ende des 11. Jahrhunderts wiederum ein dichtbesiedeltes und von Kiesstraßen durchzogenes, basarartiges Viertel, das bis zum Ende des 12. Jahrhunderts Bestand hatte, bevor es eine offenere, großflächigere Struktur erhielt. Die großen Marktflächen wie „Altermarkt" und „Heumarkt" sind letztlich erst Erscheinungen des 14. Jahrhunderts. Vorher ist die gesamte Rheinvorstadt ein großes, durchmischtes Handelsviertel. Der Markt beinhaltet die Niederlassungen der verschiedensten Kaufmannschaften aus den unterschiedlichsten Gegenden Europas. Feste Häuser hierfür entstanden allerdings erst im 14. Jahrhundert, wie z. B. das Haus der Lombarden oder das Orientkaufhaus an der Südwestecke des Heumarktes. Ausweislich der archäologischen Funde und der spärlichen schriftlichen Quellen für die frühe Zeit reichten die Handelsverbindungen Kölns zwischen dem 8. und dem 10. Jahrhundert durch ganz Europa: Der schon in der Antike überlieferte Englandhandel ist z. B. durch Funde von Badorfer Keramik in London belegt. So sind bereits zu dieser Zeit Englandverbindungen, die für die vorhansische Zeit durch das Exklusivrechts Kölns, mit dem englischen König ein Handelsmonopol zu begründen belegt sind, nachweisbar. Der Skandinavienhandel wurde bereits am Beispiel des Stockfischs erwähnt und ist in späterer Zeit am Heumarkt z. B. durch Walrosselfenbein und Fuchsfelle belegt. Der Nachweis von Mittelmeerprodukten ist schwierig. Seidenstoffe und Luxusartikel in den Kirchenschätzen verdeutlichen jedoch indirekt die Handelsverbindungen in den Mittelmeerraum. Weitere Handelskomponenten ergeben sich anhand der Keramik und anderen Produkten aus Metall, Glas, Stein und Holz.

In Mitteleuropa ist Köln zwischen der späten Merowingerzeit und dem 11. Jahrhundert der bedeutendste Handelsplatz nördlich der Alpen, in dem sich die großen Nord-Süd-Routen mit den Ost-West-Straßen kreuzen. Mehr durch Land- als durch den Seehandel geprägt, partizipiert die Stadt aber durch den Rhein als europäische Wasserstraße auch von letzterem. Es ist der Verdienst der Grabungen der letzten Jahre wesentliche Aufschlüsse zur Rolle der Stadt im Netz der Europäischen Märkte erbracht zu haben.

Literatur

Doppelfeld 1958. – Gechter 1983. – Gechter/Schütte 1995; 1998; 1999. – Kellenbenz/van Eyl (Hrsg.) 1975. – Päffgen/Ristow 1996. – Ristow 1997. – Schütte 1999; 1996. – Schütte u. a. 1998. – Steuer 1980.

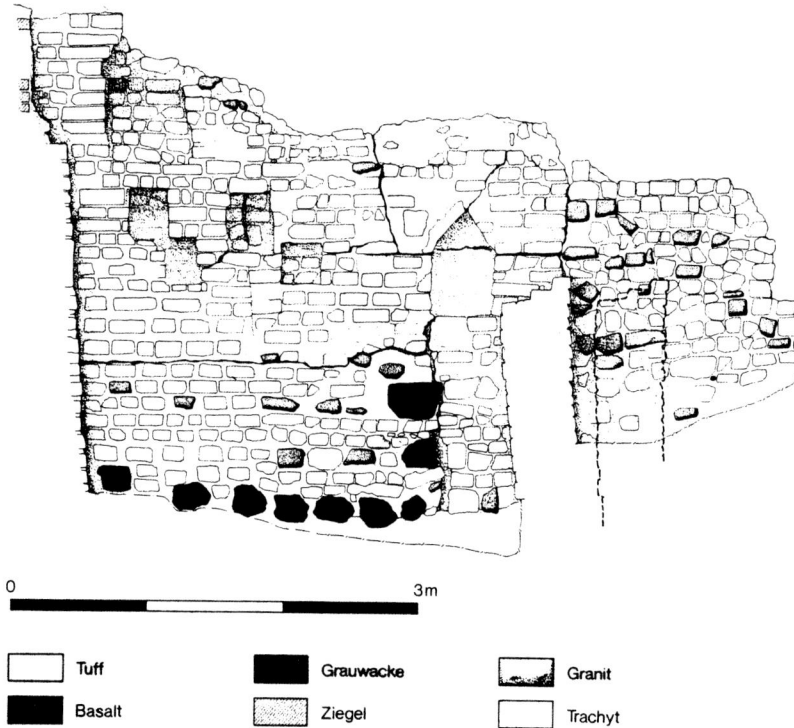

137 Karolingischer Steinbau bei St. Alban in Köln. Haus „zur Lerche" um 800, Nordfassade (Straßenfassade) von Süden – Befund.

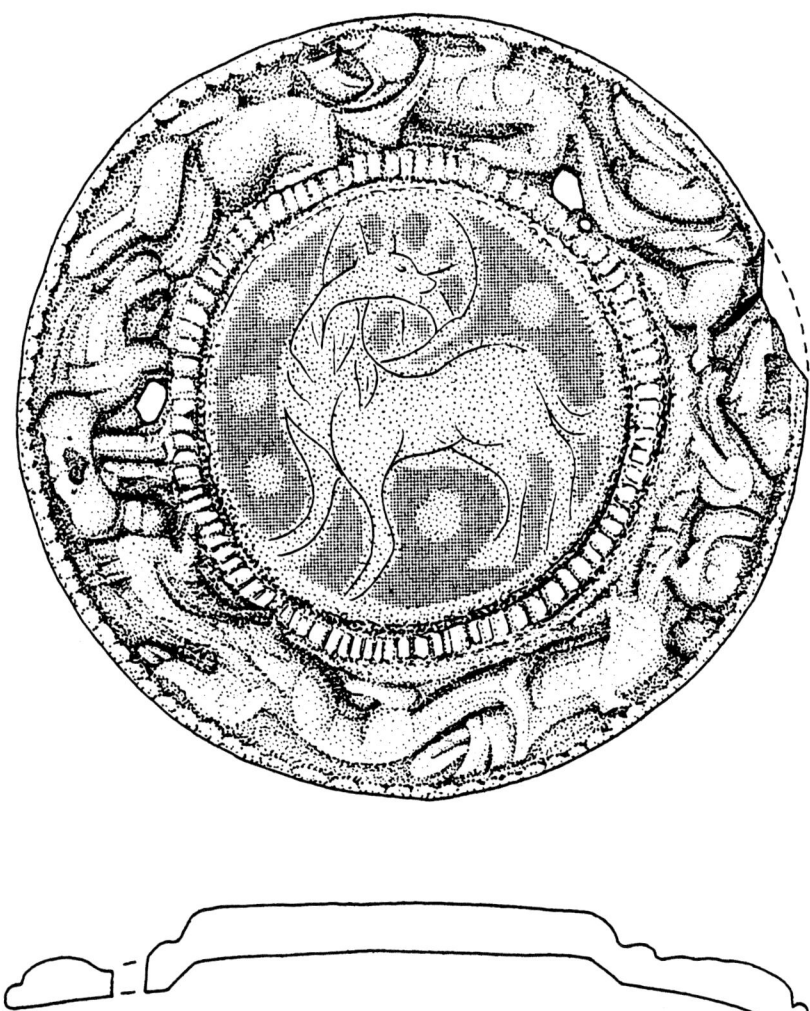

138 Ottonische Scheibenfibel aus Köln.

Münze und Geld um 1000

BERND KLUGE

Schaut man aus dem Blickwinkel von Münze und Geld auf das Europa der ersten Jahrtausendwende, lässt sich ohne Übertreibung von einem bedeutenden Entwicklungsschub in dieser Zeit sprechen[1].

Es sind drei Systeme, die dem Geldwesen der (damals bekannten und voneinander wissenden) Welt zugrunde lagen. Sie stehen zugleich für die drei Weltmächte um 1000: Byzanz, das arabische Kalifat und das Frankenreich bzw. Deutsche Reich. Diese Systeme berühren sich im Europa der Jahrtausendwende an mehreren Stellen: auf der Iberischen Halbinsel, die seit 711 fast vollständig zur arabischen Welt gehörte, in Süditalien und Sizilien, wo Byzantiner, Araber und Langobarden miteinander konkurrierten, auf dem Balkan, wo Byzanz und das abendländische Europa aufeinandertrafen, und nicht zuletzt im skandinavischen Norden und slawischen Osten, wo in größerem Umfang arabische, byzantinische und westeuropäische Münzen importiert wurden.

Das älteste der drei Systeme ist das auf die römische Antike zurückgehende byzantinische Münzsystem. Es kennt die Verwendung aller drei Metalle (Gold, Silber, Kupfer/Bronze), basiert hauptsächlich auf Goldmünzen (Solidi) und Kupfermünzen (Folles), während Silbermünzen (Miliarenses) eine untergeordnete Rolle spielten (Abb. 139, 1–3). Silbermünzen (Dirham) sind dagegen die Hauptmünzsorte der arabischen Welt. Daneben gibt es in geringerem Umfang Goldmünzen (Dinare) und für den lokalen Verkehr Kupfergeld. Als Folge des islamischen Bilderverbots, sind die arabischen Münzen seit dem Ende des 7. Jahrhunderts durchgängig bildlos, das heißt sie enthalten anstelle eines Münzbildes nur Schrift: Verse des Koran, dazu den Namen des Kalifen sowie die Münzstätte und das Prägejahr nach der islamischen Zeitrechnung (Abb. 139, 5–7).

Gemessen an Byzanz und dem Kalifat ist das Münzwesen des christlichen Europa nicht nur jünger, sondern auch weniger entwickelt. Es spiegelt deutlich eine agrarisch strukturierte W<uch das Münzwesen auf Karl den Großen zurück. Mit seiner um 793/94 vorgenommenen Münzreform machte er den silbernen Denar (Pfennig) zur Einheitswährung seines Reiches (Gewicht ca. 1,70 g, Durchmesser ca. 20 mm). Neben dem Denar gab es lediglich noch den halben Denar (Obol). Goldmünzen wurden (von sehr geringen Ausnahmen abgesehen) ebenso wie Kupfermünzen nicht geprägt. Mit diesem System war münzgeschichtlich der Endpunkt einer fast 300 Jahre währenden Übergangszeit von der Antike in das Mittelalter fixiert. Es hielt annähernd ein halbes Jahrtausend und ist erst in der zweiten Hälfte des 13. Jahrhunderts abgelöst worden. Vom Prinzip her (nur ein einziger Münzwert) stellt sich das europäische Münzwesen des Mittelalters also sehr einfach dar; was es so vielfältig und kompliziert macht, ist nicht im System, sondern in seiner Handhabung und Ausformung seit dem Zerfall des Karolingerreiches begründet.

139 **Byzantinische, deutsche und arabische Münzen.**

1 **Byzanz, Basileus II. Bulgaroktonos und Constantin VIII.** (976–1025), Solidus, Gold, 4,42 g, 25 mm.
2 **Byzanz, Basileus II. Bulgaroktonos und Constantin VIII.** (976–1025), Milliaresion, Silber, 2,82 g, 25,5 mm.
3 **Byzanz, Bronzemünze (Follis). Zeit Basileus II. Bulgaroktonos und Constantin VIII.** (976–1025) 9,24 g, 26 mm.
4 **Deutsches Reich, König Heinrich II. (1002–1024). Denar (Pfennig)** mit Vorderseite nach byzantinischem Vorbild. Geprägt in Mainz? Silber, 1,40 g, 19 mm.
5 **Dirham des Samanidenherrschers Mansur ibn Nuh (AH 350–366/AD 961–976), geprägt in Samarkand AH 358/AD 968/69, Silber, 3,32 g, 30 mm.
6 **Dinar des spanischen Umayyadenreiches. Kalif al Hakam II. al Mustansir** (350–366/AD 961–976, geprägt AH 357/AD 967/68. Gold, 4,06 g, 20 mm.
7 **Dirham des spanischen Umayyadenreiches. Kalif al Hakam II. al Mustansir** (350–366/AD 961–976, geprägt AH 357/AD 967/68. Silber, 3,15 g, 23 mm.
8 **Deutsches Reich, König Heinrich II. (1002–1024). Denar (Pfennig)** mit Vorderseite nach arabischem Vorbild, Geprägt in Mainz? Silber, 1,39 g, 18 mm.
9 **Deutsches Reich. Otto-Adelheid-Pfennig, geprägt in Sachsen seit 983/991. Silber, 1,53 g, 19 mm.
10 **Deutsches Reich. Sachsenpfennig, etwa Mitte 10. Jahrhundert, geprägt in Magdeburg. Silber, 1,56 g, 22 mm.
11 **Deutsches Reich, Köln, Kaiser Otto I. (936–973), Denar (Pfennig)** geprägt ab 962. Silber, 1,35 g, 20 mm.
12 **Deutsches Reich, Mainz, Kaiser Otto. II. (973–983) oder Otto III.** (983–1002), Denar (Pfennig). Silber, 1,35 g, 19 mm.
13 **Deutsches Reich, Regensburg, Herzog Heinrich II. (967–976), Denar (Pfennig). Vorbild für die älteste böhmische Münzprägung (s. Nr. 14). Silber, 1,37 g, 22 mm.

Münzwesen und andere Formen der Währung

Bis in die erste Hälfte des 10. Jahrhunderts war die Rhein-Donau-Linie, die alte Demarkationslinie zwischen dem Römischen Reich und dem *Barbaricum*, auch die Grenze zwischen dem Münzen produzierenden und an Münzgeldwirtschaft gewöhnten Westen und dem münzgeldlosen Osten. Östlich des Rheins waren Münzen zwar seit römischer Zeit bekannt, wie ein relativ dünner Fundhorizont zeigt, dienten aber nicht dem Geldverkehr. Als 843 das Karolingerreich geteilt wurde, gab es im Ostfränkischen Reich Ludwigs des Deutschen keine einzige Münzstätte diesseits des Rheins! Daran änderte sich in den folgenden 100 Jahren wenig. Mit Würzburg und Regensburg wurde immerhin um die Wende vom 9. zum 10. Jahrhundert die Rheinlinie überschritten. Die Auflösung der staatlichen Gewalt in der Spätphase des Karolingerreiches, die äußeren Bedrohungen durch Normannen, Ungarn und Sarazenen spiegeln sich in einem Niedergang der Münzproduktion wider, die sich in der ersten Hälfte des 10. Jahrhunderts fast gegen Null bewegte. Von Heinrich I. (919–936), dem ersten König des ostfränkisch-deutschen Reiches aus dem Geschlecht der sächsischen Liudolfinger, kennen wir nur wenige Münzen, die alle aus dem rheinisch-lothringischen Raum stammen. Um so erstaunlicher sind die Veränderungen, die sich unter seinen Nachfolgern vollzogen. Da sie bis 1002 alle den Namen Otto führen, ist im einzelnen nicht sicher auszumachen, welcher Anteil auf Otto I. (936–973), Otto II. (973–983) oder Otto III. (983–1002) entfällt (Abb. 139, 11–12). Unstrittig ist eine erstaunliche Aufwärtsentwicklung in ottonischer Zeit, und unstrittig ist auch, dass die Initialzündung wie auch ein erster Höhepunkt in die Zeit Ottos I. fallen. Dabei sind mehrere Dinge bemerkenswert:

1. Neben den König als Münzherrn treten Hochadel (Stammesherzöge) (Abb. 139, 13) und in zunehmendem Maße die hohe Geistlichkeit. Erzbischöfe, Bischöfe und Äbte erhalten das Münzrecht (*moneta*) für bestimmte Orte, meist zusammen mit Markt (*mercatum*) und Zoll (*theloneum*). Die geistlichen Münzprivilegien sind Teil der ottonischen Reichskirchenpolitik, mit der die Kirche verstärkt für „staatliche" Aufgaben herangezogen und dafür auch entsprechend ausgestattet wurde.

2. Sachsen, ein vor den Ottonen münzloses Land, tritt neben der traditionellen Münzlandschaft Lothringen/Rheinland in das Zentrum. Darin zeigen sich zum einen politische Verschiebungen, zum anderen die Verbindung der Münzprägung mit den in der Zeit Otto I. entdeckten Silbervorkommen des Harzes. In (zahlreichen) sächsischen Münzstätten wurden mit den so genannten Sachsenpfennigen (Wendenpfennigen, Randpfennigen, Kreuzpfennigen) sowie mit den Otto-Adelheid-Pfennigen zwei bildkonstante Münzsorten in außerordentlichen Mengen gemünzt, die zu Zehntausenden in den skandinavischen und slawischen Schatzfunden vorkommen und in diesen Gebieten eine dominierende Rolle gespielt haben (Abb. 139, 9–10).

3. Im letzten Viertel des 10. Jahrhunderts beginnt ein massenhafter „Export" deutscher Münzen in den Norden und Osten, der um 1000 einen Höhepunkt erreichte. Das gleiche gilt, wenn auch in geringerem Umfang, für die englischen Münzen (Abb. 140, 24–26). Dagegen sind die Münzen Frankreichs davon kaum berührt. Dieses Phänomen ist in der numismatischen Literatur unter dem Termi-

140 Böhmische, polnische, ungarische und angelsächsische Münzen sowie eine Prägung der Kiewer Rus.

14 Böhmen, Herzog Boleslav (967–999). Denar (Pfennig) nach Regensburger Vorbild, geprägt in Prag ab ca. 970. Silber, 1,20 g, 21 mm.

15 Böhmen, Herzog Boleslav (967–999). Denar (Pfennig) nach englischem Vorbild (vgl. Nr. 24), geprägt in Prag. Silber, 1,36 g, 21 mm.

16 Böhmen, Herzog Jaromir (1002–1012). Denar (Pfennig) mit Rückseite nach byzantinischem Vorbild (s. Nr. 1 u. 3). Silber, 1,05 g, 20 mm.

17 Ungarn, König Stephan der Heilige (997–1038). Denar (Pfennig), Normalemission, geprägt in Gran/Esztergom (REGIA CIVITAS). Silber, 0,83 g, 16,5 mm.

18 Ungarn, König Stephan der Heilige (997–1038). Denar (Pfennig). Festprägung mit Darstellung der königlichen Lanze (LANCEA REGIS), geprägt in Gran/Esztergom (zur Krönung Stephans im Jahre 1000?). Silber, 1,32 g, 23 mm.

19 Polen, Mieszko I. (ca. 960–992) oder (eher) Mieszko II. (1025–1034), Denar (Pfennig). Silber, 1,47 g, 19,5 mm.

20 Polen, Bolesław Chrobry (992–1025), Denar (Pfennig) mit Umschrift PRINCEPS POLONIE. Silber, 1,15 g, 19,5 mm.

21 Kiewer Rus, Jaroslav (1019–1054?), Silbermünze, sog. Srebrennik. Die Rückseite zeigt die Inschrift „Jaroslavs Silber". 3,90 g, 26 mm.

22 Schweden, König Olof Skotkonung (995–1025). Denar (Pfennig) nach englischem Vorbild (Nr. 25), geprägt 995–1000 in Sigtuna. Silber, 2,27 g, 21,5 mm.

23 Norwegen, König Olof Trygvason (995–1000). Denar (Pfennig) nach englischem Vorbild (Nr. 25). Silber, 1,54 g, 19,5 mm.

24 England, König Ethelred II. (978–1016), Denar (Penny) vom Typ „First Hand" (ca. 979–985), Vorbild für die Münzprägung Herzog Boleslavs II. von Böhmen (Nr. 15). Geprägt in Hertford. Silber, 1,49 g, 20,5 mm.

25 England, König Ethelred II. (978–1016), Denar (Penny) vom Typ *Crux* (ca. 991–997), Vorbild für die älteste skandinavische Münzprägung (Nr. 22–23). Geprägt in Winchester. Silber, 1,65 g, 22 mm.

26 England, König Ethelred II. (978–1016), Denar (Penny) vom Typ *Long Cross* (ca. 997–1003), der vielfach in Skandinavien nachgeahmt wurde (Nr. 27). Geprägt in Wilton. Silber, 1,74 g, 20 mm.

27 Skandinavische Imitation des englischen *Long-Cross*-Typs auf viereckigem Schrötling (Klippe). Geprägt in Sigtuna/Schweden. Silber, 2,67 g, 21mm x 21 mm.

28 Dänemark, Knut der Große (1016–1035). Denar (Penny) nach Vorbild Ethelreds II. von England. Silber, 1,64 g, 20,5 mm.

Münzwesen und andere Formen der Währung

nus des „Fernhandelsdenars" vielfach diskutiert worden. Es kennzeichnet die münzgeschichtliche Situation um das Jahr 1000 in besonderer Weise.

4. Unter dem Einfluss der deutschen und englischen Münzen setzt um die Jahrtausendwende eine eigenständige Münzprägung in den „Exportzonen" ein, in Skandinavien, Polen, Böhmen, Ungarn und auch in der Kiewer Rus (Abb. 140, 14–23). Diese Anfänge sind eingebettet in die erfolgreiche Christianisierung und die Gründung kirchlicher Metropolen in diesen Ländern.

Um 1000 verläuft die Grenze zwischen Münzgeldwirtschaft und Gewichtsgeldwirtschaft bzw. nichtmonetären Geldformen in Europa nicht mehr wie zu karolingischen Zeiten am Rhein, sondern an der Elbe bzw. hat – wie in Böhmen – diese Linie bereits ostwärts überschritten. Das Nebeneinander von Münzgeld und nichtmünzlichen Geldformen veranschaulicht der Reisebericht des Ibrāhīm ibn Jakūb, der um 965 für Prag erwähnt, dass man dort mit Leinentüchern, von denen zehn einen Denar (Pfennig) wert seien und von denen die Kaufleute ganze Truhen besäßen, alles kaufen könne. Diese „Währung" hat sich im westslawischen Raum bis ins 12. Jahrhunderts gehalten, wie aus der um 1167/68 verfassten *Chronica Slavorum* des Helmold von Bosau hervorgeht.

Böhmen ist das erste slawische Land, das unter dem Einfluss Bayerns zu einer eigenen Münzprägung überging (Abb. 140, 14–16). Die Anfänge sind umstritten. Während die böhmische Numismatik diese Anfänge bereits unter Boleslav I. (936–967) um 955 annimmt, dürfte auf Grund der bayerischen Vorbilder die böhmische Herzogsprägung tatsächlich wohl erst unter Boleslav II. (967–999) frühestens ab 970 einsetzen (Abb. 140, 14). Da von 936 bis 1002 hintereinander drei Herzöge mit Namen Boleslav regierten, ist die Zuweisung der Boleslav-Münzen schwierig.

Etwa eine Generation später als in Böhmen liegen die Anfänge der polnischen Münzprägung (Abb. 140, 19–20). Auch hier ist in jüngster Zeit die Datierung von Mieszko I. (960–992) auf dessen Nachfolger Bolesław Chrobry (992–1025) korrigiert worden. Die Münzen Bolesław Chrobrys erscheinen zuerst in Schatzfunden, die frühestens ab 1002 in die Erde gelangt sein können.

Die ältesten ungarischen Münzen tragen den Namen und Titel König Stephans des Heiligen (997–1038) (Abb. 140, 17–18). Da Stephan der Königstitel im Jahre 1000 durch Papst Silvester II. zum Dank für die Christianisierung der Magyaren verliehen wurde, können seine Münzen nicht vor, nach dem numismatischen Befund aber auch nicht viel nach der Jahrtausendwende entstanden sein.

Es ist auffallend, dass der Beginn der Münzprägung in Polen, Böhmen und Ungarn mit der Christianisierung, genauer gesagt mit den Bistumsgründungen in Prag, Gnesen (Gniezno) und Gran (Esztergom) in engem zeitlichen Zusammenhang steht. Äußerlich drücken die Münzen die Zugehörigkeit der neuen Länder zur Familie der europäischen Christenheit mit ihren Bildern aus (überwiegend Kreuz und stilisiertes Kirchengebäude). In den Umschriften wird auf die neue kirchliche Metropole eigens hingewiesen: Gnesen und Prag werden namentlich genannt, Gran ist im *Regia civitas* der ungarischen Münzen wohl mit gutem Grund zu vermuten. Die Einrichtung dieser Bischofssitze banden Polen, Böhmen und Ungarn an Kaiser und Papst. Sie waren zugleich bedeutende Prestigegewinne für Bolesław Chrobry von Polen, Boleslav II. von Böhmen und Stephan von Ungarn. Piasten, Přemysliden und Arpaden stiegen damit in die Herrscherhäuser des christlichen Europa auf. Münzprägung ist seit der Antike immer ein Ausweis von Herrschaft (die Münzprägung der Geistlichkeit und der Herzöge im Reich der Ottonen ist Delegation des königlichen Münzrechts). Deshalb ist die Vermutung nicht abwegig, dass die mit der Erhebung von Gnesen, Prag und Gran zu kirchlichen Metropolen aufgewerteten Fürsten des europäischen Ostens ihre Ebenbürtigkeit mit den „alten Ländern" durch eine Münzprägung dokumentierten. Für Münzprägung als Ausdruck von souveräner Herrschaft lässt sich auf die Parallele in Skandinavien verweisen, wo zwischen 995 und 1000 gleichzeitig sowohl Sven Gabelbart (985–1014) für Dänemark, als auch Olof Skotkonung (995–1022) für Schweden und Olaf Trygvason (995–1000) für Norwegen ihre Herrschaft jeweils mit den ersten eigenen Münzprägungen in der Geschichte Skandinaviens beurkunden (Abb. 140, 22–23). Im gleichen Zeitraum liegen die ersten Münzprägungen der Kiewer Rus. Es war anscheinend zur Jahrtausendwende ein Zug der Zeit, dass die sich findenden Staaten und Reiche Europas ihre Existenz und die Regenten ihre Herrschaft mit „metallenen Urkunden", Münzen, unter Beweis stellten. Das hat nicht überall zu einer kontinuierlichen oder umfangreichen Münzprägung geführt – ein Zeichen, dass die wirtschaftlichen Verhältnisse nicht überall gleichermaßen Münzgeld erforderten –, aber gerade dadurch wird der gewissermaßen als Herrschaftsurkunde zu deutende Charakter der frühen europäischen Münzprägung in Nord- und Osteuropa unterstrichen. Die Münzen der drei nordischen Könige sind ebensolche Seltenheiten wie die der Kiewer Rus und des Polenherzogs. In Ungarn ist etwas umfangreicher, und nur in Böhmen umfangreich und kontinuierlich weitergemünzt worden (Abb. 140, 16). Numismatische Argumente stehen einer Verbindung der ältesten böhmischen Münzprägung mit der Gründung des Bistums Prag 972/73, der ältesten polnischen Münzprägung mit dem Akt von Gnesen 1000, der ältesten ungarischen Münzprägung mit der Errichtung des Erzbistums Gran 1001 nicht entgegen – im Gegenteil, diese Datierungen harmonieren ausgezeichnet mit dem numismatischen Material und dem Zeugnis der Münzfunde. Die relativ hohen Gewichte einer ganzen Reihe von Exemplaren unterstreichen den herausgehobenen Charakter dieser Emissionen.

Es wäre nun sicherlich zu einseitig, Münzprägungen nur aus gewissermaßen „staatsrechtlichen" Überlegungen heraus zu begründen. Um 1000 ist das Niveau der Geldwirtschaft nach wie vor bescheiden. Dennoch ist die Münzprägung vor allem in England und im Reich der Ottonen mit einem höchst bemerkenswerten Umfang betrieben worden. In England dürfte die Hauptursache in den seit 997 gezahlten umfangreichen „Danegeldern" an die Wikinger zu suchen sein, mit denen König Ethelred II. (978–1016) sein Land von den Plünderungen durch Wikingerflotten loskaufte (Abb. 140, 24–26). Im Deutschen Reich hören wir nichts von Wikingertributen. Die Ungarn, an die unter Heinrich I. (919–36) Tribute gezahlt wurden, waren 955 vernichtend geschlagen worden. Tribute an ausländische Mächte scheiden als Erklärung für die deutsche Münzprägung aus. Sachsen, wo beim Beginn der Regierung Ottos I. (936–973) keine einzige Münzstätte bestand und Münzgeld noch fast unbekannt gewesen sein dürfte, avancierte bis zur Jahrtausendwende zur großen Münzschmiede des Reiches. Auffallend zahlreich sind dabei die Münzstättengründungen im letzten Jahrzehnt des 10. Jahrhunderts, die ganz offensichtlich mit der Massenprägung der so genannte Sachsenpfennige und der Otto-Adelheid-Pfennige zusammenhängen (Abb. 139, 9–10). Auch im übrigen Reich nahm die Münzprägung in ottonischer Zeit deutlich zu. Die Frage, was hinter dem Aufschwung der Münzproduktion in der zweiten Hälfte des 10. Jahrhunderts steckt, treibt die Numismatik seit langem um, zumal die deutschen Münzen dieser Zeit nur ein Ziel zu kennen scheinen: die Spartöpfe der Wikinger und Slawen. Im Inland kommen sie kaum vor. Hätten wir die skandinavischen, baltischen, russischen und polnischen Funde nicht – wir würden annehmen müssen, dass um 1000 in Deutschland Münzgeld in nennenswertem Maße nicht existierte. Es ist aber in großem Umfang dagewesen. Wozu hat es gedient? Was war um 1000 so anders als um 950, dass plötzlich ein solcher Bedarf an Silbermünzen herrschte? Gewiss sind die Silbervorkommen des Harzes in diesem Zeitraum entdeckt worden. Damit stand das notwendige Prägemetall zur Verfügung, doch erklärt dies noch nicht, warum und wozu die Münzen benötigt wurden. Silber kann man auch anders verwerten. Zweifellos kostete die imperiale Politik der Ottonen Geld. Aber es münzten ja nicht nur die Könige, sondern auch die Herzöge und die hohe Geistlichkeit – und dies zu eigenem Nutzen. In den Wirtschaftsstrukturen hat es nach allem, was wir wissen, ebenfalls keine gravierenden Veränderungen gegeben. Sie waren agrarisch und auf Selbstversorgung ausgerichtet, größere Überschüsse wurden nicht erzeugt, ein außerhalb der Nahrungsgüterwirtschaft produzierendes Gewerbe gab es kaum; die Abgaben und Zinse wurden ganz überwiegend in Naturalien und Diensten geleistet. Was also gab es in Deutschland, das man nur mit Münzen bezahlen konnte oder wozu man unbedingt Münzen gebraucht hätte? Außer den Italienzügen und größeren militärischen Unternehmungen eigentlich nichts, oder jedenfalls zu wenig, um eine Münzprägung großen Stils zu erklären. Die Umlaufsmenge, das heißt die jeweils gleichzeitig zirkulierende Münzmenge wird immerhin auf 50 bis 100 Millionen Münzen geschätzt! Eine größere Bautätigkeit begann erst in salischer Zeit. Ökonomischen Wandel durch höhere Erträge in der Landwirtschaft, Handwerk, Zunahme der Bevölkerung, Entwicklung der Städte etc. konstatiert die Forschung erst ab der zweiten Hälfte des 11. Jahrhunderts. Die einzig plausible Erklärung für den „Münzboom" der Jahrtausendwende liefert der Fernhandel Richtung Norden und Osten.

Kontrolliert wurde dieser Fernhandel durch skandinavische und slawische Händler, die für ihre Handelsgüter offenbar nur Silber als „Bezahlung" akzeptierten und gerne gemünztes Silber nahmen. Dass es dabei nicht um Münzen im Sinne von wertgarantierten Zahlungsmitteln, sondern um Edelmetallbesitz ging, zeigen die zahlreichen Probemarken auf den Münzen (meist Ritzungen oder Messereinstiche, so genannte pecks), die häufige, teilweise sogar extreme Fragmentierung („Hacksilber") und die Vergesellschaftung mit (meist ebenfalls fragmentiertem) Silberschmuck oder ungemünztem Silber. Funde von Waagen und Gewichten verdeutlichen, dass wir es im Norden und Osten mit einer Gewichtsgeldwirtschaft zu tun haben, in der Münzen nichts anderes als Edelmetall in besonders handlicher Form darstellten und auf Gewichtsbasis verrechnet wurden. Es spielte keine Rolle, ob die vereinbarte Silbermenge aus Münzen (gleich welcher Herkunft), Barren und Drähten oder Schmuck bestand, wenn nur das Silber in Ordnung war.

Die deutschen Münzen traten in den nordischen und östlichen Funden das Erbe der arabischen Dirham an, die bis dahin dominierten (Abb. 139, 5; 139, 7). Dass arabische Münzen auch im Deutschen Reich nicht unbekannt waren, belegen nicht nur zeitgenössische Berichte (erinnert sei an die bekannte Notiz des Arabers al Tartuschi, der in Mainz Dirham aus Samarkand gesehen hat), sondern geht auch aus Nachahmungen des arabischen Vorbilds in deutschen Münzstätten hervor (Abb. 139, 8). Das gleiche gilt für byzantinische Münzen, die – wenn auch sehr viel schwächer – ebenfalls in den skandinavischen und slawischen Schätzen auftreten und als Vorbilder für deutsche, böhmische und auch als skandinavische Münzprägungen dienten (Abb. 139, 4; 140, 16).

Warum sich die Richtung des Fernhandels um 1000 von Ost nach West drehte, weshalb die Nordmänner von den arabischen Dirham auf die deutschen Denare umsattelten, wissen wir nicht genau. Jedenfalls ist der offenbar sehr ertragreiche Handel zwischen Nordeuropa und dem Kalifat um 1000/1010 ziemlich abrupt zu Ende gegangen. Als eine Ursache wird die Vernichtung der Reiche der Samaniden (999) und Chazaren angesehen. Damit fielen die beiden Hauptproduzenten des arabischen Münzsilbers aus. Durch die Annahme des Christentums in der Kiewer Rus könnten außerdem die Kontakte zu den Muslims gestört worden sein. Schließlich wird auch eine Erschöpfung der östlichen Silbervorkommen als Grund für die Kursänderung Richtung Europa angenommen.

Anmerkung

1 Die Darstellung im einzelnen zu belegen, würde zu weit führen. Der Gang der münzgeschichtlichen Entwicklung knapp und übersichtlich bei Grierson 1976, der geldgeschichtliche Rahmen bei Spufford 1988. Zu den Verhältnissen im Deutschen Reich Kluge 1991, 1993, 1999; Zur Frage des Fernhandelsdenars und Münzexports insbesondere Hatz 1974 und 1987; kritisch und für einen stärkeren binnenländischen Geldverkehr Heß 1993. Schätzung des deutschen Münzausstoßes im 10./11. Jahrhundert bei Metcalf 1981. Zum Beginn der Münzprägung im europäischen Norden und Osten allgemein Suchodolski 1971; zur Frage des Münzbeginns in Böhmen ist sehr viel diskutiert worden, vgl. Suchodolski 1973/74, Hahn 1977, zuletzt Hahn 1993/94, für die tschechische Seite zuletzt Šmerda 1996 und Petrá? 1998; zur Verschiebung der ältesten polnischen Münzen von Mieszko I. zu Bolesław Chrobry jetzt Suchodolski 1999, zu den ebenfalls kontrovers diskutierten ältesten ungarischen Münzen zuletzt Suchodolski 1990 (mit Referat des Forschungsstandes), zur skandinavischen Prägung um 995/1000 zuletzt Malmer 1997. Zu Ibrāhīm ibn Jakūb und al Tartuschi grundlegend Jacob 1927, zuletzt Engels 1991. Zum arabischen und byzantinischen Einfluss im deutschen Münzwesen Hatz/Linder Welin 1968 und Vera Hatz 1981.

Literatur

Engels 1991. – Grierson 1976. – Gumowski 1960. – Hahn 1977; 1993/94. – Hatz 1974; 1978; 1987. – Hatz/Linder 1968. – Hess 1993. – Huszar 1979. – Jacob 1927. – Kluge 1991; 1993 (Hrsg.); 1999. – Malmer 1997. – Metcalf 1981. – Petrán 1998. – Rethy/Probszt 1958. – Suchodolski (1971; 1973/74; 1990; 1999).

Die Anfänge der polnischen Münzprägung

STANISŁAW SUCHODOLSKI

Noch bis vor kurzem herrschte die Überzeugung, dass Denare, die den Namen von Mieszko trugen (Abb. 141–143), der mit Mieszko I. gleichgesetzt wurde, die ältesten polnischen Münzen seien. Die Chronologie der Funde, in denen sich die Münzen befanden, spricht jedoch für eine Prägung dieser Münzen unter dessen Enkel Mieszko II. Dies geschah, als er mit seinem Vater Bolesław Chrobry zusammen regierte, bis er 1025 schließlich selbst die Herrschaft übernahm. Daraus ist zu schließen, dass die polnische Münzprägung von Bolesław Chrobry (992–1025) angeregt wurde, vermutlich schon zu Beginn seiner Herrschaft (Abb. 141, 4–5). Heutzutage sind uns 21 Münzarten bekannt, die der Regierungszeit Miezkos II. zugeschrieben werden können. Die Münzen lassen sich in zwei Gruppen aufteilen. Zu der ersten gehören die Münzen, die die Namen der polnischen Herrscher tragen, das heißt Bolesław (Chrobry) und Mieszko (II) (Abb. 141, 1–5; 142, 6–12). Zur zweiten Gruppe gehören die Stücke, auf denen die Namen ausländischer Herrscher zu sehen sind: Kaiser Otto III. und seine Großmutter Adelheid (Abb. 143, 15), der bayerische Herzog Heinrich IV. (Abb. 143, 20), Boleslav III. und Vladivoj – Herzöge von Böhmen (Abb. 143, 17; 143, 22), schließlich Ethelred II., der angelsächsische König (Abb. 143, 19). Es gibt auch Abarten, die mit den Siegeln geprägt wurden, die zu beiden Gruppen gehören (Abb. 143, 13–19; 143, 21; 143, 22). Diese dürften in derselben Zeit und in denselben Prägestätten entstanden sein.

Auf den ältesten polnischen Münzen gibt es schematische Kopf- und Brustbilddarstellungen. Häufiger jedoch erscheinen sakrale Darstellungen: ein Kreuz, eine Kapelle (Abb. 143, 15), die Gottesrechte (Abb. 141, 3) oder ein Pfau (Abb. 142, 7). Ungewöhnlich sind die Darstellungen eines Pfeiles, des Symbols Christi, unter sechs Ästchen, die man als Lebensbaum interpretieren kann.

Noch interessanter sind die Inschriften, die sich auf diesen Darstellungen finden. Sie sind eine wertvolle Quelle zu Erkenntnissen über die erste Piastendynastie. Sie bestehen entweder ausschließlich aus den Namen der Herrscher oder auch aus Namen mit Titeln: *dux*, *dux inclitus*, *rex*, *prince(p)s Polonie* (Abb. 142, 7; 142, 9–10). Interessant ist, dass Bolesław Chrobry den Königstitel noch vor seiner Krönung im Jahre 1024 oder 1025 führte, wodurch er seine Absichten verriet. Der *Princeps*-Titel wurde durch die Münzen von Benevent angeregt. Der ebenfalls vorkommende Name des Landes (Polonia) ist die erste bekannte authentische Erwähnung des Namens Polen. Auf einer anderen Münze ist der Name „Venciezlaus" zu sehen, offensichtlich der Versuch, den Kult des heiligen Wenzel in Polen einzuführen (Abb. 141, 5). Zweimal erscheinen die Ortsnamen: *Gnezdun civitas* (Abb. 142, 8) und *Mogiln civitas*. Es sind die ältesten Erwähnungen dieser Städte.

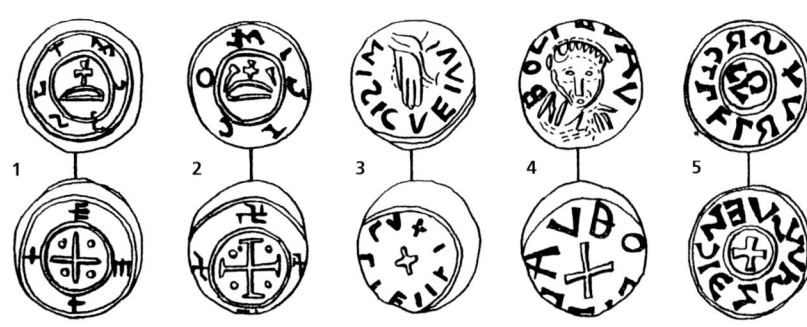

141 Polnische Münzen aus der Regierungszeit Miezkos II. 1–5 Münzen mit dem Bildnis Bolesław Chrobrys und Miezkos II.

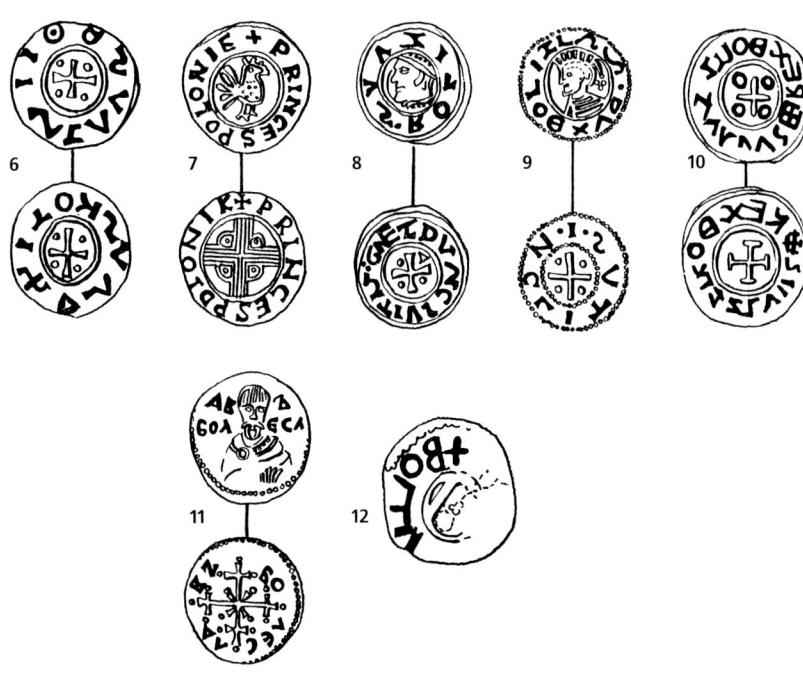

142 Polnische Münzen aus der Regierungszeit Miezkos II. 6–12 Münzen mit dem Bildnis Bolesław Chrobrys und Miezkos II.

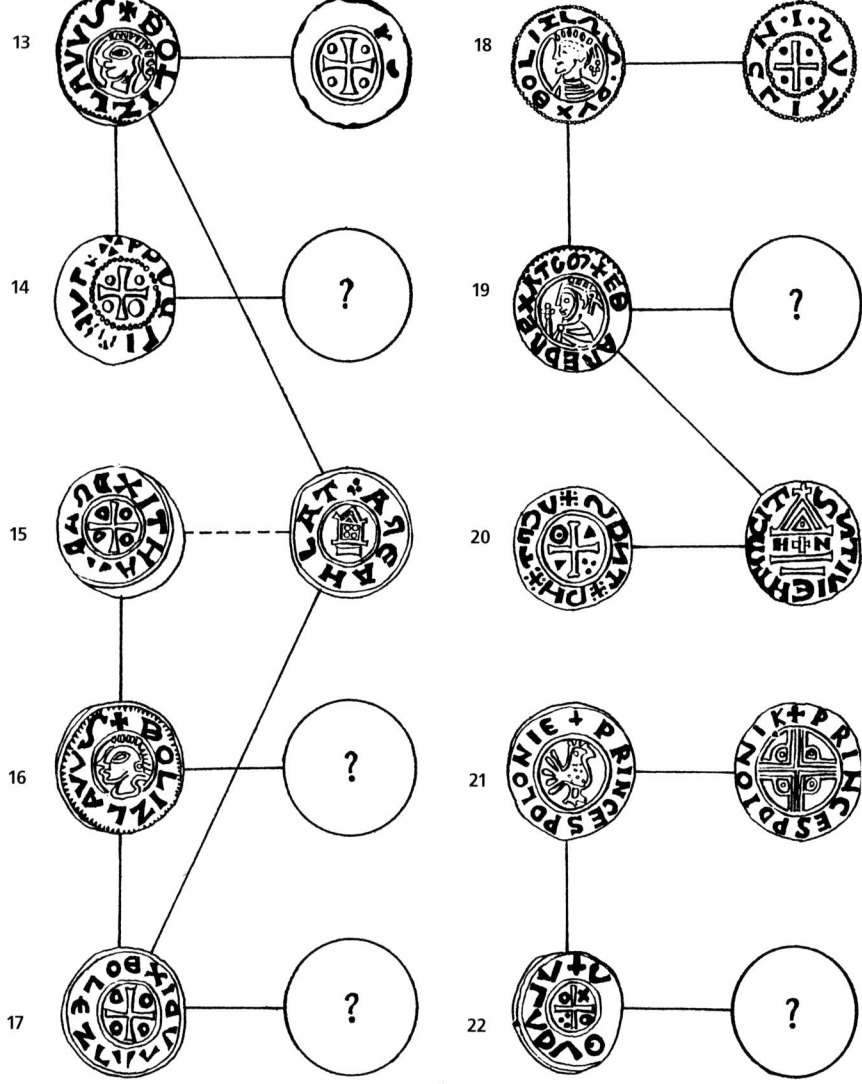

143 Polnische Münzen aus der Regierungszeit Miezkos II. 13–22 Prägungen mit Namen ausländischer Herrscher und Abarten die mit Siegeln geprägt wurden.

Das Münzgewicht ist sehr unterschiedlich, denn es schwankt zwischen 0,63 bis 2,33 g, wobei das Mittelgewicht für die einzelnen Typen meistens zwischen 1 g und 1,5 bis 1,7 g liegt.

Bemerkenswert ist die große Vielfalt der polnischen Münzen aus jener Zeit, die zum Teil auf sächsische, bayerische, böhmische, italienische, russische, byzantinische, dänische und angelsächsische Vorbilder zurückgehen. Diese Vielfalt ist um so auffälliger, da zur Prägung dieser Münzen nur 57 Siegel für die Vorder- und Rückseite benutzt wurden. Daraus folgt, dass nur wenige Münzstätten mit einer beschränkten Münzprägung vorhanden waren. Die Münzen sind daher äußerst selten – bis zur heutigen Zeit haben sich kaum 250 Stück erhalten. Manche Typen sind nur in einzelnen Exemplaren überliefert.

Die Münzprägung in Polen war in jener Zeit offensichtlich dezentralisiert. Es gab sie in einigen wichtigsten Staatszentren, wie z. B. Gnesen (Gniezno), Posen (Poznań), Giecz, Ostrów Lednicki und Mogilno. Es gab dort jedoch keine festen Münzstätten, sondern eher kurzzeitig organisierte Werkstätten. Dort wurden wohl kein Münzmeister, sondern eher Goldschmiede beschäftigt. Die Situation unterschied sich demnach völlig von der in den vor kurzem christianisierten Ländern Mittel-, Nord- und Osteuropas. Dort war die Münzprägung zumeist in den Hauptstädten konzentriert und die Typen eintöniger. In Böhmen und Ungarn übernahm man das bayerische, im Reich der Russen das byzantinische und in Skandinavien das angelsächsische Münzsystem.

Die erste Phase der polnischen Münzprägung dauerte ungefähr 25 Jahre und endete um 1020, also noch vor dem Tod Bolesław Chrobrys und vor der politischen Krise, die kurz danach eintrat. Ihr Erlöschen hing vermutlich mit zwei Faktoren zusammen. So hatte sie zum einen ihre Aufgabe der Festigung des Staates erfüllt, zum anderen blieb der erhoffte wirtschaftliche Gewinn durch die Münzprägung offensichtlich aus. Es ist daher anzunehmen, dass das Prägen von Münzen weniger ein Zeichen für die Unabhängigkeit des Staates war, sondern vielmehr die Zugehörigkeit des Staates zu den christlichen Ländern ausdrücken sollte.

Literatur

Kiersnowski 1960. – Suchodolski 1967; 1971.

Das Münzwesen und andere Formen der Währung in Ungarn

LÁSZLÓ KOVÁCS

Die Ungarn lebten schon vor der Landnahme im Einflussgebiet des byzantinischen und arabischen Handels. Zu deren Prägungen kamen durch die kriegerischen Streifzüge des 10. Jahrhunderts westeuropäische Münzen hinzu. Für die damalige ungarische Wirtschaftsweise war der Münzverkehr noch nicht erforderlich. Daher gab es bei den Ungarn, im Gegensatz zu den Chazaren oder Wolga-Bulgaren, keine eigenen Prägungen. Fremde Münzen wurden als Rohmaterial für Goldschmiedearbeiten, seltener direkt als Schmuck genommen. Solche meist durchlochten Münzen liegen hauptsächlich aus Männergräbern des Karpatenbeckens vor, wo sie als Zierrat der Kleidung und des Pferdegeschirrs dienten[1]. Außer importierten Luxusartikeln waren Pelze und Tiere (Pferde?/Vieh?) Wertobjekte bei den Ungarn. Weitere Naturalien als Wertgegenstände, wie z.B. die Kaurischnecke, kamen nicht vor[2]. Das „Ochsengeld" wurde in Form eines byzantinischen Solidi (*pensa auri*) in den Strafen der von Stephan I. erlassenen Gesetze indirekt beibehalten und hielt sich noch bis in die Regierungszeit von Ladislaus I. Die selbständige ungarische Münzprägung begann unter Stephan I. und man verbindet mit seinen, von der Forschung allgemein anerkannten Denaren des Typs H1 bis H2[3] auch die umstrittenen Denare H3 bis H5 und die Goldmünze des Typs H mit seiner Regierungszeit[4].

Die erste ungarische Münze war der Denar des Typs H2, der wahrscheinlich aus Anlass seiner Krönung (25. Dezember 1000 bis 1. Januar 1001) geprägt wurde. Der Denar mit einem Durchschnittsgewicht von 1,27 g diente in erster Linie zur Manifestation der Souveränität des neuen Königs, deshalb konnte der Name des Königs auf dem Avers fehlen. Dafür zeigt das Münzbild die Krönungssituation: In der Mitte der Umschrift LANCEA REGIS (Lanze des Königs) hielt der Herrscher das *Insignium*, das er von Kaiser Otto III. bekam. Auf dem Revers der Münze befindet sich ein im ungarischen Stil umgestaltetes(?) Bild bayerischer Herkunft: Eine karolingische Kirche mit der Umschrift +REGIA CIVITAS (Königstadt) und mit der Inschrift RECI (Abkürzung der RE[GIA] CI[VITAS]?) anstelle der Säulenreihe. Als Prägungsort wurde im allgemeinen Gran (Esztergom) angenommen, aber es gibt auch Stimmen für Stuhlweißenburg (Székesfehérvár/Alba Regia). Offensichtlich wurde dieser Denar kaum im Ausland verhandelt, dennoch finden sich solche Münzen in dem einzigen Schatzfund aus der Regierungszeit Stephans I. in Nagyharsány, Kom. Baranya (46 St. H2), in zwei Grabfunden im Karpatenbecken sowie mit je einem Exemplar in einem polnischen und schwedischen Schatzfund. Je ein Exemplar seiner H2a Variante (oder Nachprägung?) stammen aus einem deutschen(?), mährischen und schwedischen Schatz. Zur Bestimmung der Prägezeit des Denars H2 (1000/1001? bis 1002/1010/1013?) reichen diese wenigen Funde jedoch nicht aus. Wahrscheinlich führte die Einführung einer ständigen Steuer, dem Rauchgeld (*fumarium*/kapnikon), zur

144 Denare Stephans I. 1 Typ H1; 2 Typ H4; 3 Typ H5; 4 Typ H-.

Prägung leichter Denare vom Typ H1, die Stephan I. nach dem Vorbild der herzöglichen Regensburger Denare seines Schwiegervaters Heinrichs II. oder Schwagers Heinrichs IV. herstellen ließ. Auf beiden Seiten der Münze war ein Kreuz abgebildet. Die Umschrift lautete +STEPHANVS.REX im Avers und +REGIA.CIVITAS im Revers. Das Durchschnittsgewicht lag bei 0,82 g. Dieser Denartyp wurde, mit Ausnahme der Münzen König Solomons, das Vorbild der ungarischen Münzen bis zum Denar des Typs H22 von Ladislaus I. Wenngleich er aus Schatzfunden noch nicht überliefert ist, fand er dennoch als Totenobolus in den Gräberfeldern des einfachen ungarischen Volkes Verwendung. Auch das häufige Vorkommen, vor allem in den Grab- und Schatzfunden in Nordeuropa, beweist seine internationalen Verbreitung und seine Qualität. Die Prägezeit des Denars vom Typ H1 ist umstritten. Ihn mit Stephans Vater, dem Großfürsten Géza, in Verbindung zu bringen, wurde abgelehnt. Auch sein Umlauf zwischen den Jahren 1000, 1008, 1013, 1015 und 1018(?) bis 1038 spricht gegen diese These. Nach der Meinungen einiger Numismatiker können die Kreuzmünzbilder und der Typ H4, die bis zu dieser Zeit noch in nordeuropäischen Schatzfunden vorkommen, die 15 Jahre zwischen den Prägungen der Typen H2 und H1 (1001/1013? bis 1015/1018?) ausfüllen. Der gleichfalls die Münzbilder des Typs H1 nachahmende Denar H5 mit annähernd gleichem Gewicht und unleserlichen Umschriften kann dagegen nur als zeitgleiche nordeuropäische Nachprägung angesehen werden. Währen die ungarischen Numismatiker die ungarische Herkunft des Typs H3 ablehnen, gehen ausländischen Forscher von einer solchen aus. Dieser Denar hat ein Durchschnittsgewicht von 1,94 g. Sein Avers schmückt ein Kreuz und die Umschrift +SPHANVS.RE+. Auf seinem Revers ist eine Kirche mit der Inschrift +PRESLAVVACIV abgebildet. Der Typ H3 wurde bislang nur in drei Schatzfunden in Schweden gefunden. Als sein Prägeort stehen die *civitas Poson* (Brezalauspurch/Preslavvaspurch/Preßburg/Bratislava) in der heutigen Slowakei sowie Břeclav in Mähren und Preslav in Bulgarien zur Diskussion.

Bereits 1712 befand sich eine mit dem Durchschnittsgewicht (4.5 g) der klassisch-römischen *Solidi* geprägte Goldmünze in der Münzsammlung der Gothaer Herzöge. Zwei weitere Münzen dieses Typs sind bis heute bekannt. Auf dem Avers der Münzen befindet sich ein Brustbild des Königs mit Glorienschein und der Inschrift +STEPHANVS-REX. Der Revers zeigt eine ähnlich dargestellte Person (Heilige Jungfrau Maria?/heiligen Emmerich, Sohn von Stephan I.?) mit der Inschrift +PANNONIA. Die Münze selbst wurde zuerst für eine neuzeitliche historisierenden Prägung gehalten. Sie wird heute, wenngleich eine abschließende Interpretation noch aussteht, mit der Kanonisierung Stephans I. durch Ladislaus' I. Im Jahre 1083 oder mit Stephan I. In Verbindung gebracht[5].

Die Prägepaare der Denare H1 und H2 zeigen die für die ungarische Münzprägung des 11. Jahrhunderts charakteristische Punzierung. H3 und H5 waren graviert und die Typen H4 und H- wiesen beide Verzierungsarten auf.

Die Nachfolger Stephans I. bis zu König Solomon imitierten den Typ H1. Dabei wurde jeweils nur ein Münztyp mit allmählich abnehmendem Durchschnittsgewicht geprägt. In den ungarischen und ausländischen Grab- und Schatzfunden kann man die Umschneidung der Münzen beobachten. Zu einer Neuerung des Geldes kam es nicht, lediglich Andreas I. ersetzte in beschränktem(?) Maße den Typ H8 durch H9.

Anmerkungen

1 Kovács (1987). – Rispling (1982/84) 119–134.
2 Die Bedeutung des von Džjhani/Gardizi gebrauchten arabischen Wortes dhābbat ist „Satteltier", das heißt eher Pferd als Vieh, s. die Übersetzung von Nyitrai (1996) 73. – Kovács (1999).
3 Die mit H bezeichneten Seriennummer der Monographie von Lajos Huszár, Münzkatalog Ungarn von 1000 bis heute (Budapest 1979).
4 Die neueste und detaillierte Behandlung mit deutscher Zusammenfassung der Münzprägung und der zum König geknüpften Münztypen (H1 bis H5 und H-) von Stephan I.: Kovács (1997) 24–94; 354–355.
5 István (1999). – Ders. (im Druck).

Münzen und andere Tauschmittel in Böhmen

JARMILA HÁSKOVÁ

Das Großmährische Reich war nicht so hoch entwickelt, dass es die Einführung des Münzwechsels erfordert hätte. Die primitiven Zahlungsmittel, die im 9. Jahrhundert archäologisch belegten so genannten Axtbarren und fein gewoben Tücher galten im inländischen Zahlungsverkehr bis tief in das 10. Jahrhundert hinein, während im internationalen Fernhandel geprägtes Metall benutzt wurde. Dies beweisen einzelne Funde von fremden Münzen und einige Schriftquellen, von denen für die Währungsverhältnisse in Böhmen der Bericht Ibrāhīm ibn Jakūbs aus den sechziger Jahren des 10. Jahrhunderts von größter Bedeutung ist.

Zu dieser Zeit wurden schon im jungen Přemyslidenstaat, dem neuen politischen Machtzentrum der böhmischen Slawen, neben den dinglichen Zahlungsmitteln auch Münzen verwendet. Dabei stand der Silberdenar zum fein gewobenen Tuch in einer festen Relation von 1:10.

Wann die ersten böhmischen Münzen geprägt wurden, ist bislang nicht genau bekannt. Allgemein vermutet man, dass die Prägung vom Fürsten Boleslav I. (935–972) nach 955 aufgenommen wurde. Einige ausländische Forscher wollen den Anfang der böhmischen Münzprägung erst in die Zeit nach 970 datieren. Der jüngst gefundene bleierne Abschlag einer der ältesten böhmischen Münzen aus dem tatarischen Kasan regte die Diskussion neu an.

Die ersten böhmischen Münzen, die Silberdenare, waren verhältnismäßig groß und schwer (Gewicht 1,4 g, Dm. 18–20 mm), denn als Gewichtseinheit im Münzwesen galt bis in die fünfziger Jahre des 11. Jahrhunderts das ungefähr 408 g schwere karolingische Pfund, aus dem 240 Münzen geprägt wurden.

In der Ikonographie der Prägungen, die bis in das erste Jahrzehnt des 11. Jahrhunderts vorwiegend nach ausländischen Vorlagen erfolgte, spiegelten sich die politische Orientierung des Herrschers, die ökonomischen Zielsetzungen und der Einfluss der europäischen Kulturströmungen wider.

Das schematische, fast ornamentale Bild schöpfte vorwiegend aus der christlichen Symbolik (Kreuz, Kapelle, Gottes Hand). Von den einheimischen Themen inspiriert sind das sich wiederholende Vogelmotiv und die Hand mit Dolch auf den Münzen des ostböhmischen, 995 ermordeten Fürsten Soběslav (981–995) aus dem Geschlecht der Slavnikiden zu erwähnen. Aus dem Slavnik-Geschlecht stammt auch der heilige Adalbert, der einzige Prager Bischof, der eigene Münzen prägte.

Im letzten Viertel des 10. Jahrhunderts, in das wir aufgrund der Vereinigung Böhmens unter der Regierung der Přemysliden die Anfänge des Hoheitsbzw. Münzrechts setzen, gab es einige Probleme. Der Mangel an Münzmetall, an Silber, das im Tagebau beim späteren Kuttenberg (Kutná Hora) gefördert wurde, drückte sich durch den ersten Gewichtsverlust bei den Denaren (unter 1 g) in der Herrschaftszeit Boleslavs III. (999–1002, 1003) aus. Der höhere Geldbedarf hatte ein Anwachsen der Münzwerkstätten zur Folge. Neben der Prager Münze setzte in den neunziger Jahren die Tätigkeit der Prägeanstalten auf Vyšehrad und vielleicht auch in Mělník ein. Am Anfang des 11. Jahrhunderts wurde in Kouřim und Pilsen (Plzenec) geprägt. Ab den zwanziger Jahren des 11. Jahrhunderts begann das Münzen auch in Olmütz (Olomouc).

In der Ikonographie der Prägungen lösten die älteren Typen einander mit geringen Abwandlungen ab. Der aus den ersten böhmischen von Bayern beeinflussten Denaren bekannte Regensburger und somit der bayerisch-schwäbische Typ, ferner der beliebte angelsächsische oder Ethelreder Typ (Hand – Büste) und schließlich der neue Chodovlitzer Typ (Kreuz – Kreuz). Am Anfang des 11. Jahrhunderts war stärker als im übrigen Europa der byzantisierende Typ verbreitet, wie der mit der naturtreuen Wiedergabe Christi nach den üblichen Vorlagen und mit der griechisch-lateinischen Umschrift – JEZUS CHRISTUS DOMINUS NOSTER (Jesus Christus unser Herr).

Als Besonderheiten der Münzumschriften, die Namen, Auftraggeber, Prägungsort und den Namen des Münzmeisters enthielten, galten die hinzugefügten Namen der böhmischen Fürstinnen, der historisch nicht belegten Biagota und der vornehmen Emma († 1006), die auf ihren Prägungen den Titel regina benutzte. Die Münzumschriften ETHELRED REX ANGLIAE (Ethelred, König Englands) und der Name des Münzmeisters Aelfsig

145 1 Denar des Slavnikiden Soběslav (981–995) mit Vogelmotiv. 2 Denar des Fürsten Jaromír mit byzantinisierendem Brustbild Christi, vor 1012. 3 Älteste Abbildung des heiligen Wenzels auf dem Denar des Fürsten Udalrich aus den zwanziger Jahren des 11. Jahrhunderts.

von Winchester aus dem ersten Jahrzehnt des 11. Jahrhunderts ergaben sich nach allgemeiner Auffassung durch das Wirken der Angelsachsen am Hofe der Přemysliden.

Von Westeuropa beeinflusst erschien im Jahr 1006 auf den Münzen des Fürsten Jaromír (1003, 1004–1012, 1033–1034) erstmals der Name des heiligen Wenzels (SCS WENCEZLAUS) als Patron der Prager Kirche, der im Geiste der Staatsideologie in der zweiten Hälfte des 11. Jahrhunderts zum Schutzherr des Landes ernannt wurde. Wertvolle Belege für den Wenzelskult lieferten zum einen das politische Programm des Fürsten Udalrich (Oldřich) (1012–1033,1034) umschrieben mit UDALRICUS DUX – REGNET IN PRAGA SANCTA (Fürst Udalrich möge im heiligen Prag herrschen), zum anderen die Anbringung des Wenzelsbildes auf der Rückseite der böhmischen Denare seit den zwanziger Jahren des 11. Jahrhunderts bis zu deren Einziehung am Anfang des 13. Jahrhunderts.

Literatur

Cach 1970. – Hásková 1975; 1978. – Sejbal 1996.

Eisenbarren

DARINA BIALEKOVÁ

Die eisernen Axtbarren des 9. Jahrhunderts, Gegenstand einer fast 100jährigen Fachdiskussion, sind ein Phänomen zweier geographisch entfernter und ethnisch unterschiedlicher Regionen – der wikingischen in Nordeuropa und der slawischen in Mitteleuropa. Über die Axtbarren sprach man aus verschiedenen Aspekten – berücksichtigt wurden funktionale, typologische, technologische, metrologische Kriterien – und gelangte dabei zu der heute allgemein angenommenen Ansicht, dass die Axtbarren eine Art vormonetäres Zahlungsmittel waren, das unmittelbar vor der Einführung der geprägten Münze entstand und auf dem Binnenmarkt benutzt wurde, während im Fernhandel die Funktion des Geldes fremde Münzen erfüllten – bei den Wikingern arabische, byzantinische, fränkische und angelsächsische, bei den mährischen Slawen byzantinische und fränkische. Die Barren waren zugleich ein wertvolles Halbfabrikat für eine weitere Verarbeitung, wofür es eine Reihe eindrucksvoller Belege gibt.

In der mitteleuropäischen Region kommen Axtbarren im Gebiet des Mährischen und Nitraer Fürstentums, später Großmährens vor, ein Exemplar stammt aus Böhmen, mehrere Stücke aus Ungarn (Györ), die übrigen sind aus Kleinpolen. Sie kamen Ende des 8. Jahrhunderts auf und hielten sich bis zum Beginn des 10. Jahrhunderts, aber das Gros ihres Vorkommens datiert in die ersten beiden Drittel des 9. Jahrhunderts (Abb. 146). Bei den Axtbarren handelt es sich um Eisenstäbe mit einem bestimmten Gewicht (am häufigsten 60–120 g) und einer festgelegten Länge (6–47 cm) mit charakteristisch geschmiedetem Blatt, Hals und Schaftloch. Ihren Namen erhielten die Axtbarren aufgrund des Schaftloches, da die ältesten Typen den slowakischen Äxten mit beidseitigen Schaftlochlappen möglicherweise auch denen mit Nackenknauf ähneln. Bei den jüngeren Typen ist das Oberteil nur noch breitgehämmert und umgebogen bzw. zu einem runden Schaftloch geformt (Abb. 147). Nach der Ausformung des Oberteiles werden vier Typen mit mehreren Varianten unterschieden. Diese typologischen Kriterien sind zugleich auch Datierungsanhalte. Gewisse Typen von Axtbarren kommen nur in bestimmten Regionen vor, die das Verbreitungsgebiet anderer Arten von vormonetären Zahlungsmitteln respektieren, wie z. B. die Schüsseln des schlesischen Typs. Eine ähnliche Erscheinung ist auch in Skandinavien zu beobachten. Die Südostgrenze ihrer Verbreitung in Mitteleuropa verlief durch Mähren und die Südwestslowakei.

Die Axtbarren schmiedete man entweder aus Eisen oder aus Stahl, bzw. aus sekundär zusammengeschweißten Eisen- und Stahlplatten. Es ist metallurgisch bewiesen, dass es sich nicht um Werkzeuge handelte. Nicht bestätigt wurden auch Erwägungen über eine kultische Funktion oder eine praktische Verwendung als Webgewichte. Verbreitungsschwerpunkt der Axtbarren sind nach dem heutigen Stand der Forschung das mittlere Waag- und Neutratal, das untere und mittlere Marchtal und das obere Weichseltal. In diesen Gegenden befinden sich auch die meisten Hortfunde von Eisengegenständen und Militaria. Barren kommen hauptsächlich auf Burgwällen vor (Mikulčice, Břeclav-Pohansko, Nejdek, Staré Město, Pobedim, Hrádok, Bojná, Bíňa u. a.), aber auch in Siedlungen (Pobedim, Mutěnice, u. a.). Ihre Deponierungsart ist unterschiedlich – in Holzbehältern, in einem Eisenkessel, aufgezogen auf einen Eisenring, gebündelt auf einem Haufen. Axtbarren fanden sich in Siedlungen oder als Bestandteil von Horten mit Eisengegenständen. Das Vorkommen von Barren in Gräbern ist zweifelhaft, da sie entweder aus Verfüllungen älterer Siedlungsschichten stammten

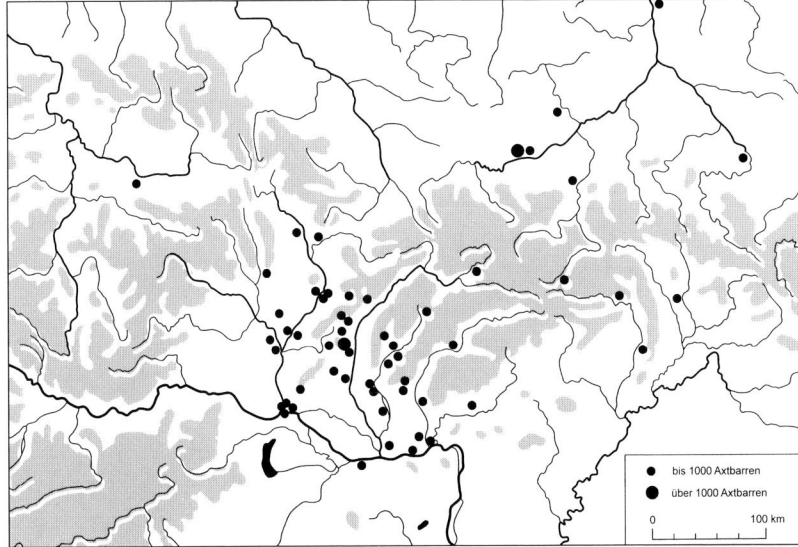

146 Fundstellen von Axtbarren im Gebiet Großmährens und im Gebiet der Wislanen.

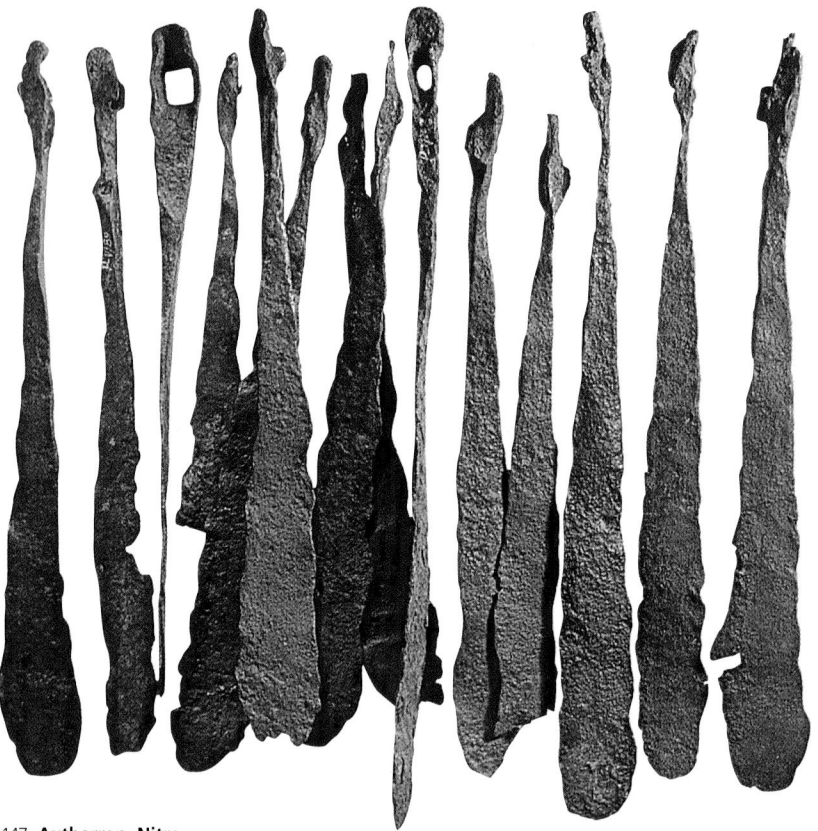

147 **Axtbarren, Nitra, 9. Jahrhundert. – Kat. 04.04.02.**

oder nachträglich in das Grab gelangten. Ausnahmen sind ein in einem Brunnen entdecktes Massengrab, in dessen oberer Schicht Axtbarren verteilt waren (Preßburg/Bratislava), und das Skelett eines Individuums in einer Getreidegrube, in der sich auch ein Depot von Eisengegenständen und Barren befand (Žabokreky nad Nitrou).

Die größte Menge an deponierten Axtbarren wurde 1979 im Primat Krakau (Kraków) gefunden, wo man auf ein Lager von 4212 Barren mit einem Gewicht von 3630 kg stieß (Gewicht 0,35–1,75 kg; meistens 0,7–1 kg). Ein zweiter Fundort mit einer großen Anzahl von Barren ist Pobedim im mittleren Waagtal, wo über 2200 Stück überliefert sind, die vorwiegend aus Depots stammen. Allein in einem Burgwallareal fand man 17 Depots, weitere fünf Depots ergaben Siedlungen, die mit einem Burgwall zeitgleich waren. Anhand chemischer Untersuchungen und technischer Details ergab sich, dass Barren von verschiedenen Herstellungsorten, von unterschiedlichem Gewicht und mit unterschiedlichen Abmessungen (auch Barrenbruchstücke) gemeinsam in einem Hort vorkommen können. Ein Beispiel für solche Zusammensetzungen, die auf Handelsaktivitäten zurückzuführen sind, war auch der Krakauer Fund. Die Datierung der Barren ist hier durch die Begleitfunde möglich (Sporen, Militaria, Gürtelbeschläge, Trensen u. a.). Anhand von 270 Axbarren aus Pobedim kam man durch mathematisch-statistische Methoden zur Erkenntnis, dass das Gewicht bestimmter Barrengruppen auf den Wert der byzantinischen Libra und deren Bruchstücke umgerechnet werden kann (1/2, 1/3, 1/4 und 3/9 Libra). In den Längenmaßen entsprach mehr als ein Drittel der Barren dem römischen Fuß (296 mm). Diese Berechnungen unterstützen die Ansichten mehrerer Autoren, welche in den Barren vormonetäre Zahlungsmittel sehen wollen, deren Gewichtsrelationen der byzantinischen Libra entsprechen. Auch wird im großmährischen Kirchenrechtlichen Kodex „Zakon sudnyj ljudem" der Terminus „Stljaz" als Bezeichnung für Solidus angeführt. Die hier erwähnte „Litra" Goldes (das heißt 72 „Stljaz" das heißt 72 Solidi), ist eine slawische Benennung für Libra.

Fraglich ist, inwieweit die Entstehung der Axtbarren auf wikingischen Vorbildern zurückgeführt werden kann und welche Faktoren für eine Übernahme ausschlaggebend waren. Derartige Überlegungen wurden bereits von H. Olhaver und J. Pošvář angestellt. Im slawischen Fundrepertoire gibt es außer Barren des Typs III, die den nordischen sehr ähnlich sind, eine Reihe von Funden, die nordischer Herkunft sein könnten, oder gleichzeitig in beiden Gebieten vorkamen. Es wird daher notwendig sein, die Frage nach möglichen Kontakten zwischen den mitteleuropäischen Slawen und den Wikingern neu zu stellen.

Literatur

Bialeková 1990. – Bialeková u. a. 1999. – Novotný 1969. – Pleiner 1961. – Pošvář 1963. – Sejbal 1989. – Zaitz 1988.

Slawische Hortfunde

HANNA KÓČKA-KRENZ

Im 109. Kapitel seiner *Chronica Slavorum* schreibt Helmold wie folgt: „Sobald sich aber das Gerücht vom drohenden Kriege ausbreitet, verstecken sie gedroschenes Getreide, Gold, Silber und jegliche Kostbarkeiten in den Gruben, die Frauen und Kinder hingegen verbergen sie in Kastellen oder wenigstens im Wald".

Zeugnis eines solchen Verhaltens sind Schätze, die vom 9. Jahrhundert bis zur Mitte des 12. Jahrhunderts und vor allem im 10. und 11. Jahrhundert verborgen wurden. Die meisten Hortfunde stammen aus dem Elbgebiet (insbesondere aus seiner nördlichen Zone), aus Pommern und aus Großpolen wie auch aus Schlesien, in den Gebieten Südpolens hingegen nimmt ihre Anzahl ab. Die ältesten Hortfunde konzentrieren sich auf die südliche Ostseeküste. Diese Erscheinung beschränkt sich nicht nur auf die slawischen Gebiete, ein ähnlicher Brauch findet sich im gesamten Ostseeraum. Die Hortfunde spiegeln die ökonomischen und sozialen Verhältnisse in den frühfeudalen Strukturen wider, als der Grundbesitz noch nicht für die ökonomische Bedeutung der Großen ausschlaggebend war. Ihre Stellung bestimmte die bewegliche Habe, vor allem Viehherden und kostbare Metalle, bei den Slawen in erster Linie das Silber.

Das zu jener Zeit im Umlauf vorhandene Silber stammte hauptsächlich aus dem Handel, zum Teil jedoch auch aus der Kriegsbeute, aus Gaben oder von Lösegeld. Man sammelte es als ganze Münzen und Schmuckgegenstände, als Stäbchen und als Produktionsabfall oder als Bruchstücke von Münzen und Schmucksachen. Bei Gefahr vergrub man es in der Erde. Nach Jahrhunderten finden wir diejenigen Schätze, die aus unterschiedlichen Gründen nicht von den Besitzern geborgen wurden. In der Fachliteratur wird immer wieder über die Gründe des Vergrabens diskutiert. Als eine der Ursachen gelten kriegerische Unruhen. Mit Hilfe der schriftlichen Überlieferung versuchte man den Zeitpunkt der Deponierung mit der überlieferten Invasionen zu bestimmen. Diese Theorie bestätigen die numismatischen Analysen für die auf polnischem Gebiet gefundenen Hortfunde nicht. Genauso unbegründet für die slawischen Gebiete ist die Meinung, dass die Schätze Votivcharakter besitzen, wenngleich ein solcher Brauch für einige skandinavische Niederlegungen nachgewiesen ist. Daher wird man annehmen dürfen, dass das Vergraben von Schätzen bei den Slawen die übliche Art der Aufbewahrung von Reichtum war. Das Versteck des Schatzes war sicherlich nur seinem Besitzer bekannt. Er verriet ihn erst kurz vor seinem Tode. Ein plötzlicher unerwarteter Tod machte es den Erben unmöglich, das wertvolle Metall zu bergen. Die nicht geborgenen Horte wurden meist zufällig bei Erdarbeiten entdeckt. Wir wissen daher nicht, ob und wie oft der Besitzer seinen Schatz ausgegraben hat, um einen Teil davon zu gebrauchen oder neue Teile hinzuzufügen. Ein mehrmaliges Aus- und Vergraben ergibt sich aus der Tatsache, dass die Schätze zum Teil Münzen enthielten, zwischen deren Prägung Jahrzehnte oder sogar Jahrhunderte lagen (in einigen Fällen waren es antike Münzen).

Nicht immer ist die Art und Weise wie ein Schatz versteckt wurde bekannt. Am häufigsten verwendete man zur Aufbewahrung des Schatzes ein oder zwei Tongefäße. In diesen deponierte man den ganzen Silbervorrat oder in Leinentücher eingewickelte Teile des Silbers. Zuweilen wurden die Gefäße zusätzlich mit Birkenrinde ausgekleidet oder das Silber wurde darin in einem Ledersäckchen aufbewahrt. Die Gefäße wurden unterschiedlich abgedeckt. Üblicherweise nahm man hierzu einfach einen Stein, man verwendete aber auch Deckel aus Ton. Den Inhalt des Gefäßes sicherte man auch, indem man den Hals des Gefäßes mit einem Stück Stoff umwickelte, oder das Gefäß mit einer eisernen Schüssel, bzw. mit einem weiteren Gefäß abdeckte. Seltener wurde der Schatz nur in einem Leinen- oder Ledersäckchen, in einem kleinen Bronzenkessel, in einer kleinen Eisen- oder Holzkiste, oder sogar zwischen im Viereck gelegte Eisenstäbchen vergraben. Wenn der Schatz nur aus Münzen bestand, konnte man diese in einem Metallröhrchen oder in einer Lederrolle verstecken.

Das Versteck des Schatzes war sorgfältig ausgewählt und entsprechend markiert. Deshalb sind Schätze oft am Hang eines Hügels unter großen Steinen oder Bäumen, an Fluss- oder Seeufern vergraben worden. Weitere Verstecke befanden sich in den Wäldern, wo man den Schatz unter einem markanten Baum vergrub. Zuweilen deponierte man den Schatz im Moor oder in einer Düne, in

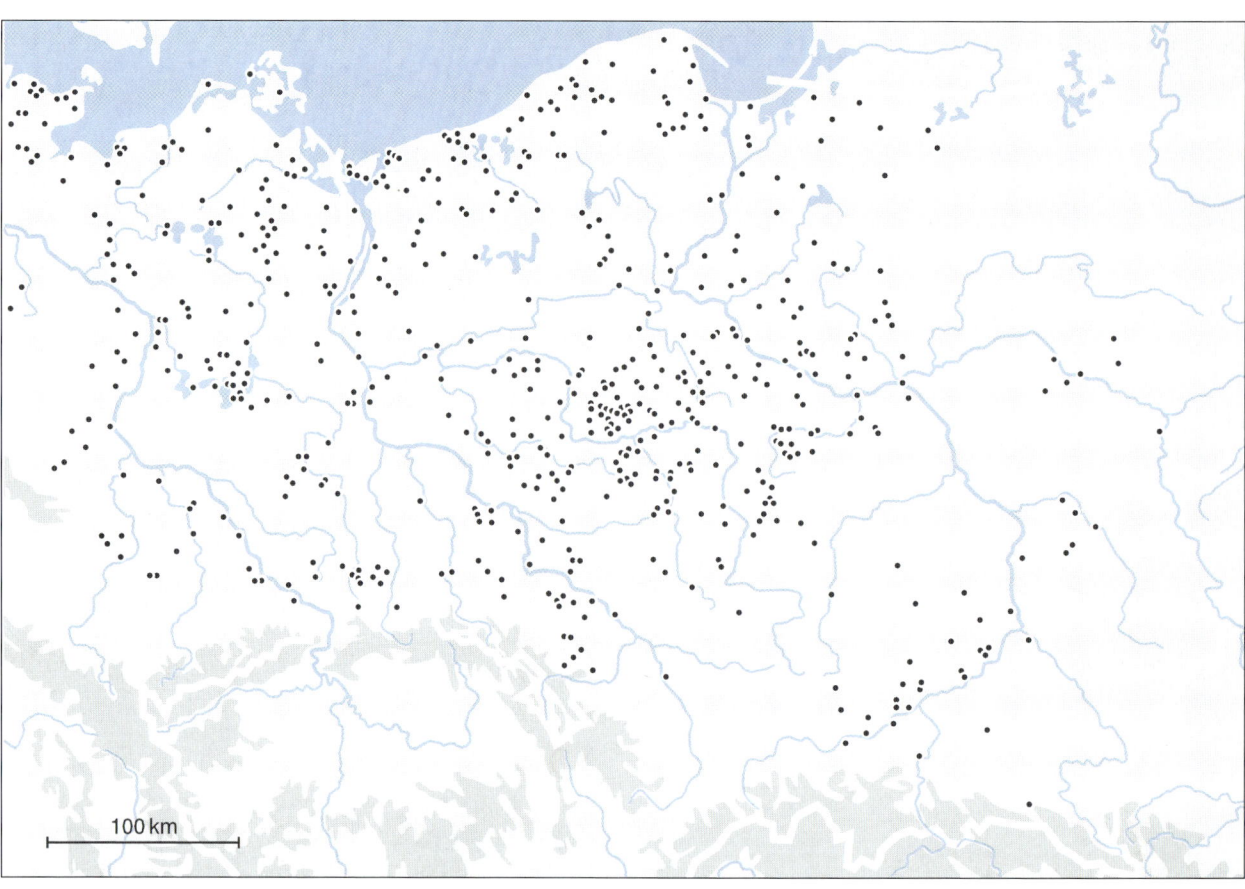

148 Verbreitung der slawischen Hortfunde.

der Aufschüttung eines Grabhügels oder Megalithgrabes, oder in der Außenseite des Walles einer verlassenen Burg. Üblicherweise wurden also die Schätze in einer gewissen Entfernung zum Wohnort versteckt. Es sind nur einzelne Fälle bekannt, wo der Schatz in einer Burg oder Siedlung, unter der Feuerstelle oder dem Keller des Hauses vergraben wurde, was als Zeichen einer plötzlichen Bedrohung angesehen werden kann.

Die slawischen Hortfunde enthalten fast ausschließlich Silber. Vereinzelt werden Niederlegungen mit zusätzlichen Gold- oder Glasprodukten (Schmucksachen) gefunden. Beinahe in allen Schätzen waren Münzen enthalten, nur in einigen dutzend Fällen waren es ausschließlich Schmucksachen oder Rohmaterial. Diese Zusammensetzungen tauchen in der zweiten Hälfte des 10. Jahrhunderts, vor allem zwischen den Jahren 970 und 1070 auf. Die Menge des aufbewahrten Silbers war ebenfalls unterschiedlich. Wir haben leider nur für einen Teil der Hortfunde Informationen über das Gewicht des Silbers, ohne dabei sicher zu sein, ob es sich hier wirklich um den vollständigen Inhalt handelte. Die Hortfunde wurden meist zufällig bei den unterschiedlichsten Erdarbeiten entdeckt, und nicht selten teilten deren Finder den Inhalt unter sich auf oder verkauften Bestandteile und Münzen an Goldschmiede und Sammler. Bei den meisten Schätzen dürfte es sich um kleine Ensembles mit bis zu 0,5 kg Silber gehandelt haben. Die größeren Schätze mit einem Gewicht von 0,5 bis zu 1 kg machen mehr als ein Drittel der hinsichtlich des Gewichtes bekannten Komplexe aus. Die großen Schätze mit einem Gewicht über 5 kg kommen hingegen selten vor.

Aus der Zeit vom 9. Jahrhundert bis etwa zum Jahr 975 stammen vor allem Münzen orientalischer Herkunft. Es sind hauptsächlich arabische Dirhem mit indischen Münzen und Münzen der Kamabulgaren. Ab dem Jahr 975 bis ca. 1075 strömten in die slawischen Gebiete fast ausschließlich westeuropäische Münzen (vor allem deutsche, darunter Prägungen, die meistens aus den Münzstätten der sächsischen Bischöfe stammen), später dagegen nur sächsische. Die zweitgrößte Gruppe bilden die böhmischen und mährischen Münzen, die über Schlesien in die slawischen Gebiete, vor allem nach Großpolen und an die Ostsee gelangten. Auch angelsächsische und skandinavische, sowie über die Mährische Pforte eingeführte ungarische Münzen sind zu verzeichnen. Über den Landweg kamen über Magdeburg auch italienische Denare. Heimische Münzen kommen nur selten vor, da diese erst im 12. Jahrhundert den Markt zu dominieren begannen.

Neben den Münzen machen die Schmucksachen

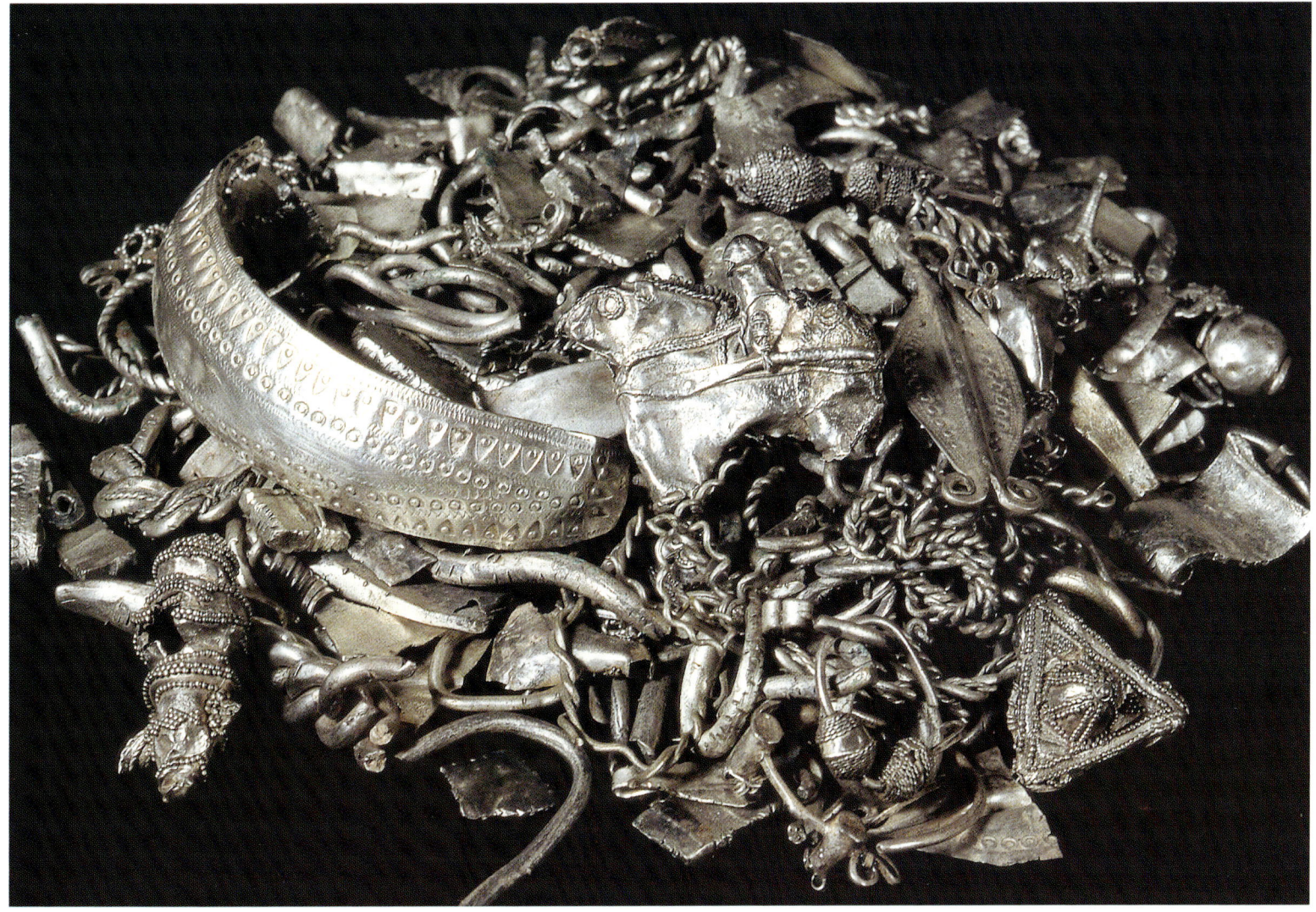

149 Teile des Schatzfundes Leissower Mühle. Berlin, Museum für Vor- und Frühgeschichte SMPK.

den wichtigsten Bestandteil der Hortfunde aus. Sie sind etwa in der Hälfte aller bekannten Deponierungen zu finden. In der zweiten Hälfte des 10. Jahrhunderts und im 11. Jahrhundert blüht die auf importiertem Silber basierende Goldschmiedekunst auf. Aus diesem fertigte man reich verzierte Schmucksachen. Zu erwähnen sind filigranbelegte Plättchen mit Granulierung und geometrischen Mustern, die durch plastische Motive in Form von Buckeln und kleinen Tierköpfen bereichert wurden. In dieser Technik findet man vor allem Ohrringe verschiedener Form, Silberperlen und Anhänger, insbesondere Halbmondanhänger und Kaptorgen. Aus Silberdrähten drehte man Halsringe, Armbänder und Ringe, sowie den allgemein beliebtesten Schmuck – die Schläfenringe. Für eine heimische Produktion der Schmuckgegenstände sprechen weniger ihr Vorhandensein in den Schätzen, als vielmehr ihre spezifischen Formen und Ornamentik. Sie schmückten die Kleider der slawischen Frauen, bestimmten ihre ethnische und soziale Zugehörigkeit und gaben den religiösen Vorstellungen Ausdruck. Neben den heimischen werden, insbesondere aus Funden an der Ostseeküste, Fragmente von Schmuckgegenständen fremder Herkunft verzeichnet.

Das im Frühmittelalter auf dem polnischen Territorium vorhandene Silber wurde in erster Linie als gemünztes Geld in den Handelsgeschäften verwendet. Man hat damit auch verschiedene Gebühren, unter anderem Tribute, bezahlt. Hiervon zeugt auch die Zerkleinerung von Münzen und Schmuck (so genannte „Hacksilberfunde"). Die unterschiedliche Größe und das unterschiedliche Gewicht dieses „Hacksilbers" spricht jedoch dafür, dass es sich hier nicht um Gewichtseinheiten handelte. Das Zerbrechen von Münzen und Schmuckgegenständen kann mit der Notwendigkeit der Ergänzung des Gesamtgewichtes oder durch die Absicht, die Silberqualität zu prüfen, erklärt werden. Auch vermutet man, dass das Zerkleinern von Silber nicht unbedingt das Vorhandensein eines entwickelten inländischen Marktes bedeuten muss, da nur eine kleine Gruppe der Bevölkerung über

Münzwesen und andere Formen der Währung 205

Silbergeld verfügte und damit am internationalen Handel teilnehmen konnte. Die in den Schätzen aufbewahrten vollständig erhaltenen Schmuckgegenstände von hoher künstlerischer Qualität sind ein Beweis, dass die Horte Sammlungen von Schmucksachen waren, die zu festlichen Gelegenheiten die Kleider von Frauen der gehobeneren sozialen Schichten schmückten. Die slawischen Silberhortfunde sind so eine ausgezeichnete Quelle zum Studium vieler Wirkungsbereiche der damaligen Gemeinschaften.

Literatur

Kóčka-Krenz 1993. – Sternberg 1958. – Tabaczyński 1987. – Wiechmann 1996.

Slawen und Ungarn in Europas Mitte

Die Ungarn im Kontakt mit Byzanz und dem römisch-lateinischen Imperium

Die sprachlich-ethnisch-kulturelle Gliederung der Ungarn

LAJOS KISS

Die sieben landnehmenden ungarischen Stämme (Nyék, Megyer, Kürt-Gyarmat, Tarján, Jenő, Kér, Keszi) ließen sich nur allmählich in ihren neuen Siedlungsgebieten nieder. Dies hatte zur Folge, dass die früheren mundartlichen Unterschiede der ungarischen Sprache, die vor allem nach Stämmen gegliedert waren, einen ständigeren, territorialen Charakter annahmen, und dann schließlich zu Unterschieden zwischen Territorialdialekten wurden. Ihre Ansiedlung auf einem relativ großen Gebiet war für die sprachliche Differenzierung unbedingt förderlich. Doch hatten das nomadisierende Leben, das mit einem ständigen Wechsel, einer Veränderung der Weiden und Siedlungsgebiete einherging, und vor allem die häufig große Volksmassen in Gang setzenden „Streifzüge" auch sprachlich vereinheitlichende Auswirkungen. Seit der Mitte des 10. Jahrhunderts war die bedeutendste Bevölkerungsbewegung im Karpatenbecken die Ausbreitung der Ungarn in östliche Richtung. Zu Beginn des 11. Jahrhunderts waren die bedeutendsten Gebiete der Landschaft Mezőség, die mitten in Siebenbürgen lag, schon von den aus westlicher Richtung – zum Teil durch das Tal des Flusses Samosch (Szamos), zum Teil des Flusses Maros – eingedrungenen Ungarn besiedelt worden. Das Streben nach Osten hielt auch danach noch Jahrhunderte lang an. Eine bedeutende Rolle hierbei spielten die Szekler. Die Szekler hatten eine die Landesgrenzen verteidigende und bewachende Aufgabe, sie waren zum Schutze der Grenzen in verschiedenen Gebieten des Landes angesiedelt worden (in den Komitaten Moson, Preßburg [Pozsony], Ödenburg [Sopron], Braunau [Baranya], Szabolcs, Ugocsa und Bihar). Ihre bedeutendste Gruppe war die der siebenbürgischen Szekler, die im 11. Jahrhundert in den südlichen und südöstlichen Gebieten der Landschaft Mezőség die Grenze bewachten. Im späteren siebenbürgischen Sachsenland tauchen sie schon zu Beginn der zweiten Hälfte des 12. Jahrhunderts auf, in der ersten Hälfte des 13. Jahrhunderts endete ihr Vordringen an den östlichen Karpaten. Der Ursprung der Szekler ist nicht zweifelsfrei geklärt. Es ist möglich, dass sie sich als Volkselemente mit türkischer Sprache noch vor der Landnahme den Ungarn angeschlossen hatten, im Karpatenbecken angelangt, verwendeten sie aber zweifelsohne schon die ungarische Sprache. Mit den Szeklern kann auch der Name einer anderen, im Norden Ungarns siedelnden großen ethnischen Gruppe, der Paloczen, in Beziehung gebracht werden. Die im 11. Jahrhundert aus dem Gebiet von Galizien, Südpolen und Mähren gekommenen slawischen Siedler hatten wahrscheinlich viel unter den in ihrer Sprache Polovzi – Plawzi genannten Kumanen zu leiden, und auch die am Schutz der Nordgrenzen Ungarns teilnehmenden szeklerischen Gruppen, die äußerlich den Kumanen ähnlich waren, wurden mit diesem Namen bezeichnet. Die von den Kumanen für die Szekler verwendete slawische Bezeichnung bürgerte sich als Bezeichnung für eine besondere ethnische Gruppe, die Paloczen, auch in der ungarischen Sprache ein.

Außer den sieben Stämmen der Ungarn, den Magyaren, nahmen an der Landnahme auch die Kabaren teil. Das Geheimnis des Namens der drei sich gegen die Herrschaft der Chazaren erhobenen und sich den Ungarn angeschlossenen kabarischen Stämme ist bis heute ungeklärt. Die unterschiedliche Auffassungen vertretenden Wissenschaftler halten die ersten Einwohner der Siedlungen Berény, Oszlár/Eszlár, Varsány, Örs u. a. für Kabaren. Die kabarischen Stämme sprachen ursprünglich eine türkische (Berény, Örs), bzw. iranische, alanisch-nahe oder jazygische Sprache (Oszlár ~ Eszlár, Varsány). Bereits um 950 waren sie jedoch schon zweisprachig, später gingen sie im Ungarntum auf.

Schon zusammen mit den Kabaren, doch auch noch nach der Landnahme ließen sich in Ungarn unter dem Namen Kalisen (Chwalisen) und Böszörményer Volkselemente mit mohammedischem Glauben und iranischer Sprache (den Türken äußerlich ähnlich) in bedeutender Zahl nieder, die zum Teil Grenzwachdienste leisteten, zum Teil aber auch als Verwalter des königlichen Einkommens und als Münzmeister tätig waren. Ihr ursprüngliches Siedlungsgebiet war Chwaresm, in Mittelasien südlich des Aralsees. In Ungarn hatten sie wahrscheinlich zumindest bis zum 12. Jahrhundert ihre ursprüngliche Sprache bewahrt.

Die Vielfältigkeit der Ansiedlungen wurde im 10. und 11. Jahrhundert noch weiter durch die ins

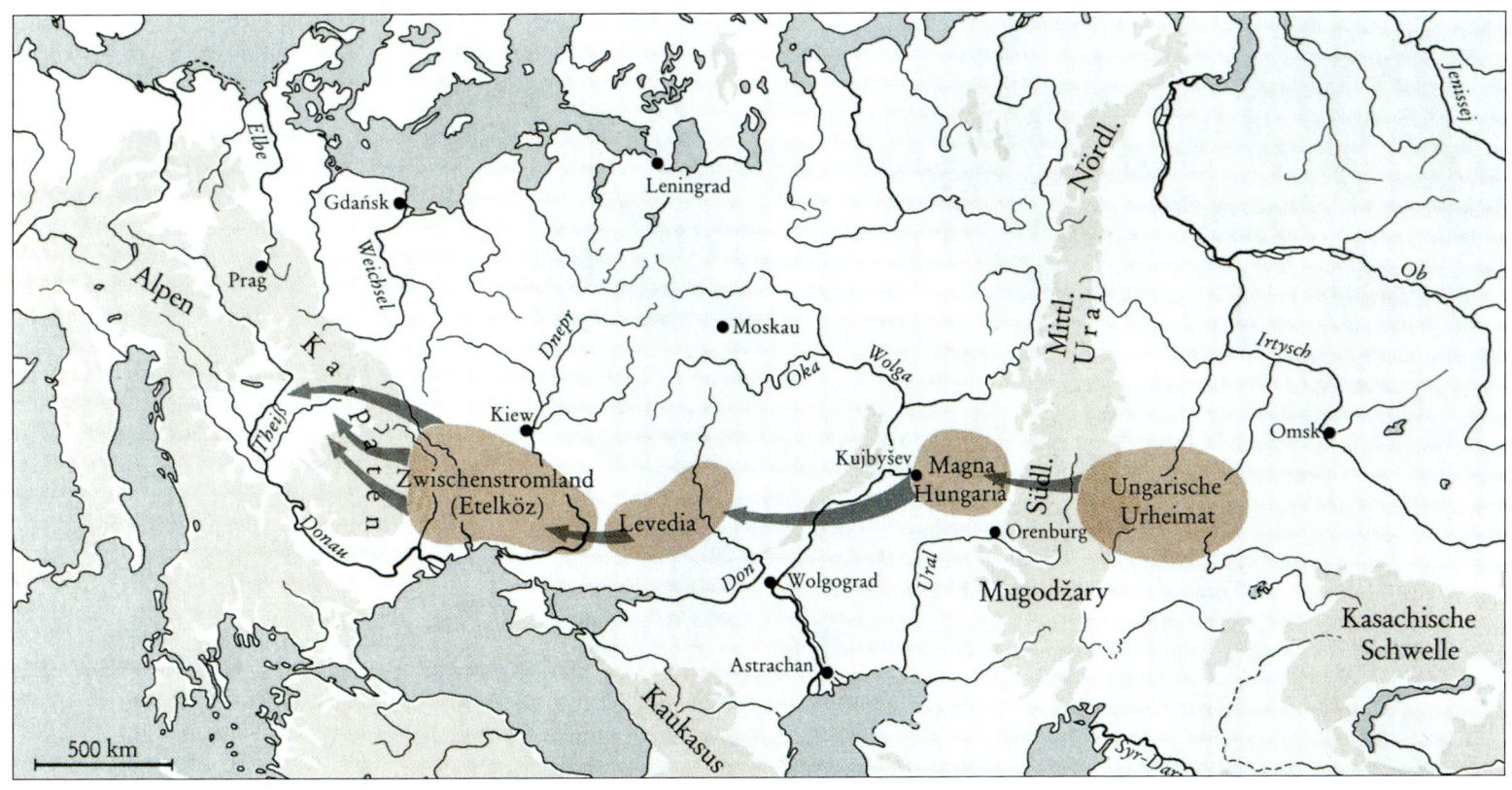

150 **Die Wanderungen der Ungarn** (nach I. Erdély).

Land gelassenen und zum Schutz der Grenzgebiete angesiedelten Gruppen von Petschenegen erhöht, die eine türkische Sprache hatten und sich zum mohammedanischen Glauben bekannten (in die Komitate Ödenburg [Sporon], Raab [Győr], Moson, Nyitra, Fejér, Tolna, im Burgenland [Barcaság] usw.) Die Petschenegen wurden mit den Szeklern zusammen als militärische Hilfskräfte bei der Grenzverteidigung und in Kriegen eingesetzt. Erst um das Jahr 1500 waren sie vollständig im Ungartum aufgegangen. Der im Jahre 1502 aufgezeichnete Name der an der Mündung der Maros in die Theiß gelegenen Gemeinde Óbesenyő (Bottalütő-besenyő „Petschenegen mit dem Stock schlagend") zeugt davon, dass die Petschenegen damals noch ihre Sonderstellung als Volk sowie ihre alte Kampfweise beibehalten hatten: eigentlich verwendeten sie nur Keulen, Streitkolben und Stöcke. Um die Mitte des 11. Jahrhunderts kamen auch Usen (Ogusen) mit türkischer Sprache in das Land. Diese wurden auf königlichen Territorien angesiedelt oder aber zum Grenzdienst eingeteilt.

Im 11. Jahrhundert lebten noch zwischen die Ungarn eingekeilte slawische Volksteile, die schon zur Zeit der Landnahme hier ansässig gewesen waren, deren Magyarisierung, deren Aufgehen im Ungartum noch nicht abgeschlossen war. Es ist auch mit der Ansiedlung von neueren slawischen Volksgruppen zu rechnen.

Unser ethnischer Überblick kann dahingehend zusammengefasst werden, dass im 11. Jahrhundert auf dem Territorium Ungarns nur mehr zwei Völker siedelten, die in größeren Gebieten in geschlossenen Gruppen ansässig waren, und die auch den ethnischen Charakter der Gebiete bestimmten. Diese beiden Völker waren die Ungarn und die Slawen. Die übrigen Völkerschaften (Awaren, Petschenegen, Bulgaren-Türken, Deutsche u. a.) hinterließen in den Ortsnamen keine bedeutenderen Spuren.

Das folgende große Ereignis der Volksbewegungen war die Ansiedelung der Kumanen mit türkischer Sprache in den mittleren Gebieten der Großen Ungarischen Tiefebene (1239, 1243). Sie gingen allmählich im Ungartum auf. Ihr sprachliches Verschmelzen wurde in einem hohen Maße durch die Zerstörungen der Türkenzeit und die dadurch ausgelösten Abwanderungen erhöht. Ihre Nachkommen leben in den Landschaften Kiskunság und Nagykunság. Der Zeitpunkt der Ansiedlung der Jazygen mit einer iranischen Sprache in Ungarn ist bis heute eine ungelöste Frage. In geringerer Zahl konnten sie bei der Ansiedlung der Kumanen hierher gelangt sein, ein Teil von ihnen könnte aber auch später eingewandert sein. Vor ihrer Ansiedlung in der Landschaft Jászság im Komitat Heves saßen sie vermutlich in größere Zahl in der weiteren Umgebung von Pilis im Gebiet am Fluss Temes und entlang der unteren Donau. Die Ansiedlung der Jazygen in der Jászság erfolgte unbemerkt und schlug sich auch nicht, wie die der Rumänen, in historischen Quellen nieder. Sie verloren ihre sprachliche und ethnische Sonderstellung und gingen im Ungarntum ihrer Umgebung auf. Es ist wahrscheinlich, dass auch sie, wie die Kumanen, eine gewisse neue Nuance in das Mundartprofil der Großen Ungarischen Tiefbene gebracht haben.

Vermutlich begannen die ungarischen Stämme schon zur Zeit ihres Zusammenlebens mit den Chazaren, das heißt im 8. und 9. Jahrhundert, das Christentum kennenzulernen. 948 ließen sich Bulcsú, dann um 952/953 auch Gyula in Byzanz taufen und wurden Christen. Die Missionierung begann in größeren Ausmaßen zwischen den Jahren 973 und 978. In der Missionierung unter dem Großfürsten Géza (Regierungszeit: um 970–997) spielte die Vernichtung der alten Religion noch eine größere Rolle als der Aufbau der neuen. Die heidnischen Götzen wurden zerstört und die Priester des Heidenkults, die Schamanen, wurden zum Verstummen gebracht. Dieser Kampf Gézas geschah mit blutigen Mitteln. Er selbst war kein gläubiger Christ und stand der Welt des Heidentums noch nahe. Sein Sohn Vajk wurde schon als Kind getauft. Er wurde der Heilige Stephan (Großfürst 997–1000, König 1000–1038), der erste König von Ungarn. Er baute die Kirchenorganisation mit lateinischem Ritus aus, doch tolerierte er auch die Kirche mit griechischem Ritus (Basilitenklöstern). Im Jahre 1083 wurde er zusammen mit seinem Sohn, Herzog Emmerich (Imre) heilig gesprochen. Im 11. Jahrhundert bildeten Rom und Byzanz trotz der Unterschiede in der Sprache und im Ritus eine Einheit des Christentums, die Kirchenspaltung war noch nicht eingetreten. In der Mitte seiner Regierungszeit öffnete König Stephan den Kreuzfahrern und den Pilgern den sicheren neuen Weg nach Jerusalem. Dadurch waren die in großen Mengen in den Orient, ins Heilige Land ziehenden Pilger und die ihren Spuren folgenden Kaufleute nicht mehr der Habgier der Schiffsleute und den Piraten auf dem Meer ausgeliefert. Die Öffnung der neuen Pilgerroute, die von Wien aus über Moson, Raab (Győr), Szentmártonhegy (Pannonhalma), Stuhlweißenburg (Székesfehérvár), Tolna, Báta, Baranyavár, Valkó und Szávaszentdemeter nach Belgrad (Nándorfehérvár) und dann über Sofia und Byzanz führte, verband Ungarn mit dem Rest Europas und kann daher mit Recht als Epochengrenze angesehen werden.

Der heidnische Glaube an die Schamanen verlangte von den einfachen Menschen nichts anderes als die heimische Verehrung der Götzenbilder und den Besuch der Kultstätten. Die Kultstätten des Herrscherhauses durften sie jedoch nicht aufsuchen. Demgegenüber verpflichtete das Christentum alle Menschen, ohne Rücksicht auf den sozialen Unterschied, zum Kirchenbesuch. Einige Krypten ausgenommen, wurden die ungarischen Bauwerke aus dem Anfang des 11. Jahrhunderts alle zerstört. Doch machen ihre entdeckten Grundrisse es möglich, uns diese Gebäude vorzustellen. Von den Kirchen, in denen der lateinische Ritus gepflegt wurde, waren die ersten überwiegend kleine Rotunden, Rundkirchen. Was die Abmessungen anbelangt, war die größte die Basilika in Stuhlweißenburg (Székesfehérvár), deren Bau um das Jahr 1018 in Angriff genommen wurde. Den monumentalen Beginn der ungarischen weltlichen Architektur stellt der auf dem Burgberg in Gran (Esztergom) freigelegte frühe fürstliche Palast dar. Der aus großen roten Steinen errichtete Palast wurde in der Zeit des Fürsten Géza und des Königs Stephan errichtet und könnte der Geburtsort König Stephans gewesen sein.

Das Gesetz Stephans I. schrieb vor, dass je zehn Dörfer gemeinsam eine Kirche bauen sollten. Stephan I. wollte den Kirchbesuch dadurch unterstützen, dass er einen ständigen Markttag einführte, den er zum wöchentlichen Ruhetag (*dies dominica*) bestimmte. Die Märkte selbst sollten neben den Kirchen abgehalten werden. Deshalb wurde dann auch der ungarische Name für *dies dominica* „vasárnap" (Sonntag = vásárnáp Markttag).

Die türkisch-chazarische Runenschrift könnte bereits in der alten Heimat der Ungarn vorhanden gewesen sein. Mit Recht kann angenommen werden, dass mit dieser Schrift auch ungarische Texte niedergeschrieben wurden. Die Tatsache, dass von dieser Schrift in der neuen Heimat nur Denkmäler mit umstrittener Glaubwürdigkeit erhalten geblieben sind, wird man einer bewussten Zerstörung zuschreiben können. Die christlichen Priester wendeten sich gegen die heidnischen Denkmäler, sie zerstörten ihre Monumente, ließen ihre Gefäße mit Inschriften einschmelzen und verbrannten ihre Schriften.

Die ersten Bücher in lateinischer Sprache könnten von den missionierenden Bischöfen bereits unter Großfürst Géza nach Ungarn gebracht worden sein. Die Zahl der Bücher nahm immer mehr zu. Zwischen 1095 und 1116 herrschte in Ungarn schon ein König, dessen Belesenheit und dessen Bildung weit und breit bekannt war, und der deshalb von seinen Zeitgenossen den Beinamen „der Schriftgelehrte" erhalten hatte: Koloman der Schriftgelehrte (Könyves Kálmán).

Das Karpatenbecken zur Zeit der Landnahme.
Politische, kulturelle und ethnische Voraussetzungen

BÉLA MIKLÓS SZŐKE

Die sich im letzten Jahrzehnt des 9. Jahrhunderts im Karpatenbecken niederlassenden Magyaren trafen auf ein Gebiet, das politisch, kulturell und ethnisch ein sehr kompliziertes Bild bot. Die hier angetroffene Bevölkerung lebte anfangs noch im Rahmen des awarischen Khanats, bald danach geriet sie in eine mittelbare oder unmittelbare Abhängigkeit vom frühfeudalen christlichen Reich Karls des Großen und musste sich am Ende des 9. Jahrhunderts wieder an eine neue Machtformation gewöhnen, an die Oberherrschaft der heidnischen Magyaren. Die politische Oberhoheit dieser Staatsgebilde – mit ihren unterschiedlichen kulturellen Traditionen – wechselte im Karpatenbecken des 9. Jahrhunderts also ungewöhnlich oft.

Politische Voraussetzungen

Der Einfluss des awarischen Khanats, welches das Karpatenbecken seit langer Zeit erneut zu einer territorialen und Machteinheit zusammengefasst hatte, nahm zwischen den Jahren 791 und 811 immer mehr ab. Der Kriegsruhm der von Byzanz und dem Merowingerreich gleichfalls gefürchteten Awaren war jedoch noch nicht derart verblasst, als dass nicht das gesamte waffenfähige Rittertum des Reiches Karls des Großen für dessen Feldzug gegen die Awaren zu den Waffen gerufen werden musste. Im Spätherbst des Jahres 791 konnte der erwünschte Sieg dennoch nicht erreicht werden. Karl der Große, der die Logistik vernachlässigte, wurde durch die Verzögerungstaktik der Awaren ohne Entscheidungsschlacht zum Rückzug gezwungen. Allein die Tatsache, gegen das Khanat ins Feld zu ziehen, reichte jedoch aus, dass die inneren Probleme, die die Awaren vor der Außenwelt lange mit Erfolg verborgen hatten, sichtbar wurden. Diese existierten sowohl in der höheren Führung (siehe z. B. den Krieg zwischen Khagan und Jugurrus 795 oder die Sonderpolitik des Tuduns zwischen 796 und 803), als auch in den unteren Gesellschaftsschichten (siehe z. B. den vor den Belästigungen der Slawen 805 flüchtenden Khapkhan) seit langem, und hätten wohl auch ohne einen äußeren Angriff zum Zerfall der Machtstruktur des Khanats geführt.

Auf der Konferenz in Aachen 811 wurde das bis dahin nur nominell einheitliche Khanat in Anwesenheit aller Interessierten aufgeteilt. Auf dieser Grundlage wurde das zentrale Gebiet, das heißt der Ostalpenraum, das obere Donautal, das Land zwischen Save und Drau und Transdanubien als *provincia Pannonia(e)* unmittelbar ins Reich eingegliedert, während die Randgebiete, wie z. B. das in den folgenden Jahrzehnten den ostfränkischen Herrschern so viele Probleme verursachende Fürstentum Großmähren oder das kurzfristig existierende Neutraer Fürstentum bzw. das altkroatische Fürstentum und der Raum der Großen Ungarischen Tiefebene, in eine mittelbare Abhängigkeit vom Reich gerieten.

Die Verwaltung des östlichen Grenzgebietes des Karolingischen Reiches (*Oriens, plaga orientalis*) wurde 828 bedeutend umorganisiert. Der Grund dafür war, dass die bisherige *Provincia Pannonia inferior*, das heißt das Gebiet zwischen der Drau und der Save, mit dem Aufstand des Fürsten Ljudevit, des Untertans des Friauler Grenzgrafen Cadolah (819–822) und besonders mit der altbulgarischen Expansion (828) dem Reich endgültig verloren ging. Die strategische Rolle und Funktion übernahm nun der südliche Teil Transdanubiens. Von dieser Zeit an bezeichnete man das Gebiet zwischen Drau und Raab als *Pannonia inferior*, das nördlich und westlich davon liegende Gebiet als *Pannonia superior*. Der Alpenraum wurde ebenfalls umorganisiert, der bisher einheitlich verwaltete Raum wurde in vier Grafschaften (Friaul, Istrien, Karantanien und Krain) aufgeteilt. In Pannonien erscheinen auch Grafschaften, wie z. B. an der oberen Donau oder im Raum von Steinamanger (Szombathely) (*Ratpoti et Rihharii comitatus*, 844).

In der reorganisierten Provinz Pannonien ist etwas später noch eine weitere Grafschaft mit dem Zentrum Mosaburg (Zalavár) entstanden. Anfang der dreißiger Jahre des 9. Jahrhunderts dehnte Mojmir, der erste namentlich bekannte Fürst der Mähren, seine Macht nach Osten aus und verjagte Pribina von seinem Sitz. Pribina begab sich unter den Schutz Ludwigs des Deutschen, der ihm ein Gebiet „in Unterpannonien", in der sumpfigen Waldlandschaft der Sala" zum Lehen gab (Conversio c. 11).

Es ist unbekannt, welches Schicksal die östlich der Donau liegenden Gebiete des Khanats ereilte. Die hier lebenden Awaren – wahrscheinlich wegen ihres passiven Verhaltens – erwiesen sich für die Autoren der zeitgenössischen Jahrbücher als uninteressant und werden nicht mehr erwähnt. Aufgrund einer byzantinischen Angabe (siehe die Stichwörter Abaris und Bulgaroi des Suda-Lexikons) ist jedoch anzunehmen, dass sie in der Zeit des Khans Krum unter altbulgarische Oberhoheit gerieten. Diese Stichwörter haben aber einen toposartigen Charakter, sind aus früheren Quellen entnommen, wobei die Sätze zufällig nebeneinander gestellt wurden. Höchstwahrscheinlich entstand östlich der Donau ein besonderes Rest-Khanat, das mit dem Karolingerreich in einem losen Vasallenverhältnis stand. Möglicherweise gab es in diesem Rest-Khanat ein politisches Hinterland mit einer gewissen Selbständigkeit, das anfänglich von den Chazaren gesichert wurde. Aber die Gebiete südlich der Maros und die Umgebung der transsylvanischen Gold- und Salzbergwerke gerieten ab dem Ende der zwanziger Jahre des 9. Jahrhunderts in eine altbulgarische Abhängigkeit.

Von den Vasallenfürstentümern stand das mährische Fürstentum oberhalb der Donau unter den Fürsten Mojmír (um 830–846), Rostislav (846–870) und Svatopluk (870–894) von Anfang an im Kampf mit dem Karolingerreich. Diese Kriege sind aber typisch für die frühfeudalen Staaten, bei denen der Preis des Friedens immer die Bekräftigung des Lehenseides und die Wiederherstellung der Tributzahlungen war. Als der Vasallenverband auf gefährliche Weise zu wanken begann, verschafften die Feudalherren, Ludwig der Deutsche und Arnulf, ihrem Willen sofort Geltung, und verhalfen dem nächsten Mitglied der mährischen Herrscherfamilie auf den Thron.

Kirchlich war die Situation ähnlich. Die Missionierung in den östlichen Grenzmarken war von Anfang an (siehe die Konferenz an der Donau 796) die Aufgabe der Bischöfe Bayerns: im südlichen Teil Transdanubiens, von der Raab bis zur Drau und Donau missionierte Salzburg, nördlich davon Passau, noch weiter nördlich und westlich davon Regensburg, während südlich von der Drau der Patriarch von Aquileia tätig war.

Als Fürst Rostislav ab der Mitte des Jahrhunderts nach und nach Kämpfen mit den Franken erfolgreich auswich, versuchte er auch kirchlich unabhängig zu werden. Er ersuchte deshalb Papst Nikolaus I. (855), dann den byzantinischen Kaiser Michael III. (863), ihn in seinen Bestrebungen zu unterstützen. Der Kaiser sandte die Brüder Konstantin (Kyrill) und Method nach Mähren, die nicht nur hier, sondern auch in Pannonien (866) mit Erfolg missionierten. Method wurde von Papst Hadrian II. zum Erzbischof von Sirmium (Pannonien) ernannt (870) – ein Schritt, mit dem der Papst auch die Autonomie der Provinzialkirchen untergraben wollte. Die deutschen Geistlichen nahmen Method fest, steckten ihn in ein Kloster, und ließen ihn erst mehrere Jahre später, als Ergebnis des Forchheimer Friedens (874) als Bischof der Mährer frei, während Pannonien erneut unter die Oberheit Salzburgs gestellt wurde.

Die in den ersten Jahrzehnten entstandenen Machtstrukturen und politischen Verhältnisse veränderten sich in der zweiten Hälfte des 9. Jahrhunderts nicht mehr. Eine Änderung erfolgte nur in der inneren Struktur; die Expansion des Christentums, die Verstärkung der frühfeudalen politischen und wirtschaftlichen Struktur veränderten die Lebensqualität, besonders in den in das Reich direkt eingegliederten Gebieten. Im östlichen Randgebiet des Karolingerreiches entstand jedoch – nicht einmal für kurze Zeit – ein neues „Reich". Der Begriff „Großmährisches Reich" ist eine neuzeitliche Konstruktion der Historiker, eine völlig vom ursprünglichen Inhalt abweichende Erklärung des Ausdrucks „Megalé Moravia" des Konstantin Porphyrogennetos (*De administrando imperio* c. 13, 38, 40–42).

Kulturelle Voraussetzungen

Die Bevölkerung des Karpatenbeckens lebte zu Beginn des 9. Jahrhunderts politisch und in Bezug auf die Machtverhältnissen in den Strukturen des awarischen Khanats. Es besteht kein Grund für die Annahme, dass das kulturelle Erscheinungsbild dieses, beinahe zweieinhalb Jahrhunderte lang bestehenden und als bedeutender europäischer Machtfaktor anerkannten Staatsgebildes infolge des ersten, eigentlich erfolglosen fränkischen Kriegszuges schnell und ohne jegliches Nachleben erlosch. Doch ist bis heute ein chronologisches System allgemein gültig, wonach die absolute Obergrenze der Datierung des spätawarischen archäologischen Materials an den Anfang der fränkisch-awarischen Kämpfe, das heißt um 790 bis 800 gesetzt wird, und nicht einmal die Kühnsten überschreiten in ihren Datierungsversuchen das Jahr 822, als die awarischen Vertreter das letzte Mal am Reichstag in Frankfurt teilnahmen.

Dieser „historisierenden" Ansicht zufolge tritt archäologisches Material des 9. Jahrhunderts bis heute nur da auf, wo aufgrund der geschichtlichen Quellen sicher ein administratives Zentrum oder ein Fürstensitz existierte, wie z. B. die materielle Kultur der altkroatischen Städte an der adriatischen Küste, der Zentren an der Morava und Nitrava, der Güter, Adelshöfe, Kirchen und Klöster an der oberen Donau, in den Flusstälern des Ostalpengebiets und in der Umgebung von Mosaburg. In bedeutenden Regionen des Karpatenbeckens fehlen jedoch die archäologischen Denkmäler aus dieser Zeit, so z.B. in gewissen Flusstälern des Ostalpenraumes, in den östlichen und südöstlichen Gebieten Transdanubiens sowie in der Großen Ungarischen Tiefebene. Bei letzterem Gebiet ist es doch vorstellbar, dass die Keramik einiger Siedlungen mit der Keramik der Saltowo-Majaki (der chazarischen) und der altbulgarischen Kultur des 9. Jahrhunderts verwandt ist. Mit größerer Gewissheit können die altbulgarischen Kolonien im Maros-Tal Transsylvaniens und die sehr ähnlichen Siedlungen südlich der Maros im Gebiet links der Theiß ins 9. Jahrhundert datiert werden, während auf dem Theißrücken und in der Gegend des transsylvanischen Mittelgebirges die früheren Kulturgruppen der Slawen weiterlebten.

Das archäologische Material des ostfränkischen Randgebietes stellt eine besondere Mischung der früheren örtlichen (hauptsächlich spätawarischen) und der aus dem Inneren des Karolingerreiches stammenden mittelbaren und unmittelbaren kulturellen Einflüsse dar. Eine exakte Umschreibung wird dadurch erschwert, dass sich innerhalb dieses Raumes die unterschiedlichen Akzente der Regionen verstärkt haben. Deshalb bildeten sich verschiedene Erscheinungsformen heraus, wobei das archäologische Material fallweise an ein Staatsgebilde oder an ein Volk geknüpfte Gruppen repräsentiert. So lassen sich „großmährische", „karantinisch-slawische" und „altkroatische" Funde, Schmuckstücke des „Nitraer" und „Veligrader" Typs bzw. der „Köttlacher Kultur" unterscheiden, das Fundmaterial des Oberen Donautals wird unter der Fundgruppe „Sopronkőhida-Pitten-Pottenbrunn" zusammengefasst. In der Gegend Mosaburg kann neuerdings eine Denkmalgruppe mit einem speziellen, selbständigen Charakter erfasst werden usw.

So lässt das Fundmaterial der karolingerzeitlichen Bevölkerung Transdanubiens auf vielfältige Weise mit Denkmälern vom Ende der Awarenzeit verbinden. Ein Trachtwechsel, ein kultureller Wandel findet kontinuierlich, in kleinen, beinahe unauffälligen Schritten statt. Bis zur Mitte des 9. Jahrhunderts entfaltete sich von der Enns bis zur mittleren Donau und von dem mährischen Fürstentum bis zum Land zwischen Drau und Save und der dalmatischen Küste eine beinahe einheitliche Volkskultur – parallel zum Abstieg in die frühfeudale Leibeigenschaft und mit den Bestrebungen zu einer einheitlichen gemeinsamen bäuerlichen Schicht der Bevölkerung dieses Raumes. Es entstand eine beinahe einheitliche Kultur der unteren Gesellschaftsschichten, die nur noch aufgrund gewisser Besonderheiten in der Tracht auf die vorangehende awarische Kultur verweist. Wegen des bruchlosen Übergangs kann man zwischen den zeitlich letzten awarischen und den frühkarolingischen Bestattungen kaum eine genaue Trennungslinie ziehen, seien es nun gewisse Trachtarten oder Bestattungssitten, Tragweisen einzelner Schmuckstücke oder die Herstellung von Gebrauchsgegenständen.

So bestand z.B. die Bewaffnung der Männer bereits aus Typen, die aus karolingischen Werkstätten stammten. Klassische Hiebwaffe war jedoch nicht das zweischneidige Schwert, sondern das einschneidige Hiebschwert, der so genannte „Palasch". Eine ähnliche Kampfweise erforderten die langen Äxte. Die Verwendung solcher Waffen wird

151 **Lebensgroße Nachbildung eines awarischen Kriegers.** Szeged, Móra Ferenc Múzeum

Ungarn, Byzanz und römisch-lateinisches Imperium

auf nomadische Tradition zurückzuführen sein. Auch Sporen wurden auf dem Gebiet des ehemaligen Khanats weitaus seltener benutzt als dies in den benachbarten Gebieten der Fall war, was mit der Tatsache, dass sie den Nomaden weitgehend fremd waren, begründet werden kann.

Auffällig ist das völlige Verschwinden der so genannten „awarischen Gürtel", die, da die gegossenen bronzenen Beschläge dieser Prachtgürtel nach dem Zerfall des Khanats in den Kunstschmiedewerkstätten nicht mehr hergestellt wurden, immer mehr durch einen Ledergürtel mit einer einfachen Eisenschnalle ersetzt wurden. Nur den Ranghöchsten steht eine aus einer Riemenzunge und einer prachtvollen Schnalle bestehende, in einer karolingischen Werkstatt aus vergoldeter Bronze und Silber hergestellte Gürtelgarnitur zu. Am Gürtel hingen neben einem Messer noch eine Gürteltasche, die die wichtigsten Gegenstände, wie einen Feuerstahl mit Feuersteinen, einen Wetzstein, einen Beinkamm, einen Pfriem oder ein Rasiermesser enthält.

Bei den Frauen hielt sich die traditionelle Tracht, da im Karolingerreich offensichtlich weniger Schmuckstücke getragen wurden. Der Kopfschmuck der ärmeren Frauen bestand hauptsächlich aus einem aus Bronze- oder Kupferdraht gefertigten Drahtohrring. Dagegen gehören an den Schläfen getragene Traubenohrringe aus vergoldeter Bronze, von denen im allgemeinen mehrere Paare in ein Textil- oder Lederband hineingeflochten und/oder aufgenäht wurden, zur Ausstattung reicher Frauen. Diese Schuckformen und Tragweisen sind bereits für die frühen Awaren charakteristisch. Dies trifft auch für die Halsketten zu, wenngleich die meisten Perlen bereits aus dem Karolingerreich importiert wurden. Bei reicheren Frauen waren auch Hals-, Arm- und Fingerringe beliebt. Aus Bronze gegossene, emailverzierte Fibeln konnten hier nicht Fuß fassen, waren aber nicht zufällig im Reich und im Ostalpenraum die ganze Zeit über sehr beliebt.

Die Häuser, Wirtschaftsgebäude, Werkstätten, Getreidegruben und die Struktur der dörflichen Siedlungen stimmen mit den früheren überein. Nur die Machart der Keramik, die Gefäßformen und ihre Verzierung veränderten sich (siehe besonders die goldgelb gebrannte Tafelkeramik mit polierter Oberfläche), obwohl die lokale Tradition unverkennbar ist. Die weltlichen und sakralen Gebäude sowie das Befestigungssystem der Verwaltungszentren besitzen dagegen karolingische Vorbilder. Die Baumeister und/oder die Bauherren entstammten, wie die schriftlichen Quellen zeigen, zum Teil direkt aus dem Reich (siehe z. B. Mosaburg).

Ethnische Voraussetzungen

Das Karpatenbecken war auch in der Zeit des awarischen Khanats ethnisch und sprachlich nicht einheitlich. Bereits der namengebende Stamm der Awaren bestand aus zwei früher selbständigen Stämmen (Uar und Hunni). Die historischen Quellen erwähnen noch ein Dutzend weitere Stämme (Bulgaren, Kutriguren, Oguren, Onoguren, Sabiren, Zabendern usw.) für die Awaren, die sich in Sprache, in ihrem Ursprung und in den kulturellen Traditionen deutlich unterschieden. Dieses Konglomerat ergänzte eine große Zahl Slawen, die vor allem an der Grenze des Khanats siedelten und deren Stämme einander sprachlich noch nahestanden. Vermutlich sind auch Langobarden, Gepiden und andere germanische Stämme nach der Landnahme der Awaren an Ort und Stelle geblieben und in gewissen Gebieten sind sogar – aufgrund der anthropologischen Untersuchungen – Angehörige der provinzialrömischen Bevölkerung nachweisbar.

Der Zerfall des awarischen Khanats führte zu einer neuen inneren Umverteilung. Das bisher unbewohnte Grenzödland zwischen Wienerwald und Enns im Westen bzw. die Gegend zwischen dem Fluß Zala und der Umgebung von Graz bzw. des Drau-Mur-Zwischenstromlandes (Prekmurje) im Südwesten wurde aus beiden Richtungen durch (westliche) Slawen, „Awaren" und aus dem Inneren des Karolingerreiches nach Osten drängenden „Germanen" bevölkert. Die neuen Verwaltungszentren, Fürsten- und Grafensitze zogen waffenfähige oder in einem Handwerk erfahrene, geschäftstüchtige oder nur nach besserem Auskommen suchende Ansiedler auch aus ferneren Gebieten an.

Aufgrund der anthropologischen Untersuchungen in den in den letzten zwei Jahrzehnten in der Umgebung von Mosaburg freigelegten Gräberfeldern kann behauptet werden, dass hier altbulgarische, südslawische (altkroatische), westslawische (mährische), nordwestslawische (wilzische) und germanische (bairische und alemannische) Elemente mit der örtlichen, durch westslawische (dulebischen) Elemente bereits vermischten spätawarischen Bevölkerung verschmolzen. Von Seiten der Archäologie kann der Nachweis einer solchen gemischten ethnischen Zusammensetzung in Bezug auf die Tracht- und Grabsitten nur schwer erbracht werden.

Literatur:

Bóna 1985. – Deér o. J. – Gjuselev 1986. – Sós 1973. – Szőke 1992. – Wolfram 1979; 1997.

Die karolingische Civitas Mosaburg (Zalavár)

BÉLA MIKLÓS SZŐKE

Um die Jahre 870/871 wurde von bayrischen Mönchen im Auftrag des Salzburger Erzbischofs Adalwin für Kaiser Ludwig den Deutschen ein „Weißbuch" zusammengestellt. Zweck war die Darstellung der vermeintlichen Ungerechtigkeit Papst Hadrians II., als er bei der Erneuerung des alten Bistums Sirmium den Philosophen Method als Nachfolger des heiligen Andronicus einsetzte und zum Erzbischof von Pannonien ernannte. Dieses „Weißbuch", die *Conversio Bagoariorum et Carantanorum* berichtet sehr detailliert über die Geschichte einer Grafschaft des Reiches, deren Gebiet „in Unterpannonien, am Fluss Sala liegt".

Die Laufbahn Pribinas, des Gründers dieser Grafschaft, ist eine typische frühmittelalterliche Karrieregeschichte. Pribina, der Fürst von Neutra (Nitra) kam, nachdem er „von Mojmír, dem Fürsten der Mähren oberhalb der Donau (am Anfang der dreißiger Jahre des 9. Jahrhunderts) vertrieben wurde, zu Ratbod (dem Präfekten der Provinz im Osten)". Dieser stellte ihn sofort König Ludwig (dem Deutschen) vor; auf dessen Befehl wurde er in *Treisma* (heute: Traismauer, Niederösterreich) getauft. Pribina wurde Ratbod anvertraut, „unterdessen entstand zwischen ihnen ein Streit, vor dem sich Pribina fürchtete und mit den Seinen in das Land der Bulgaren (vermutlich in Ost-Slawonien, die Umgebung von Sirmium)" und etwas später in das Gebiet des Fürsten Ratimar (in die Umgebung von Siscia-Sisek) flüchtete. König Ludwig entsandte Ratbod mit einem großen Heer, um den Fürsten Ratimar zu vertreiben (vermutlich um 838). Dieser wandte sich mit den Seinen zur Flucht. Pribina floh nicht und überschritt die Save, „wo ihn Graf Salacho aufnahm und mit Ratbod wieder versöhnte". „Inzwischen gab bei dieser Gelegenheit der König auf Bitten seiner erwähnten Getreuen an Pribina ein Gebiet Unterpannoniens zum Lehen, das am Flusse Sala liegt. Darauf siedelte er sich dort an, baute eine Festung in der sumpfigen Waldlandschaft der Sala, scharte von überall Völker um sich und wurde in jenem Land ein großer Herr".

Der Sitz der Grafschaft Pribinas und seines Sohnes Kocels wurde bereits im vorigen Jahrhundert auf der Burginsel von Mosaburg (Zalavár) lokalisiert. Eine planmäßige Ausgrabung erfolgte jedoch relativ spät, erst zu Beginn der fünfziger Jahre. Die Freilegungen wurden zunächst von Géza Fehér (bis 1954), dann von Ágnes Cs. Sós (bis 1992) auf der Burginsel und den benachbarten Inseln durchgeführt; danach übernahm der Autor dieser Zeilen die Verantwortung für die Ausgrabungen.

Das Innere der *Civitas Priwinae, Mosapurc, castrum Chezilonis* (Conversio) wurde durch unterschiedliche Befestigungssysteme in drei Teile geteilt. Das südliche Drittel wurde durch einen Erdwall geschützt (= *munimen* der Conversio), in dem vermutlich der Adelshof (*curtis*) Pribinas und Kocels lag. Nördlich von diesem, jenseits des Wallgrabens, in einem von einer Palisadenmauer umgebenen Hof (Kloster?) wohnten der Hofkaplan (Presbyter, dann Archipresbyter) und die Kleriker, hier konnte gelegentlich der Salzburger Erzbischof mit seiner Hofhaltung absteigen. Schließlich lag östlich der beiden eine bisher völlig unbekannte Vorburg.

Auf der Burginsel wurden neben sakralen Holz- und Steinbauten große, mehrräumige einstöckige Wohnhäuser mit einer Holzsäulenkonstruktion und so genannte „Schwellbalkenbauten" freigelegt. In der Nähe der Häuser befanden sich Brunnen und Getreidegruben, die mit Steinplatten oder Brettern verkleidet waren, sowie Keller und Wirtschaftgebäude aus mit Lehm verputzten Steinmauern. Nur auf einem gewissen, gut eingenzbaren Teil der Insel konzentrierten sich die Werkstätten, Arbeitsgruben und die anderen Siedlungsbefunde. Für solche Tätigkeiten wurde somit nur ein gewisser Teil eines Grundstückes bzw. eines Hofes benutzt.

Als die Befestigung fertig geworden war, ließ Pribina innerhalb der Festung (*infra munimen*) eine Kirche erbauen, die am 24. Januar 850 vom Salzburger Erzbischof Liupramm zu Ehren der heiligen Gottesmutter Maria geweiht wurde. Danach „schickte der Erzbischof Liupramm auf Bitten Pribinas aus Salzburg Maurermeister und Maler, Schmiede und Zimmerleute. Diese errichteten innerhalb der Stadt (*infra civitatem*) eine verehrungswürdige *Kirche* (*honorabilem ecclesiam*), die Liupramm selbst hatte erbauen lassen und in der er dort die Feier des Gottesdienstes einrichtete (*officium ecclesiasticum colere*). In dieser Kirche liegt der Märtyrer Hadrian bestattet (*In qua ecclesia Adrianus martyr humatus pausat)*". Ebenso gibt es in dieser *Stadt* (*in eadem civitate*) eine dem heiligen Johannes dem Täufer geweihte Kirche. Außerhalb der Stadt (*foris civitatem*) wurden noch zu Lebzeiten Pribinas weitere 16, in der Zeit seines Sohnes Kocel bis zum Anfang der siebziger Jahre des 9. Jahrhunderts zwölf Kirchen erbaut, aber keine Kirche mehr in der *civitas Mosaburg*. Sie wurden größtenteils vom neuen Salzburger Erzbischof Adalwin (859–873) geweiht.

Von den insgesamt 31 Kirchen sind in den letzten 50 Jahren nur drei Kirchen archäologisch untersucht worden. Der Grundrisse einer vierten Kirche ist durch einen Kupferstich des Ingenieuroffiziers Giulio Turco aus dem Jahr 1569 bekannt. Der Stich von Turco beweist die Existenz einer dreischiffigen(?) Saalkirche mit einem großen, halbkreisförmigen Chor (L. ca. 22,5–24 m, Br. ca. 9–10 m) auf dem südlichen Drittel der Insel. Sie lag im nördlichen Teil eines in der Türkenzeit in eine Grenzfestung umgebauten arpadenzeitlichen Klosters. Sie wurde in den letzten Jahrhunderten völlig zerstört, an der Stelle der Kirche und der Festung befindet sich heute eine Sandgrube. In den Jahren 1951 bis 1954 wurden östlich und nördlich der vermuteten Kirche Ausgrabungen durchgeführt, bei denen ein Friedhof mit mehreren Belegungsschichten freigelegt wurde. Die frühesten Bestattungen „mit großen Särgen" können in die Mitte des 9. Jahrhunderts, die späteren Gräber in die Arpadenzeit datiert werden. Archäologische Beweise für eine Lokalisierung der Kirche sowie für eine kontinuierliche Belegung der Nekropole fehlen.

Die Kirche auf Turcos Stich kann mit jener Benediktinerklosterkirche identisch sein, die von Stephan I. 1019 gegründet und dem Heiligen Hadrian geweiht wurde. Sie ist aber nicht mit jener Hadrianskirche identisch, die in der *Conversio* erwähnt ist. Sollten *civitas* und *munimen* im 9. Jahrhundert unterschieden worden sein, und *munimen* den be-

152 **Karpatenbecken zur Zeit der ungarischen Landnahme.**

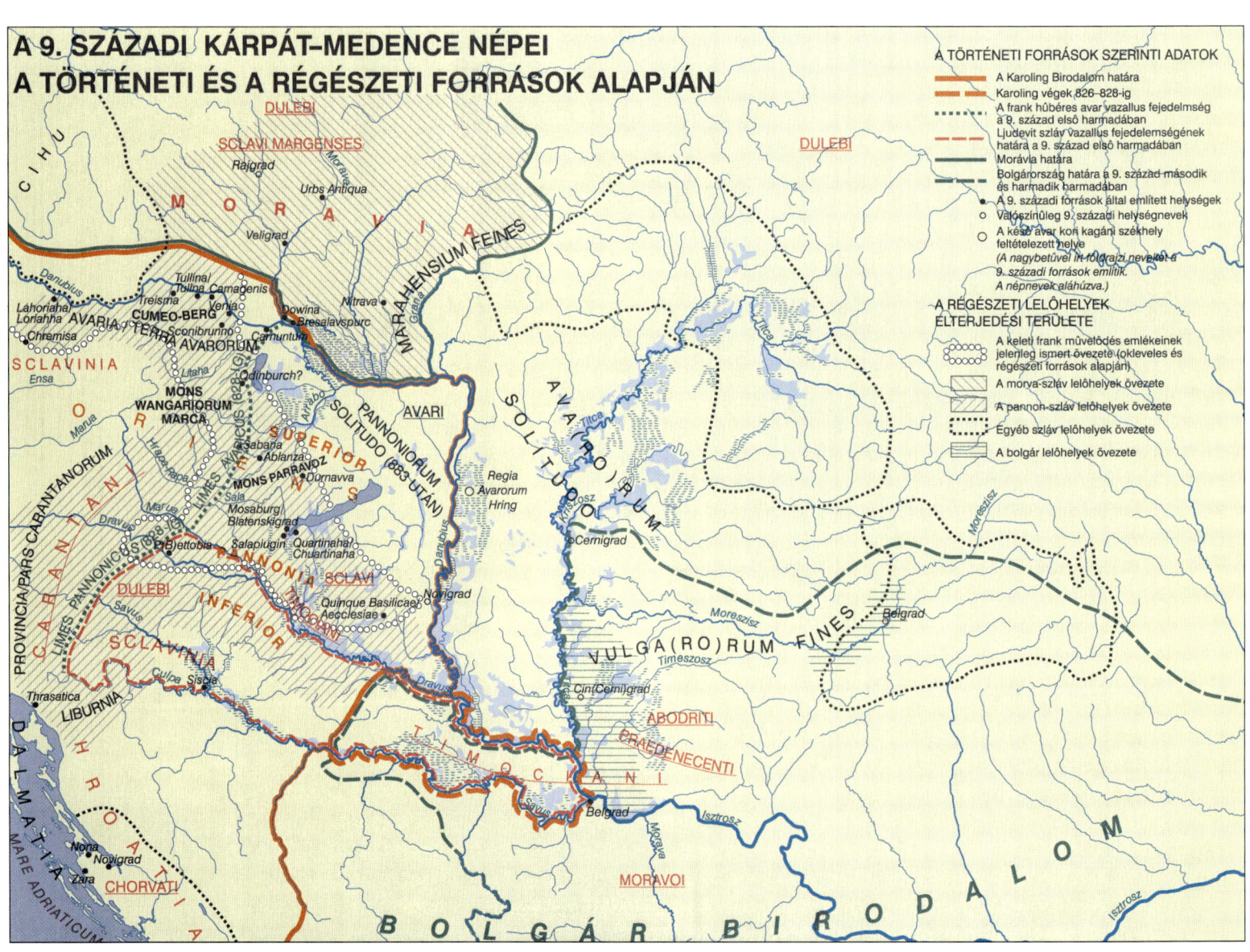

153 **Grabungsbefund der Basilika von Zalavár-Récéskút.**

festigten Adelshof Pribinas und Kocels im Südteil der Insel bezeichnen, dann war es diese Kirche, die im 9. Jahrhundert der heiligen Gottesmutter Maria geweiht und erst später, am Anfang der Arpadenzeit zu Ehren des heiligen Hadrian umgeweiht wurde.

Zu Beginn der achtziger Jahre hat Ágnes Cs. Sós die Fundamente einer ungewöhnlich großen Kirche (L. ca. 50 m, Br. 25 m) in der Mitte der Burginsel freigelegt. Die Überreste der Kirche waren in einem sehr schlechten Zustand. Es sind größtenteils nur die Fundamentgräben unter dem Fußbodenniveau erhalten geblieben. Die dreischiffige Kirche hat einen halbkreisförmigen Chor und eine Ring- oder Umgangskrypta(?), ferner eine querhausartige Narthex, die eventuell als Westwerk aufgefasst werden kann. An den Chor schloss sich ein halbkreisförmiger Umgang mit Kapellen und Familiengrüften an. Grüfte waren ebenfalls entlang der nördlichen und südlichen Seite der Kirche angelegt worden. In einer etwas späteren Phase wurde an das „Westwerk" noch ein runder Glocken(?)turm angebaut. Unter dem „Westwerk" kamen Pfostengruben eines früheren Holzgebäudes (Wohnhauses) zutage. Um die Kirche lag ein Gräberfeld mit mehreren Belegungsschichten. Die frühesten Gräber können um die Mitte des 9. Jahrhunderts, die jüngsten bis zur Mitte (?) des 10. Jahrhunderts datiert werden. Die Kirche wurde als eine zur Märtyrerverehrung gedachte Wallfahrtskirche erbaut. Ihr Programm war mit jenem der zeitgenössischen sächsischen, thüringischen, bayerischen Kirchen identisch: Man erhoffte sich von den dort bestatteten Heiligen, dass sie mit Gottes Hilfe Wunder bewirken, die viele Menschen anlockten und – wie man meinte – so in ihrem christlichen Glauben bestärkten. Bauherr einer solchen Kirche konnte nur ein mächtiger und gut gebildeter Mann seiner Zeit sein: Er kann also mit Recht mit dem Salzburger Erzbischof Liupramm identifiziert werden. Damit könnte es sich bei dieser Kirche um das Gotteshaus handeln, dass nach der *Conversio* ca. 850/54 bis 859 *infra civitatem Priwinae* errichtet wurde und „in der der Märtyrer Hadrian bestattet lag".

Über die Ausstattung der Steinbasilika sind nur wenige, allerdings wichtige Informationen erhalten geblieben. Es wurden in sekundärer Lage Fußbodenziegel mit eingeritzter Flechtbandverzierung, Überreste eines terrazzoartigen Gußmörtelfußbodens, ein Sandsteinkapitellchen und Bruchstücke von Wandbewurf mit farbiger Bemalung freigelegt. Wichtige Funde sind außerdem die goldbemalten und farbigen Fensterglasbruchstücke mit Christus-, Heiligen- und Engeldarstellungen und Inschriften, die unter dem Ziegelfußboden des Chorumganges lagen. Hinter dem Chor fanden sich Überreste der Werkstatt, in der die Glasscheiben der Kirche gefertigt wurden.

154 Zalavár, Architekturfragment mit rückwärtsblickendem Tier.

Die Steinbasilika von Zalavár-Récéskút wurde von Aladár Radnóti 1946 bis 1953, dann von Ágnes Cs. Sós 1961 bis 1963 untersucht. Die im Grundriss viereckige, mit drei Apsiden versehene Basilika (L. 20,2–20,5 m, Br. 12,1 m) stand in der Mitte einer nordöstlich von der Burginsel gelegenen Sandinsel und hatte nach Radnótis Meinung vier Bauphasen. Die erste, einschiffige(?) Basilika wurde im 9. Jahrhundert mit drei Apsiden und einer Narthex errichtet. Der Terrazzo-Fußboden der Apsiden lag etwas höher als der mit Steinplatten bedeckte Fußboden im Schiff, während die Mauer der Apsiden bemalt waren. Die Kirche konnte man durch einen westlichen und einen südlichen Eingang betreten. Die erste Kirche brannte noch im 9. Jahrhundert nieder. Danach wurde sie – möglicherweise erst im 11. Jahrhundert(?) – wiederaufgebaut und das Innere wahrscheinlich mit zwei Pfeilerreihen in drei Schiffe unterteilt. Die dritte und vierte Phase der Kirche fallen in spätere Abschnitte des Mittelalters. Der Ausgrabung Ágnes Cs. Sós nach wurden zwei weitere, frühere Holzkirchen rekonstruiert. Das erste sakrale Gebäude war eine Holzkirche, die keine Spuren hinterlassen hatte; sie wurde nur aufgrund der Lage der frühesten Gräber rekonstruiert. Die zweite, so genannte Stein-Holzbasilika war dreischiffig und bedeutend größer (L. 30 m, Br. 19,5 m). Die erste Holzkirche wurde nach Ágnes Cs. Sós zu Beginn des 9. Jahrhunderts, die zweite in der zweiten Hälfte des 9. Jahrhunderts, und die erste Steinbasilika im 11. Jahrhundert errichet.

Eine Diskussion über die Periodisierung und Datierung der Kirche begann bald nach der Veröffentlichung der Thesen von Sós. Das wichtigste Ergebnis dabei ist, dass die Säulengruben nicht vor, sondern nach dem Bau der Steinbasilika angelegt wurden. Sie könnten entweder am Anfang der Arpadenzeit für einen Wiederaufbau der Kirche als Baugerüst benutzt worden sein, oder die Überreste eines nicht mehr vorhandenen sakralen Gebäudes aus dem 10. Jahrhundert darstellen. Die Kirche von Zalavár-Récéskút kann mit keinem der Gotteshäuser in der *Conversio* identifiziert werden. Möglicherweise handelte es sich um die Eigenkirche einer Adelsfamilie aus der Umgebung Pribinas und Kocels, wie z. B. die Holzkirche von der Zalaszabar-Borjúállás-Insel.

In der ersten Hälfte der achtziger Jahre hat Róbert Müller Überreste einer einschiffigen Saalkirche mit geradem Chor und Narthex (L. 17 m, Br. ca. 7 m) auf der Zalaszabar-Borjúállás-Insel, südwestlich der Burginsel, freigelegt. Die Holzkirche wurde auf Balken, die auf dem Boden lagen, erbaut. Zwischen Apsis und Schiff der Kirche befand sich eine schmale Steinmauer, die die Basis eines Chorgitters gewesen sein könnte. Um die Kirche herum wurden 805 Personen, zum Teil in mehreren Schichten übereinander, bestattet. Die Gräber datieren größtenteils ins 9. Jahrhundert, einige ins 10. Jahrhundert. In der Arpadenzeit endet die Belegung dieser Nekropole. Die Kirche lag in einem mit einer Palisadenmauer umgrenzten Adelshof, wo in der Nähe des Eingangs ein Holzgebäude, das Wohnhaus der Adelsfamilie, stand. Róbert Müller identifizierte die Kirche mit jener Kirche der *Conversio*, die im Besitz Wittimars 865 von Adalwin von Salzburg dem Heiligen Protomärtyrer Stephanus geweiht wurde.

Literatur:

Sós 1969; 1973. – Müller 1995. – Szőke 1998. – Wolfram 1979.

Die Ungarnzüge

FERENC MAKK

Der Begriff der „Streifzüge" ist in der ungarischen Geschichtsschreibung zu Beginn des 19. Jahrhunderts entstanden. Damals wurden jene militärischen Unternehmungen als Streifzüge (Ungarnzüge) bezeichnet, die von den Ungarn nach der Einnahme des Karpatenbeckens (895/896) bis einschließlich 970 gegen verschiedene europäische Gebiete geführt wurden (und auch im folgenden so benannt werden sollen). Von der neueren Forschung wurde jedoch nachgewiesen, dass die Ungarn bereits in der Zeit vor der Landnahme im Karpatenbecken, seit dem Anfang des 9. Jahrhunderts, systematische Streifzüge, Feldzüge zuerst auch von ihrer Heimat in Levedien aus (am Don und Donez), dann von Etelköz aus (zwischen den östlichen Karpaten und dem Dnjepr) in alle vier Himmelsrichtungen geführt hatten. So unternahmen sie in den Jahren 836 bis 838 Streifzüge an die untere Donau und vermutlich im gleichen Zeitraum richteten sie auch Angriffe gegen die chazarischen Grenzen, um 861 kämpfte ein Trupp von ihnen auf der Krim, 862 erschienen sie schon auf dem Gebiet der Ostfranken, 881 richteten sie sich erneut gegen die Ostfranken, um 882 waren sie wiederum an der unteren Donau, 892 im Land der Mähren zu finden, 894 fielen sie in das fränkische Pannonien ein. Von Etelköz aus griffen sie besonders häufig die nördlich von ihnen siedelnden Slawen und Waräger an. Eigentlich kann auch die Landnahme von 895 bis 896 für die Folge eines Streifzuges gegen den Balkan gehalten werden. Die Byzantiner baten die Ungarn um Hilfe gegen die Bulgaren, diese überfielen die Bulgaren und bekamen dafür gewaltige Geschenke und die zu erwartende Beute. Da schloss der bulgarische Herrscher gegen die Ungarn ein Bündnis mit den Petschenegen ab. Unter der Auswirkung der gewaltigen Niederlage durch die bulgarisch-petschenegische Koalition gab das Ungarntum seine Gebiete in Etelköz auf und ließ sich im Karpatenbecken nieder. 899 erfolgten weitere Streifzüge, die bis zur Zeit des Großfürsten Géza andauerten.

Nach der Landnahme führten die Ungarn dem Zeugnis der Quellen zufolge mindestens fünfzig Streifzüge durch. Wegen der furchterregenden Petschenegen ließen sie Osteuropa in Frieden, zu unbekannten Zeitpunkten führten sie einige Aktionen gegen Norden (gegen die weißen Kroaten); am häufigsten fielen sie aber über die reichen Landschaften West- und Südeuropas (des Balkans) her: in westlicher Richtung sandten die ungarischen Stammesführer ungefähr vierzig mal, gegen Süden in rund zehn Fällen ihre Heerscharen. Den ersten Streifzug vom Karpatenbecken aus führten sie 899 bis 900, der gegen Norditalien gerichtet war. Anfangs griffen sie die mit dem Siedlungsgebiet benachbarten oder die nahe gelegenen Regionen an (Mähren, Bayern, Kärnten, Norditalien), im späteren Verlauf jedoch – im Rahmen von militärischen Aktionen, die im Ausmaß denen der Hunnen ähnlich waren, – griffen sie Bulgarien und Byzanz an; sie gelangten bis an die Grenzen Dänemarks, bis an den Atlantischen Ozean und auf dem Balkan bis nach Byzanz und Thessaloniki. Die Angriffe gegen die entfernter gelegenen Gebiete erfolgten später. Im Jahre 906 folgten Sachsen, 908 Thüringen, 909 Schwaben und 910 Franken. 911 kamen Gallien und Burgund an die Reihe, 915 gelangten sie bis nach Dänemark, im Jahre 917 sind sie schon in Lothringen, im selben Jahr kämpfte eine ungarische Heerschar gegen Byzanz; um die Jahreswende 921/922 drangen sie bis Apulien vor. 926 erreichten sie die Küste des Atlantiks. 934 drangen sie – mit den Petschenegen verbündet – bis nach Byzanz vor. 937 führten sie ihren größten Feldzug durch, als sie einen bedeutenden Teil der italienischen, französischen und deutschen Gebiete überrannten bzw. verheerten. 938 überfielen sie wiederum Sachsen, im Jahre 942 drangen die ungarischen Kämpfer mit Pfeil und Bogen bis zur Stadt Lérida auf der Iberischen Halbinsel vor, 943 kämpften sie gleichzeitig auf dem Balkan und in Bayern. 947 waren sie wieder in Italien, 951 in Aquitanien. Im Jahre 954 griffen sie Frankreich, Burgund und Deutschland an, doch gelangten sie zur gleichen Zeit auch nach Italien.

Durch diese militärischen Aktionen stand das Ungarntum im Karpatenbecken beinahe ein Drittel Jahrhundert hindurch im Kriegszustand mit Europa, führte tatsächlich Kriege gegen einen Großteil des Kontinents. Anfangs wurden die Feldzüge durch zahlreiche Faktoren begünstigt. Die überraschende Kampfweise zu Pferd, die feudale Anarchie, durch die einzelne Länder geschwächt waren,

155 Silberne, vergoldete Köcherbeschläge aus Karos-Eperjesszög, Friedhof III. Miskolc, Hermán Ottó Múzeum. – Kat. 15.01.03.

hatten es ermöglicht, dass die Ungarn über lange Zeit gegen die Völker Europas kämpfen konnten. Mit der Zeit wurden die europäischen Länder mit der Festigung der Zentralmacht der inneren Anarchie Herr, sie bauten Burgen gegen die Ungarn und schickten gegen die ungarischen leichten Reiter diszipliniert kämpfende schwere Kavallerie in den Kampf. Infolgedessen erlitten die ungarischen Scharen ab 930 immer mehr Niederlagen. 933 besiegte sie König Heinrich I. an der Unstrut bei Merseburg, 940 wurden sie bei Rom von der dortigen Bevölkerung zurückgeschlagen, 943 erlitten sie eine große Niederlage durch die Bayern. Im Jahre 950 oder 951 griff Herzog Heinrich von Bayern schon die Westgrenze des Fürstentums Ungarn an. Es war nur mehr eine Frage der Zeit, wann die stärker werdenden Großmächte Europas (das Deutsche Reich oder das Byzantinische Kaiserreich) – zusammen oder für sich allein, eventuell unter Einbeziehung anderer Völker – den ungarischen Kriegern eine entscheidende Niederlage zufügen und wann sie die Ungarn endgültig vernichten würden. Bezeichnenderweise formulierte Anfang 955 der maurische Herrscher Spaniens, der arabische Kalif von Córdoba, Abd al-Rahman III., vor dem Gesandten des deutschen Königs (des späteren Kaisers Otto I.): „das Volk der Ungarn muss ausgerottet werden". In Westeuropa stoppte das Deutsche Reich die Ungarn im Jahre 955 auf dem Lechfeld bei Augsburg, wo Otto I. ihnen eine vernichtende Niederlage bereitete. Die Zeitgenossen (wie z. B. Widukind) verglichen den Sieg des deutschen Königs mit dem Triumph Karl Martells im Jahre 732 bei Poitiers, mit dem der Karolinger der westlichen Ausbreitung des Islams für immer ein Ende bereitet hatte.

Nach der Schlacht auf dem Lechfeld – da auch Bulgarien und Byzanz nach einer 15jährigen Tributzahlung 958 den Ungarn die weiteren Zahlungen verweigerten – stellte die Ungarn die in westliche Richtung geführten Feldzüge ein, setzten jedoch ihre Streifzüge in südlicher Richtung fort. Auf dem Balkan suchten die ungarischen Heere die bulgarischen und byzantinischen Gebiete heim (in den Jahren 959, 961, vielleicht auch 964 und 965, dann 967, 968 und im Jahre 970). Die Schlacht von Arkadiupolis im Jahre 970, die mit dem Sieg der Byzantiner endete, war der Schlussakkord der ungarischen Streifzüge. Der ungarische Großfürst Géza (ca. 970/72–997) beendete nach der großen militärischen Niederlage auch die militärischen Aktionen in südlicher Richtung. Damit waren die Ungarnfeldzüge für immer zu Ende.

Im Zusammenhang mit der Bewertung der ungarischen Streifzüge wurden in der ungarischen und in der internationalen Fachliteratur abweichende Meinungen formuliert. Noch im 19. Jahrhundert bildete sich die Auffassung heraus, die in diesen Feldzügen Äußerungen des alten ungarischen militärischen Mutes und des Kampfeswillens sah. Es liegt jedoch auf der Hand, dass kein militärischer Mut an sich imstande gewesen wäre, ein dreiviertel Jahrhundert hindurch Feldzüge, die gegen einen Großteil des Kontinents gerichtet waren, zu betreiben und in Gang zu halten. Mehrere Wissenschaftler sind der Meinung, dass die Ungarn im Laufe der militärischen Aktionen in erster Linie nach der Möglichkeit suchten, in den Westen zu ziehen, das heißt sie wollten sich eine neue Heimat beschaffen. Dieser Standpunkt blieb aber die Antwort auf die Frage schuldig, weshalb die Ungarn, die sich im Laufe des 9. Jahrhunderts dreimal eine neue Heimat erkämpften (Levidien, Etelköz und Pannonien), nicht fähig waren, im 10. Jahrhundert 75 Jahre hindurch ein neues Siedlungsgebiet besetzen zu können, nicht einmal für eine kurze Zeit. Nach anderen Meinungen dienten die Streifzüge der Ungarn vor allem der Sicherung ihrer Heimat im Karpatenbecken und der Gewinnung von neuen Verbündeten. Diese Auffassung vermag aber nicht zu erklären, mit welchen Zielen die Ungarn Streifzüge bis nach Byzanz, Süditalien, bis an den Ebro, an den Atlantischen Ozean und an die Küsten Dänemarks unternahmen. Zu einer gewissen Zeit war die Meinung verbreitet, die die militärischen Streifzüge von der Krise der nomadischen Hirtengesellschaft (das heißt aus der geringen Fläche der Weiden im Karpatenbecken) ableitete. Die Anhänger dieser Hypothese vermochten jedoch keinen Grund dafür anzugeben, was die im 9. Jahrhundert über gewaltige und reiche Steppenweiden verfügenden Ungarn zu diesen häufigen Streifzügen bewogen hatte. Ende der sechziger Jahre kam es zu der Auffassung, nach der die Führer der Ungarn durch diese Feldzüge bewusst an der großen europäischen Politik teilnahmen. Die ungarischen Führer traten in jedem Fall bewusst als Verbündete der Widersacher der zentralen Kräfte der einzelnen Länder auf, um durch die Schwächung ihrer größten Gegner ihre eigene internationale Stellung festigen zu können. In den Quellen gibt es aber keine einzige Angabe, die beweisen würde, dass die ungarischen Fürsten von der Absicht geleitet worden wären, die

156 **Streifzüge der Ungarn.**

Ungarn, Byzanz und römisch-katholisches Imperium

große europäische Politik bewusst zu beeinflussen. Zugleich zeugen die Quellen davon, dass die Ungarn die überwiegende Mehrheit ihrer Feldzüge ohne Verbündete und nur auf eigene Initiative durchgeführt haben. Es ist auch zu beobachten, dass sie bei ihren Angriffen nicht selten gerade die Zentralmacht gegen deren Widersacher unterstützt haben. Uns scheint am ehesten jene Theorie akzeptabel zu sein, die die Streifzüge als Feldzüge für Beute und Gefangene betrachtet, durch die die Ungarn anderen Völkern jene Güter wegnahmen, die zu erzeugen ihre eigene nomadische Gesellschaft entweder überhaupt nicht oder kaum fähig war. Grundsätzlich raubten sie Edelmetalle (Gold, Silber), Schätze, Schmuck, Luxusgüter, teure Rüstungen und wertvolle Textilien. Einen wichtigen Teil der Beute machten die Kriegsgefangenen aus, deren überwiegende Mehrheit von den Ungarn an die byzantinischen und arabischen Kaufleute verkauft wurde. Auf diese Art und Weise nahmen auch die Ungarn am europäischen Sklavenhandel teil. Ihre Beute beschafften sie sich häufig in Form von Sold, Tributen, Kriegsbeute, Lösegeld oder Geschenken.

Die Streifzüge der Ungarn gleichen jenen Raub- und Plünderungszügen, die in der europäischen Geschichte auch von anderen Völkern (unter anderem von den Germanen, Hunnen, Awaren, Slawen, Normannen, Arabern, Chazaren, Petschenegen und Kumanen) durchgeführt wurden. All diese Raubzüge verursachten bei den Bewohnern der überfallenen Länder gleichermaßen großes Leid und viele Zerstörungen. Es ist also kein Zufall, dass um 900 in Norditalien ein Gebet wie folgt lautete: „Vor den Pfeilen der Ungarn bewahre uns, o Herr!", die Bewohner in Nordfrankreich beinahe zur gleichen Zeit beteten: „Vor dem Zorn der Normannen bewahre uns, o Herr!". Einen Teil der ungarischen Streifzüge führten die ungarischen Fürsten, der andere Teil wurde von den Befehlshabern der einzelnen Stämme organisiert und geführt.

Nach dem weisen Beschluss von Fürst Géza wurde in der Beziehung zwischen dem Fürstentum Ungarn und Europa die bewaffnete Konfrontation von der friedlichen Kooperation abgelöst. Damit hatte der Anschluss des ungarischen Volkes an das christliche Europa begonnen.

Die ungarische Kampftechnik in den Feldzügen gegen Europa

ISTVÁN BÓNA

Auf das Ersuchen des Khans der Chazaren hin riegelte eine Truppe von Technikern, die der byzantinische Kaiser Theophilos entsandt hatte, im Jahre 834 den unteren Lauf des von Nordosten nach Südwesten fließenden Flusses Tanais oder Don mit einer starken Burg ab, für die sie auch die Ziegel selbst brannte. Während über den Bau der „Sarkel" oder „Weiße Burg" genannten Festung auch byzantinische Schriftquellen berichten, ist von ihrem 70 km weiter stromabwärts erbauten Pendant nur der in hebräischen Buchstaben geschriebene Name bekannt: S-m-k-r-c. Es war kein Geheimnis, dass die Chazaren mit diesen Burgen das Kerngebiet ihres Reiches gegen eine kürzlich in Erscheinung getretene neue Militärmacht verteidigen wollten, die Chazarien damals vom rechten Donufer aus bedrohte. Nur aus der Lage und der Zeitangabe geht hervor, dass man Sarkel und ihr Pendant als Schutz gegen die Ungarn erbaut hatte, niedergeschrieben wurde dies jedoch nirgendwo. Aufgezeichnet aber wurde, dass nach der Schließung der Don-Grenze 60 Tagereisen von Sarkel entfernt" am Unterlauf der Donau 837/838 jetzt schon eindeutig die Ungri, die Ungarn, auftauchten. Aus der Verknüpfung dieser Angaben geht hervor, dass im ersten Drittel des 9. Jahrhunderts an der Nordküste des Schwarzen Meeres eine neue starke und aggressive Militärmacht aufgetreten ist. Östlich der Karpaten sind kaum archäologische Hinterlassenschaften der Ungarn bekannt, es wurde nie methodisch nach ihnen geforscht und dies wohl auch nie geschehen. Um so bekannter sind seit 1834 die Grabfunde der „landnehmenden" Ungarn im Karpatenbecken. Hier tauchte eine Serie von kleinen Gräberfeldern aus dem Ende des 9. Jahrhunderts bis zum zweiten Drittel des 10. Jahrhunderts auf, deren Merkmale auf die Belegung durch eine Kriegergruppe schließen lassen. Weniger als 10 % der Bevölkerung aus der neuen, der „ungarischen" Epoche ließen sich hier bestatten. 72 % der in diesen Gräberfeldern Bestatteten sind Männer, 19 % junge Frauen und nur 9 % kleine Kinder oder Säuglinge. Die Männer wurden zu 50 bis 70 % – der Anteil wechselte von Fall zu Fall – mit Pferden und Waffen wie Bogen, Köchern, Pfeilen und Säbeln sowie mit silberbeschlagenen Schmuckgürteln bestattet, auch die Frauen und Kinder wur-

157 Nachbildung des so genannten „Attila-Schwertes", das aber auch als „Schwert Karls des Großen" bezeichnet wurde und in der Schatzkammer des Kunsthistorischen Museums in Wien aufbewahrt wird. – Kat. 15.04.01.

den in verzierter Kleidung zu Grabe getragen, und nicht selten wurde neben ihnen ein herrlich geschmücktes Pferdegeschirr oder auch ein ganzes Pferd bestattet.

In der Bevölkerungsgruppe, die ihre Toten in diesen Kriegergräberfeldern begrub, sind die Teilnehmer der ungarischen „Streifzüge" zu sehen, die Europa ein Jahrhundert hindurch brandschatzten; das in ihren Gräbern gefundene viele fremde Geld und der aus diesen Münzen gefertigte reiche Silberschmuck und das Pferdegeschirr sprechen für sich. Ihre Führer, die ungarischen Großfürsten, siedelten bis zu den vierziger Jahren des 10. Jahrhunderts in der Landschaft am Zusammenfluss von Bodrog und Theiß. Hier sind die reichsten Gräberfelder zu finden, sie waren sozusagen mit Silber gepflastert und bargen die Mitglieder der Leibwache. Und in dieser Gegend kauften ihnen die arabischen und jüdischen Kaufleute aus dem Osten mit ihrem frisch geprägten, guten und großformatigen Silbergeld, den Dirham, die wertvollste Beute ab.

In den sechzig Jahren zwischen 838/39 und 898/99 wurden die zeitlich genau fassbaren und mit einem bestimmten Ereignis zu verbindenden ungarischen Streifzüge ausnahmslos auf das Ersuchen einer damaligen Großmacht hin und im Bündnis mit ihr unternommen, einfacher formuliert: Die Ungarn wurden von ihren Auftraggebern bezahlt. Zuerst sollten sie im Bündnis mit den Bulgaren die byzantinischen Aussiedler disziplinieren, die sich gegen die Bulgaren erhoben hatten. Im Jahre 862 tauchten sie zum ersten Mal „weit" im Westen auf, irgendwo im Donautal, wo sie das ostfränkische Reich Ludwigs des Deutschen angriffen.

Die politische Situation war äußerst kompliziert. Aller Wahrscheinlichkeit nach waren die Ungarn von Fürst Rostislav von Mähren angeworben worden, um ihn gegen den aufrührerischen Thronfolger Karlmann zu unterstützen, der sich mit seinem Vater wieder versöhnen und deshalb mit Rostislav brechen wollte. Rostislav sah sich zu diesem Schritt gezwungen, da seine Gegner in der Übermacht waren, Karlmann wollte seine Sünde auch dadurch wieder gutmachen, dass er Mähren durch die Bulgaren von Süden her angreifen ließ.

Die ungarische Hilfsstreitmacht des Jahres 862 musste gute Erinnerungen an ihre militärische Leistung hinterlassen haben, denn sie wurde kaum 20 Jahre später, 881, vom Neffen und Nachfolger Rostislavs, dem Fürsten Svatopluk von Mähren, erneut zu Hilfe gerufen. Die ungarischen Verbündeten drangen kurz nach der Sonnenfinsternis vom 28. August *ad Veniam*, bis Wien, vor, während seine chazarische Vortruppe Melk erreichte. Obzwar hierüber keine Details bekannt sind, fiel auch dieser Auftritt nicht der Vergessenheit anheim. Als im Jahre 892 Arnulf, der Sohn Karlmanns, damals noch König der Ostfranken, ein für alle Mal mit seinen renitenten mährischen Vasallen abrechnen wollte, tauchte auch in seinem Heer ein großes ungarisches Kontingent auf, es kam genau wie bei den beiden vorigen Gelegenheiten von irgendwoher östlich der Karpaten. Entsprechend den für diese Zeit typischen schnellen Veränderungen der politischen Verhältnisse waren die bulgarischen Verbündeten des Karolingerkönigs wiederum die Verbündeten der Ungarn. Wie groß das Heer auch sein mochte, das Arnulf zusammengezogen hatte, auch dieses Mal war er Svatopluk nicht gewachsen. Doch das Schicksal wendete sich. Svatopluk schloss 894, im Jahre seines Todes, ein mit einem zeremoniellen Eid bekräftigtes, feierliches Bündnis mit den Fürsten der Ungarn. Infolge dessen musste das unglückliche Pannonien zum ersten Mal eine vernichtende Invasion der Ungarn erdulden, von diesen schrecklichen Zerstörungen konnte es sich auch als Provinz der Karolinger nie mehr erholen. Im gleichen Jahr, 894, schlossen auf Befehl des byzantinischen Kaisers Leo VI., dem Weisen, auch seine Generäle ein Bündnis mit den ungarischen Fürsten Árpádis und Kussalis ab. Ihre Aufgabe sollte es sein, die von dem bulgarischen Zaren Simeon dem Großen gegen Konstantinopel entsandte bulgarische Streitmacht aufzuhalten und zurückzuschlagen. Die byzantinische Flotte setzte die Ungarn über den Unterlauf der Donau, unter der Führung von *rex* Liüntika schlugen sie das bulgarische Heer aus dem Norden dreimal rasch nacheinander, Simeon selbst wurde gezwungen, sich hinter Festungsmauern zurückzuziehen. Doch seine Gegenmaßnahmen schufen eine vollkommen neue Situation. Die aus dem Süden kommende bulgarische Hauptstreitmacht schloss einen Waffenstillstand mit den Byzantinern und zwang die Ungarn 895 in einer blutigen Schlacht zum Rückzug. In der Zwischenzeit griffen die Petschenegen, die neuen Verbündeten Zar Simeons im Osten, die übrigens ebenfalls auf der Flucht waren, die Ungarn auf den Steppen am Schwarzen Meer aus dem Hinterhalt an und trieben die gesamte ostungarische Bevölkerung hinter die Schutzkette der Karpaten. Da sich dort schon das „pannonische" Heer befand und das Expeditionsheer aus Donau-Bulgarien ebenfalls ins Karpatenbecken floh, gelang es den Ungarn, bis Ende 895 die östliche, größere Hälfte des Karpatenbeckens bis zur Garam und zur Donau zu besetzen. Mit dem neuen Fürsten von Mähren, Mojmír II., schlossen sie Frieden, in der Zwischenzeit versöhnte sich auch Arnulf mit seinen ehemaligen, ihm untreu gewordenen Verbündeten. Sie schlossen eine so enge Freundschaft, dass, als ein italienischer Verwandter der Karolinger, Berengar I., 899 dem todkranken Arnulf den Kaisertitel noch zu seinen Lebzeiten streitig machen wollte, dieser wie seinerzeit Svatopluk eine starke ungarische Truppe mit einem feierlichen Verbündetenschwur in seinen Sold nahm und sie durch Pannonien im August 899 gegen Italien schickte. Ihr Triumph half Arnulf nichts mehr, er starb am 8. Dezember 899. Damit endete die sechs Jahrzehnte währende Zeit der Bündnisse zwischen den europäischen Mächten und den Ungarn.

Die erste – wahrscheinlich unvergessliche – Überraschung löste wohl der Feldzug gegen Berengar I. aus. Im August 899 verwüsteten die von Kaiser Arnulf besoldeten 4000 bis 5000 ungarischen Reiter das Gebiet der norditalienischen Großstädte von Aquileia über Verona, Bergamo, Brescia und Mailand bis Pavia. Als Berengar seine nord- und mittelitalienischen Truppen gegen sie zusammenzog, begannen sie sich in erschrockener, manchmal furchtsamer Flucht von Pavia aus zurückzuziehen. Bei Verona ließ sich die ungarische Nachhut in einem ungeschickten Kampf von der italo-lombardischen Vorhut sogar schlagen. Sie hielten erst inne, als sie über die Brücke der Via Postumia bei dem heutigen Civittanova das andere Ufer der Brenta erreicht hatten.

An der rasch fließenden Brenta, *ad fluvium Brentam*, brachten die Ungarn dann am 24. September 899 der auch den italienischen Quellen zufolge dreimal stärkeren Übermacht der italienischen Truppen eine vernichtende Niederlage bei: Die Italiener waren abgesessen, hatten ihre Waffen und ihre Rüstungen auf den Boden gelegt und zu essen begonnen, als die Ungarn am Nachmittag plötzlich die Brenta durchschwammen und die Gegner in einem Überraschungsangriff auf breiter Front niederzumetzeln begannen. Norditalien lag dann bis zum Juli des folgenden Jahres den Siegern zu Füßen.

Ziemlich gut sind auch die Einzelheiten der ersten „Schlacht auf dem Lechfeld" bekannt.

Die Alamannen wollten den Angriff der Ungarn bei Augsburg am Lech an der Ostgrenze Schwabens aufhalten. Nominell stand der letzte deutsche Karolinger, der 16jährige König Ludwig IV., an der Spitze des Heeres. Das auf dem Lechfeld lagernde schwäbisch-bayerische Heer fühlte sich vor seinen Gegnern sicher, die sich jenseits des schnell fließenden Flusses mit seinen Steilufern verborgen hatten. Im Morgengrauen durchschwammen die Ungarn den Fluss und schossen einen Pfeilhagel in das christliche Lager, „die Pfeile weckten sie rascher als der Alarm", „eher verließ sie ihre Seele als der Schlaf". Nach dem ersten Pfeilregen wandten die Angreifer sich ab, dann kehrten sie unter einem neuerlichen Pfeilhagel zurück, so wie es später, im Jahre 1241, die Mongolen bei Muhi mit den Ungarn machen sollten. Am Nachmittag erst gelang es, die Deutschen durch einen Scheinangriff und eine vorgetäuschte Flucht hinter ihren Schilden und aus dem Lager hervorzulocken. Zuerst ließen die Ungarn ihre Reihen von den Deutschen durchbrechen, dann umzingelten sie sie und rieben sie auf, wiederum wie die Mongolen es später bei Muhi mit den Ungarn tun würden. Der junge König konnte zwar entkommen, die Heerführer fielen jedoch alle an diesem 12. Juni 910.

Dem am Lech, oder wenn es besser gefällt, bei Augsburg siegreichen ungarischen Heer gelang es zehn Tage später, am 23. Juni 910, an einem nicht genau bekannten Ort das ostfränkische Heer zu schlagen, auch dessen Anführer Konradin Gebhart, Herzog von Lothringen, fiel. Ein Jahr nach diesem Sieg überschritten die Ungarn 911 bereits den Rhein.

Flüsse und das Übersetzen über Flüsse spielten auch früher schon eine wichtige Rolle bei der Kriegführung in der Steppe. Die Hunnen besiegten im Jahre 376 den König der Ostgoten, Vinitharius, am Erak, der aber nicht identisch ist mit dem Fluss Arax im Kaukasus. Und irgendwo dort, in derselben Gegend, besiegten am Kalka 1223 die Mongolen Dshebe noyon und Sübeetei zum ersten Mal die vereinigten komanisch-russischen Truppen. In die Reihe dieser Siege gehört auch der Sieg der Ungarn an der Donau im Jahre 907.

Dieser größte ungarische Sieg von wirklich historischer Bedeutung kann nur aus dem Schauplatz, der Zeitangabe und den Verlustlisten, den *necrologia*, erschlossen werden. Die Bayern hatten 907 beschlossen, alle ihre Kräfte wie seinerzeit Karl der Große bei seinem legendären Feldzug gegen die Awaren zu bündeln und die neuen „Hunnen" mit einem einzigen starken Angriff aus Pannonien zu vertreiben. Ebenso, wie es damals Karl der Große getan hatte, marschierten sie auf beiden Ufern der Donau bis nach Preßburg (Bratislava). Hier, unter der Festung des einstigen Brückenkopfes des *Braslav dux*, bei Braslavvaspurch wurde am 4. und 5. Juli und wahrscheinlich auch in der Nacht zwischen diesen beiden Tagen „das ganze Heer der Bayern von den Ungarn vernichtet". Auch die Heerführer fielen: Theotmar, der Erzbischof von Salzburg, Kanzler des Reiches, mit ihm die Bischöfe von Säben und Freising sowie drei Äbte. Unter den weltlichen Opfer nahm der Oberbefehlshaber des

Heeres, Herzog Luitpold von Bayern, den höchsten Rang ein. Mit ihm fielen auch 19 Adlige, unter ihnen manche im Herzogsrang. Der Sieg sicherte den Ungarn Transdanubien, ein deutsches Angriffsheer wird erst 135 Jahre später, im Jahre 1052, wieder bis nach „Preslavvaspurch" vordringen.

Weitere siegreiche Schlachten waren die im Jahre 902 gegen die Mährer und das Land Mähren, die am 25. Juni 906 gegen Herzog Otto von Sachsen, den Vater König Heinrichs I., und die Sachsen, die bei Eisenach am 3. August 908 gegen die Thüringer, in der auch der Feldherr, Herzog Burkhardt, fiel, die im Jahre 919 bei Püchen gegen den gerade erst zum König gewählten Heinrich I. und die 920 bei Brescia gegen die Gegner von Berengar I. Von den meisten ist außer dem Zeitpunkt und einigen vornehmen Gefallenen nichts bekannt; die letzte Schlacht in dieser Aufzählung sollte sich als ein bedeutsames Ereignis für die frühe Geschichte Italiens erweisen.

Der mährische Krieg des Jahres 902 war allerdings kein Vernichtungskrieg, er endete im Gegenteil mit einem Bündnis, das bis zum Jahr 955 hielt. Sein Präventivcharakter im Hinblick auf die Deutschlandfeldzüge ist offensichtlich. Die Ungarn bemühten sich in Erinnerung an das früher viel einheitlichere ostfränkische Königreich beinahe mit System, die deutschen Herzogtümer, die sich in dem Durcheinander nach dem Tode Kaiser Arnulfs in einem lockeren oder kühl-feindlichen Verhältnis zueinander befanden, einzeln zu besiegen und auszuschalten. Offensichtlich wussten sie, was für eine Macht die vereinigten Herzogtümer darstellen könnten.

Im Gegensatz zu den Arabern und Normannen belagerten die Ungarn vor 955 keine der von meist spätrömischen Mauern und Türmen geschützten Städte. Den Mauern von Aquileia, Verona, Mailand, Rom, Capua, Regensburg, Dijon, Orléans, Sens, Laon, Metz und Reims wichen sie aus. In andere Städte vermochten sie auch dann nicht einzudringen, wenn sie die Gebäude mit Brandpfeilen beschossen, wie es bei Vercelli 899, Bremen 915, Verdun 919, Pavia und Narbonne 924, Augsburg und Konstanz 926 und Piacenza 931 der Fall war. Außer der vorübergehenden Besetzung von zwei Kleinstädten, Freising 909 und Basel 917, liegen keine Hinweise auf die Einnahme von Städten vor. Um so mehr erzählen die Quellen von der Einnahme, Plünderung und Brandschatzung unbefestigter Klöster, zu den bekanntesten Fällen gehörten San Felice bei Vicenza, San Zeno 899 bei Verona, Pomposa 900, Nonantola 900 und dann wieder 920, Luxeuil 917, Remiremont 917, St. Gallen und Lure 926, Baise und Verzy 935, Tournus 937, St. Columba 942 und Lobbes 954. Da die Schriftgelehrten jener Zeit in den Klöstern lebten, vermittelten sie ein viel dunkleres Bild und viel schlimmere Berichte von den Feldzügen der Ungarn an die Nachwelt als die Stadtbewohner. Die schnellen und zahlenmäßig nicht starken ungarischen Reitertruppen konnten Städte nicht wochen- und monatelang belagern, um sie einzunehmen und zu zerstören, wie das die Normannen und Araber häufig taten. Dies ändert jedoch nichts mehr am schlimmen Ruf der Ungarn.

Augsburg und die Schlacht auf dem Lechfeld am 10. August 955

Es ist heute beinahe unmöglich zu entscheiden, ob die aus Deutschland immer mehr verdrängten Ungarn sich freiwillig oder auf eine Aufforderung hin in den Aufstand gegen Otto I. einmischten, der von seinen Söhnen und seinem Schwiegersohn 953/54 ausgelöst wurde. Im Februar 954 durchquerte das Heer mit Bulcsu an der Spitze Bayern, ohne die aufständischen Bayern zu unterstützen, während es sich unverständlicherweise feindlich gegen die schwäbischen Aufständischen verhielt, die Ottos Gegner waren. Nach dem Übergang über den Rhein genoss es in größter Freundschaft vom ersten bis zum neunzehnten März die Gastfreundschaft von Ottos Schwiegersohn, des Herzogs Konrad von Lothringen, in Worms und dessen ehrenvolle Begleitung auf seinem weiteren Marsch. Trotz der engen Freundschaft mit „Kuono" unterstützte es danach weder die Herzöge, die gegen Otto rebellierten, noch ihre Gegner, sondern begann einen Raubzug gegen das friedliche und neutrale Brabant. Nach dem Fiasko bei Lobbes und bei Cambrai zog es unverrichteter Dinge nach Hause.

Im Juli 955 wiederholte Bulcsu den Angriff, als Otto I. und sein Bruder, Herzog Heinrich von Bayern, schon alle ihre Gegner besiegt hatten. Aus heutiger Sicht war dieses Eingreifen sinnlos, vor allem weil er die Belagerung von Augsburg unter großen Verlusten aufgeben musste. Der Zeitverlust bei der Belagerung ermöglichte es Otto I., die Kräfte der deutschen Herzogtümer Franken, Schwaben, Sachsen und Bayern sowie des mit ihm verbündeten Böhmens zu vereinen, seine acht „Legionen" konnten aber insgesamt nicht viel mehr als 8000 bis 10 000 Kämpfer umfasst haben. Natürlich standen ihnen die Ungarn nicht mit 100 000 Kriegern gegenüber, diese Zahl gehört in das Reich der Märchen, ihr Heer könnte gerade ein wenig schwächer gewesen sein als das des Kaisers, auch wenn die Information zutrifft, dass dies das größte gegen den Westen kämpfende Heer gewesen sei. Die politi-

158 **Hölzerner Sattel mit fünfeckigen Beschlägen aus Silberblech**, Karos-Eperjesszög, Friedhof II, Grab 52. Miskolc, Hermán Ottó Múzeum.

schen und militärischen Fehler im ungarischen Heer – das falsch gewählte Ziel und der falsch gewählte Zeitpunkt des Angriffs – wurden durch taktische Fehler vergrößert: der Angriff aus dem Hinterhalt war nicht auf den Frontalangriff abgestimmt. Die aus dem Hinterhalt angreifenden Truppen waren von Herzog Lothar von Lothringen und seiner fränkischen Heermacht bereits vertrieben, bevor die eigentliche Schlacht beginnen konnte. Obwohl der ungarische Pfeilhagel zu Beginn der Schlacht dem Gegner auch hier wieder empfindliche Verluste zufügte, konnte Ottos angreifende Phalanx die Ungarn jetzt wirklich überwältigen und hinwegfegen, nicht nur halb in die Flucht jagen, wie es bei Riade geschah. Die panische Flucht der Ungarn war aber ähnlich. Dieses ungarische Heer, das bei Cambrai, Lobbes und Augsburg von seinen Offizieren mit der Peitsche in den Kampf getrieben und auf der Flucht aufgehalten werden musste, verfügte nicht mehr über die soldatischen Tugenden, die im *Casus Sancti Galli* im Zusammenhang mit einer im Mai 926 gesichteten ungarischen Reiterschar beschrieben wurden. Es hieß, jene Truppe bewege sich nur unter sorgfältiger Erkundung vorwärts, nähme auf ein Hornsignal hin schnell die Schlachtaufstellung ein und die Nacht verbringe sie in einem gut bewachten Lager. Auch dies sollte vermerkt werden, nicht nur das ausgelassene Tafeln im Klosterhof.

Die von den bayerischen Aufständischen gefangengenommenen ungarischen Heerführer, unter ihnen auch Bulcsu, ließ Herzog Heinrich am 15. August in Regensburg hängen. Doch gelangte der größte Teil der auf dem Lechfeld und danach von den Bayern noch weiter dezimierten Schar nach Ungarn zurück, unter ihnen befand sich wahrscheinlich auch *Toxus rex*, Taksony aus dem Hause Árpád, der nach 955 Großfürst wurde. Die militärische Leistung des deutschen Siegers war nicht besonders bemerkenswert, auch für die zeitgenössischen deutschen Chronisten nicht, die an erster Stelle die Opfer betrauerten und den Sieg gegen die Slawen an der Recknitz für den größten Sieg Ottos I. in diesem Jahr hielten. Tatsächlich hat Otto I. nie einen Feldzug unternommen, um die besiegten Ungarn aus dem einstigen karolingischen Pannonien oder zumindest aus dem östlichen Donautal zu vertreiben, 75 Jahre lang unterblieben Versuche

Ungarn, Byzanz und römisch-lateinisches Imperium

von Seiten der Deutschen, Transdanubien von den Ungarn wiederzugewinnen.

Die ungarischen „Berufskrieger" waren schon nach der Flucht bei Riade bemüht, sich ein leichteres und einträglicheres Betätigungsfeld zu suchen. Es ist kein Zufall, dass sie das 40 Jahre währende gute Verhältnis zu Byzanz vergaßen und gerade im April 934 zum ersten Mal wieder vor den Mauern von Konstantinopel auftauchen Sie hatten Erfolg, wie die in den Gräbern dieser Zeit gefundenen byzantinischen Solidi bewiesen, die nun anstatt der westlichen Silbermünzen auftauchten. Eine Zeitlang unternahmen sie noch Versuche, in den Gebieten des westlichen Mittelmeers zu plündern, doch auch hier ereilte sie eine Niederlage nach der anderen, 935 bei Brescia und 942 bei Lérida. Es gab keinen anderen Ausweg, man musste den Weg des geringsten Widerstandes gehen. 943 erpressten sie wieder Konstantinopel und Hellas, und auch der Streifzug 947 bis nach Otranto in Apulien war gegen Byzanz gerichtet. Es ist auch kein Zufall, wenn sie nach Augsburg und nach der Schlacht auf dem Lechfeld ihr Glück im April 958 wiederum in Konstantinopel versuchten. Da die militärischen Kräfte von Byzanz an der arabischen Front gebunden waren, experimentierte es mit einer geistigen Verteidigung, man könnte sagen, mit einem ideologischen Gegenangriff: mit der Taufe von Bulcsu 948, der Taufe des Gyula auf den Namen Stephanos 953 und mit der Entsendung eines byzantinischen Missionsbischofs in das Land des Gyula. Byzanz hatte damit wenig Erfolg, die Raubzüge der Ungarn setzen sich 961 und 968 bis nach Thessaloniki fort, bis es auch hier unerwartet zu einer Veränderung kam. Im Herbst 970 brachten der talentierte Soldatenkaiser Johannes Tzimiskes und sein Heerführer Bardas Skleros dem russisch-petschenegisch-bulgarisch-ungarischen Heer des Großfürsten Svjatoslav von Kiew bei Arkadiupolis eine vernichtende Niederlage bei. In den Jahren um 950 endete die Belegung der „Soldatenfriedhöfe", nach Arkadiupolis ist diese Kriegertruppe, die aus der Steppe gekommen war, mit einem Schlag vollends verschwunden.

Am Ende des Jahrhunderts der europäischen Feldzüge, um 970, wurde Géza, auch Geisa oder Gewitza, der Sohn von Taksony, der neue Großfürst. Er wandte sich allzu bald an Otto I., der in Italien weilte, bat um Frieden und bot 972 an, mit seinem Volk zusammen das lateinische Christentum anzunehmen. Er baute sich in Annäherung an den Westen eine neue Fürstenresidenz in Pannonien. In Gran (Esztergom), wo der Fluss Garam oder Hron in die Donau mündet, baute er auf einem Felsplateau, wo einst eine römische Festung stand, seine Burg und verlegte damit das Zentrum seines Landes vom linken Donauufer auf das pannonische rechte Ufer. Vom Namen des Flusses leitet sich der deutsche Name der Stadt her: Gran. Um seine friedlichen Absichten zu unterstreichen, gibt er 973 das Donautal zwischen Enns und Erlauf auf. Nachdem dann die Bayern 985 Melk eingenommen hatten, zog er sich bis an den Traisen zurück. Die Grenzbefestigung war damals die römische Ruinenstadt beim heutigen Traismauer. Obwohl Herzog Heinrich der Zänker von Bayern versuchte, einen Streit mit Géza vom Zaun zu brechen, einmal machte er einen Vorstoß bis *ad Ungrorum terminos*, kommt es nicht zum Krieg zwischen den beiden Mächten. Im Gegenteil, wahrscheinlich konnte Géza mit Hilfe der Kaiserin-Regentin Theophanu sein neues Heer, die *milites*, nach westlichem Vorbild organisieren. Die wichtigsten Waffen waren nun nicht mehr der Bogen und der Säbel, sondern das in der Hand der deutschen und der byzantinischen Soldaten so wirksame gerade Schlagschwert mit zwei Schneiden, sowie die Stichlanze mit langen Griff, die mit einem starken „Flügel-Blatt" versehen war.

Die *milites* von Géza und Stephan bleiben als Angehörige des königlichen Heeres ebenso wie die Soldaten des Gespans, die *comites*, archäologisch unsichtbar, nur die für sie errichteten Festungen und Burgen sind bekannt.

Am Ende seiner Dienstzeit war der *miles*, je nach Rang, entweder ein freier Mann mit eigenem Besitz oder Herr der damals gerade entstehenden Dörfer. Ihre Gräber waren auf den ab der zweiten Hälfte des Jahrhunderts im ganzen Land neu angelegten dörflichen Friedhöfen zu finden, sie sind die Repräsentanten einer grundlegend neuen, in die Zukunft weisenden Gesellschaft. Die *milites* und die Ritter, die mit der Schwiegertochter Gézas, Gisela, der Schwester des Herzogs Heinrich von Bayern, nach Ungarn gekommen waren, sollten zwischen 997 und 1000 die Thronfolge von Stephan, Gézas Sohn, sicherstellen und die neue königliche Streitmacht begründen.

Slawen und Ungarn in Europas Mitte

Die Westslawen – Nachbarn des römisch-lateinischen Imperiums

Herkunft und Gliederung der Westslawen

LECH LECZIEJEWICZ

Die Westslawen sind ein Teil des Slawentums, das sich im Laufe komplizierter, in ihren Details nicht immer gut ablesbarer ethnogenetischer Prozesse im Oder- und Weichselgebiet ausgebildet hat. Nach den archäologischen Quellen gelangten slawische Gruppierungen im 6. bis 7. Jahrhundert von dort aus in Wellen nach Mähren und Böhmen sowie, entlang der Elbe, bis an die Saale. Andere Gruppen verlagerten sich von der Oder an die Spree und Havel, bzw. wanderten die Ostseeküste entlang ins Niederelbegebiet. Bei den Stämmen, wie den im 7. Jahrhundert von Fredegar aufgeführten Sorben oder den später den Chronisten der Karolingerzeit bekannten Obodriten und Wilzen, handelte es sich nach den Texten der Geschichtsschreiber meistens um zahlenmäßig bedeutende Bevölkerungsgruppen. Ihre Wanderungen dürften indirekt mit der awarischen Expansion in Verbindung stehen. Im 8. Jahrhundert verläuft die westliche Grenze der geschlossenen slawischen Besiedlung von der Kieler Bucht, entlang der Elbe und der Saale und des Böhmerwaldes bis an die Donau. Nach der Überlieferung Adams von Bremen aus dem 9. Jahrhundert errichtete Karl der Große den so genannten *limes Saxoniae* entlang des nördlichen Abschnitts dieser Grenze; das Grenzgebiet an der Saale wird von den Annalenschreibern der Karolingerzeit als *limes Sorabicus* bezeichnet. Kleinere slawische Siedlungsgruppen stießen jedoch auch über diese Grenze vor und ließen sich vor allem auf dem linken Elbufer und, tief im Westen, im Gebiet der späteren Lüneburger Heide nieder, wo sie als Drawenopolaben bis zum Anfang des 18. Jahrhunderts bezeugt sind. Viele slawische Dorfgemeinschaften gab es auch in Thüringen, wo sie bis zum 12. Jahrhundert Merkmale der heimischen Kultur aufrechterhielten. Desweiteren gab es slawische Vorstöße bis an Obermain und Regnitz sowie, außerhalb des Böhmerwaldes, bis an die Naab.

Im Süden besiedelten die Slawen im 6. Jahrhundert das Marchgebiet und am Karpatenfuß das Waag-, Hron- und Obertheißgebiet. Nach dem Bericht des byzantinischen Kaisers Konstantin VII. Porphyrogennetos (945–959) wanderten *Charvati* und Sorben in der Regierungszeit des Kaisers Heraklius (610–641) aus dem östlichem Mitteleuropa auf den Balkan ein und besiedelten die Gebiete zwischen Drau und adriatischer Küste. Die awarische Herrschaft über das Mitteldonaugebiet im 6. bis 8. Jahrhundert und vor allem die ungarische Herrschaft ab dem 10. Jahrhundert trennten auf Dauer die Südslawen von ihren im Norden wohnenden Stammesbrüdern.

Zu Beginn des Mittelalters gab es zwischen West- und Ostslawen keine wesentlichen Kulturunterschiede. Die natürliche Grenze bildete gewissermaßen die Wasserscheide Bug–San und Pripjet–Dnjestr, welche die Territorien zwischen Ostsee und Schwarzem Meer im geographischen Sinne teilt. Diese Linie entwickelte sich im 10. und 11. Jahrhundert auch zur ethnischen Grenze, die die westlichen Gruppen der Slawen von den östlichen trennte. Zur Herausbildung dieser beiden Gruppen hat die Entstehung des polnischen, ungarischen und russischen Staates wesentlich beigetragen; die Unterschiede wuchsen durch die Anbindung der Bewohner der polnischen Gebiete und der ungarischen Slowakei an den lateinischen und der Bewohner der Gebiete Russlands an den byzantinischen Kulturkreis. Allmählich kam es auch zu Sprachunterschieden innerhalb des bisher verhältnismäßig homogenen Slawentums. Noch im 9. Jahrhundert, als die slawische Sprache dank dem von Konstantin-Kyrill geschaffenen kyrillischen Alphabet schriftlich fixiert wurde, konnte sich ein Bewohner aus der Umgebung von Saloniki ohne Schwierigkeiten mit seinem Stammesbruder jenseits der Karpaten verständigen. Vom 8. Jahrhundert an treten jedoch in der Sprache der Westslawen gewisse Sondermerkmale auf, wie die so genannte Lautverschiebung der Liquiden (vgl. z. B. urslawisch „gard", polnisch „gród", tschechisch „grad"; „melko" – „mleko"). Ab dem 10. Jahrhundert machte sich die so genannte Entnasalisierung oder der Schwund der Nasalvokale bemerkbar (z. B. „dąb", „dub"), es kamen auch Unterschiede in der Palatalisierung der Konsonanten zum Vorschein (z. B. „dziesięć", „deset"). Eine deutliche sprachliche Trennungslinie verlief damals über die Sudeten und Karpaten.

Für die Herausbildung weiterer sprachlicher Unterschiede war die Integration der slawischen Gemeinschaften innerhalb der zu jener Zeit entstehenden Staaten von wesentlicher Bedeutung. Alle Mundarten waren jedoch soweit miteinander verwandt, dass sie bis zur Mitte des 12. Jahrhunderts als eine slawische Sprache betrachtet wurden (so noch bei Gallus anonymus und Cosmas von Prag). Erst später begann man, die polnische und tschechische Sprache zu unterscheiden; ein deutliches Zeichen für die Herausbildung von Nationalgemeinschaften.

Gewissermaßen wurden die ethnogenetischen Prozesse bereits im 6. und 7. Jahrhundert von der naturgegebenen Teilung Mittel-Osteuropas in fruchtbare Lössgebiete am Fuß der alten Gebirgsmassive und das größtenteils von Mischwald gedeckte Tiefland, mit wenigen Enklaven von fruchtbarer Schwarzerde, beeinflusst. Von der als so genannte Prager Kulturprovinz bezeichneten Südzone, die sich im Osten bis an das Dnjestr- und Mittel-Dnjeprgebiet erstreckte, unterscheiden sich die nördlichen Bewohner, archäologisch als Gruppe Sukow-Szeligi fassbar, in einigen Kulturmerkmalen. Diese Unterschiede wurden auch im Verlauf weiterer Wandlungen sichtbar, als sich die in der schriftlichen Überlieferung verzeichneten Stämme herausbildeten.

Ab dem 9. Jahrhundert ist die Stammesgeographie der Westslawen etwas besser bekannt. Wertvolle Quellen zu diesem Thema bilden sowohl die karolingerzeitliche Aufzeichnung aus der Mitte jenes Jahrhunderts (Bayrischer Geograph), als auch die Alfred dem Großen zugeschriebene angelsächsische Neubearbeitung des geographischen Werkes von Orosius. Später haben die Gründungsakten der ersten Bistümer des 10. Jahrhunderts, unter ihnen Brandenburg, Meißen und Prag, sowie die Chroniken aus dem 11. bis 12. Jahrhundert, insbesondere Thietmar von Merseburg, Adam von Bremen, Cosmas von Prag, viele weitere detaillierte Informationen geliefert. Dank diesen Überlieferungen wissen wir, dass gleichzeitig mit der Schwächung der alten Stammesbande mit ihren Wurzeln in der Völkerwanderungszeit neue Bindungen entstanden, die sich hauptsächlich auf das Prinzip der gemeinsamen Landnahme und Nutzung eines bestimmten Territoriums gründeten.

Dieser Prozess war nicht gleichmäßig und die Berichte des 9. und 10 Jahrhunderts weisen einstimmig auf die verschiedenen Größen der territorialen Einheiten bei den Westslawen hin. Das Modell der grundlegenden Siedlungseinheit war allerdings überall ziemlich ähnlich: eine kleine Siedlungskonzentration, von anderen Gebieten durch einen Wald- und Moorstreifen oder einen Höhenzug getrennt, die das für Ackerbau und Viehzucht günstige Areal von 20 bis zu 300 km², nutzte. Mittelpunkt eines solchen Komplexes war meistens, wenngleich nicht immer, eine Burg. Daher die Bezeichnung *civitas* in den lateinischen Quellen, in der heimischen Terminologie vielleicht anfangs „zupa", später sicherlich „Agród". Innerhalb des Burgbezirkes finden sich neben der Ein- und Mehrhofsiedlung manchmal kleinere Nachbarverbände, die das Gebiet bis zu 10 km² wirtschaftlich nutzten, was sicherlich dem später von einigen abgelegenen Gebieten des Slawentums bekannten „pole" entsprach.

Die Burgbezirke haben in vielen Gegenden ihre politische Selbständigkeit bis zur Zeit, als sie in die Staatsorganisation einverleibt wurden, bewahrt. Beispiele hierfür gibt es z. B. im Land zwischen Elbe und Saale, am Durchbruch der Elbe, am Fuß des Erz- und Sudetengebirges, an den beiden Seiten der Neiße und vielleicht auch an der Niederpeene. Öfter jedoch vereinten sich die Burgbezirke zu größeren Territorialkomplexen von einigen 100 bis 1000 m². Von der fortschreitenden Integration zeugen die neuen Stammesnamen, die von den Natureigenschaften der Landschaft (Lusizi, Polanen, Drewanen u. a.), von den verbindenden Flüssen (Ukranen, Slezane, Moravane u. a.), von den größeren Seen (Müritzer, Glopeani) herleiteten. Mancherorts sind archaische Namen erhalten geblieben, die sicherlich auf antike Wurzeln zurückgehen (Sorben, Charvati, Doudlebi, vielleicht Masovanen u. a.). Trotz der neuen Ethnonyme verwendete man manchmal auch weiterhin die alte Bezeichnung für genetisch zusammengehörende Stämme. So war es bei den Sorben, Obodriten und Wilzen.

Die Anordnungen änderten sich manchmal und es lässt sich kein derartiges Schema wie die Evolutionsreihe „Burgbezirk – Stamm – Stammesverband" bilden. Die Stammesverbände, manchmal auch Großstämme genannt, waren bei den Westslawen entweder Relikte der bis in das frühe Mittelalter zurückreichenden Bande oder eine angesichts der äußeren Bedrohung entstandene politische Föderation, wie der Lutizenverband im 10. und 11. Jahrhundert. Die Provinzen entstanden durch die Integrationstätigkeit der Staatsmacht.

Ziemlich gut bekannt ist die Stammesgeographie des Landes zwischen Elbe und Oder. Die dort angesiedelten Gruppierungen kamen zwar früh in Kontakt mit dem Karolingerstaat, bewahrten aber lange Zeit viele archaische Merkmale der Territorial- und Gesellschaftsordnung. Am nordwestlichen Rand, an der Ostsee, lebten die Obodriten, die sich in drei Gruppen unterteilten: die Wagrier im heutigen Wagrien, mit der Hauptburg Starigard, die Polaben zwischen Trave und Niederelbe und die Obodriten *sensu stricto* an der Wismarer Bucht, mit der Hauptburg Mechlin-Mecklenburg. Die Wagrier und Obodriten besiedelten ziemlich fruchtbare Küstengebiete, die Polaben hingegen drangen in das für die Besiedlung weniger günstige Vorfeld der eiszeitlichen Moränen ein. Zu der Obodritengruppe wurden auch die Warnen an der Oberwarnow und die Linonen an der Elbe, mit der Hauptburg höchstwahrscheinlich in Łączyn, gezählt.

Weiter östlich bis zur Oder besetzten die Wilzenstämme, die unter diesem Sammelnamen bereits vom Ende des 8. Jahrhunderts bekannt waren, die fruchtbaren Küstengebiete. Deren Kern bildeten die Kessiner an der Niederwarnow, die Zirzipanen zwischen Recknitz und Peene, die Tollenser an der Niedertollense und die Redarier an ihren Quellen mit der bekannten Kultstätte Radogoszcz-Radogost aus dem 11. Jahrhundert. Diese Stämme formierten sich auch am Ende des 10. Jahrhunderts zu der als Lutizenverband bekannten politischen Föderation. An der Niederpeene und auf Usedom gab es kleine Territorialeinheiten, teilweise ohne Stammesburg, die zusammen „Wanzlowe" genannt wurden. Auf den fruchtbaren Gebieten an der Uecker lebten die Ukranen. Die Ranen, Bewohner der Insel Rügen und des anliegenden Landstriches, fühlten sich den Wilzen nicht zugehörig. Sicherlich schon im 9. oder 10. Jahrhundert wurde die Kultstätte in Arkona zu ihrem Zentrum.

Weiter im Landesinneren, an den Seen und in den Wäldern im Bereich der Stirnmoränenplatte, in den Enklaven mit dem für die Besiedlung günstigeren Böden wohnten Stämme, die manchmal auch zu den Wilzen gezählt wurden: die Müritzer am Müritzer See, die Dossanen an Oberdossa, die Rezanen an Oberhavel und schließlich die Neletici mit der Hauptburg Havelberg an der Mündung der Havel in die Elbe. Zwischen Elbe und Havel lebten die Liezizi und Zemzizi, im Vorfeld Magdeburgs die Morizani. An der Mittelhavel wohnten die bedeutendsten von ihnen – die Stodoranen, auch Havelaner genannt, mit der Hauptburg Brenna-Brandenburg. Südlich von ihnen gab es den kleinen Stamm der Ploni und an der Niederspree die Sprewanen. Jenseits der Oder, an der Ostsee, wohnten die Stämme, die in vielen Kulturmerkmalen an die Nordelbegruppierungen anknüpften. Der Name dieser Region, Pomorze (Pommern), erscheint erst im 11. Jahrhundert und ist sicherlich im polnischen Milieu entstanden (Pomorze-Pommern ist das Land, das sich „po morze" – bis zum Meer – erstreckt). Von dort kennen wir nur die Stammesnamen der Pyritzer auf den fruchtbaren Pyritzer Gebieten und die Welunzanen oder Wollinnanen auf der Insel Wollin und dem rechten Dievenow(Dziwna)-Ufer. Die übrigen pommerschen Stämme besiedelten vor allem den meist fruchtbaren Küstenstreifen. Von dort aus drangen sie in die Moränenlandschaft im Landesinneren vor. Im Vorfeld dieser Landschaft erstreckte sich der schwachbesiedelte Urwald, der bis an die Netze (Noteč) reichte. Die archäologischen Untersuchungen erlauben, dort einige Stammesgruppen zu unterscheiden. So an der Ina (Ihna) bei Stargard, an der Rega und Drage (Drawa) sowie eine dritte Stammesgruppe, möglicherweise Kaschuben genannt, an der Persante (Niederparseta), in der Umgebung von Kolberg (Kołobrzeg). Selbständige Siedlungsansammlungen der Stämme gab es im Umkreis der Moränenlandschaft, an den Quellen von Persante und Brahe (Brda), im Küstenstreifen an Stolpe (Slupia) und Lupawa und am linken Ufer der Niederweichsel.

An Warthe und Netze, wo sich im 9. und 10. Jahrhundert die Ansätze des polnischen Staates herausbildeten, sind die Stammesgliederungen nur im Allgemeinen sichtbar. Die Agrargebiete an der Mittelwarthe und Welna waren von den Polanen besiedelt; nach der Überlieferung von Gallus Anonymus war Gnesen (Gniezno) ihr Hauptzentrum. An der Ober- und Mittelobra bildete sich ein Stamm heraus, vermutlich mit dem Namen „Obranen". Auf den fruchtbaren Schwarzerdegebieten an der Obernetze erstreckte sich Kujawien, dessen Bewohner möglicherweise „Glopeani" genannt wurden. Selbständige Stammesorganisationen können auch weiter nördlich, im Land zwischen Weichsel und Drewenz (Drweca), wie auch südlich an der Prosna und Oberwarthe angenommen werden. Die Bewohner der Großpolnischen Tiefebene knüpften in ihrem nördlichen Teil an die Küstennachbarn, im südlichen hingegen an Schlesien an. In den waldreichen Gebieten an Mittelweichsel und Niederbug lebten die Masowanen, die allerdings unter diesem Namen erst im 11. Jahrhundert erwähnt werden. Wir kennen aus dieser Gegend keine Namen von kleineren Stammesgruppen; man kann deren Existenz nur aufgrund der archäologischen Angaben und der späteren territorialen Aufteilungen voraussetzen. Ein Stamm ist sicherlich an der Bsura (Bzura) zu vermuten, ein anderer am nördlichen Weichselufer; in Südmasowien bestand ein gesondertes Siedlungsgebiet. Über die politischen Beziehungen zwischen diesen Siedlungskomplexen vor dem 11. Jahrhundert können keine Aussagen getroffen werden.

Im fruchtbaren Land zwischen Saale und Mittelelbe gab es Gruppierungen, die schon im 7. Jahrhundert mit dem Namen „Surbi" bezeichnet wur-

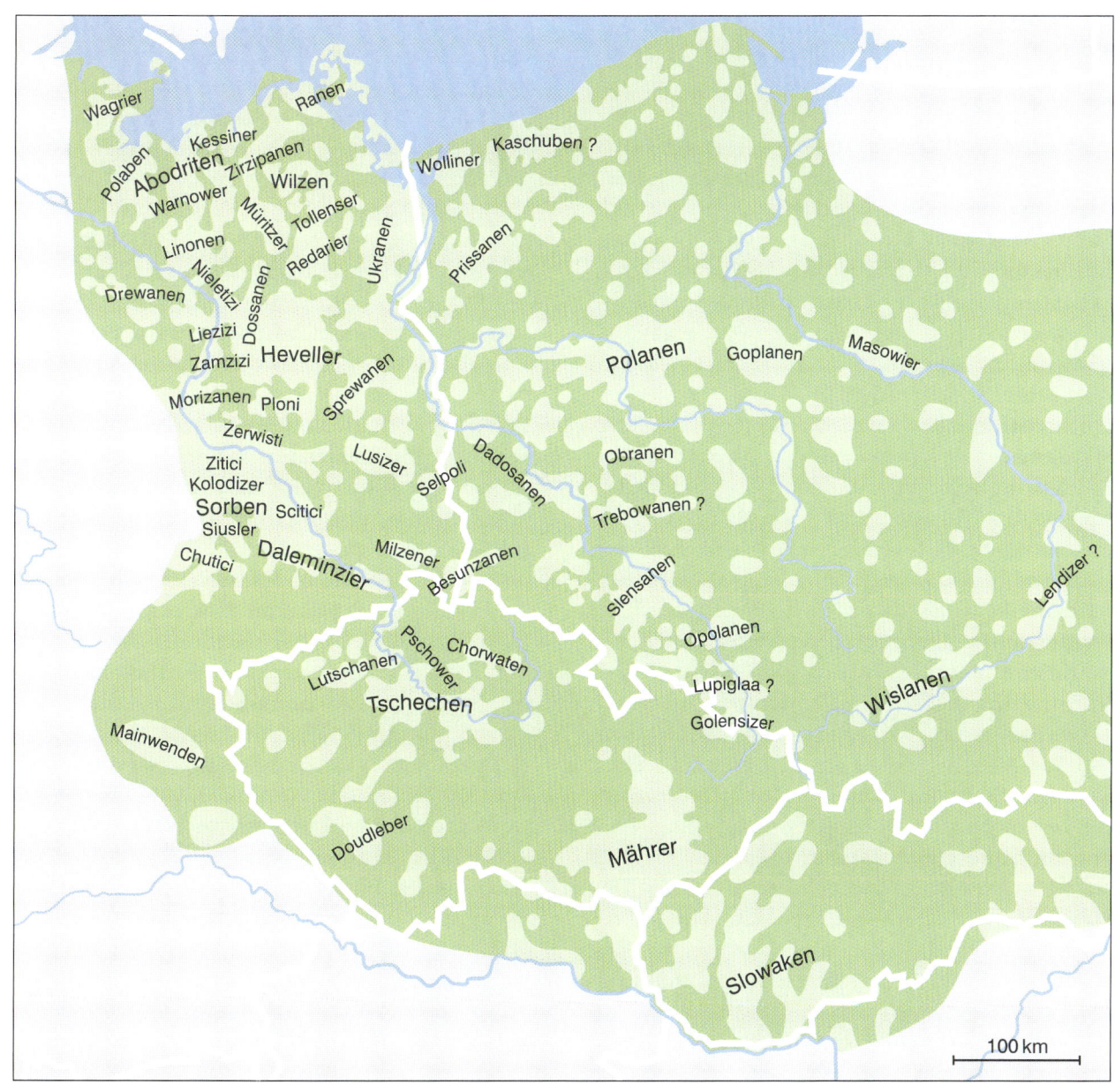

159 Die slawischen Siedlungsräume waren durch breite Waldzonen voneinander getrennt. Nicht für alle archäologisch nachgewiesenen Siedlungsgebiete sind Stammesnamen historisch bezeugt.

den. Sie haben nie eine bedeutendere politische Gemeinschaft gebildet: Mit der deutschen Eroberung wurde ihnen eine fremde Verwaltung aufgezwungen, welche jedoch ziemlich genau an die alten Gliederungen anschloss. Am nördlichen Elbufer, oberhalb der Saalemündung, befand sich der Bezirk Zerwisti, im Land zwischen Saale und Mulde lebten die kleinen Gruppen der Citici, Coledici, Siusler und andere, weiter südlich, am Fuß des Erzgebirges die Chutice. An der Mittelelbe siedelten die Nizici, Scitici und die schon bedeutenderen Glomaci, von den deutschen Nachbarn Daleminzer genannt. Die Stämme waren kulturell in mancher Hinsicht mit den Bewohnern des Böhmer Beckens verbunden. In kultureller Beziehung mit dem Odergebiet standen im 7. bis 10. Jahrhundert die Lusizer an Oberspree (mit der Hauptburg Liubusza?) und die Milzaner an den Spreequellen.

Die Stammesgliederungen an Mittel- und Oberoder sind ziemlich gut bekannt. An den Quellen der Lausitzer Neiße (Nysa Łużycka) ist der kleine Stamm der Besunzanen, flussabwärts im Waldgebiet der Stamm der Selpoli mit der Hauptburg Niemitsch (Niemcza) zu lokalisieren. Unmittelbar an der Oder, in den fruchtbaren Gebieten an der Mündung der von Osten zufließenden Bartsch (Barycza), lebten die Dedosizi. Und in Schlesien beiderseits der Oder die Slezanen mit der Kultstätte auf dem Zobtenberg (Ślęża) 40 km von Breslau. Nachbarn im Norden waren sicherlich die Trebovane und im Süden an der Glatzer Neiße (Nysa Kłodzka) die Opolini. Im Vorfeld der Mährischen Pforte wohnten die Golesizi und auf der recht fruchtbaren Leobschützer(Głubczyce)-Hochebene möglicherweise die von dem Bayrischen Geographen erwähnten rätselhaften Lupiglaa.

Die Westslawen – Nachbarn des römisch-lateinischen Imperiums

An der Oberweichsel befinden wir uns in der Gegend, die von den Quellen schwach beleuchtet ist. Die schriftlichen Berichte bezeugen übereinstimmend, dass dort im 9. Jahrhundert der Stamm der Wislanen lebte. Deren Hauptburg war sicherlich Krakau (Kraków). Ein anderer Stamm siedelte auf den Lössgebieten von Sandomierz am östlichen Fuß des Swietokrzyskie-Gebirges und am rechten Weichselufer. Es wird auch ziemlich einstimmig behauptet, dass eben dort die Lendizi des Bayrischen Geographen zu lokalisieren sind. Dieses ganze Gebiet hatte enge wirtschaftliche und kulturelle Verbindungen mit Mähren.

In der Gebirgszone, südlich des Erzgebirges und Sudetengebirges bis zum Böhmerwald und zur Böhmisch-Mährischen Hochebene lebten Stämme, die manchmal Beheimi nach der antiken Bezeichnung dieses Teiles von Europa genannt wurden. Nach der heimischen Überlieferung Cosmas' von Prag kann man ziemlich genau die dortigen Stammesgliederungen und den Prozess der Herausbildung einer vielstämmigen Staatsorganisation erschließen. Die Besiedlung entfaltete sich vor allem auf den fruchtbaren Lössgebieten des Böhmischen Beckens, beiderseits der Elbe und ihrer Zuflüsse. Dort sind mehrere kleinere Stammesgruppierungen entstanden, wie die Lučane, Pšovane und andere, die letztlich von den Čechoven vom Niedermoldaugebiet beherrscht wurden. Die Hauptburg der Čechoven war anfangs Levý Hradec, aber ab dem Ende des 9. Jahrhunderts hat Prag den führenden Platz eingenommen. Die Doudlebi am Fuß des Szumawa-Gebirges und die Charvati am Fuß des Sudetengebirges haben am längsten die Unabhängigkeit von ihnen bewahrt und unterstanden bis zum Ende des 10. Jahrhunderts der Herrschaft der Fürsten in Libice.

Hinter der Böhmisch-Mährischen Hochebene, im Flussgebiet der in die Donau mündenden March (Morava), lebten hingegen die Moravane, die als erster Stamm unter den Westslawen eine Staatsorganisation ausbildeten. Die inneren Gliederungen der Moravane sind nicht näher bekannt, aber aufgrund der archäologischen Angaben kann man voraussetzen, dass sie aus drei kleineren Stämmen bestanden haben. Zu ihren Hauptburgen gehörten sicherlich einige der späteren großmährischen Zentren, wie z. B. in Mikulčice. Im Gebiet von Waag und Neutra, im Vorland der kleinen Karpaten, entstand eine Stammesorganisation mit der Hauptburg Neutra (Nitra). Wir kennen nicht den Namen dieser Gruppierung, aber vielleicht wurden sie bereits im Frühmittelalter Sloveni genannt.

Welches Bevölkerungspotential stellten die westslawischen Stämme dar? Die archäologische Siedlungsforschung weist darauf hin, dass im Frühmittelalter eine bedeutende demographische Entwicklung stattfand, die je nach den regionalen Bedingungen ihren Höhepunkt im 9. oder 10. Jahrhundert erreichte. Nach Schätzungen ist in einigen Regionen der Polnischen Tiefebene die Bevölkerungszahl gegenüber der Spätantike auf das Doppelte angewachsen und um das Jahr 1000 fast auf das Dreifache angestiegen. Die entsprechenden Zahlen zur Bevölkerungsdichte sehen wie folgt aus: In der römischen Kaiserzeit eineinhalb Einwohner pro km^2, Anfang des 10. Jahrhunderts drei Einwohner pro km^2, an der Wende vom 10. zum 11. Jahrhundert vier bis viereinhalb Einwohner pro km^2. Die einzelnen Stämme unterschieden sich wesentlich in ihrer zahlenmäßigen Stärke, die von der Bevölkerungsdichte und der Fläche des Siedlungsraumes abhängig war. Man kann jedoch davon ausgehen, dass im 9. und 10. Jahrhundert etwa 600 bis 3000 Menschen zu einem Stammesverband gehörten. Aus dem Vergleich der damaligen Verhältnisse mit den spätmittelalterlichen ergibt sich, dass die Westslawen um das Jahr 1000 etwa 2 Millionen Menschen zählten. Diese Angaben sind natürlich von hypothetischem Charakter, aber sie geben Aufschluss über die Größenordnung, soweit dies bei demographischen Schätzungen möglich ist.

Literatur

Łowimański 1963–1975. – Nalepa 1968. – Graus 1980a. – Herrmann 1981. – Fritze 1982. – Gli slavi 1983. – Leciejewicz 1989.

Heidnische Religion westlicher Slawen

LESZEK PAWEŁ SŁUPECKI

Einführung

Die Geschichte des späten Heidentums gestaltete sich in den westslawischen Gebieten recht unterschiedlich, sie verlief in der südöstlichen Zone mit Mähren, Böhmen, Polen, der Slowakei sowie dem südlichen Polabien anders als in der nordwestlichen Zone mit den meisten elbslawischen Gebieten und Pommern. In der südöstlichen Zone erfolgte die Christianisierung früher, wozu heimische Herrscher beigetragen haben. Spätere heidnische Reaktionen brachten dort keine dauerhaften Ergebnisse. In der nordwestlichen Zone brachten die von innen unternommenen Christianisierungsversuche nur Misserfolge, und zu einem endgültigen Wechsel des Glaubens führten erst die von Deutschen, Polen und Dänen unternommenen Maßnahmen. Die Ablehnung der Christianisierung war eine Form des Widerstandes gegen die Expansion der Fremden, hauptsächlich der Sachsen, denn jene zwangen den unterworfenen Slawen nicht nur eine fremde Religion, sondern auch neue Formen der Gesellschaftsordnung auf, die höhere wirtschaftliche Belastungen und auch Einschränkung ihrer Freiheiten bedeuteten. So erreichten die Sachsen das Gegenteil, nämlich eine besondere Bindung der heidnischen elbslawischen und pommerschen Stämme an das Heidentum, das sich bei der bestehenden Gefährdung auf eine besondere Art und Weise weiter entwickelte.

Gottheiten der westlichen Slawen und Spuren ihrer Mythologien

Die heidnische Mythologie der Slawen findet gute mittelalterliche Zeugnisse lediglich in zwei lokalen Überlieferungen: der altrussischen und der elbslawisch-pommerschen. Folglich stützt sich die vorliegende Beschreibung der westslawischen Mythologie und Religion vor allem auf dieses elbslawische und pommersche Quellenmaterial.
Elbslawische Gottheiten hatten eigenartige Namen, die sich mit den Namen der altrussischen Gottheiten nicht deckten. Trotzdem hat Aleksander Gieysztor (1982) für die allgemein slawischen Götter die zwei in Altrussland meistbezeugten Gottheiten anerkannt: und zwar den Perkun, den donnerbeherrschenden Macht- und Kriegsgotts, sowie den Weles, den Gott der Magie und des Wohlstands. Er nahm an, dass sie bei den Elbslawen unter anderen Namen auftraten und dass ihre ursprünglichen Namen als Tabu behandelt wurden. Dies ist eine überzeugende These. In der Sprache der Dravänopolaben hieß der Donnerstag Perdun, und genau so wie in den germanischen Sprachen muss das Wort also von dem Namen des Gottes und nicht von der damit verbundenen atmosphärischen Erscheinung abstammen, denn sicherlich ist es eine Lehnübersetzung des germanischen Donnerstags. Weniger sichere Spuren von Perkuns Verehrung liefern die Namen der Ortschaften, denn in diesem Falle kann man nicht sicher sein, ob sie von dem Namen Perkun oder vom Donner selbst abstammen[1]. Es ist auch möglich, dass der Name des Rügener Gottes, der Porenut geschrieben wurde, als Perunič, Sohn von Perkun[2] gelesen werden sollte. Gieysztor bemerkte eine Ähnlichkeit zwischen den elbslawischen Gottheiten: Swantewit, Rugiewit und Jarowit sowie dem allgemein slawischen Perun und anerkannte sie als Gestalten „vom Perunschen Typ". Doch die Quellen reichen leider nicht aus, um festzustellen, ob es sich dabei um Personifizierungen Perkuns oder nur um ihm ähnliche Gottheiten handelte.

In Gestalt des Donner-Gottes erscheint er auf einem Gefäß aus Wyszogród (Masowien). Abgebildet ist ein Reiter mit drei Zickzack-Blitzen auf dem Kopf. Das Gefäß sowie die Fundstelle, auf der es gefunden wurde, stammt aus dem 7. Jahrhundert, also aus der Zeit, als Prokopius von Cäsarea (VII, 14, 23) einen „Gott, Demiurg Blitz", als die Hauptgottheit der Slawen erwähnte. Auf einem ähnlichen, aus Mecklenburg stammenden Gefäß finden wir einen umgedrehten Wagen, also mit den Rädern nach oben, wahrscheinlich ist es der Wagen des Donnerbeherrschers, der über den Himmel fährt und deshalb umgekehrt dargestellt wurde.

Bei den Elbslawen fehlen eindeutige Spuren der Weles-Verehrung. Eine seiner Eigenschaften findet sich ganz ähnlich bei dem pommersch-elbslawischen Triglaw (Dreikopf), der hauptsächlich in Stettin (Szczecin) und in Brandenburg als Hauptgottheit verehrt wurde. Sein Name ist eigentlich ein Beiname, wörtlich heißt er „der mit drei Köpfen"; der Beiname ersetzte den mit einem Tabu belegten richtigen Namen. Die Priester aus dem Tempel des Dreiköpfigen in Stettin behaupteten angeblich, dass der Dreiköpfige drei Köpfe habe, weil er drei Königreiche regiere: den Himmel, die Erde und die Unterwelt (Ebo, III, 1). Das bei dem Stettiner Tempel gehaltene heilige Pferd dieser Gottheit war ein Rappe (Herbord, II, 33); es unterstreicht besondere magische Bindungen an das Jenseits, die für Weles typisch waren.

Der Name Weles taucht in spätmittelalterlichen böhmischen Quellen auf. In einer der Quellen verwandelt sich eine böse Ehefrau in eine Gans und fliegt „übers Meer, zum Weles" also ins Jenseits, in einer anderen Variante zum Teufel. In einer weiteren Quelle heißt es, dass Vele[s] den Menschen *fortunam et bonum gubernacionem rerum et vite* bringe. Einen Widerhall der Verehrung Weles kann man auch bei den Kaschuben finden[3].

Die elbslawischen und pommerschen Götter tauchen in den Quellen als Gottheiten auf, die mit einem ganz bestimmten Stamm, einer Stadt oder einer Stammesgruppe besonders eng verbunden sind. Die politische Situation des späten Heidentums führte zugleich dazu, dass die meisten Gottheiten deutliche Kriegereigenschaften aufwiesen, unabhängig von ihren eigentlichen Aufgaben und Eigenschaften, die mit ihrer vermutlichen Abstammung von den allgemein slawischen Göttern zusammenhängen. Doch dies verwischte die friedlichen Züge ihrer Natur als herrschende Gottheiten und als Wohlstand schützende Gottheiten nicht.

Die Vorstellung dieser Götterreihe soll mit Swarožič beginnen. Er war die Ober- und Kriegsgottheit der Lutizen und wurde in Rethra verehrt. Er findet seine Entsprechung in Altrussland. In den Glossen zur Übersetzung der byzantinischen Chronik von Jan Malalas wird der Hephaistos mit dem slawischen Swarog identifiziert, und Hephaistos Sohn, Helios – „car – Sonne", mit Dažbog, „Swarogs Sohn" („Nestor-Chronik", Eintrag zum Jahr 1114). Es ist die einzige konkrete Nennung familiärer Verbindungen unter den slawischen Göttern. Helmold (I, 84) erwähnt jedoch einen allmächtigen, sich aber um die irdischen Angelegenheiten nicht kümmernden Himmelsgott, dessen Blut andere Götter entstammen sollten. Es ist nicht ausgeschlossen, dass es sich dabei um Swarog handelte[4]. Swarog war Gott des himmlischen Scheines und des Feuers, vergleichbar sind das avestische „hvar" und „Sanskritsvar", Schein, Himmel und Sonne. Den altrussischen Dažbog, den Sonnengott und Spender von Reichtum und Wohlergehen, kann man daher mit Swarožič identifizieren, was „Swarogs Sohn" bedeutet.

Chrystolubyc erwähnt im 14. Jahrhundert, dass man in Ruthenien zum Feuer betete, „wobei man es Swarožič nannte"[5]. Seine Verehrung war ein Überbleibsel des Heidentums aus der Zeit des Doppelglaubens, lange nach der formellen Taufe des Landes. Die Verehrung des Feuers bei den Slawen unterstrichen jedoch schon viel früher arabische Reisende, darunter Ibn Rušd (1977, 37).

Die Verehrung Swarogs/Swarožičs in den westslawischen Gebieten wird hier durch einige Ortsnamen, wie Swarożyn, Swaroszyn (und vielleicht auch Swarzędz) in Polen und Svarov, Svareb, Svarysov in Böhmen bestätigt. Aber das beste Zeugnis seiner Verehrung bringt die Beschreibung seines Tempels in Rethra. Doch finden wir nicht die geringste Anspielung auf jegliche Verbindungen zwischen diesem Gott und dem Feuer. Swarožič wurde von Thietmar (VI, 23–25) als der höchste Gott des Lutizen-Stammes genannt und mit deutlichen Krieger- und prophetischen Eigenschaften dargestellt. In seinem Heiligtum wurden Kriegsfahnen aufbewahrt, dorthin wurde auch der ihm zustehende Teil der Kriegsbeute und die Dankopfer für Siege gebracht. Dort wurden auch andere Gottheiten, Götter und Göttinnen verehrt, darunter die von Thietmar erwähnte Göttin, die auf den Kriegsfahnen der Lutizen dargestellt war. Die große Bedeutung der Verehrung Swarožičs bestätigt Brun von Querfurt, von dem wir erfahren, dass Lutizen diesem Gott vor seinen Fahnen Menschen opferten.

Adam von Bremen (II, 21) nennt Radogost als den Hauptgott der Lutizen, und den Ort Rethra. Nach Helmold (I, 52; 84) war Radogost „Gott des von Abodriten bewohnten Gebietes" und der Chronist hielt ihn, neben Prowe, Siwa und Podaga, für eine der Hauptgottheiten. Die Identität des Swarožič mit Radogost und des Ortes Radogošč mit Rethra lassen sich nicht in Frage stellen. Keinem Zweifel unterliegt auch die Übereinstimmung des Ortsnamens Rethra, bei Thietmar Riedegost, mit dem Namen Radogost, bei Adam von Bremen Redigast, bei Helmold Radigast. Das auf dem von Lutizen bewohnten Gebiet befindliche Rethra ist kein vereinzelter Fall in der slawischen Eigennamenkunde und über den Namen des Ortes wird immer noch diskutiert. Die Lage des Ortes Rethra bleibt bis heute unbekannt, es lag höchstwahrscheinlich in der Umgebung des Liepser Sees und des Tolensees[6]. Rethra tauchte in den Quellen kurz nach dem großen Aufstand des Slawen im Jahre 983 auf. Es war das Hauptzentrum des Heidentums in den slawischen Gebieten bis Ende des Jahres 1068, als es beim Kriegszug des Bischofs Burchard von Halberstadt[7] zerstört wurde. Im Jahre 1057, also schon viel früher, hatten die Kessiner und die Zirzipaner den Lutizen-Bund verlassen, was zu einem Bürgerkrieg führte. Nach Helmold (I, 21) lag der Grund dieses Konklikts in der Abneigung dieser Stämme gegen die Allmacht des Heiligtums in Rethra, da es von den Redariern und den mit ihnen verbündeten Tollensern verwaltetet wurde. Diese Überlieferung, wie ähnliche Informationen über die Hegemonie Arkonas an der Ostseeküste, weist nach, dass die Stämme, die das wichtigste Heiligtum der Hauptgottheit kontrollierten, z. B. die Redarier in Rethra und die Rügener in Arkona, Ansprüche auf die Vormachtstellung gegenüber anderen Stämmen stellten.

Von den schon erwähnten Gottheiten der Abodriten war Prowe der Gott von Wagrien (Helmold, I, 52; 69). Die Bedeutung seines Namens bleibt unbekannt. Dieses Wort, das in einem der Manuskripte „Prone" lautet, kann eine veränderte Schreibweise von Perun sein. Es ist aber auch wahrscheinlich, dass es sich dabei um den Namen einer Gottheit handelt, die das Recht verkörperte, denn in Prowes Hain fanden die Sitzungen des Stammesgerichtes und die Versammlungen der Wagrier[8] statt. Die von Helmold erwähnten Siwa und Podaga finden wir als angeblich polnische Gottheiten Żywia und Pogoda in einer aus viel späterer Zeit stammenden Überlieferung, den *Annales* von Jan Długosz.

Die Insel Rügen und die umliegenden Gebiete auf dem Festland waren eine Domäne von Swantewit, der in dem Tempel in Arkona verehrt wurde, den Saxo Grammaticus ausführlich beschrieb (XIV, 39, 1–13, 31–33). Helmold schreibt, dass „Swantewit, der Gott der Rügener, den ersten Platz unter allen slawischen Gottheiten errungen hat. Dank der Siege sollte er der berühmteste und beim Prophezeien der wirksamste sein. Deshalb also… brachten ihm nicht nur die Gebiete der Wagrier, sondern auch alle slawischen Länder Jahr für Jahr Tribut, und erkannten ihn als den Gott der Götter". Sein Tempel spielte also nicht nur die Rolle des politischen Zentrums auf Rügen sondern übernahm sogar, nach dem Untergang Rethras im Jahre 1068, die Rolle des Haupttheiligtums der heidnischen Elbslawen. Die Position von Swantewits Priester war viel bedeutender als die des Herrschers von Rügen, denn – wie Helmold mit Ironie schrieb (II, 108) – „er untersucht die Prophezeiungen und die Ergebnisse des Schicksals. Der Priester ist von dem Wink des Schicksal abhängig, und der König und das Volk von seinem Willen". In Garz (Karentia), dem Hauptsitz der Rügener Herzöge, wurden andere Götter verehrt: Rugiewit, Porenut und Porowit, doch ihr Rang, obwohl es auch von ihnen Sta-

160 Holzidol einer dreiköpfigen Gottheit, der Swantewit aus Wollin. Szczecin, Muzeum Narodowe. – Kat. 05.01.08.

tuen, Tempel und Priester gab, muss erheblich geringer gewesen sein[9]. Jacek Banaszkiewicz bezeichnete Porenut und Porewit als Rügener Dioskuren; doch, wenn es so gewesen sein sollte, hätten sie in

Die Westslawen – Nachbarn des römisch-lateinischen Imperiums 241

einem Tempel verehrt werden müssen, was jedoch nicht der Fall war, denn jeder von ihnen hatte seinen eigenen Tempel. Karentia wird meistens mit der Ansiedlung bei Garz auf Rügen identifiziert, wobei jedoch mehr darauf hinweist, dass man diesen Ort in der Nähe des Handelszentrums Ralswiek, und zwar auf der Burg Rugard bei Bergen[10] und nicht in Ralswiek selbst, wie früher Janisław Osięgłowski behauptete, suchen sollte.

Swantewit war die höchste Gottheit, die von Helmold als „Gott der Götter" bezeichnet wurde, neben ihm wurden andere Gottheiten lediglich als Halbgötter behandelt (Abb. 160). Er war ein Kriegsgott, der durch das heilige Pferd als Orakel den Truppen die Richtung ihrer Kriegszüge wies, sie leitete und auch seinen Anteil an der Beute erhielt. Schließlich war er der Überbringer einer guten Ernte; dies geht aus der Beschreibung des Ernteflandens hervor sowie des Voraussagens einer künftigen guten Ernte mit Hilfe des Weines im Horn, das seine Statue in der Hand hielt.

Ein ähnlicher Charakter wurde Jarowit zugeschrieben. Sein Heiligtum in Wolgast zierte ein Schild, der seine Insignie war; und die Chronisten des heiligen Otto verglichen ihn mit Mars[11]. Zugleich hielt man ihn für den Gott des guten Feldertrages und des Wohlstandes, worüber die Anekdote von seinem Priester aus Wolgast zeugt, der, um die Einwohner der Stadt von dem Vorhaben, sich taufen zu lassen, abzubringen, sich als Gott verkleidete und drohte, ihnen gute Ernte und Wohlstand wegzunehmen[12]. Diese Erzählung, allzu schön, um wahr zu sein, enthält dennoch ein Körnchen Wahrheit: denn Jarowit, ähnlich wie Jarila, seine Entsprechung in der altrussischen Volkstradition, war Gott des guten Feldertrags.

Es fehlt an glaubwürdigen Hinweisen auf die heidnischen Gottheiten der Elbslawen und der Bewohner von Böhmen und Mähren. Der so genannte polnische Olymp von Jan Długosz ist eine künstliche Konstruktion, kaum etwas mehr bringen spätmittelalterliche Statuten und Kirchenpredigten. Die einzige Ausnahme bildet wohl Nyja, eine Gottheit, die im polnischen Gnesen (Gniezno) verehrt wurde, nach Długosz soll es sich dabei um die Entsprechung Plutos gehandelt haben. Bezüglich Nyja finden wir eine unabhängige Bestätigung im Traktat über Orthographie von Jakub Parkoszowic; der Name wird etymologisch von „nyti", das heißt: verloren gehen, abgeleitet, was dem von Długosz geschilderten Charakter der erwähnten Gottheit auch entspricht.

Die Verehrung mancher in den schriftlichen Quellen nicht bestätigten Götter wird von der Ortsnamenkunde bezeugt. Das Dorf Strzyboga in Masowien sowie der Bach Striboc in Pommern scheinen die Verehrung des in der Kiewer Rus bekannten Gottes Strybog zu bestätigen. Etwas weniger maßgebend sind Ortsnamen, die man mit Makoša zu verbinden versucht.

In der westslawischen Mythologie kommen kaum Göttinnen vor. Außer einer anonymen Kriegsgöttin der Lutizen, die auf den Fahnen abgebildet wurde, kann man hier wohl nur die rätselhaften Siwa (Żywia) und Podaga nennen.

Etwas deutlicher erscheinen weibliche Gestalten erst in der heroischen Mythologie, die mit Wanda dem legendären Ursprung der Stadt Krakau (Kraków) und mit Kazi, Tetka und Libuša dem Geschlecht der Přemysliden gewidmet ist. In den Überlieferungen wurden ihnen magische Kräfte, Kräuterkenntnisse sowie die Fähigkeiten wahrzusagen, zu regieren, zu richten, und die Priesteraufgaben zu erfüllen, zugeschrieben.

Die Überlieferungen bezüglich der Piasten- und Přemyslidengeschlechter sowie die Krakauer Legenden, die mit den Gestalten des Krak und seiner Tochter Wanda verbunden sind, enthalten die meisten mythischen Inhalte. Im Falle Krakaus ermöglichten diese Geschichten, die Namen mit den gewaltigen Hügeln zu verbinden, die für Grabstätten gehalten wurden. Einer von ihnen, der Krakushügel (Krakhügel) war von einer ausgedehnten Hügelgräber-Nekropole umgeben. Dies bedeutete, dass außer den Göttern auch Heroen – Gründer der Staaten und Dynastien – sowie Dämonen und niedrigere Geister existierten. Hierüber geben die Volksüberlieferungen eher Auskunft. Man konnte auch vermuten, dass es Riesen gegeben hat. Schließlich existierten mythische Bestien, wie der von Thietmar erwähnte Wildeber (VI, 24), der aus dem See in der Nähe von Rethra auftauchte, und den Lutizen einen Bürgerkrieg verkündete. Es soll auch Werwölfe gegeben haben, die auf der Erde zum Vorbild für junge Krieger wurden, und im Himmel fungierten sie als Bestien, die den Mond und die Sonne zu fressen versuchten[13].

Das Jenseits wurde in der Unterwelt oder jenseits des Meeres[14] vermutet. Bei den Bestattungsbräuchen überwog ursprünglich die Leichenverbrennung, doch noch vor der Christianisierung begann sich die Körperbestattung auszubreiten[15].

Heiligtümer

Thietmar (VI, 25) schrieb über Lutizen: „Jeder Gau dieses Landes hat seinen Tempel und sein besonderes von den Ungläubigen verehrtes Götzenbild". Diese Worte bezeugen die häufigen Vorkommen der Heiligtümer und deren Verbindung mit der territorialen Stammesorganisation; man kann sie auf andere Teile der Elbslawen und Pommerns beziehen; es bleibt jedoch unklar, ob sich dies auch auf die übrigen slawischen Gebiete bezieht. Wir wissen nicht, inwieweit sich die von Thietmar beschriebene Sachlage aus früheren Traditionen ergeben hat, oder vielleicht doch ein Ergebnis der Innovationen in der Organisation der Götterverehrung nach dem Aufstand der Elbslawen im Jahre 983 war.

Die in Groß Raden entdeckten Überreste einer Holzhalle sind ein überzeugender Beweis für die Richtigkeit der Beschreibungen der Tempel, die in den schriftlichen Quellen zu finden sind (Abb. 161). Der Zeitpunkt ihres Entstehens wurde nicht eindeutig festgestellt, doch sie wurde auf jeden Fall vor 983 errichtet. Zwei sich auf dendrologische Untersuchungen stützende Daten (871 und 961) weichen leider sehr voneinander ab[16]. Das Jahr 961 könnte als das Datum der Errichtung (oder des Wiederaufbaus) der Halle nach dem Krieg gegen Gero im Jahre 955, als die Slawen bei Liegnitz (Legnica) besiegt wurden, interpretiert werden. Trotz herrschender Zweifel will man glauben, dass die Anlage in Groß Raden höchstwahrscheinlich überdacht war[17], denn die Heiligtümer in Form eines umzäunten Platzes müssen viel größer gewesen sein.

Das Haus in Groß Raden war ein Heiligtum oder eine Kulthalle, erheblich größer als typische Häuser in der Ansiedlung, getrennt gelegen und viel solider gebaut. Seine Wände zierten anthropomorphe Bretter[18]. Dieser Bau dominierte in der Architektur der gesamten Ansiedlung. Ähnlich war es in Gützkow, wo nach Herbord (III, 7)[19] ein Heiligtum stand „wundersamer Größe und Schönheit..., das mit großem Kostenaufwand vor kurzem errichtet wurde" und die Einwohner „sehr stolz darauf waren, da sie meinten, dass es eine große Zier der ganzen Stadt ist".

Die Halle von Groß Raden war kein vereinzeltes Objekt. Die von S. Moździoch durchgeführte Neu-Interpretation der Ausgrabungsergebnisse auf der Dominsel in Breslau (Wrocław) ließ den Forscher feststellen, dass es auch dort ein ähnliches Objekt von der Größe 9 m x 4,5 m gegeben hat. Es wurde auf dem eingeebneten Wall der Burg von Mieszko I. errichtet. Bis in die heutige Zeit blieben viele Fragmente der Holzkonstruktionen erhalten, darunter ein anthropomorphes, 1,7 m langes Brett, das den in Groß Raden gefundenen Brettern ähnlich ist. Der Baum, aus dem das Brett gefertigt wurde, wurde im Winter 1032/33 gefällt. Dies bedeutet, dass das Gebäude während der heidnischen Reaktion am Ende der Regierungszeit Mieszko II. errichtet wurde[20]. Ein ähnlicher, doch viel später, nämlich im 12. Jahrhundert entstandener Bau wurde in Parchim in Mecklenburg[21] gefunden. Er ist allerdings in einem schlechteren Zustand.

Die Konstruktion der Hallenwände in Groß Raden erinnert an die Beschreibung von Swarožičs Tempels in Rethra. Thietmar (VI, 23) unterstrich, dass es in der dortigen Tempelburg „nichts außer einem aufwendigen aus Holz errichteten Tempel" gegeben habe, und weiter bemerkte er: „Außen schmücken seine Wände, wie man sehen kann, prächtig geschnitzte Bilder von Göttern und Göttinnen". Auf den Brettern aus Groß Raden fehlt es an solchen Details, wie Augen, Nase, Mund oder Armen. Wir finden sie jedoch auf einem ähnlichen anthropomorphen Brett aus Ralswiek[22] (Abb. 162). Man darf also feststellen, dass die westlichen Slawen im 10. Jahrhundert einen eigenen Stil im Tempelbau entwickelt hatten.

Der Tempel des Dreiköpfigen in Stettin war schon etwas anders. Herbord (II, 32) gibt an, dass im Jahre 1124 der heilige Otto von Bamberg in dieser Stadt auf vier heidnische Tempel gestoßen sei, die in der slawischen Sprache wohl „kącina" (*continae*) genannt wurden; der Name bedeutet Winkel. Ein Tempel, der zugleich auch der Haupttempel der Stadt war, „wurde mit einer wundersamen Verehrung und Kunst errichtet, war von innen und von außen mit Statuen ausgestattet, die aus den Wänden hinausragten und Menschen, Vögel und Bestien darstellten, die so genau gefertigt wurden, dass sie zu atmen und zu leben schienen"; die Statuen waren angestrichen. Der Stettiner Tempel war also viel reicher verziert als die Bauten in Rethra und Groß Raden. Nach der Beschreibung des Tempels in Arkona, wenn auch etwas karger, scheint hier ein ähnlicher Bau gestanden zu haben[23].

Die Fassade des Triglaw-Tempels erinnerte höchstwahrscheinlich an die nordische Holzarchitektur dieser Epoche[24]. Darauf weist die Auswahl der Motive (Menschen, Vögel und Bestien), die Dynamik der Darstellungen, die „zu atmen und zu leben schienen" sowie ihre Ausführung (Reliefe, „die aus den Wänden hinausragten") hin. Der Vergleich eines heidnischen Tempels mit einer christlichen Stabkirche darf nicht schockieren. Die Verzierungen der Kirche in Urnes knüpfen an die skandinavischen Verzierungsarten aus der heidnischen Epoche an, und das Portal der Kirche in Hylestad aus dem 12. Jahrhundert (heute in Universitetets Oldsaksamling in Oslo) stellt Szenen aus dem Eddaischen Zyklus der Sigurdlieder dar. Der Tempel in Stettin und die frühen Stabkirchen sind nicht nur in derselben Epoche (Ende des 11.–12. Jh.) sondern auch in einem ähnlichen Kulturmilieu entstanden.

In Stettin sollen außer dem Haupttempel des Dreiköpfigen noch drei andere Gebäude von niedrigerem Rang und mit einer anderen Bestimmung bestanden haben. Dort waren „im Kreise gestellte Sitze und Tische" zu finden, „denn [die Stettiner] pflegten dort ihre Sitzungen und Versammlungen abzuhalten, sie versammelten sich dort, um zu trinken, sich zu amüsieren, oder wichtige Angelegenheiten zu erledigen", nach Herbord (II, 32) versammelten sie sich zu „diesen Zwecken in jenen Gebäuden an festgelegten Tagen und Uhrzeiten". In solchen Gebäuden (*magnum domum ... colloquio oportunam*) diskutierten Stettiner Machthaber mit den Missionaren über die Taufe der Stadtbevölkerung. Doch die Entscheidung darüber wurde nach Ebo (III, 16) außen, vor dem Tor des Tempels getroffen.

Neben den Tempeln waren bei den westlichen Slawen also auch Kulthallen vorhanden. Die Tempel hatten die Form von nicht allzu großen Gotteshäusern, in denen sich eine Statue des Gottes (oder der Gottheit), die Insignien und eine Schatzkammer befand. Außer dem Priester durfte niemand den Tempel betreten[25]. Während der Kulthandlungen, Opferung, Gebete, Prophezeiungen, versammelte sich das Volk auf dem Platz vor dem Tempel, so wurde das in Arkona und Garz praktiziert. Die Kulthallen, die vermutlich auch viel geräumiger waren, dienten – ähnlich wie die skandinavischen Höfe – den Versammlungen der Mitglieder der Gemeinschaft. Sie hatten den Charakter eines festlichen Mahls, bei dem in einem untrennbaren Ganzen sakrale (Gebete, Opferungen und Prophezeiungen) und profane Zeremonien der Bürger (Beamtenwahlen, Treffen von politischen Entscheidungen, Gerichtssitzungen) miteinander verbunden waren.

Außer den hier schon erwähnten Objekten wurden in den schriftlichen Quellen auch die Tempel in Wollin (Wolin), Gützkow, Wolgast und Malchow sowie drei Bauten in Karencja erwähnt. Auch die Kessiner und Zirzipaner hatten ihren eigenen Tempel, der sich vermutlich in Kessin bei Rostock befand (Helmold I, 71). Aufgrund der Ausgrabungsergebnisse sind heidnische Tempel auch in Feldberg, Wollin und Ralswiek anzunehmen, in einigen anderen Orten kann man Kulthallen vermuten. Ihre Spuren sind nicht so deutlich und eindeutig wie in Groß Raden. Allerdings sind ihre Ursprünge erheblich älter[26]. So ist es möglich, nach den heimischen Wurzeln des westslawischen Tempelbaus zu suchen und diese von den späteren äußeren Einflüsse zu trennen.

Gottheiten – Statuen aus Stein und Holz

Die Götterstatuen zeugen von der Verehrung vieler Götter. Die wichtigsten Gottheiten befanden sich in Tempeln, manche konnten unter

161 **Rekonstruierter Tempel auf dem Burgwallgelände von Groß Raden, Kr. Parchim.**

freiem Himmel stehen, andere unterm Dach, das sie vor dem Regen schützte, aber kein richtiges Haus bildete – so war es im Fall der Rugiewitstatue in Karentia, die in einem Tempel mit Wänden aus purpurfarbenen Vorhängen stand[27]. Doch sehr oft fehlt es uns an der Kenntnis, ob eine Gottheit im Tempel oder unter freiem Himmel verehrt wurde. Wir wissen dafür, dass die Statuen bemalt, mit Juwelen und Blechen aus Edelmetallen verziert und mit echten Kleidern und Rüstungen versehen waren[28].

Mehrköpfige Statuen mit mehreren Gesichtern scheint ein spezifisches Merkmal für die westslawischen Gebiete und Podolien zu sein; lediglich aus diesen Gebieten stammen gut dokumentierte Funde und schriftliche Quellen. Mitte des 19. Jahrhunderts wurde eine monumentale, 2,6 m hohe, aus Kalkstein gehauene Statue des so genannten Swantewit (Światowid) aus dem Zbruč[29] entdeckt (Abb. 163). Sie bleibt bis heute eine einzigartige ikonographische Quelle in der Religion der Slawen. Ähnliche Formen haben die kleinen Statuen, die in Wollin sowie in Svendborg gefunden wurden[30].

Ganz anders ist die Statue von der Fischerinsel. Sie wurde in der Kulturschicht gefunden, die in das 11. und 12. Jahrhundert datiert[31]. Diese große, 1,7 m hohe Holzstatue, stellt zwei Gestalten mit Schnurrbärten dar und wird daher „die Zwillinge" genannt. A. Gieysztor sah darin die Darstellung der slawischen Dioskuren. Besonders die auffallende Ähnlichkeit zwischen den beiden Gestalten dürfte ihn beeinflusst haben. Es gibt vergleichbare Darstellungen täuschend ähnlicher Gestalten, die jedoch nicht aus den slawischen Gebieten stammen, dazu gehört die spätrömische Skulptur mit den Tetrarchen Diokletian, Maximinian, Constantius und Galerius, die heute beim St. Markus-Dom in Venedig steht. Schriftliche Quellen erwähnen unter den slawischen Göttern vielköpfige Statuen oder solche mit mehreren Gesichtern. Nach Helmold (I, 84) haben die Slawen bei den Darstellungen ihrer Götter „viele mit zwei, drei oder sogar mehreren Köpfen geschnitzt". Die Statue von der Fischerinsel kann man also auch als Darstellung einer zweiköpfigen Gottheit[32] interpretieren.

Es sind uns ziemlich konkrete Beschreibungen der Statuen Swantewits, des Dreiköpfigen, Rugiewits, Porowits und Porenuts[33] bekannt. Nach Herbord (II, 32) soll die Darstellung des Dreiköpfigen aus Stettin „drei anliegende Köpfe" gehabt haben, was an die Statue von der Fischerinsel erinnert. Saxo Grammaticus hat die vierköpfige Swantewit-Statue aus Arkona ganz ähnlich beschrieben. So haben also die Slawen nicht nur in der Architektur sondern auch in der Bildhauerei einen eigenen Kunststil entwickelt, der an die Verzierung der Tempelwände erinnerte[34]. Doch es sind nur sehr wenige Beispiele der slawischen Holzskulpturen erhalten geblieben.

Von den aus Stein gehauenen Skulpturen, die man mit der Religion der Slawen verbinden kann, möchte ich hier zwei Reliefe von Rügen erwähnen, nämlich den Jaromirstein aus Altenkirchen und den Mönch aus Bergen, außerdem zwei Gravierungen aus Wolgast und einen interessanten Stein aus Leźno bei Kartuzy, auf dem u. a. die Darstellung eines Reiters zu finden ist. Die berühmten Skulpturen vom Berg Zobten (Ślęża) haben mit den Slawen vermutlich nichts zu tun.

Kultstätten und Kultplätze

Es fehlt an einer guten Beschreibung einer slawischen Kultstätte unter freiem Himmel, man darf aber vermuten, dass das in der „Nestor-Chronik" zum Jahr 980, erwähnte Heiligtum in Kiew an die Kultstätte der Wagrier erinnert, die von Ibn Fadlan beschrieben wurde. Ein ähnliches Heiligtum befand sich vermutlich in Wollin, wo in der Ortsmitte eine *columpna mire magnitudinis* sowie – vermutlich um sie herum – größere und kleinere Götzenstatuen (Ebo, III, 1) gestanden haben sollen. Als Kultstätte werden Spuren von kreisförmigen Gräben im pommerschen Trzebiatów[35] interpretiert; diese These scheint durch den Namen der Ortschaft bestätigt zu werden. Eine weitere kreisförmige Kultanlage ergab die vor kurzem vorgenommene Neuinterpretation der Grabungsergebnisse in Gostyń in Schlesien. Doch das spektakulärste Beispiel eines Objekts von diesem Typ, nämlich die von V. V. Sedow untersuchten Kreise in Perynia bei dem russischen Ort Novgorod Wielki, wurden in letzter Zeit als Überbleibsel von Hügelgräbern erkannt[36]. Diese Interpretation, vielleicht im Falle von Perynia berechtigt, löst nicht das Problem aller so genannten Kultkreise. Sie klärt z. B. nicht die Funktionen von wenig umfangreichen, kreisförmigen Holzgehegen in kleinen Burgen wie z. B. in Tužemlja. In der letzten Zeit wurden übrigens interessante Versuche zur Interpretation von kleinen slawischen Burgen als in erster Linie sakrale Objekte unternommen.

Eine andere Form von Kultstätten oder eine Art Altar könnten große Steinaufschüttungen sein. Ein solches Objekt wurde im Jahre 1908 in Kiew entdeckt und als Opferstätte interpretiert. Auf eine andere Kultstätte, die an ein aus Steinen errichtetes Hügelgrab erinnert, ist man vor kurzem vor der Mauer der Kirche des heiligen Georg auf dem Lechberg in Gnesen (Gniezno), unweit des dortigen

162 **Brettidol aus Ralswiek. 9. Jahrhundert. Landesamt für Bodendenkmalpflege und Archäologisches Landesmuseum Mecklenburg-Vorpommern – Kat. 05.01.06.**

Die Westslawen – Nachbarn des römisch-lateinischen Imperiums   245

Doms, gestoßen[37]. Wenn die sakrale Interpretation für diese Objekte stimmt, so wäre die für sie nächste Analogie der nordische „horg", eine Art Altar aus Steinen, der mit dem Blut der Opfer beschmiert oder bespritzt wurde. Die Opferstätte wurde in Altrussland „trebischtsche" genannt, bei den westlichen Slawen hat diese Stätte vermutlich einen ähnlichen Namen getragen. Das Wort „treba" (Opfer) kommt in der Glosse des Kapitulars aus Paderborn vom Jahre 785[38] vor; vielleicht stammen davon solche Ortsnamen wie Trebnitz (Trzebnica) oder Trzebiatów ab.

Die Hypothese, dass Steine bei den Slawen die Rolle von Altären spielten, fand keine Bestätigung. In der Volkstradition werden große Steine, die manchmal mit prähistorischen oder neueren Schnitzereien verziert sind oder lediglich Spuren der Anwendung von Bohrern aufweisen, als „Gottesfüßchen" bezeichnet; man will darauf Abdrücke von Füßen der Heiligen oder – nach einer anderen Interpretation – von Teufelskrallen erkennen. Der in der Urkunde des Herzogs Mestwin von 1281 verzeichnete Name des Steins „Bozistopka" (Gottesfüßchen) zeugt vom alten Ursprung dieses Glaubens[39]. Einen ähnlichen Namen „Buskam" (Gottesstein) trägt der riesige Stein, der im Wasser vor der Küste Rügens liegt[40].

Besser bezeugt ist der mit Krönungssteinen verbundene Volksglaube[41]. Bis in unsere Zeiten ist der steinerne Thron der Herzöge von Garz erhalten geblieben[42]. Bekannt ist auch, dass es einen Krönungstein des Přemyslidengeschlechts in Prag gegeben hat; es war ein roher, unbearbeiteter Felsblock[43]. Dafür befand sich in Posen (Poznań) vor der Marienkirche auf der Dominsel ein Gradus, eine Erhöhung, auf dem der Thron des Herzogs stand; hier sitzend sprach er Recht. Im Jahre 1247 erließ Pżemysl I. eine Urkunde, die *in throno ad sanctam mariam* ausgestellt wurde[44]. Im Jahre 1999 stieß man während der Ausgrabungsarbeiten vor derselben Marienkirche auf Überreste einer dicken Mauer, wahrscheinlich des Palatiums Mieszkos I. Vielleicht war der Posener Thron ursprünglich der Krönungsstein der Piastendynastie?

Heilige Haine, Berge und Quellen waren ähnlich wie Kulttempel und -hallen mit wichtigen Siedlungszentren verbunden, befanden sich aber in gewisser Entfernung von ihnen. Der Kult konzentrierte sich auf Elemente der natürlichen Umwelt, wie Bäume, Gewässer, Berggipfel. An solchen Kultplätzen waren Statuen und Heiligtümer überflüssig. Helmold (I, 84) hat eindeutig festgestellt, dass es in den heiligen Hainen der Slawen keine Götterstatuen gegeben habe; ähnlich schrieb ca. 1000 Jahre früher Tacitus (Germania, 9) über die Haine der Germanen. Trotzdem muss es auch in den Hainen von Menschen errichtete Konstruktionen gegeben haben; das heißt Einfriedungen des heiligen Raums, der für Uneingeweihte gefährlich war. Es ist kein Zufall, dass das Wort „Hain" von dem Begriff einzäunen, einfrieden stammt. Außerdem könnte es Versammlungsplätze für Gläubige gegeben haben, Altäre und andere Konstruktionen, die als Opferstätten dienten, Häuser, in denen verschiedene Accessoires, die für die Kulttätigkeiten unentbehrlich waren, aufbewahrt wurden, sowie schließlich Ställe für heilige Tiere.

Sehr gut spiegelt das die von Helmold (I, 84) stammende Beschreibung des Hains von Prowe wider. Der aus alten Eichen bestehende Hain wuchs auf einer Anhöhe, irgendwo bei Starigard/Oldenburg. Der Hain und sein Hof (*atrium*) waren von einem Zierzaun mit zwei Toren umgeben. Da der Zaun sowohl den Hain als auch den damit verbundenen Hof umgab, kann man vermuten, dass eines der Tore zum Hof und das zweite zum richtigen Hain führte; das Gebiet der Kultstätte war für alle, mit Ausnahme des Priesters und der Menschen, die dorthin Opfer brachten oder Asyl suchten, geschlossen. Auf dem Hof vor dem Hain fanden die von Helmold erwähnten Gerichtsversammlungen statt[45]. Prowes Hain war im 12. Jahrhundert das Haupttheiligtum in Wagrien. Auch die Beschreibung des Hains Buckow (des Buchenhains) am Strelasund auf Rügen weist darauf hin, das es dort irgendwelche künstliche Konstruktionen gegeben hat, die die Dänen verbrannt haben[46]. Der Hain war manchmal auch ein Teil eines umfangreicheren Kultkomplexes. Der Tempel in Rethra soll nach Thietmar (VI, 23) von einem „für die Einwohner unverletzlich heiligen Wald" umgeben gewesen sein. Der Hain wurde für eine seit Ewigkeit bestehende Einrichtung gehalten. Er erweckte eine besondere, mit Ehrfurcht verbundene Verehrung. Thietmar (VI, 37) erwähnt den heiligen Hain Schkeitbar (Zatibure), der sich in der Nähe von Merseburg befand, „der bei den Umwohnern imer in göttlichem Ansehen gestanden hatte und seit Urzeiten niemals verletzt worden war".

Die Verehrung galt auch einzelnen Bäumen. Der heilige Otto trat angeblich dafür ein, dass man den Stettinern die von ihnen verehrte Eiche, die an einem Bach wuchs, beließ, allerdings unter der Bedingung, dass sie auf diesen Kult verzichteten[47]. Hinweise auf den verehrten Baum und dem davor fließenden Bach tauchen in mittelalterlichen Quellen mehrmals auf.

In der mit der Mythologie verbundenen Geographie des Landes markierte der heilige Berg dessen Mitte. Solche Bedeutung hatte in Böhmen der Berg Řip, eine ähnliche Rolle spielte bei den Wislanen der Krakauer Wawelhügel, auch wenn in den späten Überlieferungen Łysiec als die Mitte des Landes auftaucht. Vom Ślęża stammt nach Thietmars Meinung (VII, 59) der Name Schlesien, und der Berg hatte wegen seiner Höhe und Größe „bei allen Bewohnern große Verehrung genossen als das verruchte Heidentum dort vorherrschte". Der Gipfel des Ślęża und zwei andere Gipfel des Gebirgszugs sind von Steinwällen umgeben, in denen man Einfriedungen heiliger Bereiche sehen wollte. Ähnliche Konstruktionen wurden auf dem Łysiec und anderen Gipfeln im Heiligkreuz-Gebirge entdeckt. Leider sind sie nicht eindeutig datiert, und ihre Kultinterpretation stützt sich lediglich auf Vermutungen; doch die Ergebnisse der auf dem Łysiec durchgeführten Forschungsarbeiten deuten auf eine Datierung in das frühe Mittelalter.

Die Rolle des Wassers in dem heidnischen Kult der Slawen unterstrich schon Prokopius von Cäsarea (VII, 14, 23), der bemerkte, dass Sklawinen und Anten „Flüsse…, Feen und andere Geister verehren. Und ihnen auch Opfer bringen, und während der Opfergaben wahrsagen". Das Wasser als Ort, in dem durch das Orakel oder ein Zeichen der Wille der Götter verkündet wurde, erwähnt auch Thietmar in seinem Bericht über Rethra (VI, 24), wo der aus dem See auftauchende Wildeber den Lutizen Bürgerkriege verkündet haben soll. Thietmar (I, 3) beschrieb ebenfalls die heilige Quelle Głomač, von der der Name des Daleminzer-Glomatschen-Stammes abgeleitet werden soll. Er stellte fest, dass dieser See höchstens zwei Meilen von der Elbe entfernt sei, und seine „Gewässer ein riesiges Moorland bilden". In Zeiten des Wohlstands sollen in Głomač Weizen und Hafer gewachsen und Eicheln gelegen haben, in der Kriegszeit war es mit Blut und Asche bedeckt. Dieses wundersame Phänomen kann man rationell erklären. In der Zeit der Regierung von Břetislav II. haben nach Cosmas (II, 1) die böhmischen Bauern, „bisher Halbheiden", „am Pfingstdienstag oder -mittwoch bei ihren Opfergaben an der Quelle die Opfertiere getötet und für die Teufel Mehl und Salz gestreut". Wahrscheinlich erfahren wir somit aus Thietmars Bericht, welche Opfer in Głomač gebracht wurden: man kann vermuten, dass der den Göttern geopferte Weizen den Menschen, der Hafer ihren Pferden und die Eicheln ihren Schweinen zu Gute kommen sollte; im Falle eines Krieges brachte man den Göttern blutige Opfer dar.

Rituale

Nach den Quellen, die von der heidnischen Epoche zeugen, wurden drei Feste gefeiert. Ebo (III, 3) gab an, dass man in Havelberg Anfang Mai das

163 Steinerne Stele einer slawischen Gottheit (Swantewit?) aus dem Fluss Zbruč (Ukraine). Kraków, Muzeum Archeologiczne. – Kat. 05.01.01.

Jarowitfest feierte, dieser Termin deckt sich mit den in der Volkstradition bekannten halbheidnischen Frühjahrsbräuchen, die mit dem christlichen Ostern und mit Pfingsten verknüpft waren; in diese Jahreszeit fielen auch die altrussische „radunica" – die Frühjahrsbräuche zur Ehrung der Verstorbenen. Die in der Volkstradition sehr gut bezeugten Bräuche, die mit der Sommersonnenwende, der Johannisnacht bzw. der altrussischen Kupala zusammenhängen, wurden nicht direkt beschrieben. Nach Ebo (III, 1) kam es in Wollin während des traditionellen Festes sehr spontan zum Ausbruch der heidnischen Reaktion. Nach den wenigen Angaben scheint es sich um den Sommertermin zu handeln. Besser bekannt ist die Herbstfeier zu Ehren des Swantewit; ähnliche Feierlichkeiten, die in Altrussland in derselben Zeit stattfanden, erwähnt Ibn Rušd in seiner Reisebeschreibung. Sie deckten sich wohl kaum mit einem sonst unbekannten Fest, das im November begangen wurde, als im Lutizischen Rethra der Kopf des mecklenburgischen Bischofs Johannes geopfert wurde und – vielleicht – auch aus dem Füllhorn wahrgesagt wurde. Die mit der Zeit der Wintersonnenwende verbundenen Bräuche wurden dafür nur in der Volkstradition bezeugt.

Es ist kein Text eines heidnischen Gebets der Slawen bekannt. Saxo Grammaticus erwähnt die feierliche Gebete des Priesters aus Arkona, der vor Swantewits Statue um Wohlergehen für sich und für das Land sowie um Reichtum an Gütern und um Siege für seine Landsleute gebeten haben soll. Eine fürs Gebet typische Geste war vermutlich das Heben der Arme in die Höhe; in solcher Pose wurde der auf dem Gefäß aus Schulzendorf abgebildete Mensch dargestellt; er steht vor einem Gegenstand, den man als eine Statue interpretieren kann[48]. Herbords (III, 4) und Ebos (III, 8) Bemerkungen, in denen *prostratio* die Anbetungsgeste ist, sind deutlich von christlichen Zügen gefärbt[49]. Das Wort „modlitwa" – Gebet (modła, von modla) hat indoeuropäische Wurzeln und bedeutet Anrufung, Ersuchen, in der altpolnischen und modernen slowakischen Sprache auch den Empfänger des Gebets, einen heidnischen Götzen[50].

Die an die Götter gerichteten Bitten wurden mit Opfergaben unterstützt. Saxo Grammaticus beschrieb ein Trankopfer für Swantewit: Man vergoss den alten Wein, der sich noch in dem von der Statue gehaltenen Horn befand und füllte das Horn wieder mit Wein auf. Während dieser Zeremonie wurde vor dem Tempel ein riesiger Erntefladen aufgestellt, über dem der Priester der Gemeinschaft Wohlergehen wünschte. Beide Zeremonien haben umfangreiche indoeuropäische Analogien[51]. In den altrussischen Quellen wurden Opfergaben für Rod und Rodzanic erwähnt: Brot, Käse und Honig[52]. Weizen, Hafer und Eicheln wurden in der heiligen Quelle Głomač geopfert. In den hier schon erwähnten Berichten von Ebo und Herbord habe der sich für Jarowit ausgebende Priester aus Wolgast direkt gesagt, dass eben er seiner treuen Anbeter Wohlergehen gibt oder vorenthält.

Die Quellen berichten hauptsächlich von blutigen Opfern; Viehopfer wurden nur sehr ungenau geschildert, an Überlieferungen zu Pferdeopfern fehlt es vollkommen. Bei den Ausgrabungsarbeiten wurden ihre eindeutigen Spuren lediglich in dem mit Skandinavien verbundenen Starigard/Oldenburg entdeckt. Dagegen wurden Menschenopfer oft erwähnt. Sie waren meistens mit Krieg verbunden. Schon Thietmar (IV, 13) beschrieb einen Fall, in dem während der Kämpfe Mieszkos I. gegen die Böhmen die auf Seiten der Böhmen kämpfenden Lutizen ihren „Schutzgöttern" auf dem Schlachtfeld Opfer darbrachten, indem sie den Befehlshaber der polnischen Burg ermordeten. Die Opfer wurden aber meistens in den wichtigeren Heiligtümern vorgenommen. Adam von Bremen (schol. 71) erwähnt zwei Mönche, die in Rethra geopfert wurden. Der mecklenburgische Bischof Johannes, der während des Aufstands der Abodriten im Sommer 1066 in Gefangenschaft geriet, wurde erst am 10. November hingerichtet, und zwar nicht bei den Abodriten sondern in dem von Lutizen bewohnten Rethra. Adam von Bremen (III, 51) unterstrich, dass das Opfer für die Zeit des Sieges „aufbewahrt wurde"; und eine Gelegenheit zum Opfer brachte vermutlich das alljährlich begangene Fest. Bei Menschen wurde vor allem der Kopf geopfert. Den Leichnam des Bischofs Johannes warf man beiseite und „seinen abgetrennten Kopf, der auf einen Speer aufgespießt wurde, haben die Heiden zum Zeichen des Sieges ihrem Gott Radogost geopfert". Schon Brun von Querfurt verdammte Heinrich II. dafür, dass er mit den Lutizen, die ihrem Gott, Swarozic, Köpfe der Christen opferten, ein Bündnis geschlossen hatte. Diese Überlieferung ist wörtlich zu verstehen. Auch im Falle des heiligen Adalbert wurde sein Kopf zum Gegenstand des besonderen Interesses der Pruzzen. An der Gnesener Bronzetür ist die Szene deutlich abgebildet[53].

Aber nicht nur Lutizen brachten ihren Göttern Menschenopfer. Dies war auch bei den Ruganen und Abodriten der Fall. Anders als in Altrussland findet man bei den Elbslawen keine Hinweise auf Opfer weiblicher Personen.

Die Orakel der westlichen Slawen sind zahlreich bezeugt. Ein Los entschied auch über die Art des

Opfers. Nach der Rückkehr von einem siegreichen Kriegszug prüfte man in Rethra „durch die Lose und das Ross, was die Priester den Göttern als genehmes Opfer darbringen müssen" (Thietmar, VI, 25). Das Ritual des Wahrsagens mit Hilfe eines Pferdes, wie es in den Tempeln in Rethra, Stettin und Arkona praktiziert wurde, verlief ähnlich. Zuerst warf man Lose, kleine in zwei Hälften geschnittene Zweigstücke, bei denen man die schwarze Seite – mit der Rinde – und die weiße – ohne Rinde – unterscheiden konnte. Danach suchte man nach Bestätigung der Prophezeiung, indem man das heilige Pferd über die unterschiedlich auf dem Boden ausgelegten Lanzen hinweg oder zwischen ihnen hindurch führte. Wenn das Pferd keines der Hölzer mit seinem Huf berührte, oder sie mit dem rechten und nicht mit dem linken Bein übertrat, interpretierte man dies als ein positives Zeichen[54]. Ein Pferd, das dem im Tempel verehrten Gott gehörte – ein Grauschimmel oder ein Rappe – durfte allein vom Priester geritten werden und nicht zu profanen Verrichtungen herangezogen werden (Abb. 164). Nur während der Prophezeiungen war es gesattelt, was die Anwesenheit der Gottheit symbolisierte. Das Orakel dieser Art entschied über die Richtung und die Art und Weise der Kriegsführung.

Den künftigen Feldertrag und den wirtschaftlichen Erfolg des Stammes versuchte man mit Hilfe des Füllhorns, das in die Hände der Statue gesteckt wurde, vorauszusagen. Als erster erwähnte William von Malmesbury (II, 189) diesen Brauch. Nach seiner Version hat sich Kaiser Heinrich III. „Vindelike und Lutizen" untergeordnet, die Fortuna verehren, indem sie in die rechte Hand ihrer Statue ein mit Honigwein gefülltes Horn stecken (*hydromellum*), und Ende November um ihre Statue herum sitzend prüfen, ob das Horn voll ist, was gute Ernte und Wohlstand verkünden sollte, oder ob es leer ist. Bei den von William erwähnten Vindeliken, handelte es sich natürlich nicht um den keltischen Stamm, der in römischen Zeiten Rätien bewohnte, sondern um den veränderten Namen der Wenden oder Weleten (Wilten). Den Namen der Gottheit (Fortuna) erfand William vermutlich wegen des prophetischen Inhalts der Überlieferung. Den Brauch kann man mit den Lutizen, die von William direkt erwähnt wurden, oder auch mit den Ruganen[55] verbinden.

In gleicher Art wurden die zu erwartenden Felderträge auf Rügen prophezeit. Saxo Grammaticus (XIV, 39, 3–5) beschrieb eine Prophezeiung durch reinen Wein (*merum*) aus einem Horn, das die Statue des Swantewit in dem Tempel von Arkona in der rechten Hand hielt. Wenn der Prieser verkündete, dass die Menge des Getränks abgenommen habe, war man überzeugt, wie auch von William überliefert wird, dass dies Böses verheiße. Ein volles Horn bedeutete einen reichen Feldertrag. Saxos Überlieferung ist viel umfangreicher; er berichtete, dass der alte Wein vor den Füßen der Statue ausgegossen worden sei, der Priester habe neuen Wein getrunken, und schließlich sei das Horn aufs Neue gefüllt worden, bevor es wieder in die Hand der Statue gesteckt worden sei. Die Überlieferung ist Teil eines umfangreichen Berichts über den Swantewit-Kult. Im Mittelpunkt steht die Schilderung der Herbstfeierlichkeiten zu Ehren dieses Gottes, die sehr an das Erntedankfest erinnern. Der Brauch, mit Hilfe des Horns wahrzusagen, ist in beiden Überlieferungen enthalten. Es ist sehr wahrscheinlich, dass dieses Ritual im gesamten elbslawischen Bereich üblich war. Die Darstellung des Horns in der Hand einer der Gestalten, die auf der Statue des so genannten Swantewits aus dem Zbruč zu sehen sind, erlaubt die Vermutung, dass dieser Brauch weiter verbreitet war.

Andere Arten von Prophezeiungen sind wesentlich schlechter bezeugt. Nach Helmold (I, 52) soll der

164 Bronzefigürchen eines gesattelten Pferdes aus Brandenburg/Havel. Brandenburgisches Landesmuseum für Ur- und Frühgeschichte.

Die Westslawen – Nachbarn des römisch-lateinischen Imperiums

Priester der Abodriten das Blut der Opfer probiert haben, um dadurch prophetische Aussagen treffen zu können. Cosmas (I, 4–8) schrieb der böhmischen Heroine Libuša wahrsagerische Fähigkeiten zu. In der Christianslegende wird eine anonyme Wahrsagerin erwähnt, die den Tschechen geraten habe, Prag zu gründen und einen Herzog zu wählen[56]. Wir erfahren jedoch nichts über die Einzelheiten ihrer Kunst.

In der heidnischen Religion der Elbslawen kommt die Bedeutung der Priester deutlich zum Ausdruck. Die sakrale Macht war von der Laienherrschaft getrennt. Zugleich trug die besondere politische Situation dazu bei, dass die Gesellschaften, die noch lange die Stammesform beibehielten und die sich auch dessen bewusst waren, den Herzögen und Machthabern nicht trauen konnten. Dies besonders da die Letzteren sehr oft dazu neigten, sich taufen zu lassen und eine fremde Kultur zu übernehmen. In dieser Situation ließen sich die Stämme gern von ihren heidnischen Priestern anführen. Deshalb tauchten in der Gesellschaftsordnung der Lutizen und Ruganen vom 10. bis zum 12. Jahrhundert Elemente der Theokratie auf. Es scheint jedoch, dass dies eine neue und für die Elbslawen besondere Situation war. Schon in Westpommern haben die Priester, auch wenn sie noch mächtig waren, keinen entscheidenden Einfluss mehr gehabt. Um so mehr war das in Polen und Böhmen der Fall, wo die mit dem Kult verbundenen Fragen von den Herrschern entschieden wurden. Auf die ursprüngliche Verbindung von profanen und sakralen Funktionen in ihren Händen kann die doppelte Bedeutung des Wortes Priester – „ksiądz" (das vom Germanischen entlehnt wurde) hinweisen, das ursprünglich sowohl einen Herzog, Herrscher (książę), als auch einen Priester, einen christlichen Geistlichen von höherem Rang bedeutete[57]. In der Zeit des Heidentums stand dieser Ausdruck vermutlich für einen Menschen, der sowohl profane als auch sakrale Macht ausübte. Einen Menschen, der sich hauptsächlich mit dem Kult beschäftigte, nannte man dafür „żyrzec"[58]. Andere Begriffe („wołchw", „kudiesnik") sind wohl nur in der Kiewer Rus bekannt.

Christianisierung und Ende des Heidentums

Der Niedergang des westslawischen Heidentums erstreckte sich über einen langen Zeitraum. Zwischen der Taufe in Großmähren und dem Niedergang Arkonas sind drei Jahrhunderte vergangen. Es blieb also genug Zeit, in der gewisse christliche Ideen in die traditionellen Glaubensvorstellungen eindrangen. Ein Teil der Aufzeichnungen der Chronisten über die Elemente des Synkretismus gründet sich auf feste literarische Quellen. Andere Informationen, wie zum Beispiel Helmolds Bericht (I, 52) über die Verehrung zweier Götter, eines guten, der den Menschen Glück bringen sollte, und eines schlechten, der „Teufel oder Schwarzgott" genannt wurde, zeigen schon den Wiederhall der christlichen Lehren mit Gott und Satan. Letzteren setzten die Missionare mit den heidnischen Göttern gleich[59].

Das Christentum wurde in Böhmen und Polen viel leichter akzeptiert, wo es nicht mit Aggressionen von Fremden verbunden war. Doch auch dort kam es zu heidnischen Reaktionen, und zwar in Polen gegen Ende der Regierungsperiode Mieszkos II. Der Eintrag in der „Nestor-Chronik" zum Jahr 1030 drückt vermerkt, dass „die Menschen aufgestanden sind, Bischöfe, Popen und ihre Bojaren getötet haben". Ein Beweis für die Stärke der heidnischen Meuterei scheint der damals errichtete heidnische Tempel in Breslau zu sein. In der damaligen Krise der Piastenmonarchie spielte das Heidentum eine wichtige Rolle. Ohne die gesellschaftlichen und ökonomischen Gründe der Meuterei zu negieren, muss man unterstreichen, dass ähnlich, wie in Polabien, auch hier die frühere Religion die ideologische Grundlage bildete.

Besonders stark waren die heidnischen Reaktionen bei den Elbslawen. Die dort lebenden Gesellschaften kannten das Christentum verhältnismäßig gut. Die Chronisten werfen den sächsischen Eliten vor, dass sie, statt die Heiden zum richtigen Glauben zu bekehren, sie ausbeuteten und unterdrückten[60]. Der neue Glaube wurde also als Religion der Feinde abgelehnt und sogar die Söhne der sich assimilierenden Stammesaristokratie, die in christlichen Klöstern ausgebildet wurden, haben sich den heidnischen Aufständen angeschlossen, so auch der junge Herzog Gottschalk, nachdem die Sachsen seinen Vater Udo ermordet hatten[61]. Der Gott der Christen wurde bei den Elbslawen und in Pommern als *Deus teutonicus*, als mächtiger Stammesgott der Deutschen wahrgenommen, der seine Hilfe nur den Seinen leisten würde[62]. Die Elbslawen blieben also bis zum Schluss ihrer Religion treu, auf die das „deutsche" Christentum wegen der Konfrontation keinen besonderen Einfluss ausgeübt hat. All dies hatte zum Ergebnis, dass die elbslawischen Götter zu Kriegsgöttern geworden sind, und die Feinde, also Christen, häufiger geopfert wurden, als dies woanders der Fall war[63].

Einen anderen Verlauf nahm die Christianisierung in Böhmen und Polen. Die Dynastien sowie die mit ihnen verbündeten Stammeseliten ließen sich auf eigene Initiative taufen. Öffentliche Kultstätten wurden zerstört. Im Laufe der Zeit wurden die meisten dort lebenden Menschen getauft, zuvor erhielten sie jedoch zumindest bruchstückhafte Einblicke in die christliche Lehre. Man achtete darauf, dass manche äußeren Anforderungen des neuen Glaubens erfüllt wurden; in Polen in der Regierungszeit Bolesław Chrobrys soll man Menschen, die das Fasten nicht eingehalten haben, mit dem Ausschlagen der Zähne bestraft haben[64]. Trotzdem hielten sich die Relikte des früheren Glaubens noch lange, wovon die Verfügungen des tschechischen Fürsten Břetislav II. aus dem Jahre 1092 zeugen[65]. Erst ein Netz von Pfarrgemeinden brachte im 12. und 13. Jahrhundert das Ende des alten Glaubens. Der Prozess der Entstehung dieser Kirchengemeinden fiel in die Zeit, als mit der Kolonisation das deutsche Recht eingeführt wurde. Die meisten Dörfer wurden an anderen Orten auf völlig neue Weise wiedererrichtet. Dies brachte nicht nur eine Verschiebung der Bevölkerung sowie den Zuzug von Ausländern aus den schon früher christianisierten Ländern mit sich, sondern verwischte auch die alten räumlichen Strukturen und führte zum Abbruch der bisher herrschenden Gesellschaftsbünde, die noch in den Zeiten des Heidentums entstanden waren. Dies ist vermutlich die Erklärung, warum in den westslawischen Gebieten nur so wenige heidnische topographische Namen erhalten geblieben sind und warum die spätere Volkskultur in Böhmen und Polen einen eher paneuropäischen und volkstümlich-christlichen als slawischen und heidnischen Charakter hatte.

Anmerkungen

1 Witkowski (1970) 369.
2 Jakobson (1985) 17.
3 Gieysztor (1982) 115–117.
4 Zaroff (1999) 51.
5 Mansikka (1922) 147–160.
6 V. Schmidt (1999).
7 Słupecki (1994) 51–68.
8 Modzelewski (1996).
9 Saxo Grammaticus XIV 39, 39–43; Knytlinga saga, 122.
10 Miś (1997) 111.
11 Herbord, Vita Ottonis III 6; Ebo, Vita Ottonis III 9.
12 Herbord Vita Ottonis III, 4; Ebo Vita Ottonis III 8.
13 Słupecki (1994a) 61–70.
14 Bylina (1992) 7–31.
15 Zoll-Adamikowa (1988; 1994).
16 Herrmann/Heussner (1991) 271.
17 Herrmann (1993).
18 Schuldt (1985).
19 Vgl. Ebo, Vita Ottonis III 9.
20 Labuda (1992) 84–118.
21 Keiling (1984).
22 Herrmann (1997) 48–49.
23 Saxo Grammaticus, XIV 39, 2.
24 Słupecki (1997) 301–302.
25 Gieysztor (1984) 261.
26 Słupecki (1994) 95–119.
27 Saxo Grammaticus, XIV, 39, 39
28 Słupecki (1993 a).
29 Szymański (1996).
30 Hensel (1978). – Müller-Wille (1999) 81.
31 Gringmuth-Dallmer/Hollnagel (1971).
32 Rosik (1995) 43.
33 Słupecki (1993 a).
34 Hensel (1983). – Gabriel (1988) 184–194
35 Filipowiak (1957).
36 Klejn (1995). – Konetsky (1995).
37 Sawicki (1998a) 208.
38 Bruckner (1927) 580.
39 Baruch (1907).
40 Witkowski (1970) 376.
41 Grafenauer (1952).
42 Pleterski (1997).
43 Vincentii Pragensis Annales, Jahrgang 1142. – Třeštík (1985) 290–291.
44 Banszkiewicz (1994) 26–27. – Słupecki (1997 a).
45 Modzelewski (1996).
46 Knytlinga saga, 121.
47 Słupecki (1994) 73–79.
48 Gustavs (1979).
49 Słupecki (1994) 90–91.
50 Gieysztor (1982) 97–98.
51 Gieysztor (1984) 261–165.
52 Mansikka (1922) 246.
53 Rehfeldt (1942) 47.
54 Słupecki (1998) 109–111; 143–150.
55 Słupecki/Zaroff (1999).
56 Strzelczyk (1998) 121–123. – Vyncke (1968) 319.
57 Bruckner (1927) 277.
58 Urbańczyk (1991) 166–170.
59 Słupczyk (1998 b).
60 Thietmar, III 17; Adam von Bremen, II 45, 48; Helmold, I 16.
61 Adam von Bremen, II 66.
62 Kahl (1962).
63 Lammers (1979).
64 Thietmar, VIII 2.
65 Cosmas, III 1.

Der altslawische Tempelort Groß Raden in Mecklenburg

ROLF VOSS

Nahe der mecklenburgischen Kleinstadt Sternberg, zwischen Güstrow und Schwerin, befindet sich zwischen mehreren Seen und Flussläufen eine slawische Siedlungskammer mit drei Befestigungsanlagen und einer Inselsiedlung. Schwerpunkt archäologischer Forschungen in den siebziger und zu Beginn der achtziger Jahre war die Untersuchung einer Halbinsel im Binnensee bei Groß Raden. Auf der Halbinsel wurde eine Fläche von fast 7000 m² untersucht. Die Ausgrabungen erfassten nahezu die Hälfte des gesamten Siedlungsgeländes. Gute Erhaltungsbedingungen erlaubten, neben der Freilegung von aufgehenden Bauteilen, auch die Bergung großer Mengen an Einzelfunden. Unter allen im Nordosten Deutschlands untersuchten slawischen Fundstellen gibt es keine, die ihr gleichkäme. Manche der Bauteile haben keine Analogien und führten insbesondere für Fragestellungen zum Kult bei den Nordwestslawen zu einem Erkenntnisgewinn.

Den Fundort datierte der Ausgräber E. Schuldt aufgrund der Funde und dendrochronologischer Daten in das 9./10. Jahrundert. Er unterschied zwei wesentliche Bebauungsphasen (Abb. 165; 166). Das Fundmaterial ließ sich nicht getrennt diesen Phasen zuordnen und wurde geschlossen ausgewertet. Mit den Ausgrabungen in Groß Raden traten fast 100 000 Funde zutage. Rund 40 000 Tierknochen sind archäozoologisch ausgewertet worden. Der größte Anteil (97 %) stammt von Haustieren, wobei Schweineknochen überwiegen. Die Pferdeknochen können meist Hengsten zugeordnet werden, möglicherweise ein Hinweis auf Kulthandlungen. Zum gejagten Wild gehören unter anderem Reh, Rothirsch, Elch und Braunbär. Über 50 000 Keramikscherben erlaubten neue Erkenntnisse zur Töpferei in mittelslawischer Zeit und ein für den Ort eigenständiger Typ konnte von der bereits bekannten mittelslawischen Keramikform, dem Menkendorfer Typ, unterschieden werden. Außer-

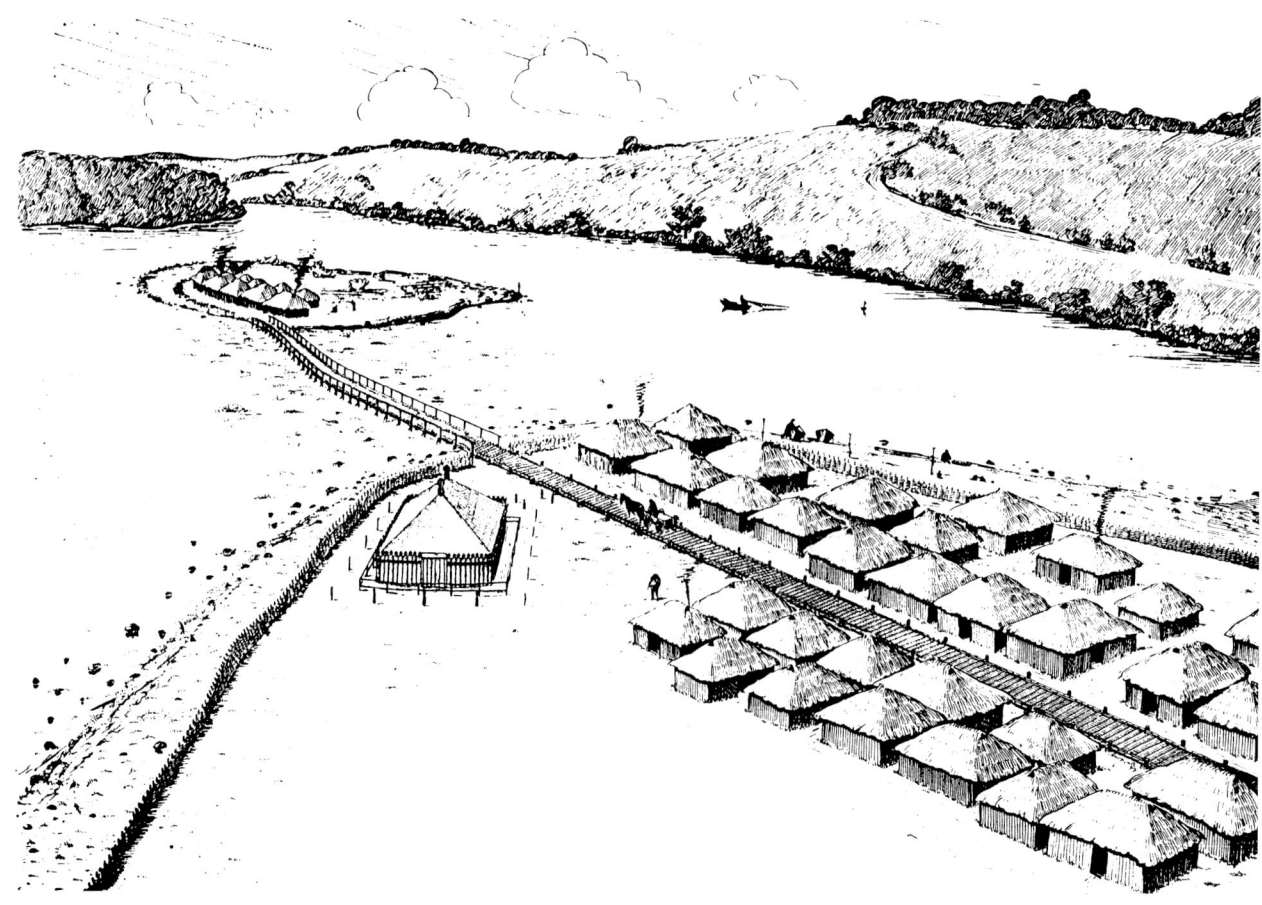

165 Ansicht des Südteils des Tempelortes Groß Raden im 9. Jahrhundert.

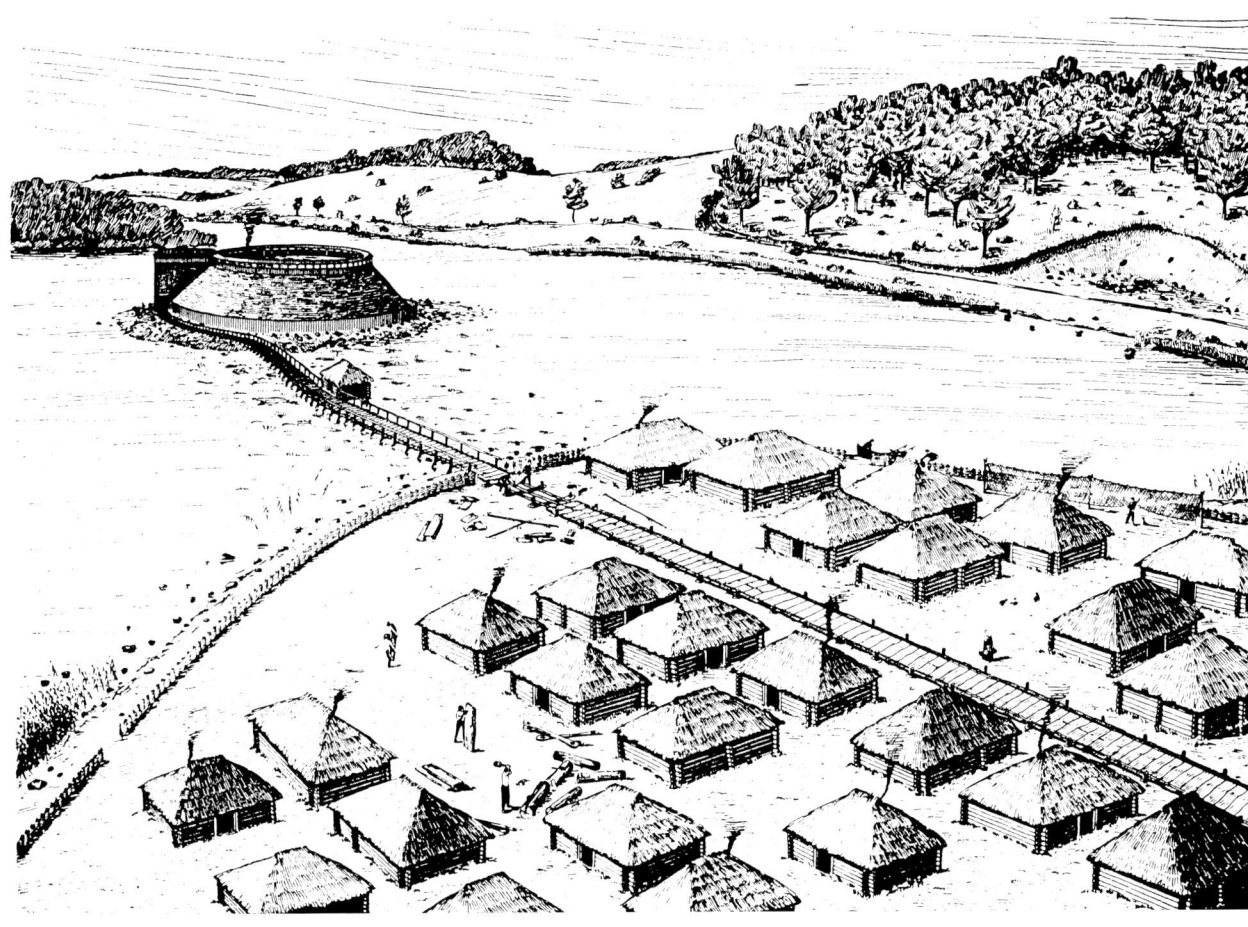

166 **Ansicht des Südteils des Tempelortes Groß Raden im 10. Jahrhundert.**

ordentlich häufig waren Stempelverzierungen mit 26 variierenden Motiven. Nach den gesichteten Achsabdrücken sind die Gefäße auf über 100 verschiedenen Töpferscheiben gefertigt worden. Eine Fülle organischer Kleinfunde bereichern die Kenntnisse zu vormals genutzten Gerätschaften. Eine Aufzählung verdeutlicht die Reichhaltigkeit und die Tätigkeit handwerklicher Spezialisten; in herausragender Weise holzverarbeitende Gewerke wie Zimmerleute, Drechsler, Stellmacher und Korbmacher. Gefunden wurden unter anderem zylindrische und auch tischförmige Hirsestampfen, Stößer, Schalen, Kellen, Tröge, Teller, Keulen und Handstöcke aus Holz. Hinzu kommen zum Teil einmalige Funde für diese Zeit im nordwestslawischen Siedlungsgebiet: ein hölzerner Schildbuckel mit auswechselbarem Stift im Schildbuckelzentrum, eine Egge, Schlittenreste und Wagenteile, Löffel aus Obstbaumholz mit kunstvoll verzierten Stielen und eine Hechtstülpe. Sehr viele Eisengegenstände wurden entdeckt: Messer, Sicheln, Meißel, Dorne, Nägel, Äxte, Fischspeere, Pfrieme, Stechbeitel, Hufeisen, Ketten, Schlüssel, Scheren, aber auch Teller und Platten, Pfeil- und Lanzenspitzen. Reste von Schuhen aus Leder waren ebenso reichhaltig erhalten wie Teile von Kämmen und andere Gerätschaften aus Geweih und Knochen, darunter 42 Schlittknochen und 234 Knochenpfrieme. Die 85 Spinnwirtel waren aus Ton oder Stein und sind Hinweis auf Textilfertigung. Offenbar wurden Wetzsteine (161 Exemplare), die häufig eine kleine Durchlochung aufweisen, am Gürtel getragen.

Hinweise auf überregionalen Handel sind in Groß Raden rar: Schieferwetzsteine und einige Perlen aus Karneol, Bergkristall und Bernstein. Ein einziges Schmuckstück aus Silber liegt vor: ein mit Silber überzogener Armring und ein oberflächlich schön ornamentierter Gürtelhaken besteht aus dünnem Bronzeblech. Die einzige Münze lag außerhalb der ständig bebauten Siedlungsfläche. Es handelt sich um einen Sachsenpfennig jüngerer Prägung um oder vor 1025.

Die Geomorphologie von Groß Raden unterscheidet sich heute stark von der vor 1000 Jahren. Damals war die Siedlungsfläche in Halbinsel und Insel geteilt, die heute zu einer großen Halbinsel verlandet ist.

Die vormalige wesentlich kleinere Halbinsel war vom Festland durch einen ca. 50 m langen, bis zu 4,5 m breiten und 1 m tiefen Sohlgraben getrennt, der beidseitig eine Befestigung aus Eichenfaschinen aufwies. An ihn schloss sich eine einreihige Palisadenwand (Nadelholzstämme) mit Wehrgang an. Über den Graben führte eine 10 m lange und 3,5 m breite Brücke zum Tor. Am Tor reicht die Pa-

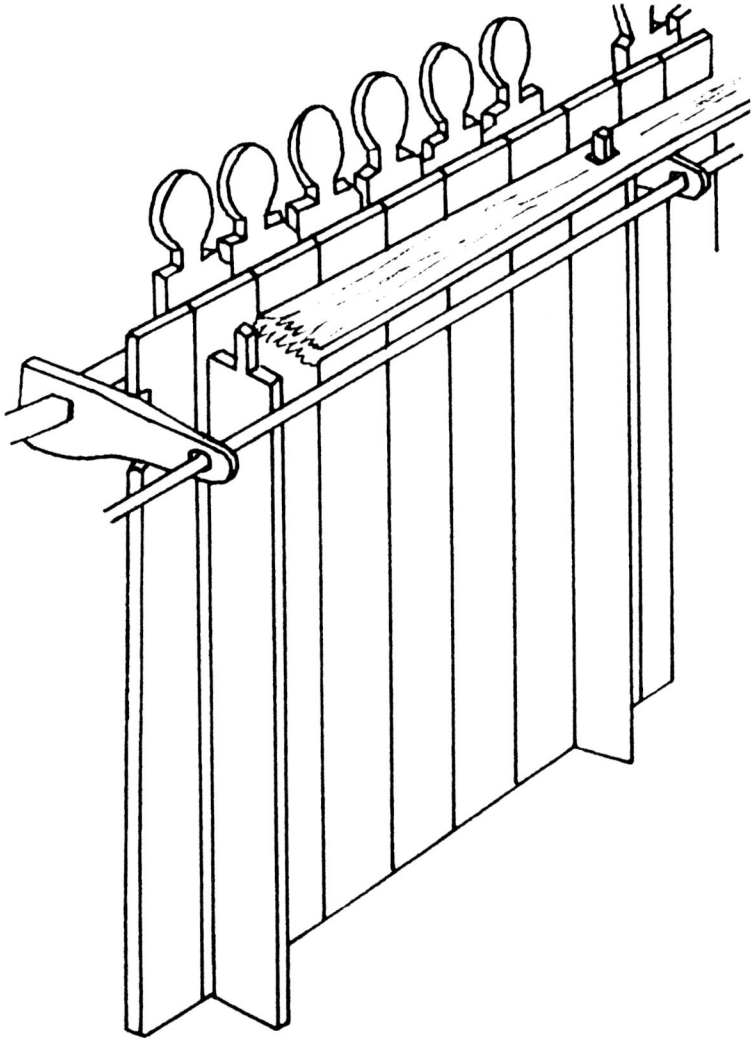

167 **Verbindungen der Wandteile der Kulthalle Groß Raden.**

lisadenwand 6,5 m in die Siedlungsfläche, so dass ein kammerartiger Aufbau entstand. In der Torfahrt weisen vier Ständer auf ein Obergeschoss, gleichzeitig wird die Einfahrtbreite auf 1,2 m reduziert. Mitten durch die Siedlung führte ein eichener Bohlenweg. Beiderseits der „Straße" lagen die Häuser mit unterschiedlichen Hauskonstruktionen. Der älteren Bebauung ordnet der Ausgräber Flechtwandhäuser zu, von denen 29 Grundrisse nachweisbar waren. Auffallend ist die enge und ausgerichtete Anordnung der Häuser, die eine exakte Planung vermuten lässt. Die Grundfläche der Häuser beträgt meist 4 m x 5 m. Ausgezeichnete Erhaltungsbedingungen erlauben im Einzelfall die Feststellung der Höhe der Hauswände von ca. 2 m und die Wandstärke um 0,1 m bzw. den Aufbau der Wände aus Flechtwerk mit Bewurf aus einem Spreu/Lehm-Gemisch. Hinweise zur Dachkonstruktion sind selten. Alle Flechtwandhäuser besaßen eine ca. 1 m breite Türöffnung und meist eine unterschiedlich positionierte Herdstelle. Abseits der Flechtwandhäuser lagen mehrere Kuppelöfen mit kleinen, 0,8 bis 1,2 m² großen Nutz-(Heiz)flächen. Unweit der Kuppelöfen konnte ein Flechtwandhaus als Mahlhaus gedeutet werden. In ihm befand sich der Läufer einer Handdrehmühle. In der jüngeren Bebauungsphase, offenbar wurde der Ort um 900 gänzlich zerstört, standen auf der Halbinsel vermutlich 30 bis 40 Blockhäuser mit bis zu 45 m² Grundfläche, manchmal zweiräumig. In den Häusern fanden sich neben Herdstellen auch Kuppelöfen. Von diesen Wohngebäuden waren günstigenfalls noch die untersten Blocklagen erhalten. Nachgewiesen wurde im Nordteil der Halbinsel das Werkstattgebäude für einen Schmied.

In der älteren Bauphase führte ein gesonderter Steig von der „Straße" im südwestlichen Bereich der Halbinsel zu einem herausragenden Platz. Die außergewöhnlich große Grundfläche von 7 m x 11 m, an den Giebelseiten leicht gewölbt, war durch eine doppelreihige Stabbohlenwand eingefriedet. Mit Hilfe von Ankerhölzern und Riegelstangen wurde die äußere Bohlenreihe, Bohlen mit kopfartig zugeschlagenen oberen Enden, mit einer in den Boden tiefer eingegrabenen inneren Bohlenreihe und zusätzlich im Abstand von ungefähr 1,5 m angeordneten Stützbohlen zusammengefügt (Abb. 167). Die vom Ausgräber vorgenommene Deutung als Kulthalle ist fraglich, stützt sie sich doch auf wenige Indizien. Ein vermeintlicher Firstständer lag wenige Meter abseits der Kultfläche und so genannte Lattenschindeln können auch andere Funktionen erfüllt haben. In der zum Teil erhaltenen Dielung waren keine Pfostenlöcher für die Firstständer. Wahrscheinlich befand sich in Groß Raden einer der auch schriftlich überlieferten slawischen Kultplätze in Form eines Haines. Um den Kultplatz herum führt ein Umgang, im nordöstlichen Bereich mit Rundhölzern ausgelegt. Der Weg zum Kultplatz und der Umgang waren wohl mit einem Geländer versehen, hinter dem sich wiederum in regelmäßigen Abständen kleine etwa 1,5 m hohe Kopfbohlen befanden. Im Kultplatzbereich sind nur wenige Kleinfunde geborgen worden: zwei Lanzenspitzen und ein Pokal aus Ton, hinzu kommen drei Pferde- und ein Rinderschädel. Funde und Befunde weisen verblüffende Ähnlichkeiten zu überlieferten Beschreibungen von Kultplätzen bzw -handlungen zu dem noch nicht sicher lokalisierten Rethra und zur Tempelburg Arkona auf.

In Verlängerung des Bohlenweges durch die Siedlung von Groß Raden schloss sich eine ca. 100 m lange Brücke an, welche die Halbinsel mit der Insel verband und von der lediglich die Stümpfe der Trägerpfosten, häufig Pfostenbündelungen aufgrund mehrfacher Erneuerungen, erhalten waren. Für die 3 m breite Brückenkonstruktion gibt es

Analogien zu Befunden aus Teterow, Burgwallinsel. Auf halber Länge beschreibt der Brückenverlauf einen stumpfen Winkel. Hier war in Blockbauweise ein „Brückenhaus" errichtet worden, das der Ausgräber wegen seiner Bauweise der zweiten Bauphase zuordnet.

Auch für die Insel ließen sich zwei unterschiedliche Bauphasen ermitteln. Dort standen in der älteren Siedlungsphase lediglich Flechtwandhäuser. In den Häusern sind unter anderem Vorratsgefäße ausgegraben worden. Nach der Zerstörung des Siedlungsplatzes um 900 errichteten die Bewohner eine nahezu kreisrunde Burg auf der Insel. Der Zugang war durch eine Bastion geschützt. Ein Bohlenweg reichte nicht nur zum in allen Baudetails erhaltenen Tunneltor, sondern führte am Wall vorbei als Brückenstumpf in das offene Wasser, vielleicht eine Bootsanlegestelle. Die Bastion besaß zur Seeseite eine steile Wand aus grobem Geflecht um Stützbalken, die durch Anker im Erdwerk gehalten wurden. Das Tor bestand aus mächtigen dichtstehenden Ständern, welche Torwangen bildeten. Die Ständer im Osten des Torbaues überragten die Ständer im Wall selbst, sodass eine obere Etage oder gar ein Turmbau für das Tor vermutet werden kann. Bohlen mit kopfartigen oberen Enden, wahrscheinlich vom Kultplatz, benutzte man sekundär als Unterlage für die Ständer. Der Bohlenbelag für den Tunnel, der durch die Holz-Erde-Mauer ins Innere der Burg führte, war zum Teil sehr gut erhalten. Die Maße der Einfahrt lagen bei 1,8 m Höhe und einer von gut 2 m auf 1,3 m einengenden Breite. Beim Wall wurden drei größere Bauperioden nachgewiesen. Die Holz-Erde-Mauer war aus längs- und quergestellten gespaltenen Eichenhölzern kastenartig zusammengefügt, mit Erdreich gefüllt, bis zu 8 m hoch, in der dritten Bauphase wahrscheinlich noch 2 m höher, und an der Basis 12 m breit. Der Wallfuß ist im Süden zum Seeufer durch große Steinblöcke und anschließen-

168 **Archäologisches Freilichtmuseum Groß Raden aus der Vogelperspektive.**

der Bewehrung aus gespaltenen Eichen gegen Wellenschlag geschützt worden. Im Norden war durch eine doppelreihige Eichenbohlenpalisade ein unterer Wehrgang erkennbar, der zu der ältesten Bauperiode der Burg gehörte.

Trotz des mit 25 m Durchmesser kleinen Innenhofes, nahm die Burg die ganze Inselfläche ein. Es fanden sich kaum Baureste und Fundstücke. Am inneren Wallfuß standen wahrscheinlich kasemattenartig angeordnet Vorrats- und Wohnbauten mit ca. 20 m² Grundfläche. Im Hof befanden sich mehrere vierkantige mit Rollsteinen gefüllte Gruben, die als Drainagen gedeutet werden. Im Zentrum ist eine große kreisrunde Pfostenverfärbung mit 3,2 m Durchmesser und 1,6 m Tiefe freigelegt worden; offenbar der Standort für ein Götterstandbild. Mit hoher Wahrscheinlichkeit verlagerte sich der Kultplatz von der Halbinsel in der zweiten Siedlungsphase in den Burgwall. Es entstand eine Tempelburg, möglicherweise das Stammesheiligtum der Warnower, einem Teilstamm der Obodriten.

Die Auflassung des Tempelortes Groß Raden datiert nach den dendrochronologischen Daten um die Jahrtausendwende. Vielleicht ist der Ort während eines Feldzuges Otto III. im Herbst 995 zerstört worden.

Seit 1987 befindet sich in Groß Raden am originalen Standort ein archäologisches Freilichtmuseum (Abb. 168). Die wichtigsten Bauten des Tempelortes wurden rekonstruiert (vgl. Abb. 63–65; 161; 185).

Literatur

Becker 1981. – Donat 1995a. – Gehl 1981. – Herrmann/Heußner 1991. – Schuldt 1981; 1983; 1985 b; 1988. – Unverzagt/Schuldt 1963. – Voß 1995. – Zoll-Adamikova 1989.

Die Burgen und die Ausbildung der Stammesaristokratie bei den urpolnischen Slawen

ZOFIA KURNATOWSKA

In den letzten Jahrhunderten des ersten Jahrtausends beschleunigte sich die soziale Differenzierung bei den Slawen. Die Einflüsse kamen von außen, insbesondere vom Karolingischen Reich. Nachdem die Gebiete der Sachsen in das Karolingerreich einverleibt und die Awaren unterworfen waren, befanden sich die von slawischen Stämmen besiedelten Territorien von der Ostsee bis zur Donau unmittelbar im politischen Interessenbereich der fränkischen Herrscher. Die fränkischen Machthaber griffen anfangs nicht in die innere Struktur dieser Stämme ein, sondern begnügten sich mit Tributzahlungen und militärischer Unterstützung.

Diese näheren Beziehungen zum lateinischen Kaiserreich des Abendlandes konnten nicht ohne Einfluss auf die Prozesse innerhalb der Stammesstrukturen dieser Slawengruppen bleiben. Die Stammesaristokratie, jene Fürsten oder Kleinkönige, wie sie manchmal in den schriftlichen Quellen

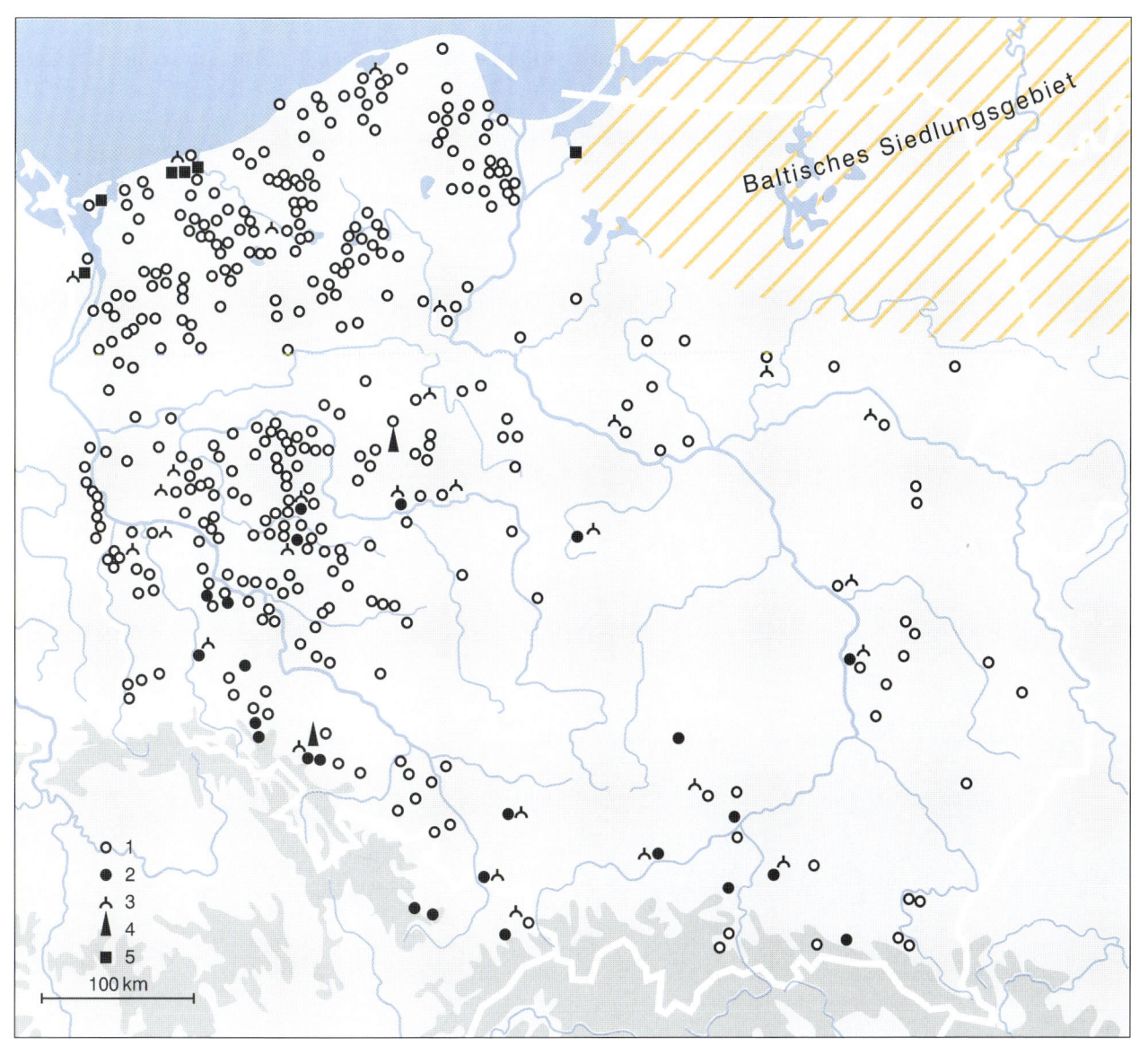

169 Verteilung der Burgwälle vom Ende der vorstaatlichen Periode auf dem polnischen Territorium. 1 Burgwälle 8. bis 10. Jahrhundert; 2 Burgwall mit Befestigungselementen oder Funden böhmisch-mährischer oder westlicher Herkunft; 3 Funde von Bewaffnung aus Burgen oder deren Hinterland; 4 Kultstätten; 5 Seehandelsplätze.

bezeichnet werden, gewinnen an Bedeutung. Sie vertreten ihre Stammesgruppierungen in den Verhandlungen mit dem westlichen Nachbarn, und durch den unmittelbaren Kontakt mit der karolingischen Elite beginnen sie manche Kulturmuster zu übernehmen. Daher kommen im archäologischen Material Funde zum Vorschein, die auf die Absonderung jener sozialen Schicht von den bisherigen Stammesstrukturen hindeuten. Diese Schicht stellte später die ersten Herrscher der slawischen Staaten.

Eines der Symptome für das Absondern jener Stammesfürsten sind ohne Zweifel die Burgen. Dies betrifft besonders solche Burgen, in denen auch die charakteristischen Elemente der Elitenkultur, meistens fremder Herkunft, gefunden wurden, vor allem Waffen und Reitausstattung. Der Grad der archäologischen Erforschung der frühmittelalterlichen Burgwälle auf polnischem Territorium ist immer noch höchst unbefriedigend, deshalb kann dieses Problem nur in allgemeinen Umrissen dargestellt werden.

Die polnischen Territorien grenzten in jener Zeit noch nicht unmittelbar an die damaligen politischen Zentren – das fränkische Reich oder den Awarenstaat – an. Erst mit der Zeit gelangten sie unter die politischen und kulturellen Einflüsse der sich neu bildenden Organismen, insbesondere des Großmährischen Reiches und später des böhmischen Staates. Jedoch lassen die auf polnischen Gebieten existierenden zahlreichen Burgen aus der uns interessierenden Periode die auf diesem Territorium vor sich gehenden Prozesse der Herausbildung einer Stammeselite erkennen. Das betrifft vor allem die am Ende der behandelten Periode – im 8. und 9. und zu Beginn des 10. Jahrhunderts – errichteten Burgen. Die früheren Burgwälle konnten andere Funktionen haben, z. B. die einer Kultstätte (vgl. Haćki Szeligi) oder einer Fliehburg. Diese Anlagen sind meistens charakterisiert durch schwache Befestigungen und oft geringe Nutzungsspuren charakterisiert.

Die Burgen vom Beginn der Stammesperiode kommen auf polnischen Gebieten in unterschiedlicher Konzentration vor. Sie unterscheiden sich voneinander sowohl nach der Lage, was meistens jedoch nicht durch die topographischen Verhältnisse der jeweiligen Region bedingt ist, als auch in der Größe.

Folgende Bereiche sind zu unterscheiden:

In Südpolen – das heißt in Kleinpolen und im südlichen Teil Schlesiens – gibt es ziemlich wenige großräumige Burgwälle, meistens Höhenburgwälle (z. B. Naszacowice, Brzezowa, Stradów, in Schlesien Kamieniec, Skoczów-Międzyświeč, Lubomia), häufig sind sie mehrteilig, nur in Schlesien dominie-

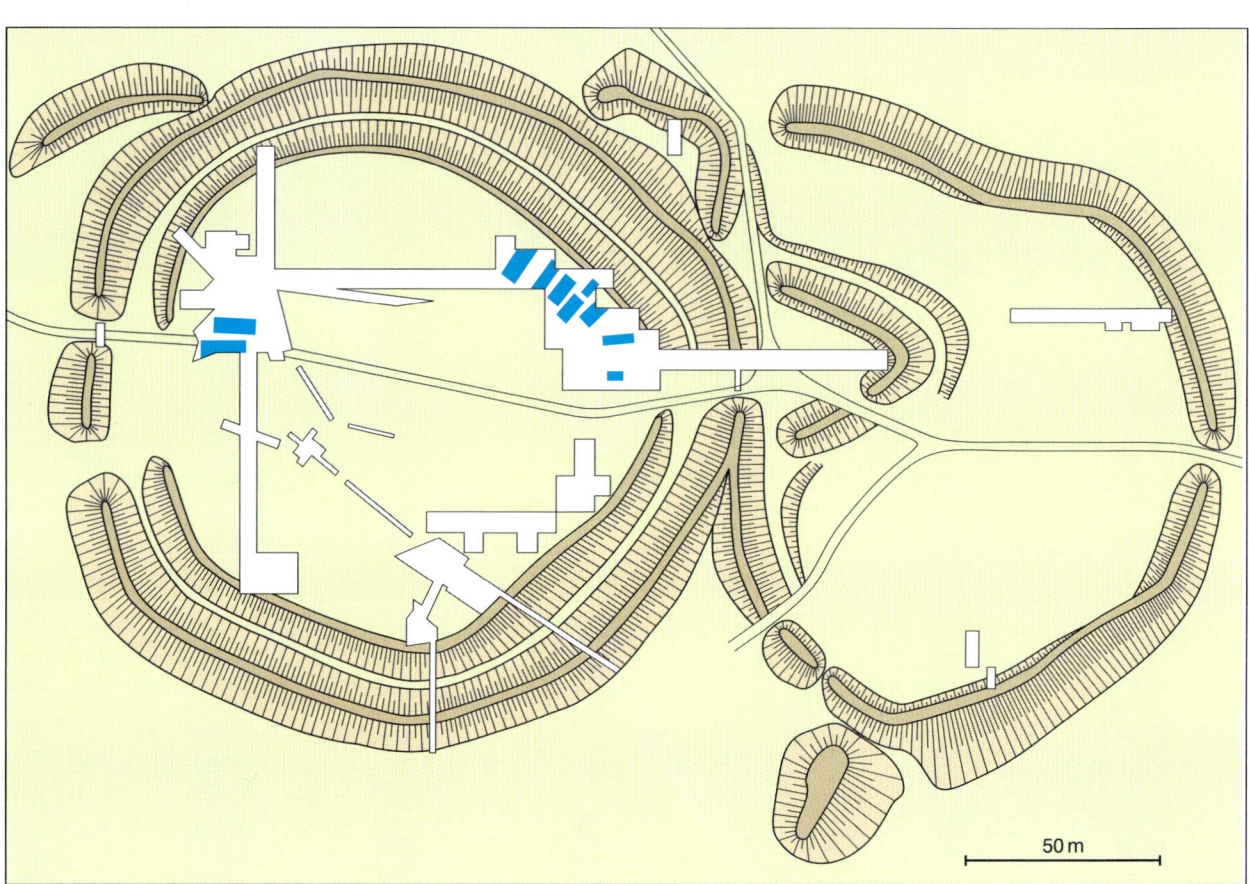

170 **Plan des Burgwalles von Lubomia in Oberschlesien.**

171 **Rekonstruktion des Burgtores in Dobromierz in Schlesien.**

ren die einteilen. Die Größe der Burgwälle war differenziert, ihre Fläche betrug einige, nicht selten 10 oder sogar über 20 ha, obwohl es auch kleine Anlagen mit der Fläche bis zu 1 ha gibt. Neben den überwiegenden Höhenburgen sind auch Niederungsburgen bekannt, sowohl von bedeutenden Dimensionen als auch kleine. Die charakteristische Burgwallform im nordöstlichen Teil Kleinpolens ist von drei konzentrischen Wällen umgeben (z. B. Chodlik, Fdst. 1, Ewopole). Die Befestigungssysteme waren sehr unterschiedlich. Es kommen sowohl Erdwälle, bzw. Wälle mit einem schwach befestigten Erdkern, als auch kompliziertere Kasten- oder Zwischenlagerkonstruktionen vor. Im südlichen Teil Schlesiens und ausnahmsweise in Kleinpolen (Wiślica-Grodzisko) treten am Ende der behandelten Periode Wälle mit Steinverblendung auf.

Die Anfänge der Burgen in dieser Zone reichen nach neuesten Forschungen, unter anderem aus den dendrochronologischen Untersuchungen, frühestens bis in die Mitte des 8. Jahrhunderts zurück. Die meisten Burgen waren dauerhaft von einer verhältnismäßig großen Bevölkerungsgruppe bewohnt. Im Bereich der Burgwälle finden sich manchmal Spuren von verschiedener Handwerkstätigkeit. Viele Burgen in dieser Zone knüpfen sowohl in ihrem Charakter als auch in der Chronologie deutlich an die Burgen in den Gebieten südlich der Karpaten an, obwohl auch deutliche Unterschiede verzeichnet werden können.

In Zentralpolen, insbesondere in Mittelwestpolen, in Großpolen und in Nordschlesien, aber auch in Pommern, ist die Konzentration der Burgwälle aus dieser Periode weitaus größer. In Zentralpolen gibt es meistens kleine Anlagen, die selten die Fläche von 1 ha überschreiten und in den meisten Fällen die Fläche von etwa 2 ha einnehmen (z. B. Chróścina, Góry, Lipowiec, Orsk, Daleszyn, Bruszczewo und viele andere). Diese kleinen Burgen waren meistens sehr stark befestigt, die Wälle von unterschiedlicher Konstruktion machen oft den überwiegenden Teil der gesamten Burgwallfläche aus. Man findet sowohl Erdwälle, Wälle mit unbefestigtem Erd- oder Stein-Erde-Kern, durch Holzkonstruktionen verbunden, als auch kompliziertere Rost- oder Zwischenlagerkonstruktionen vor. Letztere knüpfen bereits unmittelbar an die in den Piastenburgen verwendeten Befestigungstechniken an. Nach den jüngsten Angaben sind zahlreiche Burgen in dieser Zone vor allem am Ende des 9. Jahrhunderts und Anfang des 10. Jahrhunderts entstanden. Die Dendrodatierungen von den Burgwällen in Daleszyn (Abb. 175), Bruszczewo und Spławie in Südgroßpolen schwanken zwischen den Jahren 880 bis 900; die früheste Datie-

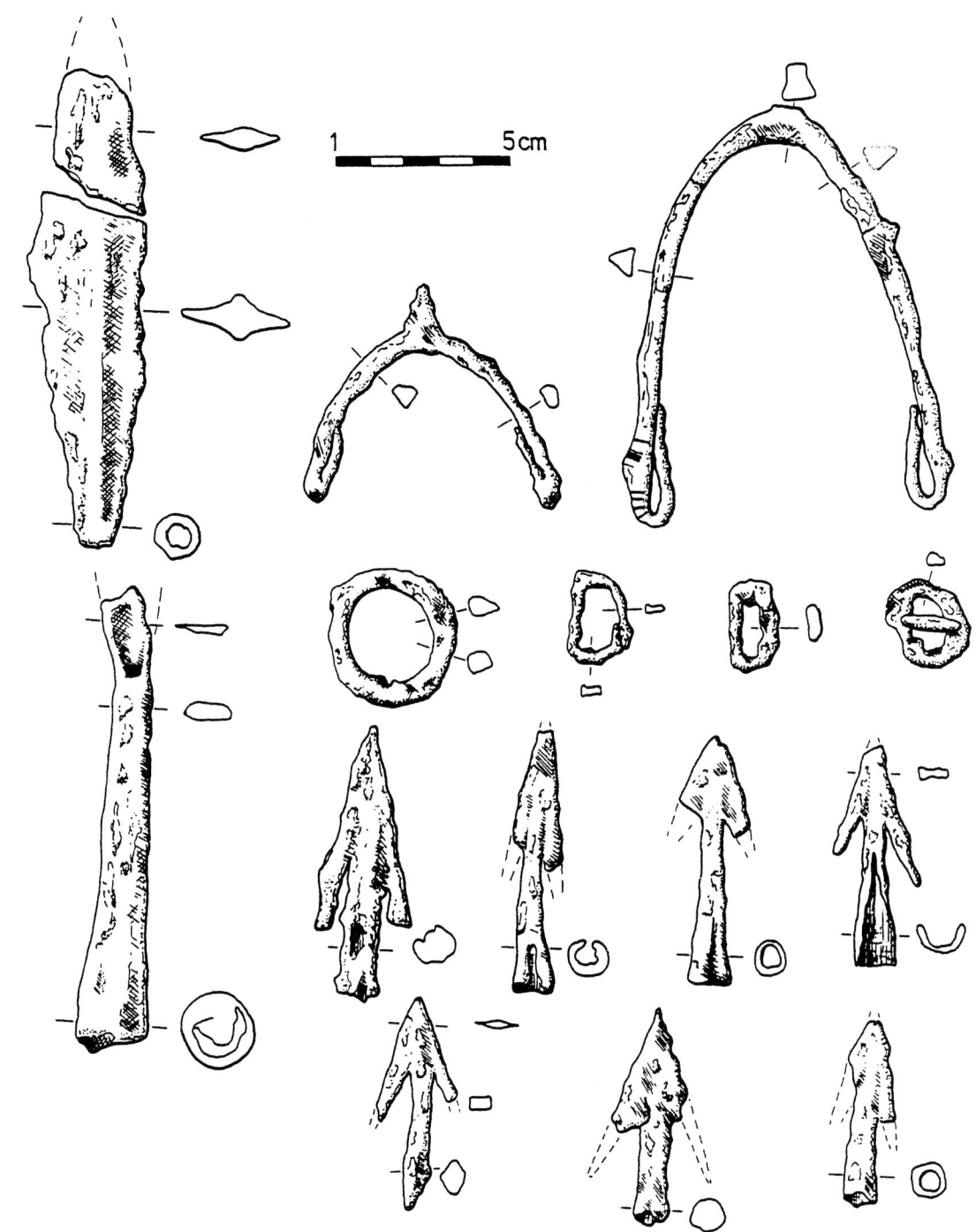

172 Eiserne Speer- und Pfeilspitzen, Sporen und Schnallen vom Burgwall in Spławie in Großpolen.

rung, die auf die erste Hälfte des 9. Jahrhunderts hindeutet, stammt von dem in derselben Gegend liegenden Burgwall in Bonikowo (Abb. 176); in diesem Fall muss man jedoch mit mehreren Nutzungsphasen der Anlage rechnen. Die kleinen Innenflächen dieser Burgen weisen auf geringe Einwohnerzahlen hin. Im Unterschied zu Südschlesien, wo die Burgen oft in den Randzonen der Siedlungsräume liegen, stellen jene in Zentralpolen häufig Zentren dar, um die herum sich die offene Siedlungen konzentrierten.

Burgen von ähnlichem Charakter, jedoch in geringerer Anzahl, treten ebenso in den Gebieten südlich der Mittelweichsel auf. Die in der letzten Zeit durchgeführten dendrochronologischen Untersuchungen offenbarten unter anderem Befunde aus der Wende vom 9. zum 10. oder vom Anfang des 10. Jahrhunderts (z. B. Wola Szydłowska, Raciąż).
In Westpommern kommen zuerst großräumigere Burgen vor, die an die Nordelbe-Zone anknüpfen. Später, am Ausgang der Stammesperiode, werden sie von den zahlreicheren Kleinburgen, die den

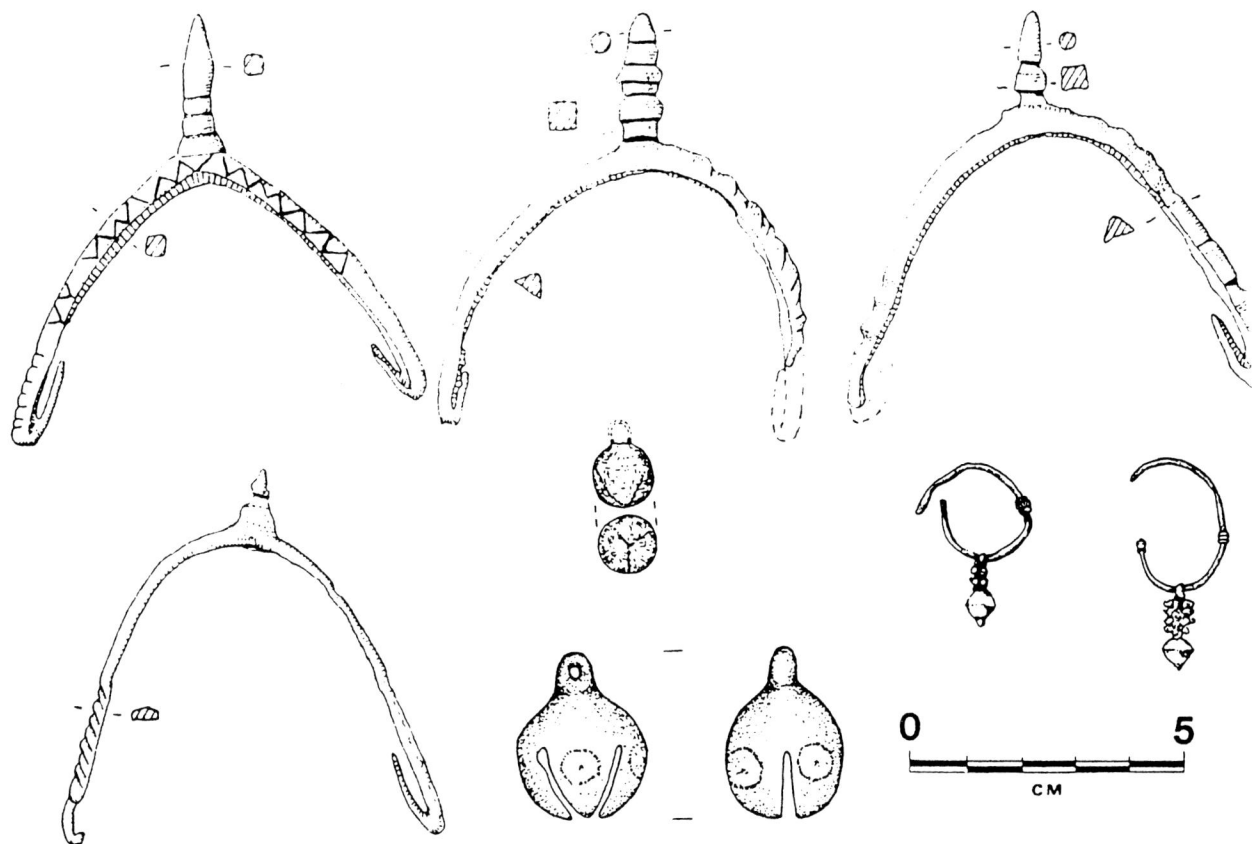

173 **Eiserne Hakensporen, Anhänger und Ohrringe aus Bunt- und Edelmetall vom Burgwall in Lubomia in Oberschlesien.**

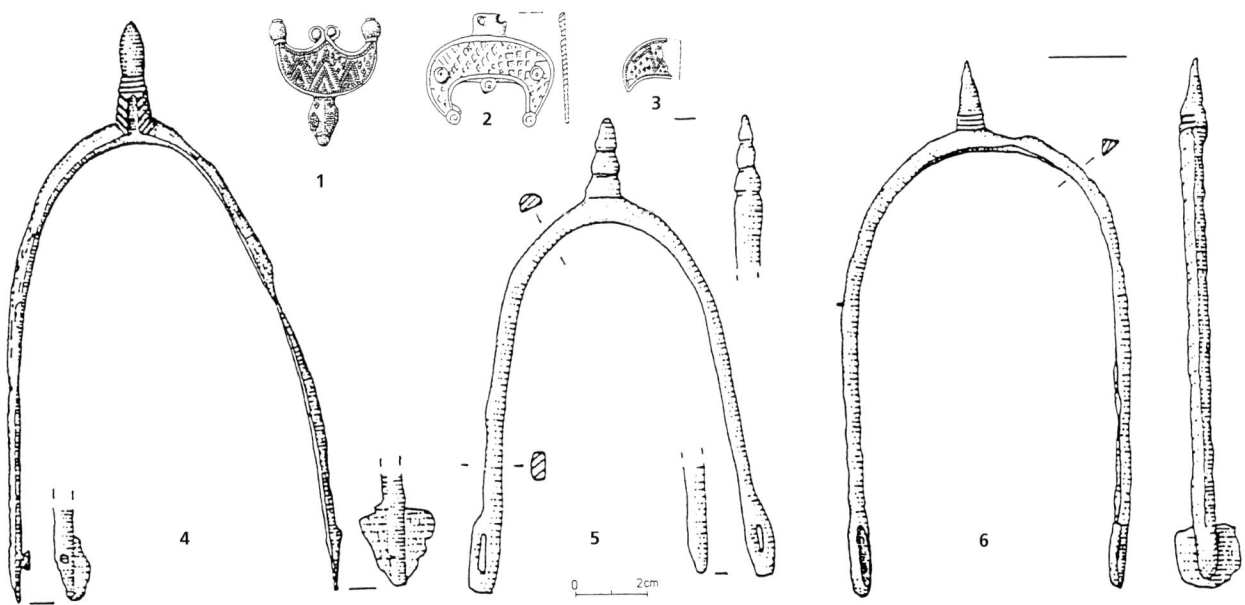

174 **Schmuck aus Bunt- und Edelmetall und eiserne Sporen von verschiedenen Burgwällen oder deren Umgebung in Kleinpolen:
1 und 4 Kraków-Okół; 2 und 3 Naszacowice; 5 Chodlik; 6 Zawada.**

oben dargestellten nahestehen, abgelöst. Eine ziemlich große Konzentration der Burgwälle befindet sich auch in Pommerellen. In der gleichen Zeit (8./9.–10. Jahrhundert) beobachtet man in der Küstenzone Ansätze einer Urbanisierung, die nach zwei verschiedenen Modellen verlief. Einerseits sind mehrteilige Ballungsräume mit frühstädtischem Charakter wie Wollin (Wolin), Stettin (Szczecin) festzustellen; andererseits gibt es beachtliche großräumige Burgen im Persantegebiet, wo seit dem Ende des 8. Jahrhunderts deutliche Spuren sowohl von Handwerkstätigkeiten als auch

175 **Luftaufnahme des Burgwalls von Daleszyn.**

von umfangreichen Handelskontakten (Münzen, Gewichte, Importe) registriert werden können. In diesen Burgwällen waren manchmal Skandinavier anwesend, die das lokale wirtschaftliche Leben förderten. Das Verschwinden derartiger Burgen in der zweiten Hälfte des 9. Jahrhunderts und das Errichten kleinerer Burgen an deren Stelle für die lokale Elite hängt vermutlich mit sich verschärfenden kriegerischen Auseinandersetzungen zusammen. Dies führte hier aber nicht zum Verschwinden der Elemente frühstädtischen Lebens.

Neben den Burgen weisen, wie schon erwähnt, auch Funde auf die sich herausbildende Stammeselite hin. Dabei handelt es sich um typische Zeugnisse der Elitenkultur, insbesondere ihre Waffen und ihre Ausstattung. In der Fachliteratur werden sie oft als Beweis für Kontakte (Handelskontakte oder kriegerische Konfrontationen) interpretiert. Das Vergleichsmaterial aus den mährisch-böhmischen Gebieten erlaubt, diese Frage anders aufzufassen. Dort finden wir eindeutige Hinweise, dass die heimische Oberschicht gern Elemente der Elitenkultur übernommen hat, und zwar Waffen fremder Herkunft mit den zugehörigen Gürteln sowie Pferdegeschirr. Dies zeigte sich sehr deutlich im vorgroßmährischen Horizont in Mikulčice. Es scheint also, dass man auf ähnliche Art und Weise auch die polnischen Funde interpretieren darf. Dafür spricht auch das Auffinden derartiger Funde in den Burgen. Am deutlichsten kann man diese Erscheinung in Kleinpolen verfolgen, wo sowohl die Form der Burgen als auch viele Elemente des Mobiliars an die südliche – böhmisch-mährische Zone – anknüpfen. Auch hier ist mit intensiven Außenkontakten der damaligen Oberschicht zu rechnen. Zum früheren Horizont gehören mittelawarische und spätawarische Gürtelbeschläge und Gürtelschmuck, die in der Umgebung von Krakau (Kraków), im Sandezbecken (Kotlina Sądecka), unter anderem im Burgwall von Naszacowice, im Oberodergebiet, unter anderem im Burgwall in Lubomia, wie auch weiter nördlich im Burgwall in Polupin an der Oder entdeckt wurden. Die Wechselbeziehung zwischen den Funden der Eliten und den Burgen kommt im 9. und 10. Jahrhundert deutlicher zum Vorschein. Karolingische Waffen und karolingisches Reitzubehör sowie andere aus der großmährischen Kultur herleitbare Funde konzentrieren sich schon deutlich in den Burgen und in ihrem Hinterland, insbesondere im südlichen Teil Schlesiens mit Lubomia, Kamieniec, Gilów, Niemitsch (Niemcza) wie auch in Kleinpolen mit Naszacowice, Krakau, Chodlik. Man kann hier noch die oben erwähnten Burgwälle mit

176 **Luftaufnahme des Burgwalles von Bonikowo.**

Steinverblendung nach unbestreitbar mährisch-böhmischen Vorbildern hinzufügen: unter anderem in Dobromierz, Gilów, Niemitsch, und den letztlich entdeckten Wall mit Steinverblendung in Wiślica.

Im Küstenstreifen nahm der Prozess der Herausbildung von Stammeseliten andere Formen an. Er wurde, wie oben erwähnt, sowohl durch die im 8./9. Jahrhundert entstehenden frühstädtischen Küstenzentren mit heimischer Genese (Wollin, Stettin) als auch durch die von fremden Einwanderern gegründeten multiethnischen Zentren angeregt. Dort entfaltete sich die Handwerksproduktion unter anderem an verschiedenen der Oberschicht vorbehaltenen Gegenständen, z. B. Kämme, Wetzsteine, Glas- und Bernsteinperlen. Die Sachkultur nimmt enorm zu, neben den Erzeugnissen des lokalen Handwerks können auch zahlreiche Importe, darunter skandinavische, vor allem aber arabische Münzen festgestellt werden. Man kann also behaupten, dass die örtlichen slawischen Stammeseliten dieser Gebiete den Lebensstil und verschiedene kulturelle Errungenschaften der Einwanderer aus dem Norden übernommen haben. Der Wirkungsbereich dieser auf polnischem Gebiet wirtschaftlich am weitesten entwickelten Zone lässt sich vorläufig nicht einschätzen, sicherlich war er anfangs auf den Küstenstreifen begrenzt und reichte nur in Ausnahmefällen weiter südlich.

Im mittleren Streifen des polnischen Gebietes weisen zum einen die Burgen deutlich auf die soziale Oberschicht hin. Hinzu kommen die zwar nicht so zahlreichen, aber mit den Burgen im Zusammenhang stehenden, unterschiedlichen Elemente der Waffen und der Ausstattung, insbesondere die charakteristischen Hakensporen. Hier scheint es keine eindeutigen Kontakte zur nördlichen Zone zu geben; die einzelnen Elemente mährisch-böhmischer Herkunft gelangten jedoch bis Südgroßpolen, wo sie z. B. auf den Burgwällen in Bonikowo und Bruszczewo gefunden wurden. Erst in der Zeit, als sich der Piastenstaat bildete, tritt im großpolnischen Fundmaterial die Übernahme von Elementen der Elitenkultur aus verschiedenen Zonen deutlicher hervor.

Literatur

Abłamowicz 1997. – Chudziak 1998. – Dulinicz 1998. – Hoczyk-Siwkowa 1999. – Kurnatowska 1998a. – Łosiński 1995. – Możdzioch 1998. – Poleski 1997b. – Profantová 1997a. – Wachowski 1997.

Bruszczewo – ein Dorf in Südgroßpolen, Kreis Koscian

MICHAŁ BRZOSTOWICZ

Auf den Äckern von Bruszczewo, gleich am Rande des Nachbardorfes Przysieka Polska, hat man Spuren eines frühmittelalterlichen Siedlungskomplexes entdeckt, der aus zwei offenen Siedlungen und einer kurzzeitig funktionierenden Stammesburg bestand. Die erwähnten Fundstellen liegen im Talgebiet von zwei Obra-Zuflüssen, der Samica und eines namenlosen Flüsschens, aus dem im 19. Jahrhundert der Kanal „Przysieka Stara" entstand. Siedlungen und Burg wurden am Fuß der Hochebene (Równina Koscianska) auf einer ausgedehnten Erhöhung fluvioglazialer Herkunft angelegt. Die günstige strategische Lage, leichter Wasserzugang, Waldnähe, Reichtum an Wild und fruchtbarem Boden ließen den Platz für eine Ansiedlung geeignet erscheinen. Die frühmittelalterliche Kolonisation dieses Raumes begann im 6. Jahrhundert, aber erst am Ende des 9. Jahrhunderts entwickelten sich hier ein Zentrum mit einer Burg als Mittelpunkt sowie zwei Siedlungen, die das Hinterland der Burg bildeten. Die Wehranlage, die den Engpass zwischen zwei Flüssen im Süden sperrte, nahm einen wichtigen Platz im Verteidigungssystem der Stammesgemeinschaft ein, welche von Z. Hilczerówna die Oberobra- und die Mittelobra-Gruppe, von J. Nalepa hingegen einfach die Obranen genannt wurde. Die Burg von Bruszczewo stellte eine kleine doch gut befestigte Wehranlage dar. Das Hauptelement ihrer Befestigungsanlagen, die 80% der Befundfläche einnahmen, war der Holz-Erde-Wall. Er wurde durch Holzroste errichtet, erreichte eine Breite von 9 m und war innen mit einer Holzwand und außen mit Steinen verkleidet. Am Fuß des Walls, an dessen Außenseite, war eine Steinberme von 2 m Breite vorgelagert. Vor dieser verlief ein Burggraben von 3,5 m Breite, sowie eine Stein-Erde-Aufschüttung mit einer Breite von 3 m. Man betrat die Burg durch ein Tor, das sich nach der Meinung von S. Jasnosz, dem die meisten Entdeckungen auf dieser Fundstelle zu verdanken sind, im östlichen Teil der Burg befand. Die Bebauung bestand wahrscheinlich aus fünf bis sechs Häusern, die entlang des Walles am Außenrand des Platzes standen. Zwei offene Siedlungen, die an die zehn Höfe umfassten, lagen in unmittelbarer Nachbarschaft zur Wehranlage. Die Höfe bestanden aus ebenerdigen Gebäuden mit kleinen Kellern. Es handelte sich um Häuser mit Flechtwerkwänden und teilweise in den Sandboden eingetieften Räumen sowie um wenige Gruben und Halbgruben. An wirtschaftlichen Einrichtungen fanden sich Vorrats- und Teergruben, außerdem Anlagen, in denen Korn gereinigt und geröstet wurde, sowie Feuerstellen zur Nahrungszubereitung, die in den Häusern oder außerhalb der Häuser lagen. Einige Häuser verfügten auch über Dampfbäder. Die Bewohner des Siedlungskomplexes von Bruszczewo lebten von Ackerbau und Viehzucht, sie betrieben darüber hinaus Wildjagd, Fischfang und das Sammeln von Beeren und Früchten. Es fanden sich handwerkliche Einrichtungen für den Grundbedarf an Kleidung und anderen Geräten des täglichen Gebrauchs. In einigen

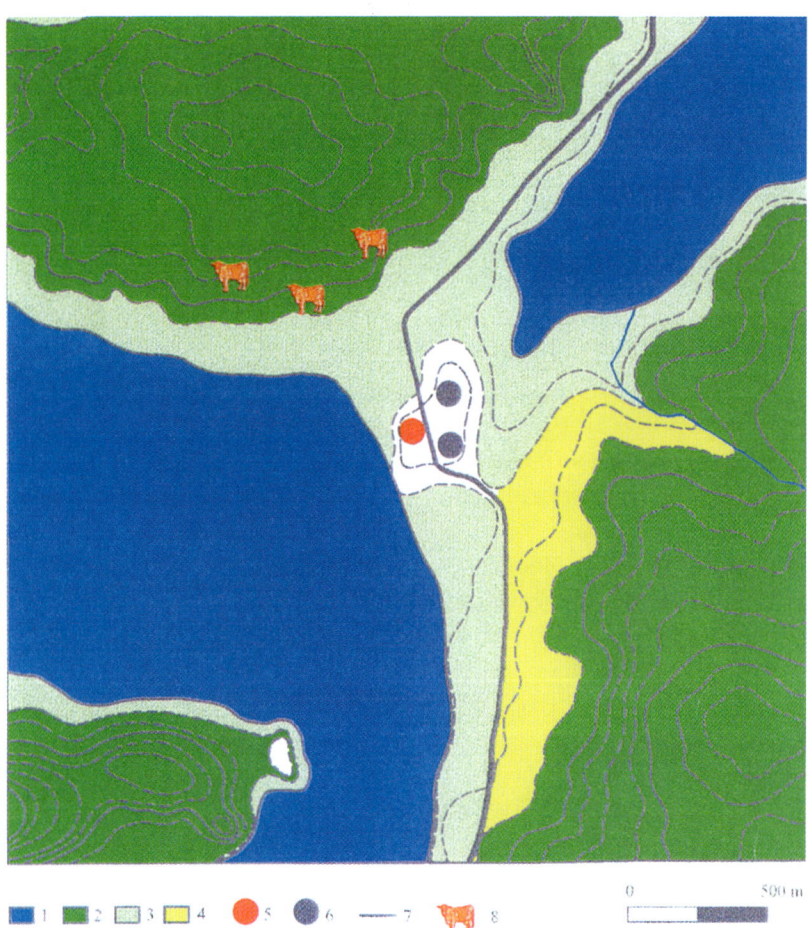

177 Siedlungskammer Bruszczewo im 9.–10. Jahrhundert. 1 Gewässer und Feuchtgebiete; 2 Wald; 3 Talaue; 4 Acker; 5 Burg; 6 unbefestigte Siedlung; 7 Weg; 8 Weideland.

Bereichen des Handwerks bildeten sich Fachwerkstätten heraus. So im Töpferhandwerk, wo neben dem Haushandwerk, das die noch aus dem frühen Mittelalter stammenden Traditionen fortsetzte, eine spezialisierte Keramikproduktion erfolgte. Metallhandwerk und ein Teil des Holzhandwerks, wie das Zimmerhandwerk, die Böttcherei und das Drechseln, lagen vollkommen in den Händen von Fachleuten. Die von diesen Handwerkern hergestellten Gegenstände, wie Eisengeräte, Tonbecher, die schön ausgeführte und verzierte Keramik vom Bruszczewo-Typus, Eimer oder gedrehte Holzgefäße, waren lohnende Objekte des Warenaustausches. Dabei dürfte der zwischen den Bewohnern der Burg und den Siedlungen stattfindende Austausch eine bedeutende Rolle im hiesigen Wirtschaftsleben gespielt haben. Gegenstände des Tauschhandels waren oft Tiere, Felle, Pelze, Feld- und Waldfrüchte. Die friedlichen oder kriegerischen Kontakte mit der Außenwelt förderten einen breiteren Transfer von Gütern (Kriegsbeute, Tribute, Gabenaustausch bei Verträgen und Eheschließungen). An diesem Prozess waren Kaufleute oder Wanderhandwerker beteiligt und auf diese Weise gelangte die Keramik vom Typus Feldberg-Ketrzyno bereits im 8./9. Jahrhundert nach Bruszczewo. Auch die hier gefundenen Gefäße vom Typ Tornow sind möglicherweise auf Wanderhandwerker zurückzuführen. Es ist nicht ausgeschlossen, dass Ankömmlinge aus dem Süden, z. B. aus Schlesien, Böhmen oder Mähren, die Ausbildung der

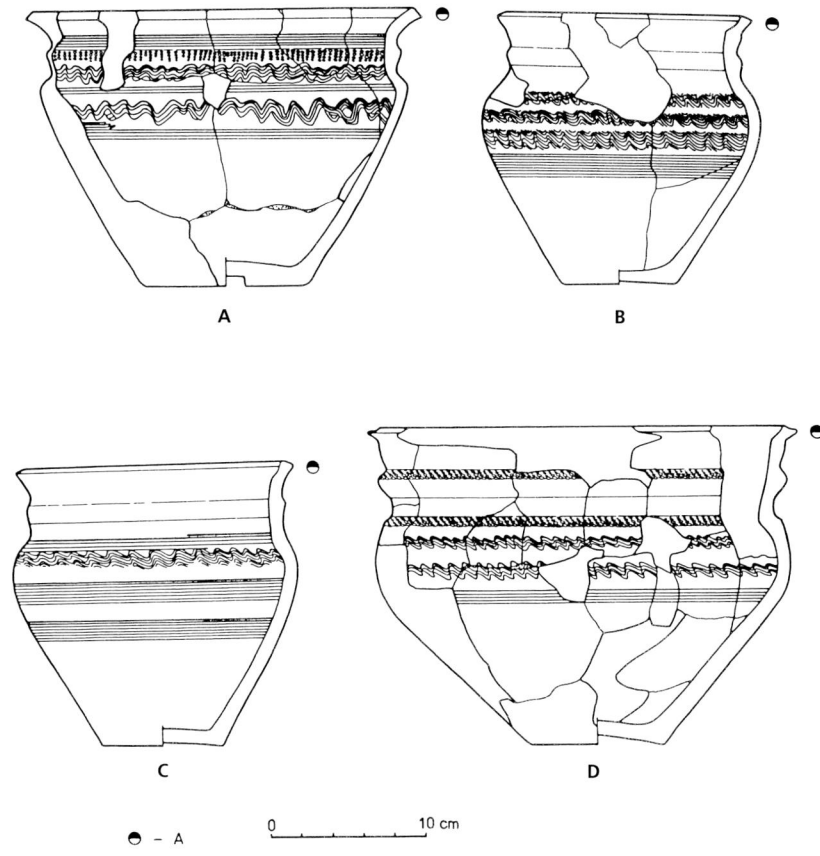

178 **Gefäße vom Bruszczewo-Typus.**

lokalen, in ihrer Art originellen Tonware, angeregt hatten, die vom Autor kürzlich als Bruszczewo-Typus bezeichnet wurde. Die Kontakte mit dem Süden waren sehr intensiv und führten einerseits zu

179 **Rekonstruktion des Torbereiches in Bruszczewo.**

Die Westslawen – Nachbarn des römisch-lateinischen Imperiums

180 Siedlungskomplex von Bruszczewo im 9. Jahrhundert und in der ersten Hälfte des 10. Jahrhunderts. 1 ebenerdige Bauten; 2 ebenerdige Bauten mit teilweise eingetieften Räumen; 3 Badehäuser; 4 Grubenhäuser; 5 Grube; 6 Feuerstellen; 7 Getreideverarbeitung; 8 Teergruben; 9 Metallverarbeitung; 10 Produktionsgrube; 11 Vorratsgruben; 12 unbestimmte Befunde; 13 Burgwall; 14 Burggraben; 15 Stein-Erde-Aufschüttung; 16 nicht erforschtes Gelände.

immer engeren Kulturbeziehungen mit dem Tornow-Klenice-Kulturkreis, andererseits zu Importen von Waffen, Eisenschalen vom Schlesientypus, Hängeschlössern sowie zu neuen, durch die lokalen Handwerker übernommenen, stilistischen und technologischen Einflüssen. Die Begegnungen der Bevölkerung von Bruszczewo mit der Außenwelt hatten zur Folge, dass ein Unterschied zwischen „einheimisch" und „fremd" entstand, der bei den Bewohnern eine Zugehörigkeit zur Stammesgemeinschaft und dem von diesem Stamm besiedelten Territorium hervorrief. Das Symbol dieser Einheit von Boden und Volk, sowie der damit verbundenen Ordnung und Werte, war die Burg. Durch den Einsatz der gesamten Bevölkerung errichtet, wurde ihre Verwaltung wahrscheinlich einer Person übertragen, die sich dort großer Autorität erfreute und obendrein aus einer reichen Familie stammte. Folglich wurde die Wehranlage zum Aufenthaltsort des Verwalters, seiner Angehörigen und vielleicht einer kleinen Gruppe von Kriegern und Reitern, die eher als Gefolge denn als Besatzung auftraten. Zur Bewachung oder zur Ausbesserung der Befestigungsanlagen war die einheimische Bevölkerung verpflichtet, die auch den Kern der Truppen bildete. Das System von Abgaben zur Erhaltung von frühstaatlichen Organisationen war noch nicht bekannt – man hat wohl die Notwendigkeit dessen Einführung noch nicht eingesehen –, und die Grundsätze der Stammesgesellschaftsordnung sicherten den Mitgliedern der Gemeinschaft Freiheit in weiten Bereichen. Man hat diese Freiheiten vollauf genutzt und den Burgbewohnern lediglich beim Verteilen der Beute den Vorrang eingeräumt oder sich ihrer Meinung zu verschiedenen Fragen des öffentlichen Lebens bedient. In dieser Form existierte der Siedlungskomplex von Bruszczewo nur wenige Jahrzehnte. Um die Mitte des 10. Jahrhunderts fiel er, zusammen mit dem übrigen Land der Obranen, dem Angriff der kriegerischen Polanen zum Opfer. Burg sowie Hab und Gut der Burgbewohner wurden ein Raub der Flammen. Nach dieser Katastrophe baute man nur die offenen Siedlungen wieder auf. In den neu entstandenen Piastenstaat einverleibt, entwickelten sie sich weiter und bildeten den Ursprung für das heute bestehende Dorf Przysieka Polska.

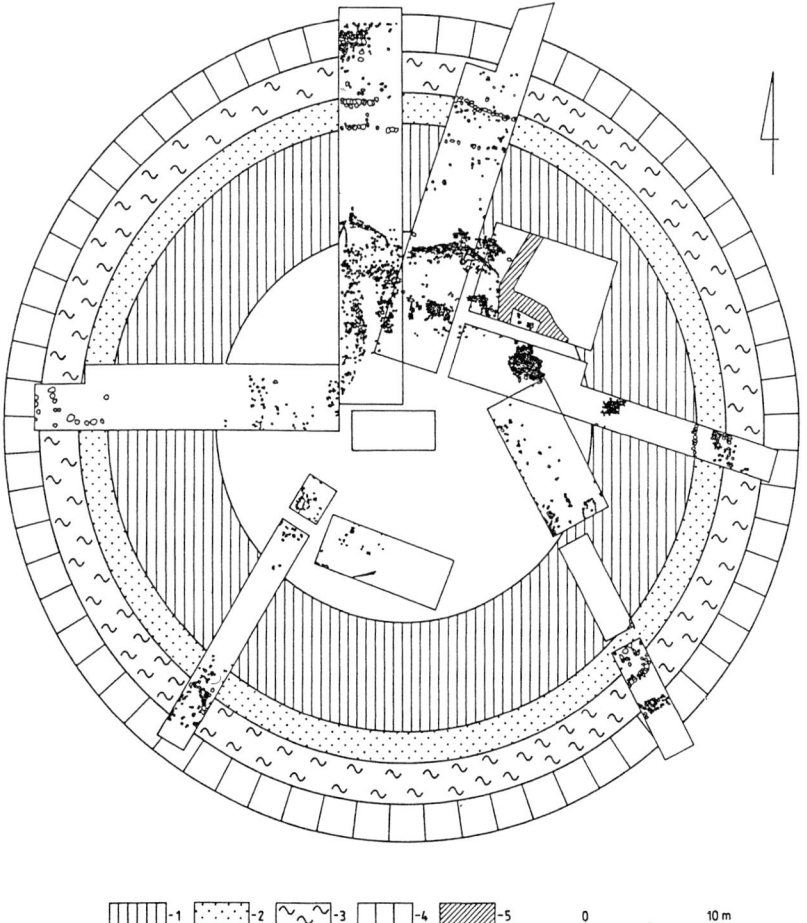

181 Bruszczewo, Kreis Kościan. Während der Grabungen entdeckte Befunde zur Befestigung und Besiedlung. 1 Wall; 2 Feldsteinsockel; 3 Burggraben; 4 Stein-Erde-Aufschüttung; 5 neuzeitliche Störungen.

Naszacowice

JACEK POLESKI

Der Burgwall in Naszacowice (Kreis Nowy Sącz, Wojewodschaft Kleinpolen) liegt auf einem isolierten Hügel am linken Dunajec-Ufer im Sandezbecken (Kotlina Sądecka). Die Anlage besteht aus der Hauptburg und aus fünf Vorburgen, und nimmt insgesamt eine Fläche von etwa 15 ha ein (Abb. 182). Der Burgwall wurde vor 1863 entdeckt. In den fünfziger und sechziger Jahren wurden hier geringfügig Sondageforschungen durchgeführt. Seit 1983 wird der Burgwall systematisch durch das Institut für Archäologie der Jagiellonenuniversität erforscht.

Die Grabungen erfolgen im Hauptteil des Burgwalls und in der südlichen Vorburg. Durch sie konnten vier Wallphasen und die damit verbundenen Wohnbauten aufgedeckt werden. Daneben fanden sich auch Reste von Häusern aus Zeiten, die zwischen die Wallphasen datieren, sowie Spuren von Hütten, die erst nach dem Brand der letzten Wallphase gebaut wurden. Insgesamt gab es zehn Phasen frühmittelalterlicher Besiedlung. Die erste Siedlungsphase auf der Fundstelle in Naszacowice kann in die zweite Hälfte des 8. Jahrhunderts datiert werden, das Ende der Anlage fällt in die zweite Hälfte des 11. Jahrhunderts.

Die ersten slawischen Ansiedler, die auf dem Hügel in Naszacowice in der zweiten Hälfte des 8. Jahrhunderts erschienen, bauten eine lineare Holz-Erde-Befestigung. Die Breite des Walls überschritt 5 m, die Höhe betrug wenigstens 3 m. Bei dem Wall handelte es sich um eine Erdschanze mit einer hölzernen Brustwehr auf der Wallkrone. Die Untersuchung der südlichen Vorburg ergab, dass die Burg in Naszacowice bereits in der ersten Phase eine

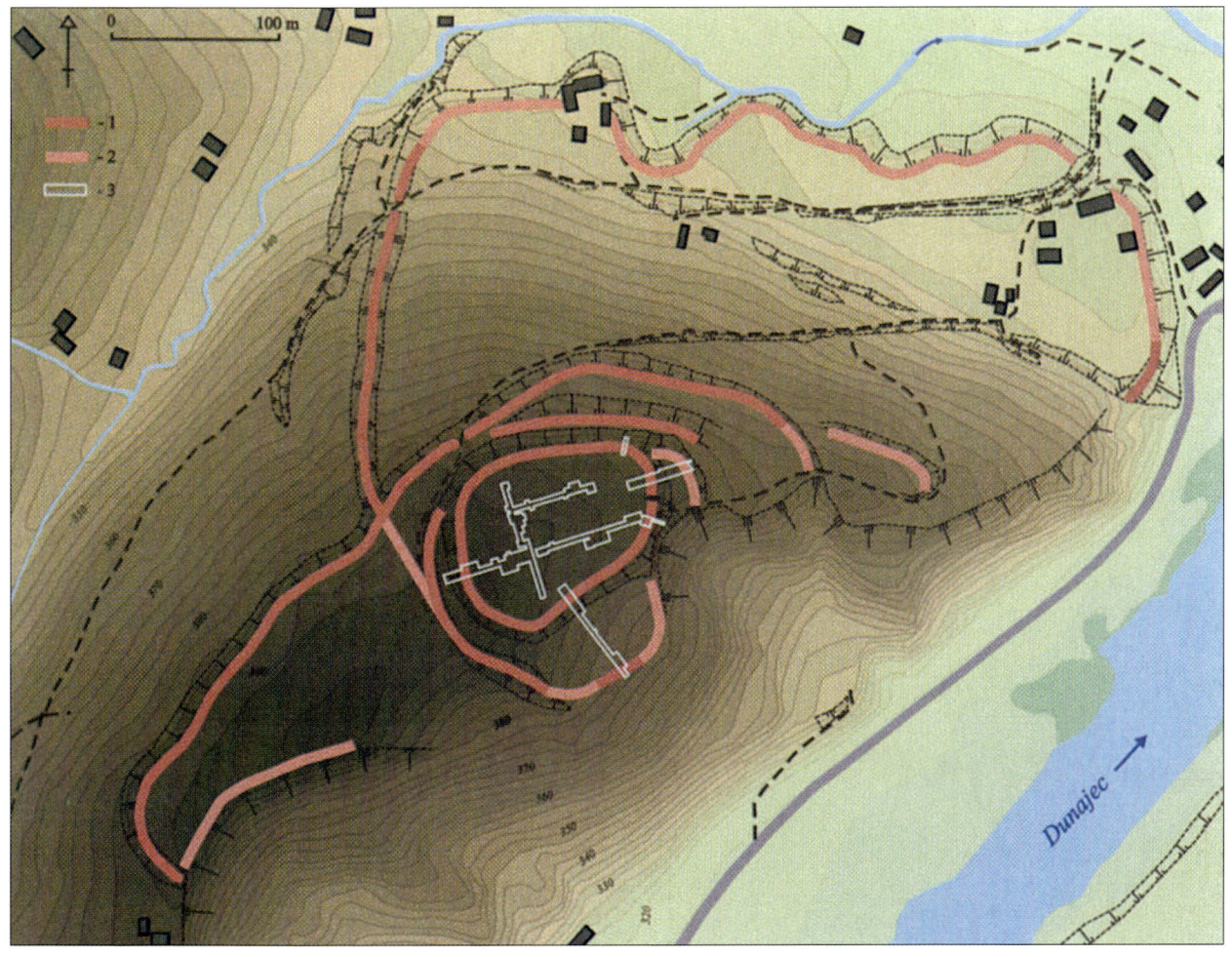

182 Naszacowice, Kr. Nowy Sącz. Grundriss des Burgwalls. 1 Im Gelände sichtbare Wälle; 2 durch Ausgrabungen und Luftbildaufnahmen rekonstruierter Wallverlauf; 3 archäologische Grabungsschnitte.

mehrteilige Anlage war. Die Vorburg wurde von einem Erdwall umgeben, dessen Außenwand aus einer Pfostensetzung mit Flechtwerk bestand. Der zweite Wall, erbaut im 9. Jahrhundert, war ca. 4,5 m breit. Er wurde als Kastenkonstruktion errichtet, seine Außen- und Innenwand stützten sich auf große, in je 2,5 m Abstand vertikal eingegrabene Pfosten. Die Außenkasten waren vor allem mit großen Bruchsandsteinen aufgefüllt, die Innenkisten hingegen mit Lehm. Die Höhe des Walls lag zusammen mit der Brustwehr bei mehr als 3 m. Der am besten erhaltene dritte Wall entstand im 10. Jahrhundert. Er war über 6 m breit, die Höhe betrug zusammen mit der Brustwehr über 3,5 m. Die Außenkasten des Walls waren wiederum mit großen Bruchsandsteinen, die Innenkisten mit Lehm gefüllt. Die Außenwand des Walls bildete eine Palisade aus vertikal eingegrabenen Pfosten. Auf der Westseite war an die Innenseite des Walls eine Reihe von Holzhäusern angebaut worden. Die dendrochronologische Analyse der verbrannten Überreste der vierten und letzten Phase der Befestigungen ergab, dass sie nach 989, also bereits nach dem Anschluss Kleinpolens an den Piastenstaat entstanden. Dieser Wall wurde in Blockbautechnik errichtet. Seine Breite lag bei 4 m, die Höhe bei über 4,5 m. Die Höhe zwischen Grabensohle und Wallkrone betrug ursprünglich mehr als 11,5 m (Abb. 183). Außer der zweiten Wallphase endeten alle Phasen durch Brandeinwirkung. Pfeilspitzen in den Brandschichten deuten darauf hin, dass die Ursachen dieser Feuersbrünste im politisch-militärischen Bereich zu suchen sind.

Es wurde festgestellt, dass die Bewohner der Burg von Naszacowice sowohl in viereckigen, zur Hälfte eingetieften Wohnbauten als auch in ebenerdigen, in Blockbautechnik errichteten Häusern wohnten. Die Häuser hatten eine Wohnfläche zwischen 12 und 18 m². In der Regel war in einer der Ecken eine Feuerstelle mit einer Lehm- oder Steinsetzung untergebracht. Im westlichen Teil der Hauptburg legte man Teile eines großen Holzgebäudes mit ei-

183 Naszacowice, Kr. Nowy Sącz. Rekonstruktion der letzten (vierten) Wallphase der Hauptburg.

ner Länge von über 10 m und einer Breite von wenigstens 4 m frei. Die Wände dieses Gebäudes bildeten Holzpfähle, das Dach stützte sich auf die an der Innenseite der Wände angebrachten Pfosten. Die Funktion dieses Gebäudes ist schwer zu rekonstruieren, jedenfalls war es kein Wohnhaus. Während der Grabungen stieß man im Burggelände auf Funde, die auf Schmiedehandwerk bzw. auf die Herstellung von Tongefäßen schließen lassen. Auch eine Gießerwerkstatt ist zu vermuten. In der Burg lebten seit der älteren Phase ständig einige hundert Personen.

Die frühmittelalterlichen slawischen Siedler erschienen im Sandezbecken an der Dunajec schon in der frühslawischen Phase, wahrscheinlich am Ende des 6. Jahrhunderts. Das Becken war eine natürliche Siedlungskammer, die sich durch fruchtbare Böden auszeichnete. Im Frühmittelalter war das Gelände ständig besiedelt, dies belegen die Reste von etwa zehn Dorfsiedlungen aus dieser Zeit. Die Burg in Naszacowice war zwischen der Mitte des 8. Jahrhunderts und dem Ende des 10. Jahrhunderts eines der wichtigsten Stammeszentren der Wislanen. Wegen der Lage an einer Verkehrsstraße, die über die Karpaten führte und die Gebiete Kleinpolens mit dem Mitteldonaugebiet verband, hatten die Burgbewohner Kontakte mit dem awarischen Khanat, später mit dem Großmährischen Reich. Das bezeugen auch einige während der Grabungen entdeckte Funde. Die Bewohner aus dem Sandezbecken waren im Frühmittelalter oft durch vom Süden ins Innere Kleinpolens ziehende feindliche Truppen bedrängt worden. Den Nachweis dafür liefern Spuren von gewaltigen Feuersbrünsten, die sowohl die Burgwälle in Naszacowice als auch die Wälle der zwei Fliehburgen aus dem 9. und 10. Jahrhundert im nördlichen Teil dieser Beckenlandschaft in Chełmiec und Marcinkowice vernichtet haben. Die Entdeckung einer „altmagyarischen" Riemenzunge aus Bronze auf dem Burgwall in Naszacowice zeugt davon, dass das Sandezbecken am Ende des 9. und in der ersten Hälfte des 10. Jahrhunderts von bewaffneten Nomadengruppen, den Ungarn, durchstreift wurde. Einige awarische und großmährische Funde aus den archäologischen Untersuchungen sowie ein eisernes Gewicht zeugen von Fernhandelskontakten der Burgbewohner. Einige dieser Gegenstände könnten aber auch als Beute oder durch fremde Truppen in die Burg gelangt sein. Die Burg wurde nach 989 in das System der frühpiastenzeitlichen Befestigungsanlagen mit einbezogen. Nach dem letzten Brand, schon in der zweiten Hälfte des 11. Jahrhunderts, hatte die neu errichtete Burg im nahegelegenen Podegrodzie ihre Funktion übernommen. In dieser Zeit wurden auch die großen Stammesburgen in Kleinpolen endgültig verlassen, und eine neue Struktur von Staatsburgen (Kastellaneien) entstand.

In den Schicksalen der Burgbewohner von Naszacowice spiegelt sich die turbulente Geschichte der Stämme wider, die im Frühmittelalter auf den Gebieten Kleinpolens siedelten. Bis zum Ende des 8. Jahrhundert standen die Territorien Südpolens unter starker Einwirkung des awarischen Khanats. In der zweiten Hälfte des 9. Jahrhunderts gerieten diese Gebiete unter einen massiven Einfluss der Kultur des Großmährischen Reiches. Wir wissen leider nicht, ob sich dieser Einfluss in der Herrschaftszeit von Svatopluk in eine Art politischer Abhängigkeit verwandelte. Die kurze Information über den heidnischen Herzog der Wislanen, die in der Vita des heiligen Method enthalten ist, deutet jedoch auf Konflikte zwischen dem Großmährischen Reich und den im Oberweichselgebiet lebenden Stämmen hin. Nach dem Untergang des Großmährischen Reiches wurden die Gebiete Kleinpolens am Anfang des 10. Jahrhunderts durch kriegerische Nomaden, die Ungarn, heimgesucht. Im zweiten Viertel des 10. Jahrhunderts wurden die Lendzanen, der im östlichen Teil Kleinpolens (bis zum Oberpripjetgebiet) lebende Stamm, dem Kiewer Herzog Igor unterstellt. Ungefähr in der Mitte des 10. Jahrhunderts wurden sicherlich die kleinpolnischen Wislanen und Lendzanen sowie die in Schlesien lebenden Stämme dem sich dynamisch entwickelnden böhmischen Reich Boleslavs I. des Grausamen untergeordnet. Jedoch bereits im Jahr 981 hatte der Kriegszug des Kiewer Herzogs Wladimir des Großen zum Anschluss des östlichen, durch die Lendzanen besiedelten Teils von Kleinpolen mit den Burgen Przemyśl und Czerwieńsk an die Kiewer Rus geführt. Im Jahr 989, oder ein Jahr früher, hatten die Truppen Mieszkos I. die Territorien Kleinpolens von Böhmen zurück erobert. Im Laufe von 40 Jahren nach der Einverleibung des Oberweichselsgebietes in den Piastenstaat entwickelte sich eine außergewöhnlich feste Bindung Kleinpolens an das restliche polnische Reich. So konnte Kleinpolen nach der Krise der dreißiger Jahre zum Zentrum des im 11. Jahrhundert wiedergeborenen polnischen Staates werden. Von einigen *sedes regni principales* wurde Krakau (Kraków) nach einigen Jahren die zentrale Burg des Reiches und seine Hauptstadt.

Literatur

Krąpiec/Poleski 1996. – Labuda 1994. – Parczewski 1997. – Poleski 1995; 1997b; 1998. – Zoll-Adamikowa 1994.

Burgwälle des 8. bis 12. Jahrhunderts zwischen Elbe und Oder

TORSTEN KEMPKE

Als die Slawen im 6. Jahrhundert vom Dnjeprbecken her nach Westen aufbrachen, hatten sie noch keine Burgen. Sie lebten in offenen, unbefestigten Siedlungen, die zumeist aus kleinen Grubenhäusern bestanden. Als erste slawische Burg im heutigen Deutschland findet 789 die *civitas* des Wilzenkönigs Dragowit Erwähnung, vielleicht Vorwerk bei Demmin in Vorpommern. Darüber hinaus erhält die einst recht unsichere Zeitbestimmung der slawischen Burgen durch die Dendrochronologie eine feste Grundlage. So liegen Jahrringdaten ab dem 8. Jahrhundert für die ältesten mecklenburgischen Burgwälle vor, in den anderen slawischen Siedlungsgebieten liegen die Anfänge des Burgenwesens ebenfalls in jener Zeit.

Zunehmende Bedeutung erlangte der Burgenbau im 9. und 10. Jahrhundert, wie dies auch in anderen Teilen Europas der Fall war. Möglicherweise orientierten sich die Slawen frühzeitig am Vorbild der weiter entwickelten Nachbarländer, insbesondere des Frankenreiches. Vor der Jahrtausendwende sind im östlichen Deutschland mehr als 300 Burgen archäologisch nachgewiesen, und annähernd ebensoviele *civitates* schreibt der spätkarolingische Geographus Bavarus den Stämmen zwischen Elbe und Oder/Neiße zu, wobei die Wilzen mit 95, die Obodriten mit 53 und die Sorben mit 50 Burgen als stärkste Stämme hervortreten. Die slawischen Burgen des frühen Mittelalters waren ausnahmslos Wallburgen, denen, wo immer

184 **Luftbild der slawischen Befestigungsanlage „Jaromarsburg" auf dem Kreidefelsen von Arkona, Gemeinde Putgarten, Lkr. Rügen.**

185 **Rekonstruierter Ringwall von Groß Raden, Kr. Parchim.**

das Gelände dies erforderte, ein Trockengraben vorgelagert war. Bevorzugt wählte man Plätze, die durch Steilhänge oder Gewässer bereits eine natürliche Schutzlage aufwiesen. Der Form nach unterscheidet man Ringwälle und Abschnittswälle. Das Spektrum reicht von kleineren Anlagen mit einem Innenraum von nur 30 m Durchmessern bis zu sehr großen Befestigungen, die sich über eine Fläche von mehreren Hektar erstrecken. Einteilige Burgen überwiegen, doch gab es auch mehrteilige Anlagen mit Haupt- und Vorburg. Die Wallbreite war von der Burgengröße offenbar unabhängig und betrug bei schwachen Befestigungen weniger als 5 m, während die stärksten Wälle eine Basisbreite von mehr als 15 m hatten.

Die frühen Burgen waren durchweg Holz-Erde-Wälle. Es gab einfache Erdwälle mit Palisadenwand, bevorzugt wurden aber kompliziertere Konstruktionen, bei denen Holzeinbauten, Lehmpackungen oder Feldsteinlagen den Wällen eine größere Stabilität gaben. Im Mittelgebirgsraum kommen wohl seit dem 9. Jahrhundert Trockenmauern nach fränkischem Vorbild auf, die die Wallfront und gelegentlich auch die innere Wallböschung sichern. Gemörtelte Mauern gibt es in den deutschen Marken westlich von Elbe und Böhmerwald vereinzelt seit dem 10./11. Jahrhundert, aber weiter im Norden, bei den unabhängigen Slawenvölkern zwischen Fläming und Ostsee, kennt man bis in das 12. Jahrhundert nur die Holz-Erde-Bauweise unter gelegentlicher Verwendung von unvermörtelten Feldsteinen.

In den lateinischen Schriftquellen werden die Burgwälle, mit zeitlichen und regionalen Unterschieden, meist als *civitas*, *urbs*, *castellum* oder *castrum* bezeichnet. Im deutschen Sprachgebrauch galt die Endung -burg, im Slawischen verwendete man die Endungen -gard, -grod oder -grad. Mitunter ist der Name in mehreren Sprachen überliefert, so für Oldenburg in Holstein: *Antiqua Urbs*, Aldenburg, Starigard. Allerdings spiegelt sich der Befestigungscharakter längst nicht in allen Ortsnamen wider.

Als Fürstensitz ist Starigard/Oldenburg archäologisch gut zu illustrieren. Um die Fürstenhalle auf dem Burgplatz gruppieren sich Häuser der Handwerker, die für den Bedarf des Burgherrn arbeiten. In christlicher Zeit werden die Angehörigen der Oberschicht mit erlesenen Beigaben bestattet, und 972 wird der Ort Bischofssitz (vgl. Beitrag Gabriel). Bei den anderen slawischen Stämmen sind solche Hauptburgen zwar schriftlich bezeugt, so die „Kesigesburch" für die Sorben (839), „Lenzen" für die Linonen, „Gana" für die Daleminzer (beide 929), die „Brandenburg" für die Heveller (ab 929; vgl. Beitrag Grebe), die „Mecklenburg" für die Obodriten (spätestens ab 995; vgl. Beitrag Donat), aber der archäologische Erkenntnisstand im Hinblick auf fürstliche Hofhaltung ist unzureichend. Historisch vielleicht nicht so bedeutend, aber archäologisch gut kenntlich ist der niederösterreichische Burg-

Die Westslawen – Nachbarn des römisch-lateinischen Imperiums

wall Gars-Thunau, wo um 900 wohl der slawische Machthaber Joseph in Abhängigkeit vom Bayernherzog seinen Sitz hatte.

Vornehmlich als kultische Mittelpunkte des Heidentums gelten zwei feste Plätze, nämlich Rethra/Riedegost bei den Lutizen, erstmals genannt 1018, und Arkona bei den Ruganen auf Rügen (Abb. 184), das erst im 12. Jahrhundert erwähnt wird, aber den Ausgrabungen zufolge bis in das 9. Jahrhundert zurückreicht. Rethra, dessen genaue Lage wir nicht kennen, hatte Kultbild und Tempel des Swarozyc; Orakel und Landesversammlungen fanden dort statt, in Arkona verehrte man stattdessen den Gott Swantewit. In Befestigung und Dimensionen unterscheidet sich Arkona nicht von anderen zeitgenössischen großen Burgwällen der Region.

Wirtschaftliche Entwicklungsmöglichkeiten hatten insbesondere diejenigen Plätze, die an Verkehrsknotenpunkten angelegt wurden. Dies gilt für Alt Lübeck, gegründet 819, das frühzeitig über den Seehandel Verbindungen nach Nord- und Westeuropa aufnahm; auch Starigard/Oldenburg war damals zu Schiff erreichbar. Die Burgen Teterow (Abb. 99) und Kastorf (vgl. Beitrag V. Schmidt) im Lutizenland kontrollierten Brücken über Binnenseen. Zahlreiche Gewichte für Feinwaagen deuten dort ebenso auf Handel wie Güter aus fernen Ländern. Markt und Zoll sind an solchen Orten zu vermuten, wenngleich historische Zeugnisse fehlen. Neuburg-Löddigsee, gegründet 1035 am Übergang über die Elde, damals Stammes- und Bistumsgrenze, erbrachte entsprechendes Fundmaterial. Besonders umfassend ergraben ist die Inselburg Spandau (vgl. Beitrag v. Müller) am Zusammenfluss von Havel und Spree, wo der Fernweg von Posen (Poznań) nach Magdeburg in das Hevellerland führte. In Spandau entstand im 11. und 12. Jahrhundert gegenüber der Inselburg ein dicht besiedeltes *suburbium*.

Solche Mittelpunktfunktionen sind allerdings nur bei wenigen Burgen deutlich zu erkennen. Viele Burgwälle liegen abseits der Verkehrswege und liefern trotz umfangreicher Grabungen keine Hinweise auf fürstliche Hofhaltung oder Handel. Als Fluchtburgen dienten wahrscheinlich die zahlreichen kleinen Ringwälle, die, wie Jahrringdaten zeigen, entgegen älterer Auffassung erst ab dem 9. Jahrhundert entstanden. Besonders stark konzentrieren sie sich in der Lausitz, in den Stammesgebieten der Lusizi und Milzener. Der vollständig untersuchte Ringwall von Tornow hat einen Innendurchmesser von nur 30 Metern. Am inneren Wallfuß stieß man auf Speicherbauten mit verkohlten Getreidevorräten. Die Burg diente den Bewohnern der vorgelagerten offenen Siedlungen als Refugium. Besonders klar tritt dieses Verhältnis in Groß Raden zu Tage, wo man eine große, schwach

186 **Feldberg, Kr. Neustrelitz. Auf einem über dem Luzinsee aufragenden Sporn lag eine Siedlung.**

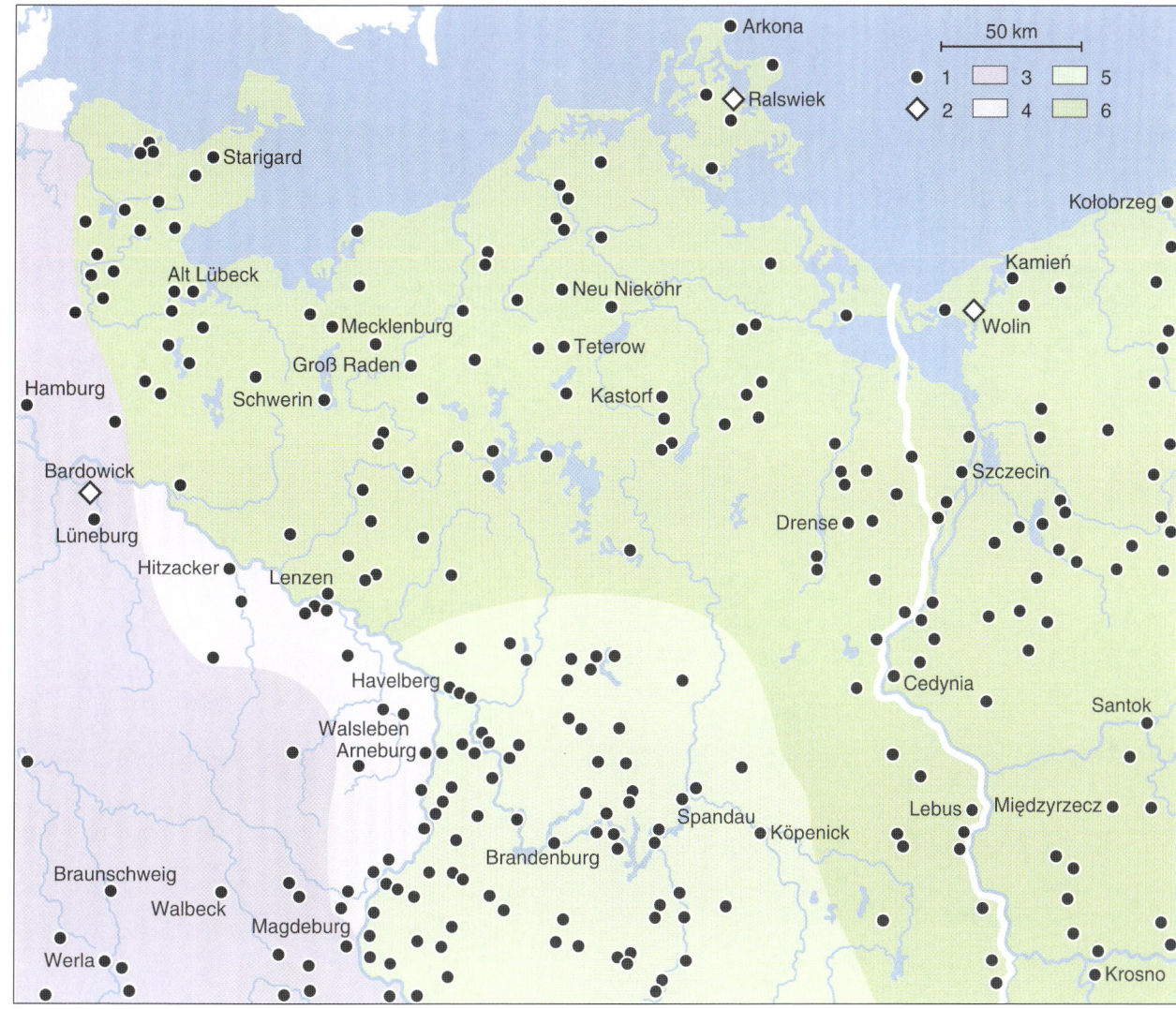

187 **Burgwälle des 10. Jahrhunderts zwischen Elbe und Oder.** 1 Burgwall; 2 Handelsplatz; 3 geschlossenes deutsches Siedlungsgebiet; 4 slawisches Siedlungsgebiet unter direkter deutscher Herrschaft; 5 slawisches Siedlungsgebiet ca. 940–83 unter deutscher Herrschaft; 6 slawische Siedlungsgebiete unter einheimischen Herrschern. Die Grenzen zwischen den Gebieten sind nur in sehr groben Zügen zu bestimmen, der Zusammenhang zwischen Burgenbau und politischer Geschichte ist noch nicht hinreichend erforscht.

befestigte Siedlung mit überaus reichem, aber nicht auf Herrschaft und Handel deutendem Fundmaterial des 10. Jahrhunderts freilegte, während der starke Ringwall nicht ständig bewohnt war (Abb. 185). Die großflächige Grabung brachte zudem einen heidnischen Kultbau im Randbereich der Siedlung zum Vorschein, auch eine kultische Benutzung der Burg selbst wird in Erwägung gezogen (vgl. Beitrag Voß).
Darüber, wem die Burgen unterstanden, geben die Schriftquellen nur unzureichend Auskunft. In der Regel werden sie bestimmten Stämmen oder deren Fürsten zugeordnet. Es fehlen jegliche Hinweise darauf, dass Burgen auch auf Eigeninitiative des niederen Adels errichtet wurden. Dies besagt angesichts der dürftigen historischen Nachrichten allerdings nicht viel.

Literatur

Henning/Ruttkay (Hrsg.) 1998. – Herrmann (Hrsg.) 1985. – Kempke 1999a; 1999b.

Die Westslawen – Nachbarn des römisch-lateinischen Imperiums

Brandenburg an der Havel

KLAUS GREBE

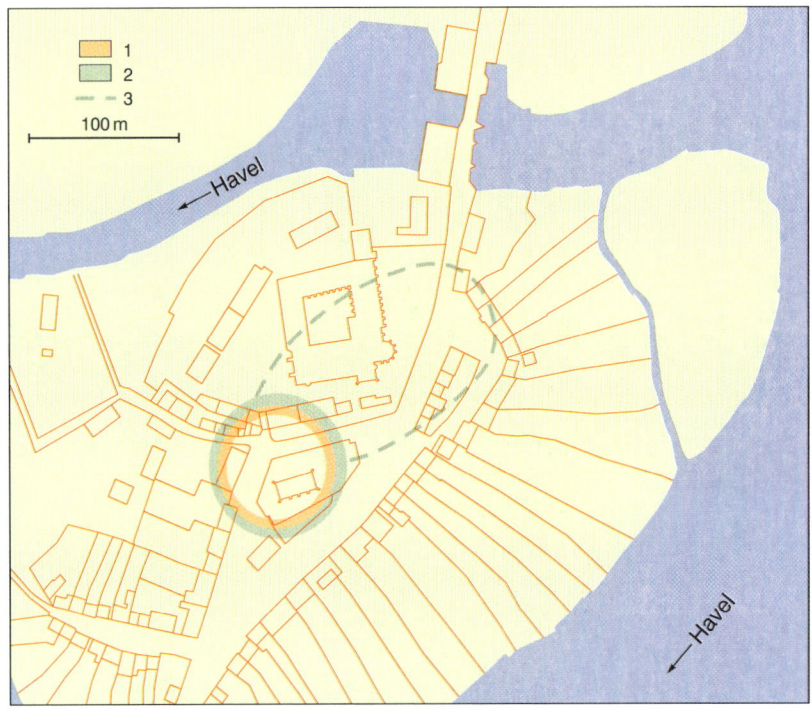

188 Brandenburg/Havel. Entwicklung des Burggrundrisses (7.–8. Jh.). 1 Wall; 2 Graben; 3 vermuteter Graben.

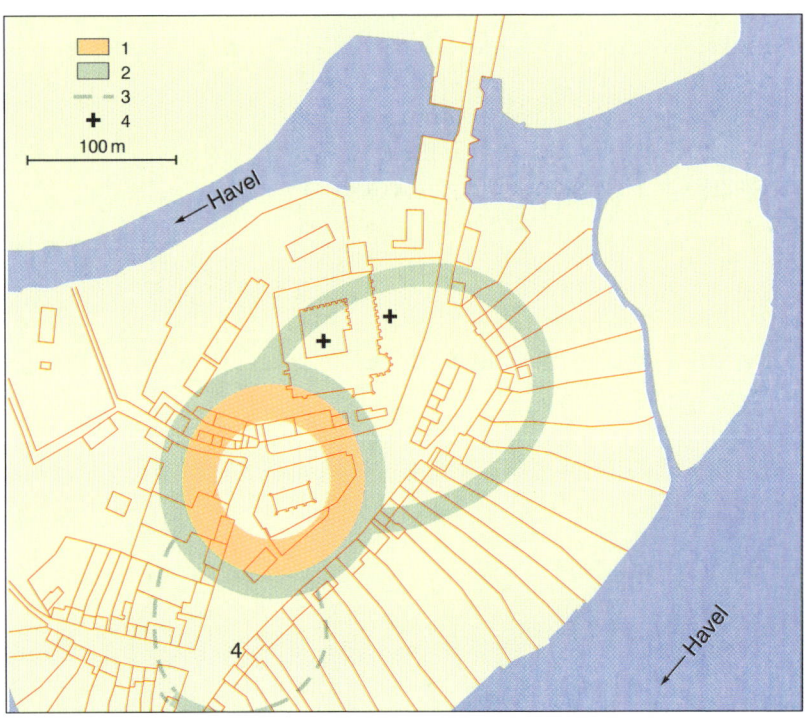

189 Brandenburg/Havel. Entwicklung des Burggrundrisses (9.–10. Jh.). 1 Wall; 2 Graben; 3 vermuteter Graben; 4 Gräber.

Die Brandenburg, der Fürstensitz der Heveller oder Stodorane, zur Zeit König Alfreds des Großen (871–999) bereits als Haefeldan erwähnt, die zum Stammesverband der Wilzen gehörten, befand sich auf dem höher gelegenen mittleren Teil einer Insel in der Havel und ist heute vom Brandenburger Dom, dem Domkloster und Wohnhäusern überbaut. Die Lage der Burg östlich eines großen Seengebietes, am Zusammenfluss von Havel, Beetzsee-Rinne und Plane, war sowohl strategisch als auch wirtschaftlich und verkehrsmäßig eine hervorragende Grundlage für die Entwicklung zum bedeutenden Zentrum an der Fernhandelsstraße Magdeburg – Lebus – Posen (Poznań). Die Burg besaß eine Schlüsselstellung und ihr Besitz war im politischen Geschehen vor allem des 10. bis 12. Jahrhunderts von entscheidender Bedeutung. Sie wechselte im Verlauf von 330 Jahren in harten Kämpfen zwischen Slawen, Deutschen und Polen dreizehnmal den Besitzer.

Die Insel wurde im 7. Jahrhundert zuerst von der slawischen Gruppe mit Keramik vom Prager Typ besiedelt, die das Havelland über Böhmen der Elbe folgend erreichten. Ihre aus quadratischen Grubenhäusern bestehende Siedlung wurde bald aufgegeben, das Gelände als Ackerland genutzt. Um die Wende zum 8. Jahrhundert gründeten erneut slawische Einwanderer eine Siedlung, die aus dem polnischen Raum kamen und zur Sukow-Szeligi-Gruppe gehörten. Der südliche Rand dieser Siedlung wurde etwas später zur mittelgroßen Rundburg von 50 m Innendurchmesser umgestaltet, die eine 5 m breite Holz-Erde-Mauer und einen 3 m breiten Graben erhielt (Abb. 188). Nahezu gleichzeitig oder etwas später setzte der Einfluss der für Mecklenburg typischen Feldberger Gruppe im Havelland ein, erkennbar vor allem an der Keramik vom Feldberger Typ. Ungeklärt ist, ob es sich um einen kulturellen Einfluss oder um eine Expansion ins Havelland handelte. Die Burg, die sich von gleichzeitigen Burgen des Havellandes zunächst kaum unterschied, entwickelte sich bis zum 10. Jahrhundert durch sechsmalige Erneuerung der Befestigung und Erweiterung des Grundrisses zur großräumigen Anlage, sodass die Herausbildung zur Fürstenburg vermutlich im 9. Jahrhundert erfolgte.

Die Burgphasen 1 bis 4 besaßen eine Rostkonstruktion, die der dritten eine Vorderfront aus Pfosten-Planken-Konstruktion, während die vierte Burgphase eine aufwendig gestaffelte Lehmvorderfront mit vorgesetzter Palisade erhielt. Bis zu diesem Zeitpunkt waren die Gräben nur 3 bis 6 m breit. Mit der fünften Erneuerung entstand Ende des 9. oder Anfang des 10. Jahrhunderts wieder eine Pfosten-Planken-Vorderfront mit einem auf 12 m verbreiterten Graben. Die sechste Burgphase besaß zunächst eine Plaggenvorderfront, vor die bald eine senkrechte Bohlenwand gesetzt wurde. Um 963 (Waldkante) oder 968 (um/nach) entstand die siebte Vorderfront, eine Kastenkonstruktion aus Rundstämmen, die sich bald an einigen Stellen in den Graben neigte. Berechnungen ergaben, dass zum Bau dieser Vorderfront etwa 5000 Eichen gefällt werden mussten.

Die Burg bestand aus einer Hauptburg von 0,5 ha Innenfläche, einem Wall von ca. 20 m Basisbreite mit einem 18 m breiten und bis 2 m tiefen Graben. Die nordöstliche 1,5 ha große Vorsiedlung erhielt im 10. Jahrhundert einen ca. 10 m breiten Graben. Eine zweite, südlich gelegene 0,9 ha große Vorsiedlung wurde durch einen Abschnittsgraben und eine um 886 entstandene Palisade geschützt (Abb. 189).

Die politische Bedeutung der Heveller geht auch daraus hervor, dass im Jahre 907 der böhmische Herrscher Vratislav I. eine Drahomir aus Stodor ehelichte und dass Heinrich I. im harten Winter 928/29 die Heveller in mehreren Treffen schlug und die „Brennaburg" nach längerer Belagerung eroberte. Aber erst die Anerkennung der deutschen Oberherrschaft durch den seit 929 in Geiselhaft gehaltenen Hevellerfürsten Tugumir führte zur Unterwerfung der Heveller und benachbarter slawischer Stämme bis zur Oder. Im Jahre 948 gründete Otto I. das Bistum Brandenburg, das die Aufgabe hatte, die Slawen für das Christentum zu gewinnen und sie durch den gemeinsamen Glauben auch fester an das Reich zu binden. Der Sprengel des Bistums umfasste außer dem Kerngebiet der Heveller die Gebiete der Morizani, Zerwisti, Ploni, Sprewanen, Ukranen, Rezanen, Zamzizi, Dossanen und Lusizi. Das Bistum erhielt die nördliche Hälfte der Insel, die nordöstliche Hälfte der Burg, worunter die Vorburg zu verstehen ist und die Hälfte aller zur Brandenburg gehörigen Dörfer sowie die Burgwarde Pritzerbe und Ziesar. Archäologisch ist die deutsche Herrschaft zu erkennen am Abbruch der slawischen Besiedlung und an der Planierung der Innenfläche der Vorburg, ferner an Körpergräbern (Abb. 191) und an Importkeramik aus dem Magdeburger Raum. Außer zwei steinverkeilten

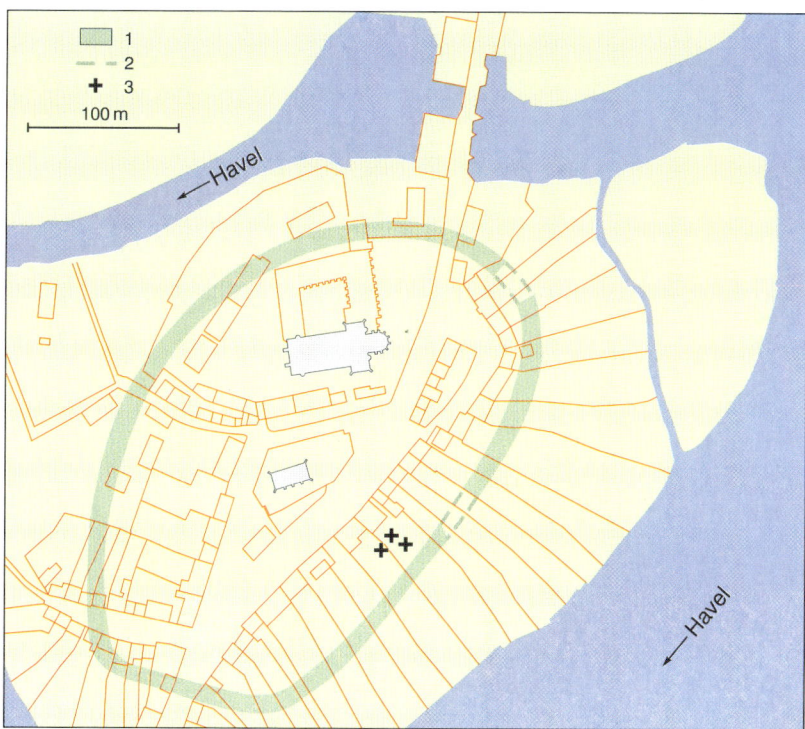

190 **Brandenburg/Havel. Entwicklung des Burggrundrisses. (11.–12. Jh.).**
1 Graben; **2** vermuteter Graben; **3** Gräber.

191 **Brandenburg/Havel. Christliche Kinderbestattung des 10. Jahrhunderts aus dem Gräberfeld in der Vorburg.**

Rechteckdoppelpfosten wurden bisher keine Hinweise auf eine Kirche oder weitere Gebäude gefunden. Die komplizierte politische Situation und die Geschehnisse um die Brandenburg in der zweiten Hälfte des 10. Jahrhunderts haben H. Krabbo (1910) und H. Ludat (1971) ausführlich behandelt.

Nach dem großen Slawenaufstand des Jahres 983, in dem die Brandenburger Kirche zerstört und der deutschen Herrschaft ein Ende bereitet wurde, sind nach Thietmar von Merseburg wieder heidnische Kulte eingeführt worden. Dagegen wurde die ab der Mitte des 10. Jahrhunderts übernommene west-ost-orientierte Körperbestattung von den Slawen beibehalten, sie kehrten nicht mehr zur Brandbestattung zurück. Man kann nur vermuten, dass der Einfluss christlicher Heveller der Oberschicht eine Rolle spielte oder die neue Sitte sich mit heidnischen Vorstellungen vereinen ließ. Die dreiteilige Burg erfuhr teils vielleicht schon vor, teils nach dem Aufstand eine grundlegende Umgestaltung. So wurden die teilweise verlandeten Gräben der Hauptburg und der Vorburg verfüllt und überbaut, die Gesamtfläche dabei auf 4 ha vergrößert (Abb. 190). Ob der eigentliche Fürstensitz abgegrenzt war, ist nicht nachgewiesen, darf aber vermutet werden. In dieser großen Burg entstanden – auch im ehemaligen Bereich des Bistumssitzes – Wohnbauten und Ställe im Block- und Bohlenbau und Flechtwerkhäuser, Produktionsbereiche und Düngerstätten. Zahlreiche Gegenstände, Halbfabrikate und Abfälle bezeugen die Herstellung und Verarbeitung von Eisen, Knochen und Geweih, von Leder, Bronze, Silber und Glas. Besondere Bedeutung kam der Verarbeitung von Holz, dem Spinnen und Weben und der Töpferei zu. Identische Bodenzeichen an der Unterseite der Gefäße lassen den Absatz der Töpfereien in einem Umkreis bis zu 65 km erkennen (Abb. 193).

Aufschlüsse über das Inventar eines slawischen Haushaltes ergaben sich bei der Teilausgrabung eines abgebrannten Hauses aus der Wende zum 11. Jahrhundert, das unterhalb der Domkrypta liegt. Auf zehn Tongefäße, neun kleinere und größere Töpfe und eine Schale kamen 22 Behälter und Gefäße aus Holz, die gedrechselt, geschnitzt (Abb. 192) oder geflochten und wie alle organischen Funde aus diesem Haus als verkohlte Bruchstücke erhalten waren. Dazu kamen Leisten eines Webstuhles, drei Fadenbündel, zwölf verschiedene feine und grobe Gewebe, überwiegend in Leinenbindung aber auch drei in Köperbindung. Verkohltes Getreide, Hülsenfrüchte, Hirse, Hirsebrei und Mehl wurden gefunden, auch Bruchstücke weiterer Gegenstände und nur drei Geräte waren aus Knochen, Geweih und Stein.

192 Brandenburg (Havel), Verkohlte gedrechselte Deckeldose aus der Vorburg. Wende vom 10. zum 11. Jahrhundert.

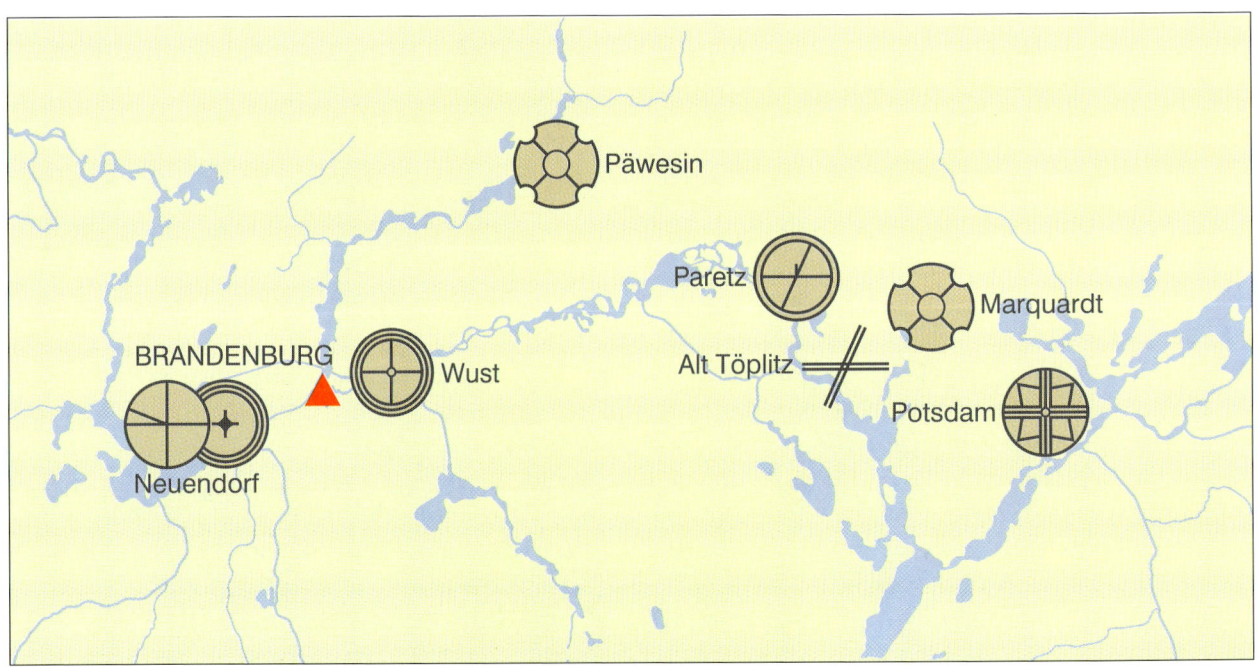

193 Verbreitung identischer Bodenzeichen an slawischen Töpfereierzeugnissen als Beleg für den lokalen Handel mit Keramik. Alle Zeichen kommen in Brandenburg je ein- bis vierzigmal vor und je ein- bis dreimal in Neuendorf, Wust, Päwesin, Marquardt, Alt Töplitz und Paretz.

194 **Brandenburg/Havel. Kultische (?) Reisigschlinge an den Resten der Flechtwand eines Hauses des 10. Jahrhunderts.**

195 **Brandenburg/Havel. Reisigbesen aus einem Haus des 10. Jahrhunderts.**

Der wirtschaftliche Aufschwung nach dem Aufstand erreichte im 12. Jahrhundert mit der Münzprägung des christlichen Hevellerfürsten seinen Höhepunkt. Pribislaw-Heinrich versicherte sich der Unterstützung der Kirche und deutscher Fürsten und setzte Albrecht den Bären zu seinem Erben ein. Dem Versuch des Sprewanenfürsten Jaxa von Köpenick, die Brandenburg mit polnischer Hilfe der deutschen Herrschaft zu entreißen, war nur ein kurzer Erfolg beschieden. Im Jahre 1157 belagerten und eroberten Albrecht der Bär und Erzbischof Wichmann von Magdeburg die Brandenburg. Zu den Geschehnissen im 12. Jahrhundert liegen umfangreiche Studien von H. D. Kahl (1964) vor. Die Burg wurde zwischen Bistum, königlichem Burggrafen und dem Markgrafen geteilt, die slawischen Bewohner in die Städte oder die als Kietze bezeichneten Dienstsiedlungen umgesetzt. Einem erneuten Herrschaftswechsel wurde durch die Besiedlung des Landes mit Bauern, Bürgern und Adligen aus verschiedenen Gegenden des Reiches begegnet. In einem Jahrzehnte dauernden Integrationsprozess ging aus den slawischen Hevellern und deutschstämmigen Einwanderern die märkische Bevölkerung hervor.

Literatur

Grebe 1998. – Kahl 1964. – Krabbo 1910. – Ludat 1971.

Der Burgwall von Berlin Spandau

ADRIAAN VON MÜLLER

Der Burgwall von Spandau, erstmals im Jahre 1344 als „Borgwall" erwähnt, liegt etwa 1 km südlich der mittelalterlichen Altstadt auf einer ehemaligen Havelinsel gegenüber dem südlichsten Spreezufluss. Der Burgwall bildete über mehr als 30 Jahre bis 1993 einen, wenn nicht den archäologischen Forschungsschwerpunkt in Berlin. Dank der außerordentlich guten Erhaltungsbedingungen nahezu sämtlicher Befunde gelang es dort, die Entwicklung einer slawischen Burg mit zugehöriger Dienstsiedlung zu einer frühen Stadt über fünf Jahrhunderte hinweg zu verfolgen. Diese für den ostelbischen Raum bisher wohl einmaligen Ergebnisse danken wir zum einen der Tatsache, dass der mehrfach gestiegene Wasserstand der Flusssysteme ein ständiges Anheben des Siedlungsniveaus notwendig machte (Abb. 196). Burg und Siedlung mussten schließlich am Ende des 12. Jahrhunderts aufgegeben werden. Ein weiterer Glücksumstand, der zur guten Erhaltung der Befunde beitrug, ergibt sich aus der nahezu nicht wieder erfolgten Bebauung des Geländes bis zum Ende des 2. Weltkrieges. Wesentliche Baumaßnahmen, verbunden mit Eingriffen in den Erdboden, setzten erst nach Kriegsende ein. Somit waren nicht nur die zeitlich aufeinanderfolgenden Siedlungsschichten überwiegend ungestört vorhanden. Vielmehr hatten sich auch organische Materialien wie Holz, Knochen und Leder wegen ihrer Lagerung im feuchten Boden, oft unterhalb des Grundwasserspiegels, erstklassig erhalten.

Die Geschichte des Burgwalles von Spandau begann laut der gewonnenen ^{14}C-Daten und der zeitlichen Einordnung des frühesten Fundstoffes um 700 n. Chr. Damals entstand an einem wichtigen ost-westlich verlaufenden Fernhandelsweg zum Schutze des offensichtlich hier vorhandenen Havelüberganges eine erste Burg, die bald von Burg 2 abgelöst wurde. Neben ihr entwickelte sich eine Dienstsiedlung. Schon in dieser frühen Zeit lässt sich anhand der Importfunde erkennen, dass Spandau in engem Kontakt mit weit entlegenen Regionen stand. Burg und danebenliegende, ebenfalls befestigte und planmäßig errichtete Dienstsiedlung bestanden etwa bis in das dritte oder vierte Jahrzehnt des 9. Jahrhunderts. Es ist dies die Zeit der Auseinandersetzungen zwischen dem Karolingischen Reich und dem östlich der Elbe mächtigen slawischen Wilzenbund. Es spricht viel dafür, dass Spandau im späten 8. und frühen 9. Jahrhundert mindestens zum Einflussbereich der südmecklenburgischen Wilzen gehörte. Die Spandauer Anlage fand ihr Ende um das Jahr 830. Zum gleichen Zeitpunkt schweigen auch die Schriftquellen, die bis dahin über die Wilzen berichtet hatten. Offensichtlich war das Herrschafts- und Einflussgebiet der Wilzen nicht nur politisch sondern auch wirtschaftlich unbedeutend geworden. Es blieb aber die alte Fernhandelsstraße, die von Magdeburg über Brandenburg und Spandau zur Oder und weiter nach Osten führte.

Neue politische Kräfte gewannen zu Ende des 9. und zu Beginn des 10. Jahrhunderts in Spandau an Gewicht. Wir erfahren durch Cosmas von Prag, einem Chronisten des ausgehenden 11. und beginnenden 12. Jahrhunderts, von Heiratsverbindungen zwischen den Brandenburgischen Stodoranen, die auch als Heveller bezeichnet werden, und dem böhmischen Herzogtum. Die Hevellerprinzessin Drahomir heiratete im Jahre 908 den böhmischen Herzog Vratislav. Dies ist die Zeit der neuentste-

196 Burgwall Spandau. Holzbohlenbelag im Osttor der Phasen 6a und 7 aus der zweiten Hälfte des 11. Jahrhunderts.

henden Spandauer Burg 3, die mit Hilfe der Dendrochronologie in die Zeit zwischen 893 und 920 datiert werden muss. Die Bautechnik dieser Burg war anders als die ihrer Vorgängerin. Man verwendete neben Holz, Lehm und Erde auch Steine, ein im Havelland ungewöhnliches Baumaterial. Aber derartige Burgbefestigungen waren in Böhmen und der Lausitz üblich. Darüber hinaus zeigen sich deutliche Einflüsse aus der Lausitz auch im keramischen Material. Hier ergänzen die archäologischen Forschungsergebnisse die schriftliche Überlieferung. Das Havelland stand in dieser Zeit in engem Kontakt mit Böhmen.

Dies wird auch durch das Ende der Burg 3 bestätigt. Der letzte Ausbau erfolgte um 920, dann wurde die Burg durch Brand zerstört. Vermutlich war es der deutsche König Heinrich I., der nach der Eroberung der Brandenburg im Winter 928/29 auch Spandau zerstörte, bevor er dann nach Böhmen weiterzog.

Bei einem strategisch so wichtigen Ort verwundert es nicht, dass die Burg schnell wiederaufgebaut wurde (Burg 4). Doch unter dem deutschen König Otto I. setzte eine ostwärts gerichtete Eroberungspolitik, verbunden mit christlicher Mission im ostelbischen Raum ein. Archäologisch nachweisbar wird dies am erneuten Ausbau der Burg Spandau (Burg 5) wohl auch zum Schutze des hier gelegenen günstigen Havelüberganges. Eine Burg vom Typ, der gerade erst in Westeuropa entwickelten Flachmotte, wird in Spandau errichtet (Abb. 198).

197 **Burgwall Spandau.** Holzbohlenbelag im Osttor der Phasen 6 und 7 aus der zweiten Hälfte des 11. Jahrhunderts.

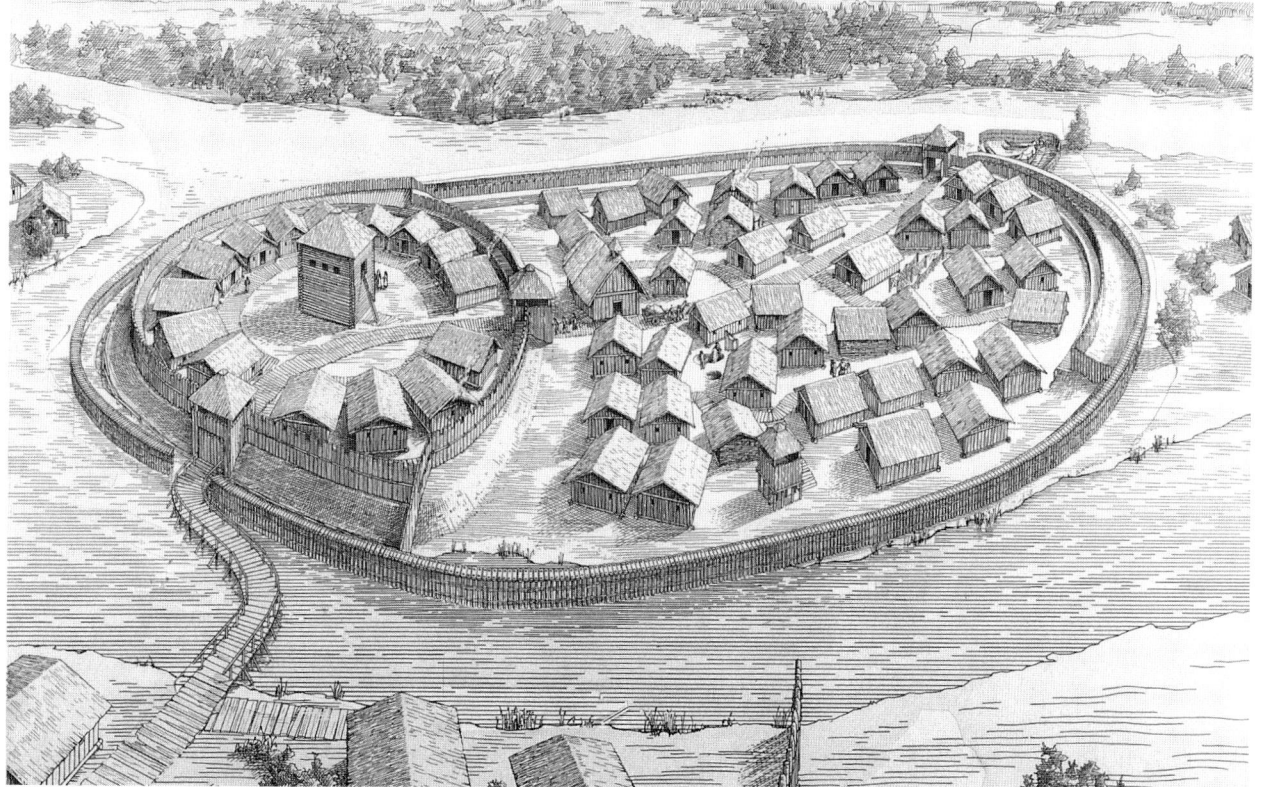

198 **Burgwall Spandau.** Zeichnerische Rekonstruktion der Phase 5b aus dem letzten Drittel des 10. Jahrhunderts.

Die Westslawen – Nachbarn des römisch-lateinischen Imperiums

199 Burgwall Spandau. Silbertauschierter Reitersporn aus dem letzten Drittel des 10. Jahrhunderts (gefunden neben der Holzkirche).

Auch das wirtschaftliche Leben zeigte wieder einen deutlichen Aufschwung. Die bereits im 9. Jahrhundert vorhandene Dienstsiedlung, die während der Phasen „Burg 3" und „Burg 4" wüst lag, entstand neu. Der Havelarm zwischen Burg und Dienstsiedlung wurde verfüllt. Um 980 errichtete man dort eine Saalkirche aus Holz, die möglicherweise auch Missionsaufgaben erfüllen sollte. Kurz zuvor war nämlich von Kaiser Otto II. das Kloster Memleben an der Unstrut gestiftet und, ungewöhnlich weit von diesem entfernt, mit drei Burgorten im Havelland beschenkt worden. Zwei dieser Orte tragen slawische Namen, einer den deutschen Ortsnamen Nienburg (Neue Burg). Möglicherweise war dies der deutsche Name für das slawische Spandau. Ein Zusammenhang zwischen dem Kirchenbau in Spandau und der Schenkung an das Kloster Memleben wäre dann nicht auszuschließen.

Im großen Slawenaufstand von 983 brannten auch Burg und Siedlung Spandau völlig ab. Über das ganze Areal hinweg konnte eine Holzkohle-Ascheschicht von bis zu 30 cm Stärke nachgewiesen werden. Der Wiederaufbau verzögerte sich um mehr als 15 Jahre. Dies geben Stubben von Bäumen zu erkennen, die das verlassene Gelände überwuchert hatten und eben nach etwa 15 Jahren abgeholzt und überbaut wurden. Es entstand wieder eine Burg, und im Bereich der Dienstsiedlung fanden sich fast kasernenartige, gleichförmige, zweiräumige Blockbauten. Dies war die Zeit, in der der ostelbische Raum zwischen dem Herzogtum Polen und dem Deutschen Reich umkämpft war, vor allem unter Kaiser Heinrich II.

Um 1030 begann der bedeutende wirtschaftliche Aufstieg Spandaus. Er fiel mit dem Ende der militärischen Auseinandersetzungen zwischen den genannten Parteien zusammen. Es entstand eine neue Burg mit danebenliegender Burgstadt, einer Vorburgsiedlung und je einem *Suburbium* am Ost- und Westufer der Havel. In der Burgstadt ließ sich nun ein Palas nachweisen, vermutlich Sitz einer Nebenlinie des brandenburgischen Hevellerfürsten (Abb. 200). In seiner unmittelbaren Nähe hatte sich das Gold- und Silberschmiedehandwerk angesiedelt. Aus einer solchen Werkstatt stammt der goldene Thebalring von Spandau. Einen solchen Ring entdeckte man fast zeitgleich mit dem Spandauer Exemplar am Finger Kaiser Lothars III. bei Ausgrabungen in Königslutter. Reiche Importfunde fanden sich gerade in diesem Bereich, unter ihnen Münzen in großer Zahl. Man darf an eine Beteiligung der Palasbewohner am Fernhandel denken, der im Norden bis Norwegen reichte, im Osten bis nach Smolensk, in das Baltikum und nach Kiew, darüberhinaus sogar bis in das östliche Indien und im Westen bis in das Rheinland.

In den Jahren 1079 bis 1083 erfolgte, wie den Dendrodaten der Außenbefestigung zu entnehmen ist, ein nochmaliger gewaltiger Ausbau der Spandauer

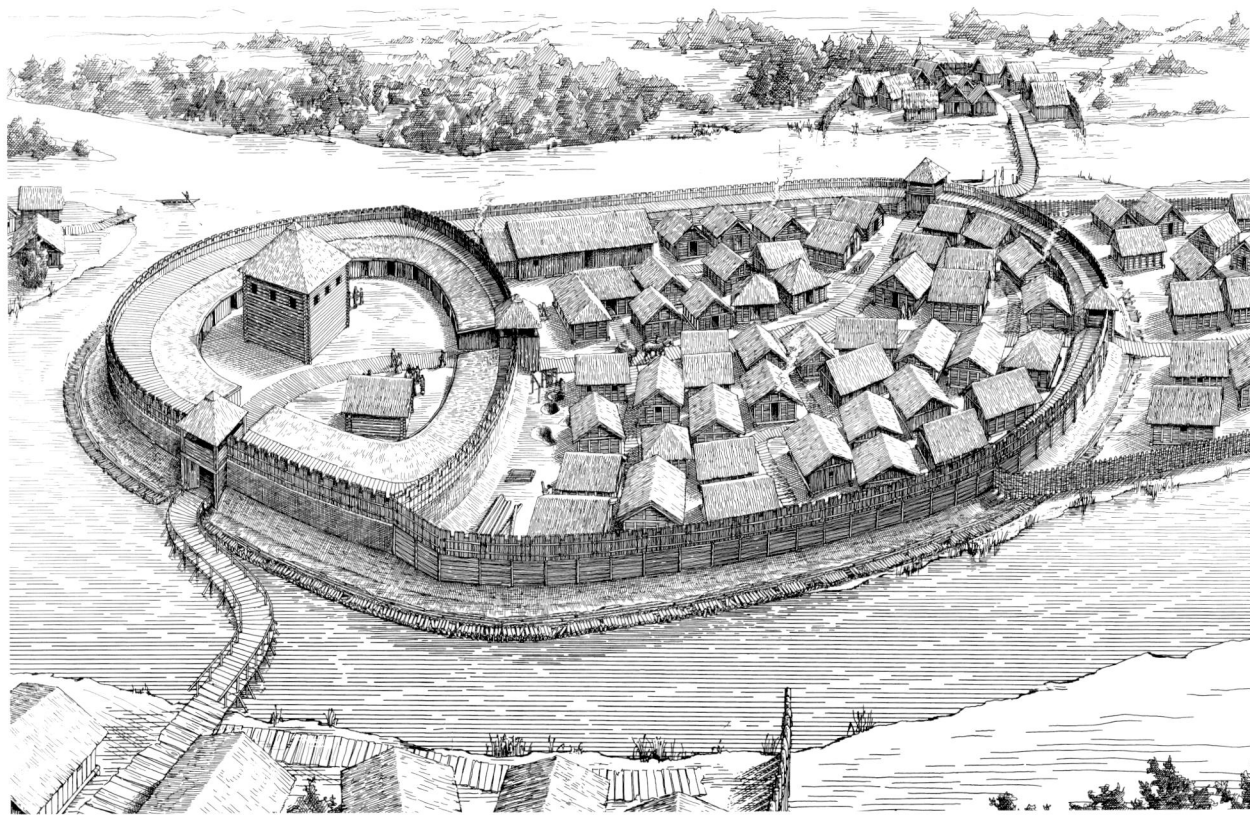

200 Burgwall Spandau. Zeichnerische Rekonstruktion der Phase 6b aus dem zweiten und dritten Drittel des 11. Jahrhunderts.

201 **Burgwall Spandau. Vergoldetes Sporenpaar, vergoldete Sporenschnallen und vergoldeter Schildbuckel** (um 1108 n. Chr.).

Stadtbefestigung. Bald nach dem Jahre 1108 versuchte ein obodritisch-skandinavisches Heer, Spandau zu erobern. Neben der östlichen Brücke fanden sich im Uferschlamm ein Halbstiefelpaar aus Leder mit zugehörigen vergoldeten Sporenschnallen und Sporen, sowie ein vergoldeter Schildbuckel (Abb. 201), die sämtlich aus Skandinavien zu stammen scheinen. Es ist die Zeit, in der die Obodriten, wie die historischen Quellen aussagen, versuchen, das Havelland zu erobern. Um 1150 gelangte das Havelland in die Hände Albrechts des Bären, Graf von Ballenstedt, später Markgraf von Brandenburg. Er übernahm die vermutlich intakte Burg und Burgstadt Spandau. Für das Jahr 1162 lässt sich eine letzte Brückenerneuerung dendrochronologisch belegen. Aber um 1170 begann die Umsiedlung der Bevölkerung in die neu gegründete Stadt Spandau im heutigen Altstadtbereich.

Literatur

v. Müller/v. Müller-Muči 1987; 1989. – v. Müller u. a. 1999.

Slawische Burgwälle an der Kastorfer – Möllner – Seenkette

VOLKER SCHMIDT

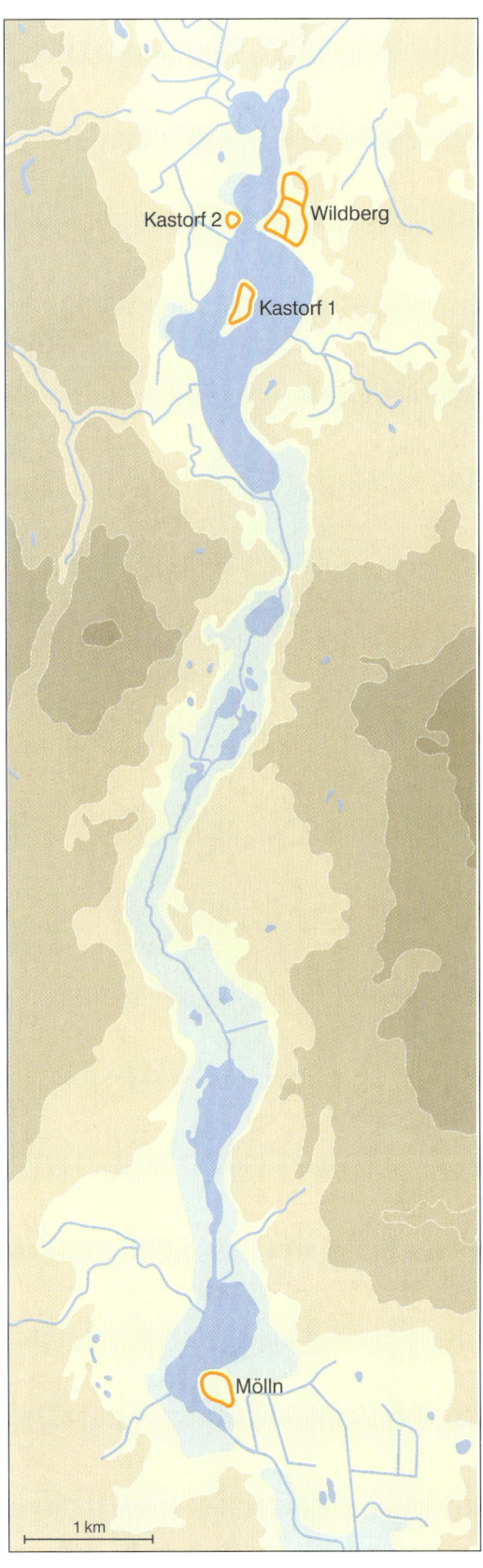

202 Lageplan der vier slawischen Burgwälle an der Kastorfer – Möllner – Seenkette.

Die Konzentration von vier slawischen Burgwällen an der Kastorfer – Möllner – Seenkette, auf einer Fläche von 18 km², zog schon seit Jahrzehnten das Interesse der Forschung auf sich. Dem Trend von der Ausweitung der Feldforschung von ursprünglich einer fundplatzbezogenen Ausgrabung auf breit gelagerte Untersuchungen – möglichst einer geschlossenen Mikroregion folgend – fanden zwischen 1988 bis 1997 auf allen vier Burgwällen Ausgrabungen statt (Abb. 202). Die Ergebnisse sollen in diesem Zusammenhang in Kurzfassung vorgestellt werden.

An der nordöstlichen Uferzone des Kastorfer Sees liegt in einem Buchenwald eine etwa 7 ha große dreigliedrige Niederungsburg (Wildberg, Fundplatz 1). Der Wall der Hauptburg erreicht überwiegend noch eine Höhe von 5 m, der außen vorgelagerte Graben betont den Gesamteindruck nachdrücklich. Auch bei den beiden großräumigen Vorburgen ist das Wall-Graben-System durchgehend noch erhalten. Die Ausgrabungen erstreckten sich schwerpunktmäßig auf die Hauptburg, aber auch in den Vorburgen fanden kleine Untersuchungen statt. In den drei Wallschnitten ließen sich jeweils drei und mehr Bauphasen nachweisen. Im Bereich der Hauptburg trat eine durchschnittlich 45 cm starke Kulturschicht auf. Es konnten mehrere Hausgrundrisse, Herdstellen und ein Zaun nachgewiesen werden. Die Untersuchungen erbrachten ein umfangreiches Keramikmaterial, das zu 92,3 % der Feldberger Gruppe, 5,5 % der Sukower Gruppe und nur 1,8 % der Menkendorfer Gruppe angehört. Ein geringer Anteil von 0,4 % ist nicht den genannten Keramikgruppen zuzuordnen. Bemerkenswert ist das Auftreten von mehreren Importgegenständen und Luxusgütern aus hochentwickelten Wirtschaftsgebieten. Hierin schlägt sich offensichtlich die adlige Führungsschicht nieder. In beiden Vorburgen konnten weitere Hausgrundrisse freigelegt werden. Eine Kulturschicht ließ sich hier partiell nachweisen. Offenbar war eine unbestimmte Zeitdauer die gesamte Burganlage bewohnt. Dazu ergänzend fällt auf, dass im weiteren Umkreis trotz intensiver Flurbegehungen, kein Siedlungsplatz mit reiner Feldberger Keramik bekannt ist. Wahrscheinlich wurden die beiden Vorburgen im 9. Jahrhundert allmählich freigezogen und es entstanden die ersten dörflichen Siedlungen. Die Hauptburg blieb dann bis zum Ende des Feldberger-Horizonts voll funktionsfähig. Ein ähnlicher Vorgang hat sich mit der gleichzeitigen Höhenburg bei Feldberg, am Bereich Luzin, vollzogen (Abb. 186).

In diesem Zusammenhang muss aber auch darauf hingewiesen werden, dass es unter den großen wilzischen, mehrgliederigen Burgwällen Anlagen gab, in denen nur die Hauptburg bewohnt war und die Vorburgen keinerlei Siedlungsspuren enthalten. Zu derartigen Burgen gehört dann aber in der Regel eine Siedlungskammer, bestehend aus mehreren offenen Siedlungen. Als Beispiel dafür soll die Ravensburg bei Neubrandenburg Erwähnung finden.

Die Ursachen und Gründe für diese unterschiedlichen Siedlungsstrukturen können verständlicherweise hier nicht analysiert werden. Wie scheinbar alle wilzischen Burgen fiel auch die Anlage am Kastorfer See in der Mitte des 9. Jahrhunderts einer Zerstörung zum Opfer. An der gegenüberliegenden Seeseite entstand in etwa 200 m Entfernung die Nachfolgeeinrichtung. Dabei handelt es sich um einen für das 9./10. Jahrhundert typischen Rundling von rund 60 m Durchmesser (Kastorf, Fundplatz 2). Durch eine auf engstem Raum konzentrierte Innenbebauung und mehrere Zerstörungshorizonte kam es zur Herausbildung einer Kulturschicht mit einer Mächtigkeit von 1,80 m. In dem Wallschnitt sind zehn Bauphasen erkennbar. Das Keramikinventar setzt sich zusammen zu 23,9 % aus der Feldberger, 0,9 % aus der Sukower, 64,4 % aus der Menkendorfer und 10,8 % aus der Woldegker und Fresendorfer Gruppe. Jungslawische Keramik ist nicht vertreten. Danach dürfte das Ende dieser Befestigung spätestens in den Beginn der zweiten Hälfte des 10. Jahrhunderts zu datieren sein. Nicht unerwähnt soll von Kastorf, Fundplatz 2, ein Glasschmelzofen mit Windkanal bleiben. Neben Glasschlacke und Glasschmelze fanden sich hier mehrere Glasperlen. Aus der mittelslawischen Periode sind vom Bereich um den Kastorfer See zwölf Siedlungsplätze bekannt.

Schon im 10. Jahrhundert wurde die Insel im Kastorfer See besiedelt und am Übergang in die jungslawische Zeit mit einer Befestigungsanlage umgeben, die eine Grundfläche von etwa 2 ha ausmachte. Derartige Abmessungen sind für jungslawische Anlagen im Bereich der Lutizen ungewöhnlich. Erreichbar war die Insel über zwei Brücken, die jeweils nach Norden und Süden Verbindungen zum Festland herstellten. Vom nördlichen Brückenverlauf liegen Dendrodaten aus der Zeit um/nach 911 vor. Die Untersuchungen erbrachten von der Insel ein auffälliges Fundmaterial,

203 **Kastorf, Fundplatz 2.** Fragmente bronzener Klappwaagen.

204 **Kastorf, Fundplatz 2.** Perlen aus Karneol und Kristall.

Die Westslawen – Nachbarn des römisch-lateinischen Imperiums 283

205 **Kastorf, Fundplatz 2. Messerscheidenbeschlag aus Bein in Form eines Seehundes.**

das aber in seiner Zusammensetzung in allen Grabungsflächen kaum Unterschiede erkennen lässt. Markant schlägt sich die Markttätigkeit mit diversen Funden wie 30 Gewichten, zwölf Klappwaagen (Abb. 203), Hacksilber, 24 Münzen, 42 Edelsteinperlen (Abb. 204) und einigen Luxusgütern aus höher entwickelten Wirtschaftsgebieten nieder.

Darüber hinaus unterstreichen 16 Schlüsselfunde, darunter drei Steckschlüssel, und sieben Fragmente von Steckschlössern, unter dem Blickwinkel, dass die eisernen Fesseln als Hinweise auf Sklavenhandel interpretiert werden, die Stellung als Marktort, der offensichtlich im Fernhandel eine wichtige Rolle spielte. In diesem Zusammenhang lassen sich auch die 45 Schreibgriffel einordnen. Die Anwesenheit von Pferden ist durch sieben Trensen, drei Hufeisen, Hufnägel und Schnallen vom Geschirr belegt. Fünf Sporen des 11./12. Jahrhunderts weisen auf den Aufenthalt von Angehörigen der Adelsschicht hin, doch konnte für sie der Nachweis eines ständigen Wohnsitzes auf der Insel nicht erbracht werden. Auffallenderweise sind im Fundmaterial keinerlei Waffen enthalten. Zahlreiche Eisenschlacke, Ausheizfeuerstellen und ein kompletter Schleifstein belegen eine intensive Eisenverarbeitung. In kreisrunden Gruben mit ebenem Boden waren offensichtlich die Bottiche der Gerber eingetieft. Auf der Insel kamen 14 solcher Gerbergruben zutage, die über die gesamte Anlage verteilt lagen. Ausgeschmolzenes Blei und Silberschmelz deuten darauf hin, dass auch ein Feinschmied hier tätig war.

Von den zahlreichen Importgegenständen können in diesem Zusammenhang nur wenige außergewöhnliche Stücke genannt werden. Dazu zählen Spinnwirtel aus Owrutscher Schiefer, aus Meerschaum sowie glasierte Ausführungen, ein Messerscheidenbeschlag in Form eines Seehundes (Abb. 205), ein vergoldeter bronzener Buchdeckelverschluss, eine Beschlagplatte von einem Reliquienkästchen und ein drachenförmiger Bronzebeschlag. Zu den Befunden ist anzumerken, dass die Insel heute etwa 5 m über den Wasserspiegel des Kastorfer Sees liegt und dadurch keine Erhal-

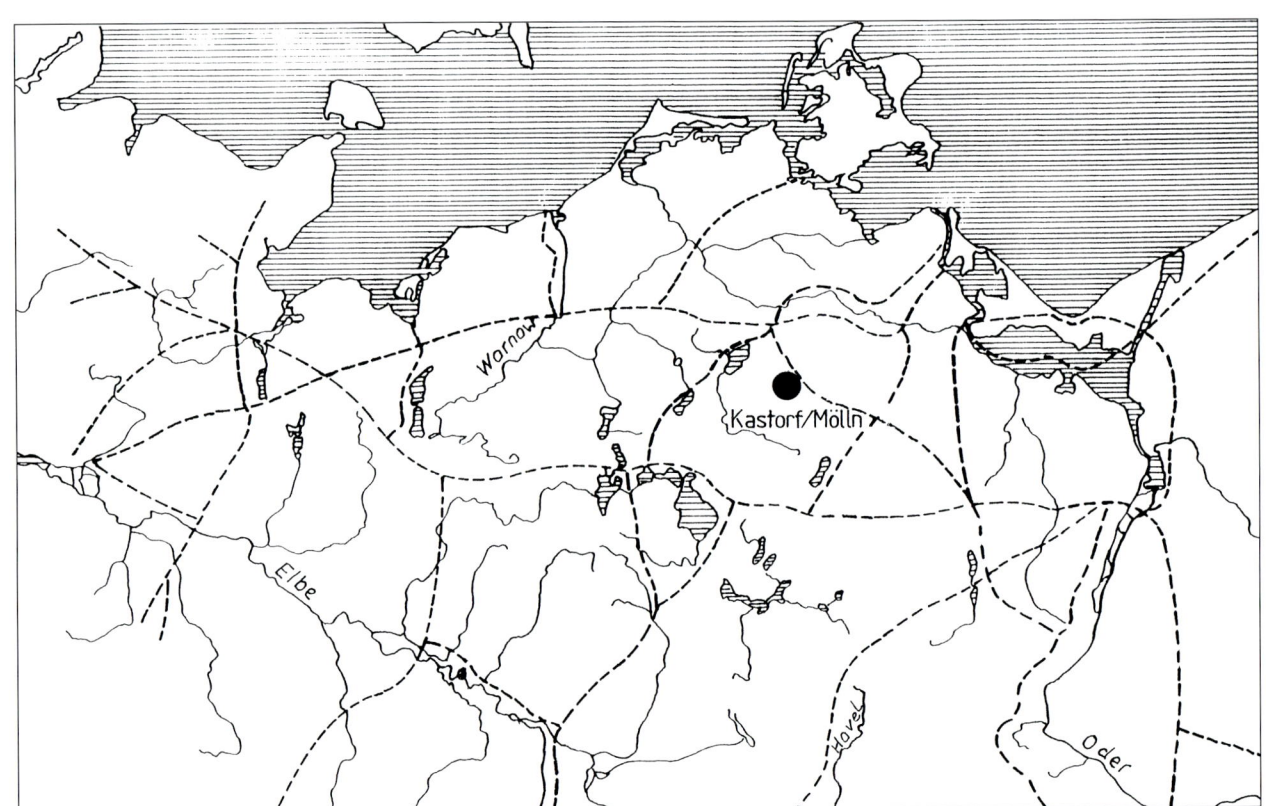

206 **Lage des Stammeszentrums der Tollenser am Fernhandelsweg Stettin–Demmin.**

284 Slawen und Ungarn in Europas Mitte

tungsbedingungen für Holz vorhanden sind. Dennoch war es möglich die Funktion einzelner Bauten zu klären, so z. B. in der südlichen Randzone auf der höchsten Stelle der Insel. Vermutlich handelte es sich bei dem hier aufgedeckten Gebäude um einen Tempel. Mehrere zusammengeschmolzene Silberklümpchen die hier entdeckt wurden, weisen darauf hin, dass dieses Bauwerk einem Brand zum Opfer fiel. Die Silbergegenstände konnten nicht mehr identifiziert werden, doch spricht allein schon die Anhäufung für die Bedeutung dieser Anlage.

Der Herrschaftssitz zu dem Fernhandelsplatz im Kastorfer See ist mit großer Wahrscheinlichkeit im 6 km entfernten jungslawischen Burgwall von Mölln anzunehmen. Archäologische Untersuchungen bestätigen die Zeitgleichheit und eine besondere gesellschaftliche Bedeutung dieser zweigliedrigen Burg. Die Befestigungsanlage liegt am südöstlichen Ende des in diesem Bereich stark verlandeten Möllner Sees. Sie war über eine Brücke erreichbar, deren Ansatz im südwestlichen Uferbereich Hölzer erbrachte, die Dendrodaten aus der Zeit um/nach 944 lieferten.

Beide Seen, der Kastorfer und der Möllner, sind Bestandteile eines langgezogenen Gletscherzungenbeckens, das im mittleren Bereich stark verlandet ist. Diese jungslawische Siedlungsagglomeration stellte offenbar das gesellschaftliche Zentrum des Stammes der Tollenser dar. Es lag an dem Fernhandelsweg Stettin–Demmin, der dann weiter nach Hamburg führte (Abb. 206).

Literatur

Herrmann 1968b. – V. Schmidt 1981; 1998.

Burgwälle, Burgen und Burgstädte in Böhmen

JIŘÍ SLÁMA

Die frühmittelalterlichen befestigten Siedlungen, die unsere Vorfahren Burgen nannten und die wir nun zum Unterschied von den Steinburgen der romanischen und gotischen Zeit als Burgwälle bezeichnen, waren die größten Bauwerke der damaligen Gesellschaft. Ihre Errichtung setzte eine gute Organisation voraus, die nicht nur eine Menge qualifizierter Arbeitskräfte zu koordinieren hatte, sondern auch über bedeutende technische Kenntnisse und Erfahrungen verfügen musste. Zur Zeit ihres Bestehens waren die Burgwälle politische, verwaltende, religiöse und ökonomische Zentren für die Bevölkerung der angrenzenden besiedelten Gebiete, und Zeiten feindlicher Angriffe spielten sie eine entscheidende Rolle bei der Verteidigung der betroffenen Gebiete. Weil die Termini, die in einzelnen slawischen Sprachen das Wort „Burg" bezeichnen, den gemeinsamen Ursprung im urslawischen „grad" haben, kannten die Slawen die Burgwälle zweifellos schon in den ihrer großen Expansion vorangehenden Zeiten, als sie im 6. und 7. Jahrhundert von der Karpato-Ukraine aus auf den Balkan und nach Mitteleuropa vordrangen.

Die erste und für das ganze 7. und 8. Jahrhundert zugleich auch die einzige historische Angabe über die Burgwälle der Westslawen ist der Bericht des fränkischen Chronisten, des so genannten Fredegar, über Wogastisburg, wo im Jahr 631 die slawischen Krieger, geführt von Samo, das fränkische Heer König Dagoberts schlugen. Die Lage dieses Ortes ist immer noch unbekannt; am ehesten ist es irgendwo in Westböhmen oder im angrenzenden oberen Maingebiet zu vermuten. Die fränkische Moissac-Chronik berichtet von der Belagerung der Burg Canburg (irgendwo in Böhmen im Oberen Elbgebiet) im Jahr 805 durch die vom Sohn Karls des Großen selbst geführte Expedition. Erst mit dieser Erwähnung beginnt die zusammenhängende Abfolge der historischen Berichte über die Burgwälle der böhmischen Slawen, auch wenn diese Informationen ausschließlich von Fremden aufgezeichnet wurden. Völlig wertlos für Aussagen über die ältesten böhmischen Burgwälle sind die Angaben in den böhmischen historischen Sagen, denn ihre Motive gehen auf uralte magische, vielen europäischen Völkern gemeinsame Vorstellungen zurück; sie erhielten außerdem ihre endgültige Form erst durch die Geschichtsschreiber der Epoche Karls IV. und der Renaissancezeit. Die Sagen erwähnen zwar eine Reihe von Burgen schon aus dem ältesten Zeitabschnitt der böhmischen Geschichte (z. B. Vyšehrad, Libušín, Děvín u. a.), einen historischen Wert haben diese Berichte jedoch nicht.

Zahlreiche Erkenntnisse über die älteste Geschichte der altslawischen Burgwälle in Böhmen verdanken wir der Archäologie. Aus der Anfangszeit der slawischen Besiedlung Böhmens, die in der ersten Hälfte des 6. Jahrhunderts erfolgt sein dürfte, sind bislang keine befestigten Siedlungen bekannt. Möglicherweise erst zu Lebzeiten der vierten bis fünften Generation der slawischen Bevölkerung begann man in unseren Landen neben den geläufigen Ansiedlungen in landwirtschaftlich produktiven Niederungen, vereinzelt in besiedelten Randgebieten, in geographisch exponierten, durch natürliche Hindernisse gut geschützten Lagen (meist auf Hügeln) Siedlungen aufzubauen. 20 solcher Ortschaften sind in Böhmen bislang identifiziert worden (Závist, Hradsko, Kouřim u. a.). Auch wenn bei diesen Siedlungen die eigentliche Befestigung fehlt (mancherorts wurden nur die Reste von verstürzten vorgeschichtlichen Fortifikationen verwendet) oder sie sich auch in der Besiedlungsart von den gegenwärtigen, in Niederungen angelegten Dörfern nicht unterscheiden, so lassen sie sich trotzdem als eine bestimmte Vorstufe in der Entwicklung der befestigten Siedlungen ansprechen. Schließlich wurden auf einer Reihe dieser Plätze in den folgenden Jahrhunderten Burgwälle errichtet.

Mit dem Bau der eigentlichen Burgwälle wurde bei uns erst nach der Ankunft einer zweiten Welle der slawischen Bevölkerung begonnen, die in Böhmen im Laufe des 7. Jahrhunderts, diesmal aus dem Donaugebiet eingedrungen war. Diese ältesten Burgen bestanden gewöhnlich aus einem Areal, das von einer einfachen Holz-Erde-Mauer mit Graben umgeben war, und erstreckten sich über eine Fläche von bis zu 6 ha. Entsprechend der ländlichen Lebensweise ihrer Bewohner unterscheiden sie sich in ihrer inneren Bebauung nicht von heutigen Dörfern. Zu den am besten erforschten altslawischen Burgwällen zählt in Böhmen Klučov in der Umgebung von Český Brod. Diese ältesten Burgwälle wurden in der Nähe oder direkt im Zentrum der besiedelten Gebiete und oft an wichtigen Wegen oder Pfaden gebaut; vereinzelt finden wir sie auch in schwächer besiedelten Randgebieten, z. B. unweit von Erzlagern. In der Folgezeit entstanden auch mehrräumige Burgwälle (mit einer oder mehreren Vorburgen) mit einer Innenfläche von 20 ha und auch mehr, die zweifellos als Refugien dienten (z. B. Tismice). Die Anhäufung mehrerer Burgwälle in einigen geschlossenen geographischen Regionen (z. B. um Český Brod), wo einzelne Wälle nur wenige Kilometer voneinander entfernt lagen, zeugt sowohl vom Bemühen der damaligen Regierung, die Verwaltung zu dezentralisieren als auch von einer funktionalen Differenzierung einzelner Bauten.

Eine bedeutende Wende in der Geschichte der Burgwälle in Böhmen brachte der Übergang vom 8. zum 9. Jahrhundert, als unsere Vorfahren engere Beziehungen zum Reich Karls des Großen aufnahmen. Die häufigen Zusammenstöße mit den fränkischen Kriegern kommen vor allem in der Vervollkommnung der Befestigungstechnik der Burgwälle (neue Mauerkonstruktionen mit Steinlagen) und in der Errichtung ausgedehnter, im Innern gegliederter Anlagen, die fast uneinnehmbar waren, zum Ausdruck. Einige dieser Burgwälle wurden allmählich zu Zentren der aufkommenden slawischen, in einzelnen schon besiedelten Gebieten Böhmens sich bildenden Fürstentümer (Kouřim, Libice nad Cidlinou, Rubín u. a.); aus dem 9. Jahrhundert sind mindestens 14 solche Fürstentümer belegt. Diese Burgwälle waren auch Sitze des damals aufkommenden slawischen Geschlechteradels, was die dort gefundenen wertvollen Schmuckgegenstände, Waffen oder reich ausgestatteten Gräber bezeugen.

Der fränkische Druck und der wachsende Einfluss des großmährischen Reiches beschleunigten in Böhmen die Konzentrierung der Macht in Händen einer sich immerzu vermindernden Zahl von Fürsten, unter denen der in Mittelböhmen regierende Přemyslide Bořivoj eine dominante Stelle einnahm. Durch die Annahme des Christentums und Abschaffung der Macht der Stammesverbände schuf er im Zentrum des böhmischen Beckens die Keimzelle eines wirklichen Staates, dem sein Sohn Spytihněv I. dann die Organisationsstruktur verlieh. Die so veränderte machtpolitische Situation äußerte sich deutlich auch in der Verbreitung der slawischen Burgwälle in Mittelböhmen. Zur Zeit Bořivojs nahm die Burg Prag an Bedeutung zu, die sich als der wichtigste Fürstensitz und danach auch als mächtiges Kirchenzentrum erwies. Am

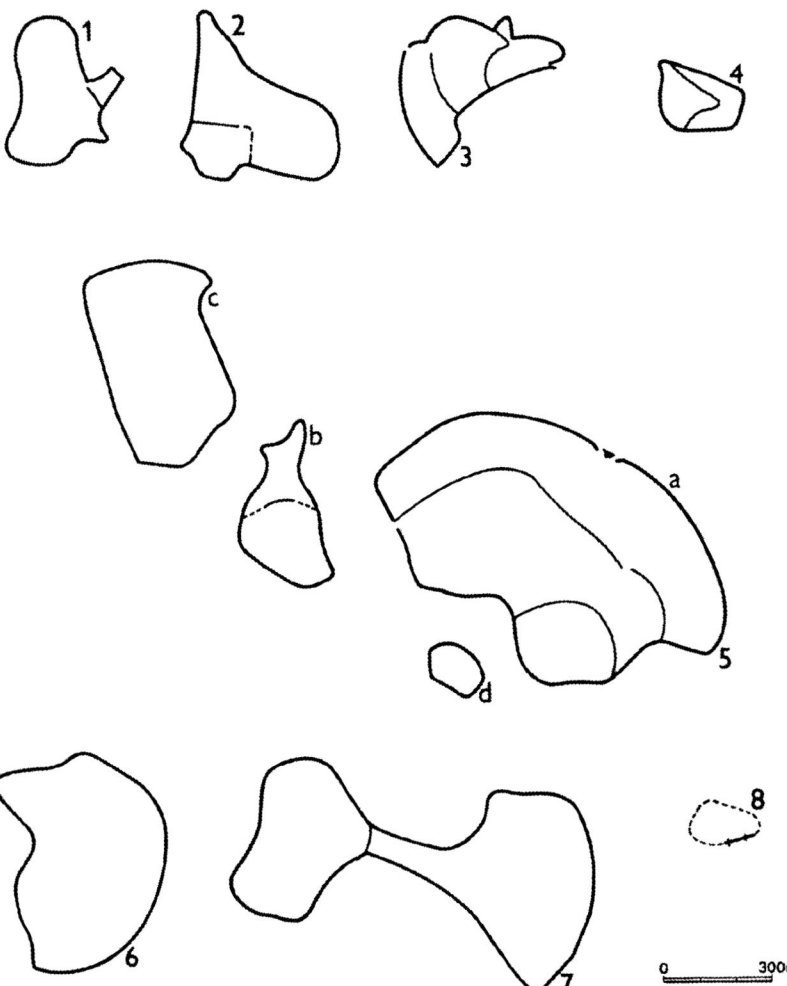

Fuße des Burgbergs lag eine befestigte Vorburg mit einem lebhaften, von fremden Kaufleuten häufig besuchten Markt. Eine begehrte Handelsware waren Sklaven. Während eine Reihe älterer Burgwälle aus der Vorbořivojer Zeit in der mittelböhmischen Přemyslidendomäne nach und nach verfiel, ließ Fürst Spytihněv in deren Umkreis einige neue, von Prag etwa 26 bis 34 km entfernte Burgwälle errichten. Auf allen standen Kirchen. In der regelmäßigen Verteilung der Burgwälle sehen wir den Keim einer neuen Organisation, die die Historiker als eine Burgverfassung bezeichnen und die die älteste, zur Herrschaft über die Bevölkerung dienende staatliche Institution überhaupt ist. Die übrigen damals in Böhmen bestehenden Fürstentümer hatten eine solche Entwicklungsstufe noch nicht erreicht (am nächsten mag ihr wohl das Fürstentum im mittleren und unteren Eger-Gebiet gekommen sein); sie lebten weiterhin in vorstaatlichen Gesellschaftsformen und blieben der archaischen vorchristlichen Religion treu.

Einen radikalen Wandel im Burgwallnetz in Böhmen bewirkte der Přemyslide Boleslav I., der sogleich nach der Besteigung des Fürstenthrones mit der Beseitigung der nicht přemyslidischen Fürsten

207 Schematische Grundrisse der wichtigsten tschechischen Burgwälle des 9.–11. Jahrhunderts: 1 Hradsko; 2 Vyšehrad; 3 Libušín; 4 Klučov; 5 Kouřim: a Altkouřim, b Kouřim-St. Georg, c Kouřim-Stadt, d Kouřim-St. Vojtěch; 6 Tismice; 7 Libice; 8 Rubín.

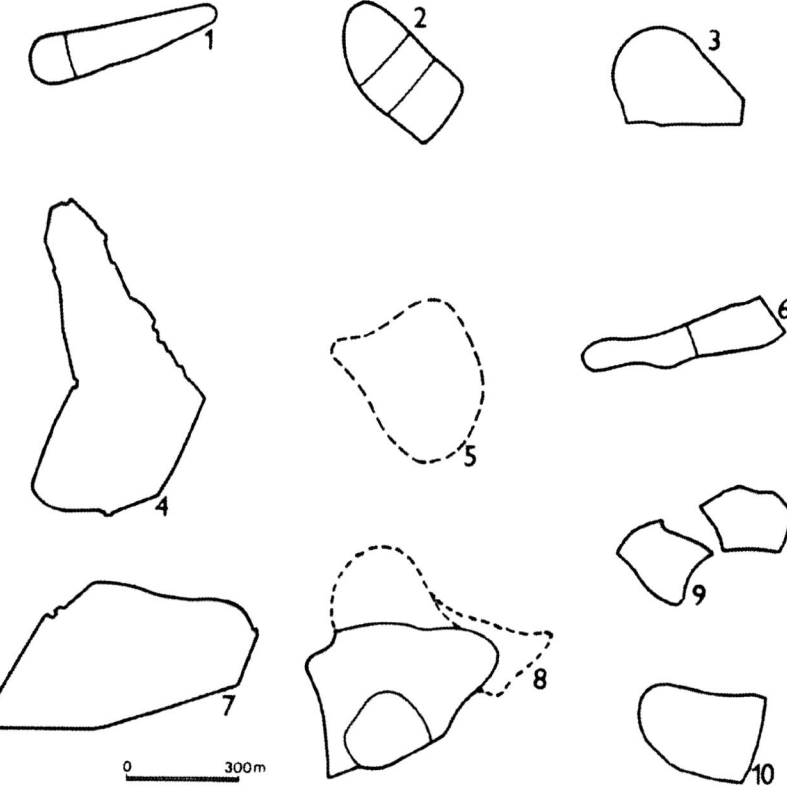

208 Schematische Grundrisse der wichtigsten tschechischen Burgwälle des 9.–11. Jahrhunderts: 1 Prager Burg; 2 Zabrušany; 3 Litoměřice; 4 Žatec; 5 Mělník; 6 Starý Plzenec; 7 Hradek Králové; 8 Budeč; 9 Levý Hradec; 10 Chrudim.

auf militärischem Wege begann. Zu diesem weitreichenden politischen Entschluss veranlasste ihn die Situation jenseits der Grenzen Böhmens, wo sich unter der Herrschaft Heinrichs I. die sächsische Macht konsolidierte. Einen wirksamen Schutz Böhmens vor den Angriffen von außen konnte nur eine starke, auf ein vereintes Land und zahlreiches Militär gestützte fürstliche Gewalt sichern. In den neu besetzten böhmischen Gebieten wurden vom Přemyslidenfürsten in der Nähe der von ihm zerstörten Burgen der lokalen Fürsten neue Zentren der přemyslidischen Verwaltung aufgebaut. Solche „Burwalldoppel" sind in Böhmen mehrfach nachgewiesen worden (z. B. Zabrušany-Bílina, Švédské šance-Mladá Boleslav, Stará Kouřim-Svatojiřské hradiště u. a.).

Die Vollendung dieser neuen Burgwallverfassung führte in Böhmen am Ende des 10. und zu Beginn des 11. Jahrhunderts bei der ökonomischen Sicherstellung des frühmittelalterlichen Staates Veränderungen herbei. Während bis dahin die für die Versorgung des Fürsten und seines Gefolges nötigen Mittel vor allem in Beutezügen (durch Raub, Überfälle in die Umgegend, Sklavenhandel) beschafft wurden, so ließ dies die veränderte politische Lage in Mitteleuropa nicht mehr zu, und die einzige Erwerbsquelle wurde nunmehr die Arbeit der ansässigen Bevölkerung. Zur Vollendung der Burgverfassung führte ferner der Aufbau eines Netzes von Kastellen (in Böhmen waren es an die 20, z. B. Litomiřice, Žatec, Mělník, Pilsen [Plzeň], Hradec Králové, Netolice u. a.) und der allmähliche Verfall jener Burgwälle, die in der neuen Organisation ihre Daseinsberechtigung verloren hatten (z. B. Budeč, Levý Hradec, Rubín u. a.). Die ökonomische Funktion einer Reihe von Burgwällen übernahmen die Gehöfte. Neben den bedeutenden Kastellen entstanden noch kleinere, in der Regel mit einer spezifischen Funktion betraute Anlagen (z. B. zum Schutz der Landespforten, wie Chlumec).

Der endgültige Untergang der frühmittelalterlichen Burgwälle (und der entsprechenden Burgverfassung) bewirkte in Böhmen im 13. Jahrhundert den Ausbau der Städte, die viele Funktionen der ehemaligen Burgwälle übernahmen. Die Städte wurden meist in den Arealen der einstigen Burgwälle angelegt (z. B. Žatec, Hradec Králové, Chrudim, Litoměřice u. a.); wenn deren Lage den Anforderungen der Städte nicht entsprach, wurden diese an einer neuen Stelle gegründet (so z. B. Pilsen, Kouřim u. a.). Damit hatte die über sechs Jahrhunderte währende Geschichte der Burgwälle in Böhmen definitiv ein Ende.

Literatur

Bubeník u. a. 1998. – Sláma 1988. – Šolle 1984.

Burgwälle, Burgen und Burgstädte in Mähren

LUMÍR POLÁČEK

Der Entwicklungsablauf der slawischen Befestigungen in Mähren lässt sich von den ersten leicht befestigten Siedlungen des 8. Jahrhunderts über die großmährischen Burgwälle des 9. Jahrhunderts bis zu den jungburgwallzeitlichen Befestigungen des 11. und 12. Jahrhunderts verfolgen. Das 13. Jahrhundert bedeutete in dieser Entwicklung insofern einen grundsätzlichen Wandel, da dieses der hochmittelalterlichen Steinburg zustrebte. Entscheidend für die Erkenntnis dieser Anlagen sind die archäologischen Quellen. Über die mährischen Burgwälle liegen keine schriftlichen Berichte aus dem 9. und 10. Jahrhundert vor, und ihre Erforschung kann sich erst im 11. Jahrhundert und in jüngeren Zeiten auf Schriftquellen stützen. Schon deshalb ist das mangelnde Wissen über die chronologische Entwicklung der frühmittelalterlicher Burgwälle in den weiten Gebieten nördlich der mittleren Donau und in Mähren immer noch das Hauptproblem der Forscher.

Günstige Bedingungen für den dynamischen staatsbildenden Prozess setzten in Südmähren um die Wende vom 8. zum 9. Jahrhundert im Zusammenhang mit dem Verfall des awarischen Khanats und anderen politischen Ereignissen ein. Besonders im Gebiet der mittleren March kam es damals zu einer beschleunigten wirtschaftlichen und sozialen Entwicklung. Dieses Gebiet wurde zum Kristallisationskern des späteren Staatsgebildes Großmähren, dessen Schicksal mit dem heimischen Geschlecht der Mojmíriden eng verbunden war. Die Anfänge des großmährischen Staates fallen in die Zeit um 830, als Mojmír I., der erste historisch nachgewiesene Herrscher Altmährens den Fürsten Pribina aus Neutra (Nitra) vertrieb.

Die Anfänge der slawischen befestigten Siedlungen in Mähren setzen wir in das 8. Jahrhundert. Zu dieser Zeit bildete sich eine Siedlungsgruppe mit einer gehobenen Gesellschaftsschicht auf den March-Inseln (Mikulčice, Uherské Hradiště, Olmütz [Olomouc]/„Povel") und auf den von Flussläufen umgebenen Spornlagen Mittelmährens heraus (Brünn [Brno]-Líšeň/„Staré Zámky", Radslavice/Zelená Hora). Zu den charakteristischen Funden zählen hier die Hakensporen bzw. gegossene Bronzebeschläge awarischen Stils. Die Siedlungen waren offenbar mit Palisaden oder anderen leichteren Konstruktionen befestigt, deren Form und Datierung nicht näher bekannt sind. Mit Ausnahme von Olmütz „Povel" ging das Leben an den genannten Orten bis in das 9. Jahrhundert weiter, da sie zu bedeutenden Machtzentren des großmährischen Staates wurden. In Südmähren entstanden außerdem neue großmährische Burgwälle (Břeclav/„Pohansko", Nejdek/„Pohansko", Strachotín/„Petrova Louka", Rajhrad, Znaim (Znojmo)/„Hradištì sv. Hypolita", Zadní Arnoštov/Mařín, Osvětimany/„Sv Kliment").

Aus den Kerngebieten Großmährens in Mähren, in der Slowakei und in Niederösterreich sind uns mindestens 30 befestigte Siedlungen aus dem 9. Jahrhundert bekannt. Ein Vergleich mit der vom so genannten bayerischen Geographen angegebenen Zahl an *civitates* ist durch die unklare Lokalisierung der „doppelten Mährer" und den ungenügenden Erkenntnisstand der Burgwälle erschwert. Es gibt mehrere Möglichkeiten, die großmährischen Befestigungen in Mähren zu gliedern (Abb. 209). Am eindeutigsten ist die Aufteilung in die in Flusstälern gelegenen Niederungsburgwälle (Mikulčice, Staré Město-Uherské Hradiště, Břeclav/„Pohansko", Strachotín, Rajhrad) und die Höhenburgwälle auf Spornen oder Bergkuppen (Lěšeò, Zelená Hora, Znaim (Znojmo)/Sv. Hypolit, Osvětimany, Mařín). Angesichts der komplexen, je nach der geographischen Lage, nach dem Umfang, der Funktion und allgemeinen archäologischen Charakteristik vorgenommenen Gliederung sind mehrere Gruppierungen zu erwägen. Als die bedeutendsten befestigten Zentren und Sitze der Träger der höchsten politischen Macht des Staates gelten die Burgwälle von Mikulčice und von Staré Město-Uherské Hradiště. Es handelt sich um ausgedehnte und gegliederte Siedlungskomplexe mit befestigten und unbefestigten Arealen von mehreren Dutzend Hektar Fläche, mehreren Kirchenbauten, reichen Bestattungsplätzen und mit vielen kunsthistorisch wertvollen Funden. Kennzeichnend sind auch die verhältnismäßig langfristige, intensive Besiedlung und die frühstädtischen Elemente. Beide Lokalitäten liegen in der Talaue des Mittellaufes der March. Trotz der Wahrscheinlichkeit, dass Mikulčice oder Staré Město-Uherské Hradiště die Hauptzentren Großmährens waren, sind die Versuche einer Identifizierung mit *ineffabilis Rastizi munitio* und *urbs antiqua Rastizi* in den Fuldaer Annalen (869, 871) erfolglos verlaufen. Ebenso lässt sich der Sitz Methods, die Kathedrale und seine Grabstelle nicht lokalisieren. Am wahrscheinlichsten gilt Sady bei Uherské Hradiště.

Eine wichtige Gruppe von Niederungsbefestigungen bilden die 13 bis 28 ha großen, ovalen Burgwälle mit fürstlichem Gehöft innerhalb des befestigten Areals (Břeclav/„Pohansko", Nejdek, Strachotín, Rajhrad). Es waren dies offenbar Wirtschafts- und Verwaltungszentren des Staates und Zufluchtsorte für die Bevölkerung aus der Umgebung. Die fürstlichen Gehöfte waren eine neue Erscheinung innerhalb der großmährischen Siedlungsstruktur. Eine Vorstellung von ihrer Form und ihrer Eingliederung in das befestigte Burgareal hat uns das archäologisch erforschte Gehöft von Pohansko bei Břeclav ermöglicht. Aufgrund seiner Struktur mit repräsentativem Wohnbereich sowie sakralem und wirtschaftlichem Teil wird das Gehöft von Pohansko der karolingischen *curtis* gleichgesetzt. Auch weitere, frei angelegte Gehöfte als Sitze der Magnaten und als Bestandteile der staatlichen Verwaltungs- und Wirtschaftsorganisation sind anzunehmen. Die Interpretation einiger großmährischer Kirchen mit kleinen Friedhöfen (z. B. Modrá, Staré Město/„Špitálky", Kirchen im Mikulčicer *Suburbium*) als Sakralbereiche der bislang nur vermuteten Gehöfte der Aristokratie ist aufgrund des Fehlens entsprechender archäologischer Befunde nicht möglich.

Zur bedeutendsten Gruppe der Höhenanlagen gehören die am Rande der Siedlungsgebiete Südmährens und Niederösterreichs gelegenen Burgwälle (Brünn/Líšeň, Znojmo/„Hradiště", Gars/Thunau). Ihre über 4 ha große und mindestens in zwei Teile gegliederte Innenfläche weist eine relativ intensive und langfristige Besiedlung auf. Als Bestandteil dieser Anlagen ist ein Kirchengebäude erwähnt oder indirekt nachgewiesen. Als ein weiterer Typ von Befestigungen auf Anhöhen sind Burgwälle auf kleinen, steilen Felsspornen mit bis zu 1 ha Innenfläche belegt (Zelená Hora).

Haupttyp der Befestigungskonstruktion war die Holz-Erde-Mauer mit steinerner Verblendung und Holzrost- oder auch Kammerverstrebung. Die Palisaden dienten meistens zum Schutz der Gehöfte oder zur Gliederung des Innenraumes. Typisches Element der großmährischen Befestigungskonstruktionen ist ihre Einphasigkeit, demnach bestanden die einzelnen Fortifikationen nur kurz. Über die Aufteilung der Burgareale liegen nur begrenzte Erkenntnisse vor. Bekannt sind Gräben, Palisaden und weitere, die Innenräume der Burgen gliedernde Strukturen. Mit Ausnahme des Gehöftes von Pohansko bei Břeclav lassen diese Elemente keine Aussagen zur Funktion zu. Eine weitere Ausnahme sind die Friedhöfe an den Kirchen in Mikulčice, die über den älteren Siedlungsbauten lagen und so von den wesentlichen funktionellen Veränderungen der einzelnen Burgwallareale im 9. Jahrhundert zeugen können. Hier sind die Befunde von Handwerksbetrieben sowohl in den Wohnarealen als auch in den spezialisierten Burg- und Suburbiumsbezirken von Bedeutung. Im Bereich der großmährischen Burgwälle fehlen bisher eindeutige Beweise für Handels- oder Handwerkersiedlungen.

Das Entstehen einiger der oben aufgeführten großmährischen Burgwälle wird erst in die fortge-

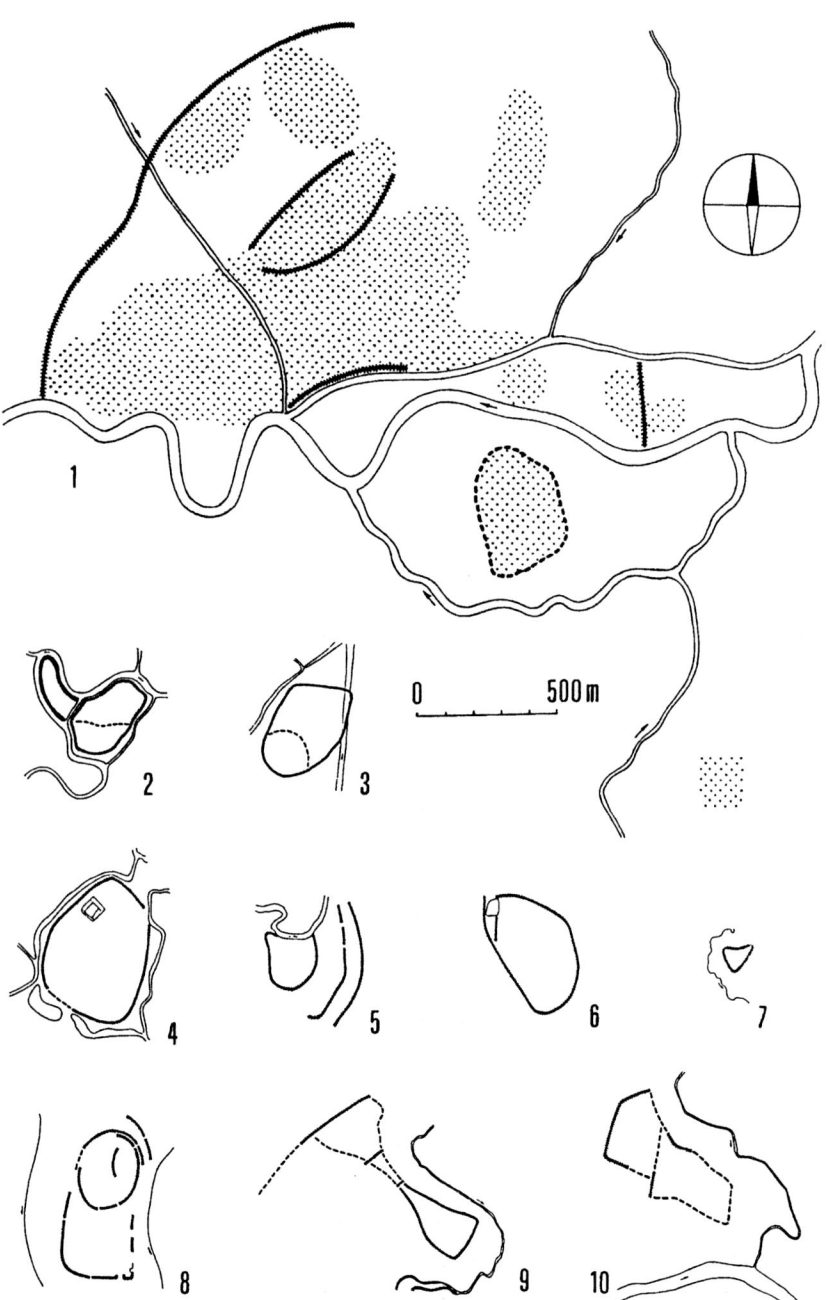

209 Schematische Grundrisse von ausgewählten mährischen Burgwällen des 9. Jahrhunderts: 1 Staré Město-Uherské Hradiště; 2 Mikulčice; 3 Rajhrad; 4 Břeclav-„Pohansko"; 5 Nejdek-„Pohansko"; 6 Strachotín; 7 Zelená Hora; 8 Osvětimany „Sv. Kliment"; 9 Líšeň-„Staré Zámky"; 10 Znaim (Znojmo)-„Hradišť"

schrittene oder letzte Phase des 9. Jahrhunderts gesetzt und mit der Notwendigkeit, das Land vor den militärischen Vorstößen der Franken und später der Magyaren zu schützen, in Verbindung gebracht. Geschwächt durch die inneren Streitigkeiten und die Kämpfe mit den Franken unterlag Mähren 905/906 dem Druck der Magyaren. Die Staatsstruktur zerfiel, die Macht der Herrscher, sofern diese den Untergang des Staates überlebten, beschränkte sich auf einen kleinen Kreis ihrer Besitzungen. Für die Mehrzahl der südmährischen befestigten Siedlungen ist am Ende des 9. oder eher am Anfang des 10. Jahrhunderts der Verfall, Niedergang oder ein Besiedlungsrückgang nachgewiesen. An vielen Plätzen beobachten wir in dieser Zeitspanne Spuren von Gewalteinwirkung.

Das Schicksal des mährischen Raumes im 10. Jahrhundert ist unklar. Bis in die Mitte dieses Jahrhunderts war Mähren wie auch andere Gebiete Mitteleuropas dem Druck der Magyaren ausgesetzt. Obgleich sich ein Überleben der lokalen Machtzentren nach dem Verfall Großmährens nicht ausschließen lässt, so fehlen immer noch für den Raum Südmährens sichere Belege für befestigte Zentren. Anders ist die Lage in Mittel- und Nordmähren, wo sich die Entwicklung der Machtzentren auch noch im 10. Jahrhundert fortsetzte (z. B. Brünn-Líšeň, Zelená Hora, Olmütz, Přerov). Um die Wende vom 10. zum 11. Jahrhunderts gelangten einige dieser Burgen kurzfristig unter polnischen Einfluss (Přerov, wahrscheinlich auch Zelená Hora). So wurden in Přerov Wallreste mit Rostkonstruktion und Haken vom polnischen Typ aufgedeckt. Auch Olmütz behielt seine zentrale Funktionen. Der Schwerpunkt der Besiedlung verlagerte sich im 9. Jahrhundert von der Auenlandschaft auf den so genannten Olmützer Hügel, in das Areal der späteren Přemyslidenburg und der Stadt. Es wird angenommen, dass spätestens in der zweiten Hälfte des 10. Jahrhunderts hier eine Burg mit *Suburbium* mit Handwerks- und Handelscharakter gestanden hat. Olmütz lag damals an einer wichtigen west-östlichen Verkehrsader, die Westeuropa mit der Kiewer Rus verband. Der markante Bedeutungsanstieg von Olmütz könnte auch mit dem zum Jahr 976 erwähnten Wirken des mährischen Bistums zusammenhängen, dessen Sitz von einigen Forschern hier vermutet wird. In der zweiten Hälfte des 10. und zu Beginn des 11. Jahrhunderts war es bestimmt das bedeutendste Zentrum von ganz Mähren. Es stellt sich die Frage, inwieweit Mähren zu dieser Zeit von Böhmen abhängig war und ob gerade Olmütz Stützpunkt der böhmischen Verwaltung in Mähren gewesen sein könnte.

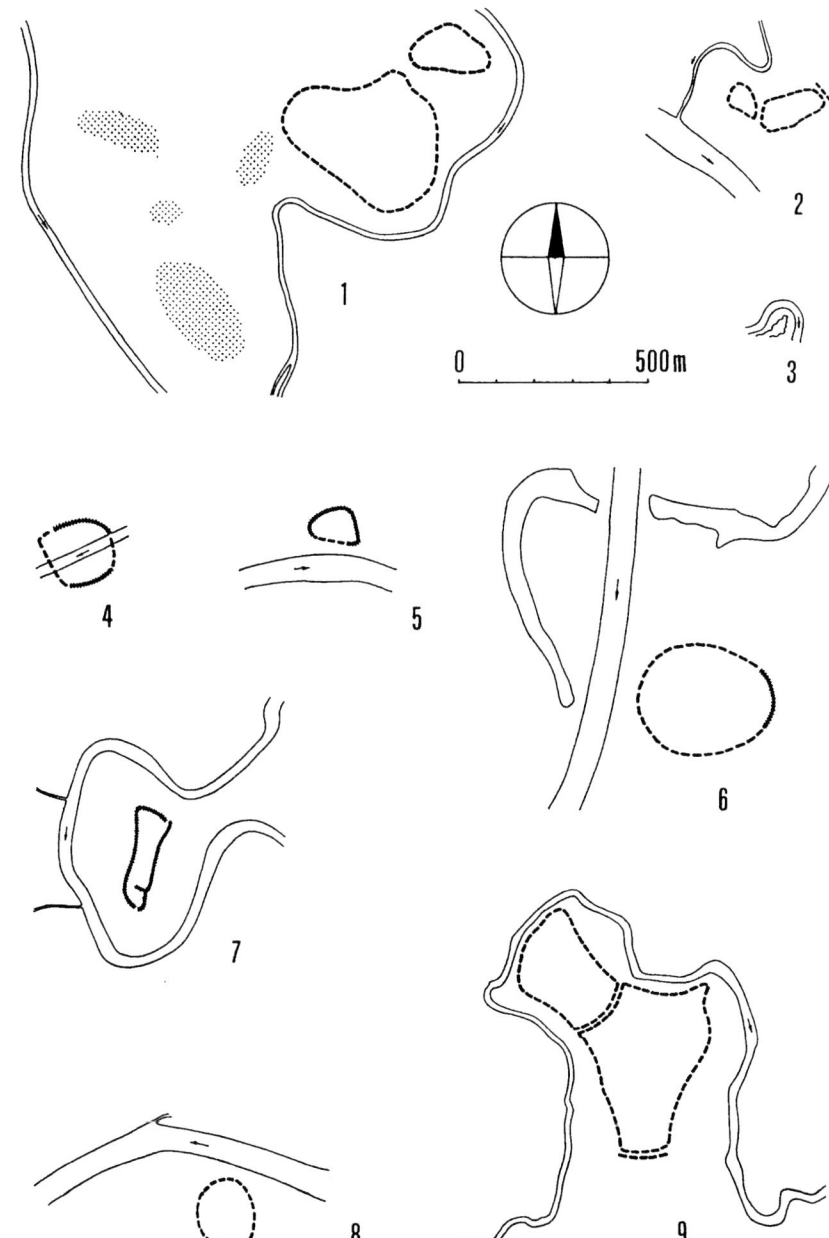

210 Schematische Grundrisse von ausgewählten mährischen Burgwällen des 11.–12. Jahrhunderts: 1 Olmütz (Olomouc); 2 Znaim (Znojmo)/Burg; 3 Vysočany-„Palliardiho hradisko"; 4 Sudoměřice-„Hrůdy"; 5 Dolní Věstonice-„Vysoká zahrada"; 6 Spytihněv; 7 Kramolín-„Hradisko"; 8 Přerov; 9 Rokyntá.

Ebenso wie Mittel- und Nordmähren, so wird auch das hügelige Gelände Südwestmährens als ein Raum angesehen, in dem sich zur Zeit der magyarischen Gefahr ein Teil der Bevölkerung aus den unruhigen südmährischen Talgründen zurückziehen konnte. Die Anfänge der unbefestigten oder nur leicht geschützten Höhensiedlungen im oberen Thaya-Gebiet werden ebenfalls im 10. Jahrhundert vermutet (Vysočany/„Palliardiho hradisko", Hornice/„Turecký kopec", Staré Hobzí). Diese Orte sind Bestandteile des ausgeprägten Kulturkreises, der sich auf beiden Seiten der heutigen mährisch-österreichischen Grenze erstreckte. Im österreichischen Waldviertel gehört die jüngst erforschte Flur „Sand" bei Raabs dazu. Möglicherweise hat die große Siedlungskammer am österreichischen Kamp mit den Wallburgen von

Gars/Thunau, Senftenberg und Schiltern als Bestandteile des historischen Mähren bis 1041 überlebt, da die ursprünglich im Donaugebiet verlaufende Grenzlinie Mährens dem Fluss Thaya folgte. Mit der Eroberung Mährens durch den böhmischen Fürsten Udalrich (Oldřich) und seinen Sohn Břetislav I. um 1019 begann eine neue Ära der Landesgeschichte. Mähren wurde zum untrennbaren Bestandteil des Přemyslidenstaates. Ähnlich wie in Polen und Ungarn stützte sich das Verwaltungs- und Wirtschaftssystem dieses Staates auf ein Netz von befestigten Punkten (Staatsburgen). Von hier herrschte der Fürst über die Landbevölkerung, hier konzentrierten sich die Dienstleistungen, wurden die abgeführten Steuern und Gebühren gesammelt. Die Gehöfte als Zentren des engeren persönlichen Besitztums des Fürsten und später auch des Adels spielten gegenüber den Burgen eine zweitrangige Rolle.

Mähren wurde anfangs von Břetislav I. als ein Ganzes verwaltet und erst nach der Mitte des 11. Jahrhunderts in die den Reichsgrenzmarken ähnliche Teile aufgegliedert. Die erste Stelle unter den Sitzen der mährischen Teilfürsten nahm Olmütz ein, ihm folgten Brünn und Znaim (Znojmo). Die Verwaltung des Landes besorgte eine Burgorganisation, bestehend aus acht Kastellaneien mit Burgzentren in Olmütz, Břeclav, Hradec, Spytihněv, Přerov, Brünn, Znaim, später auch in Bítov. In den Burgbezirken gab es weitere befestigte Siedlungen, deren nähere Funktion wir zumeist nicht kennen (Zelená Hora, Rokytná, Kramolín, Stavenice, Ivančice/„Rena"). Die neue Organisation knüpfte indirekt an das ältere Vorgehen an, da einige der Burgwälle Břetislavs in der Nähe der ehemaligen großmährischen Zentren gegründet wurden. Die Mehrzahl der Burgen wurde in das Grenzgebiet gegen die Ostmark, das heißt gegen Österreich (Břeclav, Dolní Věstonice, Podivín, Mikulov, Draholec, Hrádek bei Znaim, Vranov, Bítov, Vysočany) und gegen Ungarn (Břeclav, Hodonín, Sudoměřice) verlegt. Von Polen war das historische Gebiet Mährens durch Bergmassive getrennt, und deshalb treffen wir hier nur selten auf Befestigungen, wie Hradec ně Moravicí. Das System der mährischen Teilfürstentümer lag in der zweiten Hälfte des 12. Jahrhunderts schon danieder und wurde deshalb am Ende desselben Jahrhunderts durch die mährischen Markgrafschaften ersetzt. Auch die Burgenorganisation wurde im 13. Jahrhundert durchgreifenden Veränderungen unterzogen, und zwar im Zusammenhang mit der Emanzipation des Adels, der ausgedehnten Kolonisation neuer Gebiete und der Entstehung der Städte.

Die jungburgwallzeitlichen Befestigungen des 11. und 12. Jahrhunderts waren gegenüber den großmährischen Burgen kleiner und hatten einen einfacheren Grundriss (Abb. 210). An vielen solchen Plätzen mit wirtschaftlicher Funktion war eine Vorburg entstanden. Von den Befestigungselementen waren der aufgeschüttete Wall mit Graben, die Palisade oder der Wall in Schalenkonstruktion mit Holzverstrebung und einer oder zwei Blendmauern geläufig. Strittig ist die Interpretation des so genannten Schlackenwalles (Dolní Věstonice, Spytihněv, Sudoměřice), der als Beleg für das vorsätzliche Ausbrennen der Erdballen im Mauerkörper aufgefasst wird. Wir glauben nicht, dass für die befestigten Siedlungen des 11. und 12. Jahrhunderts eine bestimmte Fortifikationstechnik galt. Auch wurden an den Wällen selten Umbauten vorgenommen, was die zweitrangige Stellung Mährens innerhalb des Přemyslidenstaates beweist. Außer den typischen geräumigen, meist mit einem Holz-Erde-Wall befestigten Burgen mit primärer Militärfunktion, gab es noch eine Art landesfürstliche Burgen, später auch Adelsgehöfte mit Sakralbauten. Ihre Belege sind in Mähren im Vergleich zu Böhmen bislang wenig überzeugend. Die gemauerten Steinburgen setzten in den mährischen Zentren erst ab der ersten Hälfte des 13. Jahrhunderts an ein.

Literatur

Bláha 1986. – Dostál 1987. – Henning/Ruttkay (Hrsg.) 1998. – Měřínský 1986. – Poulík 1986. – Procházka 1993; 1998. – Staňa 1985. – Staňa/Polaček (Hrsg.) 1996.

Die Ausbildung herrschaftlicher Strukturen bei den Westslawen

NAĎA PROFANTOVÁ

Am Ende des 8. Jahrhunderts tritt in Böhmen eine Gesellschaftsschicht in Erscheinung, die eine privilegierte Stellung einnimmt – die Elite, deren führende Vertreter die lateinisch geschriebenen Quellen *duces* nannten. Die neue Schicht zeichnet sich durch eine besondere Kommunikationsform aus, durch Symbole eines bevorrechtigten Status, die umso prunkvoller sind, je weniger sich die neue Elitenschicht verschlossen gibt und je mehr die Zugehörigkeit zu ihr (vorläufig) unerreichbar ist. Vollendete gesellschaftliche Eliten lassen sich anhand der schriftlichen Quellen in Böhmen erst im 10. Jahrhundert, vor allem unter der Regierung des Fürsten Boleslav II. (972–999) nachweisen, und erst in diesem Zeitabschnitt können wir auch die Unterschiedlichkeit der einzelnen Eliten (weltliche Machthaber, kirchliche Machthaber u. a.) erfassen.

Dank der Symbolik des gesellschaftlichen Status lassen sich Bildung und Existenz von Eliten anhand der archäologischen Quellen zumindest ab der Wende des 8./9. Jahrhunderts verfolgen. Diese Eliten stützten sich zunächst auf das awarische Reich, sodass diese soziale Schicht vorwiegend durch kriegerische Attribute zum Ausdruck kommt (gegossene bronzene Gürtelbeschläge, Pferdegeschirr, Hakensporen). Ab dem Beginn des 9. Jahrhunderts macht sich ein massiver Gesellschaftswandel vor allem durch Veränderungen im Grabbrauch, das heißt durch den Übergang von der Brand- zur Körperbestattung und durch zahlreiche neue Machtzentren (Burgwälle) bemerkbar. Die aktiven Träger dieses Wandels sind die Fürsten (*duces*) und „deren Leute", das heißt die Gefolgschaft. Die reichen Gräber dieser Fürsten ermöglichen uns, den Lebensstil der neuen Schicht näher zu untersuchen.

In Kleidung und Lebenswandel wirkte sich einerseits die karolingische, andererseits alsbald die großmährische Kultur aus. Attribute der Krieger sind das zweischneidige Schwert mit Zierbeschlägen am Schwertgurt sowie Sporen mit Plättchen und den dazugehörigen Beschlägen. Das Wehrgehänge ist mit dreiflügligen Beschlägen verziert,

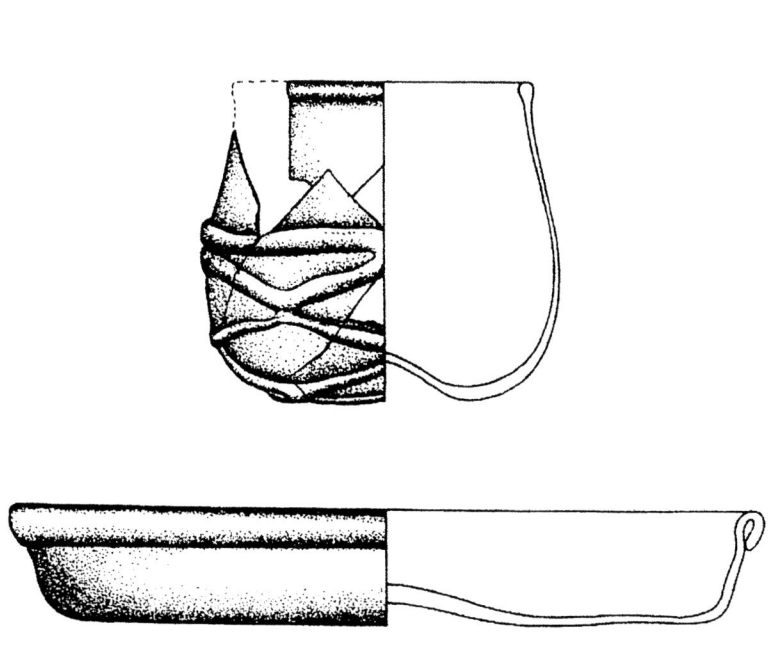

211 **Kolín (Böhmen), Fürstengrab. Glasgefässe und Kelch (vermuteter Originalzustand).**

die auf Einflüsse aus dem Karolingerreich hinweisen (Typ II,2, Kolín, Kouřim, Grab 55). Dazu kommen Ösenbeschläge und solche mit verlängertem Steg oder in gekreuzter Form (Čáslav-Hrádek, Němětice), die alle als typisch mährisch gelten (Typ I,2). Nach fränkischem Brauch und fränkischer Mode, die sich auch in Mähren eingebürgert hatte, kommen in Böhmen vereinzelt feine Wadenwickel mit Endbeschlägen vor. Neu sind Lanzenschuhe und Endbeschläge von Fahnenmasten (Stará Kouřim, Grab 55).

Der männliche und weibliche Adel trug wertvolle, meist aus dem Osten und Südosten importierte Gewebe – Seide bzw. Brokat. In Böhmen ist Seide aus dem 10. Jahrhundert bislang nur als Stirnband im Grab 23 von Stará Kouřim oder als Strumpfband im Grab K 1 von der St. Veitsrotunde (Boleslav I.? [935–972]) belegt. Von Seidengewebe im Umkreis des heiligen Adalbert berichtet die Legende.

Im 9. Jahrhundert wurde die Achtung der Toten noch durch eine symbolische Trinkgarnitur oder mit vergoldeten Silberbechern, Bronze- und Glasgefäßen im Grab betont (Kolín). Später, im 10. Jahrhundert, trat unter dem Einfluss des Christentums statt der Grabausstattung die Lage des Grabes nahe einem Heiligtum (Libice) in den Vordergrund. Nur die Angehörigen des herrschenden Přemyslidengeschlechtes und die höchsten Geistlichen hatten das Anrecht auf eine Bestattung innerhalb des christlichen Heiligtums im Areal der Prager Burg: Fürstin Ludmilla († 921) wurde in die St. Georgskirche, Fürst Spytihněv († 915) in die Jungfrau-Mariakirche, Vratislav († 921) in die St. Georgskirche, Václav I. und Boleslav I. in die St. Veitskirche überführt.

Vor oder ab der Mitte des 9. Jahrhunderts treten auch Frauengräber mit Attributen der Elite, wie Goldschmuck, Ohrringe mährischen Ursprungs, Rundknöpfe, Silber- und Goldhalsringe oder Silberperlen, auf. Besonders reich ausgestattet sind das Grab einer Frau von Želénky und das Grab 110 von Stará Kouřim. Die Stellung der gemeinsam mit einem Fürsten bestatteten Frau von Kolín ist nicht eindeutig geklärt. Die Kindergräber 86, 132 und 48 in der Nekropole von Stará Kouřim mit Silberohrringen, Rundknöpfen und Perlen bezeugen, dass sich die Elite hier als angestammt betrachtete, konnten doch die Kleinkinder den priviligierten Stand nur durch die Herkunft und nicht durch Verdienste erwerben. Am Bestattungsplatz im Lumbe-Garten auf der Prager Burg fanden sich Kindergräber mit Miniatursporen und Streitäxten (z. B. 24b/73). Eine Magnatenfamilie bot Beständigkeit und Perspektive gegenüber dem einstigen individuellen Eroberungsdrang, und diese Perspektive wurzelte in der Tradition. Einstweilen nehmen wir in Böhmen diese Familientradition an der mit Rücksicht auf die Generationsfolge der Magnatenfamilie erfolgte Gliederung des Friedhofareals wahr, so wie sich dies am Beispiel der vier Generationsgräber im Reihenfriedhof des Libuše-Sees von Stará Kouřim beobachten lässt (Abb. 213).

Der Elitenstand wurde durch Ehen konsolidiert und die jeweilige Familie somit um weitere wichtige Kontakte bereichert. So geschah es bei den herrschenden Přemysliden (die Fürstinnen Ludmilla und Drahomir knüpften Beziehungen zu den slawischen Fürstengeschlechtern, Fürstin Emma (+1006) sogar zu den erhabensten Häusern des Reiches an), aber auch in der Familie des Fürsten Slavnik. Dessen Ehefrau Střezislava stammte der Legende nach „aus einem berühmten slawischen Geschlecht", Slavnik selbst soll „Blutserbe einer Königslinde", das heißt mit der Liudolfinger-Dynastie verwandt gewesen sein. Die internationale Heiratspolitik der böhmischen Fürsten bezeugt der Bericht der Fuldaer Annalen zum Überfall des

212 **Kolín (Böhmen), Fürstengrab. Vergoldeter Silberkelch im heutigen Zustand. Prag, Národní Muzeum – Kat. 09.01.01/K.**

prunkvollen Hochzeitszuges, der sich 871 von Böhmen nach Mähren begab. Ein anderes Mal lässt das außergewöhnliche mit Goldschmuck mährischen und karolingischen Ursprunges ausgestattete Grab der vornehmen Frau von Želénky (Nordwest-Böhmen) an eine mährische Fürstin denken, die nach Böhmen verehelicht wurde.

Die Angehörigen der Elite lebten in mit Palisaden eingefriedeten Burgarealen, die vom Fürsten vererbt werden konnten, wie wir aus dem Bericht vom Zug des ostfränkischen Heeres gegen Slawitah, Wiztrachs Sohn, im Jahr 857 ersehen können. Das Geschlecht Wiztrachs besaß seine Burg mit Erbrecht, die häufig mit dem Burgwall von Zabrušany (Nordwest-Böhmen) gleichgesetzt wird. Ähnliche Hofanlagen wurden in schriftlichen Quellen oder auf bedeutenden Přemyslidenburgen archäologisch belegt (Tetín, Alt-Bunzlau, Budeč, Žatec).

Nach dem Fall Großmährens (906) setzte eine selbständige Prager Schmuckwerkstatt ihre Arbeit fort; sie verfertigte einige an die mährische Produktion anknüpfende Schmuckgegenstände und belieferte die Angehörigen der mittelböhmischen Elite (Prag-Burg, Prag-Wenzelsplatz, Stará Kouřim u. a.). Vielleicht war die selbständige, mährische Schmuckgegenstände, vor allem die Rundknöpfe („gmbíky") nachahmende Produktion in Böhmen schon vor 894 (vor der Abtrennung Böhmens von Mähren) im Gange, also zu einer Zeit, da die mährische Mode am meisten gefragt war. Darauf weisen einige Knopftypen, die in Mähren nicht vorkommen, und ihre geographische Verbreitung hin. Ab der zweiten Hälfte des 9. Jahrhunderts lässt sich die Dynamik der politischen und gesellschaftlichen Veränderungen in Böhmen genauer verfolgen, und zwar als ein kontinuierlicher Prozess, der im 10. Jahrhundert zur Entstehung des frühmittelalterlichen Staates Böhmen führte.

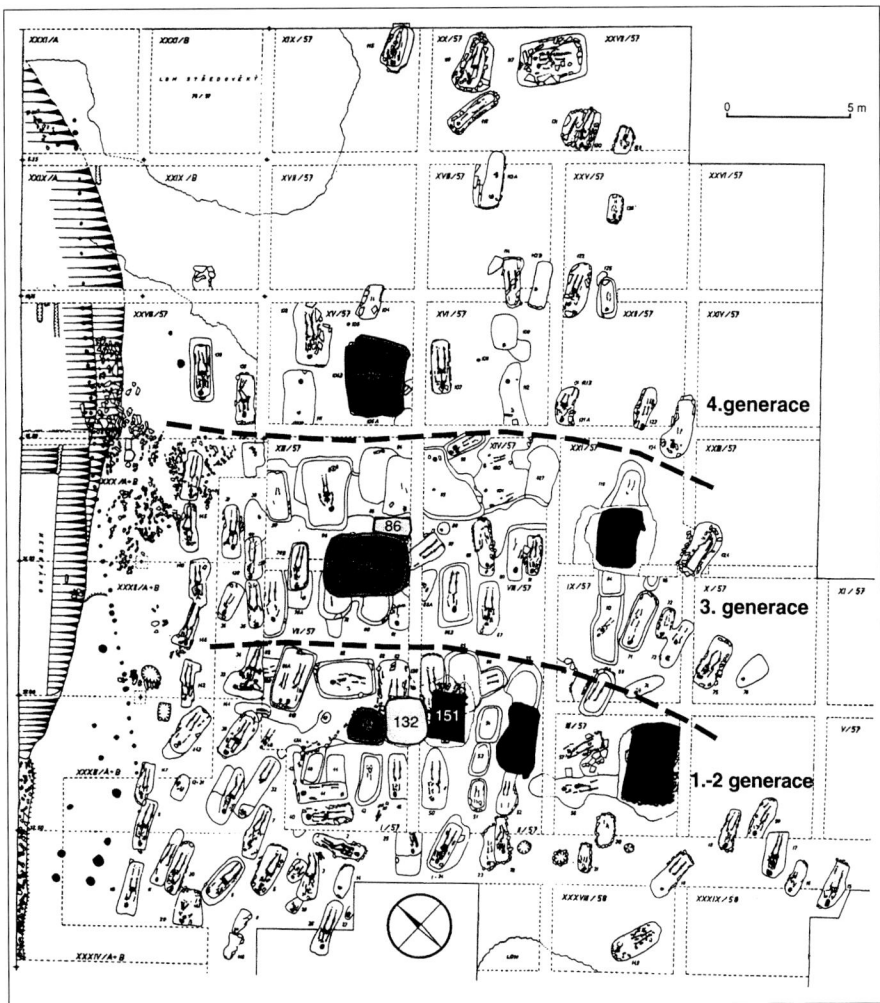

213 **Grundriss des Bestattungsplatzes von Kouřim mit eingezeichneten Gräbern der vier Fürstengenerationen.**

Literatur

Profantová 1997a; 1997b. – Šolle 1966.

Slawen und Ungarn in Europas Mitte

Mährisches Reich

Anläufe zur Gestaltung des slawischen Reiches: Großmähren

DUŠAN TŘEŠTÍK

Kurz vor dem Jahr 830 entstand am Mittellauf der March und in der angrenzenden Südwestslowakei ein Machtgebilde – der erste slawische Staat überhaupt. Seine eingebürgerte Bezeichnung Großmähren ist vom byzantinischen Kaiser Konstantin Porphyrogennetos übernommen worden. Wir wissen mit Sicherheit, dass die meisten Hauptzentren Großmährens schon im 8. Jahrhundert bestanden haben und dass diese Burgen Sitze einer ausgeprägten Aristokratie waren. Kulturell und politisch standen die Mährer – und namentlich deren Aristokratie – zu dieser Zeit unter dem Einfluss des mächtigen awarischen Khanats, ohne jedoch dessen Bestandteil zu sein. Obwohl diese Formation im 8. Jahrhundert stark und zweifellos auch reich war, so war sie kein „Staat" im eigentlichen Sinne des Wortes und höchstwahrscheinlich wollte sie das Khanat vom awarischen Typ nicht nachahmen, auch wenn sie einige Institutionen, z. B. das „Amt" des „Župan" übernommen hatte. Ähnlich wie bei den übrigen Stammesverbänden (*gentes* in zeitgemäßer Terminologie) der Westslawen handelte es sich um den „Stamm", in dem eine zahlreiche und mächtige Aristokratie dominierte (*duces* – Fürsten, in slawischer Terminologie als „knêdz" bezeichnet), vielleicht mit einem gewählten Herrscher an der Spitze.

Entscheidendes Moment für die grundsätzliche Verwandlung des Stammes der Mährer waren der Fall des awarischen Khanats und die Beherrschung des mittleren Donaugebietes, um die Wende vom 8. zum 9. Jahrhundert, durch Karl den Großen. Das Khanat befand sich schon mindestens seit den siebziger und achtziger Jahren des 8. Jahrhunderts in einer schweren inneren Krise, so dass ihm die Angriffe der Truppen Karls nur noch den Gnadenstoß versetzten. Karl wünschte nichts anderes als den Khan zu unterwerfen, ihn zu taufen und sein Herrschaftsgebiet in das Reich einzugliedern. Nun zeigte sich aber, dass die zentrale Macht des Khanats zerfallen war, und so musste Karl mit zweitrangigen awarischen Machthabern, die sich ihm ergaben, verhandeln. Er musste sie sogar beschützen, weil sich gleichzeitig mit seinen Truppen alle angrenzenden slawischen Fürsten auf die Awaren stürzten, um hier Beute zu machen. Nachdem sich die Verhältnisse im mittleren Donaugebiet beruhigt und gefestigt hatten, sahen sich die mährischen Fürsten plötzlich und unerwartet der hohen Kultur des Frankenreiches, namentlich der Kultur jener Grafen im Grenzgebiet gegenübergestellt, mit denen sie in enger Verbindung standen. Die slawischen „knêdzi" trafen hier auf einen exklusiven und höchst ansehnlichen Lebensstil, mit dem sich die alten awarischen Vorbilder nicht messen konnten. Das Ergebnis war ein kultureller Schock, der sich augenblicklich bei einem vom Ansehen her wichtigsten Attribut, nämlich dem Schmuck, der den slawischen Fürsten zur Zierde gereichte, auswirkte.

Es waren aber nicht nur die modischen Einflüsse, die hier mitspielten. Die Mährer merkten bald, dass sie, wollten sie sich anpassen, die gesamte Lebensordnung des fränkischen „Stammes", mit Religion und verfassungsmäßiger Regelung, also Christentum und Staat annehmen mussten. Dies bedeutete allerdings die eigene „stammesmäßige" Lebensordnung aufzugeben, ja sie zu zerstören. Trotzdem waren die einzelnen Fürsten bemüht, nahmen die Taufe an und bauten auf ihren Sitzen Kirchen. Schließlich kam es zu einer kollektiven Aktion. Wir wissen, dass im Jahr 831 die „offizielle" Taufe „aller Mährer" stattfand, die der Passauer Bischof Reginhar ausführte. Verursacher dieser Handlung war zweifellos Mojmír I. als der von allen Fürsten anerkannte Herrscher, der dann auch mit ihnen gemeinsam regierte. Damit endete die alte „demokratische" Stammesordnung und ein neues Staatsreglement setzte ein. Die Fürsten, die sich nicht fügten, wurden abgesetzt oder vertrieben, so wie es selbst dem Fürsten Pribina aus dem mittelslowakischen Neutra (Nitra) widerfahren ist. Die Mährer hatten sich, noch als Stamm, im Jahr 822 Ludwig dem Frommen untergeordnet, allerdings nur durch die Anerkennung seines hegemonialen Anspruchs. Mojmírs „Staatsstreich" fand zur Zeit der Schwächung des Reiches infolge der schweren Kämpfe um die Nachfolge statt, so dass dieser eigentlich ohne eine offenkundige Reaktion seitens des Reiches, namentlich Ludwigs des Deutschen, der damals Bayern und die angrenzenden Ostgebiete verwaltete, verlief. Nach dem Vertrag von Verdun im Jahre 843, der diese Zwistigkeiten beendete, wurde Ludwig der Deutsche König des

215 **Handschrift in glagolithischer Schrift, Großmähren.**

ostfränkischen Reiches und begann auch sogleich mit der Erneuerung der Vorherrschaft des Reiches über die Stämme an der Ostgrenze. Die Tat Mojmírs verurteilte er als eine „Rebellion", griff 846 Mähren an, setzte Mojmír ab und erhob den im Reich wahrscheinlich als Geisel verweilenden Neffen Rostislav in dessen Amt. Das Ziel Ludwigs war zweifellos, Mähren der direkten Verwaltung des Reiches zu unterstellen, so wie es bereits 828 in Kärnten geschehen war, wo die abgesetzten lokalen Fürsten durch die Grafen Ludwigs gänzlich ersetzt wurden.

Für die Mährer war dies eine schwere Enttäuschung. Sie hatten sich offenbar vorgestellt, dass sie, einmal christlicher Staat geworden, das Reich als gleichwertig anerkennen würde. Ludwig belehrte sie eines anderen, indem er ihnen klar machte, dass das Reich keinem anderen als sich selbst die volle Legitimität zuerkennen kann. Der Umstand, dass die Mährer das Christentum vom Reich (das heißt von Passau) angenommen hätten, wäre ein Argument mehr, dass sie dem Reich untergeordnet bleiben sollen. In dieser Hinsicht erwies sich die Taufe eher als ein Hindernis bei der Entfaltung der mährischen Staatlichkeit.

Rostislav aber zog daraus eine Lehre. Er mied fast zehn Jahre lang einen Zusammenstoß mit dem Reich, dann stützte er sich jedoch auf die rebellierenden Grafen im Grenzgebiet, zunächst auf Ratbod und dann auf Ludwigs Sohn Karlmann und baute seine Macht in Mähren weiter aus. Trotz allem aber schien Mähren in einer kleinlichen Grenzpolitik zu verharren, die schließlich zu dem führen sollte, was auch Kärnten widerfahren war, zur Eingliederung ins Reich. Rostislav aber fand einen Ausweg aus dieser Zwangslage: Als alle Hoffnung auf Anerkennung seiner Gebiete als legitimer christlicher Staat seitens des Reiches entschwand, wandte er sich an die zweithöchste Autorität der christlichen Welt, an den großen Reformator, Papst Nikolaus I. Er wollte für Mähren vom Papst das diesem direkt unterstehende Erzbistum erhalten, was durch sein Bestehen an sich schon die Eigenständigkeit des neuen slawischen Staates unterstreichen und bestätigen würde. Er ging dabei nach den Instruktionen vor, die in ähnlicher Angelegenheit Nikolaus I. bereits den Bulgaren erteilt hatte: zunächst die kirchlichen Verhältnisse im Lande regeln und eine ausreichende Zahl an Priestern erziehen, dann für diese einen Bischof suchen und schließlich mehrere Bistümer mit einem Erzbischof an der Spitze errichten. Rostislav hatte sich schon früher, im Jahr 861, mit der Bitte um Lehrer nach Rom gewandt. Nikolaus jedoch, der sich die Feindschaft Ludwigs des Deutschen nicht zuziehen wollte, hatte darauf nicht reagiert. So bat

Mährisches Reich

Rostislav auf Anraten einer seiner dalmatischen, griechisch gebildeten Kleriker um Lehrer in Byzanz. Der dortige Kaiser Michael III. betraute mit dieser Aufgabe zwei Brüder, Kyrill und Method, die nun vor dem Problem standen, eine erhebliche Zahl an slawischen Priestern schnell auszubilden. Zu diesem Zweck konnten sie sowohl Latein als auch das Griechische benutzen. Kyrill aber entschied sich für die Sprache der Slawen, die er als gebürtiger Saloniker gut beherrschte. Er gestand ihnen somit jene kulturelle Legitimität zu, die in erster Reihe Byzanz den „Barbaren" bislang konsequent vorenthalten hatte. Auch räumte er sie ihnen dadurch ein, dass er sich entschloss, das Slawische in der Liturgie neben den drei „heiligen" Sprachen, dem Hebräischen, dem Lateinischen und dem Griechischen, einzuführen. Um die phonetischen Besonderheiten der slawischen Sprache richtig zu erfassen, schuf er eine eigene Schrift, die Glagolica (Abb. 215).

Derart ausgerüstet traf die Mission der beiden Brüder im Jahr 863 (oder 864) in Mähren ein und nahm sich trotz der Konflikte mit der einheimischen bayerischen Geistlichkeit ihrer Aufgabe energisch an. Bereits 867 erklärte sie, ihrer Aufgabe gerecht geworden zu sein, und beide Brüder traten in Begleitung ihrer zur Priesterweihe bestimmten Schüler die Rückreise an. Wir wissen nicht, ob sie nach Byzanz oder nach Rom gehen wollten, sicher ist nur, dass sie schließlich in Rom eintrafen. wenngleich als Emigranten, da inzwischen in Byzanz ein Aufstand ausgebrochen war, bei dem der Kaiser ermordet und der Patriarch abgesetzt worden waren. Sie erreichten aber die päpstliche Anerkennung der slawischen Schrift und auch die Weihe ihrer Schüler. Kyrill starb in Rom am 14. Februar 869, Method wurde – unter unklaren Umständen – im Jahr 890 Erzbischof in Pannonien mit Titularsitz in Sirmium. Mähren war durch das Entstehen dieses pannonischen Erzbistums nur am Rande betroffen. Letzteres wurde ohnehin nicht wirksam, denn ehe Method seinen Amtssitz in Blatnohrad (Zalavár) bei Fürst Kocel erreichen konnte, wurde er gefangengenommen und von den bayerischen Bischöfen, die seine Ernennung, offenkundig zu Recht, als rechtswidrig erklärten, zur Gefängnisstrafe verurteilt.

Die Konflikte zwischen Rostislavs Mähren und dem Reich Ludwigs des Deutschen erreichten gerade zu dieser Zeit den entscheidenden Punkt. Im Jahr 869 führte Ludwig der Deutsche mit höchstem Kräfteaufwand einen Schlag gleichzeitig gegen die Sorben im Saalegebiet, gegen Böhmen, Mähren und gegen jene mährischen Domänen in der heutigen Slowakei, die Rostislavs Neffe Svatopluk verwaltete, – also gegen eine Koalition, die mit Rostislav zusammenarbeitete. Wenn er auch keinen größeren Erfolg erlangen konnte, so schlossen doch die Böhmen und Svatopluk, jeder für sich Frieden. Rostislav reagiert auf diesen Verrat damit, dass er versuchte, Svatopluk töten zu lassen, geriet aber selbst in eine Falle und wurde Ludwig dem Deutschen ausgeliefert. Er wurde geblendet und in Haft genommen, in der bald darauf starb. Svatopluk hätte die Regierung antreten sollen, doch Karlmann besetzte Mähren und gliederte es in das Reich ein, indem er die Verwaltung auf die Grafen Wilhelm und Engelschalk übertrug und Svatopluk, der sich immer noch am Hofe Ludwigs aufhielt, im Jahr 870 ins Gefängnis werfen ließ. Damit zeichnete sich das Ende Mährens ab, doch die Mährer gerieten sofort in Aufruhr. In dem Glauben, dass der legitime Fürst Svatopluk ums Leben gekommen sei, wählten sie den neuen Fürsten Slavomír aus dem Geschlecht Mojmírs; somit bestätigten sie ihre eigenständige Legitimität, und Karlmann und Ludwig der Deutsche mussten diese Tatsache akzeptieren. Sie versuchten deshalb den Aufstand mit Hilfe des legitimen Fürsten Svatopluk, den sie aus der Haft entließen und an die Spitze der nach Mähren entsandten Truppen stellten, niederzuschlagen. Dieser aber ging im entscheidenden Augenblick auf die Seite der Aufständigen über und ergriff die Macht.

Noch vier Jahre lang wehrte er Ludwigs Angriffe ab, und erst 874 schloss er mit ihm Frieden. Die dadurch entstandene Ruhepause nützte er dazu, um Rostislavs staatsbildenden Plan zu Ende zu führen. Dessen Ziel war der Aufbau einer professionellen, bewaffneten, mit den Vasallentruppen des Reiches konkurrenzfähigen Kavallerie. Weil er seinen Leuten weder Boden noch Leute (oder vielmehr den Anteil an Steuern davon) bieten konnte, beschloss er, ihre Ausrüstung und ihren Unterhalt aus eigenen Mitteln zu bestreiten und die entsprechenden Quellen sich dadurch zu sichern, dass er alle Dienstleistungen, vom Schweinefüttern bis zum Wäschewaschen als Erbpflicht auf die freien Leute in den ländlichen Siedlungen übertrug. Zur Gewährleistung dieser Dienste und Quellen war allerdings eine Dezentralisierung der Verwaltung und deren Verlagerung von den zentralen Burgen an der March (beim heutigen Mikulčice, Uherské Hradiště und auch in Pohansko bei Břeclav) auf einzelne Burgen im ganzen Lande nötig. Diese originelle Lösung des Problems der Sicherstellung der auf zwei Säulen, der Dienstleistung und der Burgenorganisation, gestützten Staatsgestaltung wurde im Wesentlichen gemeinsames Vorbild der mitteleuropäischen Staaten im 10. und 11. Jahrhundert

216 **Gebietsentwicklung Großmährens 830–895** (nach J. Dekan).

und war somit das Erbe Großmährens. Unter Svatopluk war dies alles allerdings wohl noch wenig wirksam, und deshalb unbedingt nötig, die Krieger auf eine andere Weise zu ernähren, und zwar aus den Erträgen des Krieges. Der Friede mit dem Reich machte in dieser Hinsicht Svatopluk die Hände frei.

Natürlich vergaß er auch nicht Rostislavs Vorhaben, eine Landeskirche mit eigenem Erzbistum aufzubauen. Im Jahr 873 kam unter unklaren Umständen der pannonische Erzbischof Method nach Mähren, und Svatopluk übertrug ihm die Aufgabe des Aufbaus einer Landeskirche, natürlich wieder mit Burgen als Stützpunkten. Method nahm sich dieser Aufgabe mit großem Eifer an, und benutzte hierfür das slawische Schrifttum auf der einen und die fränkisch-bayerischen (nicht byzantinischen) kirchlichen Gewohnheiten auf der anderen Seite. Sein Bemühen wurde jedoch dadurch erschwert, dass er, trotz des dem Papst gegebenen Versprechens, auf die slawische Sprache in der Liturgie nicht verzichten wollte. Dies bot seinen Gegnern, besonders denen aus den Reihen des bayerischen Priestertums, den willkommenen Vorwand, um den Streit vor die Kurie zu tragen. Im Jahr 879 schaltete sich Svatopluk ein und führte diesmal mit Johannes VIII. wirklich weitreichende Verhandlungen. Er löste seine Beziehungen zum Reich auf, schenkte sein Land dem heiligen Petrus und wurde somit geistlicher Sohn des Papstes. Mähren erhielt seine eigene Kirchenprovinz und Method, als Bischof des eigentlichen Mähren, wurde zum Erzbischof ernannt. Zum zweiten Bischof in Neutra wurde der schwäbische Priester Wiching geweiht. Man dachte noch an einen dritten Bischof, denn die Provinz sollte drei Bischöfe haben, die, um die Kontinuität zu wahren, den Erzbischof zu wählen hatten. Doch die Gründung eines dritten Bistums fand nicht mehr statt. Method aber erreichte die vorsichtig formulierte Bewilligung für eine slawische Liturgie neben der lateinischen.

Die Bedeutung aller dieser, durch die berühmte Bulle *Industriae tuae* von 880 belegten Schritte war in der Tat von grundsätzlicher Art. Sie wiesen den Weg, wie die neu entstehenden Staaten neben dem Reich die Legitimität erreichen können, indem sie sich auf die zweite höchste Autorität des westlichen Christentums, auf das Papsttum stützten. Großmähren wurde so vollwertiges Mitglied der europäischen Staatenfamilie und zugleich zum Vorbild, das so von allen in Mitteleuropa im 10. Jahrhundert entstehenden Staaten nachgeahmt wurde.

217 **Vita Vasils II. – Konstantin und Method, Bulgarien.**

Svatopluk hatte den Höhepunkt seiner Macht erreicht und unterstrich dies durch weitreichende Eroberungszüge in das Theißgebiet (etwa 880–882) und nach Norden in den Weichsel – (Krakauer) Raum. Sie erbrachten eine reiche Beute an heidnischen Gefangenen. Diese wurden auf dem großen „Markt der Mährer" (etwa im heutigen Mikulčice) von den über den alten Bernsteinweg einreisenden Venezianern sowie von den jüdisch-arabischen, vom Kalifat von Córdoba aus auf die chazarischen Märkte an der unteren Wolga wandernden Kaufleuten (den so genannten Radaniten) erstanden. Mähren wurde reich, mächtig und dehnte sich aus. In den Jahren 883 bis 884 griff Svatopluk Pannonien an und gliederte (etwa 883) in sein Gebiet auch Böhmen militärisch ein. Diese Expansionspolitik verband er mit der Christianisierung: Der an der Weichsel lebende Fürst und der mittelböhmische Fürst Bořivoj wurden in Mähren von Method getauft, im Theißgebiet wirkte Bischof Wiching aus Neutra als Missionar. Ob Svatopluk Pannonien behielt, und dies durch den mit Kaiser Karl III. 884 geschlossenen Frieden besiegelt wurde, wissen wir nicht genau; es besteht aber kein Zweifel daran, dass er sich den Anschluss Böhmens durch den Friedensvertrag mit König Arnulf im Jahr 890 sicherte.

Schwierigkeiten bereiteten ihm seine Priester, die nicht aufhörten, sich in Rom gegenseitig anzuschwärzen, vor allem der slawischen Liturgie wegen. Als Method inmitten der heftigsten Streitigkeiten am 6. April 885 starb, ließ Svatopluk auf Weisung des Papstes Stefan V. alle Priester, die sich von der slawischen Liturgie nicht lossagen wollten, aus seinem Lande vertreiben. Die Absage betraf nicht das slawische Schrifttum; letzteres wurde im Gegenteil vom Papst empfohlen. Doch auch so bedeuteten alle diese Ereignisse das Ende der Mission Kyrills und Methods in Mähren.

Zum Ende Großmährens führte dann etwa zehn Jahre später (894) der Tod Svatopluks, der die strukturelle Schwäche seines in steigendem Maße von der Beute der Eroberungen abhängigen Staates aufdeckte. Die Expansion kam nach dem Tode des Herrschers zum Stillstand und es begannen die inneren Kämpfe um die Nachfolge. Von den eroberten Gebieten fiel ein Gebiet nach dem anderen ab. Zunächst war es 894 Böhmen, 897 folgten die Sorben und gleichzeitig erschienen um 896 im Theißgebiet die Truppen der Magyaren. Der neue Herrscher Mojmír II. begegnete dieser Gefahr, indem er diesen dort zeitweilige Sitze anwies und sich ihrer als Verbündeter gegen Arnulf bediente. Dieser bewog sie aber zum Abzug nach Italien, damit sie dort gegen seinen Feind Berengar I. kämpften und sich so die Verhältnisse in dem von ihren Angriffen gepeinigten Pannonien beruhigten. Doch als Arnulf Ende 899 verstarb, fühlten sich die Magyaren betrogen und besetzten Pannonien, um dort die Grundlage für den Zuzug all ihrer Leute, die sich vorläufig noch jenseits der Karpaten aufhielten, zu schaffen. Sie verbündeten sich erneut mit Mojmír II. gegen das Großmährische Reich, dessen Macht sich inzwischen soweit konsolidiert hatte, dass man im Jahr 898 von Papst Johannes IX. die Wiedererrichtung des Erzbistums, sogar mit der Zuteilung von vier Suffraganen erreichen konnte. Das erneuerte Erzbistum war jedoch nicht von langer Dauer, da Großmähren 906 unter dem Angriff der Magyaren, der in einer oder mehreren Schlachten das mährische Heer und die Aristokratie vernichtete, endgültig zusammenbrach.

Großmähren war selbstverständlich kein Staat und kein Vorläufer heutiger mitteleuropäischern Nationen. Es gab keinen Nachfolgestaat, auch wenn sich sein Erbe unauslöschlich abzeichnet, einmal als Vorbild für die innere Struktur des Staates, zum anderen als politische Idee eines Staates, der seine „Souveränität" (oder eher Legitimität) auf seine eigene „dem heiligen Petrus als himmlischem Herrscher des Christentums gewidmete" Kirchenprovinz gestützt hatte.

Quellen

Magnae Moraviae Fontes Historici. – Codex Slovaciae

Literatur

Dekan 1976a. – Dittrich 1962. – Dvorník 1970. – Graus u. a. (Hrsg.) 1966. – Havlík 1978. – Macůrek 1965. – V. Novotný 1912. – Poulík 1975. – Poulík/Chropovský (Hrsg.) 1986. – Třeštík 1997. – Vavřínek 1963b.

Mission in Mähren: Zwischen dem lateinischen Westen und Byzanz

VLADIMÍR VAVŘÍNEK

Mit dem Christentum, das von ostfränkischen Missionaren verbreitet wurde, gelangte die höhere literarische Kultur am Anfang des 9. Jahrhunderts nach Mähren. Die Missionare waren mit der Aufgabe betraut, das 796 von den Truppen Karls des Großen den Awaren entrissene Pannonien zu christianisieren und es damit auch kulturell in das Frankenreich einzugliedern. Noch in demselben Jahr trat an den Ufern der Donau die Synode der bayerischen Bischöfe zusammen, um zu beraten, mit welchen Methoden dieses Ziel am wirksamsten erreicht werden könnte. Ihre Grundlage bildeten schließlich die vom Hoftheologen Karls des Großen, Alkuin, ausgearbeiteten Maxime, wonach die religiöse Überzeugungsarbeit mit mildem psychologischen und sozialem Nachdruck zu vereinen wäre.

Die Mission hatte offensichtlich großen Erfolg. Sie wandte sich allerdings nicht nur an die Awaren selbst, die in diesem Gebiet übrigens bald als eigenständige Bevölkerungsgruppe verschwanden, sondern auch an die Slawen, die schon damals die Mehrheit der Bevölkerung Pannoniens und des angrenzenden Kärnten bildeten. Und es blieb nicht dabei. Die bayerischen Missionare dehnten ihren Wirkungskreis bald in die slawischen Gebiete nördlich der Donau aus, wo sich in Mähren am Anfang des 9. Jahrhunderts der erste westslawische Staat herauszubilden begann.

Dem Namen des ersten uns bekannten mährischen Herrschers, des Fürsten Mojmír I., begegnen wir erstmals um das Jahr 830. Er vertrieb damals den Fürsten Pribina, der noch Heide war, samt seinem Gefolge aus Neutra, einer Stadt in der heutigen südwestlichen Slowakei, und vollendete mit dem Anschluss der Domäne Pribinas an sein Fürstentum die Errichtung des mährischen Staates. Nicht zufällig verkündet die Chronik der Passauer Bischöfe zum Jahr 831 ganz kurz, dass der Passauer Bischof Reginhar „alle Mährer taufte". Diese Quelle ist zwar späteren Datums, aus dem 13. Jahrhundert, dürfte aber auf einer alten Überlieferung beruhen. Auch in der Protestnote, die im Jahr 900 Papst Johannes IX. überreicht wurde, behaupteten die bayerischen Bischöfe gemeinsam, dass Mähren schon vom Augenblick des Taufbekenntnisses an der Kirchenverwaltung des Passauer Bischofs untergeordnet war. Der Inhalt dieser Note wurde von einigen Forschern bezweifelt, und die Note selbst sogar als ein Falsifikat bezeichnet, jüngst verteidigte aber D. Třeštík ihre Echtheit und konnte beweisen, dass ihre Angaben, trotz der tendenziösen Einseitigkeit, als verlässlich anzusehen sind.

Die archäologischen Funde deuten jedoch an, dass das Christentum in Mähren schon früher Fuß gefasst haben musste. Einige der Kirchengebäude, deren Fundamente an den mährischen Fundorten aufgedeckt wurden, könnten schon in den ersten Jahrzehnten des 9. Jahrhunderts gebaut worden sein, auch wenn eine genaue Datierung als kaum möglich erscheint. Die Zeit um 830 war jedoch in diesem Falle entscheidend. Der mährische Fürst empfing damals, wenn nicht schon früher, mit seinem Gefolge die Taufe und erkannte die kirchliche Oberhoheit des Passauer Bischofs über sein Land an, dessen Diözese durch die Grenzregelung zwischen dieser und der Salzburger in die direkte Nachbarschaft zu Mähren geraten war. Der Bischof bestimmte einen Archipresbyter zu seinem Vertreter, dem alle lokale Priester und Kleriker unterstellt waren, und er selbst fuhr nach Bedarf dorthin, veranlasste das Nötige, entschied Streitigkeiten und hielt Synoden mit seinen Geistlichen und allen anderen, die sich dort befanden ab: *cum suis et etiam ibi inventis*.

Die Formulierung lässt erkennen, dass neben den bayerischen Missionaren auch solche anderer Herkunft in Mähren tätig waren. Zur Synode von 796, die die Mission in Pannonien behandelte, war der Patriarch Paulinus von Aquileia geladen worden, und auch seine Geistlichen nahmen an der Christianisierung teil. Es gibt Anzeichen dafür, dass sie nicht nur in Pannonien, sondern auch in Mähren mitwirkten.

Die großmährische Kirchenarchitektur zeichnet sich durch die Vielfalt der Bautypen aus. Der Prototyp einiger Bauten ist im norditalischen und dalmatischen Gebiet zu suchen. So erinnert die erste und älteste Kirche in Mähren überhaupt, die in Sady bei Uherské Hradiště, mit ihrem Grundriss in Form des griechischen Kreuzes an Kirchen wie z. B. in Pula oder Nin, deren Vorbild das Mausoleum der Galla Placidia in Ravenna gewesen war. Die einschiffige Kirche Nr. 10 in Mikulčice mit länglich angelegtem rechteckigen Presbyterium, das an den Außen- und Innenseiten der Umlaufmauer Strebepfeiler aufweist, gehört zur Gruppe der für den Salona-Raum charakteristischen Kirchen. Aus dem adriatischen Gebiet stammen höchstwahrscheinlich die Vorbilder zu den Rundkirchen, den Rotunden, die gleich an drei großmährischen Fundorten freigelegt wurden. Auf die Vermutung, das Entstehen dieser Bauten stünde mit der Tätigkeit der Missionare aus dem der aquileianischen Jurisdiktion untergeordneten Gebiet im Zusammenhang, deutet auch die kirchliche Terminologie hin, die in Mähren auf lateinischer Grundlage noch vor der Ankunft der byzantinischen Missionare entstanden war, denn bei einigen Ausdrücken kommt die für die italische Aussprache typische Einweichung der Zischlaute vor, z. B. wird „mbša" zu *missa*, „križb" zu *crux* und ähnliches. Wenn wir also im späteren kirchenslawischen Leben des Konstantin-Kyrill lesen, dass sich vor seiner Ankunft in Mähren dort „lateinische und fränkische Erzpriester mit Priestern und Lehrlingen" betätigten, ist dies so zu verstehen, dass es sich hier um zwei unterschiedliche Gruppen von zwar eng zusammenarbeitenden Geistlichen handelte, die jedoch verschiedener Herkunft waren.

Zu den Lehrlingen der lateinischen Missionare gehörten auch schon einzelne Personen, die aus der heimischen Oberschicht kamen. Als 871 der mährische Fürst vom bayerischen Herzog Karlmann gefangengenommen wurde, wählten die Mährer einen Priester namens Slavomír zum Herrscher. Wahrscheinlich ist er ursprünglich ein Schüler der lateinischen Priester gewesen, weil ihn offenbar nur der Passauer, also ein bayerischer Bischof, weihen durfte. Dass dieser Slavomír ein Verwandter des Fürsten war, ist hier besonders hervorzuheben. Die Christianisierung Mährens ist nämlich ein typischer Fall der „Christianisierung von oben", wobei die Missionare erst den Herrscher und sein Gefolge für den neuen Glauben gewannen, denen dann die übrigen Adeligen und weitere Einwohner folgten.

In der Mitte des 9. Jahrhunderts war Mähren im Grunde schon ein christliches Land. Es mag nur eine *rudis adhuc christianitas*, ein „rohes, unreifes Christentum" gewesen sein, wie es in den Akten der Synode von Mainz aus dem Jahr 852 charakterisiert wurde. An verschiedenen Orten des Landes konnte das einfache Volk noch die heidnischen Gottheiten verehren, doch auf den zentralen, dem Fürsten gehörenden Burgwällen und den verschiedenen Adelsgehöften standen schon christliche Kirchen, und hier nahmen die Priester lateinische Gottesdienste vor und begannen allmählich, auch

218 Vyšehrad, St. Martin, Rotunde, wahrscheinlich spätes 11. Jahrhundert.

heimische Schüler zu erziehen. Es stellt sich deshalb die Frage, warum sich der mährische Fürst Rostislav zu Beginn der sechziger Jahre mit der dringenden Bitte um Entsendung von Missionaren gerade nach Byzanz wandte.

Die traditionelle und immer erneut wiederholte Erklärung, dass der mährische Fürst in Byzanz um Missionare bat, die seinem Volke den christlichen Glauben in der ihm verständlichen, in der slawischen Sprache, darlegen sollten, hält heute nicht mehr stand. Bekanntlich befolgte seit den Zeiten Alkuins, der sich ja auch an der Formulierung des Programms der Mission in Pannonien beteiligt hatte, auch die fränkische Kirche den Grundsatz, dass die in heidnischen Ländern tätigen Missionare bei der Ausübung ihrer pastoralen Praxis der lokalen heimischen Sprache mächtig sein mussten. Die im Jahr 813 in Mainz abgehaltene Synode bestimmte ausdrücklich, dass die neuen, des Lateins unkundigen Täuflinge das Vaterunser und das Glaubenbekenntnis, deren Aufsagen für die Annahme der Taufe unbedingt nötig waren, in ihrer Muttersprache erlernen durften. Bewiesen ist ferner, dass in der Umgebung des bayerischen Kle-

Mährisches Reich

rus die ersten Übersetzungen einiger Gebete und religiösen Formeln in westslawischen Dialekt entstanden sind. Außer den zwei erwähnten Gebeten waren es zwar nur das Taufgelübde, die Lossagung vom Teufel, die Belehrung über Sünde und Tugend und das Beichtgebet, doch mehr Kenntnisse brauchte der einfache Christ zu dieser Zeit nicht. Diese Übersetzungen waren zwar ursprünglich vor allem für die Mission in Pannonien und die Kärntner Slawen bestimmt, gelangten aber zweifellos auch nach Mähren. Ein Beweis dafür ist die Tatsache, dass die Kyrill-Methodsche Mission später eine Reihe slawisch-christlicher, auf der Grundlage des Lateins, aber auch des Althochdeutschen entstandener Ausdrücke in ihr Wörterbuch übernommen hat. Im Sinaitischen Euchologion, einem der ältesten erhaltenen, in der Glagolica verfassten literarischen Denkmäler, ist die slawische Übersetzung des Beichtgebetes enthalten, die nach einer lateinischen, dem altbayerischen Beichtgebet naheliegenden Vorlage angefertigt worden ist. Dies ist nicht anders zu erklären als damit, dass die Kyrill-Methodsche Mission den Text, der in Mähren schon vor ihrer Ankunft verwendet wurde, einfach übernommen hat.

Wenn also die westlichen Missionare in Mähren bei Ausübung ihrer pastoralen Praxis die heimische Sprache benutzten, erübrigte es sich, andere Missionare anzufordern. Dass die sprachlichen Motive nicht Gegenstand des Bittgesuchs Rostislavs waren, beweist schon die Tatsache, dass er, bevor er sich nach Byzanz wandte, seine Bitte in Rom vorbrachte, von wo er die Entsendung von Priestern, die der Sprache seines Landes kundig waren, sicher nicht erwarten konnte. Die Beweggründe, die den mährischen Fürsten zu seinem Entschluss führten, sind kirchenpolitischer Natur. Obwohl Rostislav als mährischer Herrscher ursprünglich von Ludwig dem Deutschen eingesetzt worden war, brachte er es in 50 Jahren zustande, die politische Unabhängigkeit seines Landes vom Frankenreich militärisch durchzusetzen. Kirchlich aber war Mähren immer noch der Jurisdiktion des Passauer Bischofs untergeordnet. Um auch diese Abhängigkeit loszuwerden, war es für den mährischen Herrscher nötig, dass sein Land in eine selbständige kirchliche Diözese mit eigenem Bischof an der Spitze umgewandelt wurde. Das war der Gegenstand des Gesuchs, mit dem er sich zunächst an den Papst Nikolaus I. wandte. Erst als ihm diese Bitte verweigert wurde, fasste er den Entschluss, sein Vorhaben mit Hilfe des Patriarchen in Byzanz durchzusetzen.

Dies war eine ziemlich überraschende Entscheidung, zumal es keine Anzeichen gibt, dass bis dahin irgendwelche engere Beziehungen zwischen Mähren und Byzanz bestanden hätten. Auch für Byzanz war das entfernte Mähren ein im wesentlichen unbekanntes Land, und es kam kaum in Frage, dem Gesuch um die unverzügliche Entsendung eines Bischofs, der die kirchliche Verwaltung dort in die Hand nehmen sollte, stattzugeben. Immerhin wurde das mährische Gesuch nicht gleich abgelehnt, sondern dem Fürsten Rostislav eine Gruppe von Geistlichen zugesandt, an deren Spitze zwei führende byzantinische Gelehrte standen, die schon erhebliche diplomatische und administrative Erfahrungen hatten, nämlich Konstantin der Philosoph, eher unter dem später angenommenen Mönchsnamen Cyrillus/Kyrillos/Kyrill bekannt, und sein Bruder Methodius/Method.

Nach deren Ankunft entstand in Mähren eine widersprüchliche Situation. Zwei Gruppen von Geistlichen waren hier nun tätig, die sich in der täglichen Kirchenpraxis voneinander unterschieden, z. B. durch ein verschiedenes Fastensystem, den Gottesdienst nach jeweils anderem Ritus abhielten, manchmal auch unterschiedliche Standpunkte bei der Beurteilung der ehelichen Beziehungen vertraten und ähnliches mehr. Die westlichen Missionare, die Mähren als das Missionsgebiet des Passauer Bischofs betrachteten, sahen in der Tätigkeit der byzantinischen Missionare, die sie ohne dessen Genehmigung ausübten, eine Verletzung der kanonischen Vorschriften. Die byzantinischen Geistlichen hingegen erachteten ihre Tätigkeit als gerechtfertigt und dadurch begründet, dass sie auf Grund der Einladung des mährischen Herrschers gekommen waren, der nicht versäumte, ihnen jede Unterstützung angedeihen zu lassen. Der Zwiespalt zwischen den beiden Gruppen verschärfte sich auch dadurch, dass die byzantinischen Missionare den Gottesdienst in slawischer Sprache abzuhalten begannen, wodurch sie freilich die Gunst und Aufmerksamkeit des Großteils der einheimischen Bevölkerung auf sich zogen, während die lateinischen Priester dies als Verstoß gegen die liturgische Tradition und sogar als Häresie bezeichneten.

Durch die Benutzung der slawischen Sprache wurde den Missionaren aber die Erziehung der einheimischen Schüler, die sich auf die Priesterweihe vorbereiteten, erheblich erleichtert. Die Weihe selbst konnten sie allerdings nicht erteilen, weil keiner von ihnen Bischof war. Ursprünglich wollten sie ihre slawischen Schüler eigentlich in Byzanz weihen lassen. Doch während ihres Aufenthaltes in Mähren, der sogleich Streitigkeiten mit den fränkischen Priestern brachte, wurden sie sich dessen bewusst, dass Mähren in den Einflussbereich des westlichen Patriarchates gehörte. Die Frage der kirchlichen Obedienz verschärfte sich noch weiter, als Kyrill und Method von dem pannonischen Fürsten Kocel in dessen Land eingeladen und gebeten wurden, auch die dortigen Schüler im slawischen Schrifttum zu unterrichten. Dies erboste Papst Nikolaus, der sich ständig für die Wiederherstellung der römischen Jurisdiktion über ganz Illyricum, dem Pannonien einst angehörte, energisch einsetzte. Im Herbst des Jahres 867 forderte er deshalb beide Brüder auf, sich in Rom einzufinden.

Ihre Bereitschaft, dieser Aufforderung nachzukommen, wurde durch die Nachricht verstärkt, dass im September desselben Jahres ihr Freund Patriarch Photios, der sie nach Mähren entsandt hatte, beim Staatsstreich in Byzanz abgesetzt und durch seinen Rivalen Ignatios ersetzt wurde. Die Beseitigung Photios' machte den Weg zur Schlichtung des tiefen Zerwürfnisses zwischen Byzanz und Rom frei, so dass der Nachfolger des inzwischen verstorbenen Nikolaus' I., Papst Hadrian II., die byzantinischen Missionare aus Mähren innigst begrüßte, Method und einige Schüler beider Brüder zu Priestern weihen ließ und ihre Übersetzungen der Heiligen Schrift und der Liturgie genehmigte.

Die päpstliche Kurie blieb fortan die Hauptstütze der byzantinischen Mission in Mähren. Nach Kyrills Tod im Februar 869 erteilte Hadrian II. auf Bitte des Fürsten Kocel Method die Bischofsweihe und bestimmte ihn zum Erzbischof der pannonisch-mährischen Erzdiözese, die als Erneuerung der einstigen Erzdiözese von Sirmium gelten sollte. Diese Einsetzung konnte allerdings wegen des Widerstandes seitens der bayerischen Bischöfe, die sogar Method mit Hilfe des ostfränkischen Königs für eine kurze Zeit einsperren ließen, nicht in Kraft treten. Erst nach dem Einschreiten des neuen Papstes Johannes VIII. wurde Method aus dem bayerischen Gefängnis entlassen. Er konnte natürlich nur nach Mähren zurückkehren, wo es Svatopluk, dem Nachfolger Rostislavs, schließlich gelang, die vom Frankenreich unabhängige Stellung aufzubauen. Pannonien aber blieb weiterhin ganz der fränkischen Macht unterstellt. Auch weiterhin half Papst Johanns VIII. Method. In der Bulle *Industriae tuae* vom Juni 880 bestätigte er alle seine Befugnisse, bewilligte, die Gottesdienste im ganzen Reich Svatopluks in slawischer Sprache zu feiern, und erkannte Svatopluk selbst als einen völlig souveränen, keiner anderen weltlichen Macht als nur dem Papst selbst unterstehenden Herrscher an.

So erreichte die Kyrill-Methodsche Mission nach einer Reihe von Umwegen schließlich ihr Ziel, allerdings unter völlig anderen Umständen und in

219 **Pohansko bei Břeclav. Rekonstruktion einer großmährischen, einschiffigen Kirche mit halbrunder Apsis und angebautem Narthex (nach J. Pošmourný).**

ganz anderen politischen Zusammenhängen, als bei ihrer Entsendung beabsichtigt worden war. Der mährische Herrscher erlangte die Anerkennung seiner Oberhoheit nicht dank des Beistandes des byzantinischen Kaisers, sondern unter der Schirmherrschaft des päpstlichen Stuhls; Mähren wurde nicht in den Bereich des byzantinischen politischen und zivilisatorischen Einflusses eingegliedert. Im Gegenteil, die mährische Erzdiözese, deren Begründung das Hauptmotiv von Rostislav Bittgesuch gewesen war, wurde nicht vom dem Patriarchen von Byzanz, sondern vom römischen Papst errichtet, der Method, die führende Persönlichkeit der byzantinischen Mission, zum apostolischen, also römischen, Legaten für die slawischen Länder ernannte.

Die Anerkennung der Oberhoheit des päpstlichen Thrones über Mähren war für Method die Grundlage für die Verwaltung seiner Erzdiözese. Beim Papst suchte und fand er Unterstützung während seiner Kämpfe mit der fränkischen Geistlichkeit, im Auftrag des Papstes nahm er als apostolischer Legat an diplomatischen Verhandlungen teil, ob nun im Interesse des mährischen Fürsten oder der päpstlichen Kurie selbst. Die Ergebenheit und Treue Methods dem päpstlichen Stuhl gegenüber wurde auch in der Korrespondenz Johannes VIII. mit dem mährischen Fürsten oder den bayerischen Bischöfen mehrfach gelobt.

Theoretisch ergibt sich hieraus die Anerkennung des päpstlichen Primates in der ganzen Kirche, wie an mehreren Stellen in den altkirchenslawischen Lebensbeschreibungen Kyrills und Methods zum Ausdruck kommt. Der römische Papst wird darin mit dem heiligen Petrus identifiziert, für den zur

Zeit herrschenden Papst wird im Unterschied zum allgemeinen Ausdruck *papa*, „papež" absichtlich der Terminus „apostolik" benutzt, was bedeuten sollte, dass er während seines Pontifikates die apostolische Macht ausübt. Besonderen Nachdruck erhält die hoheitliche Stellung des Papstes in der Einleitung zur Method-Vita: Hier wird in dem Abriss der sechs ersten ökumenischen Konzilien der römische Papst stets an erster Stelle, der byzantinische Kaiser danach genannt. Dies fällt aus dem Rahmen aller gleichartigen byzantinischen Übersichten und übertrifft durch seine Konsequenz sogar die ähnlichen römischen Zusammenstellungen, die wir im *Liber diurnus* finden.

Die Anerkennung des päpstlichen Primates bedeutete aber keineswegs eine antibyzantinische Haltung. Davon legen die beiden altkirchenslawischen Viten wiederum eindeutiges Zeugnis ab. An vielen Stellen ist darin auf verschiedene Weise die byzantinische politische Theorie dargestellt, die die oberhoheitliche Stellung des Kaisers in der gesamten christlichen Welt damit begründet, dass das byzantinische Reich mit dem Königreich Christi identifiziert und die Macht des byzantinischen Kaisers direkt von Gott abgeleitet wird. Ebenso ist die geläufige slawische Betitelung der Herrscher die genaue Analogie zur Hierarchie der Herrschertitulatur, die in der byzantinischen politischen Theorie benutzt wurde. Die Behauptung, die Macht des Kaisers gehe von Gott aus, beruht auf zwei Bibelzitaten, die auch die Zentralpfeiler der byzantinischen politischen Theorien bilden: „Fürchtet Gott, ehret den Kaiser" (Petr. 2,17) und „denn das Herz des Kaisers liegt stets in Gottes Hand" (Prov. 21,1). Die apologetische Tendenz der Method-Vita, die außerdem auf der Behauptung gründet, Method hätte stets im Interesse der einheimischen slawischen Fürsten und im Einvernehmen mit den höchsten weltlichen Herrschern gehandelt, erreicht ihren Höhepunkt in der Schilderung des Besuches Methods in Byzanz, wo beide, der Kaiser und der Patriarch, sowohl dessen kirchliche Praxis als auch die von ihm eingeführte slawische Liturgie genehmigt hätten.

Die Beweggründe und Vorhaben, die zur Anforderung und Entsendung der Kyrill-Methodschen Mission führten, waren vor allem politischer Natur, und bei deren Verwirklichung stießen verschiedene Machtinteressen aufeinander: der mährische Fürst wollte die politische Unabhängigkeit seines Landes erreichen; in Byzanz versprach man sich davon eine Ausweitung des kulturellen und politischen Einflussbereiches; der römische Papst suchte einen Weg, um die Jurisdiktion des westlichen Patriarchates über die Gebiete des einstigen *Illyricum* wiederherzustellen. Kyrill und Method ist es gelungen, den Forderungen des mährischen Herrschers Rechnung zu tragen, ohne damit die Beziehungen zu ihrer einstigen Heimat zu beeinträchtigen. Und sie erreichten dabei, obwohl sie Byzantiner waren, die Anerkennung und Unterstützung des römischen Papstes. Sie konnten dies nur deshalb erwirken, weil sie zur Zeit der Machtkämpfe zwischen Rom und Byzanz sich aus den Streitigkeiten beider Mächte heraushielten und alles daransetzten, den Interessen des Volkes, zu dem sie entsandt worden waren, zu dienen. Trotz des Kirchenschismas, das gerade zur Zeit ihres Wirkens in Mähren seinen Höhepunkt erreichte und das christliche Europa in ein östliches, orthodoxes, und ein westliches, lateinisches, zu spalten drohte, waren sie vom Geist des frühchristlichen Universalismus beseelt und traten in allen ihren Tätigkeiten als Vertreter der einzigen, ungeteilten Kirche auf.

In diesem Geiste entwarfen und schufen sie auch ihr kulturelles Werk, mit dem sie sich in die Geschichte einschrieben; die von ihnen mit einem eigenen Alphabet, dem Glagolica, begründete slawische Literatur. Ihrer Überzeugung nach konnte nur jenes Volk die wirkliche Selbständigkeit erreichen, das eine eigene Kultur besaß und bewusst entfaltete, das, mit ihren eigenen Worten gesagt, „Gott in der eigenen Sprache pries". Sie betrachteten jedoch diese slawische Literatur nicht nur als eine bloße Umarbeitung der griechischen Literatur unter anderen Vorzeichen. Sie sollte, so dachten sie, die Grundlage zu einer selbständigen slawischen Kultur werden, die, ihren Vorbildern folgend, sich als jüngere Schwester neben den großen griechischen und lateinischen Kulturen weiter schöpferisch entwickeln würde.

Bei der Umsetzung dieses Vorhabens legten Kyrill und Method ein einmaliges Maß an Unvoreingenommenheit und Toleranz an den Tag. Sie passten ihr Werk den lokalen Bedingungen an und bemühten sich, alles mit einzubeziehen, das schon vor ihrer Ankunft in der mährischen Welt geschaffen worden war. So übernahmen sie die schon früher auf Grund lateinischer und althochdeutscher Vorlagen entstandene slawische Terminologie, auch wenn in ihrem Wortrepertoire für diese Begriffe andere gleichwertige Ausdrücke vorgesehen waren. Obgleich ihr eigenes Werk aus Übersetzungen aus dem Griechischen bestand, wurden im Umkreis ihrer literarischen Schule auch Übersetzungen aus dem Lateinischen angefertigt, und sie selbst zögerten nicht, auch ältere, aus dem Althochdeutschen übernommene Texte zu benutzen. Ihre eigenen Übersetzungen byzantinischer Ge-

220 **Mikulčice. Silberner Kreuzanhänger mit gekreuzigtem Christus. Der auffällige Kopf deutet auf einen Einfluss frühen irischen Kunsthandwerks hin. – Kat. 09.02.04**

setzbücher bearbeiteten sie den lokalen Verhältnissen entsprechend, und bei der Übertragung der liturgischen Texte bemühten sie sich sogar um eine Synthese der byzantinischen Liturgie mit der römischen. Vor allem aber war ihnen daran gelegen, dass auch Originaltexte in slawischer Sprache entstanden. Ziel von Kyrill und Method war es, eine slawische Kultur entstehen zu lassen, die von verschiedenen Seiten Anregungen aufnehmen und diese selbständig aufarbeiten und umgestalten würde, um dann ihren eigenen ursprünglichen Ausdruck anzustreben. Mit dieser Toleranz und

Mährisches Reich

Großzügigkeit übertrafen sie bei weitem die Denkweise ihrer Zeitgenossen, sowohl im Westen als auch in Byzanz, wo die größten Geister dieser Zeit nicht einmal imstande waren, sich von den Vorurteilen bezüglich der absoluten Überlegenheit der griechischen Kultur über den „barbarischen" Rest der Welt zu befreien.

Es verwundert nicht, dass Fürst Svatopluk die weitreichende Bedeutung eines solchen Kulturprogrammes nicht begreifen konnte, zumal die slawische Liturgie, gegen die es die fränkische Geistlichkeit nicht unterließ, zu intrigieren und sie anzugreifen, eine ewige Quelle des Streites innerhalb der Mährischen Kirche war. Aus dem Pastoralbrief Johannes VIII. von 880 geht hervor, dass sich vielmehr Svatopluk selbst und mit ihm auch viele ihm ergebene Magnaten zur lateinischen Liturgie hingezogen fühlten. Svatopluk wollte dem fränkischen Herrscher, aus dessen Oberherrschaft er sich befreit hatte, möglichst stark ähneln, er wollte ihm in allem gleich sein. Er war natürlich am Entstehen einer selbständigen mährischen Erzdiözese interessiert, doch an deren slawischem Charakter war ihm keineswegs gelegen; im Gegenteil, dieser fiel ihm vielmehr zur Last. Und deswegen gab er nach dem Tode von Erzbischof Method dem Druck der lateinischen, überdies vom neuen Papst Stefan V. unterstützten Geistlichkeit ziemlich bereitwillig nach, verbot die slawische Liturgie und verwies Methods Schüler des Landes.

So entwickelten sich die Länder, in denen Kyrill und Method tätig waren und für die sie die slawische Literatur geschaffen hatten, Mähren, Böhmen, die Slowakei, Pannonien und vielleicht auch das Weichselgebiet, seit dem Ende des 9. Jahrhunderts weiterhin im Kulturbereich des lateinischen Westens. Das Kulturwerk der Kyrill-Methodschen Mission wurde das Erbe der Süd- und später auch der Ostslawen, vor allem aber der Bulgaren. Im südslawischen Umkreis erfuhr jedoch das Kulturerbe der beiden Missionare eine wesentliche Veränderung. Die slawische Literatur, die nach der Auffassung Kyrills als Anreiz zum eigenen Schaffen der Slawen dienen sollte, wurde hier das Mittel zur Aufnahme der byzantinischen Kultur und führte zur Bereitschaft, sich von allen westlichen Kulturströmungen abzuschirmen und zur byzantinischen Orthodoxie zu bekennen.

Literatur

Dvornik 1969; 1970a; 1970b. – Třeštík 1998. – Vavřinek 1963a; 1963b; 1986. – Vavřinek/Zástěrová 1982.

Das Fürstentum von Neutra (Nitra) im Großmährischen Reich und in Ungarn

JÁN STEINHÜBEL

Im Jahre 623 entbrannte in Pannonien der große antiawarische Aufstand. Der Teil der Aufständischen, der sich den fränkischen Kaufmann Samo zum König gewählt hatte, verblieb in der nordwestlichen Nachbarschaft des Awarischen Khanats und begründete hier das große slawische Reich. Im Jahre 658 starb der slawische König Samo und sein Reich zerfiel. Doch zwei Fürstentümer, die zusammen mit Böhmen und vielleicht auch mit Kärnten zum Samoreich gehörten, blieben: ein Mährisches und als zweites ein Neutraer. Diese beiden Fürstentümer entstanden in der Zeit des antiawarischen Aufstands, ebenso die anderen Fürstentümer, die am Rande des awarischen Pannoniens lagen – Kärnten, Kroatien und Slawonien (Fürstentum von Sisak). Zwar spürten sie den neuen Aufstieg der awarischen Macht, schafften es aber dennoch zu überleben.

Die fränkischen Kriegszüge der Jahre 791 bis 803 und die slawischen Angriffe, die bis zum Jahre 811 andauerten, zerstörten das Awarische Khanat. Damals überwand auch das Neutraer Fürstentum die awarische Vorherrschaft. Zu dem Fürstentum gehörte der nordwestliche Teil des Karpatenbeckens, der die Donau vom karolingischen Pannonien und die Gebirge Cserhát und Bükk vom bulgarischen Theißgebiet trennte.

Der erste bekannte und der letzte unabhängige Fürst von Neutra (Nitra) war Pribina. Am Anfang seiner Regierung, im Jahre 827, beherrschten die Bulgaren ganz Slawonien (Fürstentum von Sisak), setzten über die Drau und fielen von Süden her in Transdanubien ein. Sie verwüsteten und besetzten einen Teil Transdanubiens, vertrieben die einheimischen slawischen Fürsten, die die bayerische Oberhoheit anerkannt hatten, und setzten bulgarische Verwalter an ihre Stelle[1]. Im Februar 828 berief Kaiser Ludwig der Fromme einen Reichstag nach Aachen, der sich auch mit der Situation in Pannonien befasste. Bei ihrer Einschätzung waren sich bestimmt alle bewusst, wie sehr der strategische Wert von Pribinas Fürstentum gestiegen war, das an das Bulgarische Reich und das betroffene Pannonien angrenzte. Das Bündnis mit Pribina wurde eine wichtige Voraussetzung für den Erfolg des beabsichtigten Gegenfeldzugs. Dies war auch der Hauptgrund für das Eintreffen des Salzburger Erzbischofs Adalram, des künftigen Teilnehmers an diesem Feldzug, am Fürstenhof Pribinas in Neutra[2]. Bei dieser Gelegenheit nahm sich Erzbischof Adalram auch Zeit für die Einweihung einer Kirche Pribinas in Neutra. Adalrams diplomatische Mission sicherte den Nordflügel des vorbereiteten Angriffs gegen die Bulgaren in Transdanubien. Der Kaiser vertraute die Kriegsführung seinem jüngsten Sohn Ludwig dem Deutschen an (seit 826 bayerischer König), der 828 den verlorenen Teil Transdanubiens zurückeroberte[3]. Den siegreichen bayerischen König begleitete der Salzburger Erzbischof Adalram, da um das Gebiet der Diözese Salzburg gekämpft wurde.

Pribina, obwohl noch Heide, ließ in Neutra die erwähnte Kirche für seine christliche Ehefrau und ihr Gefolge errichten. Sie stammte aus dem bayerischen Grafengeschlecht der Wilhelminer. Von ihrer Wilhelminischen Herkunft zeugt nicht nur ihre Mitgift, die Grafschaft Traungau am Südufer der oberösterreichischen Donau zwischen Haibach und Aschach (westlich von Linz), sondern auch der bayerische Name ihres Sohnes Kocel. Die ursprüngliche Form „Gozil" kennen wir aus zwei Briefen des Papstes Johannes VIII. aus dem Jahre 873[4].

Kocels Mutter brachte die in ihrem Geschlecht gepflegte Verehrung des heiligen Emmeram mit nach Neutra. Sollte Pribina zur Zeit der Errichtung seiner Kirche geheiratet haben, so war er vermutlich noch jung und erst kurz zuvor Fürst von Neutra geworden. Den Beginn von Pribinas Fürstenregierung in Neutra und seine Heirat können wir somit kurz vor der Weihe seiner Kirche durch den Salzburger Erzbischof Adalram datieren.

Im Jahr 833 eroberte der Mährische Fürst Mojmír das benachbarte Neutra und vertrieb den Fürsten Pribina. Mojmír öffnete das bis dahin heidnische Land der christlichen Mission, vermutlich der seit zwei Jahren in Mähren wirkenden Passauer.

Im Jahr 880 wurde Neutra auf Svatopluks Verlangen und nach der Entscheidung von Papst Johannes VIII. zum Sitz des zweiten großmährischen Bistums[5]. Das Bistum Neutra ist damit ein klarer

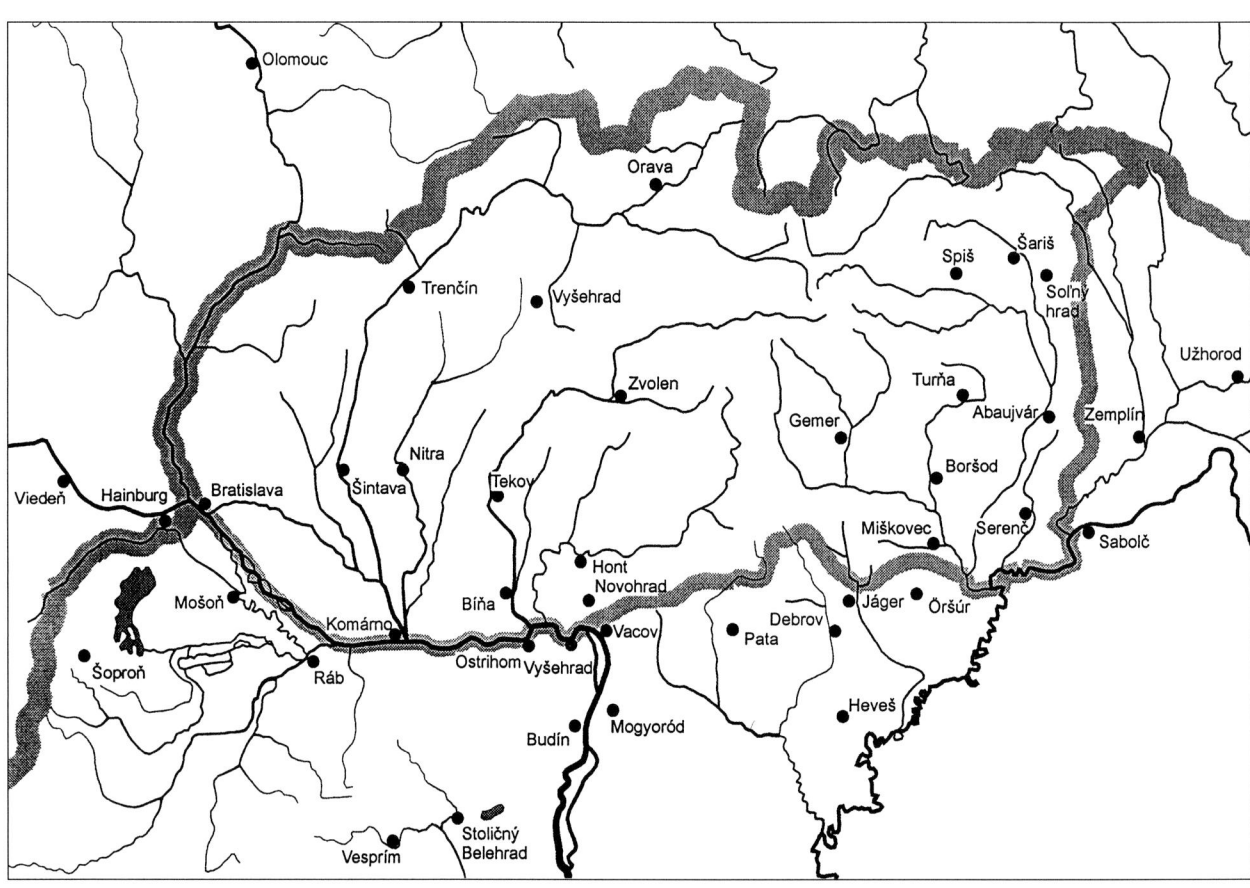

221 **Das Neutraer Fürstentum im 11. Jahrhundert.**

Beweis für Neutras Bedeutung als Zentrum eines der beiden großmährischen Fürstentümer. So scheinen die Teilfürsten Rostislav (846–870), sein Neffe Svatopluk I. (862–871) und, unter der Herrschaft Mojmírs II., sein jüngster Bruder Svatopluk II. (894–899), in Neutra ihren Sitz gehabt zu haben. Wenn Svatopluk I. 880 tatsächlich vor der Entscheidung stand, wo er das zweite großmährische Bistum unterbringen sollte, konnte er Neutra nicht umgehen, da es auch nach Pribinas Vertreibung die Bedeutung eines Fürstensitzes nicht verloren hatte. Bischof Wiching unterstand dem mährischen Bischof Method. Dieser asymmetrische Dualismus der großmährischen Kirche war die genaue Kopie des politischen Staatsdualismus.

Ein ungarischer Feldzug, der im Jahre 906 das großmährische Gebiet verwüstete, beendete die Herrschaft der Mojmiriden. Nach dem Verfall ihrer eigenen Dynastie entschloss sich Mähren für eine Dynastieverbindung mit Böhmen. Die böhmischen Přemysliden, die ein Bündnis mit den Ungarn geschlossen hatten, waren zur Übernahme der großmährischen Erbschaft durch das familiäre Verhältnis zu den Mojmiriden berechtigt. Dem böhmisch-ungarischen Bündnis schlossen sich augenblicklich auch Glomaci und Heveller an. Dies öffnete den Ungarn in den Jahren 906, 908, und 915 den kürzesten Weg nach Sachsen, der über das Fürstentum Neutra, Mähren, Böhmen und durch das Land der Glomaci führte. Das Bündnis ermöglichte den Přemysliden die ganze mojmiridische Erbschaft im Osten zu halten. Das böhmisch-ungarische Bündnis endete im Jahre 920. Von nun an bestimmten Begebenheiten innerhalb des Karpatenbeckens das weitere Schicksal von Neutra.

Der erste ungarische Fürst im Neutraer Land war wahrscheinlich Taš (seit 920) und danach sein Sohn Lél (bis 955). In der Enstehungszeit des ungarischen Staates wurde Neutra zum Sitz von Teilfürsten aus dem Arpadengeschlecht. Fürst Michael (etwa 871–99) war ein jüngerer Bruder des ungarisches Fürstes Géza. Nach dem gewaltsamen Tod des Teilfürsten Michael herrschte in Neutra Gézas Sohn Stephan (etwa 995–997).

Der Chronist Gallus Anonymus berichtet von einem polnisch-ungarischen Krieg Anfang des 11. Jahrhunderts. Danach besiegte der polnische Fürst Bolesław Chrobry im Kampf die Ungarn völlig „und unterwarf ihr ganzes Land bis zur Donau"[6]. Boguchwal und andere jüngere polnische Chronisten erwähnen einige slawische Fürsten, welche die polnische Oberhoheit anerkannten. Unter ihnen gab es auch einen Fürsten Ladislaus („Wladislaus"), dessen Land die Flüsse Theiß, Donau und March begrenzten[7]. Der ältere Sohn Ladislaus der Kahle gewann also das Fürstentum seines Vaters dank dem Fürsten Bolesław, und gleichzeitig erkannte er die polnische Oberhoheit an. Die ungarisch-polnische Chronik erwähnt die südlichen und östlichen Grenzen des Neutraer Fürstentums genauer, das zu dieser Zeit (1001–1029) offenbar unter polnischer Oberhoheit stand: „die Grenzen der Polen gelangten bis ans Donauufer zur Burg Gran, dann gingen sie zur Burg Eger und dem Fluss, der Theiß heißt, weichen sie aus, lenken bei dem Fluss, der Cepla (= Topľa) heißt um, bis zur Burg Salis (= Solovar bei Prešov) und hier, zwischen Ungarn, Russen und Polen, haben sie ihr Ende"[8]. Ob dieses Gebiet wirklich an Polen angegliedert wurde, bleibt fraglich. Der natürliche Charakter dieser Grenzen kann jedoch nicht abgestritten werden. Diese natürlichen Grenzen bildeten große Flüsse und Gebirge. Sie waren sicherlich keine Erfindung der Chronisten, und es ist sehr wahrscheinlich, dass dieses Gebiet mit dem Neutraer Fürstentum gleichgesetzt werden kann. Die historischen Grenzen des Neutraer Fürstentums reichten im Südwesten und Süden bis zur March, zur Donau, zu den Gebirgen Cserhát und Bükk und bis zum Fluß Theiß zwischen der Mündung von Sájó und Bodrog. Im Osten gehörte Zemplin nicht mehr dazu; es war durch das Zemplin- und Salzgebirge (Zempléni-hegység, Slanské pohorie) abgetrennt. Der ungarische König Stephan I. beherrschte das Neutraer Fürstentum erneut erst im Jahre 1029[9], setzte Ladislaus' Bruder und Nachfolger Vazul ab, und hielt ihn auf der Neutraer Burg gefangen. Die drei Söhne Vazuls, Levente, Andreas und Béla, flohen zusammen mit Domoslav, dem Sohn Ladislaus' des Kahlen nach Vazuls Blendung im Neutraer Kerker über die Grenze.

Im September 1042 versuchten der deutsche König Heinrich III. und der böhmische Fürst Břetislav I. Domoslav in Neutra einzusetzen. Dieser konnte sich jedoch nicht behaupten. Erst in den Jahren 1046–1048 wurde er erneut zum Neutraer Fürsten. Weitere Neutraer Teilfürsten waren Béla (1048–1060), Bélas Söhne, Géza (1063–1074) und Ladislaus (1074–1077), und schließlich Gézas jüngerer Sohn Álmos (1095–1098).

Die Fürsten Béla und Géza prägten auch ihre eigenen Münzen, die eine größere Qualität als die königlichen Münzen besaßen. Die Fürsten hatten ein eigenes Heer und schlossen Bündnisse und Dynastieverbindungen mit den benachbarten slawischen Staaten und Byzanz. Ihre Innen- und Außenpolitik stand oftmals in Opposition zur königlichen Politik, die oft auf ein Bündnis mit deutschen Königen ausgerichtet war. Álmos Absetzung und Blendung durch seinen Bruder König Koloman im Jahre 1108 bedeutete das Ende für den Fürstensitz Neutra. Das Lehnsfürstentum blieb unbesetzt und hörte auf zu bestehen.

Anmerkungen

1 Annales regni Francorum ad a. 827. Annales Fuldenses ad a. 827. Magnae Moraiae fontes historici (MMFH) I, Fontes latini ad Moraviam Magnam pertinentes, Annales et chronicae. Curaverunt D. Bartoňková/L. Havlik/J. Ludvikovský/Z. Masařik, Radoslav Večerka. Pragae-Brunae 1966, 52, 88. – Steinhübel (1995) 25.
2 H. Wolfram (Hrsg.) (1979) 52–53. – Steinhübel (1998) 381–385.
3 Annales Fuldenses ad a. 828. In. MMFH I, 88. – Steinhübel (1995) 26–27.
4 Diplomata 53, 54. In: Bartoňková u. a.(Hrsg.), MMFH III. Diplomata, epistolae, textus historici varii (Brno 1969) 171–172.
5 Epistolae 90. IN. MMFH III, 205.
6 Galli Chronicon I, 6. In: A. Bielowski (Hrsg.), Monumenti Poloniae Historica I (Warszawa 1960) 399.
7 Boguphali II episcopi posnaniensis Chronicon Poloniae cum continuatione Basconis custodis Posnaniensis 13. In: A. Bielkowski (Hrsg.) Monumenti Poloniae Historica II (Warzawa 1961) 479.
8 Chronicon mixtum Ungarorum et Polonorum 7. In: E. Szentpétery (Hrsg.) Scriptores rerum Hungaricum temporeducum regumque stirpis Arpadianae gestarum II (Budapest 1938) 310–311.
9 Im Jahre 1029 nahm der tschechische Fürst Udalrich (Oldřich) von Polen Mähren ein. Labuda (1992) 71–75. Gleichzeitig mit dem Verlust von Mähren endete auch der polnische Einfluss im Neutraer Fürstentum. Nitry (1998) 115–116. – Steinhübel (im Druck).

Literatur

Cibulka 1958. – Dvornik 1970a. – Steinhübel 1996a; 1996b; 1999. – Wolfram 1980.

Stará Kouřim

ANDREA BARTOŠKOVÁ

In der Nachbarschaft der Stadt Kouřim, Bezirk Kolín, erstreckt sich auf einer ausgedehnten, vom Flüsschen Kouřimka umströmten, Alt-Kouřim genannten Anhöhe ein mächtiger dreiteiliger slawischer Burgwall. Der kaum 5 ha großen Innenfläche schließen sich zwei geräumige Vorburgen an, so dass sich die Größe des ganzen Burgwallareals auf 44 ha erhöht. Die äußere Vorburg ist von einem noch bis heute im Gelände sichtbaren Wall umgeben.

Vor dem Bau des slawischen Burgwalls gab es in Alt-Kouřim bereits eine frühslawische Besiedlung, die ihre Vorläufer schon in der Vorzeit, im Neolithikum und auch in der jüngeren und späten Bronzezeit hatte. Die grundlegende Entwicklungslinie der Besiedlung Alt-Kouřims wurde durch die systematische Erforschung in den Jahren 1948 bis 1958 durch das Archäologische Institut der Tschechischen Akademie der Wissenschaften unter der Leitung von M. Šolle geklärt. Die dabei gewonnenen Erkenntnisse betreffen hauptsächlich die Zeit, wo sich in Alt-Kouřim das Leben hinter den Mauern des slawischen Burgwalles abspielte, der seinerseits eine dreiphasige Entwicklung durchmachte (Abb. 223). Die einzelnen Entwicklungsphasen des Burgwalles wurden anhand der stratigraphischen Beobachtungen im Areal der Befestigungsanlagen und des reichhaltigen Bestattungsplatzes am Libuše-See bestimmt, wo die Grabausstattungen wichtige Datierungshilfen boten.

Im Anfangsstadium seiner Entwicklung umfasste der Burgwall nur die Fläche des befestigten Innenareals, in dessen nordöstlichem Vorfeld parallel zum Innenwall ein rinnenförmiger Graben verlief, der die vorläufige Vorburg mit dem Libuše-See umgrenzte und als Schutz der Wasserquelle diente. In dieser ältesten Entwicklungsphase begann man bereits, am Libuše-See zu bestatten. Davon zeugt ein tiefes, in dem felsigen Boden angelegtes Grab, das die Ausstattung eines Fürsten enthielt und hypothetisch dem Gründer des Kouřimer Zentrums zugeschrieben wird. Ein Langschwert, ein Sporen-

222 Luftaufnahme des Burgwalles Alt-Kouřim von Nordwesten.

paar und ein prunkvoller silberner, mit karolingischer Pflanzenornamentik verzierter Lanzenschuh gelten als Hinweise auf die Machtstellung des Toten. Der Lanzenschuh und weitere frühkarolingische Beschläge sowie die durch den karolingischen Umkreis beeinflussten frühgroßmährischen, nach der Interpretation des Grabungsleiters spätawarischen, Gürtelschnallen werden in die erste Hälfte des 9. Jahrhunderts datiert, in die Zeit, in der auch das älteste Kouřimer Zentrum entstanden sein soll. In der zweiten Entwicklungsphase des Burgwalles wurde zunächst die Befestigung des mittleren Areals erweitert, wodurch die gesamte Anlage das Ausmaß von rund 20 ha erreichte; kurz danach wurde auch das Außenareal in den Befestigungsring miteinbezogen. Somit entstand ein ausgedehnter, im Innern gegliederter Raum, der eine Fläche von 44 ha umfasste. Das zentrale, vom Wall umringte Burgareal nahm den Gipfel der Anhöhe ein, es lag 298 m über dem Meeresspiegel. Der Wall trug eine einfache Holz-Erde-Konstruktion, bestehend aus mit Rundholzstützen verstrebten Palisadenwänden. Fortschrittlicher war die Befestigung des Außenareals, dessen Holz-Erde-Wall mit Kammerkonstruktionen an der Vorderseite durch eine mächtige Erdaufschüttung verstärkt war. Die Rückseite stützen regelmäßig verteilte Konstruktionen ab, die aus drei schräg ineinander verhakten Rundhözern bestanden. Den Burgwall betrat man durch ein monumentales Außentor mit einziehenden Mauerflügeln und mittlerer Mauer, die den Eingang in zwei schmale Bahnen teilte. Der einfach angelegte, stellenweise gepflasterte, vom Außen- auf das Mitteltor ausgerichtete Weg führte im mittleren Areal bis zum Libuše-See, der damals künstlich erweitert und offenbar aus kultischen Gründen von der Westseite her eingezäunt war. Somit war der Siedlungsraum im westlichen Teil des mittleren Areals, der von einem großen länglichen Hallenbau, wohl einem festlichen Versammlungsort, beherrscht wurde, von dem Kultareal mit seinem reichen fürstlichen Bestattungsplatz getrennt. Die tiefen Schachtgräber mit ihrem Inventar zeugen von der engen Verbindung Alt-Kouřims mit den älteren großmährischen Zentren. Während die ältere, in das dritte Viertel des 9. Jahrhunderts datierte Gräbergruppe neben dem prunkvollen großmährischen Schmuck auch noch karolingische Funde enthielt, ist in der jüngeren, in das letzte Viertel des 9. Jahrhunderts datierten Gruppe nur noch großmährischer Schmuck enthalten. Die luxuriöse Ausstattung der Gräber spricht nicht nur vom Reichtum und von der hohen gesellschaftlichen Stellung der Verstorbenen, auch die Menge der großmährischen Schmuckgegenstände und das hohe Niveau ihrer Ausführung weisen darauf hin, dass Alt-Kouřim in der zweiten Hälfte des 9. Jahrhunderts in viel engeren Beziehungen zur großmährischen Welt gestanden hat als andere gleichzeitige Burgwälle in Böhmen.

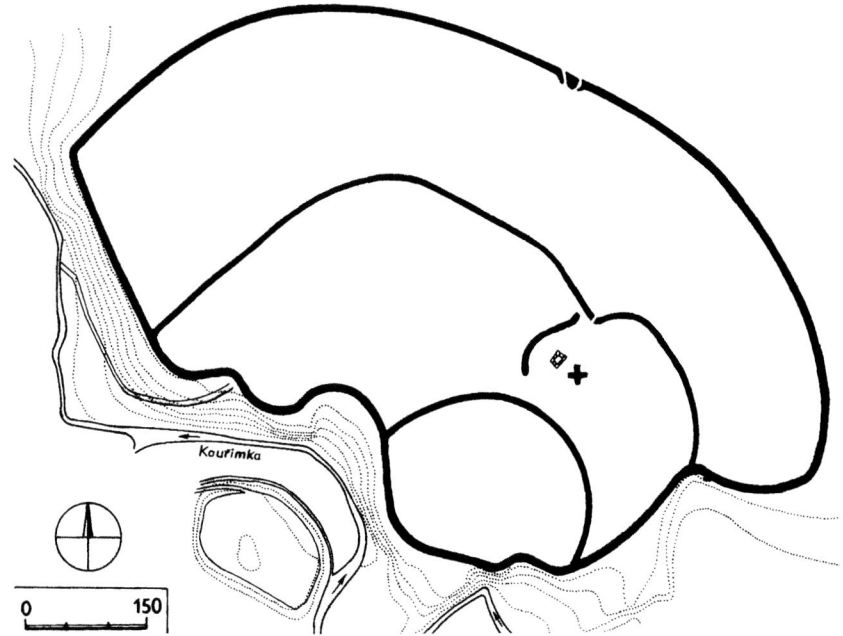

223 Lageplan des dreiteiligen Burgwalles Alt-Kouřim mit eingezeichneter Befestigung und Lage des fürstlichen Bestattungsplatzes am Libuše-See (+).

In der Endphase der Entwicklung des Burgwalles wurde das mittlere Areal von neuem befestigt. Anstatt der ursprünglichen Holz-Erde-Palisadenmauer wurde ein konstruktiv anspruchsvollerer Holz-Erde-Stufenwall mit einer steinernen Frontseite erbaut. Zur Zeit des Baus der jüngeren Befestigung existierte der große, dicht an dem älteren mittleren Wall gelegene Hallenbau nicht mehr, in dieser letzten Phase wurden seine Reste von einem neuen Wall überdeckt. Das Außenareal schützte weiterhin die ursprüngliche, in der vorangehenden Zeitperiode erbaute Befestigung, die ausschließlich auf der Vorderseite durch eine Steinmauer in Brusthöhe verstärkt wurde. Im Unterschied zum mittleren Areal, das auch in dieser Entwicklungsphase eine dichte Besiedlung aufweist, war das Außenareal kaum besiedelt und wurde, wie in der vorherigen Phase, offenbar für landwirtschaftliche Zwecke genutzt. Die Westseite des fürstlichen Bestattungsplatzes am Libuše-See wurde von neuem umfriedet, allerdings wurde anstatt der älteren einfachen Umfriedung mit Innengraben eine neue Holz-Erde-Mauer mit steinerner Frontseite errichtet. Auch in diesem jüngeren Zeitabschnitt hielten es die Bewohner des Burgwalles offenbar für notwendig, den Raum der Lebenden von dem der Toten zu trennen. In der Flur Libuše bestattete man weiterhin am Ort der älteren Gräber, so dass diese oft zerstört wurden. Während früher tiefe, geräumige Gräber in ungleichmäßigen Gruppen ange-

224 Ohrring mit Pferdefigürchen, Alt-Kouřim, Grab 106 b, Praha, Národní Muzeum. – Kat. 08.04.01 a

legt worden waren, wird im jüngeren Zeitabschnitt in gleichmäßigen Reihen bestattet, und zwar in flachen südwest-nordost orientierten Gräbern und später in einfachen, schmalen Gräbern unter strenger Einhaltung der west-ost-Ausrichtung. Während die flachen geräumigen Gräber im Zentrum des Bestattungsplatzes noch reich mit kostbarem Schmuck ausgestattet waren, so reduzierte sich bei den schmalen, leicht eingetieften Gräbern am Rande des Platzes die Ausstattung auf einfachen Kopfschmuck. Während man in den Gräbern der Reiter meist nur ein eisernes Sporenpaar oder ein Messer fand, zeigt der prunkvolle Silberschmuck in den Frauen- und Kindergräbern schon die Tendenz zur eigenen Ausformung der großmährischen Vorlagen. Der bedeutendste Fundkomplex ist der Silberschmuck aus dem Grab der so genannten Kouřimer Fürstin, der neben Rundknöpfen, einer Ziernadel, granulierten und filigranverzierten Perlen ein Paar Kaptorgen (Amulettkapseln) aus Silber mit dem seltenen Motiv eines Pferde-Dreigespanns, eine filigranverzierte Kaptorge mit Gehänge und vor allem eine Kollektion von sechs dekorativen Ohrgehängen mit einem zentralen Ziermotiv umfasste. Die Verwendung verschiedener plastischer, besonders zoomorpher Motive lässt sich auf keine direkte großmährische Vorlage zurückführen. Parallelen finden sich erst aus der jüngeren Burgwallzeit in Böhmen, namentlich in den so genannten Brucherzdepots. Anscheinend knüpfte Alt-Kouřim in der Zeit des politischen Niederganges Großmährens an die Tradition der großmährischen Schmuckwarenindustrie an und führte sie durch die Verwendung neuer Ziermotive fort. Die Entwicklung des reichen Bestattungsplatzes am Libuše-See mit den Beisetzungen von mindestens drei Fürstengenerationen, die die Erblichkeit der Machtstellung bezeugen, beschließen dann die Gräber mit einer neuen Art einfachen böhmischen Schmuckes, den kleinen S-förmigen Ohrringen. Sie datieren an das Ende der Belegung und somit in die Zeit des Verfalls des Kouřimer Zentrums in der Mitte des 10. Jahrhunderts. Durch den von dem Mönch Christian am Ende des 10. Jahrhunderts erwähnten Zusammenstoß des rebellischen Kouřimer Fürsten mit dem heiligen Wenzel erfahren wir, dass Alt-Kouřim als Machtzentrum des lokalen Zličaner Fürstentums im östlichen Teil Mittelböhmens noch unter der Regierung des Fürsten Wenzel (921–935) die Oberherrschaft der Přemysliden in aller Form anerkannte. Unter dem Nachfolger des heiligen Wenzel, dem Fürsten Boleslav I. (935–972) begann der Prozess der allmählichen Einbeziehung der lokalen Fürstentümer unter die Oberhoheit der Přemysliden. Das Ergebnis war die Vernichtung älterer großer Burgwälle und die Errichtung kleinerer befestigter Gebäudegruppen in ihrer Nähe. Ein gutes Beispiel dafür ist gerade das Kouřimer Areal, wo nach Abbruch des großen Burgwalles Alt-Kouřim in der Nachbarschaft auf der Sankt-Georgs-Kuppe eine kleinere Burg entstand, die den Přemysliden als Verwaltungszentrum diente.

Literatur

Šolle 1966; 1981.

Mikulčice

LUMÍR POLÁČEK

Der Burgwall von Mikulčice gehörte neben den frühmittelalterlichen Siedlungskomplexen von Staré Město-Uherské Hradiště und Neutra (Nitra) zu den bedeutendsten Zentren Großmährens. Da aus den schriftlichen Quellen keine Nachrichten vorliegen, die mit Sicherheit auf den Mikulčicer Burgwall bezogen werden können, ist seine Erforschung von den archäologischen Quellen abhängig. Zur Bedeutung des Ortes für die archäologische Erforschung Großmährens tragen der gute Erhaltungszustand der Siedlungsreste und die aussagekräftige Stratigraphie bei. Die großzügigen systematischen, von Josef Poulík im Jahre 1954 eingeleiteten Grabungen wurden in 38 Kampagnen ohne Unterbrechung fortgesetzt. Dabei wurde eine Fläche von 4,5 ha, ein Viertel des befestigten Areals, erforscht. Das dort gewonnene Quellenmaterial zählt zu den umfangreichsten archäologischen Fundkomplexen aus dem mitteleuropäischen Frühmittelalter.

Der Burgwall von Mikulčice liegt in der Auenlandschaft der March dicht an der Staatsgrenze zur Slowakei. Der frühmittelalterliche Siedlungskomplex erstreckte sich über einige Inseln zwischen den verzweigten Flussarmen. Die bedeutendsten Siedlungsplätze lagen auf den erhöhten Sanddünen, die noch heute aus der ebenen Talaue herausragen. Diese Landschaft hat sich in den letzten 1000 Jahren grundlegend verändert. Die ursprünglichen Flussläufe versandeten allmählich und die Einebnung der Umgebung des Burgwalles ist die Folge von Ablagerungen der neuzeitlichen Überschwemmungen.

Die vorgroßmährische Zentralsiedlung des 8. Jahrhunderts erstreckte sich über ein erhöhtes halbmondförmiges Gelände im nördlichen Teil der Hauptburg, Flur „Valy", und der Vorburg der späteren Burg. Die großmährische Burg des 9. Jahrhunderts bestand aus der Hauptburg, die aus dem Zusammenschluss und der Befestigung der Fluren „Valy" und „Dolní Valy" gebildet worden war, und der befestigten Vorburg. Im erhöhten nördlichen Teil der Hauptburg entstanden die wichtigsten Steinbauten – die Kirchen und der Palast. Um sie herum lagen ausgedehnte Bestattungsplätze. Die Hauptburg und die Vorburg, der befestigte Kern der Siedlugsansammlung, waren vom *Suburbium*

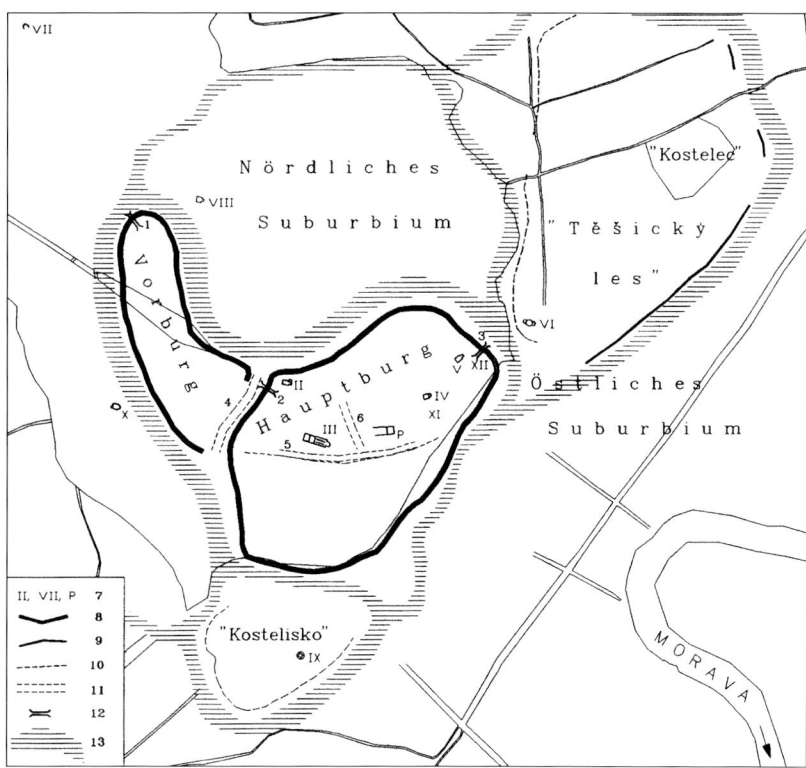

mit weiteren Kirchen, Siedlungen und Friedhöfen umgeben. Die Vorburg, die weder Sakralbauten noch Friedhöfe enthielt, war ein reines Wohnareal mit dichter ebenerdiger Bebauung. Die gesamte besiedelte Fläche einschließlich der Hauptburg (7,7 ha) und der Vorburg (2,4 ha) wird auf 50 ha geschätzt (Abb. 225).

Bereits in der vorgroßmährischen Zeit zählte Mikulčice zu den wichtigen Machtzentren. Wahrscheinlich bildete sich gerade hier die herrschende Schicht des künftigen großmährischen Staates heraus. Zahlreiche Funde von Hakensporen und awarischen Gürtelbeschlägen oder Teilen von Pferdegeschirren zeugen von der Anwesenheit einer gewaltigen Reitertruppe. Der Untergang der vorgroßmährischen Siedlung an der Wende vom 8. zum 9. Jahrhundert dürfte mit Kämpfen während des Unterganges des awarischen Khanats in Zusammenhang gestanden haben.

Im 9. Jahrhundert wurde Mikulčice zum politischen Machtzentrum des großmährischen Herrschergeschlechtes der Mojmiriden. Dies bezeugen der festungsartige Charakter der Inselburg, die

225 Slawischer Burgwall von Mikulčice (Bezirk Hodonín). Topographische Situation im Bereich des Siedlungskomplexes.
1 Nordwesttor der Vorburg; 2 Westtor der Hauptburg; 3 Nordosttor der Hauptburg; 4 Graben zwischen der Hauptburg und der Vorburg; 5 Graben südlich Kirche III; 6 Graben zwischen der Kirche III und dem Palast; 7 Nummerierung der Kirchen und des Palastes; 8 Verlauf der Befestigung der Hauptburg und der Vorburg; 9 Erdwall auf dem Ostrand von Těšický les; 10 Terrainkanten der erhöhten Teile der Hauptburg und des Suburbiums; 11 Gräben, die das innere Areal des Burgwalls gliedern; 12 Tore mit Brücken; 13 ehemalige Flussarme der March.

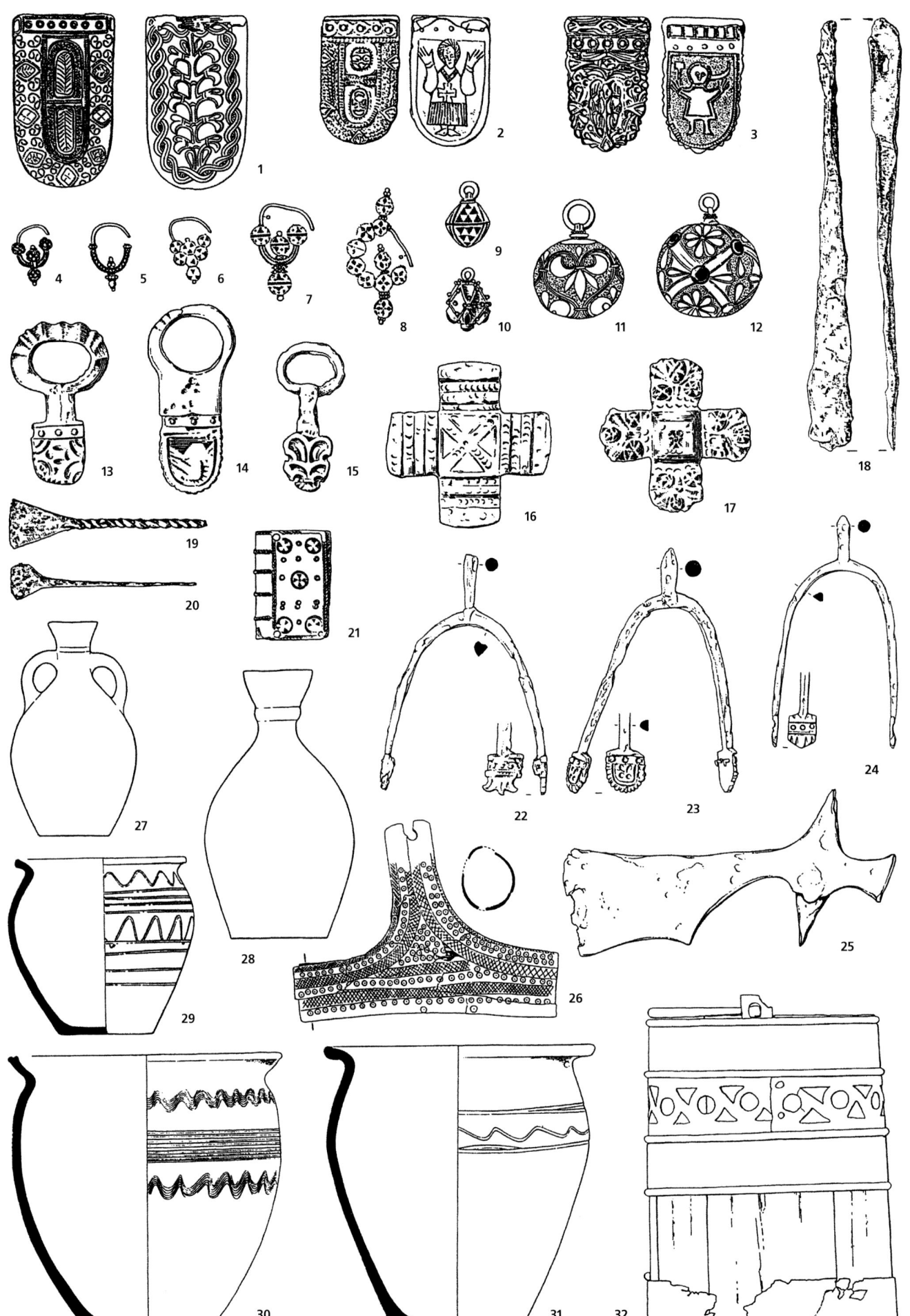

226 Slawischer Burgwall von Mikulčice (Bezirk Hodonín). Auswahl der charakteristischen Funde aus der großmährischen Zeit (9. Jahrhundert). 1–3 Riemenzunge mit Lebensbaum und Adorantengestalten – Kat. 08.02.06; 09.02.05; 08.02.10 a; 4–8 körbchen-, trauben- und trommelförmige Ohrgehänge – Kat. 08.03.03; 9–12 Kugelknöpfe; 13–15 Eisenbeschläge mit Ösen; 16–17 kreuzförmige Eisenbeschläge; 18 eiserner Axtbarren; 19–20 Eisenstifte; 21 vergoldeter Bronzebeschlag in Buchform; 22–24 Eisensporen mit Plättchen; 25 Bartaxt mit „Dornen"; 26 dreigliedriger Geweihbehälter; 27–28 Keramik altertümlicher Form; 29 Keramik vom Blučina-Typ; 30 Keramik mit rillenartigem, kelchartig gebogenem Rand; 31 Keramik vom March-Typ; 32 Holzeimer mit Zierbeschlag.

Dichte und das Ausmaß der Besiedlung sowie reiche Funde, die Hinweise auf eine höfische Kultur geben. Zahlreiche Funde von Waffen und Reitausrüstung unterstreichen die militärische Bedeutung des Burgwalles. Vom Luxus am Hofe im großmährischen Mikulčice zeugen die Importgegenstände und prachtvollen Erzeugnisse des lokalen Kunsthandwerkes. Zur fürstlichen Ausstattung gehörten Schwerter, Sporen oder Zierbeschläge für Gürtel. Die Frauen aus adeligen Kreisen schmückten sich mit goldenen, silbernen oder bronze-vergoldeten Schmuckstücken byzantinisch-orientalischer Art. Am häufigsten kommen die trauben-, körbchen- oder trommelförmigen Ohrgehänge und verschiedene Fingerringtypen vor. Zum modischen Zubehör der Tracht der höheren Schichten der großmährischen Gesellschaft gehörten die aus vergoldetem oder silbernem Blech angefertigten Kugelknöpfe, die mit getriebenen Ornamenten in Form von Arkaden und Pflanzen auf punziertem Hintergrund verziert waren (Abb. 226). Für den hohen Lebensstandard der regierenden Schicht des großmährischen Staates sorgte schließlich eine reichhaltige, mit verschiedenen Obst-, Gemüse- und Gewürzsorten abwechslungsreich gestaltete Speisekarte.

Mikulčice war ferner ein wichtiges Zentrum des Christentumes und Sitz der Kirchenverwaltung. Dies beweisen die Vielzahl von Kirchen und das Vorhandensein christlicher Symbole, wie Kreuze, Kaptorgen (Amulettbehälter) sowie Ziermotive auf Gegenständen. Hinweise gibt es auch auf christliche Bildung, die damals vor allem in kirchlichen Kreisen gepflegt wurde, dazu gehören Funde von Stili, Stifte, mit denen auf Wachstafeln geschrieben wurde, oder Funde von Gürtelbeschlägen in Bücherform. Eine entsprechende Gruppierung, vielleicht ein Rat von Geistlichen, ist wahrscheinlich mit der Mikulčicer Basilika zu verbinden, die als Bischofskirche angesprochen wird, und in deren Nähe ein eingetiefter Brunnen, offenbar das Taufbecken, aufgedeckt wurde. Methods Grab, das nach den Legenden bei oder in der Kathedrale vermutet worden war, ist allerdings nicht gefunden worden. Die Wirtschaft basierte auf der Rohstoffgewinnung, dem Handwerk und dem Handel; in Mikulčice sind die Belege für das Handwerk am häufigsten vertreten. Die meisten Funde von Erzeugnissen spezialisierter Handwerksbetriebe stammen von der Hauptburg und aus dem Gewerbegebiet im nördlichen *Suburbium*. Am häufigsten betrieben wurden das Schmiedehandwerk, der Metallguss und die Herstellung von Schmuckstücken. Eine Juwelierwerkstatt arbeitete vielleicht schon im 8. Jahrhundert auf der Hauptburg; die Spuren der

227 Mikulčice. Kaptorge in Buchform (vgl. Abb. 226,21). Brno, Archeologický ústav AV ČR.

Metallverarbeitung weisen überhaupt auf eine enge Verbindung mit einem Fürstensitz hin. Belege für das Schmiedehandwerk sind von der Hauptburg und aus dem *Suburbium* bekannt. Im Bereich des nördlichen Suburbiums wurde eine Schmiede aus dem 9. Jahrhundert erforscht. Das Schmiedehandwerk war damals schon hoch spezialisiert, wie aus den vielen verwendeten Arbeitstechniken und der hohen Qualität der Produkte ersichtlich ist. In Mikulčice werden außerdem Glasherstellung, Steinbearbeitung, Korbflechterei, Bauhandwerk, Drechslerei und andere Handwerkszweige vermutet. Die Herstellung von Textil- und Knochenarbeiten sowie die Bearbeitung von Geweih und Horn gehörte wohl eher zur Hauswirtschaft. Unmittelbare Belege für den Handel sind in Mikulčice eher selten. An Münzen aus dem 9. Jahrhundert fand man einen byzantinischen Solidus

Mährisches Reich   319

Michaels III. (842–867) und drei „breite" norditalienische Denare – zwei Prägungen von Lambert (894–898) und eine von Berengar I. (888–915–924). Ihre Verbindung mit Handelsaktivitäten ist fraglich, denn es ist unklar, wann und wie die Münzen nach Mikulčice gelangten. Selbst die eisernen Axtbarren, die vermutlichen Zahlungsmittel im großmährischen Staat, sind keine verlässlichen Zeugen, auch wenn Depots und Einzelfunde dieser Barren von hier überliefert sind. Über die Beteiligung von Mikulčice am Fernhandel lässt sich beim gegenwärtigen Stand der Fundaufarbeitung keine zuverlässige Aussage machen. Sollte der in der so genannten Raffelstettener Zollordnung aus den Jahren 903/904 erwähnte Hauptmarkt der Mährer tatsächlich in Mikulčice abgehalten worden sein, so war es wohl eher ein interner Markt des großmährischen Reiches als ein internationaler Handelsplatz.

Im Unterschied zu den meisten slawischen Siedlungen des 8. und 9. Jahrhunderts, wo Grubenhäuser vorherrschen, sind für Mikulčice ebenerdige Holzbauten in Blockbauweise oder Pfostenkonstruktion in den Wohnarealen charakteristisch. Dieser Umstand hängt weniger mit den sozialen Verhältnissen des Mikulčicer Zentrums als mit den natürlichen Bedingungen, nämlich dem hohen Grundwasserspiegel, zusammen, der ein Eintiefen der Wohnhäuser nicht gestattete. Neben den gewöhnlichen Häusern kommen auf der Burg Pfostenbauten vor, die als Versammlungsplätze größerer Personengruppen gedient haben könnten und möglicherweise mit dem Hofleben in Verbindung standen. Die Hauptburg war durch Gräben, Palisadenwände und Zäune in kleinere Areale aufgegliedert, doch keiner dieser Bezirke lässt sich eindeutig bestimmen oder näher datieren. Wahrscheinlich gab es in der Umgebung einiger Kirchen Gehöfte, die Adelssitze waren.

Im Laufe des 9. Jahrhunderts veränderten sich die Funktionen einzelner Areale des Siedlungskomplexes. Die ausgedehnten Friedhöfe um die Kirchen auf der Hauptburg und auf den Sanddünen im *Suburbium* verdrängten die Wohnsiedlungen auf bis dahin unbebaute Flächen. Die Vorburg war die ganze Zeit über bewohnt und scheint der Sitz der militärischen Gefolgschaft gewesen zu sein. Die bisherigen Schätzungen der Einwohnerzahl des Siedlungskomplexes in der zweiten Hälfte des 9. Jahrhunderts belaufen sich auf etwa 1000 bis 2000 Personen. Für die Ernährung einer solchen Menge an Menschen musste ein gut organisiertes Hinterland sorgen. Unsere Kenntnisse über die Art der Versorgung, die eine Vorstufe der Leistungen gewesen sein dürfte, die im 10. bis zum 12. Jahrhundert erbracht wurden, sind jedoch sehr unvollständig.

228 Mikulčice, Riemenzunge mit menschlicher Darstellung (vgl. Abb. 226,2–3), Brno, Archeologický ústav AV ČR.

229 Mikulčice, goldene Ohrringe von trauben-, trommel- und körbchenförmiger Gestalt (vgl. Abb. 226,4–8). Brno, Archeologický ústav AV ČR. – Oben links: Kat. 08.03.01; Mitte links: Kat. 08.03.03; unten links: Kat. 08.03.02.

Infolge des Unterganges von Großmähren am Anfang des 10. Jahrhunderts verlor Mikulčice seine wichtige zentrale Stellung. Das Leben im Burgareal nahm jedoch in eingeschränktem Maße seinen Fortgang: Die stark reduzierte Einwohnerschaft zog sich in den Nordteil der Hauptburg und in einige erhöhte Lagen des Suburbiums zurück. Die Besiedlung endete im 13. Jahrhundert, nur in der Flur „Kostelisko" im *Suburbium* wurde im 14. und in der ersten Hälfte des 15. Jahrhunderts eine kleine Feste auf den Ruinen von „Kirche IX" erbaut. Zu dieser Zeit war jedoch schon das ganze Gebiet durch die Veränderung der Wasserverhältnisse in der Auenlandschaft überschwemmt, was eine weitere Besiedlung ausschloss.

Die nachgroßmährischen Befunde lassen keine Rückschlüsse mehr über eine politisch bedeutsame Funktion von Mikulčice in der Zeit vom 10. bis zum 13. Jahrhundert zu. Im 11. Jahrhundert wurde dagegen im nahen Hodonín eine neue Přemyslidenburg als Stützpunkt für die Verwaltung der mährischen Teilfürstentümer des 11./12. Jahrhunderts und als Bollwerk gegen Ungarn errichtet.

Literatur

Daim/Polaček (Hrsg.) 1995. – Klanica 1986a; 1986b. – Polaček 1996a; 1996b; 1997. – Poulík 1975. – Staňa 1997.

Staré Město-Uherské Hradiště

LUDĚK GALUŠKA

Eines der großmährischen Zentren der zweiten Hälfte des 9. Jahrhunderts lag im Gebiet von Uherské Hradiště und Staré Město in Mähren, etwa 75 km östlich von Brünn (Brno). Hier, im nördlichen Teil des mittleren Marchgebietes, ließen sich schon seit dem Ende des 6. Jahrhunderts die ersten slawischen Bauern beiderseits der March nieder. Im 8. Jahrhundert wurde eines ihrer Dörfer am rechten Marchufer mit Wall und Graben befestigt und zum Sitz eines slawischen Adelsgeschlechtes erwählt. Die Entwicklungsmöglichkeit des neu entstehenden Machtzentrums war schon durch seine günstige strategische Lage gegeben. Es erstreckte sich nämlich in einer fruchtbaren Gegend an der March, an der entlang der alte Bernsteinweg verlief. Er kreuzte hier andere Handelswege, die in die Slowakei, nach Mittelmähren und weiter nach Böhmen führten. Dies alles förderte den Besiedlungsprozess in der Region von Staré Město und Uherské Hradiště, so dass die Bevölkerungszahl rasch anwuchs. Im Umkreis von 10 km um Staré Město wurden bis jetzt über 70 Siedlungen aus dem 9. Jahrhundert gezählt.

Heute hat sich für die Ansammlung von Siedlungs- und Bestattungsplätzen aus dem 8. bis 10. Jahrhundert in den Verwaltungseinheiten Staré Město und Uherské Hradiště die Bezeichnung „Siedlungsansammlug Staré Město-Uherské Hradiště" eingebürgert. Die Bezeichnung „großmährisch" fügen wir hinzu, wenn es sich um Siedlungen des 9. Jahrhunderts handelt. Die Ansammlung war aus dem großen befestigten Ort mit Friedhöfen, Kirchen und Gewerbegebieten am rechten Marchufer, dem heutigen Staré Město, aus der Siedlung mit Kirche und Wall im Stadtviertel Rybárny und aus der Siedlung auf der ehemaligen Sankt-Georgsinsel, dem heutigen Zentrum von Uherské Hradište, entstanden. Zu ihr dürfte auch der Kultplatz auf der Anhöhe von Uherské Hradiste-Sady gehört haben. Das gesamte, mehr oder weniger zusammenhängend besiedelte Gebiet bedeckte in seiner Blütezeit eine Fläche von 300 bis 350 ha.

Die Blütezeit von Staré Město-Uherské Hradiště war die zweite Hälfte des 9. Jahrhunderts. Damals erstreckte sich am rechten Marchufer eine ausgedehnte Ortschaft mit Merkmalen, wie sie für frühmittelalterliche Städte typisch sind. Eines davon

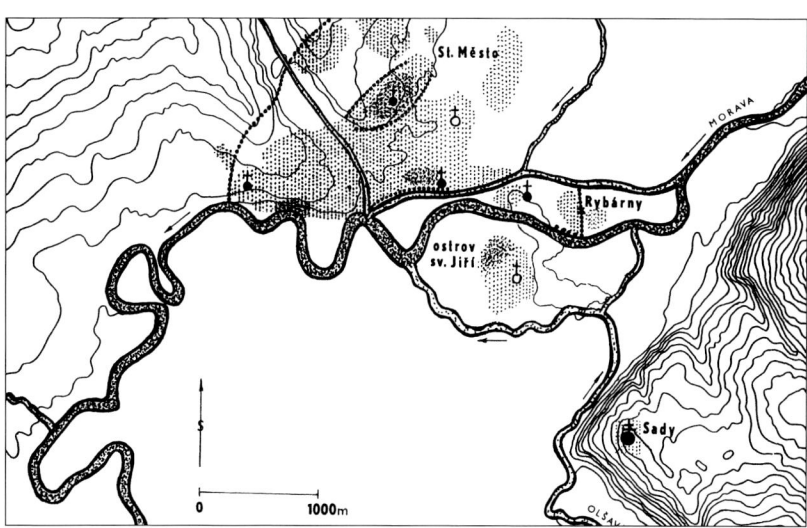

230 **Die Siedlungsagglomeration Staré Město-Uherské Hradiště. Kleine Punkte: besiedelte Fläche; fette Punkte: Verlauf der Befestigung; Punkte mit Kreuzen: Fundstellen der Kirchenbauten.**

sind die Anzeichen für eine funktionale Aufteilung des Areals. Der Sitz des Herrschers befand sich im Südteil von Staré Město, in der Flur von Na Dědine. Dort stand ein 10 m breites und mindestens 20 m langes Gebäude aus Stein und römischen Ziegeln mit einem Anbau. Die Wände waren verputzt, die Innenräume hatten einen Mörtelfußboden und das Dach bestand aus gebrannten Tonziegeln. Dieser palastartige Bau war ebenerdig. In 25 m Entfernung stand die Sankt-Michal-Rotunde, die mit dem „Palast" durch einen mit Flusskies bestreuten Gehweg verbunden war. In der nächsten Umgebung der beiden Bauten lagen die Wirtschaftsgebäude und Blockhäuser. Der Herrensitz hatte eine strategisch günstige Lage unweit des Flusses und der Furt, die die Bewohner auf dem rechten Ufer mit der Insel verband.

Gleich daneben lag der Bezirk mit den Handwerksbetrieben. Nördlich, in der Flur „U Víta", arbeiteten die Werkstätten der Feinschmiede, Juweliere und Töpfer. Einzelne Bereiche umfassten je fünf bis zehn Werkstätten; einige von ihnen nahmen eine zentrale Stellung ein. Die Techniken der Granulation, der Filigranverzierung, der Toreutik und der Tauschierung wurden hier angewandt. Außer der üblichen slawischen Keramik wurde auch Keramik in antiker Form hergestellt.

Weitere Werkstattbereiche befanden sich in den Fluren „Za Zahradou" und „Za Radnicí", wo Verhüttungsöfen, Metallgießereien, Goldschmiedebetriebe, Schmiedeöfen und Schmelzöfen zur Glasherstellung sowie Werkstätten für die Bearbeitung von Knochen und Geweih entdeckt wurden.

In einer Flur von Staré Město, „Na Valách", lag ein ausgedehnter Bestattungsplatz. Die Belegung war noch zur Zeit der Brandbestattungen, also im 6./7. Jahrhundert, begonnen worden. In der zweiten Hälfte des 8. Jahrhunderts ging man zur Körperbestattung über. Um die Mitte des 9. Jahrhunderts wurde hier eine Kirche aus Stein erbaut, was die Zahl der Bestattungen ansteigen ließ. Bislang wurden hier fast 1900 Gräber freigelegt, wahrscheinlich sind aber einige Hundert bereits früher zerstört worden, einige sind auch noch nicht erforscht. Die Grabausstattungen bestanden aus ganzen Serien von Gold- und Silberschmuckstücken, Reiter- und Kriegerausrüstungen, tönernen und hölzernen Gefäßen. Es gab Bestattungen in Särgen, aber auch solche ohne jede Ausstattung und ohne Beigaben. Im Jahr 1991 kamen hier Bestattungen zutage, die auf Maßnahmen gegen Wiedergänger schließen lassen: die Toten lagen in Hockerstellung in Gruben unter einer Steinpackung, der Gesichtsschädel war absichtlich zertrümmert worden. Dies alles ist ein Beleg dafür, dass in der Flur „Na Valách" ein zentraler Bestattungsplatz für die gesamte Siedlungsansammlung, für die reichen und die armen Einwohner, angelegt worden war.

Die Besiedlung reichte über die Auenlandschaft der March hinaus, sie zog sich bis zu den so genannten Inselbergen, Kuppen oder vorspringenden Spornlagen. In den Fluren „Špitálky" und „Na Špitálkách" wechseln die Wohn- und Wirtschaftsgebäude und die Produktionszentren einander ab. Am südwestlichen Rand der Siedlungsansammlung stand eine Kirche mit Narthex, in deren Umgebung einige Dutzend meist reich ausgestattete Gräber gefunden wurden. Diese Kirche gehörte offenbar einer der wohlhabenden altmährischen Familien.

Ein weiteres Wohngebiet erstreckte sich im Nordteil der Ansiedlung, in dessen Randbezirken die Hüttenarbeiter, Schmiedemeister und Metallgießer arbeiteten. Sie hatten hier eine ganze Batterie von Schachtöfen zum Gießen von Bronzelegierungen aufgebaut, die in ihrer Zusammensetzung der Glockenbronze ähnelten. Das Siedlungsgebiet am rechten Marchufer war von einer 2 300 m langen halbkreisförmigen Wehrmauer geschützt, die an der March begann und in der Aue endete, wo der weiche, schwer zu durchquerende Grund dem Ort offensichtlich genügend Schutz bot. Immerhin stand am Ostrand des Siedlungsstreifens auf dem rechten Ufer, im Viertel Rybárny, eine gewaltige Schutzmauer mit einer aus Steinen verblendeten Front. Innerhalb dieses Gebietes wurden im Jahr 1986 Reste einer gemauerten Kirche mit einem kleinen Friedhof aufgedeckt.

Auf der Sankt-Georgsinsel war in der zweiten Hälfte des 9. Jahrhunderts eine Fläche von 20 ha besiedelt. Die Grabungen legten Wohngebäude und Spuren von Gewerbeausübung frei. Reste von steinernen Bauten könnten möglicherweise mit der hier vermuteten Sankt-Georgskirche zusammenhängen. Den Fortschritt der Christianisierung bezeugen die bleiernen Kreuzanhänger. Befestigungsreste sind bisher keine gefunden worden, doch es

231 **Versuch einer zeichnerischen Rekonstruktion des christlichen Areals in Uherské Hradiště-Sady.**

232 **Staré Město-Na valách Grab 96. Goldener Riemenendbeschlag mit Filigran, Granulation und Almandineinlagen. 9. Jahrhundert. – Kat. 08.02.08.**

liegt nahe, eine umlaufende Befestigung anzunehmen. Bis auf vereinzelte Gräber ist kein Friedhof aufgedeckt worden. Trotzdem wohnten auf der Insel wohl Mitglieder des großmährischen Adels. Der jüngste Teil der Ansiedlung war das christliche Areal in Uherské Hradiště-Sady. Es lag in erhöhter, in das Flusstal vorspringendern Spornlage. Das Flüsschen Olšava umfloss das Areal, auf dem sich ehemals gemauerte Sakralgebäude, ein Friedhof, ein langes Holzhaus und Wohnhäuser befanden.

Mährisches Reich 325

233 Staré Město. Feldflasche, so genannte „Čutora", eine byzantinische Sonderform aus Mähren, etwa 9. Jahrhundert.

Der Hauptbau war eine ebenerdig errichtete Kirche mit kreuzförmigem Grundriss. Sie wurde zu Beginn des 9. Jahrhunderts von den Missionaren aus Aquileia und Salzburg erbaut. In der Mitte des 9. Jahrhunderts kam ein weiterer Bau hinzu. Er hatte zwei Eingänge und eine Apsis und war ursprünglich vielleicht ein Mausoleum, später wurde er in eine Schule umgewandelt. Es folgten eine Kapelle, eine Grabkammer im Nordteil der Kirche und ein Rundbau, möglicherweise ein Baptisterium, im Westen der Anlage. Auf dem Friedhof fanden sich 87 Körpergräber, davon 23 innerhalb der Sakralbauten, die höchste Zahl an einem solchen Ort in Mähren überhaupt. Diese Toten waren meist in Särgen oder Grüften ohne Ausstattung beigesetzt worden. In den Gräbern außerhalb der Kirche gab es dagegen zahlreiche Beigaben, vor allem Schmuckgegenstände, auch Waffen kamen vereinzelt vor. Innerhalb der Siedlung, deren Gebäude in Blockbauweise errichtet worden waren, wurden eine Schmiede, eine Bäckerei und ein Brunnen freigelegt. Von hier stammen ein Bleikreuzchen mit der Abbildung des Gekreuzigten und griechischer liturgischer Umschrift sowie Stifte und Griffel, mit denen auf Wachstäfelchen geschrieben wurde. Dies alles lässt den Schluss zu, dass das christliche Areal von Uherské Hradiště-Sady der Sitz des Erzbischofs Method und damit auch das Zentrum der mährischen Kirchenverwaltung zur Zeit des großmährischen Reiches gewesen sein dürfte.

Wir sind uns mit anderen Forschern in der Annahme einig, dass die Siedlungsagglomeration Staré Město-Uherské Hradiště ursprünglich „Velegrad" genannt wurde. Wir vermuten ferner, dass sich hier zu einem bestimmten Zeitpunkt des 9. Jahrhunderts, am ehesten zur Zeit der Herrschaft des Fürsten Svatopluk (871–894), das Zentrum des großmährischen Reiches befand.

Literatur

Galuška 1993; 1996; 1998. – Hrubý 1955; 1965.

Devín und Preßburg (Bratislava) – zwei bedeutende Burgen des Frühmittelalters an der mittleren Donau

TATIANA ŠTEFANOVIČOVÁ

Die Burgen Devín und Preßburg (Bratislava) erheben sich auf zwei Anhöhen über der Donau. Sie liegen an Engstellen des Flusses, die an einer Seite von den letzten Ausläufern der Karpaten und an der anderen Seite vom Leithagebirge umschlossen sind. Bereits in vorgeschichtlichen Zeiten wurde dieser siedlungsgünstige Platz aufgesucht. Beide Burgen werden bereits in Schriftquellen des 9. und zu Beginn des 10. Jahrhunderts erwähnt. Devín ist als „Dowine" für das Jahr 864 in den Fuldaer Annalen vermerkt, Preßburg im Jahr 907 in den Salzburger Annalen. Die archäologische Untersuchung beider Plätze erbrachte Belege für ihre bedeutende Stellung vom 9. bis in das 13. Jahrhundert, im Falle von Preßburg sogar bis zum Ende des 18. Jahrhunderts.

Der Erwähnung Devíns im Jahre 864 steht in Zusammenhang mit der Belagerung und anschließenden Unterwerfung des mährischen Fürsten Rostislav durch den fränkischen Herrscher Ludwig den Deutschen. Zur Zeit der Romantik war diese Textstelle die Grundlage für die Theorie, dass Devín im 9. Jahrhundert das Zentrum des Mährischen Fürstentums war, das später nach der Angabe von Konstantin Porphyrogennotos Großmähren genannt wurde. Die Grabungen ergaben jedoch keine Funde, welche eine zentrale Funktion von Devín bestätigt hätten. Dagegen legen ausgedehnte Ausgrabungen von befestigten Siedlungen in Südmähren, die dort seit dem Ende der fünfziger Jahre stattfanden, den Schluss nahe, dass sich dort das Zentrum des Fürstentums befand. Devín

234 **Preßburg (Bratislava). Konservierte Ausgrabungsbefunde der Basilika und weiterer kirchlicher Gebäude des 9. bis 11. Jahrhunderts.**

kann aufgrund der archäologischen Funde als Grenzfestung, als befestigter Sitz eines Magnaten, gedeutet werden, für den Mitte des 9. Jahrhunderts eine aus Stein gemauerte Kirche errichtet wurde. Rund um die Kirche fanden sich Bestattungen.

Befestigt war die auf einer Felsklippe am Zusammenfluss von March und Donau gelegene Anlage durch einen aus spätrömischer Zeit stammenden Erdwall, der von einem Wassergraben umgeben war, und auch in slawischer Zeit weiter benutzt wurde. Aus dem Areal der Befestigung stammen mehrere Siedlungsfunde wie Keramik und eiserne, vor allem landwirtschaftliche Geräte.

Die aufgefundenen Bestattungen in der Burganlage des 10. Jahrhunderts deuten auf eine kontinuierliche Besiedlung. Im 11./12. Jahrhundert wurde nach dem Untergang der Kirche des 9. Jahrhunderts in unmittelbarer Nähe eine Rotunde erbaut. Um sie herum wurde intensiv bestattet, wovon ein freigelegtes Reihengräberfeld mit mehreren Belegungsschichten zeugt. Dabei überlagerten die Gräber teilweise die Grundmauern der älteren Kirche. Am Nordfuß entdeckte man Fundamente von zehn einräumigen Steinhäusern aus dem 11. und 12. Jahrhundert, die sich an einem Straßensystem orientierten. In der Slowakei bildet diese Anordnung in einer befestigten Siedlung die Ausnahme.

In Anbetracht der Grenzlage Devíns kann daher eine deutsche Kolonisation erwogen werden. Jedenfalls gehörte Devín auch zu Beginn des 11. Jahrhunderts zu den bedeutendsten Grenzburgen.

Die wirkliche Bedeutung der Preßburger Burg im Frühmittelalter wurde erst durch archäologische Grabungen der fünfziger und sechziger Jahre bewiesen. Die lange Zeit schwer zugängliche schriftliche Erwähnung in den Salzburger Annalen und die ununterbrochene Nutzung und Bebauung ihres Areals bis zu Beginn des 19. Jahrhunderts ließen in dieser Hinsicht kaum bedeutende Funde erwarten. Dennoch hat die Forschung überraschende Belege zur Besiedlung erbracht. Die Burg war im 9. Jahrhundert mit einer Holz-Erde-Schanze in Kastenbauweise befestigt, an der Westseite war eine Steinmauer vorgeblendet. Diese Konstruktion bestand bis in die Anfänge des 15. Jahrhunderts. Auf dem Gipfel der Anhöhe entstanden im 9. Jahrhundert ein kleiner zweiräumiger Steinpalast sowie mehrere einfache Wohnhäuser. Auf dem Ostausläufer des Felsgipfels errichtete man um die Mitte des 9. Jahrhunderts eine dreischiffige steinerne Basilika, bei deren Bau ein beträchtlicher Teil des älteren römischen Ziegel- und Steinmaterials Verwendung fand. Um die Kirche herum wurde bestattet. Die Funde zeigen die Bedeutung der Preßburger Burg als ad-

235 Burg Devín. Rekonstruierter Ausgrabungsbefund der Kirche des 9. Jahrhunderts.

328 Slawen und Ungarn in Europas Mitte

236 **Blick von der heutigen Burg Devín auf das Donautal.**

ministratives und kirchliches Zentrum einer größeren Region im Rahmen des mährischen Fürstentums.

Diese Stellung behielt die Burg auch im 11. Jahrhundert bei, als sie zu Beginn des entstehenden Ungarischen Königreiches eine der ersten Komitatsburgen wurde. Die Ankunft magyarischer Stämme im 10. Jahrhundert im Karpatenbecken schlägt sich weder in den Funden von Devín, noch in den Funden auf der Preßburger Burg nieder. Es scheint, als wäre es zwischen den Magyaren und den heimischen Fürsten zu einer Einigung gekommen, denn eine ähnliche Situation lässt sich auch an anderen Stellen beobachten (Neutra [Nitra], Zalavár etc.). Im 11. Jahrhundert wird die Burg als Komitatssitz und als Ort erwähnt, wo „Gottesgerichte" abgehalten wurden. Später war die Burg Sitz des Probstes bei der Salvator-Kirche. Durch die archäologische Grabung konnte eine Neubefestigung der Schanzen sowie die Errichtung einer neuen dreischiffigen Kirche für das 11. Jahrhundert nachgewiesen werden. Der Friedhof um die Kirche, die zum Teil den Grundriss des alten Gotteshauses nutzte, wurde intensiv belegt. Es folgte die Errichtung eines steinernen runden Karners und von Gebäuden des Probstes. Im 12. Jahrhundert kam es im Westteil des Gipfelplateaus zum Bau eines neuen Palastes, der mit dem älteren Palast eine neue Hofanlage gebildet haben könnte.

Die in den Schriftquellen überlieferte Erwähnung der Burg bei Kämpfen um den ungarischen Thron, in welche auch der deutsche Kaiser Heinrich III. und der tschechische Břetislav eingriffen (z. B. 1042), unterstreichen die Bedeutung der Burg als Zentrum einer wichtigen Grenzregion. Bekannt sind auch Kämpfe aus dem Jahre 1052. In den Jahren 1073 bis 1074 war sie Sitz von König Solomon, als er im Krieg mit Géza und Ladislaus lag. Ihre hervorgehobene Stellung bestätigt sich auch dadurch, dass sie Friedrich Barbarossa im Jahr 1189 als Sammelplatz für den dritten Kreuzzug wählte.

Pohansko bei Břeclav

JIŘÍ MACHÁČEK

Der Burgwall Pohansko liegt im südwestlichen Teil der Tschechischen Republik im Gebiet der Auwälder am Zusammenfluss von March und Thaya. Bei seiner Erforschung ist man auf archäologische Methoden angewiesen. Seit 1958 gruben hier die Mitarbeiter des Instituts für Archäologie und Museologie der Philosophischen Fakultät der Masaryk-Universität in Brno, F. Kalousek, B. Dostál, J. Vignatiová und J. Macháček. In jüngster Zeit gibt es eine Zusammenarbeit mit E. Klanicová vom Städtischen Museum in Břeclav. Bis heute wurde in Pohansko eine Fläche von über 140 000 m² aufgedeckt und dokumentiert. Bei den Grabungen wurde unterschiedliches Fundmaterial aus verschiedenen vorgeschichtlichen Phasen gewonnen, vor allem aber eine kontinuierliche Besiedlung seit der Zeit der slawischen Expansion im 6. Jahrhundert bis in die erste Hälfte des 10. Jahrhunderts nachgewiesen.

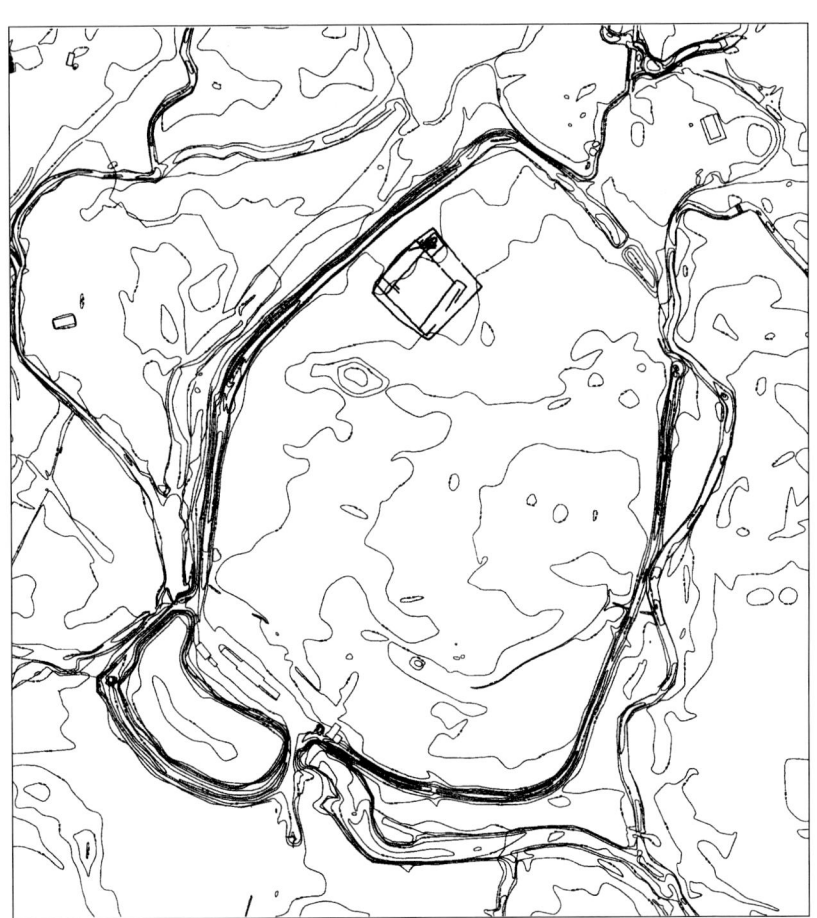

237 **Pohansko. Gesamtansicht des Burgwalles mit den ausgegrabenen Flächen.**

Die frühslawische und altburgwallzeitliche Besiedlung vom 6. bis zum 8. Jahrhundert ist an zwei Stellen im nördlichen Teil durch insgesamt 79 Fundkomplexe nachgewiesen worden. Es handelte sich offenbar um eine landwirtschaftliche Ansiedlung, ein Haufendorf, zu dem ein Bestattungsplatz mit 55 Brandgräbern gehörte, der etwa 300 m südlich des Dorfes lag und ebenfalls untersucht wurde. Der Burgwall selbst wurde erst im 9. Jahrhundert erbaut; er ist oval und liegt in der Niederung. Mit 28 ha Fläche zählt er zu den größten Befestigungsanlagen im großmährischen Kernland. Der noch heute deutlich sichtbare Wall ist der Rest der ursprünglich 5,7 bis 6,5 m breiten Wehrmauer. Sie war als Schalenkonstruktion errichtet und bestand aus einer steinernen Außenwand, Erdaufschüttungen und einer inneren Holzwand. Die für den Bau nötigen Steine wurden aus einer Entfernung von mehreren Dutzend Kilometern herbeigebracht. Die Erdaufschüttung war 4 m hoch; mit der Holzbrüstung erreichte die Befestigungsmauer eine Höhe von 6 m.

Im Osten hatte der Burgwall ein 2,5 m breites Tor, das beidseits von einer Doppelpfostenreihe eingefasst und mit einem turmartigen Überbau versehen war. Von der Burg führte der Torweg offenbar zur Brücke über den Fluss. In der Zerstörungsschicht des Tores fand man einen großen Torriegel und eine Torangel, beide aus massivem Eisen.

Als wichtigster Fundplatz auf Pohansko gilt der Fürstensitz im nordwestlichen Teil des Burgwalles, eine rechteckige Anlage von fast 1 ha Flächeninhalt, umgeben von einer Holzpalisade, die im 9. Jahrhundert in zwei Bauphasen errichtet wurde. Der Innenraum gliederte sich in einen sakralen Bereich mit Kirche und Friedhof und in den repräsentativen Wohnbezirk des Fürsten mit Häusern auf steinernen und gemauerten Fundamentsockeln. Außerdem gab es ein großes ebenerdiges Gebäude, wohl der Versammlungsraum des Militärgefolges oder der Angehörigen des großmährischen Adels, und schließlich einen wirtschaftlich genutzten Teil. Insgesamt kamen in der Anlage über 500 Befunde zutage. Der Fürstensitz selbst hatte die typische Form der frühmittelalterlichen Residenzen mit einer Pfalz, entsprechend dem *palatium* oder der *curtis regalis* des fränkischen bzw.

238 **Zeichnerische Rekonstruktion der älteren Phase des fürstlichen Gehöftes.**

ottonischen Reiches, die der Größe nach z. B. mit Ingelheim oder einer ähnlichen Art der Innenbebauung wie in Tilleda oder Grone vergleichbar ist. Die eigens umfriedete, im Bezirk des Fürstenhofes erbaute Kirche gehörte, nach den erhaltenen Fundamenten zu schließen, zum einschiffigen Typ mit abgesetzter halbrunder Apsis und fast viereckigem Narthex. Die Länge betrug 18,65 m, die Breite 7,2 m. Anscheinend war die Umgrenzung des Bereiches schon vor dem Bau der Kirche vorhanden und hatte zum älteren heidnischen Kultplatz gehört. Die christliche Kirche wurde aus von weither transportierten, mit Kalkmörtel verbundenen Bruchsteinen erbaut; die Wände waren verputzt und getüncht und im Innern mit Fresken geschmückt. Die Kirche wurde um die Mitte des 9. Jahrhunderts, in der älteren Phase des Herrenhofes, errichtet. Sie verfiel spätestens um die Mitte des 10. Jahrhunderts wieder, nachdem sie ihre sakrale Funktion schon früher verloren hatte. Der Platz wurde wieder einem heidnischen Kult geweiht, der offenbar nach dem Zusammenbruch

239 Zeichnerische Rekonstruktion der jüngeren Phase des fürstlichen Gehöftes.

des mächtigen großmährischen Reiches Anfang des 10. Jahrhunderts entstanden war.

In der Umgebung der Kirche war ein Friedhof angelegt worden. Seit dem Anfang des 9. Jahrhunderts bestatteten hier die Bewohner des Fürstenhofes ihre Toten. Der Friedhof wurde erst um die Mitte des 10. Jahrhunderts aufgelassen. Von den 407 erforschten Gräbern waren vier mit Schwertern, acht mit Beilen, 32 mit Sporen und 46 mit Gold- und Silberschmuck vom byzantinisch-orientalischen Typ ausgestattet. Die Tatsache, dass bei den Erwachsenengräbern der Anteil der männlichen Bestattungen gegenüber den weiblichen stark überwiegt, zeugt von der asymmetrischen Bevölkerungsstruktur der Ansiedlung, die sich offenbar aus der Anwesenheit der fürstlichen Kampftruppe erklärt.

Etwa 100 m östlich der fürstlichen Wohngebäude lag, ebenfalls innerhalb des befestigten Areals, die Handwerkersiedlung, ähnlich wie in den deutschen Pfalzen, z. B. in Tilleda. Von dieser Fläche wurden über 2 ha – ohne die Randgebiete – untersucht und dabei insgesamt 260 Befunde aus Großmährischer Zeit geborgen. Auf Grund der Funde konnten dort verschiedene Sparten des Handwerks nachgewiesen werden. Die Befunde lagen gruppenweise zusammen, getrennt durch freien Raum oder einen Zaun, was auf die Anwesenheit einzelner Handwerker schließen lässt. Bei den Bestattungen, die im Handwerkerareal in kleinen Gruppen oder auch vereinzelt vorkommen, handelt es sich wohl um Angehörige der niedrigsten Gesellschaftsschicht.

Auch die Vorburgen waren dicht bebaut. Die großmährische Siedlung in der südlichen Vorburg wurde nur in Ausschnitten sondiert, eine Fläche von 9 ha wurde erforscht, die Randzone wurde dabei nur auf der Ostseite erfasst. Insgesamt sind 436 Siedlungseinheiten untersucht worden, davon waren ein Viertel viereckige eingetiefte Wohnhütten mit einem Steinherd in der Ecke, die anderen waren Wirtschafts- und Arbeitsgebäude. Die gesamte Siedlungsagglomeration bestand aus drei Gebäudegruppen: Die östliche gruppierte sich um einen „Dorfplatz" mit einem gemauerten Brunnen in der Mitte und scheint die Handwerker beherbergt zu haben. In der mittleren Zone, in der viele Mühlsteine gefunden wurden, waren Häuser und Lagerräume an Gassen entlang aufgereiht. Hier werden die Wohnungen der verschiedenen Ränge des höfischen Personals vermutet. Das westliche „Dorf", in dem Teile von Reiterausrüstungen gefunden wurden, gehörte dem Militärgefolge des großmährischen Adligen, der in Pohansko residierte. Landwirtschaftliche Selbstversorgung ist hier keinesfalls zu vermuten, denn zur Ernährung einer so hohen Einwohnerzahl stand in der engeren Umgebung nicht genügend Anbaufläche zur Verfügung. In der südlichen Vorburg kamen über 200 Gräber zutage, in denen auch Waffen wie Schwerter, Beile, Lanzen und Sporen gefunden wurden. Dies lässt auf einen Bestattungsplatz des Militärgefolges schließen.

Die Grabungen in Pohansko werden sowohl innerhalb des Burgwalles als auch im Hinterland fortgesetzt, denn dessen landwirtschaftliche Nutzung war für ein so stark bevölkertes Zentrum notwendig. In diesem Zusammenhang wurde ein Abschnitt der Agrarsiedlung in Břeclav-Líbivá untersucht, wo unter den Befunden geräumige Vorratsgruben zur Lagerung von Saatgut vorherrschen.

Literatur

Dostál 1975; 1985. – Kalousek 1971. – Vignatiová 1992.

Die Ausbildung herrschaftlicher Strukturen bei den Westslawen auf dem Gebiet der heutigen Slowakei

ALEXANDER T. RUTTKAY

In der zweiten Hälfte des 5. Jahrhunderts siedelten sich auf dem Gebiet der Slowakei schrittweise Slawen an. Nach dem Jahre 568 wurden die Slawen im Karpatenbecken in das Awarenreich eingegliedert. Das Entstehen eines slawischen Stammesverbandes, das so genannte Reich des Samo in der ersten Hälfte des 7. Jahrhunderts, bildete einen Wendepunkt in den slawisch-awarischen Beziehungen. Die militärische Anwesenheit des awarischen Khanats war auch im 7. und 8. Jahrhundert nur auf die südlichen Regionen der nördlich der Donau siedelnden Slawen beschränkt. Hier vermischten sich die kulturellen und ethnischen Unterschiede von Slawen und Awaren. In den nördlich an das Awarenreich angrenzenden slawischen Siedlungen war die Wirtschaftsweise weiter entwickelt und das Siedlungsbild dichter. Unter dem Druck der Awaren kam es zur Auflösung der Stammesverbände, die nun durch eine territoriale Organisation ersetzt wurden. Seit der zweiten Hälfte des 8. Jahrhunderts kam es zur Herausbildung von befestigten Siedlungen. Diese Burgwälle waren Herrschafts- und Produktionszentren (z. B. Neutra [Nitra], Pobedim, Spišské Tomášovce) und ihre materielle Kultur spiegelt die zunehmenden Kontakte mit dem Westen, vor allem mit dem fränkischen Reich, wider. Auch finden sich Beweise für christliche Missionstätigkeit aus dem Westen.

Der Untergang des Awarenreiches am Ende des 8. Jahrhunderts ergab neue Impulse für die Entwicklung der Slawen nördlich der Donau, die die Aufmerksamkeit des Frankenreiches auf sich gezogen hatten. Schon vor dem Jahr 830 wurde in Neutra, dem Sitz des Fürsten Pribina, eine Kirche durch den Salzburger Erzbischof Adalram geweiht. Die Gebiete Mährens und der Slowakei wuchsen zusammen. Als Resultat des Expansionsbestrebens des Fürsten Mojmír gegen Pribina kam es 833 zur Vereinigung des Mährischen und Neutraer Fürstentums. Es entstand das Großmährische Fürstentum, dessen Zentren Südmähren und die Westslowakei bildeten. Ein Zentrum Großmährens war Neutra. Hier wurde 880 ein Bistum unter Leitung des fränkischen Priesters Wiching eingerichtet.

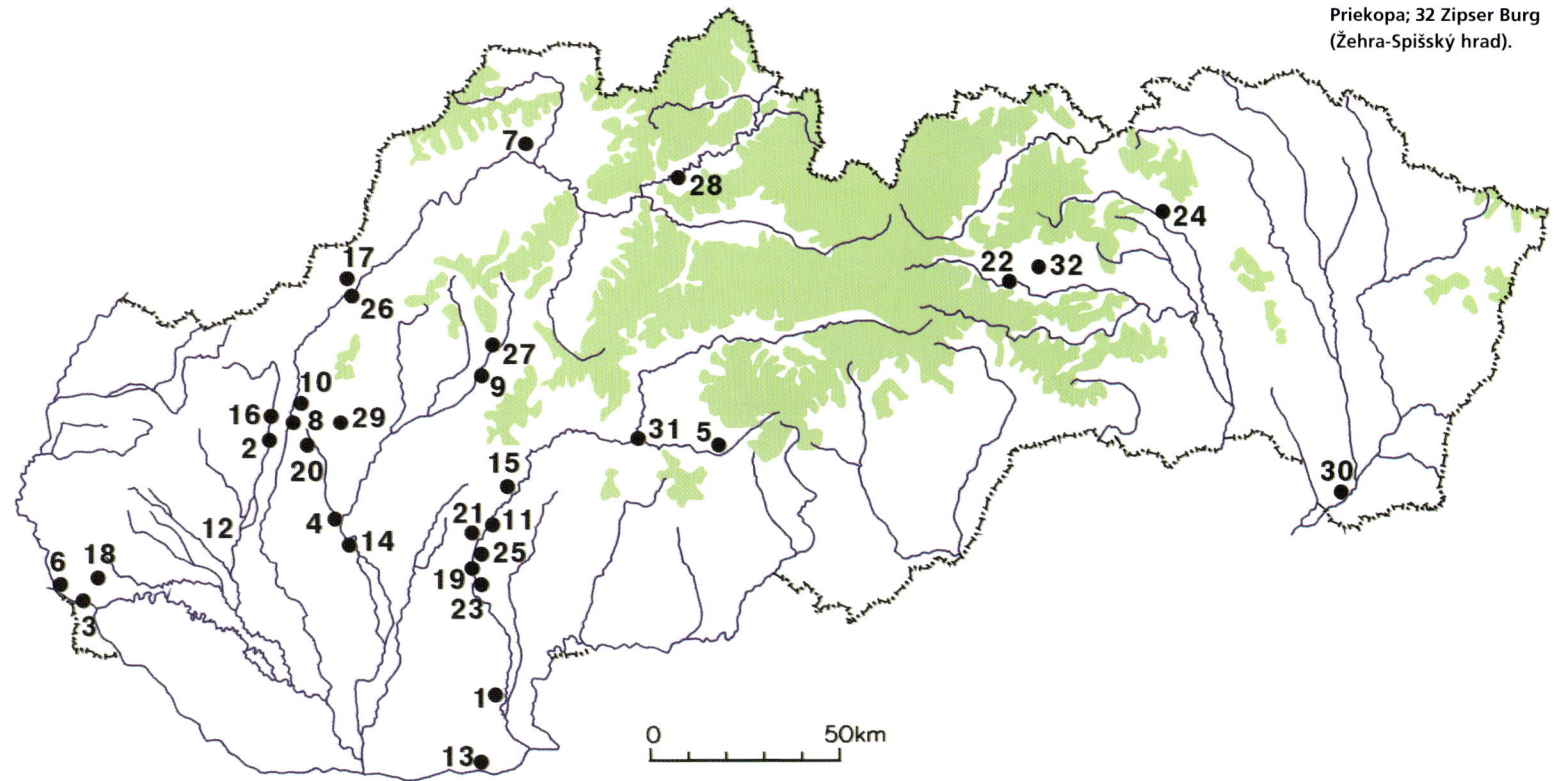

240 Karte der heutigen Slowakei mit Ortsnamen, die im Text bezeichnet sind. 1 Bíňa; 2 Borovce; 3 Preßburg (Bratislava); 4 Čakajovce; 5 Detva; 6 Devín; 7 Divinka; 8 Ducové; 9 Hradec; 10 Hrádoc; 11 Hronský Beňadik; 12 Majcichov; 13 Mužla-Čenkov; 14 Neutra (Nitra); 15 Nová Baňa; 16 Pobedim; 17 Skala (Skalka); 18 Sv. Jur pri Bratislave; 19 Kozmálovce; 20 Nitrianska Blatnica; 21 Psiare; 22 Zips (Spišské Tomášovce; 23 Starý Tekov; 24 Šarišské Sokolovce; 25 Tlmače; 26 Trenčín; 27 Vyšehradné; 28 Vyšný Kubín; 29 Závada; 30 Zemplín; 31 Zvolen-Priekopa; 32 Zipser Burg (Žehra-Spišský hrad).

241 Eiserner, dekorativ geschmiedeter Sporn aus Orvište-Bašovce, Bez. Trnava. Erste Hälfte 9. Jahrhundert. L. 153 mm.

242 Griff eines zweischneidigen Schwertes aus Blatnica, Bez. Martin, mit Bronzeplattierung und Silbertauschierung. Zweites Viertel 9. Jahrhundert. L. des Griffteiles 150 mm. Budapest, Magyar Nemzeti Múzeum. – Kat. 06.01.01.

Auch die Anfänge des Benediktinerklosters auf dem Berg Zobor datieren vermutlich an das Ende des 9. Jahrhunderts. 864 wird in den *Annales Fuldenses* „Dowina", die heutige Burg Devín erwähnt. Die Geschichte Großmährens stand im Zeichen der Abwehr gegen das expandierende Frankenreich, weshalb man bestrebt war, mit dem Byzantinischen Reich Beziehungen anzuknüpfen und Bündnisse zu schließen. Höhepunkt dieser außenpolitischen Aktivitäten des Fürsten Rostislav bildete im Jahre die Ankunft des heiligen Konstantin-Cyrill und des heiligen Method, der byzantinischen Glaubensverkünder, mit denen nicht nur die Christianisierung im Großmährischen Reich verbunden war, sondern auch das Entstehen des slawischen Schrifttums und die diplomatische Tätigkeit von Byzanz zugunsten Großmährens.

Die innere Entwicklung Großmährens spiegelt seit dem 8. Jahrhundert eine einzigartige Integrationsbestrebung innerhalb der slawischen Stammesverbände wider. Slawische Ansiedlungen finden sich bis in die Gebirgslagen. Die großmährische Gesellschaft war ausgeprägt und vielfach differenziert. Der Herrscher war von einer Hof- und Kriegerelite umgeben. Zur Führungsschicht gehörten auch Angehörige des Klerus und fürstliche Militärgefolgschaften. Ein Teil der Kriegerschicht stammte aus Resten der ehemaligen Gentilaristokratie, den Großteil dieser Krieger stellten jedoch Angehörige einer neuen, aus einfachen Schichten von Freien bestehenden Bevölkerung. Die gesellschaftliche Differenzierung führte zusammen mit der Ausbreitung von spezialisierten handwerklichen Tätigkeiten zur Entstehung so genannter Burgstädte (Neutra) mit umliegenden landwirtschaftlich und handwerklich geprägten Siedlungslandschaften. Im Verwaltungsgebiet der Burgstädte gab es wohl auch kleinere Machtzentren in Form von Burganlagen (z. B. im Gebiet der heutige Slowakei sind es Preßburg [Bratislava], Detva, Devín, Divinka, Hradec, Hrádok, Hronský Beňadik, Majcichov, Mužla-Čenkov, Sv. Jur pri Bratislave, Kozmálovce, Spišské Tomášovce, Šarišské Sokolovce, Tlmače, Vyšehradné, Vyšný Kubín, Zemplín, Zvolen-Priekopa). Im Zuge der inneren gesellschaftlichen Entwicklung entstanden auch Fürsten- oder Herrenhöfe; markante Beispiele sind Ducové und Nitrianska Blatnica. Sie repräsentierten ein Organisationsnetz, mit dessen Hilfe der Fürst die Produktion sicherte und die Heeresmacht organisierte.

Innerhalb des höfischen Milieus bestand größte Nachfrage nach Handwerksbetrieben, die Waffen und Reitausrüstung für die Verteidigung und das Kriegswesen produzierten. Gefragt war auch das

243 Ducové „Kostolec", Bez. Piešťany, Andeutung der Rekonstruktion des großmährischen Herrenhofes mit der Rotunde aus der Mitte des 9. Jahrhunderts.

Kunsthandwerk, das Luxusartikel oder Schmuckgegenstände für den Fürstenhof herstellte. Diese Erzeugnisse, die sich bis heute durch ihre technische Vollkommenheit und Ästhetik auszeichnen, waren Zeichen der Staatsgewalt und des Reichtums der herrschenden Schicht. Bei den Goldschmiedearbeiten sind in dieser Hinsicht vor allem Beschläge und Schmuck, bei den Schnitzereien die Knochenbearbeitung erwähnenswert. Glas- und Keramikproduktion sowie die Holzbearbeitung, die in einer althergebrachten Tradition stand, waren ebenfalls hoch entwickelt. Die gesellschaftlichen Verhältnisse waren der Grund für getrennt verlaufende kulturelle Entwicklungen: die Kultur der Oberschicht und die Kultur der einfachen Bevölkerung. Diese Trennung zeigt sich auch bei den Gebäuden. So war bei den einfacheren Schichten weiterhin das traditionelle einräumige Wohnhaus in Blockbauweise oder als Pfostenkonstruktion vorherrschend. Die Wohnkultur der vornehmeren Schichten wurde den gehobeneren Ansprüchen angepasst. Es kam zum Bau von mehrräumigen Blockhäusern oder zum Bau von „Palästen", die den Anforderungen der höfischen Repräsentation entsprachen. Von besonderer Bedeutung für die Erkenntnisse zur großmährischen Architektur sind die christlichen Sakralbauten. Es handelte sich um Basiliken, einfache Kirchen mit unterschiedlichem Grundriss, Rotunden und Baptisterien. In der Slowakei sind solche Sakralbauten dreimal in Neutra (Burgwälle Martinský vrch und Vášok und jüngst auch auf der Neutraer Burg), in Preßburg (Burg), in Devín (Burg), im Waagtal (Ducové), im Neutratal (Nitrianska Blatnica), einem jüngst in Skala aufgedeckten Gebäude und in Skalka in der Nähe von Trenčín vorhanden.

Trotz des machtpolitischen Aufstiegs, geprägt durch die Eroberungen unter der Regierung Svatopluks (870–894), kam es am Ende des 9. Jahrhunderts zu einer Krise innerhalb des großmährischen Staates. Die Gründe lagen in der Zweiteilung in ein Mährisches und ein Neutraer Fürstentum und in den Mängeln der wirtschaftlichen Organisation. Hier verhinderte die Spezialisierung der Produk-

Mährisches Reich 335

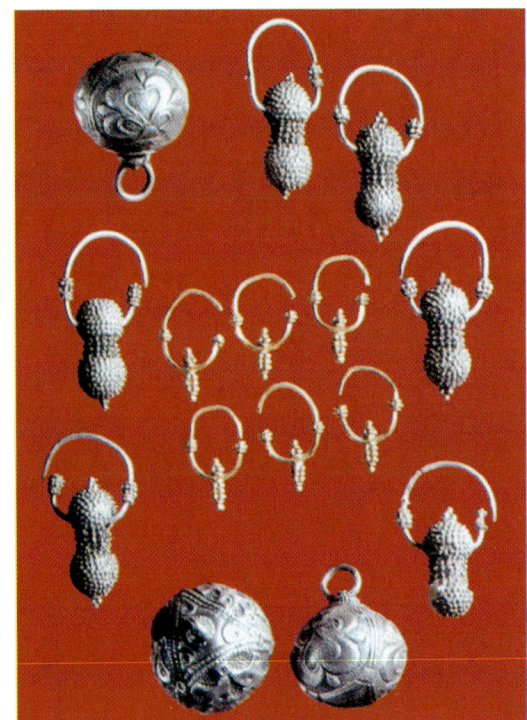

244 Sechs Gold- und sechs Silberohrringe und drei silberne Kugelknöpfe, Ducové „Kostolec", Bez. Piešťany, zweite Hälfte 9. Jahrhundert. Dm. des Knopfes rechts unten 25 mm. Bratislava, Slovenské národné múzeum.

245 Griff des zweischneidigen Eisenschwertes aus Košice-Krásna, Tauschierung und Plattierung mit Silber, Kupfer und Bronze. Zweite Hälfte 10. Jahrhundert. L. des Griffteiles 16,3 cm. Bratislava, Slovenské národné múzeum.

tion mit ihrer Ausrichtung auf die Oberschicht die Entfaltung des Binnenmarktes. Auch kam es in den führenden Kreisen zu Machtkämpfen innerhalb der Mojmír-Dynastie. Ein weiteres Problem war die zunehmende Macht der Magnaten, die bereits eigene bewaffnete Gefolgschaften gründeten. Der Untergang Großmährens war somit vor allem das Resultat des Zerfalls der organisatorischen Einheit. Das Schicksal Großmährens besiegelte der Ansturm altmagyarischer Krieger zu Beginn des 10. Jahrhunderts.

Wenn auch aufgrund des Vermerkes über die Schlacht bei Preßburg im Jahre 907 ein fester *terminus ante quem* für den politischen Untergang Großmährens besteht, so spiegelt er dennoch nicht die tatsächliche Dynamik und die unterschiedliche Entwicklung in den einzelnen Teilen des ehemaligen großmährischen Gebietes wider. Besondere Aufmerksamkeit verdient in dieser Hinsicht eine arabische Quelle, die über einen altmagyarischen Feldzug nach Andalusien im Jahre 942 berichtet und ein Land „Morabíja" erwähnt, das nördlich des von den Altmagyaren besiedelten Gebietes lag.

Der Kern Großmährens machte eine unterschiedliche Entwicklung durch. Das eigentliche Mähren gelangte in die Machtsphäre des böhmischen Staates, doch behielt es eine gewisse Selbständigkeit bis zur Mitte des 11. Jahrhunderts.

Im Gebiet der Slowakei besetzten die altmagyarischen militärischen Gefolgschaften 920/30 hauptsächlich die strategischen Punkte in den südlichsten Teilen des Landes. Vor der Mitte des 10. Jahrhunderts kamen weitere Schichten der einfachen altmagyarischen Bevölkerung hinzu, die sich vor allem in der bis dahin dünn besiedelten Donauniederung niederließen.

Nach den archäologischen Beobachtungen gibt es keine Anzeichen für eine gewaltsame Vertreibung der heimischen Bevölkerung. Für das 10. Jahrhundert haben Ausgrabungen auf Gräberfeldern den Beweis für eine Kontinuität der slawischen Besiedlung erbracht; nur ein verhältnismäßig kleiner Teil der Bevölkerung scheint nach Norden abgewandert zu sein.

Im 11. Jahrhundert entwickelten sich aus den ehemaligen Zentren, die ihre Bedeutung weitgehend beibehalten hatten, die Sitze der frühungarischen Komitate (Neutra, Preßburg, Starý Tekov, Zemplín). Neutra wurde zum *ducatus*, dessen Ausdehnung aus polnischen Chroniken, die sich mit den Okkupationen Bolesław Chrobrys zu Beginn des 11. Jahrhunderts beschäftigen, und aus der Gliederung des Graner (Esztergomer) Erzbistums geschlossen werden kann. Danach entsprach das Ge-

246 Kollektion goldener mit polychromem Email verzierter Erzeugnisse byzantinischer Herkunft, die um das Jahr 1860 in Ivanka pri Nitre gefunden wurden: 1 zwei runde Medaillons mit Brustbildern der Apostel Petrus und Andreas. Zweite Hälfte 11. Jahrhundert. Dm. 3 cm. Budapest, Magyar Nemzeti Múzeum; 2 bei der so genannten Krone des Konstantin Monomachos handelt es sich um sieben, oben abgerundete Goldplatten, die ursprünglich Belag eines Gegenstandes aus dem sakralen Bereich waren. Auf den Platten stehen Figuren mit Inschriften daneben: Der byzantinische Kaiser Konstantin Monomachos, seine Mitregentinnen Zoe und Theodora, dann zwei „Tänzerinnen" ohne Inschrift und auf den kleinsten Platten Personifikationen der Gerechtigkeit und der Demut. 1042–1050. H. der Plättchen 8–11,5 cm. Budapest, Magyar Nemzeti Múzeum. – Kat. 02.04.04.

biet des Neutraer Herzogtums im wesentlichen dem Gebiet der heutigen Slowakei. Die Grenze im Osten bildete das Slanské-Gebirges. Weiter im Süden wurde es durch das Mátra-, Bükk- und das Börzsöny-Gebirge begrenzt. Mitglieder der Arpadendynastie gelangten schon zu Ende des 10. Jahrhunderts auf den Herzogstuhl in Neutra. Ihr bedeutendster Repräsentant in der ersten Hälfte des 11. Jahrhunderts war Vazul. Herzog Géza (1074–1077 König) führte den Kult der heimischen Heiligen Zoerard-Andreas und Benediktus ein, um damit die Bedeutung seines Herrschersitzes zu steigern. Die besondere Stellung der Herzöge von Neutra drückt sich auch darin aus, dass einige von ihnen Münzen mit der Bezeichnung *dux* prägen ließen.

Das 10. Jahrhundert überdauerten offenbar auch einige ältere Kircheninstitutionen (z. B. das Zoborer Kloster, wahrscheinlich die Kapitel in Neutra und Preßburg). In Neutra könnte dies zur Erneuerung des Bistums zu Beginn des 12. Jahrhunderts geführt haben.

Eine Kontinuität war vielleicht auch dadurch möglich, dass sich ein Teil der slawischen Aristokratie in der Südslowakei und in Transdanubien den neuen Verhältnissen anpasste. Seit dem letzten Drittel des 10. Jahrhunderts bildete ein Teil dieser *duces* eine wichtige Stütze Stephans I. bei dem Prozess der Vereinigung und bei der Unterdrückung des Widerstandes in den konservativen Kreisen der Gentilaristokratie (Burgwall in Bíňa).

Anknüpfungen gab es auch auf wirtschaftlichem Gebiet. Beim Aufbau des frühungarischen Systems mit Dienstleistungssiedlungen im 11. Jahrhundert nutzte man die handwerkliche Geschicklichkeit der einheimischen Bevölkerung sowie die Reste der Produktionsinfrastruktur im Umkreis der ehemaligen, und zur Zeit des ungarischen Staates weiter existierenden Zentren.

Das Netz der Dienstleistungssiedlungen entstand durch eine große Bevölkerungsumsiedlung. Dies trug dazu bei, dass die slawische Bevölkerung in Transdanubien fast völlig und auch in der südlichen Zone der Slowakei erheblich assimiliert wurde. Koexistenz sowie die allmähliche Verschmelzung ist in der ethnisch gemischten Südwestslowakei durch die Erforschung von Körper-

247 **Halskette aus Ducové, Bez. Trnava.** Letztes Viertel 11. Jahrhundert. Dm. der Silberkörbchen mit Filigrangeflecht 1,8 cm. Bratislava, Slovenské národné múzeum.

gräberfeldern dokumentiert. Grabungen zeigten, dass die anfangs parallel verlaufende Kulturen der slowakischen und altmagyarischen Bevölkerung verschmolz, was zu Erzeugnissen im so genannten Bijelo-Brdo-Stil als Ausdruck einer neuen kulturellen Blüte führte.

In den nördlichen Gebieten überdauerten Reste slawischer Organisationsstrukturen das 10. Jahrhundert. Am Ende des großmährischen Zeitabschnittes kam es zur Bildung kleinerer territorialer Einheiten, die von Vertretern der slawischen Aristokratie beherrscht wurden. Ein ähnliches Entwicklungsbild zeichnet sich auch im gesamten Gebiet der Ostslowakei ab, wo ein kontinuierlicher frühhungarischer Einfluss erst zu Beginn des 11. Jahrhunderts festgestellt werden kann.

Die slawisch-altmagyarischen Beziehungen waren im 10. Jahrhundert noch weitgehend gegensätzlich. Auf militärischem Gebiet scheint es jedoch zu einem Austausch gekommen zu sein, wie die Burgwälle im Gebiet des so genannten Slowakischen Tores im Grantal, Zahlungen von Tributen vor allem in Form von Metallen als Friedenspfand und schließlich auch gelegentliche direkte militärische Bündnisse zeigen.

So scheinen Besiedlung, Landwirtschaft und auch Handwerksproduktion kontinuierlich an vorangegangene Zeiten anzuknüpfen. Dagegen zeigt die materielle Kultur häufig Merkmale einer Verbäuerlichung. Elemente der altmagyarischen Kultur tauchen nur isoliert auf. Den slowakisch-ungarischen Austausch an der Nordgrenze im Bereich der so genannten Bijelo-Brdo-Gräberfelder dokumentieren eindrucksvoll die Grabungsergebnisse auf dem mehrphasigen frühmittelalterlichen Gräberfeld in Čakajovce. In den nördlichen und östlichen Teilen der Slowakei sind kulturelle Kontakte zum Gebiet Polens, zum Baltikum und auch zur Kiewer Rus vorhanden.

Als es nach dem so genannten polnisch-ungarischen Ausgleich im Jahre 1018 zu einer systematischen Ausweitung der ungarischen Königsmacht nach Norden kam, endeten die aus slawischer Zeit stammenden Organisationsformen auf dem Gebiet der heutige Slowakei. Neue Einflüsse kamen hinzu, ältere Strukturen veränderten sich. Dennoch wurden auch hier vorungarnzeitliche Sitze in einigen Fällen zu neuen Komitatszentren umgewandelt (z. B. Burg Trenčín, Zipser Burg, Zemplín, Zvolen-Priekopa und Pustý hrad).

Der Zeitabschnitt des 8. bis 11./12. Jahrhunderts ist ein wichtiger Bestandteil in der Geschichte der Slowakei. Vom Gesichtspunkt der Ethnogenese des slowakischen Volkes ist er Ausdruck für eine geschlossene slawische Besiedlung in vorungarischer Zeit mit der Fähigkeit, zahlreiche kleinere ethnische Gruppen zu absorbieren und zu integrieren, die sich aus verschiedenen Gründen hier niederließen.

Literatur

Avenarius 1974. – Bednár 1998. – Bialeková 1965; 1978 a; 1978 b; 1980. – Chropovský 1972; 1983. – Czeglédy 1979. – Dekan 1976a; 1976b. – Dostál 1965; 1966; 1975. – Graus 1965. – Habovštiak 1965; 1966; 1985. – Hajnalová 1979. – Hanuliak 1990. – Hanuliak u. a. 1993. – Hanuliak/Rejholcová 1999. – Havlík 1986. – Klanica 1986a. – Klíma o. J. – Kučera 1964; 1974; 1986. – Marsina 1984; 1985a; 1985 b. – Plachá u. a. 1990. – Pleiner 1967. – Pošmourný 1964. – Pošvař 1964. – Poulík 1975; 1978; 1986. – Ratkoš 1965; 1984; 1988. – Rejholcová 1982. – Richter 1967. – Ruttkay 1976; 1982; 1985; 1995; 1997b; 1998. – Šalkovský 1988. 1998. – Steinhübel 1999. – Štefanovićova 1989. – Varsik 1965. – Vyvíjalová 1985.

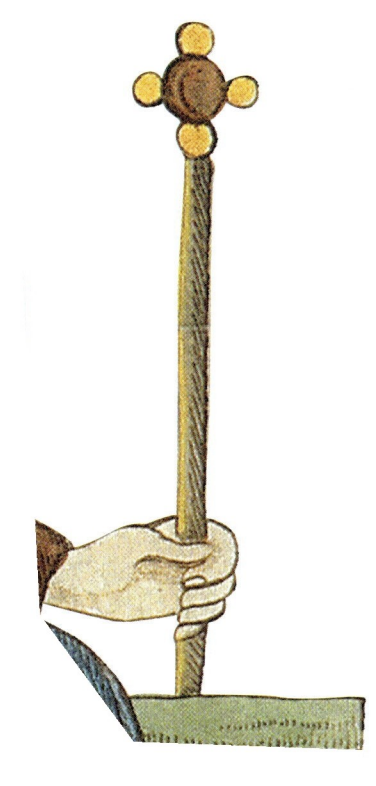

Die Formierung
der Mitte Europas

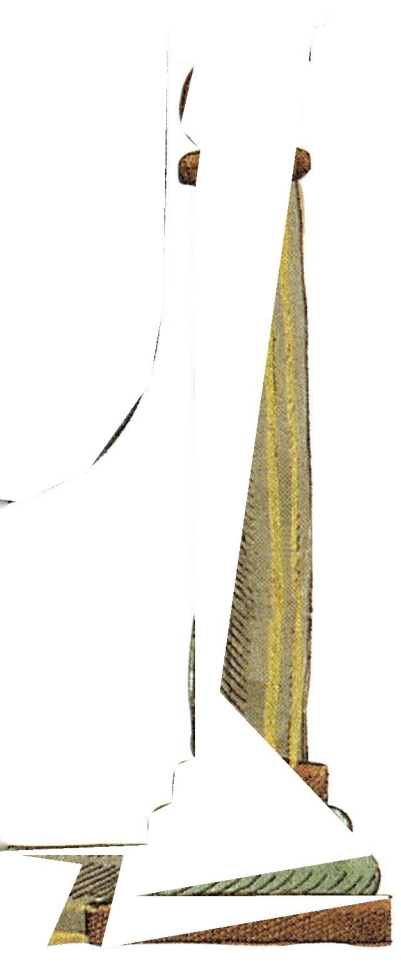

Reichsbildungen, Kirchengründungen und das Entstehen neuer Völker

HERWIG WOLFRAM

František Graus wäre mit Fug und Recht der Autor dieses Beitrags gewesen, hat doch der zu früh verstorbene Prager Mediävist auf dem Basler Kaegi-Lehrstuhl bereits lange vor der Wende das Entstehen westslawischer Völker thematisiert[1]. Der Gegenstand ist freilich von einer schweren Hypothek belastet, weil sich seiner die Nationalisten aller Nationen bemächtigten und ihn als geschichtliche Argumentationshilfe für jede Form chauvinistischer Ansprüche missbrauchten[2]. Daher wird man auf so gut wie alle ältere Literatur verzichten müssen, weil ihre Darstellung stets in Diskussionen mündet, die „zum Teil so emotional geführt (werden), wie dies bei Nationalitätenfragen oft üblich ist; es ist deshalb nicht möglich, einfach auf die Ergebnisse dieser Erörterungen zu verweisen, sondern es müssen die Angaben der Quellen selbst herangezogen werden"[3].

Von der Westküste des Baltischen Meeres bis zur Oberen Adria verlief die Kontaktzone zwischen der romanisch-germanischen und der slawisch-reiternomadischen Welt. Keine Grenze, sondern ein breiter Saum schien das europäische Festland von Norden nach Süden zu durchschneiden und verklammerte in Wahrheit beide Hälften zu einem untrennbaren Ganzen. Dies war das Ergebnis der kontinentalen Hegemonie, die das Karolingerreich errungen und zwischen den Pyrenäen und den Flüssen Elbe und Enns institutionell wie militärisch gesichert hatte. Von hier aus wurden die anschließenden Grenzräume erfasst, wobei defensive wie expansive Ziele Hand in Hand gingen: Schutz des Karolingerreiches und herrschaftliche Ausbreitung schlossen einander in Theorie und Praxis nicht aus, da sie vom Auftrag der christlichen Mission getragen wurden. Institutionell strukturiert wurden die Grenzräume durch eine Markenorganisation, die das enorm vergrößerte Frankenreich zu konsolidieren suchte. Allerdings kann aufgrund der verwendeten Terminologie nicht immer entschieden werden, ob das in der karolingischen „Reichssprache" verwendete Wort *marca* die zu verteidigende Grenze des Altsiedellandes oder schon eine ins Neuland vorgetragene eigenständige Grenzformation meinte[4]; wahrscheinlich war den Zeitgenossen der Unterschied zwischen beiden nicht wesentlich, wenn es dafür nur ein Wort gab.

Im Diedenhofener Kapitular von 805 wurden jene Grenzorte aufgezählt, bis zu denen Handel mit den Slawen und Awaren getrieben werden durfte und von wo an das Ausfuhrverbot für besonders hochwertige Angriffs- und Verteidigungswaffen galt. Die Zollstätten liegen in Sachsen und nördlich des Thüringer Waldes, beim heutigen Bamberg, in Forchheim, Pfreimt und an der Donau in Regensburg sowie schließlich an der Ennsmündung. Sie markierten die innere Reichsgrenze, von der aus ein Grenzraum kontrolliert werden musste, gleichgültig ob dieser auch als selbständige Mark eingerichtet war oder nicht[5].

Die ottonische Restauration des Ostfrankenreichs baute „irgendwie" auf dem karolingischen Erbe auf. Allerdings sind die Traditionsstränge so wenig deutlich zu erkennen, dass das Wörtchen „irgendwie" angebracht erscheint und man meinen möchte, die ottonischen Marken seien schon deswegen institutionelle Neuschöpfungen gewesen, weil sie, besonders an und östlich von Elbe und Saale, in Burgwarde, Burgbezirke, untergliedert waren und mit einer Bistumsorganisation verbunden wurden, das heißt, eine „Herrschaftsverdichtung" erfuhren, die es vorher nicht gegeben hatte[6]. Deutlich unterschied sich die Lage an der unteren Elbe von der zwischen Elbe und Saale und gegenüber Böhmen und Ungarn. Während es im Süden herrschaftlich organisierte Marken gab, war die Grenze im Norden weit weniger konsolidiert, sodass hier der Satz „Mark ist werdendes Land" bis ins 12. Jahrhundert keine Geltung gewann[7]. Für alle gentilen Formationen innerhalb wie außerhalb der Marken stellte sich aber im 10. Jahrhundert die Überlebensfrage: „Würden sie in der Lage sein, die alten Stammesstrukturen zu überwinden und übergreifende Herrschaftsformen auszubilden? Würden die einzelnen Stämme und Völkerschaften den Weg zu größeren politischen Einheiten beschreiten oder nicht? Würden sie sich gegen das ostfränkisch-deutsche Reich behaupten können, das mehr und mehr zur europäischen Hegemonialmacht aufstieg

248 **Völker zwischen Elbe und Weichsel im 10. Jahrhundert** (nach H.-K. Schulze).

und seine Hand energisch nach dem Osten ausstreckte"[8]?

Der Raum, innerhalb dessen sich die deutsche, insbesondere die sächsische Vorherrschaft einrichtete, war die Germania, eine „der drei größten Gebiete Europas"[9]. Der klassisch gebildete Angelsachse Bonifatius hatte nach dem Beispiel der antiken Überlieferung alle Völker zwischen Rhein und Weichsel und daher auch die Slawen westlich des Flusses zur Germania gezählt[10]. Folgerichtig kann die „größte Provinz" der Germania des 11. Jahrhunderts eine Sclavinia sein, die auch Böhmen und die Polen östlich der Oder umfaßt. Dieses Slawenland wird von Völkern gleicher Sitte und Sprache bewohnt und ist zehnmal größer als Sachsen, ein Land, das seinerseits „keinen kleinen Teil Germaniens" ausmacht und jedenfalls doppelt so groß wie das hier von Franken bewohnte Gebiet ist. Adam von Bremen, dem man diese Überlegungen verdankt, hat außerdem seinen Paulus Diaconus dahingehend harmonisierend verstanden, dass er die Slawen sowohl mit den winnilischen Langobarden wie mit ihren wandalischen Feinden gleichsetzt. Damit kommt er volksetymologisch zu einer weiteren Erklärung für den Wenden-Namen, zugleich aber auch zu einer doppelten Einordnung der Slawen in die traditionelle Ethnographie der Germania. Schließlich bringt Adam das riesige Slawenland in Verbindung mit der Hamburger Kirchenprovinz, obwohl er zugeben muss, dass sich die Sclavinia „von unserem Hamburger Sprengel" an ostwärts in endlose Räume ausweitet und bis nach Bayern, Ungarn und Griechenland erstreckt[11]. Adam kann sich auf päpstliche Entscheidungen und ostfränkische Synoden des 9. Jahrhunderts stützen, wonach mit der Vereinigung von Hamburg und Bremen und der Errichtung eines Erzbistums dessen Inhaber „Legaten und Vikare des Apostolischen Stuhls bei allen Völkerschaften der Schweden, Dänen und Slawen" wurden[12]. Folgerichtig bezieht er neben den Slawen auch die Schweden in die Germania ein. Und wieder stützt der Autor seine Überlegungen mit Hilfe volksetymologischer Gleichsetzungen. Nicht aus Tacitus[13], sondern aus Solinus und Orosius stammen Adams Kenntnisse, dass die Sueben einst den größten Teil Germaniens bewohnten[14]. Der „Gleichklang" von Völkernamen hat seit der Antike die Gleichsetzung

Reichsbildungen, Kirchengründungen und das Entstehen neuer Völker unterschiedlichster Völker erlaubt. Entsprechend dieser „etymologischen Methode" kann Adam in den Sueonen-Schweden die kaiserzeitlichen Sueben sehen, die tatsächlich Völker Germaniens waren; eine Vorgangsweise, die ihm um so leichter gefallen sein dürfte, als er selbst oberdeutscher, „suebischer" Herkunft war[15].

Das Wort „Ostpolitik" ist im Deutschen schwer belastet: Die unsägliche Vorstellungswelt vom „deutschen Drang nach Osten" scheint eine lange Geschichte zu haben, bis alle diese Motive und Handlungen in den unfassbaren Ereignissen des 20. Jahrhunderts kulminierten. Wer nach den Ursprüngen der Untaten und der sie bewirkenden Geisteshaltung sucht, könnte auf den ersten Blick meinen, bereits in den hochmittelalterlichen Quellen fündig zu werden. Aber Zeitgenossen der ersten Jahrtausendwende, wie Thietmar von Merseburg und der Konrad-Biograph Wipo, oder zeitnahe Beobachter, wie der Tscheche Cosmas von Prag oder die polnische Überlieferung, stellen die deutsch-slawischen Kriege zwar als harte, blutige, nicht selten brutale Auseinandersetzungen dar, unterscheiden sie aber weder der Wortwahl noch dem Inhalt nach von den gleichzeitigen inneren Fehden der Dänen, Sachsen, Bayern, der vorwiegend heidnischen Slawen zwischen Elbe und Oder, der christlichen Polen, Ungarn und Böhmen. Es waren noch bei weitem keine nationalen Gegensätze, die diese Welt entzweiten; vielmehr herrschte auf beiden Seiten das gleiche gentile Pathos, es kamen die gleichen pränationalen Strategien und Verfassungsformen zum Einsatz, wie Geiselstellungen, Tributzahlungen und Tributverweigerungen, Ehegelöbnisse und Heiraten, Lösungen von Verlöbnissen und Ehescheidungen, Gebietsabtretungen mit und ohne lehensrechtliche Bindungen, um ebenso prekäre wie temporäre Friedenszustände herzustellen[16]. Um nur die bekanntesten „Produkte" dieser Verbindungen zu nennen: Der skandinavische Großkönig Knut I. und der Polenkönig Mieszko II. waren Vettern ersten Grades und trugen beide den christlichen Namen Lambertus[17]. Richeza wurde 1013 die Gemahlin Mieszkos II.; sie war die Nichte Ottos III., Enkelin Ottos II. und der Theophanu und Urenkelin Ottos des Großen. Ihr lothringischer Vater Ezzo stammte von den Karolingern ab[18].

Je nach geschichtsphilosophischem Ansatz mag man es als Dialektik der Geschichte, als ihre Ironie oder als sonst einen historischen Widerspruch ansehen, dass die drei reiternomadischen Invasionen des frühmittelalterlichen Europa, die das Karpatenbecken zu ihrem Mittelpunkt machten und es mit dem römischen Pannonien vereinigten, jeweils zur Konsolidierung, ja zur Modernisierung des Angriffszieles führten: Die „hunnische Alternative" zügelte für eine Weile die germanische Völkerwanderung, verlängerte die Lebensdauer des Weströmischen Reiches um zwei Generationen und sicherte den Fortbestand Konstantinopels. Gleichzeitig hatte die Hunnenherrschaft den Konzentrationsprozess, die „Verstaatlichung", der eigenen wie der auf römischem Boden stehenden Gentes gefördert[19]. Die Awaren führten zwar die Slawen nach Ost- und Mitteleuropa, bis zur Peloponnes und vor die Mauern von Thessalonike, ja selbst vor Konstantinopel, beendeten hier aber seit der Mitte des 6. Jahrhunderts für mehr als zwei Jahrhunderte die Zeit regelloser Invasionen und vertragsloser Zustände. Die Awaren beherrschten freilich zu keinem Zeitpunkt alle Slawen. Aber in der Abwehr wie in der Auseinandersetzung mit ihnen entstanden die ersten slawischen Völker, wie etwa die Karantanen[20]. Die meisten von ihnen verloren ihre Selbstständigkeit spätestens mit dem Zusammenbruch des Awarenreichs an Franken oder Byzantiner[21]. Die Magyaren schließlich trugen mit ihren Angriffen auf das mitteleuropäische Reich wesentlich dazu bei, dass neben der Italia, Gallia und Germania eine Sclavinia entstand, ja dass sich letztere aus der Germania emanzipierte und die Bildung westslawischer Völker erlaubte, die bis heute existieren[22]. Zugegeben, eine solche Betrachtungsweise ist so ungewöhnlich, dass sie auf Widerspruch stoßen dürfte. Aber das Muster „challenge and response" hat in diesem Fall den Vorteil, erklären zu können, warum die „neuen" Völker gerade im 10. Jahrhundert und überdies in so kurzer Zeit entstanden[23]. Dies geschah nämlich in und aus der Auseinandersetzung zwischen dem mitteleuropäischen Reich und den „landwegnehmenden" Magyaren, an deren Ende es nicht bloß Deutsche und Ungarn, sondern auch Polen und Tschechen als Völker von gegenüber früher „neuer" Qualität gab[24]. Dabei war die Ausgangslage an Elbe und Oder, Moldau und Donau nur unwesentlich verschieden; es herrschte eine nahezu unvorstellbare Vielfalt ethnischer und rechtlich-sozialer Sondergruppen. Wo diese multizentrale Ordnung nicht überwunden werden konnte, ja, wo sich die segmentären Gesellschaften, wie bei den Elbslawen, in der Abwehr des Christentums verfestigten, entstanden keine „neuen" Völker[25].

Der Untergang der Awaren um 800 ließ zwischen Save und oberer March slawische Gemeinwesen entstehen; doch gelang es nur den Mährern und in multizentralen Ansätzen den Böhmen[26], innerhalb des fränkisch gewordenen „Hunnenreichs" eine eigene staatliche Ordnung zu entwickeln und eine

249 Huldigende Provinzen. Evangeliar Ottos III., Reichenau vor 1000. München, Bayerische Staatsbibliothek, Clm 4453, fol. 23v. – Kat. 22.01.01.

namenbildende Ethnogenese zum Erfolg zu führen. Diesen konnte auch die Zerstörung des Mährerreiches durch die Ungarn nicht völlig zunichte machen[27]. Die mährische „Initialzündung" des 9. Jahrhunderts folgte dem westlichen Muster monarchischer, zum Christentum übergetretener Dynastien, die eine Gens zugleich mit ihrer erfolgreichen Konsolidierung zum neuen Glauben brachten[28].

In ähnlicher Weise, jedoch mit dauerhaftem Ergebnis bewirkten die monarchisch stukturierten Fürstentümer der Prager Přemysliden, der polnischen Piasten und ungarischen Arpaden das Werden „neuer" Völker. Allerdings waren die einzelnen Kriterien dieser Prozesse nicht überall gleich[29]. Für alle drei Formationen aber gilt, sie werden erst als weitgehend fertige politische Einheiten wahrgenommen. Am klarsten trifft dieser Satz für Polen zu: Als Mieszko I. (ca. 960–992) zum Jahre 963 im Kampf mit Slawen und Sachsen erstmals erwähnt wird, tritt der Fürst der im Raum von Gnesen (Gniezno) und Posen (Poznań) beheimateten Polanen bereits als Herr der *Licicavici* auf, worunter wohl nicht irgendwelche eroberte Slawen, sondern die gesamte polyethnische Gens des ersten bekannten Piasten zu verstehen ist[30].

Fast gleichzeitig bereiste der jüdische Kaufmann Ibrāhīm ibn Jakūb, der aus Spanien oder dem Maghreb stammte, die Slawenländer und beschrieb in arabischer Sprache die „aus Stein und Kalk erbaute Stadt Prag", „den größten Handelsplatz jener Länder", aber auch die straffe Organisation der piastischen Herrschaft. Vor allem hatten es dem weitgereisten Beobachter Mieszkos 3000 Panzerreiter angetan, deren Bewaffnung und Disziplin hundertfach überlegenen Gegnern standhielt. Auch konnte es sich der polnische Fürst wirtschaftlich leisten, für seinen „Erfüllungsstab"[31], für die Elitekrieger und ihren männlichen wie weiblichen Nachwuchs, hervorragend zu sorgen.

Der erhaltene Teil des Berichts beginnt mit der geographischen und politischen Lage der Slawenländer: Ursprünglich seien sie unter einem König geeint gewesen, später durch Zwietracht in mehrere Stämme aufgespalten worden. Zur Zeit des Berichterstatters herrschten vier Könige, ein ungenannter König der Bulgaren, Boleslav I., „der König von Prag, Böhmen und Krakau", Mieszko I., „der König des Nordens" und der Abodritenfürst Nakon „im äußersten Westen". Dessen Land „ist billig und reich an Pferden, sodass solche von dort exportiert werden. Sie sind mit Waffen vollständig gerüstet, nämlich mit Panzern, Helmen und Schwertern". Otto I. ist in diesem Zusammenhang auch nur der „König von Rom", von dem der Reisende im vertrauten Gespräch „Authentisches" über „die Stadt der Frauen im Westen der Rus" erfährt[32].

Wenn der jüdische Kaufmann unter die vier slawischen Könige seiner Zeit auch den Abodritenfürsten aufnahm, zeigt dies, dass die slawischen Völker an Elbe, Moldau und Oder wie auf dem Balkan ähnliche Konzentrationsprozesse durchlaufen hatten und zu politisch-militärischen Mächten aufgestiegen waren. Dazu kam, dass diese Gemeinwesen allgemein wahrgenommen wurden, weil sie sich der Verkündigung des Evangeliums geöffnet hatten und darangingen, von oben nach unten christianisiert zu werden. Ja, die Bekehrung Chlodwigs durch seine Königin Chrotechilde, ein Ereignis, das seinerseits in der Nachfolge Konstantins des Großen stand und zur Grundlage der merowingischen Reichsbildung und großfränkischen Ethnogenese wurde[33], muss das Muster gebildet haben, nach dem die westslawisch-ungarischen Bekehrungen verliefen oder man sie sich erklärte: Die südlichen Nachbarn der mecklenburgischen Nakoniden, die stodoranisch-hevellische Fürstenfamilie, verheirateten ihre Angehörige Drahomir 906/07 mit dem böhmischen Fürsten Vratislav I. (915–921); aus dieser Ehe ging der heilige Wenzel hervor[34]. In den Jahren 963/64 heiratete Mieszko I. die Nichte Wenzels und Tochter des Přemysliden Boleslav I. (929/35–967/72), „die ihren Namen auch durch ihre Tat bewies. Dobrawa heißt nämlich auf slawisch, was in der deutschen Sprache die „Gute" genannt wird. Als diese Christgläubige erkannte, dass ihr Gemahl noch in verschiedenen Irrtümern des Heidentums befangen war, überlegte sie sich in ihrem einfachen Sinn, wie sie ihn sich im Glauben vereinigen könne"[35]. Aus der Sicht des späteren 11. Jahrhunderts spielte Gisela, die bayerische Herzogstochter und Schwester Kaiser Heinrichs II., die Chrotechilde-Rolle für die Magyaren: „Sie war mit dem Ungarnkönig vermählt und brachte den König dazu, sich und die Seinen taufen zu lassen; in der Taufe erhielt er den Namen Stephan. Durch sein Verdienst wurde er später heilig". Bleibt noch zu erwähnen, dass auch Stephans Mutter Sarolt-Beleknegini bereits getauft war, während ihr ebenfalls getaufter Gemahl Géza noch durchaus synkretistischen Glaubensvorstellungen anhing. Allerdings kam der Taufpriester Sarolts aus Byzanz, möglicherweise Grund genug, dass ihr Thietmar von Merseburg nicht gewogen war[36].

Die Entstehung großflächiger Herrschaftsbereiche hätte daher nicht nur in Böhmen, Polen und Ungarn geschehen, sondern auch bei den Elbslawen über kurz oder lang erfolgreich sein können, wäre es hier nicht im Sommer 983 zu einem verheerenden Rückschlag, der von der Entstehung des Lutizenbündnisses ausgelösten heidnischen Reaktion, gekommen[37]. Wie mächtig dieses Lutizenbündnis war, zeigt seine Fähigkeit, am Ende der Ottonenherrschaft sogar als Bündnispartner eines Heinrich II. zu wirken, zugleich aber auch zur Expansion bereit und imstande zu sein. Die heidnischen Verbände griffen den christlichen Abodritenfürsten, einen Nachfolger Nakons, an, stürzten ihn und seine Familie und bewirkten, dass sich auch bei den Abodriten eine radikale heidnische Reaktion mit Angleichung an die nichtmonarchische lutizische Stammesverfassung, *libertas more Liuticio*, durchsetzte[38]. Die Ablehnung des „deutschen" Christentums[39] mag wohl nicht zuletzt ökonomische Gründe gehabt haben; zu zahlreich sind nämlich die Klagen hochrangiger sächsischer Geistlicher, wonach die Missionierung der Elbslawen am „Hochmut", vor allem aber an der Bereicherungssucht der Markgrafen gescheitert sei[40]. Angst vor Fremdherrschaft und Ausbeutung war daher hier ein entscheidender Grund für heidnische Reaktionen; das gleiche dürfte auch von der Schwäche einzelner Dynastien gegolten haben[41]. Der elbslawische Adel, *priores*, hatte zwar eine bevorrechtete Stellung, musste aber seinen Willen in einer allgemeinen Stammesversammlung erst durch „Überreden" durchsetzen[42]. Die Sprachbarriere kann dagegen nicht oder kaum der Grund für die Ablehnung christlicher Missionare gewesen sein: Man erfährt immer wieder von slawischen Predigern und Predigten in slawischer Sprache[43]. Mit der erfolgreichen Weigerung, das Christentum anzunehmen, kam es auch nicht zur Ausbildung einer elbslawischen Geistlichkeit, und damit fehlten die schriftkundigen „Sprecher". Dieser Gruppe bedurfte es aber, um das Entstehen eines Volkes abzusichern. Oder mit anderen Worten, weil die Elbslawen keine den Piasten, Přemysliden oder Arpaden gleichende christliche Dynastien unter Einschluss ihrer kirchlichen Organisationen duldeten, gab es bei ihnen auch keinen Cosmas von Prag, keinen wenn auch ursprünglich landfremden Gallus Anonymus und kein dynastiebezogenes Schrifttum wie bei den Ungarn[44]. Mittelbar bedachte diesen Mangel bereits Adam von Bremen, der von seinem dänischen Gewährsmann, König Sven Estridson, meinte, er, der Fremde, habe die gesamte Geschichte der Slawen in Erinnerung behalten, als wäre sie aufgeschrieben worden[45].

In der ersten Hälfte des 10. Jahrhunderts erreichten die Ungarn nicht bloß die sorbischen Stämme, mit denen sie gemeinsam schweren Druck auf das sächsisch-thüringische Altsiedelland ausübten, sondern es folgten den magyarischen Reiterkriegern auch Böhmen bis nach Bremen[46]. Erst im Sommer 929 konnte Heinrich I. beginnen, den starken bayerischen Einfluss in Böhmen zugunsten der Sachsen zu ändern. Allerdings musste er zuvor die daleminzischen Sorben unterwerfen[47]. Damit war jedoch nur ein erster Erfolg errungen. Es bedurfte jahrzehntelanger Kämpfe, bis es Heinrichs Nachfolger Otto I. 950 gelang, das Böhmen Boleslavs I. soweit in die ostfränkisch-deutsche Herrschaft zu integrieren, dass die *duces* der Tschechen zu Lehensträgern des Reiches und zugleich Förderern der christlichen Mission wurden. Überdies hatten die Ungarn ihre Raubzüge schließlich auch auf die slawischen Verbündeten ausgedehnt, sodass Boleslav nicht bloß böhmische Krieger, sondern auch Sorben aufbot, als er Otto den Großen in der Ungarnschlacht auf dem Lechfeld am 10. August 955 unterstützte[48]. In seinem Todesjahr 973 empfing Otto I. auf dem Hoftag in Quedlinburg Mieszko I. von Polen und Boleslav II. von Böhmen. Dabei wurden Gespräche wegen der Errichtung einer eigenständigen Kirchenorganisation in Böhmen, das heißt in der přemyslidischen Hauptburg Prag, geführt[49]. Zu Jahresbeginn 976 weihte der Mainzer Erzbischof Willigis den Sachsen Thietmar zum ersten Bischof von Prag. Die Regensburger Kirche verlor zwar ihr herkömmliches Missionsgebiet, aber die Beziehungen Böhmens zum Reich wurden durch diese Entscheidung wesentlich verstärkt[50]. Auch scheinen die Přemysliden damals im mährischen Olmütz (Olomouc) ein zweites Bistum bekommen zu haben. Der Norden Mährens war anscheinend bis in die Gegend von Krakau (Kraków) böhmisch, während der Kern des einstigen Mährerreiches wohl von 1003 bis 1029 in polnischer Hand blieb[51]. Allerdings hat es weder an ungarischen noch babenbergischen Versuchen gefehlt, den Vorstoß von Bolesław Chrobry die March abwärts zur Donau 1015/17 aufzuhalten. Während dem Babenberger Markgraf Heinrich I. urkundlich abgesicherte Ansprüche nördlich der Donau verbrieft wurden, dürften sich die Ungarn in das Gebiet östlich der March zurückgezogen haben, sodass der Piast den Großteil des Landes in seine Gewalt brachte und die kriegerische Oberschicht für sich gewann[52].

Um der heidnischen Reaktion von 983 zu begegnen, setzte die Reichsregierung auf eine Koalition mit den Piasten; die Einbeziehung der ebenfalls christlichen Přemysliden gelang jedoch nicht, weil der polnisch-böhmische Gegensatz zu groß war[53]. Den Höhepunkt der Zusammenarbeit zwischen dem Reich und den Polen bildete die in Gnesen (Gniezno) glanzvoll inszenierte Begegnung Ottos III. mit Bolesław Chrobry im Jahre 1000, die zu einer gewaltigen Aufwertung des Piasten führte, und ihn, wenn schon nicht wie den ungarischen Stephan I. zum König, so doch zum königgleichen, über den deutschen Herzögen stehenden Herrscher, zu einem „Herrn", machte[54]. Die kirchenrechtliche Grundlage dieser Handlung bildete die Gründung des Erzbistums Gnesen (Gniezno) mit den Suffraganbistümern Kolberg (Kołbrzeg), Krakau (Kraków) und Breslau (Wrocław), mag vieles davon zunächst nur auf dem Pergament oder nicht einmal dort gestanden sein[55]. Welche kirchenrechtlichen Querelen im einzelnen – insbesondere hinsichtlich des übergangenen Bischofs Unger – auch noch zu bewältigen waren, dieser Akt bedeutete die Anerkennung der Sclavinia, insbesondere Polens, als eigene Kirchenprovinz, das heißt eine dem Rang nach über der Prager Lösung stehende Begründung der polnischen Kirche[56]. Zu den Vorbereitungen des Zuges nach Gnesen (Gniezno) dürfte auch die Absprache mit Papst Silvester II. und Ottos III. vornehmsten Beratern gehört haben, für die Dauer des Unternehmens einen eigenen Titel zu schaffen, der den Kaiser zum *servus Iesu Christi*, zum „Apostelgleichen", machen sollte. Die kaiserliche Politik musste freilich nicht voraussetzungslos agieren. Bereits Mieszko I. hatte 990/92 insofern eine eigene Kirchenorganisation vorbereitet, als er Gnesen, sein Herrschaftsgebiet und seine Familie dem Schutz des Papstes unterstellte[57]. Was freilich die ranghöhere Stellung Gnesens gegenüber Prag betrifft, blieb diese Theorie: Zum einen war für eben dieses Jahr 1000 das slawische Erzbistum ursprünglich wohl in Prag, in der *principalis urbs Sclavorum*, geplant gewesen[58]. Zum anderen waren das Moldau-Bistum und das mährische Olmütz – beide dem Namen nach Mainzer Suffraganbistümer – fest in die böhmisch-přemyslidische Kirchenherrschaft eingebunden[59].

Mit Gnesen (Gniezno) zog nur wenige Monate später Stephan I. (997–1038) auch formalrechtlich gleich, als er die Gründung des Erzbistums Gran (Esztergom) durch Kaiser und Papst erreichte. Bloß ein halbes Jahrzehnt war vergangen, seitdem der Arpade Vaik als Stephan die Taufe genommen und das ungarische Herrscherhaus eine Annäherung an den westlichen Nachbarn vollzogen hatte. Noch zu Lebzeiten seines Vaters Géza heiratete Stephan (der Heilige) Gisela, die Tochter Heinrichs des Zänkers und Schwester dessen gleichnamigen Sohnes, der soeben (994/95) Herzog geworden war. Da diese Verbindung im Einvernehmen mit dem ottonischen Königshof erfolgte und der Schwager Stephans der spätere Kaiser Heinrich II. wurde, waren die guten Beziehungen Ungarns zum Reich auf dauerhafte Grundlagen gestellt; Stephans Königtum bildete kein Problem für das Reich[60]. Mit der bayerischen Gisela kamen nicht nur vermehrt christliche Missionare, sondern auch ein stattliches Gefolge ins Land. Der Einfluss dieser „Gäste" reichte von militärischen Belangen – mit bayerischer Hilfe hatte Stephan nach dem Tod des Vaters die Herrschaft behauptet – bis zum Urkundenwesen und der Gesetzgebung. Mit der Anerkennung Ungarns als christliches Königreich erfolgte die gleichzeitige Einrichtung der ungarischen Kirchenprovinz in Gran, nachdem Stephan I. um 1000/01 zum ersten christlichen König der Ungarn gekrönt worden war[61].

Um die Jahrtausendwende waren in Mitteleuropa drei ethnische Identitäten auf Dauer entstanden, sodass man von Völkern sprechen und ihre Staatlichkeit als Reiche bezeichnen kann. Fraglos wurde aber zunächst nur das ungarische Königtum Stephans I. durch Kaiser und Papst anerkannt und damit nach innen und außen legitimiert. Die visionäre Politik Ottos III. dürfte zwar für Bolesław Chrobry den gleichen Status vorgesehen haben; tatsächlich blieb es höchstens bei einer „weltlichen" Königserhebung, das heißt, bei einer „halben" Rangerhöhung, die der Piast erst am Ende seines Lebens 1025 von sich aus vervollständigte[62]. Trotz des formalrechtlichen Unterschieds dürften beide Herrscher, der Arpade wie der Piast, eine Lanze als Herrschaftszeichen wie Zeichen der Anerkennung seitens Ottos III. erhalten haben[63]. Dieser scheint außerdem Stephan eine Krone übersandt zu haben; doch bleibt die Frage offen, ob dies mit oder ohne Zustimmung des Papstes Silvester II. geschah[64].

Nachdem Mieszko II. seinem toten Vater 1025 nachgefolgt war, wiederholte er auch dessen Königserhebung. Möglicherweise zur selben Zeit könnte es gewesen sein, dass ihm, dem Schwiegersohn des lothringischen Pfalzgrafen Ezzo, von Mathilde, der Schwester der Königin Gisela und Gemahlin des oberlothringischen Herzogs, eine liturgische Handschrift überreicht wurde. Das Widmungsbild zeigt einen thronenden, gekrönten Herrscher mit Zepter[65]. Und tatsächlich hat Konrad II., der Mieszko II. bis zu dessen politischem Ende mit dem Ziel der Auslieferung der polnischen Krönungsinsignien bekämpfte[66], der Ezzonin Richeza niemals die Anrede als Königin verweigert. Otto III. hatte für die lehensabhängigen böhmischen Přemysliden vielleicht eine vergleichbare Rangerhöhung vorgesehen; durchgeführt wurde sie jedenfalls nicht[67]. Die Přemysliden hatten das Gegenkönigtum des bayerischen Heinrichs des Zänkers unterstützt, was ihnen sogar die Besetzung der Mark Meißen erlaubte. Der Traum von Hein-

250 Herrscherbild Ottos III. Evangeliar Ottos III., Reichenau vor 1000. München, Bayerische Staatsbibliothek, Clm 4453, fol. 24r. – Kat. 22.01.01.

richs Königtum war aber bereits 985 ausgeträumt, und spätestens 987 mussten die Böhmen Meißen räumen[68]. Eine Folge war, dass der böhmische Fürst zum Lehensmann des mächtigen Meißner Markgrafen Ekkehard I. wurde. Druck von außen und Einschränkung der Eigenständigkeit des dominierenden Stammesfürsten und seiner Angehörigen setzen oft die Mechanismen der Spaltung und inneren Kämpfe in Gang. Auf diese Weise kam es auch zu den blutigen Auseinandersetzungen zwischen Přemysliden und Slavnikiden, in deren Verlauf die Familie Vojtěch-Adalberts fast zur Gänze ausgerottet wurde[69]. Im Gegenzug, wenn auch nicht in unmittelbarem Zusammenhang damit, ging das přemyslidische Prag zwischen 1003 und 1004 an Polen verloren. Erst als der Přemyslide Udalrich ganz auf die Karte König Heinrichs II. setzte, wurde er von diesem im Herbst 1012 mit Böhmen belehnt, wodurch eine gewisse Beruhigung des Landes eintrat[70]. Angesichts der deutlichen Bedrängnis des přemyslidischen Fürstentums um die Jahrtausendwende, seiner antiottonischen und antipiastischen Politik und nicht zuletzt wegen der innerböhmischen Auseinandersetzungen kann man verstehen, warum Otto III. im Jahre 1000 doch nicht das böhmische Fürstentum ins Spiel brachte. Für die weitere Ausbildung, ganz zu schweigen, für die Erhaltung der böhmisch-tschechischen Identität bedeutete dieser Rückschlag jedenfalls nichts.

Obwohl Böhmen für die großräumige Politik Ottos III. ausfiel, hatte sich der Kaiser anscheinend doch noch eine dritte Option geschaffen. Nach Gnesen (Gniezno) und ziemlich gleichzeitig mit der Anerkennung des ungarischen Königtums war Otto III. unter strengster Geheimhaltung zu Verhandlungen nach Venedig gegangen. Die Venezianer hatten eine erfolgreiche Flottenexpedition an die dalmatinische Küste unternommen. Nicht unmöglich, dass der Kaiser für Venedig in der oberen und mittleren Adria eine ähnliche königliche oder königgleiche Rolle am Südostrand des Reiches vorsah, wie er sie schon vorher für Polen und Ungarn in deren Einflusszonen bestimmt hatte. Wie sich freilich die Kroaten in dieses System einordnen sollten, bleibt völlig unbekannt. Auch über Byzanz, das nach Ottos III. Tod in Kroatien von Bari aus erfolgreich eingreifen konnte, verlautet nichts[71]. Die Frau des Dogen war aber seit 1009, und damit schließt sich der Kreis, die Schwester Stephans I., und der Doge hieß nicht zufällig Otto Orseolo, hatte sich doch sein Vater Petrus II. eines ausgesprochen guten Verhältnisses zu Otto III. erfreut[72]. Der frühe Tod des jungen Kaisers verhinderte jedenfalls die Verwirklichung derartiger Pläne, sollten sie bestanden haben. Bezeichnenderweise kühlten sich die Beziehungen zwischen dem Reich und Venedig unter Heinrich II. ab und verschlechterten sich dramatisch unter dessen Nachfolger Konrad II. Und der Gegensatz entzündete sich an der kirchenrechtlichen Frage, ob Venedig in Grado sein „eigenes" Patriarchat, seine Kirchenprovinz, behalten oder eine „Pfarre" des festländischen Aquileia werden solle[73].

So wichtig eine Kirchenprovinz auch gewesen sein mag, sie war kein unverzichtbares Kriterium für die Entstehung einer politischen Einheit. Zumindest ebenso wichtig war es für die „neuen" Völker, ob sie eine „Hauptstadt" besaßen oder nicht. Allerdings überragte die Bedeutung Prags die aller anderen vergleichbaren Mittelpunkte. „Und wiederum sehen wir in Mitteleuropa eine sehr unterschiedliche Entwicklung. Ein langes Schwanken zwischen Posen–Gnesen–Krakau (Poznań–Gniezno–Kraków) in Polen, während sich in Böhmen die Neugründung Prag sofort durchsetzte. Hier fiel sogar das kirchliche mit dem weltlichen Zentrum zusammen"[74]. Aber auch das ungarische Königtum besaß kein hervorgehobenes Zentrum, das mit Prag vergleichbar gewesen wäre. Allerdings ging noch Stephan I. daran, seinen königlichen Sitz Gran dem Erzbischof zu überlassen und auf dem verkehrsgünstiger gelegenen Hof Stuhlweißenburg (Székesfehérvár) eine Residenz zu errichten, die politische und sakrale Mitte des Königreichs sein sollte. In der hier vom heiligen König erbauten dreischiffigen Basilika fand er seine letzte Ruhe, und wurde sein Nachfolger Peter, der Sohn des Dogen, als erster einer langen Reihe ungarischer Könige gekrönt[75].

Eindeutig gemeinsam ist den drei „neuen" mitteleuropäischen Reichen, dass die Bischöfe stets von den Herrschern abhängig blieben und in Praxis wie Theorie deren Macht unterstützten. In allen drei Fällen ist das „skandinavische" Muster zu erkennen, wonach „sich der Widerstand gegen die Herrscher mit dem Kampf gegen das Christentum verband[76]. Zugleich entwickelte sich hier, wie wenig später ebenfalls in Skandinavien, sehr rasch die Vorstellung von einem Landesheiligen als ewigem Herrscher des Landes, eine Theorie, die für die Institutionalisierung mittelalterlicher Länder von großer Bedeutung war. Dies gilt in erster Linie für den přemyslidischen heiligen Wenzel in Böhmen, den mitteleuropäischen Märtyrerfürsten schlechthin. Die gleiche Rolle spielte der heilige Stephan in Ungarn, ohne das Martyrium erlitten zu haben, während der slavnikidische Märtyrer, der heilige Adalbert von Prag, dessen Gebeine in Gnesen (Gniezno) ruhen sollten, sein Patronat über Polen

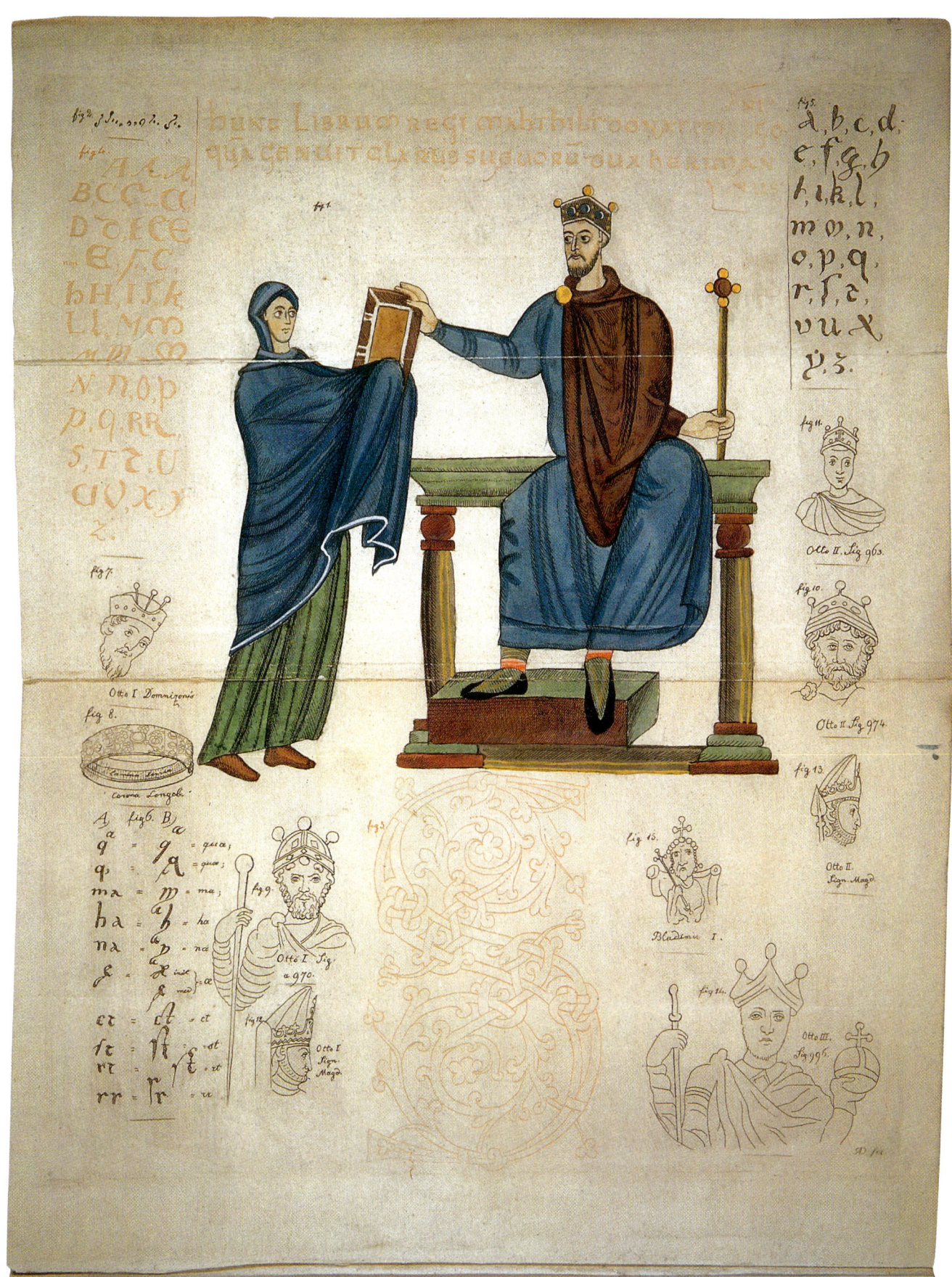

251 **Herzogin Mathilde von Schwaben überreicht König Mieszko II. eine Abschrift von Pseudo-Alkuins Liber de divinis officiis.** Widmungsbild aus dem *Liber de divinis officiis*, erstes Viertel 11. Jahrhundert. Düsseldorf, Universitätsbibliothek, Codex 91. Farbige Reproduktion des verschollenen Blattes 3 (nach A. Dethier).

schon deswegen schlecht ausüben konnte, weil seine Reliquien 1039 vom böhmischen Fürsten Břetislav „heimgeholt" wurden[77].

Zusammenfassung

Gegenüber einer außerordentlichen Polyethnie mit multizentralen, segmentären Strukturen setzten sich während des 10. und beginnenden 11. Jahrhunderts in Polen, Böhmen und Ungarn dynastische Herrscher durch, die – unbeschadet des Umfangs und der Dauer lehenrechtlicher Bindungen an das Imperium – Monarchien im Sinne von „Einherrschaften" errichteten und damit eine Christianisierung ihrer Völker von oben nach unten verbanden. Eine derartige Politik wurde nicht zuletzt deshalb möglich, weil die Zentralisierung der Herrschaft auf wesentlich verbesserten wirtschaftlichen Grundlagen erfolgte, von denen die monarchischen Fürsten in bisher nicht gekanntem Umfang profitierten. Dies erlaubte ihnen die Bildung eines militärisch wirkungsvollen „Erfüllungsstabes", in den nicht zuletzt „Fremde", *hospites*, aufgenommen wurden[78]. Zahlreich sind die sächsischen „Überläufer" im polnischen Heer, während die bayerischen Fremden einmal sogar das Königtum Stephans I. retteten. Die Zentralisierung der Herrschaft ließ zwar nicht überall Hauptstädte im Sinne von Prag entstehen, förderte jedoch die Herausbildung von Orten der Identifikation im politischen wie sakralen Bereich. Dabei entfaltete sich der Kult eines Landesheiligen, des ewigen Herrschers des Landes. Die Identifikation mit dem Land, die praktische wie die theoretische Territorialisierung, war wichtiger als sprachliche Gemeinsamkeiten, wie dies im Falle von Polen und Tschechen besonders deutlich wird. Bewirkte die Territorialisierung im Deutschen Reich schließlich dessen Aufspaltung, verband sich der gleiche Prozess in Polen, Böhmen und Ungarn mit der Ausbildung „neuer" Völker, ja mit deren dauerhafter staatlicher und nationaler Existenz. Geraume Zeit sollte es allerdings noch dauern, bis der transpersonale Kronen-Begriff dies abzusichern begann, bevor man in Böhmen und Polen, wesentlich früher schon in Ungarn, in den Kategorien einer *corona regni* zu denken und zu handeln begann[79].

Anmerkungen

1 Graus (1980) 5 ff. – Guggisberg (1992) 9 ff.
2 S. zuletzt: Görich (1997) 95 f. bes. mit Anm. 4.
3 Graus (1980) 45.
4 Vgl. Thietmar VIII 18, der vom Babenberger Heinrich sagt, *qui marcam inter Ungarios et Bawarios positam tenuit*.
5 Wolfram (1995b) 175–185, bes. 181f. – Hardt (im Druck).
6 Lübke (1993) col. 302f. – Schulze (1983) col. 1102–1103.
7 Vgl. Brunner (1973) 201f. (Zitat). – Wolfram (1995b) 191f. Anm. 4.
8 Schulze (1994) 229.
9 Adam, Gesta II 22 (19) Schol. 19 (20). Nach Beda, Historia ecclesiastica I 1.
10 Wolfram (1995a) 323 mit Anm. 239. Nach Bonifatius, Epistolae n. 45 u. 58; S. 72 u. 108 oder 130 u. 172. – Ewig (1979) 327f.
11 Adam, Gesta I 1 u. II 21 (18). Vgl. Paulus Diaconus, Historia Langobardorum I 1 u. 7–9. Zum Slawenland als Teil Germaniens s. auch Graus (1980) 164. Nach Vita prior s. Adalberti c. 1, eine Quelle, die ebenfalls aus dem 11. Jahrhundert stammt.
12 Adam, Gesta I 27 (29).
13 Die scheinbaren Tacitus-Zitate (vgl. Germania cc. 4, 9f. u. 11) bei Adam, Gesta I 6f., stammen aus der Translatio s. Alexandri cc 1f., vgl. Wattenbach/Levison/Löwe (1990) 711ff.
14 Wenskus (1967) 255ff. – Wolfram (1990c) 30.
15 Adam, Gesta IV 21; vgl. IV 35 (34) Schol. 150f. (Herkunft Adams). Zur „etymologischen Methode" s. Wolfram (1990c) bes. 39ff.
16 S. bes. Ludat (1995) 3ff. sowie die Genealogischen Tafeln in der Rückentasche vgl. Graus (1980) 54 (Böhmen) u. 73ff. Zu Geiselstellung s. Ch. Lübke, Regesten 4, Nr. 633; zu Verlobungen und deren Lösungen ebd. Nr. 623 u. 631.
17 Ludat (1995) 175f., Anm. 514. Bes. nach Adam, Gesta II 35 Schol 24 u. II 52 Schol. 37.
18 Ludat ebd. 87ff. Vgl. Lübke, Regesten 3 Nr. 337, 461 u. 463–465. – Görich (1997) 125 u. 159.
19 Wolfram (1990d) 183ff.
20 Ders. (1997) 279ff. – Ders. (1995a) 301ff.
21 Pohl (1988) bes. 43ff., 94ff., 225ff., 237ff., u. 312ff. – Wolfram (1995b) 39ff. – Ders. (1995a) 306ff.
22 Vgl. Schramm/Mütherich (1981) 203ff. n. 106 mit nn. 109f.
23 Vgl. Graus (1965) 63. – Zu den innerböhmischen Voraussetzungen s. ebendort 52f.
24 Allerdings warnt Pohl (1991) 12f. zurecht davor, die Entstehung dieser „neuen" Völker von früheren Ethnogenesen grundsätzlich zu unterscheiden. Die den Übergang von frühmittelalterlicher Gens zum – in den Quellen ebenfalls *gens* genannten – mittelalterlichen Volk erfassende definitorische Arbeit ist noch zu leisten: s. Wolfram (1998a) 609 mit Anm. 7 und Graus (1980) 11–16; 17ff. Nicht zu vergessen, dass auch diese „neuen" Völker noch weitgehend offene Systeme waren: Die Pommeranen vor 1000 waren noch keine Polen. Graus (1980) 67f. Vgl. s. v. Pommern 259. Die von den Ungarn unterworfenen Slawen wurden „tóth" genannt, ein Wort, das sich vom germanischen Wort für Volk herleitet und dasselbe wie *theotisci* meint: vgl. Györffy (1998) bes. 118ff.
25 Graus (1980) 51ff. (Böhmen), 64ff. (Polen) und 73ff. (Elbslawen). Prinz (1984) 49ff. u. Györffy (1998) 19–31. Beide ausgezeichneten Darstellungen haben den Nachteil, dass sie auf Anmerkungen verzichten. Zur Frage der „böhmischen Stämme", insbesondere der Slavnikiden in Böhmen s. Graus (1980) 192ff. u. 204ff. Der Autor scheint sich gegen die, allerdings unausgesprochene, Ansicht zu wehren, die so genannten böhmischen Stämme seien keine Tschechen gewesen. Das ist hier aber nicht das Problem; vielmehr werden, wie in der *Descriptio civitatum (Geographus Bavarus)*, benennbare Gruppierungen höchst unterschiedlicher ethnischer, sozialer sowie rechtlicher Struktur genannt, wobei verifizierbare Angaben neben bloßen Namen stehen: s. E. Herrmann, Slawisch-germanische Beziehungen im südostdeutschen Raum von der Spätantike bis zum Ungarnsturm. Ein Quellenbuch mit Erläuterungen. Veröff. Collegium Carolinum 17 (München 1967) 212–221, und Graus (1990) 191f. Die „Zersplitterung" der Slawen

beschreibt um 973 auch Ibrāhīm ibn Jakūb. s. Jacob (1927) 4 u. 15f.
26 Vgl. Annales Fuldenses a. 845.
27 Vgl. Graus (1990) 7; 39; 45; 142 Anm. 25. – Wolfram (1995a) 315ff. – Ders. (1995b) 87ff.; 168ff.
28 Graus (1980) 41ff. – Wolfram (1998a) 608ff. bes. 615 u. 623.
29 Graus (1980) bes. 82ff.
30 Lübke, Regesten 2 n. 122. – Graus (1980) 65.
31 Wenskus (1967) 365ff.
32 Lübke, Regesten 2 n. 139. – Jacob (1927) 11–15.
33 Wolfram (1990d) 298ff. – Vgl. dazu im folgenden Wenskus (1967) 265 Anm 796.
34 Lübke, Regesten 2 n. 7.
35 Thietmar IV 55 (35). – Lübke, Regesten 2 n. 125, wo auch die „richtige" Etymologie des Namens Dobrawa diskutiert wird.
36 Adam, Gesta II 43 (41) Schol. 32 (33) (Zitat). Zu Géza und Sarlot s. Avenarius (1999) 129 mit Anm. 433, sowie Thietmar, Chronicon VIII 4 (3). – Vgl. Geary (1998) 447f.
37 Lübke, Regesten 3 nn. 220–226. – Adam, Gesta II 42 (40)ff.
38 Lübke, Regesten 4 n. 537. – Thietmar VIII 5 (4) (Zitat). – Adam, Gesta II 43 Schol. 30; vgl. II 48.
39 Graus (1980) 79 mit Anm. 293–297.
40 Graus (1980) 76–79. S. bes. Thietmar III 17 (10) (Abfall der Lutitzen damit begründet). Adam, Gesta II 42 (40); 48 (46); 71 u. III 22 (21) f. Selbst ein getaufter slawischer Vornehmer ist in den Augen eines sächsischen Markgrafen bloß ein Hund: s. Adam, Gesta II 42 (42) f. Schol. 27.
41 Adam, Gesta II 53 (52) stellt diesbezüglich einen kausalen Zusammenhang für Skandinavien fest.
42 Lübke, Regesten 4 n. 525a. – Thietmar VII 64; vgl. VI 25, sowie Adam, Gesta III 20 Schol. 71.
43 s. etwa Adam, Gesta III 20 (19) und auch die „zwei Mönche aus den böhmischen Wäldern", die im politisch-religiösen Zentrum Rethra der Lutitzen zu predigen versuchten, werden dies in slawischer Sprache getan haben: s. ebendort Schol. 71.
44 Graus (1980) bes. 15 u. 83, s. auch 260 s. v. – Györffy (1998) 5ff.; 192ff.
45 Adam, Gesta II 43 (41).
46 Lübke, Regesten 2, nn. 5f.; 14.
47 Ebd. nn. 27–29.
48 Ebd. nn. 48; 80; 85; 98.
49 Lübke, Regesten 2, n. 163. – Thietmar II 31. – Annales Athanenses a. 973. – Vgl. Györffry (1998) 82ff.
50 Lübke (Anm. 16) 2 n. 186.
51 Györffy (1998) 83. – Graus (1980) 49; Anm. 71–75; 192. – Zu D. H. IV. 390: Lübke, Regesten 2, n. 139. (König von Prag, Böhmen und Krakau). Ebd. 4, n. 589.
52 Thietmar VII 19. – Lübke; Regesten 4, n. 496, zu 1015 nach August 3: Niederlage der Polen. Im Sommer 1017 nahmen mährische Gefolgsleute von Bolesław Chrobry dafür Rache an den Bayern, eine Auseinandersetzung, die den deutsch-polnischen Feldzug von 1017 eröffnete: s. Thietmar, VII 57. Vgl. Lübke, Regesten 4, n. 520, wo jedoch auf diesen Nebenkriegsschauplatz nicht eingegangen wird. Das gleiche gilt für Thietmar VII 61, wonach ebenfalls mährische Gefolgsleute des Piasten in Böhmen eindrangen, jedoch von einem Markgrafen Heinrich abgefangen, in die Flucht getrieben und ihrer Beute an Menschen und Gütern erleichtert wurden. Diese Auseinandersetzungen sind wohl mit ebendort VIII 4 zu verbinden, wo – sehr allgemein – ungarisch-polnische Grenzkämpfe erwähnt werden, in deren Verlauf ein Mutterbruder König Stephans die Seiten gewechselt hatte, dennoch vom Ungarnkönig hochherzig behandelt wurde. Die geschilderten Auseinandersetzungen können nur an der March stattgefunden haben, weshalb der ebendort VII 61 zu 1017 erwähnte Markgraf Heinrich wohl der Babenberger gewesen ist. Diese Überlegung stützt ebendort VII 63, wonach der gleichnamige Markgraf Heinrich von Schweinfurt bereits am 18. September 1017 nach langem Siechtum verstarb. Zu den Vorgängen aus ungarischer Sicht s. Györffy (1998) 166ff. – Lechner (1995) 60 Anm. 4, vgl. 318 Anm. 4, berichtet über diese Vorgänge nur aus der Literatur und kennt die Thietmar-Stelle nicht. – Vgl. D. H. II. 22 (babenbergische Ansprüche nördlich der Donau).
53 Vgl. Graus (1980) bes. 55. – Görich (1997) bes. 101ff.
54 Görich (1997) 95 (Zitat); 98f.; 148ff. – Fried (1989a) 56ff. u. bes. 123–125. – S. auch Lübke, Regesten 3, n. 337.
55 Fried (1989a) 81–117ff. – Vgl. Györffy (1969) 97 Anm. 75.
56 Lübke, Regesten 3, nn. 338f. – Fried (1989a) 81ff. u. 144ff.
57 Wolfram (1973) 156ff. – Lübke, Regesten 3, n. 255a.
58 Fried (1989a) 87ff.
59 Graus (1980) 49f.; 57ff.; 192f.
60 Fried (1989a) 67.
61 Györffy (1998) bes. 123ff. – Ders. (1969) 101ff. – Bak (1996) col. 112–114. – Weinfurter (1999) 90 Anm. 95. – Zum Tauftag Stephans s. Ademar von Chabanes, Historiae (Chronicon) III 31. – Vgl. Wenskus (1967) 365ff. („Gäste"); A. Adamskova, The introduction of writing in Central Europe (Poland – Hungary – Boehmia). New approaches to medieval communication. In: M. Mostert, Utrecht studies in medieval litteracy (Turnhout 1999) 165–189.
62 Wipo c. 9. – Lübke, Regesten 4, nn. 575f. – Fried (1989a) bes. 65ff.
63 Fried (1989a) 126ff.
64 Deér (1966) 195ff. – Bes. nach Thietmar IV 59 (38).
65 Kürbis (1989), 318–338. – Nach Schulze (1994) 340 Abb. 3. – Zur Ehe Miezkos II. mit der Ezzonin Richeza, der Enkelin Ottos II. s. Ludat (1995) 207 s. v. – Lübke; Regesten 3, n. 465.
66 Lübke, Regesten 4, n. 600. – Wipo c. 29.
67 Fried (1989a) 18; Anm. 25; 87ff.
68 Lübke, Regesten 3, nn. 227–232; 245.
69 Graus (1980) 204ff.
70 Lübke, Regesten 3, nn. 251–255; 301; 313f. (vgl. 323a); 329; 358f.; 364f.; 387; 455.
71 Fried (1994) 598. – Ders. (1989a) 18 Anm. 24; 63 Anm. 36. – Althoff (1996) 155ff. – Rösch (1982) 14ff. – Vgl. Wolfram (1992) 164 (Byzantinischer Angriff auf Kroatien).
72 Dandolo, Chronica IX. – Vgl. Rösch (1993) col. 1476f.
73 Bresslau (1879/84) 150ff. zu Grado als „Pfarre" von Aquileia s. D. Ko. II. 205. – Vgl. Zimmermann (1985) n. 561; 2 1058f. – Kehr (1927) 88ff.
74 Graus (1965) 53ff.
75 Györffy (1998) 179ff; 202.
76 Graus (1965) 55f.
77 Graus (1965) 57ff. – Ders. (1980) 66f.; 205ff.; bes. 208–213.
78 Wenskus (1967) 365ff.
79 Karpat (1961) 232ff.; 237ff.; 239ff.; 257ff.

Die Formierung der Mitte Europas

Böhmen

Herrschaftszentren
und Herrschaftsorganisation

Die Christianisierung Böhmens

Die Přemysliden und Böhmen

Die Tschechen

DUŠAN TŘEŠTÍK

Böhmen – das alte *Boiohaemum* – liegt am Ostrand des mitteleuropäischen Berglandes, dem großen Eichenwald der Kelten und dann der Germanen; Mähren jedoch bildet geographisch den Westrand des Karpatenbeckens. Auf mährisches Gebiet erstrecken sich mit der Pausramer Steppe am Fuße der Pollauer Berge, die mit tatarischem Federgras bewachsen ist, auch die letzten europäischen Ausläufer der euroasiatischen Steppenzone, die den asiatischen Nomaden traditionell als Einfallsweg nach Europa diente. Von der großen, ehemals gletscherbedeckten europäischen Tiefebene werden die beiden böhmischen Länder durch zwei Gebirgsketten getrennt, die jedoch keine Kulturgrenze bilden. Bereits in der germanischen und insbesondere in der slawischen Zeit verlief diese Grenze weiter nördlich. Kleinpolen, Schlesien und das Land der Sorben zwischen Saale und Elbe gehörten zur gleichen Kulturzone wie die böhmischen Länder.

Die wesentlichen geographischen und schließlich auch politischen Unterschiede zwischen Böhmen und Mähren sind für das Gefüge des Staates, der hier von den Přemysliden geschaffen wurde und der die Geschichte der beiden Länder bis heute prägt, vielleicht am wichtigsten. Das von einem Gebirgskranz umschlossene Böhmen war und ist bis heute zentralistisch, eng auf Prag bezogen, während das gegen Süden und Osten offene Mähren bis zum 9. Jahrhundert kein solches Zentrum besaß und noch bis heute nicht besitzt. Es wurde zwar von den Přemysliden erobert, wurde jedoch nicht zur bloßen Provinz. Die Lösung, die Břetislav I. im Jahre 1055 für Mähren im „unstandardmäßigen" System der so genannten Teilfürstentümer fand, deren Herrschern gleichzeitig das Anrecht auf den Prager Thron garantiert wurde, war auf ihre Weise einmalig und auch effizient, denn es hinderte Mähren einerseits daran, sich abtrennen zu wollen, andererseits bot es ihm ein vernünftiges Maß an Eigenständigkeit. Trotzdem dominierte der Prager Zentralismus rechtlich und verfassungsmäßig, die böhmischen Länder waren und sind bis heute kein heterogenes Gebilde, sondern ein wirkungsvoll verknüpftes Ganzes.

Nach einigen Geographen liegt die geometrische Mitte Mitteleuropas irgendwo in der ungarischen Pußta. In der Römerzeit und eigentlich bis zum Ende des 9. Jahrhunderts befand sich die anthropogeographische Mitte, das heißt die Mitte des tatsächlich mit Leben erfüllten Landes, in der Gegend von Carnuntum am Preßburger Tor. Das 10. Jahrhundert brachte hier eine grundsätzliche Änderung, die eigentlich bis heute nachwirkt. Die politische und die eigentliche anthropogeographische Mitte Mitteleuropas verschob sich in das Dreieck zwischen Magdeburg, Posen (Poznań) und Prag. Für die böhmischen Länder bedeutete dies die Verlagerung des Schwerpunktes aus dem südlichen Mähren nach Böhmen, nach Prag.

Für die Tschechen ist die Ankunft der Slawen in diesem Gebiet im 6. Jahrhundert ein traditioneller Meilenstein, von dem ab sie mit ihren „Großerzählungen" über die eigene Geschichte beginnen. In Wirklichkeit war diese Ankunft jedoch kein Umbruch, sie war – aus mitteleuropäischer Sicht – nur die letzte Phase der Völkerwanderung. Die neu angekommenen Slawen formierten sich fast gleichzeitig mit den hiesigen Germanen, Langobarden oder Bayern zu Ethnien; der ganze Raum zwischen Rhein und Theiß oder Bug bekam erst damals seine mittelalterliche Gestalt. Im Verlauf des 6. Jahrhunderts wurde er zu einem machtpolitisch schwach strukturierten Raum zwischen dem Merowingerreich und dem Awarenkhanat. Er war offen und wartete erst auf seine geschichtliche Chance.

Die Slawen waren hier nicht nur Neuankömmlinge, sie waren auch eine ganz neue Ethnie, die sich aus irgendwelchen nicht allzu klaren Gründen schnell und unvermittelt im 4./5. Jahrhundert irgendwo am Waldsteppenrand im Umkreis der Černjachov-Kultur in der Ukraine herausgebildet hatte. In den ersten Jahrzehnten des 6. Jahrhunderts setzten sie sich plötzlich und aus unklaren Gründen in Bewegung. Sie überschritten an der unteren Donau die Grenze des byzantinischen Reiches und weitere Menschenmassen brachen nördlich der Karpaten nach Westen auf. Über Kleinpolen drang der erste Strom der slawischen Siedler bereits irgendwann zwischen den Jahren 510 bis 530 in die böhmischen Länder ein, wie die Keramik des Prager Typs, heute Typ Prag-Korčak genannt, belegt. Die slawischen Siedler zogen durch die Mährische Pforte und stießen in Südmähren auf die Langobarden, deshalb wichen sie einerseits in die Westslowakei, andererseits nach Böhmen und durch dieses weiter in die Länder zwischen Saale und Elbe aus. Die slawische Landnahme war zweifellos die militärisch organisierte Einwanderung eines ganzen Volkes, sie war sicher nicht das allmähliche „Einsickern" von Bauerngruppen von einem kleinen, im Wald gerodeten Feld aus zu einem weiteren kleinen, in einem immer westlicher gelegenen Wald gerodeten Feld.

Die Ansiedlung dieser Menschen im Böhmischen Becken führte aber noch nicht zur Entstehung des „Stammes" der Tschechen. Diese war das Ergebnis komplizierter Prozesse, welche sich erst an der Wende vom 6. zum 7. Jahrhundert abspielten. Nach Böhmen kamen damals aus dem awarischen Pannonien eine zweite und weitere Wellen slawischer Siedler und gleichzeitig, um das Jahr 626, brach ein von dem fränkischen Kaufmann Samo angeführter Aufstand dieser Slawen gegen die Awaren aus. Die Notwendigkeit, sich gegen die Awaren zu verteidigen und gleichzeitig die Beziehungen zwischen den Einwanderern und den älteren Siedlern zu ordnen, führte zur Entstehung eines Stammes, der höchstwahrscheinlich gerade damals den altertümlichen und deshalb etymologisch unklaren Namen der „Tschechen" annahm. Das Übereinkommen zwischen den älteren Siedlern und den neu hinzugekommenen, ethnisch sicher heterogenen Slawengruppen spiegelt die böhmische Wandersage wieder, welche von einer gemeinsamen Landnahme zu gleichen Teilen und mit gleichen Rechten in der Landesmitte, am heiligen Berg Říp, durch sieben Brüder, das heißt eigentlich durch „alle", erzählt.

Die Einwanderer prosperierten, vermehrten sich, rodeten die Wälder und besiedelten immer größere Landstriche. Den gleichen Weg des wirtschaftlichen Fortschritts beschritt damals fast das ganze transalpine Europa. Es kam nämlich zu einer grundsätzlichen Wende in der Art der gesamten Lebenssicherung, nicht nur in der größtenteils auf den neuen fruchtbaren Böden betriebenen Landwirtschaft, es kam zu einem allgemeinen Übergang von intensiven zu extensiven Wirtschaftsformen, welche ein noch nie dagewesenes Wachstum der Arbeitsproduktivität und somit auch der Pro-Kopf-Produktion brachten. Dies ermöglichte ein schnelles Anwachsen der Bevölkerung und führte verständlicherweise auch zu Änderungen in den einzelnen Gesellschaften, welche wuchsen und gleichzeitig reich wurden.

Reich wurde vor allem die einheimische slawische Aristokratie. Im 8. Jahrhundert stand sie unter dem kulturellen und offensichtlich auch sozialen Einfluss des Awarenkhanats im Karpatenbecken, in den letzten Jahrzehnten des Jahrhunderts aber kam es zu einer Veränderung. Das Awarenreich war durch innere Kämpfe zerrissen und gleichzeitig eröffnete Karl der Große eine massive Offensive nach Osten, zuerst nach Sachsen, dann nahm er Bayern ein und griff die Awaren an. Eine gewisse Vorbereitung für diese Awarenkriege war auch der Versuch, in den Jahren 805 und 806 Böhmen zu unterwerfen, er endete mit einer losen Tributpflicht der Böhmen dem Reich gegenüber.

In den Kämpfen im Jahre 805 fiel der Fürst der Tschechen, Lech mit Namen, und es wurde offenbar kein Nachfolger gewählt. Den Stamm der Tschechen repräsentierten dann bis zum Jahre 911 viele seiner Fürsten, sie herrschten aber nicht über ihn. Ihre Stellung war an der Wende vom 8. zum 9. Jahrhundert bereits so gefestigt, dass sie keine zentrale Herrschaft wünschten. Die Fürsten begannen damals, eigene, im erblichen Familienbesitz befindliche Burgen zu bauen, auf denen sie sich ihre Gefolgschaft hielten. Sie heirateten untereinander, nicht nur innerhalb des Stammes, sondern auch weit über dessen Grenzen hinaus. Überall bei den Slawen entstand so eine, ganz Mitteleuropa umfassende, durch verwandtschaftliche und politische Bande miteinander verknüpfte Schicht reicher und mächtiger „duces", die in bisher nie da gewesener Weise mobil und offen war. Das Vorbild des „hohen" Lebensstils war für sie nicht mehr das Awarenreich, sondern das Reich Karls des Großen, dieses „korol", dessen Namen sie dann für den Titel des fränkischen Herrschers – „král" – allgemein benutzten.

Die Beziehungen zu der fränkischen gräflichen Aristokratie waren im breiten Grenzland zwischen der Nordsee und der Adria, besonders aber auf dem bayerischen Grenzabschnitt, sehr lebhaft und eigentlich alltäglich. Die slawischen Fürsten erlebten einen wahren Kulturschock, sie wurden reich und ihre Macht wuchs, doch konnten sie sich noch nicht so richtig mit ihren fränkischen Nachbarn messen. Das Haupthindernis dabei war das als die Lebensordnung des Stammes der „Deutschen" („Němci" – die Stummen) beziehungsweise der Bayern verstandene Christentum. Für die Fürsten persönlich wäre es kein grundsätzliches Problem gewesen, in das Becken für die Taufe *per immersionem* zu steigen und dadurch die verlockende Lebensordnung der fränkischen „Kreuzanbeter" anzunehmen, ihre *„gens"* konnte es aber nicht tun. Für den Stamm kam seine „Religion" seiner „Verfassung", seinem Recht und seiner ganzen demokratischen Lebensordnung gleich. Diese aufzugeben hätte die Preisgabe der Wurzeln seines Wesens selbst bedeutet. In Mähren zerschlugen die Fürsten unter der Führung des Mojmiriden-Geschlechtes um das Jahr 830 die Stammesordnung und errichteten einen Staat nach fränkischem Muster, wobei sie im Namen des Stammes das Christentum annahmen. Dazu fanden die böhmischen Fürsten jedoch nicht den Mut.

Im Jahre 845, als die Offensive Ludwigs des Deutschen gegen die Slawen vorbereitet wurde, die die Herrschaft des Reiches über sie festigen sollte, versuchte die böhmische Stammesversammlung dem Angriff dadurch zuvorzukommen, dass sie 14 von den böhmischen Fürsten zu Ludwig nach Regensburg entsandte, damit sie sich dort taufen ließen, allerdings nur als einzelne Personen, nicht im Namen des Stammes. Sollten jedoch die Tschechen damit gerechnet haben, dass Ludwig keine Christen angreifen würde, wurden sie gleich darauf bitter enttäuscht, denn Ludwig griff im Jahre 846 die christlichen Mährer an. Die Tschechen reagierten sofort, ihre Fürsten gaben die Versuche mit dem Christentum auf und der Stamm stellte sich dem Reich offen entgegen. In dieser Feindschaft verblieben die Tschechen bis zum Ende des 9. Jahrhunderts. Sie fanden Unterstützung in Mähren, bei Rostislav und besonders bei Svatopluk. Sie unterstützten Svatopluk ihrerseits mit Truppen und anderweitigen Opfern. Svatopluk aber bedankte sich bei ihnen damit, dass er sie im Jahre 883 mit seinem Heer angriff und Böhmen seinem Reich einverleibte.

Er beließ die Herrschaft in den Händen der böhmischen Fürsten, stellte aber Bořivoj an die Spitze der mittelböhmischen Fürsten und ließ diesen von seinem Bischof Method taufen. Da Svatopluk zweifellos auch der Taufpate war, band er Bořivoj damit auch verwandtschaftlich an sich. Der Bevölkerung in Bořivojs Fürstentum missfiel dies allerdings, sie vertrieb ihren Fürsten nach Mähren und berief an seiner Stelle einen gewissen Strojmír aus der Verbannung zurück. Bořivoj kehrte jedoch mit mährischer Hilfe auf den Thron zurück, der seit alters her auf dem Versammlungsplatz auf dem hohen Prager Felssporn oberhalb der Moldau stand. Er erbaute hier gleich nach seiner Rückkehr eine Marienkirche und übergab somit den geheiligsten Platz seines Fürstentums in die Hände des christlichen Gottes. Er wollte seine Bekehrung folglich nicht als eine persönliche Angelegenheit verstanden wissen, sondern er stellte sich ganz bewusst gegen die alte Stammesordnung, indem er die gesamte „Lebensordnung" der Christen, also vor allem die des christlich geprägten Staates übernahm. Ob bereits er oder erst sein Sohn Spytihněv auf dem alten Versammlungsplatz eine Burg erbauen ließ und damit durch den alten Ort der Herrschaftsübernahme über das Fürstentum auch symbolisch in ihre Mauern einschloss, ist bisher nicht klar.

Die mährische Herrschaft belastete die Tschechen mit Tributen und Kriegspflichten, sie nutzten daher Svatopluks Tod im Jahre 894, um sie abzuschütteln. Sie wandten sich 895 mit der Bitte um Unterstützung an König Arnulf nach Regensburg. Dieses Bündnis mit Bayern blieb dann während des gesamten 10. Jahrhunderts bestehen. An der Spitze der nach Regensburg zu Arnulf reisenden Gesandtschaft standen zwei Fürsten, ein gewisser Vitislav und Spytihněv, Bořivojs Sohn und Nachfolger. Den Přemysliden hatte ihre Zusammenarbeit mit den Mährern offensichtlich nicht geschadet, sie behielten ihre Vorrangstellung unter den böhmischen Fürsten. Spytihněv bekannte sich auch zu Mähren, zwar nicht im politischen, doch im ideologischen Sinne. Er vollzog einen „Umbau" seines Fürstentums zu einem kleinen Staat nach mährischem Vorbild, der von neuerbauten und planmäßig über das Fürstentum verstreuten Verwaltungsburgen aus verwaltet wurde. Auf jeder dieser Burgen stand auch eine Kirche. Spytihněv baute also gezielt seine kleine Landeskirche auf, die mit der weltlichen Macht natürlich eng verbunden war. Böhmen – eigentlich nur das mittelböhmische Fürstentum der Přemysliden, da die übrigen Fürstentümer heidnisch blieben – wurde im Jahre 895 dem Regensburger Bistum zugeordnet. Bischof Tuto errichtete in Prag sein Archipresbyterat, das vor allem mit Mönchen aus dem bischöflichen St. Emmeramskloster besetzt und von einem Priester namens Paul geleitet wurde. Als dann im Jahre 906 Großmähren fiel, fanden auch einige in der lateinischen und in der slawischen Schrift ausgebildete Priester aus Mähren Zuflucht in Prag. Die přemyslidische „Landeskirche" blühte daraufhin deutlich auf.

Vermutlich unter der Herrschaft von Spytihněvs Bruder Vratislav (915–921) kam es infolge des Magyareneinfalls in das Karpatenbecken und durch die Veränderungen im Mittelmeerhandel zu einer Verschiebung des transeuropäischen jüdisch-arabischen Handelsweges in den Norden der Karpaten. Er führte nun von Mainz und Regensburg über Prag, Kleinpolen mit Krakau (Kraków) nach Kiew und das Chazarenreich. Gleichzeitig oder nur wenig später wurde die Handelsverbindung mit den Ostseehäfen erschlossen, insbesondere mit Wollin an der Oder-Mündung. Für die Prager Přemysliden bedeutete dies beträchtliche Einnahmen an Bargeld, das sie vor allem in den Aufbau ihres Heeres investieren konnten. Ihre Macht wuchs, nach und nach unterwarfen sie die übrigen Fürsten im Böhmischen Becken und banden sie durch „Freundschaftsbündnisse" an sich. Bereits irgendwann unter Spytihněv wurden sie zu den mächtigsten Fürsten in Böhmen. Vratislav festigte die Stellung, auch dank der Einnahmen aus dem Handel.

Sie unterhielten gute Beziehungen zu den Magyaren, politisch waren sie aber hauptsächlich nach Bayern orientiert, insbesondere nachdem die sächsischen Liudolfinger nach 897 die Saale-Sorben zerschlagen und auch die Heveller angegriffen hatten. Spytihněvs und Vratislavs Mutter Ludmilla war Sorbin und Vratislavs Ehefrau Drahomir (Drahomíra) stammte aus dem Fürstengeschlecht der Heveller; die Přemysliden hatten also allen Grund, die Sachsen zu fürchten und sich an die Bayern zu halten. Daher war es ein schwerer Schock für sie, als Heinrich I. im Jahre 921 eine Vereinbarung mit dem bayerischen Arnulf schloss. Vratislav verstarb gerade um diese Zeit, am 13. Februar 921. Da seine Söhne noch halbwüchsig waren, beschloss die Versammlung des Fürstentums, dass der ältere, Wenzel (Václav), Fürst werden sollte, seine Mutter Drahomir würde für ihn regieren, bis er erwachsen wäre. Beide Jungen, Wenzel und Boleslav, vertraute die Versammlung jedoch gleichzeitig der Erziehung ihrer Großmutter Ludmilla an. Dies musste notwendigerweise zu einem Konflikt zwischen den beiden ehrgeizigen Frauen führen, in dem es vor allem um die Haltung gegenüber der überraschenden Wende Arnulfs ging. Ludmilla wollte Heinrich I. anerkennen, Drahomir lehnte dies ab und ließ Ludmilla schließlich am 15. September 921 ermorden. Sie kündigte Arnulf den Gehorsam auf und vertrieb die bayerischen Priester aus dem Land. An dieser Haltung änderte sich nicht viel, auch als nach 925 Wenzel die Herrschaft übernahm. Erst als Heinrich I. sich im Jahre 929 durch ein planmäßiges Vorgehen die „Freundschaft" der Herzöge aller anderen Herzogtümer gesichert hatte, kam auch Böhmen an die Reihe. Durch ein gemeinsames militärisches Eingreifen Heinrichs und Arnulfs wurde Wenzel gezwungen, sich zu unterwerfen und sich so den übrigen Fürsten der „deutschen" Herzogtümer anzuschließen. Diese Vereinbarungen wurden durch die Schenkung der Schulter des heiligen Veit für Wenzels neue Kirche und durch Wenzels Tributverpflichtung besiegelt.

Somit eröffnete sich die Möglichkeit, Böhmen zu einem Bestandteil des Königreichs Heinrichs I. zu machen und so dem späteren Ottonenreich auf einer ähnlichen Ebene wie die übrigen Herzogtümer anzugliedern. Dies erweckte jedoch den Widerstand der „böhmischen Mannen". An ihre Spitze stellte sich Wenzels jüngerer Bruder Boleslav, er plante einen Krieg gegen Heinrich. Man konnte aber nicht in die Offensive gehen, solange die unzuverlässigen und teilweise direkt mit den Sachsen paktierenden böhmischen Fürsten nicht beseitigt waren. Dies bedeutete, zunächst das große Risiko eines Krieges im eigenen Lande einzugehen und sich erst dann gegen Heinrich zu wenden. Der Streit gipfelte schließlich in der Ermordung Wenzels am 28. September 935 in Altbunzlau (Stará Boleslav). Boleslav bemächtigte sich der Herrschaft und begann sofort, seinen Plan zu verwirklichen. Zu seinem großen Glück erkrankte Heinrich damals und starb bald darauf. Die Kämpfe um seine Nachfolge machten ein Eingreifen in Böhmen unmöglich.

Boleslav nutzte seine Chance gut aus. Sehr schnell und offenbar ohne größere Schwierigkeiten zerstörte er alle böhmischen Fürstentümer, stellte ein professionelles Heer auf und nutzte es zur Ausweitung seines Machtbereiches. Diese vollzog sich vor allem entlang den großen Handelswegen, so sicherte sich der Fürst auf möglichst langen Abschnitten der Routen einen Gewinn vom Handel. Im Norden, auf dem Weg die Oder entlang bis zu ihrer Mündung in die Ostsee bei Wollin, ging es Boleslav um Schlesien, im Osten vor allem um Nordmähren mit Olmütz (Olomouc), ferner um Kleinpolen, das Gebiet der alten Wislanen mit Krakau und das Gebiet der Ledzianen mit Przemysl und den Červen-Burgen, all das lag entlang des Weges nach Kiew und dem Chazarenreich.

Diese Unternehmen waren sicher zum großen Teil beendet, als Boleslav schließlich in einem schleppenden und nicht sehr energisch geführten Krieg mit Otto I. im Jahr 950 unterlag und sich Otto unterwarf. Innerhalb von knapp 15 Jahren war er von einem kleinen mittelböhmischen Fürsten zum reichen und mächtigen Herrscher ausgedehnter Landstriche geworden. Doch von einer Verschmelzung dieses ganz neuen böhmischen Machtgebildes mit dem entstehenden Reich Ottos konnte selbstverständlich keine Rede sein. Die Unterwerfung Boleslavs bedeutete die Anerkennung seines Herrschaftsbereiches durch Otto, für Boleslav bedeutete sie auch eine Bestätigung seiner Zugehörigkeit zur christlichen Welt.

Boleslavs Reich war eine Art Provisorium, es hatte keinen ethnischen und kaum einen verwaltungsmäßigen Zusammenhalt. Es hatte auch keinen Namen. Boleslav kümmerte sich verständlicherweise vor allem um die Edlen Böhmens, die „böhmischen Mannen", auf deren Treue seine Macht ruhte. Sein Problem war im Grunde sehr einfach, wenn auch schwer lösbar. Es ging darum, drei- bis sechstausend berittene Krieger auszurüsten und als stehendes Heer zu halten, eine ansehnliche

Kampfkraft also für die damalige Zeit. Die „Standardlösungen", regelmäßig erhobene Steuern oder das Vasallensystem, konnte man in der wenig differenzierten Agrargesellschaft freier Bauern nicht durchsetzen. Die böhmischen Edlen besaßen keine eigenen Güter und schon gar keine Grundherrschaften; Steuern waren den Freien zwar auferlegt, aber deren Erhebung erforderte einen schwerfälligen Apparat von damit Beauftragten, die man genauso wie das Heer ernähren musste. Das damalige Ottonenreich konnte hier kein Vorbild sein; Boleslav knüpfte zweifellos eher an das Modell an, das die Přemysliden in ihrem Fürstentum bereits seit der Wende vom 9. zum 10. Jahrhundert anwandten. Es war das Modell Großmährens, das auf einer auf Burgen gestützten Territorialverwaltung beruhte sowie auf einer Art kombinierter Steuern, Abgaben und Dienstpflichten, die den Freien in der so genannten Dienstorganisation auferlegt wurden. Das Prinzip war zwar aufwendig und kompliziert, aber dennoch wirksam.

Um genug Lebensmittel, handwerkliche Erzeugnisse und verschiedene Dienstleistungen, von der Aushilfe in der Burgküche bis zum Wäschewaschen für die Burgbesatzungen, sicherzustellen, hatte man bestimmten Leuten, oft ganzen Dörfern, eine dieser Pflichten „auf ewige Zeiten" auferlegt. Der Fürst vermied auf diese Weise, ein zahlreiches Gesinde ernähren zu müssen. Die neuen Verwaltungsburgen baute Boleslav meistens in der Nähe der zerstörten Burgen der ehemaligen Fürsten. Für die Menschen aus der Umgebung wurden sie zum Mittelpunkt ihres Lebens, hier fanden Gerichtsverhandlungen und sonntags Märkte und Messen gleichermaßen statt. Diese Organisation der Staatsverwaltung bedeutete auch, dass der Großteil des bis dahin heidnischen Landes christianisiert wurde. Boleslav stiftete 22 Kirchen, gerade auf den neuen Burgen, und stattete sie mit Vermögen aus.

Eine weitere bedeutende Einnahmequelle, hauptsächlich für die Gelder, die für den Einkauf der Waffen und Rüstungen für das Heer erforderlich wurden, war der internationale Handel, vor allem der mit Sklaven, die in die arabische Welt, besonders in das Kalifat von Córdoba, exportiert wurden. Dies waren Gefangene aus den Kriegen im Norden und Osten, auf sie als Heiden wurde daher das kirchliche Verbot des Verkaufs christlicher Sklaven an Ungläubige, insbesondere an Juden, die diesen Handel beherrschten, nicht angewandt. Prag wurde zu einem der wichtigsten Handelszentren überhaupt. Boleslav unterhielt deshalb regelmäßig diplomatische Beziehungen zu den Kalifen von Córdoba.

Es war daher zu erwarten, dass er sich um eine eigene Münzprägung bemühte, die einerseits dem Fern- und dem örtlichen Binnenhandel dienen, anderseits die Einführung einer in Geld zu zahlenden Steuer ermöglichen sollte. Dazu kam es zu einem nicht näher bestimmbaren Zeitpunkt vor dem Jahr 965. Als Vorbild dienten die Denare Heinrichs II. von Bayern. Damals führte Boleslav offenbar auch eine Steuer in Höhe von etwa 12 oder 15 Denaren pro Jahr ein, die alle Freien zu zahlen hatten. Ihr Name, „Friedenssteuer", *tributum pacis*, weist darauf hin, dass sie mit dem höchsten Zweck der fürstlichen Herrschaft begründet wurde, der Wahrung des „Friedens", das heißt im damaligen „heidnischen", bereits urslawischen Verständnis nicht nur eines Friedens unter Menschen, sondern überhaupt der richtigen, „wahren, wahrheitsgemäßen" Weltordnung. In Ungarn hieß dann die gleiche Steuer „*liberi denarii*", es war also die Steuer „von der Freiheit". Beide Steuern bestätigten den Zahlenden ihre Freiheit, sie waren also eine Art „Privileg".

Nach 950 arbeitete Boleslav treu mit Otto I. zusammen. Tausend seiner Krieger, die er im Jahre 955 Otto zur Verfügung stellte, hatten einen bedeutenden Anteil an der Niederlage der Magyaren in der Lechfeldschlacht, dies bedeutete jedoch nicht, dass er keine eigene Politik betrieb. Damals heiratete er auch, wohl zum zweitenmal, den Namen seiner Ehefrau kennt man aber nur von Münzen, wo sie als „*Bi(l)agota coniunx*" auftritt. Dies könnte althochdeutsch Biagota oder slawisch Blagota sein, in beiden Fällen hätte diese sicher politische Eheschließung aber mit den beiden Zielrichtungen seiner Interessen zu tun, dem Reich und den slawischen Nachbarn. Sein Herrschaftsgebiet grenzte im Norden an das der Fürsten von Gnesen (Gniezno), welche schon seit den vierziger Jahren in Großpolen etwas ähnliches entwickelten wie die Přemysliden in Prag an der Wende vom 9. zum 10. Jahrhundert. Sie waren, genauso wie Boleslav, an Gewinnen aus dem Ostseehandel interessiert. Der Fürst von Gnesen, Mieszko, versuchte, die Herrschaft über die große Handelsstadt Wollin in der Odermündung zu erringen, die offenbar zum Verband der Weleten gehörte, die alte Freunde der Tschechen waren, denn Boleslavs Mutter Drahomir entstammte den weletischen Hevellern. Dies bewog Mieszko zu Verhandlungen mit Boleslav; der zweite, wichtigere Grund war, dass er sich bewusst wurde, dass der Staat, den er gerade aufbaute, zu der Gemeinschaft des Lebensstils und der Kultur passen müsste, die er sowohl in Böhmen als auch im Reich antraf. Dies veranlasste ihn, die Taufe anzunehmen, er wollte sie jedoch nicht aus

252 **Adalbert-Zyklus auf der Bronzetür des Gnesener Domes: Geburt, Weihe, Einführung in die Domschule.** – Kat. 27.01.07.

Böhmen

dem Reich, sondern aus Böhmen erhalten. Boleslav unterstützte ihn im Krieg gegen die Weleten durch das „Geschenk" eines Trupps seiner Krieger und um 963/964 gab er ihm seine Tochter Dobrawa zur Frau. Mieszko versprach, sich taufen zu lassen. Im Jahre 966 empfing er durch böhmische Vermittlung die Taufe aus den Händen des Bischofs Jordan, wobei Boleslav wohl sein Taufpate war. Dies ermöglichte Mieszko, Beziehungen zu Otto I. anzuknüpfen und ähnlich wie Boleslav zu Ottos „Freund" zu werden.

Das Bündnis der beiden Fürsten war nicht gegen das Reich gerichtet, verfolgte jedoch eigene, damals gleiche Ziele. Den beiden musste es darum gehen, ihre neuen Staatswesen zu legitimieren und ihre Anerkennung in den Augen der christlichen Welt zu gewinnen. Sie wählten hierzu – nicht zufällig – den gleichen Weg, der bereits im 9. Jahrhundert von Großmähren beschritten wurde. Es war der Weg über die zweite Autorität in der christlichen Welt, das Papsttum. Er bestand im Aufbau einer eigenen Landeskirche mit einem eigenem Bischof und dem Ziel, für diese vom Papst die Unabhängigkeit vom Reich in Form eines Erzbistums zu erlangen. Und so reisten bereits im Jahre 967/68 zwei Gesandtschaften gleichzeitig nach Rom, eine Mieszkos mit dem Bischof Jordan und eine Boleslavs mit seiner Tochter Mlada an der Spitze, einer Ordensfrau des Regensburger Frauenzweiges des St. Emmeramsklosters in Niedermünster. Der Papst erteilte den beiden seine Erlaubnis, Bistümer zu gründen. Während jedoch in Gnesen kein Problem bestand und Jordan im Jahre 968 ordnungsgemäß zum Bischof geweiht wurde, standen die kanonischen Rechte des Regensburger Bischofs auf Böhmen dem böhmischen Gesuch im Wege.

Die Lage wurde auch dadurch kompliziert, dass Boleslav gleich zwei Bistümer verlangte, eines für Mähren und das andere für Prag. Mähren war dabei bedeutender, denn hier hatte Boleslav noch ein gewichtiges Argument auf seiner Seite: Es hatte im 9. Jahrhundert ein mährisches Bistum gegeben, also ging es eigentlich nur um dessen Wiedererrichtung. Im Hintergrund hegte Boleslav allerdings nicht die Hoffnung auf die Wiedererrichtung des Bistums, sondern auf die Einrichtung eines mährischen Erzbistums. Dem Vorhaben haftete jedoch ein gewisser Makel in Gestalt der vom Papst verbotenen slawischen Liturgie an; Boleslav musste deshalb versichern, dass mit dieser weder in Mähren noch in Prag zu rechnen sei. Er konnte das ohne weiteres tun, denn die slawische Liturgie gab es in seinen Ländern nicht, auch wenn hier die slawische Schrift benutzt wurde. Diese verbot die Kurie nicht, im Gegenteil, sie empfahl sie.

Boleslav hatte aber auch handfestere, ganz unbestreitbare Argumente. Die Lage war nämlich tatsächlich unhaltbar. Es war doch ausgeschlossen, dass sein großes „Reich" in kirchlicher Hinsicht von Regensburg aus wirklich ausreichend versorgt werden könne, dass Bischof Michael beispielsweise die Kirchen in Krakau weihen könne. Geradezu katastrophal würde auch der Priestermangel sein, beispielsweise wenn man nur an die Besetzung der auf den Burgen neu errichteten „Großpfarreien" dachte, welche eigentlich von Priesterkollegien verwaltete Archipresbyterate waren. Es überstieg die Kräfte Regensburgs, diese zu besetzen. Der sicherlich nicht unbedeutende Zustrom von Priestern aus dem zerstörten Großmähren reichte auch nicht aus, hier konnte nur eine heimische bischöfliche Domstiftsschule Abhilfe schaffen, die Priester aus der ansässigen Bevölkerung ausbilden würde.

Zur Unterstützung seiner Pläne wählte Boleslav einen wirklich eigenartigen Weg: Er nahm die Translation und somit eigentlich die Kanonisation des von ihm ermordeten Bruders vor. Die Legenden behaupten zwar, dass es dazu im dritten Jahr nach dem Mord, also im Jahre 938, gekommen wäre, alles spricht jedoch dafür, dass dieses Ereignis in den sechziger Jahre stattfand, also in der Zeit, als Boleslav anfing, über das Bistum zu verhandeln. Ein heimischer Heiliger aus der herrschenden Dynastie wäre hier sicher ein überzeugendes Argument, Boleslav hatte aber auch noch andere Gründe. Die Legenden schildern Wenzel vor allem als jemanden, der Gefangene befreite, er lehnte es angeblich auch ab, zum Tode zu verurteilen, er zerstörte Galgen und ließ Kerker öffnen. Dies ist, von den Steuern abgesehen, eine fast genaue, jedoch ins Negative gekehrte Aufzählung dessen, was der Staat als Institution den freien Tschechen an Neuerungen brachte. Die alte Stammesordnung kannte nichts Derartiges. Es ist also nicht verwunderlich, wenn sich das Volk, in Opposition zu Boleslavs Staat, vom guten Fürsten Wenzel erzählte, unter dessen Herrschaft es solche Dinge nicht gegeben hatte. Aus allen diesen Gründen war Boleslavs Entscheidung, sein Opfer und zugleich einen unbequemen idealen Herrscher zu einem christlichen Heiligen zu machen, zwar einigermaßen verblüffend, aber sicher bewundernswert und noch dazu eine sehr zukunftsträchtige geistig-politische Tat.

Als Boleslav im Jahre 972 starb, hinterließ er seinem gleichnamigen Sohn und Nachfolger eine starke Herrschaft über ein großes Gebiet und natürlich eine Reihe ungelöster Probleme, darunter vor allem den Kampf um die beiden Bistümer. Dieser bekam dadurch neuen Auftrieb, dass auch gerade der Regensburger Bischof Michael gestorben war und sein Nachfolger, der reformfreudige Bischof Wolfgang, Verhandlungsbereitschaft bekundete. Wenn sich der Kaiser nicht bereits früher in diese Verhandlungen eingeschaltet hatte, so musste er dies jetzt tun, denn ohne seine Zustimmung konnte die Regensburger Diözese nicht verkleinert werden. Nachdem aber Otto I. 973 gestorben war und der bayerische Herzog Heinrich II. der Zänker sich mit Unterstützung Boleslavs II. gegen seinen Nachfolger empörte, zogen sich die Verhandlungen so sehr in die Länge, dass es erst im Jahre 976 zur Weihe der beiden Bischöfe, des Prager und des mährischen, kam.

Dies änderte jedoch nichts daran, dass sich Boleslav II. und Mieszko nicht zu der Freundschaft dem neuen Reichsherrscher gegenüber verpflichtet fühlten, welche sie Otto I. entgegengebracht hatten, und dass sie weiterhin auf der Seite Heinrichs des Zänkers standen, sowohl politisch als auch militärisch. Böhmen blieb deshalb weiterhin die Hauptzielscheibe der wenig erfolgreichen Angriffe Ottos gegen Heinrich. Heinrich verlor jedoch und Boleslav versöhnte sich 978 mit Otto II. Nachdem dann die Böhmen 982 ihren neuen Bischof Adalbert-Vojtěch, den Slavnikiden, anstelle des verstorbenen Thietmar gewählt hatten, empfing ihn Otto II. auf dem Reichstag in Verona 983 außerordentlich freundschaftlich und ließ ihn nicht nur unverzüglich weihen, sondern unterstrich die Bedeutung Prags auch dadurch, dass er persönlich beim Bischof von Mantua, Gumpold, eine neue, für das Reich bestimmte Legende vom heiligen Wenzel bestellte. Diese Annäherung war jedoch nicht von Dauer. Nicht nur deshalb, weil Otto II. kurz danach starb, sondern auch, weil das neue Reich der sächsischen Ottonen insgesamt in eine schwere Krise geriet. Diese zeichnete sich bereits in der Niederlage Ottos II. in der Schlacht gegen die Sarazenen 982 in Capo Colonne bei Cotrone in Süditalien ab und gipfelte im darauffolgenden Jahr in einem großen Aufstand der von den Weleten angeführten Elbslawen, die damals im Zusammenhang mit den Veränderungen ihres Verbandes den Namen der Lutizen – der Menschen des „grimmigen Gottes" – annahmen.

Der Aufstand zerstörte innerhalb von drei Wochen alles, was die Sachsen auf dem Gebiet der Elbslawen aufgebaut hatten. Gleichzeitig wurde Heinrich II. der Zänker wieder aktiv. Er versuchte, die Vormundschaft über den blutjungen Otto III. zu erlangen und es gelüstete ihn nach dessen Krone. Seine Verbündeten waren wiederum Boleslav II., Mieszko und der Abodritenfürst Mstivoj. Mieszko fürchtete jedoch, dass sich Boleslav II. wieder mit seinen „alten Freunden", den Lutizen, verbünden könnte, die ja die Erzfeinde Mieszkos waren. Als dann Heinrich 985 wiederum scheiterte und sich unterwarf, entschloss sich Mieszko nach 986 zu einem grundsätzlichen Schritt. Er kündigte den Tschechen die traditionelle Freundschaft auf und griff das Krakauer Gebiet und Schlesien an, deren er sich offensichtlich ohne größere Kämpfe bemächtigte. Das Grenzgebiet der Ledzianen mit Przemyśl und den Červen-Burgen in Wolhynien hatte der russische Vladimir I. 981 bereits vorher erobert. Boleslav versuchte zwar dann 990 mit Hilfe der Lutizen dem von der Kaiserin Theophanu unterstützten Mieszko vor allem Schlesien wieder abzunehmen, es gelang ihm jedoch nicht. Die přemyslidische Herrschaft brach damit in nur wenigen Jahre ganz zusammen. Der Staat der beiden Boleslavs stürzte in eine sich stetig vertiefende strukturelle Krise. Denn der Zustrom an Tributen und Beute versiegte. Die Sklaven aus den eroberten Gebieten fehlten, deren Verkaufserlös größtenteils dem Unterhalt von Boleslavs Heer diente und den Großteil der Einnahmen der böhmischen Edlen ausmachte. Dazu traten noch Schwierigkeiten mit der Versorgung der aus Schlesien und einem Teil des Krakauer Gebiets zurückgekehrten Besatzungen auf.

Die unerfreulichen Verhältnisse, die damals in Böhmen herrschten, spiegelten sich im Schicksal des Prager Bischofs Adalbert wieder. Seine Laufbahn begann vielversprechend. Er entstammte einem Geschlecht, das offensichtlich eine Nebenlinie der Přemysliden war. Seinem Vater Slavník vertraute Boleslav I. die Verwaltung eines Großteils von Nordostböhmen an, wo dieser Verwandte Boleslavs wie ein mächtiger Fürst regierte. Es war daher naheliegend, dass der gerade von seinem Studium in Magdeburg zurückgekehrte Adalbert zum Nachfolger des 982 verstorbenen Prager Bischof Thietmar auserkoren wurde. Auch der Bruder Boleslavs II. hätte zur Verfügung gestanden, doch Christian, der in Regensburg studierte, hatte damals wohl noch nicht das zur Priesterweihe erforderliche Alter von dreißig Jahren. Adalbert versuchte, sein Amt nach dem Vorbild der mächtigen Reichsbischöfe auszuüben, auch wenn ihn dabei manche aus den großmährischen Zeiten ererbte Gewohnheiten der böhmischen Landeskirche behinderten, die den strengen Forderungen der bereits die ganze Reichskirche beherrschenden Reformbewegung nicht entsprachen. Es standen ihm auch heimische Gesetze im Wege, so wenn er beispielsweise gegen die Sonntagsmärkte wetterte, welche Boleslav I. gerade als ein Mittel eingeführt hatte, um die Bewohner der Burgbezirke zur Teilnahme an der Messe zu bewegen. Seine Priester drängte er entgegen allen einheimischen Gewohnheiten zum Zölibat, obwohl er wusste, dass sie arm waren und sich ohne Ehefrauen nicht ernähren konnten. Mit den Edlen bekam er schweren Streit, weil er bemüht war, das Verbot des Verkaufs christlicher Sklaven an Juden konsequent durchzusetzen. Dies Problem verschärfte sich, nachdem die Expansion im Osten zum Stillstand gekommen war und heidnische Gefangene Mangelware wurden.

Anfangs war er erfolgreich, besonders nachdem auch die mährische Diözese unter unklaren Umständen, vielleicht nach dem Tod des ersten Bischofs, unter seine Verwaltung gekommen war. Dadurch wuchsen ihm Missions- und andere Pflichten in Schlesien und Kleinpolen sowie in Ungarn zu, das an sein Gebiet grenzte. Damals begann er zweifellos an ein Erzbistum zu denken, selbstverständlich an das Erzbistum, angeblich „mit sieben Suffraganen", das es in Mähren bereits im 9. Jahrhundert gegeben hatte, und auf das sich auch Boleslav I. berief, als er über das mährische und das Prager Bistum verhandelte. Es ging jedoch nicht nur darum, sondern auch um die Absicherung der „Souveränität" des Herrschaftsgebietes der böhmischen Boleslavs durch dessen Schenkung an den Heiligen Petrus, wie es Svatopluk 880 in Großmähren getan hatte.

Dieses Erzbistum Methods hatte auch die im 10. Jahrhundert von den Magyaren besetzten Gebiete umfasst und begründete so für Adalbert zumindest den Anspruch auf eine Mission in Ungarn, die allerdings auch Passau schon seit längerer Zeit anstrebte. Adalbert knüpfte damals auch Verbindungen zum Hof des ungarischen Géza und ebenso in das Herrschaftsgebiet Mieszkos I., wo die böhmische Kirche einen beträchtlichen Einfluss ausübte. Wahrscheinlich war es Adalbert, der Mieszko mit seinem Plan bekanntmachte, das Erzbistum Methods wiederherzustellen. Mieszko gab damals einem seiner Söhne den Namen Svatopluk, nach dem Herrscher Großmährens und offenbar im Gedenken an dessen Schenkung seines Landes an den heiligen Petrus und alles, was damit zusammenhing – Pläne, die Mieszko dann irgendwann unmittelbar vor dem Jahr 990 selbst verwirklichen sollte.

Nachdem er nämlich die böhmischen Gebiete in Schlesien und Kleinpolen erobert und sich mit Hilfe der Kaiserin Theophanu dort auch behauptet hatte, beabsichtigte er, seinen Besitz durch den Papst bestätigen zu lassen und gleichzeitig für seinen Staat Legitimität oder auch „Souveränität" dadurch zu erlangen, dass er ihn dem heiligen Petrus schenkte und ein Erzbistum für ihn bekäme. Dies betraf nun Adalbert direkt, ohne seine Zustimmung konnten die schlesischen und kleinpolnischen Gebiete nicht von seinen beiden Diözesen, der Prager und der mährischen, abgetrennt werden. Adalbert selbst befand sich seit 989 in Rom. Er hatte nämlich Prag verlassen, einerseits wegen der Streitigkeiten mit den böhmischen Edlen und andrerseits, weil seine politische Stellung wegen seiner Annäherung an Mieszko unhaltbar geworden war. Hier in Rom erteilte Adalbert Mieszko schließlich seine kanonische Zustimmung zu seinem geplanten Erzbistum. Aus böhmischer Sicht beging er dadurch zwar Landesverrat, seine Beweggründe waren aber anderer Art. Es ging ihm mehr um die Gestaltung des gesamten mitteleuropäischen Raumes, vor allem um die der Fürstentümer der böhmischen Boleslavs, des polnischen Gebiets Mieszkos und auch des arpadischen Ungarn, basierend auf den von Svatopluk und Method erarbeiteten Prinzipien. Er wollte die Legitimität der neuen Staaten gegenüber dem sächsischen Ottonenreich erreichen. Seinen Plan, ein Erzbistum für das Herrschaftsgebiet Boleslavs zu erlangen, hatte er dadurch keineswegs aufgegeben, er nahm in seinen Handlungen lediglich den *Status quo* zur Kenntnis. Ob Boleslav schließlich diesen Standpunkt Adalberts respektiert hatte, ist nicht sicher; sicher ist nur, dass er sich 992 mit ihm versöhnte und ihn durch wesentliche Zugeständnisse, unter anderem die Stiftung des Klosters in Břevnov bei Prag 993, zur Rückkehr nach Böhmen bewog. In Rom verhandelte Boleslavs Bruder Christian mit Adalbert. Dieser schrieb dann die dreifache Legende über die böhmischen Heiligen Wenzel und Ludmilla, aber auch die über Kyrill und Method, die das böhmische Christentum aus Mähren ableitete und so Adalberts Vorhaben der Wiederherstellung der „sieben Bistümer" des Erzbischofs Method förderte. Die Versöhnung hielt jedoch nicht lange vor. Boleslav erkrankte schwer und hatte seinen Adel nicht mehr im Griff, der dem Bischof die Einmischung in seine lebenswichtigen Interessen niemals verziehen hatte. Schwere Konflikte mit den Edlen bewogen Adalbert, 994 das Land erneut zu verlassen, wobei er offensichtlich sein Amt Christian überlassen wollte. Auch wenn dieser ablehnte, zeigt dies doch, dass Adalbert keinen Streit mit ihm hatte und dass ihm im Gegenteil an der Verwirklichung der Pläne gelegen war, an denen Christian mitwirkte. Adalbert genoss in Rom die Ruhe seines Aventin-Klosters, in der Heimat jedoch griffen die böhmischen Edlen seine auf dem reichen Libice residierenden Brüder an. Sie nutzten den Umstand, dass die Besatzung an einem Feldzug gegen die Lutizen teilnahm, überfielen am 27. September 995

Libice, ermordeten Adalberts Brüder und plünderten Libice sowie die ihm unterstellten Burgen. Für Adalbert war dies ein ausreichender Grund, nie mehr in seine Heimat zurückkehren zu wollen. Er unternahm eine Reise zu den heiligen Stätten Frankreichs, verbrachte einige Zeit mit Otto III. und ging auf Mission zu den Pruzzen, wo er am 24. April 997 den Tod fand.

Otto fühlte sich offenbar an diesem Tod schuldig und verband die aufrichtige Reue darüber mit der Verwirklichung seines Planes einer *„Renovatio imperii Romanorum"*. Er begann damit auf sehr grausame Weise, nämlich mit der Hinrichtung von Päpsten und Gegenpäpsten. Ende des Jahres 999 ernannte er Adalberts Bruder Radim-Gaudentius zum „Erzbischof des heiligen Adalbert" in einem nicht näher definierten Erzbistum und wallfahrte zum Grab seines Freundes in Gnesen. Er war entschlossen, bei dieser Gelegenheit zu verwirklichen, was er für Adalberts Vermächtnis hielt und was eine Ergänzung seines eigenen Planes der Erneuerung des Kaisertums durch die Zusammenarbeit mit den neuen Staaten im Osten darstellte. „Sklavinien" und Ungarn sollten nicht nur Königreiche werden, sondern auch selbständige Erzbistümer erhalten, die durch die Schenkung des jeweiligen Landes an den Heiligen Petrus dem Papst unterstellt wären. Es war im Grunde die alte Lösung Svatopluks und Methods, man kann daher kaum bezweifeln, dass es eigentlich um Adalberts Plan ging. Es ist sogar wahrscheinlich, dass Otto erwog, „das Erzbistum des heiligen Adalbert" in Prag zu gründen und dass, als er sich bereits auf der Wallfahrt nach Polen befand, Nachrichten über die unerfreuliche Lage in Böhmen, wo Anfang Februar Boleslav II. starb und das Land in schwere Wirren versank, ihn zu seiner Entscheidung für Gnesen bewogen. Das, was Otto III. in Gnesen unter Mitwirkung Bolesławs des Tapferen „Chrobry" beschloss, nämlich die Gründung des Erzbistums und die Verleihung des Königstitels an Chrobry, war bereits von Anfang an umstritten und erzeugte viele weitere Schwierigkeiten. Günstig war die Lage für den ungarischen Stephan, der sowohl das Erzbistum als auch den Königstitel für sich und seine Nachfolger erhielt. Nur Böhmen ging letzten Endes leer aus, widersinnigerweise deshalb, weil sein Staatswesen am weitesten entwickelt war und deshalb auch als erstes in die offenbar unvermeidbare strukturelle Krise geriet, die Polen und Ungarn erst um die Mitte des 11. Jahrhunderts heimsuchte. Die Folgen aller dieser um das Jahr 1000 kulminierenden Vorgänge wirkten jedoch für alle Beteiligten lange nach. Die neuen mitteleuropäischen Fürstentümer der Přemysliden, Piasten und Arpaden wurden zu legitimen und somit auch gleichberechtigten Mitgliedern des christlich-antiken Europa. Dies änderte sich auch nicht, als der neue Kaiser, Heinrich II., nach 1002 die Politik seines Vorgängers aufgab und auf seine Weise zur traditionellen Hegemonialpolitik des Reiches zurückkehrte. Die Bedingungen und Voraussetzungen im Osten hatten sich so weit geändert, dass dem Reich nichts anderes übrig blieb, als die Machtinteressen der östlichen Nachbarn gegenseitig auszubalancieren mit dem Ziel, keinen einseitigen Machtzuwachs des einen auf Kosten der anderen zuzulassen. Durch diese nur scheinbar widersinnige Politik garantierte das Reich die Stabilität im Osten.

Alle mitteleuropäischen Staaten überwanden somit die strukturell bedingten Krisen, ohne dass dabei ihre Existenz selbst ernsthaft bedroht gewesen wäre. Alle zogen auch ihre Lehren daraus und gingen vom parasitären Beutemachen zum Wirtschaften mit eigenen inneren Ressourcen über. In ungewohnter Weise festigte dies hier allerdings ein dirigistisches Staatsmodell, dessen Wurzeln eigentlich bis in die Spätantike reichten und das in Böhmen, Polen und Ungarn in der ihm von den Herrschern Großmährens gegebenen Gestalt übernommen wurde. Dies hemmte Modernisierungsprozesse, etwa die Emanzipation des neu entstehenden, fest vom Panzer des fürstlichen „Beamtendienstes" umschlossenen Adels sowie die der in den Rahmen einer Landeskirche eingeschlossenen, völlig der „Staatsverwaltung" unterstellten Kirche. Andererseits schuf jedoch dieses „egalitäre" Modell, das keine Privilegierten kannte, sondern nur den „freien Untertanen" des Fürsten, die Basis für das Selbstbewusstsein dieser Gruppen als einer „politischen Nation". Für diese entwickelten die heimischen Intellektuellen, die meistens aus den Reihen des im Westen ausgebildeten weltlichen Klerus stammten, besondere geistige Konzepte, die sich vor allem auf die Heiligen aus den heimischen Dynastien stützten, die zu „ewigen Herrschern" geworden waren. Auf diese Weise entstand das Konzept des Staatsvolkes, das nicht einem zeitlichen, gerade regierenden Herrscher, sondern primär einem „ewigen" Herrscher untertan ist, also die Idee des „Staates". Dieses kollektivistische Konzept war die Grundlage, auf der dann die Modernisierungsprozesse aufbauen konnten, die im 12. Jahrhundert als „Import" aus dem Westen auftauchten. Dieser „Import" jedoch stimulierte nur unterschiedlich stark, was den starren Rahmen des dirigistischen Staates schon langsam zersetzte, nämlich die wirtschaftliche Erstarkung des Adels, dem sein Grundbesitz zunehmend eine selbständige Existenz ermöglichte und ihn so aus der Abhängigkeit befreite, Dienste für den Herrscher leisten zu müssen. Das Ergebnis war eine ausgedehnte Kolonisation der Waldflächen, ein noch nie da gewesenes Aufblühen des lokalen Handels und die schnell zunehmende Bedeutung des Geldes.

All das wurde vollendet, nachdem die mitteleuropäischen Länder von einer großen Modernisierungswelle erfasst worden waren, die seit dem Ende des 11. Jahrhunderts über die deutschen Länder nach Osten schwappte. Die böhmischen Länder erfasste sie zu Beginn des 13. Jahrhunderts, zunächst Mähren und dann, um die Jahrhundertmitte, Böhmen. Ihre spektakulärste Auswirkung war die Gründung einer großen Zahl von Städten, allesamt mit Hilfe deutscher Siedler. Viel weniger bedeutsam war deren Anteil an der Erschließung der Waldflächen. Wesentlich war jedoch die Emanzipation des Adels. Er besaß bereits den größten Teil des ursprünglich „staatlichen" Grundes im Lande, hatte jedoch keine vollen und unbestrittenen Eigentumsrechte darauf, vor allem kein Grundherrschaftsrecht. Schließlich bemächtigte er sich dieser Rechte nicht individuell, wie es im Westen der Fall war, wo die Stütze des Besitzes, zumindest modellhaft, die komplizierten Lehensbeziehungen der Einzelnen waren, sondern auf seine Weise wiederum „kollektivistisch". Die alte „politische Nation" formte sich zu einer Landesgemeinde der „zeměníni", „Landleute" von „země", Land, der „Teilnehmer am Lande" um. Diese errichtete am Ende des 13. Jahrhunderts ihr Landesgericht, an dem die „Landtafel" geführt wurde. Eine Eintragung in diese Tafel garantierte ein freies allodiales Eigentum. Gleichzeitig aber verwies die Landesgemeinde den König in den Bereich seiner engeren Herrschaft, *dominium speciale*, und eignete sich die allgemeine Herrschaft an, *dominium generale*. Faktisch „privatisierte" sie den Staat, indem sie sich zusätzlich zum Bodenbesitz auch die Herrschaft über die dort wohnenden Menschen, also die volle Grundherrschaft, sicherte. Endgültig wurde somit das Modell des Staates und der Gesellschaft, beziehungsweise der „staatlichen Gesellschaft", beseitigt, das an der Wiege der mitteleuropäischen Staaten und Völker gestanden hatte. Böhmen und bis zu einem geringeren Maße auch das übrige Mitteleuropa stellten sich auf andere, „moderne" Fundamente.

Literatur

Fiala 1962. – Krzemieńska 1970; 1980. – Krzemieńska/Třeštík 1979. – Merhautová/Třeštík 1983. – Novotný 1912. – Petráň 1998. – Profantová 1996. – Sláma 1987; 1988; 1991; 1995. – Sommer 1998. – Třeštík/Žemlička (Hrsg.) 1998. – Třeštík/Krzemieńska 1967. – Turek 1963. – Žemlička 1995a; 1997.

Herrschaftszentren und Herrschaftsorganisation

JOSEF ŽEMLIČKA

Die ersten Jahrhunderte der slawischen Landnahme liegen im Dunkeln. Die Ergebnisse der archäologischen Forschungen belegen, dass sich das slawische Volk in den großen Flusstälern niederließ, sodass sich Siedlungskerne um die mittlere Elbe, die untere Moldau und die mittlere sowie untere Eger bildeten. West- und Ostböhmen waren von einem dichten Netz von Siedlungsinseln durchwirkt, in Südböhmen war es breitmaschiger geknüpft. Die Menschen wohnten in Landstrichen, die auf natürliche Weise durch Wälder und Sümpfe begrenzt wurden. Burgwälle in beherrschenden Lagen, oft auf Resten vorgeschichtlicher Befestigungen erbaut, schützten Siedler und Haustiere.

Seine Beziehungen zum Franken- und Ostfrankenreich brachte Böhmen ins Blickfeld der europäischen Chronisten. Denn die böhmischen Slawen gehörten damals zum Herrschaftsbereich des Fürsten Samo, der die Awaren schlug und 631 in der Schlacht bei Wogastisburg auch den Angriff des fränkischen Königs Dagobert abwehrte. Nach einer längeren Unterbrechung in der Überlieferung stammen die nächsten Hinweise vom Ende des 8. Jahrhunderts. Wichtig ist die Nachricht aus dem Jahre 805, dass das fränkische Heer nach Böhmen eindrang. Der Versuch, die böhmischen Slawen zu unterwerfen, endete damals mit der erfolglosen Belagerung der Burg Canburg, die sich wohl in der Nähe des Zusammenflusses von Elbe und Eger befand.

Mit dem Jahr 805 beginnt eine zusammenhängendere Überlieferung, die zumindest einen teilweisen Einblick in die böhmischen Verhältnisse gestattet. Sie zeigt, dass die westlichen Nachbarn dieses Land im 9. Jahrhundert für ein geographisches und politisches Ganzes, das *Boiohaemum*, hielten, über dessen Einwohner, die *Boemani* oder *Beheimi*, in den lateinischen Quellen als *duces* bezeichnete Fürsten herrschten. Nach dem Bayerischen Geographen bewohnten die „Böhmen" 15 Burgsiedlungen: *Betheimare, in qua sunt ciuitates XV*. Wie die Rekonstruktion der Besiedlungsgeschichte bestätigt, könnte diese Zahl auch der ungefähren Anzahl der *duces* entsprochen haben. Während des 9. Jahrhunderts wurden es weniger. Lässt die Formulierung, dass im Jahre 845 in Regensburg 14 „von den Fürsten der Böhmen" – *ex ducibus Boemanorum* – getauft wurden, noch vermuten, dass ihre Gesamtzahl höher sei, heißt es später, dass ein ostfränkisches Heer im Jahre 872 die vereinigten Truppen von fünf oder sechs böhmischen Fürsten an der Moldau vernichtete. Die überlebenden Böhmen sollen sich in die Burgen geflüchtet haben. Als im Jahre 895 „alle Fürsten der Böhmen" nach Regensburg kamen, um sich dem König Arnulf zu unterwerfen, nahmen Spytihněv und Vitislav den ersten Rang unter ihnen ein: *primores erant Spitignewo, Witizla*.

Zu jedem böhmischen *dux* gehörte zweifellos eine Burg, von der aus er Beutezüge unternahm und Abgaben und Dienste von den Einwohnern der Umgebung eintrieb. Die Autorität der Stammes- und Sippeninstitutionen wurde immer schwächer. Die Bindungen der Bauern an die örtlichen Herrscher wurde hingegen immer stärker. Die herausragendsten der Fürsten lebten im Luxus, wie das Gräberfeld in Stará Kouřim zeigt (Abb. 253–256), und sie strebten wahrscheinlich die Erblichkeit der Herrschaft an. Dies bestätigt eine Nachricht aus dem Jahre 857. Das ostfränkische Heer unternahm damals eine Strafexpedition nach Böhmen und bemächtigte sich der Burg des Fürsten Wiztrach – *civitas Wiztrachi ducis* –, wo dessen Sohn Slavitah „tyrannisch" regierte. Nachdem Slavitah geflohen war, setzte der Sieger dessen Bruder, der vorher im Exil gelebt hatte, als Burgherrn ein. Heute identifiziert man den Burgwall Zabrušany in Nordwestböhmen mit Wiztrachs Burg.

Seit der zweiten Hälfte des 9. Jahrhunderts mehren sich die Berichte über Kämpfe der böhmischen Slawen mit dem ostfränkischen Reich. In den achtziger Jahren wurden die Böhmen von Svatopluk, dem Herrscher Großmährens, unterworfen. Er beließ die *duces* in ihren früheren Stellungen, bestimmte aber einen von ihnen zu seinem Statthalter in Böhmen. Dieser eine war Bořivoj aus der mächtigsten Familie in Mittelböhmen, dem Geschlecht der Přemysliden. Bořivoj errang einen Vorteil vor den übrigen, noch „heidnischen" *duces* dadurch, dass er sich in Großmähren taufen ließ. Er stiftete die ersten Kirchen auf dem Gebiet der Přemysliden rund um Prag. Bořivoj oder sein Sohn Spytihněv gründete die Prager Burg als Hauptsitz ihres Ge-

253 Silbernes Ohrgehänge aus Kouřim Grab 106b, erstes Viertel 10. Jh. – Kat. 08.04.01a.

254 Silbernes Ohrgehänge aus Kouřim Grab 106b, erstes Viertel 10. Jh. – Kat. 08.04.01b.

schlechtes. Die Ortswahl hatte eine tiefe symbolische Bedeutung, denn das Burggelände mit dem steinernen Thron diente als Versammlungsplatz der „Böhmen".

Auch nach Svatopluks Tod im Jahre 894 und nach dem Abfall der böhmischen *duces* von Großmähren im Jahre 895 behielten die Přemysliden die Vorrangstellung im Lande. Damals folgte Spytihněv seinem Vater Bořivoj nach, er regierte von 894 bis 915. Auch wenn die Anzahl der lokalen Fürsten bereits deutlich kleiner geworden war, hatten die Přemysliden keinen leichten Stand. Es gab noch zwei andere große und sehr bedeutende Fürstentümer: die Burg Kouřim im Grenzgebiet zwischen Mittel- und Ostböhmen und die Burg Saaz (Žatec) in Nordwestböhmen. Ein Widerhall der Kämpfe um die Vormacht in Böhmen ist wohl die Sage vom Lutschanenkrieg, die der Chronist Cosmas zu Beginn des 12. Jahrhunderts aufzeichnete. Der Fürst der „Tschechen" Neklan soll darin Vlatislav, den Anführer der kriegerischen „Lutschanen", der späteren Žatčanen, besiegt haben.

Mehrere Umstände bewirkten, dass das mittelböhmische Gebiet der Přemysliden zum Kristallisationszentrum eines geeinten Staates wurde. Die strategisch günstige Lage im Herzen Böhmens und die wachsende Bedeutung Prags waren dabei hilfreich, aber nicht die alleinige Ursache. Eine gute Ausgangsposition sicherten sich die Přemysliden einerseits durch die rechtzeitige Taufe, welche ihnen Vorteile vor den anderen *duces* in den Beziehungen zum Ausland verschaffte, andererseits durch die Organisationsstruktur ihrer Domäne. Um schneller als ihre Gegner eine zahlreiche und gut ausgerüstete Gefolgschaft unterhalten zu können, mussten die Přemysliden die einfachen Bauern abhängig machen und sie mit Steuern, Abgaben und Diensten belasten. Dadurch konnten sie ein kleines, aber schlagkräftiges Heer aufstellen. Zu Anfang des 10. Jahrhunderts waren es vielleicht 300 bis 400 Krieger, mit deren Hilfe sie eine Vormachtstellung erringen konnten. Spytihněv I. begann als erster, ein Burgensystem an den Zugangswegen nach Prag aufzubauen, das nicht nur Prag schützen, sondern auch schon bestimmte Verwaltungs- und Wirtschaftsaufgaben erfüllen sollte, dazu gehörten Mělník, Libušín, Tetín, Lštění und Altbunzlau (Stará Boleslav). Einige von ihnen, z. B. Altbunzlau, Tetín und von den älteren Burgen Budeč, dienten als Sitze für die von der Herrschaft ausgeschlossenen Mitglieder des Geschlechtes, vor allem jüngere Brüder oder Witwen.

Somit nahmen die Přemysliden Anfang des 10. Jahrhunderts eine führende Stellung unter den böhmischen *duces* ein und repräsentierten das

Land der „Böhmen" nach außen. Auf Dauer und unmittelbar regieren sie jedoch nur in ihrer mittelböhmischen Domäne. In den anderen Landesteilen herrschten die noch verbliebenen nichtpřemyslidischen Fürsten, die mehr oder weniger von den Herren Prags abhängig waren. Sobald einer von ihnen die Chance zu größerer Selbständigkeit witterte, zögerte er nicht, sie zu nutzen, sodass die Přemysliden einen Großteil ihrer Energie zur Unterdrückung von Aufständen und Unruhen aufwenden mussten. Eine solche Art zu herrschen war erschöpfend. Darüber hinaus wurde der militärische und politische Druck von dem deutschen Nachbarn immer stärker. Schwerlich hätte ihm ein Häuflein schwacher und zerstrittener „Kleinfürsten" widerstehen können; das konnte nur ein gut organisierter und einheitlicher Staat. Boleslav, der jüngere Sohn des Fürsten Vratislav (915–921), löste das Problem. Während sich seine Vorgänger mit der formalen Anerkennung ihrer Oberhoheit seitens der übrigen *duces* begnügt hatten, kam es nun zu einer Wende. Nachdem Boleslav den Thron seines am 28. September 935 ermordeten Bruders Wenzel bestiegen hatte, begann er, die nichtpřemyslidischen Fürsten anzugreifen. Gleich im Jahre 936 attackierte er einen benachbarten Unterkönig, einen *vicinus subregulus*, wehrte eine deutsche Intervention ab, eroberte die Burg des Gegners und machte sie dem Erdboden gleich. Auch ein vierzehnjähriger Krieg gegen Otto I. hinderte Boleslav nicht daran, die verbliebenen *duces* zu vernichten. Ungefähr in der Mitte des 10. Jahrhunderts war das ganze Land unter der unmittelbaren Gewalt der Přemysliden. Wohl eher ausnahmsweise kam es auf friedlichem Wege, etwa durch Eheschließungen oder Abkommen, zur Unterwerfung einiger nichtpremyslidischer Gebiete. In der Nähe der zerstörten Burgen gründete Boleslav neue, nun přemyslidische Burgen, die wie ein Netz das ganze Land überzogen. Gegründet wurden Saaz, Litomyšl, Bělina, Pilsen (Plzeň), die přemyslidische Burg in Kouřim und weitere Zentren als Stützpunkte der Landesverwaltung. Zuerst dienten die Burgen hauptsächlich militärischen und repressiven, auf einer weiteren Stufe jedoch auch öffentlich-administrativen und wirtschaftlichen Zwecken.

Das Ergebnis dieser Maßnahmen war verblüffend. Das politisch zerfallene Böhmen wurde in kurzer Zeit zu einem zentralisierten Staatsgebilde, dessen Herrscher ein hohes Maß an autokratischer Entscheidungsgewalt ausüben konnte. Aber gleichzeitig wurde er mehr und mehr von der Ergebenheit seines Heeres abhängig. Um die besiegten *duces* vertreiben und dem Druck von außen standhalten

255 **Silberne Kaptorge mit Pferdegespann aus Kouřim Grab 106b, erstes Viertel 10. Jahrhundert.** – Kat. 08.04.01 c

zu können, musste er seine Streitkräfte vervielfachen. Dazu jedoch reichten die inneren Ressourcen Böhmens nicht. Das Besteuerungssystem des jungen Staates war noch nicht sehr effizient im Eintreiben von Zahlungen, Diensten und verschiedenen Abgaben. Es blieb die Expansion. Noch unter Boleslav I. (935–972) begannen die Eroberungszüge nach Osten und Nordosten. Das přemyslidische Heer eroberte Nordmähren, die Westslowakei und das Krakauer Gebiet bis an die Grenzen der Kiewer Rus.

Die Beute und die Steuereinnahmen aus den eroberten Gebieten waren so groß, dass Boleslav I. und nach ihm Boleslav II. (972–999) ein starkes

Herrschaftszentren und Herrschaftsorganisation

Heer unterhalten und eine selbstbewusste Politik sowohl dem „erneuerten" Reich, als auch den umliegenden deutschen Fürstentümern gegenüber betreiben konnte. Die böhmische Expansion folgte dabei der großen, aus Westeuropa nach dem Osten führenden Handelsstraße. Da die Magyaren zu Beginn des 10. Jahrhunderts die sichere Verbindung entlang der Donau unterbrachen, wurde diese Route ab Regensburg in Richtung Prag gelenkt. Von dort setzte sie sich mit Verzweigungen nach Krakau (Kraków), Kiew und zu den Chazaren an die Wolga fort. Zu den ertragreichsten Waren, die hier umgeschlagen wurden, zählten die Sklaven. Während der přemyslidischen Eroberungszüge kamen große Mengen von ihnen auf den Markt. Jüdische Kaufleute exportierten sie bis in die arabische Welt. Vom Verkauf der Sklaven auf dem Marktplatz in Prag profitierte vor allem der böhmische Herrscher. Die Gewinne aus den unterworfenen Gebieten waren so groß, dass der Ausbau des Burgennetzes in Böhmen selbst, das die Steuern und Abgaben sichern sollte, in der zweiten Hälfte des 10. Jahrhunderts verlangsamt werden konnte.

Prag als Zentrum der Macht erlebte einen dynamischen Aufschwung. Als „eine aus Stein und Kalk erbaute Stadt" beschrieb es Ibrāhīm ibn Jakūb im Jahre 965. Er hatte dabei vor allem die Prager Burg und ihre gemauerten Kirchen im Sinn. Hier residierte der regierende Fürst und bald, ab 972, begann hier auch ein Bischof zu wirken.

Der Hauptteil der Besiedlung der Vorburg lag auf dem linken Moldauufer. Ein weiterer zusammenhängender Streifen von Siedlungen säumte das rechte Flussufer. Das Ganze machte den Eindruck einer volkreichen Agglomeration, in der die Wirtschaft auf vielfältige Weise gedieh. Beim Handel auf den Marktplätzen begegneten sich Kaufleute verschiedener Abstammung und Bekenntnisse, Prag selbst soll für die hier hergestellten Sättel, Zügel und Schilde berühmt gewesen sein. Außer fremden Münzen wurden als heimisches Zahlungsmittel gewebte Tüchlein benutzt, für die man „Weizen, Mehl, Pferde, Gold, Silber und alle Gegenstände" kaufen konnte, so Ibrāhīm ibn Jakūb. An politischer, wirtschaftlicher und kultureller Bedeutung konnte sich keines der Regionalzentren Böhmens mit Prag messen.

Als Beispiel für die typische Residenz eines einflussreichen Geschlechtes kann Libice dienen. Um die Mitte des 10. Jahrhunderts entstand hier eine Burg mit einer steinernen Kirche, das Umland wurde besiedelt. Auf sie gründeten die Slavnikiden ihren Herrschaftsanspruch, als sie nach dem Tode Slavníks im Jahre 981 eine größere Unabhängigkeit von Prag anstrebten. Auch konnte das in der Nähe der einträglichen Verbindung zwischen Prag und Krakau liegende Libice vom internationalen Handel profitieren. In Nordmähren führte eine der Verzweigungen der Handelsroute über Olmütz (Olomouc), das zu einem wichtigen Stützpunkt der Přemysliden bei ihrer Expansion nach Osten und Nordosten werden sollte.

Die extensiven, von den böhmischen Boleslavs zu großer Vollkommenheit entwickelten Herrschaftsmethoden erwiesen sich jedoch zuletzt als Falle. Denn sie griffen nur unter der Voraussetzung ständiger Gebietsgewinne, eines kontinuierlichen Zustroms von Sklaven und einer ständigen Vergrößerung der Streitkräfte. Sobald diese nicht mehr gesichert waren, begann die Macht der Přemysliden zu bröckeln. Die přemyslidische Expansion wurde durch neu entstehende Reiche in Mitteleuropa gestoppt, durch das Ungarn der Arpaden und das Polen der Piasten. Die Einnahmen aus Beute, Tributen und Handel versiegten, das große Heer konnte nicht mehr unterhalten werden. In den achtziger Jahren begann der Konflikt mit den Piasten. Es folgten Niederlagen. Die aus dem Krakauer Gebiet und aus Schlesien vertriebenen přemyslidischen Besatzungen zogen sich nach Böhmen zurück. Unter den böhmischen Großen und im Heer breiteten sich Misstrauen und niedergedrückte Stimmung aus. Den Ruf nach Gaben, Beute und Versorgung der „Treuen" konnte auch der Überfall auf das reiche Libice und die Ermordung der unbequemen Slavnikiden (995) nicht befriedigen. Der Tod Boleslavs II. im Februar 999 brachte weitere Unsicherheit.

Der Zerfall des „Reiches" der böhmischen Boleslavs hatte mehrere innen- und außenpolitische Ursachen, der Hauptgrund jedoch war, dass die Expansion als eine dauerhafte Quelle des Wohl-

256 **Silberne Kaptorge mit reichem Filigrandekor aus Kouřim Grab 106b, erstes Viertel 10. Jahrhundert. – Kat. 08.04.01 d**

stands verstanden worden war. Sobald die Möglichkeiten des Beutemachens erschöpft waren, geriet das System ins Wanken, was sich dann zu der Krise der Jahre 999 bis 1004 auswuchs. Das böhmische „Regnum", nach dem Abfall Mährens auf Böhmen selbst reduziert, kämpfte plötzlich um die bloße Existenz. Nach dem Versagen Boleslavs III. in den Jahren 999 bis 1002/1003 und nachdem Vladivoj und nach ihm Bolesław der Tapfere den Thron bestiegen hatten, drohte den Přemysliden ein vollkommener Machtverlust. Eine solche Störung des mitteleuropäischen Gleichgewichtes wollte Heinrich II., der Nachfolger Ottos III. auf dem Kaiserthron, nicht zulassen: Dank des Eingreifens des Reiches und des antipolnischen Widerstandes in Böhmen übernahmen die Söhne Boleslavs II., Jaromír (1004–1012, 1033–1034) und Udalrich (1012–1033, 1034), wiederum die Herrschaft in Prag. Trotz der Wirren der Krise um die Jahrtausendwende wurde zweierlei ganz deutlich. Sowohl in Böhmen selbst als auch im Ausland galten die Přemysliden als die Erbdynastie Böhmens. Gleichzeitig wurde die integrative Rolle Prags für den Weiterbestand des böhmischen Staatswesens betont. Jeder Thronbewerber musste sich der Wahl durch die „Böhmen" unterziehen und symbolisch den steinernen Thron der Prager Burg besteigen. Wer Prag und vor allem die Prager Burg beherrschte, war der Herr Böhmens. In den Kämpfen des 11. und 12. Jahrhunderts wurde somit jedes Ringen um Böhmen vor allem zum Ringen um Prag.

Um sich in die politische Struktur des entstehenden Mitteleuropas einzufügen, musste Böhmen eine schwierige Wandlung vollziehen. Expansion und Beutezüge wurden von einer intensiven Suche nach inneren Ressourcen abgelöst. Anstelle des zahlreichen und kostenaufwendigen Heeres, das als Besatzung in den Orten zwischen Prag und Krakau gelegen hatte, brauchte man jetzt Verwalter, Büttel, Wächter, Kammerdiener, mit einem Wort „Beamte", welche imstande waren, den Fürsten und sein Gefolge mit allem Erforderlichen aus den heimischen Quellen zu versorgen. Dies bedeutete einen stärkeren Zugriff der fürstlichen Verwaltung auf das Land. Erst jetzt verspürten die einfachen Bauern den beklemmenden Druck der regelmäßigen Steuern, Dienste und Abgaben an die Herren. Das Netz der Burgen mit den fürstlichen Höfen verdichtete sich, breitete sich flächendeckend über das ganze Land und erstreckte sich auch in abgelegene Gegenden. Die Veränderung begann unter Jaromír und Udalrich, vollendet wurde sie unter der Herrschaft Břetislavs I. (1035–1055).

Obwohl die přemyslidischen Burgen während des ganzen 10. Jahrhunderts zunehmend Verwaltungsaufgaben wahrnehmen, trat die Wandlung zu einer echten Verwaltung des Landes durch Burgen erst nach dem Jahr 1000 ein. Es scheint, als hätte Břetislav I. einige seiner Maßnahmen bereits als Verweser des den Polen im Jahre 1019/1020 abgerungenen Mähren verwirklicht. Die Basis für die Burgverwaltung wurde die einzelne Burg, *civitas* oder *castrum*, welche den umliegenden Burgbezirk, *civitas* oder *provincia*, beherrschte. Mitte des 11. Jahrhunderts gab es ungefähr 15 solcher Verwaltungsburgen in Böhmen. Die größte Dichte erreichte ihr Netz im fruchtbaren Streifen an der Elbe, Eger und Moldau, hier standen Litoměřice, Saaz, Děčín, Kouřim, Chrudim, Čáslav, Mělník, Jungbunzlau (Mladá Boleslav) und andere. Zu jeder Verwaltungsburg gehörte das Gebiet im Umkreis von ungefähr 15 km. Auch in diesem Verwaltungssystem nahm die Prager Burg eine Schlüsselstellung in Böhmen ein, bedeutend war auch die zweite Burg im Prager Becken, Vyšehrad. In Mähren entwickelten sich acht Burgzentren, von denen Olmütz, Brünn (Brno) und Znaim (Znojmo) später zu Sitzen der mährischen Teilfürsten wurden. Eine Reihe weiterer, weniger wichtiger Burgen nahm die Aufgaben in den einzelnen Burgbezirken war.

Die Burgen verpflichteten die einfache Bevölkerung ihres Bezirkes zu Steuern, Diensten und Landfronarbeiten. Ein Teil der Erträge verblieb der Burg und ihren Beamten mit dem Burgverwalter, *comes*, *prefectus urbis* oder *castellanus*, an der Spitze, ein

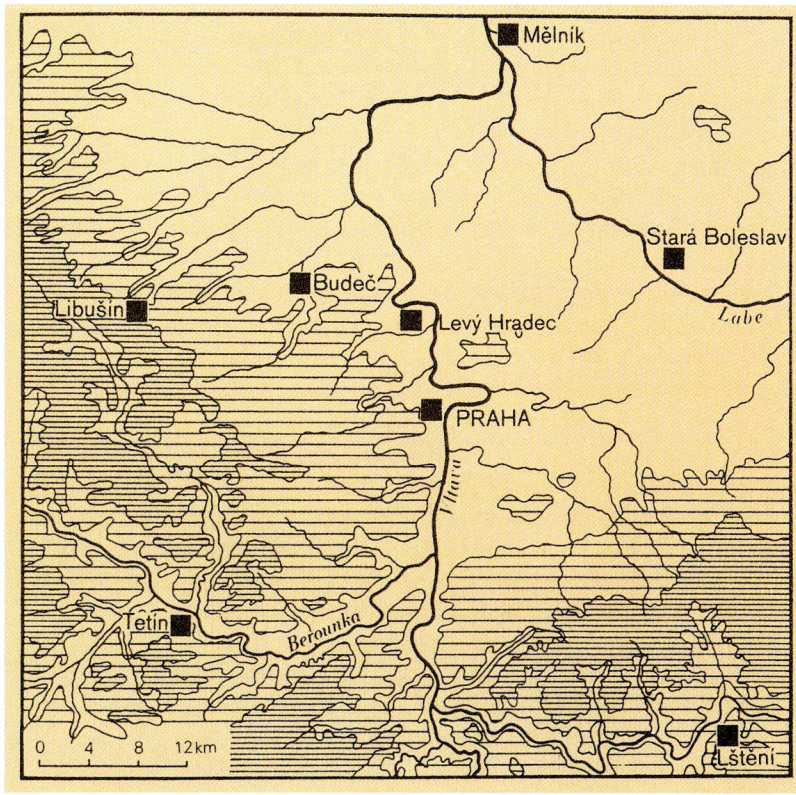

257 **Burgen der Přemysliden in der Umgebung von Prag** (nach J. Sláma).

Herrschaftszentren und Herrschaftsorganisation

Teil war für den Bedarf des Fürsten und seines Hofes bestimmt. Zur Versorgung des Fürsten und aller Bediensteten mit bestimmten Erzeugnissen wie Waffen, Kleidung und Lebensmittel oder Diensten wie den Arbeiten auf der Burg, Wartung des Marstalles, Hilfe bei der Jagd und vieles mehr war die so genannte Dienstorganisation bestimmt, wie sie mit einem modernen Ausdruck bezeichnet wird. Die Burgen waren der örtliche Verwaltungs- und Gerichtssitz. Ihre Bedeutung wurde zudem durch die zugehörige Burgkirche mit ihrer Priesterschaft betont. Deren Vorsteher hieß Erzpriester, Archipresbyter, und erfüllte auch einige Aufgaben im damaligen Gerichtswesen.

Die Burgverfassung war das Rückgrat des Verwaltungssystems in Böhmen bis zum Ende des 12. Jahrhunderts. Die Macht des frühmittelalterlichen Adels stützte sich noch nicht auf großen Landbesitz, wie es seit dem 13. Jahrhundert der Fall war, sondern auf Stellungen im Dienste der Dynastie und des Staates. Der Fürst belohnte seine führenden Gefolgsleute und Edlen, *primates*, *comites*, *seniores*, *maiores natu* und ähnlich genannt, mit Ämtern, Würden und Ehrungen, die Dienst und Entlohnung in einem waren. Gewöhnlich spricht man von den so genannten Benefizien. Ihre Inhaber wurden von ihren Anteilen an Steuern und Einkünften reich, welche im Namen des Fürsten erhoben wurden. Ihm kamen sie als dem obersten Herrn zu, dann verteilte er sie nach Würden und Verdiensten neu. Auch wenn die fürstliche Autorität später im Vergleich mit dem 10. Jahrhundert an Gewicht verlor, war es noch immer der Přemyslidenherrscher, der die Ämter verlieh und entzog. Die ehrenvollsten Ämter waren, wie in den Reichen des Westens, mit dem Dienst am Fürstenhof verknüpft. Der oberste Würdenträger war hier der Palatin, *comes palatinus*, nach dem Verschwinden dieses Amtes Anfang des 12. Jahrhunderts teilten sich der Kämmerer und der Burggraf der Prager Burg diese machtvolle Position. Zu den einflussreichen Amtsinhabern am fürstlichen Hof gehörten der Marschall, der Richter, der Truchsess, der Mundschenk, der Hofjäger, der Schwertträger und andere. Später begann man die Hofämter in zwei Kategorien zu gliedern, in die unmittelbar mit den Ehrendiensten und Abläufen am Hof verbundenen und die, die sozusagen als „öffentlich rechtliche" in der Gerichtsbarkeit, dem Finanz- und Heerwesen das ganze Land betrafen.

Die Hofämter waren die Ranghöchsten, die Träger der Verwaltungsfunktion in den Regionen waren die Burgbeamten. Vor allem die Burggrafenwürde verhalf ihren Inhabern zu Grundbesitz. Er wurde durch Dienste, Geschenke und Aneignungen fürstlichen Bodens erworben. Auch den weiteren Burgbenefiziaren, dem villicus, dem Jägermeister, dem Richter und anderen, standen große Möglichkeiten in dieser Hinsicht offen, die galt auch in abgeschwächter Form für die rangtieferen Mitglieder der Exekutive.

Kompliziert blieb die Stellung der Kirche. Sowohl die Bistümer als auch die Kirchen, Klöster und Stiftskapitel waren von den fürstlichen Stiftern materiell abhängig, später auch von den Spendern aus den Reihen der Adligen. Eine kirchliche Verwaltung, welche dem Bischof unterstellt gewesen wäre, hat lange gefehlt. Auch die Kirchen auf den Verwaltungsburgen, die Großpfarreikirchen, oder die Kapellen in den Vorburgen gehörten eher dem Fürsten oder den anderen weltlichen Herren. Erst in der Mitte des 12. Jahrhunderts und in Mähren früher als in Böhmen begann der Bischof die Diözesanverwaltung aufzubauen. In den böhmischen Ländern fassten die Grundsätze der Kirchenreform Fuß und die Bischöfe in Prag und Olmütz befreiten sich daraufhin aus ihrer persönlichen Abhängigkeit von Fürsten und Königen.

Im Rahmen der auf Autarkie ausgerichteten Wirtschaft, der das přemyslidische Böhmen bis zur Hälfte des 12. Jahrhunderts umschloss, verblieb nur ein enger Raum für den Aufschwung der Produktion für den Markt und den Handel. Das ganze Land ähnelte einem sparsam geführten Haushalt, in dem eine Tätigkeit die andere bedingte. Die wirtschaftliche Initiative wurde durch die starre Barriere der staatlichen Regelungen gebremst. Die Benefiziare bewachten stur ihre Privilegien, ihre eigenen Einnahmen und die Anteile an den fürstlichen Einkünften. Trotzdem gab es vorsichtige Ansätze zu Veränderungen auf verschiedenen Gebieten, die im 13. Jahrhundert ihre volle Wirkung entfalteten. Durch die Entwicklung der Städte, des Bergbaus und Bewegungen in den Besitzverhältnissen näherte sich damals das Königreich Böhmen den hochentwickelten Ländern des europäischen Kontinentes an.

Literatur

Ferluga u. a. (Hrsg.) 1983. – Krzemieńska 1999. – Krzemieńska/Třeštík 1979. – Novotný 1912–1913. – Nový 1968; 1972. – Richter 1967. – Sláma 1986–1988; 1987; 1991. – Třeštík 1997; 1998. – Vogt 1938. – Žemlička 1989; 1995a; 1997.

Prag

LADISLAV HRDLIČKA

In der böhmischen Geschichte kommt Prag eine herausragende Bedeutung zu, denn es spielte seit seiner Entstehung in der zweiten Hälfte des 9. Jahrhunderts die Rolle der Metropole, was seiner geographischen Lage fast im geometrischen Mittelpunkt Böhmens entspricht. Im Prager Kessel ist die Moldau in ihrem gesamten Lauf am breitesten; gleichzeitig lässt sie sich hier auch am leichtesten überqueren. Die beste Verbindungsstraße zwischen dem Westen und dem Osten Böhmens führte bereits in der Vorgeschichte durch das heutige Prager Gebiet, jede andere Wegführung von der Biegung der Elbe bei Kolín in Richtung Moldau als die über Prag hätte nur einen überflüssigen Umweg mit sich gebracht.

Die Wahl des Hradschiner Felssporns am linken Moldauufer zum ständigen Sitz der Přemysliden-Herrscher unterstreicht die Bedeutung des Prager Fernstraßenknotenpunktes. Die Prager Burg bot für die Bedürfnisse und Ansprüche eines Hofes kein günstiges Umfeld, dass sie dennoch zur Residenzburg werden konnte, unterstreicht nur die strategischen Vorteile ihrer Lage für die Errichtung der Herrschaft und für die Wirtschaft. Die Umgebung der Prager Burg ermöglichte einerseits die Entwicklung eines künftigen Suburbiums, anderseits erlaubte sie eine unmittelbare Kontrolle der Moldaufurten. Auf die wachsende Bedeutung der Prager Kreuzung lässt die Holzbrücke schließen, die die Moldauufer noch vor der Erweiterung des Suburbiums auf das gegenüberliegende rechte Ufer miteinander verband. Sie entstand auch noch vor der Gründung der zweiten přemyslidischen Burg, Vyšehrad, die seit dem Ende des 10. Jahrhunderts diesen Teil des Prager Beckens am rechten Moldauufer von Süden her kontrollierte.

Die Keimzellen des Prager Suburbiums, aus dem sich allmählich eine der bedeutendsten frühmittelalterlichen Siedlungsagglomerationen im östlichen Mitteleuropa entwickelte, lagen einerseits auf der Westseite der Prager Burg, im heutigen Hradschiner Gebiet, anderseits am Fuße ihres Südabhangs im Kern der heutigen Kleinseite.

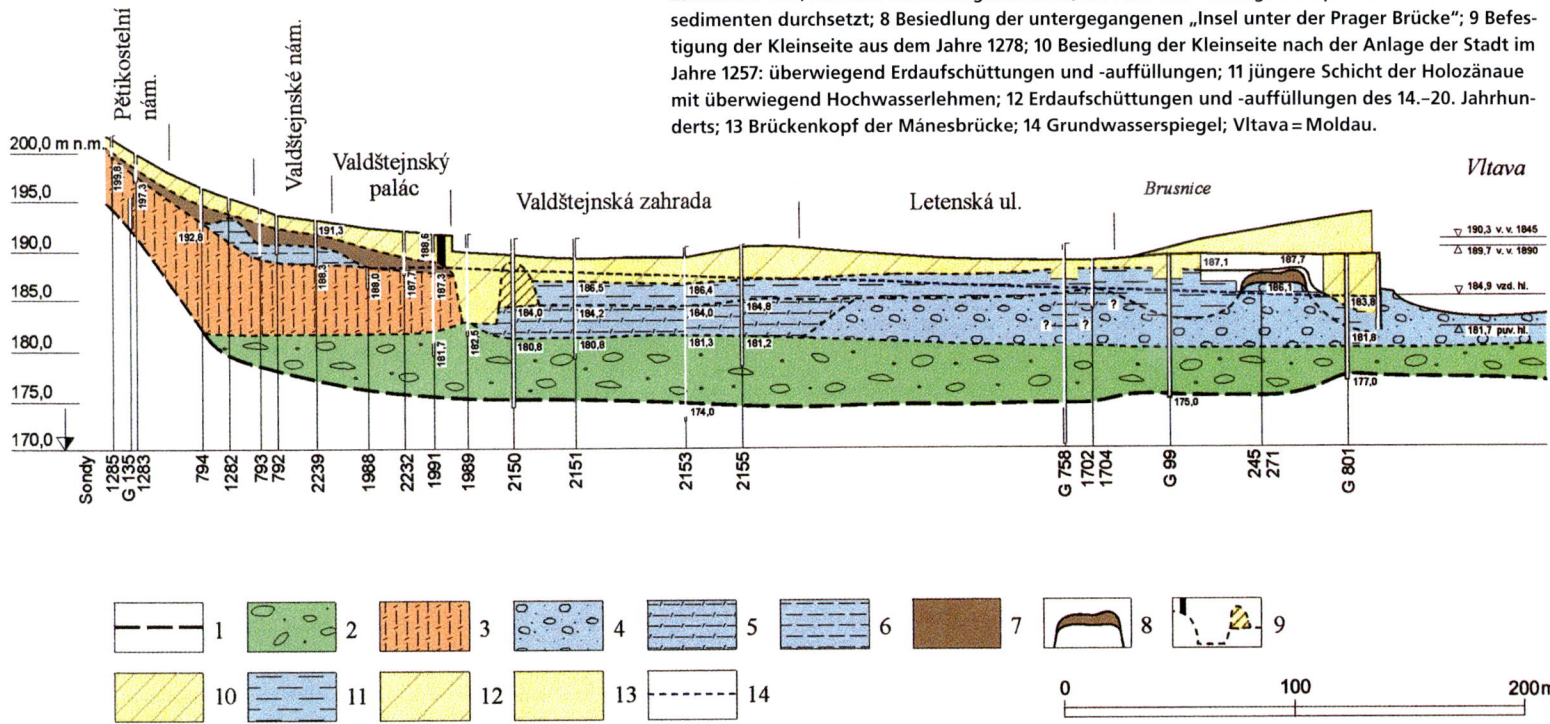

258 Prag, Kleinseite. Profil von Nordwesten nach Südosten quer durch das Tal. 1 Felsunterlage; 2 grobe sandige Schotter der Maniner Talterrasse; 3 Abhangsedimente: Gerölle, Sande, Lehme, Tonerden mit Bruchstücken überwiegend ordovizischer Gesteine; 4 die ältere Schicht der Holozänaue mit kleinkörnigem sandigem Schotter; 5 Fluvialsedimente des jüngeren Holozän-Moldauarmes: lehmsandige humose Schlammanschwemmungen; 6 Schlammsedimente stehender Gewässer unbestimmter Genese und lehmsandige homose Schlammanschwemmungen; 7 Vorburg-Besiedlung bis zum Jahre 1257, mehrere Besiedlungsschichten, am Fuße des Abhangs mit Spülerden und Schlammsedimenten durchsetzt; 8 Besiedlung der untergegangenen „Insel unter der Prager Brücke"; 9 Befestigung der Kleinseite aus dem Jahre 1278; 10 Besiedlung der Kleinseite nach der Anlage der Stadt im Jahre 1257: überwiegend Erdaufschüttungen und -auffüllungen; 11 jüngere Schicht der Holozänaue mit überwiegend Hochwasserlehmen; 12 Erdaufschüttungen und -auffüllungen des 14.–20. Jahrhunderts; 13 Brückenkopf der Mánesbrücke; 14 Grundwasserspiegel; Vltava = Moldau.

259 Prag, Altstadt. Querübersichtsprofil West-Ost mit der Lage des ältesten Kerns des Prager Suburbiums (Nr. 6) am rechten Moldauufer. 1 Felsunterlage; 2 grober sandiger Schotter der Maniner Talterasse; 3 Fluvialsedimente der Terassenstufe VIIa-c – lehmsandige Hochwasseranschwemmungen; 4 die ältere Schicht der Holozänaue – kleinkörniger sandiger Schotter; 5 Holozänanschwemmungen – lehmsandige Füllung der Aushöhlung am Fuße des Abhangs der Terassenstufe VIIb; 6 Siedlungshorizont von der Wende des 10. zum 11. Jahrhundert; 7 anthropogene Oberschicht; 8 Grundwasserspiegel; Vltava = Moldau.

Wichtiger war der Siedlungskern im Kleinseitner Kessel, aus dem sich die gesamte Siedlungsagglomeration entwickeln sollte. Er befand sich auf einem Gelände, das ausreichend gegen Hochwasser und teilweise auch gegen Witterungseinflüsse geschützt war. Weitere Vorteile waren die Nähe einer Furt, der Zugang zur Residenzburg und ausreichende Wasserquellen. Eine gewisse Rolle dürften auch die am benachbarten Laurenziberg zugänglichen Ressourcen an Bausteinen und an hochwertigen Rohstoffen für die Keramik- und Eisenerzeugung gespielt haben.

Auf der ersten Entwicklungsstufe nahm das *Suburbium* zunächst das geologisch deutlich umgrenzte Gelände unmittelbar unterhalb der Burg ein (Abb. 258, 7). Im Osten bildete der Rand der ursprünglichen Holozänaue eine natürliche Grenze (Abb. 258, 4) auf der Ebene des alten Flussbettes, dessen schlammige Füllung (Abb. 258, 5) noch in der zweiten Hälfte des 13. Jahrhunderts im Gelände sichtbar war (Abb. 258, 9). Im Süden begrenzte ein Sumpf unterhalb der Südwestecke des oberen Kleinstädter Ringes und eine sich dahinter quer durch das Tal hinziehende Anhöhe auf der Südseite des Kleinstädter Ringes und der Brückengasse die Ausbreitung der ältesten Besiedlung. Auf der Westseite kann man die ursprüngliche Grenze des Suburbiums nur vermuten, sie verlief wohl entlang einer der periodischen Wasserläufe, die das Wasser vom Hang unterhalb der heutigen Nerudagasse in den heute verschwundenen Kleinseitner Bach ableiteten, der durch den heutigen Neumarkt und die St. Prokopigasse der Moldau zustrebte. In diesem vermuteten Umfang war das *Suburbium* bereits seit dem 9. Jahrhundert durch eine Holzlehm-Mauer und einen Graben befestigt, deren Reste bisher nur an der Südseite gefunden wurden. Die bisherigen Erkenntnisse über das Georelief des Kleinseitner Beckens erlauben die Annahme, dass bestimmte Details im Bild dieses Suburbiums sogar einigen morphologischen Angaben Ibrāhīm ibn Jakūbs entsprechen könnten, der, von Magdeburg her kommend, Prag im Jahre 961 besucht hatte. Der in seinem Bericht ebenfalls erwähnte Marktplatz konnte bisher jedoch nicht identifiziert werden.

Der günstige Einfluss des Přemysliden-Hofes auf den Aufschwung des Prager Suburbiums zeigte sich unter anderem in der Ausdehnung der Besiedlung, die sich sehr bald auf alle für einen Daueraufenthalt günstigen Lagen im Kessel auf dem linken Ufer unterhalb der Burg ausbreitete. Es scheint, dass die Enge im Kleinseitner Becken bereits im Verlauf des 10. Jahrhunderts zu einem ernsthaften Hindernis für die Entwicklung des Prager Suburbiums wurde. Darauf deutet einerseits die Ausweitung des befestigten Geländes auf die Grenzen der späteren, im Jahre 1257 gegründeten Stadt hin, andererseits die immer häufiger festzustellende Veränderung der Geländeoberfläche, die die Siedler entsprechend ihren Bedürfnissen vorgenommen hatten. Letztere kann man als ein Indiz für dichte Besiedlung und hohe Konzentration von Siedlungsaktivitäten werten. Paradoxerweise belegen gerade der Umfang und die Häufigkeit dieser Geländeanpassungen, welche die archäologische Erforschung des Prager Kerns so sehr erschweren, die Größe und Bedeutung der frühmittelalterlichen Siedlungsansammlung. Außerhalb der Befestigungen deuten zusammenhängend besiedelte Bereiche und eine Ausbreitung der Dauerbesiedlung auf höhere Lagen der Flussaue (Abb. 258, 8) auf einen Raummangel hin, denn auf den Erhö-

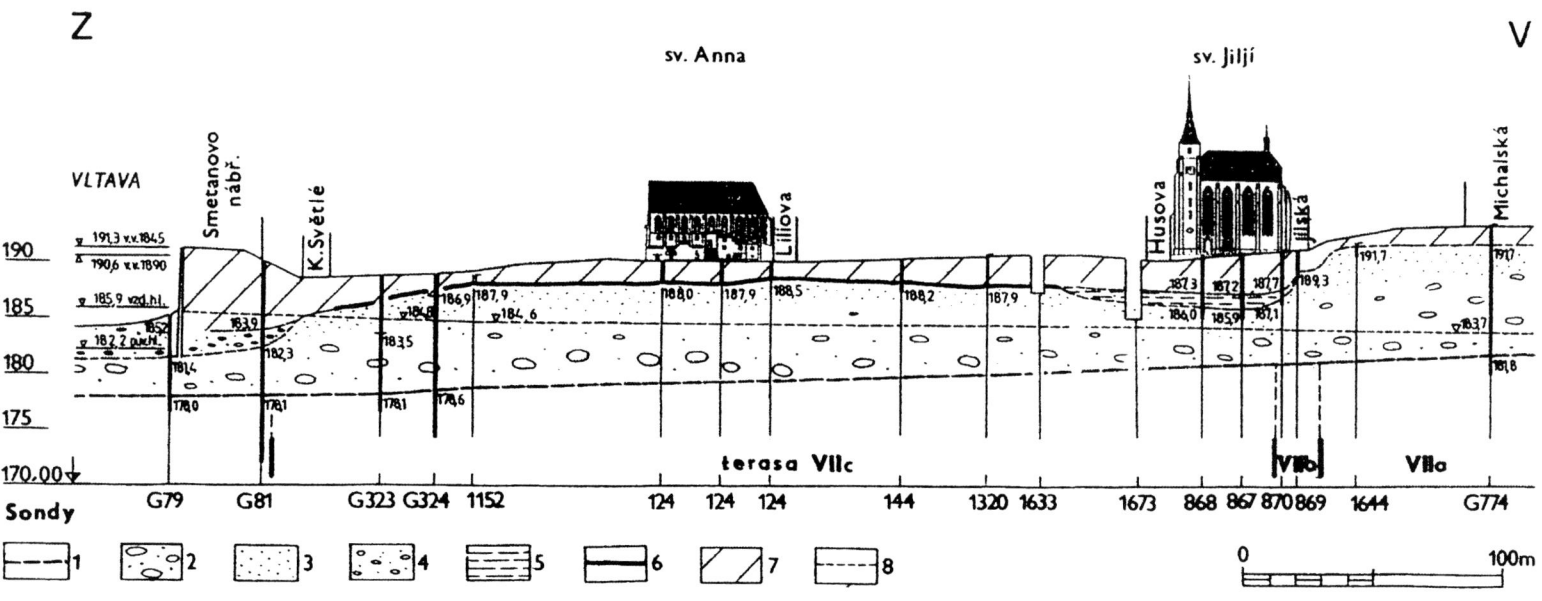

hungen wohnten nun auch Gruppen, die für ihren Lebensunterhalt eigentlich auf die unmittelbare Nähe des Flusses angewiesen waren.

Die Sandbänke am gegenüberliegenden Moldauufer, dessen Georelief von drei Stufen der Talterrasse gebildet wurde (Abb. 260, VIIa-c), boten für die Entwicklung der Prager Unterstadt mehr geeigneten Raum, als sie dann einnehmen konnte. Daher findet man dort öfter archäologische Befunde, aus denen sich die Vorgänge bei der Ausweitung und Verdichtung der Besiedlung auch im Detail erschließen lassen.

Man geht davon aus, dass das rechte Moldauufer vor der zweiten Hälfte des 10. Jahrhunderts eine überwiegend agrarische Landschaft war. Nur Teile von Gräberfeldern sind bekannt. Die Theorie, dass sich hier ein Marktlagerplatz von Kaufleuten befand, konnte bisher nicht bestätigt werden.

Die bisherige Untersuchung der für das frühmittelalterliche Prag typischen Keramik schließt einen Zusammenhang zwischen der Ausweitung des Suburbiums auf das rechte Flussufer und der Entstehung der Burg Vyšehrad nicht aus. Die Richtungen dieser Ausweitung kann man an den Objekten, an der Stratigraphie und an der Lage der Gräberfelder ablesen, welche von der Welt der Lebenden durch die Höhe der anliegenden Terrassenstufe getrennt waren. Wahrscheinlich wurde das Gelände der späteren Altstadt, erbaut zwischen den Jahren 1232 und 1234, vom Fluss her, nämlich vom Kern des Suburbiums auf dem linken Ufer unterhalb der Prager Burg aus besiedelt. Die Hauptachse für die neu entstehende Besiedlung war zunächst (Abb. 259,6) der Verbindungsweg zwischen der Prager Burg und dem neu gegründeten Vyšehrad, dessen Verlauf von der Brücke her bis heute die K.-Světlá-Straße anzeigt. Diese Richtung in der Entwicklung der Stadt prägte die Erweiterung des Prager Grundrisses besonders zwischen den Jahren 1070 bis 1143, als Vyšehrad zeitweiliger Herrschersitz war. Sie endet mit dem Beginn einer neuen Epoche in der ersten Hälfte des 12. Jahrhunderts, als der zentrale Prager Marktplatz an die Stelle des heutigen Altstädter Ringes rückte.

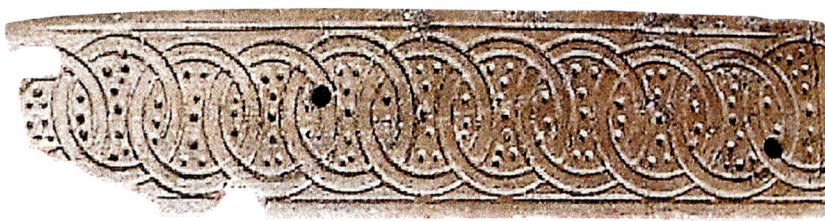

260 Praha-Malá Strana, Kästchenbeschlag aus Bein mit Zirkelornament.

261 Praha-Malá Strana, silberner, vergoldeter Schläfenring, 10. Jahrhundert.

Literatur

Čihákova/Zavřel 1996. – Hrdlička 1994. – Zavřel im Druck.

Die Prager Burg

JAN FROLÍK UND MILENA BRAVERMANOVÁ

Die Prager Burg war im 10. und 11. Jahrhundert das unbestrittene Zentrum des böhmischen Staates, der in den Jahren der Herrschaft des Fürsten Boleslav II. (972–999) seine größte territoriale Ausdehnung erreichte. Die Prager Burg war der feste Kern einer ausgedehnten Siedlungsagglomeration, deren Urbanität und Anziehungskraft für den Handel um das Jahr 965 das Interesse des jüdisch-arabischen Kaufmanns Ibrāhīm ibn Jakūb erweckte. Wie bedeutend die Prager Burg für die Zeitgenossen war, sieht man daran, dass sie gewöhnlich das Ziel und oft der Ausgangspunkt von Kämpfen und Kriegszügen war. Ihre Beherrschung sicherte die Schlüsselstellung für die Herrschaft in Böhmen, wie es zum Beispiel in den Jahren 929, 1003/1004 und 1041 der Fall war.

Die Prager Burg wurde auf einem strategisch ausgezeichnet gelegenen Felssporn am Rande des Prager Beckens erbaut; eine Quelle sicherte die Wasserversorgung. Dies und die Lage glichen die Nachteile des ursprünglich zerklüfteten und für eine Besiedlung scheinbar nicht sehr geeigneten Geländes aus. Im 10. und 11. Jahrhundert war die ursprüngliche Geländeform bei weitem noch nicht den Bedürfnissen der Bewohner angepasst. Der Rücken des Felssporns wurde für sakrale und profane Bauten genutzt. Die übrige Fläche wurde nach und nach eingeebnet.

Der Entstehung des Burgwalls ging eine lange Entwicklung voraus, die vielleicht schon im 8. Jahrhundert begann, aus dieser Zeit stammen die ersten Besiedlungsspuren. Das 9. Jahrhundert verzeichnete eine komplizierte Entwicklung von einem einfach durch einen Graben abgegrenzten Gelände bis zu einem in eine Hauptburg und eine Vorburg unterteilten Burgwall mit Befestigungswällen und einem Graben. Bereits in dieser Zeit war die Prager Burg Adelssitz und seit den achtziger Jahren des 9. Jahrhunderts ein Pfand der Macht in den Händen des ältesten bekannten Přemyslidenfürsten Bořivoj I., der etwa 889/890 starb. Mit seiner Person ist der Beginn der Christianisierung Böhmens verknüpft, was auf der Burg durch den Bau der Marienkirche noch vor dem Jahre 885 greifbar wird. Den Bau der ersten Wallbefestigung verbindet man mit guten Gründen mit Bořivojs Nachfolger, dem Fürsten Spytihněv I. (895–915).

Nach der älteren Marienkirche folgte der zweite Kirchenbau, die vom Fürsten Vratislav I. (915–921) vor dem Jahr 920 gestiftete St. Georgsbasilika. Sie sollte vielleicht dem Repräsentationsbedürfnis der Přemysliden Genüge tun und war auch als ihre Begräbnisstätte gedacht. Ihre beträchtliche Größe lässt auch eine künftige Nutzung als Bischofskirche möglich erscheinen. Zur ursprünglichen Gestalt dieser Kirche gibt es gegensätzliche Hypothesen, sicher scheint nur, dass sie mehrschiffig war. In den siebziger Jahren des 10. Jahrhunderts wurde die St. Georgskirche auf Anregung des Fürsten Boleslav II. (972–999) offenbar umgebaut, wohl im Zusammenhang mit der Gründung des ältesten böhmischen Klosters für den weiblichen Zweig des Benediktinerordens. Fürst Boleslav II. wurde in der Kirche in der Achse des Hauptschiffes an einem Ehrenplatz vor dem Altar bestattet.

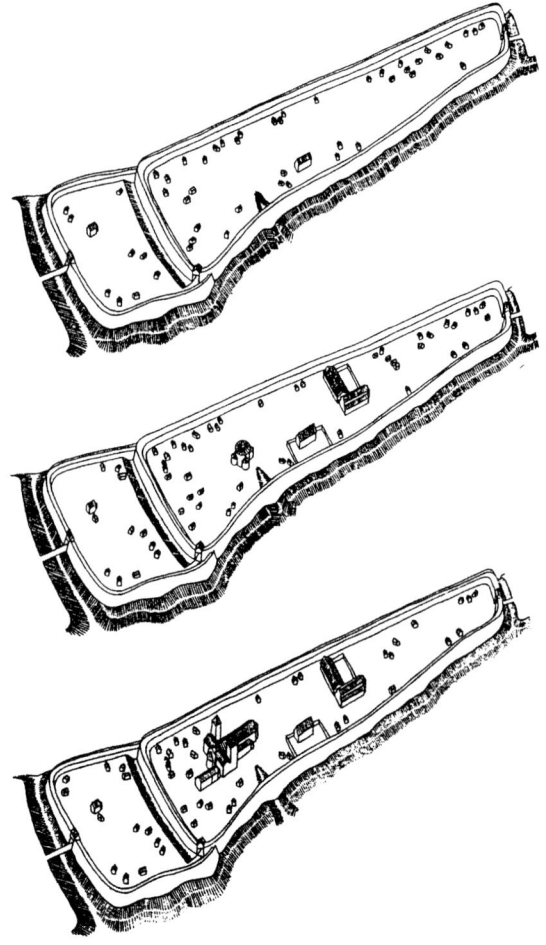

262 **Prager Burg.** Einfache dreidimensionale Rekonstruktion ihrer Gestalt in der Zeit zwischen den Jahren 895–918, um das Jahr 1000 und um das Jahr 1100.

Der dritte Sakralbau war die St. Veitsrotunde, vielleicht zu Anfang der dreißiger Jahre des 10. Jahrhunderts auf Anregung des Fürsten Wenzel des Heiligen (921–935) erbaut. Der ursprünglich einfache Bau wurde nach dem Jahr 938 durch die Südapsis mit dem Grab des Stifters ergänzt (Abb. 263). Dies war wahrscheinlich auch der Hauptgrund für die Wahl dieser Kirche zum Sitz des Prager Bischofs; das Bistum wurde zwischen 973 und 976 gegründet. Nach neuesten Hypothesen ist es wahrscheinlich, dass auch Wenzels Nachfolger, Fürst Boleslav I. (935–972) in dieser Kirche bestattet ist. Sein Grab könnte das in der Literatur unter der Bezeichnung K1 bekannte sein, das vor der Apsis mit dem Grab des heiligen Wenzel liegt. Später wurde die Rotunde um die Nordapsis und den westlichen Anbau, dessen genaue Form noch unbekannt ist, erweitert. In einen dieser Anbauten überführte man im Jahre 1039 die Reliquien des heiligen Adalbert, der so zu einem weiteren Patron des Domes wurde. Die Rotunde wurde in den Jahren 1060 bis 1094 durch eine großräumige romanische Basilika ersetzt. Es handelte sich um eine dreischiffige Zweichorbasilika mit drei Krypten, einem nach Westen verschobenen Transept und zwei Türmen. Seit dem Beginn der Bauzeit der Rotunde wurde der St. Veits-Domschatz zusammengetragen. Schriftlich ist er für das Jahr 1069 belegt. Als eine der ältesten Reliquien wurde der Schrein mit dem Arm des heiligen Veit bewahrt, den Fürst Wenzel der Heilige im Jahre 929 oder 930 erhielt. Schwert, Helm und Kettenpanzer dieses Fürsten sollten ebenfalls Bestandteil des Schatzes werden. Weitere Reliquien erwarb Fürst Břetislav I. (1039–1055) auf seinem Kriegszug nach Polen, er brachte die Reliquien des heiligen Adalbert und der heiligen Fünf Brüder nach Prag. Dem zweiten Prager Bischof, dem heiligen Adalbert (982–997), werden einige bis heute aufbewahrte Gegenstände zugeschrieben, ein Ringfragment, ein Bischofsring, Kreuze und ein Knochenkamm, obwohl sie teilweise jünger sind.

Ein bedeutender weltlicher Bau war der Palast des Prager Bischofs westlich der St. Veitsrotunde. Das heutige Gebäude der so genannten Alten Propstei wurde auf seinen baulichen Überresten errichtet. In der ältesten, vor das Jahr 1060 datierten Bauphase war er ein geräumiges Haus in Abmessungen von bis zu 9 m x 9 m, gemauert aus lehmverbundenen Steinen. An die Ostseite schloss die mörtelgebaute Bischofskapelle des heiligen Moritz an. Mörtelgemauert war auch ein Anbau mit zwei Räumen, der wahrscheinlich nach dem Jahr 1091 an die Nordseite des ursprünglichen Gebäudes angefügt wurde.

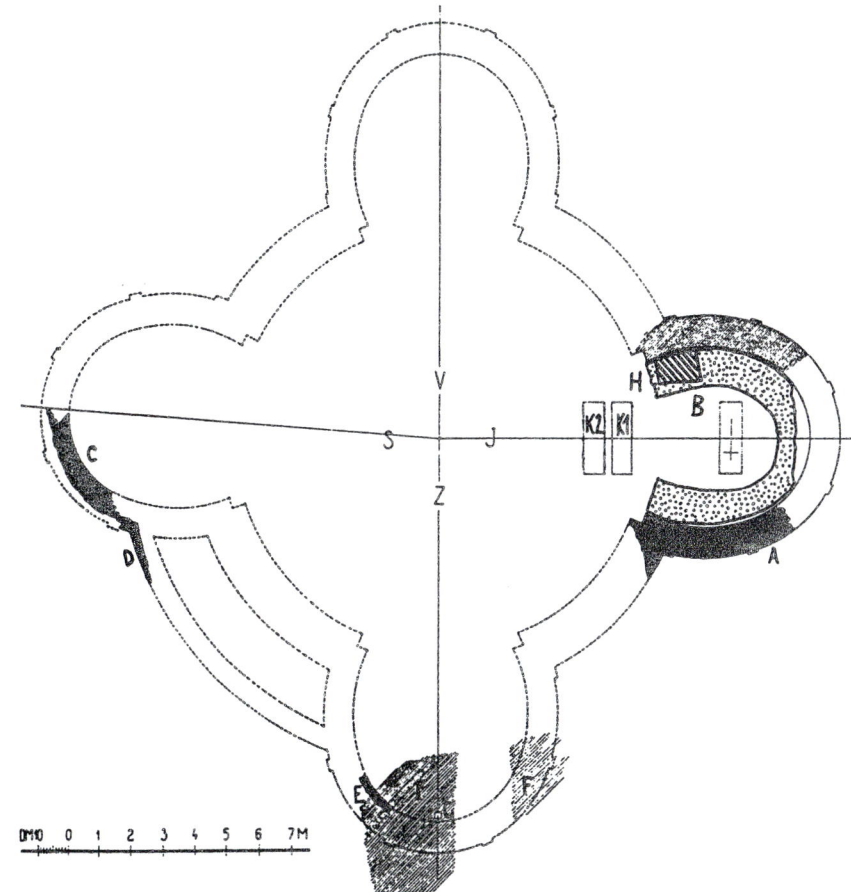

263 Prager Burg. Rotunde St. Veit mit vier Apsiden. H Altar der zwölf Apostel; K1 und K2 Gräber.

264 Prager Burg. Kugelknopf mit Filigran und Steinfassungen aus Grab 53 am Lumbe-Garten.

Die archäologische Forschung brachte bisher keine beweiskräftigen Hinweise auf den Standort des ältesten Fürstenpalastes. Aus den schriftlichen Quellen weiß man, dass er mindestens einstöckig war, und im Hinblick auf die Bauart des Bischofssitzes

Herrschaftszentren und Herrschaftsorganisation

265 **Prager Burg. Goldener Ohrring mit Granulation aus Grab 53 am Lumbe-Garten.**

266 **Prager Burg. Säule aus der Westkrypta der St. Veitsbasilika, Ende 11. Jahrhundert. Praha, Národní muzeum.**

kann man sich ihn gemauert vorstellen. Nur schwache Indizien sprechen für seine Lokalisierung auf dem Gipfel des Felsrückens östlich der St. Veitsrotunde.

Die übrigen profanen Bauten waren aus Holz und bestanden aus ein-, seit dem 11. Jahrhundert auch zweiräumigen Blockhäusern mit schlichter Innenausstattung; es gab eine Feuerstelle und einen Aufbewahrungskasten unter dem Fußboden. Einige Häuser standen auf umzäunten Grundstücken, was andeutet, dass die bebaute Fläche in kleinere Einheiten zerfiel. Die Hauptachse, an der sich die Bebauung offensichtlich ausrichtete, war der Weg, der die Prager Burg in ost-westlicher Richtung kreuzte. In der späteren Entwicklung wurde dieser Weg zu einer Art Grenze, die das Burggelände in einen sakralen Bereich nördlich des Weges und einen profanen Bereich südlich des Weges teilte.

Die Prager Burg wurde vor allem von einer Konsumgemeinschaft bewohnt. Die archäologischen Funde belegen jedoch auch, dass dort die meisten der wichtigen Handwerkszweige vertreten waren; es gab das Schmiede- und Holzhandwerk, Knochen und Bronze wurden bearbeitet. Die Anwesenheit der Oberschicht schuf gute Voraussetzungen für eine Schmuckwerkstatt, die vom beginnenden 10. Jahrhundert an indirekt belegt ist. Die in dieser Werkstatt hergestellten Schmuckstücke übernehmen großmährische Techniken, später bereichern sie diese durch neue Motive unter der hauptsächlichen Verwendung von Silber. Die Arbeit der Werkstätte, am besten im Lumbe-Garten im nördlichen Vorfeld der Prager Burg belegt, ist die Wiege des böhmischen Kunsthandwerks. Dank der Münzumschriften wissen wir über die Arbeit einer Münzstätte Bescheid, sie begann zur Zeit des Fürsten Boleslav I. (935–972).

Bedeutend sind die Funde aus den Gräberfeldern. Die Bestattungsplätze des 9. und 10. Jahrhunderts ragen durch die Anzahl der Gräber und den Reichtum ihrer Ausstattung hervor, sie liegen wie das Gräberfeld an der ehemaligen Königlichen Reitschule oder das im Lumbe-Garten im nördlichen Vorfeld der Prager Burg (Abb. 264; 265). Die Bestattungen enden hier zu Beginn des 11. Jahrhunderts. Ab dem 10. Jahrhundert sind Bestattungen bei Kirchen belegt, beispielsweise bei der Marienkirche und der St. Veitsrotunde, und werden immer häufiger. Das Kircheninnere war Mitgliedern des Přemysliden-Geschlechtes und hohen kirchlichen Würdenträgern vorbehalten. Gräber dieser Persönlichkeiten enthielten auch ganze Sätze von Luxusgegenständen, die sich allerdings nur in Fragmenten erhalten haben. Beispiele sind Textilien byzantinischer und islamischer Herkunft aus dem 10. bis 12. Jahrhundert aus dem Grab der heiligen Ludmilla, das Glasfragment und der Teil eines Strumpfes aus byzantinischem Stoff im Grab Boleslavs II. und der einzigartige Lederhelm aus dem Grab, das dem Gefolgsmann des heiligen Wenzel, dem seligen Podiven, zugeschrieben wird.

Die Gräberfelder bargen wichtige Zeugnisse auch für die Beantwortung allgemeiner Fragen. Seit dem Ende des 9. Jahrhunderts war die Prager Burg der Ausgangspunkt der Christianisierungsbestrebungen und seit den siebziger Jahren des 10. Jahrhunderts stand eine Bischofskirche in ihrer Mitte. Die christliche Weltanschauung gewann nur langsam die Oberhand in der Gesellschaft. Dies bezeugen vorchristliche Bräuche, besonders Schutzmaßnahmen gegen Wiedergänger, in den Gräbern des 10. Jahrhunderts, die in den Gräberfeldern im Lumbe-Garten und an der Königlichen Reitschule vorkommen, nur wenige hundert Meter vom St. Veitsdom entfernt.

Literatur

Borkovský 1965. – Frolík/Smetánka 1997.

Levý Hradec

KATEŘINA TOMKOVÁ

Levý Hradec – der Burgwall, auf dem in den achtziger Jahren des 9. Jahrhunderts die erste christliche Kirche Böhmens erbaut und wo 100 Jahre später, im Jahre 982, Adalbert zum zweiten böhmischen Bischof gewählt wurde – spielt eine bedeutende Rolle in den ersten Phasen der Herausbildung und Festigung des frühmittelalterlichen böhmischen Staates.

Der Felssporn von Levý Hradec ist durch die Schlucht Ve Vikouši, die sich muschelförmig öffnet, in zwei Blöcke geteilt, die östliche Hauptburg mit der St. Clemenskirche und die westliche Vorburg. Die Anfänge dieses etwa 6 ha großen, 8 bis 9 km Luftlinie nördlich der Prager Burg liegenden Burgwalles gehören in die Zeit vor dem Regierungsantritt des ersten bekannten Přemysliden-Fürsten, Bořivoj, möglicherweise bereits in die erste Hälfte des 9. Jahrhunderts. Das Aussehen des allerersten Burgwalles von Levý Hradec kann nicht mehr rekonstruiert werden. In jedem Fall ist jedoch Levý Hradec als Burgwall mit einer befestigten Hauptburg und einer Vorburg bereits in der Zeit vor Bořivojs Stiftung der Kirche in den achtziger Jahren des 9. Jahrhunderts belegt. Beide Areale waren von einer Mauer in Rostbauweise mit einer steinverblendeten Frontseite umgeben. Zu der Mauer an der verwundbareren Südwestseite der Hauptburg gehörte eine Palisade mit einem erhaltenen kleinen Tor und einem Graben. Auf der Südwestseite der Vorburg entstand eine 4 m hohe

267 **Levý Hradec aus der Vogelperspektive.**

Mauer (A), welche hier das relativ schmale Zugangsjoch zur Vorburg abtrennte. Die rechte Innenseite dieser Mauer bildete eine durch Pfosten gehaltene Holzwand, außen entstand eine bis zu 1,15 m starke Verblendung aus Plänersteinen. Zur Mauer gehörte ein kleiner Graben mit einer Breite bis 3,5 m und einer Tiefe bis zu 1,5 m. Über die mit der Mauer A zusammenhängende Besiedlung kann man nur sehr wenig sagen. Nur ein Haus in Pfostenbauweise ohne Heizeinrichtung ist ihr zuzuordnen.

Nach einem großen Brand wurde die zerstörte ältere Mauer teilweise beseitigt und der Abhang im unteren Bereich durch Holzkonstruktionen verstärkt, auf denen die Mauer M in Kastenbauweise mit einer vorderen Verblendung aus Stein erbaut wurde. Während die Mauer im Süden bis zu 9,5 m dick war, verschmälerte sie sich in Richtung Norden bis auf knapp 5 bis 6 m. Aus der Verteilung der Pfostenlöcher rekonstruierte man ein Zangentor mit einem Mittelbau. Der Schutz der Vorburg wurde durch einen mindestens 10 bis 12 m breiten und ungefähr 3 m tiefen Graben verstärkt.

An die jüngere Mauer schlossen sich Häuser in Pfostenbauweise an, welche I. Borkovský als „Gehöft" rekonstruierte und ungefähr ans Ende des 9. Jahrhunderts, ein anderes Mal ins 10. Jahrhundert datierte. Dem Tor gegenüber stand ein weiteres, aus zwei Räumen bestehendes Haus. In der nordöstlichen Ecke des einen Raumes, dem Eingang gegenüber, befand sich eine Feuerstelle, der andere Raum hatte keine Heizeinrichtung. Nach den Keramikfunden und der Stratigraphie des Fundortes kann man die Anfänge der jüngeren Mauer M und der mit ihr gleichzeitigen Besiedlung in das letzte Drittel des 9. und in den Beginn des 10. Jahrhunderts datieren.

Zu Beginn dieses Horizontes, in den achtziger Jahren des 9. Jahrhunderts, stiftete Fürst Bořivoj auf Levý Hradec die älteste christliche Kirche in Böhmen, sie war dem heiligen Clemens geweiht. Auch wenn es keinen zuverlässigen Beweis dafür gibt, dass die Überreste der von I. Borkovský in den vierziger Jahren entdeckten Rotunde diejenigen des Baus aus Bořivojs Zeit sind, und es im Gegenteil scheint, dass das aufgedeckte Fundamentmauerwerk erst aus einem der beiden nachfolgenden Jahrhunderte stammen kann, ist das lange in das Mittelalter hinein wirkende Primat der St. Clemenskirche unter den böhmischen Kirchen nicht abzustreiten. Im Unterschied zu den Kirchen in Budeč und auf der Prager Burg war es bei den Grabungen Č. Rýzners in den neunziger Jahren des 19. Jahrhunderts nicht gelungen, in oder bei der Kirche Gräber zu entdecken, die an das Ende des 9. und in das erste Drittel des 10. Jahrhunderts datierbar wären. In jener Zeit bestattete man mit Sicherheit auf dem einige 100 m südlich von Levý Hradec gelegenen Hügel. Während die Grabkeramik, die man mit den Funden aus dem Burgwall vergleichen kann, eine wichtige Quelle für das Studium der frühmittelalterlichen Keramik darstellt, gleicht der Schmuck der Elite von Levý Hradec dem des auf der Prager Burg und auf Budeč lebenden Adels. Traubenohrgehänge, Kugelknöpfe und olivenförmige Perlen bezeugen, dass auch die Be-

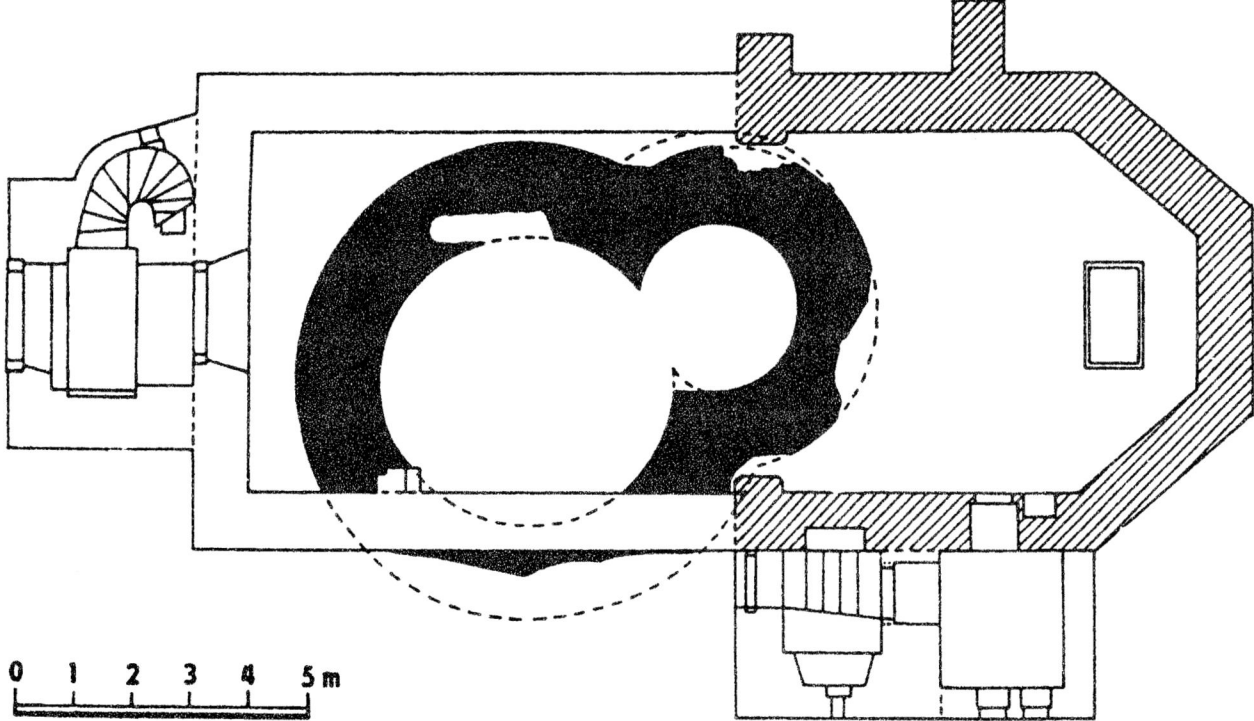

268 **Levý Hradec.** Plan der gotischen Kirche St. Clemens mit der Rotunde, die aus der Zeit Borivojs stammen könnte (nach I. Borkovský).

wohner von Levý Hradec die „großmährische Mode" liebten. Importe in Form von Ohrgehängen mit mehrfachem S-förmigem Abschluss, Ohrgehänge mit einem S-förmigen und einem häkchenförmigen Abschluss, Kaurischnecken, Bernstein- und Halbedelsteinperlen belegen die Fernkontakte und Handelsbeziehungen Böhmens. Bereits seit der Vorzeit verlief durch das untere Moldautal, also in unmittelbarer Nähe von Levý Hradec, die bedeutende, später im Mittelalter als *„magna via"* bezeichnete Handelsstraße, welche das Prager Becken mit den nordwestlich gelegenen Gebieten verband.

Die Analyse der Ergebnisse der archäologischen Erforschung des Burgwalls und seiner Gräberfelder bestätigt, dass Levý Hradec im 10. Jahrhundert weiterhin dicht besiedelt war und sowohl die Hauptburg als auch die Vorburg mit Mauern umgeben waren. Während jedoch die Vorburgbefestigung nicht mehr erneuert wurde und zu zerfallen begann, machte die Hauptburgbefestigung eine weitere Entwicklung durch. Zuerst führte die Errichtung von Häusern in Blockbauweise im südwestlichen Bereich der Hauptburg zum Teil zu sekundären Eingriffen in die hintere Linie der älteren Mauer. Diese Blockhäuser und eventuell einige weitere Häuser wurden von einem Brand vernichtet, der offensichtlich große Teile der Hauptburg zerstörte. Von einer Brandschicht überlagerte Siedlungsreste finden sich nämlich auch im nordöstlichen Teil der Hauptburg. Nach dem Brand wurde sie erneut durch eine Mauer in Rostbauweise mit einer vorderen Verblendung aus Steinen befestigt. Es ist jedoch keine Palisade belegt, auch kein Außengraben. Zu den interessanten Baudetails gehören künstliche terrassenartige Geländestufen, in die man die Mauer zuerst verankerte. Diese jüngere Mauer wurde während des 10. oder sogar noch Anfang des 11. Jahrhunderts gebaut. Levý Hradec war damals weiterhin ein bedeutender Stützpunkt für das Přemysliden-Geschlecht, und zwar sowohl in wirtschaftlicher als auch in politischer Hinsicht. Es konnte eine Stütze der herrschenden, aber auch eine Zufluchtsstätte der nichtherrschenden Dynastiemitglieder sein. Die fortdauernde Bedeutung dieses Burgwalls illustriert die Wahl des hier ansässigen Slavnikiden Adalbert zum zweiten böhmischen Bischof im Jahre 982. Seine Bedeutung behielt dieser Burgwall sehr wahrscheinlich auch in der Krise des böhmischen Staates nach dem Tode Boleslavs II. im Jahre 999. Ein indirektes Indiz dafür, dass Levý Hradec nicht abseits der stürmischen Ereignisse der beiden ersten Jahrzehnte des 11. Jahrhunderts blieb, könnten Münzfunde sein – ein Denar Vladivojs, der in den Jahren 1002/1003 böhmischer Fürst war, und ein Hort von Münzen der Fürsten Jaromír und Udalrich (Oldřich), der um das Jahr 1012 auf dem westlich von Levý Hradec gelegenen Hügel Řivnác deponiert wurde. Wahrscheinlich eines der letzten Ereignisse, welches Levý Hradec noch als Burgwall erlebte, war der Kriegszug Heinrichs III. gegen Břetislav I. im Jahre 1041. Ungefähr in diese Zeit kann man auch den Fund von 37 Denaren Břetislavs I. datieren, die in einer der Gruben in der Vorburg deponiert wurden.

269 **Levý Hradec. St. Clemens, gotischer Nachfolgebau der ältesten christlichen Kirche Böhmens.**

Literatur

Borkovský 1965. – Radoměřský 1960. – Sláma 1977; 1986 –1988; 1988. – Tomková u. a. 1994. – Tomková 1998.

Libice

JARMILA PRINCOVÁ

Als „ein Haus voller Gold und Silber, in dem ein zahlreiches Gesinde summt" bezeichnete Brun von Querfurt, der Biograph des heiligen Adalbert (Vojtěch), in der Legende *Nascitur purpureus flos* den Sitz von Adalberts Vater Slavník, in dem Adalbert seine Kindheit und frühe Jugend verbrachte. Die erwähnte Residenz der slavnikidischen Fürsten stand in der zweiten Hälfte des 10. Jahrhunderts im Burgwall Libice, der damals das Zentrum des slavnikidischen Fürstentums in Nordostböhmen war. Die Gemeinde Libice nad Cidlinou trägt bis heute den Namen der Festung, dessen ursprüngliche Form Ljubica lautete. Auf den slavnikidischen Denaren, welche in den achtziger Jahren und in der ersten Hälfte der neunziger Jahre des 10. Jahrhunderts Slavníks Sohn und Nachfolger, der Fürst Soběslav auf Libice prägte, liest man die Variante LIVBVZ.

Der Burgwall wird bereits seit dem vorigen Jahrhundert intensiv erforscht, J. Hellich, J. L. Píč, R. Turek und J. Princová sind hier zu nennen, sodass man drei Entwicklungsstufen benennen kann: 1) die vorslavnikidische Zeit im 9. und in der ersten Hälfte des 10. Jahrhunderts, als Libice zum Gebiet des Stammesfürstentums der Zlitschanen gehörte; 2) die slavnikidische Zeit zwischen den fünfziger und den neunziger Jahren des 10. Jahrhunderts und 3) die Zeit nach dem Fall des slavnikidischen Libice, das am 28. 9. 995 vom Heer Boleslavs II. erobert wurde, als der Burgwall im 11. und 12. Jahr-

270 **Libice aus der Vogelperspektive.**

hundert die Funktion einer přemyslidischen Kastellanei, eines Zentrums lokaler Bedeutung im Rahmen der Burgorganisation des Landes erfüllte. Der Burgwall Libice hatte eine Ausdehnung von ungefähr 26 ha und stand auf zwei Terrasseninseln am Zusammenfluss von Elbe und Cidlina, einer Kreuzung der Elbeverkehrsader mit dem aus Prag nach Polen führenden Landweg. Neue archäobotanische Analysen der hiesigen Pflanzenreste weisen auf eine natürliche Umgebung ohne dauerhafte Sümpfe hin; der Burgwall wurde von den schnell dahinfließenden Fluten der Cidlina und ihrer Arme umschlossen, um ihn breiteten sich vor allem Felder sowie mäßig feuchte Wiesen und Weiden aus. Bereits bei der Gründung des Burgwalls um das Jahr 800 wurden die beiden Terrasseninseln gleich zu Beginn mit einer Wehrmauer mit Innengraben befestigt, die aus einem Holz-Lehm-Kern bestand, der außen und innen durch eine steinerne Verblendung oder eine Wand aus Holzbohlen verstärkt wurde. Die Cidlina und ihre Flussarme schützten die Mauer wie ein Außengraben. Die Grabungen lassen vermuten, dass eine ältere Befestigung im 10. Jahrhundert zu einer mächtigeren Wehranlage umgebaut wurde. Sie zeigten auch, dass verschiedene Bautrupps die Befestigungen in Abschnitten und in unterschiedlichen Verfahren errichtet hatten. Die Eroberung des slavnikidischen Libice im Jahre 995 hinterließ an den Befestigungen Brand- und Zerstörungsspuren, besonders auf der Westseite, von wo der Angriff geführt wurde. Im 11. und 12. Jahrhundert verloren die Libicer Befestigungsanlagen nach und nach ihre Wehrhaftigkeit: Trümmer der steinernen Mauerblenden verblieben an den bei den Kämpfen des Jahres 995 zerstörten Stellen im Innengraben; der mächtige Innengraben am östlichen Rand der Vorburg diente seit dem 11. Jahrhundert als Müllkippe. In der vorslavnikidischen Zeit waren die beiden befestigten Terrasseninseln ungefähr gleichwertig. Die westliche Terrasseninsel, der so genannte innere Burgwall, hatte jedoch einen besseren natürlichen Schutz. Im östlichen Teil der Innenfläche des Burgwalls kam es zu Beginn des letzten Drittels des 9. Jahrhunderts zu einer ersten großen Änderung: die Bewohner mussten umziehen, denn an dieser Stelle wurde ein Gräberfeld angelegt, auf dem die Bewohner des Burgwalls einschließlich der Oberschicht bis zur Mitte des 11. Jahrhunderts bestattet wurden. In der vorslavnikidischen Zeit wies das Gräberfeld Einflüsse vor allem aus dem großmährischen Kulturkreis auf, wie Schmuck, Waffen, und die Anlage der Gräber zeigen. Bereits in der ersten Hälfte des 10. Jahrhunderts wurden hier bedeutende Persönlichkeiten bestattet wie ein Krieger

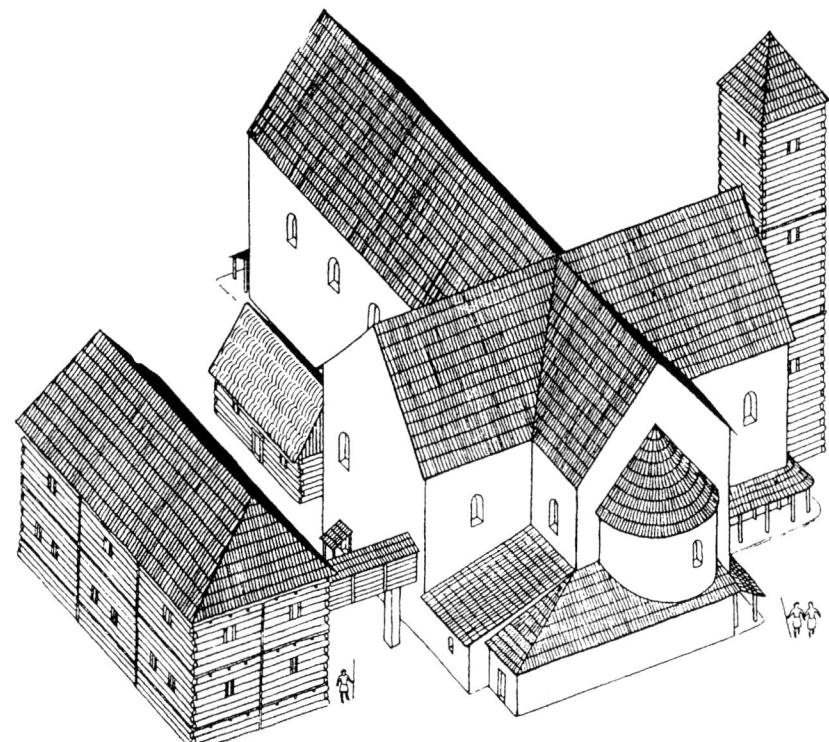

271 Rekonstruktion der slavnikidischen Fürstenresidenz auf dem inneren Burgwall von Libice (nach R. Turek).

mit Schwert oder die so genannte „Libicer Fürstin" mit kostbarem, überwiegend von den großmährischen Traditionen beeinflussten Schmuck. In den fünfziger Jahren des 10. Jahrhunderts wurde dieses wichtige Gebiet um die benachbarten, bisher bewohnten Grundstücke erweitert: Die Häuser dort wurden abgerissen, das Gelände wurde aufgeschüttet, planiert und man baute darauf die repräsentativen Gebäude des Fürstensitzes Slavníks.

Auch die Vorburg auf der östlichen Terrasseninsel spielte bereits in der vorslavnikidischen Zeit eine nicht unbedeutende Rolle. Darauf deutet die Tatsache hin, dass nach den anfänglichen Spuren von Kontakten – Gürtelbeschläge, vielleicht auch ein Fragment eines Kodexbeschlags – mit dem karolingischen und dem altmährischen Kulturkreis in der ersten Hälfte des 9. Jahrhunderts hier bereits um 900 die Marienkirche mit ihrem Friedhof und einem wahrscheinlich für die Priester dieser Kirche erbauten Haus gestiftet worden sein könnte. Auf Libice wuchsen damals die Bevölkerung und der Lebensstandard, wie die zahlreichen Funde sowie die Mächtigkeit und Funddichte der Schichten aus dem 10. Jahrhundert zeigen. Im archäologischen Material beginnen Belege für neue Kontakte Libices aufzutauchen, Kontakte mit dem Köttlacher Gebiet der südlichen Alpenslawen, mit dem slawischen Kulturkreis in Polen und mit den Ländern der Wikinger.

Im 9. und 10. Jahrhundert prosperierten die Siedlungsansammlungen im Umland des Burgwalls, es gab einen Gürtel von Siedlungen und Gräberfeldern vor allem in den Höhenlagen nördlich und östlich der Festung. Intensiv besiedelt war der

Herrschaftszentren und Herrschaftsorganisation 383

Landstrich unmittelbar östlich des Burgwalls. Unter den Gräberfeldern ragen die drei bisher bekannten Nekropolen auf der Gemarkung der Nachbargemeinde Kanín im östlichen Hinterland von Libice hervor; auf dem Gräberfeld Kanín II wurde ein weiterer Krieger mit Schwert begraben. Im nördlichen Hinterland liegt das Gräberfeld mit einem Grab, in dem dem Verstorbenen zehn Denare Boleslavs II. beigegeben wurden, und ein weiteres Gräberfeld, in dem sich das dritte Libicer Grab befindet, in dem ein Toter mit einem Schwert bestattet wurde.

Das Wahrzeichen der slavnikidischen Fürstenresidenz (Abb. 271) war eine steinerne einschiffige Kirche im ottonischen Baustil mit dem Grundriss eines lateinischen Kreuzes, abgeschlossen mit einem länglichen Presbyterium mit halbrunder Apsis. Das Patrozinium dieser Kirche ist nicht bekannt. An das Presbyterium schlossen sich auf südöstlicher Seite zwei kleinere Räume an, vermutlich die Sakristei und das Baptisterium. In beiden Flügeln des Querschiffes und am westlichen Ende des Hauptschiffes gab es je eine Empore, nördlich der Kirche stand ein hölzerner Glockenturm. Südlich der Kirche befand sich ein einstöckiger gezimmerter Fürstenpalast mit Mörtelfußböden im Erdgeschoss. Aus dem oberen Stock des großen Gebäudes führte ein von einem Pfeiler gestützter Steg auf die südliche Empore im Innern der Kirche. Zwischen dem Hauptschiff der Kirche und dem Fürstenpalast stand das aus Holz gezimmerte Priesterhaus. Am südlichen Querschiff der Kirche befand sich die Familiengrabstätte der Slavnikiden, welche hier ohne Grabbeigaben in hölzernen, mit Eisenreifen beschlagenen Särgen bestattet wurden. Über den Gräbern zweier slavnikidischer Damen an der Kirchenmauer standen Sandsteingrabstelen mit Inschriften im ottonischen Stil. Auf den Fragmenten kann man Abkürzungen von Titulaturen antiker Herkunft lesen: STF – *stolata femina* – mit einer Stola, dem Kleid vornehmer Damen gekleidete Dame, und CP – *clarissima puella* – die erlauchteste Jungfrau.

Die Eroberung des slavnikidischen Libice im Jahre 995 hinterließ im Burgwallgelände auf den westlichen und südwestlichen Befestigungsabschnitten und im Bereich des slavnikidischen Herrensitzes Brand- und Zerstörungsspuren. Der Fürstenpalast wurde geplündert, in den kirchlichen Gebäuden ließen die Eroberer nur die für sie uninteressanten Gegenstände zurück – im Kirchenbereich ein tönernes Aquamanilefragment, einen eisernen Weihrauchlöffel, Bruchstücke eines Reliquiarrahmens aus Zinn, Bruchteile von Kodexbeschlägen und eiserne Stili, im Priesterhaus den Beschlag einer Dolchscheide. Die Gebäude blieben in Trümmern. In ihrer südlichen Nachbarschaft baute man bald darauf das Haus der přemyslidischen Kastellane, das aber spätestens an der Wende vom 11. zum 12. Jahrhundert aufgegeben wurde, da man sich nun in der Vorburg niederließ. Seit jener Zeit verfiel der innere Burgwall sehr schnell und nur die Vorburg blieb besiedelt. Seine Funktion als Burgwall verlor Libice im Verlauf des 12. Jahrhunderts, und in den zwanziger Jahren des 13. Jahrhunderts kennen es die schriftlichen Quellen nur noch als ein Dorf im Besitz des Prager St. Georgsklosters.

Literatur

Nový u. a. (Hrsg.) 1987. – Princová-Justová 1999. – Slamá 1997. – Turek 1993.

Altbunzlau (Stará Boleslav)

IVANA BOHÁČOVÁ

Einer der bedeutenden Standorte, von denen aus die Přemysliden das Land beherrschten und die gleichzeitig eine Stütze für ihre weitere Gebietsexpansion waren, entstand irgendwann an der Wende vom 9. zum 10. Jahrhundert am nordöstlichen Rand der mittelböhmischen přemyslidischen Domäne. Die frühmittelalterliche Burg Bunzlau (Boleslav) unterscheidet sich zwar von den übrigen befestigten Orten ihrer Zeit, die sich auf erhöhten Felsspornen befinden, ihre vorteilhafte Lage ist jedoch offensichtlich. Die Burg liegt an der Kreuzung des Fernweges aus Böhmen nach Norden mit der bedeutenden Flussverkehrsverbindung auf der Elbe, in einer nicht allzu weiten Entfernung (30 km) von der Metropole Prag. Zu ihrer Gründung wählte man eine leicht erhöhte, in die Elbaue am Zusammenfluss von Elbe und Iser deutlich hineinragende Landzunge.

Die zahlreichen historischen Berichte erwähnen Bunzlau vor allem im Zusammenhang mit dem Tod des Fürsten Wenzel (929 oder 935), welcher hier an der Kirche der Heiligen Kosmas und Da-

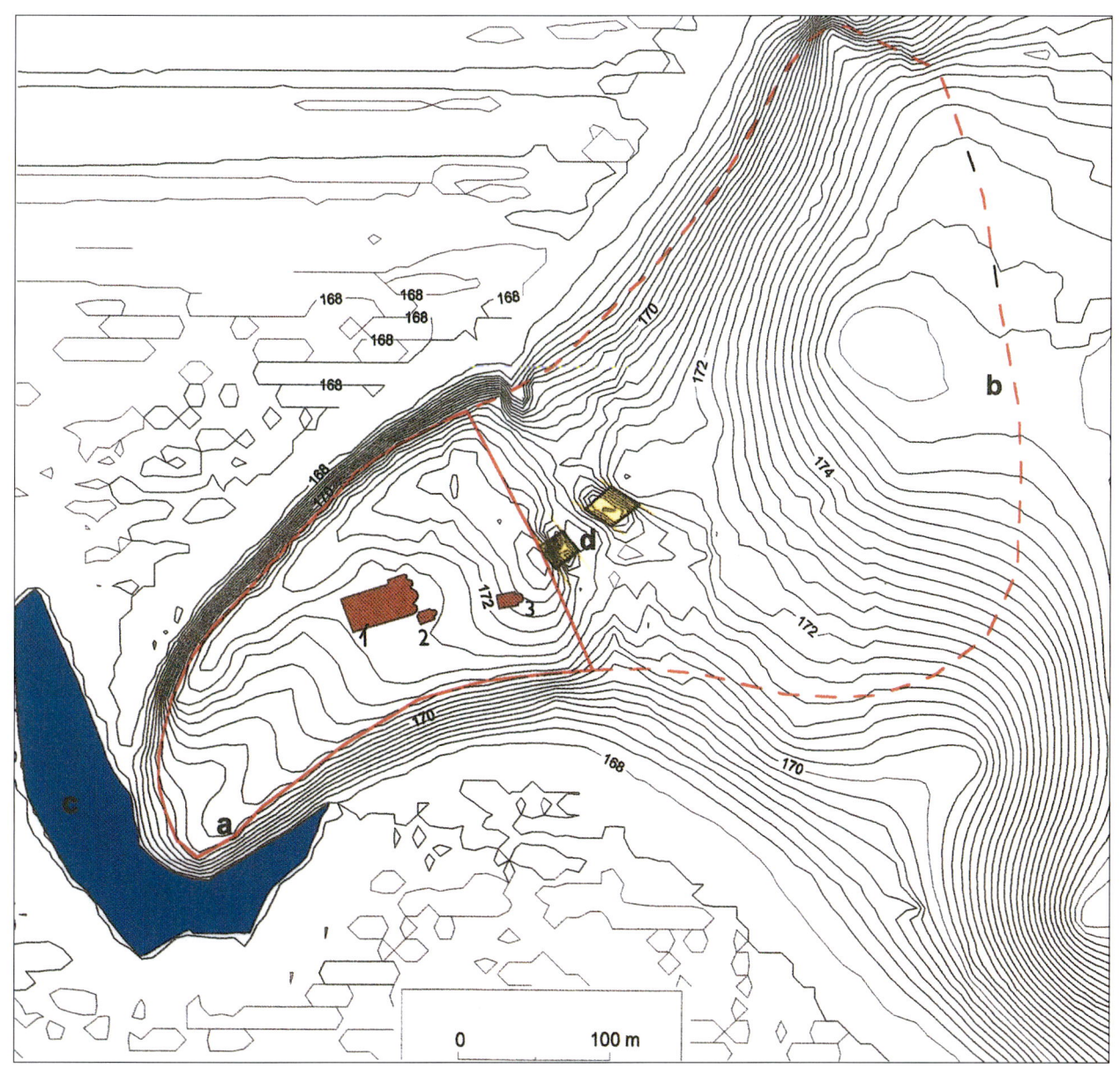

272 **Altbunzlau (Stará Boleslav). Rekonstruktion der Morphologie der Landzunge in der Zeit der ältesten Phase des přemyslidischen Burgwalls nach dem gegenwärtigen Forschungsstand. a der wahrscheinliche Verlauf der steinernen Befestigung des zentralen Bereichs; b der angenommene Verlauf der Befestigungen der Vorburg; c Flussarmrelikt. 1 Basilika des heiligen Wenzel; 2 Kirche des heiligen Clemens; 3 Kirche unbekannten Patroziniums.**

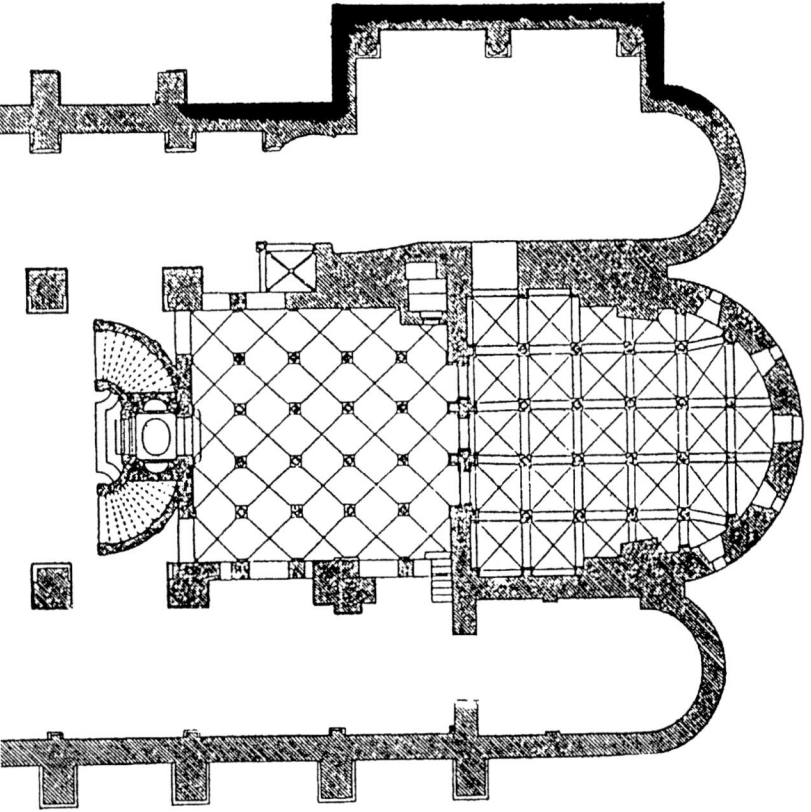

273 **Altbunzlau.** Detail der Verbindung des Mauerwerks der so genannten Wraber Kapelle mit dem Nordschiff der Basilika, ergänzt durch einen schematisierten Grundriss der Basilika mit der gekennzeichneten neu belegten frühmittelalterlichen Phase.

mian durch die Hand seines Bruders, des späteren Fürsten Boleslav I., den Tod fand. Ein weiteres aufzeichnungswürdiges Ereignis war der Bau einer vollkommen aus Steinen errichteten Mauer „auf römische Art" und die Stiftung der St. Wenzelsbasilika mit einem Kollegiatkapitel (1039). Obwohl der Chronist Cosmas die Gründung Bunzlau eindeutig mit Boleslav I. verband, darf man diese Information angesichts der archäologischen Funde nicht als gesichert ansehen.

Anhand der Ergebnisse der Rettungsgrabung des Archäologischen Instituts der Akademie der Wissenschaften in Prag und des Stadtmuseums in Čelákovice in den Jahren 1988 bis 1998 zeigt sich, dass das frühmittelalterliche Bunzlau ein zweigeteiltes, ungefähr 16 ha großes Gelände einnahm. Auf seine Größe und sein Aussehen kann man aus der Gestaltung des Geländes, aus der räumlichen Verteilung der archäologischen Funde und auch aus den Ergebnissen der geophysikalischen Messungen schließen. Die zentrale Fläche wurde zunächst durch den damals geläufigen Mauertyp mit steinerner Frontverblendung geschützt. Es ist wahrscheinlich, dass eine analoge Befestigung auch das Gelände der im Osten angrenzenden Vorburg schützte. In einer flachen Senke zwischen dem zentralen Bereich und der Vorburg sind zwei Gräben belegt, welche jedoch spätestens am Ende des Frühmittelalters verschwanden. Einen Graben kann man auch auf der Ostseite der Vorburg annehmen. Irgendwann im Verlauf des 10. Jahrhunderts wurde die zentrale Fläche *opere romano* befestigt. Dies war eine neuartige und für Mitteleuropa ungewöhnliche Technik; eine steinerne Mauer aus Sandsteinblöcken die durch einen mit Ton versetzten Mörtel verbunden waren. An den Fundamenten erreichte die Mauer eine Breite von 3 m. Ihre Höhe konnte man nicht rekonstruieren, denn die Steine der Mauer wurden später wiederverwendet. Wir können nur Mutmaßungen über die Gründe, warum die Erbauer diese in Böhmen sonst unbekannte Technik anwendeten, anstellen. Eine Rolle können die Naturgegebenheiten, die strategische Lage des Ortes und eventuell auch die Persönlichkeit des Erbauers gespielt haben. Beweise dafür, dass die Stellung dieses Standortes in jener Zeit auch auf andere Weise herausragend gewesen wäre und dass Bunzlau die zeitgenössischen vergleichbaren Burgwälle an Bedeutung übertroffen hätte, finden sich weder in den archäologischen noch in den historischen Quellen.

In den stratigraphisch ältesten Schichten auf der zentralen Fläche entdeckte man Negativabdrücke der Fundamente von Blockbauten. Es handelte sich um die Überreste von Wohnhäusern, die zeitlich versetzt errichtet worden waren. Die Länge der Wand eines aufgedeckten mehrräumigen Gebäudes betrug 8 m. Solche Bauten sind bisher nur von der Fläche bekannt, die an das Gelände mit den frühmittelalterlichen Sakralgebäuden angrenzt. Auf diesem Gelände wird auch die älteste (bisher archäologisch nicht nachgewiesene), in den schriftlichen Quellen erwähnte Kirche der Heiligen Kosmas und Damian vermutet. Von der Vorburg kennen wir keine analogen Gebäude. Man hat dort eine beträchtliche Menge eingetiefter Befunde in verschiedenen Formen und Größen entdeckt, bei denen es sich aufgrund der Fundlage jedoch nicht um Wohnungen gehandelt haben konnte. Gleichzeitig finden wir hier jedoch Belege für Pfostenbauten, deren Abmessungen größer als die der Wohnhäuser im zentralen Bereich sind. Weder ihre Form noch ihre Datierung im Rahmen der frühmittelalterlichen Besiedlung des Fundortes sind bisher geklärt (Grabung im Jahre 1996). Im nordöstlichen Teil der Vorburg hat man bereits in der Anfangsphase der Besiedlung – im Verlauf des 10. Jahrhunderts – hellgrauen Mergel (Pläner) benutzt, der im frühmittelalterlichen Böhmen ein geläufiges Baumaterial war. Die aufgedeckte ausgedehnte Fläche aus Plänersplitt kann ein Rest baulicher Tätigkeit sein, für die konkretere Belege jedoch fehlen. Bisher ist es auch nicht klar, ob, es sich bei den aufgefundenen Bauten um Gehöfte handelt, die offenbar, wie auf einer Reihe anderer zeitgenössischer Burgwälle, eine der bestimmenden Bebauungsformen waren, und die in den Legenden vom heiligen Wenzel für Bunzlau erwähnt werden. Unklar bleibt bisher auch die Zeitstellung der ältesten Gräberfelder in beiden Teilen des Burgwallgeländes und ihr Verhältnis zueinander.

Im Verlauf des frühen Mittelalters hat sich die Nutzung des zentralen Burgwallbereichs tiefgreifend geändert. Als Buße für seinen Kriegszug gegen die Polen stiftete hier Břetislav I. das bereits erwähnte Kapitel mit der neuen Kirche des heiligen Wenzel. Die romanische Gestalt dieses Gotteshauses in Form einer Basilika mit einer Ostkrypta, einem östlichen Abschluss mit drei Apsiden vielleicht auf einer Ebene und mit einer westlichen zweitürmigen Front hat sich größtenteils bis heute erhalten. Eine wichtige Feststellung der unlängst vorgenommenen Grabung ist der Beweis, dass der nördliche Teil der heutigen Basilika – die so genannte Wraber-Kapelle (Vrábská kaple) – und die nördliche Umfassungsmauer des Kirchennordschiffes miteinander zusammenhängen und gleichzeitig sind. Die Kapelle betrachtete man bisher entweder als Anbau, der nicht mehr aus dem frühen Mittelalter stammt, oder aber man glaubte in ihrem Grundriss ein Relikt der Kirche der heiligen Kosmas und Damian zu erblicken. Die während der Grabungen von 1997/98 gemachten Beobachtungen schließen bisher den Zusammenhang des erwähnten Nordteiles der Kirche mit den Angaben der schriftlichen Quellen über das Jahr 1039 nicht aus. Die heutige Gestalt der Basilika entstammt allerdings dem 12. Jahrhundert. Im selben Jahrhundert entstand die kleine einschiffige, unmittelbar süd-östlich der Basilika gelegene Kirche des heiligen Clemens, und vielleicht auch eine weitere unbekannte einschiffige Kirche mit Apsis, deren Fundamente vor kurzem etwa 50 m südöstlich der vorgenannten Gotteshäuser entdeckt wurden.

Die vielen kirchlichen Bauten erheben Bunzlau zu einem der bedeutendsten frühmittelalterlichen Orte Böhmens. Diese Bedeutung belegen auch die aufgefundenen kostbaren Gegenstände einschließlich der Importe. Die beiden wichtigsten bisher entdeckten Gegenstände, ein bronzener Beschlag aus dem awarischen Kulturkreis und das

274 **Luftbild von Altbunzlau (Stará Boleslav).**

Segment eines vergoldeten Schmuckstückes vielleicht nordischer Provenienz, stammen jedoch aus wesentlich jüngeren Fundkomplexen und sind in ihrer Aussagekraft daher nur bedingt brauchbar. Als weitere Luxusgegenstände aus den Schichten des 11. Jahrhunderts sind z. B. Bruchstücke kleiner vergoldeter verzierter Bleche zu nennen, neben einer Reihe geläufigerer Gegenstände aus Bronze und Eisen. Ebenfalls erwähnenswert sind das Fragment eines dünnwandigen, mit Kobalt verzierten Glasgefässes und ein keramisches, vielleicht zoomorphes Aquamanile.

Anderseits sind diese Belege nicht sehr zahlreich und auch die nachgewiesene Besiedlung innerhalb des befestigten Geländes und seiner unmittelbaren Umgebung zeigt angesichts ihrer Dichte und ihres Charakters keine Anzeichen für einen stürmischen Aufschwung oder eine wirtschaftliche Blüte dieses Ortes. Somit deuten auch die archäologischen Quellen an, dass das ursprünglich vielleicht als ein Verwaltungs- und Machtzentrum vorgesehene Bunzlau nicht die Bedeutung von z. B. Saaz (Žatec), Litoměřice, Pilsen (Plzeň) oder Hradec Králové erreicht hat, sondern dass sein Schicksal schließlich mit dem von Budeč, Tetín oder Levý Hradec vergleichbar war, die am Ende des Frühmittelalters vollkommen an Bedeutung verloren hatten.

Literatur

Boháčova 1998. – Bohačova/Špaček 1994.

Olmütz (Olomouc)

JOSEF BLÁHA

Olmütz (Olomouc) wurde als der einstigen mittelalterlichen Metropole Mährens systematische archäologische Aufmerksamkeit zuteil. Seit dem Jahre 1973 führt man kontinuierlich Rettungsgrabungen im historischen Kern dieser Stadt durch, der eine Fläche von ungefähr 45 ha bedeckt. Auch in dessen weiterer Umgebung, die einst eine frühmittelalterliche Siedlungsansammlung auf einer Fläche von ca. 40 km² aufwies, werden archäologische Untersuchungen regelmäßig durchgeführt. Die Archäologie erbrachte zu diesem Ort und seiner Entwicklung eine solche Menge neuer Erkenntnisse, dass man die Grundzüge seiner sozial-topographischen, politisch-wirtschaftlichen, kulturellen und religiösen Entwicklung, beginnend mit der Ankunft der ersten Slawen in der ersten Hälfte des 6. nachchristlichen Jahrhunderts, durchgehend rekonstruieren kann. In dieser Hinsicht stellt Olmütz in Mähren eine wirkliche Ausnahme dar, besonders in Hinblick auf die Erforschung der frühmittelalterlichen Zentren – der einstigen Sitze der přemyslidischen Teilfürsten des 11. und 12. Jahrhunderts (Brünn [Brno], Znaim [Znojmo], Olmütz).

Die schriftlichen Quellen erwähnen Olmütz erst um die Mitte des 11. Jahrhunderts. Am wichtigsten ist die Erwähnung der *urbs Olomuc/Olomuz/Olomucz* durch den böhmischen Chronisten Cosmas für das Jahr 1055 und des hier residierenden Teilfürsten Vratislav – dem späteren böhmischen König. Spätestens ab dem Jahre 1062/63 befand sich hier auch den Sitz des mährischen Bistums, das im Jahre 1075 Johannes I. innehatte. Die Olmützer Burg und das dazugehörige Gebiet, das unter an-

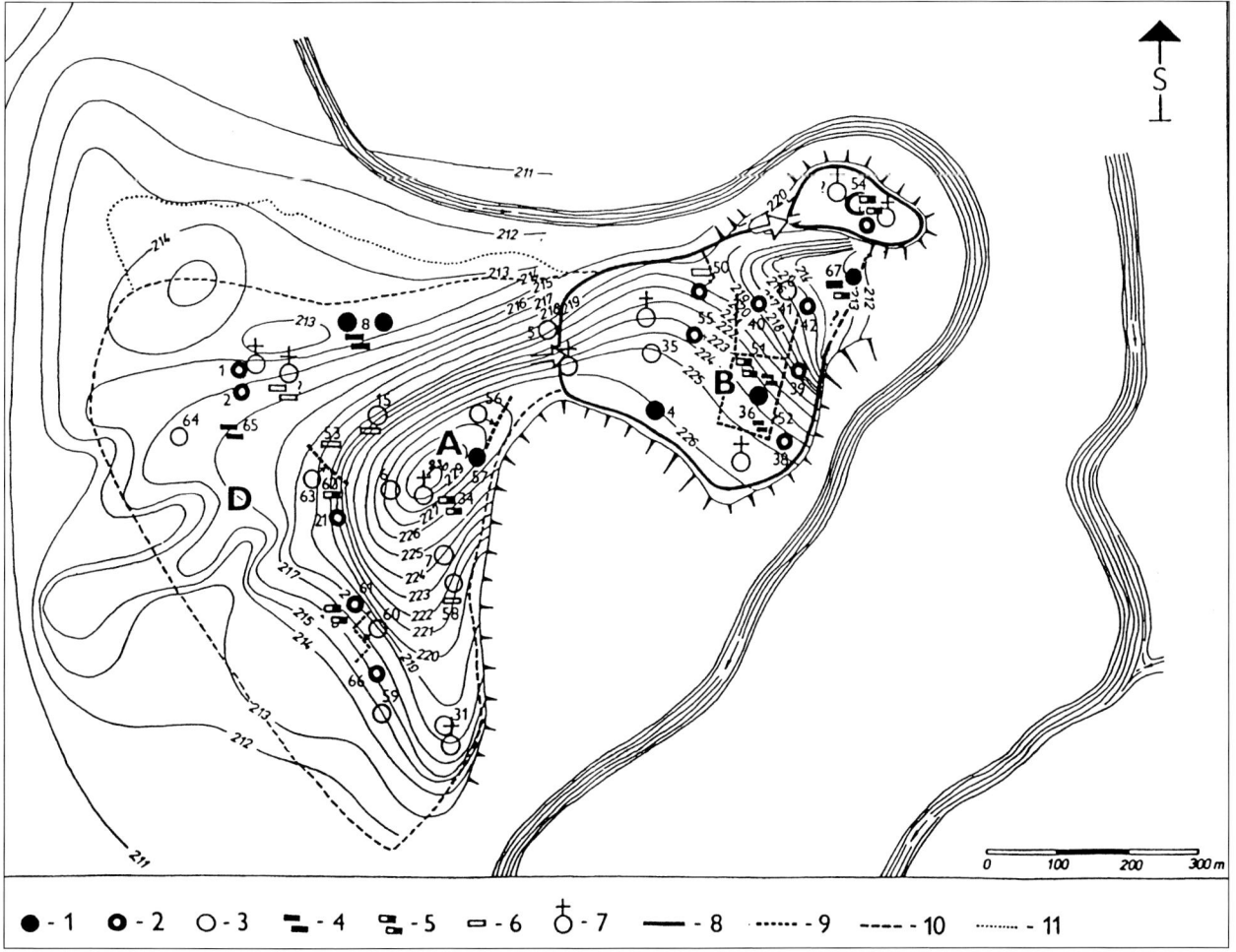

275 **Olmütz (Olomouc). Topographisches Grundschema mit den wichtigsten archäologischen frühmittelalterlichen Fundorten (6.–11./12. Jahrhundert).** A vermutetes ursprüngliches „Zentrum" auf dem Areal des Michaelsberges; B Gebiet der befestigten Vorburg; – *Akropolis* der Fürstenburg mit der St.-Wenzel-Kathedrale; D Bereich der späteren Stadtsiedlung aus dem zweiten Viertel des 13. Jahrhunderts mit eingezeichnetem Wehrmauerverlauf. 1 Siedlungsbefunde aus dem 6.–9. Jahrhundert und aus späteren Zeiten; 2 Siedlungsbefunde aus dem 11.–12. Jahrhundert; 3 Orte mit Einzelfunden aus dem 11.–12. Jahrhundert; 4 Körpergräberfelder aus dem 9. und der ersten Hälfte des 10. Jahrhunderts; 5 Körpergräberfeld aus der zweiten Hälfte des 10.–12. Jahrhunderts; 6 Funde von einzelnen Körpergräbern oder von verstreuten Skelettresten aus der Zeit vor der Besiedlung; 7 Kirchen aus der Zeit vor der Besiedlung; 8 vermuteter Verlauf der frühmittelalterlichen Befestigung der *Akropolis* und angrenzenden Vorburg mit eingezeichneten Toren; 9 Verlauf der ausgegrabenen Umfassungsmauern mit Belegen der kontinuierlichen frühmittelalterlichen Besiedlung; 10 Wehrmauerverlauf der Stadtsiedlung in der Zeit vor 1250; 11 Ausbreitung des Stadtareals nach 1250.

derem auch das ganze mährisch-ungarische Grenzland im Osten umfasste, stellte im 11. Jahrhundert eine durch enge Bande an Prag gebundene „Mark" dar und gleichzeitig die mächtigste Machtstütze der Přemysliden im Rahmen ihres damals schon geschrumpften Herrschaftsbereiches. Bereits diese kurz umrissenen Umstände, unter denen Olmütz in das Licht der historischen Nachrichten tritt, machen die damalige primäre, übrigens auch durch die spätere Tradition betonte Bedeutung dieses Ortes in Altmähren deutlich, was verständlicherweise seit eh und je bei den Historiographen zu Bestrebungen führte, gerade in diesem Fall das sozialgeographische Phänomen der Kontinuität der zentralen Funktionen zu klären.

276 **Olmütz (Olomouc) Vorburg. Haifischzahn als Amulettanhänger (11./12. Jahrhundert).** – Kat. 07.06.03.

Die přemyslidische Burg (die Hauptburg und eine befestigte Vorburg mit einer Gesamtfläche von 11 bis 12 ha) befand sich im 11. und 12. Jahrhundert im östlichen Teil eines zerklüfteten, leicht erhöhten Felssporns, der sich mehr als 20 m über die umgebende fruchtbare Aue erhob und durch die March geschützt wurde. Die eigentliche fürstliche Burg (*Akropolis*) mit einer Fläche von ungefähr 1,5 bis 1,8 ha lag auf dem äußersten östlichen Ausläufer dieses Sporns (Abb. 275, C), und unmittelbar an diesen schloss sich das flache Gelände der befestigten Vorburg mit Gehöften und Häusern der Kapitulare, Beamten, Krieger und weiterer Bediensteter, einschließlich des dazugehörigen Gesindes an (Abb. 275, B). Bis zu seiner Translation an den St. Wenzelsdom (also in die Hauptburg) im Jahre 1141 befand sich hier auch die älteste Domkirche des heiligen Petrus mit dem Wohnhaus des Bischofs. Außerhalb der Befestigungen blieb die höchste Olmützer Erhebung der so genannte Michaelsberg (233 m), der sowohl aufgrund der Überlieferung als auch durch einige unlängst ermittelte Indizien als eine vorchristliche Kultstätte angesehen wird (Abb. 275, A). Das ganze umschriebene Gelände, einschließlich der unmittelbaren Umgebung im Südwesten wurde dann spätestens im zweiten Viertel des 13. Jahrhunderts in die institutionell gegründete königliche Stadt einbezogen.

Die gegenwärtigen, seit dem Jahre 1973 schnell voranschreitenden Erkenntnisse über die Entwicklung des frühmittelalterlichen Olmütz bieten folgendes Bild: Bereits im 6. Jahrhundert entstand eine frühslawische ländliche Siedlung (Abb. 275, 8) am nordöstlichen Abhang des Olmützer Berges (das spätere *Suburbium*), am vorgeschichtlichen Fernweg zu der unlängst lokalisierten Furt. Diese Siedlung erlebte in nahezu unveränderter Form noch die grundsätzlichen strukturellen Veränderungen auf dem Olmützer Gebiet, die mit der Entstehung des altmährischen Staates im ersten Drittel des 9. Jahrhunderts zusammenhingen.

Wenn man die nur vermuteten „ideell-konstutiven" Funktionen des erwähnten Michaelsberges als Kult-, Versammlungs- und Gerichtsstätte vorläufig außer Acht lässt, kann man aufgrund der archäologischen Befunde das älteste Machtzentrum dieses Gebietes auf dem unlängst entdeckten Burgwall sicher lokalisieren. Es befand sich im Überschwemmungsgebiet der March, und zwar in einer Entfernung von knapp 2 km vom Olmützer Berg in südlicher Richtung. Die reichen Funde innerhalb dieser befestigten Anlage beweisen hier die Anwesenheit eines lokalen Fürsten und seiner berittenen Gefolgschaft, und zwar vom Ende des 7. bis

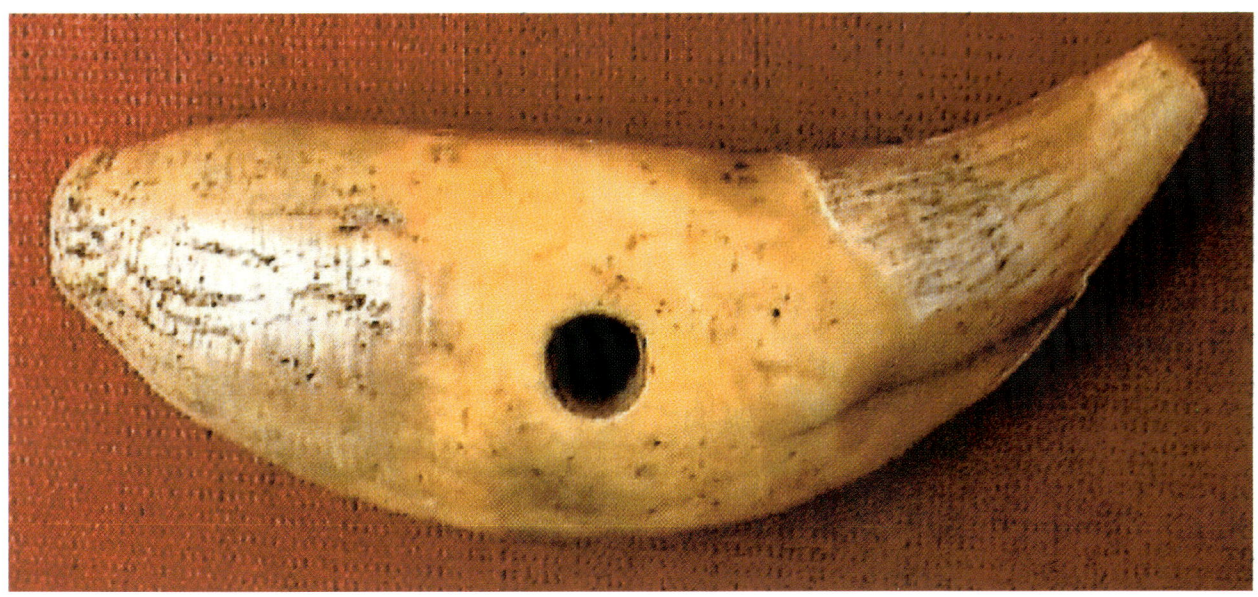

277 **Olmütz (Olomouc)** Bärenzahn als Amulettanhänger (10.–12. Jahrhundert). – Kat. 07.06.02.

zum Anfang des 9. Jahrhunderts, als die Befestigungen unter dramatischen Umständen untergingen. Mit der Zeit des Untergangs des erwähnten Zentrums im Überschwemmungsgebiet fällt die archäologisch immer wieder bestätigte Belebung im Bereich des Olmützer Berges (Abb: 275, B u. C) zeitlich zusammen. Die immer häufigeren Funde aus der Zeit des so genannten Blatničer-Mikulčicer Horizontes (erste Hälfte des 9. Jahrhunderts) zeigen, dass bereits in der Zeit der Konstituierung des altmährischen Staates sich eines seiner wichtigen militärisch-politischen und administrativen Zentren gerade an diesen Stellen herausbildete.

Seine Bedeutung als eines der "staatlichen" Zentren und militärischen Stützpunkte Altmährens behielt Olmütz auch am Ende des 9. und offensichtlich noch im beginnenden 10. Jahrhundert bei. Die Grabungen der letzten Jahre auf dem erwähnten Gelände erbrachten eine Nekropole mit Körpergräbern aus jener Zeit sowie Mörtelbruchstücke in Schichten aus der Zeit um das Jahr 900 (Abb. 275, 6). Dies könnte auf ein gemauertes, am ehesten kirchliches Bauwerk hindeuten. Es bietet sich die Hypothese an, dass Olmütz der Sitz eines der Bistümer der mährischen Erzdiözese des heiligen Method war, die dann um das Jahr 900 restituiert wurden. Gerade mit dieser Institution – allerdings auch mit dem wirtschaftlich-administrativen Apparat des hiesigen Zentrums – könnte unter anderem der spätestens in die erste Hälfte des 10. Jahrhunderts datierte Fund eines eisernen Stilus zusammenhängen.

Seit dem 10. Jahrhundert verläuft nach den archäologischen Befunden die Entwicklung in Olmütz wesentlich anders, als in den im 9. Jahrhundert zentralen blühenden Fundorten im Süden Mährens. Während die südmährischen Zentren in dieser Zeit verfallen, beginnt in Olmütz, nach einem kurzen Niedergang im Verlauf der ersten Hälfte des 10. Jahrhunderts, eine intensive Wiederbelebung und ein neuer Aufschwung auf dem Gelände des ursprünglichen Zentrums aus dem 9. Jahrhundert. Noch anschaulicher konnten diese Veränderungen im unbefestigten *Suburbium* nachgewiesen werden, wo an der alten Wegkreuzung spätestens in der zweiten Hälfte des 10. Jahrhunderts eine Siedlung frühstädtischen Charakters entsteht. Diese ist archäologisch durch eine in der böhmisch-mährischen Umgebung bisher einmalige Konzentration von Funden fassbar, die mit dem Marktbetrieb (Belege für einen Fern- und Wochenmarkt) und mit den Tätigkeiten spezialisierter Handwerker zusammenhängt. Bei der Freilegung einer 87 m^2 großen Fläche in der Bäckergasse (Abb. 275, 8) fanden sich beispielsweise 21 einzelne Denare vom Ende des 10. bis zum Anfang des 12. Jahrhunderts, zusammen mit weiteren Belegen aus dem kaufmännischen Leben. Wichtig sind hier auch die stratigraphischen Beobachtungen, die unter anderem auch die die Zerstörung des *Suburbiums* im Zusammenhang mit den böhmisch-polnischen Kriegen im ersten Drittel des 11. Jahrhunderts beweisen. Bemerkenswert ist die Beobachtung, dass der alte Markt sofort nach dieser Verwüstung am gleichen Standort und in seiner ursprünglichen Struktur wiederbelebt wurde.

Die historische Begründung dieser für Olmütz spezifischen Entwicklung nach dem Jahr 900 kann man in zwei Aspekten finden: Das Olmützer Gebiet, im nach Norden vorgeschobenen Teil des Großmährischen Staates gelegen und nur durch die gut zu verteidigenden Pässe des Napajedler und

Wischauer Tores leichter zugänglich, war den systematischen und verheerenden magyarischen Einfällen nicht unmittelbar ausgesetzt, welche in der Zeit nach 900 das südliche Mähren mit all den zersetzenden Folgen verwüsteten. Die vorangegangene administrativ-politische, demographische und vielleicht auch kirchliche Struktur des Olmützer Gebietes überlebte somit die dramatischen Ereignisse ohne wesentlichere Erschütterungen.

Den Prager Přemysliden erschien es angesichts ihres Expansionsdrangs nach Osten (Kleinpolen u. a.) als unerlässlich (wohl bald nach 935 und auf jeden Fall vor 966), Olmütz, das in Bezug auf den Handel und vor allem strategisch an dem so wichtigen so genannten Polnischen Weg (im Jahre 1078 erwähnt) lag, in ihre Gewalt zu bringen. Der Ort selbst war dann viele Jahrzehnte lang ein Stützpunkt der militärischen Expansion des böhmischen Staates und ebenso danach bei seiner Verteidigung – vor allem gegen Polen. Die Bedeutung des Ortes und offenbar auch seine Einwohnerzahl wuchsen nach dem Verlust Kleinpolens und Schlesiens am Ende der achtziger Jahre des 10. Jahrhunderts weiter an.

Die seit dem Ende des 7. Jahrhunderts archäologisch einmalig belegte Kontinuität der zentralen Funktionen bietet gleichzeitig auch eine gewisse Basis für umfassendere Betrachtungen zur diskutierten Frage der Existenz eines mährischen Bistums am Ende des 10. Jahrhunderts; hierfür steht die Anwesenheit eines „mährischen Bischofs" auf der Mainzer Synode im Jahre 976. Der erste historisch bekannte Johannes I. († 1085) wird in den mittelalterlichen Quellen als dritter Olmützer Bischof aufgeführt. Da die bisherigen Grabungen an keinem weiteren mährischen Fundort eine mit Olmütz vergleichbare „frühstädtische" Blüte am Ende des 10. Jahrhunderts erbrachten, kann man die Hypothese einiger Historiker, vor allem G. Labudas, bejahen, dass um das Jahr 973 unter dem Fürsten Boleslav II. gleichzeitig mit dem Prager auch das mährische Bistum in Olmütz gegründet wurde. Dieser Akt wurde Boleslav II. dadurch erleichtert, dass er sich bei Olmütz (und als Konsequenz daraus auch bei Prag) kirchenrechtlich auf die bereits im 9. Jahrhundert vom Papst bestätigte Struktur der pannonischen Erzdiözese des heiligen Methods berufen konnte, deren Relikt – wie wir bereits angedeutet hatten – möglicherweise Olmütz war.

Aufgrund des gegenwärtigen Erkenntnisstandes erscheint Olmütz als ein Modellbeispiel für die Anwendung und vielleicht auch die Erfolge archäologischer Methoden bei der Klärung historisch-topographischer Phänomene in Bezug auf eine Kontinuität von zentralen Funktionen bei einem frühmittelalterlichen Zentrum *sui generis* im Mitteleuropa des 10. und 11. Jahrhunderts.

Literatur

Blahá 1996; 1998.

Saaz (Žatec)

PETR ČECH

Dank der Grabungen in Saaz (Žatec) konnten wir erstmals unsere Vorstellungen vom Aussehen přemyslidischer Burgzentren des 10. Jahrhunderts grundsätzlich korrigieren. Diese stellten wir uns als ausgedehnte und dicht bevölkerte Zentren vor, statt dessen fanden wir ein befestigtes Zentrum der fürstlichen Macht und einige wenige, offenbar den Kriegern der Burgbesatzung gehörende Gehöfte. König Otto I. kann im Juli des Jahres 950 Saaz in dieser Form angetroffen haben, wenn man die Hypothese akzeptiert, dass die kriegerische Auseinandersetzung zwischen dem deutschen König und dem Fürsten Boleslav I. eben unterhalb der Saazer Burg beendet wurde. Das unter dem heutigen Gesichtspunkt eher für beide Seiten vorteilhafte Bündnis wurde durch die Teilnahme des böhmischen Reiterheeres am Krieg gegen die Magyaren in Bayern im Jahre 955 besiegelt. Die sich langsam entwickelnde wirtschaftlichen Grundlage der Burg in der zweiten Hälfte des 10. Jahrhunderts belegt Bemühungen, die wirtschaftliche Bedeutung der Burg zu erhöhen.

Die wirtschaftliche Grundlage des böhmischen Staates beruhte jedoch unter anderem auf seiner Expansion über das Krakauer Gebiet weiter nach Osten. Die Expansion bedeutete Beute, und nur eine reiche Beute ermöglichte den Unterhalt einer zahlreichen berittenen Gefolgschaft. Unter der Herrschaft Boleslavs II. kam es zu Gebietsverlusten im Osten, die mit dem Verlust des Krakauer Gebietes bereits unter der Herrschaft Boleslavs III. vermutlich im Jahre 999 endeten. Die darauffolgende Krise brachte einen schnellen Wechsel der Fürsten auf der Prager Burg und schließlich die polnische Besatzung; sie konnte erst im August und September des Jahres 1004 überwunden werden, als der deutsche König mit seinem Heer Jaromír half, die Herrschaft zu übernehmen. Nach dem Chronisten Thietmar von Merseburg fand sich das deutsche Heer an der Burg „Satci" ein; dies ist die erste schriftliche Erwähnung von Saaz.

Aufgrund der wenigen archäologischen Funde, über die wir heute verfügen, scheint es, dass das Wachstum der Besiedlung in Saaz zu Beginn des 11. Jahrhunderts noch bescheiden war. Bald danach begann sich dieser Zustand wohl aber zu ändern. Unmittelbar ab der Mitte des 11. Jahrhunderts entstand nämlich ein großes, durch den Toten als Obolus mitgegebenen Münzen datiertes Gräberfeld an einer nicht bekannten Kirche am östlichen Rand der Vorburg. Das Gräberfeld wurde allmählich zu einem „Kirchhhof" – ein Werde-

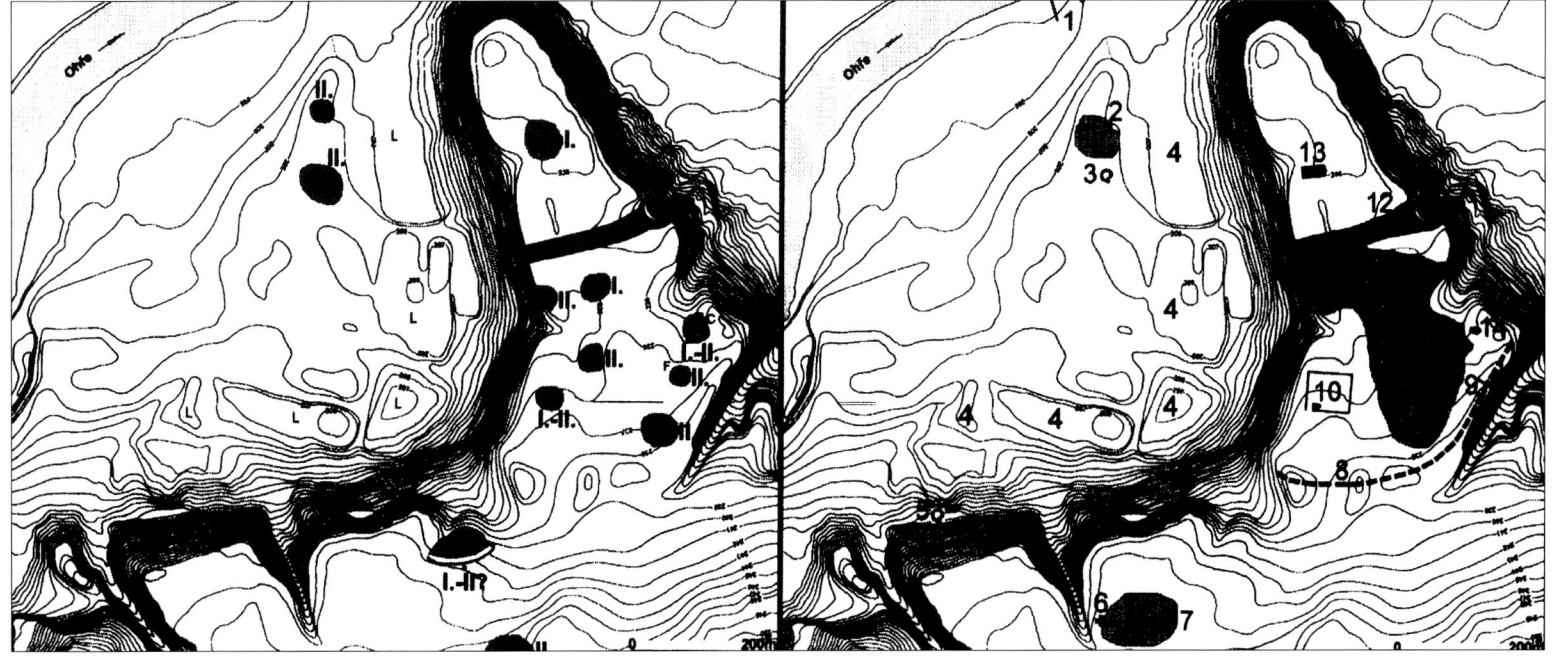

278 Saaz (Žatec). Die Siedlungsstruktur im 10. (links) und um die Mitte des 11. Jahrhunderts (rechts).

gang, der auch durch die in einem Gehöft liegende St. Veitskirche auf der Westseite der Vorburg deutlich belegt ist.

Vor dem Jahr 1055, unter der Herrschaft des Fürsten Břetislav I., erhielt sein ältester Sohn Spytihněv Saaz als Teilfürstentum. Die Chronik des Cosmas berichtet über Reparaturen an den Befestigungen der Prager Burg, an denen Spytihněv mit Leuten aus der Saazer Gegend teilnahm. Man kann also annehmen, dass sich der Aufstieg von Saaz in eben dieser Zeit der Herrschaft Spytihněvs ankündigte. Aus dem in der Burg im Juli und August 1999 ergrabenen Gehöft stammen Funde, welche bisher im böhmischen Umfeld keine Entsprechungen haben: zahlreiche Spinnwirtel, Ringe aus grünblauem, blauem, gelbem und schwarzem sowie aus blauem Glas mit eingedrückten Verzierungen, Bruchteile von blauem Mosaikglas, kleine Bleigewichte, eiserne Schlüssel, Messer, Scheren und Angelhaken, der Kopf einer Bärenfigur mit Maulkorb und Bruchteile zweier Glaspokale, von denen einer aus dem griechischen Korinth importiert wurde. Eine Rarität ist das 8 cm hohe Bruchstück eines aus hellem Mergel (Pläner) angefertigten Kirchenmodells. Erhalten blieb eine Apsis mit einem Fensterchen und mit einem Bogenfries unter dem Rand des Apsisdaches sowie der Umriss der östlichen Front mit Ecken und ein Fenstertorso in der nördlichen Seitenwand des Schiffes. Wenn man sich klarmacht, dass diese Gegenstände aus den Zerstörungsschichten des Palastgebäudes stammen, wie musste erst dessen Innenausstattung gewesen sein?

Die Entwicklung in der ersten Hälfte des 11. Jahrhunderts endet mit der Regierungszeit des Fürsten Spytihněv II. (1055–1061), als der Fürst an der Stelle des erwähnten Gehöftes die frühromanische Marienbasilika erbauen ließ.

Im Laufe der ersten 100 Jahre entwickelte sich Saaz von einem Stützpunkt mit einem dünn besiedelten, kleinflächigen Hinterland in einer ersten Stufe zu einem frühmittelalterlichen Siedlungszentrum. Die aus der Burg emporragende Basilika mit zwei Türmen an der Westfront wurde zum kirchlichen Mittelpunkt der Provinz. Die kleine Kirche des heiligen Veit im Adelsgehöft ging auf die Ambitionen der den Fürstenhof nachahmenden Nobilität zurück. Die Umgebung einer weiteren Kirche in der vielleicht bereits in der zweiten Hälfte des 10. Jahrhunderts befestigten Vorburg diente vor allem als Bestattungsplatz. Ab dem 11. Jahrhunderts wurde in Saaz Eisen in großem Maßstab gewonnen sowie Bronze und Roheisen zu Endprodukten in den örtlichen Schmieden verarbeitet.

Alt-Pilsen (Starý Plzenec)

JIŘÍ SLÁMA

Die wichtigste přemyslidische Burg in Westböhmen war Pilsen (Plzeň). Das erste Mal wird es in schriftlichen Quellen aus der zweiten Hälfte des 10. Jahrhunderts erwähnt. Schon damals war es das fürstliche Verwaltungszentrum der ausgedehnten westböhmischen (Pilsner) Provinz, eine bedeutende, vom Westen her den Zugang zum Fürstentum beschützende Festung und ein Ort, an dem lebhafte Märkte abgehalten wurden. Seine Bedeutung erhöhte die unmittelbare Nachbarschaft eines wichtigen, Böhmen mit Bayern und weiter mit Westeuropa verbindenden Handelsweges. Pilsen gehörte gemeinsam mit Saaz (Žatec), Litoměřice, Jungbunzlau (Mladá Boleslav), Hradec Králové und einigen weiteren Burgen zu den wichtigsten Stützen der Herrschermacht im Lande.

Die Überreste des frühmittelalterlichen Pilsen befinden sich auf dem Hůrka-Hügel, der das Städtchen Alt-Pilsen (Starý Plzenec) überragt. Die Burgfläche mit einer Größe von mehr als 4 ha wurde durch Mauern in einen zentralen Bereich (Hauptburg) und eine sich auf der Westseite daran anschließende und in das Tal des Flusses hinabreichende Vorburg gegliedert. Eine weitere Vorburg umschloss die Hauptburg offenbar auch auf der gegenüberliegenden Seite, wo jedoch keine sichtbaren Spuren der Befestigungen erhalten blieben. Auf der Flanke der westlichen Vorburg lag ein kleineres, durch eine einfache Befestigung von der übrigen Burgfläche getrenntes Gehöft. Von den im Gehöft stehenden Gebäuden blieb bis heute nur die in der zweiten Hälfte des 10. Jahrhundts erbaute St. Peter-Rotunde erhalten. In der Nähe der Kirche befand sich ein hölzernes Palastgebäude, das als Wohnung des Burggrafen oder als gelegentlicher Sitz des Fürsten selbst diente. In der zweiten Hälfte des 11. Jahrhunderts unter der Herrschaft Vratislavs II. genügte dieses Gehöft den Bedürfnissen des Herrschers nicht mehr, und man errichtete auf der Hauptburg der Burg eine neue Residenz. Zu ihr gehörte auch die geräumigere St. Laurentiuskirche. Dieses Gotteshaus wurde später mehrmals umgebaut und schließlich zu Beginn des 19. Jahrhunderts abgerissen. An der Kirche stand ein Palast, von dem nur geringe, erst von seinem gotischen Umbau stammende Reste erhalten blieben. Nach Vollendung des neuen Herrschersitzes verlor die Vorburgkirche des heiligen Petrus den Status einer privaten fürstlichen Kirche, wurde zur Pfarrkirche und man begann in ihrer Umgebung zu bestatten. Die dritte Pilsner Kirche stand in der unbefestigten Vorburg unweit der Hauptburg und war dem heiligen Kreuz geweiht. Die Zeit ihrer Erbauung und ihre Funktion (man erwägt eine Privatkapelle des Burggrafen oder eine den Vorburgbewohnern dienende Kirche) sind nicht genau bekannt; man weiß nur, dass das Kirchengebäude am Ende des 12. Jahrhunderts umgebaut und zu Beginn des 19. Jahrhunderts abgerissen wurde.

Die große Bedeutung der Pilsner Burg zeigt auch die Tatsache, dass dort zu Beginn des 11. Jahrhunderts unter dem Fürsten Jaromir eine Münzstätte kurzzeitig tätig war. Im 13. Jahrhundert prägte

279 **Alt-Pilsen (Starý Plzenec). St. Petersrotunde aus dem 10. Jahrhundert.**

auch der spätere König Wenzel I. einige Jahre lang Münzen auf dieser Burg. Pilsen war auch gelegentlicher Sitz der böhmischen Herrscher. Man kennt Aufenthalte Jaromírs, Vratislavs II., Vladislavs I. und des Königssohnes Wenzel. Während ihres gesamten Bestehens war diese Burg Sitz von Burggrafen, fürstlichen und königlichen Beamten und Priestern. Einige der Pilsner Burggrafen wurden sogar zu Stammvätern bedeutender Adelsgeschlechter (der Herren von Drslawitz, Schwanberg).

Mit dem wachsenden administrativen und wirtschaftlichen Gewicht der Burg gewann das auf beiden Ufern der Uslawa (Úslava) liegende *Suburbium* an Bedeutung. Nach und nach wurden dort fünf Kirchen gebaut, von denen nach vielen Umbauten nur zwei bis in die Gegenwart erhalten blieben (die Marienkirche und die Kirche Johannes des Täufers); die übrigen gingen im Verlauf des 18. Jahrhunderts unter. Das *Suburbium* begann allmählich zu einer kleinen Stadt anzuwachsen. In der zweiten Hälfte des 13. Jahrhunderts hörte die Burg auf zu existieren, da sie die veränderten Bedingungen für Sitze königlicher Behörden nicht mehr erfüllen konnte und auch ihre Umgebung für die Entstehung einer großen mittelalterlichen Stadt ungeeignet war. Daher kam es im Jahre 1295 am Zusammenfluss der Mies und der Radbusa zur Gründung der königlichen Stadt Nová Plzeň, der Vorläuferin des heutigen Pilsen. Auch wenn die ursprüngliche Pilsner Burg noch einige Zeit bewohnt war, ihre administrativen und übrigen Funktionen übernahm die neugegründete Stadt. Das Pilsner *Suburbium* verlor ebenfalls seine Bedeutung und wurde zur Kammerstadt der königlichen Burg Radyně. Seit der Mitte des 15. Jahrhunderts trägt es den Namen Starý Plzenec.

Literatur

Bašta/Baštova 1988 – Hásková 1964.

Budeč

ANDREA BARTOŠKOVÁ

In der frühmittelalterlichen Geschichte Böhmens kam Mittelböhmen eine besondere Bedeutung zu. Im Kern Mittelböhmens begann sich in der zweiten Hälfte des 9. Jahrhunderts die auf ein Burgwallnetz gestützte Macht der Přemysliden zu entwickeln. Im 9. Jahrhundert konzentrierte sich die frühmittelalterliche Besiedlung Zentralböhmens auf wenige Siedlungsgebiete, von denen neben dem Prager das zweitbedeutendste das Kladno-Kraluper Gebiet mit seinem Machtzentrum auf dem Burgwall Budeč war.

Der Burgwall Budeč, 20 km nordwestlich von Prag gelegen, erstreckt sich auf einer breiten, von den tief eingeschnittenen Tälern des Zakolaner und des Teinitzer Baches gebildeten Landerhebung. Der flache Gipfel der Erhebung (288 m) deckt sich flächenmäßig fast mit dem Grundriss der durch einen bis heute sichtbaren Innenwall umgebenen inneren Burg (*Akropolis*). An diese mit einer Fläche von 3,3 ha grenzt im Westen, Norden und Osten eine allmählich abfallende, von einem noch heute sichtbaren Außenwall umschlossene Vorburg mit einer Fläche von ca. 20 ha.

Grundsätzliche Erkenntnisse über diesen Burgwall brachten die systematischen, vom Archäologischen Institut der Akademie der Wissenschaften Prag in den Jahren 1972 bis 1990 vorgenommenen Grabungen. Unter Berücksichtigung der schriftlichen Nachrichten, welche jedoch über Budeč nur aus dem Beginn des 10. Jahrhunderts und dann erst aus der zweiten Hälfte des 13. Jahrhunderts vorliegen, konnten die Grundzüge der historischen Entwicklung dieses Burgwalls dank der Grabungen rekonstruiert werden.

280 **Budeč.** Luftaufnahme des Burgwalls (vom Südwesten) mit der Kirche St. Petrus und Paulus im Innern.

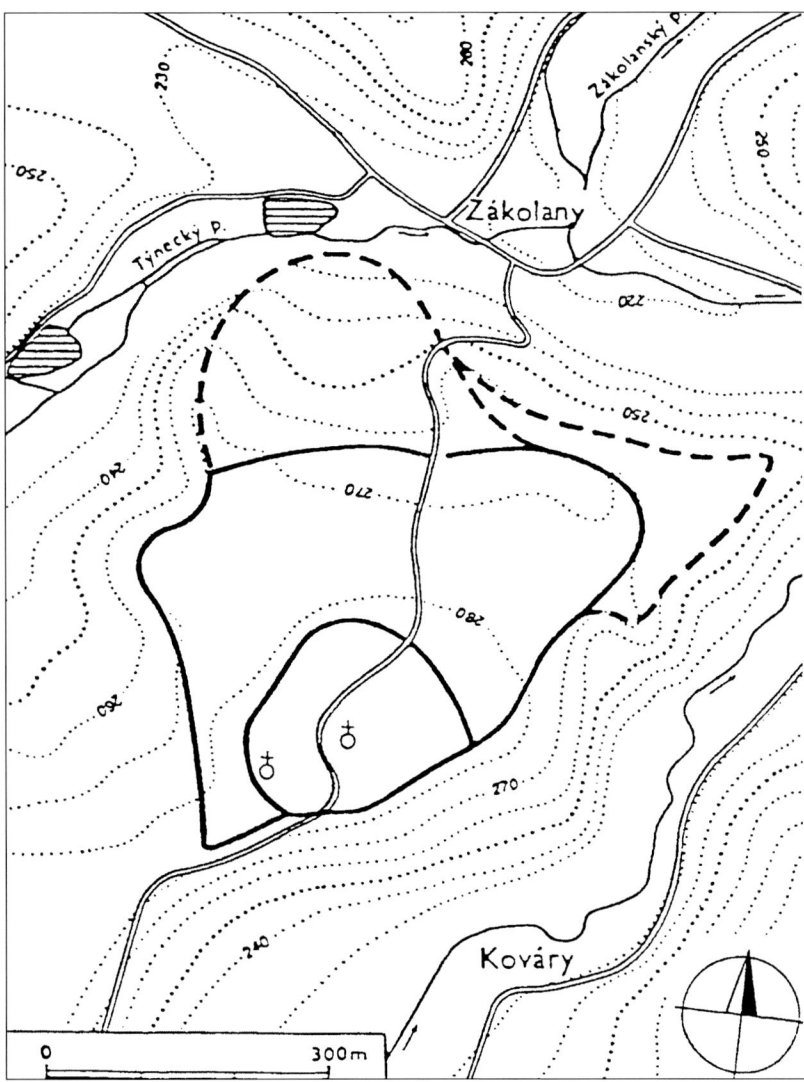

281 Situationsplan des zweiteiligen Burgwalls Budeč mit Lage der St. Petersrotunde und der Marienkirche.

Die Anfänge der slawischen Siedlung von Budeč, der eine Besiedlung in der mittleren und späten Bronzezeit voranging, datiert man an die Wende vom 8. zum 9. Jahrhundert, als die slawischen Bewohner die Steine der zerfallenen Knovízer Mauer benutzten und eine während des 9. Jahrhunderts die innere Burg schützende Befestigung errichteten. Die erste slawische, 4,5 m breite Innenmauer hatte eine Verblendung aus grob bearbeiteten örtlichen Kieselschiefern, Schiefern und Sandsteinen und einen in Holz-Lehm-Bauweise errichteten Wehrgang. Die älteste Siedlungsbebauung des anfänglich einteiligen Burgwalls bestand aus eingetieften Häusern und Wohngruben.

Eine große zweiteilige Festung wurde am Ende des 9. Jahrhunderts gebaut, als auch die ausgedehnte Vorburg mit einer Holz-Lehm-Mauer in Kastenbauweise befestigt wurde. Es ist wahrscheinlich, dass dieser große gegliederte Burgwall in der Zeit entstand, als Budeč das Machtzentrum des Kladno-Kraluper Siedlungsgebietes war und noch nicht eine přemyslidische Verwaltungsburg. In Zusammenhang mit dem ersten historisch belegten Přemysliden-Fürsten Bořivoj I. werden in den schriftlichen Quellen nur zwei im Prager Becken liegende Burgwälle erwähnt; Levý Hradec und Prag, in denen Bořivoj die ersten beiden Kirchen Böhmens errichten ließ. Budeč wird erst in Zusammenhang mit Bořivojs' Sohn Spytihněv I. erwähnt, der hier die St. Petersrotunde als dritte Kirche Böhmens stiftete.

Die St. Petersrotunde auf Budeč blieb im Gegensatz zu ihren Vorgängern in Levý Hradec und Prag bis heute von den Fundamenten bis zum Gewölbe erhalten und ist somit das älteste noch vorhandene Bauwerk in unserem Land. Nur vom ursprünglichen Presbyterium mit einer ehemals hufeisenförmigen Apsis blieben lediglich die Fundamente erhalten, da man es im 17. Jahrhundert durch einen rechteckigen Chorraum mit Sakristei ersetzte. In dieser Bauform steht die Kirche bis heute. Die Datierung der Rotunde in die Zeit Spytihněvs wurde außer durch die baugeschichtliche Erforschung der Kirche auch durch die Ausgrabung des benachbarten Gräberfeldes bestätigt, dessen älteste Gräber mit einem Inventar großmährischen und nachgroßmährischen Charakters die Rotunde berücksichtigten. Aufgrund der Stratigraphie und der Grabinventare datiert man diese Nekropole in die erste Hälfte des 10. Jahrhunderts.

Zur Zeit Spytihněvs wurden am ehesten auch die Innenbefestigungen umgebaut. Die Befestigung der zweiten Phase, die an die Wende vom 9. zum. 10. Jahrhundert datiert, war bereits 9 m breit; zum Bau der Verblendung benutzte man genau wie bei der Rotunde ausschließlich bearbeitete Steine aus hellem Mergel (Pläner), die als neues Baumaterial aus der nahen Umgebung gebrochen wurden. Da die vorangegangene Befestigung infolge eines Brandes unterging, kann man annehmen, dass Budeč gewaltsam erobert wurde. Unter Spytihněv wurde offenbar auch die Vorburgmauer umgebaut, denn man kann aus der Ähnlichkeit der im Außenwall gefundenen Reste aus der ersten und zweiten Phase schließen, dass die Mauer kurz nach ihrer Errichtung erweitert wurde. Die etwa 7 m breite Außenbefestigung der zweiten Phase hatte eine Frontverblendung und einen stufenförmigen Holz-Lehm-Wehrgang.

Das erste Drittel des 10. Jahrhunderts, in dem die Fürsten Spytihněv I. (895–915), Vratislav I. (915–921) und Wenzel (921–935) regierten, war ein bedeutender Zeitabschnitt in der Geschichte des přemyslidischen Budeč. Auf diese Zeit beziehen sich die schriftliche Erwähnungen von Budeč, die im 10. Jahrhundert und in den folgenden Jahrhunderten in den Legenden vom heiligen Wenzel aufgezeichnet wurden. Außer der bereits erwähnten Angabe über die Stiftung der St. Peterskirche des Fürsten Spytihněv I. erfahren wir etwas über den Aufenthalt des jungen Wenzel auf Budeč, wo er auf Veranlassung seines Vaters, Fürst Vratislav I., beim Priester Ucen die Grundlagen des Lateinischen erlernt. Zu Wenzels Zeiten war Budeč somit zumindest zeitweilig der Sitz eines Angehörigen der Přemysliden.

Ein besonderer Typ des Fürsten- oder Adelssitzes auf frühmittelalterlichen Burgwällen waren befestigte Gehöfte. Auf Budeč hat man im südwestlichen Teil der *Akropolis* den Ostteil eines mit einer Palisade befestigten Hofes erfasst, dessen größerer restlicher Teil jedoch unaufgedeckt unter einem neuzeitlichen Friedhof liegt. Die Gründung des Fürstengehöftes, zu dem die St. Petersrotunde mit dem anschließenden Gräberfeld gehörte, wird an den Anfang des 10. Jahrhunderts datiert und man kann nicht ausschließen, dass sein Gründer bereits Spytihněv I. war. Sein Untergang spätestens in der ersten Hälfte des 11. Jahrhunderts wird durch ein Grab mit einem Denar aus der Regierungszeit des Fürsten Vratislav II. (1061–1085) datiert, das neben einem noch älteren Grab den Palisadengraben des Gehöftes überlagerte.

Obwohl die schriftlichen Quellen nach der Zeit Wenzels über Budeč schweigen, haben die Grabungen auf der Hauptburg und in der Vorburg eine dichte Besiedlung mit einer gleichzeitigen Verstärkung der Innen- und Außenbefestigungen für die jüngere Burgwallzeit nachgewiesen. Das Fehlen historischer Nachrichten hängt wohl am ehesten mit dem machtpolitischen Niedergang des Budečer Burgwalls zusammen. Trotzdem wurde in der zweiten Hälfte des 10. Jahrhunderts in der Hauptburg eine weitere, der Jungfrau Maria geweihte, heute nur in Fundamenten erhaltene Kirche erbaut, die im 16. Jahrhundert estmals schriftlich erwähnt wird. Die Entstehung dieser rechteckigen einschiffigen Kirche mit hufeisenförmiger Apsis konnte anhand von Grabinventaren in das 10. Jahrhundert datiert werden; am häufigsten sind jedoch die Bestattungen aus dem 11. bis 13. Jahrhundert. Zu dieser Marienkirche führte vom Südtor her ein mit Kieselsteinen gepflasterter und mit

282 **Budeč. Kleine Perlen aus Glas und große aus Bergkristall von einer Halskette aus Grab 28/86 bei der St. Petersrotunde, um 900.**

Herrschaftszentren und Herrschaftsorganisation

einer Palisade gesäumter Weg. Diese Palisade brachte man in der Literatur bis vor kurzem mit der östlichen Umzäunung eines weiteren Budečer Gehöftes in Verbindung, das dem Burgverwalter zugeschrieben und unmittelbar östlich des älteren Fürstengehöftes vermutet wurde. Angesichts der Tatsache, dass die nördliche für die Abgrenzung wesentliche Umzäunung des „Gehöftes" nicht ausreichend belegt ist und die östliche Umzäunung nur mit der Einzäunung des Weges im Zusammenhang steht,, muss man das Vorhandensein eines Gehöftes der jüngeren Burgwallzeit auf Budeč ablehnen. Nachgewiesen ist nur eine jungburgwallzeitliche Besiedlung durch Spuren von Blockbauten auf Steinlagen. Sie lagen an beiden Seiten des gepflasterten Weges, der aus dem Hinterland des Burgwalls (im heutigen Kováry) zur Marienkirche führte.

Das Ende der jungburgwallzeitlichen Besiedlung hängt mit der Zerstörung der Befestigung in der zweiten Hälfte des 11. Jahrhunderts zusammen. Zu Beginn des 12. Jahrhunderts fanden auf Budeč nur noch Begräbnisse statt. Eine wichtige Datierungshilfe für den Untergang des Burgwalls ist das Grab mit dem Denar Bořivojs II. (Prägung aus den Jahren 1100–1107, 1109–1110), das gemeinsam mit anderen Gräbern im südlichen Bereich der Hauptburg in den Steinschutt aus den zerstörten Siedlungsbauten und der Befestigung eingetieft wurde. Ein einst bedeutender Burgwall ging ohne eine Nachfolgesiedlung unter, und sein Ende besiegelte Königin Kunigunde im Jahre 1262, die ihr Patronatsrecht an der Budečer Kirche zugunsten des Vyšerader Kapitels abtrat. Damit wurde der endgültige Interessenverlust des herrschenden Přemysliden-Geschlechtes an Budeč deutlich.

Literatur

Bartošková 1992; 1996a; 1996b. – Šolle 1990; 1992; Váňa 1989; 1995.

Die Christianisierung Böhmens aufgrund archäologischer, kunsthistorischer und schriftlicher Quellen

PETR SOMMER

Die Christianisierung Böhmens war ein im 9. Jahrhundert begonnener langfristiger Prozess, dessen Intensität in der Zeit der Entstehung des ersten böhmischen Staates im folgenden Jahrhundert stark anstieg. Das Christentum, die Religion des anbrechenden Mittelalters, wurde von oben in die Gesellschaft eingeführt. Als Weltanschauung brachte sie die innere Gliederung und Wirkungsweise der im Werden begriffenen neuen Welt zum Ausdruck. Die alte heimische Religion können wir nicht genau charakterisieren. Die mehr oder weniger erfolgreichen, von den gemeinsamen indogermanischen oder slawischen Kulturgrundlagen ausgehenden Rekonstruktionsversuche gaben ihr nur allgemeine Züge. Es ist offensichtlich, dass ihr Rückgrat ein relativ festes System bildete, dessen mythische Lehre von der Abstammung der Götter und deren Kult man nicht in konkreten Details rekonstruieren kann; eine bedeutende Rolle spielten darin jedoch der Ahnenkult und eine animistische Belebung der Welt. Es ist ebenfalls offensichtlich, dass es sich um die Religion einer Agrargesellschaft handelte, deren Struktur mit dem Naturrhythmus und den Naturerscheinungen in der Umgebung des Menschen eng zusammenhing (vgl. Beitrag J. Macháčeks). Sie kannte keine fortschreitende Zeit, da die Zeit ein durch den Wechsel der Jahreszeiten gegebener Kreislauf war. Die Aufrechterhaltung dieses Zyklus, der die Ernte und somit auch das Überleben der Gemeinschaft garantierte, war wohl eines der Hauptziele des religiösen Kultes, dies belegt die St. Adalbertslegende in der Chronik Bruns von Querfurt über die heidnischen Pruzzen. Das Christentum begann, dieses „unendliche" System auf grundsätzliche Weise zu stören, z. B. dadurch, dass es der relativ homogenen archaischen Gesellschaft ein kompliziertes System sozialer Differenzierung einpflanzte, und zwar im Rahmen einer linearen zeitlichen Entwicklung mit einem Anfang und einem Ende. Es ist logisch, dass die die Christianisierung der Gesellschaft begleitenden Umwälzungen sich nicht sofort durchsetzen konnten. Gemeinsam mit dem ausklingenden Heidentum erzeugten sie eine lange Periode der so genannten Doppelgläubigkeit, also eine Zeit, in der die alte heidnische Religion bereits ihre institutionelle Basis verloren hatte, aber das Christentum die uralten Rituale nur langsam aus dem Bewusstsein der Menschen verdrängte und es in Wellen zu heidnischen Rückfällen kam. Die Zähigkeit dieser Rituale war enorm, da deren Ausführung das Grundmittel zur Abwehr einer gefährlichen Welt war, gleichzeitig erreichte man ihre Stabilität. Auch das siegreiche Christentum konnte diese Rituale nicht ganz unterdrücken und musste sich diese daher durch deren Umdeutung (*interpretatio christiana*) aneignen. Während wir die „heidnische" Religion sehr wenig kennen, ist die dramatische Zeit der Doppelgläubigkeit verhältnismäßig reich dokumentiert. Es geht wohl nicht immer nur um direkte Konflikte zwischen der alten und der neuen Religion. Vielmehr geht es um eine Reihe von Beispielen, wie sich die alten und die neuen Phänomene durchdringen, wobei die neue Religion allmählich die Oberhand gewann.

Die von der Kirche bekämpften Erscheinungen werden ausgesprochen gut durch die Dekrete der Fürsten Břetislav I. (1035–1055) und Břetislav II. (1092–1100) charakterisiert, in welchen die hauptsächlichen, in mancher Hinsicht mit vorchristlichen Rudimenten zusammenhängenden Verstöße gegen die christlichen Grundsätze genannt wer-

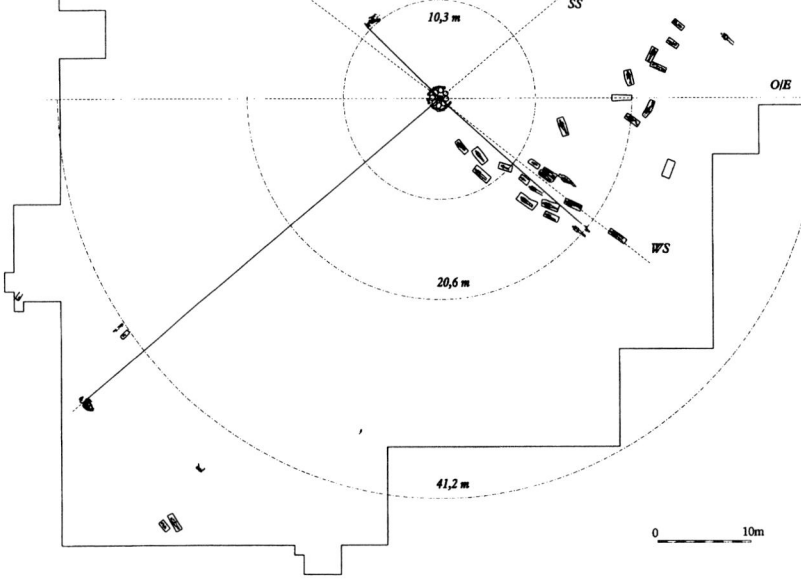

283 **Plan des heidnischen Kalendariums in Pohansko bei Břeclav.**

284 Vergoldete Kreuzbeschläge. 1 Mikulčice; 2 Budeč Grab 71/86 bei der St. Petersrotunde. Fast ein symbolisches Wahrzeichen der unterschiedlichen Christianisierungsintensität in Mähren und Böhmen in der 2. Hälfte des 9. Jahrhunderts, denn in Böhmen wurde das Kreuz mit den zwei abgebrochenen Armen als Anhänger getragen.

den. Es geht z. B. um die Ausmerzung der Polygamie, die Wiedergutmachung sexueller Delikte, die Aufhebung heiliger Kultbezirke, das Verbot heidnischer Opfer, die Beseitigung der kirchlich unannehmbaren Unregelmäßigkeiten bei Totenbestattungen usw. Die Zähigkeit dieser Verstöße zeigt das so genannte Opatowitzer Homiliar (Abb. 285), ein bischöfliches, mit Bußübungen versehenes Handbuch aus der Wende vom 11. zum 12. Jahrhundert, das eine Reihe dieser Verstöße erneut nennt. Aber auch wenn die erwähnten unerwünschten Erscheinungen langsam verschwanden, ist eine Reihe von ihnen (und sei es in veränderter Form) sowohl durch die schriftlichen als auch durch die archäologischen Quellen belegt. Diese Aussage gilt besonders für Bestattungen (siehe den Abschnitt über die christlichen Bestattungen). Man beobachtet, dass es außer dem sich ausbreitenden christlichen Brauch schlichter Bestattungen in Ost-West-Richtung weiterhin Grabbeigaben in Form von Lebensmitteln, Gegenständen apotropäischen Charakters, des Totenobolus usw. gab. Vorchristlicher Herkunft sind auch die Benutzung von Särgen aus Baumstämmen sowie Vampire abwehrende Praktiken u. a. Die Begräbniszeremonien selbst weisen viele vorchristliche Aspekte auf, unter ihnen an erster Stelle die nächtliche Totenwache. Klar vorchristlicher Herkunft ist die Errichtung eines Grabaufbaus auf dem Grab einer prominenten Persönlichkeit.

Der so genannte Christian verrät dies, wenn er das Begräbnis der ermordeten Fürstin Ludmilla in Tetín schildert und die Formulierungen *Legis salicae* über das Haus über dem Grab der Toten verwendet.

Zu den Praktiken, deren vorchristliche Herkunft wir unter christlicher Maske erkennen, gehört z. B. die Niederlegung eines Fundamentopfers. Die Kirche versuchte selbstverständlich ein Ritual zu unterdrücken, bei dem man in den Bauwerken lebende oder tote Opfer beisetzte, trotzdem hat man z. B. in der frühmittelalterlichen Kirche in Záběhlice eine Nische entdeckt, in der Eierreste und Knochen einer Kröte lagen. Die weitere Entwicklung zeigte dann allerdings eine völlig christliche Opfergabe in Form von Fundamentplaketten mit den Evangelistensymbolen, welche unter der Ecke eines Kirchenneubaus oder, wie im Sazauer Kloster in der Mitte des 12. Jahrhunderts, unter der Klausur hinterlegt wurden.

Ferner gab es eine ganze Reihe von Einzelheiten in den Ritualen des alltäglichen Lebens, welche zweifellos auf vorchristliche Bräuche zurückgehen. Die schriftlichen Quellen erwähnen beispielsweise die frühmittelalterliche Sitte, Trinksprüche auf Heilige oder Engel auszubringen. Der so genannte Christian spricht hierüber in Zusammenhang mit dem Festmahl in Altbunzlau (Stará Boleslav) am Vorabend der Ermordung des Fürsten Wenzel. Die archäologischen Funde und schriftlichen Quellen sagen aus, das Amulette und Ligaturen (mehrere zusammengebundene Amulette) häufig benutzt wurden.

Das Christentum kam in der Gesellschaft durch das Wirken seiner Leute und Institutionen allmählich zum Vorschein. Die Priesterschaft und die priesterlichen Institutionen waren natürlich mit Sakralbauten verbunden, welche bis ins 11. Jahrhundert hinein ausschließlich auf zentralen Orten, den Burgwällen, entstanden. Die Verbreitung des Christentums verlief daher ungleichmäßig und war von den Zentren abhängig. Die böhmische Kirche entstand unter Bedingungen, die für ihre Emanzipation ungünstig waren, was auch der Hauptgrund z. B. der Streitigkeiten zwischen dem Herrscher und Bischof Adalbert war. Der Fürst betrachtete sich selbst als Herr des ganzen Landes, das geistige Leben eingeschlossen. Daher ist es nicht überraschend, dass er die Kirche für eine seiner Person untergeordnete Institution hielt, so dass es für ihn natürlich war, ihre Organisation mit dem System der Burgverwaltung des Landes zu verknüpfen und die eingesetzten Priester (*Archipresbyteri*) mit Aufgaben im Rahmen dieser Verwaltung und mit der materiellen Seite der kirchlichen Existenz zu betreuen. Betroffen waren die weltlichen Rechte und Einkünfte der Geistli-

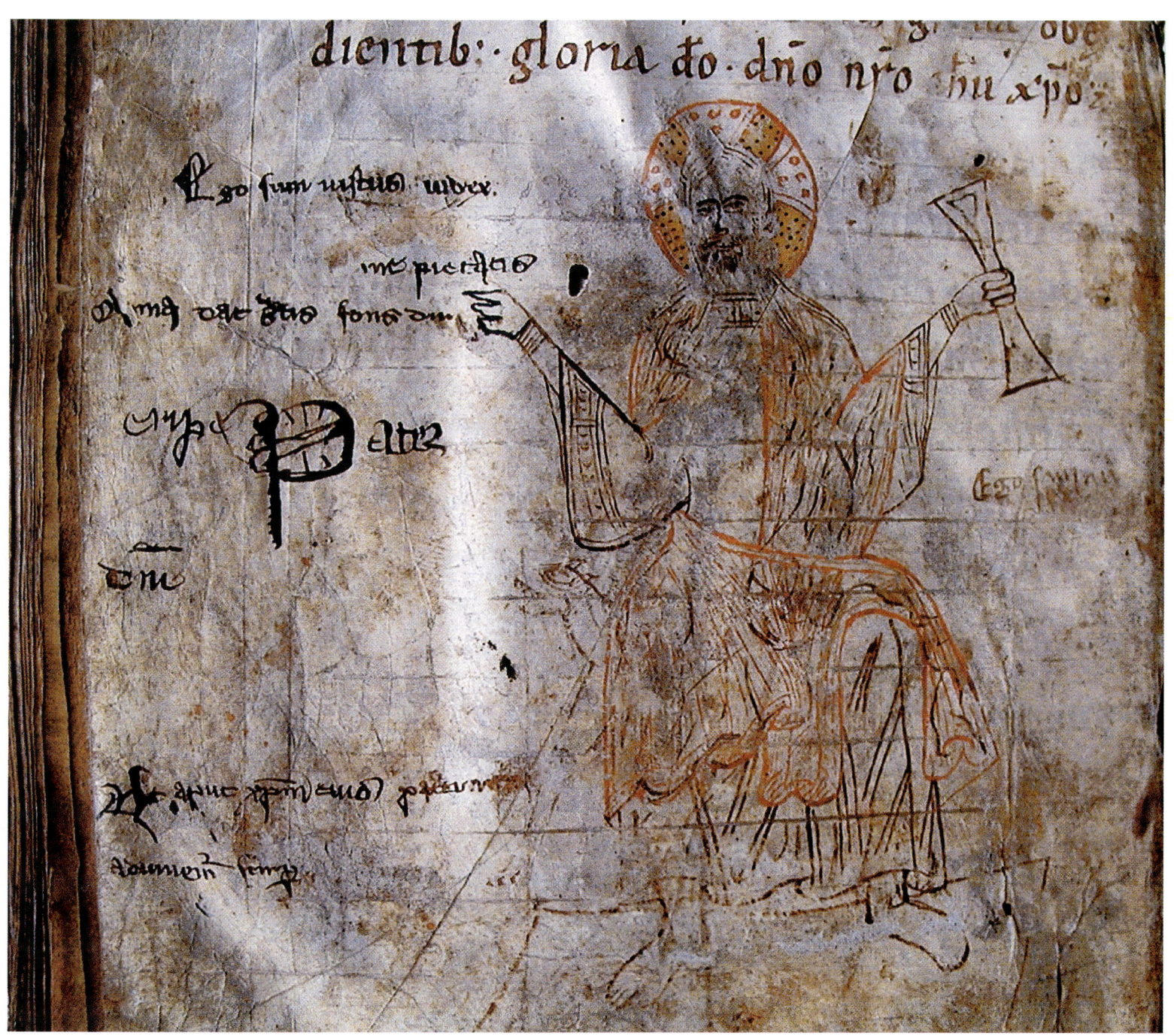

285 **Thronender Christus, Homiliarum quod dicitur Opatovicense, 11./12. Jahrhundert. Praha, Národní knihovna České republiky. Ms. III. F. 6. – Kat. 11.01.07.**

Die Christianisierung Böhmens

chen (Temporalien), also die Verwaltung der Pfründe (Benefizien), die Frage des Zehnten, der Lebensunterhalt der Priester usw. Vom Modell der Burgverwaltung wurde das Modell der heimischen kirchlichen Organisation, des so genannten Großpfarreiensystems übernommen. Was die kirchliche Zugehörigkeit des Landes anging, gab es im letzten Viertel des 10. Jahrhunderts eine tiefgreifende Änderung. Dank der Zustimmung des Regensburger Bischofs Wolfgang wurde Böhmen in den Jahren 972–976 aus der Regensburger Diözese herausgenommen, und das Prager, der Mainzer Erzdiözese unterstellte Bistum errichtet. Die Verbindungen nach Regensburg als der logischste Kontakt der neuen Prager Institution zu ihrer Missionsmutter blieben jedoch bestehen. Dies belegen unter anderem die ältesten Manuskripte der St. Veits-Kapitelbibliothek, welche Regensburger oder bayerischer Herkunft sind, wie das gregoriano-gelasianische Sakramentar mit Bußübungen aus dem letzten Viertel des 8. Jahrhunderts oder die St. Veitsapokalypse aus den Jahren 1059–1085. Ebenfalls dauerten die Kontakte zum St. Emmeramskloster an, mit dem bis zum Jahr 973 die Institution des Regensburger Bistums verknüpft war. Hier wurde eine Reihe böhmischer Geistlicher ausgebildet, z. B. der so genannte Christian, Autor der lateinischen Legende vom Leiden des heiligen Wenzel und der heiligen Ludmilla. In Regensburg entstand ebenfalls die bayerische Fassung der Legende der Heiligsprechung Wenzels *Crescente fide*. In Verbindung mit Regensburg stand übrigens auch Gumpold von Mantua, Autor der weiteren, an *Crescente* anknüpfenden St. Wenzelslegende. Das St. Emmeramskloster ist für Böhmen auch wegen seiner engen Beziehung zum beginnenden Ordensleben von Bedeutung. Bischof Wolfgang lud im Jahre 974 den Trierer Mönch Ramwold nach Regensburg ein, welcher den St. Emmeramskonvent nach den Prinzipien der damals aktuellen kaiserfreundlichen gorzischen Reform ausrichtete. Diese Reform erfasste auch das bayerische Kloster in Niederaltaich, wo Ramwolds Schüler Godehard Abt wurde. Niederaltaich wurde dann zum Zentrum mit Direktverbindungen zu den Männerklöstern des Benediktinerordens in Böhmen.

Es handelte sich in erster Linie um Ostrov, das von Niederaltaich aus gegründet wurde, und um Břevnov, das nach einer kurzen Anfangszeit, in der es mit dem Aventinkonvent St. Alexius und St. Bonifatius verbunden war, ebenfalls Niederaltaich unterstellt wurde.

Die hier skizzierten Züge der Christianisierung des Landes und der Gesellschaft können bei einem kurzen Überblick wie ein sehr statisches Bild wirken. Nicht nur im 10., sondern auch im 11. und 12. Jahrhundert charakterisieren nämlich viele der hier erwähnten Aspekte die Situation der böhmischen Kirche und den Stand der Christianisierung der Gesellschaft. Mit gutem Grund geht die historische Literatur erst ab dem 13. Jahrhundert von der endgültigen Christianisierung des Landes aus, die deshalb so erfolgreich war, weil gerade damals das auf Pfarreien beruhende Organisationsnetz der böhmischen Kirche zu Ende geknüpft wurde.

Literatur

Sommer 1982; 1998.

Die heiligen Bezirke in Pohansko bei Břeclav – ein Beitrag zur Kenntnis des Heidentums und des Christentums der mitteleuropäischen Slawen im frühen Mittelalter

JIŘÍ MACHÁČEK

Einer der wenigen Orte, an denen glaubwürdige Belege zur Gestalt der frühmittelalterlichen Religion gewonnen wurden, ist Pohansko bei Břeclav und seine Umgebung. Besonders wertvoll ist die Erfahrung, dass man hier Äußerungen des geistigen Lebens unserer Vorfahren über eine lange Zeitspanne verfolgen kann.

Die Bedeutung von Pohansko erreichte ihren Höhepunkt im 9. Jahrhundert, als sich hier eine stark befestigte Burgstätte mit der Residenz einer prominenten großmährischen Persönlichkeit befand, ein christliches Gotteshaus mit einem reichen Gräberfeld, handwerklichen Betrieben, dicht besiedelte Vorburgen usw. Das Leben hörte hier auch im 10. Jahrhundert, also in der Zeit, als das großmährische Staatsgebilde und seine machtpolitischen sowie geistigen Strukturen zusammenbrachen, nicht auf. Bedeutsam ist, dass wir hier neben Funden, die die fortschreitende Christianisierung beweisen, auch aussagekräftigen Belegen des vorchristlichen Kultes begegnen. Dieser erreichte hier seinen Höhepunkt in einer Zeit, als es hier bereits das Adelsgehöft und offensichtlich auch einen Holz-Lehm-Wall mit vorgeblendeten Steinen gab, also zu einem nicht näher bestimmbaren Zeitpunkt in der ersten Hälfte des 9. Jahrhunderts. An die quadratische Palisadenbefestigung des Gehöftes schloss sich eine besondere, rechteckige, eingezäunte Fläche mit 17 m x 21,5 m Seitenlänge und 358 m² Fläche an. Die Zaunhöhe schätzt man auf bis zu 4 m. Im Innern fand man einige Pfostengruben, vielleicht Überreste eines unbekannten Bauwerks. Die meisten Spuren der älteren Bebauung wurden jedoch beim Bau der Kirche zerstört. Die Ausrichtung der Kirche orientierte sich, wie die meisten in ihrer Umgebung gefundenen Gräber, an der Längsachse der Kultstätte. Diese Achse ist auf den Sonnenaufgang am Tag der Sommerson-

286 **Beschlag in Form eines Pferdekopfes. Brno, Archeologický ústav AV ČR.**

nenwende ausgerichtet. Die logischste Erklärung für diese Fundlage ist wohl, dass der heidnische Kultbezirk bei der Ankunft des Christentums seine Funktion verloren hatte, und die kleine Kirche die heidnische Kultstätte ersetzte. In der weiteren Entwicklungsphase verschwand auch die alte Palisade, die von den Gräbern des wachsenden Kirchhofs und dem jüngeren Narthex überlagert wurde.

Das Heidentum der örtlichen Bevölkerung war jedoch auch nach dem Untergang des alten Heiligtums noch nicht ausgemerzt. Dies zeigte sich deutlich, nachdem das Großmährische Reich zu Beginn des 10. Jahrhunderts zusammengebrochen war. Die Kirche verlor ihre sakrale Funktion. In ihrem Narthex fand man Reste einer Feuerstelle und Siedlungsabfall. Unweit der Kirche errichtete man eine kleinere heidnische Kultstätte, welche aus einem starken Mittelpfahl mit acht umgebenden Pfostengruben und einem Palisadengraben bestand, der die Kultstätte teilweise umgrenzte. Diese ganze Stätte, die jünger als das bei ihrer Errichtung beschädigte großmährische Grab ist, hatte einen Durchmesser von 2,50 bis 3 m. Einen gleichartigen Kultplatz entdeckte man in einem anderen Bereich von Pohansko, auf dem die alten Slawen vor dem Bau der Burgstätte ihre eingeäscherten Toten bestattet hatten. Nach 100 Jahren diente dieser Ort erneut dem Kult. Zu einem Pfostenbau, der hier inmitten einer ausgedehnteren Kultanlage stand, gehörte eine Gruppe von Körpergräbern, in denen die Verstorbenen fast ohne Grabbeigaben in Rückenlage beigesetzt wurden. Die einzige Ausnahme war ein genau entgegengesetzt orientiertes Hockergrab eines Kindes. An der Linie, die von der Mitte des Pfostenbaus zum Hockergrab des Kindes verläuft, orientierten sich alle restlichen Gräber. Diese Linie entspricht mit leichter Abweichung der Richtung, in der die Sonne bei der Wintersonnenwende aufging. Die Verstorbenen aus dieser Gräbergruppe waren so bestattet, dass sie in Richtung des Kindergrabes der aufgehenden Sonne zugewandt lagen. Verlängert man die Linie vom Kindergrab über die Mitte der Kultstätte hinaus, stößt man auf ein kultisch angelegtes Pferdegrab. Im Vergleich mit dem Kindergrab liegt es nur halb soweit vom Zentrum der Kultstätte entfernt. In derselben Entfernung, in der das Kindergrab zu der Mitte der Kultstätte liegt, fand man eine leere Grabgrube. Es handelte sich um einen Kenotaph mit Orientierung nach Osten in Richtung der Tag-undnachtgleiche. Zieht man eine Linie vom Mittelpfahl der Kultstätte in Richtung Sonnenaufgang zur Zeit der Sommersonnenwende und verlängert diese nach Südwesten, so stellt man fest, dass sie ganz genau auf ein zweites rituell beigesetztes Pferd zielt. Unweit von diesem befinden sich zwei in Richtung der Sommersonnenwende orientierte Gräber. Die Verstorbenen hatte man, mit dem Gesicht den Strahlen der aufgehenden Sonne zugewandt, in gestreckter Rückenlage beigesetzt. Im Vergleich zum Kindergrab lagen diese Bestattungen in doppelter Entfernung zum Zentrum der Kultstätte (Abb. 283).

Der hier vorgestellte Kultstättentyp entspricht einem zentral angelegten Heiligtum im Gebiet der Nowgoroder Slawen in Peryn. Man fand hier einen kreisförmigen Graben mit acht Nischen, in denen ursprünglich Opferfeuer brannten. Auf ein zentrales Idol weist eine inmitten des Bezirkes aufgedeckte Grube. Acht kreisförmig angeordnete Gruben entdeckte man auch auf dem Burgwall Bogit in Galizien (10.–13. Jh.), in dessen Mitte wahrscheinlich das bekannte Zbručer Idol stand. Eine von acht Pfostenlöchern umgebene zentrale Pfostengrube bildete die Opferstätte der älteren Zarubincer Kultur in Děvičgora. Es handelt sich um Befunde, welche mit dem Bericht Ibn Fadlans über den Kult der Wolga-Kaufleute übereinstimmen.

Den Sinn dieser Kultstätten hängt offensichtlich mit den Himmelsrichtungen und den Sonnenaufgängen in der Zeit der Winter- und Sommersonnenwende zusammen. Es ist beispielsweise möglich, dass diese Anlage die Sonne und die bedeutendsten Augenblicke des solaren Zyklus symbolisiert, also lebenswichtige Aspekte im Leben jeder Agrargemeinschaft. Zu den Vorstellungen über den Sonnenkult würden auch gut die Funde der rituellen Pferdegräber passen. Auf alle Fälle finden sich Pferdeskelette auch in anderen heidnischen Heiligtümern. So wurden einige Pferdeskelette in bzw. bei einem kultischen Holzbau auf Klášteřisko und in Mikulčice, wo zwei heidnische Kultbezirke bekannt sind, entdeckt. Pferdeschädel fand man auch in dem bekannten heidnischen Tempel im mecklenburgischen Groß Raden. Die Benutzung von Pferden im Kult der slawischen Religionen bestätigen auch die Chronistenberichte, z. B. die Thietmars von Merseburg. Die Komponenten des großen Kultbezirks in Pohansko finden ihre Entsprechungen auch an anderen Fundorten, wie z. B. auf dem slowenischen Gräberfeld Dlesk bei Bodeščah.

Das „Sonnenkalendarium" in Pohansko kann, ähnlich wie die kreisförmige Kultstätte an der Kirche, mit Vorbehalt an das Ende der großmährischen Zeitstufe datiert werden. Eine ähnliche Zeitstellung hat auch der kreisförmige Graben in Mikulčice, der in unmittelbarer Nachbarschaft der ersten und zweiten Kirche entstand und dem ebenfalls eine kultische Funktion zugeschrieben wird.

Die Gründung des Prager und des mährischen Bistums

DUŠAN TŘEŠTÍK

Die Christianisierung Böhmens, die zu jener Zeit weniger den Glauben als vielmehr die „offizielle" Annahme der Lebensordnungen der Christen bedeutete, war ein besonders komplizierter Prozess. Er betraf zunächst nicht das ganze Land, sondern nur das mittelböhmische Fürstentum der Přemysliden, und erst nach der Entstehung des Staates erfasste es ganz Böhmen.

Es begann mit der Taufe des Fürsten Bořivoj in Mähren ungefähr im Jahre 883, mit der Hinwendung zur römisch-byzantinisch-bayerischen Landeskirche Methods und Svatopluks. Durch die Hinwendung zur bayerischen Kirche nach 895 breitete es sich weiter im mittelböhmischen Fürstentum aus. In Prag entstand ein Archipresbyterat des Regensburger Bistums; die hier wirkenden Mönche aus dem Regensburger bischöflichen St. Emmeramskloster waren jedoch nicht imstande, die im Werden begriffene „mittelböhmische" Kirche eindeutig bayerisch zu prägen. Nach dem Untergang Großmährens im Jahre 906 flüchteten sich offenbar relativ viele Priester aus Mähren nach Mittelböhmen. Sie waren größtenteils in der slawischen Schrift ausgebildet und brachten gemeinsam mit dieser auch eine Reihe spezifischer Gewohnheiten der mährischen Kirche nach Böhmen.

Als daher Boleslav I. nach dem Jahre 935 mit dem Aufbau eines einheitlichen Staates begann, welcher das ganze böhmische Becken einnahm, verfügte er über die Priesterschaft am Prager Archipresbyterat sowie über die an den Kirchen auf den einzelnen Burgen des mittelböhmischen Fürstentums ansässigen Priesterschaften. Mit ihnen musste er die Kirchen auf angeblich 20 Burgen besetzen, welche er als Verwaltungszentren über das ganze Land verstreut errichtet hatte. Diesen Priestern wuchsen weitere Pflichten zu, insbesondere die Mission in den neu eroberten, sich bis zur Grenze der Kiewer Rus erstreckenden Gebieten. Unter dem Gesichtspunkt des kanonischen Rechts sollte all dies der Regensburger Bischof betreuen, was jedoch ganz unrealistisch war, auch wenn in Regensburg ein bestimmtes Interesse an der geistlichen Betreuung der Slawen, insbesondere der böhmischen, wirklich bestand. Wie konnte aber der Regensburger Bischof Michael Kirchen in Krakau (Kraków) weihen, wenn es für ihn schon in Böhmen beschwerlich war?

Ein Bistum war für Böhmen also eine absolute Notwendigkeit, der aufstrebende Staat konnte ohne dieses nicht auskommen. Die Geschichte seiner Entstehung liegt jedoch ziemlich im Dunkeln, insbesondere da die einzelnen Angaben in den Quellen unvollständig sind und darüber hinaus sich oft gegenseitig widersprechen. Fragen zu der Gründung beantwortete man im vorigen Jahrhundert gewöhnlich mit der ottonischen Politik des Aufbaus von Bistümern im Osten des Reiches und die entsprechende Initiative wurde daher Kaiser Otto I. oder Otto II. zugeschrieben. Dies war jedoch ein Irrtum, die Initiative ging ganz offensichtlich von Boleslav I. aus. Auch berücksichtigte man immer nur das Bistum in Prag. Die Tatsache, dass zwei Bistümer entstanden, wurde entweder schweigend übergangen oder auf verschiedene Weisen abgelehnt. Zieht man all dies in Betracht, entsteht in etwa folgendes Bild:

Boleslav und seine Nachfolger bauten ihre Landeskirche von Anfang an voll in eigener Regie und selbstverständlich unter ihrer Herrschaft auf. Der Bischof dieser Kirche, dem die Zehnten nicht von den Gläubigen, sondern aus der fürstlichen Kammer zuflossen, sollte und konnte nach dem im 12. Jahrhundert noch vorhandenen Verständnis der Přemysliden niemand anders als der „Kaplan" des Fürsten sein. Einen Bischof, das heißt den „Kaplan" eines fremden Herrschers, im eigenen Land zu haben, war deshalb absurd. Es bot sich jedoch eine Möglichkeit an, diese unmögliche Situation zu lösen. Zumindest in Mähren, dessen nördliche Hälfte Boleslav bereits bald nach dem Jahre 935 eroberte. Der südliche Teil Mährens blieb wahrscheinlich in den Händen lokaler Fürsten. Es war ein verwüstetes Land, hatte aber immer noch ein zuletzt von der päpstlichen Kurie im Jahre 900 aktiviertes Erzbistum, auch wenn es keinen Erzbischof, keine Priester und wohl auch keine Gläubigen mehr besaß. Böhmen gehörte durch das Regensburger Bistum zum Salzburger Erzbistum und die Errichtung eines Bistums in Böhmen wäre von der kanonischen Zustimmung des Regensburger Bischofs abhängig gewesen. Mähren war jedoch in dieser Hinsicht frei. Es hatte bereits ein eigenes Bistum, auch wenn dieses nur noch *de iure* existierte. Es genügte also, dieses Bistum *Methodii* (Methods) durch die Ernennung eines Bischofs mit dem alten bestehenden mährischen Titel wiederzubeleben. All das hing vor allem vom Papst ab und an diesen wandte sich Boleslav.

Zu allerletzt ging jedoch ein Gesuch nicht um zwei, sondern um drei Bistümer zu Johannes XIII. nach Rom. Zwei beantragte Boleslav II. für Mähren und Prag, das dritte wollte sein Schwager Mieszko I. für sein Gnesen (Gniezno). Sicher handelte es sich um zwei verschiedene Gesandtschaften, die jedoch ohne Zweifel gemeinsam agierten. Nachdem nämlich Boleslav I. irgendwann in den vierziger Jahren Schlesien erobert hatte, traf er an der gemeinsamen Grenze das gerade aufstrebende, sicher bereits ganz Großpolen einnehmende Machtgebilde der Gnesener Fürsten. Das Ergebnis dieses Zusammentreffens war, dass Mieszko, der sein Werk (oder das Werk seiner Vorgänger) durch seinen Eintritt in die „hohe" Welt der Christen zu vollenden beabsichtigte, einen wirklichen Staat aufbauen und für ihn Anerkennung und Legitimität gewinnen wollte, als Vermittler gerade den böhmischen Boleslav wählte. Er wusste sehr gut, dass Böhmen kein Reich war und keine Vorherrschaft über seine christliche Nachbarschaft beanspruchte. Im Jahre 965 heiratete er Boleslavs Tochter Dobrawa und gleich im darauffolgenden Jahr empfing er die Taufe. In der ersten Phase des Aufbaus seiner eigenen Landeskirche stützte er sich offenbar auf böhmische Priester, dies reichte jedoch nicht aus. Notwendig war – zumindest für die Erteilung der wichtigsten Sakramente – ein Bischof. Mit dem Regensburger Bischof konnte man nicht rechnen, zuletzt fand sich jedoch eine Lösung von selbst, in Gnesen erschien Bischof Jordan, was jedoch nicht bedeutete, dass Gnesen ein Bistum war. Daher war es für Mieszko absolut notwendig, ein Bistum für Jordan zu bekommen, wie auch Boleslav ein Bistum absolut benötigte. Nur so ist es verständlich, dass sie sich beide gemeinsam nach Rom wandten.

Die Gesuche waren erfogreich. Jordan wurde im Jahre 968 Bischof von Gnesen. Mlada-Maria, Schwester Boleslavs II., welche in Rom die böhmische Partei vertrat, kehrte nach Prag mit einer Erlaubnis Johannes XIII., Bistümer in Prag und in Mähren zu errichten, zurück. Der Sitz des mährischen Bistums lag offensichtlich auf der Hauptburg des přemyslidischen Mähren, in Olmütz (Olomouc). Für Böhmen war die Sache jedoch noch nicht abgeschlossen, da man hierzu eine Zustimmung des Regensburger Bischofs Michael unbedingt brauchte und auch den Kaiser nicht gut umgehen konnte. Michael weigerte sich jedoch, seine Zustimmung zu geben, so dass sich in der Sache erst nach seinem Tode im Jahre 972 etwas bewegte, als der reformfreundliche Bischof Wolfgang zu seinem Nachfolger wurde. Boleslav gelang es, Otto I. für seine Sache zu gewinnen und auf dem großen Hoftag in Quedlinburg im Jahre 973 wurde diese Angelegenheit entschieden. Wolfgang bekam vom Kaiser Güter als Entschädigung für die Einkünfte aus Böhmen und gab seine Zustimmung zur Errichtung des Prager Bistums. Beide Bistümer wurden etwas überraschend Mainz und nicht Salzburg unterstellt, wie man hätte erwarten können. Offenbar sollte damit der Mainzer Erzbischof Willigis für die ihm durch die Errichtung des Erzbistums in Magdeburg zugefügten Verluste entschädigt werden. Otto I. starb aber kurz danach und im Reich kam es zum Aufstand des bayerischen Herzogs Heinrich des Zänkers gegen Otto II., an dem auch Boleslav II. teilnahm. Zu einer Versöhnung zwischen Boleslav und Otto kam es erst im Jahre 975 und beide Bischöfe, der Prager Thietmar, ein Mönch aus dem sächsischen Kloster Corvey, sowie ein mährischer Bischof unbekannten Namens, wurden im Januar des Jahres 976 geweiht. Für Boleslav II. bedeutete es aber keine wirkliche Erfüllung seiner Ambitionen. Ein oder zwei Bistümer zu haben brachte der Landeskirche und dem Land als solchem noch keine wirkliche Selbstständigkeit. Gnauso wie bei Rostislav und Svatopluk in Großmähren musste es ein Erzbistum sein. Boleslav trat mit dieser Forderung weder vor der Kurie noch vor dem Kaiser offen auf, dieser Gedanke stand aber im Hintergrund seiner Handlungen.

Bei den Verhandlungen in Rom im Jahre 968 erörterte man besonders die Frage der slawischen Liturgie. Der Papst bestand darauf, dass dieser damals in Bulgarien gepflegte Unfug in den neuen Bistümern keinen Platz haben kann und verbot diese ausdrücklich. Für Prag hatte dies keine Bedeutung, denn hier wurde die slawische Liturgie ganz bestimmt nicht gepflegt. Das Verbot konnte nur im Zusammenhang mit Mähren eine Bedeutung haben, allerdings nicht mit dem aktuellen Mähren, sondern mit dem ehemaligen Erzbistum *Methodii*. Es kann als Beweis gelten, dass hier eine Erneuerung des mährischen Bistums vorgenommen wurde, bei der der Papst nur das wiederholte, was vor ihm in der Frage der slawischen Liturgie bereits Stephan V. entschieden hatte. Das in Mähren zu errichtende Bistum war daher kein Olmützer Bistum, sondern bis ins 12. Jahrhundert hinein ein „mährisches" Bistum, das den Titel des alten Bistums *Methodii* trug.

Etwas später, im Jahre 974, als man schon über die endgültige Errichtung des mährischen Bistums verhandelte, versuchte der Passauer Bischof Pil-

287 Adalbert-Zyklus auf der Domtür in Gnesen. Adalbert im Gebet und die Bischofsinvestitur. – Kat. 27.01.07.

grim dieses Bistum für sein Phantasie-Erzbistum in Lorch zu gewinnen, das aber in Wirklichkeit nichts anderes als das Erzbistum *Methodii* war, welches das Gebiet Großmährens einschließlich der im 10. Jahrhundert unter magyarischer Herrschaft befindlichen Gebiete umfasste. Er polemisierte damit gegen die von Boleslav II. erhobenen Ansprüche.

Das mährische Bistum überdauerte offensichtlich jedoch nicht den Tod des ersten Bischofs. Irgendwann nach dem Jahr 983 übernahm es der zweite Prager Bischof, der heilige Adalbert, unter seine Verwaltung und wurde so zum Herrn eines riesigen, vom Fichtelgebirge bis zum Bug reichenden Gebietes. Aus jener Zeit stammte eine private Aufzeichnung des Heiligen, welche die Grenzen dieser beiden vereinigten Diözesen beschreibt. Diese Beschreibung benutzte im Jahre 1086 der Prager Bischof Jaromir, als er die Wiedervereinigung des Prager und des von seinem Bruder Vratislav II. im Jahre 1063 erneuerten Olmützer Bistums anstrebte. Wozu diese Aufzeichnung dem heiligen Adalbert selbst diente, wissen wir nicht; am ehesten hing sie jedoch mit dem Plan einer Wiedererrichtung des Erzbistums *Methodii* zusammen, allerdings in den durch die Ausdehnung des Reiches der böhmischen Boleslavs gegebenen Grenzen. Es sollte ein Erzbistum „mit sieben Suffraganen" sein, von dem die Legende spricht, welche zuerst um das Jahr 974 bei Pilgrim aufgezeichnet, beim Prager Christian in den

Die Christianisierung Böhmens

Jahren 992–994 wiederholt wurde und um das Jahr 1000 auch beim Hildesheimer Annalisten anklang. Betroffen waren Method und seine Erzdiözese, aber sicherlich war es auch gleichzeitig ein aktuelles politisches Programm. Adalbert wurde im Jahre 982 zum Prager Bischof gewählt, und zwar nicht in Prag, sondern auf dem unbedeutenden Levý Hradec, offensichtlich, weil von hier aus „das Christentum in Böhmen" seinen Anfang nahm, da hier Bořivoj nach seiner Taufe in Mähren die erste Kirche erbaute. Schon damals bekannte sich Boleslav II. so zum mährischen Erbe und danach machte sein Sohn Christian, ein enger Mitarbeiter Adalberts, diesen Gedanken zum Leitmotiv seines Werkes.

Letztlich kam nichts davon zustande, das böhmische Herrschaftsgebiet zerfiel zu Beginn der neunziger Jahre und auch wenn das Projekt eines Erzbistums als kirchenpolitische Idee fortlebte, wurde sie – im Unterschied zu Polen und Ungarn, welche ihre Erzbistümer im Jahre 1000 bekamen – schließlich nicht verwirklicht. Auf sein Erzbistum musste Böhmen bis zur Zeit Karls IV. warten.

Literatur

Büttner 1965. – Graus 1969. – Holtzmann 1918. – Kadlec 1967; 1973. – Králik 1968. – Novotny 1912. – Novy 1993. – Schulte 1901. – Spangenberg 1900. – Zimmermann 1973.

Christliche Architektur und Kunst im böhmischen Staat um das Jahr 1000

ANEŽKA MERHAUTOVÁ UND PETR SOMMER

Gleichzeitig mit der Ankunft des Christentums und mit der Entstehung des frühmittelalterlichen böhmischen Staates (die Prinzipien beider Phänomene verbreiteten sich in der böhmischen Gesellschaft von oben), also ungefähr ab dem Ende des 9. Jahrhunderts, wurden Elemente der neuen christlichen Kultur in den böhmischen Ländern sichtbar. Äußerungen dieser Kultur kann man vor allem in der im Werden begriffenen kirchlichen Sphäre begegnen, deren Einfluss man in verschiedenen Bereichen der Kultur der Bevölkerung erkennt. Für einen erfolgreichen Verlauf der Christianisierung war eine spezielle gottesdienstliche Architektur vonnöten, die einen der ausdrucksvollsten Belege des ganzen Prozesses darstellt. In einem Land, dessen Christianisierung erst anfing, herrschte gewiss ein allgemeiner Mangel an Priestern und christlichen Sakralbauten. Die přemyslidischen Fürsten waren interessiert, den Christianisierungsprozess zu beschleunigen, und daher ist es nicht verwunderlich, dass die ältesten historischen und frühesten archäologischen Quellen über deren Bestrebungen berichten, möglichst viele Geistliche ins Land zu bringen und den Bau der ersten Kirchen zu fördern. Über die Entstehung dieser Bauten auf den ältesten přemyslidischen mittelböhmischen Burgwällen sprechen die spärlichen Erwähnungen in den Quellen, vor allem in den Heiligenviten, welche den Wert von Topoi haben können, die bei den Schilderungen der positiven christlichen Eigenschaften der einzelnen Fürsten benutzt wurden. Die Entstehung der ersten Kirchen auf den přemyslidischen Burgwällen belegen jedoch auch die archäologischen Quellen, so dass die Legendenschilderungen der realen Lage an den historischen Stätten gut entsprechen. Das Bedürfnis, neue Kirchen zu bauen, ließ im Verlauf des 10. Jahrhunderts für ihre Zeit beachtenswerte Steindenkmäler entstehen, deren Gestalt sowohl durch die großmährischen (das Rotundenprinzip) als auch durch die karolingischen und ottonischen (die länglichen, vor allem klösterlichen Kirchen) Nachbarn beeinflusst wurde. Mit fortschreitendem Kenntnisstand zeigt es sich jedoch immer mehr, dass die meisten neuen Gotteshäuser einfache Holzgebäude waren, deren Bauweise aus der Tradition der heimischen Architektur hervorging. Hierzu zählen die älteste böhmische, in den achtziger Jahren des 9. Jahrhunderts in Levý Hradec gestiftete und dem heiligen Clemens geweihte Kirche, die nach 921 in Tetín belegte, über dem Grab der Fürstin Ludmilla erbaute Kirche, oder die Sakralbauten, welche auf den Gräberfeldern in Lahovice, Stará Kouřim, Žalany, Brandýsek bzw. über dem prominenten Frauengrab auf dem Gelände des St. Georgsklosters auf der Prager Burg entstanden waren. Es ist sehr wahrscheinlich, dass die Anzahl der Holzkirchen die der steinernen Kirchen übertraf, da die ersteren leichter zu errichten waren. Es ist sogar wahrscheinlich, wie einige angelsächsische, in unserer Nachbarschaft bis zum 12. Jahrhundert praktizierte Bußübungen andeuten, dass man Holzkirchen ohne allzu große Schwierigkeiten von einem Ort zum anderen transportieren konnte. Durch Grabungen wurden diese Bauten in den böhmischen Ländern bisher nicht erfasst, was jedoch nur mit dem Stand der Forschung zusammenhängt, und nichts über das Ausmaß der Nutzung dieser Holzkirchen aussagt. Dass solche Kirchen im Frühmittelalter häufig waren, bestätigt z. B. die Nachricht des Chronisten, des so genannten Vyšehrader Kanonikers, über einen Sturm im Jahre 1134, bei dem viele steinerne (*ecclesiae lapideae*) und hölzerne Kirchen (*ecclesiae ligneae*) zerstört wurden. Zu Beginn des Christentums in Böhmen muss man allerdings damit rechnen, dass es auch nicht genug Holzkirchen gab. Gottesdienste fanden daher auch in den Häusern der Laien (manchmal vielleicht auch aus Bequemlichkeit) statt; in den zeitgenössischen Bußübungen wird dies natürlich verurteilt.

Steinerne Gotteshäuser waren während des ganzen 10. Jahrhunderts in Böhmen ausschließlich einschiffige, länglich oder zentral ausgelegte Bauten (Rotunden); die einzige Ausnahme bildete die unter dem Fürsten Vratislav I. (915–921) gestiftete St. Georgsbasilika auf der Prager Burg. Es handelte sich um einen dreischiffigen, flachgedeckten Bau, der mit drei östlichen Apsiden versehen war. Als der älteste steinerne böhmische Sakralbau kann

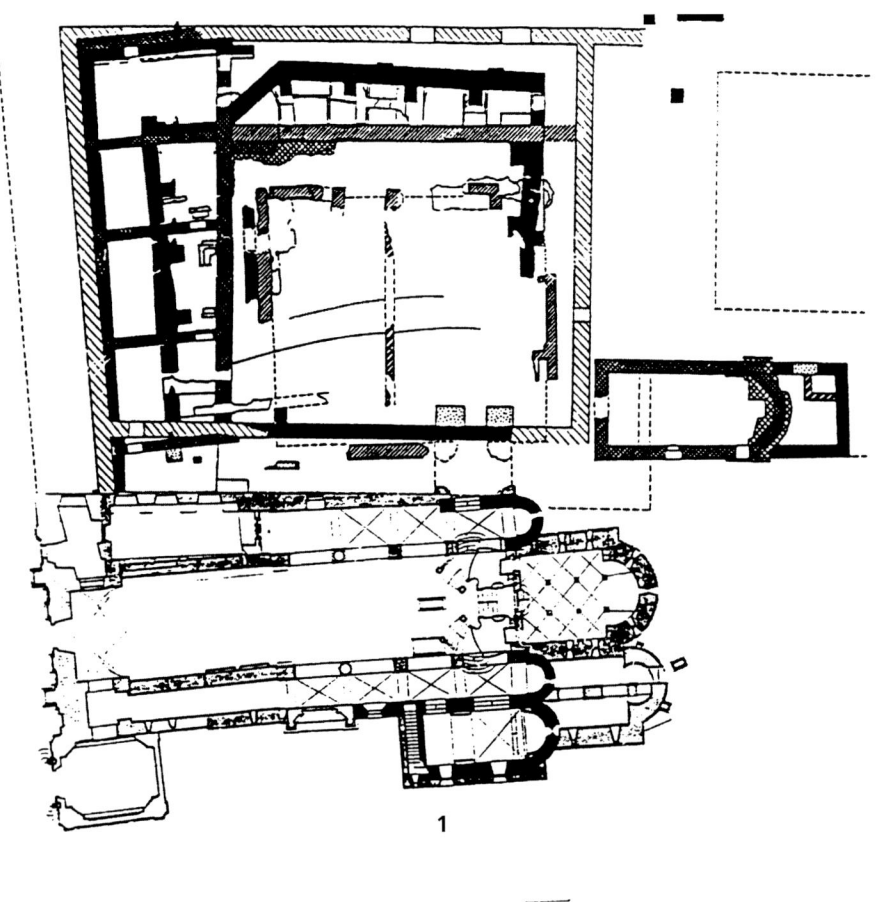

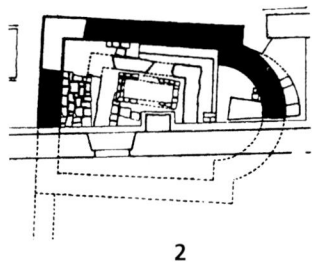

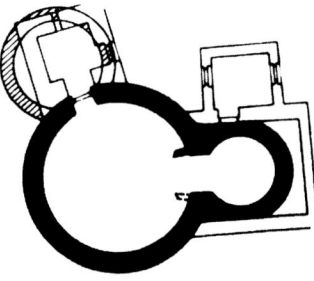

288 1 St. Georg-Kloster auf der Prager Burg; 2 St. Maria auf der Prager Burg; 3 Budeč

heute die erste Ausführung der einschiffigen länglichen Marienkirche auf der Prager Burg gelten, die unter der Herrschaft des Fürsten Bořivoj entstand († 889); derselbe stiftete ebenfalls die bereits erwähnte Kirche auf Levý Hradec. Bořivojs Nachfolger Spytihněv I. (895–915) ließ die St. Peterskirche erbauen, eine Rotunde mit einer östlichen, dem Grundriss eines Dreiviertelkreises entsprechender Apsis, die im 11. Jahrhundert am nordwestlichen Rand des kreisrunden Schiffes durch eine weitere Bestattungsapsis ergänzt wurde. Die Rotunde steht zum größeren Teil noch heute auf dem ehemals bedeutenden přemyslidischen Burgwall Budeč. Vratislavs Sohn Wenzel (921–935), nach der Gründung des Prager Bistums in den siebziger Jahren des 10. Jahrhunderts der erste böhmische Heilige, ist der Stifter der vielleicht von Anfang an als Vierapsidenbau ausgelegten St. Veitsrotunde auf der Prager Burg. Nach der Überführung der Reliquien des heiligen Adalbert aus Gnesen (Gniezno) im Jahre 1039 wurde sie auf der Westseite um eine selbständige Kapelle erweitert, in der die St. Adalbertsreliquien hinterlegt wurden. Fürst Wenzel ließ noch eine weitere einschiffige Heiligenkapelle mit Apsis erbauen. Sie wurde an die Südflanke des östlichen Abschlusses des Südschiffes der St. Georgsbasilika auf der Prager Burg angefügt. Hierher brachte man im Jahre 935 aus der Tetíner St. Michaelskirche die Reliquien von Wenzels Großmutter Ludmilla. Die Bemühungen um die Pflege ihres Kultes ist mit der Gründung des Prager Bistums verknüpft, lange wurde dieser jedoch nur im St. Georgskonvent der Benediktinerinnen gepflegt.

Die mährische Architektur stagnierte in dieser Zeit und auch noch einige Jahrzehnte danach. Eine gewisse Rolle kann dabei die Tatsache gespielt haben, dass sich nach dem Untergang des großmährischen Reiches eine Welle antichristlicher Reaktion erhob, wie die zu Beginn des 10. Jahrhunderts in Pohansko bei Břeclav errichtete Kultstätte belegt. Die Grabungen haben jedoch auch eindeutig bewiesen, dass eine Reihe von Gotteshäusern in Zusammenhang mit dem Untergang des großmährischen Reiches zwar verwüstet wurde, dass aber einige von ihnen auch weiterhin benutzt wurden und man bei ihnen bestattete. Auch die Erwähnung eines mährischen Bischofs in den siebziger Jahren des 10. Jahrhunderts zeigt, dass das Christentum mit der dazugehörigen materiellen Kultur in Mähren fortbestand.

Eine Blüte der Architektur in Böhmen brachte die Herrschaft von Wenzels Bruder Boleslav I. (935–972). Bereits als nichtregierender Zweitgeborener kam es beim Bau seiner neuen Festung (heute Staré Boleslav [Altbunzlau]) zu einer bedeutenden Innovation in der heimischen Architektur. Während die zeitgenössischen und jüngeren Burgwälle durch Befestigungen in Holz-Lehm-Bauweise mit Steinverblendungen gesichert wurden, baute man die Mauer der Festung Boleslavs *opere Romano*. Eine Grabung konnte unlängst beweisen, dass der diesbezügliche Bericht des Chronisten Cosmas zuverlässig ist und dass diese Burgstätte tatsächlich mit einer mächtigen steinernen Mauer befestigt war. Auf der Altbunzlauer Burgstätte ließ Boleslav auch eine den heiligen, Kosmas und Damian geweihte Kirche erbauen, von der wir mit einer gewissen Wahrscheinlichkeit nur sagen können, dass sie an der Stelle der heutigen Kollegiatsbasilika stand.

In der Zeit der Herrschaft von Boleslavs Nachfolger Boleslav II. (972–999) wird in Bezug auf das Jahr 976 eine weitere bedeutende Burg – Pilsen (das heutige Starý Plzenec) – erwähnt, auf der es vielleicht schon damals mindestens eine der drei bekannten frühmittelalterlichen Kirchen gab. Es handelte sich um die Einapsidenrotunde des heiligen Petrus, welche sich bis heute in ihrer ursprünglichen Gestalt erhalten hat.

Die siebziger Jahre des 10. Jahrhunderts sind allerdings auch die Zeit, in der dank des neu entstandenen Prager Bistums und seiner Verbundenheit mit dem Reich eine Reihe von Anregungen aus deutschen Landen in der böhmischen Kirchenarchitektur auftauchen. Vielleicht geht darauf beispielsweise die Anregung zurück, an Wenzelsrotunde des heiligen Veit auf der Prager Burg den vorgebauten Westturm mit einer Empore im Obergeschoss anzufügen. Ohne Zweifel wurde dadurch auch der Umbau der Burgbasilika des heiligen Georg auf der Prager Burg beeinflusst, wo man gleichzeitig mit der Gründung des Bistums ein Stift für Benediktinerinnen errichtete. Der dem neuen Konvent angepasste Bau Vratislavs bekam dabei Emporen über den Seitenschiffen und einen neuen Westteil mit einer Empore im Obergeschoss. Noch im 10. Jahrhundert wurde die Holzkapelle über dem Grab einer vornehmen Dame (heute unter der Marienkapelle) durch einen einschiffigen Längsbau mit Ostapsis ersetzt. In den Jahren 992 bis 993 brachte Bischof Adalbert mit Zustimmung des Fürsten eine Gruppe Benediktiner aus dem römischen Kloster St. Bonifatius und St. Alexius nach Břevnov bei Prag und gründete das erste Benediktinerkloster in Böhmen. Die Gestalt seiner ersten Holzgebäude kennt man nicht. Darüber hinaus ist es wahrscheinlich, dass der Konvent nach der Ermordung der Slavnikiden im Jahre 995 sich zerstreute und von den ursprünglichen Gebäuden nicht viel erhalten blieb. Diese Ereignisse oder auch das Bestreben, die Grundlagen des böhmischen Benediktinertums auf den durch die bayerischen Zentren in Regensburg und Niederaltaich vermittelten Prinzipien aufzubauen, veranlasste im Jahre 999 Boleslav II., das zweite Benediktinerkloster auf einer Insel der Moldau zu errichten (ungefähr 30 km südlich von Prag beim heutigen Davle). Die Gründung des *Insula* (Insel) benannten Klosters vollendete erst Boleslav III. (999–1003)

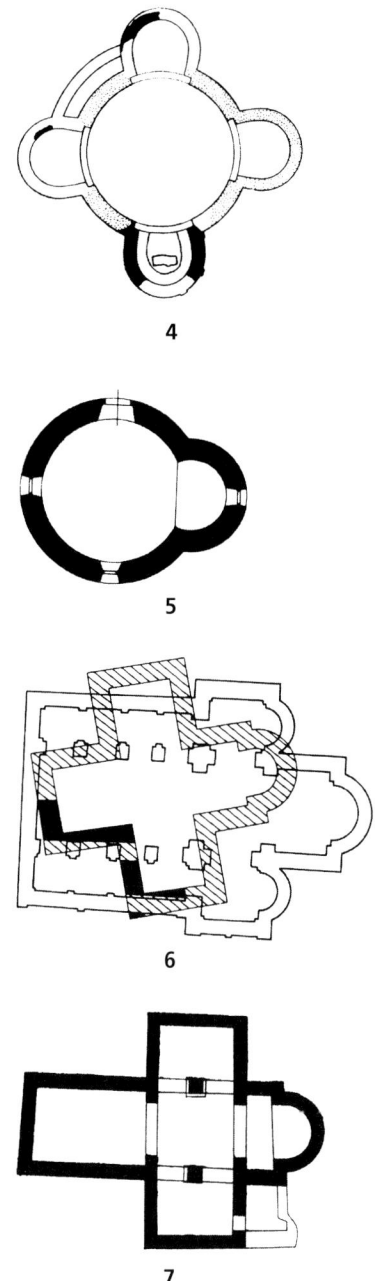

4 St. Veits Rotunde auf der Prager Burg; 5 Alt-Pilsen (Starý Plzenec); 6 Vyšehrad; 7 Libice. Maßstab etwa 1:70.

und setzte dort Benediktiner aus Niederaltaich mit Abt Lantbert an der Spitze ein. Bei den dortigen Grabungen entdeckte man deutliche Spuren der ursprünglichen hölzernen Bebauung, welche nach der Zeit des großen Brandes im Jahre 1137 allmählich durch steinerne Gebäude ersetzt wurde. Wichtig ist die Feststellung, dass die älteste Holzkirche an der Stelle der späteren Basilika stand und dass die hölzernen Wohnhäuser der Mönche (Klausur?) von Anfang an nördlich der Kirche lagen.

Mit der Zeit der Boleslavs ist auch die Entstehung der bedeutenden Prager Festung Vyšehrad verknüpft, welche gemeinsam mit der Prager Burg den Eingang des Prager Beckens schützt. Die Gestalt der dortigen ältesten, in den schriftlichen Quellen des 11. Jahrhunderts belegten Kirchen

Die Christianisierung Böhmens

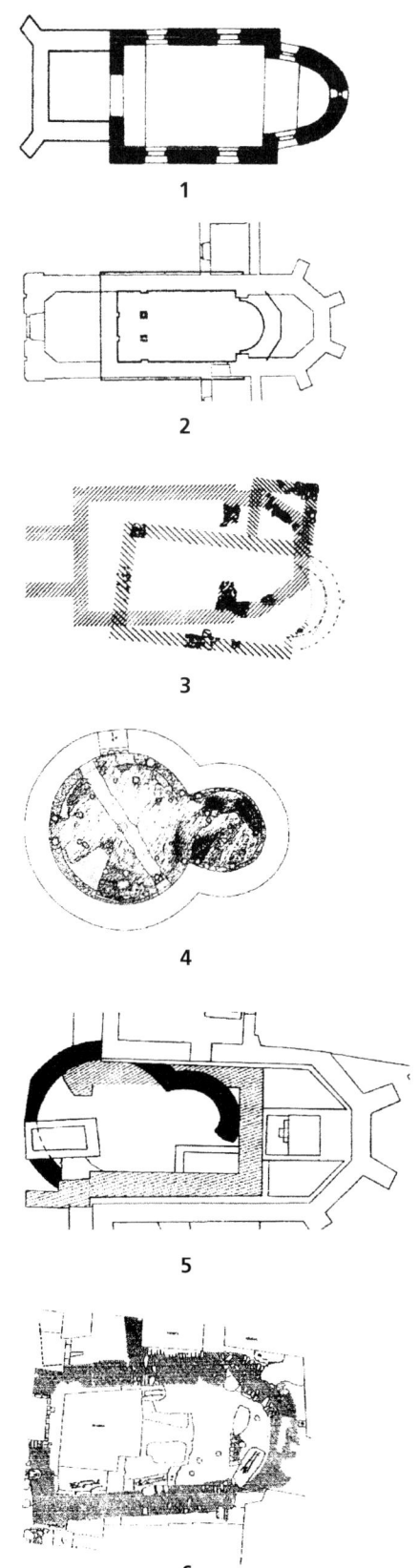

289 1 Malín; 2 Vrbčany; 3 Kouřim, St. Georg; 4 Znaim (Znojmo); 5 Alt Brünn (Brno); 6 Domažlice

tion war in Böhmen der Rotundenbautyp, der hier im 10. Jahrhundert heimisch wurde. Auch auf Vyšehrad gab es eine Rotunde, die nach einem späteren mittelalterlichen Zeugnis Bischof Adalbert dem heiligen Johannes Evangelista geweiht hatte. Ein sehr interessantes Kapitel in der Entwicklung der böhmischen Architektur der zweiten Hälfte des 10. Jahrhunderts stellt die Bautätigkeit des Slavnikiden-Geschlechtes im östlichen Teil Mittelböhmens dar. Die gegenwärtige Historiographie betrachtet die Slavnikiden nicht mehr als eine Dynastie, die über ihre, dem böhmischen Staat erst einzugliedernde Ethnie herrschte. Man versteht sie vielmehr als ein mit den Přemysliden verwandtes und mit der Verwaltung eines bestimmten Gebietes betrautes Geschlecht. In ihrem Gebiet entwickelten sie, ab der Herrschaft des Fürsten Slavník, Vater des heiligen Adalbert, eine beachtenswerte Kultur mit eigenständigen Zügen. Unter den durch ihre Initiative entstandenen kirchlichen Bauten fehlen Rotunden völlig. Auf ihrer Stammburg in Libice nad Cidlinou entstand eine einschiffige Kirche mit einem nördlichen und einem südlichen Annex, welche sich durch doppelte Arkaden dem östlichen Teil des Schiffes zu öffneten. Im Osten wurde die Kirche durch einen kurzen rechteckigen Ostabschluss mit Apsis abgegrenzt. Die Benutzung der sich dem Kirchenschiff öffnenden Annexe bezeugt eine Beeinflussung durch sächsische Vorbilder. Zwei weitere kleine Kirchen mit einfachem einschiffigem Grundriss mit Ostapsiden entstanden auf den slavnikidischen Burgwällen in Malín bei Kutná Hora und im nahegelegenen Vrbčany. Möglicherweise erst in der Zeit nach den Slavnikiden entstand die längliche einschiffige Kirche mit Ostapsis auf dem Felssporn des heiligen Georg bei Kouřim, also unweit des bedeutenden Burgwalls Staré Kouřim bei Kolín.

Über die zeitgenössische profane Architektur liegen bisher wenig Informationen vor. Aus den schriftlichen Quellen erfahren wir, dass es auf der Prager Burg einen Fürsten- und einen Bischofspalast (es handelt sich unbestritten um Holzgebäude) sowie einen Palast auf dem Vyšehrad gab; dank der Grabungen kennen wir den Grundriss des zweiten Palastes in Libice. Die ältesten Legenden erzählen von Gehöften, also von den Grundwohneinheiten z. B. auf den Burgwällen in Altbunzlau (Staré Boleslav) und Tetín, deren Reste auch die Grabungen in Levý Hradec und Budeč freilegten. Sie bestanden aus relativ einfachen Gebäuden, wie dem dreiräumigen(?) Blockhaus in Levý Hradec, den zwei- und einräumigen oberirdischen Holz- und Steinhäusern auf der Prager Burg und in Budeč oder den von vielen böhmischen Burgstätten be-

kennen wir bisher nicht. Nur unter den Überresten der romanischen St. Laurentiuskirche deckten die Grabungen Fundamente eines vielleicht nach dem Grundriss des griechischen Kreuzes errichteten Zentralbaus auf, der in die Zeit um das Jahr 1000 datiert wird. Ein Erbe der großmährischen Tradi-

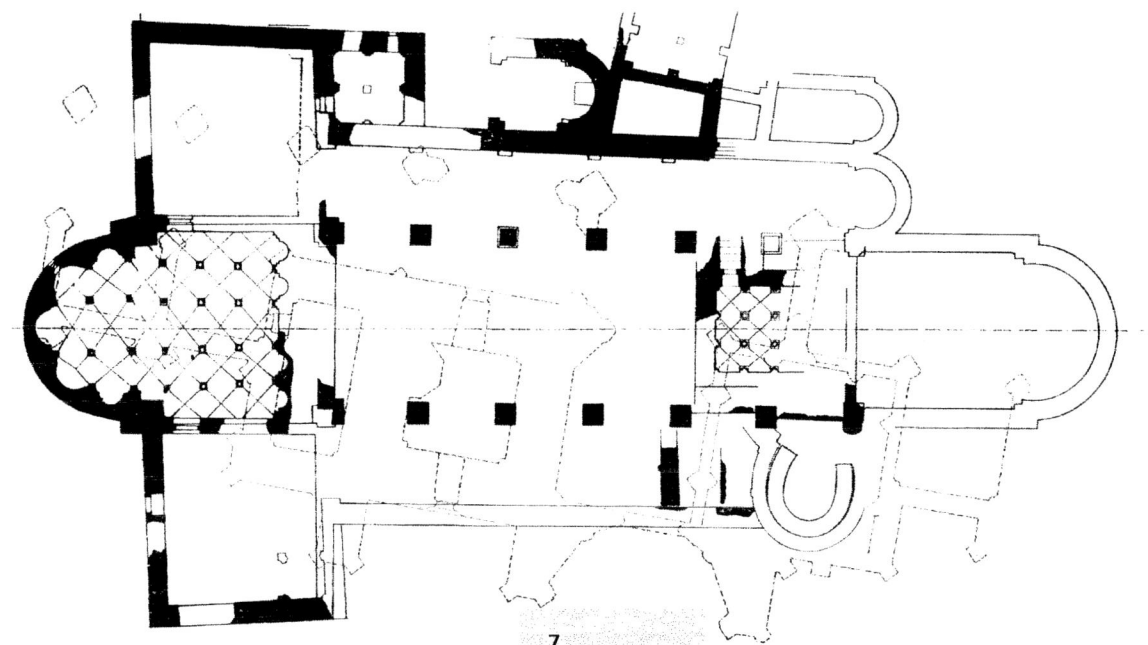

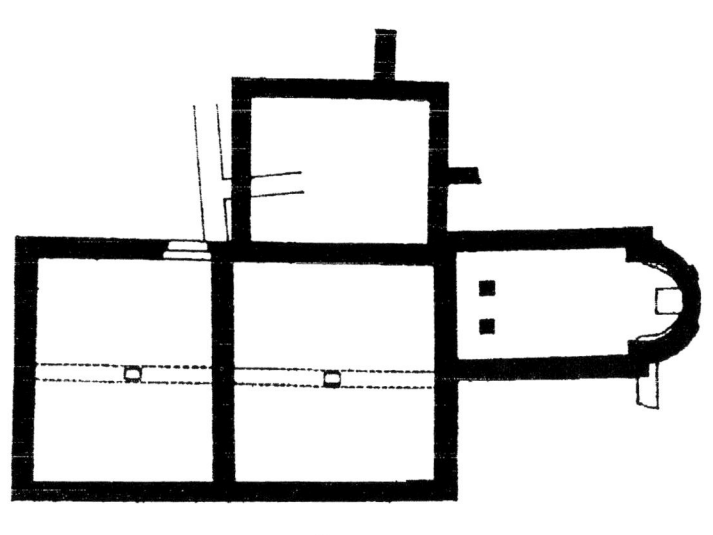

7 St. Veits Basilika auf der Prager Burg; 8 Bischofspalast mit der St. Mauritius Kapelle auf der Prager Burg. Maßstab etwa 1:70.

kannten zur Hälfte eingetieften Grubenhäusern mit Holzkonstruktion.

Eines der wichtigsten Attribute des entstehenden Staates und gleichzeitig einer der bedeutendsten Belege zeitgenössischer Darstellungen waren ohne Zweifel Münzen. Die in der Gegenwart wiederaufgenommene Diskussion über die Münzprägung des Fürsten Wenzel ändert nichts an der Tatsache, dass die ersten böhmischen Prägungen mit den Silberdenaren Boleslavs I. beginnen, die nach dem Vorbild der Regensburger Münzen das Motiv der Kapelle, des Kreuzes und der Rechten Gottes trugen. Die Bilder auf den Münzen Boleslavs II. orientierten sich an vorangegangenen Vorbildern, darüber hinaus wurden sie offenbar nach dem Vorbild der slavnikidischen Münzen um Vogelfiguren bereichert. Die slavnikidischen Prägungen stammen aus den Münzstätten in Libice und Malín und werden dem Slavnikiden Soběslav (981–995) zugeschrieben. Einige ihrer Bilder sind von den přemyslidischen Prägungen übernommen, eine selbstständige slavnikidische Bereicherung der Münzbilder sind die bereits erwähnten Vogelmotive.

Ein weiterer wichtiger, das Niveau der zeitgenössischen künstlerischen Empfindung wiederspiegelnder Bereich, ist die Goldschmiedekunst. Außer dem schlichten so genannten donauländischen Schmuck erscheint im 10. Jahrhundert Schmuck in großmährischer Tradition, welcher das Werk der nach dem Untergang Großmährens nach Böhmen gekommenen Goldschmiede ist. Anhand der Schmuckgegenstände des vom ausgehenden 9. bis zum Beginn des 11. Jahrhunderts belegten Gräberfeldes im Lumbe-Garten im nördlichen Vorfeld der Prager Burg kann man gut belegen, wie diese Produktion bald um neue, wohl heimische Innovationen bereichert wurde. Bei einer anderen Gruppe von Schmuckstücken finden sich die unter Anwendung großmährischer Verfahren hergestellten Darstellungen von plastischen Tieren, die in Großmähren jedoch keine Vorbilder haben. Einen anderen Einblick in die selbständige Entwicklung des böhmischen Schmuckes bietet der bedeutsame Saazer Hortfund. Die Goldschmiedekunst ist ein weiterer Bereich, der die Andersartigkeit der slavnikidischen Kultur und der Kultur des přemyslidischen Böhmen dokumentiert. Spätestens seit der Herrschaft des Slavnikiden Soběslav wurden auf Libice Schmuckgegenstände hergestellt, die bereits völlig außerhalb der ausklingenden großmährischen Tradition lagen.

Die Christianisierung Böhmens

In den Randbereichen der Kunst des 10. Jahrhunderts kam immer deutlicher ein Kunsthandwerk zur Geltung, das, zweifelsohne auf Bestellung hoher Gesellschaftsschichten, in Verbindung mit der Christianisierung des alltäglichen Lebens stand. Außer der Knochenschnitzerei, vor allem zur Herstellung kostbarer und einfacher Gegenstände des täglichen Gebrauchs wie Kämme, Knochenbeschläge usw., handelt es sich um das Schmiedehandwerk und die damit zusammenhängenden Bereiche der Metallurgie (z. B. einige aus dem Böhmen des 10. Jahrhunderts bekannte Pektoralkreuze). Plastische Gegenstände sind bis dahin nur minimal vertreten, erhalten sind Fragmente keramischer Aquamanilen oder geschnitzte Tierplastiken (z. B. von Libice).

Zeichnungen sind nur ganz vereinzelt bekannt, z. B. als primitive volkskunstnahe Darstellungen von Kriegern auf Steinen der Befestigungen des Burgwalls im mittelböhmischen Libušín.

Eine Bereicherung der heimischen Kultur waren ohne Zweifel Importe. An erster Stelle stehen dabei prachtvolle Bücher. Der Initiative der Gattin Boleslavs II., Emma († 1006), welcher die Burg Mělník mit einer Kirche unbekannter Gestalt gehörte, verdanken wir die Entstehung der illuminierten, heute in Wolfenbüttel befindlichen Handschrift der Wenzelslegende. Das Buch ist wohl ein Werk des Hildesheimer Skriptoriums, wurde allerdings auf Bestellung angefertigt, so dass offensichtlich Emma selbst über dessen Ausschmückung mit Malereien entschied. Außer einem Bild der Ermordung des heiligen Wenzels begegnet uns darin daher die Darstellung der knienden Emma vor dem heiligen Wenzel, dem Christus die Märtyrerkrone aufs Haupt setzt. Emma bittet um die Errettung der Dynastie und des böhmischen Staates, die vom Untergang bedroht waren. Es ist unbestritten, dass im Böhmen des 10. Jahrhunderts auch viele andere Bücher im Umlauf waren, einige von ihnen sicher auch böhmischer Herkunft. Es ist aber wenig wahrscheinlich, dass hier Exemplare entstanden, die professionelle und hochspezialisierte Skriptorien erforderten; diese waren ausländischer Herkunft. In der St. Veitskapitelbibliothek haben sich bis heute mit der kirchlichen Erfassung Böhmens zusammenhängende Handschriften erhalten, deren Herkunft auf Regensburg (das gregorianogalesianische Sakramentar mit Pönitentiale, die St. Veitsapokalypse) oder Corvey hindeutet (das von einem der ersten Prager Bischöfe mitgebrachte franko-sächsische Evangeliar). Die Buchschnalle und der Buchbeschlag von Libice sind ein weiterer Beleg für die Verbreitung von Büchern. Dies ist nicht weiter überraschend, da bereits die wunderschönen, in Form von Codices gestalteten Riemenzungen von Mikulčice bezeugen, dass zur Zeit der Christianisierung Mährens Handschriften relativ häufig benutzt wurden. Eine bedeutende Rolle spielte die heimische, altkirchenslawisch geschriebene Literatur. Eines deren besten Beispiele sind die Prager glagolitischen Fragmente, welche im Einband der St. Veitsapokalypse entdeckt wurden. Andere kunsthistorisch oft sehr wertvolle Gegenstände waren Teile von Rüstungen. Eine bedeutende böhmische Zimelie des 10. Jahrhunderts ist der einfache, ursprünglich mit Wangenklappen und Nackenschutz versehene, so genannte St. Wenzelshelm. Er ist heimischer Herkunft, vielleicht gehörte er tatsächlich dem Fürsten Wenzel, und wurde als eine mit dem Andenken an ihn verbundene Reliquie (ungefähr in der Regierungszeit Boleslavs II.) durch ein nordisches umlaufendes, mit Ornamenten verziertes Band und einen Nasenschutz ergänzt. Der Nasenschutz, der sich fälschlicherweise am Nackenteil des Helmes befindet und mit einer gravierten Darstellung des an einen Baum gefesselten Odin geschmückt ist sowie das umlaufende Band waren zuvor Bestandteile eines Diadems, die mit dem Helm nachträglich verbunden wurden. Der Helm mit einem Kettenpanzer und einem (nicht erhaltenen) Banner gehörten während des ganzen Mittelalters zu den verehrten St. Wenzelsdenkmälern und zählen heute zu den ältesten Gegenständen des St. Veitsschatzes. Es gibt in diesem Schatz noch einige weitere Gegenstände aus den Anfängen des Prager Bistums.

In den ersten Jahrzehnten des 11. Jahrhunderts unter der Herrschaft des Fürsten Udalrich (1012–1034) wurde Mähren endgültig an Böhmen angeschlossen; unter der Herrschaft des Fürsten Břetislav I. (1035–1055) entstand dann ein System der Kastellanburgen in Mähren. Auf einer dieser Burgen – im südmährischen Znaim (Znojmo) – wurde damals eine steinerne, nicht überwölbte Rotunde erbaut. Um das Jahr 1134 wurde sie umgebaut, mit einem Gewölbe versehen und mit dem bekannten přemyslidischen Freskenzyklus ausgeschmückt. Eine andere Rotunde (der Jungfrau Maria) entstand im neuen Gehöft in Brünn (Brno). Die Entfaltung des Benediktinerordens setzte sich in den dreißiger Jahren des 11. Jahrhunderts in Böhmen durch die Gründung des Klosters mit altkirchenslawischer Liturgie in Sazau (Sázava) fort, wobei Fürst Udalrich und der böhmische Edle und Priester Prokop, der spätere Heilige, ihre Kräfte vereinten. Bis zur Mitte des 12. Jahrhunderts bestand das Sazauer Kloster vor allem aus Holzgebäuden – eine Ausnahme bildete die im Jahre 1070 geweihte Tetrakonchenkirche des heiligen Kreuzes und der Ostteil der einschiffigen, im Jahre 1095 geweihten Konventkirche – ähnlich wie das Kloster auf Ostrov bei Davle. Unter Udalrichs Herrschaft entstand vielleicht auch die längliche steinerne Kirche mit nicht abgesetzter Apsis. Ihre in Domažlice aufgedeckten Fundamente fanden sich an der Stelle des vermuteten dem Kloster Ostrov geschenkten fürstlichen Zollamtes.

Auf den Münzen der Fürsten Jaromir (1003–1012) und Udalrich lebte die lineare, nicht sehr feine Zeichnung fort. In der Umschrift der Prägungen Jaromirs erschien zum erstenmal der Name des Fürsten Wenzel, der dann die Darstellungen dieses Märtyrers und Patrons der Dynastie und des böhmischen Staates während des ganzen frühen Mittelalters begleitete. Wenzels Heiligkeit wurde dabei manchmal durch Übernahme der für die Christusdarstellungen typischen Symbole betont, wohl aufgrund der heimischen Legende *Crescente fide*, welche das Märtyrertum Christi mit dem Wenzels verglich. Auf Udalrichs Münzen wurde zum erstenmal der thronende Herrscher dargestellt, der eine Lanze mit Banner hält. Auch byzantinische Motive fehlten nicht, wie z. B. zwei Figuren zu beiden Seiten eines Kreuzes.

Břetislav I. regte den Umbau der St. Veitsrotunde auf der Prager Burg an, in der die bei dem Gnesener Feldzug erbeuteten Reliquien hinterlegt wurden. Ferner vollendete er das Sazauer Kloster und förderte großzügig das neu aufblühende Břevnover Kloster. Unter seiner Herrschaft wurde zumindest der östliche Abschluss der dortigen Basilika, bestehend aus einem rechteckigen, mit einer Apsis abgeschlossenen Chor (unter dem sich eine Hallenkrypta erstreckte) und den östlichen Teilen der ebenfalls mit Apsiden abgeschlossenen Seitenschiffe, vollendet. Im Jahre 1045 bestattete man im Abschluss des südlichen Seitenschiffes den Einsiedler Gunther (Vintíř), einen bedeutenden Repräsentanten des Niederaltaicher Konventes, der zu den Befürwortern der Gorzischen Reform gehörte. Als die ihm vom Papst für einen räuberischen Feldzug gegen die Polen auferlegte Buße gründete Břetislav das Kollegiatkapitel in Altbunzlau. Die dortige Kirche des heiligen Wenzel (heute durch den Umbau im 12. Jahrhundert verändert) entstand offenbar an der Stelle der älteren Kirche St. Kosmas und St. Damian.

Nach der Mitte des 11. Jahrhunderts kam es zu einem neuen Aufschwung schöpferischer Tätigkeit im Rahmen des entwickelten romanischen Stils. Fürst Spytihněv II. (1055–1061) gründete im Jahre 1057 das Kollegiatkapitel unbekannter Gestalt in Litoměřice und vor allem im Jahre 1060 die Basilika St. Veit, St. Wenzel und St. Adalbert auf der Prager Burg, deren Bau fast die gesamte St. Veitsrotunde weichen musste. Unter dem ersten böhmischen König Vratislav II. (1061–1092) wurde unter anderem die St. Veitsbasilika nahezu vollendet. Es handelte sich um die erste zweichorige flachgedeckte Pfeilerbasilika in den böhmischen Ländern, mit einem westlichen Querschiff, an das sich Krypta und Apsis anschlossen. In den Ecken zwischen dem Transept und den Seitenschiffen entstanden Türme. Ein rechteckiger Chor mit Apsis, unter dem die Krypta lag, schloss die Basilika im Osten ab. Auf der Prager Burg wurde der bischöfliche Palast mit der St. Moritzkapelle erbaut, ein Palast und eine neue Kirche entstanden auch auf dem Vyšehrad.

Auf Bestellung gelangten kostbare Handschriften Regensburger Herkunft nach Böhmen, von denen bis heute die so genannte St. Veitsapokalypse und vor allem der Vyšehrader Codex erhalten blieben.

Literatur

Břicháček u. a. 1993. – Dragoun u. a. 1993. – Frolík/Smétanka 1997. – Kašiča/Nechvátal 1985. – Klíma o. J. – Kudělka 1984. – Merhautova 1992. – Kodex vysehradsky – Richter u. a. 1990. – Sommer 1996; im Druck. – Šolle 1981. – Váňa 1995.

Das Kloster Břevnov

PETR SOMMER

Nach einem Jahrzehnt der Streitigkeiten, welche der zweite böhmische Bischof Adalbert (982–997) mit dem böhmischen Fürsten Boleslav II. (972–999) um die kirchliche Emanzipation führte, kam es zu einer kurzzeitigen Beruhigung der Verhältnisse. Adalbert, der sich wohl ungefähr seit dem Jahr 988 eben wegen dieser Streitigkeiten außerhalb seiner Diözese aufhielt, erhörte eine, sicherlich mit Zustimmung des Fürsten ausgesandte Gesandtschaft aus Böhmen, welche ihn bat, seinen Bischofsthron wieder zu besteigen. Bestandteil des Planes seiner Rückkehr war unter anderem die Gründung des ersten Benediktinerklosters im Lande, das ohne Zweifel zu einer Institution werden sollte und ein wichtiges Glied im Netz der im Werden befindlichen böhmischen Kirchenstruktur bilden würde. Während seines Aufenthaltes außerhalb von Böhmen trat Adalbert dem Benediktinerorden bei und legte seine Ordensgelübde im reformierten griechisch-lateinischen Konvent St. Bonifatius und St. Alexius auf dem römischen Aventin ab. Aus diesem Kloster brachte er auch die erste Gruppe von Mönchen nach Böhmen, welche für das geplante Ordenshaus bestimmt waren. Nach dessen Gründung, welche in den Jahren 992 bis 993 stattfand, wählte man entsprechend einer Vereinbarung zwischen dem Bischof und dem Fürsten ein Dorf am westlichen Rande Prags aus, nach dem das Kloster Břevnov benannt wurde.

Der erste Zeitabschnitt seines Bestehens war sehr kurz. Im Jahre 995 wurde auf seiner Burgstätte in Libice nad Cidlinou das Slavnikiden-Geschlecht ermordet, aus dem auch Bischof Adalbert stammte (er hielt sich damals schon wieder außerhalb der Grenzen seiner Diözese auf). Das Kloster, an dessen Gründung Adalbert beteiligt war, fiel sehr wahrscheinlich in Ungnade; es ist sogar wahrscheinlich, dass sein erster Konvent völlig auseinanderging. Während einer so kurzen Zeit konnten keine ausgedehnten Klosterbauten entstehen, sondern nur die notwendigsten, die Pflichtgottesdienste und das Wohnen ermöglichenden Provisorien.

Eine Erneuerung des Klosterlebens in Břevnov fand am ehesten erst am Anfang des 11. Jahrhunderts statt. In jener Zeit standen die böhmischen Benediktiner bereits in Verbindung mit den bayerischen Konventen der Gorzischen Reform, vor allem mit deren Zentren bei St. Emmeram in Regensburg und im Niederaltaicher Kloster. Von Niederaltaich aus wurde noch am Ende des ersten Jahrtausends das Kloster Ostrov gegründet und unbestritten ging auch die Erneuerung Břevnovs von Niederaltaich aus. Sehr wahrscheinlich war der bedeutende Niederaltaicher Abt Godehard, der spätere Hildesheimer Bischof, daran beteiligt, dessen Schüler Gunther (tschechisch Vintíř) mit Břevnov rege Kontakte pflegte. Dank seiner Befürwortung bestieg der Niederaltaicher Professus Meginhard († 1089) den Břevnover Abtsthron. Spätestens in seiner Amtszeit wurden die provisorischen anfänglichen Gebäude abgebrochen: Man vollendete nämlich die Konventbasilika und erbaute die steinernen Klausurgebäude.

Von diesen ältesten Břevnover Gebäuden kennt man heute sehr wenig. Reste des hölzernen Provisoriums konnten bisher überhaupt nicht gefunden werden. Von den steinernen Bauwerken kennt man vor allem die Ostkrypta der Basilika, welche bei der Grabung in den sechziger und siebziger Jahren aufgedeckt wurde. Mit dem Bau der Krypta wurde wohl schon vor dem Amtsantritt des Abtes Meginhard begonnen, wie die vielen, an ihrem Mauerwerk kenntlichen Änderungen des ur-

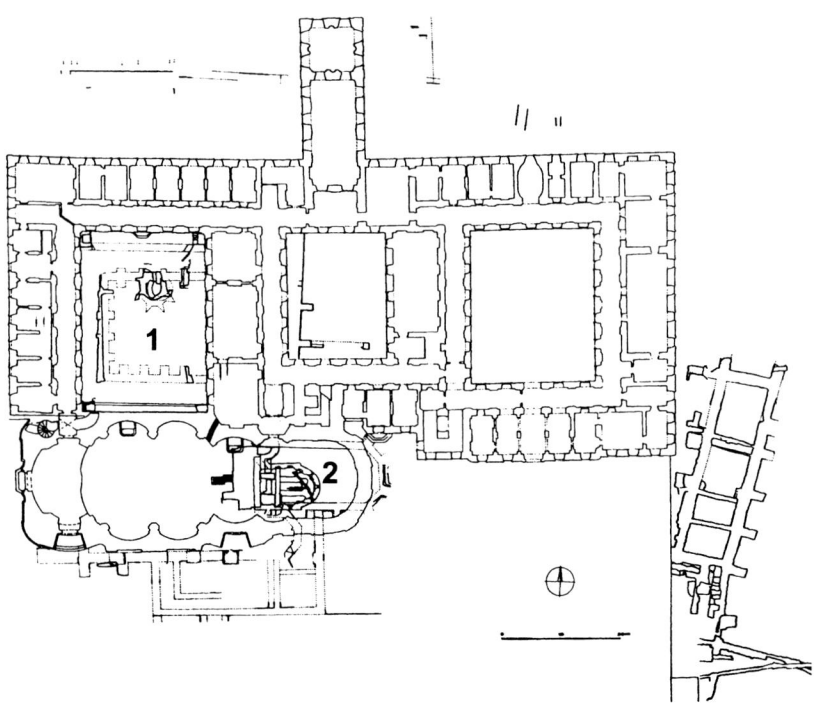

290 Plan des Klosters Břevnov mit Kennzeichnung seiner ältesten Teile: 1 Raum der ältesten Klausur; 2 Krypta der Klosterbasilika.

sprünglichen Bauvorhabens andeuten. Auf alle Fälle war sie schon im Jahre 1045 fertig, und zwar einschließlich des östlichen Chors der Basilika und der östlichen Abschlüsse der Seitenschiffe. In diesem Jahr starb nämlich Gunther und wurde in der Konventkirche bestattet, wahrscheinlich im Abschluss des südlichen Seitenschiffes. Die Krypta ist mit Ausnahme der Westmauer bis zur Ebene der Gewölbestirne in der Gestalt einer dreischiffigen Halle erhalten. Diese entstand in zwei Bauabschnitten. In der ersten schuf man einen unbeleuchteten unterirdischen Raum, dessen Ringmauern durch ein niedriges Kreuzgewölbe tragende, aus steinernen Tambouren zusammengestellte Halb- und Viertelsäulen gegliedert werden sollten. Die Wandflächen zwischen paarigen Gewölbestützen gliederten Nischen, unter den westlichsten Gewölbestirnen der Nord- und Südmauer befanden sich die Kryptaeingänge. Die einzelnen Schiffe sollten Säulen trennen, die vielleicht den Ringmauer-Gewölbestützen ähnlich waren. Im zweiten Bauabschnitt fügte man diesen Gewölbestützen kubische Kapitele mit Kämpfern hinzu. In den Kryptaraum stellte man außerdem zwei Reihen von Säulen mit attischen Basen, kubischen Kapitellen und Kämpfern, die sich von den Ringmauer-Elementen in ihren Proportionen etwas unterschieden. Die ursprünglichen Gewölbestirne wurden um ungefähr 1 m erhöht und die einzelnen Felder des Kreuzgewölbes durch Gurtbögen getrennt. In der endgültigen Form wurden die Wandflächen der Krypta durch vier kleine Fenster gegliedert, von denen eines im ersten Bauabschnitt und die restlichen drei im zweiten Bauabschnitt entstanden waren.

Die steinerne Klausur entstand nördlich der Konventkirche. Mit Hinweis auf den bekannten Konservatismus bei der Beibehaltung der inneren Gliederung mittelalterlicher Klöster kann man zumindest die Vermutung äußern, dass dies an der Stelle der ursprünglichen Konventgebäude war.

Literatur:

Vilímková/Preiss 1989. – Milénium břevnovského kláštera 1993. – Hofman (Hrsg.) 1993. – Hejdova u. a. (Hrsg.) 1993.

Das Kloster Ostrov (Insula) bei Davle

PETR SOMMER

Im Jahre 999 gründete Fürst Boleslav II. (972–999) auf einer Moldauinsel unweit des Zusammenflusses von Moldau (Vltava) und Sasau (Sázava) das Insula genannte Kloster. Es war das zweite Männerkloster der Benediktiner in Böhmen, dessen Entstehung mit einer ganz neuen Ausrichtung des Ordenslebens verknüpft war. Während das erste Männerkloster in Břevnov unter Mitwirkung Bischofs Adalberts († 997) und des Fürsten Boleslav II. gegründet wurde und einen offensichtlich kurienfreundlichen Schritt bedeutete, entstand das Kloster auf Ostrov als Ergebnis einer Orientierung des Herrschers auf die benediktinische kaiserfreundliche Reformrichtung, der so genannten Gorzischen Reform. Offensichtlich suchte der Herrscher nach einer adäquaten Machtposition gegenüber der entstehenden böhmischen Kirche. Genauso einzuschätzen ist seine Reaktion auf die nicht weit zurückliegenden Streitigkeiten mit Bischof Adalbert und dem Slavnikiden-Geschlecht, welche in dem Libicer Massaker im Jahre 995 gipfelten. Infolge dieses Konfliktes ging der erste Břevnover Konvent vielleicht sogar für einige Zeit auseinander.

Die ersten Benediktiner kamen aus dem bayerischen Niederaltaich nach Ostrov, also aus dem Kloster, das kurz zuvor vom Regensburger St. Emmeramskonvent im Sinne der Gorzischen Prinzipien reformiert wurde. Der erste Ostrover Abt hieß Lantbert und war Schüler des bedeutenden Niederaltaicher Abtes Godehard († 1038), des späteren Hildesheimer Bischofs. Die Anfänge des Klosters sind spärlich dokumentiert. Außer den Besitzzuwächsen, welche die Klosterdomäne langsam vergrößerten, erwähnen die schriflichen Quellen sehr wenig. Unter Břetislav I. gewann das Kloster z. B. einen Zollanteil, dazu Kapellen in Domažlice, wo unlängst tatsächlich eine der ältesten böhmischen Longitudinalkirchen entdeckt wurde. Es ist daher die Frage, wie lange es dauerte, bis der Konvent zu einer bekannten Kulturinstitution mit einem bedeutsamen Skriptorium wurde. Hier entstand eines der kostbarsten illuminierten frühmittelalterlichen lateinischen Manuskripte; der mit tschechischen Glossen versehene so genannte Ostrover Psalter, der etwa im Jahre 1174 vollendet wurde.

Dank der Grabungen sind wir über die älteste bauliche Gestalt des Konventes informiert. Es ist offensichtlich, dass annähernd 200 Jahre nur Holzgebäude auf Ostrov standen. In deren Mitte befand sich eine Holzkirche, deren Überreste unter den Fundamenten der Klosterbasilika freigelegt werden konnten. Nördlich dieser Kirche entstanden Holzwohnhäuser, in drei Blöcken aneinandergereiht nach einem an die Benediktiner Klausur erinnernden Schema. Dieser Eindruck wird durch

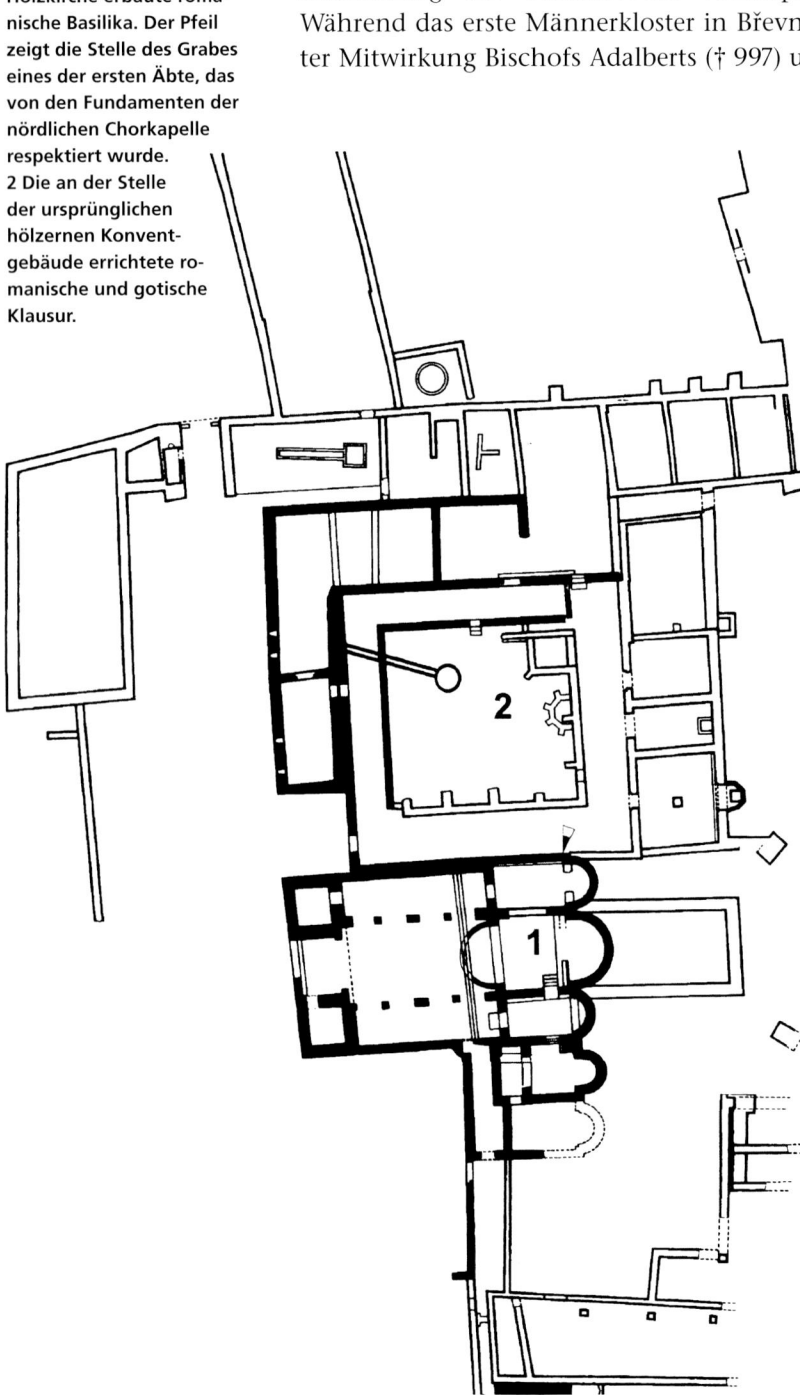

291 **Plan des Ostrover Klosters.** 1 Die über den Resten der ursprünglichen Holzkirche erbaute romanische Basilika. Der Pfeil zeigt die Stelle des Grabes eines der ersten Äbte, das von den Fundamenten der nördlichen Chorkapelle respektiert wurde. 2 Die an der Stelle der ursprünglichen hölzernen Konventgebäude errichtete romanische und gotische Klausur.

die Tatsache verstärkt, dass diese Häuser einen unbebauten, an einen Klosterhof erinnernden Platz umsäumten. Genauso wie in den anderen untersuchten Klöstern hat es sich in Ostrov gezeigt, dass ein beträchtlicher Konservatismus die Erneuerung der Klostergebäude bestimmte. Nach dem Untergang der Holzgebäude, am wahrscheinlichsten beim Brand im Jahre 1137, begann man ein steinernes Kloster zu bauen. Zuerst wurde die Klosterbasilika errichtet, deren Bau bis an das Ende des ersten Drittels des 13. Jahrhunderts dauerte und deren Ostabschluss vermutlich bereits kurz vor dem erwähnten Brand begonnen wurde. Die bewusste Anknüpfung an die Stelle der alten Holzkirche ist offensichtlich. Eine Rolle spielte sicher die Pietät dem geweihten Ort gegenüber, an dem sich die Gräber der Konventmitglieder befanden. Eines von ihnen, das ausgemauerte Abtgrab, enthielt das Skelett eines Mannes mit Resten eines Hirtenstabes mit eiserner Spitze und eines mit Goldfäden durchwirkten Gewandes. Zur Zeit des Baus der Basilika wurde es noch so verehrt, dass es – obwohl es im Bereich der nördlichen Umfassungsmauer der nördlichen Chorkapelle liegt – durch den Bau nicht beschädigt wurde; dessen Fundamente überschnitten es schonend und konservierten es. Nördlich der Basilika entstanden die einzelnen Flügel der neuen steinernen Klausur, welche ebenfalls räumlich an eine ältere Holzklausur anknüpfte.

Die Anlage des Ostrover Klosters zeigt seit dem Zeitpunkt ihres Entstehens typische Merkmale benediktinischer Architektur, welche jedoch einigermaßen ungewöhnlich in nord-südlicher Richtung aneinandergereiht sind. Die Ursache dafür waren die naturräumlichen Gegebenheiten der Moldauinsel, welche die bauliche Entwicklung des Konventes beschränkten.

Literatur:

Merhautová u. a. 1980. – Richter u. a. 1990. – Sommer 1994.

Das Kloster Sazau (Sázava)

PETR SOMMER

Das Sazauer Kloster wurde in den dreißiger Jahren des 11. Jahrhunderts als drittes Benediktinerkloster in Böhmen gegründet. Seine Entstehung verdankt es dem Adligen und Priester Prokop (Prokopius), seit dem Jahr 1204 Heiliger und Landespatron. Die Legenden erzählen, dass Prokop Einsamkeit im Tal des Flusses Sasau (ungefähr 60 km östlich von Prag) suchte, wo sich ihm eine Gruppe von Einsiedlern anschloss. Diese Gruppe wählte für ihr Zusammenleben die St. Benediktsregel, und zwar nachdem sie dank der Fürsten Udalrich (Oldřich) (1012–1034) und Břetislav I. (1035–1055) in dem neugegründeten Kloster eingeführt wurde. An seiner Gründung war Prokop selbst beteiligt. Es ist eines der frühesten Beispiele eines privaten Anteils an der Entstehung einer geistigen Institution im frühmittelalterlichen böhmischen Staat. Die Gründung erfolgte in unmittelbarer Nachbarschaft der untergegangenen oder untergehenden Burgstätte in Dojetřice, so dass es wahrscheinlich ist, dass das Kloster außer der Sendung eines geistigen Zentrums noch die Aufgabe eines strategischen Stützpunktes erfüllte. Dies geschah wohl im Rahmen einer Umstrukturierung des Besiedlungsnetzes in der Region, wo es Belege eines älteren Besiedlungshorizontes aus der Zeit vor der Klostergründung gibt.

Der Sazauer Konvent stellte im langsam entstehenden Netz der böhmischen Benediktinerklöster eine Regelwidrigkeit dar. Als liturgische Sprache benutzte man hier nämlich Altkirchenslawisch, und zwar nicht nur für den eigentlichen Gottesdienst, sondern auch für bedeutende literarische Aktivitäten. Man geht davon aus, dass gerade aus dem Sazauer Kloster eine Reihe bedeutender literarischer Denkmäler hervorgegangen sind. Zu ihnen gehören vor allem die „Prager Fragmente", also in der glagolitischen Schrift geschriebene Texte liturgischer Gebete im byzantinischen Ritus, oder eine Sammlung Evangelientexte mit dem ersten in der kyrillischen Schrift geschriebenen Teil, das so genannte Reimser Evangeliar. Andere Texte Sazauer Herkunft sind wohl Übersetzungen der Vita des heiligen Benedikt von Gregor dem Großen oder von vierzig Bibelauslegungen desselben Autors. Aus Sazau, dem heutigen Sázava, sollte auch die so genannte zweite altkirchenslawische Legende vom heiligen Wenzel und die vorausgesetzte altkirchenslawische Legende vom heiligen Prokop stammen. Die so genannte altkirchenslawische Liturgie und das altkirchenslawische Schrifttum waren ein Phänomen, das natürlich durch seine Bedeutung den Rahmen des Sazauer Klosters überschritt. Die häufig begegnende Behauptung, diese seien ein unmittelbares großmährisches Erbe gewesen, ist jedoch nicht zu belegen. In jedem Fall ist der altkirchenslawische Ritus ein Beleg für die komplizierte Entwicklung der frühen böhmischen Kirche, die unbestreitbare Kontakte mit der orthodoxen Kirche pflegte. Erst die Reformen Gregors VII. (1073–1085) schlossen die Nationalsprachen endgültig aus der Liturgie aus. Die Versuche, den Sazauer altkirchenslawischen Ritus mit der Liturgie der Ostkirche zu verbinden, sind ebenfalls nicht beweiskräftig. Einerseits sagen auch die ältesten schriftlichen Quellen aus, dass der Sazauer Konvent die Regel des heiligen Benedikt annahm, anderseits weist die mit dem Sazauer Kloster verbundene materielle Kultur keine unmittelbaren östlichen Einflüsse auf, welche z. B. auf eine Beeinflussung durch die Basilianische Regel schließen ließen. Wie dem auch sei, die Zeit des altkirchenslawischen Konventes endete im Jahre 1096, als seine Unterstützung auch für den Prager Fürsten Břetislav II. (1092–1100) unhaltbar wurde. Er setzte den letzten „slawischen" Abt Božetěch ab und trieb den Konvent auseinander. Am 3. Januar 1097 übertrug er die Abtswürde dem Břevnover Propst Diethard, der einen neuen Konvent lateinischer Benediktiner nach Sazau hineinführte. Damit kam das Sazauer Kloster in die direkte Einflusssphäre des nach Gorze orientierten Mönchtums, das in Böhmen bereits vermittels des Ostrover und vor allem des Břevnover Klosters Eingang gefunden hatte.

Das Sazauer Kloster gehört zu den am gründlichsten erforschten böhmischen Ordensstandorten. Die Grabungen laufen hier mit Unterbrechungen bereits seit dem Ende der dreißiger Jahre und dank dieser kann man auch seine ältesten Teile detailliert charakterisieren. Seine Achse war natürlich die Konventkirche. Zur Zeit des heiligen Prokop war sie wohl aus Holz. Es ist zwar bisher nicht gelungen, sie zu finden, aber es ist höchstwahrscheinlich, dass sie an der Stelle des heutigen

Chors der unvollendeten Sazauer gotischen Konventkirche stand. Die Wahrscheinlichkeit dieser Annahme bestätigt der Fund ausgedehnter Überreste hölzerner Bauten, welche länger als ein Jahrhundert den Kern des Konventes bildeten und sicher gerade um die Kirche gruppiert waren. Der bedeutendste gefundene Teil dieser Gebäude ist der Ostflügel einer hölzernen Klausur, der an der Südflanke dieser Kirche entstanden sein muss. Es handelte sich um einen einfachen, in der traditionellen heimischen Bauweise errichteten Holzbau. Das 6 m x 12 m große Gebäude war teilweise unter die Geländeoberfläche eingetieft. Seine längere Achse verlief von Norden nach Süden und seine Nordseite lehnte sich am ehesten an die vorausgesetzte Kirche an. Die Grundlage seiner Konstruktion waren drei Reihen mächtiger, tragender, in den Fußboden aus gestampfter Erde eingelassener Holzpfosten. Der Bau ähnelt im Prinzip sehr den hölzernen Klausurgebäuden aus dem 8. Jahrhundert, welche bei Ausgrabungen des bayerischen Klosters auf der Herreninsel im Chiemsee freigelegt wurden. Ein weiterer Teil der Sazauer Holzbauten wurde auf der Westseite des Klosterareals entdeckt, an der Stelle der mittelalterlichen Prälatur. Es ist sehr wahrscheinlich, dass auch dieses Holzgebäude ursprünglich das Haus des Abtes war. Dafür spricht unter anderem die Beobachtung, dass die einzelnen baulichen Komponenten des Sazauer Klosters zwar während ihrer 900jährigen Geschichte ihre bauliche Gestalt änderten, nicht aber den Standort, der ihnen bei der Entstehung der ersten Anlage im 11. Jahrhundert zugewiesen wurde. Dieser die Anordnung der Anlage wahrende Ordenskonservatismus kann übrigens durch eine Reihe weiterer böhmischer und ausländischer Beispiele belegt werden.

Das Sazauer Kloster wurde offenbar von Anfang an von einer Laiensiedlung der Klosterbediensteten begleitet, welche in der nördlichen Nachbarschaft der Konventkirche lag. Die Bediensteten lebten hier in einfachen Pfosten- oder Blockbauten. In der südlichen Nachbarschaft dieser Siedlung erbauten die Benediktiner die bemerkenswerte Tetrakonchenkirche des heiligen Kreuzes, welche im Jahre 1070 geweiht wurde. In ihrer Umgebung entstand allmählich ein großes Laiengräberfeld.

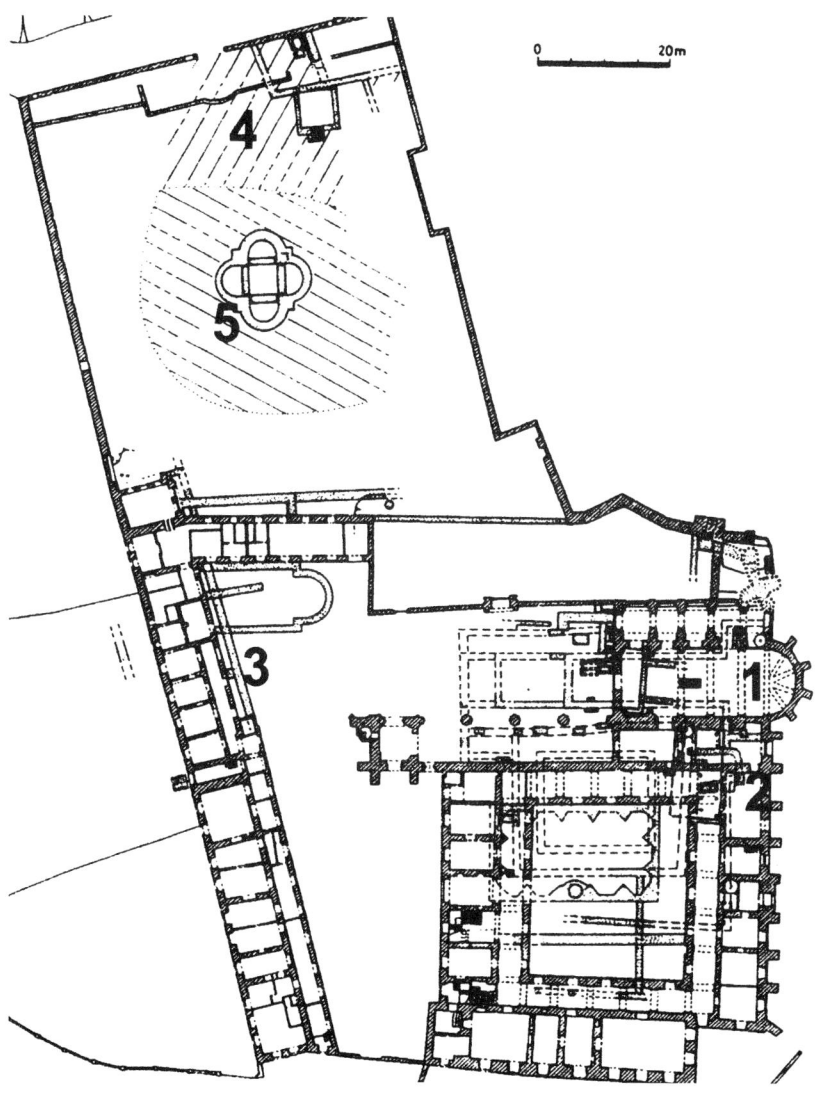

Das Aussehen des Sazauer Klosters änderte sich nur langsam. Prokops Holzkirche ersetzte der steinerne, im Jahre 1095 geweihte Bau des Abtes Božetěch. Es handelte sich offensichtlich um den Ostabschluss der Basilika, der unter dem Abt Diethard (1097–1133) mit einem einschiffigen Bau ergänzt wurde. Erst der darauffolgende Abt Silvester (1134–1161) vollendete die Klosterbasilika und erbaute die klassische steinerne benediktinische Klausur.

292 Plan des Sazauer Klosters. 1 die Konventkirche mit dem gotischen Chor, unter dem wahrscheinlich die Überreste der Holzkirche des heiligen Prokop liegen; 2 der östliche Arm der ursprünglichen hölzernen Klausur; 3 der Platz der hölzernen Prälatur; 4 die Siedlung der Bediensteten; 5 die Kirche des Heiligen Kreuzes.

Literatur:

Reichertová u. a. 1988. – Sommer 1996.

Der Mönch Christian, Bruder Boleslavs II.

DUŠAN TŘEŠTÍK

Die Persönlichkeit des Mönchs Christian, des Autors der Doppellegende vom heiligen Wenzel und von der heiligen Ludmilla (Ludmila), war und ist teilweise noch, genauso wie sein Werk, Gegenstand heftiger Meinungsverschiedenheiten. In der Legende verrät er von sich selbst nur, dass er Mönch ist; Adalbert redet er mit *nepos carissime* an, also als einen Neffen oder Verwandten überhaupt. Aus den St. Adalbertslegenden Bruns von Querfurt und des so genannten Canaparius weiß man dann, dass Mönch Christian, Bruder des Landesfürsten, im Jahre 992 gemeinsam mit Radla, dem Erzieher Adalberts, an die Spitze einer böhmischen Gesandtschaft gestellt wurde, welche in Rom Adalberts Rückkehr in seine Diözese aushandeln sollte. Ein Bruder des Fürsten, nicht jedoch Christian, sondern Strachkvas, spielt auch in der Chronik des Cosmas die dämonische Rolle eines heimischen Gegners des heiligen Adalbert. Laut Cosmas wurde er während des Festmahls in der Nacht vor der Ermordung Wenzels geboren und bekam deshalb den Namen Strachkvas – „Grauenmahl". Um seine eigene Schuld zu sühnen, weihte ihn sein Vater Boleslav I. Christus. Er schickte Strachkvas zum Studium nach Regensburg ins St. Emmeramskloster, wo dieser auch Mönch wurde. Als dann Adalbert im Jahr 988/89 nach Rom ging, bot er Strachkvas die Nachfolge auf seinem Stuhl an, da dieser „Bruder des Fürsten ist und den Herren unseres Landes entstammt". Strachkvas lehnte dies jedoch mit Hinweis auf sein Mönchtum ab. Sobald jedoch der Prager Bischofsstuhl im Jahre 996 durch Adalberts Abdankung verwaiste, meldete er sich selbst für die Nachfolge. Er wurde zu Hause gewählt und als er in Mainz geweiht werden sollte, „ergriff ihn der Teufel" inmitten des Zeremoniells.

Auf den ersten Blick ist es offenkundig, dass es sich in allen Fällen um die gleiche Person handelt, den Bruder Boleslavs II. und den Mönch Christian. Dies würde allerdings bedeuten, dass er über seinen Vater als über den verachtenswerten Mörder des heiligen Wenzels schrieb. Alle Verteidiger der Echtheit seiner Legende hielten es daher für nötig, diese Schwierigkeit irgendwie zu umgehen. Meistens behaupteten sie, dass „der Landesfürst" genauso gut Adalberts Vater Slavník sein kann und dass Christian also dessen Bruder und Adalberts Onkel gewesen wäre. Sie vermuteten nämlich, dass Slavník über die größere Hälfte Böhmens regierte und daher Boleslavs ebenbürtiger Partner war. Dennoch waren auch sie gezwungen anzunehmen, dass die Slavnikiden Verwandte der Přemysliden waren, da Christan in seiner Legende darauf verweist, dass Adalbert „seine Herkunft vom gleichen Geschlecht herleitet", dem auch Wenzel und Ludmilla entstammten.

Das alles ist jedoch überhaupt nicht nötig. Christians Haltung dem Vater gegenüber kann man als neophytischen Eifer eines reformierten Mönchs erklären. Sie ist übrigens nicht so außergewöhnlich, wie es erscheint, da wir viele Aufstände von Söhnen gegen ihre Väter kennen. Dass die Slavnikiden eine Seitenlinie der Přemysliden waren, braucht man ebenfalls nicht zu bezweifeln. Sicher aber ist, dass sie in Böhmen bei weitem nicht die Rolle spielten, die man ihnen zuschrieb und auf keinen Fall kann man sie auf die gleiche Stufe mit den Přemyslidenfürsten stellen. Auch die Geschichte des Cosmas über Strachkvas kann man so klären. Christian konnte wohl aber kaum den im Přemyslidengeschlecht ganz vereinzelt vorkommenden Namen Strachkvas tragen. Die Verbindung seiner Geburt mit dem Altbunzlauer Mord ist ebenfalls unmöglich, alles andere kann man mit einer gewissen Vorsicht akzeptieren. Das Ergebnis wird dann in etwa so aussehen:

Christian war offensichtlich der jüngste Sohn Boleslavs I. und als solcher für eine Priesterlaufbahn bestimmt. Der Vater wollte ihn wohl als Kandidaten für die Besetzung des Prager Bischofsstuhls. Er schickte daher seinen Sohn zum Studium ins St. Emmeramskloster in Regensburg; im Jahre 975/6 jedoch, als die Besetzung des Prager Bistums aktuell wurde, hatte Christian noch nicht das kanonische Alter von 30 Jahren erreicht und kam daher nicht in Frage. Er zog also bei St. Emmeram das Mönchsgewand an, wirkte aber in Böhmen mit den übrigen Mönchen des Archipresbyterats des Priesters Paul. Gemeinsam mit ihnen trat er nach der Errichtung des Bistums in das Stiftskapitel beim Frauenkloster St. Georg ein. Bei der Wahl des zweiten Bischofs wurde er auch übergangen, entweder war er immer noch zu jung, oder er lehnte die Wahl ab, so dass Adalbert gewählt wurde. Mit

Adalbert als Bischof arbeitete er jedoch offenbar zusammen, da seine Wahl zum Unterhändler über die Rückkehr des Bischofs an der Seite von Adalberts Erzieher sicher nicht zufällig war. Es ist daher auch möglich, dass ihm Adalbert sein Amt anbot, als er zum erstenmal Böhmen verließ.

Die Krönung der Zusammenarbeit mit Adalbert war allerdings Christians Legende. Lange bezweifelte man deren Echtheit, man datierte sie sogar bis ins 14. Jahrhundert, obwohl ihre ältesten Handschriften aus der zweiten Hälfte des 12. Jahrhunderts stammen. Niemand ist es bislang gelungen, in der Legende Anachronismen und insbesondere die Absicht vorsätzlicher Fälschung nachzuweisen. Man hat daher keinen Grund, die Legende in eine andere Zeit als in die Jahre 992 bis 994 zu datieren. Programmäßig sollte es eine Legende vom heiligen Wenzel sein, an den Christian auch die heilige Ludmilla anschloss, offenbar deshalb, weil er Stiftsherr bei St. Georg war, wo sich ihr Grab befand. Sein Werk begann er jedoch mit der Geschichte der heiligen Kyrill und Method in Mähren und der „Übertragung" des Christentums von Mähren nach Böhmen infolge der Taufe des Fürsten Bořivoj. Diesen verband er wiederum mit dem böhmischen Stammesmythos von der Herkunft der fürstlichen Herrschaft vom Přemysl dem Pflüger. Die Legende bewies somit den Anspruch der „Metropole" Prag und deren Fürsten aus Přemysls Geschlecht auf das Erbe Großmährens, insbesondere auf das Erzbistum Methods, angeblich mit sieben Suffraganen. Die Legende wurde deshalb öfters zur „ältesten böhmischen Chronik" erklärt. Das war sie bestimmt nicht; ihr Zweck war jedoch sicherlich nicht rein hagiographisch, sondern auch politisch. Sie förderte die weitreichenden, mit dem Erbe des Erzbistums Mehods verknüpften Pläne, welche damals in Adalberts Umgebung geschmiedet wurden.

Wenn also Christian tatsächlich beschloss, den im Jahre 996 freigewordenen Bischofsstuhl Adalberts zu übernehmen, hätte er zu einem ähnlichen Erben dieses Vermächtnisses Adalberts in Böhmen werden können, wie es sein Bruder Radim-Gaudentius in Polen und Astrik-Anastasius in Ungarn war. Warum es nicht dazu kam, wissen wir nicht. Nach Cosmas wurde Christian-Strachkvas während seiner Bischofsweihe in Mainz im Jahre 996 „vom Teufel ergriffen". Dies deutet man gewöhnlich als seinen Tod, was jedoch nicht zwingend ist. Sollte es zu so einem Ereignis vor dem Altar in Mainz gekommen sein, könnte es sich beispielsweise auch um einen epileptischen Anfall gehandelt haben.

293 **Denar Boleslavs II. (972–999).**

Die von Cosmas aufgezeichnete Tradition des Prager Domkapitels stempelte Christian-Strachkvas zu einer negativen Gestalt, zu einem Heiligengegner; dieser war jedoch unbestritten einer der bemerkenswertesten Männer des 10. Jahrhunderts in Böhmen.

Literatur

Chaloupecký 1929. – Fiala 1974. – Jilek 1975. – Králík 1960. – Ludíkovský 1973/74. – Pekař 1906. – Třeštík 1997; 1999. – Urbánek 1947.

Die christlichen Bestattungen

PETR SOMMER

Einer der Bereiche des sozialen Lebens, der die zeitgenössische geistige Kultur deutlich widerspiegelt, ist die Totenbestattung sowie die mit dem Tod verbundenen Rituale. Dies ist auch bei der böhmischen Gesellschaft am Ende des 10. Jahrhunderts der Fall. Diese Gesellschaft war selbstverständlich noch nicht völlig christianisiert, aber sie hatte bereits eine lange Erfahrung mit der mitteleuropäischen Kultur und ihren Vorstellungen vom jenseitigen Leben und von den die rituellen Bestattungspflichten betreffenden Vorschriften. Andererseits waren die alten heidnischen Vorstellungen immer noch lebendig, so dass die beiden geistigen Welten täglich aufeinanderprallten und manche rituellen Äußerungen der beiden Systeme parallel verliefen.

Bereits im 9. Jahrhundert hörte man in Böhmen auf, die Toten einzuäschern, ohne Zweifel unter dem Akkulturationsdruck der getauften Nachbarländer. Als untrennbarer Bestandteil des breiteren Areals jeder Siedlung entstanden Gräberfelder, auf denen in Gruppen bestattet wurde. Mit der fortschreitenden Christianisierung der Gesellschaft wichen diese Gräberfelder den Reihenfriedhöfen, so genannt, weil man auf ihnen die Toten in Reihen beisetzte. Dieser Friedhofstypus hing sicherlich mit dem christlichen Bestattungsritus zusammen, auch wenn er noch lange nicht den kanonischen Bestimmungen für einen Friedhof entsprach, welcher ein räumlich genau abgegrenztes, geweihtes Gelände sein soll, auf dem die Toten wegen Raummangel übereinander bestattet werden; solche Friedhöfe kamen in Böhmen im 12. Jahrhundert auf. Auch Reihenfriedhöfe belegen jedoch klar den Fortschritt der Christianisierung des Landes. Sie entstanden nämlich als geregelte Gräberfelder an Standorten, auf die sich die Begräbnisrechte bezogen. Im Prinzip ging es um eine allmähliche Durchsetzung der Grundsätze des Pfarreizwangs im Leben der Laien. Um das Jahr 1000 steckten diese Bestrebungen natürlich noch in den Kinderschuhen. Die kirchlichen Bestimmungen konnten nur in den Machtzentren zur Geltung kommen, wo es kirchliche und weltliche Institutionen gab, die sie durchzusetzen vermochten. Mehr als 100 Jahre später schrieb der Chronist Cosmas († 1125) jedoch immer noch über die dörfliche Bevölkerung, also über die Einwohner, die sich einem direkten Zugriff dieser Institutionen entzogen, dass sie halbe Heiden wären. Und dies war keine zu große Übertreibung. Weitere Klagen des Cosmas über die Nichteinhaltung kirchlicher Grundsätze in der Zeit Břetislavs I. (1035–1055) und Břetislavs II. (1092–1100) erwähnen Bestattungen auf Feldern, in Wäldern oder an Wegkreuzungen, also eindeutig außerhalb der kirchlich gutgeheißenen Gräberfelder. Aber auch auf den „offiziellen" Gräberfeldern, wie es der Friedhof in Lahovice bei

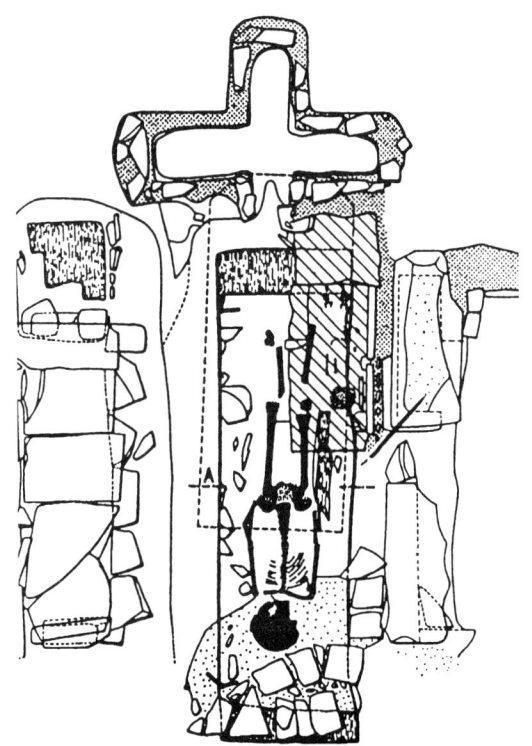

294 Das Grab des Fürsten Boleslav II. in der St. Georgsbasilika auf der Prager Burg wurde in der Achse des christlichen Gotteshauses angelegt, zeigte jedoch Elemente eines vorchristlichen Rituals.

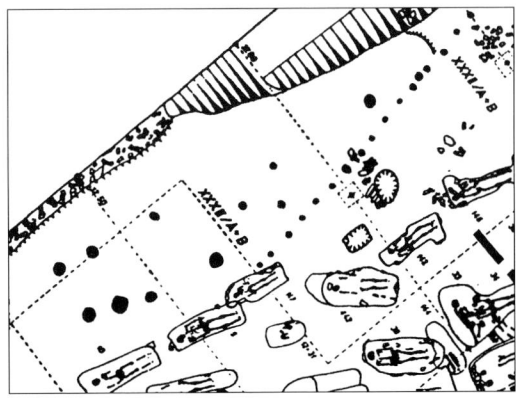

295 Kouřim. Die Reihengräberfelder des 10. Jahrhunderts wurden wahrscheinlich oft von sakralen Grab- oder Bestattungsbauten begleitet, deren Herkunft in vorgeschichtlichen Bestattungsritualen zu suchen ist.

Prag unbestritten war, gab es parallel zu den christlichen auch heidnische Rituale. Zu den herkömmlichsten Rudimenten des Heidentums gehörten Opfer in Form von Speisen. Dank Cosmas, aber auch anderer Quellen, besonders des so genannten Opatovitzer Homiliars, kennt man auch Rituale, die keine Spuren hinterließen, welche die Archäologie nachweisen könnte. Es ging insbesondere um die Nachtwache bei den Verstorbenen, welche allgemein zur europäischen Kultur des frühen Mittelalters gehörte. Bruchstückhafte Erwähnungen bei Cosmas kann man dank der Texte Reginos von Prüm erklären, in denen sich Schilderungen ausgelassener Nachttänze um die Verstorbenen finden, über die sich Cosmas beklagt. Es waren ausgesprochen heidnische Versuche, den von den Hinterbliebenen gefürchteten Toten zu versöhnen, und es handelt sich dabei um eine so allgemeine Äußerung der menschlichen Psyche, dass sie die Kirche auch in der Neuzeit nicht ganz unterdrücken konnte und sie sogar im gewissen Sinne akzeptierte. Die mittelalterliche Auffassung über den Toten, der auf bestimmte Weise lebendig blieb, ist sowohl im Kult der Heiligengräber und -Reliquien gegenwärtig als auch z. B. in der abergläubischen Angst vor den lebenden Toten, welche aus dem Grab zurückkehren, um den Lebenden zu schaden. Die Abwehr dieser „Vampire" ist mehrfach archäologisch belegt in Form gewaltsamer nachträglicher Eingriffe in die Gräber, bei denen man die Leichname mit Steinen beschwerte, mit Pfählen durchbohrte, verstümmelte usw. Am Ende des 10. Jahrhunderts ging es allerdings nicht mehr um einen bewussten Konflikt des Heidentums mit dem Christentum, sondern um ein Aufeinanderprallen der Rituale. Infolge dieses Aufeinanderprallens begegnen uns auch in den Kreisen der Prager Burg Belege uralter vorchristlicher Rituale, welche die Bestattungen der Fürsten des 10. und 11. Jahrhunderts in der St. Georgsbasilika begleiteten. Die Toten wurden hier in aus Baumstämmen hergestellte Särge gelegt, man gab ihnen Speiseopfer, Eier als Symbole neuen Lebens usw. mit ins Grab. Auf dem nördlichen Vorfeld der Burg, im so ge-

296 **Luftbild vom Burgwall Tetín.**

Die Christianisierung Böhmens

nannten Lumbe-Garten, entstand ein weiteres wichtiges Gräberfeld des 9. und 10. Jahrhunderts, auf dem man, neben Belegen eines hohen Status der Toten, verschiedenen Abwehrmaßnahmen gegen Wiedergänger und kuriosen Hinweisen auf Aberglauben, wie Grabbeigaben in Form von menschlichen Zähnen usw. begegnet. Die Grabbeigaben sind ein weiteres, die Kompliziertheit der hier besprochenen Übergangsperiode dokumentierendes Kapitel. Am Ende des 10. Jahrhunderts war die klassische Ausstattung der Toten für das Jenseits bereits fast verschwunden. Speisen, Gegenstände des täglichen Gebrauchs, aber auch Gegenstände mit symbolischer Bedeutung kommen spärlich vor und oft kann man nur schwer feststellen, welcher Gegenstand als Statusabzeichen ins Grab gelegt wurde und welcher beispielsweise eine Schutzfunktion hatte. Besonders deutlich wird dies beim Wehrgehänge (*cingulum militare*) mit eingehängtem Schwert. Ein anderes Beispiel ist die Schelle in Kindergräbern, die ein Kinderspielzeug war, aber durch ihren Klang auch das Böse vertrieb, oder die ebenfalls in Kindergräbern vorkommenden Miniaturbewaffnungen und -bekleidungen. Schmuckstücke sind eher Bestandteil der persönlichen Ausstattung, deren reduzierte Beigabe einen weiteren Beweis für das Vordringen des christlichen Gedankengutes in der Gesellschaft darstellt. Darüber hinaus tragen die einzelnen Gegenstände oft Verzierungen mit christlichen Symbolen. Die Kompliziertheit der Periode der Doppelgläubigkeit in diesem Bereich bringt vielleicht am besten die „Kaptorga" zum Ausdruck, ein relativ oft vorkommendes Schmuckstück in Form eines zierlichen Behälters für Abwehrzaubermittel. Die abergläubige Funktion dieser Kaptorgen stand mit ihrer Verzierung allerdings nicht dem Vordringen der christlichen Symbolik im Wege. Alle diese Gegenstände verschwinden am Ende des 10. Jahrhunderts allmählich aus Gräbern, um von typischen Schmuckstücken der einfachen Bevölkerung – den S-förmigen Schläfenringen – und dann besonders im 11. Jahrhundert von der Münze als Totenobolus abgelöst zu werden. Auch diese Gegenstände konnten bis zu einem gewissen Grade eine Schutzfunktion haben. Insbesondere den Obolus erklärt man manchmal als Gebühr für den Eintritt ins Jenseits, eine sehr wahrscheinliche Erklärung hängt jedoch auch mit der Deutung der Münze als Ausdruck des Rechtes des Toten auf einen Anteil am Eigentum der von ihm verlassenen Gemeinschaft.

Es gibt allerdings auch Gräber, welche eine klare Zugehörigkeit des Bestatteten zur christlichen Welt ausdrücken. Dies sind vor allem die Gräber der prominenten Persönlichkeiten im Inneren der Kirchen, welche, wie übrigens in ganz Europa, als beliebte Bestattungsorte *ad sanctos* ausgesucht wurden. Über die Gestalt solcher Gräber im 10. und 11. Jahrhundert sind wir spärlich informiert. Außer den bereits erwähnten fürstlichen Gräbern bei St. Georg auf der Prager Burg muss man an die unlängst dort erkannte Abdeckung des Grabes des Fürsten „K 1" aus der St. Veitsrotunde in Form einer Mörtelscholle mit stilisierten Ranken aus zusammengestellten Kieselsteinen erwähnen. Über

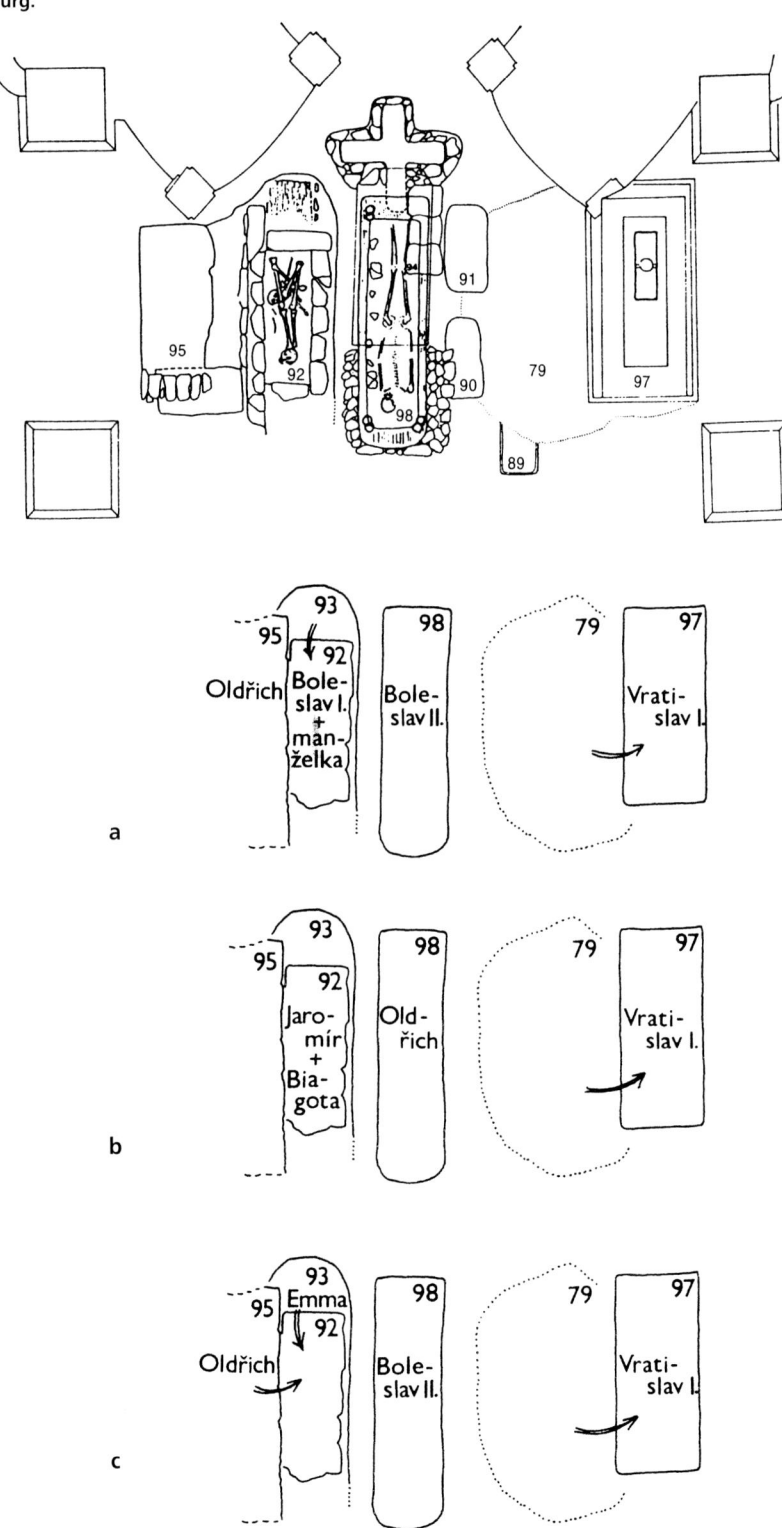

297 Lage der Herrschergräber in der Kathedrale St. Georg auf der Prager Burg.

eine andere Gestaltung eines prominenten Grabes spricht Cosmas im Zusammenhang mit dem Tod der Fürstin Emma († 1006), der Gattin Boleslavs II. Ihr Grab war angeblich mit einer Gedenkinschrift versehen. Bereits in dieser Zeit des frühen Christentums muss man mit speziellen Sakralbauten rechnen, welche zur Betonung des Bestattungsortes eines prominenten Toten entstanden. Eine solche Grabkapelle ist nach der Legende des so genannten Christian über dem Grab der Fürstin Ludmilla in Tetín oder über dem Grab einer prominenten Dame in der Apsis der Marienkapelle im St. Georgskloster auf der Prager Burg anzunehmen. Es ist nicht uninteressant, dass auch dieser Typ rein christlicher Sakralbauten seine Wurzeln tief in der Vergangenheit hat, in den vorchristlichen, auch auf vorgeschichtlichen Gräberfeldern belegten Grabbauten. Das Zeugnis des so genannten Christian wird durch den Text des altgermanischen Gesetzbuches *Lex Salica* bedeutend ergänzt und erhellt.

In den Anfängen des böhmischen Christentums kam es in der dazugehörigen materiellen Kultur zu einer bemerkenswerten Bipolarität zwischen dem Gebiet, wo die Přemysliden entsprechend tätig waren, und dem Gebiet mit Spuren slavnikidischer Tätigkeit. Während die Přemysliden Gotteshäuser für die Beisetzung ihrer Toten aussuchten, finden sich in den slavnikidischen Kirchen keinerlei Spuren von Bestattungen. Bei Versuchen, eine Erklärung hierfür zu finden, hat man die Theorie aufgestellt, dass die Slavnikiden die wiederholt (vergeblich) erlassenen kirchlichen Gebote respektierten, welche das Kircheninnere als einen gottesdienstlichen Raum definieren, in dem man nicht bestatten soll, um durch Erinnerungen an die Bestatteten nicht die zur Teilnahme an der Messe erforderliche Konzentration zu stören. Bei der Formulierung dieser Theorie erinnerte man sich an den entsprechenden Beschluss der Triburer Synode aus dem Jahre 895.

298 **Prager Burg, Grab 82 beim Lumbe-Garten, Halskette mit Kaptorgen.** – Kat. 10.03.03.

Literatur:

Krumphanzlová 1971; 1990. – Sommer 1998.

Die Přemysliden und Böhmen

JOSEF ŽEMLIČKA

Die Geburt, die Anfänge und der Aufstieg des böhmischen Staates sind nicht von den Přemysliden wegzudenken, der ältesten Dynastie der böhmischen Fürsten und Könige. Sie einigten Böhmen, und am Anfang des 11. Jahrhunderts schlossen sie Mähren an. Sie entschieden über die Geschicke des Landes, zu dem sie gehörten. Daher erschütterte der Tod des letzten Přemysliden Wenzels III. im August 1306 die ganze Gesellschaft so tief, dass er zu einem markanten Meilenstein der böhmischen Geschichte wurde.

Die charismatische Herkunft des Geschlechtes sollte die Přemysl-Sage erklären. Ihr zufolge beriefen ihn die „böhmischen Slawen" (Sclavi Boemi) auf Anregung einer Wahrsagerin, die dann seine Frau wurde, vom Pflug zur Herrschaft. Nach Přemysls Tod folgten weitere Fürsten aus seinem Geschlecht, welche jedoch noch den heidnischen Götzen dienten. Ein solches Bild der ältesten böhmischen Vergangenheit schuf am Ende des 10. Jahrhunderts der Mönch Christian, Autor der Legende vom Leben und Leiden des heiligen Wenzel und der heiligen Ludmilla. Als Bestandteil einer ausgereiften Staatsidee legte sie zu Beginn des 12. Jahrhunderts der Chronist und gleichzeitige Prager Domdechant Cosmas vor. Er konnte jene Wahrsagerin bereits beim Namen nennen. Es soll die Wahrsagerin Libussa (Libuše) gewesen sein, die jüngste Tochter des Richters Crocco (Krok). Sie entsandte unzufriedene „Böhmen" in das Dorf Stadice in Nordwestböhmen, wo sie Přemysl beim Pflügen antrafen. Als erbetener Gemahl Libussas und gewählter Fürst legte Přemysl den bisher frei lebenden „Böhmen" die Zügel der fürstlichen Autorität an.

Die Tradition vom Pflüger, Bauern oder Hirten, der zum Stammvater eines königlichen Geschlechtes wurde, steht nichts vereinzelt und gehört zu den gemeinsamen Grundlagen der indoeuropäischen Kultur. Der einen umsichtigen, vorausschauenden oder weisen Mann bedeutende Name „Přemysl" kam in der böhmischen herrschenden Dynastie erst seit der Mitte des 12. Jahrhunderts in Gebrauch. Zum Andenken an den sagenhaften Přemysl den Pflüger wurde sein Geschlecht erst von der romantisierenden Historiographie des 19. Jahrhunderts Přemysliden benannt.

Christian und Cosmas stimmen überein, dass der erste christliche Fürst aus dem Přemysliden-Geschlecht der vom Bischof Method in Großmähren getaufte Bořivoj war. Seit dem Ende des 9. Jahrhunderts lässt sich Reihenfolge der Přemysliden ziemlich zuverlässig bestimmen, aber es bleiben viele Unklarheiten in ihrer Genealogie im 10. und teilweise im 11. Jahrhundert.

Die Reihe der „heidnischen" Fürsten, die auf Přemysl den Pflüger gefolgt sein sollen, stellte Cosmas zusammen (Nezamizl, Voyn, Vnizlau, Crezomisl, Neclan, Gostivit). Nach seiner Auffassung soll damals auch die Landeseinigung stattgefunden haben (der Krieg der Tschechen gegen die Lutschanen). Aber wie Cosmas auf diese Namen kam, ist nicht klar. Die fränkischen Quellen des 9. Jahrhunderts kennen die „Fürsten der Böhmen" (duces Bohemanorum), welche gemeinsam das ganze Land repräsentierten. Aber nur zwei dieser Namen kann man zuverlässig den Přemysliden zuschreiben. Der erste ist Bořivoj (Goriwei), welcher in Bezug auf das Jahr 872 unter den böhmischen, einen Krieg gegen die Franken führenden duces erwähnt wird (er wurde in die Fuldaer Annalen wohl später eingefügt). Der zweite ist Spytihněv, der im Jahre 895 mit dem Fürsten Vitislav zu den vorderen „unter allen Fürsten der Böhmen" gehörte (omnes duces Boemaniorum ... primores erant Spitignewo, Witizla).

Der Einfluss der Přemysliden setzte sich bereits in jener Zeit durch. Seit wann sie Prag und seine Umgebung beherrschen, kann man nicht genau sagen. Der steile Aufstieg des Geschlechtes begann unter Bořivoj, laut Cosmas Sohn des „heidnischen" Fürsten Hostivít (Gostivit). Auch Bořivoj herrschte anfangs als „Heide" und erst während eines Aufenthaltes bei Svatopluk ließ er sich in Großmähren taufen. Da er der einzige Christ unter den damals noch vielen böhmischen „Fürsten" war, betraute ihn Svatopluk mit der Vertretung seiner Herrschaft im unterworfenen Böhmen. Es folgte eine heidnische Reaktion der Gegner Bořivojs, deren Anführer ein Fürst Strojmír (quidam dux Ztroymir) wurde. Seit seiner Jugend lebte er angeblich im Exil bei den Deutschen (aput Theutonicos), sodass er seine Muttersprache vergaß. Manchmal hält man ihn für einen Verwandten Bořivojs. Mit militärischer Hilfe Großmährens unterdückte Bořivoj den Aufstand und festigte seine Macht. Das alles geschah ungefähr in den Jahren 882 bis 884. Mit der Christianisierung Böhmens wuchs auch die Autorität der Přemysliden. Das gemeinsame Entscheiden aller „Fürsten der Böhmen" trat zurück und der Schwerpunkt des politischen Lebens verlagerte sich seit dem Ende des 9. Jahrhunderts nach Prag.

Bořivoj starb im Jahre 888 oder 889. Er hinterließ die unmündigen Söhne Spytihněv und Vratislav. Es ist nicht klar, ob dieser Zweig das ganze Geschlecht oder nur eine Familie repräsentierte, die Dank der Taufe Bořivojs in den Vordergrund rückte. Dadurch hätte sie sowohl die übrigen, im Heidentum verbleibenden böhmischen *duces* als auch Gegner mit přemyslidischem Blut disqualifiziert. Bořivojs Erben ließen sich auf dem Prager Thron nieder, festigten ihre mittelböhmische Domäne und drängten schnell die übrigen *duces* ins Abseits. An die „gute" Herrschaft Spytihněvs (894–915) und Vratislavs (915–921) erinnern die St. Wenzels- und St. Ludmillalegenden. Von hier und aus der Chronik des Cosmas stammen auch die Berichte über die Ehefrauen der ersten historischen Přemysliden. Während Bořivojs Gattin Ludmilla eine Tochter Slavibors, des Fürsten der Burg Pšov (Vorläuferin Mělníks) war, was sicher die Aufsicht der Přemysliden über dieses Gebiet erleichterte, begann Vratislav Eheverbindungen mit dem Ausland. Zu seiner Gattin wurde Drahomir aus dem Lutizenstamm der Stodoranen.

Da Spytihněv kinderlos blieb, erbten Vratislavs Söhne den Prager Thron – Wenzel/Václav (*etwa 907), Boleslav (*etwa 915) und Spytihněv. Der letzte von ihnen starb bald. Von Vratislavs (angeblich vier) Töchtern, welche wohl mit einigen befreundeten heimischen „Fürsten" verheiratet waren, kennt man Přibyslava. Auch wenn die Vormachtstellung der Přemysliden nach Vratislavs Tod (921) erhalten blieb, bekam das Prestige dieses Geschlechtes während Wenzels Minderjährigkeit Risse. Die Streitigkeiten zwischen Drahomir, Vratislavs Witwe, und Ludmilla, Bořivojs Witwe, endeten mit der Ermordung Ludmillas (15. September 921) und erschütterten den Zusammenhalt der přemyslidischen Gefolgschaft. Die günstigen Umstände nutzten einige der untergeordneten *duces*, um sich gegen die Oberaufsicht der Přemysliden aufzulehnen. Sobald Wenzel seine selbständige Herrschaft antrat, musste er sich damit ernsthaft befassen (Unterdrückung des Aufstandes des Kouřimer Fürsten). Ein gefährlicher Gegner erwuchs Wenzel darüber hinaus in der Person des jüngeren Boleslav, um den sich die Befürworter einer schlagkräftigen Abrechnung mit den nicht přemyslidischen *duces* scharten. Der Streit gipfelte mit der Tötung Wenzels in Altbunzlau (Stará Boleslav) am 28. September 935.

Bei Wenzel fehlen ebenfalls zuverlässige Angaben über seine Nachkommenschaft. Zum einzigen legitimen Mitglied des Geschlechtes wurde Boleslav I. (935–972). Unter ihm wurde Böhmen zu einem einheitlichen und zentral verwalteten Gebiet. Wenn ihm Cosmas den Beinamen der Grausame gab (*cui agnomen severus Bolezlaus*), war es wohl nicht nur wegen des Brudermordes. Im allgemeinen Bewusstsein lebte lange die Vorstellung von Boleslav als einem Mann, der nicht nur die Macht der nicht přemyslidischen „Fürsten" brach, sondern dem Volk auch Steuern, Zahlungen und Lasten aufbürdete. Die Ehefrau Boleslavs I. war eine gewisse Biagota.

Die Nachfolge Boleslavs I. zeichnete sich deutlich ab. Nach seiner Tochter Dobrawa, welche in den sechziger Jahren den Piasten Mieszko heiratete, kam sein Sohn Boleslav vor dem September des Jahres 935 zur Welt. In diesem Jahr, am Vorabend der Ermordung des Fürsten Wenzel, soll dann Strachkvas (auf deutsch „Grauenmahl") geboren worden sein. In seinem Bestreben, die eigene Sünde zu sühnen, sandte Boleslav I. seinen Sohn angeblich nach Regensburg, wo Strachkvas in das St. Emmeramskloster eintrat und wohl den Namen Christian annahm. Sehr wahrscheinlich ist er mit Christian, dem Autor der St. Wenzels- und St. Ludmillalegende identisch. Ein weiteres von Boleslavs Kindern war Mlada/Marie, die erste Äbtissin der Benediktinerinnen bei St. Georg auf der Prager Burg.

So sah die fürstliche Familie aus, als Boleslav II. (972–999) die Herrschaft antrat. Mit den Přemysliden waren sehr wahrscheinlich auch die Slavnikiden verwandt, und zwar durch Střezislava († 987), die Gattin Slavníks und Mutter des heiligen Adalbert. Auch von den Ehefrauen Boleslavs II. kann man nichts Sicheres sagen. In Betracht kommen die Namen Elfgifa/Adiva und Emma.

Während in den Anfängen der Herrschaft Boleslavs II. die Expansionspolitik seines Vaters nachklang, brachten die achtziger und neunziger Jahre eine Katastrophe nach der anderen. Der Verlust des Krakauer Gebietes, Schlesiens und weiterer Regionen beeinträchtigte das Ansehen des Geschlechtes. Boleslav II. verlor die Kontrolle über die Ereignisse. Von seinen Geschwistern überlebte ihn niemand. Bald starb Dobrawa (977), was die böhmisch-polnischen Auseinandersetzungen beschleunigte, etwas später Mlada/Marie (wohl nach 983). Den Beigeschmack eines Skandals hatte der

299 Znaim (Znojmo), St. Kateřiny-Rotunde. Stammbaum der Přemysliden, Fresko von 1134.

Tod Christians, der angeblich im Jahre 996 vor dem Altar in Mainz starb (Cosmas). Von Boleslavs Söhnen erlebten Boleslav III. und seine Halbbrüder Jaromir und Udalrich/Oldřich die Wende vom 10. zum 11. Jahrhundert. So erwähnt sie vollkommen korrekt Thietmar, Chronist und Bischof in Merseburg († 1018). Die Schilderung des Cosmas, dass Boleslav II. der Vater Boleslavs III. sei, und dieser die Söhne Jaromir und Udalrich hatte, ist im zweiten Punkt unglaubwürdig. Hingegen erwähnt nur Cosmas den ältesten Sohn Boleslavs II., Wenzel, der noch minderjährig gestorben sein soll.

Mit dem Tode Boleslavs II. im Februar 999 fielen die letzten Hemmungen, die den Respekt vor dem herrschenden Geschlecht aufrechterhielten. Der angetretene Boleslav III. musste sich wie in einem Panzer vorkommen. Der Druck Polens und gleichzeitig seine Begünstigung durch Otto III., die Erpressung durch Ekkehard von Meißen, die Streitigkeiten mit Bischof Thiddag oder die Intrigen der Wrschowetze erhöhten die Unzufriedenheit des Heeres, denn weder der alternde Boleslav II. noch sein Sohn waren im Stande, ihren Kriegern Beute und gute Versorgung zu sichern. Das war für diese ein legitimer Grund, eine andere Lösung zu suchen. Es folgte eine Erschütterung der Thronfolgeregelung. Die Krise des Staates deckte sich mit der Krise der Dynastie.

Wegen der bescheidenen Nachkommenschaft der Söhne Bořivojs, welche während des gesamten 10. Jahrhunderts ein Problem darstellte, lässt sich nicht mit Sicherheit sagen, ob sich die Thronfolge nach dem Senioratsprinzip oder Erstgeburtsrecht richtete. Wie die Legenden erzählen, ernannte der Fürst in Vorahnung des Todes seinen Nachfolger, entweder seinen Sohn oder Bruder. Die Edlen äußerten dazu ihre Zustimmung. Es folgte die Wahl „durch das gesamte Volk", das die bereits beschlossene Sache bestätigte. Dabei spielte ausschließlich die Familie des herrschenden Fürsten eine Rolle.

Nichtsdestoweniger hatten auch verwandtschaftliche Bande mit den herrschenden Přemysliden ihr Gewicht. Alle diese „Verwandten", alle diese „kleinen Herren" (*dominelli*) erlaubten sich in Augenblicken einer Schwächung der Zentralmacht öfters mehr, als dem Land zuträglich war. Sie gehörten zur privilegierten Gruppe und es fiel auf sie der Abglanz des dynastischen Charisma. Eine größere Achtung beanspruchten insbesondere die Ehemänner der Přemyslidinnen. Vielleicht war es gerade Slavníks Ehe mit der Přemyslidin Střezislava, die ihn zum Burggrafen auf Libice machte. Dann hätten sich Slavník und seine Söhne auch aus diesem Grund in die aristokratische Elite Böhmens eingereiht. Am Ende des 10. Jahrhunderts drängten sich die Wrschowetze mit aller Macht in den Vordergrund. Nachdem einer ihrer führenden Männer zum Gatten der Tochter Boleslavs III. wurde, kann man nicht ausschließen, dass sie an die Machtübernahme dachten.

Boleslav III., der Rothaarige (*Rufus*) genannt, herrschte nicht lange. Die Probleme wuchsen. Um die Opposition loszuwerden, griff er seine Halbbrüder an. Jaromir ließ er entmannen und Udalrich wollte er ermorden lassen. Beide flohen zum bayerischen Herzog, der kurz danach als Heinrich II. (1002–1024) König wurde. Die Position Boleslavs III. wurde so schwach, dass er fliehen musste und das Ansehen der Söhne Boleslavs II. sank so tief, dass – als die Böhmen erneut wählten (1002) – sie die „Rechte" Jaromirs und Udalrichs nicht zur Kenntnis nahmen. Nach Thietmar von Merseburg berief man aus Polen irgendeinen Vladivoj nach Böhmen, angeblich mit Rücksicht auf seine Verwandtschaft mit dem herrschenden böhmischen Geschlecht (*consanguinitatis linea*).

Der Grad dieser Verwandtschaft bleibt verborgen. Vladivoj war bestimmt kein Piast, war kein Sohn der böhmischen Dobrawa und des polnischen Mieszko, wie man darüber in der Literatur spekulierte. Er war auch nicht der in der Verbannung in Polen lebende jüngere Bruder Boleslavs II. Vielleicht repräsentierte er einen „verheimlichten" Zweig der Přemysliden, der am Anfang des 10. Jahrhunderts am Rand des politischen Geschehens landete und während der Repressalien Boleslavs I. gegen die restlichen nicht přemyslidischen „Fürsten" Böhmen verließ. Vielleicht war es die späte Taufe, welche die „Vladivojiden" gegenüber den „Bořivojiden" gesellschaftlich degradierte.

In der böhmische Geschichte hinterließ Vladivoj keinen nachhaltigen Eindruck. Außer seiner Neigung zum Trinken, seiner Grausamkeit und der Übernahme Böhmens zum Lehen aus der Hand Heinrichs II. (er war der erste aus der Reihe der böhmischen Fürsten, die es taten) weiß man nichts von ihm. Nach Vladivojs Tod im Jahre 1003 kam wieder die „Hauptlinie" der Přemysliden zum Wort. Aus Bayern berief man Jaromir und Udalrich, unmittelbar danach bemächtigte sich jedoch Boleslav III. unter dem Schutz Bolesław Chrobrys erneut des Thrones. Auch seine zweite, nur wenige Wochen währende Herrschaft war nicht erfolgreich. Nach einer blutigen Abrechnung mit den heimischen Gegnern, hauptsächlich mit den Wrschowetzen (9. Februar 1003) wurde er auch für seine Umgebung unannehmbar. Die Parteigänger Bolesław Chrobrys gewannen die Oberhand. Ihre Gesandtschaft forderte den polnischen Fürsten

300 **Znaim (Znojmo), St. Kateřiny-Rotunde.** Boten Libussas bei Přemysl, Fresko um 1134, so genannter Přemyslidenzyklus. Älteste Behandlung der Legende von dem Urprung der böhmischen Přemysliden.

auf, einzugreifen. Auf Einladung Bolesław Chrobrys begab sich Boleslav III. nach Krakau (Kraków), wo er eingekerkert und geblendet wurde. Er starb erst im Jahre 1037 als Gefangener in Polen.

Auch Bolesław Chrobry, Sohn Mieszkos und Dobrawas, konnte přemyslidisches Blut aufweisen. Dieser Umstand trug auch dazu bei, dass er im März 1003 persönlich die Herrschaft in Böhmen übernahm. Die Bewohner Prags, „immer sich einer jeden neuen Regierung freuend, begleiteten ihn und riefen ihn einmütig zu ihrem Herrn aus" (Thietmar von Merseburg). Durch die Einnahme der Prager Burg bemächtigte sich Bolesław Chrobry des ganzen Landes. Da auch Heinrich II. nichts dagegen unternahm und sogar, angeblich auf Bolesławs Wunsch, Udalrich einkerkerte, schien das Ende der Přemysliden in Böhmen unabwendbar. Nur Vyšehrad blieb Jaromir treu.

Das Ende der polnischen Herrschaft in Böhmen verursachte nicht die Tatsache, dass Bolesław Chrobry nicht der legitime Herrscher gewesen wäre. Heinrich II. „nahm sich Jaromirs und Udalrichs an" Dies geschah jedoch erst, nachdem Bolesław es abgelehnt hatte, die von ihm eroberten Länder (Böhmen und Mähren) vom Reich als Lehen zu übernehmen. Unter Teilnahme Heinrichs II. folgte im August 1004 ein militärischer Einfall aus Sachsen und Bayern nach Böhmen. Unter dem Druck der Ereignisse besannen sich auch die „Böhmen" auf die Rechte der Söhne Boleslavs II. und begannen sich aufzulehnen. Der Rückzug der Polen aus Prag bedeutete das Ende der polnischen Besatzung Böhmens. Anfang September 1004 wurde Jaromir feierlich zum Fürsten ausgerufen und empfing Böhmen als Lehen aus der Hand König Heinrichs II.

Die Krise der Rechtsnachfolge war beigelegt, die „wahren" Erben bestiegen wieder den Thron. Die Staatskrise war beendet, obwohl die „Erneuerung" nicht die früheren Verhältnisse kopieren konnte. Bestandteil des přemyslidischen Böhmen wurde endgültig Mähren, das man den Polen im Jahre

1019 (1020) im Krieg abgenommen hatte. Da Jaromir (1004–1012, 1033–1034) kinderlos starb und auch Boleslav III. keinen Sohn hatte, setzte man alle Hoffnungen in Udalrich (1012–1033, 1034) und seinen Sohn Břetislav.

Břetislav I. (1035–1055) war selbst kein legitimer ehelicher Sohn. Seine Mutter Bozena (Božena) entstammte der bäuerlichen Bevölkerung und wurde nicht zu Udalrichs Ehefrau. Trotzdem konnte Břetislav problemlos die Herrschaft übernehmen. Er sicherte das přemyslidische Geschlecht durch zahlreiche Nachkommenschaft und verhinderte so das drohende Erlöschen der Linie. Von seinen fünf Söhnen war Vratislav II. (1061–1092) der erste der Prager Přemyslidenlinie, welche im 12. Jahrhundert in den Vladislav- und den Soběslav-Zweig aufgegliedert wurde. Außer diesen wirkten noch einige weitere Nebenlinien. Břetislavs Sohn Konrad († 1092) wurde zum Stammvater der mährischen Přemysliden aus Brünn (Brno) und Znaim (Znojmo), der jüngste Ota († 1087) und seine Nachkommen siedelten erblich in Olmütz (Olomouc). Nach dem Willen Břetislavs I. und späterer Angleichungen sollte immer das älteste lebende Mitglied des Geschlechtes die Oberherrschaft in Böhmen übernehmen, die Přemysliden aus Mähren nicht ausgenommen. Die separatistischen Tendenzen der mährischen Teilfürsten wurden somit durch Aussichten auf eine Herrschaft in Prag gedämpft, obwohl die realen Chancen, den Prager Thron zu besteigen, gewöhnlich bei einem der Prager Přemysliden lagen. Im Verlauf des 12. Jahrhunderts vermehrten sich die Bestrebungen der einzelnen Fürsten, noch vor dem Tod den eigenen Söhnen die erbliche Herrschaft zu sichern. Dies führte dazu, dass das Erstgeborenenrecht immer häufiger umgangen wurde. Die Zwistigkeiten innerhalb der Dynastie, welche in den Jahren 1100 bis 1125 und 1172 bis 1197 kulminierten, schwächten den Zusammenhalt und das internationale Gewicht des gesamten Staates. Erst das Aussterben einiger přemyslidischer Linien an der Wende vom 12. zum 13. Jahrhundert vereinfachte mit einem Schlag die Nachfolgeregelung.

Aber auch die Ereignisse der Jahrtausendwende blieben nicht ohne Auswirkungen. Noch im 11. Jahrhundert erhielt die přemyslidische Sage in den mit den Hauptlinien der Přemysliden interessenmäßig verbundenen Kreisen der Prager Domherren ihre klassische Form. Zu Beginn des 12. Jahrhunderts zeichnete sie dann so der Chronist Cosmas auf. Unter anderem wurde in ihr die Frage beantwortet, warum vor dem ersten christlichen Fürsten und Landespatron Wenzel ausgerechnet die Nachkommen Přemysls des Pflügers, dem Stammvater Bořivojs, nicht nur den moralischen Anspruch, sondern geradezu die Pflicht haben, über das Volk der „Böhmen" zu herrschen. Dieses Gedankengut vervollkommnete wohl am ehesten Břetislav I., der seine nicht ganz „ehrbare" Herkunft durch eine vornehme Heirat verdeckte, und sich in manchem an seinen Urgroßvater Bořivoj anschloss. Ähnlich wie dieser gab auch Břetislav seinem ältesten Sohn den Namen Spytihněv und dem zweitgeborenen den Namen Vratislav. Auch benannte er, sicherlich nicht zufällig, einige mährische und böhmische Burgen nach sich selbst und seinen nächsten Verwandten (Břeclav und Spytihněv in Mähren, Vraclav in Ostböhmen u. a.).

Die přemyslidische Sage „legalisierte" die Herrschaft der Nachkommen des sagenhaften Přemysls des Pflügers, sodass sich der Versuch, irgend einen seiner männlichen Erben durch andere Personen zu ersetzen, nie mehr wiederholte. Im 12. Jahrhundert mussten die „Böhmen" ein anderes Problem lösen, nämlich wer von den zahlreichen Nachkommen des böhmischen Herrschergeschlechtes das Recht hatte, den geheiligten Fürstenthron in Prag zu besteigen. Aber das ist bereits eine andere Geschichte …

Literatur:

Banaszkiewicz 1982. – Bulín 1960. – Karbusický 1980. – Krzemieňska 1980; 1987; 1999. – Novotný 1912; 1913. – Petráň 1998. – Sláma 1992; 1995. – Třeštík 1968; 1986; 1988; 1997. – Wegener 1957. – Wostry 1953. - Žemlička 1995 a; 1995 b; 1997; 1998 a; 1998 b.

Boleslav I., Boleslav II. und Boleslav III.

JIŘÍ SLÁMA

Der Altbunzlauer Mord im Jahre 935 beendete nicht nur das Leben des Fürsten Wenzel, sondern auch eine mehr als ein halbes Jahrhundert währende Zeitspanne, in der die Přemysliden nur ein kleines Gebiet in der Mitte Böhmens beherrschten. Unter dem neuen Herrscher Boleslav I. (935–972) kam es zu weitreichenden Änderungen. Der Fürst begann sofort mit der gewaltsamen Beseitigung der böhmischen nicht přemyslidischen Fürsten und mit dem Anschluss ihrer Gebiete an sein Reich. Bereits im Jahre 936 besiegte Boleslav einen „benachbarten Unterkönig" (der am wahrscheinlichsten irgendwo im Nordwestböhmen lebte), den nicht einmal die militärische Hilfe aus Sachsen beschützen konnte. Der přemyslidische Fürst erbaute nahezu auf dem gesamten Territorium Böhmens seine Burgen, welche Zentren einer einheitlichen zentralisierten Verwaltung wurden. In den eroberten Gebieten wurden der Bevölkerung verschiedene Steuern und Abgaben auferlegt; gleichzeitig wurden sie christianisiert. Die erwähnten Umwälzungen riefen verständlicherweise Unmut hervor, so das es nicht verwundert, dass Boleslav I. den Beinamen „der Grausame" bekam. Allmählich zog der Fürst wirtschaftlichen Nutzen aus der Arbeit der heimischen Bevölkerung, was zum Beginn einer Münzprägung führte; dank der Umschrift auf einem Denar Boleslavs kennt man auch den Namen seiner Ehefrau Biagota, ohne Zweifel einer Fremden, deren Herkunft jedoch umstritten ist.

Zu dem oben erwähnten, ziemlich riskanten und langwierigen Krieg zwang Boleslav seine Lage hinter den nordwestlichen böhmischen Grenzgebirgen, wo Heinrich I., der anfänglich nur das kleine sächsische Herzogtum beherrschte, seine Macht allmählich auf ein von der Nordsee bis nach Thüringen reichendes Gebiet ausgedehnt hatte und so die Fundamente des späteren deutschen Reiches legte. Heinrich begann bald eine Eroberungsexpansion gegen seine östlichen slawischen Nachbarn. Eine wirksame Verteidigung Böhmens gegen die Gefahr von außen konnte damals nur das zahlenmäßig starke fürstliche Heer leisten, dessen Unterhalt jedoch riesige Kosten verursachte. Die zu deren Deckung nötigen Mittel gewannen die frühmittelalterlichen Staaten zunächst durch Beute aus Kriegszügen, Expansionen in die Nachbarländer, Gebührenerhebung bei den Karawanen der Kaufleute oder durch Teilnahme an Handelsunternehmungen. Deshalb begann Boleslav I. gleich nach der gewaltsamen Beseitigung der nicht přemyslidischen Fürstentümer Züge nach Nordmähren, Schlesien, Kleinpolen und bis an die Grenzen der Kiewer Rus. Vor allem aus den entfernten besetzten Ländern gewann Boleslav Sklaven, welche er fremden Kaufleuten auf dem berühmten, dem seiner Lage nach bedeutendsten Prager Markt verkaufte, der von der den europäischen Westen mit der Kiewer Rus verbindenden Handelsstraße, die weiter in die arabische Welt und Asien führte, profitierte. Es war gerade der internationale Handel, der Boleslavs Stellung festigte und ihm darüber hinaus auch politische Kontakte mit entfernten Ländern ermöglichte. Der Besuch Prags durch den arabischen Kaufmann und Diplomaten Ibrāhīm ibn Jakūb in den sechziger Jahren des 10. Jahrhunderts passt sehr gut zu dieser Sachlage.

In den entfernteren Gebieten begnügte sich Boleslav mit der indirekten Beherrschung der eroberten Gebiete, und zwar mit Hilfe von örtlichen, zur Kollaboration bereiten Herrschern. Auf ganz bestimmte, besonders strategisch wichtige Posten setzte er seine treuesten Anhänger. Das war auch im Poděbrader Gebiet der Fall, welches zwei wichtige, Prag mit den přemyslidischen Domänen im Osten verbindende Straßen durchquerten, wo er auf die Libicer Burg den – wohl mit ihm verwandten – Edlen Slavník einsetzte, dessen Sohn der spätere Prager Bischof und heilige Adalbert war.

Auch wenn Boleslav I. wohl schon am Ende der vierziger Jahre über ein zahlenmäßig starkes Heer verfügte, unterwarf er sich doch formal im Jahre 950 Heinrichs Nachfolger Otto I. So gelang es ihm, die Beziehungen zum mächtigen westlichen Nachbarn zu ordnen, ohne die Existenz des přemyslidischen Staates aufs Spiel zu setzen und seine Macht und Stellung zu schwächen; darüber hinaus gewann er Ruhe zur Durchführung seiner eigenen Politik. Für Boleslav und auch seine Nachfolger ergaben sich allerdings aus dieser Tatsache intensivere Kontakte mit der sächsischen herrschenden Dynastie und somit eine größere Verwicklung in mitteleuropäische Ereignisse.

Dies zeigte sich sehr bald, als die nomadisierenden Magyaren eine Schwächung Ottos I. durch innere Unruhen im Jahre 953 zu räuberischen Angriffen auf das Reich ausnutzten und auch einige slawische, am Unterlauf der Elbe ansässige Stämme versuchten, sich von der sächsischen Herrschaft zu befreien. Durch energische Feldzüge konnte Otto I. jedoch beide Gefahren abwenden; beide Male halfen ihm dabei Boleslavs Krieger.

Das darauffolgende mehrjährige Interesse Ottos I. vor allem für italienische Angelegenheiten lockerte Boleslavs Beziehungen mit dem Reich. Für die mitteleuropäische und auch die böhmische Geschichte wurde damals ein ganz anderes Ereignis sehr wichtig, und zwar der ungewöhnlich steile Aufstieg des neu entstehenden polnischen Staates. Seine nach Westen gerichtete Expansion an den Mittel- und Unterlauf der Oder machte ihn nicht nur zum Nachbarn des Reiches, sondern brachte ihn auch in Konflikte mit den slawischen Lutizen und weiteren Stämmen. Die Nachbarschaft zwischen den böhmischen Přemysliden und den polnischen Piasten sowie das gemeinsame Gefühl einer vom benachbarten Reich ausgehenden Gefahr führte zu einer Annäherung beider Dynastien, deren Ausdruck die Heirat von Boleslavs Tochter Dobrawa mit dem Piasten Mieszko um das Jahr 965 war. Dieses Ereignis beschleunigte auch die Christianisierung der polnischen Bevölkerung. Die böhmisch-polnische Allianz beeinflusste in bedeutender Weise zwei Jahrzehnte lang die mitteleuropäische Politik. Der polnische Herrscher sah darin unter anderem eine Stärkung seiner Stellung gegenüber den sein Herrschaftsgebiet im Nordwesten bedrohenden Slawen. Die Přemysliden pflegten hingegen gute Beziehungen zu den dortigen Slawen, denn Boleslavs Mutter Drahomir entstammte einem ihrer Stämme. Diese verschiedenen Haltungen standen jedoch einem gemeinsamen Bündnis nicht im Wege.

Ein Ausdruck der Machtstellung Boleslavs waren die Verhandlungen, die irgendwann nach dem Jahre 968 die přemyslidische Gesandtschaft in Rom über die Gründung eines Bistums in Prag und offenbar auch über die Erneuerung des Bistums in Mähren führte. Dieser gehörte auch die Fürstentochter Mlada-Maria, die spätere Äbtissin des ersten Frauenklosters auf der Prager Burg, an. Die Verhandlungen zogen sich in die Länge unter anderem auch wegen des Widerstandes des Regensburger Bischofs, unter dessen Jurisdiktion das böhmische Gebiet fiel. Einen erfolgreichen Abschluss der Verhandlungen erlebte Boleslav I. nicht mehr, da er am 15. Juli 972 starb.

Boleslavs Nachfolger auf dem böhmischen Fürstenthron wurde sein Sohn Boleslav II. (972–999), über dessen vorherige Geschicke wir nichts wissen. Von seinem Vater übernahm er ein international bekanntes und konsolidiertes Reich, das bei seiner Thronbesteigung von niemandem bedroht wurde. Schon im darauf folgenden Jahr traf Boleslav II. auf dem Reichstag in Quedlinburg freundschaftlich mit Otto I. zusammen, der jedoch wenige Wochen nach diesem Ereignis starb. Zu seinem Nachfolger wurde Otto II. Dessen Herrschaftsbeginn wurde allerdings durch die feindliche Haltung mehrerer Reichsherzogtümer, welche versuchten, die günstige Lage zur Durchsetzung ihrer Ziele auszunutzen, erschwert. Boleslav II. verfolgte ohne Zweifel mit Interesse den von Heinrich II. angeführten Aufstand im benachbarten Bayern. Dieser kannte sehr gut die Abneigung des böhmischen und des polnischen Herrschers dem Reich gegenüber und versuchte deshalb, beide Herrscher für seine Sache zu gewinnen. Seine Aufforderungen blieben nicht ungehört. Letzten Endes half aber auch diese Unterstützung Heinrich nichts und er musste sich unterwerfen. Das Zusammengehen mit Heinrich kühlte selbstverständlich die Beziehungen zwischen dem Přemysliden und Otto II. ab, der sogar einige wenig erfolgreiche Kriegseinfälle nach Böhmen unternahm. Die Beziehungen zum Reich beruhigten sich erst nach einigen Jahren. Die kurze Ruhepause in der Zeit der Feindschaft zwischen den Přemysliden und dem Reich nutzte der Mainzer Erzbischof Willigis, um das Prager Bistum um das Jahr 975 ins Leben zu rufen. Erster Ordinarius wurde der Sachse Thietmar. Die Unterstellung des Prager Bistums unter das entfernte Mainz war das Ergebnis komplizierter kirchlich-politischer Verhandlungen. Auch wenn sichere Belege fehlen, wurde wohl zur gleichen Zeit das ebenfalls Mainz unterstellte Bistum in Mähren erneuert. Diese Erneuerung rief eine scharfe Reaktion des Passauer Bischofs Pilgrim hervor, der Mähren als sein Gebiet bezeichnete. Im Hintergrund stand unbestritten auch die Frage der Christianisierung Ungarns, wo es nach der Niederlage der nomadisierenden Magyaren zu tiefgreifenden Veränderungen der dortigen Gesellschaft kam.

Von den Ereignissen der folgenden Jahre muss das Ableben zweier Persönlichkeiten erwähnt werden, welches fast symbolisch das nahende Ende des einst von Boleslav I. aufgebauten Machtgefüges zum Ausdruck brachte. Im Jahre 977 verstarb Mieszkos Ehefrau Dobrawa und vier Jahre später der Libicer Herrscher Slavník. Sein Sohn Adalbert wurde nach vorangegangenem vieljährigem Studium an der Domstiftsschule in Magdeburg und nach einem kurzem Wirken unter den Geistlichen des Prager Domkapitels im Jahre 982 auf Levý Hradec auf Boleslavs Vorschlag zum zweiten Prager Bischof gewählt. Ohne Zweifel gab es in jener Zeit keine přemyslidisch-slavnikidischen Spannungen, obwohl damals das Slavnikiden-Geschlecht nach dem Tod Slavníks dessen ehrgeizigen Sohn Soběslav an der Spitze hatte.

Nach Rückkehr aus dem italienischen Verona, wo Adalbert die Bischofsweihe empfangen hatte und wo er auch die Stellung der Bischöfe und Erzbischöfe in der konsolidierten christlichen Welt kennengelernt hatte, lebte der neue Bischof nach den Legendenschreibern vorbildlich. Eine wichtige Sache erwähnten diese jedoch nicht: die Prägung des Bischofsdenars. Bis dahin hatte nur der přemyslidische Fürst das ausschließliche Recht, Münzen zu prägen. Hinzu kam die daran anschließende Münzprägung seines Bruders und Seniors des Slavnikiden-Geschlechtes Soběslav. Das Ziel der slavnikidischen Münzprägung war wohl wirtschaftlicher Natur – das Bestreben, die sich aus der Münzprägung ergebenden Vorteile zu nutzen. Inwieweit dieses Ereignis die Beziehungen zwischen Přemysliden und Slavnikiden beeinflusste, ist nicht genau bekannt.

Viel bedeutsamer wurde die Auswirkung ausländischer Ereignisse auf Böhmen: Am Ende des Jahres 983 starb der erst 28jährige Kaiser Otto II. im entfernten Italien. Diese Tatsache nutzten, genauso wie vor zehn Jahren, seine zahlreichen Feinde zur Auflehnung aus. Gleichzeitig brach ein großer Aufstand der Elbslawen aus, der innerhalb kurzer Zeit alle vorangegangenen Erfolge der vom Reiche geführten Kriege zunichte machte. Die Thronfolgekämpfe im Reich nutze auch Bolesav II. 984 besetzte mit seinem Heer Meißen, was die Beendigung des böhmisch-polnischen Bündnisses zur Folge hatte. Mieszkos Sohn hatte nämlich die Tochter des vertriebenen Meißener Markgrafen zur Frau. Mieszko ergriff die Partei der sächsischen Dynastie, die durch Kaiserin Theophanu, die Mutter des minderjährigen Otto III., repräsentiert wurde. Im Bündnis mit dem Reich suchte er nämlich Hilfe für seinen Kampf gegen die Lutizen. Mieszko trat zur damaligen Zeit viel aktiver auf als der přemyslidische Fürst. Er suchte ebenfalls Unterstützung im arpadischen Ungarn, wozu ihm die Familienbande verhelfen sollten. Mieszko half auch, im Unterschied zu Boleslav II., in den Jahren 985 und 986 den Sachsen in ihren Kämpfen gegen die benachbarten Slawen. Dies ermöglichte ihm letzten Endes mit Zustimmung der Kaiserin Theophanu eine Expansion in die přemyslidischen Besitzungen in Schlesien und Kleinpolen zu starten. Das Ergebnis des polnisch-böhmischen Krieges war für den přemyslidischen Staat katastrophal. Die Přemysliden gerieten in die politische Defensive und verloren ausgedehnte Gebiete, aus denen sie Mittel zum Unterhalt ihrer Gefolgschaft und ihres zahlenmäßig starken Heeres bezogen hatten. Dadurch entstand das Problem, wie ihre Bevölkerung überhaupt zu versorgen war. Der Fürst versuchte, die Schwierigkeiten zu lösen, indem er getaufte Böhmen als Sklaven verkaufte. Dies rief den heftigen Widerstand Bischof Adalberts hervor, der allerdings in der gegebenen Lage der Fürstengefolgschaft als Narretei, Provokation oder direkt als offene Feindschaft erscheinen musste. Es scheint, dass es vor allem bedeutende Gefolgsleute und Edle waren, die zu Hauptfeinden Adalberts wurden. Wie sich der Slavnikide Soběslav unter den veränderten Umständen verhielt, ist nicht bekannt. Für seine eventuellen Kontakte zu polnischen Kreisen fehlen in jener Zeit bereits jegliche Belege.

In dieser verschärften Lage verließ Bischof Adalbert im Herbst 988 Prag und begab sich nach Rom. Dort traf er nacheinander Papst Johannes XV. und Kaiserin Theophanu, aber sicher auch Gesandte des polnischen Fürsten Mieszko. Diese sollten mit dem Papst die komplizierte Frage der kirchlichen Verwaltung der ausgedehnten Gebiete besprechen, welche vorher zum Přemysliden-Staat und daher unter die Jurisdiktion des Prager Bischofs gehörten. Das Ergebnis der Verhandlungen war ein Abkommen, das den neu entstandenen Zustand festschrieb und das polnische Territorium dem päpstlichen Stuhl direkt unterstellte. Unbestreitbar wäre dieses Abkommen ohne Zustimmung des Bischofs Adalbert nicht möglich gewesen. Auch wenn keine andere Lösung in Frage kam, musste Adalberts Zustimmung in den přemyslidischen Kreisen als feindlicher Akt angesehen werden.

Zu Hause versuchte inzwischen Boleslav II., neue wirtschaftliche Quellen sowie Beschäftigung für seine Krieger zu finden. Er begann daher, einige bis dahin von ihm nur indirekt beherrschte Gebiete unter seine direkte Verwaltung zu stellen. Vor allem die Münzfunde bezeugen ein Eingreifen des Fürsten in Südmähren und die daran anschließende Beherrschung des Kuttenberger Erzabbaugebiets, das bis dahin zur slavnikidischen Domäne gehörte. Das slavnikidische Gebietes wurde durch diesen Eingriff wesentlich kleiner.

Die früheren Misserfolge veranlassten Boleslav auch zu einigen Änderungen in der Außenpolitik. Davon zeugt seine Teilnahme am Reichskriegszug gegen die Lutizen im Jahre 992. Im selben Jahr kehrte nach vorausgehenden Verhandlungen Bi-

301 **Der Herzog von Böhmen. Detail aus dem Adalbert-Zyklus der Domtür von Gnesen.** – Kat. 27.01.07.

schof Adalbert nach Böhmen zurück, der damals eine Gruppe Benediktinermönche aus Italien mitbrachte; diese wurden zur Keimzelle des Konventes des neu gegründeten Klosters in Břevnov bei Prag. Das Wirken des Bischofs in Prag stieß jedoch bald wieder auf Schwierigkeiten. Möglicherweise trug der Bischof durch die Prägung seines Denars selbst dazu bei. Die Lage wurde auch durch Soběslav, den Bruder des Bischofs, erschwert, aus dessen Libicer Münzstätte damals Denare mit zweifellos gegen die Přemysliden gerichteten Abbildungen kamen. Als dann auf der fürstlichen Residenzburg in Prag vor den Augen des Bischofs das Kirchenasylrecht verletzt und eine schuldige Frau ermordet wurde, entschloss sich Adalbert, die Diözese erneut zu verlassen. Es ist nicht bekannt, inwieweit

Fürst Boleslav in diese Ereignisse eingriff. Aus den Quellen weiß man, dass er gerade zu jener Zeit schwer erkrankte (nach einem modernen ärztlichen Gutachten an Gehirnarteriosklerose), sodass die Entscheidungsgewalt über alle wichtigen Angelegenheiten in die Hände der unzufriedenen Edlen überging.

Nach dem zweiten Fortgang Adalberts aus Böhmen eskalierte der přemyslidisch-slavnikidische Konflikt, dessen Hauptursache das Bestreben der Fürstengefolgschaft war, sich in einer Zeit der existenziellen Unsicherheit des slavnikidischen Besitzes zu bemächtigen. Zu seiner Lösung trugen letztlich ausländische Ereignisse bei. Als die slavnikidische Streitmacht durch die Teilnahme bestimmter Krieger am Kriegszug Ottos III. gegen die Elbslawen geschwächt war, griffen die přemyslidischen Edlen das slavnikidische Libice an (die Teilnahme von Boleslav geht aus den Quellen nicht klar hervor, möglicherweise war er krank) und eroberten es am 28. September 995. Sie plünderten die Burg und gleichzeitig ermordeten sie vor der dortigen Hauptkirche alle anwesenden Slavnikiden. Am Leben blieben nur Adalbert und Soběslav, die sich im Ausland aufhielten. Die heimischen böhmischen Verhältnisse konnten sie nicht mehr beeinflussen. Beide starben dann binnen einiger weniger Jahre einen gewaltsamen Tod.

In den folgenden wenigen letzten Jahren des schwerkranken Fürsten Boleslav II. kam es zu keinen bedeutenden Ereignissen mehr. Im Jahre 998 setzte der Fürst noch durch, dass der Mönch Thiddag, der ihn in der Zeit seiner Krankheit behandelte, den Prager Bischofsstuhl bestieg. Einige Monate später regte Boleslav noch die Gründung des Benediktinerklosters auf Ostrov bei Davle an, aber seine Errichtung erlebte er nicht mehr; er starb am 7. Februar 999. Seine einem bedeutenden und vornehmen Geschlecht entstammende Gattin Emma, welche auf ihrer Residenzburg Mělník sogar eigene Denare mit der hochtrabenden Umschrift ENMA REGINA (Königin Emma) prägen ließ, überlebte ihren Gatten um nur sechs Jahre.

Den freigewordenen Fürstenthron bestieg dann Boleslavs Sohn Boleslav III., der jedoch im Unterschied zu seinem Vater das böhmische Fürstentum in einer misslichen Lage übernahm. Einen großen Misserfolg brachte gleich das zweite Jahr seiner Herrschaft, als Polen und Ungarn als eine Art Erbe ihres ermordeten Märtyrers ihre Erzbistümer bekamen – das damals markanteste Symbol der staatlichen Eigenständigkeit, während Böhmen auf seinen Erzbischof bis in die Zeit Karls IV. warten musste. Zudem geriet Boleslav III. in Streit mit seinen Brüdern, zahlreichen Edlen und sogar mit Bischof Thiddag. Als am Anfang des Jahres 1002 der blutjunge Kaiser Otto III. starb, wurde Boleslav in die Nachfolgestreitigkeiten im Reich verwickelt, jedoch viel weniger erfolgreich als einst sein Vater. Darüber hinaus zwang die schwierige Lage im eigenen Land, wo sich einige Edle gegen ihn empört hatten, den Fürsten zur Flucht aus Böhmen, was zugleich den Verlust der Herrschaft bedeutete. In Böhmen wurde inzwischen ein Verwandter der Přemysliden, Vladivoj, neuer Herrscher, der jedoch nur durch seine Vorliebe für unmäßiges Trinken, das ihn binnen kurzer Zeit das Leben kostete, berühmt wurde. Dies ermöglichte dem nicht uneigennützig vom polnischen Herrscher Bolesław Chrobry unterstützten Boleslav III., die Herrschaft in Böhmen erneut zu erlangen und durch grausames Morden mit einigen seiner Gegner abzurechnen. Diese Taten riefen jedoch in Böhmen Empörung und Widerstand hervor, dessen Ergebnis ein Abkommen der böhmischen Edlen mit Bolesław Chrobry war. Dieser lud Boleslav III. zu Verhandlungen nach Polen ein, wo er ihn gefangennehmen, blenden und in einen Kerker werfen ließ, aus dem der unglückliche Přemyslide erst durch seinen Tod im Jahre 1037 befreit wurde. Der polnische Herrscher öffnete somit für sich den Weg zu einer kurzfristigen Eroberung des böhmischen Staates, nachdem er sich bereits kurz zuvor Mährens bemächtigt hatte. Der Niedergang des böhmischen Staates wurde dadurch vollendet. Sein erneuter Aufstieg war erst das Werk der Brüder und des Neffen Boleslavs III.

Literatur:

Lutovský 1998. – Novotný 1912; 1913. – Třeštík/Žemlicka (Hrsg.) 1998.

Die Přemysliden und die Slavnikiden

JIŘÍ SLÁMA

In der zweiten Hälfte des 10. Jahrhunderts spielte sich die kurze und am Ende tragische Geschichte des Edlengeschlechtes ab, dem der zweite Prager Bischof, der heilige Adalbert entstammte. Seit der Zeit František Palackýs nennt man dieses Geschlecht nach dem Vater des heiligen Adalbert, Slavník, Slavnikiden. Die allermeisten Informationen über ihn entnehmen wir den St. Adalbertslegenden, von denen die beiden ältesten – die des Canaparius und die Bruns – kurz nach dem Märtyrertod des Bischofs geschrieben wurden, als noch direkte Augenzeugen der damaligen Ereignisse lebten. Die Geschicke der Slavnikiden zeichneten die Legendenschreiber jedoch nur gelegentlich auf, als eine Art Kulisse für eine anschaulichere Darstellung der Vita Adalberts. Viele wichtige Ereignisse deren Geschichte haben sie überhaupt nicht erwähnt.

Den ersten historischen Bericht über die Slavnikiden liest man im Zusammenhang mit der Geburt des künftigen Bischofs und Heiligen Adalbert-Vojtěch, die am wahrscheinlichsten im Jahre 956 stattfand. Adalberts Vater Slavník wird bei dieser Gelegenheit als ein sehr mächtiger und reicher Mann bezeichnet. Bei Adalberts Mutter, welche erst der Chronist Cosmas († 1125) Adilburc (Střezislava) nennt, betonen die Legendenschreiber ihre Frömmigkeit und Ehrbarkeit, die so sehr verschieden von der Lebensart ihres Ehemannes war. Slavníks vornehme Herkunft unterstrichen die mittelalterlichen Autoren durch Anspielungen auf seine verwandtschaftlichen Bande mit anderen zeitgenössischen bedeutenden Geschlechtern, unter denen auch das sächsische Königsgeschlecht, die Přemysliden oder die Fürsten nicht fehlen, welche vor der přemyslidischen Einigung Böhmens das Kouřimer Gebiet beherrschten. Inwieweit diese Angaben nur eine Erfindung der Legendenschreiber und Chronisten sind, die das Geschlecht, dessen Spross der spätere Heilige war, verherrlichen, oder ob es sich um glaubwürdige Informationen handelt, ist umstritten. Die Historiker vertrauen diesen Angaben normalerweise, denn eine Reihe von Belegen spricht z. B. für die Familienbande zu den Přemysliden. Man kann sogar nicht ausschließen, dass Slavníks Vorfahren zu einer Nebenlinie des přemyslidischen Geschlechtes gehörten.

Die Slavnikiden betraten die Bühne der Geschichte zu einem Zeitpunkt, als die Gebietsexpansion des přemyslidischen Fürsten Boleslav I. ihren Höhepunkt erreichte, als dieser dem böhmischen Kern seines Reiches ausgedehnte Gebiete in Nordmähren, Schlesien und Kleinpolen anschloss. Während der Přemyslide den größten Teil des böhmischen Gebietes direkt verwaltete, begnügte er sich auf den übrigen Territorien mit einer indirekten Beherrschung mit Hilfe der örtlichen oder von ihm eingesetzten Edlen. Der letztere Fall betraf auch das Poděbrader, Kuttenberger und einige angrenzende Gebiete, deren Verwaltung Boleslav Slavník anvertraute. Diese Landstriche durchquerten wichtige Wege, die Prag mit den přemyslidischen Domänen im Osten verbanden. Ohne Zweifel hätte der Prager Fürst auf einem so wichtigen Posten niemand geduldet, dem er nicht vertraut hätte, oder der dort seine Interessen hätte gefährden können. Die přemyslidisch-slavnikidischen Beziehungen müssen in jener Zeit völlig konfliktfrei gewesen sein.

Auf den ausgedehnten přemyslidischen Territorien, die sich nach Osten bis hinter das Krakauer Gebiet an die Grenzen mit der Kiewer Rus erstreckten, lebten damals etliche solcher örtlichen Herrscher. Da jedoch ihren Familien – im Unterschied zu den Slavnikiden – kein Heiliger entsprossen ist, widmeten ihnen die zeitgenössischen Autoren keine Aufmerksamkeit, sodass ihre Namen und Geschicke ganz in Vergessenheit geraten sind.

Die St. Adalbertslegenden informieren uns nicht genau, wie groß das von Slavník verwaltete Gebiet war. Erst der mehr als 100 Jahre nach Slavníks Tod schreibende Chronist Cosmas führte seine genauen Grenzen an, die fast die Hälfte des böhmischen Beckens umschlossen. Die moderne Forschung betrachtet jedoch diese Angabe als tendenziös übertrieben und als den unbestrittenen Bestandteil von Slavníks Territorium bezeichnet sie nur das Poděbrader, Kuttenberger, Koliner und Čáslauer Gebiet. Slavníks Domäne stellte allerdings keine völlig selbständige Enklave in Boleslavs Reich dar. Als in den sechziger Jahren des 10. Jahrhunderts Ibrāhīm ibn Jakūb Prag besuchte, reichte die přemyslidische Macht nach seinen Worten zusam-

302 Ermordung des heiligen Adalbert und Aussetzung des Leichnams. Zwei Bilder aus dem Adalbert-Zyklus der Domtür von Gnesen. – Kat. 27.01.07.

ziehenden Handelskarawanen und wahrscheinlich auch direkte Beteiligung am Sklavenhandel waren ohne Zweifel die Hauptquellen von Slavníks Reichtum.

Slavníks Schicksal erwähnen die Legendenschreiber nicht näher. Man weiß nur, dass er im Jahre 972 seinen Sohn Adalbert zum 9jährigen kostspieligen Studium in die Magdeburger Domschule sandte, wo damals der berühmte Gelehrte Ohtrich wirkte. Da die přemyslidischen Söhne zu ähnlichen Studien nach Regensburg gingen, erblickt man bisweilen in diesem Unterschied einen Beleg für engere Beziehungen der Slavnikiden zu den sächsischen Kreisen. Im Jahre 981 starb Slavník. Neuer Senior des slavnikidischen Geschlechtes wurde Adalberts Bruder Soběslav, ein sehr ehrgeiziger Mensch. An der Stellung der Slavnikiden und deren Beziehung zu den Přemysliden hatte sich bislang nichts geändert. Dies belegt Adalberts Wahl zum Prager Bischof im Jahre 982, bei welcher der Přemyslidenfürst Boleslav II. das entscheidende Wort hatte. Kurz nach seiner Bischofsweihe, welche erst im Juni 983 in Verona stattfand, ließ Adalbert (offensichtlich von der Stellung einiger Reichsbischöfe beeinflusst) seinen Bischofsdenar prägen. Auf diese Prägung Adalberts schloss die slavnikidische Münzprägung seines Bruders Soběslav an. Auch wenn diese nicht den Umfang und die Bedeutung der přemyslidischen Münzprägung erreichte, wird sie trotzdem oft als eine gegen Boleslav II. gerichtete Konkurrenztat gedeutet.

Es war die veränderte internationale politische Lage, welche die Stellung der Slavnikiden letzten Endes untergrub und deren Konflikt mit den Přemysliden verursachte. Damals geriet der přemyslidische Fürst in Streit nicht nur mit dem benachbarten Reich, sondern auch mit dem polnischen Herrscher Mieszko, der bis vor kurzem sein Verbündeter war. Dieser eroberte noch vor dem Jahr 990 nach und nach die einstigen přemyslidischen Domänen in Schlesien und Kleinpolen und beraubte damit Boleslav der aus diesen Gebieten fließenden wirtschaftlichen Ressourcen. Diese brauchte der Fürst zum Bestreiten des Lebensunterhalts seiner Gefolgschaft und vor allem der zahlreichen Krieger. Als der Fürst versuchte, die verlorenen Einkünfte durch den Verkauf der heimischen christlichen Sklaven wettzumachen, setzte Bischof Adalbert diesem entschieden Widerstand entgegen. In der Lage, wo Boleslavs Gefolgsleute ihre Existenz als bedroht empfanden, musste eine solche Haltung des Bischofs notwendigerweise ihre gehässige Reaktion hervorrufen. Adalbert entschloss sich also, das Land zu verlassen und begab sich nach Rom. Irgendwann während seiner

menhängend von Prag bis in die Krakauer Gegend. Von irgendeinem Herrschaftsgebiet Slavníks wusste dieser gebildete Kaufmann und Diplomat nichts. Letzten Endes war Slavník auch für die Schreiber der St. Adalbertslegenden zwar ein sehr reicher Mann, aber Fürsten waren für sie nur die Přemysliden.

Das Zentrum der slavnikidischen Domäne war die im Elbeland unweit von Poděbrad liegende Burg Libice. Der Chronist Cosmas charakterisierte Libice als *Metropolis* und setzte es somit erzbischöflichen Residenzen gleich. In der Nähe dieser Burg verliefen zwei wichtige, der Verbindung mit entfernten Gebieten West- und Osteuropas dienende Wege. Die Gebührenerhebung von den durch-

Abwesenheit stellte die slavnikidische Münzstätte in Malín plötzlich ihren Betrieb ein. Sicherlich unter dem Druck seiner unzufriedenen Gefolgschaft beschloss Boleslav II., die Territorialverluste im Ausland auszugleichen, indem er seine direkte, viel einträglichere Verwaltung der von ihm bis dahin nur indirekt beherrschten Gebiete durchsetzte. Ohne Zweifel kamen das wirtschaftlich bedeutende Kuttenberger Erzabbaugebiet und einige weitere Gebiete der slavnikidischen Domäne bei der gewaltsamen Durchsetzung dieser Änderungen als erste an die Reihe. Die einst ausgedehnte slavnikidische Domäne wurde so wesentlich verkleinert.

Adalberts Rückkehr nach Böhmen im Jahre 992 brachte keine Beruhigung. Im Gegenteil, die Spannung wurde durch das ehrgeizige Auftreten Soběslavs verstärkt. Obwohl seine Stellung durch die vorangegangenen Ereignisse wesentlich geschwächt wurde, prägte dieser Slavnikide auf Libice trotzdem seine Münzen mit Bildern, welche die Přemysliden notwendigerweise provozieren mussten. Zu diesen gehörte auch Soběslavs mit Diadem gekrönter Kopf. Worauf Soběslav damals sein Selbstbewusstsein stützte, wird uns von den Legendenschreibern nicht mitgeteilt. Nach dem zweiten und endgültigen Fortgang Adalberts aus Böhmen näherte sich der přemyslidisch-slavnikidische Streit seinem Höhepunkt. Am Freitag, den 27. September 995 schlossen die přemyslidischen Krieger einen Belagerungsring um Libice, das sie gleich am folgenden Tag eroberten und plünderten. Ob der damals schwer kranke Boleslav II. an diesem Feldzug teilnahm, ist nicht bekannt. In der Nähe der Libicer Burgkirche wurden damals alle anwesenden Slavnikiden einschließlich der kleinen Kinder ermordet. Nur die im Ausland weilenden Bischöfe Adalbert und Soběslav blieben übrig. Die beiden slavnikidischen Emigranten hatten jedoch keine Möglichkeit, die Lage in ihrer Heimat auf irgendeine Weise umzukehren. Adalbert fand nach knapp zwei Jahren den Märtyrertod bei den heidnischen Pruzzen, und Soběslav kam im Dienst des polnischen Herrschers Bolesław des Tapferen tragisch um, als er im September 1004 dessen Rückzug aus Prag gegen die angreifenden přemyslidischen Krieger des Fürsten Jaromir deckte.

Während ihres ganzen Bestehens spielten die Slavnikiden in der böhmischen Geschichte nur eine zweitrangige Rolle; in den Vordergrund gelangten sie lediglich dank der Verdienste des heiligen Adalbert. Die Achtung vor diesem böhmischen Heiligen wurde in den Augen der späteren Autoren und Geschichtsschreiber auf das ganze Geschlecht Adalberts übertragen, dem beim Chronisten Cosmas sogar die heidnische Fürstin Libussa den künftigen Ruhm prophezeite.

Literatur:

Sláma 1998.

Die Formierung der Mitte Europas

Polen

Herrschaftszentren
und Herrschaftsorganisation

Die Christianisierung Polens

Die Piasten und Polen

Polen im 10. Jahrhundert

JERZY STRZELCZYK

Die Anwesenheit slawischer Stämme im Mitteleuropa ab dem 6. Jahrhundert unterliegt keinem Zweifel. Nachdem sie sich in den östlichen Gebieten Mitteleuropas niedergelassen hatten, drangen sie in der zweiten Hälfte des 6. Jahrhunderts Richtung Westen, das heißt bis in die östlichen Grenzgebiete des heutigen Deutschlands vor. Etwas früher und gleichzeitig mit der Ausdehnung nach Westen setzte die Ansiedlung der Slawen im Süden auf dem Balkan ein; die Südslawen bleiben bei den weiteren Überlegungen aber außer Acht, denn die Verbindungen zu den nördlichen Slawen brachen im Laufe der Zeit ab. Dagegen blieben die Beziehungen innerhalb der nordslawischen Stämme, das heißt zwischen den Ostslawen, die zwischen dem 9. und 10. Jahrhundert den russischen Staat bildeten, und den Westslawen im frühen Mittelalter rege und intensiv. Erst in der ersten Hälfte des 13. Jahrhunderts erschwerten die mongolische Expansion sowie die lang anhaltende Besetzung des russischen Staates durch die Mongolen diese Beziehungen und trugen sogar zum Abbruch der Verbindungen innerhalb des „Nordslawentums" bei.
In den westslawischen Gebieten wohnten die Ahnen der Völker, die man später Polen, Böhmen, Slowaken nannte, sowie die Elbslawen[1]. Aus linguistischer Sicht kann man die Westslawen in zwei Hauptgruppen teilen. Die nördliche so genannte lechitische[2] Gruppe umfasste die polnische Sprache, außerdem die schon im Mittelalter[3] ausgestorbenen Sprachen aus dem Elbgebiet und aus Pommern, dagegen bestand die südliche Gruppe aus der böhmischen sowie der slowakischen Sprache. Im südlichen Teil des Elbslawengebietes haben sich bis heute Sprachrelikte in der Ober- und Niederlausitz erhalten; sie liegen zwischen der nördlichen (lechitschen) und der südlichen (böhmisch-slowakischen) Gruppe; die Sprache der Oberlausitz nähert sich der böhmischen und die Sprache der Niederlausitz der polnischen an. Vom historischen Standpunkt spaltet sich das Elbslawentum in zwei Teile: Der nördliche Teil mit den Elb- und Ostsee-Slawen umfasst die Elbslawen im engeren Sinne; bei den südlichen Elbslawen handelt es sich um die Lausitzer Sorben.
Dank der früh angeknüpften und festen Beziehungen, die die Elbslawen zur westlichen Kultur und zum Christentum pflegten, wissen wir heutzutage – im Vergleich zur Geschichte der westslawischen Stämme – über sie etwas mehr. Den Elbslawen gelang es jedoch nicht, eigene feste politische Strukturen zu bilden, was zur Folge hatte, dass sie im Verlauf des 10. (Südpolabien) bis 12. Jahrhunderts (Nordpolabien) ihre politische Unabhängigkeit verloren und mit Gewalt von den Nachbarstaaten einverleibt wurden, hauptsächlich von Deutschland, teilweise von Polen und Dänemark.
Die Anfänge der Slawenansiedlungen im nördlichen Karpaten- und Sudetenvorland, die später zu Polen gehörten, sind schwer zu bestimmen, ebenso wie die entsprechende Siedlungsbewegung auf den Gebieten der Böhmer und Mährer[4]. Nachweisbare Informationen darüber, welche ethnischen Stämme Polen besiedelten, gehen auf das 9. Jahrhundert zurück. Man verdankt sie den drei unabhängigen und glaubwürdigen Quellen: dem so genannten Bayerischen Geographen, der Beschreibung Germaniens des angelsächsischen Königs Alfred dem Großen und der anonymen, altslawischen Vita des heiligen Method. Nach den genannten Quellen gab es manche große territoriale Stammeseinheiten, die sich in der späteren territorialen Aufteilung des polnischen Staates widerspiegelten: Wislanen (Wiślanie), Glopeani, Goplanen (Goplani), Lendizi (Lędzice-Lędzianie). Wahrscheinlich müssen auch die in den Quellen nicht nachweisbare Polanenstämme in Großpolen, Slenzanen (Ślężanie) als Hauptstamm in Schlesien, sowie Kleinpolanen und Pomeranen dazugerechnet werden. Die Slenzanen werden bei dem Bayerischen Geographen nur als einer unter den schlesischen Stämmen bezeichnet. Am genausten wurde die Stammeslandschaft Schlesiens überprüft. Außer den erwähnten Slenzanen als Teilstamm im mittleren Teil der Provinz nennt der Bayerische Geograph die Dziadoszanie-Dadošanen, die in der Umgebung von Glogau zu suchen sind, die Opolane (Opolanie) in der Gegend von Oppeln (Opole), die Golensizi (Gołęszyce) in der Nähe von Ratibor und die rätselhaften Lupiglaa (Głupczanie?). In den späteren Quellen wurden die Bobraner (an dem Fluss Bober?) und Trebowianer(?) erwähnt. Im Gegensatz zu Schlesien, wo der Bayerische Geograph nur „kleine" Stämme auf-

zählt, weisen die Quellen in Kleinpolen lediglich auf die Wislanen (Wiślanie) an der oberen Weichsel, in der Gegend von Krakau(?) und Sendomir hin. Östlich von Krakau (Kraków) und Sendomir traf man auf die Siedlungen der Lendzianer (Lendzanenoi des Konstantin Porphyrogennetos). Von deren Stammesnamen leiteten die östlichen Nachbarn die Bezeichnung für die gesamten polnischen Stämme ab, nämlich Lachy in den russischen Quellen, Lenkas in den litauischen, Lengyel in den ungarischen.

Zu klären bleibt, warum sowohl beim Bayerischen Geographen als auch in anderen schriftlichen Quellen die Angaben über den Stamm der Polanen fehlen. Nicht durchdacht ist die häufig wiederholte Ansicht, dass die Polanen der mächtigste Stammesverband im mittleren Polen waren und dass von diesem Stammesnamen, der „die Bewohner der Felder" bezeichnet[5], sowohl der Name des Landes und des Staates (Polska), als auch der Nation (Polacy) abgeleitet ist. Die Bezeichnung „Polania" und ähnlich „Poloni, Polani" als der Name aller Untertanen eines „polanischen" Herzogs tauchte in den Quellen aber erst kurz nach dem Jahr 1000 auf[6]. Obwohl der Name „Polanen" als Stammesname in den Quellen nicht vorkommt, kann man voraussetzen, dass es tatsächlich ein Stamm mit diesem Namen gab; wahrscheinlich waren die Polanen Mitte des 9. Jahrhunderts nicht besonders bekannt und blieben deshalb im Schatten ihrer östlichen Nachbarn – der Gopelani (Kujawianer), deren Name von einem See Gopło abgeleitet ist und deren Zentrum sich in Kruschwitz befand. Die Spuren eines Wettstreits zwischen den Goplanen und Polanen wurde im Mittelalter mündlich überliefert und im frühen 12. Jahrhundert von dem anonymen Chronisten, traditionsgemäß Gallus genannt, in einer Geschichte über den plötzlichen Sturz der (gopelanischen?) Popieldynastie (Popielidzi) niedergeschrieben. Wie die Geschichte weiter berichtete, kam in Gnesen (Gniezno) die neue Piastendynastie (Piastowie), angeblich bäuerlicher Herkunft, an die Macht[7]. Die Polanen siedelten an der mittleren Warthe, zu ihren Hauptzentren gehörten: Gnesen, Posen, Ostrów Lenicki und Giecz.

Keine der Quellen bestätigt die Ansiedlung der Masovier und Pomoranen. Den letzten gehören Woliniani auf der Insel Wollin und Pyrzyczanie-Prissani in der Nähe von Pyrzyce an. Ein Teil der Forscher vertritt die Meinung, dass weder Mazowier noch die Pomoranen Stämme im engeren Sinne bildeten, sondern ihre Herkunft auf die sekundären späteren Aufteilungen des polnischen Staates zurückzuführen seien.

Wenn man die Pomoranen nicht dazuzählt, die zwar fest, jedoch nicht auf Dauer mit Polen verbunden waren, nämlich nur an der Wende vom 10. zum 11. Jahrhundert und dann noch einmal im 12. Jahrhundert, könnte man Polen in der Regierungszeit der ersten Piasten in zwei sich deutlich abzeichnende geographische Landschaften teilen: die nördliche mit der großpolnischen Tiefebene, Kujawien und Kleinpolen, sowie die südliche, die die Hochebenen und das alte Gebirge in Schlesien und Kleinpolen, das heißt die Landschaften um Krakau und Sendomir, einschloss. Dank Gallus Anonymus kennen wir die Namen der Ahnen Mieszkos I. auf dem Herzogsthron in Gnesen, es waren Siemowit, der Sohn des Piast, Lestek und Siemomysł, über ihre Regierungszeit können wir jedoch nichts Näheres sagen, falls wir uns auf unbestrittene Tatsachen stützen wollen[8]. Es lässt sich jedoch so viel feststellen, dass sie den Anstoß zur Vereinigung der polanischen Gebiete gegeben haben und es ihnen auch teilweise gelang, sie durchzuführen; das aber ist in den Quellen nicht belegt. Später wurden auch andere polnische Gebiete, mit Ausnahme von Südpolen angeschlossen. In der Regierungszeit Mieszkos I. (um 960–992), des ersten „historisch fassbaren" polanischen Herrschers, reichte das polanische Herrschaftsgebiet von Pommern bis über die Oder ins Land Lebus, und gegen Ende seiner Regierungszeit wurden Kleinpolen und Schlesien in den Polanenstaat eingegliedert. Damit war der Prozess der Vereinigung aller polnischen (ostlechitischer) Stämme zu einem politischen Organismus abgeschlossen. Die Ausweitung der Grenzen in der Regierungszeit von Bolesław Chrobry (992–1025), die über das ererbte Land hinausging und das Milzener Land, die Lausitz, Meißen, Böhmen, Mähren, die Slowakei und die so genannten Czerwinger Burgen im Grenzgebiet mit Russland umfasste, hielt nicht lange an, kurz nach dem Jahr 1000 fiel Pommern von Polen ab.

Es besteht kein Zufall, dass die Quellen über die Polanen schweigen, aber gleichzeitig und unerwartet deutlich das Bestehen des „Staates der Wislanen" im 9. Jahrhundert belegen. Im südlichen Polen gab es bei einem kleineren Anteil an Wäldern fruchtbareren Boden und Berge und damit theoretisch bessere Lebensbedingungen als in dem stark bewaldeten und sumpfigen Norden. Ebenso konzentrierten sich die zivilisationsfördernden äußeren Impulse traditionsgemäß (wie schon einmal in der Zeit des römischen Reiches) auf dem Gebiet Südpolens und die aus Skandinavien stammenden Einflüsse in Nordpolen (Pommern), während sich das mittlere Polen noch über längere Zeit in einer tiefen Isolation befand. Dies hatte aber auch seine

Vorteile. Das mittlere Polen, insbesondere Großpolen, lag in größerer Entfernung zu den politischen Nachbarzentren in Mähren, in Ostfranken-Deutschland, der Wikinger im Norden, in Ungarn, in der Rus und in Byzanz, die ihrerseits die Entwicklung einer einheimischen politisch-gesellschaftlichen Staatsverwaltung stören konnten. Währenddessen befand sich Südpolen für eine beschränkte Zeit in der großmährischen, russischen (das Lendizi Land) und böhmischen Einflusssphäre. Unabhängig vom Ausmaß des Einflusses, den das großmährische Reich ausübte und den man notabene nicht überschätzen soll, oder den mutmaßlichen politischen Eroberungen von Svatopluk um die Jahre 875 bis 880 nördlich der Karpaten und Sudeten, darf man annehmen, dass die mährische Großmacht die Entwicklung des südpolnischen, wislanischen politischen Zentrums erschwert hatte. Unter günstigeren politischen Bedingungen in den polnischen Gebieten hätten sie eine vergleichbare Rolle spielen können; so fiel diese Rolle erst den Polanen und der Piastendynastie die Mitte des 10. Jahrhunderts zu.

Der Gnesener „Staat" der Polanen wuchs inzwischen im tiefen „Schatten der Quellen". Man hat den Eindruck, dass die Piasten ihre Macht auf Kleinpolen, Pommern und das Lendizi-Land ausdehnten, nachdem sie die Kontrolle über das ganze Polaner und Goplaner Territorium übernommen hatten. In der Regierungszeit von Mieszko I. tauchte die Bezeichnung „Polonia, Poloni" in den Quellen noch nicht auf. Zur Bestimmung des Landes sowie der Untertanen gab es manchen Ersatznamen wie „Licicaviki" (die Nachfolger von Lestek?) bei Widukind von Corvey, „der Fürst der Wandalen" in der Vita des Augsburger Bischofs Ulrich, „das Nordenland" bei Ibrāhīm ibn Jakūb, „*civitas Schinesghe*" (der Gnesener Staat) in einer Schenkungsurkunde zugunsten des Heiligen Stuhls (*Dagome iudex*-Regest).

In der ersten Hälfte der sechziger Jahre des 10. Jahrhunderts wurde der Staat von Mieszko I. zum ersten Mal in den Quellen erwähnt. Und gleich macht sich sein starkes Engagement für die politischen Fragen im Norden und im Westen bemerkbar. Pommern und das Land Lebus mussten damals bereits endgültig erobert worden sein. Man darf die neue politische Orientierung mit einer Notwendigkeit der Gegenüberstellung einer neuen Macht in Polabien – dem Lutizenbund (Wieleckiemu) – verbinden. Manche Lutizenstämme sammelten sich um ein Swarog-Heiligtum in Retha; sie übten ihren Einfluss auf ein ansehnliches Gebiet zwischen Elbe und Oder aus. 983 sowie in den folgenden Jahren wurde nach einem großen Aufstand die sächsische Regierung gestürzt und das aufkommende Christentum bei den Elbslawen im Keim erstickt. Das Bündnis der Lutizen mit Böhmen stellte eine „Lebensgefahr" sowohl für Sachsen als auch für den Polanenstaat dar. Man berichtet über die Kämpfe zwischen Mieszko I. und den Lutizen in den Jahren 963 und 967. Die dargestellte politische Lage förderte eine Annäherung zwischen dem Staat von Mieszko I., dem Kaisertum und dem sächsischen Königshaus. Die Frage der Beziehungen zu Sachsen oder besser zu dem unter der Regierung der sächsischen Dynastie erstarkenden ostfränkischen (deutschen) Königtum war für den Staat von Mieszko I. von großer Bedeutung und zwar nach einer Niederlage, die den Elbslawen von Otto I. in der Schlacht an der Raxa (Rzeknica) 955 bereitet wurde, und insbesondere nach einer Eroberung der Lausitz durch den Markgrafen Gero 963. Dadurch trafen für kurze Zeit auf einer kleinen Strecke der mittleren Oder die Grenzen des Kaisertums und des Polanenstaates aufeinander. Die Ehe von Mieszko I. und der böhmischen Fürstin Dobrawa (Dąbrówka) 965 hatte zugleich den Bruch des Bündnis zwischen Böhmen und den für den polanischen Staat gefährlichen Lutizen zur Folge. Nach der vollzogenen Heirat nahm Mieszko für sich und seinen Hof das Christentum nach lateinischem Ritus an. Bald darauf, im Jahr 968, traf Bischof Jordan als erster Bischof im polnischen Staat ein, er kam entweder als Missionsbischofs, der unmittelbar dem Heiligen Stuhl unterstellt war oder als „regulärer" Diözesanbischof(?).

Die erste Überlieferung über Mieszko I. und seinen Staat, von Widukind unter dem Jahr 963 notiert, bezeichnet ihn als „einen kaiserlichen Freund" (*amicus imperatoris*). Gleichzeitig erfahren wir, dass Mieszko I. dem Kaiser für einen Teil seines Staates (*usque ad Vurta* [Warthe] *fluvium*) Tribut zahlte; wahrscheinlich dachte der Verfasser dabei an die neu eroberten Gebiete im Westen, Westpommern und vielleicht das Land Lebus, auf die der Kaiser üblicherweise seinen Anspruch erhob. Der willkürliche Angriff 972 von Hodo, dem Markgrafen der sächsischen Ostmark, endete mit dem Sieg der Polanen bei Zechden und verschärfte die Beziehungen zwischen Mieszko I. und Otto I. Er trug mit Sicherheit dazu bei, dass Mieszko I. zusammen mit dem böhmischen Boleslav II. im Bürgerkrieg nach dem Tode von Otto I. (973), und wiederum nach dem Tode von Otto II. (986) Heinrich den Zänker – den bayerischen Thronkandidaten unterstützte. Das bedeutete jedoch keinen endgültigen Bruch mit dem sächsischen Haus – Mieszko I. gelang es immer im richtigen Zeitpunkt auf die Seite der Ottonen zu schwenken.

Der Misserfolg Ottos II. in Italien und sein späterer Tod dort, der erwähnte Aufstand der Elbslawen 983 und die Schwierigkeiten der Regentschaft der Kaiserin-Mutter Theophanu bis 991, dann der Kaiserin-Großmutter Adelheid für den minderjährigen Kaiser Otto III. ermöglichen die Realisierung von Mieszkos Plänen und förderten immer engere Beziehungen zum Kaisertum. Ab 985 stand der Polanen-Herzog entschlossen an der Seite der Ottonen. Um 986 verzichtete Mieszko I. auf das Bündnis mit Böhmen, was er gewisse Zeit durch ein Bündnis mit Ungarn auszugleichen suchte. Unterstützt von der Regentin trennte der polanische Herrscher 990 Kleinpolen und Schlesien von Böhmen ab und gliederte sie in den Staat der Polanen ein.

Nach dem Tod von Dobrawa (977) heiratete Mieszko gegen 979/980 Oda, die Tochter Dietrichs von Haldensleben, Markgraf der sächsischen Nordmark. Die näheren Umstände dieser Ehe blieben unbekannt, jedoch war dies sicher eine politische Verbindung; auch besteht nach dem Bericht Thietmars von Merseburg kein Zweifel am Interesse der Sachsen an dieser Heirat; Oda war früher eine Nonne. Mit Dobrawa hatte Mieszko I. einen Sohn, Bolesław Chrobry und vielleicht die Tochter Świętosława, die später den schwedischen und dänischen König heiratete und Mutter von Knut dem Großen war. Möglicherweise war Oda die Mutter der drei Söhne Mieszko, Świętopełk und Lambert.

Um 990 übereigneten Mieszko und Oda dem „heiligen Petrus", das heißt dem Heiligen Stuhl, den Kernteil des Gnesener Staates, *civitas Schinesghe cum pertinentis*. Diese Übereignung ist ausschließlich in einer der päpstlichen Regesten überliefert, die nach den ersten rätselhaften Worten *Dagome iudex* benannt wurde (Abb. 303; 304). Kurz und bündig berichtet die Urkunde über das Gebiet von *civitas Schinesghe*. Mieszkos Beweggründe sind für uns unklar, man wollte in dieser Schenkungsurkunde, wahrscheinlich zu Unrecht, eine antikaiserliche Tendenz sehen, das Streben nach der eigenen Metropole oder die Absicht, den ältesten Sohn Bolesław zu enterben; am wahrscheinlichsten scheint die Hypothese, die von der absehbaren Teilung des väterlichen Erbes zwischen den Kindern von Mieszko I. ausgeht; Bolesław Chrobry sollte über Südpolen mit Krakau, Świętopełk vielleicht über Pommern (in der Schenkungsurkunde wurden Kleinpolen und Pommern nicht erwähnt), Mieszko und Lambert dementsprechend über die *civitas Schinesghe* regieren. Der erwartete Widerstand Bolesław Chrobrys und der mit ihm verbundenen Kreise sollte mit der Donation zugunsten des Heiligen Stuhls neutralisiert werden.

Wie sich mit der Zeit herausgestellt hat, waren Mieszkos I. Befürchtungen ganz und gar begründet. Nach dem Tod seines Vaters hat Bolesław Chrobry seine Stiefmutter mit den minderjährigen Stiefbrüdern aus dem Staat vertrieben, bestrafte ihre Anhänger und übte damit die unbestrittene Herrschaft im ganzen Staat aus. Außerdem übernahm er die väterlichen Verpflichtungen dem Heiligen Stuhl gegenüber. Bolesław Chrobry leistete Otto III. (der 994 die Regierung antrat) gegen die Elbslawen bewaffneten Beistand. Er unterstützte auch eine antipřemyslidische Opposition der Slavnikiden auf Burg Libice. Anfang 997 empfing er den aus Prag vertriebenen Bischof Adalbert, den Sohn von Slavník (Sławnik). Als Adalbert am 23. April 997 durch die heidnischen Pruzzen den Märtyrertod erlitt, in deren Land er mit Bolesław Chrobrys Zustimmung einen Missionsauftrag durchführte, kaufte Chrobry Adalberts Leiche frei und setzte sie in der Kirche in Gnesen bei. Damit hatte der Polanenstaat seinen eigenen Märtyrer für den Glauben und das eigene sakrale Zentrum. Diese Ereignisse hatten große Bedeutung und erleichterten oder ermöglichten sogar die eigene polnische Kirchenprovinz in Gnesen sowie die ihr unterstellten Bistümer in Kolberg (Kołobrzeg), Krakau und Breslau (Wrocław) zu gründen; mit der Zeit wurde ihr auch das am Anfang ausgeklammerte, ebenfalls im Jahr 1000 gegründete Posener Bistum angeschlossen. Der Entschluss wurde während des Gnesener Treffens zwischen Otto III. und Bolesław Chrobry im März 1000 bekanntgegeben. Der Kaiser erhob währenddessen den polanischen Herrscher zum souveränen König im Rahmen seines Imperiums, verlieh ihm das kirchliche Investiturrecht und billigte wahrscheinlich seine Bemühungen um die Königskrönung, auf die Bolesław jedoch aus verschiedenen Gründen bis zum Jahr 1025 warten musste.

Die veränderte politischen Lage im Kaisertum, die nach dem Tode von Otto III. und nach der Thronbesteigung von Heinrich II. erfolgte, brachte bald unterschiedliche Gruppeninteressen ans Tageslicht und führte zum offenen Konflikt. Gestützt auf eine starke Anhängerschaft in Deutschland, zu der vor allem der Meißner Markgraf Ekkehard I. gehörte, sowie der Lothringer Pfalzgraf Ezzo-Ehrenfried und Heinrich von Schweinfurt aus der bayerischen Nordmark, besetzte Chrobry die Lausitz, das Milzener Land und die Mark Meißen. Auf dem Hoftag in Merseburg wurde er von Heinrich II. mit den beiden erstgenannten Ländern belehnt, die Mark Meißen wurde dann Gunzelin, dem Bruder des inzwischen ermordeten Ekkehards, der Bolesław Chrobry beistand, als Lehen übertragen.

Das Attentat auf den polanischen Herzog, zu dem es angeblich ohne Wissen und Zustimmung von Heinrich II. am Ende von Bolesław Chrobrys Aufenthalt in Merseburg kam, wurde von ihm als Abbruch der früheren Verträge verstanden. 1003 beherrschte Bolesław Chrobry, von einem Teil der böhmischen Mächtigen geholt, für kurze Zeit Prag. Dafür verweigerte Bolesław jedoch Heinrich II. den Huldigungseid. Er musste Böhmen zwar schon im nächsten Jahr verlassen, herrschte aber für längere Zeit über Mähren und die Slowakei. Im Jahr 1005 begann der erste einer Reihe von Kriegen zwischen dem polanischen Staat und Heinrich II. Es kam dazu, dass sich der deutsche König gegen Bolesław Chrobry mit den heidnischen Lutizen verbündete, worüber sich ein Teil der deutschen Öffentlichkeit empörte. Die Kriege wurden mit wechselhaftem Erfolg auf den polnischen Kerngebieten und auf dem Gebiet Deutschlands geführt und waren reich an dramatischen Ereignissen und Wendungen. Ihren drei Etappen folgten die Friedensabkommen in Posen (1005), in Merseburg, (1013) und in Bautzen (1018). Schließlich behielt Bolesław die Lausitz und das Milzener Land, wie es scheint – ohne Lehnsverpflichtungen dem Kaiser gegenüber. Bereits nach dem Bautzener Abkommen unterstützten deutsche, nebst ungarischen und petschenegischen Hilfskontingenten Bolesław Chrobry bei einem Zug in die Rus, der im Interesse seines Schwiegersohnes Svjatopolk unternommen wurde. Die Czerwinger Burgen, die 981 von den Ruthenen besetzt wurden, wurden nun Polen angeschlossen.

Nach dem Tode von Heinrich II. und Papst Benedikt VII. wurde Bolesław Chrobry kurz vor seinem Tod zum König gekrönt. Gekrönt wurde auch sein Sohn und Nachfolger Mieszko II. (1025–1034). Während seiner Regierungszeit waren die Zeichen einer äußeren und inneren Krise nicht mehr zu übersehen; sie beruhten sowohl auf ungünstigen politischen Verhältnissen, denn Bolesław Chrobry führte Kriege mit allen seinen Nachbarn, als auch auf inneren Krisen, hervorgerufen durch einen dynastischen Konflikt, Widerstand des Adels, Volksunruhen und nicht endgültig beseitigten heidnischen Elementen, die vom Lutizen Bund unterstützt wurden. Nach dem Tode von Mieszko II. zerfiel der erste polnische Staat, die erste Piastenmonarchie. Sein Tod löste scharfe soziale und religös bedingte Konflikte aus. Ganze Landesteile schieden aus dem polnischen Staat aus, 1038 fand der vernichtende Einzug des böhmischen Fürsten Břetislav I. statt. Mit Hilfe von Deutschland und der Kiewer Rus stellte Kasimir I. Restaurator (Kazimierz I. Odnowiciel), der Sohn von Mieszko II. und Richeza, Tochter des Lothringer Pfalzgrafen, die Grundlagen der polnischen Staatlichkeit im kleineren Ausmaß als zur Zeit von Bolesław Chrobry und in Abhängigkeit vom Kaisertum wieder her.

Ibrāhīm ibn Jakūb, ein jüdischer Kaufmann, Reisender und Diplomat im Dienst des Kalifs von Córdoba, der in den sechziger Jahren des 10. Jahrhunderts am Hof Ottos in Magdeburg und in Prag verweilte, beschrieb den Staat von Mieszko I. „den Nordenkönig" als einen von den vier ihm bekannten slawischen Staaten, außer Bulgarien, Böhmen mit Prag und Krakau und dem Obodritenland[9]. Der Bericht von Ibrāhīm ibn Jakūb liefert auch wichtige und interessante Angaben über die Lage der slawischen Welt des 10. Jahrhunderts schlechthin und insbesondere des polanischen Staates. Aufgrund dieser Informationen, die geprüft und mit manchen Angaben aus anderen Quellen, deutschen, ruthenischen und polnischen[10], ergänzt wurden, können wir Hauptzüge der inneren Struktur des polanischen Staates in seinen geschichtlichen Anfängen[11] skizzieren.

Trotz mangelhafter Quellenangaben, scheint es keinem Zweifel zu unterliegen, dass die ökonomisch-gesellschaftliche Entwicklung sowie die politische und religiöse Geschichte Polens in jener Zeit viele Annäherungen an die Geschichte von Böhmen und Ungarn aufwies. Von daher kann man sie mit Recht im Rahmen eines Modells betrachten, das sich einerseits vom karolingisch-ottonischen Modell, anderseits von den byzantinischen Vorbildern unterscheidet[12]. Die Gentilverfassung versank im Dunkel der Vergangenheit; die Aufteilung in Stämme wurde absichtlich nivelliert und von den Herzögen-Vereinigern aufgehoben. Sie fand noch ihren schwachen Widerhall in der später in Quellen belegten Landesaufteilung nach Verwaltungseinheiten. Die Elemente der Stammesstruktur in der Gesellschaft haben sich über mehrere Jahrhunderte erhalten, wurden jedoch in ihren Funktionen durch eine dynamische Staatsorganisation reduziert.

In der jüngeren Geschichtsforschung wird die Theorie einer slawischen „Gemeindeherrschaft", eine von der Romantik getragene Ansicht einer demokratischen Prägung der ältesten Gesellschaftsverhältnisse unter den Slawen, abgelehnt; man betont die Rolle eines Stammadels sowie des Fürsten, des Vorstehers, als diejenigen Elemente, die die gesellschaftliche Entwicklung vorantrieben. Den Evolutionstheorien von einem Übergang von einer Gentilverfassung zur Staatsordnung wurde eine These von einer revolutionären, gewaltsamen „Staatsumwälzung" gegenübergestellt, wobei man häufiger denn je eine inspirative und organisatorische Rolle der fremden Faktoren richtig einschätzt. Der Tendenz zur „verlängerten Chronologie", die die Anfänge einer höheren Form der Gesellschaftsorganisation, insbesondere einer Burgsiedlung und des Staates möglichst weit in die Vergangenheit verschiebt, wurde die Idee einer „verkürzten" Chronologie sowie die Vision eines schnellen Übergangs „vom Stamm bis zum Staat" gegenübergestellt. In diesem Geist wurde eine Reinterpretation archäologischer Funde auf manchen aufschlussreichen Burgstätten vorgenommen.

Ohne die heutzutage unbelegbaren, jedoch unbestrittenen Verdienste der halbsagenhaften Ahnen zu erwähnen, werden die politischen Leistungen Mieszkos I. sowie ihre Beständigkeit voll anerkannt, dennoch überzeugt die Ansicht, dass die von Mieszko I. regierten Gebiete keine organische Ganzheit, sondern ein Konglomerat bildeten. Der Staat bestand aus mehreren Gebieten, die zu verschiedenen Zeitpunkten mehr oder weniger fest zu einem Ganzen zusammengefügt wurden. Diese These könnte vom erwähnten *Dagome iudex*-Regest unterstützt werden, in dem sich anscheinend eine dreistufige Struktur des Piastenstaates am Ende der Regierungszeit Mieszkos I. widerspiegelte. Der Kern dieses Staates oder genauer des politischen Systems war der Gnesener Staat, *civitas Schinesghe*. Er umfasste, wie wir vermuten, das Stammesgebiet der Polanen. Angaben über seine Ausdehnung sowie Bestätigung seiner Schlüsselstellung im ganzen Staat finden wir in einer Überlieferung des Chronisten Gallus Anonymus (I, 8) über die Streitkräfte von Bolesław Chrobry. „Aus Posen [kamen] 1300 gepanzerte Reiter und 4000 mit Schilden ausgerüstete Fußkämpfer, aus Gnesen 1500 gepanzerte Reiter und 5000 mit Schilden ausgerüstete Fußsoldaten, aus der Burg Władysławia [Włocławek in Kujawien] 8000 gepanzerte Reiter und 2000 mit Schilden ausgerüstete Fußsoldaten, aus Giecz 300 gepanzerte Reiter und 2000 mit Schilden ausgerüstete Fußkämpfer". Er zählt keine weiteren Kontingente aus anderen Burgen bzw. Gebieten auf, er lässt jedoch die Schlussfolgerung zu, dass es welche gab. Die vier genannten Burgen (außer dem weiter entfernt gelegenen Włocławek) befinden sich verhältnismäßig nahe beieinander, im Zentrum des polanischen Territoriums, das heißt im Kerngebiet des „Gnesener Staates". Die Tatsache, dass nicht alle Burgen genannt wurden und eine zu große Zahl von Kriegern den vier aufgeführten Burgen zugeordnet wurde, lässt vermuten, dass wir es nicht mit Kontingenten, die den einzelnen Burgen und den ihnen unterstellten Gebieten zugeordnet waren, sondern mit quasi Sammel- oder Mobilisierungspunkten zu tun haben, zu den planmäßig aus verschiedenen Staatsteilen stammende Kontingente einzogen. In ein Kerngebiet, das nach gegenwärtiger Ansicht über eine sakrale Kraft verfügte und das von demjenigen besetzt werden sollte, der auch über das ganze Land herrschen wollte. Die Böhmen wussten genau, warum sie 1038 unter der Führung von Břetislav I. gerade in das großpolnische Kerngebiet des polnischen Staates eingedrungen sind. Krakau oder Breslau waren natürlich bedeutende Zentren, aber einen entscheidenden Sieg konnte man nur nach dem erfolgreichen Angriff auf Gnesen, Posen und Giecz davontragen.

Der Schenkungsakt, der im *Dagome iudex* (Abb. 303; 304) enthalten ist, umfasste auch „die Pertinenzen" *civitas Schinesghe*. Sie umfassten, in mathematischer Sprache ausgedrückt, eine Differenz zwischen der Reichweite des in der Urkunde beschriebenen Donationsgegenstands und dem „Gnesener Staat". Zu diesen „Pertinenzen" gehörten wahrscheinlich vor allem die Gebiete Mittelpolens, Kleinpolens und vielleicht auch ein Teil Schlesiens östlich der Oder. Es war der zweite „Bestandteil" des Staats von Mieszko I. nach dem Jahr 990. Der dritte Bestandteil seines Staates war die dritte und „äußere" Zone, die in der Schenkungsurkunde dem Heiligen Stuhl nicht übereignet wurde; sie umschloss Pommern, Kleinpolen und das jenseits der Oder liegende Schlesien. Es ist nicht auszuschließen, dass Mieszko I. und Oda Pommern für ihren Sohn Świętopełk bestimmt hatten und sein Name deswegen nicht im *Dagome iudex* stand. Ebenso ist möglich, dass der Vater Kleinpolen und das jenseitige Schlesien für den ältesten Sohn Bolesław Chrobry vorsah, dessen Name ebenso konsequent im *Dagome iudex* nicht erwähnt wurde. Wie es sich ergab, umfasste die dritte Zone den jüngsten territorialen Erwerb von Mieszko I., der mit seinem Land noch nicht zusammengewachsen war.

Es scheint ein unbestrittener Verdienst von Bolesław Chrobry zu sein, dass es ihm gelang, obwohl nicht immer dauerhaft, alle ihm unterstellten Gebiete in einem politischen Staatsgebilde zu vereinigen. Nicht zufällig tauchte um das Jahr 1000 ein neuer Name für diesen Staat (Polonia, Polska) und seine Bewohner (Poloni, Polacy) auf. Die Wege, die zu diesem Ziel führten, waren unterschiedlich.

An der ersten Stelle würde ich die autokratische Herrschaft des Regierenden selbst nennen, die jeden auch lokalen Widerstand brach. Es war eine unteilbare Herrschaft, die das alte Recht von der Gleichstellung aller männlichen Nachkommen des verstorbenen Herrschers sowie von der Berechtigung der Mächtigen, den Nachfolger zu bestimmen, brach. Es gibt nur wenige genaue zeitgenös-

303 Dagome iudex, Regest aus der *Collectio canonum* des Kardinals Deusdedit von 1086/87. Citta del' Vaticano, Bibliotheca Apostolica Vaticana, Vat. lat. 3833, fol. 87r. – Kat. 19.01.01.

sische Überlieferungen, die über Bolesław Chrobrys Herrschaftsweise aussagen könnten. Die spätere Geschichte von Gallus Anonymus trägt starke sagenhafte Züge, aber es ist nicht anzuzweifeln, dass ebenso wie im Krieg (dieser Bereich seiner Herrschaft ist uns vor allem dank den Berichten Thietmars von Merseburg genauer bekannt), so auch in anderen Bereichen, über fast alles der Wille des Herrschers entschieden hat. Die zweite Bemerkung über den Entwicklungsrückstand und die – unter anderem durch die damaligen Verkehrsbedingungen – begrenzten Wirkungsmöglichkeiten der staatlichen Einrichtungen mit dem Herzog oder König an der Spitze, widersprach der ersten

304 **Dagome iudex, Regest aus der *Collectio canonum* des Kardinals Deusdedit von 1086/87, Citta del' Vaticano, Bibliotheca Apostolica Vaticana, Vat. lat. 3833, fol. 87v. – Kat. 19.01.01.**

keinesfalls. Es war für mehrere Staaten kennzeichnend, die sich zu diesem Zeitpunkt an derselben gesellschaftlich-politischen Entwicklungsstufe wie Polen befanden. Der Staat hatte damals nur bescheidene, obwohl wichtige Funktionen zu erfüllen: Zunächst eine militärische Funktion, denn die Verteidigung ist breiter auzufassen, da es manchmal um ein nach außen gerichtetes „aktives" Handeln ging. Außerdem gehörten die administrative Funktion und Jurisdiktion dazu, sowie die unentbehrliche, wenngleich für die Gesellschaft lästige fiskalische Funktion.

Das Stammeskonglomerat wurde schrittweise verdrängt oder vom neuen „prostaatlichen" System

Polen im 10. Jahrhundert 453

der Burgenorganisation ersetzt, über die sich als zweite Verwaltungsstufe einige große „Provinzen" herausgebildet haben. Nur teilweise entsprachen sie, bzw. konnten sie als eine Fortsetzung von früheren Stammesterritorien aufgefasst werden. „Nur das System von Burgen ermöglichte in jener Zeit das Eintreiben von verschiedenen Abgaben und Diensten nach *ius ducale*", ohne die ein Staat nicht existieren konnte.

Obwohl der Forschungstand unvollständig und vor allem lokal differenziert ist, gehört die Burgenstruktur des polnischen Staates sowohl am Ende der Stammesperiode, als auch in der Zeit der Gestaltung und Ausdehnung des früheren Piastenstaates, zu den am meisten erforschten Bereichen in den Anfängen unserer Geschichte. Dank den Forschungen von Zofia Kurnatowska konnte festgestellt werden, dass es Ende des 8. Jahrhunderts oder zu Beginn des 9. Jahrhunderts eine Wende im Burgenbau wenigstens in Großpolen gab. Manche der damals funktionierenden Zentren ging unter, und die neuen Burgen wurden an anderen Orten oder sogar in anderen Regionen gegründet. Ursachen dieser Wandlungen lassen sich bisweilen nicht erklären. Das wäre chronologisch die erste Burgengruppe, man könnte sie als „Stammesanlagen" bezeichnen. Die zweite Gruppe ist in der Regierungszeit der ersten historischen Herrscher Polens gegründet worden. Die Wandlungen innerhalb der das Land wie ein Netz überspannenden Burgen weisen auf wichtige in schriftlichen Quellen unbelegte „taube" Informationen über politische Umwälzungen hin. „Verschwindet [...] das reiche Burgennetz im westlichen und süd-westlichen Teil Großpolens, und man bemerkt dafür mehrere Burggründungen auf dem Posen-Gnesener Gebiet, das von der Warthe und Wełna-Gopło-Linie umgrenzt ist. Zahlreiche frühe Piasten-Burgen entstehen auch südlich der Warthe". In der Mehrheit sind es Neugründungen. „Aufgrund des bisherigen Forschungsmaterials gehörten die im Zentrum des Gnesener Gebietes lokalisierten Burgen, wie z. B. Gnesen [...], Ostrów Lednicki und Moraczewo, die in der Nähe des Lednica-Sees lagen, zu den Burgstädten, deren Geschichte bis in das 9. oder 10. Jahrhundert reicht. Sie blühten in der Zeit auf, in der sich der Staat von Mieszko I. herausbildete"[13]. Zu den weiteren Burgen, die man der frühpiastenzeitlichen Gruppe zurechnet, die wahrscheinlich in die Mitte des 10. Jahrhunderts datieren sind, zählten: die Burg auf der Dominsel in Posen, eine Gruppe von Burgen im Flussgebiet der Wełna und somit in der Nähe des Grenzgebietes mit Pommern – Przysieka, Smuszewo, Łekno(?). Und weiter in Richtung Westen: Biskupin(?), Miet-lica am Goplosee. Die räumliche Verteilung der Burgen weist deutlich auf ihre Abhängigkeit vom Gnesener Zentrum hin, denn sie wurden ungefähr in derselben Entfernung (ungefähr 50 bis 60 km) um die zentrale Gruppe der Hauptburgen herum gegründet, was eine planmäßige Befestigung des Zentrums beweist.

Der dritten Gruppe werden die Burgen, die frühestens an der Wende vom 10. zum 11. Jahrhundert oder in der ersten Hälfte des 11. Jahrhunderts entstanden, zugerechnet. „Im Gegensatz zu denjenigen Burgen, die in der zweiten Hälfte des 10. Jahrhunderts gegründet wurden, sind diese Burganlagen nicht nur rein militärisch-strategischen Charakters, sondern auch als Wohnstätte gedacht". Ihre starke Konzentration in manchen Regionen verweist auf eine planmäßig ablaufende Ansiedlungsaktion. Die Auflösung der Burgen im Westen und Südwesten Großpolens ist möglicherweise auf die Übersiedlung der dort lebenden Bevölkerung auf die Gebiete, die von den ersten Piasten für wichtiger vom Standpunkt des Staates aus gehalten wurden, zurückzuführen. Andererseits könnte man annehmen, dass es um den eventuellen Widerstand der Ortsbewohner gegenüber den Gnesener Herzögen ging und die Ächtungen, die er zur Folge hatte. Laut Kurnatowska konzentrierte sich die intensive Besiedlung und die Gründung der Burgen auf das großpolnisch-schlesische Grenzgebiet, was auf die Befestigung der Wege Richtung Osten und Nord-Westen verweist; damals wurde unter anderem Śrem am wichtigen Flussübergang über die Warthe sowie Kruschwitz, Żnin und Nakło gebaut. Ähnlich wie in Großpolen sind auch im Kulmer Land und im nördlichen Kleinpolen derzeit mehrere Burggründungen zu beobachten, währenddessen sind die Burggründungen in Schlesien und dem übrigen Teil Kleinpolens wissenschaftlich noch nicht zu ermitteln[14].

Das Christentum und die Kirche stellten wichtige Faktoren dar, die den Herrscher bei der Festigung der Landeseinheit unterstützten. Falls man die Universalität der christlichen Religion außer Acht lässt, entbehrte die Kirche jener Zeit in den Gebieten, die sich erst kurz zuvor zur christlichen Religion bekannt hatten, der materiellen Unterstützung, das heißt eigener finanzieller Mittel, die dem Klerus von den Herrschenden zugeteilt wurden. Die Situation machte den Klerus vielfach vom Herzog abhängig, denn der Herzog konnte z. B. den Klerus – auch Bischöfe – ernennen und sie begünstigen, um die eigene Stellung abzusichern. Außerdem konnten nur bewaffnete Gefolgschaften des Herzogs der Kirche ihre Sicherheit für ungestörte Missionsarbeit gewähren; die Kirche sorgte dafür

305 Freikauf des Leichnams des heiligen Adalbert, Überführung nach Gnesen und Beisetzung im Dom zu Gnesen. Aus dem Adalbert-Zyklus vom Südportal des Gnesener Domes. – Kat. 27.01.07.

Polen im 10. Jahrhundert

für Ausbildung der staatlichen Beamten und Experten. Damit leistete die Kirchenverwaltung der Staatsverwaltung große Unterstützung und diese Annäherung fand ihren symbolhaften Widerhall in der im Jahr 1000 gegründeten polnischen (Gnesener) Kirchenprovinz. Sie umfasste alle polnischen Gebiete, während sich das frühere polnische Bistum, mit den Bischöfen Jordan und Unger wahrscheinlich auf das Gebiet der *civitas Schinesghe*, eventuell *cum pertinentis*[15] begrenzte.

Dem Herrscher standen mehrere Möglichkeiten zur Verfügung, um die einzelnen Staatsprovinzen fester aneinander zu binden. Er ließ z. B. mit den „polnischen" das heißt „Gnesener" Kriegstruppen die neu eroberten und in das Land aufgenommenen Gebiete besetzen. So ließ sich möglicher Widerstand brechen und Gehorsam aufzwingen, aber auf längere Sicht konnte eine endgültige Einbindung nur mit dem Willen der örtlichen Gesellschaftseliten erfolgen. In Kleinpolen und in Schlesien war diese Akzeptanz sicherlich einfacher zu gewinnen, weil ihre Beziehungen zu Prag noch nicht lange genug bestanden. Ferner bildeten sie im politischen System der Přemysliden eine entfernte, mit dem Zentrum nur lose verbundene Peripherie. Zu berücksichtigen sind hier frühere Beziehungen zu Polen und die natürlichen Bedingungen, nämlich das gemeinsame Oder- und Weichselgebiet, während das Gebiet von Böhmen durch Gebirge getrennt ist, und schließlich noch die nähere ethnische Verwandschaft der beiden Völker. Die Tatsache, dass die Bewohner Südpolens, die Nachfolger von Wislanen und Slenzanen, den Oberbegriff „Polen", die in ihrem Ursprung mit dem Warthegebiet verbunden ist, an der Wende vom 10. zum 11. Jahrhunderts anerkannten, beweist wie Henryk Łowmiański bemerkte, schnelle ideologische Integration der dortigen Herrschaftsschichten. So kam es, dass im 12. und 13. Jahrhundert (vielleicht auch früher?) in Krakau, das Gnesen und Posen an Bedeutung übertreffen wollte, die Idee der Krakauer statt Gnesener Anfänge des polnischen Staates formuliert wurde; überzeugend vertrat sie in seiner Chronik der Meister Vincentius Kadłubek. Die ältesten „Polen" wurden nicht als Wislanen bezeichnet. Diese Bezeichnung geriet offensichtlich in Vergessenheit[16], man bezweifelte jedoch nicht, dass es vom Anfang an Polanen waren. „Kadłubek schreibt so, als ob er ein geborener Polane gewesen wäre, der sich in Krakau angesiedelt hätte […]. Seine Konzeption der Anfänge Polens – nach der Meinung von Łowmiański – wird erst auf dem Hintergrund von polanischer Siedlungsbewegung in Kleinpolen verständlich".

Sowohl Verteidigungs- als auch Angriffskriege, wenn man auch keine neuen Gebiete eroberte und keine Gefangenen mitbrachte sowie keine Beute machte, trugen zur Festigung des Staates bei. Sie schufen eine der wenigen Möglichkeiten, dass sich die Vertreter von verschiedenen Stämmen und aus verschiedenen Regionen kennenlernten und zusammenwirkten. Die gemeinsamen Kriegsziele führten zur Annäherung unter den Stämmen, sie wurden zum „Übungsplatz", auf dem sich die mehrstämmige Ritterschaft der Lechiten integrierte, mobilisiert zum Kampf um politische Vereinigung der Lechiter oder um die Erweiterung der Grenzen Bolesławscher Herrschaft – „einer Schule gemeinsamen Handelns im Dienste desselben Staates." Ferner wurden „die Kämpfer mehrstämmiger Herkunft in eine nationale Gruppe umgeschmolzen […], insbesondere wenn die Kriege Sieg und finanziellen Gewinn mit sich brachten".

Das war noch nicht alles. Henryk Łowmiański bewies oder machte mit einem Beispiel glaubhaft, dass Bolesław Chrobry innerhalb seines Staates großangelegte Umsiedlungen fremdstämmiger Gruppen organisierte. Zum ersten wurden damit die dauerhaft unbesiedelten Flächen mit neuen Bewohnern bevölkert, das Wirtschafts- und Bevölkerungspotential wurde wesentlich gestärkt. Zum zweiten wurde durch die entstandenen Enklaven fremdstämmiger Bevölkerung die Geschlossenheit der einzelnen Regionen gesprengt, was letzten Endes die Festigung des gesamten Staates zur Folge hatte. Die Besiedlung des Staates mit einer fremden Bevölkerung, die sich in ihrer Sprache und Kultur dem eigenen Volk nicht unbedingt nähern musste, wurde häufiger an verschiedenen Orten und zu verschiedenen Zeiten praktiziert. Öfters finden sich auf den polnischen Gebieten Ortsnamen, die von Stammesnamen abgeleitet wurden, z. B. Kaliszaniy, Krakowianiy, Polany (Polanowice), Ślężany, und die häufig in einer größeren Entfernung vom Ausgangsterritorium auftraten. Sie sind wahrscheinlich Zeugnisse solcher Stammesverschiebungen innerhalb eines Staates, während solche Ortsnamen wie: Prusy, Pomorzany, Pieczyn, Pieczonogi, Morawiany, vielleicht auch das schlesische Niemcza, über die selbst Thietmar berichtete, dass sie von den deutschen Sklaven oder Handwerkern gegründet wurden, für die ältere fremdethnische Ansiedlung repräsentativ sind[17].

Dieses Problem hat Łowmiański am Beispiel von manchen in Polen verbreiteten Ortsnamen wie: Sarbia, Sarbsko, Sarbinów usw. genau untersucht[18]. Ursprung der Namengebung sieht er in Verbindung mit den Übersiedlungen südlicher Elbslawen aus der Zeit von Chrobrys Kriegszügen, vielleicht auch der Kriegszüge von Mieszko II. gegen Sachsen. Selbst die Tatsache, dass es eine „sarbische" oder „serbische" Namengebung in Polen gab, war schon früher bekannt, man hat sie aber bisher – laut Łowmiański – einseitig – als „Überreste von Sklavensiedlungen" erklärt, in denen man die während der Kriegszüge gefangen genommenen Sklaven ansiedelte. Doch der Meinung des Posener Wissenschaftlers nach war eine große Gruppe der Ortsnamen, insbesondere diejenigen Ortsnamen, die eine Genitivform angenommen haben (z. B. Sarbinów u. a.), anderen Ursprungs und wurde nicht von den Kriegsgefangenen, sondern von Freien abgeleitet, die sich vom polanischen Herrscher zur Ansiedlung überzeugen ließen; natürlich waren die Ansiedlungsbedingungen mindestens so gut, wie in ihrem Heimatland.

Łowmiański bewies, dass sich in der „sarbischen" Ansiedlung in Polen gewisse Gruppen unterscheiden lassen. Die größte von ihnen befindet sich auf dem zentralen Gebiet des Staates von Bolesław Chrobry, im Staat der Polanen, die anderen – nicht so große und nicht so expansive – Gruppen lebten in Pommern, in Schlesien um Krakau herum und in Mittelpolen. Das beweist, dass man in Polen ein starkes Bedürfnis verspürte, eigenes Kriegspotential mit dem fremden, jedoch verwandten Element zu ergänzen, das in der Kriegskunst geübt wäre". Die „sarbische" Ansiedlung bildete nur ein Kettenglied [...] des Gesamtsystems, in dem miteinander verwandte und politisch vereinigte ostlechitische Stämme in eine polnische Nation verschmolzen".

Anmerkungen

1 Zu den terminologischen Unstimmigkeiten vgl.: Lübke (1993a) 17–43.
2 Es war ein künstlicher Name, der vom sagenhaften Eponym Polen-Lechiten-Lech abgeleitet wurde; die früheste Überlieferung ist in den Quellen des 14. Jahrhunderts zu finden.
3 Mit Ausnahme der Sprache von Dravänopolaben westlich der unteren Elbe, die als Relikt bis in die zweite Hälfte des 17. Jahrhunderts, sogar bis Anfang des 18. Jahrhunderts überliefert ist. Die Pommern-Sprache war bis vor kurzem als Relikt durch die slowische, bis heute durch die kaschubische Sprache vertreten.
4 Nur teilweise lässt sich diese Tatsache mit einer in der Slawenforschung (insbesondere der polnischen) geltenden oder wenigstens einer herrschenden Theorie des slawischen Autochtonismus im Mitteleuropa erklären. Vgl. Parczewski (1993).
5 Vgl. die „klassische" Formulierung bei Gervasius von Tilbury, Otia Imperialia: *Polonia sic dicta in eorum idiomate, quasi Campania* (G. W. Leibnitz, Scriptorum Brunswicensia illustrantium, t. II (Hannover 1710) 764.
6 Nach Fried (1998) 41–70, bes. 62ff., wurde die Bezeichnungen „Polonia, Poloni" dem Lande und den Untertanen von Bolesław Chrobry in Anknüpfung an alttestamentliche Analogien Ottos III. während des Gnesener Treffens im Jahr 1000 gegeben.
7 Man kann natürlich die Möglichkeit nicht ausschliessen, dass sich die Angaben von Gallus nicht auf den Wettstreit zwischen den Goplanern und Polanen beziehen, sondern auf den Wettstreit zwischen verschiedenen Zentren innerhalb des Polanenstammes (Gnesen-Ostrów Lednicki?).
8 Vgl.: Banaszkiewicz (1986; 1998); Deptuła (1990).
9 Den Bulgarenherrscher nennt Ibrāhīm nicht mit seinem Namen; außer Mieszko nennt er nur den böhmischen Boleslav (I.) und den Obodriten Nakon.
10 Wenn man den Begriff „polnische Quellen" in seiner engen Bedeutung auffassen würde, könnte man darunter einerseits manche Annalen, die sehr lakonisch über die innere Situation berichteten und meistens von einem komplizierten Schickal gekennzeichnet waren, verstehen, andererseits viel später, am Anfang des 12. Jahrhunderts niedergeschriebene historiographische und hagiographische Denkmäler, mit der Chronik von Gallus Anonymus an der Spitze. In breiter Bedeutung könnte man zu den polnischen Quellen manche frühere Denkmäler der ausländischen Autoren rechnen, die inhaltlich bzw. in ihrer Provenienz mit Polen verbunden waren, insbesondere die Vita des heiligen Adalbert und der Fünf Märtyrerbrüder. Vgl.: Kersken (1995) 484–565 – mit einer umfassenden Bibliographie.
11 Dieses Bild, bei dem der archäologische Ertrag ausgeklammert wurde, muss skizzenhaft bleiben, ich konzentriere mich aber in dem folgenden Aufsatz eigentlich auf die Angaben aus den schriftlichen Quellen.
12 Vgl. Krzemińska/Třeštík (1979) 5–31.
13 Damit findet die Tradition, der Kruschwitz eine besondere Stellung in der Vorpiastenzeit beigemessen hat, keine Bestätigung in den archäologischen Funden. Kürzlich neigte Z. Kurnatowska zur späteren Datierung (um 940) der Anfänge von Gnesen, Posen und Giecz. Die anderen Burgen wie die Burgen an dem Lednica-See (Moraczewo und Ostrów Lednicki) waren nur um eine Generation älter.
14 Die bevorstehenden Überlegungen und Zitate nach Kurnatowska (1991) 11–22. In anderen Arbeiten derselben Autorin befinden sich weitere Beobachtungen und Präzisierungen, siehe Anm. 13.
15 Andererseits in anderer politischer Situation am Anfang der zweiten Hälfte des 11. Jahrhunderts, als es kein großes Bedürfnis der engen Beziehung mit dem Herrscherhaus mehr gab und die fürstliche Aufsicht aus verschiedenen Gründen vom Standpunkt der Kirche unerwünscht schien, unterstützten die kirchlichen Oberhäupter die Partei, die eine Schwächung der Macht des regierenden Herrschers zum Ziel hatte und das Auseinanderfallen des Staates begünstigte.
16 Es erinnerte nur an die angebliche Bezeichnung der Polen „Wandalen". Neben der Bezeichnung „Polen" bedient sich Kadłubek alternativ der Bezeichnung „Lechiten" (Lechitae), ohne den Ursprung und ihre Bedeutung zu erklären. Erst ein unbekannter Autor der Großpolnischen Chronik aus dem Ende des 13./14. Jahrhunderts führte die Gestalt vom Eponym Lech ein.
17 Vgl. Modrzewska (1984).
18 Siehe dazu entsprechende Karte mit den vermerkten Ortsnamen in: Początki Polski, Bd.4, Teil 1 (Warszawa 1985) 39.

Herrschaftszentren und Herrschaftsorganisation

ZOFIA KURNATOWSKA

Die schriftlichen Quellen liefern sehr wenige Informationen über die Herrschaftsorganisation im Frühpiastenstaat. Aus dem Dokument *Dagome iudex* (Abb. 303; 304) geht hervor, dass am Ende der Herrschaftszeit Mieszkos I., des ersten historischen Herrschers, also in den neunziger Jahren des 10. Jahrhunderts, der polnische Staat noch keine einheitliche Struktur hatte. Er setzte sich aus dem Zentrum – dem Gnesener Staat – und den damit locker verbundenen Provinzen – den Pertinenzen – zusammen; in jener Zeit gehörten dazu Pommern, Masowien wie auch ganz gewiss Schlesien und Kleinpolen. Im Gnesener Staat war die Macht in den Händen eines Herzogs vereinigt, während in den Pertinenzen anfangs die dem Polanenherzog unterstellten Stammesfürsten herrschten, die zur Tributzahlung und sicherlich auch zur militärischen Unterstützung verpflichtet waren. Die Machtausübung gründete sich zu jener Zeit auf die Burgen. Diese suchte der Herzog periodisch auf; er hielt dort Gericht, empfing Gesandte und traf mit den Angehörigen der Eliten des betreffenden Bezirks zusammen. In den Burgen wurden die Abgaben gesammelt, die später zur Deckung des Bedarfs des Herzogs, seines Hofstaates und des Heeres überwiesen wurden. Die Chronik des Gallus Anonymus (I, 8) enthält das Verzeichnis der Hauptburgen im Staat Bolesław Chrobrys, des Nachfolgers von Mieszko I., in deren Umgebung die militärischen Truppen der ersten Piastenherrscher untergebracht waren. Es waren Gnesen (Gniezno), Posen (Poznań), Giecz in Großpolen und Włocławek an der mittleren Weichsel.

Die spärlichen Hinweise der schriftlichen Quellen kann man anhand der archäologischen Quellen ergänzen. Die intensive Forschung der letzten Jahrzehnte hat viele Angaben über die einzelnen Burgen, die Chronologie ihrer Entstehung und die Etappen des Ausbaus, ihre Infrastruktur und das Siedlungshinterland gebracht. Anhand dieser Erkenntnisse kann man nicht nur die Geschichte dieser Burgzentren, sondern auch die aufeinander folgenden Etappen der Ausbildung des Frühpiastenstaates sowie die Stellung der einzelnen Burgen in diesem Prozess darstellen.

Die frühesten Burgen, die man mit dem Prozess der Staatsbildung verbinden kann, entstanden im Zentrum Großpolens, um Gnesen herum. Die Burg von Gnesen selbst wurde sicherlich vom Vater Mieszkos I. am Ort der Stammeskultstätte um 940 erbaut. Man kann vermuten, dass Gnesen einer dieser besonderen Orte war, nach dem sich die Stammesgemeinschaft der Polanen orientierte. Deshalb war die Eroberung dieses Ortes die Voraussetzung für die Staatsbildung durch die Piasten. Es ist nämlich kein Zufall, dass Gnesen zum geistigen Zentrum des sich formenden Staates wurde und sogar dem Staat den ersten Namen gab. Dieser wurde im bereits erwähnten Dokument *Dagome iudex* niedergeschrieben; und die bei Gallus Anonymus aufgezeichnete dynastische Sage verknüpfte die Anfänge des Piastengeschlechtes mit Gnesen. Es war jedoch nicht die älteste Piastenburg, einige andere Burgen in diesem Teil Großpolens, deren Entstehung in die zwanziger und dreißiger Jahre des 10. Jahrhunderts fällt, sind ihr vorausgegangen, wie z. B. Grzybowo – die damals größte Burg in Großpolen –, vielleicht auch Moraczewo in der Nähe vom Lednickie-See und sicherlich Ostrów Lednicki. Diese Burgen markieren die Anfänge der Machtentfaltung des Fürstengeschlechtes der Piasten in Großpolen und gleichzeitig die Ansätze ihrer Domänenbildung. Um die Mitte des 10. Jahrhunderts war dieses Werk bereits vollbracht. Um 940 entstehen nämlich neben der Burg in Gnesen die Burgen in Posen, Giecz, Lad und vielleicht noch weitere in der östlichen und nordöstlichen Peripherie des Gnesener Landes. In der Mitte des 10. Jahrhunderts existiert im Zentrum Großpolens schon die patrimoniale Domäne der ersten Piasten, gestärkt durch sieben bis acht stark befestigte Burgen. Sie bildete die territoriale Grundlage für die weiteren Etappen der Staatsbildung, denn dort waren die wichtigsten sozialen, ökonomischen und militärischen Kräfte der ersten Piastenherrscher konzentriert. Die mächtigen Burgen waren außerdem die Manifestation der Fürstenmacht.

In den sechziger und siebziger Jahren wurden in den Peripherien des Gnesener Staates, insbesondere an den wichtigen Verkehrsstraßen, Burgen gebaut, die im allgemeinen kleiner waren als die zentralen. Wir erwähnen hier die besonders für die Staatsentwicklung wichtigen Burgen in der nord-

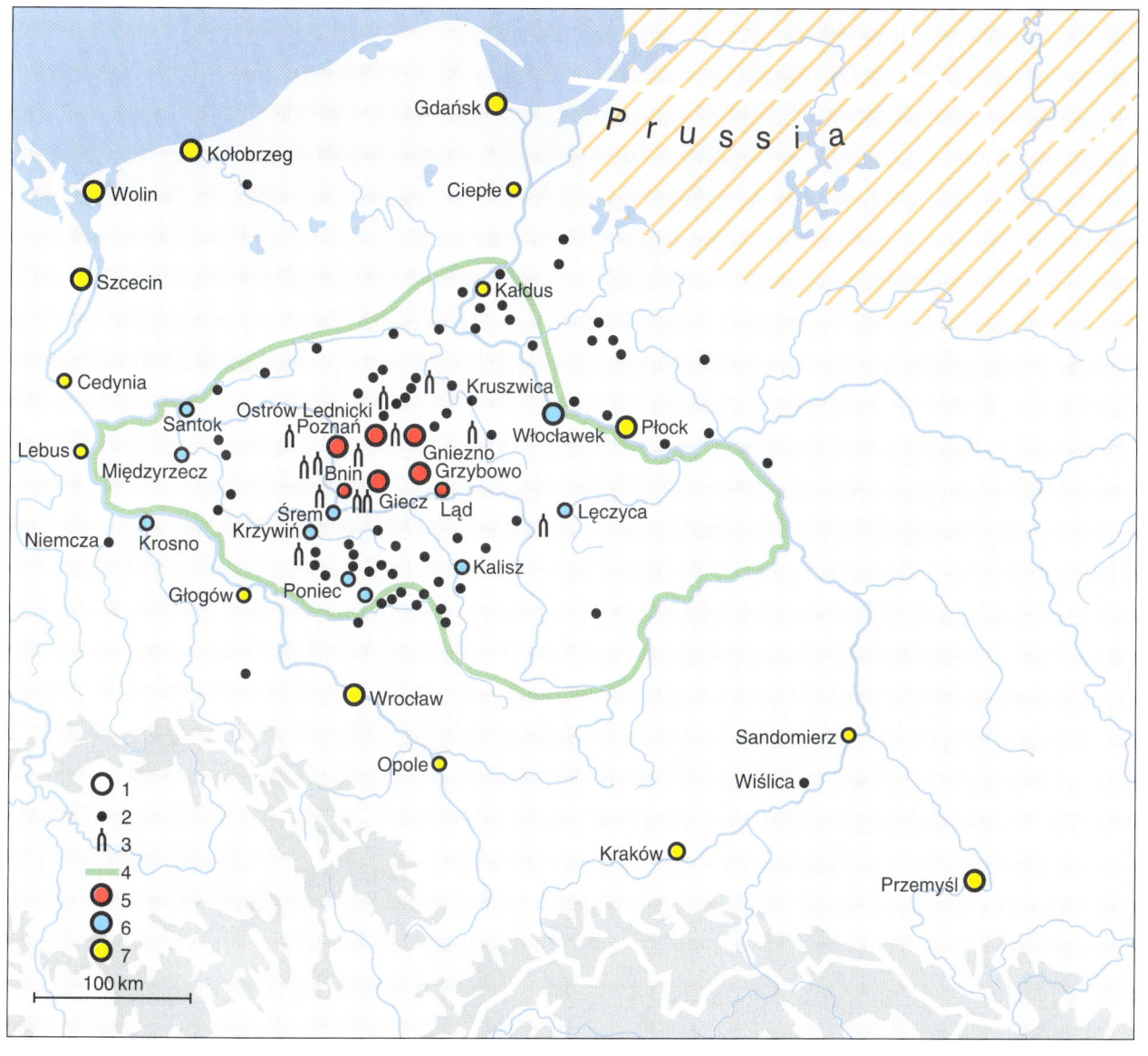

306 Verteilung der frühpiastenzeitlichen Burgen auf dem polnischen Territorium. 1 die ältesten frühpiastenzeitlichen Burgen im Gnesener Zentralgebiet sowie die zentralen Burgen, errichtet auf den allmählich mit dem Gnesenstaat integrierten Gebieten; 2 andere frühpiastenzeitliche Burgen; 3 Gräber mit Waffen vom 10./11. Jahrhundert in der Umgebung von frühpiastenzeitlichen Burgen; 4 der vermutete Bereich des Gnesenstaates (nach H. Łowmiański); 5 die ältesten umgebauten Burgen (920–940); 6 die in den sechziger Jahren des 10. Jahrhunderts gebauten oder umgebauten Burgen; 7 die am Ende der Herrschaftszeit von Mieszko I. oder am Anfang der Herrschaftszeit von Bolesław Chrobry gebauten oder umgebauten Burgen.

westlichen Peripherie – in Meseritz (Międzyrzecz) und Zantoch (Santok). An diesen zwei strategisch wichtigen Punkten hat man die früheren Stammesburgen umgebaut, indem man sie mit mächtigen Wällen umgab. Das gleiche geschah an der südwestlichen Peripherie mit der früheren Burg in Krossen (Krosno) an der Oder, an einem strategisch wichtigen Flussübergang. Weitere Burgen entstanden auf dem Weg nach Schlesien, – die Burg in Śrem, und in der südlichen Peripherie des Gnesener Staates im südöstlichen Großpolen ein ganzes System von kleinen Burgen. Vielleicht war die neu erbaute oder auch nur umgebaute Burg in Kalisz an der Prosna das Hauptzentrum in diesem System. Die Entstehungszeit dieser Burgen in den sechziger und siebziger Jahren des 10. Jahrhunderts wurde durch dendrochronologische Analysen für einige Burgen bestätigt. Der Errichtung der Piastenburgen in diesem Teil Großpolens ging die Zerstörung zahlreicher kleiner Stammesburgen voraus, was als ein Beweis für die gewaltsame Unterwerfung dieser Gebiete in den Gnesener Staat gilt. In dieser Zeit entstand ebenfalls ein Netz von kleinen Burgen in der nordöstlichen Peripherie (Kulmer Land [Ziemia Chełminska])[1], an der Weichsel, unter andern in Kulm (Chełmno/Kałdus), weiter südlich, unter anderem das von Gallus Anonymus genannte Włocławek, und in Zentralpolen die Burg in Łęczyca. Man kann vermuten, dass in jener Zeit auch Burgen an der Netze erbaut wurden. Wie es scheint, markieren die behandelten Burganlagen Mieszkos I. den Bereich „Gnesener Staates".

Bereits in den achtziger Jahren errichtete Mieszko I. Burgen in einigen allmählich vom Staat vereinnahmten Landschaften, oder baute sie um. Die dendrochronologischen Ergebnisse führen uns diese Tätigkeit Mieszkos genauer vor Augen. Es wurde nämlich festgestellt, dass die Burgen in Schlesien – in Glogau (Głogów), Breslau (Wrocław) und Oppeln (Opole) – um 985 erbaut oder umge-

307 **Reiterkrieger, Schmuckstück aus dem Hortfund von Leissow (Lusówko), Berlin, Museum für Vor- und Frühgeschichte SMB, MM II 20309–470. – Kat. 07.02.09.**

baut wurden; und in Westpommern hat der piastenzeitliche Umbau der Burg in Kolberg (Kołbrzeg) nach den dendrochronologischen Daten in den achtziger bis neunziger Jahren des 10. Jahrhunderts stattgefunden. Wir können vermuten, dass Mieszko I. zuvor die Burg in Belgrad (Bialogard) umgebaut und die Burg in Cedynia erbaut hat.

Zur Zeit verfügen wir noch nicht über so genaue chronologische Angaben aus den anderen Hauptburgen der ferneren Provinzen des Piastenstaates. Außer Frage steht die rege Bautätigkeit Bolesław Chrobrys in Kleinpolen, insbesondere in Krakau auf dem Wawel, wo die größte Zahl sowohl der sakralen als auch der profanen Steinbauten aus der Zeit des Frühpiastenstaates freigelegt wurde. Die Piastenherrscher haben z. B. auch Burgen in Wislica, Sandomierz und Přzemysl erbaut, wo man unter anderem die östlichste Frühpiastenresidenz entdeckt hat, und zwar in Gestalt eines Palastes mit einer Kapelle, bzw. Rotunde. Die letzten Forschungen in Kleinpolen ergaben, dass einige ältere Burgen nach der Einverleibung der Provinz in den Gnesener Staat noch eine Zeitlang weiter existierten. Das würde auf ein friedlicheres Verfahren bei der Integration dieser Landschaft in den übrigen Staat hindeuten.

Zur gleichen Zeit, am Ende des 10. Jahrhunderts oder spätestens um die Wende des 10. und 11. Jahrhunderts, wurden von den Piasten auch Burgen in den nördlichen Randgebieten des Staates – in Danzig (Gdańsk) Stettin (Szczecin) –, wie auch im westlichen Grenzgebiet, unter anderem in Lebus (Lubusz) und Niemitsch (Niemcza), erbaut oder umgebaut. Den Bau einer Burg begleitete in der Regel, insbesondere im Zentrum Großpolens, eine intensive agrarische Kolonisation. Die Erforschung der Besiedlung ringsum die Burgen in Gnesen, von Ostrów Lednicki, auf Ostrów Tumski in Posen, in Giecz, Kruszwica, Bnin und im südöstlichen Großpolen hat aufschlussreiche Beispiele dafür geliefert. Die Folgen dieser piastenzeitlichen Kolonisation waren tiefgreifend, denn die damals ausgebildeten Siedlungsansätze haben in hohem Grad bis auf den heutigen Tag überdauert. In den Gebieten, die in der Stammesperiode etwas besser besiedelt waren, beobachten wir in der zweiten Hälfte des

10. und der ersten Hälfte des 11. Jahrhunderts die Verdoppelung der Besiedlung (z. B. Posen, Giecz, Kruszwica). In den ursprünglich schwächer besiedelten Regionen, vor allem um Gnesen herum, aber auch um die Burgen von Ostrów Lednicki und in Bnin, fand sogar eine Verdreifachung der Besiedlung statt. Man kann vermuten, dass Bevölkerung aus anderen Teilen Großpolens sowie Gefangene dort angesiedelt wurden. Die damals ausgebildeten Siedlungsräume in Zentralgroßpolen haben trotz der Staatskrise der dreißiger Jahre des 11. Jahrhundert überdauert. Die landwirtschaftliche Kolonisation beobachten wir auch um die kleinen Lokalburgen herum, z. B. im südöstlichen Großpolen, wo die Zahl der Dorfsiedlungen im Vergleich zum Stand der Besiedlung in der Stammesperiode auf das Dreifache steigt. Man kann darin die planmäßige Kolonisation zur Schaffung einer Siedlungsbrücke zwischen dem Zentrum Großpolens und Schlesien sehen. Hier aber führten die inneren Kämpfe und der Überfall des böhmischen Herzogs Břetislav I. Ende der dreißiger Jahre des 11. Jahrhunderts zu einem Rückgang in der Besiedlung. Die noch schwachen Siedlungseinheiten sind zusammen mit ihren Zentren – den Burgen – untergegangen und erst im 12. Jahrhundert stabilisierte sich die Besiedlung dieser Region Großpolens. Schwächer kolonisiert wurde hingegen die Umgebung der Burgen im unruhigen westlichen Grenzgebiet des Staates.

Die wichtigsten Piastenburgen waren im Staatszentrum innerhalb der patrimonialen Domäne der Piasten konzentriert. Sie zeichnen sich durch beachtliche Dimensionen bis zu einigen Hektar Grundfläche wie auch durch gewaltige und immer wieder ausgebaute Befestigungsanlagen aus. Es bildete sich ein spezifisches System des Burgenbaues heraus, das für die Anlagen der Piasten charakteristisch ist. Diese Burgen sind oft mehrteilig, was mit den unterschiedlichen Funktionen der einzelnen Burgteile zusammenhängt. Die aus Zentralburgen gewonnenen Dendrodatierungen weisen darauf hin, dass Mieszko I. in den siebziger und achtziger Jahren deren Ausbau vorgenommen hatte, was zum Teil mit der Änderung von Funktionen einiger Burgteile verbunden war. Die Breite einiger Holz-Erde-Schutzwälle, die die Burgen umgaben, beträgt 10 bis 20 oder gar 30 m. In den Burgen lebte vor allem die sich damals ausbildende Elite, die an der Staatsbildung entscheidend beteiligt war. Auf diese Bevölkerungsschicht weisen die unterschiedlichen, in den Schichten gefundenen, unter anderem aus den Ostseezentren importierten Luxusgegenstände hin. Von dieser sozialen Gruppe zeugen Silberhortfunde, die meistens in der Umgebung jener Burgen gefunden wurden. In den Burgen konzentrierte sich auch die militärische Macht der Piastenherrscher, was zahlreiche Waffenfunde beweisen. Unter diesen befinden sich auch Luxuswaffen fremder Herkunft, die von fremden Kriegern (vor allem Wikingern) in den Truppen der ersten Piasten stammen könnten. Diese Vermutungen werden auch durch die in der Nähe der Hauptburgen Großpolens gefundenen Kriegergräber mit skandinavischer Waffenausstattung und wikingischem Begräbnisritus (Łubowo, Sowinki, Luboń) bestätigt. In den Burgen wurden außerdem die wirtschaftlichen Erzeugnisse des Staates gesammelt, dazu Kriegsbeute; hier befanden sich die durch das lokale Burgennetz eingetriebenen Abgaben, Handelseinnahmen und Gebühren verschiedener Art. In diesen Burgen und in ihrem nächsten Hinterland gibt es die frühesten Nachweise für Geldwirtschaft, was die steigende Zahl der Münzfunde sowohl von Dirhem als auch von westlichen Münzen vom Ende des 10. und vom 11. Jahrhundert in den Burgschichten belegt. Bisher fehlt jedoch der Nachweis für frühe Handwerkstätigkeit innerhalb der Burgen oder Vorburgen. Diese begann sich erst

308 **Die Außenverkleidung des Fürstenwalls von Posen (Poznań).**

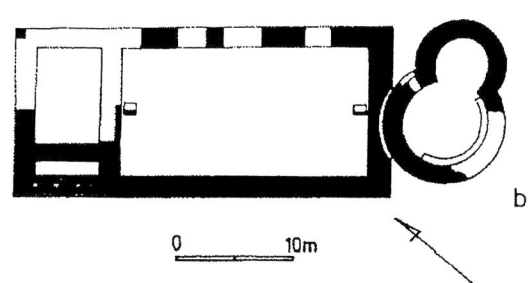

309 **Die Residenzanlage in Przemyśl (nach E. Sosnowski).**

in der zweiten Hälfte des 11. und im 12. Jahrhundert zu entwickeln. Man nimmt an, dass in der älteren Periode der Bedarf an verschiedenen Handwerksprodukten in den zu jener Zeit bestehenden Handwerkersiedlungen gedeckt wurde, deren Spuren sich in den Ortsnamen erhalten haben. Manchmal hat man die Überreste solcher Werkstätten durch archäologische Ausgrabungen erfasst, z. B. an den Ufern des Lednickie Sees, in der nächsten Umgebung der auf der Insel liegenden Burg. Bei einigen Erzeugnissen mögen auch Wanderhandwerker an deren Herstellung beteiligt gewesen sein.

Seit der Taufe Herzog Mieszkos I. im Jahre 966 wurde von den Burgen aus, vor allem von den Hauptburgen, die sich im Zentrum des Staates konzentrierten, die Christianisierung organisiert. Dort wurden Baptisterien, Kirchen und Kapellen errichtet, in einigen davon hat man später Erzbistümer (Gnesen) und Bistümer (Breslau, Krakau und Kolberg) eingerichtet. Dort erscheinen auch die ersten Geistlichen, die verschiedene Elemente der lateinischen Kultur des Abendlandes mitbrachten. Es kamen Baumeister, die in den Burgen Steinbauten – Paläste, Kapellen, Kirchen nach westlichem Vorbild errichteten. Im Innern der Burgkirchen fand man sowohl die ältesten Bestattungen von zur Kanonisation vorgesehenen Persönlichkeiten oder von Heiligen (Gnesen) als auch von Angehörigen des Herrscherhauses (Posen, Gnesen, Ostrów Lednicki, Krakau). In der Nähe dieser Burgen stieß man auf die christlichen Gräberfelder. In die wichtigsten Burgen des Piastenstaates, wo sich der Herrscher periodisch aufhielt, kamen Gesandte aus den Nachbarstaaten, sowie hilfesuchende Herzöge. Berühmtester Besucher war im Jahre 1000 Kaiser Otto III. in Begleitung von weltlichen und geistlichen Würdenträgern bei seiner Pilgerfahrt zum Grab des heiligen Adalbert in Gnesen.

Es ist bemerkenswert, dass die Zentralburgen trotz ähnlicher Größe unterschiedliche Funktionen in der Machtstruktur erfüllten. Zu jener Zeit gab es noch keine Hauptstadt im heutigen Sinne. Trotzdem war Gnesen ein geistiges Zentrum, wo sich die Staatsbildung der Piasten erfüllte. In der Mitte des Gnesener Landes gelegen, war dieser Ort durch die in der Niederungslandschaft Großpolens untypische Hochlage und insbesondere durch die vorherige Funktion als Kultstätte der Polanen für eine solche Rolle gewissermaßen vorherbestimmt. Die Ausgrabungen belegen zum einen das imponierende, mehrmals ausgebaute Befestigungssystem der mehrteiligen Burg von Gnesen, zum anderen, durch Waffenfunde, die Anwesenheit bedeutender Streitkräfte in der Burg, was auch durch die Überlieferung von Gallus Anonymus bestätigt wurde. Auch lassen sich weitere Vertreter der damaligen Elite archäologisch nachweisen. Nach der Annahme des Christentums erhielt diese Burg vor allem mit den Heiligengräbern sakrale Bedeutung; zu erwähnen sind die Gräber des heiligen Adalbert, der „Fünf Märtyrerbrüder" und die Bestattung von Dobrawa, der christlichen Gemahlin von Mieszko I., die nach der Tradition als Stifterin der ersten Kirche in dieser Burg bestattet wurde. Hier entstand im Jahre 1000 das Erzbistum, sicherlich begleitet von bedeutenden Bauvorhaben, sowohl in der herrschaftlichen Anlage der Fürstenburg, als auch durch weitere Kirchenbauten im anderen Teil der Burg. Dies ist aber bisher, im Vergleich zur ältesten Periode, erst wenig erforscht.

Posen – die zweite wichtige Piastenburg in Großpolen – hatte sicherlich eine andere Funktion. Es war von den Piasten von Grund auf erbaut worden. An dem wichtigen Wasserweg Warthe (Warta) und an dem in jener Zeit entstehenden Hauptverkehrsweg des Gnesener Staates, nämlich von Gnesen nach Westen über Meseritz, Lebus nach Magdeburg gelegen, kam Posen eine wesentliche Bedeutung bei der Erweiterung des staatlichen Territoriums zu, vor allem in nordwestlicher, aber auch in östlicher, südöstlicher und südlicher Richtung. Die starken Befestigungen, mit denen Mieszko I. die Burg am Ende seiner Herrschaftszeit umgeben hatte, zeugen von deren staatstragender

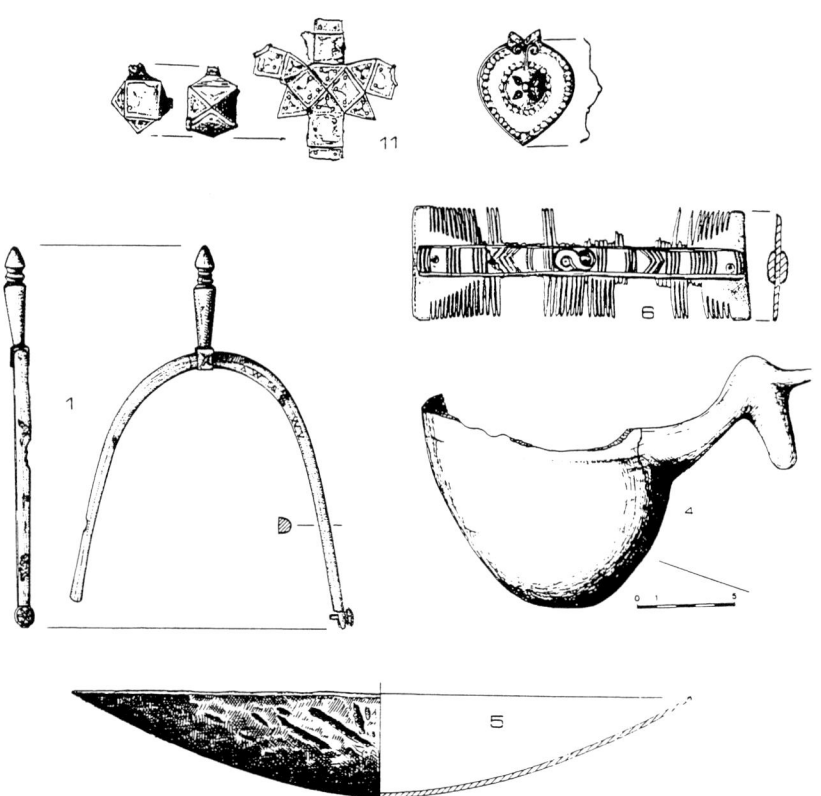

310 Elemente der Elitenkultur aus den Grabungen von Ostrów Lednicki (nach M. Łastowiecki).

Rolle im militärischen und strategischen Sinn. Hier befand sich auch eine der Hauptresidenzen des Herzogs. Nach der Christianisierung wurde zudem ein Missionsstützpunkt eingerichtet, der später in den Sitz des polnischen Bischofs umgewandelt wurde. Die Gräber der ersten Piastenherrscher im Posener Dom zeugen von der besonderen Bedeutung dieser Burg für das Herrscherhaus.

Die Funktion der nächsten wichtigen Piastenburg auf Ostrów Lednicki ist umstrittener. Die hier vorhandenen Ruinen der Fürstenresidenz in Gestalt eines *palatium* mit einer Kapelle sowie der Grundriss der nahegelegenen Kirche wurden in den letzten Jahrzehnten intensiver Forschung durch zwei Taufbecken im Innern der Kapelle bereichert. Auf ihnen beruht die Interpretation jenes Gebäudes als Baptisterium und in letzter Konsequenz der gesamten architektonischen Anlage als *Episcopium* – dem Sitz des ersten polnischen Bischofs. Dies wurde jedoch in der Fachliteratur nicht allgemein akzeptiert, da es noch weitere Interpretationsmöglichkeiten gibt. Taufeinrichtungen konnten nach dem Vorbild der Karolingerpfalzen ebenso in einigen besonders repräsentativen Herrschaftsresidenzen vorhanden gewesen sein. Vielleicht sollte man also in der Burg von Ostrów Lednicki, die an dem wichtigen Landweg zwischen Posen und Gnesen lag, eben eine solche, stark mit dem Herrschergeschlecht verbundene Residenz sehen. Die zahlreichen Waffenfunde, die bei der Untersuchung der Brücken von Lednica entdeckt wurden, sind der Beweis, dass in der Burg und in der nächsten Umgebung ein starkes Truppenkontingent der Piastenherrscher untergebracht war.

Die Hauptzentren und andere wichtige Burgen der allmählich in den Gnesener Staat integrierten Provinzen waren hinsichtlich ihrer Größe und der Befestigungsanlagen mit den Zentralburgen Großpolens vergleichbar. Von diesen unterscheidet sich die Burg auf dem Wawel in Krakau vor allem durch die Ausmaße der architektonischen Anlagen. Man kann annehmen, dass Krakau und besonders der Wawel jener besondere Ort war, der die Ausrichtung der Stammesgruppierungen Kleinpolens bestimmte. Sicherlich war er auch der Inthronisationsort der Stammesfürsten. Deswegen spielte Krakau im Frühpiastenstaat eine andere Rolle als die Hauptzentren der übrigen Provinzen. Krakau konkurrierte erfolgreich mit Gnesen und übernahm folglich die Funktion als Hauptstadt des polnischen Staates.

Die Schicksale der frühpiastenzeitlichen Burgen waren in den späteren Jahrhunderten unterschiedlich. Die meisten von ihnen haben sich als wichtige Zentren der kirchlichen und weltlichen Macht in den nachfolgenden Jahrhunderten in Städte umgewandelt. Manche Burgen hingegen, vor allem in Großpolen, wo sie besonders zahlreich waren, wurden verlassen. Übrig blieben die für die dortige Landschaft so charakteristischen Burgwälle.

Anmerkung

1 Man kann schwerlich mit der Meinung W. Chudziaks übereinstimmen, der die Burgen im Kulmer Land, in die zweite Hälfte des 10. bis Anfang des 11. Jahrhunderts datiert und den Stammesorganisationen zuschreibt. Die belegte Existenz einer Piastenburg an der Weichselmündung in Danzig im Jahre 997 deutet auf die Beherrschung der Weichselstraße durch die Piasten wenigstens im letzten Viertel des 10. Jahrhunderts hin.

Literatur

Banaszkiewicz 1995; 1998. – Chudziak 1998. – Dalewski 1996. – Krąpiec 1998. – Dzieduszycka 1985/86. – Kara 1993. – Kurnatowska 1995; 1998. – Kurnatowska/Kurnatowski 1991. – Michałowski 1993. – Moździoch 1998. – Pianowski 1994. – Poleski 1998 – Rodzińska-Chorąży 1996. – Zurowska (Hrsg.) (1993;1994).

Giecz

TERESA KRYSZTOFIAK

Die frühmittelalterliche Burg von Giecz wurde im unmittelbaren Zentrum des sich herausbildenden polnischen Staates errichtet und lag etwa 25 km südwestlich von Gnesen (Gniezno) und Ostrów Lednicki sowie ca. 30 km südöstlich von Posen (Poznań) entfernt. Die große Bedeutung, welche die ersten Piasten der Burg beigemessen haben, wird durch die Eintragung in der „Polnischen Chronik" des Gallus Anonymus bestätigt. Hier erwähnt der Geschichtsschreiber bei der Beschreibung der Streitkräfte Bolesław Chrobrys Giecz neben Posen, Gnesen und Włocławek als das Zentrum, aus dem der bedeutende Teil der fürstlichen Krieger mit einer Anzahl von 300 Panzerreitern und 2000 Schildträgern stammte. Die strategische Bedeutung des Ortes, der im Süden den Zugang zu Gnesen und Posen schützen sollte, wird auch durch den umfangreichen Bericht über die Besetzung der Burg durch den böhmischen Herzog Břetislav I. während seines Überfalls auf Großpolen (1038) bestätigt, der in der „Böhmischen Chronik" des Cosmas enthalten ist. Die besondere Stellung von Giecz in der Struktur des Piastenstaates zeigt sich auch darin, dass es wahrscheinlich schon im 11. Jahrhundert das Hauptzentrum der umfangreichen Kastellanei bildete, die das ganze Mittelalter hindurch funktionierte. Die große Zahl an Hortfunden aus der Zeit des Frühpiastenstaates in der Kastellanei von Giecz, die zahlenmäßig die in der Umgebung von Gnesen und Posen zur gleichen Zeit deponierten Schätze übertrifft, weist ebenfalls auf die Bedeutung der Burg hin. Zur wirtschaftlichen Entwicklung dieses Zentrums hat zweifellos auch seine günstige Lage im Schnittpunkt der Fernhandelsstraßen beigetragen.

Der Ort, an dem die Burg entstand, war einst durch bedeutende natürliche Wehrvorteile gekennzeichnet. Die Burg wurde auf einer Seehalbinsel errichtet. Durch diesen floss der kleine Fluss Moskawa (Żrenica), einer der zahlreichen Warthe-Zuflüsse. Der Burgwall ist heute eine über der flachen Landschaft aufragende Erhebung mit einer Fläche von ca. 3,6 ha einschließlich der ihn umgebenden Wälle. Mit einer Innenfläche von ca. 1,6 ha gehört er in die Gruppe der größten frühmittelalterlichen Burgwälle Großpolens. Obwohl er durch den Bau des Pfarrhauses im Nordteil der Fundstelle und die damit verbundenen Einebnungen der nordöstlichen Wallpartie und auch durch die Anlage des neuzeitlichen Kirchhofs im südlichen Teil des Burginneren zum Teil zerstört wurde, hat er seine imposante Erscheinung bis heute beibehalten. Seine Wälle mit der Basisbreite von 30 m erheben sich stellenweise bis zu 9 m über die ihn heute umgebenden feuchten Wiesen und Äcker.

Die in den Jahren 1949 bis 1966 im Siedlungskomplex von Giecz durchgeführten archäologischen Forschungen erbrachten viele interessante Entdeckungen zur Bestätigung der hervorragenden Rolle dieses Zentrums im Frühpiastenstaat sowie zu seiner Entstehung. Wesentliche Korrekturen der daraus resultierenden Ergebnisse haben die 1993 wiederaufgenommenen und bis heute andauernden Grabungen geliefert.

Im Lichte der neuesten Forschungen reichen die Anfänge der frühmittelalterlichen Besiedlung in der Siedlungskammer von Giecz bis in das 9. Jahrhundert zurück. In diese Zeit datieren sowohl die in unmittelbarer Nähe der Seehalbinsel als auch am Ort der künftigen Burg entstandenen unbefestigten Siedlungen. Diese bildeten zu Zeiten der Burg ihr unmittelbares Hinterland. So gab es in der nördlichen Nachbarschaft der Burg eine stark bevölkerte Burgsiedlung, und eine weitere Siedlung auf dem gegenüberliegenden Seeufer wandelte sich in eine mit der Burg eng zusammenhängende Marktsiedlung um, die mit der Burg durch eine Brücke von ca. 6 m Breite und ca. 70 m Länge verbunden war.

Die in der letzten Zeit durchgeführten Forschungen am südöstlichen Abschnitt der Burgbefestigungen, wo drei Bauphasen des Walls festgestellt wurden, lieferten gut erhaltene Hölzer der Wallkonstruktion. Die Ergebnisse der dendrochronologischen Untersuchungen ermöglichten sowohl die Datierung der Anfänge der Burg als auch der aufeinanderfolgenden Bauphasen. Danach entstand die Burg im zweiten Viertel des 10. Jahrhunderts. Bei dem damals errichteten Holz-Erde-Wall handelte es sich um eine Rostkonstruktion. Die unteren Partien des Außenaufschüttung hatte man zusätzlich mit Hakenkonstruktion gefestigt. Zum Schutz diente in dieser Phase auch der als Rostkonstruktion angelegte Holz-Erde-Absatz. In den

311 Giecz-Grodziszczko. Luftaufnahme von Fundstelle 1.

achtziger Jahren des 10. Jahrhunderts verbreiterte man die Befestigungen durch weitere Aufschüttungen. Von der Zerstörung der Burg mit ihren Befestigungen in der zweiten Wallphase zeugt eine Brandschicht mit Resten der Wallbekrönung, die vermutlich mit dem Überfall Břetislavs I. Ende der dreißiger Jahre des 11. Jahrhunderts in Verbindung gebracht werden kann. Bei der letzten Bauphase (um die Mitte des 11. Jahrhunderts) nutzte man die hohe Aufschüttung des früheren Walls und krönte diese mit einer Kastenkonstruktion. Diese war von außen mit Steinen verkleidet und durch einen Absatz aus Steinen und Lehm zusätzlich verstärkt worden.

Da die Befestigungen der Burg von Giecz und auch das Burginnere bisher nur in geringem Umfang erforscht wurden, stellen die Ergebnisse der durchgeführten Grabungsarbeiten noch keine ausreichende Basis für die Rekonstruktion der räumlichen Entwicklung der Burg dar. Sicher ist nur, dass die Burg schon in der ersten Hälfte des 10. Jahrhunderts die gesamte Fläche der Halbinsel einnahm. Dies bestätigt die dendrochronologische Datierung (940) von Hölzern des nordöstlichen Wallabschnittes. Eine wichtige ergänzende Information zur Aufteilung des Geländes innerhalb der Burg von Giecz war die Entdeckung eines Innenwalls, der sich heute noch schwach im Gelände abzeichnet. Er trennte früher den kleineren nördlichen Teil (so genannte kleine Fürstenburg) vom größeren südlichen Teil des Burgwalls. Sein zeitliches Verhältnis zum Außenwall ist unklar. Bekannt ist nur, dass er am Ende des 12. Jahrhunderts oder an der Wende zum 13. Jahrhundert seine Funktion verloren hatte (nach den Befunden im oberen eingeebneten Bereich). Der Zeitpunkt seiner Erbauung zu Beginn des 11. Jahrhunderts lässt sich nur indirekt durch Vergleiche mit dem neu aufgedeckten *palatium* im südlichen Teil der Fundstelle und der Kirche im nördlichen Teil erschließen. Kirche und *palatium* wurden etwa zur gleichen Zeit oder in geringem zeitlichen Abstand zueinander erbaut. Die Bauarbeiten am *palatium* wurden nach Errichtung des Fundaments abgebrochen. Dies beweist das Fehlen von Spuren einer Zerstörung in den höherliegenden Schichten. Die Ost-West orientierte Palasanlage sollte aus einem rechteckigen Teil von 35 m Länge und 16 m Breite und einer an der östlichen Seite anschließenden kleinen Rotunde (Kapelle) mit ca. 16 m Durchmesser bestehen. In seinen Ausmaßen übertrifft die Anlage von Giecz das grundrissgleiche früheste *palatium* der Fürstenresidenz auf Ostrów Lednicki. Die Ursachen für den Abbruch der Arbeiten an diesem imposanten Bauvorhaben sind unbekannt. Es ist nicht ausgeschlossen, dass diese Ursachen mit dem Beschluss über die Verlegung des Repräsentationsgebäudes in den nördlichen Teil der Burg zusammenhängen, der bald abgetrennt werden sollte. Diese Annahme scheint auch in Hinsicht auf die letztlich in unmittelbarer Nähe der Burgkirche freigelegten Überreste eines weiteren Gebäudes, plausibel zu sein.

Die am Anfang des 11. Jahrhunderts im nördlichen Teil der Burg errichtete und bereits erwähnte Kirche war wohl ursprünglich ein einschiffiger Bau mit 19,2 m Länge und 11 m Breite, dessen östliche Seite von einer halbrunden Apsis mit einen Radius von etwa 2,5 m abgeschlossen wurde. Die aktuell an dieser Kirche durchgeführten Grabungsarbeiten erbrachten ein interessantes und auf dem Territorium Polens einzigartiges Bauelement. Im östlichen Teil des Befundes fanden sich Reste einer Korridorkrypta, deren Form eindeutig auf ihre Bestimmung (Reliquienkult) hinweist. Das Nutzungsniveau der Krypta wurde ca. 1,2 m unterhalb des Bodenniveaus des Kirchenschiffes freigelegt. Aus der ersten Phase der Kirche stammen auch die verhältnismäßig zahlreichen Fragmente der auf polnischen Gebiet ältesten aufgefundenen Glocke. Die zahlreichen Architekturbefunde – auch die heutige Nikolauskirche in der ehemaligen Marktsiedlung ist aufgrund neuester Forschungen wahrscheinlich zeitgleich mit der Kirche im Burgwall erbaut worden – aus Giecz unterstreichen die Rolle dieser Burg als Zentrum zu Zeiten der ersten Piastenherrscher. Die Einflüsse rheinischer Architektur bei der Burgkirche aber auch das Patrozinium der Kirche in der Marktsiedlung – der unter den Angehörigen der Ottonischen Dynastie besonders verehrte heilige Nikolaus – deuten daraufhin, dass die Burg die Residenz des Sohnes und vorausbestimmten Nachfolgers Bolesław Chrobrys, Mieszko, war, der die mit den Ottonen verwandte Fürstin Richeza ehelichte.

Die ohne Widerstand der Burgbelegschaft erfolgte Besetzung von Giecz durch den böhmischen Herzog Břetislav während seines Überfalls auf Großpolen (1038) – sorgfältig und ausführlich durch den Geschichtsschreiber Cosmas in seiner „Chronik" geschildert – bildet eine deutliche obere Zeitgrenze für die Funktion dieser Anlage als Fürstenburg. Dies bedeutete jedoch keineswegs, dass Giecz später an Bedeutung verlor. Nach der Staatsrestitution und durch das ganze Mittelalter hindurch war Giecz der Sitz einer umfangreichen Kastellanei, wo die Piastenfürsten zusammentrafen und wo wichtige politische Beschlüsse gefasst wurden. Auch behielt Giecz seine Funktion als bedeutendes Kultzentrum bei, was sicherlich, neben der Tradition des Ortes und seiner damaligen Stellung in der Staatsstruktur, den Ausschlag gab, dass die Burg zum Sitz des Posener Archidiakonats wurde.

Literatur

Kostrzewski 1968. – Krysztofiak 1998b. – Wędzki 1958.

Die Burg in Ostrów Lednicki – ein frühstaatliches Zentrum der Piastendynastie

JANUSZ GÓRECKI

In der historischen Landschaft im Zentrum Großpolens, die zugleich den Kern des Stammterritoriums bildete, finden wir eine Inselburg, die auf der größten der vier Inseln im Lednica-See gebaut wurde – Ostrów Lednicki.
Charakteristisch für diese zu den ranghöchsten frühstaatlichen Burgen gehörende Anlage sind:
1) riesige Befestigungsanlagen, die fast den ganzen südlichen Teil der Insel umgeben,
2) die sakrale und weltliche Architektur des Burginneren und die hölzerne Bebauung,
3) die Nekropole im Innen der Kirche und weiter
4) das für die Bedürfnisse des Inselzentrums organisierte Hinterland und
5) der territoriale Verwaltungsbezirk mit der Burg als Zentrum.
Die obengenannten Eigenschaften zeigen, dass die Burg von Ostrow Lednicki zu der kleinen Gruppe der ranghöchsten Burgen im Staat zählte.
Die jüngst durchgeführten Forschungen zeigen, dass die bis heute sichtbare Burg mit einem Tor, der Brücke mit ihren Brückenköpfen und den Uferbefestigungen nach der Mitte des 10. Jahrhunderts errichtet wurde. Dieser Burg ging eine kleinere Anlage, von der noch geringe Reste auf der Insel sichtbar sind, voraus.
Seine besondere Stellung erlangte Ostrów Lednicki jedoch unter den Herrschern der Piastendynastie, mit Mieszko I. und Bolesław Chrobry. Tiefgreifende Veränderungen fanden in Lednica um die Mitte des 10. Jahrhunderts statt, als Ostrów Lednicki in die Administrationstruktur des Staates eingebunden wurde, und sich Mieszko I. für den Ausbau der Befestigungen auf der Insel entschied und ihr größere Bedeutung beimaß. Dies ergab sich aus der Lage von Lednica auf dem Gebiet des herzoglichen Herrschaftszentrums und an der wichtigen

312 Ostrów Lednicki. Vergoldetes Enkolpion einer bedeutenden Goldschmiedewerkstatt (zweite Hälfte des 10. bis erste Hälfte des 11. Jahrhunderts). – Kat. 19.04.01.

313 Aus einer Hütte bei bei der Kirche II stammt der bisher einzige auf polnischem Gebiet gefundene und in Europa seltene einreihige Kamm aus Elfenbein (zweite Hälfte des 11. Jahrhunderts).

314 Zur Ausrüstung elitärer Herrschergefolgschaften gehörten Helme und Schwerter aus rheinischen Werkstätten (10. bis 12. Jahrhundert) wie sie auch in Ostrów Lednicki entdeckt wurden.

über Posen (Poznań) und Gnesen (Gniezno) führenden Landverbindung von West nach Ost. Auch unterstrich die natürliche Insellage den wehrhaften Charakter der Anlage.

Es entstand damals auf einer Fläche von ca. 2,5 ha eine ausgedehnte Befestigung mit Wällen. Bei der Burg befand sich eine offenen Siedlung, die ca. zwei Drittel der Gesamtfläche der Insel umfasste. Der Zugang zur Burg befand sich im Norden. Ein mit Hölzern ausgelegter Weg führte von der dortigen Toranlage zu den Brücken von Lednica. Beide Brücken wurden nach dendrochronologischen Daten zu Beginn der sechziger Jahre des 10. Jahrhunderts vor allem aus Eichenhölzern errichtet.

Die längere, westliche Brücke (die so genannte Posener-Brücke) war fast 440 m lang, die Länge der kürzeren (die östliche, so genannte Gnesener-Brücke, Abb. 100–101) betrug ca. 170 m. Ein aus Holzbohlen gebauter 4,5 m breiter Fahrweg führte zu den Brückenköpfen der Insel, von denen der östliche durch archäologische Untersuchungen erforscht werden konnte. Es ergaben sich drei Nutzungsphasen vom Jahr 954 an bis zum späten 12. Jahrhundert. Die Bau- und Nutzungszeit der Posener-Brücke und ihres Brückenkopfes war kürzer. Sie wurde nach 963 gebaut und 1038/39 während des böhmischen Angriffs auf Großpolen zerstört. Im Innern der Burg existierte ein Komplex vorro-

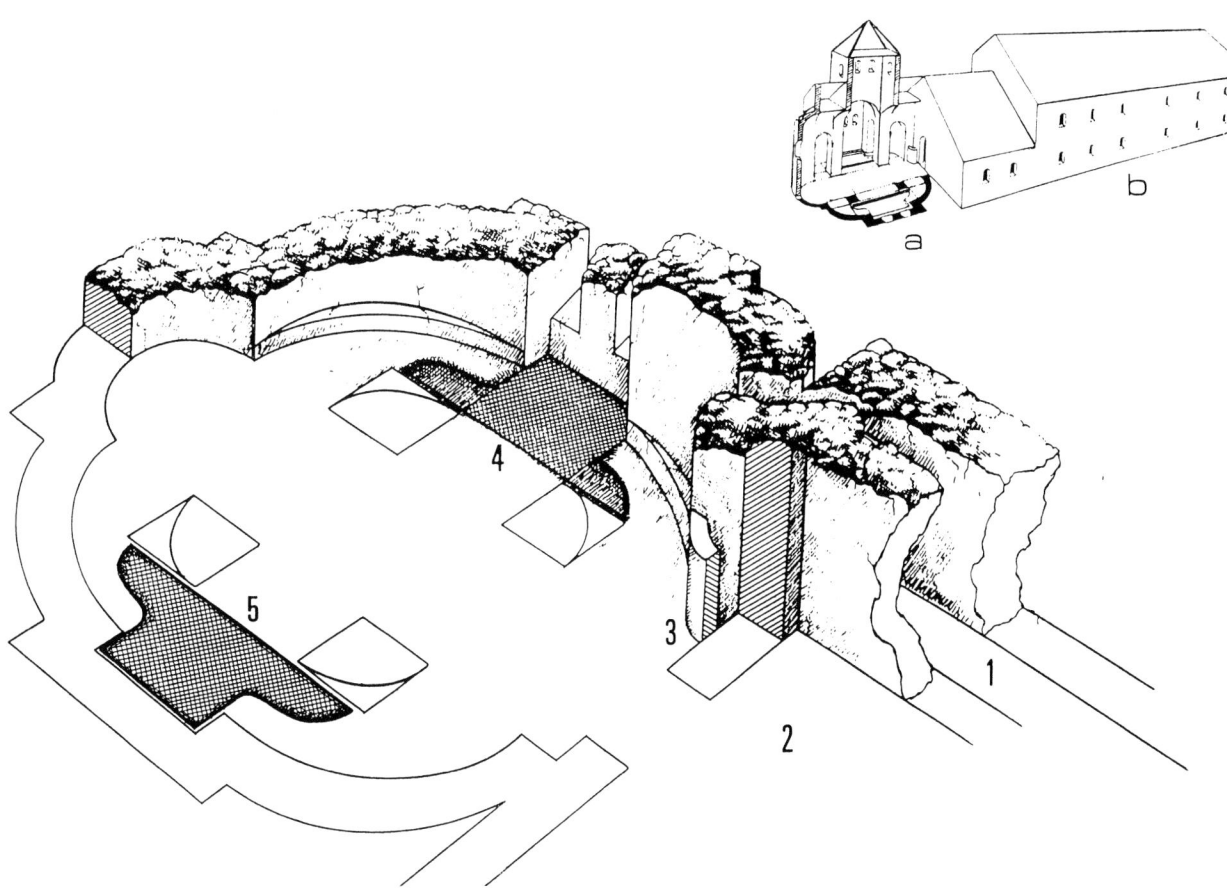

315 Die Taufkapelle in Ostrów Lednicki mit ihren Räumen (nach J. Górecki). 1 Umkleideraum (*Catechumenum*); 2 Raum für die Eröffnungsfeier; 3 Taufbecken; 4–5 Wasserbecken für die Taufe. Die obere Zeichnung stellt den ganzen Palast- und Sakralkomplex dar, der aus zwei Teilen bestand: a einer Taufkapelle; b einem Wohn- und Repräsentationsteil (nach K. Żurowska).

manischer Bauten, bestehend aus einer Zentralkapelle mit einem länglichen Palastgebäude (Bau I) und aus einer im nördlichen Teil der Burg gelegenen Kirche (Bau II). Die Tatsache, dass der südliche Teil der Burg mit dem Palast nicht durch einen Wall von der freistehenden Kirche getrennt war, beweist die Ausbildung einer neuen Herrschaftsorganisation.

Beide Bauwerke sind heute der am besten erhaltene und besterforschteste frühe Architekturkomplex in Polen. Bisher ging man von einem getrennten Sakral- und Profanbereich des ersten Bauwerkes aus. Diese Anordnung von Palast mit Kapelle sollte zugleich das Vorbild für ähnliche Bauwerke der Piasten gewesen sein.

Den Kenntnisstand zu diesem Bau erweiterten die zwischen 1987 und 1990 durchgeführten Grabungen. Es wurden zwei Eintiefungen in der südlichen und nördlichen Kapellenapside gefunden, die nach Auffassung der Forscher mit der Taufzeremonie in Verbindung gebracht werden können. Hieraus schloss man, dass auf der Insel ein für die Taufe bestimmtes Baptisterium bestand.

Auch zeigte sich, dass dem im Grundriss eines gleicharmigen Kreuzes gebauten Bauwerk (mit einem Rundgang und einer Apsis) zwei vorromanische Bauphasen vorausgingen und die romanische Bauphase zugleich mit den letzten im 12. Jahrhundert vorgenommenen Baumaßnahmen verbunden werden kann (Abb. 315).

Ein weiteres Bauwerk (II) in Lednica war eine einschiffige Kirche mit einem einfachen Abschluss des Presbyteriums und mit drei Annexen. Im Innern der unter dem nördlichen Wall liegenden Kirche stieß man auf zwei Grüfte. Vier weitere Gräber kamen in den Annexen zutage. Nach Meinung von G. Streich repräsentieren solche Kirchen, die auf karolingische Vorbilder zurückgehen, die älteste Bauform auf königlichen Höfen und in den königlichen Burgen.

Eine Kirche wird für Ostrów Lednicki in einer frühen Urkunde aus der zweiten Hälfte des 10. Jahrhunderts bezeugt. K. Żurowska und ihre Mitarbeiter interpretieren die Bauwerke und den gesamten Sakral- und Residenzkomplexes (in seiner ersten Phase: 966 bis 1000) in Lednica als einen, für einen Bischofssitz vorgesehenen Gebäudekomplex mit *palatium* und Taufkirche. Die keine Kirche (Bau II) wäre dabei die eigentliche Bischofskirche. Beide Gebäude sollen vor 966 entstanden sein, damit die feierliche Taufe von Mieszko I. in Lednica stattfinden konnte.

Die Interpretation der Architektur von Ostrów Lednicki führte bereits zu einiger Polemik seitens Z. Pionowskis, Z. Świechowskis und J. Góreckis, die eine solche Funktion der Gebäude von Lednica ablehnten. Nach ihnen handelt es sich bei Bau I um

Herrschaftszentren und Herrschaftsorganisation

einen herzoglichen Palast mit dazugehöriger Kapelle und Taufbecken.

Auch die Funktion der kleineren Kirche (II) ist strittig, da sie sich in ihren Maßen von den frühen Bischofskirchen der Piastenzeit unterscheidet. So will man in dieser Kirche eine der ersten Herrscherstiftungen Großpolens sehen, deren Bedeutung die bislang ältesten Bestattungen auf polnischem Gebiet in einem Kirchenschiff betonen.

Die Sitte, Gräber im Innern einer Kirche anzulegen, übernahmen die Piasten aus dem Reich und aus Böhmen. In diesem sakralen Bereich wurden höchstwahrscheinlich Mitglieder der Herrscherfamilie bestattet.

Neben dem Palast standen hölzerne Bauten mit Korridoren. Solche Gebäude fanden sich auch in der Umgebung von Bau II. Es handelte sich dabei um einen Gebäudetyp, der aus anderen frühen Piastenresidenzen nicht bekannt war. Die Insel selbst war dicht bebaut, die Wohnhäuser wurden sogar in sumpfigem und zeitlichen Überschwemmungen ausgesetztem Gelände errichtet.

Mit Ausbreitung des Christentums hängen die bereits erwähnten Grüfte in Bau II und die Gräber eines Bestattungsplatzes bei dieser Kirche zusammen. Die Bedeutung der Bestatteten beweist ein goldener Ring aus dem Grab eines Kindes, das vermutlich der Piastendynastie angehörte.

Weitere bedeutende Funde sind: ein hochwertiges Reliquienkreuz (Pektorale) aus vergoldetem Bronzeblech mit Gagat- und Ledereinband, das aus den kaiserlichen Golschmiedewerkstätten stammen könnte (Abb. 312), Reste eines im Stil langobardischer Werkstätten geschmücktes Knochenkästchens, das zur Reliquienaufbewahrung diente, ein kleines Bronzekreuzchen, ein mit Löwen verzierter Kamm aus Elfenbein (Abb. 313) ein Rosenkranzkügelchen aus Glas, Glasgeschirr, ein Bernstein und ein Bergkristall. Nur Spekulation bleibt die Auffassung, dass es sich bei einigen der Stücke um Bestände aus der kirchlichen Schatzkammer, die in einem der Annexe von Bau II untergebracht war, handelt.

Aus der Blütezeit der Anlage (966 bis 1038) stammt auch die vergoldete Schließe eines Buches. Die besondere Bedeutung von Ostrów Lednicki unterstreichen sowohl die in den Gewässern des Lednica-Sees gefundene bronzene Schüssel und die auf der Insel zutage gekommenen Reste von Kirchenglasfenstern und deren Rahmen.

Aus den Werkstätten eines professionellen Goldschmiedes stammen auch die silbernen Gegenstände: eine runde Fibel (identisch mit wikingischen Exemplaren), ein Drahtgeflecht, ein kleiner Ring und Hacksilber, das zusammen mit orientalischen und europäischen Münzen im Bereich des Walles aufgefunden wurde, und in die Zeit nach 983 datiert.

Außergewöhnlich für Befunde aus der Zeit der Piastendynastie sind die zahlreichen Ausrüstungsteile (ca. 300), die zum größten Teil bei den Unterwasseruntersuchungen der Brücken in Lednica entdeckt wurden und die militärischen Bedeutung der Burg und ihres Hinterlandes beweisen. Unter den Militaria ist an erster Stelle ein Helm mit Nasenschutz zu nennen, von dem es in Polen nur ein einziges weiteres Exemplar gibt. Zur Ausrüstung vornehmer Reiter gehörten auch die sechs Schwerter, von denen drei die für die so genannten Ulfberth-Schwerter typischen Inschriften aufweisen. Aus Lednicka stammt auch das bislang einzige in Polen aufgefundene Panzerhemd.

Zu den üblichen Angriffswaffen zählen 50 Lanzenspitzen, darunter auch für Skandinavien typische Formen und ungefähr 160 Äxte, die die Rolle des normannischen Elementes in den elitären Militärverbänden der Monarchie Mieszkos I. und Bolesław Chrobrys betonen. Von den Streitrössern der Gefolgschaften des Fürsten stammen Trensen, Steigbügel und Sporen, die ebenfalls bei den Brücken in Lednica gefunden wurden.

Die Bedeutung der Burg beweist auch die Gründung eines Burgbezirks und die spätere Einrichtung einer Kastellanei in Ostrów. Im 10./11. Jahrhundert kommt es zu einem ungeheuren Bevölkerungsanstieg mit ca. 10,5 Personen pro km^2. Die Bevölkerungsdichte war somit für jene Zeit wesentlich höher als in anderen Teilen Polens.

Ein Teil der Bevölkerung gewährleistete die Versorgung der Inselburg, wie z. B. ein Schmied, dessen Werkstatt aus dem 10./11. Jahrhundert bei der Brücke am westlichen Ufer des Lednica-Sees entdeckt wurde. Mit der Zeit entstand hier ein Dorf von Dienstleuten – Rybitwy. Der Fund einer so frühen Goldschmiedewerkstatt bestätigt die Vermutung einer frühen Dienstorganisation bei diesen Stätten. Alle diese Ergebnisse zeigen die Burg als ein materielles und ideologisches Zentrum. Der lokale Herrschersitz war Kult- und Missionszentrum sowie ein bedeutender Militärposten. Auch dürfte die Burg von Ostrów Lednicki während des Aufenthaltes des Herrschers der Gerichtsbarkeit gedient haben.

Literatur

Biedroń 1994. – Dalewski 1991. – Górecki 1994; 1996 a; 1996 b; 1997. – Józefowiczówna 1969. – Kara 1993. – Kurnatowska/Kurnatowski 1991. – Labuda 1988. – Leśny 1976; 1989; 1993; 1996. – Makowiecki 1997. – Nowak 1965. – Pianowski 1994. – Rodzińska 1993. – Streich 1984. –Świechowski 1994. – Żurowska 1968; 1983.

Gnesen (Gniezno)

TOMASZ SAWICKI

Die erste Hauptstadt des polnischen Staates, tief im historischen Bewusstsein der Polen verwurzelt, ist unzertrennlich mit dem Lech-Berg verbunden. Nach der Sage ließ sich Lech auf dem Berg nieder, wo ein Adler sein Nest hatte. Dieser Ort war der Ursprung des Polanenstammes, der anfangs die Gebiete an der Mittelwarthe besiedelte. Die schriftlichen Quellen für Gnesen aus der Zeit der ersten Piasten sind spärlich und meistens aus späterer Zeit. Die älteste ist die Zusammenfassung (das Regest) der Urkunde von ca. 990–992, in der Mieszko I. und seine Gemahlin Oda ihren Staat dem Schutz des Apostolischen Stuhles unterstellen. In dieser als *Dagome iudex* bekannten Urkunde wurde die zentrale Lage der Stadt im Piastenstaat deutlich hervorgehoben. Diese besondere Stellung Gnesens wird auch durch den Denar mit der Inschrift GNESDVN CIVITAS, der in die ersten Jahre der Herrschaftszeit Bolesław Chrobrys (nach 992) datiert, bestätigt (Abb. 316). Gallus Anonymus erwähnt in seiner „Polnischen Chronik" vier um das Jahr 1000 existierende Hauptburgen des Gnesenstaates zusammen mit den von ihnen aufgestellten militärischen Kontingenten. Gnesen rangierte mit 1500 Panzerreitern (*loricati*) und 5000 Schildträgern an erster Stelle. Aus der Überlieferung des Gallus geht auch hervor, dass die Piasten Gnesen nicht errichtet, sondern erobert haben. Er beschreibt ebenfalls die Zerstörung der Stadt durch den böhmischen Herzog Břetislav in Jahre 1039. Die Beisetzung des heiligen Adalbert in Gnesen im Jahre 997, die Errichtung des Erzbistums und der „Akt von Gnesen" im Jahr 1000 bestätigen die herausragende Stellung dieser Burg im Piastenstaat.

Die neueste archäologische Forschung hat eine Reihe von neuen Ergebnissen zur ältesten Geschichte Gnesens geliefert. Es kam zu grundlegenden Änderungen bei der Datierung der frühmittelalterlichen Besiedlung, der Entstehungszeit der einzelnen Teile des Burgkomplexes und bei den Aussagen zu deren Umfang. Die archäologischen Datierungen wurden durch Ergebnisse zahlreicher dendrochronologischer Analysen bekräftigt. Neue Ergebnisse ergaben sich auch zur ältesten Steinarchitektur. Die Burg von Gnesen wurde auf einem naturgeschützten, von allen Seiten mit Wasser umgebenen Hügel errichtet. Andere großpolnische Burgen wurden in der Regel in Niederungsgebieten, auf Inseln, in Flussgabelungen und Flussmäandern angelegt. Die offene frühmittelalterliche Besiedlung fand auf einigen benachbarten Hügeln statt. Der bedeutendste ist der Lech-Berg, wo Reste einer offenen Siedlung aus dem Ende des 8. Jahrhunderts angetroffen wurden, an deren Stelle später der Burgkomplex sowie Wzgórze Panienskie (Jungfernhügel) und ein Markt, mit einer etwas späteren Siedlung entstand, die sich mit der Zeit in eine Marktsiedlung umwandelte. Auf den übrigen Anhöhen begann die Besiedlung um die Mitte des 10. Jahrhunderts. Die Entwicklung des auf dem Lech-Berg lokalisierten Zentrums konnte

316 **Denar Bolesław Chrobrys GNESDVN CIVITAS.**

317 **Gnesen, Lechberg. Rekonstruktion aus Originalen (Rekonstruktion mit Ankern) der Eichenholzkonstruktion aus dem Kern des Schutzwalles der Burg (um 940).**

in vier Phasen erfasst werden. In der Phase I. (Ende des 8. Jahrhunderts bis etwa 940) existierte auf dem Lech-Berg wahrscheinlich eine heidnische Kultstätte, die auf der alten, sich deutlich abhebenden Kuppe des Lech-Berges, lokalisiert werden konnte und an deren Stelle heute die St. Georg-Kirche steht. Hier wurden umfangreiche Steinkonstruktionen entdeckt, die als Trockenmauerwerk ohne festes Bindemittel errichtet wurden. Zwischen den Steinen fand man Keramik, die in die Zeit des 8. bis zum Anfang des 10. Jahrhunderts datiert werden kann. Die neuesten Entdeckungen (1999) waren mit Tierknochen gefüllte Tongefäße des 8./9. Jahrhunderts, die unter einer einzelnen Steinschicht am Rande der erwähnten Steinkonstruktion lagen. Möglicherweise handelte es sich um Überreste von Opfern. Nach der geomorphologischen Analyse war dieses Gelände von Gräben umgeben, die den kultischen Raum einschlossen. Zur gleichen Zeit existierte eine offene Siedlung am Fuß des Zentrums, an der Stelle der heutigen Domkirche. Reste von Siedlungen aus der gleichen Zeit fanden sich auf der Insel im Swiete-See, der einst den Hügel an seiner westlichen Seite umschloss. Hier stieß man auf zahlreiche, gut erhaltene Gruben, die eine große Menge an Keramik der Periode I enthielten.

Die Phase II (ca. 940 bis 980) ist die Zeit der großen Veränderungen. Um das Jahr 940 entstehen mächtige Holz-Erde-Wälle, deren Rostkonstruktionen mit Ankern verstärkt waren, welche die Burg umgaben. Heute befindet sich auf diesem Gelände die Domkirche. An der Nordseite der Burg entstand in der zweiten Hälfte des 10. Jahrhunderts eine kleine Fürstenburg, die von einem Holz-Erde-Wall umgeben war, den man von außen mit einer Steinmauer verkleidet hatte. Diese Steine wurden mit Lehm zusammengefügt und zusätzlich durch Holzkonstruktionen gefestigt. Dieser Wehrbautyps weist auf Verbindungen mit dem Süden hin, das heißt mit Böhmen, Schlesien und der Lausitz. Der Bereich der kleinen Fürstenburg umfasste das Gelände der ehemaligen Hügelkuppe und der heidnischen Kultstätte, die zum Teil zerstört und

318 **Modell des Burgkomplexes von Gnesen zu Beginn des 11. Jahrhunderts.**

319 **Gnesen, Domkirche.** Modellrekonstruktion ihres Aussehens in der zweiten Hälfte des 11. Jahrhunderts.

zugeschüttet wurde. An ihrer Stelle hatte man einen christlichen Kultbau sicherlich zusammen mit dem fürstlichen Palas errichtet. Wahrscheinlich entstand am Ende dieser Phase an der südlichen Seite der Burg die Vorburg II mit ebenso starken Wällen. Über die Brücken und durch die Tore dieser Vorburg verlief die Hauptstraße. Die Besiedlung entwickelte sich an der Südseite der Vorburg II, am Jelonek-See. Am Ende dieser Phase könnte jenes Gelände möglicherweise von einer Palisade mit Wassergraben umgeben worden sein – das waren die Ansätze der Vorburg III. Es entwickelte sich die Marktsiedlung auf Wzgórze Panienskie (Markt) und um die Burg herum entstanden weitere Siedlungen.

Die nächste Phase (ca. 980 bis 1039) umfasst den weiteren Ausbau des Burgkomplexes. Zweimal (um 983 und 1026) wird der Wall der Burg (heute das Gelände der Domkirche) außen gefestigt. Die Breite der Wälle erreicht bedeutende Ausmaße (20 bis 30 m), die Höhe reicht bis zu 12 m. Am Anfang des 11. Jahrhunderts wurde auf dem nördlichen Teil des Hügels, an Stelle der kleinen Burg, eine Burg von doppelter Größe errichtet. Ihre starken Wälle erhöhten zugleich den Hügel und erweiterten die Siedlungsfläche. Bis zum Ende des ersten Viertels des 11. Jahrhunderts umgab das Gelände der Vorburg III die so genannte zweite Palisade anstelle der ersten. Um 1026 wurde die Palisade zwischen den Anhöhen durch einen Abschnittswall ersetzt. Im Innern der Burg standen ein- oder zweiräumige Holzgebäude mit Feuerstellen. Sie waren in Blockbautechnik (Wohnhäuser) oder als Flechtwerkbauten (Wirtschaftsgebäude) errichtet worden. Seit dem 10./11. Jahrhundert waren die Straßen in den Burgen mit Holz ausgelegt. Im 11. Jahrhundert verrät die Bebauung den plamäßigen Charakter der Anlage. In das 11. Jahrhundert datiert auch das als Blockbau errichtete und mit flachen Steinen verkleidete Badehaus. Im 10./11. Jahrhundert nahm der vierteilige Burgkomplex von Gnesen die Fläche von 4,6 ha ein und war das größte Zentrum in Großpolen. Die dynamische Entwicklung Gnesens wird durch innere Unruhen und den Überfall des böhmischen Herzogs Břetislav 1039 unterbrochen.

Die Periode von der zweiten Hälfte des 10. bis zum Anfang des 11. Jahrhunderts war durch große Veränderungen geprägt, die mit der Herausbildung und Festigung des Piastenstaates zusammenhingen. Am wichtigsten war die Annahme des Christentums im Jahr 966 sowie die Ankunft Ottos III. in Gnesen im Jahr 1000 und die damit zusammenhängenden Entscheidungen über die Organisation der Kirche in Polen. Das Resultat war die Einbeziehung Polens in den lateinischen Kulturkreis. Die Überreste der ältesten Steingebäude auf dem Lech-Berg sind nur fragmentarisch erhalten, was eine vollständige Rekonstruktion unmöglich macht. Man kann vermuten, dass ursprünglich zwei Kirchen existierten: die Kirche, wo Dobrawa 977 und zwanzig Jahre später der heilige Adalbert bestattet wurden, und im Bereich der kleinen Burg das der St. Georg-Kirche vorangehende Gebäude (*ecclesia in arce*). Ein weiterer Beleg für das Vorhandensein einer Kirche zu Beginn des 11. Jahrhunderts ist eine Gipsplatte mit lateinischer Inschrift, bei der es sich vielleicht um die Grabplatte der im Jahre 1003 ermordeten Eremitenbrüder handelt, die Brun von Querfurt in seinem „Leben der Fünf Brüder" verewigte. 1039 wurde die Kirche, die zugleich Krönungskathedrale war, durch den Überfall der böhmischen Truppen unter Břetislav zerstört. Die heiligen Gräber wurden geplündert und die Reliquien des heiligen Adalbert, seines Bruders Gaudentius, der „Fünf Brüder" sowie die goldene Verkleidung des Altars, die kostbaren Geräte und Bücher geraubt. Die im Triumphzug nach Prag mitgeführte kostbare Beute hat der böhmische Chronist Cosmas beschrieben. Der von Otto III. gestiftete Altar des heiligen Adalbert in Gnesen war einer der prachtvollsten Altäre jener Zeit. Nach der Tragödie der dreißiger Jahre des 11. Jahrhunderts wird Gnesen allmählich wieder aufgebaut (Entwicklungsphase IV.). An Stelle der zerstörten Kirche entstand die 1064 geweihte Basilika. Die niedergebrannten Wälle werden nicht erneuert. An ihrer Stelle errichtete man Wohnhäuser und Werkstätten. In der zweiten Hälfte des 11. und zu Beginn des 13. Jahrhunderts kam es zu einer erneuten dynamischen Entwicklung des Siedlungskomplexes. Die Marktsiedlung am Wzgórze Panienskie (Markt) verwandelte sich in eine frühstädtische Siedlung. Gnesen gewinnt seine wichtige Position im Staat zurück, aber jetzt als Kirchenmetropole.

Literatur

Kürbis 1962; 1995. – Mikolajczik 1972; 1973. – Sawicki 1998b; 1999 a; 1999 b. – Sorocka 1995.

Posen (Poznań)

MICHAŁ KARA

Die Burg Posen (Poznań) wurde im mittleren und südlichen Teil der heutigen Dominsel (Ostrów Tumski) errichtet. Die Siedlungsstelle befindet sich in der Gabelung von Warthe und Cybina. Die Wehranlage schützte die an dieser Stelle gelegene Furt der Fernhandels- und Verkehrswege (anfangs nur Wasserwege), die sich hier kreuzten und im 10. Jahrhundert Großpolen mit den Handwerks- und Handelszentren Westpommerns, dem Ottonischen Kaiserreich und dem böhmischen Staat der Přemysliden verbanden.

Die Anfänge der Burg gehen auf die älteste Phase der Piastenmonarchie zurück. Man glaubt, dass Posen eine der beiden Hauptstädte des ersten polnischen Reiches war, die von Mieszko I. als Gegengewicht zur älteren Metropole in Gnesen (Gniezno) angelegt wurde. In den neueren Veröffentlichungen wird diese Auffassung verworfen, da die organisatorischen Strukturen der damaligen Staaten heute anders beurteilt werden. Trotzdem wird die besondere Rolle Posens für die Piastenmonarchie weiterhin unterstrichen, vor allem für die Zeit der Herausbildung des Staates unter den ersten historischen Herrschern der Polanen Mieszko I. (ca. 960–992) und Bolesław Chrobry (992–1025). Von Anfang an zählte Posen zu den Hauptburgen des Staates. Es war der Mittelpunkt der fürstlichen Verwaltung, ein wirtschaftliches und militärisches Zentrum von überregionaler Bedeutung und zugleich eine der repräsentativen Herrschaftsresidenzen. Die strategischen Vorteile der Wehranlage zeigten sich während des polnisch-deutschen Krieges 1005, als König Heinrich II. auf die Eroberung von Posen verzichten und einen für ihn ungünstigen Kompromissfrieden mit Bolesław Chrobry aushandeln musste, den er einer dauerhaften Belagerung vorzog. Ab 968 (also zwei Jahre nach der Taufe Mieszkos I. und seines Hofstaates) wurde die Burg außerdem Sitz des ersten Bischofs von Polen Jordan. Nach dem Akt von Gnesen im Jahre 1000 wurde Posen Sitz der Diözese Posen.

Die planmäßige archäologische Erforschung des Burgwalls wurde 1938 begonnen. Diese vielversprechenden Arbeiten wurden durch den 2. Weltkrieg unterbrochen. 1946 nahm man die Grabungen wieder auf, die mit Unterbrechungen bis auf den heutigen Tag fortgesetzt werden.

Die Burg zu Beginn des polnischen Staates

Man stellte fest, dass die älteste Burg von Posen im zweiten Viertel des 10. Jahrhunderts (ähnlich wird zur Zeit der Anfang des Piastenstaates datiert) von Ziemomys – dem Vater Mieszkos I., dem halbsagenhaften Herrscher der Polanen – gegründet wurde. Der damals errichtete Komplex bestand

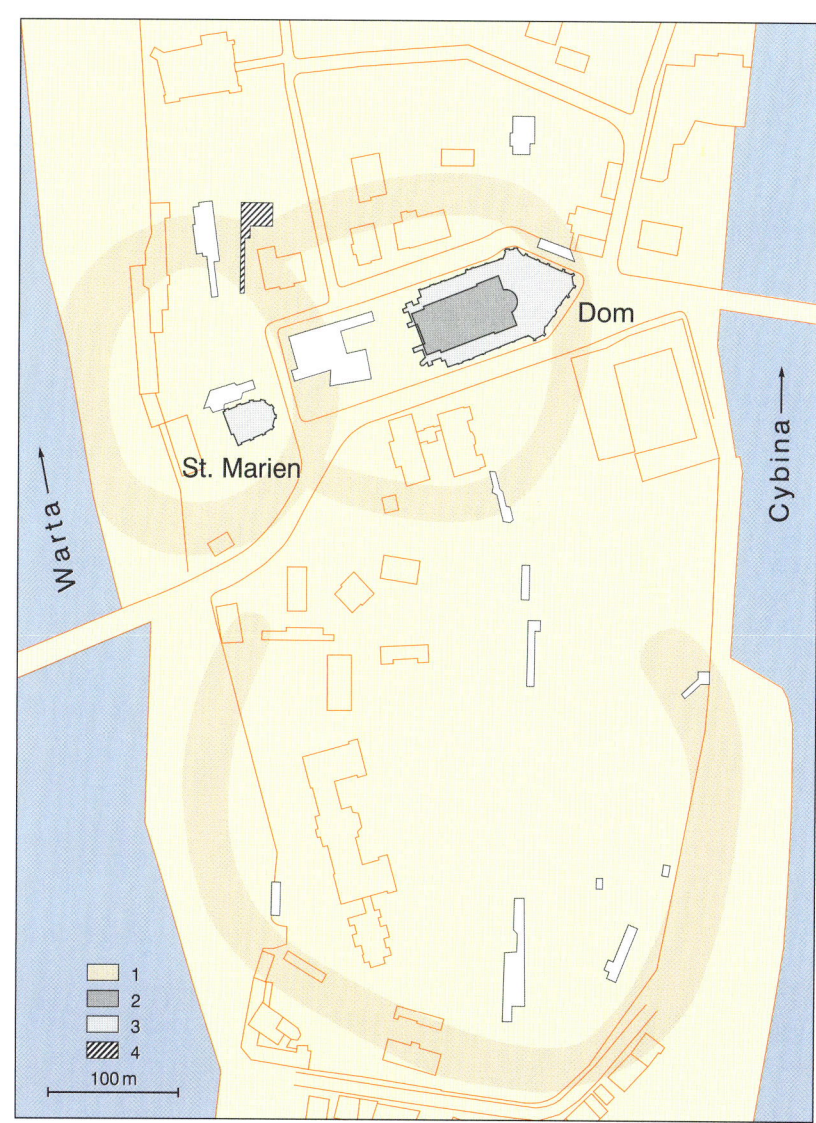

320 Rekonstruktion des Grundrisses der Burg auf der Dominsel in Posen (Poznań) aus der zweiten Hälfte des 10. Jahrhunderts in Relation zu den archäologischen Fundstellen aus den Jahren 1938–1961 und 1999: die gotische Marienstiftskirche mit den 1999 entdeckten Grundmauern des Herrscherpalatiums und der vermeintlichen Kapelle an der östlichen Seite; die gotische Domkirche mit den Überresten der vorromanischen und romanischen Domkirche. 1 Wall; 2 frühmittelalterliche Kirche; 3 heutige Kirche; 4 Grabungsschnitt OT 13 mit Dendrodaten zum Wall.

aus zwei getrennten Teilen, einem nördlichen und einem südlichen, die jeweils mit Holz-Erde-Wällen umgeben waren. Dieser Komplex existierte ohne Veränderungen bis er per fürstlichem Beschluss in der zweiten Hälfte des 13. Jahrhunderts aufgelöst wurde. Den nördlichen Teil hatte man auf dem Hügel in der Mitte der Insel, an der Stelle der heutigen Domkirche errichtet. Der südliche Teil lag auf dem hohen Werder im südlichen Inselbereich, der heute Zagórze genannt wird. Im Mittelalter waren beide Teile durch eine sumpfige Niederung getrennt, die in der Neuzeit allmählich aufgefüllt wurde.

Reste der nördlichen Anlage fanden sich im Innern des heutigen Doms. Es handelte sich um Schichten, die in das zweite Viertel des 10. Jahrhunderts und an den Beginn des dritten Viertels des 10. Jahrhunderts datieren und unter den Resten der frühromanischen Kirche aus der Zeit der Christianisierung des Landes durch Mieszko zutage kamen. Bei den Grabungen wurde ein Abschnitt des Holz-Erde-Walls mit Rostkonstruktion erfasst. Es konnten ebenfalls zwei Siedlungshorizonte innerhalb der Befestigungsanlage untersucht werden, die unter anderem Reste von ebenerdigen sowie halb in den Boden eingetieften Häusern erbrachten. Die Grabungen zeigten, dass man versucht hatte, das sumpfige Gelände der Insel zu befestigen. Die Stratigraphie der obengenannten Siedlungsschichten ergab, dass die Siedlung *in cruda radicae* (von Grund auf) angelegt worden war. Von Anfang an hatte man sie mit einem Holz-Erde-Wall von wenigstens 10 m Basisbreite umgeben. Die ovale Anlage war etwas größer als die heutigen Ausmaße der Domkirche (die hypothetischen Ausmaße des Burginneren 50 m x 40 m). Verhältnismäßig zahlreiche „Luxusgegenstände" fremder Herkunft, die sich in den Schichten im Innern der Burg fanden, wie z. B. Schmucksachen aus dem Donaugebiet, nordeuropäische Kämme aus Bein/Geweih sowie eine Gussform aus Ton zum Gießen von Barren, deuten auf Angehörige der fürstlichen Verwaltung oder eine Gefolgschaft hin, die in diesem Teil der Befestigungsanlage von Posen lebte. Höchstwahrscheinlich wurde im zweiten Viertel des 10. Jahrhunderts eine zweite Burg im südlichen Teil der Insel erbaut. Man stieß bei Ausgrabungen auf Reste einer großflächigen Siedlung, die ebenfalls ein Holz-Erde-Wall in Rostkonstruktion mit wenigstens 11 m Basisbreite umgab. Im Innern der Burg fanden sich Reste eines ebenerdigen Gebäudes in Blockbauweise, etwas ältere eingetiefte Häuser sowie Reste von Backgruben. Die Burg bewohnte offensichtlich das Gesinde mit seinen Familien, dessen Aufgabe (unter anderem?) die Zubereitung der Speisen für die privilegierte, im nördlichen Teil des Wehrkomplexes lebende Bevölkerung war. Nach den Funden, wie Spielwürfeln, importierten Glas- und Bernsteinperlen sowie einer eisernen Lanzenspitze, handelte es sich um Freie mit wohl hohem sozialem Status und auch einigem Vermögen.

Die Burg um 1000

Unter Mieszko I. und Bolesław Chrobry kommt es zu tiefgreifenden Veränderungen bei der Burg auf der Dominsel. Wohl schon zu Beginn des

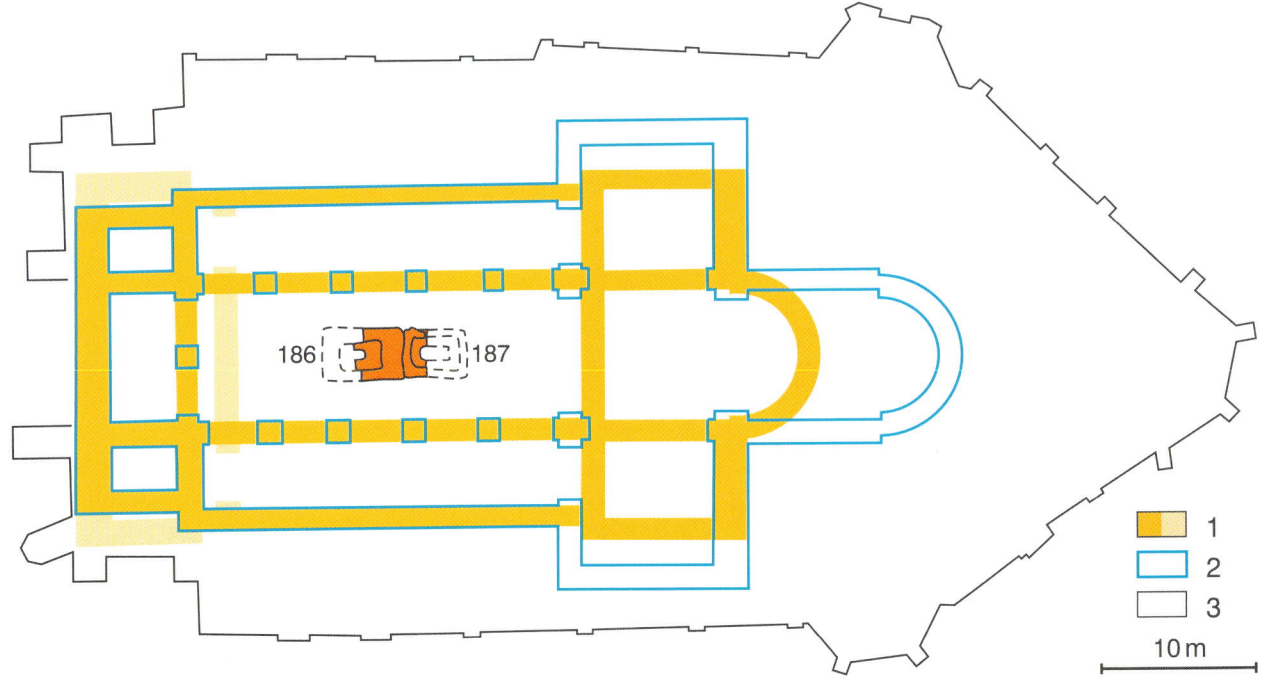

321 Rekonstruktion des Grundrisses der dreischiffigen vorromanischen (1) und romanischen (2) Kirche auf der Dominsel in Posen (Poznań) vor dem Hintergrund des Grundrisses der gegenwärtigen Domkirche (3) sowie Lokalisierung der vermuteten Grabmäler des Fürsten Mieszko I. (186) und des Königs Bolesław Chrobry (187) im Hauptschiff der vorromanischen Domkirche (nach W. Hensel und Z. Hilczer-Kurnatowska).

476 Die Formierung der Mitte Europas

dritten Viertes des 10. Jahrhunderts wurde im zentralen Teil der Insel eine neue Burg an Stelle der alten errichtet. Die Wehranlage bestand aus zwei miteinander verbundenen, stark befestigten Teilen, denen man einen äußerst repräsentativen Charakter verliehen hatte, da die Burg auch weiterhin ihre Funktion als eine der Hauptresidenzen des Herrschers beibehielt. Man stieß auf Reste von Holz-Erde-Wällen mit einer Basisbreite von ca. 10 m, die als Rostkonstruktion errichtet worden waren. Für den Zusammenhalt der Holzkonstruktion hatte man Anker angebracht. Eine ca. 4 bis 5 m breite äußere Berme – typisch für die Befestigungsanlagen in Polen unter den ersten Piasten – sorgte für zusätzliche Stabilität. Der westliche, fürstliche Teil der Burg hatte eine innere Fläche von ca. 100 m x 80 m und war von einem ovalen Ringwall umgeben. Der 130 m x 100 m große östliche Teil – wegen der hier erbauten Peterskirche Kirchen- oder Domkirchenteil genannt – war von einem hufeisenförmigen Wall eingefasst, der sich an die Befestigungen der fürstlichen Burg anschloss. Nach den Ergebnissen der dendrochronologischen Analysen wurden beide Wälle um 970 unter Beibehaltung ihres Grundrisses gründlich umgebaut. Sie hatten nun eine Breite von ca. 20 m und eine Höhe von ca. 10 m. Ein stufenförmiger 4 bis 5 m breiter Absatz aus mit Steinen gefüllten und durch Anker gesicherten Holzkästen verstärkte die äußere Böschung. Durch den Umbau wurde die Posener Burg vom Ende des 10. Jahrhunderts bis zum 13. Jahrhundert die mächtigste Wehranlage in Großpolen.

Weniger Informationen lieferte die Archäologie zur Wohnbebauung der Burg. Reste von hölzernen Gebäuden (darunter Wohnhäuser), die an das Ende des 10. Jahrhunderts und in die Mitte des 11. Jahrhunderts datiert werden können, fanden sich vor allem in Wallnähe im östlichen Teil der Anlage, auf dem Platz vor der ehemaligen Domkirche. Es handelte sich um ebenerdige Blockbauten mit steinernen Feuerstellen im Innern. Die Gebäude beweisen das hohe Niveau der Zimmermannskunst zur damaligen Zeit. Nach den bei den Häusern entdeckten Gegenständen, unter anderem feines Holz- und Tongeschirr, Eisenmesser, Überreste von luxuriösen Schuhen, ein Beschlag aus vergoldetem(?) Kupfer, eine Silbermünze sowie ein scheibengedrehter Spinnwirtel aus Ton, wohnten hier die weltlichen Vertreter der damaligen Staatseliten.

In den beiden Teilen der Wehranlage standen monumentale Steingebäude, die in Form und Ausführung an die Repräsentationsarchitektur des Ottonischen Reiches anknüpften. Im westlichen Teil

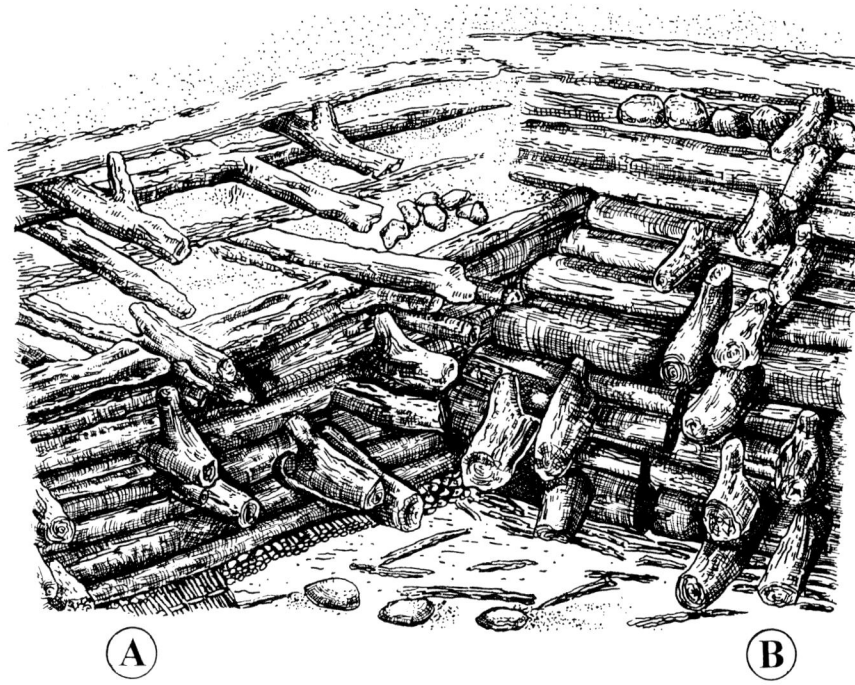

322 Verbindungen der befestigten Holz-Stein-Erde-Wälle rund um den Domkirchen- (A) und Fürstenteil (B) der Burg von Posen (Poznań), freigelegt auf der Fundstelle OT 13 (vgl. Abb. 320). Der Wall wurde dendrochronologisch auf den Anfang der siebziger Jahre des 10. Jahrhunderts datiert (nach W. Hensel).

befand sich der Palas des Herrschers. An dessen östlicher Seite schloss sich die Hofkapelle, wahrscheinlich in Form einer Rotunde (nach der späteren Tradition – die Marienkapelle – die Stiftung der böhmischen Fürstin Dobrawa, in den Jahren 965 bis 977) an. Die Überreste des Palas, den man bis dahin nur vermutet hatte, kamen während der Grabungen im Sommer 1999 zutage. Bislang ist nur ein Teil des Steinfundamentes aufgedeckt, die gesamte Freilegung des Grundrisses ist jedoch geplant. Im östlichen (dem so genannten Domkirchen-) Teil wurde im dritten Viertel des 10. Jahrhunderts (frühestens um 965/966) ein quadratisches Baptisterium errichtet. Es fanden sich im Innern Bodenplatten sowie ein rundes Taufbecken mit einem Durchmesser von ca. 4 m, das sehr sorgfältig aus hartem Kalkmörtel geformt und auf einer Schicht Steinsplitt errichtet worden war. Höchstwahrscheinlich war das Baptisterium an der Ostseite (man hat Verbindungsmauern festgestellt) mit einer kleinen rechteckigen Kirche verbunden, die möglicherweise mit einer Apsis abschloss. Zweifellos war Posen zu jener Zeit Missionssitz von Bischof Jordan, der hier von 968 bis 984 wirkte. Dieser sakrale Komplex (vor allem das Baptisterium) existierte bis zum Bau einer langrechteckigen Domkirche (vielleicht zu Zeiten von Bischof Unger – des Nachfolgers von Jordan), die unter Mieszko I., spätestens am Ende der achtziger Jahre des 10. Jahrhunderts begonnen wurde. Es handelte sich um eine nordost-südwest orientierte dreischiffige Basilika mit einer Fläche von ca. 1000 m². Die Ostseite schloss ein viereckiger Chor mit Apsis, die Westseite ein starkes turmgekröntes Westwerk ab. Wahrscheinlich handelte es sich dabei um eine Nachahmung des Westwerks der vom Markgrafen Gero († 965) gestifteten Kirche in Gernrode bei Quedlinburg. Reste der Kirchenausstattung haben sich nicht erhalten; man hat nur Teile eines Kalkfußbodens auf einer Schicht Steinsplitt freigelegt. Im Zentrum des Hauptschiffes stieß man auf zwei längs der Kirchenachse gelegene Sarkophage, die sicherlich 1038 beim Überfalls des böhmischen Herzogs Břetislav I. zerstört wurden. Ort und Stratigraphie der Sarkophage lassen eine Deutung des Befundes als Grablegen der Bestattungen von Mieszko I. (Grab Nr. 186), dem Kirchenstifter, sowie von dessen Sohn Bolesław Chrobry (Grab Nr. 187), dem ersten polnischen König und Begründer des Bistums in Posen und des Erzbistums Gnesen zu. Mit dem jüngeren Sarkophag, der etwas höher lag und den Fußboden an Grab 186 beschädigt hatte, hängen vermutlich Reste einer Steineinfriedung und des Altars zusammen.

Im Gegensatz zur nördlichen Burg behielt die befestigte Siedlung auf Zagórze ihre ursprüngliche Anordnung bei. Nach den Funden, unter anderem Reste von Backöfen, die in das ausgehende 10. bis in die erste Hälfte des 11. Jahrhunderts datieren, war dieser Teil weiterhin die Dienstleistungssiedlung der nördlichen Hauptburg.

Die Burg Mieszkos I. und Bolesław Chrobrys wurde vom böhmischen Herzog Břetislav 1038 zerstört. Sie wurde unter Beibehaltung der alten Anordnung bereits um die Mitte des 11. Jahrhunderts (die Domkirche wahrscheinlich in den sechziger bzw. siebziger Jahren) wiederaufgebaut. Sie diente als Provinzhauptstadt des souveränen Herzogtums und war Sitz des Bischofs der Posener Diözese. In der zweiten Hälfte des 13. Jahrhunderts wurde sie im Zuge der Gründung der Stadt Posen auf dem linken Wartheufer im Jahre 1253 aufgelöst. Seitdem war die Insel von Posen ausschließlich der Sitz kirchlicher Institutionen.

Literatur

Dalewski 1996. – Hensel/Żak 1964. – Hensel/Hilczer-Kurnatowska 1980. – Józefowiczówna 1963. – Kurnatowska 1993; 1998.

Krakau (Kraków)

ZBIGNIEW PIANOWSKI

Die besondere Rolle Krakaus im Frühmittelalter ergab sich aus der Verflechtung vieler günstiger Faktoren, sowohl geographischer, als auch ökonomischer und politischer Art. Der Wawel-Hügel, von drei Seiten von Weichselmäandern umgeben, eignete sich ausgezeichnet für die Gründung einer Burg zur Überwachung des Flussüberganges. Der Schwemmkegel des Prądnik-Flusses nordöstlich des Wawels bildete dagegen eine Erhöhung, auf der die befestigte Vorburg, genannt „Okół" (Rundling), entstand[1].

Die Anfänge der slawischen Besiedlung in der Region von Krakau können in das 6. und 7. Jahrhundert datiert werden[2]. An der Oberweichsel lokalisiert man den Stammesverband, der vom Bayrischen Geographen (um die Mitte des 9. Jahrhunderts als „Uuislane" bezeichnet wurde. In der Beschreibung Germaniens erwähnt Albert der Große (871–899) das „Wislelond". Das bekannte Fragment der Vita Methods (nach 885) erzählt von einem starken „an der Weichsel" sitzenden heidnischen Herzog, der gezwungen wurde, sich im fremden Land taufen zu lassen[3]. Viele Forscher lokalisieren diesen Herzog in Krakau, obwohl man sich früher eher für Wiślica ausgesprochen hat[4]. Aus diesen Vermerken ergibt sich das Bild eines an der Weichsel siedelnden Stammes, der von diesem Fluss seinen Namen herleitete und wahrscheinlich eine gewisse Zeit zum Großmährischen Reich gehörte. Zuverlässigere Quellen zu Krakau stammen aus dem 10. Jahrhundert. Der jüdische Kaufmann Ibrāhīm ibn Jaķūb erwähnt Krakau (um 965) als das – nach Prag – zweite Zentrum des böhmischen Staates unter der Herrschaft von Boleslav I. (929–972). Im *Dagome iudex*, dem Regest der Urkunde, die den Gnesenstaat unter den Schutz des Apostolischen Stuhls stellte, wird Krakau an der Grenze von *civitas Schinesghe* erwähnt, was von den Historikern unterschiedlich interpretiert wird. Der böhmische Geschichtsschreiber Cosmas (erstes Viertel des 12. Jahrhundert) schreibt über die Besetzung der Burg von Krakau durch den Fürsten Mieszko und gibt das – sicherlich zu späte – Datum 999 an.

Das entscheidende Moment in der Geschichte Krakaus ist das Jahr 1000, als das zur Gnesener Metropole gehörende Bistum entstand, das vielleicht auf Missionstraditionen (Prohor und Prokulf) zurückgriff. Diese von Thietmar zeitgenössisch verzeichnete Tatsache bezeugt, dass Krakau im Piastenstaat die gleiche Bedeutung wie im böhmischen Staat der Přemysliden hatte. Die gegen Süden (Mähren, Slowakei) und Osten (Kriegszüge nach Kiew 1013 und 1018) gerichtete Politik von Bolesław Chrobry nutzte Krakau sicherlich als Ausfallsbasis. Krakau wurde also eines von den drei

323 **Krakau-Wawel. Südöstliche Apsis der Felix- und Adauktus-Rotunde (sog. Marien-Rotunde).**

wichtigsten Herrschaftszentren (neben Gnesen [Gniezno]und Posen [Poznań]). Das wird in einer späten, doch – wie es scheint – verkannten Quelle, der Polnischen Chronik aus dem 14. Jahrhundert erwähnt, die von Bolesław Chrobry berichtet: *sedem regni in Cracovia constituit in medio terminorum obtentorum, antea fuit in Gnezna, postea in Poznan*[5]. Die auf dem Wawel durchgeführten Ausgrabungen haben die Reste von zwei Umfassungswällen erbracht – den frühmittelalterlichen, so genannten Weichselwall, früher archäologisch in das 7. bis 9. Jahrhundert, später in das 10. Jahrhundert und letztlich (dendrochronologisch) sogar an den Anfang des 11. Jahrhunderts (nach 1016) datiert[6] sowie den „gotischen" Wall, der höchstwahrscheinlich im Jahre 1265, im Zusammenhang mit der tatarischen Bedrohung erbaut wurde. Die Wälle vom 11. und 13. Jahrhundert sind infolge späterer Befestigungsmaßnahmen völlig eingeebnet worden. Die Befestigungen wurden bis zum 13. Jahrhundert in Kastenbauweise errichtet. Bisher ergaben sich keine Hinweise auf eine Teilung der Burg in die eigentliche Herrschaftsresidenz und einen als „erste Vorburg" fungierenden Teil.

Aufgrund der spärlichen Funde, der zahlreichen Umgestaltungen und Einebnungen in einem beträchtlichen Teil des Wawels fällt es schwer, die älteste Phase der gemauerten Bebauung der Burg von

324 **Krakau-Wawel. Die Steinplatte mit dem Flechtbandornament stammt vermutlich aus der ersten Domkirche in Krakau.**

480   Die Formierung der Mitte Europas

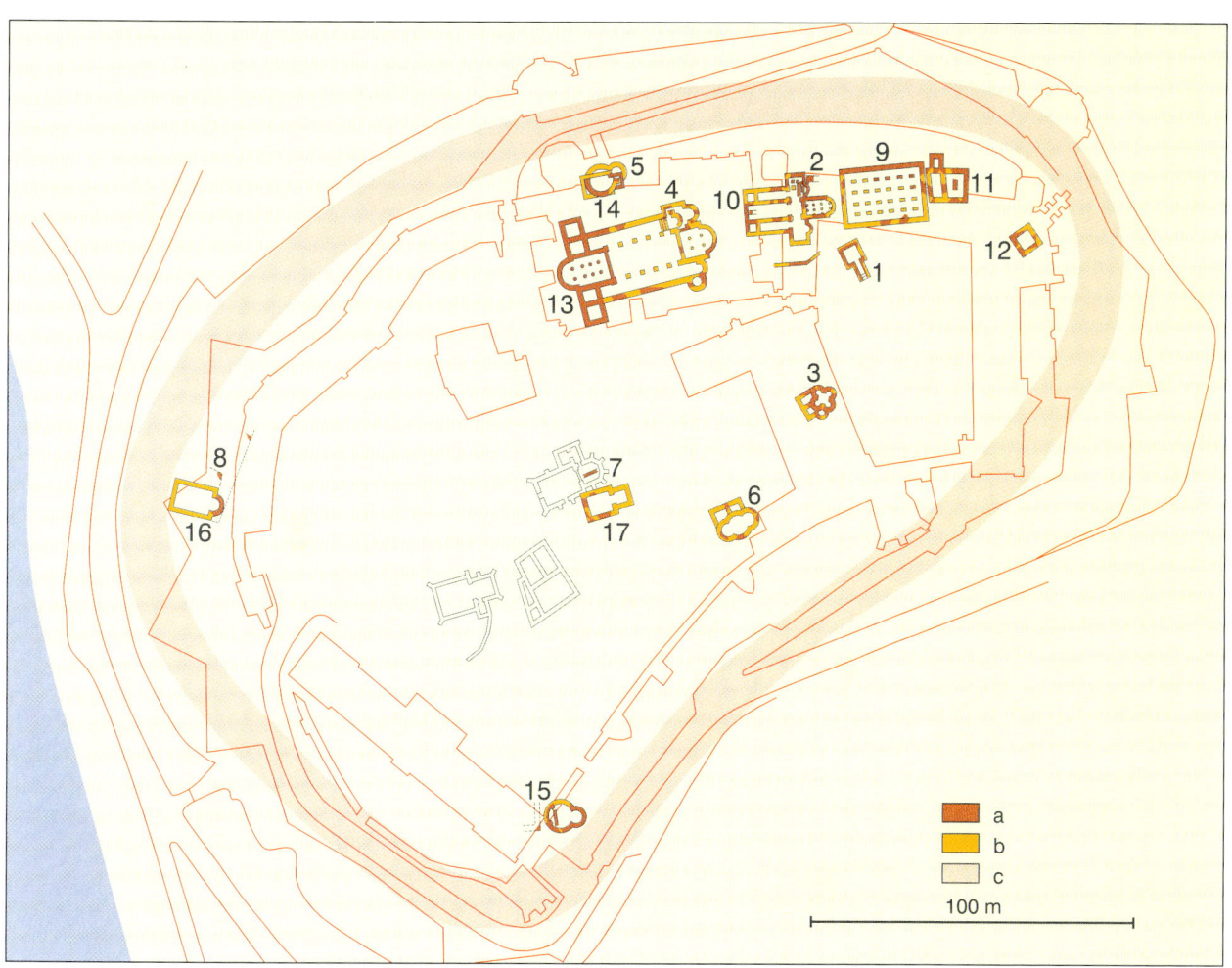

325 Krakau-Wawel, vorromanische und romanische Bauten in der Burg. Vorromanisch: 1 Kammer (*cellarium*); 2 Kapelle (?) 3 Rotunde St. Felix und Adauktus; 4 Apsisrest; 5 Rotunde (Baptisterium ?); 6 Rotunde B mit zwei Apsiden; 7 Rest der vermuteten Michaelis-Kirche; 8 Gebäudereste im westlichen Burgbereich. Romanisch: 9 Palas (24-Säulen-Saal); 10 Palastbasilika St. Maria von Ägypten (sog. St. Gereon-Basilika); 11 Palastkapelle (?); 12 Wehrturm; 13 Domkirche (ca. 1090–1142); 14 Kapelle; 15 Rotunde und Eck eines Wohnbaus (?); 16 Kapelle (?); 17 Kirche St. Michael. a nachgewiesene Gebäudereste; b ergänzte Gebäudeteile; c Wall.

Krakau zu rekonstruieren und zu datieren. Anscheinend gingen der Burg Holzbauten voraus, was die Entdeckung einer Holz-Lehm-„Grundmauer" unter der Domkirche bezeugt.

Der Komplex der ältesten Steinbauten befand sich hauptsächlich auf der höchsten, nordöstlichen Hügelpartie[7] Diese Befunde bildeten die Herrschaftsresidenz und den Domkirchenkomplex. Die Lokalisierung des Palatiums erfolgte durch die 1949 gemachte Entdeckung einer rechteckigen, in den Felsen eingetieften Kammer von 5 m x 5 m, mit einer südöstlich gelegenen kleinen Rampe. Es handelte sich dabei sicherlich um einen fürstlichen Speicher (*cellarium*). Einige dutzend Meter weiter nordwestlich fanden sich Mauerreste, die zu einer kleinen Kapelle(?) mit kreuzförmigem Grundriss und zu einem in Resten erhaltenen Wohngebäude(?) mit Gipsfußboden gehörten. Diese Bauten wurden um die Mitte des 11. Jahrhunderts abgerissen und an ihrer Stelle die romanische Palastbasilika errichtet, die der heiligen Maria von Ägypten gewidmet war (die sogenante St. Gereon-Basilika). Zur Bebauung der fürstlichen Kurie gehörte auch die etwa 50 m weiter südlich gelegene, 1911 entdeckte, kleine aber hohe (wahrscheinlich zweistöckige) Felix- und Adauktus-Rotunde mit vier Apsiden (die so genannte Marienrotunde). Sie diente vermutlich als private Reliquienkapelle, der an der nordöstlichen Seite angebaute Annex fand für Sepulchralzwecke Vewendung[8]. In diesem Bereich fand sich ein mit einer goldenen Kapsel eingefasster Bergkristall (ein Fragment des Fürstendiadems?)

Noch weiter gegen Süden, unweit vom Hügelrand kamen 1966 Mauerfragmente der vorromanischen Rotunde mit zwei Apsiden (oder mit einem runden Westturm) zutage. Unter der Westempore befand sich ein frühromanisches Grab mit einem Frauenskelett, das von einer Steinplatte mit eingeritztem Prozessionskreuz bedeckt war. Um diese Kirche herum, die die Arbeitsbezeichnung „Rotunde B" bekam und vielleicht der heiligen Jungfrau Maria geweiht war, wurde ein zweiphasiges Gräberfeld festgestellt[9].

Die Untersuchungen in den Krypten der Domkirche und in ihrer nächsten Umgebung führten zur Entdeckung von Mauerabschnitten aus Kalksteinplatten mit Kalkmörtel, die wahrscheinlich zum Querschiff eines vor- oder frühromanischen Gotteshauses gehörten, das der am Ende des 11. Jahr-

Herrschaftszentren und Herrschaftsorganisation

hunderts errichteten „Hermanschen" Domkirche vorausging. Daneben fanden sich Mauern einer Rotunde mit einer Apsis und einer rätselhaften Eintiefung im Innern des runden Kirchenschiffes, bei der es sich wohl um ein Taufbecken oder eine Grabkammer handelt. Die Eintiefung in der Rotunde war mit großen Sandsteinplatten auf Gipsmörtel verkleidet. Diese „wasserdichte Bauweise" könnte für ein Taufbecken sprechen[10]. Zu der Domkirche und der Rotunde – dem Baptisterium – gehörte sicherlich ein gemauerter Bischofspalast, der bisher jedoch nicht entdeckt wurde.

Zwei andere, im zentralen Teil der Burg lokalisierte Kirchen – die St. Michaelis- und St. Georg-Kirche – haben wahrscheinlich auch vorromanische Vorgänger gehabt[11], aber zu dieser Frage sind noch weitere Forschungen erforderlich. Am westlichen Hügelrand entdeckte man 1954 einen Mauerabschnitt aus Steinplatten auf Gipsmörtel, bei dem es sich um die Ecke eines vorromanischen Gebäudes handelte, das um 1200 abgerissen und am Ende des 18. Jahrhunderts bei den Befestigungsarbeiten endgültig beseitigt wurde.

Zur Datierung der vorromanischen Architektur auf dem Wawel gibt es unterschiedliche Auffassungen. Einige Forscher möchten zumindest einen Teil der Bauten (z. B. die Zweiapsidenrotunde) im Zusammenhang mit der böhmischen Herrschaft in Kleinpolen sehen[12], andere hingegen – unter ihnen auch der Verfasser – verbinden die Entstehung der monumentalen Steinarchitektur vor allem mit der Zeit des ersten Piastenstaates. In Bezug auf Krakau würde dies eine Datierung in die Zeit vom Ende des 10. Jahrhunderts bis zu den dreißiger Jahren des 11. Jahrhunderts ergeben. Diese späte Datierung scheinen die immer noch spärlichen archäologischen Angaben zu bestätigen[13].

Beachtenswert ist, trotz des reichen Formenbestandes der Gebäude (drei Rotundentypen, die eingetiefte Kammer, Spuren von anderen Kirchen und Gebäuden), das fast vollständige Fehlen von verzierten architektonischen Bauteilen[14]. Umstritten ist auch die Zuordnung der fünf Sandsteinplatten mit Flechtwerkornament. Vielleicht gehörten sie zur Innenausstattung der ältesten Domkirche. So wurden die meisten Gebäude verhältnismäßig rasch durch prachtvolle und meist mit besseren Fundamenten versehene romanische Bauten ersetzt (unter anderem der Palas, die Maria von Ägypten-Basilika, die neue Wenzel-Domkirche).

Die Bedeutung der Herrschaftsresidenz von Krakau zu Beginn der Gründung des Piastenstaates scheint – neben den spärlichen Überlieferungen in den schriftlichen Quellen und den weitaus reicheren archäologischen Funden – auch dadurch bestätigt zu werden, dass in der Schatzkammer der Wawel-Domkirche die Kopie der kaiserlichen Lanze des heiligen Mauritius aufbewahrt wurde, die Kaiser Otto III. dem Herrscher von *Sklavinia*, Bolesław Chrobry, im Jahre 1000 in Gnesen geschenkt hatte[15].

Anmerkungen

1   Radwański (1975) 1–43. – Ders. (1998) 57. Hier detaillierte Literatur zu der Frage.
2   Żaki (1994) 44ff.
3   Die ältesten Quellen zur Geschichte Kleinpolens und Krakaus zuletzt bei: Wyrozumski (1992) 62ff.
4   Den Stand der Forschung zu Wiślica bei Gliński (1998) 77–81. – Radwański (1998) 60 spricht sich für die führende Rolle Krakaus zu dieser Zeit aus.
5   MPH III, 68–69.
6   Żaki (1974) 372ff. – Ders. (1994) 51–52. – Pianowski (1991) 26ff. – Kukliński (1998) 277–288.
7   Pianowski (1997) 6–37. – Ders. (1995) 141–163.
8   Im Annex legte man ein Männerskelett frei mit einem Glied der goldenen Kette (als Grabring). Kozieł/Fraś (1979) 73.
9   Kozieł/Fraś ebd. 83–88; 95–105.
10 Żurowska (Hrsg.) (1993) 74ff.; 85f.; 103ff.
11 Długosz schreibt im *Liber beneficiorum diocesis Cracovensis I*, 531 über die Michaelis- und Georg-Kirchen, dass sie gleichzeitig mit der Wawel-Domkirche entstanden sind, die er für die Stiftung Dobrawas hielt.
12 Kozieł/Fraś (1979) 134–136. – Żaki (1978/1981) 58f.
13 Unter anderem liegt die Ecke des vorromanischen Gebäudes in der Nähe von Smocza Jama (Drachenhöhle) auf dem zerstörten so genannten Weichselwall. Die Westempore der Kirche B, die eher mit der Piastenzeit verbunden wird, kann als Ausstattungselement der Kirche, die unmittelbar nach Errichtung der Magistralmauer eingebaut worden ist, und nicht als eine besondere architektonische Phase der Kirche angesehen werden kann.
14 In der Felix und Adauktus-Rotunde fehlen unter anderem die Öffnungsumrandungen; die kleine Säule und der Emporenpfeiler in der Kirche B wurden aus kleinen Platten zusammengestellt. *In situ* hat man nur drei sorgfältig bearbeitete Sandsteinplatten entdeckt, die zur Verkleidung der Eintiefung in der Kirchenrotunde an der Domkirche gehörten. Die Steinplatten mit dem Flechtwerkornament hält Świechowski (1990) 197 für Bestandteile der Ausstattung der romanischen Domkirche.
15 Die Geschichte des Befundes, dessen Bedeutung und Funktion bei: Rokosz (1989) 17–44.

Breslau (Wrocław)

PAWEL RZEŹNIK

Breslau war im Jahre 1000 während der Gründung des Erzbistums in Gnesen (Gniezno) bereits ein bedeutendes Zentrum im Staat und erhielt daher den Sitz eines Bistums. Die archäologischen Forschungen der Nachkriegszeit hatten das Ziel, den Werdegang und die Entwicklungsstufen dieses Zentrums der Piastenmonarchie zu klären. Aufgrund dieser Forschungen lokalisierte man den ursprünglichen Burgkomplex auf einer der Oderinseln – der Dominsel; von dort waren die Befestigung und viele Elemente der Bebauung bekannt. Die parallel geführten umfangreicheren Studien zur Besiedlung wiesen Breslau als einen Ort an der nördlichen Peripherie einer Siedlungsansammlung aus, die mit dem Stammesterritorium der Slenzanen im 9. und 10. Jahrhundert identifiziert wird. Die Lage der Breslauer Burg auf einer Insel, an einem strategisch günstigen Ort neben einem Oderübergang, an der Kreuzung wichtiger Verkehrswege aus Böhmen nach Großpolen und aus Westeuropa nach Russland, lässt vermuten, dass der politische Faktor bei der Wahl des Platzes und in der anfänglichen Entwicklungszeit eine wichtige Rolle spielte. Letztlich bleibt die Frage nach der Zeit der Gründung der Breslauer Burg ungeklärt. Die Entscheidung kann eine vielfältige Untersuchung der Befestigung bringen. Im Licht der bisherigen Feststellungen wurde der Burgplan von dem Wallsystem bestimmt, das aus Sand-Lehm-Aufschüttungen und einer Konstruktion aus Eichenholz bestand, und umgebaut wurde. Das Innere des Walles füllte und stabilisierte ein Gestell aus miteinander verkeilten Holzrosten oder Palisadenkammern.

Die beschriebenen Befestigungen stellten eine Anlage dar, die archäologisch nur zum Teil erkannt wurde. Die Angaben, die uns zur Verfügung stehen, erlauben uns nicht, alle entdeckten Überreste zuzuordnen, deshalb sind alle vorgeschlagenen Rekonstruktionen des Burgplans und der Raumentwicklung der Burg hypothetisch und vorläufig[1]. Bei den bisherigen Forschungen stieß man in zwei Bereichen auf Wallkonstruktionen. Die eine Gruppe bilden Wallrelikte im Inneren der Dominsel. Man kann sie als Beweis für eine innere Aufteilung in der ersten Zeit des Burgbetriebes oder als eine kleine Festung aus der ältesten Phase der Burg betrachten (Abb. 326,1). Die andere Gruppe bilden Wallabschnitte, die entlang der ursprünglichen Uferlinie der Insel entdeckt wurden. Es handelt sich um die Überreste eines Außenwalles der Befestigung, der die ganze Insel umfasste (Abb. 326, 2). Aufgrund der Forschungen im Nordwestteil der Dominsel setzte man die Bauzeit des Außenwalles auf ungefähr das Jahr 985 fest. Die Analyse der Stratigraphien bei den Wallresten im Inselinneren schließt einen so frühen Bau nicht aus. Für den frühen Burgbeginn in Breslau spricht indirekt auch, dass zur Errichtung des Außenwalles Holz verwendet wurde, dessen Fälldatum wenigstens einige Jahrzehnte vor 985 lag[2]. Die meisten Rekonstruktionen der Burganlage des späten 10. Jahrhunderts auf der Dominsel in Breslau stützen sich auf die Befestigungsreste und gehen von einem zweigliedrigen Komplex mit einer Fläche von ca. 6 ha aus. Er besteht aus einer kleinen Burg im nordwestlichen Teil der Insel und aus einer an der westlichen Seite angrenzenden, viel größeren befestigten Vorburg. Aus der zeitlichen und räumlichen Entwicklung dieses Burgkomplexes vom 11. bis in die erste Hälfte des 13. Jahrhunderts ergibt sich jedoch eine von den Funktionen bestimmte Gliederung des Komplexes in drei Teile.

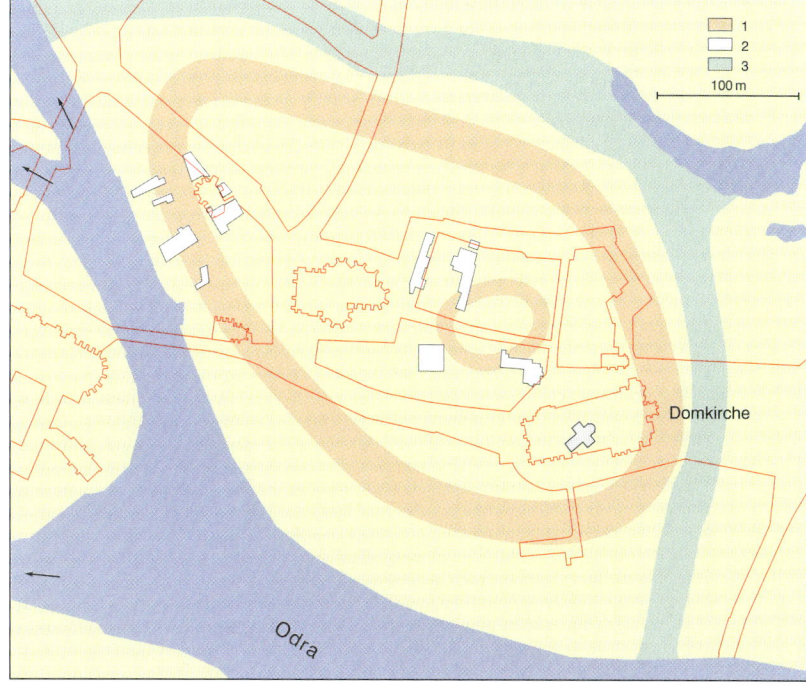

326 Breslau, Dominsel (Wrocław, Ostrów Tumski) mit der Rekonstruktion der Befestigungen aus dem 10. Jahrhundert. 1 die Burg aus der ersten Hälfte des 10. Jahrhunderts; 2 die Burg aus dem späten 10. Jahrhundert; 3 ehemaliges Gewässer.

Der wichtigste Architekturkomplex, der gleichzeitig den Charakter des westlichen Burgteils bestimmte, war ein im späten 12. Jahrhundert gebauter Palas als Hauptsitz der „Schlesienpiasten"[3]. Die älteren Traditionen einer solchen Lokalisierung des herzoglichen Residenzteiles finden eine Bestätigung in den Erwähnungen einer in diesem Teil der Burg gegründeten St. Martin-Kapelle, die für das 10., 11. und die erste Hälfte des 12. Jahrhunderts erwähnt wird. Vielleicht geht sie auf eine Palastkapelle zurück. Ihre Funktion als Teil eines größeren Komplexes – einer Residenz –, findet Entsprechungen unter den besser bekannten, im Rang vergleichbaren Fürstensitzen jener Zeit[4]. Nach den historischen Analysen musste es zur Entstehung eines Verwaltungs- und Residenzkomplexes spätestens vor dem Ende des 11. Jahrhunderts gekommen sein, als die Breslauer Burg den Status eines ständigen Fürstensitzes bekam. Die heutigen archäologischen Kenntnise des westlichen Burgteiles tragen zur Lösung des Problems wenig bei; sie beschränken sich auf die Abschnitte des äußeren Walles und der Elemente der romanischen und gotischen Architektur des Herzogsschlosses.

Relativ betrachtet ist der zentrale Teil der Burg archäologisch am besten bekannt; hier findet sich in einigen unteren Siedlungshorizonten, die in die zweite Hälfte des 10. oder in das frühe 11. Jahrhundert datiert werden, nur die hölzerne Bebauung (Abb. 327). Diese Bebauung bestand aus Wohnhäusern und Objekten unterschiedlicher Bestimmung, darunter auch Speicher. Zu Wohnzwecken dienten in Fachwerkbauweise und Blockbautechnik errichtete Häuser. Unabhängig von der Wandkonstruktion waren sie alle rechteckig, teilweise auch nahezu quadratisch, mit Durchschnittsflächen von 10 bis 20 m². Die Gebäude bestanden meistens aus einem Raum, obwohl es auch Beispiele für Zwischenwände gibt. Häufige Elemente der Ausstattung von Wohnhäusern waren aus Holz oder Steinlagen angelegte Fußböden, mit einem Holzrahmen oder einem Steinkranz begrenzte Feuerstellen, Kuppelöfen und mit Holz verschalte Keller. Die Haupteigenschaft dieser Bebauung war die ziemlich dauerhafte, über mehrere Besiedlungshorizonte beibehaltene Raumeinteilung. Charakteristisch war die Trennung von geschlossener Bebauung und unbebauten Flächen. Ein wichtiger Faktor bei der Planung der älteren Bebauung waren zudem die im 10./11. Jahrhundert bestehenden Bohlenwege.

Die archäologischen Forschungen zeigten ziemlich deutlich, dass der zentrale Teil der Breslauer Burg schon im späten 10. Jahrhundert eine Sied-

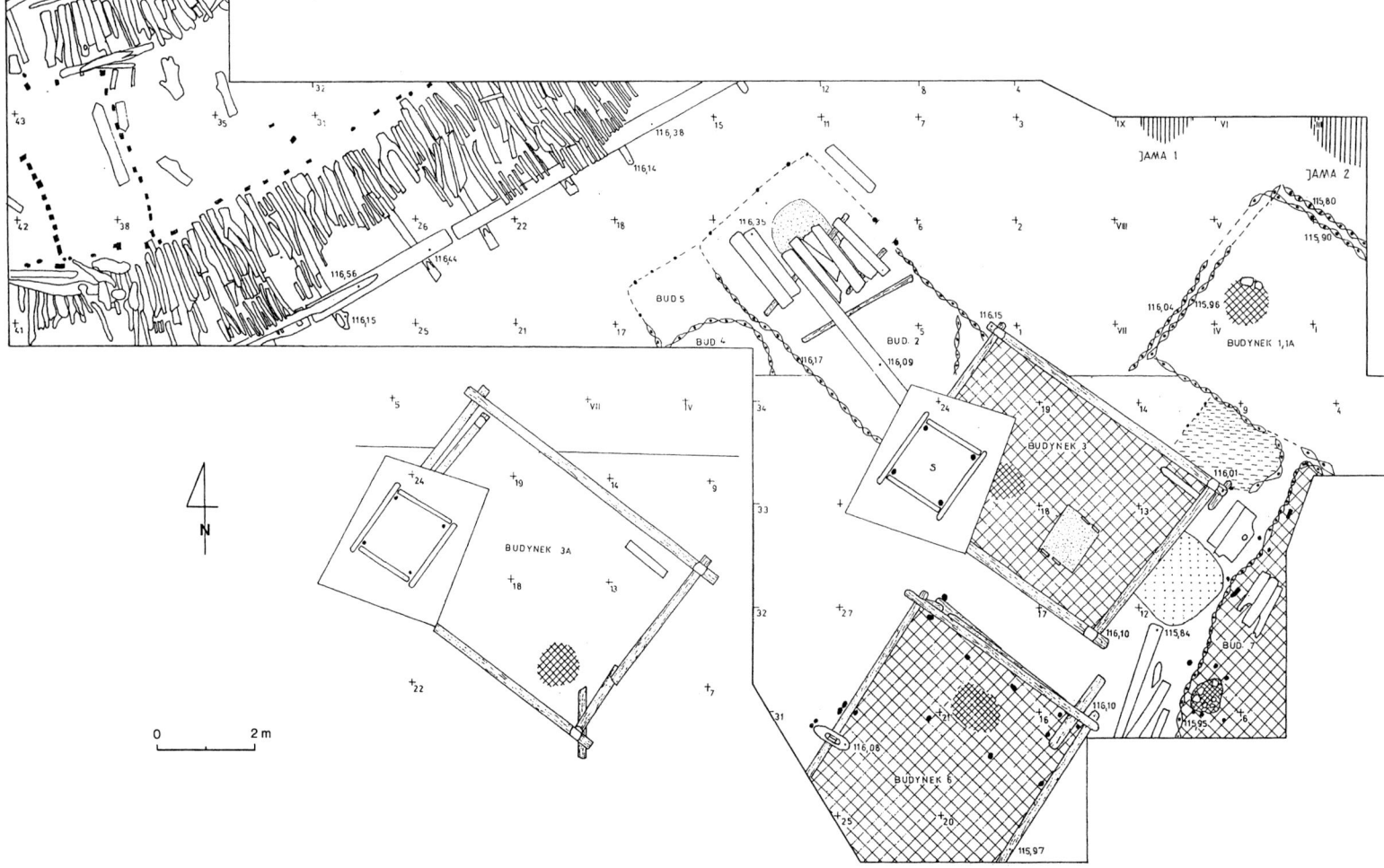

327 Breslau, Dominsel (Wrocław, Ostrów Tumski). Ein Ausschnitt der Bebauung aus der zweiten Hälfte des 10. Jahrhunderts. Sichtbar sind Reste des Schutzwalles und die Wohn- und Wirtschaftsbebauung in Block- und Flechtwerkkonstruktionen.

lung mit einer geschlossenen Wohn- und Wirtschaftsbebauung darstellte[5]. Die Siedlung diente der ständig oder vorübergehend in der Burg wohnenden Bevölkerung, die in irgendeiner Weise mit der Organisation der Burg verbunden war. Bei den Wirtschaftsgebäuden gab es solche, die für den täglichen Ablauf unabdingbar waren, und auch solche für die Aufgaben im Militär- und Verwaltungsbereich, entsprechend den Anforderungen der Staatsorganisation. Diese Feststellungen finden ihre Stütze in den unter den Bebauungsresten aufgefundenen Materialien. Zahlreicher sind Fragmente von Tongeschirr und tierische Knochenreste; seltener sind Funde, die auf das alltägliche Leben und den gesellschaftlichen Status der Bevölkerung hinweisen. Den Aufenthalt von Bewaffneten in dem besprochenen Burgteil dokumentieren verschiedene Waffenfunde, wie Fragmente von Panzerhemden, Sporen und Pfeilspitzen (Abb. 328). Dass Verkehrs- und Transportmittel zur Verfügung standen, die von Pferden und Rinder gezogen wurden, bestätigen die Funde von Hufeisen, Trensen aber auch von Fell und Pferdehaar. Den gesellschaftlichen Status der Bevölkerung verdeutlichen Schläfenringe, halbmondförmige Anhänger und Kaptorgen (Amulettbehälter), die aus mit Silber und Blei plattierten Bronzen gemacht wurden. Zum alltäglichen Schmuck gehörten Ringe und Perlen aus Glas und Bernstein. Nach der materiellen Kultur zu schließen, stand die Bevölkerung dieses Teiles der Burg äußeren Einflüssen offen und aufgeschlossen gegenüber. Dabei spielten wahrscheinlich verschiedene Austauschmechanismen eine Rolle. Der Austausch fand einerseits auf der geistigen Ebene der Sitten und Gebräuche statt, aber auch dinglich durch Verteilung von Vermögen oder durch Dienstleistungen. Die Zeit ist gekennzeichnet durch den Aufschwung im Regional- und Fernhandel, der die Bedürfnisse einiger Bevölkerungsgruppen unter anderem auf luxuriöse Waren signalisierte. Die Breslauer Funde bezeugen, dass in der Hauptburg von Schlesien das Abschließen von Handelsverträgen zu den wichtigsten Tätigkeiten gehörte. Hier verfügte man unter anderem über Klappwaagen, Bleigewichte, Bruchsilber- und Münzvorräte. Der Austausch umfasste auch alltägliche Konsumgüter. Dies beweisen Gräten von Ostseefischen und importierte Keramik, die um das 10./11. Jahrhundert von Fremdem mitgebracht wurde. Darunter ist die Keramik des Menkendorfer Typs zu nennen, die für die westslawischen Gebiete charakteristisch ist, so wie Töpfe mit einem kelchförmigen Rand, die in Prag hergestellt wurden. Beispiele des traditionellen kultischen Verhaltens liegen in Form von Gründungsopfern vor; sie

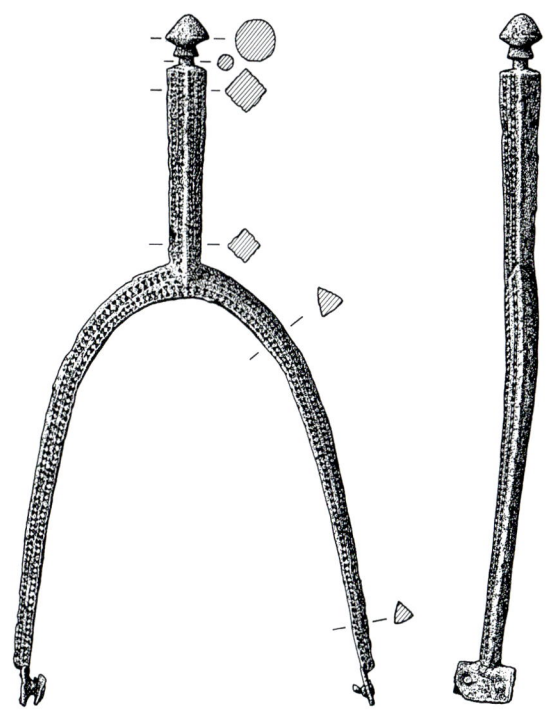

328 Breslau, Dominsel (Wrocław, Ostrów Tumski). Ein reich geschmückter Eisensporn mit langem Stachel, aus der zweiten Hälfte des 10. Jahrhunderts. – Kat. 07.01.03.

329 Breslau, Dominsel (Wrocław, Ostrów Tumski). Ein Zinnkreuz aus Großmähren oder Böhmen mit der Darstellung von Christus, 10. Jahrhundert. – Kat. 07.06.14.

markieren auf eigenartige Art und Weise einen wichtigen Zeitpunkt der Burggeschichte, denn aus derselben Zeit stammen Funde von Kreuzchen als materielle Erscheinung des sich ausbreitenden Christentums. Ein besonderes Stück ist ein aus dem 10. Jahrhundert stammendes Zinnkreuz mit Christusdarstellung; es verweist gleichzeitig auf traditionelle Verbindungen von Schlesien in das böhmisch-mährische Gebiet (Abb. 329).

Der schlechter erforschte östliche Teil des Breslauer Burgkomplexes zeichnet sich, ähnlich wie der westliche Teil, durch Steinarchitektur aus. Hier stand als wichtigstes Gebäude eine Kirche, die der späteren, Johannes dem Täufer geweihten Kathedrale vorausging (Abb. 326,A). Wie neueste Forschungen beweisen, gehen der romanischen Kathedrale, deren Überreste man in die zweite Hälfte des 12. Jahrhunderts datiert und die als eine dreischiffige Basilika mit einem Transept und Westtürmen rekonstruiert werden kann, drei ältere Bauwerke voraus[6]. Leider fehlen Angaben für eine absolute Datierung. Es wurde nur hypothetisch die Zeit des Bestehens der älteren Architektur festgesetzt, indem man ihre Gründung oder ihren Verfall mit den für Breslau und Schlesien wichtigen historischen Ereignissen verband[7]. Die Datierung der ältesten Architekturrelikte in das 10. Jahrhundert scheint jedoch wahrscheinlich zu sein. Indirekt wird die frühe Tätigkeit von Steinmetzwerkstätten, der Kirchenbauhütte sowie das Abreißen und Umbauen durch die Verwendung von Steinen mit Kalkmörtel für Fußböden in einigen Holzhäusern belegt; diese werden in die zweite Hälfte des 10. Jahrhunderts datiert und befanden sich westlich der Kathedralkirche, näher am Burgzentrum. Die Lokalisierung der Breslauer Kathedrale im östlichen Teil der Insel mit wahrscheinlichen sakralen Vorgängerbauten und die jüngeren Relikte eines gemauerten Bischofssitzes sind der Grund für die Aussonderung eines kirchlichen Zentrums im östlichen Teil der Burg.

Aufgrund der archäologischen Forschungen stellte der Breslauer Burgkomplex um das 10. und 11. Jahrhundert ein frühpolnisches Zentrum dar, das in der Staatsorganisation viele wichtige Funktionen zu erfüllen hatte – in der Verwaltung, im Militärwesen, in der Wirtschaft und auch im kulturellen und kultischen Bereich. Trotz einer vorübergehenden Krise des frühen Piastenstaates zu Beginn des 11. Jahrhunderts und der damit verbundenen, politischen Wirren, blieb die Breslauer Burg Hauptzentrum der Provinz. Über ihren Rang in der Piastenmonarchie gibt die Überlieferung von Gallus Anonymus Auskunft, die Breslau in der Reihe der *sedes regni principales* nennt, und die für das 12. Jahrhundert bestätigte Tätigkeit einer staatlichen Münzstätte[8]. Das wichtige Zentrum der staatlichen und weltlichen Herrschaft beginnt im 11. Jahrhundert stark auf den Siedlungsausbau des nahen Hinterlandes einzuwirken. Hier zeigen sich die Anfänge eines lang andauernden Stadtentwicklungsprozesses. Damals enstand eine ausgedehnte Siedlung in Breslau-Elbing.

Anmerkungen

1 Vergl. zuletzt Młynarska-Kaletynowa (1992) Abb. 7. – Buśko u. a. (1995) Abb. 2. – Małachowicz (1999) Abb. 1.
2 Krąpiec (1998) 50 Abb. 31.
3 Małachowicz (1993).
4 Żurek (1996) 24f.
5 Kazmierczyk (1991–95).
6 Małachowicz u. a. (1998).
7 Małachowicz (1999).
8 Suchodolski (1996).

Literatur

Buśko u. a. 1995. – Krąpiec 1998. – Małachowicz 1993; 1998; 1999. – Młynarska-Kaletynowa 1992. – Suchodolski 1996. – Żurek 1996.

Die Christianisierung Polens im Lichte der schriftlichen Quellen

JERZY STRZELCZYK

Es ist fast unmöglich, die Anfänge der Christianisierung in den Gebieten der späteren polnischen Staaten aus den schriftlichen oder den archäologischen Quellen zu erschließen. Zweifellos gingen sie dem Entschluss Mieszkos I., sich taufen zu lassen, voraus, der sicherlich kurz vor der Mitte der sechziger Jahre des 10. Jahrhunderts gefasst wurde. Es ist nicht sicher, ob die Entscheidung von den innenpolitischen Bestrebungen nach einer Konsolidierung des Polanenstaates und dem Hervorheben des Herzogs über die Allgemeinheit der Untertanen oder von den äußeren Verhältnissen beeinflusst wurde. Man kann nicht ausschließen, dass die Verpflichtung Mieszkos I., sich zum neuen Glauben zu bekennen, im Vertrag zwischen Mieszko und den Sachsen enthalten war, dessen Abschluss in den Jahren 963 bis 965 man aus den Angaben Widukinds von Corvey (II, 66–67) und Thietmars von Merseburg (II, 14) erschließen kann.

Obwohl es keine früher zu datierenden Belege oder gewichtige Argumente für den Einfluss des Christentums auf die polnischen Stämme gibt, lässt die Tatsache, dass die südlichen Provinzen Polens, Kleinpolen und Schlesien, vor 990 zu Böhmen gehörten, die Möglichkeit einer früheren Durchdringung dieser Gebiete mit der neuen Religion offen. Sie sollte jedoch nicht überschätzt werden, weil erstens unbekannt ist, wie lange die böhmische Herrschaft in Kleinpolen und Schlesien währte, von manchen Forschern wird sie überhaupt bezweifelt oder als sehr kurz angesehen. Zweitens lagen Kleinpolen und Schlesien am Rande des Přemyslidenstaates, und die Möglichkeit, von Prag aus Einfluss auszuüben, war sicherlich begrenzt. Man mag sich nur daran erinnern, dass die Přemysliden bis zum Jahr 995 nicht in der Lage waren, die Vorherrschaft der Slavnikiden in Libice im Grenzgebiet Polens auf dem früheren Territorium der Kroaten zu brechen. Bis zum Jahr 973 oder noch ein wenig länger hatte Böhmen kein eigenes Bistum und war in kirchlicher Hinsicht dem Regensburger Bischof für Böhmen und dem Passauer Bischof für Mähren und damit insgesamt der Salzburger Metropole untergeordnet. In den siebziger Jahren wurde das Prager Bistum gegründet, wahrscheinlich auch das Olmützer für Mähren, die dann beide der Mainzer Metropole unterstellt waren. So gehörte Schlesien, bis im Jahre 1000 das polnische Erzbistum in Gnesen gegründet wurde, zuerst der Prager und Kleinpolen der Olmützer Diözese an, somit waren sie zuerst dem Salzburger Erzbistum und dann dem Mainzer zugeordnet. Es überrascht, da es trotz der jahrzehntelangen, wie wir glauben, politischen und kirchlichen Zugehörigkeit der südlichen Länder Polens zu den fremden Diözesen und Metropolen dort keine Spuren einer Missionstätigkeit, einer Kirchen-Organisation oder christlicher Kultpraxis gibt.

Es überrascht um so mehr, weil wir über einige Informationen aus den Quellen verfügen, die zwar, wie wir sehen werden, nicht sehr beweiskräftig sind, sich aber auf diese Zeit beziehen und in der Diskussion über die ganz frühen Spuren christlichen Einflusses in Südpolen am Ende der Großmährenzeit vor dem Beginn des 10. Jahrhunderts von Belang sind. An erster Stelle soll das anonyme Zeugnis der altslawischen Lebensbeschreibung des heiligen Method (c.11) stehen. Um die prophetische Gabe des heiligen Method hervorzuheben, erzählte man die Episode um den unbekannten heidnischen Herzog, „einem sehr starken, an der Weichsel sitzenden", der „die Christen sehr beschimpfte und ihnen Schaden zufügte". Method ermahnte ihn durch einen Boten: „Es wird gut für dich, Sohn, sein, wenn du dich aus freiem Willen, auf dem eigenen Boden taufen lässt, sodass du nicht gezwungen in der Gefangenschaft auf fremden Boden getauft wirst, und du wirst dich dann an mich erinnern. So geschah es auch". Dieses Zeugnis wurde häufig in dem Sinne verstanden, dass das aggressive Handeln, vermutlich der Bevölkerung Mährens gegenüber, des „starken" heidnischen Herrschers, dessen Sitz man am liebsten auf dem Wawel in Krakau (Kraków) sah, die militärische Niederlage, die ihm von dem Mährenherzog Svatopluk beigebracht wurde, und die erzwungene, von dem Heiligen vorausgesagte Taufe in der Gefangenschaft oder auch im eigenen Land, zusammen mit der Taufe eines Teils der Untertanen jenes „Weichsel"-Räuberhauptmanns, zur Folge hatte. Wie man weiß, stellte der Verfasser des Heiligenlebens bereits früher deutlich fest, dass infolge der Versöhnung Svatopluks mit Method „der Mährenstaat seine Grenzen in allen Richtungen auszudehnen und seine Feinde erfolgreich zu besiegen begann". Dies ist natürlich die Überinterpretation eines rätselhaften Quellenzeugnisses, dem man unter der Voraussetzung der Glaubwürdigkeit lediglich entnehmen kann, dass der heidnische Fürst nach der Niederlage zwangsweise auf fremden Boden, vielleicht in Mähren, getauft wurde. Es konnte eine erzwungene Taufe des Herzogs allein ohne jegliche Konsequenz für sein Volk gewesen sein.

Eine These zur kyrill-methodschen Genese des Christentums im südlichen und vielleicht auch im östlichen, jenseits der Weichsel gelegenen Polen und zu den kyrill-methodschen Anfängen der Kirchenorganisation beruft sich auch auf andere Zeugnisse. Diese These ist in abgewandelter Weise sogar im großen Werk von Henryk Lowmiański vertreten. Nennen wir zwei der Zeugnisse. Schon in den ältesten Krakauer Bischofslisten gingen Poppo, der im Jahre 1000 in Krakau eingesetzt und gleichzeitig der Gnesener Metropole unterstellt wurde, zwei andere, sonst unbekannte Namen voraus: Prohor und Prokulf. Man kann daraus schließen, dass es im Krakauer Kirchenkreis frühere Bischöfe gab. Einige Forscher meinen, dass Prohor und Prokulf Bischöfe waren, die entweder von Method selbst oder nach der zeitweiligen Erneuerung des Erzbistums in Mähren am Ende des 9. Jahrhunderts nach slawischem Ritus in ihre Ämter eingesetzt worden waren. Dagegen zeigte Gerard Labuda, dass es sich wahrscheinlich nicht um Krakauer Bischöfe, sondern um Bischöfe des lateinischen Ritus aus Olmütz (Olomouc) in Mähren handelte. Da Krakau diesem Bistum untergeordnet war, wäre die Übernahme der Namen von zwei mährischen Bischöfen die Krakauer Listen erklärbar. Das zweite Zeugnis, das wir erwähnen wollen, ist die Nachricht bei Gallus Anonymus zu Beginn des 12. Jahrhunderts, nach dem es angeblich in der Regierungszeit Bolesław Chrobrys zwei Erzbistümer in Polen gab. Manche wollen in dieser rätselhaften und bis heute ungeklärten Information einen Hinweis auf ein zweites Erzbistum auf polnischem Boden neben dem in Gnesen, das 1000 gegründet wurde, erkennen. Dies wäre ein weiteres Erzbistum slawischen Ursprungs, das aus großmährischer Zeit stammte. Doch die Bedeutung von diesen und weiteren, hier nicht aufgeführten Quellenstellen für die Existenz des Christentums in Polen vor der Taufe Mieszkos I. ist geringfügig.

Was genau berichten die Quellen über die Taufe Mieszkos I.?

Die ältesten in den Annalen bewahrten Berichte scheinen sehr knapp zu sein. In den Aufzeichnungen, die den Beginn der historischen Berichterstattung darstellen, steht:

995 Dobrawa (auch Dubrovka, Dambrowca, Dubrowka oder Dambrouca) *ad Mesconem venit* – Dabrowa trifft bei Mieszko ein.

996 *Mesco dux Polonie baptisatur* – Mieszko, der Herzog von Polen, lässt sich taufen.

Manche Annalen fügen der letzten Information noch hinzu: *et fides katholica in Polonia recipitur* – und der katholische Glaube wurde in Polen angenommen. Eine der Annalen bezeichnet bei dieser Gelegenheit Mieszko als *primus christianus Polonus* – den ersten polnischen Christen. Dieselbe Quelle, die Posener Annale I, erklärt gleichzeitig, dass Dobrawa die Tochter des böhmischen Fürsten war.

Im Jahr 998 notierten einige polnische Annalen, dass Jordanus Bischof geworden ist. In der Annale des Posener Kapitels steht: *Item anno domini DCCCCLXVIII Jordanus primus episcopus in Polonia ordinatus est et obiit DCCCCLXXXIIII* – im Jahr des Heils 968 nach Christi Geburt wurde Jordanus als erster Bischof in Polen ordiniert, er starb 984. Die Posener Annale berichtet: *Anno Domini DCCCCLXIII Jordanus primus episcopus Posnaniensis ordinatus est* – im Jahr des Heils 963(sic!) wurde Jordanus als der erste Posener Bischof ordiniert. In den böhmischen Annalen erscheint diese Information folgendermaßen: *DCCCCLXVIII Polonia cepit habere episcopum* – 968. Polen hatte seinen ersten Bischof. Das Datum 963 in der Posener Annale ist fehlerhaft. Ein bezeichnender Unterschied zwischen den beiden ersten Annalen ist, dass in der ersten Jordanus als der Bischof „in Polen" und in der zweiten als der „Posener Bischof" bezeichnet wird. Die böhmische Annale lässt den Namen Jordanus aus, schließt sich jedoch mehr der ersten Formulierung an, auf jeden Fall tritt dort der Name des Landes auf und nicht der der Stadt.

Viel mehr Einzelheiten zur Taufe Mieszkos I. sind in der Chronik von Thietmar zu finden (IV, 55–56): „[…] ich berichte über die übrigen Taten des berühmten Herzogs der Polanen Mieszko […]. In dem böhmischen Land nahm er die edle Schwester von Boleslav [II] dem Älteren zur Frau, die wirklich so war, wie ihr Name lautete. Sie hieß nämlich Dobrawa, was in der deutschen Sprache als „die Gute" gedeutet wird. Als jene Bekennerin des Christentums sah, dass ihr Gatte in den vielfältigen Fehlern seines Standes versunken war, hat sie eifrig überlegt, wie sie ihn für ihren Glauben gewinnen könnte. Sie versuchte, ihn auf alle mögliche Weise für sich einzunehmen, nicht um die Begierden dieser verdorbenen Welt zu stillen, sondern wegen des Nutzens, der aus dem lobenswerten und von allen Gläubigen begehrten Preis des Leben im Jenseits besteht". Weiter erklärt Thietmar, zu welchen Mitteln Dobrawa griff. Um ihren Mann für sich einzunehmen, verzichtete sie für ein oder für drei Jahre, da war der Chronist nicht ganz sicher, auf das Einhalten der Fastenzeitregeln, wozu der Verzicht auf Fleisch und die „Kasteiung des Leibes" gehört hätte. Obwohl der Chronist, ein Bischof, darin ein Vergehen sieht, entschuldigt er die Fürstin wegen ihrer löblichen Absicht und des Ergebnisses: Sie bewog Mieszko, die Taufe anzunehmen. „Und sofort folgten dem Haupt und geliebten Herrscher die unvollkommenen Glieder", die Untertanen von Mieszko und Dobrawa. „Ihren ersten Bischof Jordan erwartete eine schwere Arbeit, unermüdlich war er in seinen Bemühungen, die beiden mit Tat und Wort zu bewegen, den Weinberg des Herren anzubauen" – anschließend erwähnt Thietmar die Geburt von Bolesław Chrobry.

Der älteste polnische Chronist, ein Anonymus mit dem Beinamen Gallus wegen seiner vielleicht französischen Abstammung, lieferte eine ausführliche „offizielle" Fassung der Christianisierung Polens. Mieszko, der Sohn und Nachfolger von Siemomysł, wurde blind geboren, doch die Blindheit verschwand während der Feier zu seinem siebten Geburtstag auf übernatürliche Weise. „Die Älteren und Vernünftigen" erklärten dem Herzog, dies sei ein Zeichen. Das vorher blinde „Polen … soll von Mieszko aufgeklärt und über die benachbarten Völker erhoben werden". Danach (c. 5) erzählt Gallus, dass Mieszko, nachdem er den Thron bestiegen hatte, nach der Hand „einer sehr guten Christin aus Böhmen namens Dobrawa, verlangte, er schreibt nicht, dass es sich um die Verwandte des dortigen Fürsten handelte. Er bekam sie unter der Bedingung, dass er das Christentum annähme: „Dobrawa teilte mit ihm das Ehebett erst, nachdem er langsam und fleißig christlichen Anstand und das Kirchenrecht erlernt, den Sünden des Heidentums entsagt und sich dem Schoß von Mutter Kirche überantwortet" hatte.

Die in der polnischen Überlieferung betonte rigorose Moral Dobrawas erweckt den Eindruck einer bewussten Polemik, einer Meinung, der selbst Thietmar Ausdruck gab, als er über das kluge Vorgehen Dobrawas ihrem Gatten gegenüber berichtete. „Die Mitteilung von Thietmar übertrifft die von Gallus Anonymus, und nicht nur wegen der Quantität und der Bedeutung der Informationen […]. Zwar überlieferte [Gallus] die bei Thietmar fehlende Nachricht, dass Dobrawa ihren Hofstaat nach Polen mitbrachte und erzählte von Mieszkos Vorbereitungen auf die Taufe […], er nannte jedoch keinen Namen, außer denen des fürstlichen Paares, der mit der Christianisierung Polens verbunden war, und schrieb Dobrawa Handlungen zu, die wenig mit der menschlichen Psychologie in Einklang standen und letztendlich Mieszko I. entwerteten. Weder Thietmar noch Anonymus […] nannten die Motive, die erklären könnten, warum Mieszko um Dobrawas Hand anhielt. Sie nannten keine anderen Motive außer rein persönlichen, die Mieszko zur Annahme des neuen Glaubens bewogen haben, es fehlen die Berichte über die Ankunft des Bischofs Jordan in Polen, Gallus nennt ihn überhaupt nicht, und es fehlen selbst die Mitteilungen über die Taufe Mieszkos I. und die seiner Untertanen", so Piotr Bogdanowicz.

Die spätere mittelalterliche Überlieferung in Polen konnte da nichts Wesentlicheres hinzufügen und schrieb Mieszko I. manchmal vage die Gründung der Metropole und eines Netzes von Bistümern zu. Glaubwürdiger klingt der Bericht über die Gründung der Marienkirche auf der Dominsel in Posen. Alles andere kann getrost als ein Konstrukt aus der Feder mittelalterlicher und neuzeitlicher Gelehrter betrachtet werden, die die historischen Motive der Entscheidung Mieszkos I. zu klären versuchten und Fragen stellten nach den außerpolnischen Zentren außer Böhmen, auf die er sich in den frühesten Phasen der Christianisierung Polens stützen konnte, und nach solchen Einzelheiten wie dem Ort der Taufe – Gnesen (Gniezno), Posen (Poznań), die Insel Lednica, Prag oder Regensburg – und demjenigen, der die Taufe vollzog – vielleicht jemand aus der Umgebung Dobrawas oder der Regensburger Bischof Michael.

Sein Sohn und Nachfolger, Bolesław I. Chrobry, setzte das von Mieszko I. begonnene Werk fort, und er erreichte das damals mögliche Ziel.

Literatur

Baranowski 1998. – Hauck 1985. – Kurnatowska 1996a. – Labuda 1994. – Pianowski 1995. – Zoll-Adamikowa 1997. – Żurowska (Hrsg.) 1993; 1994.

Die Christianisierung Polens im Lichte der archäologischen Quellen

ZOFIA KURNATOWSKA

Die in der Fachliteratur immer wiederkehrende These von der Erfassung Südpolens durch das Kyrillisch-Methodsche Christentum am Ende des 9. Jahrhunderts ist archäologisch unbegründet. Es wurde eindeutig erwiesen, dass es vor der Wende vom 10. zum 11. Jahrhundert in Kleinpolen weder die unter christlicher Einwirkung entstandenen Gräberfelder noch eine Sakralarchitektur gab. Es ist anzunehmen, dass die Taufe des Stammesfürsten der Wislanen „im fremden Land" eine rein politische Handlung war und keine Christianisierung zur Folge hatte.

Man kann auch kaum von einer organisierten Missionsarbeit im 10. Jahrhundert sprechen, in der Zeit also, als sich die Gebiete Südpolens im politischen und kirchlichen Wirkungsbereich des bereits christlichen böhmischen Staates befanden. Erst die Taufe des Polanenfürsten Mieszko I. im Jahre 966 brachte dauerhafte, sich in den materiellen Quellen ausdrückende Resultate mit sich, die über den territorialen und sozialen Umfang der Christianisierung Auskunft geben. Wegen der uneinheitlichen Struktur des polnischen Staates zu jener Zeit – es handelt sich um den Gnesenstaat als

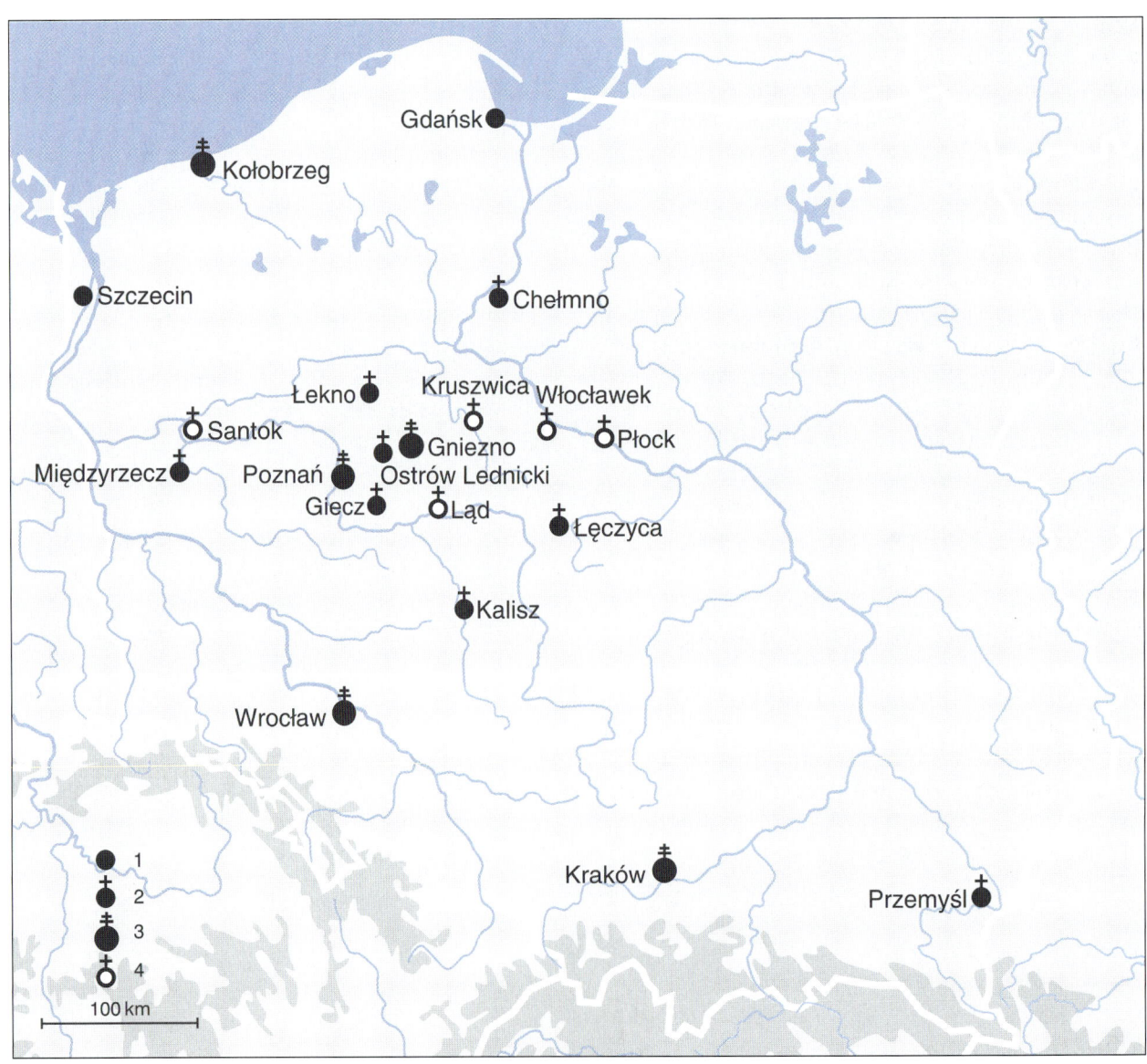

330 Verteilung der kirchlichen Zentren in Polen um 1000: 1 bedeutende Orte; 2 Kirchen und Klöster; 3 Erzbistümer und Bistümer; 4 vermutete Kirchen.

Zentrum und die damit locker verbundenen Pertinenzen – konzentrierte sich die Christianisierung im Staatszentrum; und die Pertinenzen stellten Missionsgebiete dar, die erst im Laufe der Zeit von der Christianisierung erfasst wurden.

Von den Anfängen der Christianisierung – den ersten Missionsstationen – stammen die durch die archäologische Forschung entdeckten Baptisterien: In der Burg Ostrów Lednicki kamen zwei Becken in Form von einem Halbkreuz in der mit dem *palatium* verbundenen Rotunde zum Vorschein; in Posen (Poznań) wurde unter dem Dom ein viereckiges Gebäude mit einem Rundbecken aus Mörtel im Innern entdeckt; und wahrscheinlich gehört dazu auch eine in Krakau (Kraków) auf dem Wawel aufgedeckte Rotunde im Bereich XIV, nördlich vom Dom, in deren Mitte eine viereckige Eintiefung – das vermeintliche Taufbecken – beobachtet wurde.

Die schriftlichen Quellen beleuchten spärlich die Anfänge der Kirchenorganisation in Polen. Wir wissen nur, dass es verhältnismäßig schnell (im Vergleich z. B. zu den Nachbarländern) zur Ernennung des Bischofs für Polen kam (968). Sein Sitz ist zum Streitgegenstand in der Fachliteratur geworden. Die Entdeckung der Überreste des vorromanischen Domes in Posen wurde zum Hauptargument für die These, dass am Ort seit 968 ein Bischofssitz bestand. Gerard Labuda und andere Forscher nach ihm behaupten, dass Gnesen (Gniezno) der Sitz der ersten (Missions-)Bischöfe war. Die Entdeckung des erwähnten Baptisteriums auf Ostrów Lednicki gab den Forschern die Möglichkeit, die aus Palatium, Baptisterium und der nahegelegenen Kirche bestehende Anlage als *Episcopium* – den ersten Sitz des polnischen Bischofs – zu interpretieren. Jedoch sprechen sowohl die Lokalisierung des Baptisteriums, das nicht später als drittes Viertel des 10. Jahrhunderts sein kann, an der Stelle des späteren Posener Doms, als auch die Aufstellung des Grabmals des Stifters – des Fürsten Mieszko I. – im bereits existierenden Dom und nicht zuletzt das Patrozinium des heiligen Petrus, für den Posener Dom als Sitz des polnischen Bischofs vor dem Jahre 1000. Die Burg auf Ostrów Lednicki hatte wahrscheinlich eine ähnliche Funktion wie die karolingisch-ottonischen Pfalzen. Das dort errichtete prachtvolle Baptisterium konnte für die Taufe ausgewählter, zur Dynastie gehörender Personen, und – insbesondere nach dem Vorbild der fränkischen Herrscher – der Fürsten unterworfener Länder bestimmt worden sein.

Die ersten Kirchen wurden ausschließlich in Burgen errichtet. Kirchen oder zumindest Kapellen gab es in allen großen zentralen Burgen Großpo-

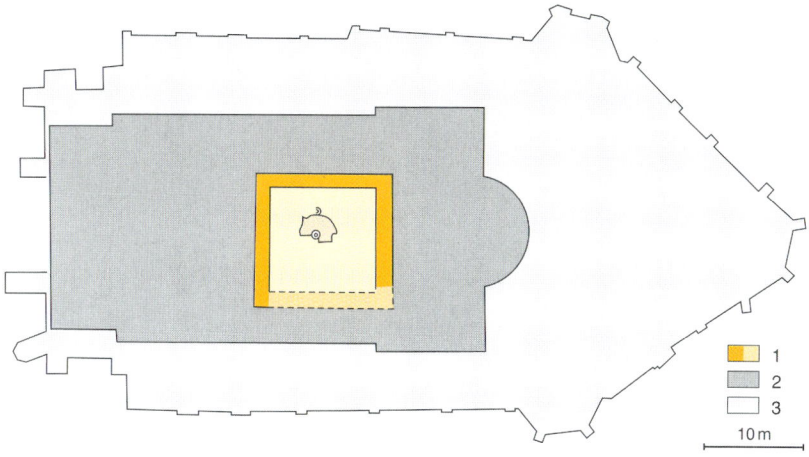

331 Rekonstruktion des Posener Baptisteriums. 1 Baptisterium; 2 vorromanischer Dom; 3 heutiger Dom.

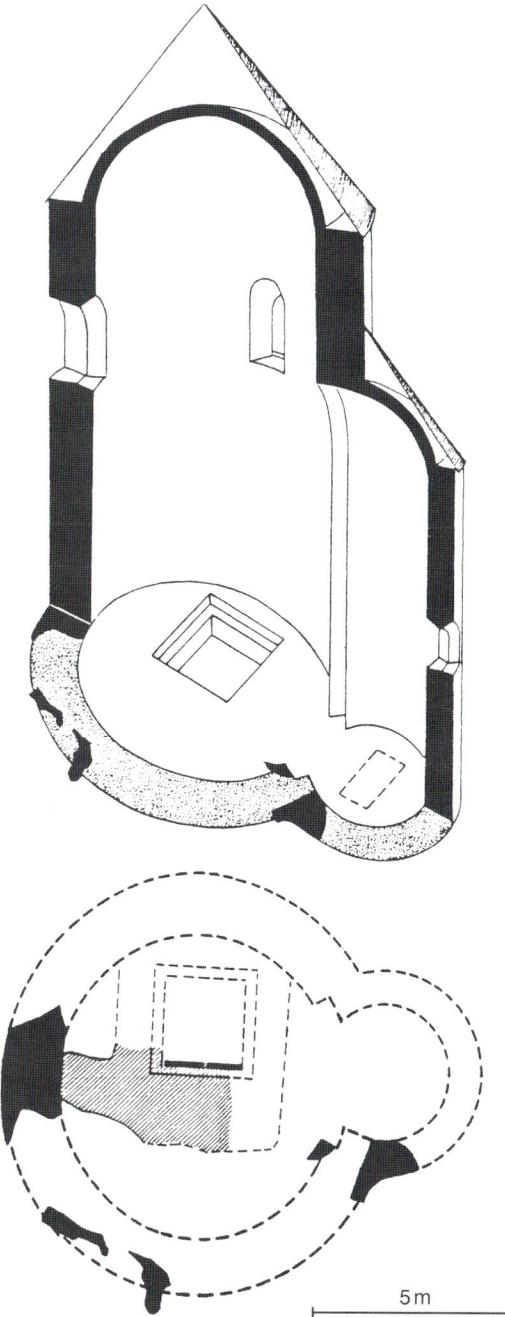

332 **Das vermeintliche Baptisterium von Krakau-Wawel.**

Die Christianisierung Polens

lens und spätestens um das Jahr 1000 auch in den rangähnlichen Burgen bzw. Hauptstädten der Provinzen. In zwei Burgen dieser Gruppe aus Großpolen – Gnesen und Posen – wie auch in einigen Provinzhauptstädten – Krakau, Breslau (Wrocław), Kolberg (Kołobrzeg) – wurden Erzbischofs- und Bischofssitze eingerichtet. In diesen Burgen waren größere Gruppen von Geistlichen und wenigstens ein paar Kirchen zu erwarten; besonders deutlich ist das auf dem Wawel. Das Vorhandensein eines frühen Kirchenzentrums auf Ostrów Lednicki unterliegt keinem Zweifel. Ebenso erscheint Giecz – die nächste zentrale Burg des Gnesener Landes – im Lichte der letzten Forschung als ein wichtiges Kirchenzentrum spätestens seit dem Anfang des 11. Jahrhunderts. Die letzten Entdeckungen unter dem Dom in Breslau deuten auf die Errichtung der ersten Kirche an jener Stelle noch vor dem Jahre 1000 hin.

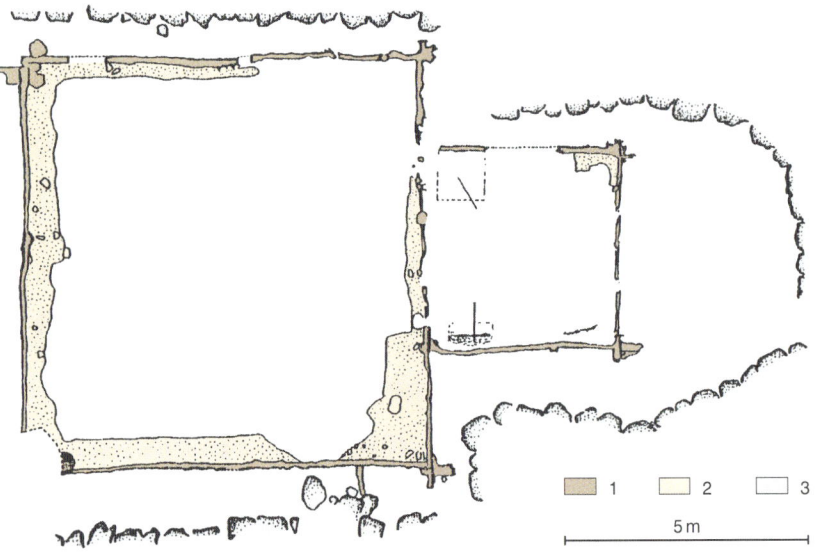

333 Überreste einer Holzkirche in der Burg von Kalisz (nach T. Baranowski und L. Gajewski).
1 Reste der Holzkirche; 2 Estrichreste der Holzkirche; 3 Fundamentinnenkante der jüngeren Steinkirche.

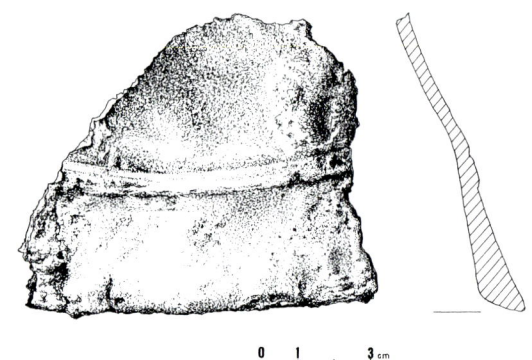

334 Glockenfragment aus dem 11. Jahrhundert aus dem Burgwall von Giecz, Fundstelle 1.

In den weiteren großen Piastenburgen (Kalisz, Lad, Kruszwica) wurden Überreste der Steinkirchen aus etwas späterer Zeit, ab dem Ende des 11. bis in das 12. Jahrhundert, festgestellt. Man kann aber vermuten, dass es dort bereits in der ersten Hälfte des 11. Jahrhunderts Kirchen gab, z. B. Holz- oder Fachwerk-Kirchen. Eine Kirche dieser Art wurde nämlich auf dem Burgwall in Kalisz entdeckt. Auf dem Burgwall in Łekno hat man eine in die erste Hälfte des 11. Jahrhunderts datierte Rotunde freigelegt, was die Liste der Burgen mit Kirchen um einige weniger bedeutende, an wichtigen strategischen Stellen angebrachte Punkte erweitert. Am Rand des Gnesener Staates, in der Nähe der Burg von Meseritz (Międzyrzecz), existierte zu Beginn des 11. Jahrhunderts eine Benediktinerabtei, die bei Thietmar (1. VI, c. 27) erwähnt worden ist. Es gab wahrscheinlich eine Kirche (Kapelle) vom Anfang des 11. Jahrhunderts auf der Burg in Zantoch (Santok), denn dort wurden Überreste einer späteren kleinen Steinkirche entdeckt. Am östlichen Rand des Gnesener Staates können wir ein frühes kirchliches Zentrum in Włocławek und vielleicht auch in Plock (Płock), und – etwas weiter südlich – in der Nähe der Burg von Łęczyca vermuten.

Man kann also damit rechnen, dass in Großpolen und in dessen Randgebieten (im Gnesener Staat) bis zu 20 frühpiastenzeitliche Missions- und Seelsorgezentren von unterschiedlicher Einwirkungskraft je nach dem Rang und der Zahl der Geistlichen tätig waren. In ganz Polen bestanden bis in die dreißiger Jahre des 11. Jahrhunderts sicherlich nicht mehr als 30, im höchsten Fall 40 kirchliche Zentren.

Aus der obigen Darlegung geht hervor, dass die Christianisierung in erster Linie die Bevölkerung der zentralen Burgen des Staates und deren Hinterland erfasst hatte – also die um den Herzog herum versammelte Elite, seine Gefolgschaft sowie die Agrar- und Dienstbevölkerung der Burgbezirke. Weitere Kirchen – Missionsstellen – waren an der westlichen (Meseritz und Zantoch?) und höchstwahrscheinlich der östlichen (Włocławek?, Płock?) und südöstlichen (Kalisz, Łęczyca) Peripherie des Gnesener Staates angesiedelt. Der neulich entdeckte, begonnene, aber nicht abgeschlossene Bau einer großen dreischiffigen Basilika bei Kulm (Chełmno/Kałdus) an der Weichsel aus der Endperiode des ersten Piastenstaates deutet auf die nicht verwirklichten Pläne der Gründung eines wichtigen kirchlichen Zentrums (eines Bistums?) im Kulmer Land (Ziemia Chełmińska) hin, das sicherlich Pommerellen (Pomorze Gdańskie) christianisieren sollte. Das Bistum in Kolberg, gegründet im Jahre 1000, hat die Zeit nicht überdauert. Auch kann um das Jahr 1000 von einer Christianisierung Pommerns noch nicht die Rede sein. In der Anfangsperiode (bis zu den dreißiger Jahren des 11. Jahrhunderts) konnte sich der christliche Glaube in Kleinpolen und in Schlesien ausbreiten. Die Ausbreitung scheint jedoch an der Mittelweichsellinie zu enden, denn Masowien weist keine christlichen Spuren aus jener Zeit auf.

Im Gegensatz zu manchen Nachbarländern ist die Zahl der mit dem christlichen Kult zusammenhängenden Objekte auf den polnischen Gebieten in dieser Zeit gering. Man kann nur ein paar außergewöhnliche Funde dieser Art erwähnen, wie Reliquiarfragmente und das kleine Reliquiarkreuz von Ostrów Lednicki, das kleine Silberkreuz aus Breslau und das Holzkreuz von Danzig (Gdańsk), das mit der Mission des heiligen Adalbert in Zusammenhang gebracht wird. Die in Westpommern und Pommerellen gefundenen kleinen Bernsteinkreuze sind etwas jünger. Die frühesten liturgischen Gefäße und Pastoralefragmente stammen aus der Zeit nach der Mitte des 11. Jahrhunderts. Zu erwähnen wären noch die Beschläge der liturgischen Bücher von Ostrów Lednicki und Breslau wie auch Glockenfragmente von Giecz und Posen, und die ohne Zweifel mit dem Klerus verbundenen Schreibgeräte – die *stili*.

Die Staatskrise in den dreißiger Jahren des 11. Jahrhunderts, die Bürgerkriege und der Überfall des böhmischen Herzogs Břetislav führten zu bedeutenden Zerstörungen auch im Bereich der Kirchenarchitektur, vor allem im Zentrum des Staates. Sie führten zum Verlust der kostbaren Reliquien, unter anderem des heiligen Adalbert und der Fünf Brüder, der Paramente und Bücher, und bewirkten den Zusammenbruch der bisherigen kirchlichen Strukturen. Der Herzog hat sich im unzerstörten Krakau niedergelassen, und die Stadt übernahm ab dieser Zeit die wichtigsten Hauptstadtfunktionen im Staat.

Der Wiederaufbau der großpolnischen Zentren dauerte ziemlich lange, denn erst am Ende des 11. Jahrhunderts wurde der Gnesener Dom wiedererrichtet. Wir beobachten jedoch eine schnelle Zunahme von Kirchen, vor allem weiterhin in den Burgen, besonders in den Kastellanburgen oder in den damit verbundenen Marktsiedlungen. Es entstehen neue Klöster, die die Arbeit der Bischöfe unterstützen. Von der Christianisierung in den bisher schwach besiedelten Gebieten (z. B. Masowien) zeugen die dort erscheinenden Körpergräberfelder.

Literatur

Baranowski 1998. – Hauck 1985. – Kurnatowska 1996. – Labuda 1988. – Pianowski 1995. – Zoll-Adamikowa 1997. – Zurowska (Hrsg.) 1993; 1994.

335 **Bronzestilus aus Giecz – Kat. 04.06.12.**

Das Treffen in Gnesen und die Gründung des Erzbistums Gnesen

JERZY STRZELCZYK

In der Diplomatie des frühen Mittelalters war es eine ungewöhnliche Ausnahme, wenn der Kaiser andere Herrscher in ihren Ländern besuchte. Zwei Auslandsreisen Ottos III. innerhalb kurzer Zeit gehörten dazu, eine zu Bolesław Chrobry und dem Grab des heiligen Adalbert in Gnesen zu Beginn des Jahres 1000 und eine nach Venedig zum Dogen Peter Orseolo im April des nächsten Jahres. Otto war ein Herrscher, der die damaligen Normen und Konventionen des öfteren außer Acht ließ.

Am 19. Dezember 999 war Otto noch in Rom. Das Weihnachtsfest verbrachte er in Ravenna, gleich danach überquerte er mit seinem Gefolge die Alpen über den Brenner und traf in Bayern ein. Am 17. Januar 1000 hielt sich der Kaiser am Staffelsee auf, wohin auch der Magdeburger Erzbischof Giselher kam, um die kaiserliche Gunst wiederzuerlangen. Mindestens sechs Tage lang blieb der Kaiser in Regensburg. Seinem Gefolge gehörten damals und zweifellos auch auf seinem weiteren Weg unter anderem der sächsische Patrizier Ziazo, der Oblationarius der römischen Kurie, Robert, und weitere Kardinäle an. „Noch nie ist der Kaiser mit mehr Pracht aus Rom abgereist oder nach Rom zurückgekehrt" – bemerkte Thietmar, dem wir im Wesentlichen die spärlichen Einzelheiten über die Route, das Gefolge und das Ziel der Reise Ottos III. verdanken. Aus Bayern ging es über Thüringen, wo sich in Jena der Erzkanzler des Königreichs und der Mainzer Bischof Willigis für unbestimmte Zeit anschlossen, nach Zeitz und Meißen, wo der Kaiser von den jeweiligen Bischöfen Hugo und Eid und in Meißen auch vom Markgrafen Ekkehard begrüßt wurde. Im Gau der slawischen *Diedesisi* kam der Kaiser zum Grenzfluss *Pober*, wo er bei der Burg Eulau vom Fürsten der Polaner und seinem Gefolge erwartet wurde. Dies geschah laut G. Labuda am 23. oder 24. Februar. Der Weg lässt sich nicht rekonstruieren, er führte wahrscheinlich über Glogau (Głogów), Wschowę, Kosten (Koscian) und Posen (Poznań). Während der hier erwähnten Reise nahm der Kaiser den Titel *servus Jesu Christi et Romanorum imperator augustus secundum voluntatem Dei salvatoris nostrique liberatoris* an. Der junge Herrscher reiste in ein nicht nur ihm, sondern auch allen Italienern und Deutschen in seiner Begleitung fremdes und entlegenes Land.

Wir können nur mutmaßen, wer noch an der Reise teilgenommen hat. Vermutlich waren unter den Begleitern außer dem Mainzer Willigis und dem Magdeburger Giselher auch der Verwandte des Kaisers, der bayrische Prinz Heinrich IV., der bald darauf, im Jahre 1002, als Heinrich II. zu seinem Nachfolger gewählt werden sollte, ferner der bereits erwähnte Ekkehard aus Meißen und der Lothringer Pfalzgraf Ezzo-Ehrenfried. Während seines Aufenthalts in Gnesen ließ der Kaiser zwischen dem 8. und dem 15. März eine Urkunde verfassen zugunsten des norditalienischen Bischofs Hieronymus aus Vincenza, der wahrscheinlich gleichfalls an der Reise teilnahm, das *actum in Sclavania in civitate Gnesni ubi corpus beati martyris Adalberti requiescit*. Schon am 23. März traf der Kaiser dann in Magdeburg ein. Gemäß der mittelalterlichen Praxis sollte ein solch wichtiger Beschluss, wie es der eben gefasste war, in Gnesen an einem Sonntag bekanntgemacht werden. Der vierte Sonntag in der Fastenzeit, *Laetare Hierusalem* am 10. März, war der einzige Sonntag im Jahr 1000, der in die Zeit zwischen dem 8. und dem 15. März fiel.

Da die polnische Quelle vom Anfang des 12. Jahrhunderts, der Gallus Anonymus, die dreitägigen Feierlichkeiten in Gnesen zu Ehren des Kaisers erwähnte, kann man das Treffen in Gnesen und die eventuellen Konferenzen auf die Tage vom 8. bis zum 10. März datieren.

Gleich danach trat der Kaiser den Rückweg an. Bolesław Chrobry begleitete ihn mit den 300 schwerbewaffneten Kriegern, die er ihm geschenkt hatte, so berichtete Thietmar. Den Palmsonntag verbrachte der Kaiser in Magdeburg, Ostern, den 31. März, in Quedlinburg, von dort begab er sich wahrscheinlich über Heiligenstadt in Thüringen und Tribur, vielleicht auch über Mainz und Köln nach Aachen, was dort für den 1. Mai beurkundet ist. In Aachen kam es zu der berühmten Öffnung des Grabes von Karl dem Großen, über die die Zeitgenossen so empört waren und die sicherlich nach K. Görich, den Zweck verfolgte, die bisher nicht erfolgte Heiligsprechung Karls des Großen vorzubereiten.

Die grundlegenden, sich gewissermassen ergänzenden Berichte über das Gnesener Treffen im Jahr 1000 verdanken wir Thietmar von Merseburg (IV, 45–46) und dem später lebenden Gallus Ano-

336 Himmelfahrt Christi, Evangelistarium – Codex Aureus Gnesnensis, Kloster Niederaltaich (?), 2. Hälfte 11. Jahrhundert, Gnesen, Archivum Archidiecezjalne, BK – Ms 1 A, fol. 64v. – Kat. 26.01.01.

nymus (I, 6). Die in der Forschung verbreitete, übliche Bezeichnung „Synode" ist ungenau, obwohl wahrscheinlich eine improvisierte Synode in Gnesen stattgefunden hat. Das zeitlich nähere Zeugnis Thietmars, der über den Verlauf der Ereignisse besser informiert war, war nicht ganz untendenziös. Nur dem Chronisten Thietmar sowie den wenigen, während der Reise ausgestellten Urkunden verdanken wir die Kenntnis mancher schon erwähnter Einzelheiten, die die Prachtentfaltung während der Reise veranschaulichen, sowie weitere Angaben über die deutschen Etappen, die Teilnehmer und die Personen, die mit dem Kaiser auf dem Weg nach Gnesen zusammentrafen, sowie über die Reiseroute von Rom über Ravenna, Staffelsee, Regensburg, Jena, Zeitz und Meißen bis nach Eulau. Nachdem die Grenze des Herrschaftsgebietes von Bolesław Chrobry überschritten worden war, blieb nur Thietmar als Informationsquelle. Er schrieb über die Pracht des Empfangs, der dem Kaiser von dem Fürsten bereitet wurde, darüber, dass der Kaiser bei Gnesen seine Schuhe auszog und sich barfuß, mit einem Gebet auf den Lippen, zum Grab des Märtyrers begab, wo ihn der „Bischof dieser Stadt", Unger, begrüßte und in die Kirche führte, in der er unter Tränen um die Fürsprache des heiligen Adalbert flehte. Der Kern des Berichts ist die Nachricht von der Gründung des Erzbistums in Gnesen „rechtmäßig, wie ich vermute – *ut spero legitime* – doch ohne das Einverständnis des bereits genannten Bischofs Unger, dessen Diözese dieses ganze Land umfasste". Das Erzbistum wurde, so liest man weiter, dem Stiefbruder Adalberts, Radim-Gaudentius, anvertraut, dem drei vielleicht neu berufene Bischöfe unterstellt wurden: Reinbern in Kolberg (Kołobrzeg), Poppo in Krakau (Kraków) und Johann in Breslau (Wrocław). Nur der Posener Bischof Unger hat sich nicht untergeordnet. Otto III. stiftete in der Gnesener Kirche einen Altar und ließ dort die Reliquien des heiligen Adalbert beisetzen. Zum Abschluss des Besuches bekam er vom Herzog der Polanen den Arm des heiligen Adalbert und „prächtige Gaben", von denen ihm die erwähnten 300 gepanzerten Krieger die größte Freude bereitet haben. Bolesław begleitete den Kaiser mit dem erwählten Gefolge nach Magdeburg, wo sie den Palmsonntag am 24. März feierten, vielleicht folgte er ihm sogar bis Aachen.

Andere deutsche Quellen entnehmen ihre Informationen entweder der Chronik von Thietmar oder ändern seine Angaben unerheblich ab. Laut den Quedlinburger Annalen lehnte der Kaiser die von Bolesław dargebrachten Gaben ab, weil er *non rapiendi nec sumendi, sed dandi et orandi causa* kam. Die schwerwiegendste Diskrepanz in den Quellen lässt sich bei den Hildesheimer Annalen beobachten, die betreffenden Textpassagen beriefen sich auf die verlorengegangenen, zeitgenössischen *Annales Hildesheimenses maiores*. Diesen Annalisten nach gründete – *disposuit* – Otto III. auf der Synode in „Slawien" sieben Bistümer und ernannte Gaudentius mit dem Einverständnis des Papstes und auf die Bitte des böhmischen Fürsten Boleslavs zum Erzbischof „in der Hauptstadt der Slaven – Prag". Während Thietmar und die Hildesheimer Annalen lediglich über die kirchenorganisatorischen Bestimmungen und Entscheidungen des Gnesener Treffens berichteten, blieben in der polnischen Überlieferung, die weder die Chronik von Thietmar noch die deutschen Annalen kannte, diese Einzelheiten unbekannt. Die polnische Tradition berief sich vielmehr auf den ausführlichen Bericht des Gallus Anonymus. Dieser Chronist verbreitete sich über die Pracht des Empfangs, den Bolesław dem Kaiser bereitete, er erwähnte, dass der Kaiser nicht nur wegen „des Gebetes und der Versöhnung" mit dem heiligen Adalbert kam, sondern auch „um den berühmten Boleslaus kennenzulernen". Der verblendete Kaiser, der „dem Rat seiner Magnaten folgend" feststellte, dass es sich nicht gehört, solch einen hervorragenden Herrscher „nur wie einen der Würdenträger Herzog oder *Comes* zu nennen, sondern dass es sich schickt, ihn ehrenvoll auf einen königlichen Thron zu erheben und ihn zu krönen", setzte Bolesław sein eigenes kaiserliches Diadem aufs Haupt „als Pfand für das Bündnis und die Freundschaft", „für die Triumphfahne gab er ihm als Geschenk einen Nagel vom Kreuz Christi und die Lanze des heiligen Mauritius" und bekam von Bolesław seinerseits den Arm des heiligen Adalbert. Der Kaiser soll Bolesław zum „Bruder und Mitarbeiter im Kaiserreich" ernannt haben und gab ihm den Namen eines „Freundes und Verbündeten des Römischen Reiches". „Außerdem übertrug er ihm und seinen Nachfolgern alle Macht zur Verleihung kirchlicher Würden im Königreich Polen, in den bereits eroberten und in den künftig zu erobernden barbarischen Ländern. Gallus Anonymus nannte im Laufe seines Berichts über das Gnesener Treffen ausnahmsweise seine Informationsquellen, ansonsten tat er dies nirgendwo: ein „Buch über das Martyrium des Heiligen (Adalbert)", das die Hauptquelle seines Berichts zu sein scheint, sich aber nicht identifizieren lässt, und die Bestätigung des Vertrags durch Papst Silvester II., auch sie ist sonst nirgendwo bekannt. Obwohl sich manche Übereinstimmungen über den Ort, die Teilnehmer und den prunkvollen Empfang beim Gnesener Treffens bei Thietmar und bei Gallus Anonymus finden, fallen die Unterschiede doch auf: jeder der beiden vermerkte nur einen Teil der Gnesener Beschlüsse, Thietmar – und von ihm abhängend die deutsche Tradition – den kirchlichen Teil, Gallus Anonymus – und mit ihm die polnische Überlieferung – den politischen. Für die polnische Tradition war die Verleihung der Königswürde an Bolesław Chrobry im Jahr 1000 das Wesentliche, man vergaß, dass sich der Polanenherzog danach umsonst um die Königskrone in Rom bemühte, ebenso wie man die wirkliche Krönung Bolesławs kurz vor seinem Tod im Jahr 1025 vergaß. Davon wissen wir ausschließlich aus den deutschen Quellen. Thietmar überging in seinem Bericht über die Ereignisse aus dem Jahr 1000, wie wir sehen, die Krönung Bolesławs; an einer anderen Stelle seiner Chronik (V,10) spielte er lediglich darauf an und warf Otto III. vor „dass er ihn so hoch erhoben hat, indem er aus dem Tributpflichtigen den Herrn machte".

Sicherlich ist es von der Andeutung Thietmars bis zur Schlussfolgerung auf eine wirkliche Krönung ein langer Weg, doch die Tatsache selbst, dass der Herzog der Polanen irgendwie über den ihm zustehenden Status erhoben wurde, unterliegt keinem Zweifel. Seit mindestens 150 Jahren wird in der Forschung über die wirklichen Absichten der Teilnehmer des Gnesener Treffens diskutiert, besonders über seine Ergebnisse und Konsequenzen, in Polen ist vor allem J. Lelewel, außerhalb Polens Heinrich Zeissberg zu nennen. Unter den vielen Hypothesen, die zu diesem Thema vorgebracht wurden, gehören die „Lehenstheorie", die Ernennung von Bolesław Chrobry zum kaiserlichen oder königlichen Vasallen oder die Bestätigung des bestehenden Lehensverhältnisses, die „Patriziertheorie", Chrobry als römischer Patrizier, und die „Theorie des Statthalters" für Polen oder gar das gesamte Kaisertum, die die Ernennung Chrobrys zum Regenten und Nachfolger des Kaisers vertritt. Im Zentrum der Diskussion bleibt die Theorie der wirklichen Königskrönung Chrobrys durch den Kaiser, eventuell in der „abgeschwächten" Form, dass sie der erste, weltliche Teil der Krönung gewesen sei, der dem zweiten Teil, der kirchlichen Weihe durch den Papst, vorausging. Diese These fand in der letzten Zeit Unterstützung durch Johannes Fried, gegen sie sprach sich vor allem Gerard Labuda aus. Er betonte, dass die Krönungen in jener Zeit unabhängig voneinander sowohl vom Papst als auch vom Kaiser vollzogen wurden und in jedem Falle volle Gültigkeit hatten, je nachdem welche politisch-rechtlichen Titel sie begleiteten. Polen als das Lehen des heiligen Petrus, *Dagome iudex*, wäre so gesehen dem Papst unterstellt gewesen. Die Schwierigkeiten in Italien und die Opposition in Deutschland verhinderten, dass Otto III. und Sylwester II. die beabsichtigte Krönung Bolesławs Chrobry nach dem Jahr 1000 vornahmen. T. Wasilewski lenkte die Aufmerksamkeit auf die Analogien zu Byzanz und sah den Sinn des Gnesener Aktes in der Erhebung Chrobrys zur Würde des „kaiserlichen Bruders" und in seiner Aufnahme in die „Familie der Könige".

Etwas klarer, doch nicht vollkommen geklärt, sind die kirchenorganisatorischen Ergebnisse des Gnesener Treffens. Unklar sind die Stellung Ungers vor dem Jahr 1000 – er war der Missionsbischof, der unmittelbar dem Apostolischen Stuhl unterstellt war, der Bischof der Posener Diözese, die das ganze Land des Fürsten Chrobry, vor allem aber die Kernlande, umfasste – und die kanonischen Grundlagen seines Protestes. Zu klären ist die damit verbundene Frage, ob die polnische Kirche oder ein Teil von ihr vor dem Jahr 1000 vielleicht dem Magdeburger Erzbistum unterstellt war. Zu fragen ist nach der doch eher unwahrscheinlichen Existenz des Krakauer Bistums sowie der üblichen Suffraganbistümer von Gnesen vor dem Jahr 1000, endlich nach der von J. Fried anhand der Hildesheimer Annalen erwogenen Möglichkeit, dass die Metropole für die westlichen slawischen Länder anfangs in Prag gegründet werden sollte und der Entschluss der Verlegung nach Gnesen von Chrobry erzwungen wurde, vielleicht auf dem Weg von Eulau nach Gnesen. Damit ist auch die Frage verbunden, ob die neugegründete Metropole ihre Tätigkeit vor der zweiten Hälfte des 11. Jahrhunderts aufnahm oder sie verweigerte.

Die epochale Bedeutung des Gnesener Treffens bleibt trotz der Unklarheiten in den Details ungeschmälert. Vom Standpunkt Polens aus bedeutete es die endgültige und günstige Gestaltung der Diözesanstruktur, jedoch, wie es scheint, nur westlich der Weichsel, denn das Bistum für Masowien, das sich in Plock befand, wurde erst in der zweiten Hälfte des 11. Jahrhunderts gegründet. Es bedeutete die Unabhängigkeit der polnischen Kirche von anderen Erzbistümern und die Anerkennung des Rechts der polnischen Herrscher zur Verleihung kirchlicher Würden. Die angebliche Königskrönung Chrobrys im Jahr 1000 und sein persönliches Treffen mit dem Kaiser dienten der Erhöhung des polnischen Nationalgefühls. Ungeschmälert bleibt auch die Bedeutung des Gnesener Treffens im Rahmen des von Otto III., Silvester II. und anderen Vertretern dieser Idee entwickelten Konzeptes der *Renovatio imperii Romanorum*, in der dem Polen Bolesław Chrobrys und dem Ungarn Stephans des Heiligen eine wichtige Rolle als Stützen an den östlichen Grenzen des Imperiums zukam.

Die Gründung des Erzbistums Gnesen unter kirchenrechtlichen Aspekten

ERNST-DIETER HEHL

Keine zeitgenössische polnische Quelle berichtet über die Gründung des Erzbistums Gnesen (Gniezno) im Februar/März des Jahres 1000. Allein die Historiographie des Reiches erzählt von Kaiser Ottos III. Pilgerfahrt zum Grab des heiligen Adalbert und den dortigen Geschehnissen. Ob der in den sechziger Jahren des 11. Jahrhunderts entstandene Bericht der Hildesheimer Annalen ursprüngliche Texte bewahrt hat, ist umstritten. Der wichtigste Autor für die Geschichte des Reichs um die erste Jahrtausendwende, Thietmar von Merseburg, schreibt bereits nach Ottos III. frühem Tod und zu einem Zeitpunkt, in dem sich das Verhältnis zwischen dem Reich und Polen grundlegend gewandelt hatte. Das Zusammenwirken zwischen Otto III. und Bolesław Chrobry war erbitterter Feindschaft zwischen Bolesław und Ottos Nachfolger Heinrich II. gewichen. Heinrich weigerte sich, die Königswürde Bolesławs anzuerkennen, die dieser – wie im 12. Jahrhundert der Gallus Anonymus berichtet – von Otto III. in Gnesen erhalten hatte. Nicht zuletzt die Schwierigkeiten bei der Gründung von Erzbistum und Kirchenprovinz Gnesen konnte Bolesławs Königtum in den Augen seines Gegners als nicht existierend erscheinen lassen, denn offensichtlich haben sie dazu geführt, dass die kirchlichen Einsetzungsriten, Weihe und Salbung, nicht vollzogen worden waren.

Thietmar benennt in seiner Chronik (IV. 44 und 45) die Schwierigkeiten, die der Errichtung des polnischen Erzbistums entgegenstanden. Bei der Schilderung des Aufbruchs zur Pilgerfahrt zum Grab des heiligen Adalbert verschweigt er, dass der Kaiser von dessen Bruder Radim-Gaudentius begleitet wurde. Der Leser kann das nur daraus erschließen, dass der Chronist den Gaudentius als neuen Erzbischof vorstellt, dem der Kaiser das soeben gegründete Erzbistum übertragen habe. Doch vor der Nennung des Gaudentius bezweifelt Thietmar, ob die Gründung des Erzbistums überhaupt rechtmäßig erfolgt sei. Er stellt damit gleichzeitig die Legitimität der Gnesener Erzbischofswürde des Gaudentius in Frage.

Eine andere Figur als die des Gaudentius ist für Thietmar entscheidend. Seine Erzählung von den Vorgängen in Gnesen kreist um drei Personen: um Otto III., um Herzog Bolesław von Polen und um Unger, den Bischof von Posen (Poznań). Unger empfängt den Kaiser ehrerbietig, als dieser barfüßig vor der ersehnten Stadt (*urbs desiderata*), dem Ziel seiner Pilgerfahrt, eintrifft, geleitet ihn zur Kirche und zum Gebet am Grab des Märtyrers. Unger handelt in Gnesen – Thietmar schreibt das ausdrücklich – als für die Stadt zuständiger Bischof, er ist *episcopus eiusdem* [*urbis*]. Kein anderer kann dort ohne weiteres als Bischof agieren, ist unausgesprochen die kirchenrechtliche Konsequenz. Völlig unmöglich ist es, dem zuständigen Bischof die Stadt zu entziehen und einem anderen zuzuordnen, ohne dass der bisherige Inhaber der bischöflichen Rechte auf diese verzichtet hat.

Mit derartigen kirchenrechtlichen Grundsätzen stellt Thietmar die Legitimität des Erzbistums in Frage. Er hoffe, es sei legitim begründet worden, obwohl das ohne die Zustimmung des Bischofs geschehen sei, zu dessen Diözese diese Gegend gehöre und dessen bischöflicher Amtsgewalt sie unterstehe. Erst dann berichtet er von der Einsetzung des Gaudentius als Erzbischof und davon, dass diesem die Bischöfe von Kolberg (Kołobrzeg), Breslau (Wrocław) und Krakau (Kraków) als Suffragane unterstellt worden seien. Bischof Unger von Posen sei jedoch nicht dem neuen Erzbischof untergeordnet worden. Unger hat somit der Herauslösung von Gnesen aus seiner Diözese nicht zugestimmt. Das hatte seine Konsequenzen für die Rechtsstellung der neuen Metropole und ihres Erzbischofs.

Thietmars Zweifel an der Rechtmäßigkeit der Errichtung der neuen Kirchenprovinz und die Gründe, die er dafür vorbringt, waren für seine Zeitgenossen überzeugend. Dass es kirchenrechtlich nicht möglich war, gegen den Willen eines betroffenen Bischofs seine Diözese zu verkleinern, hatte bereits zuvor der lange Gründungsprozess des Erzbistums Magdeburg gezeigt. Hier hatte sich der Bischof von Halberstadt 13 Jahre lang, von 955 bis 968, dagegen gesträubt, der Verkleinerung seiner Diözese zugunsten des neuen Erzbistums und seiner Kirchenprovinz zuzustimmen. Erst nach ei-

337 Kaiser Otto I. urkundet über die Errichtung des Erzbistums Magdeburg, Ravenna, 986 Oktober. Magdeburg, Landeshauptarchiv Sachsen-Anhalt, Rep. U I, Tit. I, Nr. 31: 968, Oktober.

nem Amtswechsel auf dem Halberstädter Bischofsstuhl hatte Kaiser Otto der Große die notwendige Halberstädter Zustimmung erreichen können, aber der Halberstädter Bischof hatte dabei nicht auf seine Rechte im Gebiet von Merseburg verzichtet. Auch die päpstlichen Privilegien, die der Kaiser 962 und 967 zur Gründung des Erzbistums Magdeburg eingeholt hatte, konnten bis dahin die Zustimmung des betroffenen Halberstädter Bischof nicht ersetzen und diesen auch nicht zum Nachgeben bewegen. Kaiser und Papst waren gegenüber dem halsstarrigen Bischof machtlos. Ebenso hatte sich der Erzbischof von Mainz lange geweigert, Magdeburg aus seiner Kirchenprovinz zu entlassen. Im Oktober 968 hatten die Oberhirten dieser Bischofsstädte nach dem Tod ihrer widerspenstigen Vorgänger endlich der Gründung des Erzbistums zugestimmt, erst danach konnte mit Adalbert der erste Erzbischof in Magdeburg eingesetzt werden. Thietmar jedoch, der das Fehlen der Zustimmung Ungers von Posen zur Errichtung des Erzbistums Gnesen als einziger überliefert, war von den Schwierigkeiten bei der Gründung Magdeburgs auf besondere Weise betroffen. Merseburg war Suffraganbistum von Magdeburg und wie dieses 968 gegründet worden. 981 löste Papst Benedikt VII. das Bistum Merseburg auf einer römischen Synode wieder auf, der dort amtierende Bischof Giselher wurde auf den erzbischöflichen Stuhl von Magdeburg, dessen erster Oberhirte Adalbert soeben ver-

Die Christianisierung Polens

storben war, versetzt. Ottos des Großen Sohn und Nachfolger Otto II. hat diese Neuorganisation der Kirche im Osten seines Reiches mitgetragen und gefördert.

Hier interessiert die offizielle Begründung für Merseburgs Auflösung: Das Bistum Merseburg sei ohne die formelle Zustimmung des Halberstädter Bischofs auf dem Boden von dessen Diözese gegründet worden. Ein Bruch des kirchlichen Rechtes steht damit am Anfang der Existenz des Bistums, es ist nicht legitim gegründet worden und wird deshalb wieder aufgelöst. Doch seit 997 setzen Bemühungen Ottos III. ein, das Bistum in Merseburg wieder herzustellen, 1004 tritt es nach energischem Eingreifen Heinrichs II. erneut ins Leben – mit einem Ritual, das nun die Zustimmung Halberstadts signalisierte.

Die fehlende Zustimmung des Halberstädter Bischofs lag als Makel über der frühen Geschichte Merseburgs. Obwohl Thietmar das in seiner Chronik verschleierte, hat er als einziger die fehlende Zustimmung Bischof Ungers von Posen zur Gründung des Erzbistums Gnesen auf dem Boden der Diözese Posen vermerkt. Gegen die Legitimität des Erzbistums brachte er somit einen Einwand vor, der in Bezug auf ihre erste Gründung 968 noch immer gegen die Legitimität der eigenen Diözese angeführt werden konnte, um deren volle Besitzrestituierung sich Thietmar während seines ganzen Pontifikats bemühte. Allein das beweist schon das rechtliche Gewicht von Ungers Argument.

Aber nicht allein wegen der umstrittenen und verwickelten Gründung des Erzbistums Magdeburg und seines Suffraganbistums Merseburg, wegen dessen Auflösung und Wiederherstellung, besaß der Grundsatz, gegen den Willen eines Bischofs und ohne dessen ausdrückliche Zustimmung könne nicht in seine Diözese eingegriffen werden, in der deutschen Kirche Aktualität. Denn unmittelbar nach Ottos III. Rückkehr aus Gnesen war Bischof Bernward von Hildesheim in eine erbitterte Auseinandersetzung mit seinem Metropoliten Willigis von Mainz darüber geraten, ob das Stift Gandersheim zur Hildesheimer oder Mainzer Diözese gehöre. Der Streit zwischen den beiden Oberhirten hatte bis in die Regierungszeit Heinrichs II. angedauert, erst 1007 konnte der König einen Ausgleich erreichen, in dem die Zugehörigkeit Gandersheims zu Hildesheim bestätigt wurde.

Bernward hat in dem Konflikt auf sämtliche Aktionen seines Metropoliten in Gandersheim mit dem Vorwurf geantwortet, der Mainzer Erzbischof greife damit in Rechte eines anderen Bischofs ein, ohne dass dieser seine Zustimmung gegeben habe. Sowohl Otto III. als auch Papst Gregor V. und dessen Nachfolger Silvester II. unterstützten Bernwards Auffassung. Für die kirchenpolitischen Auseinandersetzungen hat Bernward an seiner Bischofskirche kirchenrechtliches Material zusammenstellen lassen, das den Grundsatz bekräftigte, ohne die Zustimmung des zuständigen Bischofs dürfe nichts in seiner Diözese geschehen. Etwa gleichzeitig mit Thietmar hat Burchard von Worms entsprechende Kanones in seine Kirchenrechtssammlung aufgenommen.

Die Gründe, die Thietmar gegen die Legitimität des Erzbistums Gnesen vorbrachte, waren deshalb nicht das weltfremde Gespinst eines ebenso weltfremden Bischofs. Sie gehören vielmehr zu den Grundsätzen der kirchlichen Organisation der damaligen Zeit überhaupt: Der Bischof war für seine Diözese die zentrale Instanz. Auf der Beachtung dieses Grundsatzes beruhte das Zusammenwirken der Bischöfe, weder ein weltlicher Herrscher noch der Papst konnte ihn beiseite schieben.

Otto III. trug diesen kirchenrechtlichen Grundsätzen insofern Rechnung, als Unger von Posen der Metropolitangewalt des neuen Gnesener Erzbischof nicht unterstellt wurde. Das vermerkt Thietmar ausdrücklich. Weitere Konsequenzen aus dem Widerspruch Ungers lassen sich zumindest erschließen.

Gaudentius, der zwar vor dem Aufbruch Ottos nach Gnesen bereits zum Erzbischof geweiht worden war, konnte in Gnesen nicht als Erzbischof handeln, jede seiner Aktionen war vom Protest Ungers überschattet und konnte als illegitim angesehen werden. Das galt auch für die anstehende Salbung des zum König erhobenen Bolesław. Gaudentius als ranghöchster Geistlicher des neuen Königreiches hätte sie vornehmen müssen. Die kirchenrechtlich ungeklärten Verhältnisse in Gnesen ließen es wohl geraten erscheinen, eher auf dieses kirchliche Ritual zu verzichten als es in einer Form vorzunehmen, die Zweifel an seiner Gültigkeit erlaubte.

Bolesław selbst hat anscheinend eine Konsequenz aus dieser undurchsichtigen Lage gezogen. Obwohl er sich als Gründer der erzbischöflichen Kirche in Gnesen fühlen durfte, ist er – so melden es späte Quellen – nicht im Dom zu Gnesen, nicht am Grab des heiligen Adalbert, zu dessen Verehrung das Erzbistum gegründet worden war, bestattet worden. Er fand sein Grab wie seine Vorfahren in Posen, in der Kirche des Bischofs, dessen Einspruch es verhindert hatte, dass das Erzbistum Gnesen einen ähnlich schnellen Aufstieg nahm wie das benachbarte Magdeburg, in dessen Dom Otto der Große als Gründer dieses Erzbistums begraben lag.

Auch die kirchliche Organisation Polens ist vielleicht weiter fortgeschritten gewesen, als gemeinhin angenommen. Häufig geht man davon aus, die als Suffragane Gnesens genannten Bischöfe seien während des Aufenthalts Ottos III. in Gnesen und somit bei der Errichtung der Kirchenprovinz geweiht worden. Drei Bischöfe waren für eine Bischofsweihe erforderlich, drei Bischöfe waren damals auch anwesend: Gaudentius, Unger und der Bischof des italienischen Vicenza. Ob Unger und Gaudentius jedoch bereit gewesen sind, bei einer Bischofsweihe zusammenzuwirken, ist fraglich. Denn das hätte bedeutet, dass jeder von beiden die von dem anderen beanspruchte Rechtsstellung in Gnesen anerkannt hätte. Man kann deshalb vermuten, dass in Krakau und Breslau bereits Bischöfe existierten, die jetzt dem neuen Metropoliten von Gnesen unterstellt wurden. Allein Reinbern von Kolberg könnte in Gnesen geweiht worden sein. Mindestens einer der beiden anderen Suffragane müsste dem Gaudentius dabei assistiert haben. Bezeichnenderweise äußert Thietmar Zweifel an der Bischofswürde Reinberns. Er benutzt dabei eine ähnliche Formel, mit der er die Legitimität der Gründung Gnesens bezweifelt hat: Reinbern „erreichte das bischöfliche Amt, wie ich hoffe als würdiger" (VII. 72). Sollte damit eine Weihe Reinberns in Gnesen durch den dort widerrechtlich als Erzbischof agierenden Gaudentius gemeint sein, wäre das ein Beleg dafür, dass die Bistümer Krakau, für das ohnehin ältere Traditionen vorliegen, und Breslau bereits existierten, wie auch der Gallus Anonymus (I. 6) später die Existenz weiterer Bistümer auf polnischem Gebiet bereits in den Tagen von Gnesen annimmt.

Die kirchenrechtlichen Schwierigkeiten bei der Gründung Gnesens sind von Thietmar eindeutig bezeugt. Sie während Ottos III. Aufenthalt in Gnesen auszuräumen, ist nicht gelungen. Das zugrundeliegende Problem, ob gegen den Willen und ohne ausdrückliche Zustimmung des betroffenen Bischofs in dessen Diözese eingegriffen werden dürfe, ist unmittelbar nach Ottos III. Gnesenfahrt in dem Konflikt zwischen Hildesheim und Mainz erneut aktuell geworden.

Bernward von Hildesheim hat damals einschlägiges kirchenrechtliches Material sammeln lassen. Er hat sich dabei auch einen vergleichbar aktuellen Fall herangezogen. Denn mit dem Argument, gegen den Willen des zuständigen Bischofs könne in seiner Kirche keine rechtmäßige Synode zusammentreten, hatte Papst Johannes XII. im Februar 964 die römische Synode verurteilen lassen, die ihn im Vorjahr abgesetzt hatte. Trotz des üblen Leumunds, den Johannes XII. bei den Zeitgenossen hatte, obwohl Johannes seine Papstwürde nicht zurückgewinnen und sich der von Otto dem Großen begünstigte „Gegenpapst" Leo VIII. behaupten konnte, ist die Synode Johannes' XII. in die Hildesheimer Materialien aufgenommen worden. Auf einer römischen Synode hat die Hildesheimer Partei in ihrem Streit mit Mainz mit diesen Texten argumentiert und hier von Papst und Kaiser, ein knappes Jahr nach dessen Gnesenfahrt, recht bekommen.

Deshalb erscheint es fraglich, ob die Nachricht der Hildesheimer Annalen, Otto III. habe das neue Erzbistum in Prag gegründet, als Verwechslung des späten Abschreibers abgetan werden kann. Gerade in Hildesheim hatte man allen Grund, die Geschehnisse in und um Gnesen genau zu beobachten. Hinter der kryptischen Nachricht vom Erzbistum Prag kann ein echter Kern stecken, der auf Pläne und Überlegungen hinweist, in denen Prag eine Rolle spielt.

Thietmar bezeugt, dass kirchenrechtliche Einwände Ungers von Posen den Plänen Ottos in Gnesen entgegenstanden. Das waren Einwände, die auf den Grundlagen der bischöflichen Amtstellung und den Grundsätzen des bischöflichen Zusammenwirkens beruhten. Deshalb ließen sie sich nicht einfach beiseite schieben. Den Beteiligten – Otto III., Bolesław, Gaudentius und Unger – war das bewusst und auch denen, die – mit dem Papst angefangen – sich sonst mit kirchlichen Strukturen und Organisationen zu befassen hatten. Ottos III. Aktionen in Gnesen sind deshalb unabgeschlossen und gleichsam vorläufig, sie zu vollenden, verhinderte der frühe Tod des Kaisers. Das neue Erzbistum und sein Erzbischof führten zunächst eine kümmerliche Existenz, Bolesławs Rangerhöhung fand bei Ottos Nachfolger Heinrich II. keine Anerkennung.

Literatur

Althoff 1996. – Fried 1989 a; 1998 b. – Hehl 1998.

Sakralarchitektur in Polen

KLEMENTYNA ŻUROWSKA

Die Anfänge der christlichen Kultur lassen sich nur schwer beschreiben, da sich die Kunst jener Zeit auf die Architektur beschränkte. Die Annahme des Christentums durch die slawischen Stämme im Warthe-, Oder- und Weichselgebiet gab den Anstoß für bahnbrechende Änderungen in allen Bereichen, unter anderem in der Baukunst. Das vorchristliche Bauwesen auf dem polnischen Territorium umfasste Wehr- und Wohnbauten, der Sakralbau hingegen ist unbekannt. Die frühmittelalterliche Archäologie erbrachte Burgen, umgeben von monumentalen Befestigungen, in deren Bereich sich Wohn- und Wirtschaftsgebäude aus Holz befanden. Dies war der heimische Eigenbeitrag der auf künftig polnischem Gebiet siedelnden Stämme, einem Territorium, das sich nie im Bereich des römischen Limes befand, und das demzufolge weder an die älteren römischen, noch an die jüngeren christlichen Traditionen angeknüpft hatte. Die Burgwälle bildeten nach der Mitte des 10. Jahrhunderts den Rahmen, in dem die in dieser Landschaft fremden Steinbauten erschienen. Nach der Annahme des Christentums begann eine eigenartige Symbiose von zwei äußerst unterschiedlichen formalen Elementen: den für die slawische Landschaft charakteristischen, ringförmigen Holz-Erde-Befestigungen und den Steinbauten mit jahrhundertelanger spätantiker und frühchristlicher Tradition. Im Piastenstaat sind die frühesten christlichen Bauten erst um 966 zu erwarten. In diesem Jahr wurde Mieszko, der erste historische Herrscher der Polanen, getauft. 968 bekam Polen Bischof Jordan. Im Jahre 1000, während der Pilgerfahrt Kaiser Ottos III. wurde das Erzbistum in Gnesen (Gniezno) und vier Bistümer in Posen (Poznań), Kolberg (Kołobrzeg), Breslau (Wrocław) und Krakau (Kraków) errichtet[1]. Im Jahre 1025 erlangte der Sohn von Mieszko I., Bolesław Chrobry, die Königskrone, die sein Sohn, Mieszko II., von ihm erbte. Diese ruhmreiche Periode wurde durch den heidnischen Aufruhr und den Überfall des böhmischen Herzogs Břetislav 1038 beendet. Vom dritten Viertel des 10. Jahrhunderts bis zur heidnischen Reaktion und dem böhmischen Angriff dauerte die erste Entwicklungsphase der frühpiastenzeitlichen Architektur. Sie bildete sich im 10. Jahrhundert in Großpolen aus und erfasste am Ende des Jahrhunderts Schlesien und Kleinpolen. In der ersten Periode waren die Mauern der christlichen Bauten aus Stein, den man mit dem Hammer zu unregelmäßigen, länglichen Platten verarbeitet hatte[2]. Diese Technik ist gut datierbar (von der zweiten Hälfte des 10. Jahrhunderts bis zur ersten Hälfte des 11. Jahrhunderts). Unbekannt sind die Baumeister, die für die ersten Piasten arbeiteten. Sicherlich waren es keine Einheimischen, sondern Handwerker, die mit der Steinbearbeitung vertraut waren. Die genaue Datierung der einzelnen Bauten bereitet aufgrund der spärlichen Quellen große Schwierigkeiten. Der unterschiedliche Erhaltungszustand der aufgefundenen Grundmauern kommt erschwerend hinzu. Die Datierungen resultieren daher aus der Analyse der Mauern, der Form des Baus, der archäologischen Funde und Befunde sowie der historischen Überlieferung. Im Zusammenhang mit den Anfängen des polnischen Staates stehen vermutlich die Bauten auf der Insel (Ostrów) des Lednica-Sees, die an der Route zwischen Gnesen und Posen errichtet wurden. Die Insel war mit dem Festland durch zwei Holzbrücken verbunden, von denen die östliche aus den Jahren 963/964 stammte. Auf dem Burgwall sind die seit dem 19. Jahrhundert bekannten Ruinen eines länglichen Gebäudes erhalten, das im Osten mit dem Zentralbau verbunden war[3]. Das rechteckige Haus war in drei Räume und einen engen Flur aufgeteilt. Das Gebäude mit dem Grundriss eines gleicharmigen Kreuzes mit Rundgang und Ostapsis hatte vier zentrale Pfeiler mit Viertelquerschnitt. Der Befund

338 **Ostrów Lednicki, vorromanische Palastbauten.**

wird als Palas und Kapelle des Herrschers gedeutet und datiert vom dritten Viertel des 10. Jahrhunderts bis in das erste Viertel des 11. Jahrhunderts (Abb. 338)[4]. Im nördlichen Teil der Burg hat man in den Jahren 1961/62 im Negativbefund die Mauern eines kleinen Gebäudes mit quadratischem Grundriss, rechteckigem Presbyterium und Annexen gefunden[5]. Es wurde als Burgkirche angesehen. Die auf der Insel in den Jahren 1987/1990 durchgeführten Forschungen ergaben, dass die Architektur des Komplexes von Lednica im 10. Jahrhundert zwei Phasen umfasste[6]. In der ersten Phase hatten die Stützen des Zentralgebäudes einen quadratischen Querschnitt und in dessen südlichem und nördlichem Teil befanden sich die in den Fußboden eingetieften flachen Becken halbkreuzähnlicher Form. Die Entdecker glauben, dass der Bau mit den Becken in der ersten Phase als Baptisterium diente, in dem 966 die Taufe Herzog Mieszkos stattfand. Das längliche Nachbargebäude wird als Bischofshaus interpretiert und in der kleinen viereckigen Kirche soll die Eucharistie zelebriert worden sein, welche die Taufliturgie abschloss. Damit könnten diese drei Gebäuden das *Episcopium* von Bischof Jordan gebildet haben. Am Ende des 10. Jahrhunderts, nachdem die neue Kirchenorganisation sich weitgehend durchgesetzt hatte, wurden die Bauten Ostrów Lednickis bei Beibehaltung der ursprünglichen Anordnung umgebaut und in die Herrschaftsresidenz umgewandelt. Damals wurden die viereckigen Pfeiler des ursprünglichen Baptisteriums durch die oben erwähnten ersetzt, das nördliche Becken wurde zugeschüttet und das südliche erhielt eine viereckige Form. In den Flur des Palas baute man eine Treppe ein, in die Westaula zwei viereckige Pfeiler. In den Jahren 1948/50 stieß man im Burgwall von Giecz auf die Steinfundamente einer ähnlich angeordneten Anlage. Der Bau des Gebäudes wurde, nachdem man die unterste Mauerschicht errichtet hatte, abgebrochen. Es wird vermutet, dass der Baubeginn des Palas von Giecz im 11. Jahrhundert unter Mieszko II. erfolgte, und die Bauarbeiten durch den Überfall von Herzog Břetislav unterbrochen wurden[7]. Vergleicht man den Befund von Ostrów Lednicki mit dem von Giecz, so spiegelt dieser, abgesehen von der Rotunde, genau dieselbe Anordnung wider. Die Autoren der Monographie über die Bauten von Lednica behaupten, dass die Gieczer Burg von Anfang an als ein Kirchenzentrum geplant worden war. Dieses Vorhaben wurde jedoch aufgegeben, die begonnenen Mauern zugeschüttet und das Kirchenzentrum auf der Insel im Lednica-See eingerichtet[8]. Im zweiten Jahrzehnt des 11. Jahrhunderts errichtete man im östlichen Grenzgebiet des Staates, in der Burg auf Góra Zamkowa (Schlossberg) in Przemysl[9], eine ähnliche Anlage, deren Kapelle aus einer Rotunde mit einer Apsis bestand. Die Residenzanlagen der Piasten bilden eine einheitliche Gruppe, deren Genese bisher unterschiedlich gedeutet wurde. Die neue Interpretation der in Devín in der Slowakei entdeckten Grundmauern eines großmährischen Gebäudes, die slowakische Forschern für eine Kirche halten, wirft ein neues Licht auf das Problem der

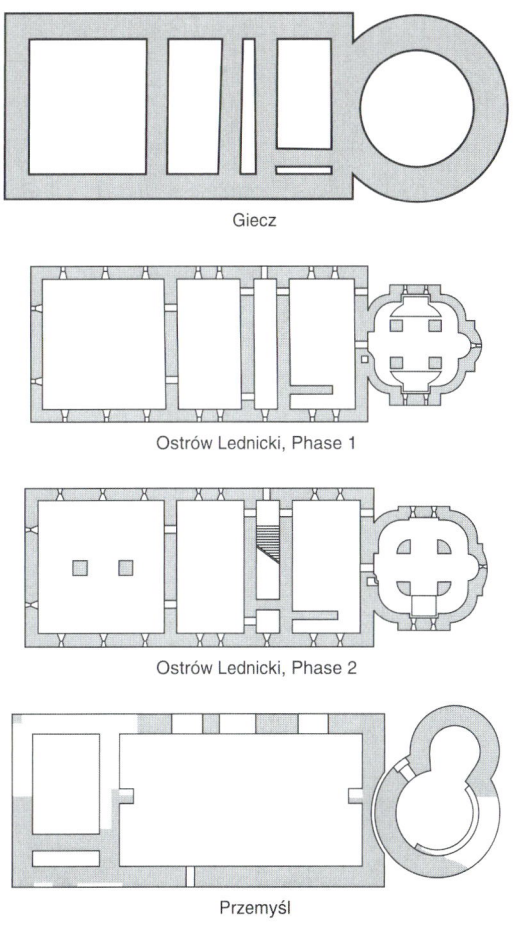

339 **Palastbauten in Polen, Grundrisse.**

340 **Posen (Poznań), Grundriss Dom.**

Die Christianisierung Polens 503

341 Krakau, Wawel, vorromanische Bebauung. 1 Dom; 2 Rotunde mit einer Apsis; 3 Zweiapsidenrotunde; 4 Vierkonchenrotunde; 5 Rechteckbau; 6 Mauerreste bei der Kirche St. Gereon; 7 Mauerrest bei der Kirche St. Michael; 8 Mauerreste im westlichen Burgbereich. a nachgewiesene Gebäudereste; b ergänzte Gebäudereste; c Wall.

Herkunft axial angelegter Paläste. Das vermeintliche Gotteshaus in Devín hatte einen kleeblattförmigen Grundriss, wobei eines dieser „Blätter" um einen viereckigen Raum verlängert worden war. Nach T. Rodzinska-Chorazy handelt es sich bei den in der großmährischen Burg aufgefundenen Steinresten aus dem 9. Jahrhundert um das in Ostmitteleuropa früheste Beispiel eines solchen Gebäudekomplexes; er besteht aus der zentralen Dreikonchenkapelle und einer viereckigen Palasaula[10]. Man kann vermuten, dass die Residenz Herzog Rostislavs von Devín den Beginn solcher Anlagen makierte, die dann auch im 10. und 11. Jahrhundert in Polen errichtet wurden. Die Verbindung eines Zentralbaus mit einem Langhaus ist auch aus der Architektur von Dombezirken des ersten Jahrtausends bekannt. In Florenz errichtete man an der Wende zum 5. Jahrhundert die Basilika der Domkirche, die aus einem oktogonalen Baptisterium mit zwei Taufbecken und dem Bischofspalas bestand und in dieser Anordnung trotz Stilwandlungen bis auf den heutigen Tag besteht[11]. Das „Lednica-Konzept" des abgetrennten Baptisteriums mit seinen zwei Taufbecken hat daher wohl norditalienische Wurzeln[12].

Die Schaffung einer Kirchenorganisation im Jahr 1000 gab den Anstoß für den Bau von Domkirchen. Nur eine von ihnen – die Domkirche von Posen (Poznań) – ist ziemlich gut bekannt. Die Ausgrabungen in den Jahren 1951/56 ergaben die Grundmauern einer dreischiffigen Basilika mit einem mit der Apsis abgeschlossenen Presbyterium und einem Westwerk[13]. Es handelte sich um eine Kirche, die durch die ottonische Architektur geprägt war (Abb. 340). Sie hatte monumentale Formen und stand in ihren Maßen den mittelgroßen Bauten, die in jener Zeit im Deutschen Reich erbaut wurden, um nichts nach. In der Mitte des Mittelschiffs legte man auf der dem Bau der Basilika vorausgehenden Schicht eine beckenförmige flache Schüssel mit ca. 5 m Durchmesser aus Kalkmörtel frei. Diese Reste werden als Taufbecken oder als Mörtelmischer gedeutet[14]. In neuester Zeit behauptet Z. Kurnatowska nach der erneuten Analyse der Dokumentation, dass das Becken von Posen ursprünglich in einem viereckigen gemauerten Gebäude stand. Es könnte sich dabei um ein Baptisterium handeln und damit um den frühesten Nachweis der Missionstätigkeit vor Errichtung der Domkirche[15]. Auf dem Wawel-Hügel in Krakau

(Kraków) wurden in der frühmittelalterlichen Burg unter der gotischen Domkirche eine vorromanische Mauer und eine Apsis entdeckt[16] (Abb. 341,1; 342). Es könnte sich dabei um Reste der Domkirche aus der Herrschaftszeit Bolesław Chrobrys handeln. An der Nordseite der Bischofskirche von Krakau befand sich eine Rotunde mit einer Apsis[17] (Abb. 341,2; 342). In ihrem Innern aufgefundene Steinstrukturen könnten das Fragment des Taufbeckens oder eines Sarkophags sein. Südlich der Domkirche, unweit des südlichen Hügelabhanges, hat man die Überreste einer zweiten Rotunde mit zwei Apsiden entdeckt (Abb. 341,3; 342). In die Westapsis war eine Empore eingebracht worden, die ein Rundpfeiler stützte[18]. Südöstlich der Domkirche stand die bis heute bis zu 6 m Höhe erhaltene Marien-, Felix- und Adauktus-Rotunde mit vier Konchen. Trotz ihrer bescheidenen Ausmaße verfügte sie über zwei Geschosse, von denen das Untergeschoss eine Krypta war (Abb. 341,4). An die südwestliche Apsis schloss der viereckige mit dem runden Treppenhaus verbundene Turm an. An der Nordseite des Turmes befand sich der Eingangsbereich der Krypta mit einer Vorhalle[19]. Östlich der Domkirche legte man ein in den Felsen eingetieftes viereckiges Gebäude frei, in das ein kleiner Korridor mit einer Treppe führte[20]. Es war ein Wirtschaftsraum. Die Lage dieses Gebäudes ist von besonderer Bedeutung, da in der Nähe die bisher unbekannte Wohnbebauung dieser Zeit zu suchen ist. Auf dem Wawel hat man noch drei weitere, bislang schwer zu definierende Mauerfragmente aus Steinplatten entdeckt[21]. Sowohl die Rotunde mit einer Apsis, als auch die Zweiapsiden- und Vierkonchenrotunde weisen Beziehungen zur Architektur der Nachbarn jenseits der Karpaten auf. Dennoch sind sie in ihrer Eigenart verschieden. Die Zweiapsidenrotunde entspricht der Kirche Nr. 6 in Mikulčice[22]; sie unterscheidet sich jedoch durch die in die Westapsis eingebaute Empore. In späteren Zeiten waren Emporen das Kennzeichen der romanischen Rotunden in der Piastenzeit[23]. Die Vierkonchenrotunde auf dem Wawel erhielt zusätzlich eine Krypta, wie sie um 1000 in den Marienrotunden Mitteleuropas üblich waren. Der Turm kann als klassisches Beispiel für die Reduktion des Aachener Westwerkes gelten[24]. Die Zahl von acht auf dem Wawel angetroffenen vorromanischen Bauten und der Rang der Kirchen, wie der Domkirche oder Marienkapelle, die eine Burgkapelle gewesen sein könnte, sprechen deutlich für die außergewöhnliche Bedeutung dieser Piastenresidenz. Außer auf dem Wawel hat man noch zwei weitere freistehende Rotunden mit einer Apsis gefunden. Sie befanden sich in Krakau auf dem Krzemionki und in Lekno in Großpolen. Sie sind, ähnlich wie die bei unseren südlichen Nachbarn und gleichzeitig in beinah ganz Europa vorkommenden Bauten typisch für die frühesten Missionskirchen in den christianisierten Ländern[25]. In den letzten Jahren sind vorromanische Fragmente unter der Domkirche in Breslau (Wrocław) und in Kulm (Kałdus) in Ostpommern entdeckt worden. Sie werden in dieser Publikation durch die Entdecker vorgestellt. Im Sommer 1999 begann die Erforschung der frühpiastenzeitlichen Bauten auf der Dominsel in Posen und in Giecz. Es ist noch zu früh für Schluss-

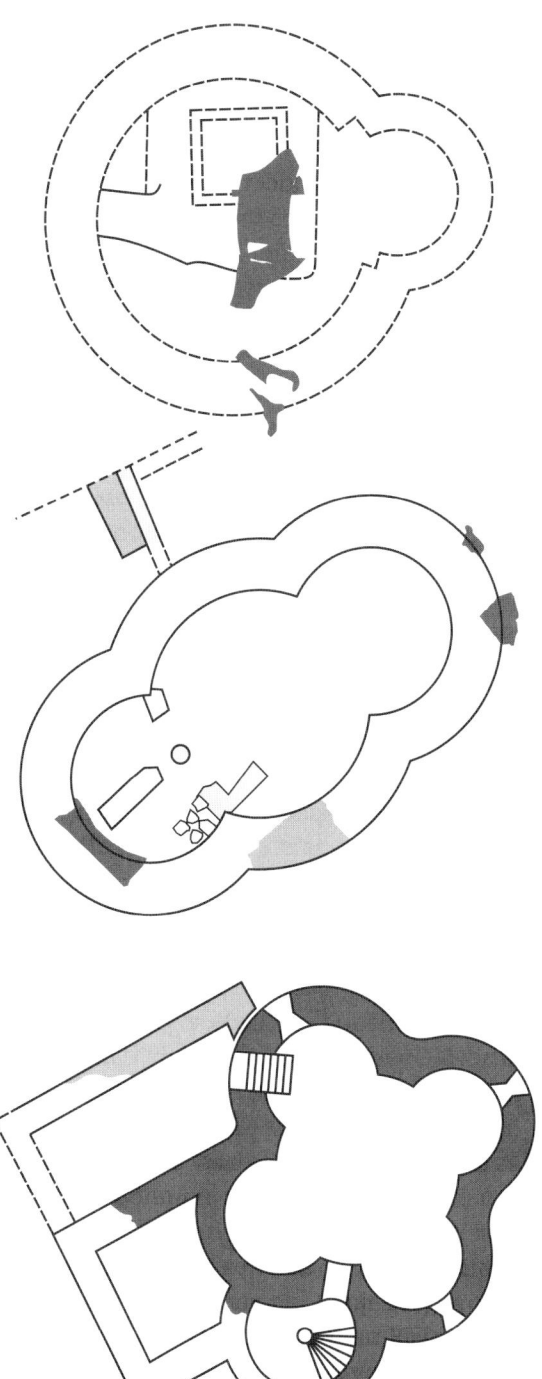

342 **Krakau–Wawel, Grundrisse Rundkapellen.**

folgerungen. Die unterschiedlichen Formen der Zentralbauten (Baptisterium von Ostrów Lednicki, das Tetrakonchos, die Zweiapsidenrotunde und die Rotunden mit einer Apsis auf dem Wawel), die Westwerke (die Domkirche von Posen), der Vierkonchenrotunde auf dem Wawel, die Johannes-der-Täufer-Kirche in Giecz sowie die für frühpiastenzeitliche Residenzen typische Verbindung von Zentralbau und Langhaus zeigen nicht nur den Reichtum der verwendeten Lösungen und die Vielfalt der schöpferischen Inspirationen, sondern auch das Geschick, verschiedene Motive zu verbinden. Die Einflüsse kamen dabei sowohl aus der ottonischen Kunst Mitteleuropas, als auch aus Südeuropa, wo die romanische Kunst weit verbreitet war und die antiken Traditionen weiterhin lebendig waren. Auch die Gebiete des ehemaligen Großmährischen Reiches und Böhmen spielten eine bedeutende Rolle in der Formengestaltung der polnischen Steinbauten. Für die frühpiastenzeitliche Architektur ist jedoch das Zusammenwirken von Elementen, die sich aus verschiedenen Traditionen herleiten, charakteristisch. Es entstehen eine neue Qualität und einfallsreiche Bauten, die keine identischen Vorbilder haben. Es handelt sich dabei um eine zielbewusste, individuell geprägte und hochstrebende Kunst, die den ehrgeizigen Bestrebungen der christlichen Herrscher entspricht. Als ein integraler Teil der Formenwelt Europas um das Jahr 1000 haben die Bauten Mieszkos und Bolesław Chrobrys ihr eigenes künstlerisches Gepräge[26].

Anmerkungen

1 Labuda (1999) 188–194.
2 Kozieł (1998) 55–63.
3 Sokołowski (Kraków 1876).
4 Pietrusińska (1971) 740–742. – Świechowski (1990) 15–20.
5 Nowak (1965) 181–189.
6 Die Forschungsergebnisse wurden von den Entdeckern veröffentlicht: Żurowska (1993) u. Żurowska (1994).
7 Pietrusinska (1971) 686–687.
8 Żurowska (1993) 206.
9 Pietrusinska (1971) 751–752. – Sosnowska (1992) 55–60. – Rodzińska-Chorąży (1996) 133–149.
10 Placha u. a. (1990) 77–121. – Rodzińska-Chorąży (im Druck).
11 Benvenuti u. a. (1996). – Żurowska (1998) 173–177.
12 Rodzińska-Chorąży (1993) 161–167.
13 Józefowiczówna, (1963). – Pietrusinska (1971) 748–749. – Rodzińska-Chorąży (1997) 61–81. Dort vollständige Literatur.
15 Kurnatowska (1998) 51–69.
16 Pianowski (1998) 61.
17 Firlet/Pianowski (1985) 153–167. – Pianowski (1994) 20.
18 Kozieł/Fras (1979) 40–82. – Pianowski (1994) 21.
19 Żurowska (1983) 9–53. – Pianowski (1994) 14–18.
20 Zaki (1955) 70–111. – Pianowski (1994) 12–13.
21 Pianowski (1998) 61–62.
22 Pośmourný (1971) 52, Abb. 7, 13.
23 Zurowska (1983) 71–106.
24 Żurowska (1983) 11–18; 43–48.
25 Roddzińska-Chorąży (1995) 145; 153–154.
26 Das Problem der Inspirationsquellen für die polnische Kunst unter den ersten Piasten hat Lech Kalinowski behandelt. Er hat auch im Rahmen seiner Erwägungen den Begriff „die frühpiastenzeitliche Kunst" eingeführt.

Literatur

Benvenuti u. a. 1996. – Firlet/Pianowski 1985. – Józefowiczówa 1963. – Kozieł 1998. – Kozieł/Fras 1994. – Kurnatowska 1998. – Labuda 1999. – Nowak 1965. – Pianowski 1994. – Pianowski 1998. – Pietrusinska 1971. – Placha u. a. 1994. – Pósmurny 1964. – Rodzińska-Chorązy 1993; 1996; 1997. – Sokołowski 1876. – Sosnowska 1992. – Żurowska 1983; (Hrsg.) 1993; 1994.

Die Domkirche von Breslau (Wrocław)

EDMUND MAŁACHOWICZ

Das bisherige Dunkel der frühmittelalterlichen Geschichte Breslaus wurde in bedeutendem Maße durch die Ergebnisse der archäologisch-architektonischen Forschung aufgehellt, die unter Leitung des Autors in der Domkirche von Breslau in den Jahren 1996 bis 1998 durchgeführt wurde. Außer Resten der bereits 1950 festgestellten Krypta der romanischen Domkirche aus dem 12. Jahrhundert fand man weitere Fundamente von drei älteren Steinbauten in den Schichten (4,70 bis 5 m) unterhalb des heutigen Fußbodens der Domkirche. Diese in das letzte Viertel des 10. Jahrhunderts, den Anfang des 11. Jahrhunderts und die Mitte des 11. Jahrhunderts datierten Mauern erlauben eine hypothetische Rekonstruktion der Baugrundrisse und stellen wichtige Quellen zur Geschichte der materiellen Kultur und zu den Anfängen und zur Entwicklung des Christentums in Schlesien dar (Abb. 130). Bei der ersten Kirche von Breslau, zu der es keine Quellennotiz gibt, und die der ersten Domkirche Bolesław Chrobrys vorausgegangen war, handelte es sich um ein gemauertes einschiffiges Gebäude mit einem Querschiff oder mit Seitenannexen. Es hatte einen kreuzförmigen Grundriss mit den Außenmaßen von ca. 25 m Länge und 19,50 m Breite. Die Außenbreite der Schiffe lag bei 8 m, die Stärke der Fundamente betrug ca. 1,10 m. Die Kirche war aus kleinen Natursteinen im Mörtelverband errichtet worden (Abb. 345). Über ihre Architektur kann man wegen des Fehlens von architektonischen Details nur Vermutungen anstellen (Abb. 346). Im Laufe der weiteren Studien zur Erforschung der Entstehungsumstände und der Datierung des Gebäudes sowie seiner architektonischen Vorbilder wurde auf die nächsten Analogien in der böhmischen Architektur des 10. Jahrhunderts, das heißt auf die Burgkapellen von Vyšehrad und Libiče hingewiesen. Letztere verfügt über ähnliche Ausmaße wie die Kirche von Breslau. Die Nachbarschaft Schlesiens zum „Staat" der Slavnikiden von Libiče und zum Geburtsort des heiligen Adalbert aus dieser Familie, sowie sein Walten als Bischof in Prag, mögen der Beweis sein, dass die Kapelle von Libiče das architektonische Vorbild der Kirche von Breslau gewesen sein könnte. Aufgrund der obigen Erwägungen ist eine Erbauung dieser Kirche in den Jahren 983 bis 988, das heißt als Adalbert das Bischofsamt in Prag bekleidete, möglich. Im Lichte der spärlichen historischen Quellen und der obenerwähnten Datierung des Kirchenbaus lassen sich gewisse Schlussfolgerungen ziehen. Die dendrochronologischen Datierungen der neuerbauten Burgen an der Oderlinie (Breslau [Wrocław], Oppeln [Opole] – Glogau [Głogów]) deuten auf das Jahr 985 hin. Die zur damaligen Zeit getroffenen Maßnahmen dienten möglicherweise zum Schutze Böhmens oder der Festigung der Herrschaft Mieszkos I. Die Klage des Mönchs von Sazau über den Verlust von Niemitsch (Niemcza) 990, in der Breslau nicht erwähnt wird, scheint für die zweite Möglichkeit zu sprechen. So reichte die Herrschaft Mieszkos I. unter Umständen schon um 985 bis an die Oderlinie, und ihm ist auch die Gründung der ersten Kirche in der Burg von Breslau zuzuschreiben. Das Vorhandensein eines wahrscheinlich in den Jahren 983 bis 988 erbauten Gotteshauses wirft ein neues Licht auf die Geschichte dieser Periode und auf die bisher wenig oder gar nicht glaubwürdigen historischen Quellen: die „Amplikation" von Jan Długosz und die „alte" Notiz, auf die sich die Hypothese von H. Heyne gründete. Der erstgenannte erwähnt

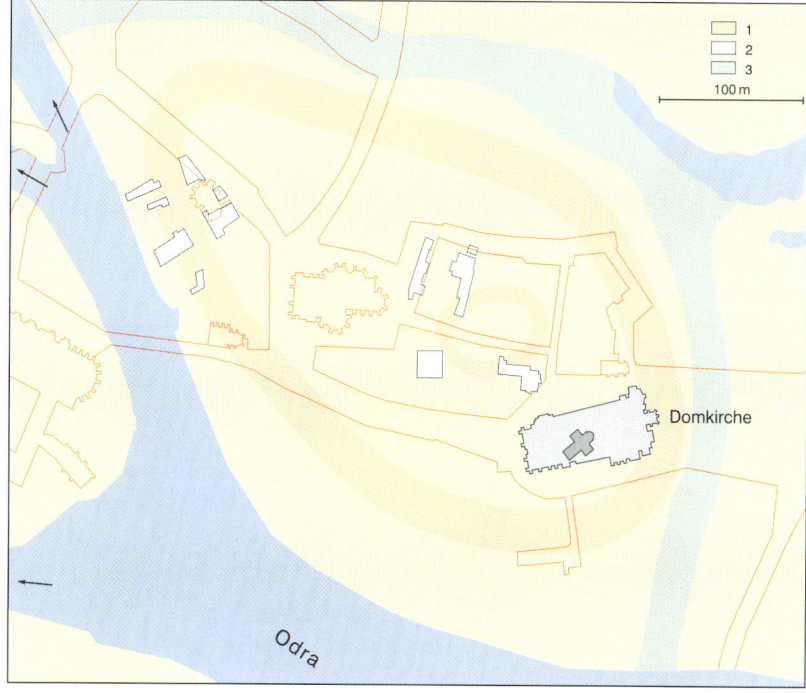

343 Breslau, Dominsel (Wrocław, Ostrów Tumski). Lage des heutigen Domes mit ältestem Vorgängerbau im Südosten der Burg. 1 rekonstruierter Wallverlauf im 10. Jahrhundert; 2 Ausgrabungsflächen; 3 ehemaliges Gewässer.

in seinem Verzeichnis der Bischöfe von Breslau den Namen Gottfrieds an erster Stelle und der zweite nennt die Missionsstätte in Schmograu (Smogorzów), die in das dritte Drittel des 10. Jahrhunderts datiert. Diese Notizen deuten auf das sagenhaft-hypothetische, doch heutzutage zum Teil mit materiellen Belegen nachgewiesene Vorhandensein einer Kirche in Breslau und der dort lebenden Klostergemeinschaft in der Zeit vor der Errichtung des Bistums bei der Kirchenversammlung in Gnesen (Gniezno) im Jahre 1000 hin. Auf einer solchen Grundlage konnte erst das Bistum organisiert werden. Die neue vorromanische Domkirche ähnelte im Grundriss und wahrscheinlich auch in der Architektur der früheren Domkirche in Posen, die sich auf karolingische Vorbilder stützte. Sie wurde höchstwahrscheinlich zu Beginn des 11. Jahrhunderts von Bolesław Chrobry errichtet und sicherlich während des heidnischen Aufstandes und des Überfalls in den Jahren 1038/1039 zerstört. Nach einer hypothetischen Rekonstruktion handelte es sich bei der Breslauer Kirche um eine Basilika ohne Querschiff. An der Ostseite befand sich eine große Apsis, die von zwei Seitentürmen flankiert war. Im Westen schloss sie ein nicht näher bestimmbares Westwerk ab. Die horizontalen Außenausmaße dieses Gebäudes betrugen ca. 33 m in der Länge und ca. 18,5 m in der Breite (Abb. 346). Wahrscheinlich war es ein Pfeilerbau mit der nachgewiesenen 4-Säulenkrypta unter dem Chor. Aufgefundene Reste weisen auf zumindest ein Portal mit vorromanischer Reliefschmuck hin (Abb. 347). Das auf der Insel gefundene Balkenfragment, das vermutlich zur Dachkonstruktion der Kirche gehörte, wird dendrochronologisch in das Jahr 1004 datiert. Dies war die Zeit von der der burgundische Mönch Glaubert schreibt: „Das dritte Jahr nach dem Jahre Tausend, als die Welt vom weißen Kirchengewand bedeckt wurde". Tatsächlich war der erhaltene Rest der Südwand der Breslauer Domkirche von außen mit Zinkweiß bestrichen (Abb. 345). Im Verlauf der erwähnten Forschung unter der Domkirche hat man auch Holzreste entdeckt, die wahrscheinlich auf heidnische Kulteinrichtungen hindeuten. Von Bedeutung war eine Quelle eines Brunnens in der Kirche (heute unter der Figur des heiligen Johannes des Täufers), von der möglicherweise das Patrozinium der Kirche herrührt. Die weiteren Entdeckungen unter der Domkirche erbrachten die Reste der nächsten – zweiten Domkirche –, die nach 1045 durch Bischof Hieronymus in der Regierungszeit von Kazimierz Odnowiciel (Erneuerer) ent-

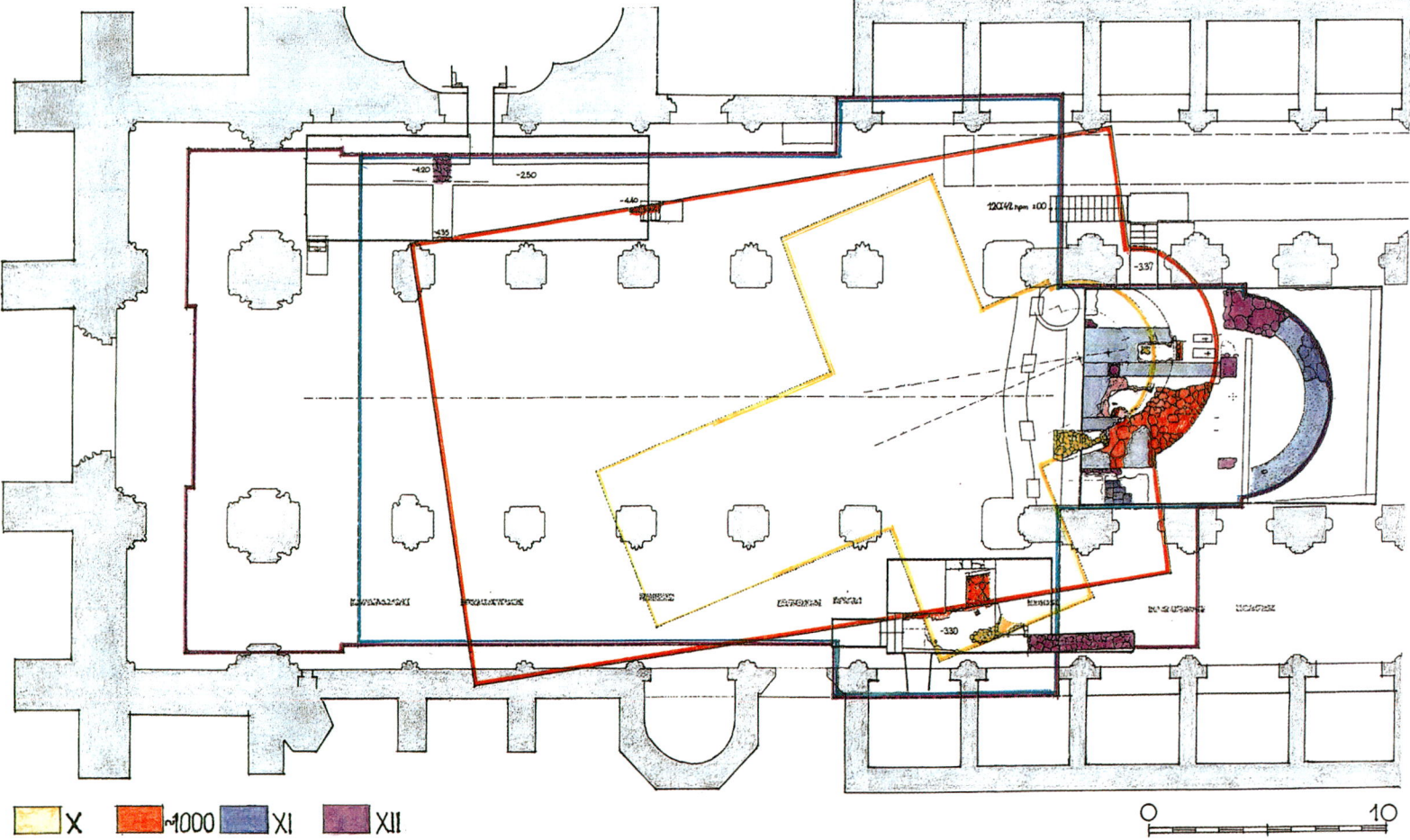

344 Breslau (Wrocław). Forschungsergebnisse unter der Domkirche aus den Jahren 1950 und 1995 bis 1997. Reste der Grundmauern der ersten Kirche vom 10. Jahrhundert und der drei Domkirchen vor dem Hintergrund der heutigen vierten gotischen Domkirche sowie Forschungsergebnisse mit dem geologischen Sonar: Das Innere der unterirdischen Bauten mit Zugang vom Nordschiff.

345 **Breslau (Wrocław).** Fragmente der freigelegten Mauern: Fundamente der ersten Kirche vom 10. Jahrhundert aus kleinen unbehauenen Steinen mit Kalkmörtel (oben) sowie Fundamente der ersten Domkirche aus Stein mit Lehm und aufgehenden Mauern aus Steinplatten mit Kalkmörtel mit Spuren von Zinkweiß auf der Fassadenverkleidung (unten).

Die Christianisierung Polens

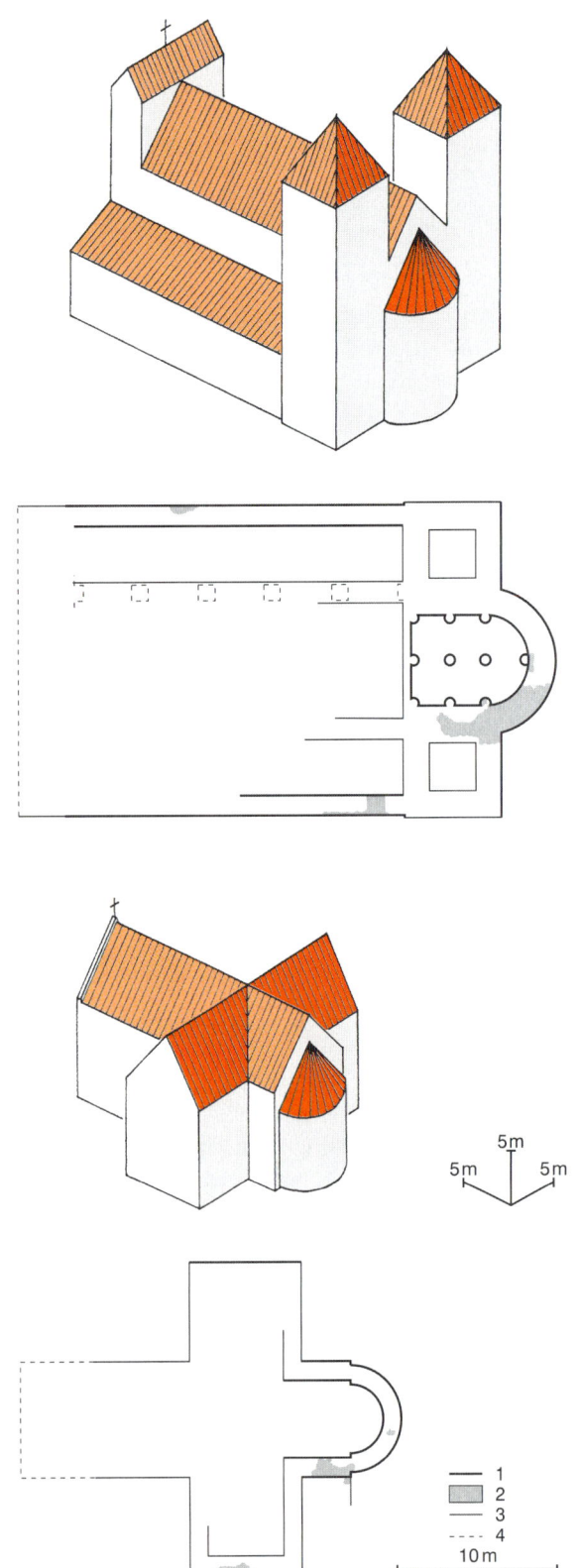

346 Breslau (Wrocław). Rekonstruktion und Grundriss der ersten Kirche des 10. Jahrhunderts (unten) und des ersten Domes vom Beginn des 11. Jahrhunderts (oben). 1 gesicherter Verlauf; 2 freigelegte Fundamente; 3 wahrscheinlicher Verlauf; 4 vermuteter Verlauf.

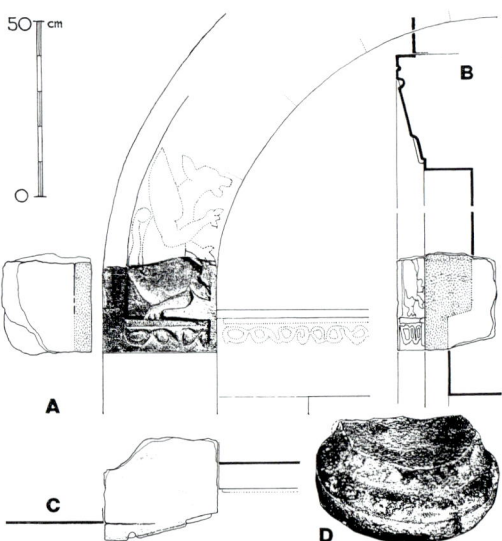

347 Breslau (Wrocław). Reste architektonischer Details der ersten vorromanischen Domkirche vom Anfang des 11. Jahrhunderts. A.B.C Fragmente des Ansatzes der Archivolte mit der Rekonstruktion seiner Lokalisierung im Portal; punktierte Felder atmosphärisch korrodierte Stellen und Montagelinien; C beschädigter Granitsockel einer 3/5 Wandsäule von der Krypta, ohne Klauen und mit Rundplinthe.

stand, und von Bischof Walter in der Mitte des 12. Jahrhunderts als dritte Domkirche umgebaut und vergrößert wurde.

Beide romanische Bauten nützen dieselben Fundamente, und ihre Orientierung nach Osten (im Gegensatz zu den vorangegangenen Bauten) deckt sich mit der vierten, heute bestehenden gotischen Domkirche (Abb. 344). Diese Kirchen datieren bereits in die zweite „historische" Periode des Bistums von Breslau, die zeitlich nach dem heidnischen Aufstand und der Restitution der Diözese anzusetzen ist.

Die Kirche im Burgwall von Kałdus bei Kulm (Chełmno)

WOJCIECH CHUDZIAK

Die frühromanische Kirche im Burgwall Kałdus wurde in den Jahren 1996 bis 1999 ausgegraben. Die Untersuchungen führten das Institut für Archäologie und Ethnologie der Nicolaus-Kopernikus-Universität in Toruń innerhalb der frühmittelalterlichen Anlage durch. Sie liegt im westlichen Teil der Kulmer Seenplatte, am Rande der Moränenhochebene, direkt an deren Grenze mit dem Tal des unteren Weichsellaufes. Burgwall mit Vorburgsiedlung und dem Körpergräberfeld bildeten eine großräumige Siedlungsanlage, sie darf gleichgesetzt werden mit dem slawischen Kulm, das aus einer Schriftquelle des 11. Jahrhunderts bekannt ist (das so genannte Falsifikat von Mogilno aus den Jahren 1065/1147) (Abb. 348)[1]. Mauerreste wurden im Südteil des Burgwalls, direkt am Fuße des äußeren Wallhanges freigelegt. Sie stammen von einem Gebäude mit einer Länge von ca. 35 bis 37 m und einer Breite von ca. 17 m. Bei dem Bau selbst handelt es sich um eine basilikaartige Anlage mit einem Hauptschiff und zwei Seitenschiffen, die jeweils durch eine Apsis abgeschlossen sind (Abb. 349). Einen ähnlichen Bautyp, der auf karolingische Traditionen zurückzuführen ist, vertreten auch die frühen Domanlagen von Gnesen (Gniezno) und Posen (Poznań)[2].

Die am besten erhaltenen Reste fanden sich im Südteil des Baus. Hier konnte ein Fragment der Umfassungsmauer und deren Fundament auf fast der gesamten Länge freigelegt werden. Die Mauer schloss an die Seitenapsis an, die einen Innendurchmesser von 1,9 m aufwies und sich teilweise bis zum Niveau des Erdgeschosses erhalten hatte. Nahezu vollständig zerstört war dagegen der östliche Teil der mittleren Apsis mit einer Breite von ca. 6 m. Die Zerstörungen dürften mit den Einebnungsarbeiten zusammenhängen, die Ende des 12. bzw. am Anfang des 13. Jahrhunderts an dieser Stelle beim Bau des inneren Burgwalls vorgenommen wurden. Bei den Ausgrabungen fanden sich auch Überreste des Fundaments der nordöstlichen Seitenapsis. Den vermuteten Verlauf der nördlichen Umfassungsmauer bildete ein Einschnitt, der als Rest des nicht fertiggestellten Fundamentgrabens interpretiert wurde. An der stark zerstörten Westwand des Baus hatte sich lediglich der Fundamentgraben erhalten.

Die Kulmer Kirche wurde vollständig in Stein ausgeführt, der hauptsächlich lokalen Ursprungs war: aus Lehmkalksandstein, Quarzitsandstein, stark kristallisierten und verwitterten Agglomeraten sowie aus skandinavischem Gneis. In dem freigelegten Mauerfragment überwog der bearbeitungsfreundliche hellgraue Lehmkalksandstein. Die

348 Kałdus bei Kulm (Chełmno). Frühmittelalterliche Siedlungsanlage mit Lage der Überreste der frühromanischen Basilika. 1–2 Burgwall mit Kirche; 3–5 Siedlungen; 6 Gräberfeld.

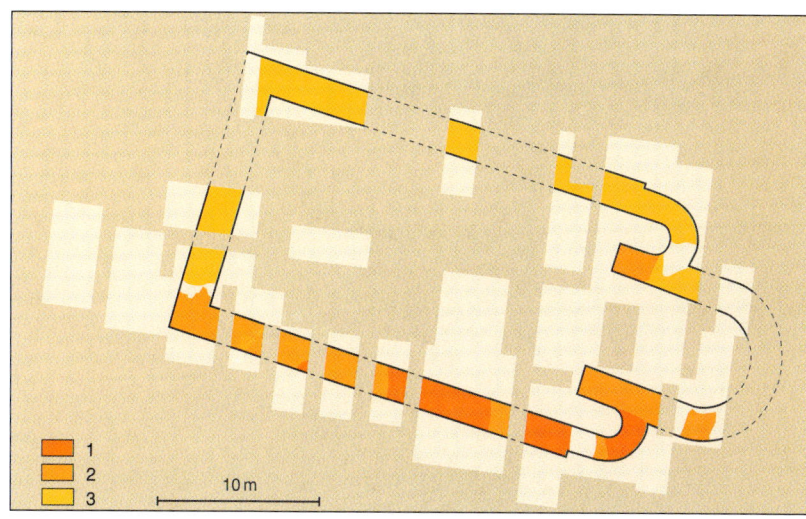

349 Kałdus bei Kulm (Chełmno). Rekonstruktion der räumlichen Anlage der frühromanischen Basilika. 1 Steinmauer in *opus enplecton*-Technik; 2 Stein-Ton-Fundamente; 3 Fundamentgräben.

Die Christianisierung Polens 511

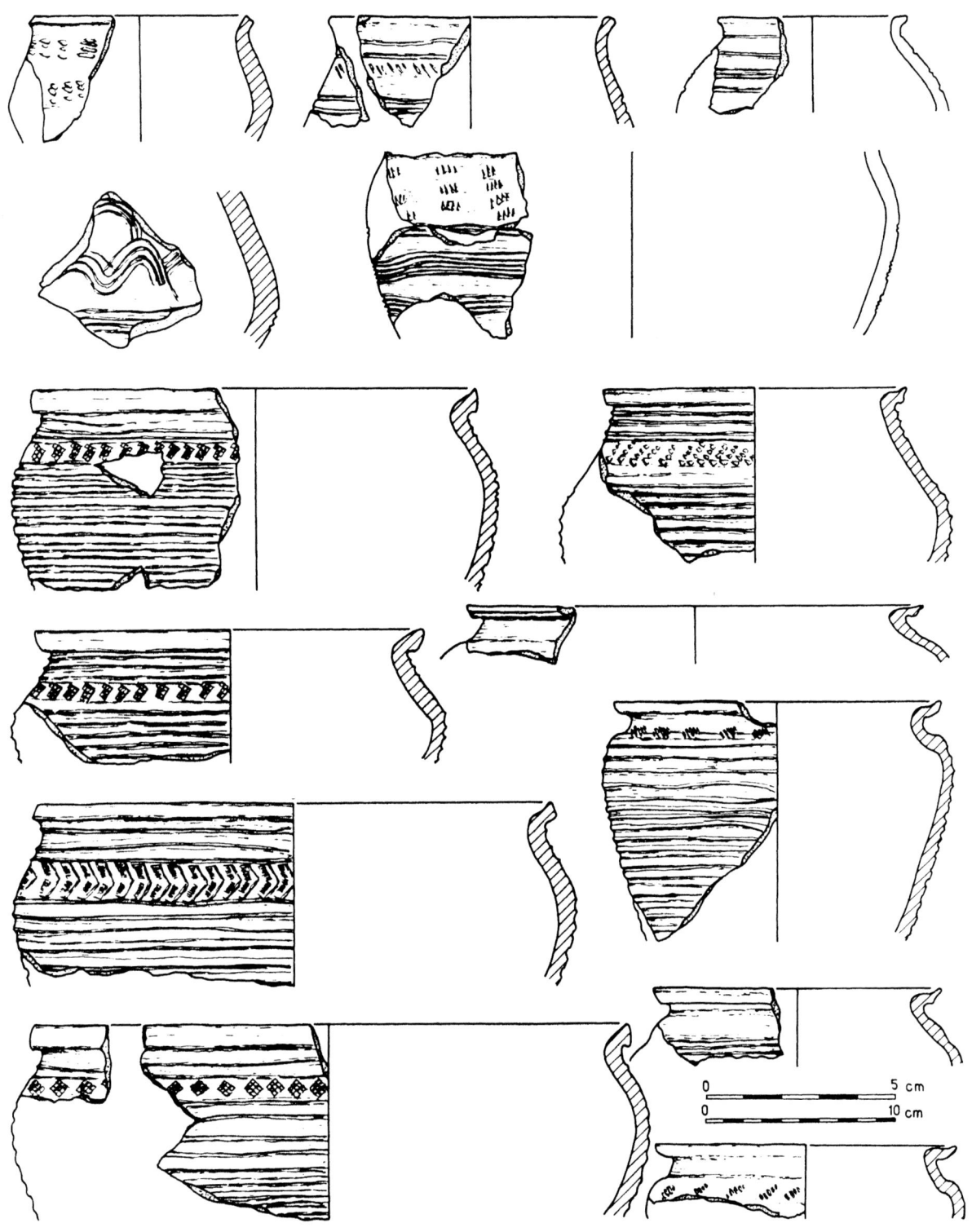

350 **Kałdus bei Kulm (Chełmo). Keramik aus der ersten Hälfte des 11. Jahrhunderts.**

graue Mauerfarbe wurde durch die rosa-violette Farbe des Quarzitsandsteins unterbrochen. Dieser Stein lässt sich leicht teilen, was seine Bearbeitung beträchtlich erleichtert. Bindemittel war ein hellbrauner bis gelber Kalkmörtel. Diese Zusammensetzung war für die frühmittelalterlichen Maurerwerkstätten typisch. Der „Kulmer" Mörtel enthielt relativ wenig Kies, der als kleinkörniger Sand festgestellt wurde; die durchschnittliche Mörtelzusammensetzung betrug ca 61% Bindemittel und 38% Zusatzmittel[3].

Die Mauern, die sich stellenweise bis zu einer Höhe von vier Steinlagen (ca. 0,9 m) erhalten hatten, wurden aus mehr oder weniger flachen Blöcken mit unterschiedlichen Abmessungen hergestellt. Die Höhe der Blöcke lag zwischen 5 und 30 cm, ihre Länge zwischen 15 und 45 cm. Sie wurden schichtweise in der *opus enplecton* Technik verlegt. Die Fugenstärke war sehr unterschiedlich, was sich aus der unregelmäßigen Gestalt der verwendeten Steinbrocken ergab. Die Mauerbreite des Baus war nicht einheitlich; im südlichen Teil auf einem geraden Mauerabschnitt wurde die breiteste Wand mit 1,95 m gemessen. Etwas schmaler war die Wand der kleinen Apsis im südöstlichen Teil des Befundes (ca. 1,45 m). Auch die Steinfundamente waren in Hinblick auf Ausführungstechnik und Konstruktion nicht einheitlich. Die Tiefe lag bei ca. 0 bis 1 m. Die obere Fundamentbreite entsprach in der Regel den Abmessungen der aufgehenden Mauer. Im Profil hatte das Fundament die Gestalt eines unregelmäßigen Rechtecks, wenngleich es sich stellenweise geringfügig nach unten verjüngte (bis 1,80 m). Der Fundamentgraben des geraden Mauerabschnitts war sehr schmal. Das Fundament bestand zum Teil aus unbehauenen Granitsteinen und im oberen Teil auch aus Gesteinsschutt, der für den Bau der oberirdischen Partien verwendet wurde.

Nach den Befunden kam es zu einem Abbruch der Bauarbeiten. Für die Nichtfertigstellung des Baus sprechen, neben der Struktur der im nördlichen Teil des Objektes freigelegten Fundamentgrube, die nie mit Fundamentmaterial aufgefüllt wurde, unter anderem: a) fehlende Spuren einer inneren Einteilung des Bauwerkes, b) das Fehlen jeglicher architektonischer Reste, c) das Fehlen größerer Mengen von Bauschutt sowie d) das Fehlen von Gräbern im Innern des Baus sowie in seiner unmittelbarer Umgebung, die bei einem funktionierenden Gotteshaus zu erwarten wären.

Die Fragen zur Kirche von Altkulm sind über die Datierung der Befunde und Funde zu lösen. Nach den stratigraphischen Beobachtungen lag der Bau stellenweise auf einer Kulturschicht aus der zweiten Hälfte des 10. Jahrhunderts. Die Schuttschicht, die die Baureste überdeckte, enthielt Material des 12. Jahrhunderts. Die ältesten keramischen Funde, die im Kalkmörtel, der für den Bau des Gotteshauses verwendet wurde, enthalten waren, stammten aus der ersten Hälfte des 11. Jahrhunderts, genau genommen aus dem zweiten Viertel (Abb. 350). Auch der bronzene Riemenverteiler(?) eines Pferdegeschirrs mit der zoomorphen Darstellung des Pferdemauls, das in der Sohle der Fundamentausschachtung zutage kam, unterstützt diesen Datierungsansatz. Bei dem Gegenstand dürfte es sich um ein Erzeugnis des wikingischen Handwerks handeln, möglicherweise skandinavischer Herkunft. Wikingerzeitlich sind auch die aus Kałdus stammenden Enden eines Mundstücks in Form eines Otterkopfes, die in die zweite Hälfte des 10. und erste Hälfte des 11. Jahrhunderts datiert werden können.

Auf eine frühe Datierung des behandelten Baus verweisen auch architektonische Details. Die Mauer wurde, ähnlich wie die frühesten romanischen Konstruktionen auf polnischem Gebiet, aus Bruchsteinen hergestellt (z. B. die älteste Domkirche in Posen, oder die Herrschaftsresidenz von Ostrów Lednicki). Man geht davon aus, dass die in *opus-enplecton*-Technik ausgeführten Mauern mit Steinquadern als Verblendung auf polnischem Gebiet erst um die Mitte des 11. Jahrhunderts auftreten[4]. Diese Veränderung ist insbesondere auf dem Gebiet

351 **Kałdus bei Kulm (Chełmo). Überreste des Südteils der Basilika, freigelegt während der Grabungen von 1998.**

352 **Kałdus bei Kulm (Chełmo). Ein Fragment der südlichen Umfassungsmauer der Basilika.**

Die Christianisierung Polens

353 Kałdus bei Kulm (Chełmo). Überreste der Südapsis der Basilika.

354 Kałdus bei Kulm (Chełmo). Ein Fragment der Fläche der äußeren südlichen Umfassungsmauer der Basilika.

Großpolens und Kujawiens sichtbar, wo Bruchsteinmauern später praktisch nicht mehr anzutreffen sind. Die Analyse des für den Kulmer Bau verwendeten Mörtels ergab eine beträchtliche Ähnlichkeit mit dem aus der Klosterkirche von Mogilno, die in die Mitte des 11. Jahrhunderts datiert.

Damit lässt sich abschließend sagen, dass es sich bei der basilikaartigen Anlage von Kałdus um einen nicht vollendeten Sakralbau handelt, der in der ersten Hälfte des 11. Jahrhunderts begonnen wurde; sehr wahrscheinlich im zweiten Viertel. Die archaische Technik des Mauerbaus, die auf dem Gebiet Mittelpolens bei den frühromanischen Bauten vor der Mitte des 11. Jahrhunderts typisch war, sowie die politische Situation von Ostpommern, wo auf dem Gebiet des Kulmer Landes bereits ein Netz von staatlichen Burgwällen errichtet worden war, das mit der Tätigkeit Bolesław Chrobrys in Verbindung gebracht wird, sprechen für eine Stiftung der Kirche unter Mieszko II. Die Bautätigkeit Miezkos lobte Herzogin Mathilda von Schwa-

ben und auch die Hildesheimer Jahrbücher bestätigen seine diesbezüglichen Verdienste, indem sie die Entwicklung der Kirchenorganisation in seiner Herrschaftszeit erwähnen[5]. Das Stiftungsdatum unterstreicht die Hinweise auf eine Einstellung der Bauarbeiten. Ein derartiger Baustop könnte unter Umständen mit den Ereignissen am Ende der dreißiger Jahre des 11. Jahrhunderts zusammenhängen, als gesellschaftliche Umwälzungen, die heidnische Reaktion und der Überfall von Břetislav zum zeitweiligen Zerfall der staatlichen Strukturen und – im lokalen Bereich – zur Verselbständigung von Ostpommern geführt haben. Der missglückte Versuch in Kulm würde daher zeitlich vor der Gründung des Benediktinerklosters in Mogilno liegen und – erst recht – vor der Gründung des Bistums in Plock auf dem Gebiet von Masowien. Beide Gründungen spiegeln die Zielstrebigkeit wider, mit der die Piasten die tatsächliche Christianisierung der Gebiete an der Weichsel, in den nordöstlichen Randgebieten des polnischen Reiches (darunter des Kulmer Landes und des nordöstlich davon liegenden Territoriums der Pruzzen), anstrebten. Der Versuch, ein Kirchenzentrum in Altkulm zu begründen, wäre ein Hinweis dafür, dass diese Siedlung, die eine führende Stellung in der territorialen Struktur des Piastenstaates einnahm, über ein beträchtliches wirtschaftliches und demographisches Potential verfügte. Altkulm lag an der Kreuzung der Fernverkehrsstraßen aus Kujawien und der Kiewer Rus an die Ostsee. Die Siedlung war im 11./12. Jahrhundert in diesem Teil von Ostpommern zweifelsohne ein frühstädtisches Zentrum, das nur mit Danzig (Gdańsk) verglichen werden kann.

Anmerkungen

1 Literatur zur Identifizierung des slawischen Kulms stellte letztens Józwiak (1996) 83–85 zusammen.
2 Das System war in Europa vom 10. bis zum 12. Jahrhundert verbreitet; auf polnischen Gebieten wurde neben den bereits oben angeführten Beispielen die transeptlose Anlage unter anderem in der Klosterkirche in Tyniec aus dem 11. Jahrhundert verwendet (vgl. Zachwatowicz [1971] 120).
3 Skibinski (1997).
4 Veränderungen in der Art und Weise des Mauerbaus, bei der die Plattentechnik *opus enplecton* mit Steinwürfelverblendung ersetzt wurde, beziehen sich vorwiegend auf die vierziger Jahre des 11. Jahrhunderts (vgl. Biedron [1993] 227).
5 Łowmianski (1986) 311. Im Kontext der Entdeckung der Überreste der frühromanischen Basilika in Kałdus empfiehlt sich die erneute Analyse der allgemein als unglaubwürdig angesehenen Notiz von Jan Długosz über die Stiftung des Bischofstums von Kulm unter den ersten Piasten (Długosza [1961] 245; 247) sowie Berichte der Großpolnischen Chronik über das vermeintlich von Mieszko II gegründete Bischofstum von Kujawien (Labuda [1968] 53–59).

Die ersten Klöster auf dem polnischen Gebiet

MAREK DERWICH

Mönche bildeten wahrscheinlich den Großteil der Missionare, die seit der Taufe Mieszkos I. im Jahre 966 polnisches Gebiet betraten. In der ersten Phase, als die organisatorischen Verhältnisse und die technischen Möglichkeiten noch keine Gründung fester Abteien erlaubten, entstanden „gemischte", kanonische Presbyterien der Bischöfe und kleine, missionarische *cellae* für die Mönche. Schnell jedoch wurde die Gründung von Abteien in den bedeutendsten Burgen zum wichtigen Bestandteil der Christianisierung des Landes. Für diese Plätze waren die Sicherheitsanforderungen sowie praktische und Prestigegründe ausschlaggebend. In den Burgen lebte der größte Teil der bereits christianisierten Bevölkerung, sie waren Zentren der weltlichen und kirchlichen Herrschaft sowie der wirtschaftlichen Verwaltung.

Die Besonderheit der ersten Abteien war ihre sehr starken Bindungen zu dem Herrscher und den Bischöfen. Da die frühen Klöster noch keinen Grundbesitz hatten oder Zuwendungen in Form des Zehnten erhielten, wurden sie, wie die gesamte Kirche, aus der Schatzkammer des Herzogs versorgt. Landstiftungen und der Zehnte kommen erst in der Mitte des 11. Jahrhunderts auf und sind seit der Mitte des 12. Jahrhunderts allgemein üblich.

Die Klöster erfüllten im späten 10. Jahrhundert und vor allem im frühen 11. Jahrhundert neben solchen Aufgaben, wie der Liturgie, der Kontemplation und durch ihre christliche Lebensweise nach dem Vorbild der Apostel auch eine wichtige missionarische und kulturelle Funktion. Die Abteien waren wichtige Zentren für die Ausbildung der lokalen Geistlichkeit und zur Herstellung der kirchlichen Ausstattung (Bücher, Gewänder und liturgische Geräte). Zudem unterstützten die Mönche aktiv die staatliche und kirchliche Verwaltung. Die einzige relativ gut bekannte Abtei, die auf dem polnischen Gebiet vor 1040 entstanden ist, ist die Abtei bei Meseritz (Międzyrzecz). Die Abtei ist neben der Burg in Meseritz entstanden, an einem Fluss, in einem Wald neben einem nicht beim Namen genannten Dorf, wahrscheinlich auf dem Gebiet des späteren Dorfes Święty Wojciech (St. Adalbert) (auch Wojciechowo, Wojcieszyce und im 19. Jahrhundert Georgsdorf), das 15 km östlich von Meseritz auf dem rechten Ufer des Flusses Obra liegt. Um 1001/1002 ließen sich hier auf Initiative Kaiser Ottos III. und Bolesław Chrobrys Eremitenmönche aus der Umgebung des Heiligen Romuald nieder: Benedikt und Johannes und vermutlich auch Anton. Dort schlossen sich ihnen zwei einheimische Novizen an, die leiblichen Brüder Izaak und Matheus. Als sich die Eremiten auf den Weg machten, erhielten sie von Kaiser Otto III. liturgische Geräte, Bücher und Reliquien.

Am 12. November 1003 wurden die vier Eremiten aus Meseritz (Benedikt, Johannes, Izaak und Matheus) sowie der Koch Christin während eines Raubüberfalls ermordet. Ihr Märtyrertod und die Berichte über die von ihnen bewirkten Wunder führten zu ihrer Heiligsprechung. Herzog Bolesław Chrobry ließ den so genannten Fünf Brüdern am Ort ihres Martyriums eine Steinbasilika errichten, in der sich das Grab der Heiligen befand. Neben der Basilika entstand ein Mönchkloster.

Nach dem Bericht Bruns von Querfurt († 1009), dem Autor der *Vita Quinqua Fratrum*, der zumindest einmal die Abtei besucht hatte (in den Jahren 1006 bis 1009), wurde der einzige am Leben gebliebene Eremit, Anton, von dem Chronisten Thietmar Tuni genannt. Dieser wurde im Jahre 1004(?) vom Bischof von Posen (Poznań), Unger, zum Abt geweiht. Die Aspiranten für das Kloster leisteten, nachdem sie das Klostergelübde abgelegt hatten, eine einjährige Zeit als Novizen. Die Gemeinschaft führte ein vorbildliches Zusammenleben, hielt kanonische Stunden mit Psalmen und liturgischen Handlungen ab. Sie hatten Sakral- und Wohnräume zur Verfügung, die von der Außenwelt durch eine Umzäunung mit einer Pforte abgetrennt waren, in denen sie Gäste und fremde Mönche empfangen konnten. Der Abt von Meseritz war oft zu Besuch am Hofe von Bolesław Chrobry. Er war auch dessen Gesandter bei Kaiser Heinrich II. in den Jahren 1015 und 1018. Kustos war damals Andreas der Jüngere. Der Konvent zählte ca. zehn bis 15 Mönche: vier Presbyter, mindestens zwei Diakone, eine unbestimmte Zahl von Klerikern, Laienbrüdern und Oblaten sowie einen aus Ungarn kommenden Novizen. Die große Zahl von Mönchen mit höheren Würden ermöglichte die Ausbildung der Novizen und Laienbrüder, unter anderen auch ihre Vorbereitung auf das Priestertum.

Nach Brun von Querfurt erfüllte die Abtei drei Grundaufgaben. Erstens sollte sie die sich aus der lokalen Bevölkerung rekrutierenden Novizen aufnehmen und ausbilden. Möglich war dies dank einer Schule, die für die Novizen und Laienbrüder bestimmt war. Von Brun von Querfurt erfahren wir, dass einige der Novizen das Kloster verließen, noch bevor sie das Gelübde abgelegt hatten.

Zweitens sollte die Abtei den erfahrenen Mönchen ein anachoretisches Leben ermöglichen. Vorbild waren die von den Eremiten des Heiligen Romuald in Pereum verbreiteten Ideen. Die in der Nähe von Missionsgebieten gelegenen Klöster sollten die Missionare unterstützen und ihnen Aufenthalt gewähren.

Drittens sollte das Kloster die Mönche auf die Verkündigung des Evangeliums unter den Heiden vorbereiten. Wir wissen, dass sich die ersten Eremiten die lokale, „polnische" Sprache angeeignet und ihre Kleidung, ihr Aussehen und ihr Verhalten den slawischen Sitten angepasst hatten, indem sie unter anderem auf die Tonsur verzichteten und sich einen Bart wachsen ließen.

Die Abtei in Meseritz erfüllte ebenfalls wichtige Kultur- und Liturgieaufgaben. In den örtlichen Skriptorien entstanden wahrscheinlich einige Werke Bruns von Querfurt (*Vita Quinque Fratrum*, eine kürzere Version der *Vita s. Adalberti* i *Epistola ad Henricum regem*). Die Abtei könnte daher ein Zentrum zur Herstellung liturgischer Bücher gewesen sein.

Nach dem tragischen Tod der Eremiten hat die Gemeinschaft in Meseritz Reliquien der Märtyrer erhalten, die zahlreiche Wunder bewirkten. Das Grab der Heiligen wurde wahrscheinlich zum Wallfahrtsort. Neben der Abtei entstand eine Gebetsgemeinschaft, eine Brüderschaft, zu der unter anderem der Herzog Bolesław Chrobry gehörte. *Fraternitas* und *memoria* waren die Grundlagen der christlichen Mission, die schon während der angelsächsischen Mission ausgearbeitet worden waren.

Der Stifter der Abtei war Bolesław Chrobry. Er hatte zuerst den Bau eines hölzernen Erems finanziert und ließ nach 1003 eine steinerne „Grabbasilika" (*super corpora sanctorum*) und Klostergebäude errichten. Unter diesen waren zumindest eine Refektorium, ein Dormitorium, Räume für Novizen und Laienbrüder sowie eine Schule.

Mit den wirtschaftlichen Aufgaben beschäftigte sich ein vom Herzog ernannter Vogt. Die laufenden Bedürfnisse der Mönche stillten Unfreie und Bewohner des in der Nähe liegenden Dorfes, aus dem auch die Klosterdienerschaft kam. Möglicherweise handelte es sich um ein Dorf, das der Abtei gehörte.

Mit Sicherheit war die Abtei von Meseritz nicht das einzige Kloster, das auf polnischem Gebiet um 1000 vorhanden war. Noch vor dem Jahr 1001 entstand wahrscheinlich in Posen (Poznań) ein Frauenkloster. Brun von Querfurt berichtet, dass es sich bei den Schwestern von Izaak und Matheus, die im Jahre 1002 oder 1003 der Eremitengemeinschaft in Meseritz beigetreten waren, um Nonnen gehandelt habe. Eine frühe Gründung von Frauenklöstern war für Böhmen charakteristisch, wo die Fürstin/Nonne Mlada-Maria um 970 die Abtei des heiligen Georg in der Prager Burg gestiftet hatte. Da Mladas Schwester, die Fürstin Dobrawa, die erste christliche Ehefrau Mieszkos I. war (seit 965), kann man vermuten, dass sie die Gründerin der bei Brun von Querfurt erwähnten Abtei gewesen war. Deren Gründung kann in die Jahre zwischen 968, als das „polnische" Bistum entstand, und 977, als Dobrawa starb, datiert werden.

Schon zu Zeiten der böhmischen Herrschaft in Schlesien (das heißt vor 985) könnte die *cella* der Mönche auf der Dominsel in Breslau (Wrocław) als ein vorgeschobener Missionsposten, der das von Dobrawa und ihrer Umgebung initiierte Missionsunternehmen der Christianisierung Polens unterstützte, entstanden sein. Sie bildete die personelle und materielle Ressource des im Jahre 1000 entstandenen Breslauer Bistums.

Wahrscheinlich wurde die Domabtei in Posen von den Missionaren, die Dobrawa und den Bischof Jordan begleitet hatten (das Jahr 968 – *coenobium* des Bischofs Unger von Posen erwähnt der Chronist Thietmar), gegründet. In Gnesen dagegen gab es schon seit 1000 ein weltliches Kapitel, das nach dem Vorbild des Bischofskapitels in Magdeburg entstanden war. In der Gnesener Burg gab es vermutlich eine Mönchengemeinschaft bei der St. Georg-Kirche.

Einige Klöster könnten sogar zu Beginn des 11. Jahrhunderts in Krakau (Kraków) existiert haben. Ein Mönchskloster gab es wahrscheinlich bei der Bischofskathedrale und der Fürstenkapelle auf dem Wawel. Kleine Mönchgemeinschaften befanden sich wohl auch an der St. Nikolai-Kirche in der Wesoła-Straße und der St. Benedikti-Rotunde in Krzemionki. Da nach dem Jahre 1013 der Hof Mieszkos und Richezas nach Krakau verlegt wurde, konnte auf dem so genannten Zwierzyniec ein zweites Frauenkloster entstehen.

Es ist möglich, dass gleich nach 1000 der erste Erzbischof von Gnesen, Radim-Gaudentius, in Tum bei Łęczyca eine St. Marien- und St. Alexii-Abtei gründete, in die er Mönche aus Břevnov (Böhmen) kommen ließ.

Die Krise des Staates und der Kirche in Polen in den dreißiger Jahren des 11. Jahrhunderts führte zum Niedergang der meisten Abteien (eine Ausnahme bildete möglicherweise Krakau). Seit 1040, in Anlehnung an die neue, meistens aus Mönchen bestehende Mission, begann Fürst Kazimierz Odnowiciel (der Erneuerer) einen Neuaufbau der Klosterstruktur. Um 1044 stiftete er die St. Petri-Abtei in Tyniec bei Krakau und die St. Jakobus-Abtei in Lubiąż und um 1050 die St. Johannes des Evangelisten-Abtei in Mogilno. Sein Sohn, Bolesław Śmiały, restaurierte die St. Martin-Abtei in Breslau (Wrocław), gründete eine ihr untergeordnete Propstei des heiligen Benedikt in Liegnitz und stiftete um 1076 die St. Marien-Abtei in Lubiń. Wahrscheinlich restaurierte er auch die Abtei in Tum bei Łęczyca, die jedoch noch vor 1136 verfiel und vom Erzbistum Gnesen übernommen wurde. Gegen 1026 stiftete Comes Piotr Włost die Marien-Abtei (seit 1144 die Abtei des Heiligen Vinzenz) in Elbing (Ołbin) bei Breslau, die auch die Ländereien der aufgelösten St. Martins-Abtei und der Propstei in Liegnitz übernahm. 1137 bis 1139 stiftete der Fürst Bolesław Krzywousty (Schiefmund) zusammen mit den vermögenden Herren die Abtei der Heiligen Dreifaltigkeit (seit der Mitte des 14. Jahrhunderts die Heilig-Kreuz-Abtei) in Łysa Góra bei Kielce und restaurierte die im späten 11. Jahrhundert verfallene Abtei in Lubiń. Um 1050 stiftete der Fürst Henryk von Sandomierz mit Vermögenden die Marien-Abtei in Siecechów. In den fünfziger Jahren des 12. Jahrhunderts gründeten Bischof Adalbert von Pommern und die Fürsten aus Westpommern die Abtei des heiligen Johannes des Täufers in Stolpe (Słup) am Fluss Peene (Piana) und in den sechziger Jahren stiftete Bischof Werner von Płock und der Fürst Bolesław Kędzierzawy die Abtei des heiligen Adalbert in Plock. Um diese Zeit entstanden auch zwei Benediktinerpropsteien, die Propstei des heiligen Gothard in Szpetal bei Włocławek, die im frühen 13. Jahrhundert verfiel, und die Propstei des heiligen Andreas in Jeżów, die der Abtei in Lubiń untergeordnet wurde. In den achtziger Jahren des 13. Jahrhunderts entstand aus einer Kaufmannsstiftung die Propstei des heiligen Jakob in Stettin (Sczeczin). Im späten 12. Jahrhundert oder im frühen 13. Jahrhundert entstand in Kolberg (Kołobrzeg) die Propstei des heiligen Johannes des Täufers und des heiligen Johannes des Evangelisten, die den Mönchen in Mogilno untergeordnet war. Bei all diesen Abteien und Propsteien handelte es sich zu dieser Zeit um so genannte „Hausklöster" der Stifter.

1163 bis 1175 übernahmen Zisterzienser die Abtei in Lubiąż und um 1190 wird das gleiche Schicksal der Abtei in Elbing bei Breslau zuteil, die von Prämonstratensern als Tausch gegen die Präpositur in Kościelna Wieś übernommen wurde (die der Abtei in Tyniec untergeordnet war). Anfang des 13. Jahrhunderts gab es auf dem polnischen Gebiet sieben Benediktinerabteien (in Tyniec, Mogilno, Lubiń, Łysa Góra, Siecechów, Stolpe und Plock) und einige Propsteien, darunter auch vier größere (in Jeżów, Stettin, Kolberg und Kościelna Wieś).

Die ersten Missionare, die im Jahre 965 an den Hof von Mieszko I. und der Fürstin Dobrawa kamen, waren aus Bayern und Böhmen. Viele von ihnen stammten aus bayerischen Abteien, insbesondere aus der Abtei des Heiligen Emmeram in Regensburg. Seit den siebziger Jahren des 10. Jahrhunderts, begannen die Kaiser mit der Gründung des Erzbistums Magdeburg die sächsische Kirche zu begünstigen, was zu einem sächsischen Einfluss in Böhmen und Polen führte. Für diese Politik steht unter anderem auch die von Otto II. gegründete Abtei in Memleben. Der zweite Abt von Memleben, Unger, wurde der zweite „polnische" Bischof und danach der erste Bischof von Posen.

Die zu Beginn des 11. Jahrhunderts aus politischen Gründen schwach gewordenen sächsisch-thüringischen Einflüsse lebten im späten 11. Jahrhundert wieder auf. Seit dieser Zeit sind sie besonders stark in Westpommern, mit der von den Mönchen aus der Abtei Berge bei Magdeburg gegründete Abtei in Stolpe an der Peene und in Schlesien, mit der Abtei des heiligen Vinzenz in Elbing bei Breslau. Die bayerischen Einflüsse dagegen nahmen seit der Mitte des 11. Jahrhunderts wieder zu, als die Mönche aus der Abtei Niederaltaich vermutlich an der Stiftung der Abtei in Mogilno beteiligt waren. Um 1090 führte der Weg der iro-schottischen Mönche aus der Abtei des heiligen Jakob in Regensburg über Polen nach Kiew.

Im späten 11. Jahrhundert waren auch die Beziehungen Polens zu Westfranken, insbesondere mit dem kirchlichen Zentrum in Bamberg, stark ausgeprägt. Aus dieser Region (aus der Abtei in Weltenburg, Würzburg oder Wiltenburg) kam der damalige kaiserliche Gesandte, der Abt Heinrich, vielleicht identisch mit dem späteren Erzbischof von Gnesen, der denselben Namen trug. Gleichzeitig mit ihm begann der heilige Otto, der spätere Bischof von Bamberg, seine Arbeit auf polnischem Gebiet. Gerade durch Otto gewann die Abtei des heiligen Michael in Bamberg ihren starken Einfluss in Polen, deren Mönche eine Abtei in Płock und eine Propstei in Stettin gründeten und mit der Abtei in Mogilno Kontakte unterhielten.

Stark und früh waren die Kontakte des polnischen Staates und der polnischen Kirche mit dem rheinländisch-kölnischen Kreis, dem Moselland und Lothringen. Eine wichtige Rolle spielte die Ehe Mieszkos II. mit Richeza im Jahre 1013. Der Ausstrahlung ihres Hofes in Krakau sind die Gründung der ersten Benediktinerabteien auf dem Wawel und in seiner Umgebung zuzuschreiben.

Der klösterliche Aufschwung in diesem Gebiet datiert in die Zeit der so genannten zweiten christlichen Mission, die mit Kazimierz Odnowiciel im Jahre 1039, oder 1040 nach Polen kam. An ihrer Spitze stand der Benediktiner Aaron. Er stammte wahrscheinlich aus der Abtei Brauweiler, dem Familienstift der Ezoniden, dem Familiengeschlecht Richezas. Aaron wurde Krakauer Bischof und faktisches Oberhaupt der polnischen Kirche. Ihn begleiteten Mönche aus verschiedenen Abteien des nördlichen Rheinlandes und aus dem Maasgebiet, darunter aus der Abtei des heiligen Jakob und des heiligen Laurentius in Lüttich. Diese Beziehungen dauerten auch in den nächsten Jahren an. Der erste Konvent der Abtei in Lubiń (um 1076) bestand aus Mönchen der Abtei des heiligen Jakob in Liège. Bekannt sind Beziehungen Polens zu verschiedenen Abteien an der Maas (z. B. Brogne, Gembloux, Lüttich) im 12. Jahrhundert.

Quellen

Brun, Vita Quinque Fratrum.

Literatur

Derwich 1995; 1996b; 1997;; 1998; 1999; im Druck. – Gieysztor 1995. – Kłoczowski 1971; 1993; 1998. – Labuda 1995. – Radzimiński 1997.

Purpureae passionis aureus finis
Brun von Querfurt und die Fünf Märtyrerbrüder

BRYGIDA KÜRBIS

Der Titel des folgenden Aufsatzes stammt aus der Vita der Fünf Märtyrerbrüder, die Brun von Querfurt verfasst hatte und mit diesen Worten den tiefsten Sinn des schwierigen Apostellebens der Fünf Brüder sowie des eigenen zum Ausdruck brachte: Das Ewige Leben durch den Märtyrertod für Christus – ein goldenes Ende nach dem blutigen Martyrium. Mit dieser Anschauung kam Brun von Querfurt dem religiösen Ideal des heiligen Adalbert nahe, mit dessen Leben er sich in der *Vita altera Sancti Alberti* auseinandergesetzt hatte und auch für sich selbst einen solchen Tod erwogen hatte.

Der heilige Brun wurde 974 in einer wohlhabenden Familie auf der Burg Querfurt im Land Hassegau geboren. Als er 12 Jahre alt war, kam er an die Domschule in Magdeburg und wurde Geddon anvertraut, dem Nachfolger des berühmten Meister Ohtrich – dem Lehrer des heiligen Adalbert. Dort lernte er den Magdeburger Erzbischof Giselher kennen, dort traf er auch seinen Verwandten Thietmar, den zukünftigen Bischof von Merseburg und Chronisten. Schon im Jahr 995 befand sich der kaum 20jährige junge Geistliche in einer Gruppe von Kanonikern des Magdeburger Domkapitels, die mit dem Hof der Liudolfinger aufs Engste verbunden war. Zwei Jahre später wurde er in die Hofkapelle des jungen Kaisers Otto III. nach Aachen berufen. Von dem Märtyrertod des kaiserlichen Freundes Adalbert im Pruzzenland erschüttert, begleitete Brun noch in demselben Jahr 997 Otto auf seiner Reise nach Rom. Im darauffolgenden Jahr entschloss sich Brun, auf seine Karriere am kaiserlichen Hof zu verzichten, und trat in das Benediktiner-Kloster der heiligen Bonifatius und Alexius auf dem Aventin ein. Dort nahm er den Namen des Märtyrers Bonifatius an. Petrus Damiani wiederholte seine Worte: „Ich heiße auch Bonifatius. Warum könnte nicht auch ich Märtyrer Christi werden?" – die Worte, die zum Wahlspruch seines Lebens wurden.

Die Atmosphäre des tief religiösen Lebens auf dem Aventin, wo die Traditionen des lateinischen und griechischen Mönchtums unter dem Abtstab von Leo und seinem Nachfolger Johannes Kanaparius vereinigt waren, und wo sich – in der Nähe der kaiserlichen Residenz – die ambitioniertesten Vertreter der weltlichen und kirchlichen Aristokratie trafen, half, die Ordensaskese mit der Wahrnehmung der sie umgebenden Wirklichkeit zu verbinden. Und sie war in Rom der letzten Jahre des 10. Jahrhunderts von grausamen politischen Kämpfen mit der Familie der Crescentier erfüllt, wofür der Kaiser die Verantwortung trug. In römischen Klöstern und auf dem Monte Cassinos nahmen die asketischen Praktiken als Ausdruck der Treue zum Evangelium nach dem Vorbild der Apostel zu. Selbst Otto, der in seinem Inneren die Haltung eines Ordensbruders vertrat, nahm gern asketische Übungen auf sich, zu denen auch eine Pilgerfahrt zu den Heiligen Stätten gehörte.

Neben der berühmten Idee der *renovatio imperii Romani*, unterstützte Otto die Christianisierung in den Grenzgebieten Polens und Ungarns, in denen der heilige Adalbert sein Werk begonnen hatte. Gleichzeitig war die Christianisierung der Wilzen, die nach dem jüngsten Aufstand mit den deutschen Herrschern im Kriege lagen, ein akutes Problem. Die Verwirklichung der Pläne und einträchtiges Zusammenwirken des Papstes Silvester II. und dem religiös und asketisch veranlagten Otto III. führten zur Gründung einer Kirchenprovinz am Grab des heiligen Adalbert in Gnesen (Gniezno) und zur Belehnung von Bolesław Chrobry.

1001, zwei Jahre nachdem Brun sein Amt aufgegeben hatte, verließ er zum Zwecke einer noch strengeren Askese im *Coenobium* des heiligen Romuald in Pereum bei Ravenna den Aventin. Dort schloss er eine enge Freundschaft mit Benedikt von Benevent, einem treuen Schüler Romualds.

Bald sorgten die Besuche Ottos III., der Rom verlassen musste und *pro verecundia* nach Ravenna gelangte, in dem kleinen *Coenobium* für Unruhe. Der Kaiser ließ in Pereum ein prächtiges Oratorium bauen, das dem heiligen Adalbert gewidmet wurde und Menschenmassen anzog. Zwei seiner Begleiter übergab er der Ordenszucht und legte selbst ein feierliches Gelübde ab, dass er nach drei Jahren auf sein Königtum verzichten wolle, um als Armer Christus zu folgen. Romuald, der Vorgesetzte dieser Einsiedelei, gab Otto III. durch seine zwei Schüler (einer von ihnen könnte Brun gewesen sein) zu verstehen, dass die Bereitschaft völlig ausreichend sei – das heißt als Herrscher habe er seine Berufung zu erfüllen.

Es ist nicht klar, ob die Initiative zur Mission, nach strengster Kasteiung in der Einsamkeit, die Romuald sich selbst und seinen Schülern auferlegte, von Romuald selbst oder, wie es in der Vita der Fünf Märtyrerbrüder beschrieben ist, dem Kaiser ausging, zu der aus Pereum zwei Eremiten, Benedikt und Johannes, nach Polen gesandt wurden. Möglicherweise war es auch die Idee Bruns, da er selbst seine Beteiligung an den Vorfällen zugab. Mit Hilfe einer Intrige, an der auch Benedikt beteiligt war, verhinderte Brun seine Ernennung zum örtlichen Bischof. Wegen mangelnder Unterordnung wurden beide mit einer Rute gezüchtigt. Brun gab nicht auf, obwohl er einen offenen Streit riskierte. Er argumentierte, man solle ihn, statt seine Gesundheit in den Sümpfen Pereums auf's Spiel zu setzen, mit der Missionierung der Heiden betrauen, und sich vor dem auf ihn dort wartenden Märtyrertod für Christus nicht abschrecken lassen. Es gäbe drei wesentliche geistige Güter, schrieb Brun in derselben Passion, die auf den in die Gemeinschaft der Einsiedler Eintretenden warten: *nouiter uenientibus desiderabile cenobium, maturis uero et Deum uiuum scientibus aurea solitudo, cupientibus dissolui et esse cum Christo euangelium paganorum.* (Denjenigen, die gerade aus der Welt kommen – das ersehnte Kloster, den reifen und sich nach dem lebenden Gott sehnenden Menschen – die goldene Einsamkeit und denjenigen, die sich von den Lebensbindungen befreit haben und mit Christus sein wollen das Evangelium für die Heiden). Diese Erklärung von Brun wurde bald zum Leitgedanken des ganzen Ordens des heiligen Romuald sowie für die zukünftigen Eremiten aus Camaldoli.

Trotz seines festen Versprechens, das Brun Benedikt beim Abschied gegeben hatte, sahen sie sich nicht wieder. Zuerst musste Brun das *Pallium episcopi gentium* erlangen, das ihn zur Mission berechtigte. Er bekam es von Papst Silvester II. mühelos, weil dadurch das Programm, das am Grab des heiligen Adalbert von Bolesław Chrobry und Otto III. beschlossen wurde, verwirklicht werden konnte und darum bemühte sich sicherlich der Gnesener Erzbischof Radim-Gaudentius (*archiepiscopus Sancti Adalberti* seit dem Jahr 999). Inzwischen wurde Bruns Weihe verschoben, sie wurde ihm erst 1004 vom Erzbischof Tagino in Magdeburg erteilt, als bereits seit zwei Jahren Heinrich II. im Reich herrschte.

Die sich überstürzenden Ereignisse, der frühe Tod des kaum 20jährigen Ottos III. im Januar 1002, bald darauf auch von Papst Silvester II. im Jahr 1003 und vor allem die den Ideen entgegengesetzte politische Vorstellung von Heinrich II., der bald Bolesław Chrobry den Krieg erklärte, vereitelten Bruns Christianisierungspläne. Als er noch in Magdeburg weilte, schrieb er die zweite Vita des heiligen Adalbert in zwei Fassungen mit deutlichen Anspielungen auf die Herrschaft von Heinrich II. Die geplante Christianisierung der heidnischen Lutizen, mit denen Heinrich II. ein Bündnis schloss, wurde unmöglich. So sah sich Brun gezwungen, seinen Christianisierungseifer nach Ungarn auf die Stämme, die in der im Herrschaftsgebiet von Stephan I., vereinigt worden waren, zu richten. Der ungarische Herrscher wurde damals von seinem deutschen Nachbarn unterstützt. Brun hielt sich dort in den Jahren 1005 bis 1007 auf. Von dort aus unternahm er eine Missionsfahrt in die Rus und in das Petschenegenland, wo es ihm gelang, einem seiner Freunde die Bischofsweihe zu erteilen.

Die Ordensbrüder Bruns in Polen hatten in der Zwischenzeit vergeblich seine Ankunft erwartet, damit er die Mission nach Vorsätzen, die noch bei Ravenna gefasst wurden, leitete. Als im Herbst 1005 das Heer zwei Meilen vor Posen (Poznań) stehenblieb und in Anwesenheit des Magdeburger Bischofs Tagino Frieden geschlossen wurde, waren diese bereits seit zwei Jahren tot. Nach seiner Rückkehr aus Ungarn begab sich Brun zu Bolesław Chrobry, um die Geschichte der im November 1003 ermordeten Einsiedler, seiner Ordensbrüder, niederzuschreiben. Sein zweiter Aufenthalt in Polen im Jahr 1008 hängt unter Umständen mit der Organisation einer Reise nach Schweden zusammen. Ihm selbst gelang es noch einen Brief an Kaiser Heinrich zu verfassen, in dem er über seine Mission in Ungarn und in die Rus berichtete. In diesem Brief schilderte er mit gewichtigen Worten sein Engagement bei der Christianisierung und tadelte den Kaiser: Es gehört sich nicht, das Christianisierungswerk zu behindern, schrieb er, und unter Svarožic und Belial die Lutizer Heiden gegen einen christlichen Herrscher „den ich wie die eigene Seele liebe" ins Feld zu führen. Nachdem Brun Bolesław Chrobry verlassen hatte, reiste er zu den Pruzzen und Jadwingern. Man vermutet, dass Bolesław ihm, ähnlich wie früher bei Adalbert, bewaffnete Beschützer während der Reise, auf der sie Adalberts Spuren folgten, zur Verfügung stellte. Am Ziel gelang es Brun nach der überstandenen Feuerprobe den Stammherrscher Nethimer sowie 300 seiner Stammesgenossen zu taufen. Er wurde

355 Steinplatte mit Inschrift aus dem Anfang des 11. Jahrhunderts, die das vermeintliche Grab der drei von fünf Märtyrerbrüdern abdeckt, Gniezno, kościół katedralny pw. Wniebowzięcia NPMarii i św. Wojciecha. – Kat. 19.04.01.

jedoch durch dessen Gegner enthauptet und 18 Priester, die ihn begleiteten, wurden gehängt. Den Märtyrertod hat einer der Priester namens Wipert, der sich trotz seiner ausgestochenen Augen retten konnte, beschrieben. Nach den Quedlinburger und Magdeburger Annalen geschah dies am 9. März 1009. Thietmar hat fehlerhaft das Datum 15. Februar notiert. Von Thietmar weiß man, dass Bolesław Chrobry in demselben Jahr die Leichen aller Ermordeten loskaufte und sie bestatten ließ. Dieser Überlieferung darf man Glauben schenken, da Thietmar als ein Verwandter von Bruns von dessen Tod sicherlich erschüttert war. Die Begräbnisstelle wird jedoch nicht erwähnt, obwohl den Mitgliedern der von Brun gestifteten Kollegiatskirche in Querfurt viel daran gelegen haben könnte. Bereits von Anfang an wurde der neue Märtyrer in Polen verehrt. Der Erzbischof Radim-Gaudentius sorgte dafür, dass in die Gnesener Annale *MIX Bruno episcopus martyrizatus est* eingetragen wurde. Der Gebrauch des Wortes *martyrizatus* und nicht *interfectus*, beweist, dass Brun als Heiliger galt.

Der erschütternde Bericht des Priesters Wipert gibt Zeugnis vom Anfang des Kultes. Auf Veranlassung Christi soll es zu zahlreichen Zeichen und Wundern gekommen sein, sodass man über den Gebeinen der Gemarterten ein Kloster errichtete. Wipert durchwanderte trotz seiner Blindheit mehrere Länder, um das Heiligenleben von Brun zu verkünden. Bei seiner Rückkehr nach Querfurt schrieb er die Geschichte nieder, ohne zu wissen, dass Bolesław die Toten losgekauft hatte. Thietmar war hiervon besser unterrichtet. Man kann annehmen, dass Brun von Querfurt im Gnesener Dom von Radim-Gaudentius beigesetzt wurde. Das könnte auch der Wille Bolesław Chrobrys gewesen sein, der sich so für Bruns Hilfe, der den Kaiser für sein Bündnis mit den Heiden gegen das christliche Polen getadelt hatte, bedanken wollte. Auf diese Art und Weise wären auch zwei Lebenswege bis zum Grabe identisch – *usque ad purpureae passionis aureum finem* – nämlich die von Adalbert und Brun. Es ist auch bezeichnend, dass die sächsische Geistlichkeit die sterblichen Überreste von Brun und seinen Begleitern nicht zurückforderte.

Allein die Tatsache, dass Brun den plötzlichen Märtyrertod unter den bekehrten Heiden starb, was in der Gnesener Annale, in den deutschen Annalen und in der Chronik von Thietmar niedergeschrieben oder von den Mönchen des heiligen Romuald († 1027) in Erinnerung behalten wurde, reichte aus, um Brun von Querfurt unmittelbar nach seinem Tod als Heiligen zu verehren, auch wenn die für die Verbreitung des Kultes nötigen Reliquien fehlten. Angaben zu seiner Person und seiner dynamischen Persönlichkeit, unabhängig von den aus dem Gedächtnis verfassten Angaben seiner Nachfolger, finden sich in der *Vita Quinque Fratrum Eremitarum* und im Brief an König Heinrich II. Sein „Heiligenleben" schrieb er sicherlich während seines ersten Aufenthalts in Polen im Jahr 1006 nieder (ich vertrete damit eine der Thesen, und zwar die am besten begründete). In Polen verfasste Brun auch bei seinem zweiten und letzten Aufenthalt im Jahre

Die Christianisierung Polens

1008 den Brief an Heinrich II., nachdem er seine Missionsfahrt in die Rus und zu den Petschegen beendet hatte.

An dieser Stelle beschränke ich mich auf die Analyse des ersten Werkes und der Darstellung seiner Akteure. Die Brüder Bruns, Benedikt und Johannes, sowie seine polnischen Konfratres Matheus, Isaac und Kristin starben durch die Hand von Räubern den Märtyrertod in einer Einsiedelei bei Posen in der Nacht vom 10. auf den 11. November 1003. Das Datum, der Vorabend (*vigil*) vor dem Fest des heiligen Martin, wird in der Vita des Heiligen erwähnt. Die Angaben zum Jahr und zum Ort des Martyriums überliefern zwei Texte aus dem 13. Jahrhundert: *Anno 1003 heremite in Polonia martirizati sunt in Kazmir*: *Benedictus, Matheus, Christinus, Iohannes, Ysaac* (*Annales Camenecenses*) und *Item anno Domini 1003 heremite in Polonia martirizati sunt monachi de Kazimierz: fratres Benedictus, Matheus, Ysaac et alii* (*Annales Posnanienses*). Bis heute gibt es Meinungsverschiedenheiten unter den Historikern über den Ort und die Stelle, auf der die Einsiedelei stand. Wojciech Kętrzyński verwies in seiner Polemik über den ersten Herausgeber (und Entdecker) der *Vita Quinque Fratrum* auf den Text und vermutete den Ort des Geschehens im nahe gelegenen Kazimierz bei Szamotuły. Kade sowie auch Władysław Abraham ließen die Annalen außer Acht und sprachen sich aufgrund der Chronik Thietmars für Meseritz (Międzyrzecz) aus. Die historische Wahrheit wurde durch die Tatsache, dass im Spätmittelalter das Schicksal der Fünf Brüder nach Kazimierz bei Konin verlegt worden war, verkompliziert. An diese von den Franziskanern im 14. Jahrhundert verbreitete Tradition knüpften manche Historiker mit der These an, dass man nach dem heidnischen Aufstand in der Zeit von Kazimierz Odnowiciel das Einsiedlerkloster in die Nähe von Konin verlegt hätte. Umstritten bleib in der Forschung auch der Bericht Thietmars in Verbindung mit anderen Quellen. 1005 soll Heinrich II. mit seinem Heer auf dem Weg nach Posen *usque ad abbatiam quae Meserici dicitur* erreicht haben. Der König entschloss sich in diesem Kloster, dass die Mönche offensichtlich verlassen hatten, das Fest der Thebäischen Legion am 22. September zu feiern. Die Mehrheit der Historiker hielt die Textstelle Thietmars über die Abtei in Meseritz für den Beweis, dass gerade in dieser Burg bzw. bei dieser Burg an der Obra die Einsiedler ihren Sitz hatten.

Zur Zeit liegt uns eine erschöpfende Studie Gerard Labudas zu diesem Thema vor. Es steht für ihn außer Zweifel, das der älteste Bericht in den *Annales* sich auf Kazimierz bei Szamotuły bezieht, wofür auch die Beschreibungen des Ortes bei Brun sprechen. Auch erinnern sich die Ortsbewohner bis heute an den Tag der Ermordung und verehren eine zwischen Wald und Fluss gelegene Wiese, auf der nach der Überlieferung die Mönche ermordet wurden.

In der Abtei in Międzyrzecz hätte der Sitz der Benediktiner sein können, die Erzbischof Radim-Gaudentius holen ließ (wahrscheinlicher scheint Łęczyca zu sein). Als erster Forscher stellte sich Gerard Labuda die Frage: Wäre es möglich, dass Thietmar die schwierige slawische Ortsbezeichnung Kazimierz mit *Meserici* fehlerhaft aufgeschrieben hat? Die *Vita Quinque Fratrum*, bereits oben mehrmals als einzige Quelle vieler Informationen über Brun von Querfurt angeführt, ist ein hagiographisches Werk, das jedoch stark die Handschrift Bruns trägt. Brun, ein scharfsinniger jedoch freundlicher Beobachter, stellt Überlegungen über seine Brüder, über den Vorgesetzten des Klosters und über die Herrscher an. Der in der Redekunst geübte Autor sprengt allgemein gültige Schemata, auch als er eine Laudatio nach dem Tod von Otto II. und Otto III. zu verfassen hatte. Die *Vita Quinque Fratrum* fiel aus dem Rahmen der traditionellen Hagiographie, da er in ihr seinen tiefen Schmerz zum Ausdruck brachte – er war nämlich von seinen geliebten Brüdern erwartet worden und es war auf sein eigenes Versäumnis zurückzuführen, dass es ihm nicht gelang, die Brüder mit dem bischöflichen *Pallium* zu erreichen! Typisch für die Hagiographie waren die Beschreibungen von Zeichen und Wundern nach dem Tod der Ermordeten und ihr Tod wurde durch den Kult beschönigt.

Bruns Schriften sind Ausdruck seiner Bildung, die er der Magdeburger Schule verdankt. Sie drückt sich aus in der Verwendung von Zitaten aus der Bibel und Sentenzen aus der klassischen Literatur, die in jener Schule gelehrt wurden. Der Einfluss des Ordens, der sich auf das Vorbild von Johannes Cassian berief, findet sich in Redewendungen wie *Christo philosophari, philosophantes in heremo, in abdita heremo uelle philosophari – studia christiane philosophiae* in einer Bedeutung der Ordensaskese und in derselben Bedeutung *militare Deo, miles in monasterio*; zu seinen beliebten Metaphern gehörten: *spes purpurea, purpurea dies* (der Tag des blutigen Todes), *aurea solitudo, album cor*. Von den rhetorischen Figuren wählte er gern *adnominatio (paronomasia)*, wie: *loquens loquatur, complens complebo, miserans miserere* aus. Bruns Stil soll erst noch genauer, das heißt aufgrund aller seiner Schriften erforscht werden, deswegen müssen an dieser Stelle die wenigen Bemerkungen genügen.

In der Einleitung zum Heiligenleben der Fünf Brüder, die mit der Anrufung *Adiuua Deus* (Ps. 69,6)

Incipit passio scōrv
Benedicti y Iohannis
ac sociox eorundem.

V E M
RES LOQVITVR
bene uenisse: scs iste de bene
uento uenit. que finis canit
bene isse. y bene uixisse.
BE
NEDICTVS ab infancia
xpo philosophari cepit. Habens bonū ingeniū sacras litteras didi
cit. habens castos mores puericiā feliciter expleuit. tūn ercū adult̄
fuisset. sollicitudo parentū errauit. y dū expectare amantibus longū
uidet: qd i sua potestate n erat. ab epo tīs pbr ordinat̄. In q or
dinatione cū oblata ēt pecunia. p cōgruā penitentiā ipse post
satisfecit. q n solū ī canonico laudabilit̄ uixit. s. di spū tactus
sctm cū suis popis dereliqt toto animo. Adhuc i adolescentie annis
albe ctinentie mari dedit: seruari uirginitatē nimio zelo. cui
nouerat ēt singulare pmiū celo. Su au dō placuit. ut mona
chus eē deberet. ad monasteriū sci saluatoris i piculo myris
situ regulā matrē iit eius. cui duro ipso y amaro seruicio
eu libens colla subdidit: q hanc nutricē dī seruox. magna dul
cedine seyntre cognouit. Oxide ī monachos admirabili

356 Incipit-Seite, Brun von Querfurt, Vita Quinque Fratrum Eremitarum, 11. Jahrhundert. Berlin, Staatsbibliothek SMPK, Ms. theol. lat. oct. 162, fol. 11r. – Kat. 19.04.02.

anfängt, ebenso wie die in jener Zeit beliebten Messapologie von Büßern, die fast völlig aus den Psalmenversen zusammengesetzt war, brachte Brun seine heilige Verpflichtung gegenüber den heiligen Märtyrern, die „das goldene Ende der blutigen (purpurfarbigen) Marter" erreichten, zum Ausdruck. Wenn er sich selbst ein unsittliches Ungeheuer und schmutziges Schwein nennt, dann ist es in diesem Kontext keine *captatio benevolentiae*. Selbst am Missionswerk beteiligt, fleht er letzten Endes um die Fürsprache des Apostels Petrus, des Schutzheiligen der Märtyrer. Die meiste Aufmerksamkeit schenkte er Benediktus. Brun erzählte die Lebensgeschichte dieses Sohnes der wohlhabenden Eltern aus Benevent, die für ihn seine Priesterweihe kauften. Benediktus hat dafür gebüßt, er zog von Einsiedelei zu Einsiedelei, bis er endlich den Vater der vernünftigen Einsiedler – *patrem rationabilium heremitarum* – kennenlernte und in dessen Einsiedelei der strengen Ordensregel eifrig nachkam. Das Treffen fand in Rom statt, wohin Romuald gekommen war, nachdem er seine Abtei in Classe bei Ravenna verlassen hatte, um bald darauf eine neue Einsiedelei im Lagunengebiet Ravennas zu gründen. Benediktus, Brun, Tammo und die anderen Brüder folgten Romuald. Inzwischen beschloss Kaiser Otto III. nach seiner Rückkehr aus Polen die eifrigsten Söhne des heiligen Romuald in das Land von Bolesław Chobry zur Mission zu schicken. Wir wissen, wieviel Unruhe der Einsiedlergemeinschaft die Anwesenheit oder nur die Nähe des Kaisers brachte, der, da er selbst ein Mönch werden wollte, ein *Oratorium* für den heiligen Adalbert stiftete, das die Menschenmassen anzog. Benedikt und Brun erregten den Zorn Romualds, als sie den Wunsch hatten, die unfreundliche Einöde zu verlassen, um zu missionieren. Die Bemühungen um das *Pallium* hielten Brun auf, deswegen begab sich Johann, dem der Verfasser viel Aufmerksamkeit in seinem Werk schenkte, mit Benedikt zusammen nach Polen. Johann, der Benedikt sehr zugeneigt war, war einen Kopf kleiner, einäugig und übertraf Benedikt an Eifer und Bescheidenheit. Die beiden wurden vom Kaiser geschickt und mit allen nötigen Büchern ausgestattet.

Als die Einsiedler das Land der Polanen erreicht hatten, wurden sie vom „Senior" Bolesław freundlich empfangen und ihnen auch bald an einem freundlichen Ort eine Einsiedelei erbaut. Die ersehnte Ruhe wurde ihnen jedoch nicht lange zuteil. Zwei Jahre lang warteten sie auf Brun, ihren engen Freund und Bischof, der die geplante Christianisierung der Elbslawen leiten sollte. Nach einem in der Lebensgeschichte niedergeschriebenen Bericht, trat Benedikt eine lange Reise an, um Brun nach Polen zu holen. Bolesław bewegte ihn jedoch aufgrund der Kriegsgefahr zur Umkehr aus dem zerstörten Prag. Brun erwähnt nirgends, dass gerade Bolesław derjenige war, der damals Böhmen den Krieg erklärt hatte. Er erinnerte sich an Silber, das Benedikt vor seiner Abreise bekam und später einem anderen Mönch (wahrscheinlich war es Anton, Tuni genannt) übergab. Laut Petrus Damiani sollte diese Übergabe von Silber mit Bolesławs Bemühungen um die Krone im Zusammenhang stehen.

Von besonderem literarischem Wert sind die Kapitel über Benedikt und Johann (9, 10, 11), in denen der Verfasser ein psychologisches Bild aufstellt und sowohl über seine Brüder als auch über die eigene Nachlässigkeit und Minderwertigkeit berichtet. Benedikt war ein ungeduldiger und tatendurstiger Mensch, der sich über Bolesław entrüstete, als dieser ihn zur Rückkehr nach Polen bewegen wollte, und traurig wurde. Johann dagegen wird als ein ruhiger Mensch dargestellt, der voll des inneren Friedens im Kloster lebte und geduldig die Unbilden des Schickals über sich ergehen ließ. Ihre Hoffnung, die Elbslawen zu christianisieren, mussten sie mit der Zeit aufgeben, aber den Märtyrertod, den sie sich unter den Heiden erhofften, fanden sie unerwartet in ihrer Einsiedelei.

Die polnischen Klosterbrüder von Benedikt und Johann werden in dem Heiligenleben erst einen Tag vor dem Märtyrertod erwähnt. „Es standen unter ihrer Aufsicht zwei andere Brüder, Izaak und Matheus und ähnlich, wie auf dem latinischen Boden eine Generation von edlen Brüdern, so wuchsen die Zwei auf slawischem Boden auf. Ihre beiden Schwestern dienten Gott in einem Frauenkloster. Und beide, die zuerst zu leiblichen Brüdern geworden sind, wurden auch zu Brüdern im Geiste". Diese kurze Darstellung enthält einen wichtigen, bis jetzt einzigen Hinweis auf die Tatsache, dass es im damaligen Polen ein Frauenkloster gab. Man kann annehmen, dass es in Gnesen gestiftet wurde. Möglicheweise befand es sich, ebenso wie in Prag, an der St. Georg-Kirche, die bisher noch nicht archäologisch untersucht wurde.

Der dritte polnische Märtyrer war ein junger Koch, der Christin hieß und den Mönchen Dienst leistete. Sein Tod ergänzte die Wunden des Erlösers zu fünf. Die Einstufung seines Todes als Märtyrertod erschien jedoch problematisch, da er sich, als er von seinen Mördern überrascht wurde, mit einem Holzstück wehrte. Damit zeigte er keine Bereitschaft den Märtyrertod zu sterben, so wie seine unerschütterlichen Vorgesetzten. Erst später wurde sein unverwester Leichnam neben den anderen beigesetzt, mit dem bezeichnenden Kommentar, dass seine niedrige gesellschaftliche Stellung kein Hindernis dafür bildete.

Den Angriff auf das Kloster hat Brun nach den Berichten der Einheimischen nüchtern und wirklichkeitsnah dargestellt. Es stellte sich heraus, dass bei der Bevölkerung auch drei Jahre nach der Tragödie noch viele Details in Erinnerung geblieben waren. Hier erfuhr er auch die Namen der anderen Mönche und hörte die Erzählungen über wunderbare Zeichen und Visionen. Man kann annehmen, dass Brun bewusst über die Entstehung dieses neuen Kults berichten wollte.

Die Räuber suchten im Kloster nach zehn Pfund Silber, das Benedikt vom Bolesław für seine Reise nach Rom bekommen sollte. Sie zerstörten den Altar mit Reliquien ohne dabei ihr Interesse auf die liturgischen Bücher zu richten. Dann töteten sie die vier Mönche, die gerade erwacht waren, ebenso den fünften, der sich ohne von den Morden Bescheid zu wissen, draußen wehrte und seine Brüder um Hilfe rief. Ein Abbrennen des Klosters gelang ihnen durch das Eingreifen Gottes nicht. Den Bericht, wie die Einsiedler aus Kazimierz nacheinander auf verschiedene Weise umkamen, gestaltet der Verfasser zur Erbauung der Gläubigen. Dann beschreibt Brun sehr detailliert die Beisetzung der Verstorbenen.

Die Dorfbewohner, von der Stille im Kloster beunruhigt, warfen vorsichtig einen Blick durch die Sträucher und bemerkten den Leichnam Christins in der Mitte des Hofes. „Bald eilten die Dorfbewohner herbei, um das furchtbare Ereignis zu sehen, sie trauten sich aber nicht mit einer schmutzigen Hand und dem unreinen Herzen die Körper der Heiligen zu berühren und brachten nur die Sünde dieser Nacht ans Tageslicht". So schuf der Autor das *Sacrum*-Erlebnis der einfachen Menschen, die die Geburtsstunde des Volkskultes bildete, der sich aus den vertrauten Beziehungen zwischen den Dorfbewohnern und den bescheiden lebenden Einsiedlern entwickelte.

Am dritten Tag gelang es „den hochbetagten und voll von gutem Willen Bischof Unger" herbeizuführen. Er ließ an der Kirche (Kapelle, Einsiedelei?) eine große Erdgrube graben, in der die sterblichen Überreste der Ermordeten in Form eines Kreuzes bestattet werden sollten. In Anwesenheit von vielen Geistlichen und Nonnen wurden eine Messe gefeiert und die Exequien gefeiert.

Es könnte verwundern, warum der Herrscher, der die Einsiedler ins Land holte, bei der feierlichen Beisetzung nicht anwesend war. Bolesław Chrobry verweilte zu jener Zeit, im Herbst 1003, in Böhmen. Von den nächtlichen Erscheinungen des Bruders eines Einsiedlers Andreas getrieben, stiftete er bald ein neues Kloster und eine Kirche, nach Petrus Damiani war es eine Basilika. Sollte die Kirche tatsächlich gestiftet worden sein, ist zu erwarten, dass die Gebeine der Fünf Brüder von Archäologen entdeckt werden, möglicherweise in Kazimierz selbst, das vor 1000 Jahren ein Dorf war, in dessen Nähe die Einsiedler lebten. Vor Baubeginn der Kirche erteilte man Bruder Antoni (Tuni) die Priesterweihe und machte ihn zum Abt. Antoni begleitete den „herzensguten Bischof Unger" im Jahr 1004 auf dessen Reise nach Rom, um die Nachricht vom Mord an den Einsiedlern zu überbringen. Unterwegs entführte man Unger nach Magdeburg, wo er in einem Kloster unter Bewachung gestellt wurde. Antoni gelang es zu fliehen, und er brachte diese Nachricht Papst Johannes XVIII., der die Fünf Brüder aus Kazimierz für eines eigenen Kults würdig befand.

Das Leben pulsierte in der Einsiedelei. Es hielten sich dort Priester, Mönche, Ordenskandidaten, Psalmensänger und Kleriker auf. Als ein Priester, der in jener Einsiedelei eine Messe lesen sollte, diesen heiligen Ort durch Schwelgerei entheerte, donnerte es und das Haus fing an zu wanken – ein erster Beweis für die Heiligkeit der Ermordeten. Es ereigneten sich auch Wunderheilungen (c. 19), Befreiungen von Dämonen, und Verurteilte wurden freigelassen (c. 21). Die Einsiedler wurden zu Schutzpatronen der unglücklichsten Menschen. Der Hagiograph sah in den Märtyrern aus Kazimierz Schutzheilige des Vaterlandes und dachte dabei sicherlich an die Posener Diözese, da die Gnesener Diözese bereits seinen Schutzheiligen, den heiligen Adalbert, hatte. Als 1005 das Heer des sächsischen Königs anrückte, schreckte ein helles Licht über der Kirche die Angreifer zurück, sodass Posen nicht besetzt wurde.

Außer der Eintragung des Fests der Fünf Brüdern in den liturgischen Kalendarien für den 10. November (später feierte man das Fest am 12. November), gibt es keine schriftlichen Quellen über die Verbreitung ihres Kultes oder über ihre Reliquien aus den Jahren, die vor dem verheerenden Einfall des böhmischen Břetislav im Jahr 1037 liegen.

Vor vierzig Jahren wurde im Untergeschoß des Gnesener Domes in einer Schicht, die in das frühe 11. Jahrhunderts datiert wird, ein Sarkophag entdeckt. Der Sarkophag ist zu einem Drittel zerstört, man kann jedoch eine Inschrift erkennen, die, wie sich herausstellte, zu den ältesten in Polen erhaltenen epigraphischen Denkmälern gehört. Die aus vier Versen bestehende, in Hexametern geschriebene Inschrift beginnt mit der Nennung der Gebeine von Dreien der Brüder.

Dabei könnte sie folgendermaßen ergänzt werden:
OSSA TRIUM TUMULO FRAO(TRUM CLAUDUN-
TUR TERRENO)
MUNUS MILITIE (M)U(N)DU(M) T(ER) DU(ORUM
ADAUCTUM)
QUI LEGIS V(IATOR) MORTIS DIREP(TOS
MUCRONE)
AC ANIMAS HORUM REGI (CAELORUM DE-
VONE)
O[ ]A[ ]

Man kann annehmen, dass sich ein weiterer Vers anschloss. Darauf verweist der Buchstabe O an der linken Seite, der durch Konfektur eventuell zu O(BIERUNT) zu ergänzen wäre. Vermutlich schlossen sich daran die Namen der Verstorbenen und eventuell der Todestag an.

In der Lebensgeschichte (*Passio*) der Fünf Brüder notierte Brun einen Zweizeiler oder eher einen Hexameter:

passi sunt
duo cum tribus et tres non sine duobus (c. 31)

Der Vers entspricht dem gesamten Werk, da Brun seine zwei italienischen Freunde, Mitbrüder aus der Einsiedelei bei Ravenna, gut kannte, es ihm aber nicht vergönnt war, die drei übrigen Brüder, die in Polen ihr Eremitendasein führten, kennenzulernen. Es lässt sich aus der Erzählung von Brun leicht herauslesen, dass er mit diesem einen Vers versuchte, die Gemeinschaftsbande von fünf Brüdern hervorzuheben.

Das Vokabular der Sarkophaginschrift weicht nicht von der Wortwahl in Bruns Werk ab, was man z. B. an *militia* (*militare Christo, miles in monasterio*) und dergleichen erkennt. Es gibt auch *mundus militie* und kaum erkennbar *liter mundum* (in der Vita *munda sepultura, munda anima*).

Seit 1004 gab es in der Posener Diözese keinen Bischof, da Unger noch immer in Magdeburg festgehalten wurde. Man kann sich vorstellen, dass der Erzbischof Radim-Gaudentius die Einsiedelei in Kazimierz in Schutz nahm. Gleichzeitig blieb er in Kontakt mit ihrem neuen Vorgesetzten Anton (Tuni), zeitweise mit dem Fürsten Bolesław, und auch mit Brun, der damals das Heiligenleben der Fünf Brüder niederschrieb und die Einsiedelei für einige Monate im Jahre 1008 besucht hatte.

Den Schriften des böhmischen Cosmas entnehmen wir die Information, dass während des Einfalls von Břetislav die Reliquien des heiligen Adalbert und Radim-Gaudentius aus dem Gnesener Dom und die Gebeine der Fünf Brüder aus einer anderen Kirche nach Prag verschleppt wurden. Sein Bericht ist aber unpräzise.

Es ist nicht auszuschließen, dass die Gebeine der drei Brüder in den Jahren 1006 bis 1008 nach Gnesen verlegt wurden, wo sich das Kloster der Schwester von Matheus und Izaak befand. Es ist möglich, das Brun, ihr gebildeter Mitbruder und Bischof die Aufgabe bekam, die Grabinschrift zu schreiben, die denjenigen gleicht, die Brun aus Magdeburg oder Rom sowie aus vielen anderen Orten, die er besuchte, kannte.

Die Lösung des Rätsels aber, wer der Verfasser der Gnesener Inschrift war, sei anderen Historikern überlassen.

Christliche Bestattungen

MICHAŁ KARA UND ZOFIA KURNATOWSKA

Nach der einhelligen Meinung der Forscher war die Leichenverbrennung der übliche Begräbnisritus der Slawen, bevor sie mit dem Christentum in Berührung kamen. Diese Brandgräber sind archäologisch auch in Form von Hügelgräbern fassbar, und zwar mit den Bestattungen unter oder im Hügel, wie sie für Südpolen und teilweise für die Küstenzone typisch sind. Hügelgräber fehlen dagegen in der so genannten bestattungslosen Zone, die vor allem Nordwestpolen umfasst. Hier kommen Flachbestattungen vom Typus Alt-Käbelich vor.

Körperbestattungen in eingetieften flachen Erdgräbern sollen mit der unmittelbaren oder mittelbaren Einwirkung des Christentums in Zusammenhang stehen. Bei der Verbreitung dieser Sitte können unterschiedliche Motivationen zugrunde liegen, der religiöse Aspekt ist einer von vielen. So mag die Übernahme der christlichen Bestattungsform auch als Zeichen sozialen Prestiges zu deuten sein. In der Küstenzone hing das Auftreten von Körpergräbern, oft auf den birituellen Gräberfeldern, anfangs mit dem Einfluss oder dem Vorhandensein skandinavischer Bevölkerungsgruppen, später mit der Erfassung dieses Raumes durch das Missionschristentum zusammen.

Die zeitlichen Anfänge der christlichen Körpergräberfelder in Polen sind noch nicht präzise genug festgelegt. Man muss dabei mit regionalen Unterschieden rechnen.

Wie aus den neuesten Forschungen hervorgeht, beginnt die Anlage von Friedhöfen bei Kirchen in Polen später als der Zeitpunkt der Annahme des Christentums. Im Gegensatz zu den großräumigen Burgen, wo sich die reich ausgestatteten Gräber der dortigen Elite in den Kirchen und vor allem um die Kirchen herum befanden, fehlen solche Friedhöfe aus Platzmangel in den kleinen frühpiastenzeitli-

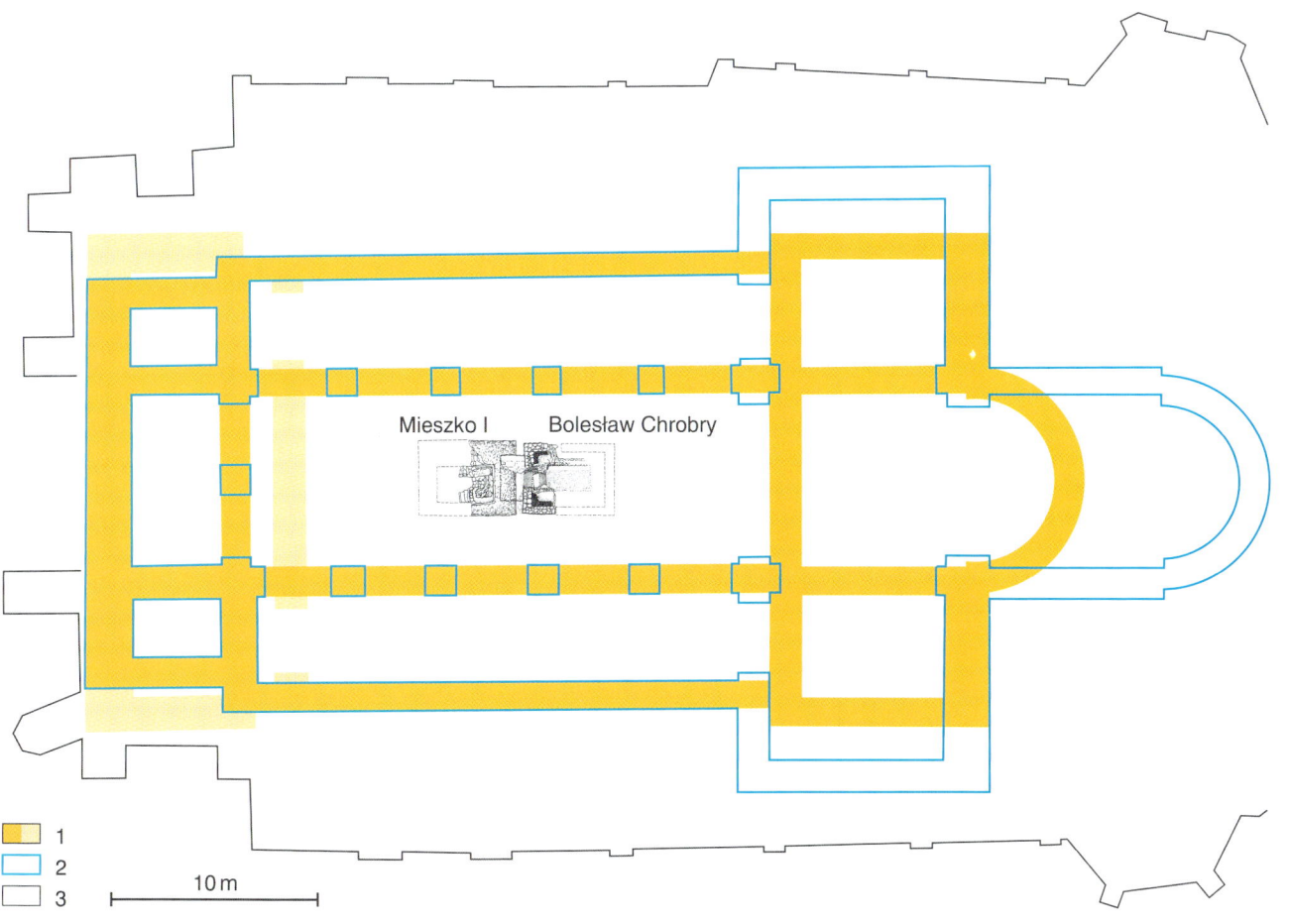

357 Sarkophage von Mieszko I. und Bolesław Chrobry in medio der Domkirche in Posen (Poznań). 1 vorromanischer Dom; 2 romanischer Dom; 3 Umriss des heutigen (gotischen) Domes.

Die Christianisierung Polens

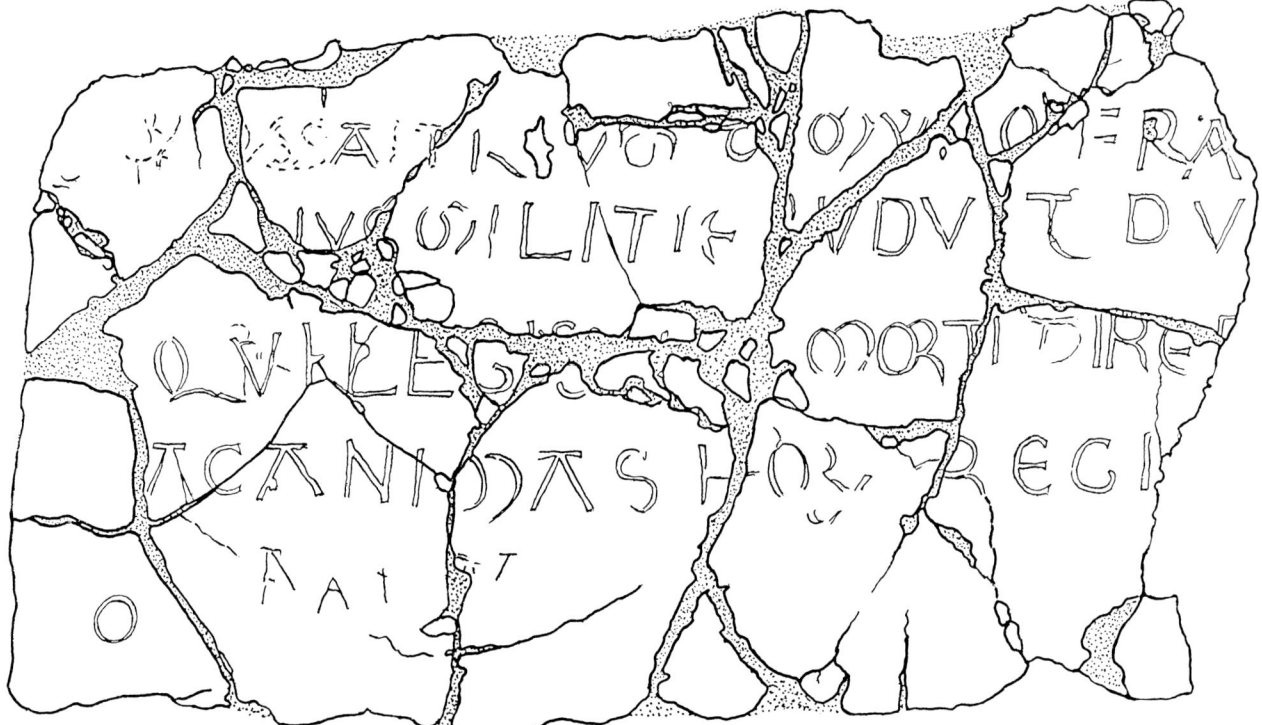

358 Steinplatte mit der Inschrift, die das vermeintliche Grabmal der drei von fünf Märtyrerbrüdern abdeckt, Anfang des 11. Jahrhunderts. Gniezno, kościół katedralny pw. Wniebowzięcia NPMarii i św. Wojciech (vgl. Abb. 355). – Kat. 19.04.01.

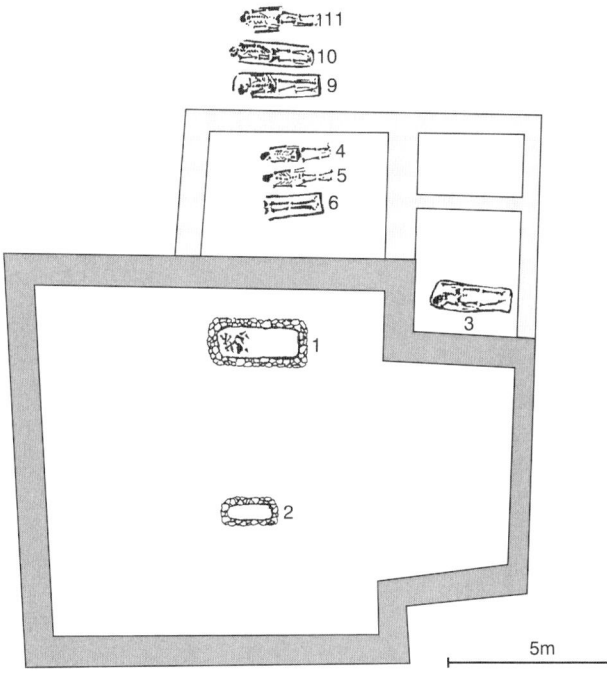

359 Die Bestattungen im Kircheninneren und in den Annexen sowie die ältesten Gräber bei der Kirche in der Burg auf Ostrów Lednicki (nach J. Górecki).

360 Die Bestattung im Annex der Felix und Adauktuskirche (bzw. Marienkirche) in Krakau-Wawel (nach H. Zoll-Adamikowa).

chen Burgen. Die Friedhöfe lagen vielmehr in einiger Entfernung zur Kirche und waren nicht selten, z. B. durch einen Fluss oder einen See von den in den Burgen existierenden Kirchen getrennt (z. B. in Posen [Poznań]-Sródka, wo der Friedhof des 11. bis 12. Jahrhunderts vom Dom durch den Fluss getrennt war, oder bei dem ausgedehnten Friedhof am Ufer des Lednica-Sees der in das 11. Jahrhundert datiert). Die meisten Nekropolen lagen jedoch weit von den anfangs wenigen Kirchen entfernt, weshalb sie als „außerkirchliche Friedhöfe" bezeichnet werden. Ihre Kennzeichen sind die wechselnde Orientierung der Toten mit dem Kopf nach Westen oder Osten, deren Gräber manchmal eine Steinsetzung aufweisen und die Beigabe von Gefäßen, kleinen Alltagsgegenständen und Schmucksachen. Seltener finden sich Waffen und Münzen sowie mit Magie oder Kult zusammenhängende Gegenstände, z. B. Eier, Amulette. Diese Objekte, meist als heidnische Relikte interpretiert, wird man jedoch auch anders deuten können. So waren die aus der heidnischen Zeit bekannten slawischen Brandgräberfelder sehr spärlich ausgestattet und enthielten in der Regel keine der erwähnten Gegenstände. Die frühesten aufgrund von Münzfunden datierbaren Körperbestattungen in Flachgräbern – vom Ende des 10. Jahrhunderts oder an der Wende vom 10. zum 11. Jahrhundert – hat man in Schlesien (Niemitsch [Niemcza]) und in Großpolen (Poznan-Solacz, Witakowice in der Nähe von Ostrów Lednicki) erforscht. Die Belegungsdauer dieser Friedhöfe reicht vom 11. bis zum Teil in das

13. Jahrhundert. Gräberfelder dieses Typs erlauben die Ausbreitung des Christentums auf dem Territorium Polens zu verfolgen. So deutet das erste Auftreten dieser Körpergräberfelder in Masowien ab der Mitte des 11. Jahrhunderts auf die verspätete Christianisierung in diesem Landesteil hin.

Aus der Frühpiastenzeit – Ende des 10. Jahrhunderts, Anfang des 11. Jahrhunderts – stammen die wenigen Gräber in Kirchen, die vor allem mit Angehörigen des Herrscherhauses und den Stiftern der ersten Kirchen in Verbindung zu bringen sind. Nach der in Mähren und Böhmen bewährten und von der bayrischen Kirche hergeleiteten Praxis stand eine Bestattung im Kircheninnern nur den Angehörigen des Herrschergeschlechts zu. In Polen finden sich solche Herrscherhausgrüfte: im Posener Dom *in medio ecclesiae* zwei zerstörte und exhumierte Gräber, von denen das ältere Mieszko I. (992) und das jüngere Bolesław Chrobry (1025) zugeschrieben werden kann. Beim letzgenannten haben sich eine viereckige Einfriedung und Altarüberreste an der westlichen Seite erhalten. Desweiteren zwei Bestattungen in der Burgkirche von Ostrów Lednicki, in einer davon – der exhumierten –, die ursprünglich eine Kinderleiche barg, hat man einen Goldring gefunden. Nach der Überlieferung soll Dobrawa (977) in der von ihr gestifteten Kirche in Gnesen (Gniezno) beigesetzt worden sein. Die Versuche, jenes Grab zu finden, waren jedoch nicht von Erfolg gekrönt. Aus etwas späterer Zeit sind das vermeintlich exhumierte Grab von Bolesław II. Smiały (1082) am Stifterplatz in *medio ecclesiae* in der Abteikirche in Tyniec bei Krakau (Kraków), wie auch das Grab einer unbekannten Fürstin in der Westapsis der Rotunde B auf dem Wawel, bedeckt mit einer Platte mit Prozessionskreuz, erwähnenswert.

Im Kircheninnern wurden vor allem zur Kanonisierung anstehende Personen oder die kanonisierten Heiligen bestattet. So befand sich in Gnesen das im Jahre 1039 zerstörte Grabmal des heiligen Adalbert (997), das von Cosmas beschrieben wurde; hier lag auch das Grab des Erzbischofs Gaudentius. Die Fünf Märtyrerbrüder (1003) wurden zuerst, nach dem Bericht Bruns von Querfurt, in der Klosterkirche in Meseritz(?)(Miedzyrzecz) beigesetzt, danach in einer der Gnesener Kirchen. Nach der B. Kürbis soll die sich im Gnesener Dom aufgefundene Tafel mit Inschrift mit dem Grab der Fünf Brüder in Verbindung stehen. Im Dom auf dem Wawel in Krakau (Kraków) wurde am Ende des 11. Jahrhunderts das Grab des heiligen Stanislaus (1088/89) angelegt.

Die Bestattungen von Bischöfen und Äbten in den Dom- und Abteikirchen sind seit dem Ende des

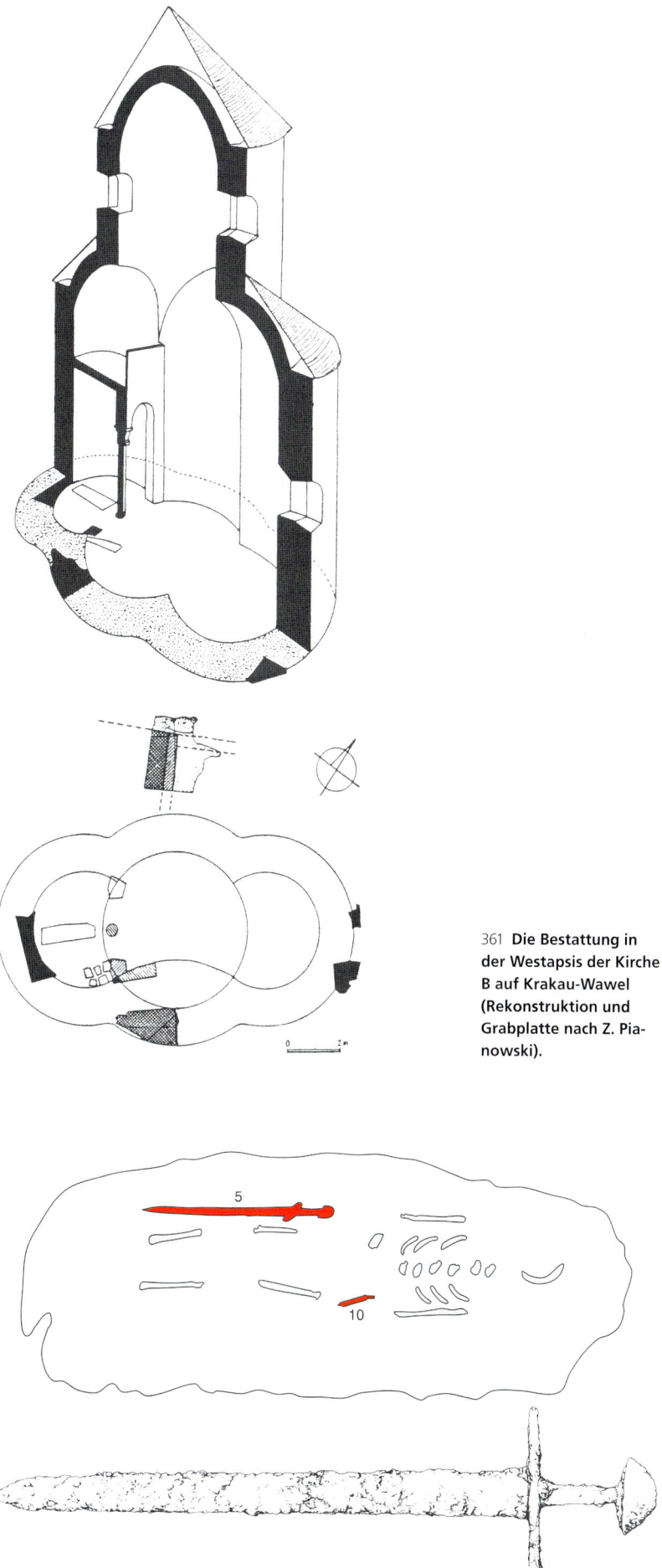

361 **Die Bestattung in der Westapsis der Kirche B auf Krakau-Wawel (Rekonstruktion und Grabplatte nach Z. Pianowski).**

362 **Die Bestattung mit Schwert vom Gräberfeld in Dziekanowice am Ufer des Lednica-Sees (nach J. Wrzesiński).**

Die Christianisierung Polens

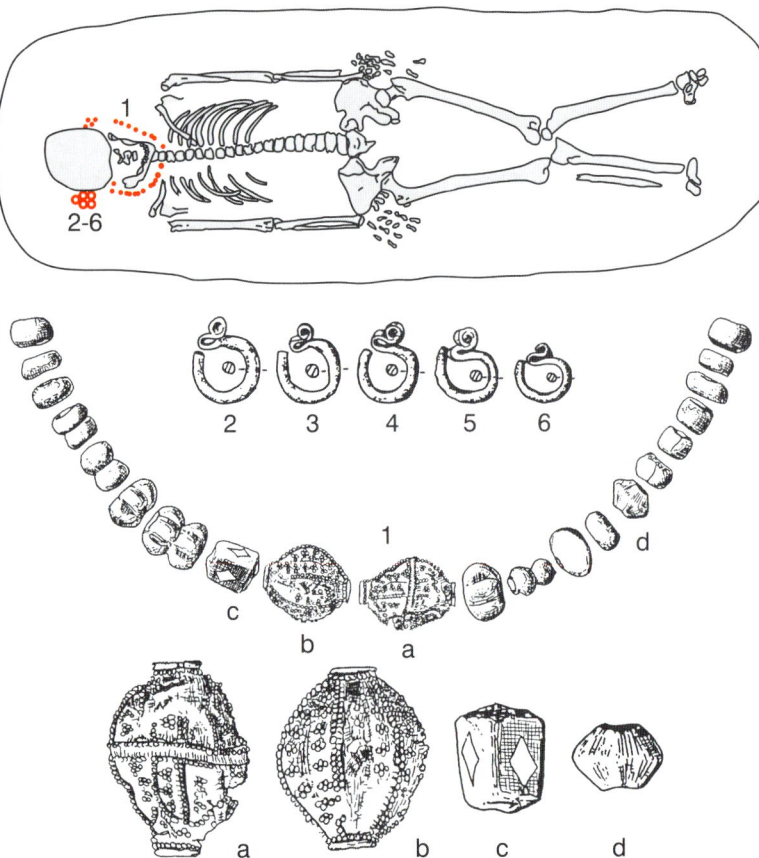

363 **Die Ausstattung des Frauengrabes Nr. 19 vom Gräberfeld in Tomice, Schlesien** (nach K. Wachowski).

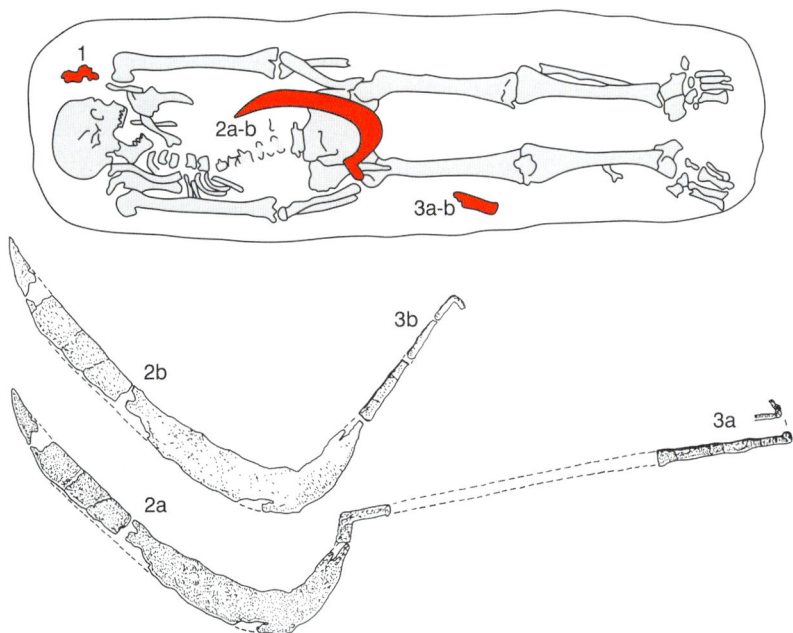

364 **Die Ausstattung des Männergrabes Nr. 12 vom Gräberfeld in Tomice, Schlesien** (nach K. Wachowski).

11. Jahrhunderts nachgewiesen. Zu den frühesten gehören die Gräber der ersten Äbte im Nordschiff der Abteikirche in Tyniec, die mit liturgischen Gefäßen ausgestattet waren. Auf dem Wawel in Krakau wurde in einem Sarkophag aus Kalksteinplatten in der St. Leonhard-Gruft der Bischof Maur (1118) mit einer Bleitafel mit Todesdatum und dem Credotext sowie liturgischen Gefäßen beigesetzt.

Besonders privilegierte Personen wurden auch in Kirchenanbauten bestattet. So z. B. bei der bereits erwähnten Kirche auf der Burg in Ostrów Lednicki oder an der Marienrotunde auf dem Wawel in Krakau; bei der Bestattung fand sich ein Goldring und ein Anhänger aus Bergkristall mit einer goldenen Fassung.

Reliquien und herrschaftliche Bestattungen in bestimmten Burgen erfüllten eine wichtige Funktion bei der Ausbildung von Herrschaftszentren in den Frühstaaten.

Es gibt keine eindeutigen Belege, dass bereits um die Wende des 10./11. Jahrhunderts die „Kirchhöfe" existierten. Vorhanden sind lediglich vereinzelte Bestattungen der Eliten um die Kirche, wie z. B. die in der Nähe des Doms und der St. Gedeon-Kirche auf dem Wawel festgestellten Gräber. Beim heutigen Forschungsstand datieren die frühesten Nekropolen bei Kirchen an das Ende des 11. Jahrhunderts, dazu gehört der Friedhof bei der Kirche in der Burg von Ostrów Lednicki; sie treten verstärkt erst im 12. Jahrhundert auf: z. B. Lad – die Friedhöfe an den Kirchen in der Burg und der Vorburg, Posen – an der St. Nicolai-Kirche. Ähnliches wird man für Kleinpolen annehmen dürfen, wenngleich H. Zoll-Adamikowa die Möglichkeit eines früheren Auftretens solcher Friedhöfe annimmt. Bestattungsplätze bei Kirchen sind gekennzeichnet durch eine einheitliche Orientierung der Toten – mit dem Kopf nach Westen –, durch das Vorkommen von Holzkammern, Särgen oder Leichentüchern, durch eine vielschichtige Grabanordnung sowie durch eine spärliche Ausstattung der Toten für das Jenseits, wobei nur Kleidungsaccesoirs und manchmal Münzen erhalten bleiben, die letzteren sogar bis zur Neuzeit.

Literatur

Gorecki 1991. – Kara 1993. – Łosiński 1998. – Michałowski 1993. – Müller-Wille 1982/83. – Pianowski 1995. – Zoll-Adamikowa 1991; 1996.

Die Piasten und Polen

JERZY STRZELCZYK

Ähnlich wie bei manch anderen mittelalterlichen Staaten wurde auch die Gründung und das weitere Schicksal des polnischen Staates wesentlich von den Herrschern aus einem bestimmten Geschlecht geprägt, so wie Frankreich von den Kapetingern, Böhmen von den Přemysliden, Ungarn von den Arpaden, Rus' von den Rurikiden und Dänemark von den Folkungern. Obwohl der Name für die verschiedenen Zweige des Geschlechtes, die Bezeichnung „Piasten", in den niederschlesischen Quellen erst in der zweiten Hälfte des 16. Jahrhunderts auftaucht und erst Ende des 18. Jahrhunderts weiter verbreitet wurde, war doch schon im Mittelalter die Existenz einer piastischen *stirps regia* im Bewusstsein stark verankert. Bis zum 14. Jahrhundert galten die Herrscher aus diesem Geschlecht als die „geborenen Herren", die *domini naturales*, in Polen. Dann lösten neue politische Ideen vom *Regnum Polonia* und der *Corona Regni Poloniae* diese Überzeugung ab. Doch selbst als dezentralistische Tendenzen triumphierten und Polen in einzelne Teilstaaten zerfiel und trotz des engen politischen Horizontes der Mehrheit der Fürsten war selbst die frühere Alleinherrschaft der Piastendynastie in allen Teilen des früheren Königtums außer in Pommern ein wichtiges Verbindungsglied und ein Teil des polnischen Nationalbewusstseins. Es ist verwunderlich, dass die Dynastie „keine eigenen" Heiligen[1] hervorbrachte, obwohl sie Persönlichkeiten wie Mieszko I. oder Bolesław Chrobry aufzuweisen hat. Beide trieben die Christianisierung ihres Landes voran; für das späte Mittelalter sind Versuche überliefert, wenigstens Bolesław Chrobry heilig zusprechen. Auch der herzogliche Märtyrer Heinrich II. der Fromme, der im Kampf gegen die Mongolen starb, hätte bestimmt den damaligen Vorstellungen von Heiligkeit entsprochen. Zu Beginn des 13. Jahrhunderts wurden dafür einige Ehefrauen von Piastenkönigen heiliggesprochen, die schlesische Hedwig, die großpolnische Jolanta-Jolanda und die Krakauer Kinga-Kunegunde.

Die Piasten herrschten in Polen von dessen historisch fassbaren Anfängen bis ins Jahr 1370 und in Masowien bis 1526, in Schlesien starb die Piastenlinie 1675 aus. Entsprechend der Überlieferung, die zu Beginn des 12. Jahrhunderts von dem Chronisten Gallus Anonymus niedergeschrieben wurde, war ein Bauer aus der Nähe Gnesens (Gniezno), Piast, Chrościskos Sohn, der Stammvater der Piastendynastie, seine Frau trug den Namen Rzepka oder Rzepica. Der Kern der kurzen Erzählung von Gallus über die Anfänge des Geschlechtes ist die Geschichte vom Machtverlust des „unwürdigen" Herzogs Papiel oder Popiel aufgrund eines Gottesurteils in Gnesen, eines Gottesurteils, das allerdings noch in heidnischer Zeit erging. Spätere Chronisten erweitern die Geschichte und fügen noch Elemente des Verbrecherischen hinzu; nach der Auffassung des Chronisten Wincenty Kadłubek vom Anfang des 13. Jahrhunderts wurde die Gestalt des Popiel verdoppelt und tritt unter dem Namen Pompiliusz auf. Nach dem Ende der Popiel-Dynastie, den „Popieliden", fiel der Thron dem Sohn des Piast, Siemowit, zu, nach der späteren Überlieferung Piast selbst. Danach herrschten der Reihe nach sein Sohn Lestek und der Enkel Siemomysł, ihre Regierung wurde von Gallus mit knappen und wenig aussagekräftigen Sätzen beschrieben.

Die Glaubwürdigkeit von Gallus' „Dynastenliste" der frühesten Piasten, die in keiner anderen Quelle bestätigt wird, ist in der Forschung umstritten, es spricht jedoch auch nichts gegen sie. Gerade die Knappheit der Angaben von Gallus, der rein slawische Charakter der Namen, die längere Zeit nach der Taufe in der Sippe nicht vergeben wurden, und die Forderung, wenigstens die Namen der Vorfahren der Fürsten festzuhalten, in deren Auftrag Gallus schrieb, spricht für die Glaubwürdigkeit. Piast und noch mehr Siemowit könnten annähernd in die zweite Hälfte des 9. oder den Anfang des 10. Jahrhunderts datiert werden, was auch mit den archäologischen Befunden zur frühen Chronologie Gnesens, eines polanischen Machtzentrums, übereinzustimmen scheint. Den bei Gallus genannten Vorfahren von Mieszko I. schreibt man nicht ohne Grund den Anfang der Eroberung der Länder der Polanen um das Zentrum Gnesen und das Überschreiten der polanischen Grenzen zu, obwohl alle weiter gehenden Berichte keine realen Grundlagen haben dürften, auch nicht die über den erwähnten Lestek, der als ein großer Eroberer an der östlichen Grenze bezeichnet wurde, von dessen Namen man den Namen seiner Untertanen abgeleitet hätte, Lestkowice oder Licicaviki nach

Widukind von Corvey. Das, was Wincenty Kadłubek und die späteren Chronisten für die „Urgeschichte" Polens überliefert haben, auch in ihrem letzten, in den Hauptzügen von Gallus Anonymus übernommenen Abschnitt, nämlich die Lokalisierung der Herrschaft von Popiel und den Herkunftsort von Piast in Kruszwica in Kujawien, ist das Ergebnis von „wissenschaftlichen" Überlegungen und hat mit der historischen Wirklichkeit nichts zu tun[2]. Der Name „Piast" kam als Leitname in der Piasten-Dynastie nicht vor. Der Name „Lestek" tauchte sporadisch erst ab 1115 auf, einer der Söhne von Bolesław Krzywousty „Schiefmund" hieß so, später dann mehrmals in den Familien von Bolesław IV. Kędzierzawy „Kraushaar" und Kazimierz I. Sprawiedliwy „dem Gerechten" im 12. und 13. Jahrhundert. Die Namen „Siemowit" und „Siemomysł" tauchten erst Anfang des 13. Jahrhunderts am Hofe von Konrad I. von Masowien auf. Der Name „Siemomysł" blieb in der Familie eine Ausnahme, dagegen wurden die Namen „Leszek" oder „Lestek" und „Siemowit" vergeben, jedoch ausschließlich in der Masowiener und Oppeln-Ratiborer Piastenlinie. Es ist wahrscheinlich, dass man die am Anfang des 12. und auch des 13. Jahrhunderts zu beobachtende „Renaissance" der beiden Namen von Mieszkos Vorfahren in der Dynastie mit dem Einfluss der zwei Chroniken von Gallus Anonymus und von Wincenty Kadłubek erklären kann. Die beliebtesten männlichen Namen in der Sippe der Piasten waren anfänglich Mieszko und Bolesław, ersterer verlor jedoch bald an Bedeutung und die Namen Bolesław, Wladyslaw und Kazimierz überwogen deutlich; es gab 22 Bolesławs, zählt man Schlesien dazu, waren es 47; Wladylaws gab es insgesamt 21.

Der erste historisch fassbare Herzog der Polanen war der Sohn von Siemomysł, Mieszko I. (um 960–992). Die früher weit verbreiteten Vorstellungen von der Herkunft Mieszkos aus einer Wikingersippe sind historisch nicht belegbar. Seine zwei in den Quellen benannten Brüder hatten keine politische Bedeutung. Mieszko vollendete die Vereinigung der polnischen Gebiete, am Ende seiner Herrschaft hatte sich der Polanenstaat das Böhmen abgerungene Kleinpolen mit Krakau (Kraków) und Schlesien einverleibt. Er schloss ein ungleiches Bündnis, eine *amicitia*, mit Otto I. und zahlte ihm Tribut *„usque ad Vurta Fluvium"*, er schlug 972 den Einfall von Markgraf Hodo bei Zehden (Cedynia) zurück. Während der inneren Kämpfe im Kaiserreich 973 und 983 unterstützte er zuerst zusammen mit dem böhmischen Fürsten die bayerische Opposition, ging jedoch jedes Mal rechtzeitig zur siegreichen kaiserlichen Partei über und pflegte mit der Kaiserin Theophanu und dem jungen Otto III. enge Beziehungen. 965 schloss er ein Bündnis mit Böhmen, das gegen die heidnischen Lutizen-Wilzen gerichtet war, und heiratete die böhmische Fürstin Dobrawa (Dąbrówka). Im nächsten Jahr erfüllte er die Bedingungen dieses Bündnisses, ließ sich mit seinem Hofstaat taufen und begann damit, sein Land zu christianisieren. Dobrawa starb 977. Um das Jahr 991 übertrug er mit seiner zweiten Frau Oda, der Tochter Dietrichs von Haldensleben aus der sächsischen Nordmark, dem Heiligen Stuhl das Lehnsrecht über die Kerngebiete seines Staates, *civitas Schinesghe*.

365 **Kopf des Bolesław Chrobry von der Bronzetür des Gnesener Domes.** – Kat. 27.01.07.

366 **Denar Bolesław Chrobrys „Gnezdun civitas", Avers.** – Kat. 20.01.04.

Sein Sohn Bolesław I. Chrobry (992–1025), genannt nach dem böhmischen Boleslav I., nahm keine Rücksicht auf den Willen seines Vaters, der das Reich zwischen ihm und seinen drei Stiefbrüdern hatte aufteilen wollen. Er vertrieb seine Stiefmutter und die minderjährigen Brüder aus dem Land und herrschte allein. Er stärkte und einte den Staat und die Kirche. Im Jahr 1000 wurde eine kirchliche Verwaltung mit einer Metropole und fünf Bistümern gegründet. Zuerst in engem Bündnis mit Kaiser Otto, dann im langandauernden Konflikt mit Heinrich II., führte Bolesław seine aggressive Großmachtpolitik in verschiedene Richtungen weiter. Er konnte die Staatsgrenzen wesentlich ausweiten, doch die externen Eroberungen, die Lausitz, das Milzener Land, die Mark Meißen, Böhmen, Mähren, die Slowakei und die Czerwinger Burgen, waren nicht auf Dauer zu halten und haben die politische Lage des Polanenstaates eher negativ beeinflusst. Kurz vor seinem Tod wurde Bolesław zum König gekrönt, sowohl innerhalb des Landes als auch nach außen war dies von großer Bedeutung, denn es bestätigte die vereinigte Macht Polens in den Händen der Dynastie und trug damit zur Herausbildung des polnischen Nationalgefühls bei, und es hob das internationale Ansehen.

Auch der Sohn und Nachfolger von Bolesław I., Mieszko II. (1025–1034), der mit einer Verwandten des Kaisers, Richeza, der Tochter des Fürsten von Lothringen, verheiratet war, ließ sich sofort nach der Thronbesteigung krönen. Er sah sich einem Aufstand gegenüber, an dessen Spitze die beiden Brüder standen, die vom Thron vertrieben worden waren, der ältere Bezprym und der jüngere Otto, sowie eine Koalition äußerer Feinde, das Kaiserreich, Rus' und die Böhmen. Nach dem Tod von Mieszko II., der früh auf die Königswürde und die Unabhängigkeit vom Kaiser verzichten musste, stand der polnische Staat am Rande des Zusammenbruchs infolge der inneren Kämpfe, des Widerstandes der Heiden, der Abtrennung von Masowien, des vernichtenden Einfalls des böhmischen Břetislav I. und des, allerdings nur zeitweisen, Verlustes von Schlesien. Es gelang dann dem einzigen Sohn von Mieszko II., Kazimierz Odnowiciel, dem „Restaurator" (1034–1058) mit Hilfe des Reiches

367 **Seite über den Bericht von Piast und seinen Nachfolgern. Chronik des Gallus Anonymus, sog. Zamoyski-Handschrift, 14. Jahrhundert. Warszawa, Bibliotheka Narodowa, BOZ Cim 28, fol. 22v.**

368 **Seite über den Gnesener Tag im Jahr 1000. Chronik des Gallus Anonymus, sog. Zamoyski-Handschrift, 14. Jahrhundert. Warszawa, Bibliotheka Narodowa, BOZ Cim 28, fol. 23r.**

und der Rus', sein Land in den nun engeren Grenzen und nach der Anerkennung der kaiserlichen Oberhoheit aus der schwierigen Lage zu befreien. Das Zentrum des polnischen Staates verlagerte sich von Großpolen mit Gnesen und Posen (Poznań) nach Südpolen, in das spätere Kleinpolen mit Krakau als Mittelpunkt, die Zerstörungen während des erwähnten böhmischen Einfalls waren mit ein Grund dafür. Während der Regierungszeit des Sohnes von Kazimierz I., Bolesław II. Szczodry „des Großzügigen" (1058–1079, 1082 gestorben), gewann Polen an internationaler Bedeutung. Bolesław II. nutzte die Schwierigkeiten Kaiser Heinrichs IV. mit dem Papst im Investiturstreit, um sich 1076 zum König zu krönen. Doch seine Herrschaft endete mit der nächsten inneren Krise, er geriet mit dem Adel und dem Krakauer Bischof Stanislaus in Streit und wurde aus dem Land vertrieben. Seitdem hat sich über zwei Jahrhunderte niemand mehr zum polnischen König gekrönt.

Erst nach dem Tod Bolesławs III. Krzywousty (1102–1138), der Polen durch den Krieg mit dem Kaiser und mit Böhmen und der Eroberung und Christianisierung Pommerns nochmals zu Ansehen im Ausland verhalf, gewannen in Polen die schon früher vorhandenen dezentralistischen Bestrebungen die Oberhand. Laut des so genannten „Statutes von Krzywousty" wurde in Polen das Seniorat eingeführt. Außer dem Senioratsteil mit Krakau wurden die Landesteile an die Junioren, die jüngeren Herzöge, verteilt.

Von den Söhnen von Bolesław Krzywousty stammen die Linien der sich immer mehr verzweigenden Dynastie ab: von dem ältesten, Władysław I. Wygnaniec „dem Vertriebenen", der Senior in den Jahren 1338 bis 1146 war und 1159 starb, stammt die schlesische Linie ab, die in diesem Landesteil 1163 wiederhergestellt wurde. Von Boleslaw IV. Kędzierzawy (1146–1173) leitet sich die masowische Linie her, die jedoch bald ausstarb; von Mieszko III. Stary „dem Alten" (1173–1202) stammt die großpolnische Linie, die zeitweise in zwei Linien geteilt war, sie starb mit Premysł II. 1296 aus. Von Kazimierz II. Sprawiedliwy (1177–1196), der den Thron mit Unterstützung der Magnaten bestieg und die Verfassung des Seniorats brach, stammt die kleinpolnische Linie. Diese spaltete sich nach dem Tod von Kazimierz Sprawiedliwy in die Krakauer Linie, die mit Boleslaw V. Wstydliwy „dem Keuschen" 1279 ausstarb, und die Kujawer Linie, von der sich im 13. Jahrhundert die masowische Linie abzweigte; ihr Stammvater war Siemowit I., der 1262 starb. Diese Linie verzweigte sich weiter. Unter ihrer Herrschaft konnte Masowien die meiste Zeit zumindest teilweise und, nach dem Ende der königlichen Linie der Piasten, auch ganz die volle Unabhängigkeit von Polen bewahren. Allmählich gingen jedoch die einzelnen Landesteile von Masowien zur polnischen Krone über, das endgültige Ende der politischen Sonderstellung Masowiens kam mit dem Aussterben der masowischen Piasten mit Janusz III. im Jahr 1526. Vom Hauptstrang der kujawischen, stark verzweigten Linie stammen die Herrscher, denen schließlich die Wiedervereinigung des polnischen Königreichs gelang: Wladyslaw I. Łokietek „der Ellenlange" (gest. 1333) und Kazimierz III. Wielki „der Große" (gest. 1370). Versuche der Vereinigung hatte es schon früher gegeben. Sie misslangen wie der von Przemysł II.[3] aus Großpolen, der sich 1295 zum König krönte, doch im nächsten Jahr bei einem Attentat starb, und die von Wenzel II. (1300–1305) und Wenzel III. (1305–1306) aus der Přemyslidendynastie. Die Přemyslidenfürsten waren übrigens die einzigen vor 1370 in Polen anerkannten Herrscher, die den Piasten nicht entstammten. Mit dem Tod von Kazimierz Wielki starb die königliche Hauptlinie der Piasten aus.

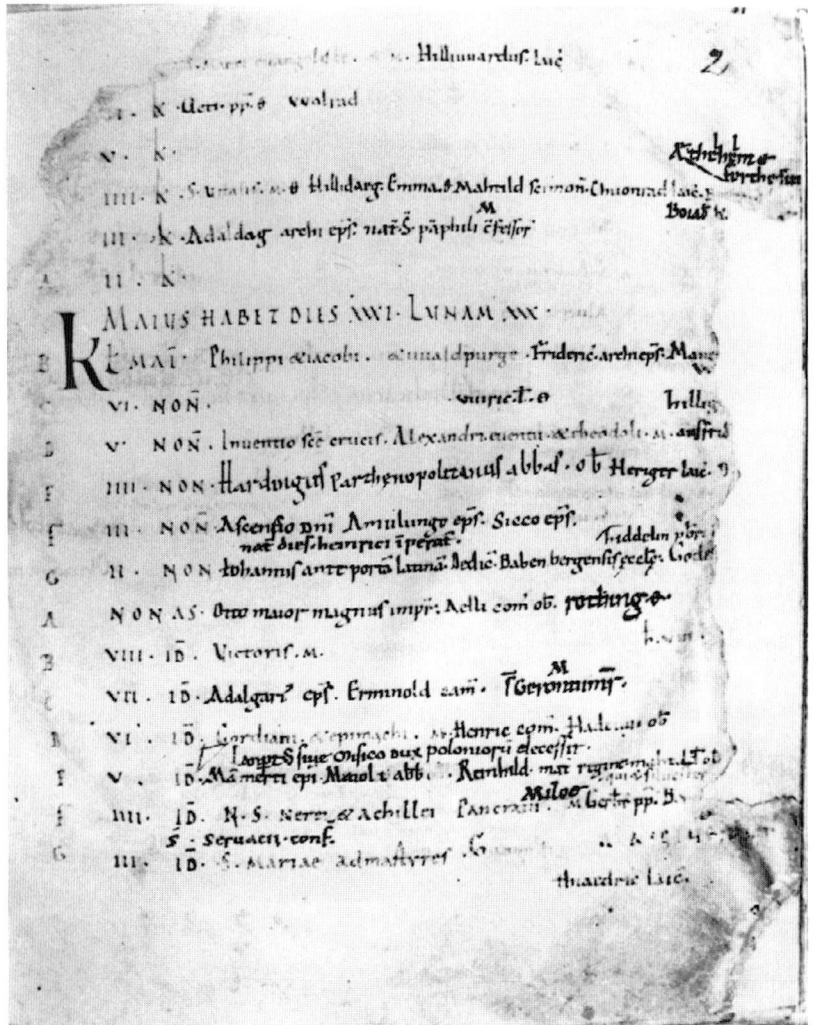

369 Merseburger Nekrolog und Sakramentar, Mai. Letztes Viertel des 10. Jahrhunderts. Merseburg, Dombibliothek, Cod. 129.

Es blieben die Piasten in Masowien und Schlesien, deren politische Rolle in Polen vor allem nach der Thronbesteigung der Jagiellonen (1385–1572) aus verschiedenen Gründen an Bedeutung verlor. Seit Anfang des 13. und dann im 14. Jahrhundert löste sich das Bündnis der schlesischen Piasten mit Polen schrittweise auf, sie näherten sich politisch eher an Böhmen an und orientierten sich wie ganz Schlesien kulturell am Kaiserreich. Diese Annäherung zerstörte aber nicht die starke emotionale Bindung an Polen, wie sie in manchen schlesischen Piastenlinien, z. B. der Oppelner und der Liegnitz-Brieger vorhanden war. Das Gefühl der engen dynastischen Beziehungen mit den Piasten wurde aufrechterhalten. Der Zerfall Schlesiens in Teilstaaten setzte sich fort und führte zur Bildung neuer Piastenlinien. Die Schweidnitzer-Münsterberger Linie, die vom Schweidnitzer Bolko I. (Bolesław, gest.1301). abstammte, starb in ihrem Schweidnitzer Zweig mit Bolesław II. 1368 und in ihrem Münsterberger Zweig mit Jan 1428 aus. Manche der schlesischen Piastenlinien erloschen an der Wende vom 15. zum 16. Jahrhundert: die Auschwitz-Zatorer 1521 und die Oppelner 1532. Am längsten lebten die Linien der Teschener, sie existierten bis 1625, und die der Liegnitz-Brieger. Mit Georg Wilhelm aus dieser Linie starben die schlesischen Piasten in ihrem Mannesstamm aus.

Anmerkungen

1 Im Gegensatz zu Polen hatten Böhmen seinen Wenzel und Ungarn die Heiligen Stephan, Emmerich und Ladislaus. In Rus'gab es Vladimir und in den skandinavischen Staaten die heiligen Olaf, Erich und Knut.

2 Durch diese Feststellung werden die späteren Ergänzungen und Motive als die Ergebnisse literarischer Umformungen der Legende gedeutet oder höchstens als Nachklang mancher früheren Vorstellungen und Mythen. Vergleiche zu dieser Problematik die Aufsätze von H. Łowmiański, J. Banaszkiewicz, Cz. Deptuły und J. Strzelczyka, die am Ende des Artikels in der Bibliographie angeführt sind.

3 Die Frage, ob man zu den „Restaurations-Herzögen" auch Heinrich I. Brodaty „den Bärtigen" (1201–1238) und Heinrich II. Pobożny „den Frommen" (1238–1241) zählen sollte, bleibt umstritten. Sie hatten, mit Schlesien als Zentrum, ein großes Reich gegründet.

Die außenpolitischen Beziehungen der ersten Piasten

JERZY STRZELCZYK

Um die Mitte des 10. Jahrhunderts kamen die politischen Strukturen in Mitteleuropa in Bewegung und bezogen durch ihre Dynamik jetzt auch das Zentrum der Polanen, das sich um Gnesen (Gniezno), Posen (Poznań) und die Lednica Insel gebildet hatte und das bisher eher abseits stand, mit ein. Der Anstoß kam vor allem aus dem Westen. Im Jahre 940 gelang es dem ostfränkischen König Otto I. aus der seit 919 regierenden Sachsendynastie der Liudolfinger, die Slawenstämme an der mittleren Elbe zu unterwerfen. Es begann ein mühseliger Prozess der Christianisierung der Elbslawen und ihrer Eingliederung in das politische System des Kaiserrreiches. 955 brachte Otto I. dem ungarischen Heer in Bayern eine vernichtende Niederlage bei und besiegte die aufrührerischen Stämme des Elblandes. 963 unterwarf Markgraf Gero, Statthalter im östlichen Grenzgebiet, die Stämme der Lausitzer und Slupianen. Dadurch verschob sich die Grenze des Reiches nach Osten und berührte an einer vorläufig noch kurzen Strecke an der mittleren Oder den Machtbereich des Herzogs der Polanen, Mieszko I. (um 960–992). Wenn wir dem späteren Chronisten Thietmar von Merseburg Glauben schenken, sollte Gero Mieszko damals die kaiserliche Oberhoheit aufzwingen.

Damit tauchte das Reich um Gnesen zum ersten Mal in den Quellen auf. Widukind von Corvey stellte fest, dass Mieszko I. damals *amicus imperatoris* war, Freund des Kaisers. Was natürlich ein ungleiches Verhältnis war, denn bald darauf erfahren wir von Thietmar, dass Mieszko dem Kaiser *usque ad Vurta fluvium*, bis an den Warthefluss, Tribut zahlte, zweifellos dafür, dass das Eindringen des Gnesener Herzogs in das Land Lebus und Westpommern und damit in die Interesssphäre des Kaisers geduldet wurde. Die elbslawischen Bedrohung in Gestalt des ungefähr in dieser Zeit gebildeten, starken, expansiven und theokratisch regierten Lutizenbundes, der eine Bedrohung für alle benachbarten christlichen Gesellschaften darstellte, brachte den Staat Mieszkos I. und das Kaiserreich einander näher. Diese Annäherung empfahl sich noch mehr nach 983, dem Jahr des großen und erfolgreichen Aufstandes der Elbslawen unter der Führung des Lutizenbundes, dem sich später noch die Stämme des Abodritenbundes angeschlossen hatten. Für fast anderthalb Jahrhunderte wurde damit die deutsche Herrschaft und die kirchliche Organisation im nördlichen Elbland niedergeworfen. Das Reich selbst wurde von Parteienkämpfen zerrissen, die bayrische Opposition stellte sich gegen die Herrscher aus der Sachsendynastie, Kaiser Otto II. erlitt eine vernichtende Niederlage in Süditalien und nach seinem baldigen Tod brachen die inneren Kämpfe erneut aus.

Für Mieszko I. war das Bündnis mit den Deutschen gegen die Lutizen um so notwendiger, weil die Interessen der Polaner und der Lutizen in Westpommern, das Mieszko kurz zuvor erobert hatte, kollidierten. Die Bedrohung durch die Lutizen wurde noch verschärft durch ihr Bündnis mit Böhmen, das auf diese Art und Weise versuchte, seine Abhängigkeit vom Kaiserreich wenigstens zum Teil zu kompensieren. Mieszko I. erreichte 965 den Bruch dieses Bündnisses und schloss sich seinerseits mit dem böhmischen Boleslav I. zusammen, der Bund wurde mit der Ehe Mieszkos mit der Schwester des Herzog, Dobrawa (Dąbrówka), und mit der Taufe des Polanenherrschers samt seinem Hofstaat im darauffolgenden Jahr besiegelt. Die böhmischen Hilfstruppen unterstützen Mieszko in seinem Kampf gegen die Lutizen.

Der böhmische Staat, der das ganze böhmische Tal sowie einen Teil von Mähren und Schlesien kontrollierte und auch Einfluss im südlichen Elbland ausübte, befand sich trotz der formellen Abhängigkeit vom Kaiserreich in einer Phase großer politischer Aktivität und erfreute sich zudem großen Reichtums. Ungarn war ebenso wie Polen am Ende des 10. Jahrhunderts in einer Phase zunehmender staatlicher Stabilisierung. Gleichzeitig festigte sich in Osteuropa unter der Herrschaft von Vladimir dem Großen (gegen 980–1015) das weitläufige und reiche Kiewer Reich, das am Ende des 10. Jahrhunderts christianisiert wurde, jedoch nicht im lateinischen Ritus wie Böhmen, Polen, Ungarn und die skandinavischen Staaten, sondern wie die Mehrheit der Balkanländer im byzantinischen Ritus. Zu den nördlichen Nachbarvölkern Mieszkos I. gehörten die baltischen Völker der Jatvjager und Pruzzen. An einigen Stellen am südlichen Ostseerand wie in der berühmten Jomsborg in der Nähe von Wollin (Wolin) machten sich die Einflüsse der

370 **Regelindis, die „lächelnde Polin" und Herrmann.** Naumburg, Dom.

Die Piasten und Polen

Wikinger von jenseits des Meeres bemerkbar. Da die Konsolidierungsprozesse in Dänemark, Norwegen und Schweden anhielten, gewannen auch die Beziehungen des Gnesener Staates, besonders nach der Eroberung Pommerns, mit diesen Staaten an Bedeutung.

Infolge des Einfalls des Markgrafen Hodo 972, der von Mieszko I. zurückgeschlagen werden konnte und zu dem der Kaiser keine eindeutige Stellung beziehen wollte, kam es zu einer gewissen Abkühlung in den polanisch-deutschen Beziehungen am Ende der Herrschaft von Otto I. und in der gesamten Regierungszeit von Otto II. (973–983). Doch nachdem Mieszko I. die Reihen der probayrischen Opposition 984 verlassen und sich eindeutig zu der Regentschaft, die im Namen von Otto III. herrschte und dann nach 994 zu diesem selbst bekannt hatte, kam es zu einer weiteren Annäherung des Gnesener Hofes an das Kaiserreich, was ohne Zweifel die Situation im Elbland in Bewegung brachte. Die polanisch-böhmischen Beziehungen dagegen kühlten sich allmählich ab, denn Dobrawa starb bereits 977 und die Böhmen unterstützten meist die bayrische Opposition. Ende der achtziger Jahre gelang es den Polanen, Böhmen Kleinpolen mit Krakau abzunehmen, doch Mieszko I. ließ wahrscheinlich Bolesław Chrobry weiterhin in diesem Gebiet regieren. Als es 990 deswegen zum polanisch-böhmischen Krieg kam, gelang es dem polnischen Heer unter der wohlwollenden Neutralität der kaiserlichen Regentschaft noch, sich Schlesien einzuverleiben. Dies bedeutete die endgültige Vereinigung aller polnischen (westlechitischen) Gebiete unter der Herrschaft der Polanen-Herzöge.

Höchstwahrscheinlich übertrug Mieszko I. zusammen mit seiner zweiten Frau Oda, der Tochter von Dietrich, dem Statthalter der sächsischen Nordmark, dem Heiligen Stuhl und damit dem heiligen Petrus das Lehnsrecht über die Kernlande seines Staates, die *civitas Schinesghe*, „der Gnesener Stadt" und die umliegenden Gebiete außer den neuen Eroberungen Pommern und Südpolen. Unabhängig von den innenpolitischen Motiven für diese Handlung drückt sich in ihr der Wille aus, engere Kontakte mit dem Papst anzuknüpfen, vielleicht mit dem Gedanken, ein Erzbistum zu erlangen. Dazu kam es jedoch erst gegen Ende des Jahres 1000.

Vorher unternahm der russische Fürst Vladimir 981 einen Feldzug gegen die Lendzianen, einen ostlechitischen Stamm an der östlichen Grenze des polnischen Territoriums, und besetzte sein Land. Obwohl dies, wie es scheint, die polanischen Interessen nicht unmittelbar beeinträchtigte, denn die Lendzianen lebten damals eher unter böhmischer Oberhoheit, bedeutete es doch die Annäherung der russischen und der polanischen Staatsgrenze und betonte die gegensätzlichen Interessen der beiden Länder. Die Heirat der Tochter von Mieszko I. und Dobrawa, Šwičtosława-Sygryda[2], mit dem schwedischen König Eric dem Siegreichen um 980 und nach dessen Tod um 996 mit dem dänischen König Sven Gabelbart beweist die Ausrichtung der Politik der Piasten nach Norden, die im Zusammenhang mit den Kämpfen um Pommern steht.

Bolesław Chrobry nahm zu Beginn seiner Regierung 992 keine Rücksicht auf den Willen seines Vaters bezüglich der Teilung der Macht, sondern übernahm stattdessen die politischen Verpflichtungen sowohl dem Kaiser als auch dem Papst gegenüber. Das enge Bündnis mit dem Kaiser trug Früchte, als Otto III. 998 begann, seine Idee von der *Renovatio imperii Romanorum* zu verwirklichen, in deren Rahmen den Polen und Ungarn eine wichtige Rolle in den östlichen Grenzgebieten des Kaiserreichs zufallen sollte. Zusammen mit dem Papst fasste man den Entschluss zur Gründung einer eigenständigen, nur dem Heiligen Stuhl untergeordneten, polnischen Kirchenprovinz sowie eines Netzes von Bistümern, der während der Wallfahrt Ottos III. zum Grab des heiligen Adalbert, der bei seiner Mission 997 von den heidnischen Pruzzen ermordet worden war, in Gnesen im März 1000 bekanntgegeben wurde. Außerdem befreite der Kaiser Bolesław von der Tributpflicht und übertrug ihm das kirchliche Investiturrecht, er wurde vom „Tributpflichtigen zum Herrn erhoben", wie Thietmar bissig konstatierte. Dies war eine Geste Bolesław gegenüber, die seine zukünftige Erhöhung zum König andeuten sollte.

Der Wechsel der politischen Lage in Deutschland nach dem Tod von Otto III. im Januar 1002 und die Machtübernahme durch den Repräsentanten der bayrischen Linie, dem Liudolfinger Heinrich II. (1002–1024) führte auch schnell zum Wechsel der

371 Merseburger Nekrolog. Eintrag über den Tod Mieszkos II. (vgl. Abb. 369).

Bündnisse. Bolesław Chrobry, sicherlich im Namen der Partei des verstorbenen Kaisers handelnd, eroberte unverzüglich die Lausitz, das Milzener Land und die Mark Meißen. Während des Treffens in Merseburg verlieh ihm Heinrich II. die beiden ersteren der genannten Länder, die Belehnung mit Meißen verweigerte der Kaiser jedoch, er verlieh es dem Anhänger von Bolesław, Gunzelin. Das Attentat auf Bolesław, angeblich ohne Wissen und Zustimmung des Königs in Merseburg ausgeführt, warf einen nachhaltigen Schatten auf die polnisch-sächsischen Beziehungen. 1003 beherrschte Bolesław Chrobry Böhmen und den nördlichen Teil von Mähren, gleichzeitig weigerte er sich, für diese Länder den Huldigungseid abzulegen. Doch die aus der Sicht des Kaisers bedrohliche Möglichkeit eines festen Bündnisses zwischen Polen und Böhmen verwirklichte sich nicht. Schon im nächsten Jahr musste das polnische Heer Prag und Böhmen verlassen, in Mähren blieb es länger. Bald darauf, im Frühling 1003, schloss Heinrich II. ein eindeutig gegen Polen gerichtetes Bündnis mit den heidnischen Lutizen. Es begann ein mehrjähriger Krieg, eigentlich eine Reihe polnisch-deutscher Kriege, die mit wechselndem Erfolg für beide Seiten geführt wurden und von unbeständigen Friedensschlüssen, in Posen (1005) und in Merseburg (1013) unterbrochen wurden. Das endgültige Abkommen in Bautzen (1018) sprach Bolesław die Lausitz und das Milzener Land zu, wahrscheinlich ohne Lehnsverpflichtungen dem Kaiser gegenüber.

1013 und 1018 fiel Bolesław Chrobry mit deutschen, ungarischen und petschengenschen Hilfstruppen in der Rus im Interesse seines Schwiegersohnes Svjatopolk ein. Er verleibte Polen die Czerwinger Burgen ein. Aus Kiew sandte er Briefe an Heinrich II. und an Basileios II. (976–1025), den ersten schrieb er in unterwürfigem und höflichem Ton, der zweite grenzte an Unverschämtheit.

Die Großmachtpolitik von Bolesław Chrobry, der sich kurz vor seinem Tod zum König krönte, hatte am Ende seiner Herrschaft negative Auswirkungen. Sein Nachfolger, Mieszko II. (1025–1034), vermählt seit 1013 mit Richeza, der Tochter des Lothringischen Pfalzgrafen Ezzo-Ehrenfried und verwandt mit Otto III., trat ein schweres politisches Erbe an. Nach ein paar ruhigen Jahren überstürzten sich die Ereignisse. 1029 wurde den Polen Mähren von Böhmen abgenommen. Die enterbten Brüder Mieszkos II., Bezpřym und Otto, suchten nach Unterstützung in der Rus und Deutschland, die Sachsen stürmten gegen die Lausitz und das Milzener Land und die Russen überfielen Bełz. Wahrscheinlich unternahm Mieszko II. einen Rachefeldzug nach Sachsen. 1013 kam es zum deutsch-russischen Angriff auf Polen. Konrad II. beherrschte danach die Lausitz und das Milzener Land, Polen konnte sie nie zurückerobern. Die russischen Herzöge besetzten die Czerwinger und Přemysler Burgen, Bezpřym und Otto zogen in Polen ein, Mieszko II. floh nach Böhmen, Bezpřym verzichtete auf die polnische Krone, Richeza suchte zusammen mit dem Fürsten Kazimierz und den polnischen Kroninsignien Schutz in Deutschland. Bezpřym regierte in Polen und unterdrückte das Land, im Frühling 1032 wurde er bei einem Attentat getötet. Mieszko II. kehrte nach Polen zurück, in Merseburg verhandelte er mit Konrad II., schließlich musste er auf die Krone verzichten und Polen wurde zwischen Mieszko und seinen zwei Verwandten geteilt. Im nächsten Jahr konnte er das Land wiedervereinigen. Nach dem Tod Mieszkos II. im Mai 1034 kehrte Kazimierz I. ins Land zurück, es kommt jedoch zur Abtrennung von Masowien, zu einem Widerstand der Magnaten und endlich zu schweren Volksaufständen. Doch im Jahr 1038 fiel Břetislav I. ins Land ein und richtete schwere Verwüstungen an, auch Schlesien ging verloren und wurde erst 1050 wiedergewonnen. Kazimierz musste wiederum fliehen. Die Übermacht Böhmens hatte eine erneute Umorientierung auf den Kaiser hin zur Folge: Heinrich III. unterstützte nun Kazimierz, der mit deutschen und russischen Hilfstruppen in Polen einzog, Masowien mit Polen wiedervereinigte und schließlich auch Schlesien zurückgewann. Während der Regierung von Kazimierz Odnowiciel, dem Restaurator, und seiner Söhne Bolesław II. Szczodry (1058–1079) und Władysław Herman (1079–1102) wurden die Beziehungen mit den Rus intensiviert, die feindlichen Beziehungen zu Böhmen hielten an und wurde von dem Bündnis mit Ungarn kompensiert. Die Beziehungen zum Kaiser und Sachsen waren instabil. Während Kazimierz und Władysław mit einer untergeordneten Stellung dem Kaiser gegenüber zufrieden waren, versuchte Bolesław II., der 1076 zum König gekrönt wurde, durch ein Bündnis mit der gregorianischen Partei und der antiköniglichen Opposition der Sachsen die Unabhängigkeit vom Kaiserreich zu erlangen.

Anmerkungen

1 Die im südlichen Teil des Elblandes lebenden Stämme, die den Gruppen der Sorben und Lausitzer angehörten, wurden offensichtlich stärker von den Sachsen kontrolliert und hatten an dem Aufstand nicht teilgenommen. Sie wurden nun zum Gegenstand des komplizierten politischen Spiels, an dem sich Deutsche, Böhmen und Polen beteiligten.
2 Die slawische Form des Namens wurde hypothetisch rekonstruiert.